索 · 恩
THORN BIRD

忘掉地平线

Heinrich August Winkler

Heinrich August Winkler
Geschichte des Westens: Die Zeit der Weltkriege 1914-1945

The translation of this work was supported by a grant from the Goethe-Institut which is funded by the German Ministry of Foreign Affairs.

〔德〕
海因里希·奥古斯特·温克勒　著

杨丽 李鸥　译

〔第二卷〕 Geschichte des Westens

西方通史

〔上〕

世界大战的时代，1914—1945

Die Zeit
der Weltkriege
1914-1945

GOETHE
INSTITUT

社会科学文献出版社
SOCIAL SCIENCES ACADEMIC PRESS (CHINA)

本书获誉

以学科前沿成果为基础，合理兼顾不同视角，笔法精湛。

——沃尔夫冈·米夏尔卡，《以史为鉴》（*Geschichte für heute*），2012 年第 4 期

历史书写的杰出之作。

——威廉·冯·施特恩布尔格，《法兰克福评论报》（*Frankfurter Rundschau*）

这部集大成之作行云流水又扣人心弦，历史评价谨慎、恰当，风格独特，尤其是因为温克勒的书写抛弃了以往与政治决策史紧密相连的写法，而转向政治思想的世界。

——迪尔克·舒曼，《南德意志报》（*Süddeutsche Zeitung*），2011 年 9 月 26 日

温克勒并非为了未来的学术发展而写这部著作，他的目标读者是更广大的、爱好历史的人群。没有第二位历史学家能像他那样精妙地将分

析和叙事结合起来。他深知应如何驯服庞杂无序的史料，并将多面信息归纳为可靠的结论。他的写作时时关照国际学界的研究成果，却直观明了，丝毫不让读者生出畏读情绪，几乎忘却要读懂一部大部头曾是多么艰辛。……温克勒里程碑式的《西方通史》是其博学的结晶——其叙事气魄非凡，判断细致周全，文笔简洁有力。

——沃尔克·乌利希，《时代周报》书展特别版（*Die Zeit Messebeilage*），2011 年 10 月 6 日

笔法雄伟庄严，恰如一幅描绘欧洲的巨幅油画。

——阿尔弗雷德·珀瑟，《蝴蝶周刊》（*Falter*），2011 年 10 月 12 日

海因里希·奥古斯特·温克勒在《西方通史》第二卷对 1914~1945 年的历史做了规模宏大的讲述。温克勒的两卷本《走向西方的漫长道路》和著作《魏玛共和国》已经让他获誉无数，登上德国历史学家的名人堂。他终将成为人们铭记的殿堂级的学者。……在一个由新的政治和经济玩家操纵的变幻莫测的世界里，德国肩负着让欧洲保持地位、不受侵蚀的任务，为此只能坚强地迎接一切困难。公众需要了解这种责任意识的历史根源。

——皮尔·施坦布吕克，《明镜周刊》（*Der Spiegel*），2011 年 9 月 26 日

这是一部扣人心弦的作品。它结构清晰合理，因而也可以作为一部很好的工具书供人翻阅。

——《侧面》（*Profil*），2011 年 12 月 19 日

温克勒对这段历史的回顾是引人入胜的，值得一读。……温克勒再次证明自己是一位出色的叙述者。

——茜贝拉·派讷和克劳斯·布鲁默，德新社（dpa），2011年11月29日

简直就像历史学家中的赫尔穆特·施密特。

——尼克·弗里德，《南德意志报》（*Süddeutsche Zeitung*），2011年9月22日

还从来没有人像这样书写过西方世界的历史。

——沃尔克·乌利希，德国广播电台（Deutschlandfunk）

海因里希·奥古斯特·温克勒为世界大战的年代书写了一部纪念碑式的作品，对欧洲史感兴趣的人绝对不能错过。……无与伦比的伟大作品。

——弗朗克·威伯，2012年1月6日

1200多页的著作梳理了历史事件的原因、结果，以及那些没有取得预期效果的、将人们带进极端年代的特殊道路。是一部知识量巨大，有划时代意义的著作。

——米夏尔·黑塞，《法兰克福评论报》（*Frankfurter Rundschau*），2011年10月11日。

这部作品对20世纪上半叶欧洲和美国的政治史做了详尽的记述，在叙事的清晰度和准确度上几无可匹敌，是专业知识的权威著作，历史评价平衡公允，文风在平和友善中闪烁着光芒。……很难想象能有比这更巧妙、精准而包罗万象的作品。

——乌利希·赫尔伯特，《法兰克福汇报》（*Frankfurter Allgemeine Zeitung*），2011年10月10日

上

中

第三章 民主与专制：1933~1939 年

Contents /

下

第四章　人类文明的决裂：第二次世界大战和犹太人屠杀

序　言

此书是本套《西方通史》的第二卷。2009 年秋季出版的第一卷涵盖的历史跨度很大，始于早期犹太一神教影响的西方历史，谈及古典时代晚期、基督教直到第一次世界大战爆发。围绕的重点是我称之为西方价值观规范工程的发展，即 18 世纪后期两次大西洋革命的理想，也就是美国革命和法国大革命的理想。古老的西欧就接受还是摒弃这些思想的争论，一直延续到 20 世纪，甚至号称“发明家的合众国”曾几何时也一而再，再而三地与其内涵背道而驰；然而在今天，这些思想已经成为一种标准，如果西方想在非西方世界面前坚定地代表其价值观，那么它也必须用这个标准衡量自身。

第二卷讲述 1914 年到 1945 年的历史，这 30 年是一个特殊的年代，战争、危机和灾难此起彼伏。在此之前只有 1618 年到 1648 年的三十年战争可以与之相提并论。如同在 17 世纪上半叶，德国在 20 世纪上半叶也处于各种矛盾的中心。1914 年到 1945 年，德国扮演着核心的角色，甚至西方历史上两次世界大战都可谓德国的篇章。同时它也是人类历史上最恐怖的一个章节：最终以欧洲犹太民族的毁灭，以 20 世纪国家犯罪史上最彻底的大规模屠杀，以德意志帝国的灭亡而告终。

某些作者，例如社会学家齐格蒙特 · 鲍曼（Zygmunt Bauman）

认为，大屠杀是一种现代性的、向理性化努力的、追求“唯一量化”的结果，是努力消除“矛盾心理”的结果，是某种技术性“社会工程”的极端案例。在两次世界大战期间，社会工程在思想界中占有很突出的地位。此外，很多作者长期以来将大屠杀归咎于第一次世界大战中使用武力的经验，那些越轨的、迄今为止只在殖民战争中使用武力的经验。美国历史学家和外交官乔治·F. 凯南（George F. Kennan）称第一次世界大战是20世纪的“始发灾难”。从社会政治的角度出发，推导出其可行性的设想，在战争中养成机械化杀戮的习惯，这都是普遍的跨国现象。我们可以将1918年后的种种事件放入这个视角来分析，但是这并不能解释为什么德国犯下了大屠杀犹太人的反人类罪。本书就是从这个问题的背景出发，探讨1914年到1945年德国历史的进程，去尝试解释为什么这样一个文化上属于西方的国家，如此顽固地否定西方价值观的规范，特别是否定不可剥夺的天赋人权，以至于令世界和自身都跌入灾难的深渊。

如果按照美国总统伍德罗·威尔逊（Woodrow Wilson）的想象，1918年后应该是西欧民主在全欧洲凯旋的时代。然而早在1925年，德国经济学家莫里茨·尤利乌斯·博恩（Moritz Julius Bonn）就提出“欧洲民主的危机”。他分析的核心是第一次世界大战带来的社会和心理的变化：工人阶级势力的崛起以及由此带来的中产阶级的恐惧、军事化思维，同时严重低估了可以依靠严格的规范和公认的机构来解决民事纷争的种种办法。

在欧洲大陆第一次世界大战后诞生的那些民主立宪国家中，20年后只有两个国家还可以被称为民主国家，这就是捷克和芬兰。而其他国家中，执政的或多或少都是专制政权。它们在西方的遗产中挑选出更符合执政者利益的成分，而不是民主的思想，奉行“民族是一个不可分割的整体”的原则。由于这些新生国家并不是纯粹的民族国家，有些甚至明显是多民族国家，因此它们在接受西方这种观点的同时，具体而言就是接受来自法国思想宝库的思想的同时，也埋下了产生重大分歧的种子。

两次世界大战之间政治体系的一个新特点是新型独裁，即所谓的极权专制。我们经常讨论的“极权”这个概念指的是某些国家，其对权力的垄断和镇压的程度远远超过传统独裁者，超过那些公开的或者是秘密军事独裁的“正常标准”。极权政权另外一个突出特点是，它们要求绝对服从，其政治目标是创造出新人。尽管在很多方面有天壤之别，但是墨索里尼和希特勒在这一点上极为相近。在和更激进、更极端和更“极权”的法西斯政权，即德国纳粹政权打交道后，盎格鲁－撒克逊国家才重新评估了它们和苏联共产主义的关系，甚至迈出与其结成同盟的一步。

在纳粹德国引发的第二次世界大战结束后，形成了所谓的“两极”世界，为1945年后的历史留下深深的印迹。德国为第二次争霸欧洲的尝试付出的代价是无条件投降，损失了战前四分之一的领土，盟军占领了全部国土。欧洲殖民大国英国和法国的国力因战争被大大削弱，再也无法阻挡其海外势力不断缩小的进程。如果说两次世界大战中的第一次世界大战把欧洲国家分化割裂，那么第二次世界大战则把这种现象推向极端：1947年后“冷战阵营”相互对峙，美利坚合众国和苏联则成了各自阵营的领导力量。

1945年后的西方历史，我会专门在另一卷中谈及。这套历史丛书第一卷出版两年后，该系列的第二卷马上问世，要归功于诸多机构和同事的帮助：自2007年起就资助我的项目的罗伯特·博世（Robert Bosch）基金会，汉斯·林吉尔（Hans Ringier）基金会，埃贝林和格尔德·布塞留斯—时代周刊基金会（die ZEIT-Stiftung Ebelin und Gerd Bucerius）。感谢柏林洪堡大学为我提供办公地点和技术设备，感谢我多年的同事莫妮卡·罗斯托伊彻（Monika Roßteuscher）硕士，我的学生兼同事安格拉·阿布迈尔（Angela

Abmeier）女士、莎拉·比安琪（Sarah Bianchi）、费利克斯·博尔（Felix Bohr），以及拉埃尔·玛丽·弗格尔（Rahel Marie Vogel），没有他们不懈的帮助，我根本无法投入本书的撰写工作。感谢格蕾琴·克莱因（Gretchen Klein）、莫妮卡·罗斯托伊彻和费利克斯·博尔，他们花了大量的精力，细心地将我的手稿整理为可以印刷的文本。

C.H. 贝克出版社的主编德特勒夫·费尔肯（Detlef Felken）博士在认真通读和校对了西方通史的第一卷之后，现在又把这部通史的第二卷手稿通读了一遍。雅娜·勒施（Janna Rösch）、塔贝阿·施皮斯（Tabea Spieß）和亚历山大·戈勒（Alexander Goller）承担了本书的校对和索引工作，我诚恳地感谢大家做出的所有努力。最后的感谢献给应该第一个感谢的人：我的太太。她经常和我讨论在撰写此书时萦绕在我脑海中的所有问题。她的建议、鼓励和批评也都融入书中，因此本书是专门献给她的。

海因里希·奥古斯特·温克勒

柏林，2011 年 3 月

第一章

二十世纪的大灾难：第一次世界大战

著名战役与战争罪行：1914~1916 年的军事事件

1914 年 8 月，在柏林、维也纳、巴黎、伦敦和彼得格勒的街道上簇拥着向出征士兵欢呼的人们，他们的心态和期望都是：此战会速战速决，本国凯旋在即。然而仅仅几个月过后，所有卷入战争的国家都被浇了一瓢冷水。仅从 1914 年底的事态来看，迅速战胜敌方已不可能。这场战争从一开始在规模上就是史无前例的，远远超过在这块大陆上发生的历代武装冲突。

交战后的前四周，参战双方一边是德国和奥匈帝国两个中欧强国，另一边是被称为协约国的俄国、法国和英国以及塞尔维亚、黑山和日本。中立的比利时因为没有屈从柏林的最后通牒，拒绝违反国际法，被德国视为战争对手。1914 年 10 月土耳其、1915 年 10 月保加利亚加入中欧列强一边参战。1915 年 5 月，因意大利加盟，协约国势力得到壮大；1916 年葡萄牙、罗马尼亚和希腊也相继参战。

开战后最初几周，国际社会对德国在持中立态度的比利时的残暴行径大为哗然。比利时军队出乎意料地坚决抵抗德国入侵者，据说有些国民卫队手无寸铁的家属也参加了战斗。当时在德国军队中，蔓延着一种对“弗兰克斯射手”（Franctireurs）恐慌性的害怕，“弗兰克斯射手”曾在 1870~1871 年德法战争中，令德国军队胆战心惊。德方的反击是大力摧毁私人建筑和公共建筑，绑架、滥杀无辜平民，毫无证据地指责他们枪杀德国士兵。8 月底，中世纪城市鲁汶（Löwen）的大部分，包括珍贵的天主教大学图书馆被付之一炬。1914 年 8 月到 10 月的大屠杀中，共计 5521 名比利时平民死亡，德国士兵对比利时妇女和女孩的强奸更是不可计数。据说，还有砍去孩子手掌等致残暴行，但这类事件并未得到证明。也许它只是某种想象，其心理根源来自 1909 年去世的比利时国王利奥波德二世（Leopold Ⅱ）在刚果殖民的暴行。

约翰·霍恩（John Horne）和阿兰·克莱默（Alan Kramer），这两位作家最详尽地研究了德国在1914年犯下的战争罪行。他们称，误导德国人认为比利时展开一场针对德国的“人民战争”，是“某种自我暗示的极端案例，现代化的军队中也常常使用这种办法”。的确，德方的暴行很恐怖，以至于比利时、法国和英国把凭空想象的恶行认为是真事，例如砍下儿童的手等，用霍恩和克莱默的话说，它甚至成为“入侵、敌人和战争的代名词”。德国军队在比利时以及之后不久在法国北部的残暴行径，被视为普鲁士德国军国主义的典型特征：完全和德意志帝国1907年签署的《海牙公约》精神大相径庭，和德国人努力争当世界领先文化民族的愿望背道而驰。从那以后，协约国的战争鼓吹者不必费吹灰之力，就可以将野蛮的敌人比作当代的匈奴人，把威廉二世皇帝比喻为转世的阿提拉（Attila）国王。

面对上述这些谴责，1914年10月初，93名德国著名学者、艺术家和知识分子站出来予以驳斥。他们是动物学家和社会达尔文主义哲学家恩斯特·海克尔（Ernst Haeckel），哲学家和诺贝尔文学奖获得者鲁道夫·奥伊肯（Rudolf Eucken），化学家弗里茨·哈伯（Fritz Haber），免疫学家和诺贝尔医学奖获得者保罗·埃利希（Paul Ehrlich），历史学家爱德华·迈尔（Eduard Meyer）、卡尔·兰姆普雷希（Karl Lamprecht），画家马克斯·利伯曼（Max Liebermann）以及诗人盖哈特·霍普特曼（Gerhart Hauptmann），他们联名签署了官方授意的《向文化世界呼吁》一文。他们否认德国的战争罪行，声称并未任意伤害比利时的中立。他们宣称只是在万不得已的情况下，才进行正当自卫。原则上比利时居民的生命和财产根本未受到任何损害。他们否认德国军队对鲁汶的破坏，甚至断言：“如果没有德国军国主义，德国文化早就从地球上消失了。”这一番言论，在敌对和中立国家引起的恶劣影响可想而知：德国的文化精英背弃了他们本想用这份爱国宣言捍卫的“文化世界”。

1914 年 9 月，德国挺进法国北部的行动受阻。情绪过于悲观的德方总参谋长赫尔穆特·冯·毛奇伯爵（Helmuth Graf von Moltke，小毛奇），无任何明显理由在马恩河（Marne）败北，之后又过于匆忙地下令撤退，9 月 14 日他被战争部长埃里希·冯·法金汉（Erich von Falkenhayn）换下。先攻克比利时和洛林后迅速击败法国军队，然后集中德军兵力前往俄国战场的施利芬计划（Schlieffenplan）彻底落空。德国也未能拿下英吉利海峡最重要的港口，如英国远征军补给要道敦刻尔克（Duenkirchen）和滨海的布洛涅港（Boulogne-sur-Mer）。1914 年秋季的这场物资补给战，双方各有胜负，损失颇为惨重。西线战场上的佛兰德（Flander）和上阿尔萨斯（Elsaß）的相互对峙随之僵持为阵地战。

在东线，德国在战争头几个月取得大胜，令西线在整个战事期间都望洋兴叹。名义上是由重新服役的陆军司令保罗·冯·兴登堡（Paul von Hindenburg）指挥，而实际上是他的总参谋长埃里希·鲁登道夫（Erich Ludendorff）在操舵［前不久曾夺回列日（Lüttich）］，1914 年 8 月底，第 8 军团在奥特斯堡（Ortelsburg）击败了进攻到东普鲁士的俄国纳雷夫军团。这场战役也被称为坦能堡（Tannenberg）会战，是根据有历史象征意义的、邻近的一个叫坦能堡的小地方而命名的，因为早在 1410 年，波兰和立陶宛曾在这里重创德国骑士军团。

9 月马祖尔湖（Masur）一战跟在大胜涅曼河（Njemen）军团之后，俄国在东普鲁士最惨重也是最终的失败是 1915 年 2 月的马祖尔湖冬季战。1914 年秋季在波兰前线，德国和奥地利军队也是捷报频传，夺取了诸多领土。但 1915 年春，奥匈军队试图将俄军赶回喀尔巴阡山脉的行动没有成功，早在 1914 年已经损兵 120 万的多瑙帝国，再次丧失 80 万精良。从此，这个德国最重要的盟国一蹶不振，直到战争结束时也没有缓过来。

尽管如此，两个中欧列强国家的携手得以继续重创沙俄帝国。1915 年 5 月到 10 月期间，它们先后占领了立陶宛、库尔兰和波兰的俄占区，并把俄国赶出了加利西亚（Galizien）。在撤退时，俄国军队打着保护其安全的幌子，将 160 万立陶宛人、拉脱维亚人、犹太人和波兰人遣送到俄国腹地，这也是沙俄帝国为 1916 年更为残酷地迫害土库曼斯坦和吉尔吉斯斯坦游牧民族的一次预演。因为这两个民族反对将穆斯林纳入义务兵役制：结果是约 50 万人的财产和畜群被剥夺，他们被驱逐到山间和荒漠，悲惨丧生。自 1915 年秋季，东线也逐渐形成胶着阵地战，1916 年夏，俄国发起布鲁西洛夫（Brussilow）攻势，打破了这一僵局。多瑙帝国军队在布科维纳（Bukowina）惨败。从这时起到俄国 1917 年二月革命前，前线再未发生什么重大变化。

当时的军事局势有利于两个中欧强国，德皇威廉二世和奥地利弗朗茨·约瑟夫皇帝（Franz Joseph）甚至在 1916 年 11 月 5 日共同发表一个声明，宣布在俄属波兰的领土上成立“波兰王国”。而该国的真正决策权并不在华沙新成立的波兰国家委员会手中，而是由驻扎在华沙的德国总督和驻扎在卢布林（Lublin）的奥地利总督控制。因此没有什么“独立”的波兰可言，同样也不存在什么有保障的国界。德国保留兼并边境地区的权利，包括波兰的上西里西亚工业区。德国军队占领的另外两个地区，立陶宛和库尔兰的前途也无定论。泛德意志纲领的追求者，特别是上层社会的波罗的海德意志人和诸多在德国生活、工作的波罗的海德意志人，竭力督促将波罗的海地区并入德意志帝国。

1915 年到 1916 年，西线的双方都不断尝试打破阵地战的僵局。1915 年 4 月底，德国军队在伊普尔（Ypern）首次使用毒气。1916 年 2 月底，总参谋长冯·法金汉发动攻势，目的是拿下凡尔登要塞。

战事进行得非常惨烈，到 6 月，德国和法国各损失 20 多万人。7 月中旬，法金汉中断了该战役，以便集中力量抵御索姆河（Somme）畔英军的进攻。到 11 月时，长眠此地的英国人、德国人和法国人达 100 多万。而实际的结果是，协约国一方赢得少许领土。此次战败令法金汉被撤掉总参谋长职务。1916 年 8 月，兴登堡出任第三任最高军事统帅，任总参谋长，鲁登道夫被任命为副总参谋长。

鲁登道夫从此成为德国军队的“强人”，而兴登堡则是知名的前线人物。军队的宣传鼓手不惜违背历史实情，将兴登堡描绘为“坦能堡战役英雄”。威廉二世不适于担当战争英雄的角色，1914 年 8 月后他也很少抛头露面，兴登堡不久就担当起某种“代理皇帝”的角色。当然这两位军事将领也无法令西线局势有所好转：1916 年 10 月到 12 月，法国人又从德国人手中夺回了已经被占领的凡尔登要塞。

在战事开始后最初两年，德国和两个西方强国在海上动作并不大。在海军大臣温斯顿·丘吉尔（Winston Churchill）的推动下，英国在北海封锁了设得兰（Shetland）群岛到挪威南部的海路，切断了德国原材料和食品补给的通路，也令其无法向海外出口产品。德国最初的反应是，先投入潜艇和水雷舰，并按照帝国海军部国务秘书冯·提尔皮茨（von Tirpitz）元帅的决策，让远洋舰队等待时机，暂时不要暴露锋芒。

1915 年 3 月，德军最高统帅部下令发动全面潜艇战，即在没有事先预警的情况下，可以攻击任何船只，包括中立国的船只。该战略的第一个致命后果是，1915 年 5 月击沉了载有武器的英国远洋客轮“卢西塔尼亚号”。1200 名遇难者中有 120 多名美国公民。随后华盛顿政府提出强烈抗议，迫使德国在 1915 年 9 月不得不限制其潜艇战。之后，德国远洋舰队在 1916 年 5 月底走向前线，在斯卡格拉克（Skagerrak）海峡第一次参加大规模海战。英国人虽然比德国损失更加惨重，但是仍粉碎了德方海上封锁的企图。海军作战部随后提出再次启动全面潜艇战，但一时无法说动威廉二世皇帝和帝国首相特奥巴登·冯·贝特曼·霍尔维格（Theobald von Bethmann Hollweg），提尔皮茨因这次败仗辞去帝国海军部国务秘书一职。

与法国和俄国相比，东南欧和地中海一带则是第一次世界大战的侧面战场。到 1914 年底，中欧列强占领了整个塞尔维亚。1915 年 1 月黑山投降。1916 年秋季，罗马尼亚大部分落入德国和奥地利手中。但是意大利在 1915 年 5 月加入协约国参战，这一事件比上述战果影响更为重大。之前的谈判中，意大利让奥匈帝国割让特伦蒂诺（Trentino）、戈里齐亚（Görz）、格拉迪斯卡（Gradisca）和包括的里雅斯特（Triest）的伊斯特拉（Istrien）以及多个达尔马提亚群岛（dalmatin）的岛屿，作为奥匈帝国统治巴尔干对其的补偿。在柏林的施压下，维也纳同意了大部分要求，但同时和英国、法国和俄国举行的秘密谈判让意大利得到了更多的承诺。结果是 1915 年 4 月伦敦出台了秘密协议。协约国确保意大利得到南蒂罗尔（Südtirol）、的里雅斯特和伊斯特拉（里耶卡除外）、达尔马提亚群岛的北部和中部及其周围岛屿，拥有多德卡尼斯（Dodekanes）的主权。另外意大利还获得土耳其地中海沿岸领土变小的阿尔巴尼亚的统治权。

同外交大臣桑尼诺（Sonnino）一样，意大利首相萨兰德拉（Salandra）站在好战的“干涉主义”一边，但议会多数人反对他的观点，萨兰德拉在 1915 年 5 月 21 日递交辞呈。他的前任乔利蒂（Giolitti）赞成意大利中立，得到议会大多数人支持，但他不愿出任政府领导。最终市民的抗议，特别是以大学生为主体的、在罗马和其他大城市发生的街头抗议起了决定性作用。他们中间不乏坚定的干涉主义者，如民族主义诗人加布里埃尔·邓南遮（Gabriele D'Annunzio），当年的激进马克思主义者、工团主义者贝尼托·

墨索里尼（Benito Mussolini）都受到热烈追捧，后者在1914年11月与坚定的反干涉主义的社会党决裂后，担任由他自己创建的、受工业部门和法国资助的报纸《意大利人民报》（*Il popolo d'Italia*）的编辑。国王维托里奥·埃马努埃莱三世（Viktor Emanuel Ⅲ）站在鼓噪的民族主义少数派一边。他不接受萨兰德拉首相的辞呈，责成他继续负责政府工作。自此自由主义的议会多数转向干涉主义路线，批准了政府要求的特权。1915年5月23日，意大利向奥匈帝国宣战，1916年8月继而向土耳其和德国宣战。经历了11次战斗的伊松佐河（Isonzo）战役于6月拉开序幕。到1917年，这场战役令意大利损失惨重，无数生命换取的是微不足道的领土。

奥斯曼帝国比意大利参战早。1914年10月底，土耳其根据8月2日和德意志帝国缔结的结盟协议，出动舰队到俄国黑海港口布下水雷并发动攻击。沙俄帝国于11月3日向土耳其宣战。11月5日英国和法国相继跟上。2个月后，即1915年1月，俄国在南高加索重创土耳其。而在另一个战场上，土耳其则捷报频传：1915年4月底，他们挫败了大部分由澳大利亚和新西兰英属自治领地组成的联军，挫败了后者占领达达尼尔海峡北部的加里波利（Gallipoli）半岛的企图。

正是在1915年4月24和25日这两天，伊斯坦布尔开始拘捕和遣返200多名多少有些名气的亚美尼亚居民，不久之后，他们几乎全部被处死，这也是第一次世界大战最残酷的一页：对亚美尼亚人的种族灭绝。苏丹阿卜杜勒-哈米德（Sultan Abdul hamid）二世在位时，亚美尼亚人就受到野蛮暴力的欺凌：1884年和1896年的大屠杀导致近20万人死亡。1909年初的大屠杀，也是土耳其发生青年土耳其党人革命期间，大约1.5万~2万名亚美尼亚人死亡。当然在奥斯曼帝国和沙俄帝国生活的亚美尼亚人，他们有一种共同的归属感。19世纪下半叶兴起的某些革命组织受俄国支持，起来反抗土耳其穆斯林的压迫，但是亚美尼亚人集体起来反抗土耳其的统治则无从谈起。

塔拉特帕夏（Talaat Pascha）领导的执政党青年土耳其党，又称统一进步党，从一开始不仅想恐吓一下那些所谓的不可信赖的团体，或仅仅满足于取缔非穆斯林宗教团体米利特（Millet）仅有的独立权力。在1912~1913年的巴尔干战争中，土耳其几乎失去了在欧洲的所有领土，而210万名亚美尼亚人则成为土耳其境内最大的基督教少数民族。统一进步党的愿望是将奥斯曼多民族帝国改造为一个单一的土耳其族国家。驱逐并消灭亚美尼亚人，这个方针不仅针对生活在靠近俄国边境安纳托利亚（Anatolien）东部地区的亚美尼亚人，也指向在奥斯曼帝国的所有亚美尼亚人。而战争则为推行这项计划提供了最有利的机会。

1915年的种族杀戮导致150万名亚美尼亚男人、妇女和儿童死亡。在穿越荒野的死亡之旅中，他们遭受酷刑和枪杀，饥寒交迫，被淹死和焚烧。有些驱逐行动，特别是在荒野驱逐行动中，对亚美尼亚人的行径简直就是模仿德国1904年和1905年在西南非对赫雷罗人（Herero）的灭绝行为，这也是20世纪第一次系统的种族灭绝暴行。当时生活和工作在土耳其的德国外交官和军队获知了大屠杀的细节，并通知柏林执政者。尽管个别的见证人，如波茨坦新教神学家约翰内斯·莱普修斯（Johannes Lepsius）一再敦促帝国首领去伊斯坦布尔申述此事，但是帝国首相和外交部门则拒绝强硬抗议的方式。他们不想疏远这个1914年以来德意志帝国比以往更加依赖的盟友，所以仅采用客气的请求，恳请土耳其不要过度使用武力。

战事的外围还有德国殖民地。在战争最初几个月，新几内亚（Neuguinea）和萨摩亚群岛（Samoainseln）被澳大利亚以及新西兰军队占领，马绍尔群岛（Marschall）、马里亚纳群岛

（Marianen）、帕劳群岛（Palauinseln）和加罗林群岛（Karolinen）被日军占领。1914 年 11 月日本强迫青岛的德军投降。1914 年非洲的多哥（Togo）落入协约国军队手中。1915 年德属西南非、1916 年喀麦隆（Kamerun）相继失守。最激烈和耗时最长的是德属东非战场。1916 年 9 月，大英帝国联盟军队攻占了达累斯萨拉姆（Daressalam）。但到战争结束时，在莱托－福尔贝克（Lettow-Vorbeck）将军领导下的驻防军守住了德国大部分殖民地，而且还攻入葡萄牙在东非的部分领地。[1]

战争目的、意识形态战和反战潮流

1914 年 8 月 4 日，德皇威廉二世在帝国议会的登基演说中表示："并非占有欲在驱使我们。"这次演说也令社民党人同意了帝国首脑的战争贷款要求。然而不久之后，诸多有影响力的阶层开始质疑德国只是在进行防御战的说法。虽然 1916 年 11 月前禁止公开讨论德国参战目的，但幕后关于德意志帝国从战争中获得领土、资源和权力的讨论和著述则有增无减。

1914 年 9 月，帝国首相特奥巴德·冯·贝特曼－霍尔维格在一个纲领中总结了他的设想，其宗旨是建立一个德意志统治的中欧，这无异于说在欧洲大陆实现德国霸权。吞并北洛林矿产盆地的隆维布里埃（Longwy-Briey）以及要塞城市贝尔福（Belfort），兼并卢森堡，将比利时降为一个诸侯国。就俄国问题只是泛泛提及，如"应该将其赶离德国边境，打破其对非俄语诸侯国的统治"。其他邻国包括奥匈帝国、法国，甚至还可以包括波兰，都应该纳入一个"中欧经济联盟"，"虽然该联盟成员表面平等，但实际上置于德国领导之下"。

帝国首相的"九月计划"在很大程度上与以出口为导向的工业和德国银行的基本要求一致。然而泛德意志运动的极端民族主义者和个别重工业家的立场更为激进。泛德意志协会主席海因里希·卡拉斯（Heinrich Claß）在 1914 年 8 月底提出，俄国应该退守到彼得大帝时代的边界，波罗的海以及部分俄属波兰领土、白俄国和俄国西北部应该由德国人居住，而俄国的犹太人则应迁居到巴勒斯坦。重工业家奥古斯特·蒂森（August Thyssen）在 1914 年 9 月提出，吞并比利时、法国东部的多个省份和沙俄帝国的波罗的海省份。为确保未来的原材料供给，德意志帝国应该尽可能将克里米亚（Krim）、敖德萨（Odessa）和亚速（Asow）以及高加索（Kaukasus）纳入自己的控制范围。

/ 025 012 1915年春，数个领衔经济协会和诸多德国教授、官员和艺术家出来为泛德意志计划站台，为首的是一个波罗的海德意志人、柏林神学家莱因霍尔德·西贝尔格（Reinhold Seeberg）。另外一个由知识分子组成的温和派，他们人数相对少一些，以《柏林日报》出版人西奥多·沃尔夫（Theodor Wolff）和历史学家汉斯·戴布流克（Hans Delbrück）为代表，他们在1915年7月表示，否定在西线整合和兼并政治上独立自主的民族，但并不排除在东线进行领土扩张。温和的帝国主义分子追求的是什么？左翼自由主义政治家、神学学者弗里德里希·瑙曼（Friedrich Naumann），在1915年出版的《中欧》（*Mitteleuropa*）一书做了最详细的阐述。他从1848年革命的泛德意志遗产和1806年衰落的古老帝国出发，描绘了“以德国为核心的”中欧，这个中欧应该采取国家联盟的形式，团结在德奥匈经济区周围。温和的和激进的帝国主义分子一致认为，应该大力扩张德国殖民地，特别是在中非，否则德国无法实现跻身世界强国的愿望。

就德国为什么要参战的探讨相当深入，而对其他势力参战原因的讨论则更为广泛。在法国，获得广泛共识的参战目标是：1871年被德国吞并的阿尔萨斯和洛林这两个东部省份应该回归法国。同样毫无争议的是，比利时主权应该得到恢复，法国有权向德国索要战争赔款。但是军队首脑、民族主义政治家以及民族主义知识分子，包括重工业冶金委员会（Comité des forges）及其总秘书长罗伯特·皮诺（Robert Pinot），都不满足于这个相对克制的计划，这个群体还要求吞并煤矿丰富的萨尔地区。总司令霞飞（Joffre）在1916年还提出，为“确保”法国在未来不受威胁，德国应放弃莱茵河左岸，将该地区划分为多个小国，受法国管理，同时在莱茵河右岸建立法国桥头堡。激进民族主义的“法国行动”不满足于莱茵河左岸保持
/ 026 中立，而是要求把它划归法国。但是在1916年首次允许公开讨论战

争目的时，这个要求则受到社会党人的强烈反对。

法国共和国总统雷蒙·普恩加莱（Raymond Poincaré）赞同右翼民族主义的观点：同他们一样，他希望打破统一的德意志帝国。但鉴于公共意见的分歧并考虑到盟友英国，他谨慎地回避明确表态。1917年3月10日，也就是俄国二月革命前几天，总理阿里斯蒂德·白里安（Aristide Briand）与沙俄政府达成一个秘密协议，内容是俄国同意法国吞并萨尔地区，并将莱茵河左岸的德国部分从德国分离出来，成立一个中立国。俄国可以向西扩展其领土，侵占波兰和中欧列强，这无异于说赞同吞并东普鲁士。而早在1915年3月，俄国就得到法国和英国的允诺：土耳其投降后，伊斯坦布尔和博斯普鲁斯海峡归属沙皇俄国。

原则上，法国和英国在瓜分奥斯曼帝国问题上意见一致。1916年5月它们在《赛克斯－皮科协议》（Sykes-Picot）中已经划分了它们的利益范围：在阿拉伯人居住的帝国领地成立一个“自治”国家或者一个阿拉伯首脑领导的联邦制国家，但是要在英法的监督下成立。对黎巴嫩、叙利亚和摩苏尔（Mosul）地区的控制权归法国，对美索不达米亚地区和埃及的控制权归英国。巴勒斯坦由一个国际机构管理。而关于巴勒斯坦前途最重要的文件是1917年11月2日以英国外交大臣命名的《贝尔福宣言》（Balfour Declaration）：支持犹太复国主义，在巴勒斯坦建立一个犹太民族国家。同时并不应该损害非犹太团体的现有利益。英国政府的别有用心昭然若揭：希望得到美国犹太人支持其游说美国参战的行动。

就欧洲事宜，英国外交部在1916年秋季的备忘录中，仅提及重建比利时的要求和满足法国解决阿尔萨斯－洛林问题的愿望。其他的要点就是要尊重民族原则，将整个波兰与俄国组成一个共主联邦，考虑到德意志帝国领土的减少，德国、奥地利应该合并为一个德国。后一个设想与法方利益背道而驰。总之该备忘录旨在遵循“均势”

的古训：胜出的法国不得太强大，也不要过于削弱战败的德国。另外英国和法国在下述问题上意见一致：必须铲除普鲁士军国主义，必须钳制德国经济实力。[2]

在意识形态战方面，德方深受“1914 年理念”的影响。该概念是明斯特的国民经济学者约翰·普伦吉（Johann Plenge）在 1915 年提出的，而这个口号的广泛传播首先要归功于瑞典宪法学者和地缘政治家鲁道夫·契伦（Rudolf Kjellén），他是一位专门处理德国事务的律师，在德国颇受欢迎。“1914 年理念”否认自由主义和个人主义，否认民主和普遍的人权，简而言之就是否认西方的价值观。德国的价值观则是义务、秩序和正义，一个强大的、为“人民共同体”服务的国家才能够保证这些价值观的实现。契伦写道，“自 1789 年以来，世界上没有一场革命能与 1914 年的德国革命相提并论”，这是“一场建设的革命，集 20 世纪所有的国家力量，抗衡 19 世纪破坏性的解放……由于战争带来的苦难，社会主义思想闯入了德国经济生活，在新的精神中形成其组织，我们民族自立于全人类的精神孕育了德意志体制的新思想，国家社会主义全民合作的新思想”。

“资本主义”英国被认为是“社会主义”德国的真正对手。俾斯麦推行《福利保险法》后，德国具有了社会主义的特性，而英国仍一再推崇曼彻斯特自由主义的“自由放任”。大不列颠日益陷入与德国意识形态战的前沿，这不外乎两个原因。首先不同于法国，英国是世界强国。虽然它不是德国的历史宿敌，却是令人羡慕又嫉妒的榜样，它唤起一种令德国爱恨交加的感觉，不可避免地导致德国和英国矛盾的戏剧化，甚至“上帝惩罚英国！”都成为当时流行的问候语。其次德国在 1914~1915 年获胜后，俄国不再是危险的战争对手，但快速战胜英国却仍无从谈起。

天主教哲学家马克斯·舍勒（Max Scheler）是提出这个观点的

先驱之一，他说“这场战争其实就是一场德英之战”。国民经济学家维尔纳·桑巴特（Werner Sombart）在1915年发表的著作《商人与英雄》中，将英国“商业主义”和德国“军事主义”加以对比，他认为军国主义是“英雄气概升华为战斗的精神，是波茨坦和魏玛最完美的统一”。“它是战壕中的浮士德、查拉图斯特拉和贝多芬的乐谱。在《英雄交响曲》和《埃格蒙特序曲》中，处处洋溢着最真实的军国主义。”

将“1914年理念”解释得最有高度的文章是托马斯·曼（Thomas Mann）发表于战争最后一年的《一个不问政治者的思考》（*Betrachtungen eines Unpolitischen*）。在书中，《布登勃洛克家族》的作者认为，这场战争是德国文化和西方文明的一场冲突。托马斯·曼在这里捍卫独裁德国，因为作者要保护音乐、诗歌和哲学中所体现的最深刻和最内在的德意志本质，将其和政治分开。这场战争实际上是反抗西方“三个自由国度”之战，即反抗法国、英国和美国及其民主的战争。“如果把德国艺术概念政治化就意味着德国将要民主化，那么这是德国与民主接轨和向民主靠拢的一个重要标志。”

英法政治体系优于德国，这一点英法知识分子早已心知肚明。但另一方面，他们和沙俄结盟又不能解释成为争取民主而战。英国还面临一个问题：不是所有男性都有下院普选权，而德国自1871年以来，就在全帝国实现了男性普选权。因此西方知识分子认为，与德国意识形态的争论应聚焦在典型的德国问题上：最反动的普鲁士军国主义。英国常把下列作家视为普鲁士军国主义的精神代表，他们是军事作家弗里德里希·冯·贝恩哈迪（Friedrich von Bernhardi），他在1912年出版了《德国和下一场战争》（*Deutschland und der nächste Krieg*）；历史学家海因里希·冯·特赖奇克（Heinrich von Treitschk），战争是“给各民族的一场严格考试”提法的始作俑者，这个著名短语在德国常被引用；还有就是弗里德里希·尼采（Friedrich Nietzsche），其实尼采根本不是什么德意志民族主义者，因此这样的提法值得怀疑。1914年以后，两种德国的提法又再次复活：一个德国是诗人和思想家的理想国，另外一个德国则是自1871年以来由霍亨索伦家族统治的、觊觎权力的军国。

伦敦哲学家和社会学家伦纳德·特里劳尼·霍布豪斯（Leonard Trelawny Hobhouse）1915年在《冲突的世界》一书中，一针见血地挑明了德国在精神上的特殊发展以及它与西欧思想主流的区别。该书是他为自由主义倾向《曼彻斯特卫报》撰写的系列文章节选。德国开启了一种源于其传统的独特文化。这种文化建立在特定的国家理念基础上，建立在国家对个人和对个人种种权限加以控制的基础上，这是一种为西方文明所不齿的国家理念。“正如我们在黑格尔那里看到的表述。促成全部运动的目的是，让古老的理想重新生效。国家是人的主宰，它不承认上帝和人性的任何准则，而这些准则才能够把国家和其他一切全方位地捆绑在一起。”

自德国在比利时施暴以来，以及不久后摧毁兰斯大教堂，关于德国人“野蛮”的陈词滥调再次兴起，这在法国也许比在英国还要强烈。“生命冲动”（élan vital）学说的创立者、哲学家亨利·柏格森（Henri Bergson）在1914年8月率先使用“野蛮”这个概念。历史学家和政论家欧内斯特·拉维斯（Ernest Lavisse）于1915年和日耳曼文学学者夏尔·安德勒（Charles Andler）共同出版了《德国战争》（*Pratique et doctrine allemandes de la Guerre*）一书。在分析莱比锡历史学家卡尔·兰姆普雷希（Karl Lamprecht）的战争报告时，他写道：德国军国主义是物质利益、追逐黄金、本能和野蛮暴行的可怕结合。夸张的爱国主义、疯狂的傲慢、聚集一切力量，结合为一种强大而复杂的神秘体，目的是突出“德国高于一切”的理想。两年后拉维斯并未放弃希望，他说，全世界将会认识到，是法国让大家共同的胜利成为可能，是法国阻挡了这种野蛮的进攻。“在捍卫自己生存的同时，将人类从令人憎恶的锁链中解放出来，正是这种锁链威胁着人类，把傲慢和贪婪置于正义和法律之上。”

著名的社会学家埃米尔·涂尔干（Émile Durkheim）在1915年发表的《德国高于一切》（*L'Allemagne au-dessus de tout*）一文中的基调恰恰如此。海因里希·冯·特赖奇克去世后，在1899~1900年才面世的、由他撰写的“政治”授课稿件，让涂尔干更好地理解了泛德意志主义追逐权力的核心。他称泛德意志主义是社会病理的一个案例。特赖奇克这位柏林历史学家认为，国家就是权力，其义务就是强国。只是在情势不变条款（clausula rebus sic stantibus）框架下受国际协议约束，也就是说，受国际协议约束的先决条件是签约时的条件仍然存在。对于国家而言，没有什么其他民族的自治权，公民社会应该服从于国家。

在涂尔干看来，这种心理是一种追逐权力的病态意愿，特赖奇克就是其代言人。德国为自己创造了一个神话，认为它高于其他民族，是“上帝力量在人间的最高体现”。然而德国无法强迫世界屈服。“不限制人类生活的自由，德国就无法完成自己选择的使命。然而永久禁锢人的生活是做不到的。虽然在一段时间内，可以用某种机械的干扰抑制它或麻痹它。但是最终它会开拓自己的道路，扫清障碍，步入其自由发展的阶段。”

从理论上分析德国最精彩的文献之一来自美国。社会学家和经济学家托斯丹·凡勃伦（Thorstein Veblen），1857年出生于威斯康星，是挪威移民后裔，1915年出版了《德国与产业革命》（*Germaney and the Industrial Revolution*）一书。凡勃伦是那个“进步时代”最有说服力的作家之一。1899年发表的《有闲阶级论》（*Theory of the Leisure Class*）使他一举成名，这部书不仅尖刻地讽刺了沉溺在奢华生活中的有闲上层社会，还将矛头指向全社会。

1915年的这部著作，一方面对专制军国主义的普鲁士以及受其影响的德国冷嘲热讽，另一方面热情洋溢地赞美英语民族对自由的热爱。尽管不乏攻击性的夸张和歪曲，但凡勃伦的文章对“德国特殊道路”做了尖锐和精彩的分析，当然“德国特殊道路”这个概念是二战后才开始流行的。

按照凡勃伦的说法，德国是一个充满矛盾的典型，最高程度的技术现代化与极端落后的政体相结合。就工业化而言，德国效仿英国，但是并未接受在英国出现的自由思想和体制。这是一个没有成功革命经验的民族，还停留在中世纪，集易北河以东的容克制度和其好战的封建主义特性于一身。“德国的情况在西方国家中没有先例。无论在学习技术时的突发性、严谨性和广泛度，还是在学习时其文化背景的旧式特征，都没有先例。”在普鲁士的领导下，将德国凝聚在一起的只有血和铁，只有王朝的理想。

因此德国人和英国人对军事问题有着截然相反的态度。“德国的理想治国之道是，竭尽国家全部资源用于军事的强盛，与此相反，英国的理想是将军事力量限制在可以保证和平所需的最低限度。”英国人和英语民族的思维方式是“普遍的自主权”，而德国人的思维方式是国家，而且是王朝国家。因此德国和英国对自由概念的理解大相径庭。从德国的视角出发，自由意味着发布命令，自愿执行命令。对英国人来讲，自由意味着近乎无政府主义的态度，即在值得怀疑的情况下不一定遵守命令。

按照凡勃伦的看法，俾斯麦领导下的德意志帝国发展为德语国家中“最具进攻性，最不负责任，也是最旧式统治”的国家。这样一个国家，不可能否认其好战的本性依赖于其强大工业的潜力，在俾斯麦后继人手中，它不仅发展为对其邻国的威胁，而且发展为对整个西方世界的威胁。凡勃伦根本不必公开表示支持美国参战。他强调“普鲁士帝国体制”就是“反对现代文明进程的典型和化身”，由此只能得出一个其结论，即世界上的英语国家最终必须联合起来，以保卫西方的成就不受普鲁士德国的威胁。[3]

凡勃伦是一个激进的自由主义者，但不是马克思主义者。如果从马克思主义的假设出发，战争的深层原因只能在资本主义经济体制矛盾的发展中去寻找和发现。资本主义在19世纪末进入帝国主义阶段，俄国布尔什维克领袖弗拉基米尔·伊里奇·乌里扬诺夫·列宁在1916年初流亡苏黎世期间撰写的，于1917年4月在彼得格勒发表的文章中称，帝国主义是“资本主义的最高阶段”。这个阶段的特点是银行资本和工业资本融合为金融资本，自由竞争被垄断和被国际卡特尔取代，资本输出到目前还没有被资本规则征服的、世界上资源最丰富的但非常落后的地方。

资本主义过渡到垄断资本主义和金融资本阶段与瓜分世界的争执紧密相关。按照列宁的思路，剥削落后地区可以获得高额利润，可以让大都市的资本获益者过上寄生虫的生活，让垄断者去行贿部分工人阶级。因此帝国主义和用改良方式及修正主义方式背弃真正马克思学说的“机会主义”有内在关联：这个论点一针见血地击中了德国、法国和英国社民党赞同战争贷款的举动。

但是帝国主义只能给寄生的、腐朽的资本主义一次缓期。列宁谴责德国社民党领衔理论家卡尔·考茨基（Karl Kautsky）和他所持的非马克思主义观点。考茨基认为帝国主义可以在国际卡特尔的框架下和平地平衡自身矛盾。列宁援引在德国社民阵线非常活跃的奥地利作家鲁道夫·希法亭（Rudolf Hilferding）1910年出版的《金融资本》（*Finanzkapital*）中的观点，并预言殖民矛盾会进一步激化，在殖民地和其他非独立地区反对欧洲资本的民族独立运动会更加壮大。“帝国主义的典型特征，一方面是生产力的发展和资本聚集的不平衡，另一方面是瓜分殖民地和瓜分金融资本势力范围的不平衡，要消除这种失衡”，在资本主义的土地上只有战争这样一个办法：列宁认为这就是 1914 年 8 月爆发国际大战的真正原因。

列宁的文章《帝国主义是资本主义的最高阶段》(*Der Imperialismus als höchetes Stadium des Kapitalismus*)，在理论上主要依据一些资产阶级作家和社会主义作家的分析，包括约翰·阿特金森·霍布森（John Atkinson Hobson）和鲁道夫·希法亭。但他也接受了他们的某些错误评估，例如有关剥削殖民地的经济回报问题。然而列宁认为最关键的是革命实践，他的目的是借助其帝国主义理论来证明革命实践的正确性。他在 1914 年 11 月发表的《战争与俄国社会民主党》一文中，规定了革命的战略目标，即“将目前帝国主义战争转化为内战”是“无产阶级唯一正确的选择”。他指责那些支持本国政府的社民党领袖“直接背叛了社会主义事业”，他们在世界历史最关键的时刻试图用民族主义代替社会主义。列宁之所以最严厉地鞭挞德国社民党，还因为它是第二国际中最强大也是最有影响力的政党。列宁明确赞同意大利社会党的声明：“德国社民党的领袖令共产国际的旗帜蒙羞。”

8 月 4 日德国社民党同意了战争贷款，因为与俄国开战已成既定事实，他们认为首要任务是战胜沙俄帝国，制止这个最反动的霸权。同意贷款并不意味着社民党人认为德国和奥匈帝国对战争不负有责任。他们谴责维也纳 7 月 25 日对塞尔维亚的最后通牒，称其是轻浮的战争挑衅。但是在 7 月 20 日俄国总动员后，德国社民党领袖和自由工会领袖认为俄国政府是真正的侵略者。如果说拒绝战争贷款就意味着俄国有入侵柏林的危险，那么随之而来的可能就是对工人运动最严厉的国家镇压。这场战争也可转化为内战：这种未来令社民党不寒而栗。

然而早在 1914 年末，支持“内部求和”政策的阵线即开始瓦解。社民党缔造者威廉·李卜克内西的儿子卡尔·李卜克内西

（Karl Liebknecht）在柏林担任律师。作为第一个社民党的帝国议会代表，他于12月2日投票反对新增战争贷款。1915年12月21日，另外19名社民党议员，包括党的副主席胡戈·哈泽也采取了同样的举动。1916年1月，李卜克内西被开除出议会党团。由于反复"违反纪律"，多数人决定将偏离路线者全部开除出议会党团，因此1916年3月，18位反对派议员组成"社民工作组"。其主要成员来自战前的左派。但是持异见者、不同意官方声称的德国在进行"保卫战"的人士不仅限于左翼：没有议员席位的"中间派"卡尔·考茨基、修正主义代表人物爱德华·伯恩施坦（Eduard Bernstein）都反对多数人路线。

然而左派本身并不是一个和谐的统一体。1913年，奥古斯特·倍倍尔（August Bebel）去世后，胡戈·哈泽和弗里德里希·艾伯特（Friedrich Ebert）一同被选为社民党主席，与鲁道夫·希法亭一样属于温和派。卡尔·李卜克内西，罗莎·卢森堡（Rosa Luxemburg）和社会主义女性运动的先驱克拉拉·蔡特金（Clara Zetkin）属于激进派。自1915年春，极左派成立了自己的组织，即"国际派"，1916年更名为"斯巴达克同盟"

德国左派的激进化与第二国际左翼的发展紧密相关。1915年9月，左翼社会党人在瑞士的齐美尔瓦尔德（Zimmerwald）开会，他们有的来自参战国，例如德国、法国和意大利，有的来自中立国；他们达成一致意见：否定社会主义政党支持帝国主义战争的态度，并认为这是对共产国际原则的背叛。1915年5月中，也就是在意大利宣布加入协约国参战的前一周，意大利和瑞士社会党人就发出动议召集此次会议。被列宁称为"社会和平主义者"的、反对"对内求和政策"的温和派代表，如哈泽、伯恩施坦和考茨基没有被邀请。跟随列宁并希望用内战取代内部求和的极左派，也被称为齐美尔瓦尔德左派并没有派出很多代表参会。与会者最后一致通过决议：应该尽快结束战争，达成没有兼并、没有战争赔款的和平，承认所有民族都有自主权。

1916 年 4 月，在伯尔尼高地昆塔尔（Kleintal）召开的下一届社民党国际代表大会上，列宁和他的追随者依然占少数。但是在两个问题上，昆塔尔决议超越了齐美尔瓦尔德会议。首先，代表们提出“社民党代表要拒绝支持任何形式的战争政策”，拒绝战争贷款。其次，他们谴责国际组织完全失职的行为，谴责“他们放弃原则，打着保卫祖国的旗号，堕落为支持内部求和政策的同伙”。虽然这并不是第二国际的分裂，也不是列宁力求建立一个革命的、新型第三国际的基石，但已经显现出国际工人运动内部矛盾激化的迹象。

在德国被称为“内部求和”，在法国则被叫作“神圣联盟”。这个神圣联盟甚至在 1914 年 8 月底，还接纳社会党成员正式参与执政［马塞尔·赛姆巴特（Marcel Sembat）任公共事务部部长，茹尔·盖得（Jules Guesde）也担任部长，但无具体管辖部门］。在法国社会党的工人国际法国支部内，反战派比德国社民党势力弱。齐美尔瓦尔德会议上，法国只派出工人联合会金属协会的两位领导人艾伯特·博德仑（Albert Bourderon）和阿尔方斯·梅尔海姆（Alphonse Merrheim）参加，并没有派社会党议员出席。1915 年 12 月，在工人国际法国支部年会上，党领导的爱国主义路线得到广泛认可。只有少数人认同齐美尔瓦尔德决议。以卡尔·马克思的外孙让·隆格（Jean Longuet）为首的一个团体力图从中调解。到 1916 年 4 月，工人国际法国支部已经有三分之一的国民议会代表持反战态度。1916 年 12 月底，国民议会上只有微弱多数同意刚被任命的军备部长，白里安内阁唯一的社会党成员阿尔伯特·托马斯（Albert Thomas）走马上任。

英国工党代表未能参加齐美尔瓦尔德会议，因为英国政府拒绝发给他们护照。在英国也有社会主义倾向的反战派，开始时其声势比德国还大。1914 年 8 月 3 日，工党机关报《市民日报》(*Daily Citizen*) 写道：让英国站在反动的俄国一边参战，这个想法“简直太可怕了”。8 月 4 日上午，工党决策层发表一个声明，强调工人阶级的义务是尽快结束战争并实现和平，以便“恢复欧洲工人之间的诚挚关系”。

但不久之后，多数工党议员针对下院阿斯奎斯（Asquith）政府提出的战争贷款提案，还是投了赞成票，这也导致了最著名的反战者、议会党团主席拉姆齐·麦克唐纳（Ramsay MacDonald）宣布退位，他也是工党内的分支组织独立工党的领袖。独立工党一直到战争结束时都坚持维护和平的立场，也没有受到多数派违纪措施的惩罚。1914 年 10 月中旬，工党解释其同意战争贷款和征募志愿新兵的理由是：德国的战争罪行，对中立的比利时的突袭，总而言之，就是必须要阻止德国军事独裁的胜利。

之后，工党一直支持首相赫伯特·阿斯奎斯的自由党政府，1915 年 5 月底，在巴尔干和达达尼尔海峡军事局势的影响下，英国开始大联合执政。工党领袖阿瑟·亨德森（Arthur Henderson）担任教育大臣。借助他们确立的诸多立法项目，以 1914 年 8 月 8 日出台的“捍卫国家行动”指令为起点，奠定了国家社会主义控制的战争经济基础。1916 年初，工党还投票赞同实行普遍兵役制，这可以说是英国历史上近乎革命化的一个步骤。1916 年春，英国经历了战争期间最严峻的内部挑战：血腥镇压受德国支持的都柏林民族主义新芬党运动的复活节起义。新芬党在 4 月 24 日宣布成立爱尔兰共和国。这次镇压中有 500 人丧生，包括 300 名平民，还有 2000 多人受伤。起义领袖被处以死刑，其中包括当年的英国外交官、爱尔兰人罗杰·卡斯门特爵士（Sir Roger Casement），他曾严厉抨击比利时国王利奥波德二世在刚果对当地居民残酷的奴役行为，这位享有盛誉的国际批评家，当年是乘坐德国潜艇抵达爱尔兰岛的。

9个月后，即1916年12月，果断的陆军大臣大卫·劳合·乔治（David Lloyd George）担任首相，他接替的是党内同僚、自由党人赫伯特·阿斯奎斯。从那时起，一个5人内阁委员会成为真正的权力中心，除首相外还有3名保守党成员（工联主义者），包括极右翼的阿尔弗雷德·米尔纳勋爵（Lord Alfred Milne），工党的阿瑟·亨德森担任无具体管辖范围的大臣。后来劳合·乔治越来越依赖保守党，导致亨德森于1917年8月退出政府。尽管如此，工党依旧是英国战争联盟的一部分，依旧在各党派联合执政中履行义务。

在参战国中，除英国独立工党外还有两个社会主义政党，在战争开始后仍拒绝支持战争：塞尔维亚党和俄国党。在1914年7月31日，塞尔维亚社会主义政党的两位议员是仅有的对战争贷款投反对票的人民代表。俄国社会民主党的两个分支，相对温和的孟什维克和非常激进的布尔什维克达成一致意见，在杜马8月8日对政府信任表决和战争贷款表决问题上保留意见，并发表共同声明，反对战争并号召工人阶级开展国际协作。言辞犀利的声明由一位孟什维克成员宣读，随后社会党议员退出议会大厅，没有参加投票。

议员的行为不符合俄国工人阶级的爱国情绪，也不符合流亡政治家领袖制定的方针，例如孟什维克代表人物格奥尔基·普列汉诺夫（Georgi Plechanow）提出，要站在西方势力一边支持战争。另外，列宁提出的将帝国主义战争转变为内战的口号，被大多数布尔什维克反对。1914年秋季，俄国的局势距离革命还很遥远。大概还需要两年多的时间，直到情况变得十分恶劣，列宁的激进理论才开始得到更多的支持。[4]

划时代的1917年：俄国革命和美国参战

俄国参战初期信心满满，但这股高涨的热情很快烟消云散。1914~1915年，沙俄军队对德战败，诱发了对现存政治和社会制度的不满。1915年夏，纺织工业率先，继而在钢铁工业、采矿业以及巴库（Baku）和乌拉尔（Ural）一带的石油开采区，都发生了较大规模的罢工。1915年8月，第四届杜马除极右派和左派以外的其他所有党团组成了一个“进步阵营”，他们要求成立一个受民众信赖的新政府。自最高指挥官尼古拉·尼古拉耶维奇（Nikolaj Nikolajewitsch）大公于1915年9月卸职后，沙皇尼古拉二世亲自担任俄军最高指挥官，他执意拒绝议院制。由于沙皇长期不在彼得格勒，皇后亚历山德拉·费奥多罗芙娜（Alexandra Feodorowna）在任命所有重要人事方面，甚至任命大臣人选方面都有很大影响力，她数年来听信西伯利亚东正教僧侣格里高利·拉斯普京（Grigorij Rasputin）的怂恿。1916年12月30日，两个贵族和一个极右派议员下手谋杀了拉斯普京，这个戏剧性事件表明，上层社会对沙皇的支持正在逐渐消失。

与此同时，社会动荡不断加剧。1917年头两个月，大城市和工业中心的食品供应几乎崩溃。在彼得格勒，1月的日用品价格是战前的6倍，在外省是战前的5倍。同月警察署发出警告，称由饥饿引起的暴动随时可能爆发。3月初以来，首都不断发生抗议游行。3月8日国际妇女劳动节举办的一场妇女游行，因普梯洛夫（Putilow）工厂工人加入，演变为罢工运动，两天后导致全体罢工。杜马主席米哈伊尔·罗德全克（Michail Rodsjanko）敦促沙皇任命一个议会制政府，但根本无效。尼古拉二世不但依然持否定态度，还责令杜马推迟会议。这一挑衅导致新一轮的矛盾激化。3月12日夜，大部分彼得格勒驻军，包括军官都加入工人和学生的抗议队伍。这就是 / 040

所谓的二月革命（根据老儒略历计算）的开始。它首先证明了一点：一个越来越失灵的体系正在崩溃。

为顶住街上的压力，杜马迈出了革命性的一步：成立一个临时委员会，由进步阵营的代表、孟什维克和社会革命党人组成。在此基础上，1917 年 3 月 17 日公爵格奥尔基·叶夫根耶维奇·李沃夫（Georgij Jewgenjewitsch Lwow）领导的临时政府诞生了，这位自由派人士担任总理，由立宪民主党领袖、历史学家帕维尔·米留科夫（Paul Miljukow）任外交部部长。一个新组织在几天前杜马开会的塔利夫宫成立了：以 1905 年的革命为参照物，组建了一个工人士兵共和国的彼得格勒苏维埃临时执行委员会。其副主席是社会劳动党领袖亚历山大·克伦斯基（Alexander Kerenskij），他出任临时政府法律部长，也一度起着两个新权力中心连接纽带的作用。在临时政府的敦促下，特别是受到来自大本营的压力，尼古拉二世 3 月 15 日宣布放弃皇位，让位给他的弟弟米哈伊尔（Michail），但是后者第二天就宣布放弃继承权。由此持续 300 多年的罗曼诺夫王朝统治宣告终结，绵延上千年的俄国君主制度也寿终正寝。

彼得格勒苏维埃成立后，马上和杜马临时委员会在几个最急迫问题上达成了一致。例如，为奠定俄国民主发展基础而筹备制宪会议的选举工作，立即大规模赦免所有政治囚犯和流放人员，实行言论自由、新闻自由、宗教和集会自由以及罢工自由，由国家民兵取
/ 041 代警察，实现地方一级的民主选举。苏维埃负责首都食品供应的组织工作，组建人民民兵。3 月 14 日的“一号令”宣布军队受苏维埃的政治管辖。军官必须得到新成立的军队委员会的认可，士兵只能服从不违背彼得格勒苏维埃决议的命令。这个规定的目的是取消军官等级，但结果却是废除了迄今为止军队纪律的礼节。

3 月 27 日彼得格勒工人农民委员发布了致各国无产者宣言。在该宣言中，彼得格勒工人农民委员会将俄国民主的胜利称作“世界

自由和民主的伟大胜利”，它推翻了“世界反动派和欧洲宪兵的主要支柱”。民主的俄国不是自由和文明的威胁，因此向无产者发出呼吁，打碎“独裁的锁链”，向俄国工人阶级学习，不要再做“国王、大地主和银行家手中吞并土地和实施暴力的武器”。4 月 11 日到 16 日，彼得格勒召开的地方工人士兵苏维埃大会，将这个号召归结为一个争取全面和平的响亮口号：“不要割地，不要战争赔款”。

由于临时政府的组建和彼得格勒苏维埃的成立，俄国出现了所谓的“二元执政”局面（当时就这样称呼）。德国历史学家迪特里希·盖耶尔（Dietrich Geyer）深刻地表述了其相互矛盾的本质：苏维埃委员会并未进入“国家管理机构，而仅限于从外部包围它。委员会可以令国家机构瘫痪，却不想以革命的方式取缔它……在制宪会议的预期中，革命者的政治改革愿望无法实现……实际上，对国家权力的这种观望态度导致了政府和苏维埃相互依赖的奇特形式。用二头政治这个概念表达并不完全符合事实。应该执政的那些人并不受大众欢迎，也从未实际掌权，而那些因革命获得权力的人，却并不想拥有和行使权力”。

二月革命开始时，大多数布尔什维克领袖都流亡在外。列宁、季诺维也夫（Sinowjew）、卡尔·拉迪奇（Karl Radek）在瑞士。在纽约的布哈林（Bucharin）与当时孟什维克左翼的列夫·托洛茨基（Leo Trotzki）共同出版一份流亡者报纸，后来托洛茨基越来越接近列宁的立场。布尔什维克的其他权威人士如斯大林、加米涅夫（Kamenev）和斯维尔德洛夫（Swerdlow）都流亡在西伯利亚。后三位在 3 月底先返回彼得格勒，并马上控制住《真理报》，利用这个平台呼吁苏维埃和临时政府紧密合作，要求所有参战力量马上开始和平谈判。在此之前士兵应坚守岗位。

列宁持有截然不同的意见。3 月底在瑞士流亡时，他在两封“远方来信”中严厉谴责临时政府中两个最重要的资产阶级代表，即外交部部长米留科夫和战争部部长古契柯夫（Gutschkow），指责他们受英法帝国主义分子的驱使窃取了权力，目的是延长帝国主义的战争。列宁要求废除协约国之间的合约，公布一切秘密协议，解放所有殖民地，呼吁全世界工人阶级起来推翻自己的政府，将一切权力交给工人委员会。这无异于呼吁无产阶级进行世界革命。

俄国的口号是，分清共产主义者、国际主义者和小资产阶级的区别，要借助前者的力量，以 1871 年巴黎公社为榜样（列宁在这里援引马克思的《法兰西内战》一文），将工人农民代表组成的苏维埃转变为具有革命性的国家权力机构。具体就是：打碎旧有的国家机器，用一个新的国家机器取而代之，它的警察、军队、管理机构和“全民武装”的大众同心同德。无产者必须组织和武装“所有的穷人和被剥削的大众阶层，这样他们才可以接管国家权力机构，他们自己才可以马上组建国家权力机构”。

/ 043 为了对俄国的进一步发展施加实际影响，列宁必须首先让他自己的政党，即布尔什维克站到他一边。但流亡在外深受掣肘，需要回到俄国本土才能有所作为。由于法国拒绝给他过境签证和旅途路费，他只能依靠德国的帮助回到家乡。德方军事最高统帅和贝特曼·霍尔维格很愿意为俄国流亡者中最坚定的反战人士提供一切帮助，他们不仅让列宁经德国回国，而且非常大度地为列宁的宣传提供资金支持。借列宁的帮助结束东线战争，然后集中所有兵力投入西线战场，为达到这个目标，德国认为可以采取这一极度危险的方法：让一位“客观上”受德国影响的人领导布尔什维克的俄国革命。4 月 8 日，列宁和几位忠诚的追随者一道乘坐那辆充满传奇色彩的、据说是“密封”的列车从苏黎世出发，他的太太娜杰日达·克鲁普斯卡娅（Nadeshda Krupskaja）也一同出发，同行者还有季诺维也夫和拉迪奇。返乡者途经瑞典和俄属芬兰于 4 月 16 日抵达彼得格勒芬兰站，大批人已经在那里等待着他们。

列宁激进的理论一开始受到彼得格勒的布尔什维克、当然也包括孟什维克的强烈质疑和激烈反对。彼得格勒的苏维埃中孟什维克势力和社会革命党势力较强，布尔什维克的力量相对薄弱，该委员会也持同样立场。列宁并不因反对派众多而动摇，并于 4 月 22 日在《真理报》上发表了《论无产阶级在这次革命中的任务》，也就是大家熟知的《四月提纲》。文章说，不推翻资本就不可能用真正的民主和平来结束战争。革命第一阶段将资产阶级推上权力舞台，第二阶段应该将权力交到无产阶级手中，交给农民中最贫苦的阶层。因此关键要向大众解释，苏维埃是革命政府的唯一可行的形式。

列宁的新口号是“不是议会制共和国……而是全国性的、彻底的，由工人、雇农和农民代表组成的苏维埃”，这个说法马上提炼为“一切权力归苏维埃”的号召。废除警察、军队和原有的官员队伍，没收地主的全部土地，所有土地收归国有。支配权交付给由雇农和农民代表组成的本地苏维埃，所有银行合并为一个国民银行并受工人代表组成的苏维埃监督。列宁认为，这一步并不意味着实行社会主义，而只是“由工人代表的苏维埃监督社会生产和产品分配的过渡阶段”。

列宁在 4 月撰写但 1917 年 9 月才发表的详细论述《论无产阶级在这次革命中的任务》的文章中指出，资产阶级和资产阶级化的地主阶层组建的政府，标志着资产阶级民主革命已完成。现在局面的特点是，一种从未有过的两个专政的交织，资产阶级专政和无产阶级专政的交织。列宁把二月革命解释为帝国主义战争向内战的转变。任何对“革命护国主义”的让步都是对社会主义的背叛和与国际主义的彻底背离。为了充分表明与社民党机会主义的决裂，他要求党更名为共产党。在列宁看来，这个党最重要的任务是，用真正的民主和平来结束帝国主义战争。但是要做到这点，没有人类历史上最暴力的革命是行不通的。“只有通过无产阶级革命，别无他路。”

几周之内，列宁成功地在布尔什维克中贯彻了他的路线。5月中，《真理报》发表了一篇党在“四月会议”上通过的一个农业问题的决议，马上把没收的土地交付给农民，实行土地国有化。另外一个决议涉及民族问题。所有隶属俄国的民族都有权独立，成立自己的国家。但是这项权力并不意味着，这个或那个民族在任何时间都可以提出分裂的要求，而是要兼顾全社会的发展，为实现社会主义的目标，从阶级斗争的立场出发，具体情况具体分析，由无产阶级来解决这个问题。在农业问题上，列宁意在赢得最大的人口群体，即让缺少土地的农民赞同布尔什维克的事业。而在民族问题上，列宁希望得到非俄民族的支持，假若他们想利用这个权力从俄国独立出去，他也期望着，在无产阶级革命成功后，他们会再次和新的俄国合并。

列宁认为，1917年3月以来俄国“二元执政”的局面，是一个需要尽快结束的过渡阶段。4月22日，他在一篇发表在《真理报》的文章中写道，临时政府是资产阶级的政府，彼得格勒和其他城市的工人士兵代表苏维埃目前暂时还是一个无产阶级的弱势政府。一个更高级、更好的政府形式在世界上还未曾有过。为了取得国家权力，有阶级意识的工人必须争取大多数人站到自己这边。除用武力对付大众以外，没有其他方法可以得到权力。“我们不是布朗基主义者［路易·奥古斯特·布朗基（Louis Auguste Blanqui）是法国社会党人、武装起义学说的追随者］，也不是少数人夺取政权的追随者。我们是马克思主义者，坚信无产阶级斗争，反对小资产阶级左摇右摆，反对沙文主义，反对护国主义，反对空话，反对依赖资产阶级。”只有当有阶级意识的工人组成无产阶级的共产党，并将大多数贫苦农民争取到自己一边，他们才可以开始建立苏维埃政权。在通往这个目标的道路上，关键的任务是，澄清无产阶级的阶级意识，摆脱资产阶级的影响。

“二元执政”本身冲突多多，不久就暴露无遗。1917年5月1日，外交部部长米留科夫向协约国保证，俄国会将战争继续下去，但引发了左派的严重抗议。在彼得格勒苏维埃的压力下，临时政府不得不在3天后宣布不再提出领土要求。之后，战争部部长古契柯夫宣布辞职，两周后米留科夫也提交辞呈。5月18日孟什维克和社会革命党6位代表加入临时政府。6月中旬，列宁和布尔什维克在第一次全俄苏维埃大会上对该两个多数党派的行动提出尖锐批评。6月底，在苏维埃执行委员会的支持下，接替古契柯夫担任战争部部长的克伦斯基命令俄国军队展开一场军事攻势。尽管总司令布鲁西洛夫初期在加里西亚前线打过胜仗，但此次攻势3周后以彻底败北告终。

7月16日，彼得格勒爆发了起义（列宁正在离首都较远的地方度假，不在彼得格勒），布尔什维克领袖在这场起义中与其说是驱动力，不如说是被裹挟前行。他们既没有控制住大城市的暴徒、无政府主义者和自己的军事组织，也没有赢得士兵的足够支持。一边是喀琅施塔得（Kronstadt）水兵、亲布尔什维克的彼得格勒驻军、普梯洛夫工厂的工人、布尔什维克的追随者和无政府主义者，另一边是亲政府军队，他们之间的格斗致400人死伤。起义后来演变为抢劫，布尔什维克的追随者任意抓人，最后还攻占了彼得格勒苏维埃的开会地点陶立特宫，3天后，这个起义实际上彻底崩溃。苏维埃随后呼吁工人放下武器，返回家中。工人基本上都听从了这一号召。

1天后，也就是7月19日，临时政府下令拘捕布尔什维克领袖。列宁和季诺维也夫逃到自治的芬兰而免予被捕。同时俄国报纸连篇累牍地发表有关德国总参谋部不断支付列宁高额报酬的详细报道。7月中旬的事件令布尔什维克严重受挫。接连几天他们好像从舞台上消失了。

7月21日，临时政府总理李沃夫公爵辞职，由精力充沛和能言善辩的克伦斯基接替职位。8月22日确定了1917年11月25日为一再推延的立宪会议选举日期。但是这未能稳定内部局面。军队拒绝执行命令、逃兵事件层出不穷，由于土地改革迟迟不被推进，农民非法占领土地事件此起彼伏，供给情况恶化。克伦斯基8月份召集了一次国家会议，共邀各界和党派代表2000人参加，但布尔什维克被排除在外，此次会议也没有取得什么实质成果。9月9日，也就是德国军队攻下里加（Riga）后6天，民族主义右翼面对临时政府向左转的回答是：军队总司令科尔尼洛夫（Kornilow）带头发动政变。此次政变因铁路工人和电报员工的激烈反对而失败，科尔尼洛夫和追随他的军官们被捕，9月14日，克伦斯基正式宣布俄国为共和国。

9月危机的受益者是布尔什维克最左翼。彼得格勒苏维埃和莫斯科苏维埃由于成功击败了科尔尼洛夫的政变，得以将大多数代表争取到自己这边。从美国流亡返回的列夫·托洛茨基也加入了布尔什维克，在年初选举出的工人委员会大力支持下，他开始筹建一个准军事武装组织，称为“赤卫队”。

列宁此时还在芬兰。9月中旬他致信俄国社会民主工人党中央委员会，也就是布尔什维克领导层，并提出一个大胆的断言：现在不同于7月，布尔什维克赢得了“阶级的大多数，革命先锋队，人民先锋队”的支持，也就是赢得了大多数人民的支持。“成功起义的所有客观条件已经具备。”一切权力必须马上交到“由革命无产阶级领导的革命民主”手中。在群众的施压下，克伦斯基以“预备会议”的形式召开的“民主会议”正面临选择：不是无条件接受布尔什维克主张，即无割地的和平，立即与协约国帝国主义分子以及所有帝国主义分子决裂；就是爆发起义。马克思深知，起义是一种艺术。因此列宁对如何进行起义给出了详细的指令，包括占领彼得格勒的电报局和电话局。列宁呼吁的目的就是让布尔什维克清醒地认识到：俄国革命的历史正在进入第二个新阶段。

被迫滞留芬兰期间，列宁的理论收获是1917年8月和9月开始动笔，1918年初发表的《国家与革命》一书。其核心论题是批驳“机会主义”的社民主义，“一个马克思主义者，不但要承认阶级斗争，而且要承认无产阶级专政”，列宁得出这一判断的依据是马克思1852年3月的一封信，该信的理论核心是阶级斗争必然导致无产阶级专政，而这个专政只是取缔所有阶级的过渡阶段，是向无阶级社会的过渡阶段。列宁的另一个佐证是恩格斯。恩格斯在1891年为马克思的著作《法兰西内战》(*Der Bürgerkrieg in Frankreich*)写的序言中说道，巴黎公社实现了“无产阶级专政”。

马克思认为，巴黎公社为了“劳工阶级”的利益，决定取缔立法权和执法权的分离，剥夺法官们“表面上”的独立，是一个具有伟大历史意义的，甚至是革命性的进步。列宁对“资产阶级社会腐败和腐烂的议会制”的宣战也从这个判断出发。他把无产阶级专政定义为“把被压迫者的先锋队组织起来成为统治阶级，以镇压压迫者”。无产阶级专政不是简单的民主扩大化，而是“给穷人和人民以民主，不是给富人以民主”，“民主是广大人民的民主，是对人民的剥削者和压迫者的武力镇压，也就是说他们被排除在民主之外——从资本主义向共产主义过渡阶段要经历这种对民主的改良”。

但是这并不意味着达到了自由阶段。“只要国家存在，就没有自由。如果有自由，就不再有国家。”只有在共产主义社会的高级阶段，国家才会在一定意义上像恩格斯所说的那样“消亡”，个人才会取代政府，实现对财务的管理和对生产流程的领导。在此之前必须实现真正的而不只是形式上的平等，即实现无阶级社会。“人类在通往这个更高目标的征途上，需要经过哪些阶段，为此应该采取哪些具体措施，我们不知道，也不可能知道。”列宁认为他所知道的就是摆在眼前的事实：无产阶级革命的时机已经成熟，它始于俄国，并将传遍全世界。

落后且以农业为主的俄国作为无产阶级世界革命的先锋：这与马克思和恩格斯的预测明显相悖，后者认为只有在先进工业化社会中，工人阶级才能够用革命战胜资本主义，建设社会主义。列宁本人在1905年革命后也从这个立场出发，认为俄国无法越过资产阶级民主的资本主义发展阶段。但是1917年夏季，他宣布资产阶级民主革命基本上已经完成，甚至在《四月提纲》中声称，俄国目前是“世界上交战国中最自由的国度”。事实上，科尔尼洛夫政变后，布尔什维克在彼得格勒苏维埃和莫斯科苏维埃中已经将大多数议员争取到自己一边，仅这个事实就足以让他认为，可以直接宣布他的政党是多数人意志的执行机构。无论如何，起决定作用的是他对掌握权力的愿望。他认为武装起义的先决条件已经具备，因为他决定不再继续等待那场革命，那场他曾经认为是必不可少的革命。[5]

/ 050 俄国政权正在经历其最后一次危机，与此同时，德意志帝国和美国的关系也在急剧恶化。1916年12月12日，德意志帝国首脑表达了和谈的意愿，但是并没有说明对战后新秩序的设想。其实这个声明是传递给几周前刚以微弱优势再次当选美国总统的伍德罗·威尔逊的。柏林请威尔逊将德国的动议传达给协约国，威尔逊随后马上发出呼吁，要求所有参战势力开始和谈。

英国、法国、意大利和罗马尼亚在1917年1月11日提出了它们共同的要求，例如按照民族原则建立欧洲新秩序，撤出所有占领领土，赔偿战争造成的破坏。具体是指重建比利时、塞尔维亚和黑山等国家，“把意大利人、斯拉夫人（指南斯拉夫人）、罗马尼亚人和捷克斯洛伐克人，从外来统治者手中解放出来”，“给土耳其残酷暴政下所有的民族以自由”，“要把与西方文化格格不入的奥斯曼帝国赶出欧洲”。然而两个中欧强国先是尽量回避明确表态。1916年12月26日，德意志帝国首脑给华盛顿的复照中明确申明，他并不希望美国总统参加和谈。对结束战争的探讨，敌对双方都没有做好准备。

威尔逊并不因此而气馁。在 1917 年 1 月 22 日参议院会议的讲话中，他详尽描述了自己对未来和平秩序的想法。他的目的是在全球实现和平与正义，为使其得到保证，需要建立一个国际和平联盟。"只有一个和平的欧洲，才会有一个稳定的欧洲，不是要达到权力的平衡，而是建立一个权力的共同体。不是有组织的对峙，而是有组织的共同和平。"其先决条件要达成"不分胜负的和平"，"如果不承认政府的合法支配权来自被管理者的同意这个原则，就不可能有和平，或者和平也不会持久。将一个主权国的民族转交给另一个主权国，好像人民是他们自己的财产，这种权力在任何地方都不存在"。威尔逊还高度重视海洋自由权和军备限制。这一切既是美国的原则和实践，也是每个现代化民族和开明社会中远见人士的准则。"这是人类的原则，也必将得到证明。"

"在此之前，从未在任何一个会议上听过这么美妙的布道，但只有在他们不具备人的特性时，才能企及这样的人性高度。"法国政治家乔治·克列孟梭（Georges Clemenceau）这样私下讥讽美国总统的讲演。民主党人威尔逊的计划听上去确实非常理想化，这不仅与他的思想一致，而且他要想赢得美国人的赞同，就只能这么说。这篇讲话表达了欧洲渴望民族自治的所有人的心声，不论他们是受奥匈、德意志，还是受土耳其或俄国统治。法国和英国政府虽然没有想过给他们统治的殖民地以民族自决权，但是哈布斯堡王朝和波兰各民族获得自治（不管如何规划）确实符合伦敦的方针。在巴黎，一切取决于和平谈判时是右派还是左派势力有话语权：威尔逊大概期望的不是从前者，而是希望从后者那里得到更多理解。中欧列强的实际行动则根本违反美国总统提出的原则，即使他们口头承认威尔逊的和平方案，也不会有人相信来自柏林和维也纳的任何允诺。

德意志帝国首脑也根本没想这么做。1917 年 1 月 19 日，也就
/ 052 是威尔逊在参议院讲话的 3 天前，外交部国务秘书阿瑟·齐默曼（Arthur Zimmermann）向墨西哥政府允诺，如果美国不保持中立，就建议德国与墨西哥成立一个联盟，支持墨西哥夺回在 1848 年丧失的大部分领土，包括新墨西哥城、得克萨斯和亚利桑那。英国海军特工部门截取并破译了有关电报。2 月 24 日美国国务院得知该信息内容。3 月 1 日，这个文件的公开披露在美国引发了一波愤怒的浪潮。此时德意志帝国和美国的外交关系已经中断：华盛顿在 2 月 3 日就用断交作为对德国 1 月 31 日照会的回复，因德方在照会中宣布恢复全面潜艇战，理由是英国违反国际法，进行海路封锁。

柏林不可能做出更致命的决策了。海军指挥部从未愿意全面终止潜艇战，但由于受美国强烈抗议，帝国首领不得不在 1917 年 9 月颁布终止令。1915 年 1 月 9 日，帝国首相贝特曼·霍尔维格迫于海军指挥部、最高军队统帅和皇帝本人的压力，同意全面恢复潜艇战。因为海军上将做出承诺，可以借助潜艇力量在 5 个月内让英国屈服。而他之所以能做出这个决定，是因为所有参与者都荒唐地低估了美国的经济实力、军事潜力和道德力量。1 月 31 日，帝国首相转交美国总统再次启动全面潜艇战的通知，同时还秘密地转交了一份笼统又含糊的德国战争目标清单，威尔逊只能认为这是德国再次冒天下之大不韪的挑衅行为。

1916 年 11 月，威尔逊再次竞选时的主要口号是，他是一个能让美国远离战争的总统。1917 年 1 月 22 日，他在参议院讲话中有一个段落，明确表示拒绝加入“纠缠不清的联盟”，即拒绝卷入欧洲各派势力的联盟（呼应托马斯·杰斐逊 1801 年 3 月 4 日就职讲演
/ 053 的著名表述）。德国重新启动全面潜艇战以及“齐默曼电报”曝光后，就不要再想美国还会保持中立了。威尔逊曾提出请求，希望可以让美国船只无须专门的公开声明就可以驶往英国，但遭到德国粗

暴回绝。另外在2月，德国潜艇击沉了第一批美国商船。因此美国总统别无选择，不得不采取最后行动：4月2日他请求国会和参议院同意对德意志帝国宣战，4天后开始投票，82名参议员和373名众议员投赞同票，6名参议员和50名众议员反对。8个月后，1917年12月7日美国才对奥匈帝国正式宣战。

威尔逊4月2日的讲演是他任总统期间最重要的讲话之一。他说，目前这场针对商船的德国潜艇战是一场反人类、反对所有民族的战争，同时他也毫不犹豫地告诉美国人民，参战会给每个人带来什么：德国对美国政府和人民进行的这场战争，将迫使美国实行普遍的义务兵役制。在这场无法避免的战争中，美国的目的是，坚定地维护世界和平与正义的原则，反对利己的和独裁的势力，和真正自由且自治的民族一道，在思想上和行动上达成一致，以确保这些原则。

这个讲话的高潮是那段愿景般的誓言：建设一个没有战争、没有压迫的世界。美国为全世界的最后自由而战，为解放所有民族，包括解放德国民族而战，为所有民族的权利，不分民族大小，为所有人都有权决定自己的生活方式和政府体制而战。“建设一个确保民主得以实现的新世界。世界和平应该建立在自由的坚实基础之上。我们既不为自己寻求赔款，也不为受害者寻求物质赔偿，我们自愿做出牺牲。我们只是捍卫人权的先驱之一。只有让人权得到保障，各民族的信仰与自由得到保障，我们才会满意。”

这个4月2日讲话载入了史册。如果1917年3月15日，沙俄政权没有被推翻，威尔逊就不会在这一事件发生两周半后出来呼吁世界民主。1917年3月之后，第一次世界大战发展为一场自由与压迫之间的意识形态战。正因如此，参战的决定在美国赢得了最广泛的支持。在全球实现1776年的理想，赢得全球领导地位，一直是美国政策的强大推动力。而羁绊这一愿望的还是那种固有的观点：美国会陷入与旧世界的争斗而遭受惨重损失。

然而当一个欧洲强权或者一个强权联盟如此挑战美国，致使它必须做出强烈反应，局势就发生了变化。德国于1917年初全面重启潜艇战的做法导致了这种局面。随后威尔逊还动员了另一种资源，即美国的道德力量。没有这种力量，反对中欧国家的斗争就不可能成功。可以预见，承认各民族的自治权，承认人权，承认民主，这在波兰和多瑙帝国的所有斯拉夫民族中都会得到强烈回应。威尔逊还希望能够以此影响德国人。因为他强调美国参战并不是针对德国人民，而是要去解救他们。

在美国能够为欧洲的自由事业做出贡献之前，自由反而是先在美国本土受到大幅限制。其程度之大，甚至此时的德意志帝国倒显得很“自由”。美国新闻界必须翻印官方对德战争的宣传，实行自我审查，非英文报刊，特别是用德文撰写的战事文章必须在发表前接受预审。1917年6月的《间谍法》和1918年5月的《反煽动法》增加了弹性规定，借助这些规定，可以限制任何反战、反总统和反政府的组织。其中包括世界产业工人（IWW）和社会主义政党，该党多年的主席和多次总统竞选人尤金·V.德布斯（Eugene V. Debs）在1918年被判处10年监禁（1921年被哈定总统大赦）。1914年站到中欧国家一边的很多德裔美国人，成为恶意宣传的众矢之的。这种反德的潮流甚至影响到日常语言：美国爱国者把“德式酸菜”改名为“自由白菜”，把“德式烤肠”称为“自由香肠”。

企业主和消费者一直享有的自由也受到各种限制。1917年6月开始的禁运政策本是想用来给中立国家施加压力，却先重创了本国的出口型工业和农业。1917年8月颁布的《食品管理法》，用于调节食品供给，规定优先考虑美国军队和盟军的需求。1917年7月起，军工企业形式上受战争工业委员会管理，实际上这个机构不过是一个合作型自治管理单位，在有问题时，由大型康采恩代表来裁决。

在1918年4月组建的国家战争劳工委员会的任务是以调节的手段避免军工业的罢工，为此资方必须接受8小时工作制、最低工资制和男女同工同酬的原则，承认就工资协议的集体谈判权利和罢工的权利。战争资金的筹措，包括为欧洲盟国提供物资的赊购，在很大程度上都是借助发行战争国债（自由债券），也有一部分利用新增税种。1918年11月战争结束时，协约国盟友的债务超过100亿美元。

1917年春季，美国在军事上远远没有做好投入战争的准备。1917年5月，议会通过威尔逊提出的《义务征兵法案》，实行普遍义务兵役制。之后，在原有职业军人和志愿军人的基础上，约有300万人被征入伍。1917~1918年，大约480万人服役于陆军、海军和刚组建的空军。美国的驱逐舰立下汗马功劳，帮助英国海军击沉德国潜水艇，在北海布下鱼雷，使德国的潜艇无法取得关键性的胜利。

1917年10月，美国陆续运送42个步兵师前往欧洲。1918年春，很多美军部队出现在法国作战前线。第16步兵师上校查尔斯·E.斯坦顿（Charles E. Stanton）在1917年7月4日“独立日”这一天，在法国拉法耶特侯爵的墓旁说：“拉法耶特侯爵，我们来了。”这句话很快插上翅膀，流行开来。但很多人误以为这是美国远征部队指挥官潘兴（Pershing）将军所说。美国独立战争时，法国的援助在美国以及在法国都是众所周知的历史常识。回忆18世纪末这两次大西洋革命遗产，就是对德国“1914年理念”恰如其分的回应：1776年和1798年的伟大理想更具吸引力。[6]

具有普鲁士特色的“社会主义”是德国战争理论家抗衡西方资本主义的论据，它在1916年12月具有了法律形式。《护国社会服务法》（Das Gesetzüber den Vaterländischen Hilfsalienst）要求所有未应征入伍的17岁到60岁男性，有义务在军工业和战事机构服

务。当然有相应的社会补偿：在50人以上的企业内，建立工人和职员委员会，这是某种参与企业内部管理机制的早期模式，并建立资
/ 057 方和劳方人数一致的矛盾调解委员会。《护国社会服务法》是副总参谋长埃里希·鲁登道夫起草的“兴登堡计划”的一部分，目的是将德国经济转型到发展军备上来。虽然1916年12月5日颁布的法律强化了工会的影响，但同时工会也在向国家、军事和企业接近和靠拢，以至于在诸多工人眼中，它已经不再代表无产阶级利益。

《护国社会服务法》诞生于遍地饥荒、食物严重匮乏的年代，也就是所谓的1916~1917年“萝卜冬季”。社会困境加剧了社民党左翼对政权的不满，俄国二月革命则为党领导的反对派成员提供了机会，毅然决然地做出分裂党的决定，其中包括1916年3月18日从帝国议会党团开除的“社民工作组”人员。1917年4月，他们在哥达（Gotha）成立德国独立社民党（USPD），宣布反对当时的统治制度、帝国首脑的战争政策、战争贷款和内部求和政策。

不久在诸多大城市爆发了“自发的”大规模罢工。德国独立社民党左翼的革命领袖第一次出现在柏林金属工业的队伍中。表面上，起义是要求增加面包配给，实际上这是全国大部分地区的工人抗议者第一次表达反战情绪。反抗者不仅包括工人，还有士兵。自1917年6月以来，舰队里发生了越来越多的绝食抗议和擅自上岸行动。军事法庭对“罪魁祸首”予以严厉但法律上并非理由充分的惩罚。10名水手被判处死刑，其中2人在9月遭处决。

帝国首脑并没有出台什么政策来稳定内政局势。虽然帝国首相贝特曼·霍尔维格说服皇帝在1917年4月7日发布一个“复活节告示”，威廉二世承诺战后进行宪法改革，包括改革普鲁士选举法。
/ 058 但是看不出有任何承认普选权的迹象。与此同时，德国最重要的盟友陷入重重危机。1916年11月，奥匈帝国皇帝弗朗茨·约瑟夫驾崩，他的侄子和继承人卡尔皇帝在1917年1月和4月力图尝试和法

国达成和解，其中需要德国放弃阿尔萨斯－洛林，而柏林坚决反对，卡尔皇帝的努力是徒劳之举。和解的失败使哈布斯堡王朝更加依赖德国，但维也纳当权者希望在保持多民族国家的条件下，尽快结束战争的愿望并未改变。

对于贝特曼·霍尔维格来说，1917 年夏季的局势更加窘迫。一方面是曾经支持他的两个政党督促他与持兼并态度的右派决裂：一个政党是受符腾堡议员马蒂亚斯·埃茨贝格尔（Matthias Erzberger）影响的天主教中央党，而他此前还支持全面占领的说法，另一个政党是因德国独立社民党的压力而调转方向的社民党。在荷兰人和斯堪的纳维亚社会党人发起的斯德哥尔摩国际会议上，社民党在 1917 年 6 月提出，认同地方工人和士兵苏维埃彼得格勒会议的口号："不要割地，不要战争赔款"。不久社民党人就新的战争贷款一事向帝国首相发出最后通牒，请他在德国战争目的问题和其施政意图问题上明确表态。贝特曼·霍尔维格拒绝了这一要求，因而失去 1914 年 8 月 4 日曾经支持他的议会多数。

另外，最高军事统帅也站到帝国首相的对立面，但原因则恰恰相反。他们认为贝特曼·霍尔维格不够果断，无法贯彻军方认为必须执行的计划。为了强迫皇帝解除贝特曼·霍尔维格的首相职务并任命军队最高首领认可的首相，7 月 12 日兴登堡和鲁登道夫递交辞呈。威廉二世只能做出让步，并于 7 月 14 日任命普鲁士国民食品专员格奥尔格·米夏埃利斯（Georg Michaelis），一个毫无政治经验的行政律师为贝特曼·霍尔维格的继任者。军队最高首领大可不必担心这位继任者有自己的政治主张。

两天前，三个政党，即社民党、天主教中央党和左翼自由进步人民党新组建的议会内党团合作委员会一致通过一项"和平决议"。在这份决议中，这个多数党的议会党团声明，拥护"民族之间恒久和解与相互理解的和平"。这样一种和平与"强制性领土兼并和政治、经济与财政压迫”背道而驰。这个声明还是给扩展“德国势力范围”留有空间。但从民族自由党到德意志保守党，这些右翼党派都认为这个决议太“软弱”。最高军事统帅对这个决议提出最尖锐的批评，但无法阻止帝国议会于7月19日以212票赞成、126票反对、17票弃权通过这一决议。新帝国首相此前表示，帝国领导层的目标可以在“我所理解的这个决议框架内得以实现”。

民族主义右翼对帝国议会多数人的这个决议反应强烈，于是在1917年9月成立了德意志爱国党。该党被视为爱国力量的集合，其最重要的支柱来自东易北河的普鲁士。其代表人物大多来自新教知识界和新教地主阶层，其追随者主要是保守党和民族自由党。由于这个新政党是由多个“民族主义”团体组成，党员人数发展很快，据说1918年3月党员人数达到45万人，1918年9月攀升到80万人。在成立宣言中，爱国党断言德国的自由“高于一切，高于假民主及其所有所谓的祈福，它们不过是英国的虚情假意以及那个威尔逊想兜售给德意志民族的花言巧语，其目的是摧毁他们根本无法用武力战胜的德国”。右翼借用社民党主席谢德曼的名字，称“不要割地，不要战争赔款”的和平为“谢德曼和平”（Scheidemann-Frieden）。爱国党推出一个纲领与之抗衡，即“兴登堡和平”，称它会“经过巨大牺牲和奋斗而取得胜利成果”。

德意志爱国党的成立并不是表白普遍的战争热情，正相反，它在尝试反对日益增长的厌战情绪。出乎意料的持久战事令人沮丧，需要找替罪羊出口气，让其为走私活动和高利贷、阶级斗争激化及军队的腐败现象负责。从极右翼的视角出发，最好的人选就是被普遍怀疑秘密和敌对势力结盟的犹太人。著名的泛德意志代表、基森（Giessen）化学教授汉斯·冯·李比希（Hans von Liebig），在1915年甚至公开称贝特曼·霍尔维格是“犹太教首相”。民族主义圈子的各种抱怨笼统地表达出对许多犹太人做逃兵的指责，甚至导致在1916年10月普鲁士战争部下令在军队中进行“犹太人统计”。统计结论有力驳斥了这一诽谤，但该调查结果战后才被发表。然而仅“犹太人统计”这个事实，就意味着国家承认反犹太主义，令反犹太主义合法化。

1917年秋，在短短4个月内，德国便两次更换帝国首相。起因是10月9日帝国海军部国务秘书爱德华·冯·卡佩勒（Eduard von Capelle）在帝国议会上夸大又毫无依据的攻击，他指责独立社民党领袖支持远洋舰队的叛乱计划。随后社民党主席弗里德里希·艾伯特和菲利普·谢德曼一道公开叫板帝国首相，导致首相米夏埃利斯倒台。他已经失去中央党和进步人民党的支持，最后也失去民族自由党的支持。

接替米夏埃利斯的是巴伐利亚王国总理大臣乔治·冯·赫特林伯爵（Georg Graf von Hertling），1917年11月1日他走马上任，成为帝国首相和普鲁士首相。赫特林是一个坚定的联邦主义者。尽管他接受了进步人民党政治家弗里德里希·冯·派尔（Friedrich von Payer）任副首相，反对帝国议会制的民族自由党帝国议员罗伯特·弗里德贝格（Robert Friedberg）任普鲁士国务部副部长。虽然没有任何理由认为他会比米夏埃利斯更支持国会通过的和平决议，但仅就他是中央党成员，右翼便认定他不和他们同心同德。保守派、民族自由党和爱国党的基督教圈子一致认为，任命一个天主教阵营的帝国首相，特别是在1917年路德宗教改革400周年纪念日，简直是一场政治挑衅。

1917年，德国的“内部求和”政策四面楚歌，法国的“神圣联盟”同样命途多舛。自1916年以来，法国国内的罢工此起彼伏，但大多数起义的工人阶层还是“护国的”。3月20日，即沙皇尼古拉二世被推翻后的几天，亚历山大·里博（Alexandre Ribot）接替阿里斯蒂德·白里安任总理。里博是1891~1892年成立的法俄联盟创始人之一，国民议会多数人期待里博比他的前任推出更有力的政策。内阁成员中唯一的社民党人阿尔伯特·托马斯任军备部长。自1916年12月，在白里安执政时他就开始担任这一职务。霞飞总司令因索姆河夏季战役失利而失去职位，1916年12月26日尼维勒（Nivelle）接任法国军队总司令。尼维勒提交了一份进攻计划，尽管政府、总司令贝当（Pétain）和英国陆军元帅黑格（Haig）对此持怀疑态度，但是这一计划还是得到最高战争委员会的批准。根据这一计划，4月16日法军在兰斯（Reims）北部发动攻势，但是3天后，法军在贵妇小径遭受德军重创，令该计划寿终正寝。

仓促的进攻以失败告终，导致160个军团发生暴动，某些地方甚至喊出了社会主义的口号。被士兵和工人称为吸血鬼的尼维勒，5月15日被战争部长班勒卫（Painleve）解职，由颇受爱戴的总司令贝当接任。贝当是一个坚定的防守策略追随者。暴动后进行了3400场审判，554人被判处死刑，其中49人被执行。此时也发生了较大规模的罢工，幸亏内政部长马尔维（Malvy）出面协调，罢工才得以很快结束。

1917年9月，保罗·班勒卫取代里博担任总理，自此，社会民主党人不再担任政府职务。[值得一提的是，军备部长托马斯的继任者是一位叫路易·卢舍尔（Louis Loucheur）的工业家]。工人国际法国支部的决策反映出反战左翼影响不断扩大。但是政府的撤出还不等于“神圣联盟”的终结。工人国际法国支部多数人还是继续赞成战争贷款，而且得到最大的工会联合组织法国总工会（CGT）的支持。1917年11月18日，班勒卫政府被众议院推翻，这也是被推翻的第一任战争内阁，起因则微不足道。他的继任者是资产阶级的激进社会主义者乔治·克列孟梭，他的政治地位和意志力远远超过其前任。这位被尊称为“老虎”的政治家到1920年1月前一直担任总理。他的出现令法国在战争结束前一年扮演了某种政治领军的角色，其影响力与英国的大卫·劳合·乔治、美国的威尔逊不相上下。而在战争年代的德意志帝国首相中，没有一个人能够享有同等或是相近的威望。

1917 年，与德国和法国一样，英国社会动乱大幅增加。1915 年 2 月，已出现第一批较大规模的罢工。选举出来的企业代表首次作为罢工的组织者走到台前挑战工会。与柏林金属工业领袖和德国独立社民党领袖一样，他们与坚定地反对军事武力的独立工党紧密配合，谴责工会和工党的多数人越来越无视工人的利益。1915 年 7 月，工党和工会同意一项军备法，内容是限制工人自由，其严苛程度堪比德国于 1916 年颁布的《护国社会服务法》，由此引发了更加高涨的批评声。根据英国统计，1916 年机械制造工业、造船厂和金属加工业罢工参加人数为 7.6 万，旷工达 34.6 万个工作日。1917 年参加罢工的工人达到 38.67 万人次，旷工达 300 万个工作日。

劳合·乔治政府对工人的抗议非常重视，并于 1917 年 2 月开始严格审核国内煤矿工业的盈利情况，6 月还组织多个专家委员会，调研社会动荡的原因。很明显，俄国二月革命大大增强了英国工人内部的极端化倾向。1917 年 7 月，英国矿山工人工会提出每周 5 个工作日、每天 6 小时工作的要求。1917 年 10 月，战争内阁被迫为某些特种行业的工人提高 12.5% 的工资。但局势并未由此缓和。机械制造工业中心考文垂（Coventry）又发生了一次大罢工，军需大臣温斯顿·丘吉尔给罢工工人发出最后通牒：如果不马上开始工作，就会立即被招募入伍。一个由丘吉尔指定的调查委员会调查得出结论："很显然，多数工人希望减少并尽快取缔当前因战事而规定的种种劳动条件。"

英国没有出现 1917 年法国那样的兵变，即使 1917 年 6 月到 10 月在帕斯尚尔（Passchendaele）的第三次伊普尔重大战役期间，除英国士兵外，还有上千名新西兰和加拿大士兵阵亡。这次攻势是在陆军元帅黑格的催逼下发动的，劳合·乔治尽管反对，但还是放弃立场。这一攻势如同法国春季发动的攻势一样，沦为一次灾难性的败北。在佛兰德，1917 年 7 月底到 11 月初，大英帝国阵亡总人数高达 24.5 万。德意志一方的损失也不比英国少。

1917 年 2 月到 12 月，英国远征部队的逃兵数量迅速攀升，1918 年还应该更高，但并没有达到一发不可收拾的程度。1917 年因逃兵被起诉的案例远远低于英国西线总兵力的 0.015%。英国军队内，军事法庭的执法比德国更严厉也更专断，从死刑执行的不同频度便可管窥一斑。最重要的原因一目了然：德国很早就实行义务兵役制，而英国军队在 1941 年后才从职业军队发展为自愿服役，最后转变为义务服役制，但并没有将原有的纪律根据新的情况进行调整。德国历史学家克里斯托弗·雅尔（Christoph Jahr）将造成德英之间的“严重落差”更深层的原因总结为：“德意志作为一个传统的专制国家，其民间社会和军队在许多方面是一致的，而英国则不同，民间社会和军队有两种不同的标准体系。”

此时，中欧列强在军事上比协约国更强势。1917 年初，德国军队进入里加，10 月借助远洋舰队占领了波罗的海岛屿沃瑟（Ösel）、穆恩（Moon）和达戈（Dagö）。几天之后，10 月 24 日，两个中欧强国在卡波雷托（Caporetto，德语 Karfreit），伊松佐河以北重创意大利，意大利军队中出现大批逃兵，27.5 万名士兵被捕。而在近东，英国人打了很多胜仗。1917 年 3 月占领巴格达，10 月从苏伊士运河挺进到巴勒斯坦，12 月初土耳其撤出耶路撒冷。

可以说协约国也在巴尔干打赢了一场政治胜仗。6 月，法国和英国逼迫坚持中立的希腊国王康斯坦丁一世退位。其子亚历山大继位，1915 年曾被康斯坦丁解除职位的前任首相韦尼泽洛斯（Venizelos）组成新政府。1916 年地方起义后，韦尼泽洛斯担任新组建的、位于塞萨洛尼基（Thessaloniki）的临时政府首脑。1917 年 6 月底，该政府和中欧列强断交。由此协约国又赢得一个新盟友。[7]

1917 年下半年，最重大的事件是一个具有世界历史意义的举动：俄国十月革命，按照西方阳历计算应该是十一月革命。10 月 23 日，在彼得格勒召开了极为保密的布尔什维克中央委员会大会，前不久刚从芬兰秘密回来的列宁也参加了此次会议。他向同志们提议，马上开始武装起义。尽管两位最著名的布尔什维克代表，格里戈里·季诺维也夫和列昂尼德·加米涅夫表示反对，但是经过激烈讨论，列宁的决定得以通过。会后列宁再次隐藏起来，托洛茨基负责筹备起义。10 月 5 日，托洛茨基被选为彼得格勒苏维埃主席（1905 年革命时曾任此职），自 10 月 22 日又出任新成立的首都苏维埃军事革命委员会领导。

/ 065

11 月 4 日，委员会接管了彼得格勒驻军的指挥权。这是布尔什维克夺取政权的关键性突破。11 月 6 日政府占领涅瓦河桥，关闭布尔什维克报纸《工人之路》的印刷厂，这无异于由政府发出了反抗的信号。第二天晚上，彼得格勒基本上被控制在赤卫队手中，这是一支由布尔什维克武装的工人民兵革命队伍。布尔什维克和与他们较接近的左翼社会革命党在 11 月 7 日召开的第二届全俄苏维埃大会上占有绝对多数。11 月 8 日孟什维克和多数社会革命党人愤而离席后，布尔什维克提议，代表们不必决定是否发动政变，而是要同意既成事实的政变。大会一致通过列宁新组建的革命政府，即人民代表委员会，以及其提交的《和平法令》与《土地法令》。第一个法令是立即开始停战谈判，启动没有割地、没有赔款的和谈。第二个法令是无偿没收地主财产，土地一律交由区属土地委员会和农民代表的县级苏维埃支配，而农村财产最终归属条例则由制宪会议决定。

11 月 8 日当天，在巡洋舰“阿芙乐尔号”上喀琅施塔得水兵的支持下，亲布尔什维克的军队数次炮击并占领了冬宫。正在冬宫开

/ 066

会的临时政府成员被捕，但是总理兼战争部部长克伦斯基不在场，他们已经逃到首都外围亲政府军处去寻求支持。进攻冬宫时，有6人死亡，这也是彼得格勒十月革命中唯一的死亡事件。在莫斯科，后备役军官武装对布尔什维克力量抵抗一周，死亡人数要高一些。布尔什维克在其他地方遇到的顽固抵抗并不多，最激烈的要数西伯利亚和俄国的中南部地区和东南部的农业省份，在那里，凡是有苏维埃的地方，还是社会革命党“右翼”占上风。

列宁宣传武装起义，但1917年11月发生的事情几乎称不上武装起义。3月，现行制度在俄国已经崩溃。旧时的沙俄政权不复存在，只有一个软弱的共和过渡政府在苦苦支撑，革命力量并没花很大力气，也没有动员庞大的人力，就推翻了这个政府。临时政府一再拖延出台解决迫在眉睫的内政问题的方案，例如农业问题，也没有采取任何举措结束战争，反而在6月底发动“克伦斯基攻势”，但这一攻势以惨败告终。7月中旬，俄国处于军事崩溃的边缘。克伦斯基政府之所以能够挺过9月的科尔尼洛夫政变，主要是依靠革命工人，特别是布尔什维克的帮助。此时，彼得格勒苏维埃和莫斯科苏维埃的布尔什维克已经将大多数代表争取到自己这边。大城市的无产者不断地站到布尔什维克一边，越来越多的农民决定自行通过非法手段占领土地来解决农业问题。士兵也无意继续听从其长官的命令：临时政府在1917年11月基本失去民众的支持。布尔什维克在这样一种局势下夺取政权，用“权力真空”来描述当时的局势绝不夸张。

/ 067

保住政权比夺取政权要难得多。列宁坚信，只有在中欧和西欧发生后继革命，无产阶级在落后的俄国才能取得成功。因此1917年11月8日，他在第二届全俄苏维埃大会上向“人类最先进的三个民族和最大参战国（英国、法国和德国）中有阶级觉悟的工人”发出呼吁，请他们认清自己的任务，即“将人类从战争的恐惧和其恶果中解放出来”，坚定有力地支持俄国工人，成功地将“和平事业进行到底，把解放劳动人民和解放受奴役、受压迫大众的伟大事业进行到底”。从俄国发展到中欧和西欧乃至全世界的无产阶级革命：这就是 1917 年春季始于彼得格勒的无产阶级革命的发展进程。

这样看来，十月革命是二月革命的合理延续，是俄国革命第二个关键阶段，由激进势力完成温和派领导下不可能取得的成功：解放人民。布尔什维克不仅希望在其他参战势力的无产阶级中找到同盟，也渴求在当年沙俄帝国的非俄民族中找到盟友。11 月 15 日，人民代表委员会通过有关俄国各民族权利的一个声明，宣布各民族有权成立独立国家，也就是有权分离和自治。该公告符合布尔什维克“四月会议”决议和列宁在 1914 年《论民族自决权》一文中的立场。一周后，格鲁吉亚宣布独立；11 月 28 日，爱沙尼亚国民议会做出同样举措。独立的格鲁吉亚和爱沙尼亚如何与由布尔什维克领导的、新成立的俄国相处，暂时还是未知数。

这个问题在芬兰也引发很多争执，在推翻沙俄政权之前，芬兰是受俄国控制的一个大公国，从国际法角度看仍属俄国。1917 年 11 月中，芬兰工会联盟和向左转的社民党以及由奥托·库西宁（Otto Kuusinen）领导的芬兰布尔什维克发起总罢工，目的是革命夺取政权。赤卫队的对手是站在资产阶级独立运动一边的准军事联盟，即所谓的护国团。12 月 6 日，在议会上参议院主席佩尔·埃温德·斯温胡武德（Pehr Evind Svinhufvud）领导下新组建的纯一色资产阶级政府达成一致，公布了一个非正式的独立宣言。1918 年 1 月内战正式爆发。当时驻扎在芬兰的原俄国军队，随后投身布尔什维克军队，站在红色政权一边参战。1 月底几乎未经战斗，赫尔辛基就被攻克，人民代表委员会成立。白色政府将总部迁移到瓦萨（Vaasa）。留在赫尔辛基的斯温胡武德乘坐破冰车逃到爱沙尼亚的塔林，随后前往柏林。德国站在芬兰军事领导卡尔·古斯塔夫·曼纳海姆

（Carl Gustav Mannerheim）中将率领的白色政府一边，因此，它插手芬兰内战只是时间问题。

乌克兰也爆发了一场民族独立运动，重点在西部地区。中欧列强积极支持乌克兰民族主义运动。“解放乌克兰联盟”是一个社会主义流亡者的组织，他们希望建立一个独立民主的社会主义乌克兰，提出全面进行土地改革，并得到柏林外交部慷慨的财政援助。德国还有的放矢地去招募乌克兰战俘，认为他们是未来民族革命起义的参与者。然而起义没有发生，甚至在德国占领乌克兰西部部分地区后，革命也没有发生。但是在战争期间，乌克兰希望拥有更大自治权的愿望不断增强，以至于临时政府在1917年夏季被迫承认乌克兰拥有自治管理权。二月革命后组建的议会前身“中央会议”，即某种形式的“预备议会”，8月后彼得格勒承认它是乌克兰人民共和国的代表机构。但是在乌克兰民族主义者看来，仅仅承认自治权远远不够。大本营在国家东部工业地区的乌克兰布尔什维克，给“中央会议”施加很大压力。在基辅爆发的一次造反行动失败后，12月他们在哈尔科夫（Charkow）宣布成立乌克兰社会主义苏维埃共和国。为了支持他们，俄国布尔什维克部队进驻乌克兰东部。

尽管布尔什维克继续期待着中欧和西欧发生革命，但直到1917年底也没有发生符合他们乐观期待的事件。德国社民党长久以来在第二国际中，一直予以列宁政党最严厉的批评，它虽然对《和平法令》表示赞成，因为这会使战争结束得更快些，但是从未想放弃“内部求和”政策。德国独立社民党赞扬布尔什维克的革命，但只是停留在全面停火和无割地和平的呼吁上。

法国面对俄国和中欧列强单独媾和的危险，法国国内社会党人的焦虑程度不亚于资产阶级政党。十月革命后，工人国际法国支部开始向右转，如果新上台的克列孟梭内阁的民族主义政策没有为这些倾向制造障碍的话，他们还会继续向右前行。只有极左派表现出亲布尔什维克的立场。这个极少数派，竭力反对“帝国主义战争”，和列宁的立场相差无几。在英国工人队伍中，对十月革命的回应程度比法国还微弱。只是企业委员会中有些人对布尔什维克表示同情。反战的独立工党更重视他们对议会的责任，而无暇去深入了解列宁主义的理论和实践。对工党大多数人来说，这正符合他们的愿望。

1917年11月25日，在男性普选权的基础上，俄国启动了当年临时政府规定的制宪议会选举。结果是社会革命党胜出，尽管自11月初左翼分裂出去后，他们就不再是一个统一的政党，但仍然以一个统一体参加竞选。如果把全国所有地区社会革命党的“右翼”也算入，他们占据了议会绝对多数席位，在703个席位中得到380个席位。左翼社会革命党人占制宪会议的39个席位。布尔什维克获得近四分之一的席位，共168名议员，立宪会议党和孟什维克的选举结果不理想，分别获得17个和16个议员席位。

列宁并不因他的党派失败而气馁。他从来没有搞清楚多数的“形式意义”。对他来说关键的是，布尔什维克得到大城市无产阶级的支持，它是唯一拥有坚实组织机构和革命战略的政党，鉴于其激进的反战政策和农业政策，不用担心贫苦农民大众此时会反对他们。

只要有可能，布尔什维克就推迟立宪会议的立宪讨论，就好像根本没有过选举一样。11月27日，人民代表委员会颁布了一项《工人监督法》，导致很多地方的工人工厂委员会“野蛮”征用企业，这并不符合列宁的本意。12月3日，革命军队拿下莫吉廖夫（Mogilev）的俄军总部。拒绝接受新掌权者命令的总司令杜鹤宁（Duchonin）被处死。2天后即12月5日，人民代表通过一个法令，宣布废除现有的司法机构，由苏维埃或全民公投选举新法官。12月15日在布列斯特-立托夫斯克（Brest-Litowsk）结束了12天前开始的停战谈判。12月22日，在这里开始新一轮和平谈判。谈判参与方只有德国人和其盟友，即奥匈帝国、保加利亚和土耳其，而并不是像布尔什维克力争的那样，中欧列强和西欧列强都参加和谈。因此该谈判的结果不可能是一个普遍的和平，只能是单边和平。

停战可以使布尔什维克乘机增强其内部实力。12 月 16 日颁发的军队民主化法令规定，所有部队听从相关的士兵委员会或苏维埃
/ 071 的命令，废除所有军衔，由全体士兵选举军官。推翻政权后出现大批逃兵的军队已经非常羸弱，再加上这个法令，军队实际上被彻底肢解。12 月 15 日成立了协调经济的最高人民经济委员会，12 月 20 日“特殊委员会”，即臭名昭著的契卡，由出生在波兰的费利克斯·捷尔任斯基（Feliks Dzierzynski）领导。12 月 27 日颁布银行国有化令。如果按照列宁的意见，国有化银行应该监督仍属私营的工业企业。由于 11 月 27 日颁布的《工人监督法》以及地方苏维埃和工厂委员会的过激行为，使这一国家资本化方案落空：“来自基层的社会主义化”带来的后果是劳动纪律松散、生产率和工业生产的急剧倒退。

十月革命前，许多地方的农民已经自发在“基层”开始土地改革，例如 1917 年底，俄国中部某些地方的土改已经结束，但有些地方很晚才完成。没有土地的农民或土地极少的农民，平均得到供支配份额的 80%，剩余的归国家、地方或者合作社。但仅靠土地分配，农民的问题并不能得到解决，因为战争造成的饥荒将大部分人口从城市驱赶到农村，有权得到土地的人口数量增长了大约 300 万。因此农民分到的部分大幅缩水，可以说这是一个低水平的也是在几乎无回报的水平上，对土地占有结构的一种平分。建立农民私有财产制并不符合人们一般理解的“社会主义”。但在 1917 年的俄国，这种形式的土地改革是激进的社会党人，即布尔什维克夺取和维持权力的一个先决条件。

12 月 22 日在布列斯特 - 立托夫斯克开始的和谈，布尔什维克
/ 072 采取了一个革命化的创新：举行公开和谈。人民代表委员会早在 11

月底就公开了沙俄和协约国的所有秘密协议，因此这一举措也在情理之中。新俄国的代表因而有可能将谈判桌作为革命宣传的讲台，揭露中欧列强帝国主义的真面目。12 月 18 日，德方在克罗伊茨纳赫（Kreuznacher）枢密院会议上达成一致，出台了一个扩张性方案，让波兰、立陶宛和库尔兰得到“自治权”，柏林和维也纳筹备乌克兰的独立，按照德国重工业的愿望，乌克兰应该向帝国提供低磷矿石和锰矿石，而奥匈帝国对乌克兰地区的粮食更感兴趣。

奥地利外交大臣切尔宁（Czernin）在 12 月 25 日，即与德国磋商后的第一个圣诞假日，以和解的语调对俄国代表团长阿道夫·越飞（Adolf Joffe）的原则性讲话做出回复。越飞的讲话是一篇热情洋溢的宣言，他提出无割地、无赔偿的和平，所有民族拥有自决权，包括殖民地人民的自决权等问题。奥地利外交官员的这个回复引发了普遍的骚乱。第二天德国东线总参谋部的马克斯·霍夫曼（Max Hoffmann）少将马上出来澄清。他说，显然俄国方面理解的放弃武力吞并土地和中欧国家理解的不一样。这意味着某些地区，即波兰、立陶宛和库尔兰自愿脱离俄国。俄国代表团对此非常震怒，威胁要中断和谈，并提出从 28 日起休会 10 天，理由是需要接受新的指令。在这期间，其他参战势力也应该明确他们的态度，是否认同无割地、无赔款的和平（中欧列强也将这个条件和他们的同意捆绑在一起）。和谈是否会继续下去，在一段时间内还是未知数。

1918 年 1 月 8 日，十月革命后，担任外交事务人民委员的托洛茨基率领俄国代表团返回布列斯特 - 立托夫斯克。托洛茨基利用这个机会，公开鞭挞中欧列强的兼并计划，坚持为立陶宛、拉脱维亚和波兰争取真正的而不是表面的甚至受操纵的自决权，呼吁各民族争取和平的渴望，特别是德国民族对和平的渴望。与众所周知的霍夫曼将军的要求相比，托洛茨基表达的世界革命激情，在德国和奥地利引起了强烈反响。这极大地满足了布尔什维克的期望。在维也纳，奥地利社民党呼吁1月14日召开大型集会，同一天罢工浪潮开始，并蔓延至全国大部分地区。

1月18日（这一天罢工蔓延到布达佩斯），切尔宁外交大臣接见一个前不久选出的维也纳工人委员会代表团，并向其保证他的政府绝对不觊觎俄国领土，而且会无条件承认波兰的自主权。第二天切尔宁又书面确认了这一说法。之后社民党领袖和工人委员会才先后出来制止罢工。但还是花了数日才说服工人。

奥地利罢工的消息促使柏林冶金工业的革命领导也宣布全面罢工。到1月28日已经有50万人停下工作。仅在柏林就有几十万重要军工冶金工业工人加入罢工队伍。除了德国独立社民党的领袖外，社民党的知名代表，如两位党主席弗里德里希·艾伯特和菲利普·谢德曼也被选入罢工委员会，目的是在工会没有参与罢工的情况下，争取尽早结束罢工。他们在2月4日达到了目的。如果时间再长，罢工就会威胁到军队实力。事后，军事当局、警察和司法部门采取相当严厉的措施：大量罢工积极分子被捕或被应征服役。

/ 074

与此同时，布列斯特－立托夫斯克的谈判再次陷入僵局。1月18日霍夫曼将军在迄今为止的要求外，还提出俄国要撤出利沃尼亚（Livland）和爱沙尼亚，为了表明德国的强硬立场，他还用拳头敲打桌子。托洛茨基的反应如同他的前任越飞一样：提出终止谈判，并率领代表团返回彼得格勒。

同一天，立宪议会在彼得格勒召开制宪会议。本来只计划开一次会议。但布尔什维克向非布尔什维克的多数派挑衅，要求将所有国家机器马上交给布尔什维克管理。由于该提议被否决，布尔什维克离开会场。剩余的议员通过了没收土地和召集和平会议的行政令，同时还郑重宣布俄国为民主联邦共和国。

武力解散制宪会议符合全俄苏维埃执行委员会的决议。列宁起草了相关法令。他认为“任何放弃苏维埃绝对权力，放弃人民夺取的苏维埃共和国，追随资产阶级议会主义和制宪会议的行为都是倒退，意味着整个工农十月革命的失败。……在苏维埃拥有绝大多数的布尔什维克议会党团和左翼社会革命党，他们得到工人信赖和多数农民的支持，他们离开制宪会议是必要的。很明显，剩余的立宪议员只是在幕前演戏，而幕后反革命分子正在进行推翻苏维埃政权的斗争”。

1918 年 1 月 19 日，致使制宪会议流产的行动，也标志着布尔什维克与欧洲工人运动多数民主派的最后决裂。根据比选举中更多的大多数人的说法，列宁与卢梭关于如何区分真正的“公共意志”和与此相对但不可小觑的“个人意志”的理论不同，列宁用这样一个辩证的手法，为获取的权力做出合理的理论解释。如果从布尔什维克的角度出发，设身处地思考他们在 1918 年初所处的局势，布尔什维克的政变行动有其必然的内在逻辑。他们的政策是对俄国极端落后状态、落后的社会文化和政治文化的一种激进的反应。正因如此，这次一月政变起初在本国并没有受到大规模阻力。但凡是在工人阶级享有比在俄国更多自由和更受法律保护的地方，布尔什维克都遇到强烈而迅速的抵制行动。最明显和最根本的抵制来自布尔什维克寄最大希望的国家——德国。

不仅是社民党，独立社民党的温和派也对 1 月 19 日的武力行为感到愤怒。因抗议社民党赞同战争贷款而参加独立社民党的卡尔·考茨基谴责列宁，他认为多个政党中一个政党的专政只是“一部分无产阶级对另外一部分的专政”，而不是马克思、恩格斯意义上的“无产阶级专政”。少数人专政最有力的支持是有一个服从它的军队，少数派靠动用武力，而不是依靠大多数，“它们逼迫所有反对派，寻找刺刀和拳头来求助，因为投票被禁止，无法号召用投票来决策。内战就成为解决政治和社会矛盾的形式”。

考茨基认为，内战是战争最残酷的形式，因而也是一场灾难。“在

/ 076

内战中，每个党派都为自己的生存而战，失败者意味着彻底毁灭……有人把内战混淆为社会革命，认为内战是革命的形式，为内战中不可避免的武力行为辩解，认为没有它就不可能革命……如果以资产阶级革命为例的话，认为革命等同于内战和专政，那么由此得出的结论是：这场革命必将以克伦威尔式或拿破仑式的统治告终。”

甚至最左翼的“斯巴达克同盟”对布尔什维克政变也是有异议的。社会主义妇女运动的先锋卡拉拉·蔡特金和历史学家弗兰茨·梅林（Franz Mehring）毫无保留地赞同抵制制宪会议。蔡特金甚至认为，放弃这一行动无异于“犯罪加愚蠢”。自 1916 年 7 月被“保护性拘留”的罗莎·卢森堡则认为布尔什维克（尽管她认为是有理由的）在制宪会议后没有马上召集新选举的行为不可原谅。“只是给政府追随者自由，只是给某个政党成员以自由，不管其成员数量多么大，但这并不是自由。自由总是指给持不同政见者的自由。”这段最常被引用的句子，是她死后才发表的《论俄国革命》一文中的一段话。但她在这里并不是赞同自由的多元化，而只是表达了对革命和社会主义多元化的认同。她写下“持不同政见者”这句话时，并不是指那些“阶级叛徒”和资产阶级“革命家”。

在与制宪会议决裂问题上，布尔什维克的领袖都赞同列宁的意见。但是在和平问题上则不然。列宁坚持只要能保证布尔什维克政权的生存，就接受任何形式的和平。因此他呼吁立即签署和平协议。斯大林也持同样意见。布哈林和捷尔任斯基认为接受德国的条件简直是一场政治灾难。托洛茨基也表示将拒绝签字，但同意不再继续参战，并努力瓦解中欧列强军队——他的口号是“不战不和”。中央委员会经过激烈讨论后，多数人赞同托洛茨基的方案。2 月 10 日，已经返回布列斯特 - 立托夫斯克的托洛茨基宣布战争结束，并中断谈判。德方于 2 月 16 日向苏维埃政府发出最后通牒，苏维埃不予理

/ 077

会。2 月 18 日，德国人真的开始发起进攻。列宁再次竭尽全力说服

大家接受和谈条件，这次中央委员会以 13 票中的 7 票通过，随后电报通知德国政府，人民代表委员会已经准备接受和谈条件，并就新条件立即表态。

德国在 2 月 22 日的回复中，除既有的条件外还提出了更多要求。例如，俄国应放弃整个波罗的海和芬兰，俄国应承认 1 月 22 日“中央会议”宣布的乌克兰人民共和国的独立，而德国已经在此前 2 月 10 日的单边和谈中承认其独立（这个要求还包括布尔什维克军队要从 2 月 9 日占领的基辅撤军）。实际上这时乌克兰已是德国的一个保护领地。在这一轮攻势中，德国军队不仅占领了波罗的海，还拿下大部分白俄罗斯和乌克兰地区，并于 3 月 2 日攻下乌克兰首都基辅。

列宁以如果他的提议被拒绝，就退出党的领导职位和人民代表委员会主席职位相要挟，一天后在布列斯特 - 立托夫斯克签署了和平协议。这个条约使俄国丧失了 1/3 的人口和农业用地，一大半工业，包括 3/4 的重工业、4/5 的铁矿储存和 9/10 的煤矿生产。由于乌克兰的独立以及格鲁吉亚和亚美尼亚地区归属土耳其，俄国在黑海的地位遭严重削弱。德国军队占领整个波罗的海后，俄国通往波罗的海只有一条狭窄的通道。

驯服了俄国后，中欧列强却无视《布列斯特 - 立托夫斯克和约》，继续向高加索山脉挺进。在这个战场上，德意志和奥斯曼帝国开展了一场矛盾重重的竞赛：1918 年 6 月，德国军队占领第比利斯（Tiflis），9 月土耳其占领巴库和巴库油田。对战败国的羞辱还没有就此结束：附加协议要求俄国必须在 1918 年 8 月底支付 60 亿马克，而且一定要放弃北巴尔干省份利沃尼亚和爱沙尼亚。与当年库尔兰的情况一样，波罗的海的德国上层阶级和在德意志帝国生活的代表们强烈要求兼并领土和推进“日耳曼化”。 / 078

即使没有这些影响，也会比较容易拉拢德国民意，有必要在欧洲中部和东部建立一圈“边界国家”，以形成对付苏维埃俄国的安全带。芬兰就是边界国家之一。德国军队和一个为此专门成立的“曼海姆援军”赶去支援“白色政府”，1918 年 5 月帮助他们取得了胜利。另一个边界国家是乌克兰，1918 年 4 月，德国保护领地权力机构解散了社会党领导的中央会议，由“首领”帕夫洛·斯考罗帕斯基（Pavlo Skoropadsky）领导的保守政府取而代之。放弃了“乌克兰人民共和国”这个国名，更名为“乌克兰国”。斯考罗帕斯基政权用大量粮食换取了中欧列强的支持。

《布列斯特 - 立托夫斯克和约》让德国离实现统治中欧的战争目标更近，好像在 1918 年初就可以实现，但这显然违反 1917 年 7 月 19 日德意志帝国议会通过的和平决议。尽管如此，1918 年 3 月 22 日议会代表仍以绝大多数赞同票通过了该和平协议文本。两个资产阶级的“多数党”，即中央党和进步人民党投赞同票。已经分裂为反对派、赞同派和中间派的社民党弃权。只有独立社民党投反对票。社民党和另外两个“多数党”一道，在此之前通过了一个决议，希望帝国考虑波兰、立陶宛和库尔兰的自主权问题。

可以和《布列斯特 - 立托夫斯克和约》相提并论的是《布加勒斯特和约》，这是中欧列强在两个月后，即在 1918 年 5 月 7 日和罗马尼亚签署的和平协议。战败国罗马尼亚必须割让整个多布罗加（Dobrudscha）地区，德国的盟友保加利亚只得到多布罗加南部，而北部的管辖权归属战胜国。德国和奥匈获得油田开采特权，两个中欧强国还获得罗马尼亚所有农作物的剩余收成，为期两年。作为补偿，罗马尼亚可以得到 4 月吞并的前属俄国的比萨拉比亚（Bessarabien）。外交部国务秘书理查德·冯·库尔曼（Richard von Kühlmann）在参议院外事委员会上谈及布加勒斯特和平的主要结果时说，从经济角度讲，罗马尼亚从现在起可以看作是中欧列强的殖民地。他可谓一语中的。

1918 年 3 月 7 日，《布列斯特 - 立托夫斯克和约》签署 4 天后，第七次党代会上，布尔什维克更名为“俄国共产党”，并批准了俄国投降决议。列宁说服了代表们，为了给苏维埃一刻喘息之机，必须接受德国的条件。列宁在党代会上阐述他的观点，真正的解放只有通过“全欧革命”才能实现。然而“全欧革命”始于德国的革命，可惜没有朝着布尔什维克期望的方向迅速发展。但是“如果没有德国革命，我们就会灭亡，这是千真万确的”。因为革命还未到来，俄国没有一个可参战的军队（2月20日颁布了建设一支新红军队伍的法令），所以不得不缔结《提尔西特和约》，即拿破仑1807年强加给战败普鲁士的那类和约。现在的关键是建立一支新的军队，深入研究战事，恢复铁路秩序。而最好的老师是德国人。“学习德国人的纪律，否则我们就是一个无可救药的民族，会永远处于奴隶状态。”

必要时可以用暴力强制执行纪律。1918年2月21日，在德军攻势高峰期，人民代表委员会颁布了当时新任军事人民委员托洛茨基起草的、由列宁签署的呼吁书：“社会主义祖国在危险中！”（特意效仿法国立法议会1792年7月11日脍炙人口的呼吁书）。这份呼吁书要求彼得格勒和基辅以及新战区的所有工人农民组织起来，在军事专家领导下深挖战壕。“在赤卫队的监督下，所有资产阶级身强力壮的成员，不论男女都要编入这个队伍，谁若反对，立即枪决。”这个呼吁书的结束语是：“就地枪决敌特、投机者、盗贼、流氓、反革命分子和德国间谍。社会主义祖国处于危险之中！社会主义祖国万岁！社会主义世界革命万岁！”

即使在《布列斯特－立托夫斯克和约》签订后，胁迫感依然没有减弱。这并非没有原因。3月9日，英国军队在北极港摩尔曼斯克（Murmańsk）登陆。那里储存着西方势力提供的战争物资，协约国不想让它们落到曾经的盟友俄国手中。3月12日，人民代表委员会将其所在地从战略上受到威胁的彼得格勒迁到相对安全的莫斯科，莫斯科因此再次获得了1712年的地位，成为俄国首都。3月，全俄苏维埃第四届（特别）大会在莫斯科召开。尽管以布哈林为代表的布尔什维克左翼和左翼社会革命党人表示强烈反对，会议还是通过了这个和平协议。自1918年12月22日以来，社会革命党有两位代表参加人民代表委员会，在此次事件发生后，他们退出了人民代表委员会。因此布尔什维克失去了一个有着大批拥护者的重要盟友，特别是在伏尔加河流域地区，社会革命党有大批的支持者。其他的抵抗势力大多聚集在顿河流域的哥萨克地区和外高加索，在那里布尔什维克几乎没有什么支持者，而社会主义运动中，孟什维克的力量大于列宁政党的力量。一场全面内战爆发的危险在增大，同时，西方联盟插手俄国内部权力斗争的危险也有增无减。《布列斯特 - 立托夫斯克和约》实际上给苏维埃政权带来的只是一个“喘息之机”，并没有其他益处。

1918年春季，俄国的内外局势极端恶劣，布尔什维克的政策不仅是对这种局面的一种反应，也是列宁方针一种内在的必然性，他要在一个落后国家建立一个新型共产主义社会。马克思认为：消除旧有的、受数百年“沙皇专制”影响的、受“亚洲式官僚专制”影响的社会和统治秩序的基础，本是资产阶级的历史使命。由于资产阶级力量薄弱，列宁得出结论，必须由俄国无产阶级及其先锋队共产党来完成大部分任务。

之所以称列宁是“西方人”，是因为他认识到西方是科学、技术和工业现代化的化身，在这方面他为俄国指出了未来发展的方向。人民代表委员会1918年2月6日规定，从儒略历纪年过渡为公历纪年，并于2月14日实行，这具有极高的象征意义。革命的俄国以此表达向先进民族看齐的意愿。向德国学习，对列宁来说意味着俄国不用自由化就可以实现现代化。西方的规范工程，例如1776年和1789年两次大西洋革命的成果，在他看来没有俄国可以效仿的东西。和马克思一样，法国革命之所以令他感兴趣，不是因为法国革命的第一个温和阶段，而是第二个阶段，即雅各宾阶段或者说是恐怖阶段。马克思在1847年写道：1793~1794年的恐怖统治“起到的作用仅在于，用它们强大的冲击力驱逐法国土地上的封建残余势力。这是胆小的、前瞻后顾的资产阶级用数十年也完不成的工作”。

马克思和恩格斯的基本设想是做一个历史类比结论：正如资产阶级取代了不再起作用的封建贵族阶级一样，那么无产阶级也必须从完成了其社会任务的资产阶级手中夺权。“第四等级”，即在发达的西方社会的工人阶级确实还没有形成像1789年法国的“第三等级”那样的势力，还未形成一个“普遍的等级”，但这对俄国无产阶级来说正求之不得，只有俄国资产阶级结构性的软弱才能给布尔什维克以可能性。他们中的大部分是知识分子出身的职业革命家，利用无产阶级之名来夺取政权。

雅各宾的“恐怖”只是一个过渡阶段，之后是热月政变，温和势力组成新政府上台，继而是拿破仑的统治。为了避免俄国重蹈覆辙，列宁早在1905年就称布尔什维克是“现代社会民主的雅各宾党人”。比起他们的历史榜样，布尔什维克决心要对敌人采取更严厉、更果断的态度。他们认为自己有权利这么做，也有义务这样做。因为在衡量各自时代的种种标准后，1917~1918年的俄国比1793~1794年的法国落后很多。俄国如此落后，以至于根本不可预见何时可以结束恐怖。雅各宾党人的恐怖统治未能持久地掩埋1789年的理想的光芒。俄国1905年的革命和1917年的二月革命都没有提出可以超越1917年十月革命的思想。布尔什维克的“恐怖”，就是十月革命思想的载体，从一开始就是其整个系统的一部分：迄今为止对西方规范工程最极端的对抗。[8]

实现所有文明民族的自由：威尔逊的世界新秩序

1917 年 10 月在俄国发生的事件，以及俄国和中欧列强之间的种种纠纷，对于西方势力意味着三重挑战。首先，布尔什维克的胜利减轻了中欧列强对付两个战线的压力：德国可以将兵力全部集中到西线战场，奥匈可以集中兵力到意大利前线。其次，布尔什维克的宣传也需要有人来回应，其口号与其说是无产阶级革命不如说是普遍和平，俄国革命者把布列斯特 - 立托夫斯克的谈判桌作为政治舞台，可能对西欧工人阶级，也许甚至会对美国工人阶级产生不可意料的影响。伦敦、巴黎和华盛顿都有可能会出现类似事件。最后，在布列斯特 - 立托夫斯克，一个参战方没有参与和谈，这对西方势力来说不无危险：中欧列强会唤起这样的印象，他们是唯一认真对待呼吁和平的布尔什维克的参战方。

英国首相大卫·劳合·乔治，是第一个站出来回应布尔什维克呼吁的西方政治家。他说，所有参战国家应该公开阐明各自的和谈条件。1918 年 1 月 5 日，这位自由党政治家在伦敦召开的英国工会会议上发表了一个讲演。在讲演中，他第一次全面阐述了其政府的战争目标。他说，英国不是对德国人民开战，也无意去摧毁德国以及德意志帝国的宪法，“尽管我们认为，在 20 世纪，这样一个军事专制制度是一个非常危险的时代错误”。如果实行真正的民主宪法，德国将最令人信服地证明，“旧有的军事统治精神在这场战争中已经灭亡，我们会更容易与德国缔结敞开心扉的民主和平。然而这件事应该由德国人民自己决定。英国也不想摧毁奥匈帝国或者把土耳其从土耳其人居住的小亚细亚和色雷斯（Thrakien）驱赶出去”。关键的是，要解决多瑙帝国各民族的自治权问题，包括生活在那里的意大利人。至于奥斯曼帝国问题，重点在于满足阿拉伯人、亚美尼亚人、美索不达米亚人、叙利亚人和巴勒斯坦人特定的民族要求。

英国首要的要求一如既往，即恢复比利时国土。另外正如劳合·乔治非常谨慎表述的那样，必须满足法国的诉求，即复议1871年德国在没有询问人民意愿的情况下吞并阿尔萨斯-洛林这个“大冤案”。谈到俄国问题时，他抨击“普鲁士”试图吞并已占领俄国省份的企图。“民主的英国决定帮助法国和意大利的民主人士及其所有盟友，坚持到最后。我们很自豪，继续站在俄国新民主一边战斗到最后……但是，如果目前的俄国执政者不依赖其盟友而私自采取行动，那么我们将无法介入来阻止这个国家必定会陷入的灾难。俄国只能靠自己的人民得到拯救。”

之后，他提到承认波兰独立，这个独立的波兰应包括所有名副其实的波兰元素。在德国殖民地要落实国际准则，必须考虑当地居民的愿望和利益。英国首相宣布英国坚持要求德国为其践踏国际法造成的损失给予赔偿。最后，英国首相以一个号召性的呼吁结束讲话：建议成立一个国际组织，调解国际争端并阻止战争，限制军备，以保证公正和持久的和平。大英帝国为实现这个目标而奋斗，以确保这一和平的条件，为了这个目标，它的人民也准备好做出更大的牺牲。

劳合·乔治借这个讲话，不仅是为了争取英国工人运动的继续支持（也成功地得到工会和工党的友好回应），也是努力为大西洋两岸搭建一座桥梁。他明显或多或少地接受了美国总统伍德罗·威尔逊的观点，如各民族的自治权和成立国际联盟。威尔逊最亲密的顾问，特别是爱德华·曼德尔·豪斯（Edward M. House）上校，早在1917年12月就敦促总统，发表美国对战争目标的原则性声明。11月在巴黎召开的协约国内部会议上，由于法国和意大利的抵制，就连一个泛泛的共同声明都没有达成共识，在豪斯看来，这个表态是当务之急。布列斯特-立托夫斯克和谈启动又提供了一个即刻公开美国态度的契机。1918年1月8日，威尔逊在美国国会上宣布了

/ 085 著名的“十四点和平原则”。有意选择这样的表述，是因为不能让劳合·乔治的讲演，而是让这个“十四点和平原则”，作为对布尔什维克和平呼吁的西方权威回应而载入史册。威尔逊才是列宁的真正对手。

美国总统的致词和英国首相的讲话的区别还在于，前者用特别谄媚的话语讨好布尔什维克。俄国人民对公正的、人道的和正直的信念，以“开放、远见和精神的大度，以一种非常善意的人性方式”表现出来，以至于每一个人类的朋友都不得不深感敬佩。不论当前的俄国领导人相信或者不相信，这是美国发自内心的一种渴望，希望某一天会开启一条通路，“它会授予我们优先权，帮助俄国人民实现其最勇敢的希望，实现自由和有保障的和平”。

威尔逊在他的“十四点和平原则”中提出，公开和谈，达成没有任何秘密条款的和平协议，航海自由，尽力消除贸易秘密，限制军备，对殖民地的所有要求给予自由的、开诚布公和秉公无私的补偿，同时要兼顾当地民众以及殖民势力的利益，外国军队全部撤出俄国领土，确立有关俄国问题的准则，让这个国家可以自由选择自己的发展，借助自己选举的代表机构，跻身自由民族的行列中。占领军撤出比利时，恢复其主权，同样被占领的法国领土也要这样处理。普鲁士 1871 年在法国的违法行径要得到更正。意大利的边界应该依据明显的民族分布重新规划。奥匈帝国的各民族应该得到最自由的机会以自治发展。占领军要撤出罗马尼亚、塞尔维亚和黑山的
/ 086 领土。另外，塞尔维亚应该得到一个有安全保障的地中海入海口。

威尔逊提出，要保证土耳其的安全主权，目前生活在土耳其统治下的其他民族应该享有自由和自主发展的权利，达达尼尔海峡应该成为一个对所有民族开放的、受国际担保的通畅的航运通道。波兰问题的解决办法是，建立一个独立的波兰，囊括所有没有争议的波兰居民的领土，让它拥有一个安全自由的出海口，签订一个国际

协议确保其和平状态和领土完整。最后，要建立一个国际联盟，目的是不论国家大小，均确保它们的政治独立和领土完整。

在致辞的最后，威尔逊把话语转向德国。美国并不嫉妒德国的强大和它的功绩，并不想削弱其合法的势力影响。美国并不希望“用武器或者不友好的贸易规则和德国作对，如果德国有意和我们以及世界上其他热爱和平的民族，在正义、公正和公平往来的原则上协议共事。我们只是希望，德国在我们目前生活的这个世界中，在新世界的各个民族中，占有一个与大家平等的位置，而不是一个主导的位置。我们并不妄想给德国提出建议更换或者改变其体制，然而坦诚而言，这有必要，而且之所以有必要，是因为这是我们和德国进行理智谈判的先决条件，我们要知道，它的代表为谁说话，代表帝国议会的大多数，还是代表军事政党和那些信奉帝国统治至上的人们”。总统的结束语听起来如同一种誓言：“这场最后的、为人类自由而战的伟大战争的高潮即将来临，美国已经准备好，来证明自己的强大，证明自己最高尚的愿望、自己的诚信和奉献。”

1917 年 4 月 2 日的讲演，他提出了“要让世界为民主提供安全保障”的口号，威尔逊之所以能够发表这个讲演，是因为两个半周前，俄国沙皇政权被推翻。1918 年 1 月 8 日的“十四点和平原则”讲演，之所以能选择这种形式，是因为还未发生 1 月 19 日布尔什维克强制解散自由选举出的制宪会议事件。对年轻的俄国民主的赞美之词和对其领袖友善的表白，证明了他对俄国发生了什么知之甚少。威尔逊刻意让俄国和德国形成鲜明对照。尽管布尔什维克对来自华盛顿的赞美表示高兴，但他们也毫不犹豫，几天之后就用武力行动让美国总统丢尽颜面。

对新俄国的幻想并不是这个讲演中唯一可以被挑剔的段落。威尔逊的几个观点大大无视截然相反的现实。他几乎没有意识到，如果毫无限制地实施民主的多数原则，在民族混合居住的国家内，很容易导致对少数族裔的压制。另外他提出的战略，如为塞尔维亚和波兰提供入海口，并没有考虑这是否和民族原则相符。殖民地民族合法利益的说法提得太笼统，以至于殖民势力（自 1898 年西班牙和美国爆发战争以来，美国也是其中一员）不必因此而感到不安。威尔逊是来自弗吉尼亚州的南方人，持有美国南部人对黑人的成见。如同大多数美国人和欧洲人一样，他也认为只有白种民族是真正的“文明”民族。由于这样的影响，他不可能成为值得信赖的、解放殖民地各民族的辩护人。

但这一切并不能影响这篇讲演在世界史上的地位。1918 年 2 月 11 日，这位总统在国会的另一个讲话中，提出了一个振奋人心的口号——“自决”。尽管没有给出具体定义，但“十四点和平原则”因此而如虎添翼。我们沿着他的思路继续，威尔逊的愿景是一个各民族自治的和平世界，令人想起托马斯·潘恩（Thomas Pain）在《常识》中表达的理想，和伊曼努尔·康德（Immanuel Kant）在《永久和平论》中提出的目标，它质疑“威斯特伐利亚体系”，否定以国家主权的名义干涉其他国家内政。同时它也回答了列宁提出的用革命实现民族自决的问题，当然也可轻易解释为，它在鼓吹“文明民族”有分裂的权利、成立独立国家的权利，尽管威尔逊理解的“自决”就是“自己的行政管理”，即内政的自决。这个十四点原则和 2 月 11 日的讲话，在 1918 年引发了摧毁旧制度的爆炸力：既影响了正在努力争取国家独立的欧洲各民族，例如波兰、隶属哈布斯堡王朝的捷克和南斯拉夫，也震撼了在德意志帝国努力实现民主的力量。

柏林正确地捕捉住“十四点和平原则”的核心，称其呼吁在德国进行民主革命，因此该条款招致德国右派以及帝国元首一片反对声。1918 年 1 月 24 日，帝国首相赫特林侯爵在帝国议会常务会议上，对美国总统针对德国提出的具体要求予以明确回绝。东方新秩序仅仅关系到俄国和中欧势力，“强行吞并比利时”根本不是德国政治的一个内容。让德国放弃任何领土，不管在西方还是东方，都遭到首相的断然拒绝。至于有关海洋的自由问题，这些要求应和英国放弃直布罗陀、马耳他、亚丁港、香港和马尔维纳斯群岛以及其他殖民地直接挂钩。

法国社会党人非常感激美国明确表明其战争目标，或者更贴切地说是表明其和平目标。总理克列孟梭固执地拒绝具体阐明法国的战争目标，这加深了政府和在野党的矛盾。工人国际法国支部在法国成了正宗的“威尔逊党”（同样德国独立社民党的温和多数派以及英国的工党也得到这样的称呼）。政府首脑执拗的态度，不仅说明了他决心不经全民公投一定要收复阿尔萨斯－洛林（迄今为止不论是威尔逊还是劳合·乔治，以及法国社会党都没有确认这个问题），还证明他也根本无意公开谈论他对萨尔地区和莱茵地区的更多要求，在这个问题上他得到总参谋长霞飞的支持。同样以首相奥兰多（Orlando）和外交大臣桑尼诺为代表的意大利政府，也断然拒绝阐述其战争目标：显而易见，威尔逊对民族原则的认同，同坚持索要布莱纳（Brenner）边境、伊斯特拉半岛和达尔马提亚大部分领土的意大利政府分歧过大。

1917 年 10 月，维托里奥·埃曼努尔·奥兰多接替保罗·博塞利（Paolo Boselli）担任首相。在他执政期间，两位改革社会党人莱奥尼达·彼索拉蒂（Leonida Bissolati）和伊万诺埃·博诺米（Ivanoe Bonomi）担任大臣。彼索拉蒂是“民主干涉主义者”中最有煽动力的演说家。他们承认威尔逊意义上的民族自决权，因此拒绝吞并讲德语、斯拉夫语和希腊语的地区。奥兰多至少在策略上接近“民主干涉主义者”的观点，例如他迫于总参谋部的压力，不顾外交大臣桑尼诺的反对，开始和南斯拉夫人合作，这就要求意大利对亚得里亚海东岸的扩张有所克制。1918 年 4 月“被压迫民族会议”

通过的半官方的“罗马条约”，就体现了这个新方针。1917 年 11 月，苏维埃政府披露的意大利与协约国签署的伦敦秘密协议，其中大部分有关内容直到战争结束时也没被废除。

/ 090

在争取民族独立的奥匈帝国移民中，没有人比捷克哲学家托马斯·马萨里克（Tomáš Masaryk）更接近威尔逊的思想了。他 1850 年生于摩拉维亚（Mähren），父亲是一位斯拉夫马车夫，母亲是一位农民的女儿。马萨里克是德国和摩拉维亚后裔。1900 年到 1914 年，他作为自己创建的“现实主义政党”代表跻身奥地利帝国议员之列。他和他的同事爱德华·贝奈斯（Edvard Beneš）都不满威尔逊为了不让奥匈和德国走得更近，放弃“十四点和平原则”中提到的解体奥匈帝国的要求。劳合·乔治也持这一立场，也许他希望可以和维也纳缔结单边和约。在这个问题上，马萨里克更好的盟友是法国总理克列孟梭和他的外交部部长斯蒂芬·毕盛（Stéphen Pichon）。这两位政治家明确表示，力争让奥匈帝国无条件投降，也就是终结奥匈帝国。1918 年时他们在这个方面的积极活动和马萨里克的愿望相吻合：促进哈布斯堡王朝的民族独立运动。

马萨里克和贝奈斯为这一斗争做出了一定的贡献。他们二人得到法国政府同意，1916 年在巴黎建立捷克斯洛伐克国民委员会，筹备建立捷克和斯洛伐克统一的国家，这个目标也是捷克和斯洛伐克流亡组织于 1915 年 10 月，第一次在俄亥俄州的克利夫兰（Cleveland），以及后来 1918 年 5 月中，在匹兹堡（Pittsburgh）协议中，以更有约束力的形式达成的一致意见。在这个和约中，马萨里克确保给予斯洛伐克广泛的自治权。 二月革命后，马萨里克前往俄国，把奥匈帝国军队的战俘和逃兵组成的捷克斯洛伐克流亡军团改组为解放军，这个军团授命前往西线的法国。由于直接的通路被中欧列强的国土封锁，他们必须绕路到西伯利亚的符拉迪沃斯托克，1918 年 4 月 5 日符拉迪沃斯托克被日军占领。

俄国最初批准了这个计划，但发生了数次争执后原来的认可被推翻了。托洛茨基命令解除这支至少已扩展为4万人的武装军团，但因受到强烈反抗而无法执行。几周之内，这支部队控制了伏尔加河流域中部大部分地区，南乌拉尔山脉乌法（Ufa）地区，西伯利亚西南部分地区和西伯利亚大铁路的大部分路段，一直挺进到伊尔库茨克附近，因为他们得到布尔什维克在俄国的敌手，伏尔加河流域的社会革命党人的大力帮助。1918年6月8日这一天，该军团拿下了萨马拉（Samara），制宪党的社会革命党人委员会宣称布尔什维克政府下台，自称为临时政府。捷克斯洛伐克军团就这样没有前往法国，而是积极参与了刚刚开始的俄国内战。他们犯下诸多恶行，频频掠夺平民，杀害落入他们手中的德国和奥匈帝国军官。

1918年夏季有一段时间，布尔什维克政府似乎要倒台。7月初，左翼社会革命党人在莫斯科和俄国中部发动起义。在这个过程中，7月6日德国大使米尔巴赫（Mirbach）伯爵惨遭谋杀。同时白色势力在邓尼金（Denikin）将军和克拉斯诺夫（Krasnow）将军——顿河哥萨克的“首领”——的带领下，把布尔什维克从库班地区和顿河地区赶了出去。在西伯利亚西部，沙皇的追随者海军上将高尔察克（Koltschak）集结了反革命势力，与捷克斯洛伐克军团共同攻下喀山（Kasan）。布尔什维克对这一行动的回应是，1918年8月16日在叶卡捷琳堡（Jekaterinburg），后来更名为斯维尔德洛夫斯克（Swerdlowsk）杀害了沙皇全家。不久前，白色势力在俄国最北端的阿尔汉格尔斯克（Archangelsk）把布尔什维克驱逐出市政府。一天后，即8月1日该城市被交给从摩尔曼斯克（Murmansk）挺进到这里的英国人和法国人，他们到这里本来要确保储存在北极港协约国军用战争物资的安全，防止落入德国人手中。（一段时间以来，在摩尔曼斯克就有和当地苏维埃的类似合作，6月29日，当地苏维埃和莫斯科人民代表委员会断绝了关系。）最初只是针对德国的一个行动，却逐步发展为协约国对俄国内战的干涉。

强烈要求协约国对布尔什维克同步采取严厉措施的始作俑者是法国。法国是当年沙俄帝国主要贷款国和最重要的外国投资人，英国也在敲边鼓。干涉应先从西伯利亚东部的符拉迪沃斯托克开始，那里存储着协约国军队的战争物资，比在摩尔曼斯克和阿尔汉格尔斯克的还多。迄今为止受布尔什维克控制的符拉迪沃斯托克，6 月 29 日前被布尔什维克控制的符拉迪沃斯托克，被捷克斯洛伐克军团的一个独立分支占领，该分支在几个月前就已经抵达那里。捷克人本意是撤回到西西伯利亚，去那里支持他们的战友抵抗布尔什维克，但只有得到美国或日本盟友的支持，他们的计划才能实现。

同情捷克人的事业，是威尔逊总统对英国和法国的强烈要求最后做出让步的原因，他下令派遣 7000 人的美国军队前往西伯利亚。美国军队极少和红军正面交锋，他们的主要任务是守护曾被布尔什维克控制的西伯利亚大铁路的部分线路。尽管美国持这种克制态度，但在 1918 年 8 月，美国在俄国内战中站在哪一边的态度已经很明朗了。美国站在力图推翻布尔什维克统治的“白色势力”一边，而威尔逊在 1 月时还努力去争取布尔什维克的青睐。[9]

两个帝国的崩溃和一个国家的新生：一战结束时的德意志、奥匈帝国和波兰

东线的单边和平可以让德国把腾出的部队主力调往西线。1918 年 3 月，西线集结了 240 个师中的 192 个，约 350 万人。之后又从东线调集了 28 个师增援，这样德语国家联盟暂时在部队数量上比西方势力略胜一筹。3 月 21 日“米夏埃尔行动”（Unternehmen Michael）开始，德方在皮卡第（Picardie）向英国人和法国人发动大规模进攻。开始时德方打了几个胜仗，但攻击波在 4 月第一周就停滞不前了。同时在佛兰德、贵妇小径和马恩河的其他攻势也没有取得预期的突破。

7 月 18 日，在协约国军总司令福煦（Foch）将军（8 月 6 日为元帅）领导下，协约国开始全面反攻。美国军队第一次大规模参战，潘兴任总司令。英国投入的大批坦克起到关键作用。8 月 8 日，协约国在亚眠（Amien）战役取得全线突破，这一天也让鲁登道夫见证了“德国军队的黑暗日”。自 8 月 20 日，德国在西线受到法国、英国和美国的猛烈攻击，不得不连连撤退。德方士气一落千丈。

同时，德国的盟友也一再受挫。6 月下旬，奥地利对阿夏戈（Asiago）高地的七城（Sette Comune）和皮亚韦河（Piave）下游的进攻失败。从那以后，特别在军队中的非德语队伍中，分裂现象有增无减，这也促使奥匈帝国自 1918 年 8 月后强烈地要求德国尽快结束战争。但这些努力没有达到预想的目标，于是他们单方面在 9 月 14 日用宣言的方式，向威尔逊总统建议召开一个总的和平会议（但马上遭到拒绝）。9 月下旬，保加利亚军队在马其顿受到英国、法国、意大利、塞尔维亚和希腊攻击后彻底崩溃。9 月 30 日缔结停战协议，保加利亚王国必须从所占领的全部的塞尔维亚和希腊的领土中撤出（1908 年 10 月 5 日保加利亚独立王国成立，大公斐迪南

一世自称沙皇）。

同样，9 月英国在巴勒斯坦的雅法（Jaffa）取得突破，在土耳其与德国联盟坚守的战线上获胜。接下来的几个月，英军在艾伦比（Allenby）将军率领下，得到由被誉为“阿拉伯劳伦斯”的传奇人物——托马斯·爱德华·劳伦斯（Thomas Edward Lawrence）上校——组织的阿拉伯之队的帮助，大举挺进到阿勒颇（Aleppo）、大马士革（Damaskus）和贝鲁特（Beirut）。德国军队边战边撤退到安纳托利亚。1918 年 10 月 30 日奥斯曼帝国放下武器。停战协议规定了投降条件，双方在利姆诺斯岛（Lemnos）的穆德洛斯（Mudros）港口的一艘战舰上签署该协议。

盟国的战败比本国部队的撤退更能让军事最高统帅部的“强人”鲁登道夫将军清楚地认识到德国输掉了这场战争，于是他不得不马上向威尔逊总统提出停战要求与和平建议。但为此承担责任的并不应该是军事最高统帅，而是帝国议会多数党支持的新政府。9 月 29 日在保加利亚停战这天，鲁登道夫和兴登堡一道，向皇帝陈述了他们对局势的评估和由此带来的后果。鲁登道夫的理由是德国遭到芒刺在背的暗算。“我已经恳请皇帝陛下，现在让那些先生们也进入政府，我们走到今天这一步，都是拜他们所赐，”这位副总参谋长 10 月 1 日在高级军官会议上如是说，“因此我们要看到这些先生们进驻各部委，他们要缔结目前必须缔结的和平。现在他们要承担他们给我们带来的苦果。”

帝国议会的多数党早在 1917 年 7 月就表示，赞成没有强迫割地、没有政治暴力、没有经济压迫和财政压迫的和平。在 1918 年初秋，他们已经准备好承担结束战争的责任。德国最大的政党社民党内虽然对此有激烈的争执，但在 9 月 23 日，社民党的两位主席，弗里德里希·艾伯特和菲利普·谢德曼一道，促成党领导层达成以下共识：社民党人“义不容辞的义务和责任”，是与资产阶级政党和政府达成一致，否则我们就会面临发生在俄国的混乱、暴力、恐怖行动和内战。左翼自由进步人民党也持同样观点，而天主教中央党的保守派对向议会制过渡还有很大成见，但这是参与政府的结果。直到9月29日后，民族自由党表态支持全方位议会制，中央党才做出让步。

如果德国转变为议会民主制，而不是保持原有的、实际上由最高军事统帅控制的集权体系，那么威尔逊总统的十四条和平原则对德国来说可能就会温和些：带着这一期望，1918年秋季资产阶级政党温和派和社民党走到一起。这些政党在另外一个问题上也是一致的：组建有立法权的帝国议会和参议院，实现德国议会制，这将使革命无法进行。不止艾伯特一个人担心革命会使德国面临和俄国一样的处境。

议会制首先意味着更换政府首脑：当时在位的帝国首相赫特林伯爵并不准备推行这一新制度，当然社民党人也不会同意他担任政府首脑。9月30日帝国首相宣布退位。威廉二世指定持温和立场的马克西米连·冯·巴登（Max von Baden）亲王接任首相职位，在此之前也得到了鲁登道夫和多数派政党的同意。帝国新领导的组成有中央党、进步人民党和民族自由党成员，社民党也第一次参与政府工作：自由工会总委会副主席古斯塔夫·鲍尔（Gustav Bauer）担任新组建的帝国劳工局局长，菲利普·谢德曼担任四位国务秘书之一，但是没有具体管辖范围。

1918年10月28日，修改1871年帝国宪法标志着帝国从君主立宪制过渡到议会民主制。此后帝国首相需要得到帝国议会的信任，如果帝国议会不再信任首相，那么他必须下台。皇帝在行使符合宪法的权利时，其具有政治意义的所有行动都属帝国首相负责范畴。议会还要监督皇帝颁布的带有政治色彩的军令。宪法更改的另外一个关键点是，没有帝国议会的同意，不得宣布战争也不得缔结和平。

德国借助“十月改革”，在保留君主制国体的前提下，转型为具有西方特色的民主制，和英国、比利时、荷兰和斯堪的纳维亚王
/ 096 国政体类似。与其他立宪君主政体相比，它较早地推行了男性普选制（1867 年在北德联邦，1871 年在全德意志帝国），在半个世纪后，德国实现了更加严格意义上的政体民主化。由此终于消除了这个帝国的基本矛盾，即经济与文化的现代化和前民主政体的极端落后性之间的矛盾。

但是议会制暂时只是一个形式上的仪式。它对政治局势的把控还有赖于原有的精英，特别是要依靠军队。建立德国议会制的起因是军事失利，这表明早就应该实行的改革具有严重的先天缺陷。在宪法更改生效前，极右派对第一个（事实上）议会政府成立的反应，是向民主和犹太人宣战。大约在 10 月 3 日，泛德联合会主席海因里希·卡拉斯（Heinrich Claß）提出，要建立一个“大型、勇敢和果断的民族政党，向犹太教展开最无情的斗争，必须让我们善良而被迷惑的人民表达他们言之有理的对犹太教的愤懑”。两周半后，10 月 19 日和 20 日，卡拉斯在这个联合会主要领导和管理层的一个会议上，喊出了这样的口号，“借助反犹太教的号角，让犹太人承担所有的过失”。讲话的结尾，这位联合会主席向与会听众保证，他会不惜一切手段，恪守海因里希·冯·克莱斯特（Heinrich von Kleist）的名言：“末日审判法庭啊，请杀掉他们，不要问其理由！”

1918 年 10 月 4 日，受军事最高统帅的敦促，马克西米连·冯·巴登亲王新内阁马上向威尔逊总统发出停战请求。经过反复的照会往来，10 月 23 日得到最终答复。美国国务卿罗伯特·兰辛（Robert
/ 097 Lansing）直言不讳，明确要求威廉二世退位。军事最高统帅马上要求中止和美国的谈判，提出要“战斗到最后一人”。10 月 24 日他们还挑起一场和新议会政府的争执，并向军队各首领发电报，要求继续战斗。根据当时的形势，这不过是鲁登道夫推脱责任的一个尝

试。10 月 26 日应政府请求，鲁登道夫被皇帝解职。新的副总参谋长，也就是军事最高统帅，由冷静而稳健的符腾堡人威廉·格勒纳（Wilhelm Groener）将军担任。

为了让皇帝不受帝国政府和帝国议会的影响，兴登堡建议威廉二世离开柏林，前往位于比利时斯帕（Spa）的大本营。10 月 29 日，在签署《宪法更改法》的第二天，德意志君主按照这位远近闻名的元帅建议动身。基督教神学家和宗教哲学家恩斯特·特勒尔奇（Ernst Troeltsch），一位深刻洞见时事的观察者，认为这一行动标志政府的最终分裂："君主式军权和议会行政权彻底分道扬镳，进入对峙状态。"

海军作战指挥部给新议会体系制造的难题比起这位军队统帅有过之无不及。前者以 10 月 20 日结束潜艇战为契机，声明他们赢回了"操作的自由"。当帝国首相得到海军上将舍尔的这则信息时，还无法认识到问题的严重性。自 1916 年 5 月底斯卡格拉克（Skagerrak）海峡战役后，海军几乎没有再参战，现在他们终于看到了机会，可以在最后一刻给予英国沉重打击，并以这种方式维护自己的"荣誉"。他们甚至不惜承受重大损失。海军作战指挥部深知，他们与政府之间的冲突、与支持政府的帝国议会多数党的冲突不可避免：因为如果通过这个事件能够推翻议会，在他们看来，这是"英国之旅"对内政施加的可喜可庆的影响。海军作战指挥部自行决策，这种方式可以说不亚于一次政变。

但与海军作战指挥部愿望相悖的事情发生了：水兵造反了。10 月 29 日停泊在威廉港的一些军舰上爆发了反抗行动。海军作战指挥部马上采取严厉措施，但这无异于火上浇油。11 月 1 日基尔市（Kiel）成为水兵起义的前沿，两天后，造船厂的工人也参与进来。11 月 4 日，应基尔驻地长官和总督苏雄（Souchon）海军上将的请求，帝国政府参与调节。为了尽快控制局势，政府派出没有具体职责范围的国务秘书、进步人民党人康拉德·豪斯曼（Conrad

/ 098

Haussmann）和帝国议会党团的社民党人、海军专员古斯塔夫·诺斯克（Gustav Noske）前往这个波罗的海城市。诺斯克允诺大赦才得以安抚住水兵们，但并未能阻止起义蔓延到其他地方。11 月 4 日只有基尔一地掌握在水兵手中。11 月 6 日，吕贝克（Lübeck）、布隆斯比特（Brunsbüttel）、汉堡、不来梅和库克斯港（Cuxhave）都相继落入水兵手中。

第二天，哗变发展为革命。维特尔斯巴赫王朝（Wittelsbach）是第一个被推翻的王朝。独立社民党人库尔特·艾斯纳（Kurt Eisner），一个来自柏林的记者，以慕尼黑工人和士兵委员会主席的身份，夺取了巴伐利亚政权。11 月 8 日他宣布成立“自由邦”。就在同一天，工人和士兵委员会在科隆也接管了权力。11 月 8 日晚，普鲁士战争部将另外九个大城市定义为“红色”，其中包括哈雷（Halle）、莱比锡（Leipzig）、杜塞尔多夫（Düsseldorf）、奥斯纳布吕克（Osnabrück）和斯图加特（Stuttgart）。

与此同时，在柏林的社民党努力敦促皇帝和普鲁士国王放弃皇位，也取得部分进展。多数党对缓解战事状态的部分要求得到满足：10 月 23 日，因叛国罪被最高法院于 1916 年 7 月判处 4 年劳教的卡尔·李卜克内西获释出狱，11 月 8 日，罗莎·卢森堡也被解除了保护性拘留。同一天，因 1917 年参与水兵造反被捕的人员也获准出狱。因地方最高指挥官禁止独立社民党在柏林集会，11 月 7 日社民
/ 099 党给战争内阁发出最后通牒。通牒的核心内容是要求改组普鲁士政府以在议会中占据多数席位、加强社民党在政府中的影响、皇帝退位、王储放弃皇权。如果不满足这些条件，社民党就会在 11 月 8 日将其代表撤出帝国政府。

11 月 8 日晚，社民党延期了他们的最后通牒，推迟到签署停战协议。德方谈判代表是中央党成员、国务秘书马蒂亚斯·埃茨贝格尔，他于 11 月 6 日离开柏林。11 月 8 日上午，他在巴黎北部协约

国军队总部的贡比涅（Compiègne）获知战胜国提出的和约条件。资产阶级多数党的重要让步也促使社民党做出一定的妥协：在帝国法律确认的比例代表选举制基础上，在普鲁士和所有邦国实行同等普选权，普鲁士立即实现议会制，加强社民党在帝国政府的影响。进步人民党和中央党最后才同意实行妇女选举权，两个政党也提出皇帝退位的要求，甚至民族自由党也表示，他们会赞同威廉二世放弃皇位。

11 月 9 日革命蔓延到柏林。为了站到这场运动的前沿，帝国首都的社民党人在区秘书长奥托·韦尔斯（Otto Wels）领导下，在 9 点钟呼吁工人起来进行全面罢工。1 小时后菲利普·谢德曼放弃国务秘书职位。与此同时，社民党领导层和独立社民党开始谈判，但后者认为自身还没有准备好行动，因为其主席胡戈·哈泽正在前往爆发起义的基尔市，没有在柏林。独立社民党左翼革命领导人准备在 11 月 11 日才开始在首都发起行动。这个比社民党更加左倾的党派的临时权力真空，给艾伯特和谢德曼的政党提供了一个机会，而且他们也知道如何充分利用这个机会。韦尔斯在他激情洋溢的讲话中，说服了驻扎在柏林的瑙姆堡（Naumburger）狙击手，让他们确信现在站到人民和社民党一边是他们义不容辞的责任。

非常忠于皇帝的这支部队投诚到革命阵营的消息，传到帝国首相马克西米连·冯·巴登亲王那里，他马上明白情况已经严重到什么程度。大约 11 点，他得到斯帕大本营的电话，获知皇帝决定退位。尽管还没有正式确认，首相还是将威廉二世的意思通知了沃尔夫通讯社。马克西米连亲王决定，一旦摄政问题得到解决，他本人也马上退位。他本想建议由未来的摄政王指定议员艾伯特为帝国首相，颁布制宪国民议会选举法，并决定德国的最终国家政体。

然而用摄政方式拯救君主国的幻想在 11 月 9 日就破灭了。这天中午刚过 12 点 30 分，社民党的一个代表团找到帝国首相和与首相一起的国务秘书，要求他们交出权力。艾伯特陈述的理由是，只有这样才能够保证和平与秩序，避免流血冲突。独立社民党在这个问题上支持社民党，也准备参与新政府的工作。在保证社民党的优势条件下，资产阶级政党代表同样也可以参与政府工作。就马克西米连亲王提出的摄政问题，艾伯特的回答是已经没有时间等待了。随后，政府首脑在得到所有国务秘书认同后提出建议，请艾伯特接任帝国首相职位。艾伯特短暂犹豫后，同意了这个要求。这样一来，历史上首次由一位“来自人民”的代表登上了帝国权力的顶峰：他就是41岁的弗里德里希·艾伯特，生于海德堡，当过皮匠，也担任过不来梅社民党地方报纸的编辑。

14点前后，政府更迭1小时后，社民党第二党主席菲利普·谢德曼，还没有得到艾伯特的授权就在帝国议会阳台上宣布“德意志共和国”成立。2小时后，另一位极端左翼的政治家再次申述了君主制的终结，他就是卡尔·李卜克内西，他在柏林城市宫殿入口处，

/ 101

向众人宣布“自由的社会主义德意志共和国”成立了。艾伯特本想让制宪会议决定国家体制问题。谢德曼短暂的讲话引发了暴风雨般的掌声，后来几个小时局势发展也证明他是对的。斯巴达克同盟领袖卡尔·李卜克内西的行动晚了一步。

谢德曼明确强调与原有专制制度决裂，艾伯特则强调连贯性。就在11月9日，他呼吁德国公民保持平静、遵守秩序，要求政府官员、法官和军官继续执行公务。新任“帝国首相”试图说服独立社民党同意建立两个社民党势力均衡的政府，让资产阶级政党只占据非重要部门的部长位置。独立社民党根据李卜克内西的要求，提出“所有执法权、立法权和司法权”交付给工人士兵委员会，遭到社民党的激烈反对：“如果这些要求意味着一个阶级一部分人的专政，没有人民多数的支持，那么我们必须拒绝这一要求，因为它违背我们的民主基本原则。”社民党也拒绝了独立社民党排斥资产阶级势力的

要求，因为这会极大威胁甚至无法保证居民的食物供应。

独立社民党的立场先是打上了李卜克内西和革命领导人的烙印。11 月 9 日夜晚，党主席哈泽从基尔返回后，温和派意见开始占上风。独立社民党原则上不再拒绝制宪会议的选举，但是要求政治权力交到工人士兵委员会手上，并马上召集来自全帝国的工人士兵委员会全体会议。社民党同意了这个要求，是希望在会议上可以取得多数人的支持。新的临时革命政府取名为“人民代表委员会”，社民党也同意独立社民党推荐的 3 名人民代表委员会成员，其中胡戈·哈泽和威廉·迪特曼（Wilhelm Dittmann）属于温和派，只有埃米尔·巴特（Emil Barth）是革命派领袖。社民党任命了艾伯特、谢德曼以及自 1912 年起任帝国议会议员、来自布雷斯劳（Breslau）的律师奥托·兰茨贝格（Otto Landsberg）担任人民代表委员会成员。

/ 102

人民代表委员会中社民党的 3 个代表，在 11 月 10 日中午 12 点，和旧政府几乎所有的国务秘书以及普鲁士政府的一些部长会晤，这时新政府尚未组成。议事日程上的唯一议题是停战条件，也就是福煦元帅 11 月 9 日在贡比涅森林，交给以马蒂亚斯·埃茨贝格尔为领导的德方委员会的文件。除其他条件外，战胜国还要求德国从阿尔萨斯 - 洛林地区和在法国、比利时和卢森堡以及莱茵河左岸占领的领土中撤出。由于俄国政府被推翻，德国军队暂时还不需要从当年的俄罗斯国土撤出。宣布《布列斯特 - 立托夫斯克和约》和《布加勒斯特和约》无效。另外德意志帝国还要交出所有的潜水艇、大批飞机、船只、武器和弹药以及机车、货车和机动车辆，解除远洋舰队武装。兴登堡在斯帕的大本营传来消息，如果没有减少条件的可能性，他认为不得不接受这些条件。会议参与者的决定也是如此。人民代表委员会中独立社民党的 3 位成员知道结果后也表示无异议。11 月 11 日早晨 6 点，德国代表团在贡比涅的一辆火车车厢内，签署了这个暂时为期 36 天的停战协议。11 点该停战协议生效。

根据两个社民党的协议，在新政府开始工作之前，它应该得到工人士兵委员会大会的确认，3000 名代表参加了这次大柏林地区的会议。11 月 10 日下午大会在布施（Busch）马戏团召开。巴特（Barth）提出，政府要受一个由革命领导人组成的行动委员会监督，而斯巴达克同盟的一些成员对艾伯特动手挑衅，几乎令会议中断，好在士兵代表介入，阻止了事态恶化。韦尔斯坚持社民党的路线，强烈要求行动委员会也要实行绝对平等的原则。革命领导人也表示同意。因此工人委员会“执行委员会”中，社民党和独立社民党各选出 7 名代表。第二天选出的也是 14 人组成的士兵委员会中无党派人士占多数。11 月 10 日夜间，社民党和独立社民党再次强调了他们的联盟共识。至此，德国新政府建立了。

到 1918 年 11 月 10 日傍晚，德国革命基本没有流血事件发生。在柏林马斯泰尔（Marstall）宫殿前和大学前，数日前发生了零星的格斗。11 月 10 日，左翼自由派的《柏林日报》主编西奥多・沃尔夫（Theodor Wolff）甚至认为，可以称这场革命为最伟大的革命。他认为“最”这个比较级的用法言之有理，“因为一个这么结实、环绕着如此坚固城墙的堡垒，就这样被一举攻破”。

的确，1918 年 11 月 9 日和 10 日，并非所有属于旧世界的东西全部崩溃了。公共管理如同以前一样运行正常：大多数人由受社民党控制的地方工人和士兵委员会控制，并受新的法律控制。司法、中学和大学并未受到革命的冲击。最高军事统帅在 11 月 10 日晚，还晋升为革命政府的合作伙伴：据说在一个充满传奇的电话交谈中，新上任的总参谋部第一总指挥官格勒纳将军建议人民代表委员会主席艾伯特，共同成立一个反布尔什维克联盟，后者也接受了这个建议。不管艾伯特的回答是什么，但事实是，他需要最高军事指挥的帮助，迅速有序地将军队撤回国内。让德国国民经济快速平稳地从满足战争需求转型到和平需求，复员军队是一个重要前提。正是出于这个原因，人民代表委员会的代表们献计献策，力争在德国军事溃败后避免德国军队的崩溃。

1918 年 11 月，专制国家的政治体系分崩瓦解，帝国诸侯和各个邦国的诸侯是这个体系的最高体现。1918 年下半年，支持旧制度的只是少数人，而准备用手中的武器保护君主制的人更是少之又少。但是也不乏保皇派。新教徒中的保皇派比天主教徒中的多，在易北河东的普鲁士保皇派的势力最强。虽然德意志所有邦国的统治者都位于教会管理顶层，然而王冠和圣坛合为一体的内在绑定，侯爵为最高主教的绑定，则是德国北部和东部路德教派的突出特点。因此，柏林的皇室传教士和教会传教士布鲁诺・多林（Bruno Doehring）在 1918 年 10 月 27 日，也许是在他最后一次战争布道中称威尔逊要求威廉二世放弃皇位是一个“撒旦的建议”。他这样说并不奇怪。他坦承“在普鲁士，对于我们基督徒来说，皇室比政治问题重要上千倍，它关系到我们的信仰”。

社会学家马克斯・韦伯（Max Weber）在一战后不久谈到德国问题时说：“延续到 1918 年合法统治的崩溃”一方面证明了“战争摧毁了传统的束缚，另一方面，战败令威信扫地，加之违法行为的惯性和对遵守军纪和劳动纪律的严重冲击，都为推翻统治做好了准备”。这一社会学的鉴定可以总结为一个命题，根据韦伯的观点，1918 年秋季德意志帝国严重损害了“当今最常见的合法化形式”，失去了“合法性的信任”，这位社会学家把这种统治资源定义为“服从那些形式上正确的、以常规形式体现的既定法规”。

战争导致传统价值标准的空心化，中欧列强越来越明显的军事失利，经济政策和货币政策系统性的败笔造成“黑市”泛滥：根据韦伯画龙点睛的分析，这三个因素的组合导致了帝国的崩溃。这个旧有体制的化身就是德意志皇帝和普鲁士国王。工人、市民和农民大众都认为皇帝承担着保证长治久安的最高责任，是他导致了战争

/ 105 的灾难以及物质的匮乏，由于他不明智，所以他必须离开。威尔逊的“十四点和平原则”也让人们相信，如果德国实现政治民主化，就有希望得到公正的和平。因此人民对和平的渴望也促进了对民主的追求。1918 年秋季，大多数人都支持这两个目标。11 月 9 日前夜以及接下来的几个星期，它成为一个虽然不是全方位的却是超阶级、超信仰的共识核心。

自 1918 年 10 月 3 日，法律上讲自 10 月 28 日，德国国体实际上已经是一个议会君主政体。但在宪法改革后的几天内，皇帝、军队和海军作战领导层的独断独行让人们清楚地看到，这个新议会体制只停留在纸面上。上层的革命受军方阻碍而失败，因而爆发了自下而上的革命。军队的干扰使得君主政体无法继续维持。崩溃、干扰和革命导致 1918 年 11 月 9 日德意志共和国的成立。但是革命未就此结束。这一天开始的革命，只是德国革命历史上的一个新章节。[10]

1918 年秋季，国家革命不仅席卷了德国。11 月 12 日，德意志共和国宣布成立后的第 3 天，奥地利帝国议会的德国议员宣布成立“德奥共和国”，这个共和国应该是“德国共和国”的一部分。试图推翻哈布斯堡王朝的历史可以追溯到世界大战爆发前。由于捷克大地主的干扰，1914 年 3 月 16 日帝国议会不得不休会。1917 年 5 月 30 日，政府才再次召集议会，这个决定也出于如下考虑：他们担心多瑙联邦可能效仿俄国“二月革命”。

为期 3 年的紧急令制度在将反对派推向极端的过程中起到了极大的作用。反对派既指捷克方的民族主义反对派，也指社民党左翼。
/ 106 社民党创始人维克多·阿德勒（Victor Adler）的儿子弗里德里希·阿德勒（Friedrich Adler），一方面对战争表示抗议，一方面也反对自己政党的“护国主义”路线。1916 年 10 月 21 日他枪杀了首相施图格（Stuergkh）侯爵。特别法庭判处阿德勒绞刑，但他获准监禁18年。1918年11月1日，他得到皇帝大赦获释。他的政治盟友视他的暗杀行动为殉道，他所期待的，通过这个行动和在法庭上辩护造成的影响并没有出现：没有发生大规模反战罢工，甚至也未出现任何抗议行动。

民族主义反抗维也纳政府最早的形式，是1915年初在布拉格成立的秘密组织“黑手党”。这个阴谋组织的核心成员有亲俄运动青年捷克党领袖卡雷尔·克莱玛（Karel Kramár），阿洛伊斯·拉津（Alois Rašin）以及马萨里克（Masaryk）最亲密的同事、社会学家爱德华·贝奈斯。他们的最终目标是建立一个独立的捷克，最好是建立一个捷克斯洛伐克国家（作为现实主义政党在帝国议会的议员，马萨里克还没有明确表示要建立独立的捷克，也没有提出取缔哈布斯堡帝国的要求）。贝奈斯在9月初用一个假护照离开奥匈帝国，目的是前往法国和马萨里克一道实现他们的伟大事业。克莱玛和拉津在1915年7月因叛国罪被捕入狱，直到1918年7月受卡尔皇帝大赦才恢复自由。和他们一道获得赦免的还有民族社会党领袖瓦茨拉夫·克罗发克（Václav Klofác）。

只要俄国还有希望在军事上战胜中欧列强，捷克民族主义亲俄运动的势头就会盖过马萨里克和贝奈斯支持的亲西欧运动。亲俄运动及其代表人物克莱玛列举的理由是，俄军最高指挥官尼古拉·尼古拉耶维奇大公曾在1914年9月16日以沙皇尼古拉二世的名义，向哈布斯堡各民族发出呼吁，强调俄国参战是为了给奥匈帝国各个民族带来自由，并帮助他们实现本民族的愿望。1917年俄国“二月革命”后，坚定的民族主义圈子则寄希望于西方势力，希望他们能够更明确地跻身民族自治权的拥护者之列。

但大多数捷克权威政治家的观点，与流亡者和入狱的同事们不一样。他们在1918年前还没有把推翻哈布斯堡王朝列入他们的要求中。1916年11月，大多数捷克政党组成一个国民委员会，帝国议会的议员也组成一个捷克协会。1916 年 11 月 18 日，国民委员会在其第一个声明中表示认同“君主制和帝国伟大的历史任务”以及“其各民族的完全平等”。1917 年 1 月 21 日，捷克协会在致外交大臣切尔宁的一封公开信中还谴责西欧协约国军队，称他们提出“‘解放捷克，驱除外强’的要求是一种基于错误前提的暗示”。捷克人民将一如既往，认为它的前途和发展基础要得到“哈布斯堡皇杖的庇护”。

1917 年俄国接连发生两次革命，第一次革命发生以及美国参战后，民族主义温和派的语调转为强硬。1917 年 5 月，受“黑手党”启发、由 222 名作家联名签署的“捷克作家宣言”提出，“由自治的和自由的国家组成的民主欧洲”才是“未来的欧洲”。他们要求帝国议会的捷克议员，在这一关键的历史时刻或者挺身而出，或者放弃他们的席位。

5 月 29 日，在帝国议会被迫休会 3 年后再次召集的前一天，捷克议员通过了一份宣言草案，并将要在第二天的大会上宣读，政府和全体大会上的德系人民代表对此深感惊讶。宣言中，捷克人以前所未有的严厉态度向奥匈帝国的双元国体结构猛烈开炮，认为这个体制内有压迫者和被压迫者，提出将“哈布斯堡 - 洛林王朝改组为联邦制国家，由多个自由平等的民族国家邦组成……因此我们在这一历史关键时刻，坚持各民族都有自治和自由发展的天然权利，站在我们民族的前列，努力争取捷克斯洛伐克民族的各个部落联合起来，成立一个民主国家，同时不能忽视那个捷克斯洛伐克族部落，他们与我们息息相关、一直生活在我们波希米亚祖国的传统边界”，这个部落指的就是斯洛伐克人。

斯洛伐克语虽然和捷克语不一样，但很近似。两个民族的历史发展则截然不同。斯洛伐克位于多瑙联邦匈牙利境内的外莱塔尼亚（Transleithania），而捷克人生活的波希米亚和摩拉维亚（Mähren）

隶属当年的内莱塔尼亚（Cisleithanien）。波希米亚自古以来就是德意志民族神圣罗马帝国的一部分。而摩拉维亚1029年以采邑法形式与波希米亚合并，从此也归属该帝国。波希米亚国王还跻身于帝国选帝侯咨询委员会。普舍美斯王朝（Přemysliden）和卢森堡家族联手后，在14和15世纪多次出任德意志民族神圣罗马帝国皇帝。1526年，波希米亚和摩拉维亚归属哈布斯堡王朝。和匈牙利与加利西亚的命运不一样，哈布斯堡王室的这两个世袭领地，在1815年到1866年被划归德国。第一次世界大战期间，流亡在美国的捷克和斯洛伐克政治家达成建立一个国家的共识。他们这样做能在多大程度上代表了其民族的愿望，此时还是未知数。还有一个问题也值得商榷：捷克民族主义者对维也纳当局和全世界强调民族自治的天然权利，但要求大多生活在波希米亚和摩拉维亚的德系民族，居住在这些自成一体居民区的德语民族以传统的波希米亚国家法律为准，即坚称这部分领土绝对不可分割。

1917年5月29日的宣言没有提出瓦解哈布斯堡王朝的要求，但也不再认同继续维持它。在帝国议会上，捷克议员和南斯拉夫议员紧密合作，也就是和来自克恩顿（Kärnten）、施蒂利亚（Steiermark）、克拉尼斯卡（Krain）、伊斯特拉半岛（Istrien）和的里雅斯特沿海地区的斯洛文尼亚议员合作。5月30日的帝国议会上，加入南斯拉夫俱乐部的议员们提出统一塞尔维亚人、克罗地亚人和斯洛文尼亚人居住区，这就意味着瓦解奥匈帝国，因为哈布斯堡的塞尔维亚人和大多数克罗地亚人（伊斯特拉除外）都生活在外莱塔尼亚。帝国议会外，马萨里克也在积极支持统一南斯拉夫的努力。1917年7月，塞尔维亚流亡首相尼古拉·帕希奇（Nikola Pašic）和克罗地亚流亡政治家、南斯拉夫委员会主席安特·特鲁姆比奇（Ante Trumbic）达成《科孚宣言》，确定成立塞尔维亚、克罗地亚和斯洛文尼亚统一王国，但并没有回应克罗地亚人提出的建设联邦国家政体的问题。

来自鲁塞尼亚（Ruthenia）的帝国议员也不甘示弱。1917 年 5 月 30 日，他们做出如下申述：目前国王世袭领地加利西亚是一个“人为设立的管理单位”，与传统的和民族的权利相悖，因此必须撤掉，成立一个独立于波兰的乌克兰统一国家，包括乌克兰人居住的俄属波兰和白俄罗斯地区。相反波兰议员则比较克制。他们仅仅做出一个关于民族问题的声明，重申 5 月 28 日在克拉科夫（Krakau）通过的决议。在该决议中，波兰加利西亚的帝国议员承认一个强大的、有海上通路的波兰国家。

自 1918 年初，哈布斯堡帝国的内部危机就不断加剧。1 月 6 日，捷克协会在“三个国王声明”中提出，要实现在各民族自治权基础上的和平，解放受外来统治的所有民族（反哈布斯堡势力占上风的社会党人也投赞成票）。继刚才谈到的一月罢工后，2 月 1 日驻扎在科托尔（Cattaro）海湾的第 5 舰队发生哗变。海军小乐队唱起《马赛曲》，所有军舰都升起了红旗。按照捷克历史学家兹比涅克·安东尼·泽曼（Zbynek A. Zeman）的说法，造反首领提出的要求“混杂着布尔什维克的口号和流亡者的计划”。这次起义不是一次饥饿暴动，而是精心准备的政治抗议。2 月 3 日，驻扎在科托尔的第 3 舰队赶来镇压，水兵们随后开始拒绝听从起义领袖的命令，起义最终流产。起义失败后，40 名水兵受审，其中有 7 名捷克人，占各民族人数之首，其余的是德系奥地利人、意大利人、南斯拉夫人和波兰人。

后来的发展主要是受 1918 年德国发动春季攻势后果的影响。德意志和奥匈帝国的合作更加紧密，这也是威廉二世皇帝和卡尔皇帝访问德国斯帕大本营时达成的协议。而西欧势力对此的回答是，用更果断的声音提出实现多瑙联邦各民族全方位的自主权的要求，也就是瓦解哈布斯堡王朝。流亡各地的奥匈帝国的政治家在意大利和法国支持下，4 月在罗马召开“被压迫民族会议”，提出消灭德意志的统治工具——多民族帝国。意大利和“南斯拉夫民族”的代表达成一项声明，即《罗马条约》，确定了解放亚得里亚沿海地区、友善解决领土争端、保护各自少数民族的方针。（没有提及1915年4月和协约国在伦敦签署的秘密协议中承认意大利有权得到的里雅斯特、伊斯特拉、伊斯特拉群岛和大部分达尔马提亚海岸一事。）1918年6月28日，经过很长时间的犹豫后，威尔逊总统明确表示，必须将“斯拉夫人的所有民族从奥地利的锁链中解放出来”。

与此同时，奥匈帝国经济急剧恶化。1918年中期，工人的实际工资只达到战前水平的一半多一点，而物价因通货膨胀不断攀高。特别是内莱塔尼亚地区的人民深受饥荒之苦，1918年的收成还没达到1913年的一半，战争产品之外的其他工业产品不足1913年的40%。1914年和1917年之间的煤炭生产量减少了95%。工人阶级怨声载道，社会的苦难提供了孕育革命口号的富饶土壤。

在匈牙利，特有的政治环境令局势更加激化。直到战争最后一年，贵族大地主和与他们持近似观点的政治力量顽固地拒绝落实普选制。最后，卡尔皇帝强迫执拗的改革反对者、首相蒂萨·伊什特万（István Tisza）在1917年5月下台。其继任者韦克勒·桑德尔（Sándor Wekerle）顶住来自议会的极大阻力，在1918年7月通过了一个非常初级的民主选举法：从此13%的居民可以选派议员进入“人民代表大会”。首相的苦心未能打动迄今在议会中没有代表的工业无产者。1918年6月20日，该选举法通过前不久，布达佩斯国有铁路工厂的工人开始罢工。当首都的军队指挥官下令向罢工人群开枪时，布达佩斯所有工厂的工人都加入了罢工。持续9天的罢工经社民党调解才得以结束。抗议者的核心要求带有浓郁的政治色彩：要求马上缔结和平条约、要求韦克勒政府下台。

3个月之后，奥匈帝国寿终正寝。1918年10月16日，也就是维也纳同意德国在10月4日提出的和平建议后两周，卡尔皇帝发表了亲自签署的《民族宣言》，起草人是皇帝的倒数第二任首相马克斯·胡萨雷克-海因莱因（Max Hussarek-Heinlein）。皇帝在宣言中呼吁组建国民委员会，参加者是帝国议会的各民族议员，君主国改组为联邦制。但是他没有想到，正是这个做法“令政变合法化，且推动了帝国的瓦解”。这是亚当·汪德鲁斯卡亚（Adam Wandruszka）做出的评价。

韦克勒政府提出的条件是，不得有损于帝国外莱塔尼亚的领土完整，但无法阻挡罗马尼亚、南斯拉夫和斯洛伐克人民争取独立的步伐。10月24日，克罗地亚军队哗变的消息传到布达佩斯。同一天匈牙利军官举行要求和平的游行，支持知名改革派代表卡罗伊·米哈伊（Mihály Károlyi）侯爵的政府。同样也是在10月24日，卡罗伊的独立党和资产阶级激进派以及社民党一道，组建了一个国民委员会，第一个行动就是发表声明，要求成立独立的匈牙利国家，承认其自主权，维护匈牙利的领土完整。10月29日，布达佩斯卫戍部队宣誓忠于国民委员会。两天后，约瑟夫大公受皇帝卡尔委托任命卡罗伊为首相。之后卡罗伊开始组阁，社民党也参与政府工作。10月31日，前首相蒂萨侯爵惨遭暗杀。大约两周后，1918年11月16日，卡罗伊政府正式宣布解除匈牙利和奥地利之间所有国家法的制约，取缔哈布斯堡家族的王位，建立匈牙利人民共和国。1919年1月11日，卡罗伊被任命为共和国临时总统。

布达佩斯政府的更迭也无法阻止传统的匈牙利解体，无法阻止圣斯蒂芬王冠领地解体。10月17日，国民委员会在布科维纳（Bukowina）首府切尔诺夫策（Czernowitz）成立了，罗马尼亚宣布统一。10月18日，布达佩斯议会的罗马尼亚议员，在他们最后的声明中也提出索要特兰西瓦尼亚（Siebenbürgen）。10月5日和6日，来自帝国两部分的南斯拉夫党派，在萨格勒布（Zagreb）把在捷克支持下成立的现有国民委员会改组为更大的国民委员会，并提出了将所有塞尔维亚人、克罗地亚人和斯洛文尼亚人联合起来的方针。10 月 20 日，克罗地亚议会批准一个法律草案，宣布结束克罗地亚、斯洛文尼亚、达尔马提亚和里耶卡与奥匈帝国的宪法关系，宣布这些地方是“塞尔维亚、克罗地亚和斯洛文尼亚国家”的组成部分。同样在 10 月 29 日，斯洛文尼亚在卢布尔雅那（Ljubljana）宣布独立。11 月 1 日，国民委员会让地方军队指挥官交出波斯尼亚（Bosnien）和黑塞哥维那（Herzegowina）的管理权。

与塞尔维亚的合并则需要更多的时间。11 月 6 日，从科孚岛流亡返回的摄政王亚历山大在贝尔格莱德（Belgrad）受到热烈欢迎。12 月 1 日，他宣布“塞尔维亚、克罗地亚和斯洛文尼亚王国”成立。他是否能抗衡位于萨格勒布的国民委员会，还要看意大利的态度。因为意大利援引 1915 年签署的《伦敦秘密协议》，称有权获得大部分达尔马提亚沿岸领土，之前它还占领了里耶卡（《伦敦秘密协议》中未承诺）。意大利人可以挺进亚得里亚东岸，得益于他们在维托里奥威尼托（Vittorio Veneto）为期 9 天的战役中大胜奥匈帝国军队。这场战役开始于 10 月 24 日，也就是卡波雷托（Caporetto）惨败一周年的日子。战役于 11 月 3 日以奥匈联盟投降、西方势力和多瑙联邦在帕多瓦（Padua）签署停战协议结束。同样在 11 月 3 日这一天，特里安（Trient）落入意大利军队手中。这场战胜死敌哈布斯堡的胜利，好像终于为意大利提供了一种机会：可以全面实现让那些“未得到拯救”的地区返回家园的计划。

一贯支持南斯拉夫统一的捷克人通往独立的道路则相对容易些。在布拉格，国民委员会中资产阶级民族主义者占多数。他们为彻底和哈布斯堡家族决裂而付出的努力得到积极的反响，意大利和法国于 6 月 30 日，英国于 8 月 13 日，甚至美国总统威尔逊在 9 月 3 日都相继出面承认捷克斯洛伐克国家的独立。10 月 27 日，帝国的最后一任政府，拉马西（Lammasch）内阁中年轻的外交部部长安德拉希·久洛（Julius Andrássy）侯爵，在美国10月18日照会的基础上，向美国提出立即停战的请求。国民委员会认为这一行动就是解除和德意志帝国的联盟，承认捷克和南斯拉夫国家独立的要求。同样在10月27日，波希米亚军队总司令请求国民委员会给捷克士兵施压，让他们至少在停战前坚守岗位。10月28日，国民委员会宣布独立的捷克斯洛伐克诞生了。同一天，国民委员会接管了布拉格、比尔森（Pilsen）和利托梅日采（Leitmeritz）的军事指挥权，首相拉马西以他特有的方式来承认新的权力：10月30日，他称国民委员会派往维也纳的一位特使为“捷克斯洛伐克国家大使”。

但此时还不能确定斯洛伐克人是否愿意与捷克人合并。捷克和斯洛伐克合为一体，到目前为止只是一个理论上的计划。斯洛伐克国民委员会10月30日在国家成立后立即发表声明，斯洛伐克在“语言、文化和历史上是捷克斯洛伐克民族”的一部分，但同时坚持斯洛伐克的自主权。斯洛伐克政府首脑是刚刚从匈牙利出狱的斯洛伐克民族党领袖施罗巴·瓦夫罗（Vavro Šrobár），他也是布拉格国民委员会中唯一的斯洛伐克民族代表，他参与了颁布成立独立的捷克斯洛伐克相关的法律工作。从布拉格到布拉迪斯拉发（Bratislava），比施罗巴和他的支持者想象的要困难得多：因为斯洛伐克的首都布拉迪斯拉发还在匈牙利手中，施罗巴政府不得不将他们的第一次会议放在摩拉维亚的斯卡里茨（Skalitz）召开。

居住在波希米亚和摩拉维亚的大多数人是德国人，他们都反对成立捷克斯洛伐克，这两个地方不是和“原本的”奥地利接壤，就是和德意志帝国接壤。此时的维也纳已经是社民党说话算数，所以波希米亚和摩拉维亚的资产阶级议员转而求助这个工人政党，争取让他们加入反对成立捷克共和国的阵营。10月3日社民党在回答时表示，赞成斯拉夫民族有成立自己民族国家的权利，同时拒绝“德语地区无条件臣服这些民族国家”。“我们要求，奥地利所有地区联合起来，组成一个德奥国家，它根据需求来调整它和奥地利的其他民族以及和德意志帝国的关系。”

德语区的奥地利代表会在后来几个月采取什么行动已经一目了然。10 月 21 日，帝国内莱塔尼亚的德语地区议员开会，宣布成立“独立的德奥国家临时国民大会”。10 月 30 日国民大会颁布一部临时宪法。临时政府由社民党、基督教社会党和大德意志德国民族党的政治家组成，同样在 10 月 30 日，社民党人卡尔·伦纳（Karl Renner）出任总理。外交部部长由社民党主席维克托·阿德勒（Victor Adler）担任，但他 11 月 11 日突然去世，年仅 66 岁。

皇家军队在维托里奥威尼托战败，40 万名士兵在意大利被俘，以及德国君主制被推翻，这一切决定性地推动了共和潮流在奥地利乘胜前进。卡尔皇帝在他的顾问和临时国民大会代表的敦促下，11 月 11 日发表声明，放弃“所有国事的处理权”，而且提前承认德意志 - 奥地利共和国就其未来国家政体的决定。第二天，临时国民大会通过刚才提到的决定，宣布德意志 - 奥地利共和国为民主共和国，是“德意志共和国的一个组成部分”。

随着奥皇卡尔的退位（尽管还有一个匈牙利国王空名），哈布斯堡多民族帝国的历史至此结束。400 多年来，它深深地影响了“旧大陆”，尽管中间偶有中断，但基本保持着欧洲强国的地位。在德国，哈布斯堡家族——或者说自 1736 年玛丽娅·特蕾莎（Maria Theresia）和弗朗茨·施蒂凡·冯·洛特林根（Franz Stephan von Lothringen）公爵联姻，正式称为哈布斯堡 - 洛特林根家族以来——的形象一直是自由的敌人。它先是反基督教，然后是反自由主义。有奥地利在，德国的统一和自由就无法实现：1848~1849 年的革命就因它而失败。然而哈布斯堡统治在其狭隘的权力范围内影响很深远，这不只是负面的意义。整个中东欧，从加利西亚到达尔马提亚，从苏台德（Sudeten）到喀尔巴阡山脉（Karpaten），哈布斯堡王朝因其管理体制、司法和学校、邮政和铁路、警察和军队，甚至统一涂成深黄色（哈布斯堡黄）的办公楼而留下了独特的痕迹。

哈布斯堡王朝并不是捷克和南斯拉夫民族主义者声称的“各民族的监狱”。但是自1867年和匈牙利实行双元协调方案后，德奥人和马扎尔人给斯拉夫民族的权利很少，这为其招来不满。由此产生的愤怒摧毁了自19世纪末以来奥匈帝国的基础。出于害怕帝国分裂，奥地利在萨拉热窝（Sarajewo）行刺事件后，用过分严厉的措施对待大塞尔维亚民族主义的挑战，在柏林帝国首领的怂恿下，推行导致第一次世界大战爆发的政策。

1914年7月危机时，维也纳“主战派”也包括老皇帝弗朗茨·约瑟夫（Franz Joseph）。他依赖自己的高人气，完全可以扮演另外一个角色，一个和平维护者的角色。他的继承人在最后时刻尝试推行联邦制改革，但为时已晚，已经无法挽救帝国的没落。追求独立的浪潮强于末代皇帝的治国之道。而按民族命名（严格说其实并不是）的新生国家，它们是否能够比没落的“皇帝与国王”的双元帝国更好地处理民族问题的复杂局面：在1918年和1919年，在那个动荡变革的时代，这个问题也属于许多没有答案的问题之一。[11]

在战争期间，波兰问题依旧悬而未决。波兰被一分为三，其中奥地利属地，也就是加利西亚的世袭领地和1846年前一直独立的自由城市克拉科夫，在民族认同性问题上，受到的威胁最少。在那里生活的波兰人和奥地利人都是天主教徒。然而与这个地区不同，另外两个地区面临着和占领势力信仰不同的问题：普鲁士德属地区信仰新教，俄属地区信仰东正教。加利西亚本地贵族是起主导作用的团体，也是哈布斯堡领导层的一部分，他们一般持有“奥地利式”态度。1907年在内莱塔尼亚推行普选制后，市民、工人和农民才有可能在政治上更好地表达他们的诉求。维也纳政府认为，讲乌克兰语的罗塞尼亚人争取独立的努力比较危险，他们又分为“老鲁塞尼亚”和“乌克兰人”：“老鲁塞尼亚”更认同“大俄罗斯”和俄罗斯东正教（受到泛斯拉夫和沙俄东正教激进分子的支持），而大多数信仰希腊天主教（仪式上受东正教影响，但是教会法和罗马一致）的“乌克兰人”年青一代，则赞成所有乌克兰的民族联合起来，也就是既反俄也反奥地利。

波兰的普鲁士部分由大公国波森（Posen）和西普鲁士组成，也是这三个占领区中工业化程度最高、最富有和最“资产阶级化”的地区。（1921年波兰恢复独立后，在曾经属于普鲁士的波兰省份，10岁以上居民中的文盲比例为4.2%，而整个国家的文盲比例为33.1%。10年后的1931年，全波兰从业人口的66.6%从事农业，波森从事农业的人口占比少于50%。）在普鲁士的议院和帝国议会中，波兰人有自己的党团代表。普鲁士和波兰贵族之间也有家族的联姻。但是自19世纪80年代，柏林政策的“日耳曼化”日益加强，波兰语和波兰大地主阶层同样受到排斥。仔细观察一下移居到鲁尔地区的波兰工人，就会得出波兰“融入”德意志帝国根本无从谈起的结论。

划入俄国的老波兰部分，可以分为两个截然不同的地区：一个是传统的东部边境地区，主要居民是立陶宛、白俄罗斯和乌克兰的农民；另一个是1815年成立的“波兰王国”，也称为“波兰会议王国”：主要居住着波兰人，德意志人、犹太人、立陶宛人和乌克兰人等少数民族的人数不多。东部边境国家自1860年、波兰会议王国自19世纪80年代，不得不接受系统的俄罗斯化政策，自1905年革命后这些政策才略有缓和。在工业化过程中，特别是华沙和罗兹（Lodz）地区，掀起了强大的工人运动，主要分为以下几个阵营：一个是具有波兰民族倾向的、由约泽夫·毕苏斯基（Józef Pilsudski）领导的波兰社会党（PPS），另外一个是坚持国际主义的 / 118

波兰和立陶宛王国社民党（SDK PiL），它也是罗莎·卢森堡的政党，1899年罗莎·卢森堡移居德国并积极参与德国社民党工作后，费利克斯·捷尔任斯基对波兰和立陶宛王国社民党左翼产生了很大影响。另外在伊格纳齐·达申斯基（Ignacy Daszynski）领导下，波兰社民党在加利西亚和西里西亚（Schlesien）与波兰社会党右翼紧密合作，在内莱塔尼亚的社民运动中占有很大分量。

在资产阶级阵营中，最重要的党派是1886年成立的民主联盟，6年后由年轻的罗曼·德莫夫斯基（Roman Dmowski）改组为民族联盟。德莫夫斯基认为德国是波兰的真正敌人，因此他认为有必要让波兰和俄国和解。毕苏斯基出身于维尔纳（Wilna）附近的一个波兰小贵族家庭，他则主张继承雅盖洛王朝的传统，成立一个大波兰和立陶宛联盟，尽可能恢复波兰1772年第一次分裂前的边界，而德莫夫斯基则是尊崇“皮雅斯特”（Piast）一派的代表，他希望继承当年驰骋在波兰西里西亚的、皮雅斯特王朝的遗产，不必顾及德国而向西扩张。

德莫夫斯基领导的、1905年革命后成立的民族民主政党，一年后在首次杜马选举中大获全胜，该党也简称为“Endecja”，该政党不仅反对德国，而且反犹，谴责犹太人控制城市手工业，阻碍健康的波兰中产阶层的形成。该政党还反对社会党人，称他们是私有财产的敌人，也就是市民秩序的敌人。1905年后，沙俄的专制倾向越来越明显，这导致诸多失望的民族民主党人从德莫夫斯基的政党分裂出去，加入毕苏斯基的阵营。在此期间毕苏斯基并未停留在社会党的立场，他已经着手筹备波兰的独立运动。

/ 119

德国历史学家汉斯·鲁斯（Hans Roos）谈到俄属波兰的内政阵营时做了如下描述：“一个反俄阵营对峙一个反德阵营，一个社会主义的资产阶级阵营对峙一个资产阶级的贵族阵营，一个争取独立的阵营对峙一个争取自治的阵营，一个革命阵营对峙一个合法阵营。”在加利西亚，民族民主党人和社会党人的矛盾不亚于俄属波兰内部的矛盾。但是这里还有一个第三力量，即“克拉科夫学派”，他们致力于与“最温和”的外来占领势力合作，也就是和奥地利合作。追求这个目标的年青一代认为，加利西亚就是“波兰的皮埃蒙特”：两股势力不断激化的矛盾很有可能导致俄国和奥匈帝国开战，加利西亚应该在波兰争取自由的斗争中，起到类似撒丁尼亚－皮埃蒙特王国在意大利统一斗争中的作用。毕苏斯基把他的希望同样寄托在占领势力之间的战争上。早在1914年6月，当时56岁的他就非常清楚又惊人地预言了，如果这类战争发生，应该是中欧列强先战胜俄国，然后是西方势力战胜中欧列强。鲁斯认为毕苏斯基的考虑是，建立独立波兰国家这个理想的支持者，“应该先和中欧列强结盟，然后在战争的转折点投身西欧势力。战争的爆发对他来说，无异于上帝听到了著名诗人亚当·密茨凯维奇（Adam Mickiewicz）的祷告，是他请求上帝发动一场解救受压迫的波兰的战争”。

就波兰的前途问题，两股占领势力并没有明确的规划就投入一战的厮杀。德意志帝国首相贝特曼·霍尔维格在1914年8月提出一个计划，希望建立一个形式上独立但与德意志帝国紧密结盟的波兰会议王国。而俄国对德莫夫斯基提出的计划犹豫不决。该计划是兼并德意志东部省份和加利西亚，成立与俄国保持密切关系的波兰会议王国。只有奥匈帝国一直没有放弃战争初期明确确定的思路，即让加利西亚并入波兰会议王国，把这一地区变为哈布斯堡帝国的世袭领地。柏林对波罗的海的关注比对波兰的关注更多，因此一段时间支持这一“奥地利波兰”方案。但是由于德国的军事胜利和奥地利的军事败北，这个模式立即被否定。如前面提到，1916年11月5日，在华沙的德国总督和在卢布林的奥地利总督宣布君主立宪制的“波兰王国”成立，这个国家主要由波兰会议王国组成，但在政治上、经济上和军事上则是中欧列强的卫星国。 / 120

1914年后，两派波兰政治家处于对峙状态，一派是德莫夫斯基的“被动派”，另一派是毕苏斯基的“主动派”。前者认为，在中欧列强失败露出苗头时，波兰才要有所动作，后者则认为，为了波兰的利益应该马上介入战事。毕苏斯基，这位自学成才的军事天才，在1914年8月6日带领一小股志愿军，从克拉科夫东北面越过波兰会议王国边境，这在政治上和军事上并没有引起什么反响。一周后，奥地利的一纸通牒，命令他听从克拉科夫新成立的最高国家委员会的指挥。

毕苏斯基指挥的波兰志愿军“西部军团”在1914年冬季和1915年春季取得了几场重大的军事胜利。在其军官朋友帮助下，毕苏斯基于1914年秋季就在华沙成立了一个地下组织，即波兰军团（POW）。毕苏斯基组建的军团在1916年秋季，大约有1000名军官和2万名士兵。他拒绝将这个军团转变为中欧列强麾下的波兰后备役军，但该决定依然被执行，随后他辞去了指挥官职位。不久后，1917年1月，他决定参加德国总督贝泽勒（Beseler）任命的临时国家委员会，负责军事部门。但此举并非意在服从德国领导：毕苏斯基想强化波兰军事力量，让它在预期的沙俄失败后站在西方势力一边，能够为战胜中欧列强发挥关键作用。

俄国“二月革命”对波兰来说也是一个重要转折点。1917年3月30日，彼得格勒临时政府发表了一个宣言，赞成建立伟大的、独立的波兰，囊括所有波兰人居住的地区，俄国通过与其签订一个自由军事联盟来维持关系。在试图对沙俄帝国进行联邦化过程中，临时政府6月初决定将俄国军队中的非俄士兵分民族组织为各个民族联盟。由此组建的最高波兰军委会马上得到民族民主党的支持，在此期间民族民主党在德莫夫斯基的鼓动下，致力于和西方势力紧密合作。德莫夫斯基自1916年初，就在伦敦寻求西方协约国支持其独立计划——牺牲德国利益，扩展大波兰领土。1917年8月，他在洛桑建立波兰国家委员会作为流亡政府，并任委员会领导。国际著名钢琴家伊格纳奇·扬·帕德雷夫斯基（Ignacy Jan Paderewski）对威尔逊总统和其最亲密顾问造成的影响，完全符合他的期待。

波兰社会党和与华沙国家委员会合作过一段时间的地下组织波兰军团于1917年5月初跻身在野党，6月公开加入反对中欧列强的斗争。此时，毕苏斯基把他的追随者与波兰社会党和农民人民党合并为民主同盟。1917年7月24日，他辞去了临时国家委员会的职位，命令波兰军团中忠于他的志愿者，拒绝宣读既定的对德意志皇帝的誓词。6500人的军团的大多数人，大约4000多人以及275名军官中的164人听从了他的指令，但他们后来都遭德国占领军拘捕。7月22日，毕苏斯基被总督贝泽勒拘捕，被关押在普鲁士的马格德堡（Magdeburg）要塞，直到1918年11月初才被释放，因此他无法再对波兰的政治进程施加影响。但他的政治声望并不因他被迫离开而受损。这段监禁更有助于他升华为波兰民族的神话。 / 122

毕苏斯基被捕后不久，柏林和维也纳当局决定，给波兰王国安插一个摄政委员会作为临时国家首脑。1917年8月25日，国家委员会成员示威性的辞职，就是对占领势力不断增加束缚的反抗性表示，而这加速了局势的变化。9月12日，威廉和卡尔两位皇帝在一个共同的委任状中，就波兰问题详细阐述了在立法、司法和行政方面的立场，10月27日，任命了由三个人组成的摄政委员会，委员会成员是华沙大主教卡科夫斯基（Kakowski）、华沙市长卢博米尔斯基（Lubomirski）侯爵和奥斯特洛夫斯基（Ostrowski）伯爵。12月7日任命了一个波兰政府，政府首脑由法学家扬·库哈泽夫斯基（Jan Kucharzewski）出任。

波兰王国还没有进入自治状态，俄国1917年的第二次革命就急剧地改变了国际局势。布尔什维克夺取了政权，“消极分子”原来对俄国会继续站在西方势力一边，为战胜中欧列强而有所作为的期望彻底破灭。在没收大地主财产的过程中，“东部边境”的波兰地主也丧失了土地。驻扎在这个地区、受最高波兰军队委员会领导的波兰第一军团，在杜博－穆申斯基（Dowbor-Muonicki）将军领导下，为保护农村和城市的波兰财产，和布尔什维克展开了武装斗争。1918 年 1 月，博布鲁伊斯克（Bobruisk）要塞，2 月明斯克市（Minsk）相继落入波兰联盟手中，波兰在客观上起到中欧列强盟友的作用。就连民族民主党此时也改变了立场：该党最著名的代表人物之一扬·斯特茨基（Jan Stecki）担任库哈泽夫斯基政府内政部部长一职。汉斯·鲁斯这样描述俄国事件对波兰的影响：“如果说‘二月革命’让波兰左翼放弃依靠中欧列强的政策，那么‘十月革命’则相反，它令强大的右翼派别更加接近占领势力以及由占领势力任命的政府。”

但波兰和中欧列强取得广泛共识的时间并不长。1918 年 2 月 9 日，德意志和奥匈帝国与乌克兰达成双边和解，签订的和平协议承认乌克兰拥有所有大部分居民为乌克兰人的居住地区，还包括波兰会议王国的一小部分，即霍尔姆（Cholm）地区。一周后，由德意志东部高级指挥部任命的立陶宛国家议会宣布独立的立陶宛民族国家成立了。3 月 23 日，独立的立陶宛民族国家获得帝国议会正式承认。这就意味着德国推翻了原立陶宛－波兰联盟计划，也就是复兴雅盖洛王朝的波兰，这是毕苏斯基和他的追随者，包括德莫夫斯基在内的民族民主党努力的目标。令波兰各个派别都不满的是，主要由波兰人居住的维尔纳市和由部分波兰居民以及部分乌克兰居民居住的加利西亚东部，不再属于新成立的波兰国。1918 年 2 月 14 日，摄政委员会抗议这个对“波兰的新瓜分”，库哈泽夫斯基政府退位，奥地利在卢布林的总督塞珀特吉（Szeptycki）侯爵也提出辞职。

然而波兰和中欧列强并没有公开决裂。4 月 4 日一个新政府在华沙组建了，来自加利西亚的法学家和经济学家扬·斯泰茨克维奇

（Jan Steczkowski）和亚努什·拉齐维乌（Janusz Radziwill）亲王任政治部门领导。是什么在支持这个政府和占领势力呢？不外乎他们共同关心的问题：抗击布尔什维克。当然这样一种联盟在波兰也受到强烈质疑，因为社会党人，特别是波兰社会党左翼，坚定地支持列宁的政党。因此左翼在 6 月抵制国家委员会的间接选举，尽管这次选举只是选举县级议会和市议会的部分议员，另一部分议员则由摄政委员会任命。

此时只有少数波兰人还相信中欧列强会胜出，1918 年 8 月的军事转折扫清了最后的怀疑。9 月底，法国和波兰的军事协议承认约瑟夫·哈勒尔（Josef Haller）将军指挥的、在法国约有 2 万人的志愿军为协约国方的参战军队。10 月 8 日，罗曼·德莫夫斯基以波兰国家委员会的名义，也就是以从未被协约国承认的波兰流亡政府的名义，提交给威尔逊总统一份备忘录，提议建立一个独立的大波兰共和国，作为“防止德意志向东挺进的屏障”。新的波兰共和国，要包括当年的波兰会议王国，包括西边的波森、西普鲁士、北西里西亚以及部分东普鲁士，包括南边的加利西亚和部分讲波兰语、部分讲捷克语的切申大公国，包括东边原立陶宛大公国的大部分领地和西乌克兰。就在前一天，在没有和两位总督通气的情况下，摄政委员会发表了《致波兰人民呼吁书》，要求实现威尔逊提倡的民族自决权，宣布组建多党制政府并选举制宪国民议会。 / 124

之后的事件发展令人眼花缭乱。由于担心波兰军团起义，摄政委员会在 10 月 12 日接管了到目前为止由德国总督指挥的“波兰护国队”，呼吁志愿者拿起武器。10 月 26 日任命了由大多数民族民主党成员组成的内阁，并任命还在监禁中的毕苏斯基担任战争部部长。一天后，根据卡尔皇帝《致各民族宣言》的精神，一个由社会党人、民族民主党人和农民政党组成的波兰清算委员会在克拉科夫成立，实际上就是西加利西亚政府。在伦贝格和东加利西亚，在乌克兰的射手协会的帮助下，乌克兰国民委员会在10月30日和11月1日接管了权力。不久之后，华沙新政府不得不退位，因为它多次尝试废除摄政委员会都未能如愿。11月6日到7日夜间，毕苏斯基忠诚的战友爱德华·雷兹－希米格维（Edward Rydz-Smigly）领导波兰军团在卢布林起义，第二天，在加利西亚的社会党领袖伊格纳齐·达申斯基领导下，波兰共和国临时人民政府成立了，爱德华·雷兹－希米格维作为毕苏斯基的代表，被任命为所有波兰军队的总指挥，同时宣布摄政委员会被废除。

/ 125

两天后即11月9日，根据最后一任帝国政府内阁马克西米连·冯·巴登亲王的指令，在马格德堡受监禁的约泽夫·毕苏斯基被释放。11月10日上午，毕苏斯基乘坐一趟专列来到华沙。11月11日，摄政委员会将最高指挥权转交给毕苏斯基，后来这一天被定为国庆日。11月14日，摄政委员会完成了退位前的最后一项公务，向毕苏斯基移交政权。为了避免和卢布林政府起争端，“临时国家元首”［这个称号是1794年塔德乌什·柯斯丘什科（Tadeusz Kooiciuszko］起义时采用的）任命达申斯基为总理，但几天后的11月17日，就换成温和的社会党人延杰伊·莫拉切夫斯基（Jedrzej Moraczewski），目的是向抗议的右翼发出信号。莫拉切夫斯基随即组建了由社会党人和农民党人组成的内阁。国家元首和政府11月22日颁布共同行政法，规定了双方的权限，至此国家成立的流程正式完成了。

新波兰国的边界如何界定，1918年11月时还没有定论。但最关键的是，自1795年1月3日波兰第三次被瓜分以来，经过了近124年的时间，波兰再次成为一个独立的国家。三股瓜分势力，先是俄国，继而是普鲁士和奥地利，它们都是第一次世界大战的战败者。它们的战败得以最大限度地修正了1772年、1792年和1795年对波兰的不公平瓜分。世界大战是波兰民族解放的先决条件。从密茨凯维奇到毕苏斯基，波兰的爱国者们都坚信这个因果关系。第一次世界大战并不是为波兰而爆发，但其结果令波兰人得到了正义的补偿，他们再次赢得了自由，为了这个自由，他们在拿破仑时代，在1830~1831年、1848年和1863年的起义中不断奋斗，但都未能成功。如果说历史复仇者的凯旋真的存在，那么波兰在1918年11月就是在庆祝这一凯旋。[12]

/ 126

信任丧失殆尽，暴力严重越轨：第一次世界大战的遗产

至少 6500 万名士兵参战，850 万人阵亡，2100 万人负伤，780 万人被俘，不算俄国仅欧洲就有 500 万平民死亡。1918 年 11 月 11 日在贡比涅签署的停战协议，标志着第一次世界大战的结束，但是它给战胜国和战败国都造成了巨大的破坏。这场“大战”有别于 19 世纪欧洲的其他战争，法国人称它为“La grande guerre”，英国人叫作“the Great War”，直到今天他们都沿用这个说法。1914 年到 1918 年降临到平民头上的巨大灾难，远远超过 1859 年和 1871 年意大利民族统一运动和德国民族统一运动战争。1918 年到 1923 年，全球共有 2500 万到 5000 万的平民和士兵死于大规模“西班牙流感”，这是否由战争年代的饥荒和物资匮乏直接导致，根据最新的研究，该问题仍有待探讨。

第一次世界大战，也是第一次采用先进的技术方法大规模屠杀生灵的战争。生命被摧毁：被火焰喷射器和毒气，被潜艇发射的鱼雷弹，被从飞机上投掷的炸弹。然而机枪造成的伤亡最多，1861 年到 1865 年，自动机枪在美国内战中被首次投入使用，后来在非洲殖民战争中也派上用场。对自动武器的恐惧令幸存者难以忘却，同样令他们震惊不已的是技术和杀伤力武器带来的后果，特别是当其偏离文明的束缚的时候。

战争的经历多种多样，纷纷不一。士兵经历的战争不同于平民，前线经历的战争不同于后方，知识分子经历的战争不同于“一般人”，男人经历的战争不同于女人，代替服役中的男人在工厂做工的女性以及在办公室工作的女性经历的战争不同于未参加工作的女性，成人经历的战争不同于青年和儿童。如何感知战争和回首评估
/ 127 战争也和其所处的政治地点有关。在 1914 年拒绝“战争狂热”的那些人，或者是经过战争成为反战者的那些人，他们在 1918 年能够站

在最极端的左翼立场，用内战来对付战争，以根除导致“帝国主义”战争爆发的资本主义社会秩序。认为战争必然发生，并自始至终坚持本国正确的那些人，他们根本不准备接受战败这个事实。和平对他们来说只是下一次各民族武力开战的插曲。在1918年，这种极右派的立场如同极左派立场一样，都占少数。各个国家中的大多数人都厌烦了战争，但并未因此转变为彻底的和平主义者。这个和平能够持续多久，主要取决于他们对和谈条件的态度，取决于他们对和谈条件是否公正的看法。

经过第一次世界大战而获得渴望已久的民族独立，例如波兰人、芬兰人和捷克人，他们对第一次世界大战的感受不同于德国人、法国人和英国人。后者回顾这场战争，首先想到的是在佛兰德和法国北部战场上的残酷厮杀和无数阵亡的同胞，和第一次世界大战20年后爆发的第二次世界大战。美国历史学家和外交家乔治·F.凯南称第一次世界大战是“这个世纪的大灾难”，这一表述也成为著名的引言，反映出当年中欧列强和西欧势力的主流观点，但并不是目前欧洲有共识的表述。

随着战事延长，各国的议会越来越失去广大民众的信任，当然英国下议院和美国国会另当别论。的确，1914年后大多数参战国选出的人民代表都失去了影响力。1914年3月到1917年5月，奥地利帝国议会没有召集会议。1917年秋季前，法国众议院不再公开开会。很少开会的意大利议会被剥夺了使用其批准的预算的监督权，国家预算讨论也不再进行。权力集中到执行层（在德国首先是集中到以军事最高统帅为代表的军队手中）并不能提高人们对国家和国家机构的信任。人们埋怨政府机构造成供给短缺、通货膨胀和黑市泛滥的局面。无所不在的审查使人们越来越相信传言。司法不得不面对比在和平时期更多的质疑，在某些情况下对并不是所有人在法律面前享有平等的责备不绝于耳。

从长远角度看，最危险的是对货币稳定的信心开始动摇。在所有参战国中，国债数额都急剧上升。欧洲西方势力只能借助美国的贷款来支付战争开销，对其他国家偿还这笔资金的担忧，也应是威尔逊总统关于美国参战的决定没有在内政方面引发特别大争执的原因之一。都以为本国会获胜，所有国家都从自己国民那里筹集战争国债，德国的国债规模尤为庞大。早在 1914 年 8 月，帝国银行还发放帝国国库债券和国库券，也就是纯粹的金融兑换券，相等于商业汇票，把它作为黄金之外的工具，直接用于抵押帝国马克。从此以后，帝国银行的造钱运动实际上不再受任何限制。战争国债本可以由战败国用战争赔款偿还。奥匈帝国央行批量发行纸币也造成了通货膨胀。

抛弃战前货币体系既普遍也很极端。德国经济史学家沃尔夫勒姆·费希尔（Wolfram Fischer）做了这样的描述："金本位和其法定的评价标准为私有经济建立了稳定的框架，现在这些都被抛弃了。在国内，人们要习惯不断增长的通货膨胀；在外贸经济中，人们也要习惯外汇管制和货币的配给限制，以及进出口禁令。战争一开始，大多数国家暂停了各自央行的金本位兑换制义务，只有英国在形式上还保留这一制度，但增加了难度。黄金被禁止出口，英国在这方面仍属例外，尽管其黄金出口实际上处于停滞状态。法国一直坚持到 1915 年 7 月才颁布禁令，但附加很多苛刻条件。大战前外贸全部控制在私人公司手中，后来逐步发展为国家之间的协议，尤其是贷款协议，贷款方不再是私人银行家，而是央行和国家财政部，先是英国后来主要是美国出面发放贷款。国际贷款业务由此从私人转到国家手上，成为政治筹码。这在战后起到重大影响。"

这种对外贸易的国有化，在很大程度上是英国对德国实行海上封锁和德国的潜艇战导致国际贸易流急剧变化的结果。这不过是"有组织的资本主义"的明显例证，正如马克思主义理论家鲁道夫·希法亭 1915 年首次提出的观点。希法亭 1877 出生在维也纳，自 1907 年担任柏林社民党《前进报》的编辑。希法亭的这个论述进一步发展了他 1910 年在《金融资本》一书中的学说，即几家大银行控制了垄断型工业。金融资本和其政策导致“国家政权极端强化”，它“‘缓解了生产无政府状态’的发展，种下了‘无政府主义的资本主义向有组织的资本主义转型的种子’……看来一个有组织的、资产化的、非民主形态的经济社会是可能取代社会主义的，其顶层是资本垄断和国家的联合体，下面是按等级划分的从事生产管理的劳动大众。有组织的资本主义不是通过社会主义战胜资本主义社会，而是通过更能满足各阶级的紧迫需要”。

希法亭认为，这种发展给了资本主义一种生存机会，甚至是替代社会主义的一种选择。这并不一定等于无产阶级的失败。无产阶级组织起来为争取自己的利益而抗争，起到了改变资本主义的作用，让其更可以被接受。“工人运动起到某种抑制革命的作用，削弱了资本主义的革命倾向”向一个实质全新的社会主义的过渡，依然是一个政治任务，但是工人运动阻碍了资本主义向最极端贫困方向的发展，这样一来，马克思（列宁）意义上用革命进行社会变革的重要前提不复存在。我们可以这样来解释希法亭非常乐观的分析，随着工人阶级争取到的权益范围日益扩大，进化到社会主义的前景也在日益明朗。 / 130

希法亭所说的“有组织的资本主义”，也有人称之为“国家资本主义”“战争社会主义”，或直接称“社会主义”。1914 年后所有参战国，包括那些最自由的国家，都干涉经济生活，参与调节和组织工作。1914 年 8 月英国颁布《领土防御法》。同样也是在 1914 年 8 月，普鲁士战争部设立战争原料处，直接由综合电力公司（AEG）监事会主席瓦尔特·拉特瑙（Walther Rathenau）负责。1915 年 5 月俄国成立战争工业委员会，而俄国在 1915 年才刚刚设立国务秘书。1917 年意大利设立武器和弹药部，由总司阿尔弗雷多·达罗里奥（Alfredo Dallolio）领导。1917 年 7 月美国成立兵工署，这些就是战争年代国家与经济携手合作的实例。但是不仅国家机构对企业运作有影响，企业也影响政治决策。

有组织的工人阶级同样被卷入战争经济：1915 年 5 月，法国社会党人阿尔伯特·托马斯被任命为炮兵和弹药采购国务秘书，1916 年 12 月为军备部长。在德国，1916 年 12 月《护国社会服务法》颁布。工会和国家之间的关系也相互影响，但有一点不容置疑，这就是：劳工要服从战争经济的需求。[在法国这种优势特别明显，特别
/ 131
是 1917 年 9 月社会党退出政府后，工业家路易·卢舍尔接替阿尔伯特·托马斯担任军备部长。] 这种“国家社会主义”或者“有组织的资本主义”在战后还能留下些什么？希法亭在 1915 年撰写文章时还不可预见。另外不得不提出质疑的是，希法亭和诸多社民党人所期待的，由国家插手调解经济和战争社会主义的体制是否能将资本主义改造得更好些，不像 1914 年以前那么危机四伏呢？

战争年代得出的最可怕的认知，莫过于能够如此快速地抛弃市民生活中人与人交往的正常标准。1914 年夏末和秋初，德国士兵杀害数千名比利时平民，摧毁中世纪古城鲁汶，1914 年 9 月匈牙利军团枪杀了至少 1000 名塞尔维亚平民，1915 年 4 月德国军队在伊普尔（Ypern）首次使用毒气，俄国军队大规模驱逐波兰人、拉脱维亚人、立陶宛人和犹太人，1915 年奥斯曼帝国对亚美尼亚人的种族灭绝：惊人的越轨行为和事件，已经远远超过在战争期间还可能容忍的“一般”程度。

1912~1913 年中两次巴尔干战争的暴行仍历历在目，许多“文明”的欧洲人称其为巴尔干式或者近东式残忍行径。而自 1914 年后，那些经过启蒙的民族，他们在和其他欧洲人的战争中，也能采用野蛮行动，采用迄今为止他们只是针对殖民地居民的施暴行为。

1916年3月4日战死在凡尔登（Verdun）的德国表现主义画家弗兰茨·马尔克（Franz Marc），曾在一年多前的1914年11月，发表了一篇题为《揭秘欧洲》（*Das geheime Europa*）的文章。在他看来，各个国家的民族主义者关于战争的说法都是精心编造的谎言。他认为有一种更深刻的、隐藏在这些行为后的战争意义，这是历史之必然："在这场战争中，并不像在报刊上报道的和政治家们宣称的那样，是中央权力对抗外部敌人，也不是一个种族抗击另外一个种族的战争，这场大战其实是一场欧洲内战，一场反对欧洲精神的战争，一场抗击内在的、看不见的敌人的战争。"

在美国参战前，不仅欧洲人要在战场上拼搏，殖民大国也从海外集结军队进入欧洲。法国从北非调集军队，仅从阿尔及利亚就调集17.5万人参战，当然形式上他们不是殖民地军队，而是宗主国的一部分。站在英国一边的有50万名加拿大人，33.2万名澳大利亚人和11.2万名新西兰人，他们大多是英国后裔的志愿军。在各个战场上还有150万名印度志愿军和9万名从英属威海卫招募来的中国人，他们主要在法国为协约国军队挖战壕。同样，无数的黑非洲搬运工也被迫服役，他们中大约有10万人在德国东非战场上死于非命。 / 132

1917年后，俄国内战是欧洲大陆上最严重的暴力越轨，没有这次世界大战，可能不会发生这场内战，在很多方面，俄国内战是这场大战的延续，只不过方法有些不同而已。如何定义朋友和敌人，如何维护自己和歼灭敌人，现在都用来对付内部敌人，而证明内部敌人和外部敌人"客观上"合谋，不需要花费很大力气。民族之间的战争转变为内战不仅局限于俄国国内：随着1918年11月11日停战协议的签署，内战随之成为一个时代的标志。[13]

注　释

1 Michael Salewski, Der Erste Weltkrieg, Paderborn 2003; John Keegan, Der Erste Weltkrieg. Eine europäische Tragödie (engl. Orig.: London 1998), Reinbek 2000 (hier auch die Zahlenangaben zu den Gefallenen); Ian Beckett, The Great War, 1914–1918, Harlow 2007; Daniel Stevenson, 1914–1918. Der Erste Weltkrieg (engl. Orig.: London 2004), Düsseldorf 2006; Peter Graf von Kielmansegg, Deutschland und der Erste Weltkrieg, Stuttgart 1980[2]; Elisabeth Greenhalgh, Victory through Coalition. Britain and France during the First World War, Cambridge 2005; Modris Eksteins, Tanz über Gräben. Die Geburt der Moderne und der Erste Weltkrieg (amerik. Orig.: Boston 1989), Reinbek 1990; Dan Diner, Das Jahrhundert verstehen. Eine universalgeschichtliche Deutung, München 1999, S. 195 ff.; John Horne u. Alan Kramer, Deutsche Kriegsgreuel 1914. Die umstrittene Wahrheit (engl. Orig.: Haven 2001), Hamburg 2004, S. 17 ff. (Zahlen: 121, russische Deportationen: 133, Zitate: 124, 304); Alan Kramer, Dynamic of Destruction. Culture and Mass Killing in the First World War, Oxford 2007; Jeff Lipkes, Rehearsals. The German Army in Belgium, 1914, Löwen 2007; Aufrufe und Reden deutscher Professoren im Ersten Weltkrieg. Hg. u. mit einer Einleitung versehen v. Klaus Böhme, Stuttgart 1975, S. 47–49 (Aufruf an die Kulturwelt); Jürgen von Ungern-Sternberg/Wolfgang von Ungern-Sternberg, Der Aufruf «An die Kulturwelt». Das Manifest der 93 und die Anfänge der Kriegspropaganda im Ersten Weltkrieg, Stuttgart 1996; Wolfram Pyta, Hindenburg. Herrschaft zwischen Hohenzollern und Hitler, München 2007, S. 41 ff.; Gerhard P. Groß (Hg.), Die vergessene Front. Der Osten 1914/15. Ereignis, Wirkung, Nachwirkung, Paderborn 2006; Peter Hoeres, Krieg der Philosophen. Die deutsche und die britische Philosophie im Ersten Weltkrieg, Paderborn 2004, S. 88 ff.; Jean Jacques Becker/Gerd Krumeich, Der Große Krieg. Deutschland und Frankreich im Ersten Weltkrieg 1914–1918 (frz. Orig.: Paris 2008), Essen 2010; Gian Enrico Rusconi, Deutschland-Italien. Italien-Deutschland. Geschichte einer schwierigen Beziehung von Bismarck bis zu Berlusconi (ital. Orig.: Turin 2003), Paderborn 2006, S. 81 ff.;

Rudolf Lill, Geschichte Italiens vom 16. Jahrhundert bis zu den Anfängen des Faschismus, Darmstadt 1980, S. 261 ff.; Giuliano Procacci, Geschichte Italiens und der Italiener (ital. Orig.: Rom 1970), München 1989², S. 341 ff.; Nicolo Tranfaglia, La prima guerra mondiale e il fascismo (Storia d'Italia, diretta da Giuseppe Galasso, vol. 22), Turin 1995, S. 9 ff.; Ulrich Trumpener, Germany and the Ottoman Empire 1914–1918, Princeton 1968, bes. S. 200 ff.; Yves Ternon, Tabu Armenien. Geschichte eines Völkermordes (frz. Orig.: Paris 1977), Berlin 1988; Vahakn N. Dadrian, Der armenische Genozid: Eine Interpretation, in: Huberta von Voß (Hg.), Porträt einer Hoffnung: Die Armenier. Lebensbilder aus aller Welt, Berlin 2005, S. 44–66 (Zahlen 1894/96 und 1915: 44); Wolfgang Gust, Partner im Schweigen: Das deutsche Kaiserreich und die Vernichtungspolitik der Jungtürken, ebd., S. 79–95; ders. (Hg.), Der Völkermord an den Armeniern 1915/16. Dokumente aus dem Politischen Archiv des deutschen Auswärtigen Amtes, Springe 2005; Norman M. Naimark, Flammender Haß. Ethnische Säuberungen im 20. Jahrhundert (amerik. Orig.: Cambridge, Mass. 2002), München 2004, S. 29 ff. Zum Hererokrieg siehe Heinrich August Winkler, Geschichte des Westens. Von den Anfängen in der Antike bis zum 20. Jahrhundert, München 2010², S. 1041 f.

2 Fritz Fischer, Griff nach der Weltmacht. Die Kriegszielpolitik des kaiserlichen Deutschland 1914/1918, S. 109 ff. (Bethmann Hollweg, Claß, Thyssen: 120 ff.); Heinrich August Winkler, Der lange Weg nach Westen, 2 Bde., Bd. 1: Vom Ende des Alten Reiches bis zum Untergang der Weimarer Republik, München 2005⁶, S. 340 ff. (Wolff-Delbrück: 342 f.); Charles Bloch, Die Dritte Französische Republik. Entwicklung und Kampf einer parlamentarischen Demokratie (1870–1940), Stuttgart 1972, S. 234 ff.; Pierre Renouvin, Die Kriegsziele der französischen Regierung 1914–1918, in: Geschichte in Wissenschaft und Unterricht 17 (1966), S. 129–158; Gernot Erler u. a., Zwei Umbrüche im Ersten Weltkrieg: Vom zarischen zum bolschewistischen Rußland (1914–1918), in: Handbuch der Geschichte Rußlands. Bd. 3: 1856–1945. Von den autokratischen Reformen zum Sowjetstaat, hg. v. Gottfried Schramm, 1. Halbbd., Stuttgart 1983, S. 475–538 (bes. 495 ff.); David Lloyd George, The Trust about the Peace Treaties, 2 vols., London 1938, vol. 1, S. 31–50 (zur Denkschrift des Foreign Office vom Herbst 1916); Theodor Schieder, Europa im Zeitalter der Nationalstaaten und europäische Weltpolitik bis zum 1. Weltkrieg (1870–1918), in: ders. (Hg.), Europa im Zeitalter der Nationalstaaten und europäische Weltpolitik bis zum 1. Weltkrieg (Handbuch der europäischen Geschichte, hg. v. Theodor Schieder, Bd. 6), Stuttgart 1968, S. 1–196 (172 ff.); Georges-Henri Soutou, Die Kriegsziele des Deutschen Reiches, Frankreichs, Großbritanniens und der Vereinigten Staaten während des Ersten Weltkrieges: ein Vergleich, in: Wolfgang Michalka (Hg.), Der Erste Weltkrieg. Wirkung, Wahrnehmung, Analyse, München 1994, S. 28–53; Horst Günter Linke, Rußlands Weg in den Ersten Weltkrieg und seine Kriegsziele 1914–

1917, ebd., S. 54–94; Matthias Peter, Britische Kriegsziele und Friedensvorstellungen, ebd., S. 95–124.

3 Winkler, Geschichte (Anm. 1), S. 1194 f. (zu Bernhardi); ders., Weg (Anm. 2), Bd. 1, S. 336 ff. (hier die Zitate von Plenge, Scheler, Sombart, Mann und Treitschke); Kurt Flasch, Die geistige Mobilmachung. Die deutschen Intellektuellen und der Erste Weltkrieg, Berlin 2000; Klaus von See, Die Ideen von 1789 und die Ideen von 1914. Völkisches Denken in Deutschland zwischen Französischer Revolution und Erstem Weltkrieg, Frankfurt 1975, S. 108 ff.; Hermann Lübbe, Politische Philosophie in Deutschland. Studien zu ihrer Geschichte, Stuttgart 1963, S. 173 ff.; Steffen Bruendel, Volksgemeinschaft oder Volksstaat. Die «Ideen von 1914» und die Neuordnung Deutschlands im Ersten Weltkrieg, Berlin 2003; Jeffrey Verhey, Der «Geist von 1914» und die Erfindung der Volksgemeinschaft (engl. Orig.: Cambridge 2000), Hamburg 2000, S. 194 ff.; Sven Oliver Müller, Die Nation als Waffe und Vorstellung. Nationalismus in Deutschland und Großbritannien im Ersten Weltkrieg, Göttingen 2002, S. 81 ff.; Gerard De Groot, Blighty. British Society in the Era of the Great War, London 1996; Adrian Gregory, The Last Great War. British Society and the First World War, Oxford 2008; Arnd Bauerkämper u. Elise Julien (Hg.), Durchhalten. Krieg und Gesellschaft im Vergleich 1914–1918, Göttingen 2010; Hoeres, Krieg (Anm. 1), S. 110 ff. (das Zitat aus Hobhouse, The World in Conflict, London 1915, S. 101, 167); Aribert Reimann, Der große Krieg der Sprachen. Untersuchungen zur historischen Semantik in Deutschland und England zur Zeit des Ersten Weltkriegs, Essen 2000; Gerd Krumeich, Ernest Lavisse und die Kritik der deutschen «Kultur», 1914–1918, in: Wolfgang J. Mommsen (Hg.), Kultur und Krieg. Die Rolle der Intellektuellen im Ersten Weltkrieg, München 1996, S. 143–154 (Zitate Lavisse: 149, 153); Émile Durkheim, «L'Allemagne au-dessus de tout». La mentalité allemande et la guerre (1915[1]), Paris 1991, bes. S. 67 ff. (Zitate: 83, 88); Christophe Prochasson/Anne Rasmussen, Au nom de la patrie. Les intellectuels et la première guerre mondiale (1910–1919), Paris 1996; Thorsten Veblen, Imperial Germany and the Industrial Revolution (1915[1]), London 1994 (in der Reihenfolge der Zitate: S. 86, 162, 171, 249, 270). – Zu Heinrich von Treitschke: ders., Politik. Vorlesungen, gehalten an der Universität zu Berlin, 2 Bde., Leipzig 1899/1900.

4 W. I. Lenin, Der Krieg und die russische Sozialdemokratie, in: ders., Werke, Berlin 1950 ff., Bd. 21, S. 11–21 (15, 17, 20); ders., Der Imperialismus als höchstes Stadium des Kapitalismus, ebd., Bd. 22, S. 189–309 (280); Susanne Miller, Burgfrieden und Klassenkampf. Die deutsche Sozialdemokratie im Ersten Weltkrieg, Düsseldorf 1974, S. 75 ff., 156 ff., 283 ff.; Julius Braunthal, Geschichte der Internationale, 2 Bde., Hannover 1961, Bd. 2, S. 17 ff. («Daily Citizen», 3. 8. 1914, und Erklärung der Exekutive der Labour Party, 4. 8. 1914: 42; Kienthaler Beschlüsse: 64 f.); Bloch, Republik (Anm. 2), S. 238 f.; G. D. H. Cole, A History of The

Labour Party from 1914, London 1948, S. 17 ff.; Kevin B. Nowlan, Irland vom Osteraufstand bis zur nordirischen Krise 1916/1968, in: Theodor Schieder (Hg.), Europa im Zeitalter der Weltmächte (Handbuch der europäischen Geschichte, hg. v. Theodor Schieder, Bd. 7), Stuttgart 1979, S. 746–771 (746 ff.; Dubliner Osteraufstand: 751); David Shub, Lenin (amerik. Orig.: New York 1948), Wiesbaden 1958, S. 153 ff.; Winkler, Weg (Anm. 2), Bd. 1, S. 344 ff. Zu Roger Casements Rolle als britischer Diplomat und Kritiker der Kongopolitik des belgischen Königs Leopold II. siehe Winkler, Geschichte (Anm. 1), S. 887 f., zu Hobson, Hilferding und Kautsky 1007 ff., 1180 f.

5 W. I. Lenin, Briefe aus der Ferne, in: ders., Werke (Anm. 4), Bd. 23, S. 311–357 (340); ders., Über die Aufgaben des Proletariats in der gegenwärtigen Revolution [Aprilthesen], ebd., Bd. 24, S. 1–8 (4–6); ders., Über die Doppelherrschaft, ebd., S. 20–23; ders., Die Aufgaben des Proletariats in unserer Revolution, ebd., S. 39–77 (73); ders., Staat und Revolution. Die Lehre des Marxismus vom Staat und die Aufgaben des Proletariats in der Revolution, ebd., Bd. 25, S. 393–507 (424, 437, 475 f., 482, 486); ders., Marxismus und Aufstand (Brief an das Zentralkomitee, 13./14. 9. 1917), ebd. Bd. 26, S. 4–10 (6–8; Hervorhebungen jeweils im Original); Leo Trotzki, Geschichte der russischen Revolution (1931[1]), Frankfurt 1960, S. 19 ff.; Shub, Lenin (Anm. 4), S. 182 ff. (zur Preisentwicklung: 182 f.); Erler u. a., Umbrüche (Anm. 2), S. 538 ff.; Dietrich Geyer, Die Russische Revolution. Historische Probleme und Perspektiven, Göttingen 1977[2], S. 67 ff. (Zitat: 72); Helmut Altrichter, Kleine Geschichte der Sowjetunion 1917–1991, München 1993, S. 14 ff.; Theodore H. Von Laue, Why Lenin? Why Stalin? A Reappraisal of the Russian Revolution, 1900–1930, Philadelphia 1971[2], S. 100 ff.; Orlando Figes, Die Tragödie eines Volkes. Die Epoche der russischen Revolution 1891–1924 (engl. Orig.: London 1996), Berlin 1998, S. 14 ff.; Leonard Schapiro, Die Geschichte der Kommunistischen Partei der Sowjetunion (engl. Orig.: London 1959), Frankfurt 1962, S. 177 ff., Robert Gellately, Lenin, Stalin und Hitler. Drei Diktatoren, die Europa in den Abgrund führten (engl. Orig.: London 2007), Bergisch Gladbach 2009, S. 35 ff.; Manfred Hildermeier, Geschichte der Sowjetunion 1917–1991. Entstehung und Niedergang des ersten sozialistischen Staates, München 1998, S. 63 ff.; ders., Die Russische Revolution 1905–1921, Frankfurt 1989, S. 133 ff.; Richard Pipes, Die Russische Revolution, 2 Bde., Berlin 1992, Bd. 1: Der Zerfall des Zarenreiches, S. 473 ff., Bd. 2: Die Macht der Bolschewiki (amerik. Orig.: New York 1990), S. 179 ff.; Heinrich August Winkler, Zum Verhältnis von bürgerlicher und proletarischer Revolution bei Marx und Engels, in: ders., Revolution, Staat, Faschismus. Zur Revision des Historischen Materialismus, S. 8–34 (hier die Belege zu den Äußerungen von Marx und Engels über die Diktatur des Proletariats); ders., Die unwiederholbare Revolution. Über einen Fehlschluß von Marx und die Folgen, in: ders., Streitfragen der deutschen Geschichte. Essays

zum 19. und 20. Jahrhundert, München 1997, S. 9–30. Zu Lenins Haltung während und nach der Revolution von 1905 siehe ders., Geschichte (Anm. 1), S. 935 f., 1144 ff. Marx' Schrift «Der Bürgerkrieg in Frankreich» in: Karl Marx/Friedrich Engels, Werke (fortan: MEW), Berlin 1959 ff., Bd. 17, S. 313–365; zu Engels' Theorie vom Absterben des Staates: Friedrich Engels, Die Entwicklung des Sozialismus von der Utopie zur Wissenschaft [1880], ebd., Bd. 19, S. 177–228 (224). Aufruf an die Proletarier aller Länder vom 27. 3. 1917 und das Manifest «An die Völker der Welt» vom 16. 4. 1917 in: Schulthess' Europäischer Geschichtskalender, N. F., 33. Jg.: 1917/II., München 1920, S. 672, 678 f.

6 Documents of American History. Edited by Henry Steele Commager, New York 1943[3], S. 186–189 (Jeffersons erste Inaugurationsrede, 4. 3. 1801); The Papers of Woodrow Wilson, Arthur S. Link, ed., 69 vols., Princeton 1966 ff., vol. 40: S. 533–539 (Senatsrede, 22. 4. 1917), vol.: 41, S. 519–527 (Botschaft an den Kongreß, 2. 4. 1917); Fischer, Griff (Anm. 2), S. 381 ff.; Zbyněk A. Zeman, Der Zusammenbruch des Habsburgerreiches 1914–1918 (engl. Orig.: Oxford 1961), München 1963, S. 123 f. (britisch-französische Antwort an Wilson, 11. 1. 1917); Alan Brinkley, The Unfinished Nation. A Concise History of the American People, Boston 2008[5], S. 603 ff.; Willy Paul Adams, Die USA im 20. Jahrhundert, München 2002[2], S. 39 ff. (hier und bei Brinkley auch die wichtigsten Zahlenangaben); Detlef Junker, Power and Mission. Was Amerika antreibt, Freiburg 2003, S. 26 ff.; Klaus Schwabe, Weltmacht und Weltordnung. Amerikanische Außenpolitik von 1898 bis zur Gegenwart. Eine Jahrhundertgeschichte, Paderborn 2006, S. 66 ff.; Frank Freidel, Over There. The Story of America's First Great Overseas Crusade, New York 1990[2], S. 37 ff. (zum Lafayette-Zitat); Ernest R. May, The World War and American Isolation 1914–1917, Cambridge 1959, bes. S. 387 ff.; John Milton Cooper (ed.), Reconsidering Woodrow Wilson. Progressivism, Internationalism, War, and Peace, Washington, D. C. 2008; Thomas J. Knock, To End All Wars. Woodrow Wilson and the Quest for a New World Order, Oxford 1992; Arthur S. Link (ed.), Woodrow Wilson and a Revolutionary World, 1913–1921, Chapel Hill 1982; David M. Kennedy, Over Here. The First World War and American Society, Oxford 1980; John Milton Cooper, jr., The Vanity of Power. American Isolationism and the First World War 1914–1917, Westport, CT. 1969; Arno J. Mayer, Political Origins of the New Diplomacy, 1917–1918, New Haven 1959[1]; Walter A. McDougall, Promised Land, Crusader State. The American Encounter with the World since 1776, Boston 1997, S. 122 ff. (Zitat Clemenceau: 135); Thomas Bender, America's Place in World History, New York 2006, S. 234 ff.; Robert D. Cuff, The War Industries Board. Business-Government Relations during World War I, Baltimore 1973; Derek Heater, National Self-Determination. Woodrow Wilson and his Legacy, Basingstoke 1994; Jörg Fisch, Das Selbstbestimmungsrecht der Völker. Die Domestizie-

rung einer Illusion, München 2010, S. 144 ff.; Patrick O. Cohrs, «American Peace» – Ein «demokratischer Frieden»? Wilson und die Suche nach einer neuen Weltordnung nach dem Ersten Weltkrieg, in: Jost Dülffer/Gottfried Niedhart (Hg.), Frieden durch Demokratie? Genese, Wirkung und Kritik eines Deutungsmusters, Essen 2001, S. 73–104; Gottfried Niedhart, Demokratie und Friedenserwartungen im Epochenjahr 1917, ebd., S. 55–72.

7 Winkler, Weg (Anm. 2), Bd. 1, S. 343 ff. (Friedensresolution, Vaterlandspartei, das Zitat von Liebig: 344); Ernst Rudolf Huber, Deutsche Verfassungsgeschichte seit 1789, Bd. 5: Weltkrieg, Revolution und Reichserneuerung 1914–1919, Stuttgart 1978, S. 372 ff.; Jürgen Kocka, Klassengesellschaft im Krieg. Deutsche Sozialgeschichte 1914–1918, Göttingen 1978², bes. S. 96 ff.; Bloch, Republik (Anm. 2), S. 233 ff.; Gerald D. Feldman, The Great Disorder. Politics, Economics, and Society in the German Inflation, 1914–1924, Oxford 1993, S. 73 ff.; Rudolf von Albertini, Frankreich: Die Dritte Republik bis zum Ende des 1. Weltkriegs (1870–1918), in: Schieder (Hg.), Bd. 6: Nationalstaaten (Anm. 2), S. 232–268 (265 ff.); Jacques Drosz, Die politischen Kräfte in Frankreich während des Ersten Weltkrieges, in: Geschichte in Wissenschaft und Unterricht 17 (1966), S. 159–168; Jean-Jacques Becker, Les Français dans la Grande Guerre, Paris 1980; Annie Kriegel, Histoire du Mouvement ouvrier français. 1914–1920. Aux origines du communisme français, 2 Bde., Paris 1964, Bd. 1, S. 52 ff.; J. M. Winter, The Great War and The British People, Basingstoke 1986; Sir Llewellyn Woodward, Great Britain and the War of 1914–1918, London 1967, S. 99 ff. (Naher Osten), 278 ff. (dritte Ypern-Schlacht), 474 ff. (Streikdaten: 477, Zitat zum Coventry-Streik: 483); Keegan, Weltkrieg (Anm. 1), S. 496 ff. (Isonzoschlacht, Oktober 1917); Christoph Jahr, Gewöhnliche Soldaten. Desertion und Deserteure im deutschen und britischen Heer 1914–1918, Göttingen 1998, bes. S. 149 ff. (Zahlen: 171, Zitat: 250).

8 Lenin, Zwei Taktiken der Sozialdemokratie in der demokratischen Revolution (1905), in: ders., Werke (Anm. 4), Bd. 9, S. 1–130 (46 f.); ders., Die Lehren der Revolution, ebd., Bd. 16, S. 300–307 (über die Wirkungen von Selbstherrschaft und Behördenwillkür, Zitate: 308); ders., Über das Selbstbestimmungsrecht der Nationen (1913/14), ebd., Bd. 20, S. 395–461; ders., Rede über den Frieden, 8. 11. 1917, ebd., Bd. 26, S. 239–247; ders., Entwurf des Dekrets über die Auflösung der Konstituierenden Versammlung, ebd., S. 484–486; ders., Das sozialistische Vaterland ist in Gefahr, ebd., Bd. 27, S. 15 f.; ders., Rede über Krieg und Frieden auf dem VII. Parteitag, ebd., Bd. 27, S. 15 f.; Karl Kautsky, Die Diktatur des Proletariats (1918), in: ders., Die Diktatur des Proletariats/ W. I. Lenin, Die proletarische Revolution und der Renegat Kautsky/ Karl Kautsky, Terrorismus und Kommunismus, Berlin 1990, S. 7–87 (33, 37 f., 39; Hervorhebung im Original); Clara Zetkin, Mit Entschiedenheit für das Werk der Bolschewiki! Aus einem

Brief an eine Konferenz des Reichsausschusses und der Frauenkonferenz der USPD (Frühsommer 1919), in: dies., Ausgewählte Reden und Schriften, 3 Bde., 2. Bd., Berlin 1960, S. 8–40 (26); Rosa Luxemburg, Die russische Revolution (1918), in: dies., Politische Schriften, 3 Bde., hg. v. Ossip K. Flechtheim, Frankfurt 1966 ff., Bd. 3, S. 106–141 (128 ff., Zitat: 134); Trotzki, Geschichte (Anm. 5), S. 594 ff.; Gernot Erler u. Gottfried Schramm, Die Bolschewiki an der Macht: Herbst 1917 bis Sommer 1918, in: Handbuch (Anm. 2), S. 579–607 (zur Nivellierung der ländlichen Besitzstrukturen: 591 f.); Gottfried Schramm, Interpretationen und Kontroversen, ebd., S. 607–621; Schapiro, Geschichte (Anm. 5), S. 186 ff. (Ergebnis der Wahlen zur Konstituante: 197 f.); Geyer, Revolution (Anm. 5), S. 93 ff.; Laue, Why Lenin? (Anm. 5), S. 115 ff.; Hildermeier, Geschichte (Anm. 5), S. 105 ff. (Wahlraten: 130); Gellately, Lenin (Anm. 5), S. 77 ff.; Shub, Lenin (Anm. 4), S. 277 ff.; Peter Lösche, Der Bolschewismus im Urteil der deutschen Sozialdemokratie 1903–1920, Berlin 1967, S. 100 ff.; Kriegel, Histoire (Anm. 7), Bd. 1, S. 171 ff.; Heinrich August Winkler, Demokratie oder Bürgerkrieg. Die russische Oktoberrevolution als Problem der deutschen Sozialdemokraten und der französischen Sozialisten, in: Vierteljahrshefte für Zeitgeschichte 47 (1999), S. 1–23; ders., Revolution (Anm. 5), S. 22 ff.; ders., Geschichte (Anm. 1), S. 335 (zum Aufruf «Das Vaterland ist in Gefahr», 11. 7. 1792), 393 f. (zum Frieden von Tilsit); Braunthal, Geschichte (Anm. 4), Bd. 2, S. 113 ff.; Vejas Gabriel Liulevicius, Kriegsland im Osten. Eroberung, Kolonisierung und Militärherrschaft im Ersten Weltkrieg (amerik. Orig.: Cambridge, Mass. 2000), Hamburg 2002, bes. 143 ff.; Fischer, Griff (Anm. 2), S. 627 ff.; Mayer, Origins (Anm. 6), S. 293 ff.; Andreas Kappeler, Kleine Geschichte der Ukraine, München 2009[3], S. 165 ff.; Osmo Jussila, Finnland als Großfürstentum 1809–1917, in: ders., Seppo Hentilä, Jukka Nevakivi, Politische Geschichte Finnlands seit 1809. Vom Großfürstentum zur Europäischen Union, Berlin 1999, S. 13–113 (102 ff.); Seppo Hentilä, Von der Erringung der Selbständigkeit bis zum Fortsetzungskrieg 1917–1944, ebd., S. 115–235. – Das Marx-Zitat von 1847 in: ders., Die moralisierende Kritik und die kritisierende Moral, in: MEW (Anm. 5), Bd. 4, S. 331–360 (339).

9 Schulthess (Anm. 5), 34. Jg. (1918/II), München 1922, S. 142–147 (Lloyd George, 5. 1. 1918); Wilson, Papers (Anm. 6), vol. 45: S. 534–539 (Botschaft an den Kongreß, 8. 1. 1918), vol. 46: S. 318–324 (Botschaft an den Kongreß, 11. 2. 1918); David C. Hendrickson, Union, Nation or Empire. The American Debate over International Relations, 1789–1941, Lawrence, Kansas 2009, S. 293 ff.; Fisch, Selbstbestimmungsrecht (Anm. 6), S. 151 ff.; Mayer, Origins (Anm. 6), S. 293 ff.; Hildermeier, Geschichte (Anm. 5), S. 137 ff. (zur Tschechoslowakischen Legion); George F. Kennan, Sowjetische Außenpolitik unter Lenin und Stalin (amerik. Orig.: Boston 1961), Stuttgart 1961, S. 91 ff. (zur Stärke der Tschechoslowakischen Legion: 100, 136); ders., Amerika und die Sowjetmacht, 2 Bde., Bd. 1: Der

Sieg der Revolution (amerik. Orig.: Princeton 1956), Stuttgart 1960, Bd. 2: Die Entscheidung zur Intervention (engl. Orig.: London 1958), Stuttgart 1960; Georg von Rauch, Sowjetrußland von der Oktoberrevolution bis zum Sturz Chruschtschows 1917–1964, in: Schieder (Hg.), Weltmächte (Anm. 4), S. 481–521 (487 ff.); Fischer, Griff (Anm. 2), S. 831 ff. (zur Rede Hertlings vom 24. 1. 1918: 833 f.); Kielmansegg, Deutschland (Anm. 1), S. 543 ff. (Kühlmann: 611); Klaus Schwabe, Deutsche Revolution und Wilson-Frieden, Göttingen 1971, S. 88 ff.; Lill, Geschichte (Anm. 1), S. 275 ff.; Zeman, Zusammenbruch (Anm. 6), S. 77 ff. Zum «Westfälischen System»: Winkler, Geschichte (Anm. 1), S. 125 f., zu Payne: 274, zu Kant: 341 f.

10 Keegan, Weltkrieg (Anm. 1), S. 517 ff.; Winkler, Weg (Anm. 3), Bd. 1, S. 359 ff. (Zitate Ludendorff: 361, 363; Ebert: 362; Verfassungsreform: 366; Claß: 365; OHL und Troeltsch: 366; Seekriegsleitung: 367, Verhandlungen MSPD-USPD, 9. 11. 1918: 372 f.; Wolff, 10. 11. 1918: 374 f., Doehring: 376); ders., Von der Revolution zur Stabilisierung. Arbeiter und Arbeiterbewegung in der Weimarer Republik 1918 bis 1924, Bonn 1984², S. 45 ff.; ders., Weimar 1918–1933. Die Geschichte der ersten deutschen Demokratie, München 2005⁴, S. 33 ff.; ders., Vom Kaiserreich zur Republik. Der historische Ort der Revolution von 1918/19, in: ders., Streitfragen (Anm. 5), S. 52–70; Erich Matthias, Zwischen Räten und Geheimräten. Die deutsche Revolutionsregierung 1918/19, Düsseldorf 1970, S. 20 ff. Die Zitate von Max Weber in ders., Wirtschaft und Gesellschaft. Studienausgabe, Hg. v. Johannes Winckelmann, 1. Halbbd., Köln 1964, S. 27, 197 (Hervorhebungen im Original). Das Zitat von Kleist stammt aus dem 1809 verfaßten Gedicht «Germania an ihre Kinder», wo es, auf Napoleon bezogen, heißt: «Schlagt ihn tot! Das Weltgericht/ fragt euch nach den Gründen nicht!», in: Heinrich von Kleist, Sämtliche Werke und Briefe, Bd. 1, München 1994², S. 27.

11 Zeman, Zusammenbruch (Anm. 6), S. 77 ff. (Erklärung des Nationalausschusses, 19. 11. 1916: 126, Offener Brief des Tschechoslowakischen Verbandes an Czernin, 21. 1. 1917: 128, Manifest der tschechischen Schriftsteller: 133, Erklärung der tschechischen Reichsratsabgeordneten: 135 f., Erklärung der ruthenischen Abgeordneten: 138, Zitat zu Cattaro: 151, Lammasch, 30. 10. 1918: 237, slowakischer Nationalausschuß, 30. 10. 1918: 238, Erklärung der Sozialdemokraten, 3. 10. 1918: 239 f.); Jean Bérenger, Die Geschichte des Habsburgerreiches 1273 bis 1918 (frz. Orig.: Paris 1990), Wien 1995, S. 772 ff. (wirtschaftliche Daten: 786 ff.); Adam Wandruszka, Österreich-Ungarn vom ungarischen Ausgleich bis zum Ende der Monarchie (1867–1918), in: Schieder (Hg.), Nationalstaaten (Anm. 2), S. 354–400 (395 ff., Zitat: 399); ders., Österreich von der Begründung der ersten Republik bis zur sozialistischen Alleinregierung 1918–1970, in: Schieder (Hg.), Weltmächte (Anm. 4), S. 823–882 (828 ff., Zitate Kaiser Karl I. und Nationalversammlung, 11. 11. 1918: 829); Gotthold Rhode, Die Tschechoslowakei von der Unabhängigkeitserklärung bis

zum «Prager Frühling» 1918–1968, ebd., S. 920–977 (Zitate Wilson, 28. 6. 1918: 926); ders., Ungarn seit 1918: Vom Ende des 1. Weltkriegs bis zur Ära Kadar, ebd., S. 883–991 (887 ff.); László Kontler, Millennium in Central Europe. A History of Hungary, Budapest 1999, S. 319 ff.; Arno J. Mayer, Politics and Diplomacy of Peacemaking. Containment and Counterrevolution in Versailles 1918–1919, New York 1967, S. 521 ff.; Braunthal, Geschichte (Anm. 4), Bd. 2, S. 75 ff. Zum «Kongreß der unterdrückten Völker»: Schulthess 1918/II (Anm. 9), S. 306 f.; das Manifest Kaiser Karls vom 17. 10. 1918: ebd., S. 70 f.

12 Gotthold Rhode, Polen von der Wiederherstellung der Unabhängigkeit bis zur Ära der Volksrepublik 1918–1970, in: Schieder (Hg.), Weltmächte (Anm. 4), S. 978–1061 (984 ff., demographische Daten: 984); Hans Roos, Geschichte der polnischen Nation 1916–1960, Stuttgart 1961, S. 9 ff. (Zitate Roos: 15, 20, 36; Protest des Regentschaftsrats vom 14. 2. 1918: 39; Denkschrift Dmowskis, 8. 10. 1918: 45); Włodzimierz Borodziej, Geschichte Polens im 20. Jahrhundert, München 2010, S. 53 ff.; Norman Davies, Im Herzen Europas. Geschichte Polens (engl. Orig.: Oxford 1984), München 1999, S. 100 ff.; Jörg K. Hoensch, Geschichte Polens, München 1998[3], S. 236 ff.; Piotr S. Wandycz, The Lands of Partitioned Poland, 1795–1918, Seattle 1996, S. 275 ff.; Titus Kormarnicki, Rebirth of the Polish Republic. A Study in the Diplomatic History of Europe, 1914–1920, Melbourne 1957, S. 30 ff.; Werner Conze, Polnische Nation und die deutsche Politik im Ersten Weltkrieg, Köln 1956, S. 46 ff.; Jan Karski, The Great Powers and Poland 1919–1945. From Versailles to Yalta, Lanham 1985, S. 3 ff.; Andrzej Garlicki, Józef Piłsudski, 1867–1935. Ed. and translated by John Coutouvidis, Aldershot 1995, S. 68 ff. Zum «jagiellonischen» Polen: Winkler, Geschichte (Anm. 1), S. 88 f., zu Kościuszko 174, zu Mickiewicz 520.

13 Wolfram Fischer, Wirtschaft, Gesellschaft und Staat in Europa 1914–1980, in: ders. (Hg.), Europäische Wirtschafts- und Sozialgeschichte vom Ersten Weltkrieg bis zur Gegenwart (Handbuch der europäischen Wirtschafts- und Sozialgeschichte, hg. v. Wolfram Fischer u. a., Bd. 6), Stuttgart 1987, S. 1–221 (Zahl der zivilen Kriegstoten: 17, Zitat Fischer: 173 f.); Gerd Hardach, Der Erste Weltkrieg (Geschichte der Weltwirtschaft im 20. Jahrhundert, Bd. 2), München 1973, S. 9 ff.; Rudolf Hilferding, Arbeitsgemeinschaft der Klassen?, in: Der Kampf 8 (1915), S. 321–329 (322); Heinrich August Winkler, Einleitende Bemerkungen zu Hilferdings Theorie des Organisierten Kapitalismus, in: ders. (Hg.), Organisierter Kapitalismus. Voraussetzungen und Anfänge, Göttingen 1978, S. 9–18; Feldman, Disorder (Anm. 7), S. 25 ff.; Bérenger, Geschichte (Anm. 11), S. 786 ff.; Lill, Geschichte (Anm. 1), S. 275 ff. (Zitat Benedikt XV: 280); Procacci, Geschichte (Anm. 1), S. 344 ff.; Bloch, Republik (Anm. 2), S. 227 ff.; Droz, Kräfte (Anm. 7), S. 159 f. (zur Haltung französischer Katholiken gegenüber Papst Benedikt XV.); Erler u. a., Umbrüche (Anm. 2), S. 519 ff.; Flo-

rian Altenhöner, Kommunikation und Kontrolle. Gerüchte und städtische Öffentlichkeiten in Berlin und London 1914/1918, München 2008; Kramer, Dynamic (Anm. 1); Susanne Michl u. Jan Plamper, Soldatische Angst im Ersten Weltkrieg. Die Karriere eines Gefühls in der Kriegspsychiatrie Deutschlands, Frankreichs und Rußlands, in: Geschichte und Gesellschaft 35 (2009), S. 209–248; George F. Kennan, Bismarcks europäisches System in der Auflösung. Die französisch-russische Annäherung 1875 bis 1890 (amerik. Orig.: The Decline of Bismarck's European Order. Franco-Russian Relations, 1875–1890, Princeton 1979 [Zitat: S. 3; Hervorhebung im Original]), Frankfurt 1981 (Zitat: S. 12); Aribert Reimann, Der Erste Weltkrieg – Urkatastrophe oder Katalysator?, in: Aus Politik und Zeitgeschichte. Beilage zur Wochenzeitung «Das Parlament», Nr. 29/30, 12. 7. 2004, S. 30–38; Michael Geyer, Urkatastrophe, Europäischer Bürgerkrieg, Menschenschlachthaus – Wie Historiker dem Epochenbruch des Ersten Weltkrieges Sinn geben, in: Der Weltkrieg 1914–1918. Ereignis und Erinnerung. Im Auftrag des Deutschen Historischen Museums hg. von Rainer Rother, Berlin 2004, S. 24–33; Ernst Schulin, Die Urkatastrophe des zwanzigsten Jahrhunderts, in: Michalka (Hg.), Erster Weltkrieg (Anm. 2), S. 3–27; Bruno Thoß/Hans-Erich Volkmann (Hg.), Erster Weltkrieg – Zweiter Weltkrieg. Ein Vergleich, Paderborn 2002; Jost Dülffer/Gerd Krumeich (Hg.), Der verlorene Frieden. Politik und Kriegskultur nach 1918, Essen 2002; Enzo Traverso, Im Bann der Gewalt. Der europäische Bürgerkrieg 1914–1945 (frz. Orig.: Paris 2007), München 2009 (zu Franz Marc: 33); James J. Sheehan, Kontinent der Gewalt. Europas langer Weg zum Frieden (amerik. Orig.: Boston 2008), München 2008, S. 39 ff.; Harold James, Geschichte Europas im 20. Jahrhundert. Fall und Aufstieg 1914–2001 (engl. Orig.: Harlow 2003), München 2004, S. 39 ff.; Mark Mazower, Der dunkle Kontinent. Europa im 20. Jahrhundert (engl. Orig.: London 1998), Frankfurt 2002; Peter Wende, Das Britische Empire. Geschichte eines Weltreiches, München 2008, S. 243 ff. (Zahlen zu den Soldaten des Empire: 244). Die Zahlen der Kriegstoten, Verwundeten, Kriegsgefangenen und Vermißten nach: Der Brockhaus in drei Bänden, Leipzig 1995², Bd. 3, S. 614. Zu den Opfern der «Spanischen Grippe» 1918–20: Niall P. A. S. Johnson u. Juergen Mueller, Updating the Accounts. Global Mortality of the 1918–20. «Spanish» Influenza Pandemic, in: Bulletin of the History of Medicine 76 (2002), No. 1, S. 105–115; Eckard Michels, Die «spanische Grippe» 1918/19. Verlauf, Folgen und Deutungen in Deutschland im Kontext des Ersten Weltkriegs, in: Vierteljahrshefte für Zeitgeschichte 58 (2010), S. 1–34; Manfred Vasold, Die Spanische Grippe. Die Seuche und der Erste Weltkrieg, Darmstadt 2009. Der Essay von Franz Marc «Das geheime Europa» in: ders., Schriften. Hg. v. Klaus Lankeit, Köln 1978, S. 163–167 (Zitat: 165; Hervorhebung im Original). Zu Hilferdings «Finanzkapital» siehe auch Winkler, Geschichte (Anm. 1), S. 1007. Zu den Balkankriegen von 1912/13 ebd., S. 1139 ff., zu Kennan 1187.

第二章

从停战到世界经济危机：1918~1933年

革命受阻：德国的魏玛共和国之路

第一次世界大战结束时，欧洲经历了三种不同形式的变革：第一种是民族革命导致多民族帝国的解体，例如俄国、哈布斯堡和奥斯曼，其中只有俄国是得以继续存在的唯一多民族国家，但是采用了苏维埃社会主义共和国联盟这一完全不同的形式。第二种是社会主义革命，但只有布尔什维克坚持下来，得以长期存在。第三种是现有的国家政体的改变，从君主制国家过渡为共和国，但仍基本上保持了以前的社会秩序。

德国经历的是仅仅改变国家政体的第三种变革。一开始就很清楚，作为变革主力军的社民党不惜一切代价要避免内战。在布尔什维克的俄国，内战的残酷骇人听闻。以弗里德里希·艾伯特为首的社民党人，他们在领导革命运动的同时，并没有放弃肩负国家政党的重任。他们的领袖犹如跳上一辆没有司机却正在疾驶的列车，但成功地驾驭住了它。如果社民党人在这个时刻不这样做，那么他们就是置其政党的团结于不顾。他们这样做既是为了保护自身的利益，也是由于意识到对整体局面肩负的责任。

/ 134 革命不是社民党引爆的，但是没有社民党就不可能有民主革命。担心乱局和内战的理由很充分，另外如果爆发内战，协约国会干涉德国、觊觎德国，使之成为战胜国的战利品。只有德国最大的工人政党把运动引向有秩序的轨道，才可能避免这种危险。社民党领袖成功避免了他们所担心的事情，但是他们基本上没有实现他们曾努力要达到的目标。他们为维护秩序做出的牺牲是巨大的。1918 年 11 月 9 日后的几个月，甚至连大部分社民党成员都不能对他们自己在革命后诞生的共和国中的位置表示认同。

“修正主义之父”爱德华·伯恩施坦 1916 年加入独立社民党，但 1918 年 12 月又回到母系政党的怀抱。他在 1921 年出版的

《德国革命：起源、过程和成果》(*Die deutsche Rrvolution, ihr Ursprung, Verlanf und Loerk*)一书中，首次指出了社会复杂性和惧怕用武力变革现存制度之间的相互关系：社会层面越多、分工越细，它们就越难以接受激进的变革。1918年11月9日后，德国在政治上没有什么激进的改革，究其另一个原因，按照伯恩施坦的观点，是德国已经实现了高度的局部民主化：虽然德意志帝国在1918年10月前没有一个由议会负责的政府，但是半个世纪以来，所有男性都享有帝国议会的普选权。

因此，1918年时的任务只是扩大民主化：民主选举扩大到女性，扩展到各个邦国以及管区层面和地方层面，政府体制采用完全的议会制。社民党人是在帝国追求民主化最坚定的斗士，如果他们在1918年偏离这个方针，转向正统的马克思"阶级斗争"的说教，他们就会丧失其信誉。出于同样的原因，"一切权力归苏维埃"这样的口号，也被社民党人明确和坚决地否认。

独立社民党内的温和派，如人民委员代表胡戈·哈泽、威廉·迪特曼以及理论家鲁道夫·希法亭都不反对立宪会议，不同于社民党的只是他们希望晚一点举行选举，这样利用赢得的时间，给予民主以更坚实的社会基础和政治基础。1918年11月18日，希法亭在党的机关报《自由报》上写道："必须为民主打好牢固根基，不得被颠覆。不允许行政管理成为反革命活动的温床。但首先我们必须证明，我们不仅是民主党人，我们也是社会主义者。推行一系列重要的过渡措施是完全可行的。必须贯彻到底，以建立抵御资本主义反抗的牢固阵地。"

为议会制民主打好坚实的基础，这个方针的理由很充分，但并不必一定要推迟选举时间。德国工人士兵委员会第一次全体大会于1918年12月16日到21日在柏林召开，大多数与会者的观点也是如此。地方委员会派出的514名代表中，大约有300名社民党员、

100名独立社民党员赞同这个观点，其余的代表为左翼自由党或独立派。罗莎·卢森堡和卡尔·李卜克内西没有获得代表资格，让他们以顾问身份参加选举的申请，在会议开始时就被大多数人否决。12月19日就关键问题做出决定。代表们以344票赞成、98票反对，否决了在委员会体制上建立社会主义共和国宪法的提议。大约400票对50票，通过了在1919年1月19日进行立宪国民议会选举的提议。这个时间比11月29日人民代表委员会同意的2月16日还要早。

从另外两个表决中可明显地看出，会议多数人比临时革命政府的立场更左。多数代表要求人民代表委员会立即开始工业社会化的进程，从已经为此有所准备的工业分支入手，特别是采矿业。代表们一致通过了所谓的“汉堡条例”，把军事指挥权先交付给人民代表委员会，然后移交给有待选举出的工人士兵委员会——中央委员会。还提出取缔军队官衔，军官从士兵队伍选出。纪律的执行由士兵委员会监督。组建人民自卫队取代现有军队。

/ 136

“汉堡条例”是对人民代表委员会的一种错误反应。当然从迅速裁军的角度出发，必须和最高军事统帅合作，但是并没有必要把军队领导视为和革命政府有同等权利的伙伴。如果当时人民代表委员会接受了士兵委员会温和的改革要求，例如关闭军官饭厅、废除值班外的强制性敬礼，也许这个带有乌托邦色彩的“汉堡条例”可能就不会问世。因为大多数工人会拒绝迫不得已时向起义的阶级兄弟开枪，因此建立一支共和国人民自卫队并非易事，但是人民代表委员会根本没有萌发这个念头，去建立一支忠于共和国的军队，而这个想法却颇受共和国新领导层周围的一些年轻军官的大力支持。由人民代表委员会颁布的、1919年1月19日“汉堡条例”的执行令已经打上最高军事领导层的烙印，而在国民议会于1919年3月6日颁布的组建一支临时帝国国防军的法律中，甚至找不到委员会会议有关军队决议的任何痕迹。

关于社会化的问题，社民党人在战争经济向和平经济的艰难过渡期，并未操之过急，尽管他们原则上认为生产资料属于公共财产，但还是将财产所属的决定权交给立宪会议。当然，担心协约国可能会没收国有财产，作为战争索赔的抵押也有一定影响。摆脱这种窘境的出路，就是成立一个社会化委员会，由两派社民党的专家顾问和资产阶级专家组成。1918 年 11 月 18 日，人民代表委员会做出一个相应的决议。因而这个问题可以先搁置一段时间。卡尔·考茨基（Karl Kautsky）领导的委员会在 1919 年 2 月中提交了一份报告，多数人认为，煤矿业的国有化在经济上和政治上都很必要。此时已经选出了国民议会，但是国民议会中多数人并不赞成该委员会推荐的政策。

自由工会（属社民党）比社民党领袖更加小心翼翼。11 月 15 日他们和企业界代表缔结了《施廷内斯 - 列金协议》(Stinnes-Legien)，协议。该协议以谈判的两位主角命名，一个是领衔重工业家胡戈·施廷内斯（Hugo Stinnes），另一位是自由工会最高委员会主席卡尔·列金（Carl Legien）。协议内容是建立德国工业和手工业劳资协会中央工作组。其中最重要的条款包括，相互承认各自为社会工资制的谈判伙伴，实行 8 小时工作制，当然只有所有西方国家都效仿德国，这个制度才会有长久的生命力。要求所有 50 人以上的企业建立企业委员会。该中央工作组还提出了工会和企业主共同关注的一个问题：双方都不希望经济受制于国家指令，双方都认为，要阻止从社会底层自下而上“失控的”社会化行动。委员会会议中多数代表提出的变更私有财产关系的要求，就这样再次被搁置。

最后一个分歧，也是最重大的一个分歧，就是人民代表委员会和未来中央委员会职权范畴的分配问题，这个问题在委员会会议上被激烈讨论。社民党的提案是，人民代表委员会应该有立法权和执法权，中央委员会的任务是监督议会。胡戈·哈泽原则上表示同意：

所有法律都要提交给中央委员会，重要的法律应征求其意见。但独立社民党代表的要求不止于此：中央委员会应该享有全权，法律公
/ 138 布前要征求其同意或否认的意见。社民党则认为，这样会限制人民代表委员会的执行力，并提出最后通牒：如果通过独立社民党的提议，社民党的人民代表、国务秘书和普鲁士部长都将退位。大会同意了胡戈·哈泽提出的“议会监督”概念后，独立社民党的极左翼仍通过了抵制中央委员会选举的决定。因此，德国社会主义共和国27人组成的中央委员会中只选入了左翼社民党人。

这样一来，独立社民党的人民代表丧失了其工作平台。11月10日开始的“柏林圣诞节之战”的戏剧性高潮——因“人民海军军团”，一支革命水兵队伍的工资发放问题引发的持续两周的摩擦，以及城市宫殿被占领——成为两党合作破裂的正式声明。12月23日，起义的士兵们包围了政府，在皇家马厩抓捕了时任柏林城市指挥官的奥托·韦尔斯。之后争夺宫殿和皇家马厩的血腥战斗，以正规军的军事失利和政府的政治失败告终。社民党同僚将全部决策权交给他们请来支援的战争部长（这无异于视韦尔斯的生命如儿戏），独立社民党人民代表对此提出言之有理的反对意见。然而12月28日，中央委员会仍同意了艾伯特和其党内盟友的决定，因此独立社民党的三位代表：哈泽、迪特曼和巴特退出了人民代表委员会。

两天以后，德国共产党成立大会在柏林的普鲁士议院召开。这个新政党主要由两个派别组成：一个是斯巴达克同盟，就是迄今为止独立社民党的极左派，另外一个是由汉堡和不来梅极左自由派组成的德国国际共产党。代表们的态度非常激进。罗莎·卢森堡力图说服党代会，抵制立宪国民议会选举的提议既没有任何意义也很危
/ 139 险，但是她没有成功。最后以62票对23票通过了抵制选举的提议。这个决定的反议会倾向不言而喻。马克思主义历史学家阿尔图尔·罗森伯格（Arthur Rosenberg）曾积极参与党的工作，7年后，也就

是 1927 年，他退出共产党。在 1935 年出版的《德国共和国历史》一书中，他正确地指出：这个决议就是“间接地呼吁起来造反的冒险行动”。

意在造反就会有所行动，找到借口只是时间问题。1919 年 1 月 4 日，共产党成立大会结束 3 天后，社民党的普鲁士自由邦总理保罗·希尔施（Paul Hirsch）解除了柏林警察总署署长、社民党左翼的埃米尔·艾希霍恩（Emil Eichhorn）的职位。原因是在“柏林圣诞节之战”期间，艾希霍恩管辖的保安队站在起义的人民水兵军团一边，因此开除相关负责人势在必行。没有任何一个政府可以将首都警察交给一个参与推翻政府的人手中。极端左翼则不这么认为。在他们看来，解除艾希霍恩的职位是一场有意的挑衅。就在 1 月 4 日晚间，柏林独立社民党委员会和金属工业的革命领袖决定，在第二天举行反对解职艾希霍恩的示威。共产党中央委员会也签署了相应的呼吁书。

参加示威的人数和示威者的斗争精神远远超过了其组织者的想象。就在 1 月 5 日这一天，局势一发不可收拾。柏林独立社民党、德国共产党和革命领导人还在警察总部商讨下一步计划时，武装起来的工人已经占领了社民党《前进报》的印刷厂和左翼自由党《柏林日报》的印刷厂，占领了莫斯（Mosse）出版社、乌尔斯坦（Ullstein）出版社和舍尔（Scherl）出版社，占领了博康斯坦（Büxenstein）印刷厂和沃尔夫电报局。据说柏林的所有军团，甚至外来军队如奥得河畔法兰克福军团已经准备动武，在这些谣言的影响下，卡尔·李卜克内西发出“推翻艾伯特和谢德曼政府”的致命呼吁。尽管有零星的反对，集会的大多数人决定坚守已占领的报刊企业，呼吁柏林工人举行全面罢工，发起推翻政府的斗争。

柏林一月起义，至今还常常被称为“斯巴达克起义”，这个说法是否正确值得商榷。这次起义从开始时没有领导，但并不是没有目标。“推翻艾伯特和谢德曼政府”的口号，意在阻止立宪国民议会的选举和无产阶级专政的建立。德国的追随者和赞同者也想在制宪会议选举之前，达到俄国布尔什维克在1918年1月通过推翻自由选举的立宪会议所达到的目标。人民代表委员会被迫接受柏林无产阶级少数激进派的挑战，迎战这场反民主的起义。

这个任务被交给古斯塔夫·诺斯克（Gustav Noske）。他刚刚于12月29日，也就是独立社民党撤出议会后第二天才进入人民代表委员会。这位木匠出身的工人，后来出任社民党帝国议会党团海军负责人，在对抗政变初期，他只能依靠几个在柏林的替补营、一部分共和国士兵卫队和夏洛特堡保安队，以及刚刚成立的社民党志愿服务团。1月7日政府发出“志愿者站出来”的号召，右翼倾向的“自由军团”成立，自1月8日起，最高军事领导麾下的志愿军团等也纷纷听从诺斯克调度。

这一事件是否会演变为武力斗争，最初还不明了。1月6日政府受独立社民党委员会的敦促，开始和起义者进行谈判。社民党要求，马上撤出被占领的报刊大楼，同时卡尔·考茨基向独立社民党温和派提出一个妥协建议：在谈判无法达成全面的新闻自由之后，再将谈判视为失败。但让占领者踏出这一步的可能性不大，而他们提出恢复艾希霍恩原职的要求也无法被满足。这样的建议还没来得及付诸实践，社民党和中央委员会在1月7日就表示反对。因此用武力解决争端已成定局。

/ 141 结果不言而喻。1月11日占领《前进报》的人员投降，同一天，政府军也拿下其他被占领的报刊大楼。同一天，根据诺斯克的命令，最高军事统帅麾下的自由军团，在总司令吕特维兹（Lüttwitz）的指挥下开始挺进柏林。让这个军事联合体介入并没有迫不得已的军事理由，因为此时大部分起义都已经平息。但诺斯克和最高军事领导想树立一个警戒标杆，以防今后再出现发动政变的尝试。罗莎·

卢森堡和卡尔·李卜克内西就是自由军团枪口下的第一批牺牲者，他们两人是共产党中央委员会最著名的成员。1月15日他们双双被自由军团的军官枪杀。

柏林一月起义是极端少数派的政变企图。如果不加以镇压，内战就会蔓延到整个德国，也会引发协约国干涉。但并没有任何理由采用如此过分的强力镇压，它把德国工人运动中社民党温和派和激进派力量的分歧推向深渊。执政的社民党过于依赖自由军团，自由军团多数人准备打一场内战的心情，并不亚于共产党人。在这个联盟中起着领导作用的年轻军官和学生，他们的目的不是拯救共和国，驱使他们的动力是对左派的一切憎恨。在他们看来，内战是他们之前和外部敌人战争的合理延续。他们将德国战败的主要责任也归于极左派。

对一月起义的镇压为制宪国民议会的选举扫清了道路。除两派社民党外，还有几个资产阶级政党也参选。天主教德国中央党寄希望于人们不满独立社民党政治家、普鲁士文化部部长阿道夫·霍夫曼（Adolph Hoffmann）推行的极端反教会的教育政策。此前的巴伐利亚中央党现在以巴伐利亚人民党（BVP）的名义参加竞选。参选的政党还有德意志民主党（DDP），其前身是左翼自由进步人民党。前身是比较右倾的民族自由党的德意志人民党（DVP），其领袖是古斯塔夫·施特雷泽曼（Gustav Stresemann）。他在战争期间曾提出德国全面兼并他国的计划。帝国时代的几个保守党，即德国保守党和自由保守党以及反犹政党组成一个新的政党——德意志民族人民党（DNVP）。它比德意志人民党更加坚定地表明复辟君主制的态度。在年轻的保守派中，特别是那些普鲁士贵族，有很多人责备霍亨索伦王朝的末代继承者，谴责他没有为帝国和王国奋战，而是选择在1918年11月10日出走，流亡荷兰。 / 142

1919年1月19日的选举，所有年满25岁以上的女性首次可以参加投票。83% 有选举权的选民参加了投票（1912 年为 84.9%）。比例选举法的实施令社民党获益最大。它获得 37.9% 的选票，比 7 年前未分裂的社民党高出 3.1%。独立社民党得到 7.6% 的选票。资产阶级政党中最成功的是德意志民主党，得票率 18.5%，比 1912 年自由进步党高出 6.2%。两个天主教政党，即中央党和巴伐利亚人民党共得到 19.7% 的选票（1912 年未分裂的中央党得票率为 16.4%）。还没有组织好的德意志人民党不得不满足于 4.4% 的得票率（上次选举时，民族自由党的得票率是 13.6%）。1912 年得到 15.1% 选票的德意志民族人民党以 10.3% 的得票率落后于保守党和反犹党。保皇的势力比较薄弱，这也与 1914 年前，特别是战争期间威廉二世本人威望的下降有关。得益于女性选票的是德意志民主党和那些有宗教倾向的政党，而正是这些政党迄今一直执拗地反对争取女性选举权的要求：东易北河的基督教女性倾向于德意志民族党，天主教徒女性则更青睐中央党和巴伐利亚人民党。

/ 143 在魏玛奠定德意志共和国基础的决定，是 1919 年 2 月到 8 月期间做出的。图林根（Thüringen）的缪斯殿堂好像比动荡不安的柏林更安全，魏玛是德国古典文化的象征，作为国民议会的举办地也许会在国外引起积极的反响，至少当时的决策者有这样的期盼。1919 年 2 月 6 日，艾伯特以人民代表委员会主席的身份在国民议会上做了一个追责报告，在报告中称其同事和他本人是“不折不扣的旧制度破产管理员”。这个提法既诚恳又贴切。如果执政的社民党认为自己是德国民主之父，他们就更应该少做些维护，多做些改革。他们的行动空间有限，但并没有他们理解的那么狭隘。他们对军队和高级官僚，完全可以展示出更多的自信。在公共管理机构，他们可以开除那些对新生国家满怀敌意的公开敌人，不要让他们继续担任要职。这种现象在老普鲁士地区和邦议会层面仍很普遍。

11 月时，普鲁士是否还应被保留为一个邦国尚无定论。在天主教的莱茵河流域，力争从当年的霍亨索伦国家（也有希望从帝国脱离出去的努力）分裂出去的势力很强大。人民代表委员会委托帝国内政部新上任的国务秘书、柏林左翼自由派的宪法专家胡戈·普罗伊斯（Hugo Preuß）起草帝国新宪法。为了避免让“一个邦国占有过多分量”，避免普鲁士和帝国之间的“新双元化”，他想把普鲁士分解为诸多小国。对这个建议反对得最激烈的是时任普鲁士自由邦总理的保罗·希尔施，以及以他为首的、在普鲁士执政的社民党。他们的论据很有力：只有一个统一的普鲁士才能将东部和西部结合在一起，才能有效应对尝试在莱茵兰推动分裂的法国和东普鲁士面临的来自波兰的压力。在维护帝国统一的同时要避免基督教和天主教宗教矛盾的进一步政治化。“支持普鲁士”派占了上风，这不仅令普鲁士的社民党满意，其最有力的对手，即普鲁士保守派及其最有力的支持者大地主阶层同样对这样的结果也感到欣慰。 / 144

把乡村大地主的财产分配给穷苦农民和长工，在1918年11月之后还没有提上严肃讨论的议程，因为鉴于协约国对德国的持续封锁，食品供应已经难以为继，帝国和普鲁士的革命政府不想让食品供应受到威胁。人民代表委员会甚至允许东易北河地主共同组建大地主和中小农户联合委员会。这说明乡村原有的财产所有权统一得到保护。另外，新政权政治上的裹步不前令原有的某些精英也得到不少好处：司法、大学和高中几乎没有受到革命的冲击。那里有很多共和国的敌对者，在1918年时就不再是什么秘密。但是大规模的政治“清洗”会将所有资产阶级推向新生国家的对立面，这也是社民党不能做的。

因此皇权时代的帝国精英就有可能将某些不利于共和国的、原有权力的社会基础带入新时代。对于艾伯特和其政治盟友来说，避免内战是原则性的宗旨。正是出于责任感和这一认知，他才准备和温和的资产阶级势力合作。否则，德国民主就无法实现。这是一个受专制国家影响的民主，也就是有不良因素的民主，独立社民党温和派的哈泽和希法亭比社民党的实践家如艾伯特和谢德曼看得更清楚。

2月10日，国民议会颁布了由胡戈·普罗伊斯起草的临时帝国法，也就是临时宪法。第二天，议员们选举艾伯特为临时帝国总统。2月11日他委托谢德曼组阁。2月13日由社民党担任帝国首相的内阁开始工作：内阁成员有社民党、中央党和德国民主党以及任外交部部长的无党派人士乌尔里希·冯·布罗克多夫－兰察伯爵（Ulrich Graf von Brockdorff Rantzau）。

政府面临的最大内政挑战是1919年最初几个月席卷德国的罢工运动。罢工运动始于1918年12月的鲁尔区，1919年2月蔓延到中部德国。罢工的目的是要求矿业国有化，而就国有化方式双方的设想则差异较大。直到谢德曼政府答应用立法形式确立企业委员会制度，对煤矿和钾矿实行国有化，德国中部的罢工才在3月8日结束。在鲁尔区，罢工演变为全面停工，政府不得不派出军队。3月初，双方在柏林展开了最激烈的战斗。新上任的国防部长诺斯克在3月9日颁布了一道并没有法律依据的射击令，对凡是手持武器与政府军作战的人，一律开枪射击。大约1000人在柏林三月战斗中身亡。

1919年春季，大型罢工运动是德国革命第二阶段的组成部分。这个阶段持续到5月初结束，无产阶级激进分子力图以此强行启动第一阶段没有完成的社会改革。结果却远远未能满足极左派的期望。1919年3月和4月，与“社会化”相关的多条法律条款并没有改变煤矿业和钾矿业的财产所有权关系。1919年春季斗争取到的最重要成果，也是1918~1919年德国委员会运动保留下来的唯一业绩，就是经过右翼和极左翼的舌枪唇剑后，于1920年2月颁布的企业委员会法。20人以上的企业必须设立企业委员会，他们有权参与任聘和解雇员工的决策，也在很大范围内有权向雇主索取企业运营的信息。这条法律成为参与企业内部决策的基本宪章，为德国跻身于经济民主前列国家贡献颇大。

在慕尼黑建立两个苏维埃共和国，也发生在德国革命的第二阶段。第一共和国始于1919年2月21日，以刺杀巴伐利亚总理库尔特·艾斯纳（Kurt Eisner）为标志。他在前往邦议会的路上遇刺，因他领导的独立社民党1月12日在邦议会选举中惨败，他准备去宣布放弃政府首脑职务的决定。刺客是一位法律专业的学生——正在度假的少尉安东·冯·阿科－维勒（Anton von Arco-Valley）。刺杀导致政治上的极端化，并影响了部分社民党成员。共产党人库恩·贝拉（Béla Kun）领导成立了匈牙利苏维埃共和国，在这个消息的激励下，4月3日奥古斯堡委员会表示支持成立巴伐利亚苏维埃共和国。4月6日到7日夜间，在艾斯纳遇刺后组成的、由左翼社民党人恩斯特·尼基施（Ernst Niekisch）领导的巴伐利亚中央委员会响应了这个号召。艾斯纳的继承人、社民党人约翰内斯·霍夫曼（Johannes Hoffmann）领导的政府被推翻。

这个施瓦本文人指挥的慕尼黑苏维埃第一共和国，却在几天之内成为大家的笑料。断绝与帝国的"外交关系"，给列宁发出上巴伐利亚无产者联合起来的通知，为战胜资本主义宣布采用"特许货币"等，是这个短命政权最危言耸听的几个举措，共产党人称其为"假苏维埃共和国"。躲到班贝格（Bamberg）的霍夫曼政府在4月13日复活节这一天动用共和国士兵卫队攻击政变分子，共产党人站在巴伐利亚共和国中央委员会组建的红军一边，给共和国士兵卫队以沉重打击。4月13日晚，在没有得到柏林中央委员会指令的情况下，出身于俄国的巴伐利亚共产党领袖欧根·莱文（Eugen Leviné）登上了慕尼黑苏维埃第二共和国的领导职位。

在巴伐利亚这个以农业为主、天主教盛行且极为保守的地方，尝试建立一个革命小群体的专政，从一开始就注定要失败。5月第一周共产党人夺权之后是符腾堡自由军团的白色恐怖，他们受诺斯克指令，赶来帮助合法的巴伐利亚政府。最终，第二苏维埃共和国在 5 月 3 日沦陷，约 606 人阵亡。其中 38 人是政府军成员，335 人为平民。莱文被控犯下叛国罪，1919 年 6 月 5 日被执行死刑。

库尔特·艾斯纳是普鲁士犹太人，欧根·莱文和他的党内盟友马克斯·莱维恩（Max Levien）都是东欧犹太人，苏维埃第一共和国和第二共和国的许多知识分子领袖，如作家恩斯特·托勒尔（Ernst Toller）、埃里希·米萨姆（Erich Mühsam）以及被自由军团士兵杀害的古斯塔夫·兰道尔（Gustav Landauer）都出生于犹太家庭，这些又强有力地推动了不仅局限在慕尼黑和巴伐利亚的凶猛的反犹运动。阿道夫·希特勒是最巧妙的、最肆无忌惮的反犹宣传者，他的政治生涯始于 1919 年夏季，最初他只是巴伐利亚帝国军队中的一名忠诚的士兵。革命后的种种关系、重创慕尼黑的苏维埃共和国和其中的惨痛经验，这一切都最好地迎合了他的要求：在其他任何一个地方，他的口号都得不到如此有效的回应。

希特勒生于奥地利因河畔布劳瑙（Braunau am Inn），是一个落魄官员的儿子，高中没有毕业，也没有受过专门的职业训练，他时而画画明信片，时而打打临工。1913 年 5 月他 24 岁时，因躲避双元帝国的兵役，从维也纳迁居慕尼黑。1914 年 8 月他自愿参加巴伐利亚军队，从西部前线的信使做起，后来升为下士，并获得铁十字勋章。1919 年 9 月，希特勒参加极右组织德国工人党（不久之后的 1920 年 2 月，被他改组为民族社会主义德国工人党，又称纳粹党），那时他的反犹世界观已经形成：“一切促使人们不断向上的是宗教、社会主义和民主。而这一切对他们（犹太人）来说，都是达到目的、满足金钱和统治欲望的手段。这将使得人民染上‘肺结核’，而事实也是如此：从纯感性理由出发的反犹运动，最终表现的方式是大屠杀。而理性的反犹运动应该发展为有计划地、合法地反对和消灭犹太人特权的运动。这些特权是指他们拥有的而其他生活在我们中间的外来人（法律规定的外国人）不具有的特权。但最终目标应该是永久地赶走犹太人。能够达成这个目标的绝对不是一个没有民族力量的政府，而是一个有民族力量的政府。”

在柏林三月起义和慕尼黑苏维埃第一共和国宣布成立期间，谢德曼内阁召开了一次会议，涉及的问题是，德国如何在即将开始的和谈中对战争罪责问题表态。人民代表委员会11月委托独立社民党党员、时任外交部助理的卡尔·考茨基和时任帝国内政部助理的社民党人马克斯·夸克（Max Quarck），整理出一部有关德国的档案集。3月底，考茨基基本完稿。参加内阁会议的帝国总统艾伯特建议“尖锐地谴责旧政府的罪责”，并发表一个新备忘录表明新政府的立场。大多数部长同意艾伯特的建议，而帝国财政部部长、德意志民主党（1918年前为民族自由党）的欧根·希弗（Eugen Schiffer）则提出警告，认罪会使德国人民失掉最后一点自尊，会让敌人兴高采烈。帝国首相谢德曼则认为自己没有必要也卷入这场争执。

1919年4月18日，内阁再次开会讨论战争罪责问题。考茨基的档案集已经成稿。从文件中可以得出不容置疑的结论，帝国首领在1914年7月的危急时刻，极力敦促奥匈帝国和塞尔维亚开战，也就意味着帝国承担触发第一次世界大战的主要责任。没有具体管辖权限的帝国部长、社民党人爱德华·大卫（Eduard David）建议公开发表这份档案集。而中央党的司法部部长约翰内斯·贝尔（Johannes Bell）则持反对意见。谢德曼再次放弃参与争论。尽管大卫强烈反对，总理最终还是建议暂时不予发表。

这个档案集的出版体现出艾伯特提出的与旧政权道德上决裂的决心。我们可以猜想这样一种勇敢的行动在政治上会起到什么作用。承认德国的主要责任，甚至是导致战争的主要责任，也许会引起民族右翼的愤怒抗议，协约国强加给德国的关于这场战争的断言使得德国更难以承认罪责。对战胜国来说，德国做出一种坦诚的自我批 / 149

评，也许会加强左派的谈判意愿，但对在巴黎参加和谈的政府代表几乎没有什么影响。

之所以没有与帝国在道德上决裂，还因为大多数社民党人担心受到叛国罪指控，引发就“对内求和”政策的批评与争论。沉默带来的后果非常严重。谢德曼政府没有公布 1914 年 7 月德国政策的真相。1919 年 5 月初巴黎和谈条件讨论结束时，德国公众丝毫没有心理准备，等待着他们的将是什么。

战争结束后的最初几个月，奥地利的局势同样是动荡不安。1918 年 10 月 30 日，社民党、基督教社会党和大德意志德国民族党组成了新政府，社民党人卡尔·伦纳任总理。此届政府的首批公务之一，就是向各邦议会征求加入德意志奥地利共和国的态度。11 月 11 日，社民党创始人之一，长期担任党主席的外交部部长（或近年来官方称为国务卿）维克多·阿德勒突然去世，左派奥托·鲍尔（Otto Bauer）11 月 21 日接任。鲍尔是奥地利马克思主义的主要理论家，斯拉夫民族自治权坚定的捍卫者，坚决赞成德意志奥地利并入德国，11 月 12 日临时国民议会也一致通过了这一决议。

与德国不同，奥地利已在推翻君主制和选举制宪国民议会之间的革命过渡阶段彻底改革了军事体制。早在 11 月 8 日，在战争部工作的社民党人、当年的炮兵军官朱利叶斯·多伊奇（Julius Deutsch）就提交了有关方案，他在 11 月 15 日担任国防部部长一职后，开始落实这一方案。该临时政府于 11 月 18 日颁布的《国防法》规定 18 岁到 41 岁的男性要履行义务兵役。哈布斯堡军队中一些赞成社民党的军官也加入了新组建的人民国防军。1918 年到 1919 年，南克恩顿（Kärnten）德语居民区发生武力冲突，南斯拉夫联盟攻入这个地区，此时国防军起到了积极的和关键的作用。国防军还多次挫败了共产党政变的企图。 / 150

左翼激进知识分子和从俄国返回家乡的士兵，得到布尔什维克政治上和财政上的大力支持。他们在 1918 年 11 月 3 日成立了德奥共产党。但是它们在当时及之后，都未能赢得无产阶级的群众基础。社民党依旧是奥地利工人的政党。这是由于帝国议会从 1914 年到 1917 年被迫休会 3 年：与德国社民党不同，奥地利社民党根本没有机会对是否批准战争贷款的问题进行争论。与德国不同，奥地利委员会运动的组织在 1919 年 2 月制宪会议后依然保存下来：中央工人委员会成为奥地利工人阶级总代表。其领袖是弗里德里希·阿德勒的儿子维克多·阿德勒，我们前面曾提到，他在 1916 年 10 月为了表示反战，刺杀了当时的首相施图格侯爵，并在 1918 年 11 月 1 日被释放。与“有社会主义爱国情怀”的卡尔·伦纳和德国社民党不同，维克多·阿德勒和奥托·鲍尔一道，带领奥地利社民党选择了坚定的左倾方向。

未来哪些领土归属德意志－奥地利共和国，在共和国宣布成立时，这个问题还没有澄清。11 月初在波希米亚和摩拉维亚的德国人试图采取各种手段以推进与德意志－奥地利共和国的合并。例如，直接和奥地利接壤的地区希望以波希米亚森林大区（Böhmerwaldgau）和德意志南摩拉维亚的名义加入奥地利，在赖兴贝格（Reichenberg）和特洛鲍（Troppau），为德语区的波希米亚和苏台德成立地方政府。1918 年 11 月 22 日颁布的一项奥地利法律，确认奥地利有权得到当年在帝国议会派驻代表的王国和地区的全部德语居民区。大约一周前，即 11 月 14 日，托马斯·马萨里克被布拉格临时国民议会选为捷克斯洛伐克共和国总统，尽管他本人不在现场（马萨里克 21 日才结束流亡，赶了回来）。总理职务由“捷克少壮派”领袖卡雷尔·克莱玛担任。12 月，该政府令其军队占领苏台德德语地区。而维也纳当局如何在布拉格新政府以及协约国反对下合并波希米亚和摩拉维亚德语地区，此时还不明朗。

同样，德意志－奥地利共和国和德国的合并也遇到类似问题。在德国，要求实现大德意志计划的呼声颇受欢迎，特别是社民党人，他们认为自己是 1848~1849 年革命的真正继承人和遗嘱执行人。奥地利特使路德·哈特曼（Ludo Hartmann）11 月 25 日在柏林召开的德国各邦国帝国联席会议上，根据国民议会一致通过的决议，表达了维也纳当局希望并入德国的愿望，但受到仍留任外交部国务秘书的威廉·佐尔夫（Wilhelm Solf）的坚决反对，他的理由是不宜在举行和谈之前谈及此事。以艾伯特为首的参会人民代表委员也同意这一观点。尽管1919年2月6日，在给德国国民议会的一份致辞中，艾伯特表示赞同德意志奥地利和德国合并，并获得与会代表的热烈掌声，他还提出，希望国民议会尽快授权未来的政府，开始有关合并德意志奥地利的最终谈判。尽管1918年12日索福退位，但其保留意见依然占上风：大德意志合并事业不得损害与战胜国的和谈。

2月16日，制宪国民议会选举开始。社民党获得77个席位，基督教社会党获得61个席位，德意志民族党获得26个席位。未能参加选举的苏台德德意志人于3月4日，也就是制宪会议召开的这一天，在所有城市举行示威活动。捷克斯洛伐克警察得到克莱玛政府的指令，严厉镇压示威活动。警察在很多地区动用了武器，卡丹（Kaaden）地区的伤亡尤为严重，共有52人丧生。

3月14日，制宪国民议会针对人民代表和国家政府制定了两项法律作为临时宪法，并重申德意志奥地利是德国的一部分。第二天总理伦纳宣布其新内阁成员，该届政府由社民党、天主教社会党和无党派人士组成，后者包括权威经济学家约瑟夫·熊彼特（Joseph Schumpeter），他将主管财政部。新一届政府的当务之急是消除工人委员会中的极端化倾向，因为他们中支持苏维埃运动的大有人在。特别是库恩·贝拉，3月21日他在布达佩斯，巴伐利亚共和国中央委员会4月6日和7日在慕尼黑都相继宣布成立苏维埃共和国。4月17日，库恩追随者发起的政变尝试被人民卫队镇压下去。工人阶级在政治上的稳定主要归功于两位社民党政治家，一个是中央工人委员会主席弗里德里希·阿德勒，另外一个是社会部部长（国务秘书）费迪南德·哈努施（Ferdinand Hanusch），在他们的努力下，一系列重要的社会政策法规，如8小时工作日、工人度假制、社会工资谈判制、保护妇女法、儿童工做法和夜班限制、健康保险、残疾人保护和建立工人协会等议案都提交给议会并得到批准。

与奥地利类似，11 月 24 日匈牙利成立共产党，主要成员是从俄国返回的战俘们。其中包括犹太出身、之前积极投身工会运动的记者库恩·贝拉。社民党自 10 月底加入了卡洛伊·米哈伊伯爵（Mihály Károlyi）的联合政府，卡洛伊 1919 年 1 月 11 日就任临时总统一职。此时居住着南斯拉夫人、斯洛伐克人和罗马尼亚人的广大地区都脱离了匈牙利，加之受邻国军队占领，匈牙利失去了一大半领土和居民。协约国积极支持这一发展趋势，卡洛伊对此非常不满，随即得出这样的结论，匈牙利在外交政策上必须依靠苏维埃俄国。因此内政上必须大幅调整方针：权力交给工人阶级。而协约国在 3 月 19 日递交给卡洛伊的照会，则起到了决定性作用。照会宣称战胜国要在特兰西瓦尼亚划出一个新的临时边界，并在这个地区建立一个中立区。

此时，库恩·贝拉在没有组织的工人中获得诸多支持者，他呼吁这些支持者和士兵，拿起武器推翻政府和其支柱社民党。多次流血冲突后，1919 年 2 月 21 日他和一些共产党领导人被捕，但是这并没有阻止他在狱中成立党的秘书处，政府对此也持宽容态度。一方面受到卡洛伊和资产阶级政党的正式敦促，要求和共产党携手合作，另一方面也为了避免内战和共产党一党执政的威胁，社民党在 3 月 21 日决定接受库恩提出的要求，同意两党合并为匈牙利社会主义党，建立苏维埃专政，组建派员相等的政府。同一天晚上，社民党人亚历山大·高尔鲍伊（Alexander Garbai）被任命为政府首脑。而实际领导人是负责外交事务的人民委员、刚刚从监禁中释放出来的库恩·贝拉。负责教育事务的人民委员由年轻的马克思主义哲学家格奥尔格·卢卡奇（Georg Lukács）担任。

那几天，恰逢在莫斯科召开第八次党代会，布尔什维克对匈牙利事件非常兴奋：库恩·贝拉是他们的盟友，匈牙利是第一个效仿苏维埃俄国的中欧国家。1919 年 3 月 27 日，匈牙利苏维埃掌握政权 2 个月后，列宁就向匈牙利工人的伟大成就表示祝贺：“你们为世界提供了一个比苏维埃俄国更好的榜样，因为你们知道，在一个真正的无产阶级专政方案的基础上，一举联合所有的社会主义者。”的确，匈牙利苏维埃政府在此期间，对大批工业企业实行国有化，没收大地主财产，但并没有将土地分给农民，而是让以前的所有者在国家义务的名义下继续管理这些土地，这在农民中引发了极大的不满。 / 154

而苏维埃政府制定的特色“民族布尔什维克”政策更受欢迎：在反对西方帝国主义和受其支持的匈牙利邻国的口号下，重建大匈牙利的政策。4 月初，英国总司令扬·克里斯蒂安·史末资（Jan Christiaan Smut）（后来的南非总理），以巴黎和会战胜国名义提出的边界争端和解建议，被库恩一口拒绝。4 月 20 日，士兵、工人和农民中央委员会决定为捍卫无产阶级专政的胜利果实开展保卫战，下令所有企业的一半员工拿起武器，起来抗击捷克、罗马尼亚和南斯拉夫军队。5 月，在社民党人民委员威廉·博姆领导下的红军，击溃了法国军官率领的捷克军队，并暂时占领了斯洛伐克的大部分。

但革命军队的军事力量也消耗殆尽。6 月初，以卡洛伊·久洛侯爵为首的白色政府在匈牙利南部受法国军事管制的塞格德（Szeged）地区成立了。他是匈牙利前总统的一个近亲。泰莱基（Teleki）任外交部部长，当年奥匈帝国海军最高指挥官霍尔蒂·米克洛什任战争部部长。罗马尼亚军队 4 月就侵入匈牙利南部，1919 年夏季步步逼近布达佩斯。库恩多次请求列宁出兵罗马尼亚解围，但是没有奏效。7 月底，被罗马尼亚人打败的红军一哄而散。8 月 1 日库恩解散了委员会，令工人委员会将政府权力交给工会温和派领袖领导的内阁。库恩把无产阶级专政的失败归咎于工人，认为他们 / 155
革命精神不足，需要体验资产阶级的残酷专政，才会成为革命者。卸任后，库恩和他的几个追随者随即逃到奥地利，经过社民党协调，他们在奥地利获得政治避难。

8 月 3 日，布达佩斯被罗马尼亚军队占领。第二天工会政府被右翼团体推翻。在塞格德的政府让位给资产阶级新内阁。8 月 5 日，协约国的一个代表团在布达佩斯开始工作，协约国代表不承认新成立的政府，但是同意和海军上将霍尔蒂·米克洛什，即塞格德政府组建的国民军指挥官开始谈判。

1919 年 11 月中，罗马尼亚军队根据协约国指令撤出布达佩斯，不久后，霍尔蒂势力获准进驻首都。在接下来的几个月，他们与自由军团的军官一道，对苏维埃政权真正的和所谓的追随者实施“白色恐怖”，特别是对犹太人，根本不管他们的政治倾向如何。的确，人民委员中一多半都是犹太人，这又大大推动了本来在匈牙利就很强烈的反犹运动。革命法庭的“红色恐怖”致 120 人死亡，而在霍尔蒂势力统治的白色恐怖时期，大约 2000 人沦为牺牲品，约 7 万人被送往监狱或接受劳改。匈牙利不仅是 1919 年后共产党掌握政权的唯一中欧国家，也是一战后第一个走上右翼专制政权道路的国家。

赢得独立：爱沙尼亚、拉脱维亚、立陶宛和芬兰

匈牙利苏维埃共和国的灭亡并不是1919年布尔什维克经历的唯一外交失利。中欧列强战败后，在莫斯科的人民代表委员会于1918年11月13日宣布，不再受《布列斯特－立托夫斯克和约》约束。而第一批受到鼓动的是波罗的海各民族。在爱沙尼亚——不仅在传统的爱沙尼亚，也包括北利沃尼亚——俄国二月革命后组建的农会于1918年2月24日宣布国家独立。不久后爱沙尼亚被德军占领。君主制倒台后，德国于1918年11月承认爱沙尼亚独立。1919年3月大不列颠和法国也相继予以承认。

但德国军队还没有撤完，红军就进驻了爱沙尼亚。几支爱沙尼亚“红军”支队也加入他们的行列。临时政府的总理康斯坦丁·帕斯（Konstantin Päts）借助从芬兰和协约国得到的武器建立起了一支强大的国民军。农民也起来支持政府，因为政府允诺他们可以分到德意志波罗的海上流阶层的庄园。1919年2月，爱沙尼亚彻底驱逐了苏维埃俄国的军队。

布尔什维克在拉脱维亚的农民那里得到的支持比在爱沙尼亚多。拉脱维亚主要由利沃尼亚南部、库尔兰（Kurland）、拉特加尔（Lettgallen）以及陶格夫匹尔斯（Daugavpils）地区组成。1918年1月18日，在德国军队占领期间成立的拉脱维亚国民委员会宣布成立独立的拉脱维亚共和国，并授权农民联盟主席卡尔利斯·乌尔马尼斯（Karlis Ulmanis）组建政府。1918年11月底，该政府得到柏林人民代表委员会的承认，但从一开始就受制于本国布尔什维克委员会运动追随者以及1919年1月入侵并占领首都里加的红军。尽管乌尔马尼斯是一个亲协约国的政治家，但是他不得不求助于波罗的海领土防卫队，这是一支由德意志波罗的海人和德意志自由卫队组成的军事自助组织。后者得到战胜国的默许，驰骋在波罗的海地区，

并得到乌尔马尼斯政府正式允诺，可以让他们的亲属今后通过递交申请，成为拉脱维亚公民（也就是可以永久居住在拉脱维亚）。

但乌尔马尼斯拒绝了波罗的海德国人提出的担任诸多国家领导要职的要求，这在 4 月 18 日导致了所谓的波罗的海领土防卫突击部队的“里堡政变”：乌尔马尼斯政府下台，取而代之的是一个听从德意志波罗的海人的政府，名义上受拉脱维亚牧师安德列夫·尼德拉（Andrievs Niedra）领导。5 月，波罗的海领土防卫队在拉脱维亚和德意志帝国联盟的支持下夺回了里加。但是得到英国保护的乌尔马尼斯并未退出政治舞台，由于里堡的武力事件，他终于促成拉脱维亚人空前的民族团结。在拉脱维亚人的大力帮助下，忠于他和其政府的拉脱维亚军队在 6 月底成功击退了德国自由军团和波罗的海领土防卫队的联合力量。德国指挥官吕迪格·冯·德尔·戈尔茨（Rüdiger von der Goltz）侯爵曾试图借助波罗的海反对革命的德系俄国志愿军来扭转局势，试图从波罗的海出发支持俄国内战的白色势力，但是在受协约国支持的拉脱维亚、立陶宛和爱沙尼亚军队的协力抗击下，这一尝试在 1919 年 10 月彻底失败。

拉脱维亚南边的邻居立陶宛在德国占领势力支持下，于 1918 年 2 月宣布独立。天主教的威廉·冯·乌拉赫（Wilhelm von Urach）公爵被选为立陶宛国王明道加斯二世，但是他没有得到帝国首领的首肯，也没有得到军事指挥官陆军上校的认可。在 6 月，由于德国战败，他随后便被立陶宛国家议会废黜。1918 年 10 月 28 日，国家议会颁布一个临时宪法，11 月 5 日，语言学家和历史学家奥古斯丁纳斯·沃尔德马拉斯（Augustinas Voldemaras）出面组建第一个立陶宛政府。

12 月 8 日，立陶宛的布尔什维克拥护者在陶格夫匹尔斯成立了一个革命的工人农民政府，两周后得到苏维埃俄国的承认。而实际上在 1919 年 1 月 1 日德国军队撤退后，它才真正掌握实权。在此期间，由人民社会党人米科拉斯·斯利维丘斯（Mykolas Slezevicius）领导，改组后的官方政府退守考纳斯。1 月 5 日红军占领维尔纽斯等地，开始筹建立陶宛和白俄罗斯社会主义共和国，简称立陶宛白俄共和国，并于 1919 年 2 月 27 日宣布正式成立。

然而，共产主义在立陶宛局部地区的统治为期不长。4 月底，波兰联盟没有经过什么大的战斗就攻入立陶宛首都，那里居住的波兰人比立陶宛人还多。波兰国家首脑毕苏斯基提议，如果立陶宛有意和波兰成立联盟，波兰可以割让维尔纽斯给立陶宛，这个建议被考纳斯政府否决。借助德国的支持，红军在 1919 年 8 月前就被赶出他们占领的立陶宛东北部。1919 年 11 月恢复了战斗力的立陶宛军队，击败了在“白色”将军帕维尔·贝蒙特 - 阿瓦洛夫（Pawel Bermondt-Awalow）率领下的反布尔什维克俄国军队，该分支是 10 月从拉脱维亚攻入立陶宛的。之后这个年轻的国家开始逐步进入稳定阶段，尽管政府仍在临时首都考纳斯，尚未在维尔纽斯设立。

如同爱沙尼亚、拉脱维亚和立陶宛，芬兰在 1917 年以前隶属沙皇俄国。1918 年春季，芬兰本国的“红色力量”和亲俄派在内战期间因德国介入而节节败退。自 1918 年 5 月，独立的新芬兰首脑是保皇派摄政王佩尔·埃温德·斯温胡武德，保守党的政府领导人是尤霍·库斯蒂·巴锡基维（Juho Kusti Paasikiv）。起初只是想让斯温胡武德暂时占着位子，德国会派来一个国王。这个位子本来是留给德国的弗里德里希·卡尔·冯·黑森（Friedrich Karl von Hessen）亲王的，但是由于德国战败，他反悔了之前的承诺。德国军队撤退后，1918 年 12 月 12 日，曼纳海姆（Mannerheim）将军打败了红色力量，登上了摄政王宝座。1919 年 6 月 17 日，他签署了宪法（政体），芬兰由此成为共和国，总统由人民选举而出，政府由议会负责。一个月后，真正的宪法之父卡洛·尤霍·斯托尔贝里（Kaarlo Juho Ståhlberg）当选第一任芬兰总统。1920 年 10 月，苏维埃俄国和芬兰缔结和平条约。此前，芬兰于 1920 年 2 月和爱沙尼亚，在 7 月和立陶宛以及 8 月和拉脱维亚相继缔结了和平条约。[3]

如果当时布尔什维克在波罗的海成功，那么革命输出到东欧，特别是输出到德国就容易得多。在爱沙尼亚、拉脱维亚和立陶宛的失败使苏维埃俄国陷入严重的窘境，而这还不是1919年春节和夏季布尔什维克在当年沙皇领地上遭受的唯一惨败。在《布列斯特－立托夫斯克和约》终止后，红军于1918年12月挺进乌克兰东部，1919年2月拿下基辅市。1918年12月夺取政权的沃洛迪米尔·维尼申科（Volodymyr Vynnychenko）和他领导的乌克兰政府“指导委员会”逃到波多利亚（Podolien），在西蒙·彼得留拉（Symon Petliura）领导下，在那里组织反抗布尔什维克的斗争。1919年夏季，红军被“白军”邓尼金将军（Denikin）的势力赶出了乌克兰。10月，将军尤登尼奇（Judenitsch）领导的白色势力从波罗的海一直打到彼得堡大门。正是托洛茨基钢铁般的能量和由他组织起来的民众的抵抗决心才保住了当年的首都。在南部，邓尼金将军和克拉斯诺夫（Krasnow）将军指挥的白军直抵库尔斯克（Kursk），从那里到达奥廖尔（Orel），这样就打通了抵达图拉（Tula）和莫斯科的道路。在东部，布尔什维克的对手高尔察克（Koltschak）海军上将——在6月后任所有白军最高指挥——的指挥下，挺进伏尔加河一带。

西方联盟也有干涉。中欧列强战败，西方势力趁机强化它们在俄国领土作战的军队。1918年11月和12月，新的援军抵达摩尔曼斯克和符拉迪沃斯托克。福煦元帅提出了一个反布尔什维克的十字军东征计划，1919年3月27日在巴黎被协约国最高委员会否决。但是西方联盟在财政和技术上支持白军的方针不变。1919年5月，西方势力正式承认高尔察克海军上将的政府，高尔察克于1918年11月18日自封为“摄政王”。1919年10月10日，协约国开始对 / 160

苏维埃俄国实行经济封锁。然而不久后形势愈加对布尔什维克有利，由于英国舰队没有加盟在芬兰海湾的行动，尤登尼奇在西北部的攻势失败。他撤退后，高尔察克也迫于红军和布尔什维克游击队的压力，退守到伊尔库茨克（Irkutsk）。在南部，邓尼金也被击退，在西部，乌克兰再次失守，1920 年 1 月 4 日，高尔察克退位，不再任摄政王。1 月 16 日，协约国最高委员会取缔经济封锁令。俄国内战并没有就此结束，但原则上红军占上风的趋势已成定局。

/ 161 内战中，双方不仅展开了最激烈的军事交锋，还动用种种政治恐怖手段。布尔什维克党的机关报《真理报》在 1918 年 8 月 31 日，即社会革命党人范妮·卡普兰（Fanny Kaplan）行刺列宁，致使他严重受伤后的第二天，宣告“消灭资产阶级的时机”已经到来。9 月 5 日“红色恐怖令”颁布。

1919 年 1 月 24 日，俄国共产党中央委员会做出决定，“政治上唯一正确的措施是，对哥萨克富人展开无情斗争，对他们实行大规模恐怖行动……”。

“白色恐怖”的对象主要是犹太人。哥萨克人和许多“白色”势力笼统地将他们视为布尔什维克。邓尼金的“白军”和彼得留拉总司令领导的乌克兰联盟的大屠杀，致使 15 万人死于非命。仅在乌克兰，1919 年和 1920 年内战期间，至少 3 万名犹太人被杀，而受重伤、被剥夺财产的犹太人更是不计其数。

反对布尔什维克和反犹情绪在富农中比较普遍，特别是乌克
/ 162 兰的富农。他们反对红军入驻，反对义务税制以及没收粮食、土豆、肉类、牛奶和鸡蛋等措施，反对“战时共产主义”的一切举措。1918 年 8 月，列宁呼吁发动“村庄内战”和“反对富农的无情战争”。他称富农是憎恨苏维埃政权的敌人。根据共产党管辖的 10 个省份 1919 年 9 月统计的综合数据，大约有 4.9 万名逃兵，他们大多是农民；700 多名土匪被抓；1826 人死亡；2230 人被枪决。在政

党、国家官员及军队一方，死亡人数为 430 人。

1919 年春季，工人在许多地方举行罢工。1919 年 3 月 10 日起，彼得格勒的普梯洛夫工厂开始行动，而它在 1917 年还是布尔什维克的据点。猖獗的饥荒、低廉的工资和政府颁布的罢工禁令，是工人放下工作的原因，这次罢工其实是一种绝望的抗议。普梯洛夫工厂的罢工最后被契卡镇压下去，900 名工人被捕，大约 200 人被处决。在奥廖尔、布良斯克（Briansk）、戈梅利（Gomel）和阿斯特拉罕（Astrachan），起义士兵加入罢工的人群。反犹的声势在这些地方也不容小觑。

最终“红色”势力战胜了“白色”势力。这不仅是因为共产党实施的行动的威慑作用，也不仅是因为西方势力三心二意地支持反革命力量。决定性因素是没有土地的农民的态度。在他们看来，反革命势力是贵族地主的辩护人，力图复辟以前的所有权制度。小农占农民数量的绝大多数，也占俄国人口的大多数，土地的重新分配让布尔什维克获得了这些农民的好感。尽管他们对强征粮食和其他农产品，强制在红军中服役也很不满，但上述看法仍占了上风。而红军中小农占有很大比例。

在普梯洛夫工厂罢工开始前几天，1919 年 3 月 2 日到 6 日，新的第三国际或者说共产国际在莫斯科的克里姆林宫召开成立大会。按照列宁的观点，原来的第二国际背叛了马克思主义事业，背叛了工人阶级，所以他认为必须建立一个全新的、真正革命的国际。第二国际于 1919 年 1 月 27 日在伯尔尼召开战后第一次会议，是促成这个决定的最终原因。面对来自反革命势力和协约国咄咄逼人的军事干涉，布尔什维克务必阻止欧洲无产阶级受社会主义右派或者考茨基之流中间派的影响，防止他们站到反对布尔什维克路线的一边。

54 位代表参加了共产国际的第一次会议。来自德国、奥地利、荷兰、瑞典和挪威的 5 位代表专门前往莫斯科。另外几个国家的代

表，是本来就住在俄国的当年的战俘或者革命者。与会者的高涨情
/ 164 绪与当时苏维埃国家面临的严峻形势形成鲜明对比。列宁和布尔什维克领袖们认为，革命马上会席卷全欧，世界革命的胜利近在咫尺。德国将会起到关键作用：只要德国苏维埃共和国取得胜利，第三国际就应该根据会议决议，将执行机构地址和办公地点从莫斯科迁到柏林。1919 年 3 月，胡戈·埃伯莱恩（Hugo Eberlein）代表德国共产党到莫斯科参加会议，起初他反对成立一个新的国际。这也是被谋杀的罗莎·卢森堡坚持的方针。她曾担心，一个俄国布尔什维克独掌权力的国际，会陷入完全依赖莫斯科的境地。最终埃伯莱恩保留意见。后来简称为“共产国际”的组织成立后，德国共产党在埃伯莱恩的敦促下，成为第一个加入该组织的政党。

成立大会的决议中，社会主义运动右翼的“社会护国主义者”或“社会沙文主义者”、独立工党的“中间派”，以让·隆格为首的工人国际法国支部新多数派，以哈泽、希法亭和考茨基为首的独立社民党温和派，都受到严厉指责，被称作资本主义分子和帝国主义分子。布哈林起草的“方针”中指出，工人阶级胜利的主要条件是，不仅要和右翼社民党决裂，和“资本的直接走狗和共产主义革命的刽子手”决裂，而且要和“考茨基之流”的中间派决裂，因为他们在关键时刻背弃了无产阶级。在莫斯科被选为共产国际主席的季诺维也夫，他在其提议的一份决议中称，中间派甚至比杀害卡尔·李卜克内西和罗莎·罗森堡的凶手——“社会沙文主义者”——还危险。因为前者在努力和社会沙文主义者结盟，并试图欺骗革命者。“组织上和中间派决裂具有绝对的历史必要性。”

社会主义政党在伯尔尼的会议于 1 月 27 日到 2 月 9 日召开，这也是布尔什维克成立共产国际的外在原因。被列宁和季诺维也夫视
/ 165 为“社会沙文主义者”中最危险的德国社民党，在这次会议上开始很被动。战胜国和大多数中立国的工人政党指责他们背叛国际无产

阶级事业，而独立社民党则被誉为社会主义传统的守护者。法国社会党人阿尔伯特·托马斯提出要开除德国社民党，尽管他的提议没有得到响应，但是库尔特·艾斯纳要求社民党承认错误的建议得到大家的赞同。社民党代表的让步并非心甘情愿，他们只承认德国入侵比利时违反国际法，并要求公开所有参战国在战争爆发时的往来文件。

最终和解的意愿占了上风。德国社民党得到谅解，因为他们是愿意革命的，而对“谁承担世界大战责任，这个具有世界历史意义的重要问题”的国际判断则留给以后的会议。共同反对共产主义的意愿促成了和解。尽管左翼社会党人阻止了赞成民主，也就是反对布尔什维克专政的决议，但大多数都明确表示拒绝俄国的社会主义道路。坚定的改革主义者，瑞典党主席亚尔马·布兰廷（Hjalmar Branting）当选第二国际主席，也是对这一立场的强调。对新章程的核心没有争执：承认国际联盟，它不应是政府代表的讨论俱乐部，而应该是一个世界政府的全球议会。应该赋予它权力，和平解决各国之间的所有争执。

布尔什维克深刻认识到，这个复活的第二国际是他们进行世界革命事业的障碍。1919 年 2 月 6 日，《真理报》怒斥伯尔尼会议的参与者，称他们为“走狗”和“社会愚民分子”。“一种感觉使他们走到一起，这就是他们对布尔什维克的憎恨。一个口号使他们团结起来，这就是为反对布尔什维克而战。这个黄色国际的第一句话就是‘向布尔什维克开战！’”[4]

战胜国向右转：巴黎和谈前夕的西方列强

在德国、奥地利和匈牙利这些战败国，左翼中间派夺取了政权，而此时四个战胜国中的三个，即美国、英国和意大利则开始向右转。法国一年前就露出向右转的苗头，以1917年11月雅各宾民族主义者乔治·克列孟梭当选总理为标志。在美国，1918年11月恰值“非大选年的中期选举”，要选举出国会议员和三分之一的参议员，在野共和党在这些选举中取得大胜。在参议院，民主党此前比共和党多6个席位，现在共和党的所占的席位比半数席位还多两个。在众议院，共和党从少5个席位的少数派，一举变为拥有多于45个席位的多数派。这个“老大党”严厉抨击民主党总统伍德罗·威尔逊“软弱”的国际主义和他对德国人过于宽容的态度，这个立场使他们在选举中获益匪浅。

1918年12月，英国经历了1900年“卡其色大选”的翻版。“卡其色大选”的说法诞生于布尔战争年代。此时和当年一样，民族主义小报，如《每日邮报》《晨报》，和保守党表现出“沙文主义倾向”。值得一提的是，劳合·乔治战争内阁成员中工党极右翼代表、没有具体管辖范围的乔治·尼科尔·巴恩斯大臣（George N. Barnes）在11月底喊出最哗众取宠的口号：“吊死德皇”。首席海军上将埃里克·格迪斯（Eric Geddes）12月9日在剑桥的一个讲话中，要求没收德国所有的金银财宝、绘画和藏书，将其移交给协约国和中立国。在另外一个场合，刚才提到的那位部长表示认同“像挤柠檬那样挤压德国，只剩下柠檬子”的说法。首相劳合·乔治的立场比较中立，要求德国赔偿所有战争损失。

/ 167 下议院选举自1910年12月以来首次逾期三年。此次选举首次按照1916年2月颁布的新民主选举法，即所有满21岁的男性和所有满30岁的女性可以参加投票。保守党自从与1914年去世的约瑟夫·张伯伦所属的自由统一党合并后，于1912年5月正式更名保守与统一党，他们和亲政府的自由党多数派联合组成了一个民族选举联盟。之所以结成联盟，是因为劳合·乔治明确表态，要尽力减少爱尔兰地方自治的要求。前任首相阿斯奎斯领导的自由党少数派，在1918年5月9日就劳合·乔治提出的信任表决案表决时投了政府的反对票，以对首相的极“右翼”政策表示抗议。因此英国自由党在参加选举时，分裂迹象凸显，实力明显被削弱。

工党内部也开始分裂。以拉姆齐·麦克唐纳为首的独立工党是整个党的一个重要组成部分，在麦克唐纳领导下，该党自始至终持反战态度。在战争最后一年，整个党开始向左靠拢。新党章在1918年2月党代会上被公布了。工党首次宣称自己是一个社会主义政党，提出在共同财产的基础上建立社会新秩序。此次会议上还制订了另一个规划。这个工人政党表示应该将土地、铁路、矿山、电站、国防工业和海峡、港口和航运公司社会化。俄国十月革命的影响非常明显，右翼对此针锋相对：指责工党有明显的布尔什维克倾向。事实上，尽管其方针有所转变，这个党依然是一个坚定的改良派政党。

1918年12月14日的选举，右翼明显获胜。保守统一党得到382个席位，占全部议席的五分之三。另外，前任首相和现任首相劳合·乔治领导的“联合执政自由党”和几个“民族党员”共获得136个席位。阿斯奎斯的自由党只得到33个议席，工党得票率为20.8%，占59个席位。几乎所有知名工党领袖都没有进入下议院，取而代之的是知名度不高也没有议会经验的工会代表。工党也没有加入劳合·乔治的新内阁。

在爱尔兰选出的105名议员中，73个席位属于1905年成立的共和派新芬党（“我们自己”），6个席位属于爱尔兰民族党，26个席位属于以新教为主的阿尔斯特统一党。除阿尔斯特统一党外，其他被选出的议员并没有在英国下议院就职，而是继续执行抵制政策，继续他们在1918年4月开始的针对在爱尔兰推行义务兵役制的抗议。1919年1月21日，被选出的爱尔兰民族党人在都柏林成立自己的革命议会，同时宣布成立独立的爱尔兰共和国。1919年4月1日，刚越狱的新芬党领袖埃蒙·德·瓦莱拉（Eamon de Valera）被任命为这个不合法政府的首脑。德·瓦莱拉1882年出生在纽约，父亲是西班牙人，母亲是爱尔兰人。不久后，爱尔兰共和军拿起武器抗击英国军队和警察部队，爱尔兰共和军的前身是1850年由爱尔兰独立运动支持者建立的爱尔兰共和兄弟同盟。由此拉开了一场长期以来既令人忧虑，或者说又令人翘首期盼的爱尔兰独立战争的序幕。而几年前的两次镇压，分别是1914年夏季一战爆发时英国军队对独立战争的强力镇压和1916年对都柏林复活节起义的镇压，才勉强阻止了这一运动的发展。

1918年12月13日，英国下议院选举的前夜，伍德罗·威尔逊抵达法国布列塔尼（Bretagne）的港口城市布雷斯特（Brest）。法国是美国总统首次欧洲之行的第一站。此行目的只有一个，在战后国际新秩序布局中，尽量突出美国的影响。这位总统受到社会主义工人及其领袖热情友好的欢迎，胜于任何其他政治团体给他的礼遇。他们视威尔逊为盟友，争取相互理解的和平、实现更多民主和更多社会公正的盟友。

法国社会主义者为了让克列孟梭政府以威尔逊的“十四点和平原则”作为长治久安的基础而竭尽全力，但他们没有取得任何成效。该政府并不想在和平谈判中抢先行动，他们关注的是争取美国对“防疫线”计划的支持，也就是建立一个由独立的中欧、东欧以及东南欧国家组成的安全带，以抵御布尔什维克。12月29日，克列孟梭在众议院的一次讲话中，坚决拒绝提出任何具体的和平目标。他也有信心会得到议会的广泛支持。早在10月底，偏左翼和偏右翼的大多数资产阶级政党组成协商共和民主阵营，依靠他们的支持，克列孟梭赢得了12月29日关于国家财政预算的关键投票。414票通过，6票反对。意见不一的社会党人决定弃权。

此时威尔逊已经前往英国。到达伦敦4天后，12月30日他被安排在曼彻斯特做一个讲演，工人借此机会给他准备了盛大的欢迎仪式。与克列孟梭相比，威尔逊总统和劳合·乔治在很多问题上达成了更为广泛的共识。但是他对本国国会选举结果的影响不能抱有任何幻想：支持对德国采取强硬路线的一派势力，特别是保守派势力得以壮大，而英国的“威尔逊主义者”，即通过谈判实现和平的支持者力量受损。

中途在巴黎停留时，威尔逊毫不掩饰地表达了他对克列孟梭在众议院讲话的失望。之后他开始了对意大利的访问。意大利在1915年参战，这是一个并不像其他地方那么热衷战争的国度，现在处于经济和财政破产的边缘。威尔逊在罗马最重要的会谈伙伴是1917年10月上台的右翼自由党的维托里奥·埃曼努尔·奥兰多首相。同样是右翼自由党的外交大臣西德尼·桑尼诺代表该政府提出很多兼并要求，特别是在达尔马提亚问题上，因此该政府颇受民族主义右翼的支持。但是这个政府中也不乏主张与南斯拉夫和平调解的代表，例如改良社会党人莱奥尼达·彼索拉蒂（Leonida Bissolati）副首相，以及任财政大臣的资产阶级左翼弗朗西斯科·尼蒂（Francesco Nitti）。 / 170

以墨索里尼为首的“意大利人民”右翼最为聒噪，提出兼并达尔马提亚海沿岸大部分地区的要求，同时还索要南蒂罗尔和布莱纳。温和左派人士彼索拉蒂提议，从博尔扎诺以北划分与奥地利的边界，力争得到亚得里亚海东岸的戈里齐亚和伊斯特拉。与南斯拉夫的国界应该以的里雅斯特为界。里耶卡应获得在意大利保护下的自由城市地位。放弃对达尔马提亚等的其他要求。由于无法让桑尼诺同意这个比较节制的计划，彼索拉蒂随即辞职，不再担任副首相。不久之后，1919 年 1 月 4 日，尼蒂也提出辞职。考虑到前一天已经开始的威尔逊国事访问，根据奥兰多的请求，尼蒂推迟到 1 月 15 日后辞职。尽管后来该内阁仍有温和的左翼大臣，包括改良社会派的伊万诺埃·博诺米。但是 1918 年和 1919 年交替之际，政府危机令右翼势力比之前更强大。

威尔逊在意大利访问期间，不论在罗马还是在米兰，他但凡出现在街头和广场，都受到人们的致意和欢呼。他不仅与奥兰多和桑尼诺会谈——但他认为这两个人目光短浅——还和彼索拉蒂以及路易吉·阿尔贝蒂尼（Luigi Albertini）会面。阿尔贝蒂尼是米兰自由派《晚邮报》的出版人。尽管意大利最坚定的威尔逊主义者，同时也是左派政治家、社会主义政党的议会领袖的菲利波·图拉蒂（Filippo Turati）和克劳迪奥·特里夫斯（Claudio Treves）反对意大利参战，对战争不抱有丝毫热情，但还是拥护王国决定的参战行动。自 1917 年以来，社会主义政党的组织和领袖都受到俄国十月革命的影响，开始向左转。1918 年 9 月，罗马党代会后，以贾钦托·塞拉蒂（Giacinto Serrati）为首的左翼马克思主义者左派占据了党的领导位置。他们声称建立社会主义共和国和实现无产阶级专政是奋斗目标，因此拒绝参加第二国际的伯尔尼会议。他们认为威尔逊是一个资产阶级政客，无产阶级在与他接触时应该保持应有的克制和小心。

/ 171

在资产阶级的“威尔逊主义者”中，最突出的要数来自西西里的天主教牧师唐·路易吉·斯图佐（Don Luigi Sturzo）。1919 年 1 月，他得到梵蒂冈同意建立了意大利人民党，这是一个天主教民主党。该政党支持威尔逊建立国际联盟的计划，并呼吁进行大刀阔斧的社会改革，改善南意大利的生活条件，提倡妇女选举权。他们的立场和彼索拉蒂相近。1919 年 1 月，彼索拉蒂依旧是墨索里尼和其《意大利人民报》猛烈攻击的目标。在民族主义右翼看来，彼索拉蒂是最危险的“放弃派政治家”。改良社会党在米兰斯卡拉大剧院举办一次活动，墨索里尼和他的追随者，以及未来主义运动领袖菲利波·托马索·马里内蒂（Filippo Tommaso Marinetti）前来搅场，他们齐声高喊口号，竭力干扰，让彼索拉蒂根本无法讲话。

不久后，1919 年 1 月 15 日，诗人加布里埃尔·邓南遮（Gabriele D’Annunzio）在《意大利人民报》上发表了《致达尔马提亚人的公开信》，这是一个收复领土主义的宣言，和维护各民族的自主权毫无共同之处。它也是一个向各国“威尔逊主义者”的宣战，特别是向本国威尔逊主义者的宣战。邓南遮称意大利是所有民族中最强盛的民族，因为它能够战胜自己也能够战胜敌人。意大利不需要接受高卢人、英国人和美国人强加的和平，而是要建立一个矗立在阿尔卑斯山之巅和大海之上的“罗马盛世”。“迫不得已时，我们可以模仿‘阿尔迪蒂’（Arditi），手握榴弹，牙齿藏刀，来应对新的阴谋。”“阿尔迪蒂”是当年由精英士兵组成的一个自由军团联盟。1919 年 4 月 19 日，社会主义工会发动全面罢工后的当天，他们攻击社会党在米兰的《先锋报》大楼，点火焚烧并挑起武斗，致 5 人死亡，诸多人受伤。之后他们还在墨索里尼的《意大利人民报》编辑部前，在大庭广众之下表示崇拜。一个新的时代给意大利蒙上了阴影。[5]

脆弱的和平：从凡尔赛到国际联盟

1919 年 1 月 18 日是普鲁士国王威廉一世宣布就任德意志皇帝 48 周年纪念日，这一天巴黎和谈开始。参加会议的是 32 个享有全权的“协约国和参与国”。协约国是英国和法国，参与国包括美国、日本、比利时和意大利。享有全权的与会者还有大英帝国的其他成员，如自治领地加拿大、澳大利亚、新西兰、南非和印度，新成立的国家如波兰、捷克斯洛伐克，还有那些和中欧列强断绝外交关系的国家，以及 1918 年 11 月在布加勒斯特和平后半年，重新站到协约国一边的罗马尼亚。战败国没有参与，1918 年初因布尔什维克革命脱离参战势力的俄国也没有参加。

所有国家参加的全体会议只举行了 8 次。1919 年 3 月 24 日前，实际的决策机构是协约国最高委员会或者说是“十人委员会”，由美国、英国、法国、意大利和日本组成，由各个国家的国家元首和外长出任委员。之后组建了一个更小的决策机构，即“四人委员会”，由美国和三个欧洲大国组成。四大国之一的意大利在 1919 年 4 月 23 日到 5 月 6 日没有参加讨论，因为就里耶卡未来的归属问题，战胜国之间发生了公开争执。意大利首相奥兰多和外交大臣桑尼诺迫于民族主义右翼势力的压力，拒绝出席会议以示他们想吞并这个

亚得里亚海港口城市的强烈要求。该会议最重要的一位参加者威尔逊总统未能参加 1919 年 2 月 14 日到 3 月 14 日的会议，因为他要赶回华盛顿去争取议会的支持，由国务卿兰辛代表。约 60 个工作委员会为各国家首脑和其外长做筹备工作，其中只有一个工作组可以直接向参与国全体大会汇报有关国际联盟的筹备工作。

成立国际联盟的目的是，为世界和平与安全提供必要的组织框架。因此它要求其成员国有义务互相帮助，它们之间出现争执时，应交付在海牙的常设国际法院仲裁或者由争讼各方组建一个专门的

仲裁法庭。每个成员国在国联大会中各有一次投票权，最多可派三位代表，三分之二以上票数就可以做出裁定。国联理事会也拥有同样的权力。国联理事会由常任理事国和非常任理事国组成。常任理事国由愿意参加国际联盟的大国组成，如美国、英国、法国、意大利和日本。非常任理事国（数量并不是一成不变的）任期为3年，经选举产生。得到三分之二的票数，国联大会就可以开除其成员国，也可以接纳新成员。

国联大会配备一个常任秘书长领导下的常务秘书处，设于日内瓦。它指定一个委员会处理托管领地问题，即当年的德国殖民地和已经灭亡的奥斯曼帝国的阿拉伯地区，包括巴勒斯坦。它还设立一个难民援助高级人权委员会和类似国际卫生组织的专门机构。它负责监督国际劳工局、在巴黎的人文合作研究所及一些其他国际机构。另外，国联大会还直接任命萨尔地区政府委员会和新创建的但泽自由市的高级管理委员。

国际联盟是否能真的像威尔逊设想的那样，承担缔结和平和协调矛盾的重任，一开始就疑问重重。这个协作的安全体系中，成员国各自有充分的主权。由于成员国的利益大相径庭，特别是大国之间，很明显难以达成一致的裁定。国际联盟理事会内有特权的常任理事国，大部分是欧洲殖民地大国（1919年春季时还没有人预计到美国会不参加国际联盟）。 / 174

最能指望国联做出重要贡献的，是人道援助。国联规定殖民地民族不能参加国际联盟，因此这个国联不可能成为一个有代表性的世界政府，或者一个“自由国家的联盟”，这是康德1795年在其作品《永久和平论》中提出的建立一个新国际法的基础。它只是第一次世界大战战胜国和中立国的一次集会。战败国起初被排斥在外。这些国家只能希冀不久会有所改变。不仅德国、奥地利、匈牙利、保加利亚被排斥在外，苏维埃俄国也同样不得进入。

在俄国问题上，威尔逊在巴黎时就提出要用保证食品供应来抑制革命，通过谈判结束内战，并邀请协约国以及莫斯科共产党政府和由“白色势力”任命的反革命政府参加。这个努力没有成效。从1919年2月开始，白色势力拒绝和红色势力坐在一张桌子旁。后来在4月中旬，美国人和布尔什维克秘密接触后，食品供应问题的解决好像近在咫尺，但又因布尔什维克不能满足西方的条件而流产，协约国提出的要求包括莫斯科政府不得控制俄国的运输业。法国放弃抵制盎格鲁-撒克逊方面的建议后，德国在3月底获得了大量的粮食和油类供给。协约国的封锁由此结束。这并不仅仅出于人道的考虑，而是害怕饥饿的德国人会求救于俄国和布尔什维克。

德国问题是巴黎和会的主要议题。法国和盎格鲁-撒克逊方面的设想大相径庭，这一点很快就摆到桌面上来，当然华盛顿和伦敦之间时而也有观点上的不同。在萨尔地区和德国莱茵河左岸问题上，福煦元帅的立场很极端，克列孟梭也竭力敦促把这两个地区从德意志帝国分割出去，组建一个依赖法国的自主国家。劳合·乔治从“均势”的角度出发，不希望法国过于强盛，极力反对法国（在东部波兰）扩张。威尔逊完全赞成适度惩罚德国（他对已经灭亡的帝国和后来的新政府没有做很大区分）。他只是希望解决方案不要与他宣布的民族自治权原则相矛盾，因此他不能屈服于法国的压力。

拉锯般争论的结果是既考虑到法国的安全需求，也兼顾到盎格鲁-撒克逊原则的一个折中方案。为满足法国提出的安全要求，美国和英国答应给法国一个担保合同，以对付德军的无端进攻。之前战胜国之间有争议的阿尔萨斯-洛林问题的解决方案是：无须事先举行公投而将该地区归还法国。萨尔地区没有割让给法国，而是归国际联盟管辖15年，之后由当地居民行使自决权。在莱茵河流域问题上，法国也必须做出让步。莱茵河左岸地区没有从德国瓜分出去，和约规定了协约国分别占领5年、10年和15年的区域，在莱茵河右岸建立几座桥头堡，德国在莱茵河左岸永久去军事化。比利时得到德语居民占多数的欧本－马尔默迪（Eupen-Malmedy），作为德国对它政治上和物质上欺辱的部分补偿。而为此进行的公投也得到预期的结果，但是这次公投以及要求居民填写是否愿意留在德国的询问表，并不是确定民意的合适办法。

东部领土的损失最令德国痛心疾首。当年波兰大公国的这块领地回归波兰，是预料之中的。但是除此之外，波兰得到整个上西里西亚，就是因为威尔逊在“十四点和平原则”中，允诺给波兰安全和自由的波罗的海入海口，波兰还得到大部分西普鲁士，包括但泽西边的一个港口，这样一来东普鲁士就不再和整个帝国接壤。但泽作为一个自由市，受国际联盟委员监管，和立陶宛接壤的梅梅尔领地归属协约国管辖。

在两个地区，即在东普鲁士的马祖里亚（Masuren）和位于维斯瓦河（Weichsel）以东的西普鲁士，以马林堡（Marienburg）和马林韦尔德尔（Marienwerder）为中心，那里的居民应该自己决定是愿意并入德国还是波兰。另外，还计划在主要讲丹麦语的北石勒苏益格（Nordschleswig）举行民意表决。1920年2月和3月的表决，导致北石勒苏益格分裂，根据语言的多数人比例分别归属丹麦和德国。在马祖里亚和马林堡与马林韦尔德尔地区，1920年7月那里的居民几乎一致决定并入德国。

根据法国的要求，和谈拒绝将德国和奥地利合二为一作为对其领土损失的补偿。德国不得不在《凡尔赛条约》第80款承认奥地利的独立。只有经国际联盟理事会的同意才能更改。这一和平条约令德国损失了七分之一的领土和十分之一的人口，另外还失去其附属殖民地。经济上，如果算上1921年被分割出去的上西里西亚，德国领土的缩小意味着减少三分之一的煤炭储量和四分之三的矿产储量。关于最终的战争赔偿问题，战胜国未能达成一致。但德国先要为法

国、比利时、卢森堡和意大利提供远程电缆和十分之九的牛存栏量，
/ 177 另外每年还要提供约 4000 万吨煤，期限长达 10 年。

协约国强加给德国军队的条件非常苛刻：取缔义务兵役制，军队减少到 10 万人，海军减少到 1.5 万人。未来不允许德国拥有空军和潜艇，同样也不许拥有坦克和毒气武器。总参谋部被解散。所剩无几的远洋舰队船只任凭摆布。6 月 21 日德国海军抢在这个规定出台之前自行在斯卡帕湾将舰队击沉。

1953 年到 1959 年任美国国务卿，当时任美国代表团法律顾问的约翰·福斯特·杜勒斯（John Foster Dulles）起草的第 231 条款，是该和约中遭到最激烈反对的条款。这个条款要求德国必须承认，德国和它的盟友作为此次战争的“始作俑者”，要负责战争带来的所有损失和伤害，也就是承担协约国和参与国“因德国和其盟友的进攻，而被迫遭受的损失”。杜勒斯和美国人并不想仅在道德上谴责德国，而是为协约国的索赔要求争得一个有法律约束力的名目。“战争罪行”或“单独负责”的概念并没有出现在这个条款中，但是在德国就是这样理解的。德国必须向协约国交出战争罪犯和引发战争的国家首脑，这一要求的理由是德国和其盟友发动了这场侵略战争。

1919 年 5 月 7 日在凡尔赛，“协约国和参与国政府的和谈条约”递交给德国和谈代表团。和谈会议主席克列孟梭站起来做了一个短暂的开场白，无党派人士、德意志外交部部长布罗克多夫 - 兰察伯爵也没有起身，故意以傲慢的态度回应，他认为这样做恰到好处。
/ 178 他首先否认德国对战争负有全部责任的观点，而且谴责战胜国在 11 月 11 日停战后，通过封锁冷血谋杀了几十万平民。他的这种做法的影响是毁灭性的：威尔逊认为这种表现是对他本人的蔑视，再次证实了他对普鲁士容克的负面评价。

德国人一直期盼着“威尔逊和约”，一个在各民族自治权基础上的和约，但是和谈条件公布后，全民族发出了愤怒的呐喊。社民

党人、中央党和德国民主党组成的“魏玛联合政府”执政党阵营，起初的意见是宣布不能接受和谈条件。5 月 12 日，国民议会在柏林大学大会堂举办的集会上，帝国首相谢德曼提出了一个反问：“那只手，那只把它自己和我们抛入桎梏的手，难道不该枯死吗？”社民党的普鲁士总理保罗·赫希喊出的口号是：“宁死也不做奴隶！”国民议会主席、中央党议员康斯坦丁·费伦巴赫（Konstantin Fehrenbach）称这个和约是“永恒的战争”，并毫不掩饰地以第二次世界大战来威胁战胜国：“将来德国妇女会繁衍子子孙孙，他们将会打断奴隶的锁链，洗去强加在我们德国人脸上的这些耻辱。”

三个执政党中只有一个政党基本上一致决定拒绝这个和约，这就是德国民主党。社民党和中央党内部分歧很大。“务实政治家”派系，例如中央党的马蒂亚斯·埃茨贝格尔部长和社民党的部长古斯塔夫·诺斯克、爱德华·大卫深知，如果德国不同意和约条件，协约国就会占领德国，而战败国疲弱的军事力量不足以阻止这一行动。仍担任首席总参谋长的威廉·格勒纳也赞同这种估计。德国谈判方 5 月 29 日在凡尔赛提交了他们就和约的“反馈”，也争取到一定的让步。6 月 16 日，在劳合·乔治的敦促下，战胜国同意在北西里西亚举行民意投票，来决定其归属德国还是波兰。如果德国有良好的表现，协约国会提前结束对莱茵地区的占领，但德国就战争罪责问题的陈述却受到战胜国严厉且详尽的驳斥。

鉴于这些妥协和埃茨贝格尔相应的论述，之后的几天内，国民议会大多数人的意见是同意签署《凡尔赛条约》，但是有两个保留条件，即要求战争罪责条款和引渡战犯的义务不得具有约束力。而谢德曼则与布罗克多夫－兰察伯爵一样，一直持拒绝态度，现在只剩下离职这条出路了，他们于 6 月 26 日宣布卸任。其接替者是一个没有什么政治色彩的社民党员，现任劳工部部长、自由工会总委员会前第二主席古斯塔夫·鲍尔。新的外交部部长是精通外语的赫尔曼·穆勒（Hermann Müller），不久前他刚被选为社民党主席。与中央党不一样，德国民主党在鲍尔政府中不再任职。

6 月 22 日，国民议会以 237 票赞成、138 票反对、6 票弃权的多数赞同票同意签署和约，但在战争罪责和战争罪犯两个问题上持保留态度。协约国马上做出反应，发出一份最后通牒，要求 24 小时之内无条件签署和约。6 月 23 日，国民议会必须再次做出最后的决定。

现在一切都取决于中央党的态度了。这个天主教党团的议员之所以能做出同意无附加条件和约的决定，是因为格勒纳在一封电报中强调，德国几乎无法进行军事抗争。右翼在野党，即德意志民族党和德意志人民党，在一份声明中也明确表示可以理解那些接受和约的议员们是“为了祖国”不得已而为之。记名投票中，两个社民党、中央党的多数和德意志民主党少数表示赞成。德意志民族人民党和德国人民党、德意志民主党的多数和中央党少数表示反对。6 月 28 日，社民党外交部部长赫尔曼·穆勒和中央党的交通部部长约翰内斯·贝尔在凡尔赛宫明镜大厅，也就是 1871 年德皇宣布登基的地点，在和约上签下了他们的名字。

对“凡尔赛指令”强烈而持久的愤怒，在很大程度上与谢德曼政府的决策有关。该政府不顾艾伯特的一再敦促，拒绝公布卡尔·考茨基搜集的有关战争爆发的德方资料，反之则可以让德国人对战胜国会怎样对待他们有所准备。1919 年春季和夏季，甚至社民党内部的大多数人都希望不要进行公开的、对战争罪责问题自省的讨论。1919 年 6 月 10 日到 15 日，爱德华·伯恩施坦在魏玛召开的社民党战后第一次党代会上，呼吁代表们直面“责任和罪责”问题，不要继续做 1914 年 8 月 4 日投票的俘虏，就在这一天社民党帝国议会党团给战争贷款投了赞成票，但是它简直被骂得狗血喷头，特别是赫尔曼·穆勒尖锐得让人无法忽视的反犹影射。谢德曼比穆勒有过之无不及，他称伯恩施坦是“魔鬼的辩护人”，假借超正义之名为敌对的帝国主义辩护。

回避对1914年7月危机时帝国首脑的政策进行不带偏见的评估，在政治右翼团体内很快发展为对德国战争罪行的否认。在反对协约国有关“战争罪行谎言”的同时，德国在战争中是无辜的说法如同“刀刺在背”的传说一样迅速传播，不仅发展为对抗凡尔赛的利刃，还发展为反对魏玛的危险武器。弗里德里希·艾伯特还为德国“在战场上战无不胜”的观点助长了气焰。1918年12月10日，这位人民委员会主席向返回家乡的军队喊话：“任何敌人都没有战胜你们。”1919年11月18日“刀刺在背”的传说还得到证明。这一天，兴登堡当着议会调查委员会的面，援引一位不愿透露姓名的英国将军的话：德国军队“背后被人捅了”。6月底最后一任帝国最高军事首脑兴登堡和格勒纳一同退位。按照德国右派的理解，是德国左派在背后干的事情，是“马克思主义者”和“布尔什维克”的所作所为，或用更简单更常用的说法，是犹太人的勾当。

大多数德国人不但将德国1914年的战争罪责抛在脑后，而且也不提帝国1918年春季强加给俄国的条约。就经济和领土损失而言，《凡尔赛条约》比《布列斯特－立托夫斯克和约》要温和些。当然这两个约定都既不明智也缺乏公正。战胜国代表在巴黎郊区商讨和约时，深受来自本国人民的压力，要求惩罚当年的中欧列强，首当其冲是德国，要求其赔偿遭受的损失。为了惩罚战败国，战胜国违反各民族自治权的原则，例如“波兰走廊”的决定使得东普鲁士不再和德意志帝国接壤。在西普鲁士北部，是讲德语的居民而不是讲波兰语的居民占大多数。但是德国当年在其所向披靡的地方，不也是这么做的吗？自18世纪后期，他们不也是一再否认波兰拥有建立自己国家的权利吗？波兰若不去吞并德国人居住的地区，得不到通往波罗的海的入海口，这个国家能够生存吗？

本来寄希望于美国总统的诸多德国人，自和约条件公布后，纷纷谴责威尔逊背叛了他本人提出的民族自治权原则。从此以后，他们对威尔逊的厌恶不亚于对克列孟梭的憎恨。威尔逊不得不对法国做出让步，但是对方做出的让步更多。两方盎格鲁－撒克逊势力保护了德国，如果仅仅让法国确定和谈条件，那么德国需要承受的会更多。在巴黎和谈期间，威尔逊不得不顾及美国公众的意见，也就是考虑到参议院中共和党占多数。因为只有获得参议院三分之二多数同意，国际协议才能生效。如果在和谈结束前，威尔逊迫于压力返回华盛顿，他就得把这个战场留给克列孟梭，就会在欧洲引起一片混乱。用历史学家克劳斯·施瓦贝（Klaus Schwabe）的话说，在和谈的最后几周，威尔逊面临的选择不是“妥协的和平还是威尔逊的和平”，而是“妥协的和平还是根本没有和平”。

《凡尔赛条约》很苛刻，但在德国几乎没有人意识到，事情可能还会更糟。帝国得以保全，莱茵兰仍是德国的一部分。德国一如既往仍是俄国西部人口最多的国家，也是欧洲经济最强的势力。从某种意义上讲，德国的外交形势甚至比1914年以前有所改善。西方势力和俄国的矛盾，令德国没有理由担心被敌人包围。在凡尔赛和谈时，西方协约国之间的裂痕初露端倪。法国自成一派，英美为另外一派的趋势已经很明显。德国暂时还不能成为国际联盟的成员，但这并不是一成不变的。德国仍然有很好的前景，再次晋级为欧洲强国。其实只需要对新局面有足够清醒的认识，就可以看清《凡尔赛条约》的真实比重。

批评和谈的声音不仅来自德国。在战胜国，主要是左翼党派和其报刊表达了严厉拒绝的态度。工党的《每日前驱报》（*Daily Herald*）在和谈条件公布后写道：这个和谈条约打破了所有的诺言。计划中的国际联盟只是一个“没有灵魂的战胜国联盟”。独立工党的机关报《工人领袖》认为，和谈条件“无情地”践踏了威尔逊的

“十四点和平原则”。法国社会党多数领袖让·隆格称，这个和约与1807年的《提尔西特和约》、1918年的《布列斯特－立托夫斯克和约》如出一辙。意大利社会党的喉舌《先锋报》引用1917年10月意大利军队屈辱的败北来影射这个和约，称这个和约是“外交上的卡波雷托败仗”，宣称了民主意识形态的失败，资本主义只是打着民主意识形态的旗号，来为这个造成1200万人死亡的世界性灾难寻找理由。在美国，左翼自由派的《民族报》认为，威尔逊接受了嘲弄了他所有诺言的和谈条件，只能证明他是“一个独裁者，一个损害自己名声的政治家”。《新共和报》称这一和约方案仅是一个迦太基和平，它只是“在一个深度分裂、苦难重重的欧洲挑起争执的前奏”。

来自战胜国右翼的批评也是不绝于耳。当然这些观点与左翼截然不同，历史学家雅克·班维尔（Jacques Bainville），“法国行动”的领衔记者之一，认为这个和平“来之不易，而条件过于温和”。德国还会是列强国家。它只需要些耐心，就可指望解除因军事失利而不得不接受的条件。15年后，也就是1934年，将会有一场关键的力量博弈，德国可能会对波兰和捷克进行报复，而不是对付法国。相比之下，英国右翼小报的批评要温和得多。《晨报》《每日邮报》《纪事报》都认为，和约中涉及海洋、军事和领土的条款比预期的要好。而财政方面的决定远远差于1918年12月众议院选举时的承诺。

经济学家约翰·梅纳德·凯恩斯以金融专家和英国财政大臣代表的身份，参加了巴黎大型经济委员会的咨询会议，他得出的则是相反的结论。为表示对《凡尔赛条约》的不满，1919年6月初他愤而辞去职务。1920年在其《和约的经济后果》一书中他阐述了批评和谈会议结果的理由。这本书不久后被译成德文，并在德国得到广泛的认可。凯恩斯回顾巴黎之行，称“如同一场噩梦”，那些主谈的参与者犹如“病人”。他认为克列孟梭是这场和谈的“邪灵”，他

挖苦地说，法国让克列孟梭上当了，他对“全人类、法国人，特别
/ 184 是他的咨询同仁”深感失望。法国总理的目的，也就是法国的目的是“把时钟拨回，尽量让1870年以来德国所取得的进步都未发生”。他对威尔逊的描述是一个不谙世事的理想主义者，他一开始就不是头脑灵敏、奸诈狡黠的克列孟梭和劳合·乔治这样强权政治家的对手，因此也是这次会议的大输家。

凯恩斯写这本书最重要的目的是证明，一个“迦太基和平，实际上是错误的或者说是不可能的”。作者认为这种不可能的原因在于，它与和约的目标明显相悖：这个和约一方面意在掠夺德国目前的一切，阻止其未来的发展；另一方面，让德国支付巨额的赔偿金，在凯恩斯看来，这是纯粹的一厢情愿。他认为，参与者们在经济政策方面的幻想在于，他们根本不关心建立一个运转良好的国际经济和金融秩序。“四人委员会根本不重视这些问题，因为他们忙于其他事情。克列孟梭关心的只是如何毁灭其对手的经济生活，劳合·乔治只是想赚点本钱，带点最起码能展示一个星期的东西回家。而美国总统呢，只是想着正义和公正。赔偿是他们在经济问题方面的主要关注点。他们把赔偿作为一个神学问题、政治问题、选举策略问题，简而言之，他们的出发点各不相同，但是并未从掌握在他们手中的那些国家经济发展视角出发。”

凯恩斯把法国国家预算和相对稳定的英国战争融资做了比较，谴责法国国家预算的巨额亏空，这是他们拒绝提高税收的后果，这也是造成法郎持续贬值的原因。协约国错误的赔偿政策不仅有损于战败国，而且或早或晚也会波及战胜国：“我们面前是一个效率低、失业率高、紊乱无章的欧洲，各民族相互憎恨、内部动荡、争执不休、饥饿流行、抢劫欺骗——哪里还有比这里更具阴郁色彩的地方呢？”

/ 185 凯恩斯在批评之余还提出了扭转局面，向良好方向发展的建议。他提出，德国赔偿总额度为400亿马克比较现实。他督促发行国际

债券，同时进行国际货币改革，协约国和德国合作共同帮助俄国恢复经济。他还呼吁全部取缔协约国内部的战争贷款，这是近乎颠覆性的号召。这样一来美国和英国就要做出牺牲：美国是纯债权国，正是依靠其财政支持，西方列强的胜利才成为可能。而英国给协约国的贷款高于它从美国得到的贷款。

凯恩斯认为，为了帮助新成立的中东欧国家和东南欧国家，大不列颠放弃德国的战争赔款是实现一个着眼未来、解决协约国内部战争贷款问题的解决方案的前提。这个问题既困扰着意大利，也压得法国喘不过气来。凯恩斯认为美国的经济实力足够强大，可以免掉协约国内部的战争贷款。当然华盛顿方面是否能很快有这样的洞察力，凯恩斯还非常没有把握。凯恩斯只能寄希望于，让时间传播他的认知。“如果欧洲要战胜困境，那么就需要美国力所能及地慷慨解囊。”

莫斯科最严厉地谴责这份与德国的和约。四个月前刚成立的共产国际执行委员会，1919 年 7 月在向全世界劳动者的呼吁书中，将《凡尔赛条约》与《布列斯特 - 立托夫斯克和约》相提并论。该条约的所有负担首先落在德国工人阶级身上：“如果凡尔赛和平会维持一段时间，那么就意味着，德国工人阶级要在双重锁链下呻吟——既受本国资产阶级的压迫，也受外国奴隶主的压迫。”目前德国政府只用语言来抗议这个条约，实际上他们是在帮助协约国的帝国主义分子实现他们针对德国工人阶级的恶毒计划。“在德国，刽子手克列孟梭最忠诚的侍从不是别人，就是谢德曼和艾伯特。无产阶级的世界革命是拯救全世界被压迫阶级的唯一出路。只要资本主义生存一天，就不可能有持久的和平。持久的和平将建立在资产阶级秩序的废墟之上。工人阶级反抗压迫者的造反万岁。打倒《凡尔赛条约》！打倒布列斯特！打倒社会叛徒的政府！全世界苏维埃权力万岁！”[6] / 186

与德国缔结和约之后的其他后续合同，都没有考虑凯恩斯的警告。第二个在巴黎郊区签署的和约是1919年9月10日在圣日耳曼（St. Germain）和奥地利签署的和约。《凡尔赛条约》第80款的禁止合并条款集中体现在《圣日耳曼和约》的第88章。“德意志－奥地利”的国名必须改为“奥地利共和国”。布莱纳边境的划分违背了民族自治的原则，因此蒂罗尔这个地方被一分为二。德语地区的南蒂罗尔划归意大利，还有前面提到的协约国决定成立捷克斯洛伐克国家，而德语地区的波希米亚和摩拉维亚都被划入其中。

西方势力试图与捷克斯洛伐克签署一份少数民族保护法，以确保那些少数民族的权利，例如生活在那里的德国人和生活在斯洛伐克乡村的匈牙利人。1919年9月10日，该保护法与《圣日耳曼和约》同日签署。其他两个边境问题借助公投解决：1920年10月，克恩顿全部划归奥地利，之前德意志与斯洛文尼亚在这里还爆发了激烈的民族斗争，甚至塞尔维亚军队也介入。另外一个地方是索普隆（Sopron），1920年12月公投选择划归匈牙利。在意大利的敦促下，与奥地利接壤的匈牙利西部德语民族居住区划归奥地利，这就是后来的奥地利布尔根兰州（Burgenland）。由此令捷克和南斯拉夫民族主义分子试图推行的一个计划成为泡影：在位于捷克斯洛伐克和新成立的塞尔维亚、克罗地亚和斯洛文尼亚王国之间，在匈牙利西部克罗地亚居民区建立一个“斯拉夫走廊”的计划无法实现。

1920年6月4日，匈牙利在特里亚农（Trianon）签署了和约。匈牙利王国这个当年的多民族国家，不得不把领土割让给罗马尼亚、捷克斯洛伐克和南斯拉夫，剩下的几乎是一个纯种的马扎尔民族国家，而生活在这块土地上的早已不只是马扎尔民族：共350万人被划为上述三个邻国的公民。匈牙利正式损失了一向属于这个国家的三分之二领土和居民，远远大于德国因《凡尔赛条约》而被强行瓜分领土的损失。后果可想而知，要求修正《特里亚农和约》的极端民族主义一直存在于两次大战间期的匈牙利。

与匈牙利相比，保加利亚领土的损失不那么明显。1919 年 11 月 27 日，在纳伊（Neuilly）签订的和约中，保加利亚不仅丧失了一战期间掠夺来的所有领土，而且不再拥有通往爱琴海的入海口。有争执的领土，即南色雷斯和亚历山德鲁波利斯港（Dedeagatsch）先由协约国管辖，然后根据《圣雷莫协定》，于 1920 年 4 月移交希腊。土耳其和保加利亚民族混居的地区，按照协议相互交换居民。

根据《纳伊条约》，保加利亚领土从 1915 年的 11.4 万平方公里减少到大约 10.3 万平方公里。这个王国未来只能有 1 万人的小型军队，要支付 22.5 亿法郎的战争赔款。亚历山大·斯塔姆博利伊斯基（Alexander Stambolijski）领导的农民联盟和社会党组成的联合政府签署了这个和约。在这个依然以农业为主的国家中，战争结束后农民联盟是最强大的势力。这个最大政党最强劲的反对者来自两方，一方是共产党，另一方是军队。共产党在最贫困的农民中得到越来越多的支持，军队则是强烈要求修改《纳伊条约》的所有势力中最重要的盟友。

和土耳其缔结和约花费的时间最长。1918 年 10 月 30 日的《穆兹罗斯停战协议》，只是一个短暂的插曲。1919 年 5 月中旬，在英国支持下，受巴黎协约国和参与国最高委员会的委任，希腊军队挺进士麦那（Smyrna，又称伊兹密尔），在那里他们制造了一场浩劫，大肆屠杀穿戴土耳其毯帽的居民，并从此起步入侵西安纳托利亚。据说不久之前受法国领导，在俄国南部反击布尔什维克入侵势力的部队，要抢在意大利进攻南安纳托利亚之前行动，而实际上这不过是雅典政府野心勃勃的一个借口。他们关心的是要统治居住着希腊人和土耳其人的小亚细亚沿海地区，从而建立一个庞大的希腊国家。 / 188

希腊入侵不久后就遭到穆斯塔法·凯末尔（Mustafa Kemal）将军领导的军队的强烈抵抗。穆斯塔法·凯末尔是那个战争年代最能干的军事指挥，也是后来土耳其共和国的奠基人和领袖。苏丹穆罕默德六世（Sultan Mehmed Ⅵ）政府委托他负责奥斯曼部分军队的裁军工作。1919 年夏季和秋季，埃尔祖鲁姆（Erzerum）和锡瓦斯（Sivas）的两次国民大会都推举他为大会主席。他的纲领是 1919 年 9 月 22 日锡瓦斯会议确立的“国家契约”，目标是建议一个土耳其民族国家。这个国家不仅包括土耳其民族居住的地区，还包括亚美尼亚人、库尔德人和希腊人居住的安纳托利亚和色雷斯地区。

穆斯塔法·凯末尔建立的“代表委员会”总部设在安卡拉，虽然它认同保护苏丹和哈里发，但实际上是苏丹的对抗政府。在穆斯塔法·凯末尔看来，最重要的事情是组织争取独立的斗争：在安纳托利亚西面阻击希腊人，在北面抗击受英国人资助的“治安团”或者“哈里发军队”，在东面和亚美尼亚独立运动作战，在南面即在法国占领的奇里乞亚（Kilikien）抗击法国武装力量。1920 年初，苏丹穆罕默德六世开始向穆斯塔法·凯末尔代表的路线靠拢，而且根据其旨意新选出的议会通过了“国家契约”，英国人决定对此采取严厉措施：3 月 16 日，他们把伊斯坦布尔置于其军事管制之下。随后穆斯塔法·凯末尔下令选举一个新的、拥有特殊权力的扩大国民议会，地点选在安卡拉。4 月 23 日，鉴于苏丹实际上受到拘禁，国民议会宣布临时担负起整个土耳其的主权管理职责，并委托穆斯塔法·凯末尔组建一个新政府。在为期 20 天的停战中，法国撤出了奇里乞亚，同时成为第一个承认安卡拉政府的国家。7 月 18 日，扩大国民议会庄严宣誓，坚定不移地履行“国家契约”，向协约国 6 月 10 日在色佛尔（Sevres）提交的和约条件正式宣战。

尽管如此，苏丹的代表仍不顾强烈抗议，还是于 1920 年 8 月 10 日在《色佛尔条约》上签了字。该条约明确要求，土耳其不再拥有非土耳其民族的部分，也就是放弃原属帝国阿拉伯民族的那部分领土，协约国在战争期间就此已经取得一致意见。美索不达米亚，也就是后来的伊拉克王国以及巴勒斯坦，作为国际联盟托管地交给英国管理，叙利亚和黎巴嫩同样作为国际联盟托管地交给法国管辖。希腊得到从色雷斯东南部到查查尔达（Tschatschalda）沿线的领土，距离伊斯坦布尔40公里。另外士麦那归属希腊5年。同意亚美尼亚独立，库尔德斯坦先成立自治区。该条约还同意把海湾交由国际管辖和监督：这严重地干涉了土耳其的主权。国际军事法庭的任务是追究奥斯曼帝国的战争罪行，特别是1915~1916年对亚美尼亚人的大批遣返和屠杀，目的是把一件事情做个彻底了结。当年在协约国的压力下，土耳其法庭在主要被告人不在场的情况下，于1919年4月开始审讯青年土耳其党人。当年的大维齐尔塔拉特帕夏（Wesir Talaat Pascha）、战争大臣恩维尔帕夏（Enver Pascha）和海军大臣杰马尔帕夏（Djemal Pascha）都被判处死刑，但都未能执行，因为被告人都逃亡到德国。1921年3月15日，首席大臣塔拉特帕夏在柏林被一位隶属民族主义谋杀小组的亚美尼亚学生刺杀身亡。

《色佛尔条约》并不是彰显民族自治权理想的新时代的标志，而是一种倒退，一个与欧洲帝国主义的联姻。这个在巴黎郊区签署的最后一个条约，也是唯一没有生效的条约。扩大国民议会拒绝批准该协议。为了能有效地制约协约国，穆斯塔法·凯末尔此时试图与苏维埃俄国结成战略同盟。漫长的谈判阻碍重重，主要原因是有一段时间，莫斯科支持1918年5月宣布成立的亚美尼亚民主共和国，而穆斯塔法·凯末尔的土耳其在1920年对后者开战。1921年3月，苏维埃俄国和土耳其终于达成和平协议，该协议（除俄国提供黄金外）把亚美尼亚分别划入两个国家内，短命的亚美尼亚独立运动就此戛然而止。

此时，土耳其国民军在总参谋长伊斯梅特帕夏（Ismet Pascha）带领下，取得了一系列重要的军事胜利。1921年1月和3月，他们在安卡拉到伊斯坦布尔途中一个名叫伊诺努（Inönü）的小地方，两次重创占领了三分之一国土的希腊入侵军队。穆斯塔法·凯末尔借此机会，为表彰凯旋者，即后来于1934年任政府和国家首脑的伊斯梅特帕夏，授权他在其姓氏中一定加上“伊诺努”这个名字。

穆斯塔法·凯末尔的另一个伟大政治功绩是，迫使法国在1920年10月和安卡拉政府签署一个协议，实际上是一个双边和约。根据1915年4月的伦敦秘密协议，有权管辖南安纳托利亚地区的意大利也明显站在穆斯塔法·凯末尔一边。1922年9月，土耳其国民军在凯末尔的率领下，挺进士麦那。9月12日士麦那被攻下。乘胜前进的土耳其军队将撤退的希腊士兵和平民驱赶到大海中。并不是所有人都能及时登上船只，逃到附近的希腊希俄斯岛（Chios）和米蒂利尼岛（Mytilene）。

在小亚细亚拥有上千年历史的文明古国希腊，结局如此悲惨。之后希腊经历了一系列革命动荡，国王康斯坦丁一世曾经在1917年6月，迫于协约国压力放弃王位，但是在他的儿子和继承人亚历山大去世后，经过公投他得以在1920年12月再次登基，1922年9月27日又让位给他的另一个儿子乔治二世。1922年9月初，土耳其军队挺进达达尼尔海峡的中立地带查纳克（Tschanak），为此土耳其和英国军队差点展开正面交锋。多亏指挥官哈林顿（Harrington）将军的审慎和土耳其人有意识的克制，才避免了这一后果。而英国首相劳合·乔治曾一直鼓动希腊人和土耳其人抗争到底，最后不得不为他的固执付出高昂的代价：保守派宣布解散战争联盟。1922年11月15日在下议院选举中保守派胜出。

土耳其在小亚细亚取得大胜后不久，10月10日签署《穆达尼亚停战协议》，10月19日国民军接管东色雷斯。1922年11月1日，在洛桑开始和谈。因为协约国也邀请了苏丹代表的政府，扩大国民议会就在当天宣布废除苏丹制。11月18日选举王位继承人阿卜杜勒-迈吉德（Abdul-mecid）为哈里发，即伊斯兰的首领，取代从伊斯坦布尔逃跑的苏丹穆罕默德六世，但是他没有任何政治统治权。

在洛桑会议上，穆斯塔法·凯末尔政府得以实现其最重要的政治目标。1923 年 7 月 24 日签订的和约中，协约国承认土耳其的独立和主权。取缔了外国势力在土耳其历来的特权，即取缔了历史上签订的所谓“投降”协议，外国军队从伊斯坦布尔撤出。唯一没有得到满足的是收复海湾的全部主权和收复油矿丰富的摩苏尔省（Mosul）的要求。土耳其方保证，要像对待穆斯林一样对待非信仰伊斯兰教的国民，承认宗教自由。

1923 年 1 月，土耳其和希腊不仅就交换战俘和平民囚犯问题达成一致，而且在交换在希腊的所有穆斯林居民和在土耳其的希腊东正教居民的问题上，也达成共识（伊斯坦布尔的希腊人和西色雷斯的土耳其人除外），并签署了相应的公约。《洛桑和约》也确认了该公约；一共重新安置了大约 150 万希腊人和 40 万土耳其人。4 年前的 1919 年 11 月，《纳伊条约》中已有交换土耳其和保加利亚居民的先例。

国家强制性的、按照约定的、得到国际认可的、漠视个人意愿的大规模地驱逐少数民族，是国际政治和国际法领域的一个新事物。1919 年和 1923 年土耳其和其南欧邻国达成的有关协议，得到西欧列强的认可，意在建立一个单一种族的民族国家。如果算上 1912 年至 1913 年巴尔干战争期间的大规模驱逐，1915 年到 1916 年对亚美尼亚人的种族灭绝，这种行动并不是第一次，却是一个早期的危险先例，也是在第二次大战中发生的、人们称为“种族清洗”的先驱。

1923 年 10 月 13 日，协约国军队撤出伊斯坦布尔 11 天后，穆斯塔法·凯末尔宣布安卡拉为土耳其首都。10 月 29 日，扩大国民议会宣布共和国成立，推选穆斯塔法·凯末尔为总统。由此一个历史上独一无二的现代化进程开始了：一个伊斯兰国家在社会、政治和心理上的改头换面。把当年奥斯曼多民族帝国，也是穆斯林世界的霸主，改造为一个西方的民族国家，一个“最现代化的国家”，这就是1923年3月国家奠基人在伊兹密尔“经济会议”上宣布的目标。

奥斯曼帝国的没落，结束对阿拉伯世界的统治，这一切让土耳其尽可能地摆脱了阿拉伯的影响，这也是被穆斯塔法·凯末尔视为尽可能摆脱落后必不可少的步骤。为了达到这个目标，1924年3月3日土耳其废除哈里发，取缔宗教学校和伊斯兰法庭，妇女权益逐步扩大，工业化进程向前推进，衣帽欧化，禁止与德尔维希国往来，修道院被改造为博物馆，推行基督教历法和拉丁字母，重塑土耳其语，剔除阿拉伯语和波斯语元素。特别值得一提的是，1924年4月20的宪法否认伊斯兰教为国家宗教，宪法称土耳其国家是一个“共和的、民族的、与人民紧密相连的、信奉干涉主义的、世俗的和革命的”国家。

1934年国民议会授予穆斯塔法·凯末尔“土耳其之父”的称号。凯末尔政权在某些方面令人联想到某种开明的专制统治体制。但它不是一个发达的独裁，更不是一个成熟的民主。国家创始人的政党，即共和人民党，在议会中总是占优势，只是偶尔有其他的政党竞争。凯末尔的土耳其系统地效仿欧洲：接受瑞士的民法、德国的贸易法和法西斯意大利的刑法。但是西方价值观的规范工程，他们并没有去学习。

用美国政治学家塞缪尔·P. 亨廷顿（Samuel P. Huntington）的话说，奥斯曼帝国的终结，留下了一个“没有核心国家的伊斯兰”。凯末尔的土耳其不能也不想承担核心国家这个角色。其国家理念是建立政治上和世界观上同一性的世俗民族国家。尽管《洛桑条约》做出了截然不同的规定，但是这个政权还是反对所有偏离多数文化的宗教和语言的存在。1923年后仅剩不多的天主教徒，还有库尔德人和阿列维人（Allewiten）越来越感同身受。甚至穆斯林也没有宗教自由：1924年以后伊斯兰教不再是国家宗教，信仰伊斯兰教甚至要受到国家的严格监督。对亚美尼亚人的迫害和暗杀以及对希腊人的驱逐，都和奠定这个新生国家的基础有关。1915年和1916年因种族迫害被告上法庭的政治家和军队在1923年都获得政治大赦。从此以后人们忌讳谈及建国前的那段历史，因为它与凯末尔革命的伟大形象背道而驰。

军队是自上而下实现现代化的主要支柱，是反对伊斯兰化复辟的桥头堡，抗击一切反对这个新生国家的严格中央集权的势力。土耳其需要成为一个强大的国家来弥合发达的、城市化的西部与落后的、以农业为主的东部之间的差距。土耳其向欧洲学习的意愿，没有任何一个受伊斯兰教影响的国家可以与之相比。尽管只完成了局部西化，但成果的确令人刮目相看。凯末尔的土耳其，只是从西方复制了和它的目标以及和凯末尔主义思想相吻合的部分，并没有接受能够严肃挑战他们认为理应如此的那个层面。[7]

土耳其拒绝《色佛尔条约》，但不必担心协约国大举入侵。假设德国决定不批准《凡尔赛条约》，那么直接的后果就是协约国军队和参与国势力有计划地入侵德国。战争结束后的中欧避免了这一争执，却爆发了另外一场冲突，这就是1920年的苏波战争。1918年11月23日，一战结束后不久，毕苏斯基的军队占领了乌克兰的伦贝格。12月底在没有经历大的战役的情况下也拿下了波森市和同名的波森省中的波兰语地区。1919年7月31日，波兰众议院批准（尽管民族民主党有诸多反对的声音）了一份少数民族保护条约，作为吞并这块西部新领土的先决条件，以确保德国人和其他少数民族最基本的权利，例如用母语上课。由于德国接受了和约，除需要公投决定去向的地区外，波兰西部边界的走向得以确定。

此时，东部边境的走向仍然没有定论。苏维埃俄国内战为波兰提供了可以借助与不同势力的合作来扩大自己版图的机会。毕苏斯基起初认为俄国的“白色势力”比布尔什维克更危险，尽管白色势力宣称赞成民族自治权，但很明显是出于战略考虑。因此波兰第一元帅（1918 年 11 月 14 日毕苏斯基军团欢迎他时高呼的称谓）在 1919 年 11 月，拒绝了邓尼金的求助。但是不久后局势发生变化。1919 年到 1920 年冬季，“红色势力”越来越有可能胜利。毕苏斯基认为，红军不久会在西边发起攻势。的确如此，苏维埃武装力量总参谋部 1920 年 2 月出台了一个进攻波兰的计划。为了抢在这场预谋的攻击之前，波兰元帅不顾巴黎委员会的警告，决定率先向红军发起进攻。

只有西蒙·彼得留拉率领的乌克兰人民共和国是他的同盟伙伴。1920 年 4 月 21 日，毕苏斯基和彼得留拉签订了一份军事协议，第聂伯河以东地区的乌克兰共和国让给彼得留拉政府，而彼得留拉同意和波兰组成联盟国家。这样一来东部的波兰领土几乎恢复到 1772 年波兰第一次被瓜分前的状态。在毕苏斯基本人领导下，5 天之后开始进攻驻乌俄军。波兰和乌克兰军队很快兵临基辅城下，但是并没有得到预想的当地民众的支持。6 月份红军大举挺进，7 月中旬维尔纽斯和格罗德诺（Grodno）落入红军手中。这一局势的发展证明列宁的观点是对的，他极力反对托洛茨基的建议，力主布尔什维克发动进攻，目的是将共产主义革命传播到华沙，从那里扩展到德国，乃至全中欧和全西欧。

波兰面临万分严峻的局面，甚至民族民主党人、波兰新总理瓦迪斯瓦夫·格拉博斯基（Wladyslaw Grabski）亲自前往斯帕，请求协约国伸出援助之手。协约国的援助条件非常苛刻：波兰必须事先承认最高委员会关于立陶宛国境和捷克斯洛伐克边境的决定，放弃维尔纽斯，将其给立陶宛，将军队撤回到 1815 年原则上规定的波兰会议王国的边境线。这条边境线的走向将成为未来波兰的东部边境线。波兰同意后，英国外交大臣寇松（Curzon）7 月 11 日电报通知苏维埃俄国政府。因而这条边境线被布尔什维克称为“寇松边境线”，从北向南，北起陶格夫匹尔斯－维尔纽斯－格罗德诺铁路线，经过布列斯特，沿布格河（Bug）到克雷武夫（Krylów），沿着伦贝格（Lemberg）西部和普热梅希尔（Przemyol）东部，穿过西里西亚。只要红军越过这条线，波兰就会得到西方军事援助。

不久后，需要“联盟涉足”的情况就出现了。但是西方在提供帮助时受到多方阻碍，特别是在提供战争物品的时候：在英国，政治左翼和有组织的工人阶级不断抗议，工党和工会甚至以全面罢工相要挟。在法国、意大利和德国，拒绝反苏战争的声浪很高。但泽港口工人拒绝卸运协约国船只的弹药。柏林政府和布拉格政府拒绝在德国领土和捷克斯洛伐克领土上运输军队和战争物资等。因此波兰还得靠自己。在农民领袖温森迪·维托斯（Wincenty Witos）的领导下，波兰组建了一个新的“民族自卫政府”，这是一个除共产党外，所有其他党派政治家都参加了政府，政府建立起一支用镰刀武装起来的 8 万人志愿军。波兰军事实力暂时扩展到 90 万人。

毕苏斯基元帅得到法国将军魏刚（Weygand）领导的部队的支持，扭转了波兰战局。法国一方参战的还有年轻的夏尔·戴高乐（Charles de Gaulle），1919 年他在波兰军队中服役，任参谋部随员。8 月 6 日波兰国家元首决定展开进攻。1920 年 8 月 13 日至 25 日的华沙之战，波兰大获全胜。这场战役被称为“维斯瓦河奇迹”。几天之后涅曼河畔也传来胜利的喜讯。红军被迫撤退。9 月波兰军队又攻入白俄罗斯和乌克兰纵深。10 月 9 日，波兰没费一枪一炮拿下维尔纽斯。得到毕苏斯基的默认，波兰军队故意置两天前签署的《波兰－立陶宛协议》于不顾，该协议规定了维尔纽斯归属立陶宛。

在波兰攻势的压力下，苏维埃俄国同意签署临时和平协议。1920 年 10 月 12 日，在里加签署的协议标志着战争结束。1921 年 3 月 18 日，最终和约也在里加签署。由此波兰边界比寇松边界向东扩展了200公里。平斯克（Pinsk）、伦贝格和捷尔诺波尔（Tarnopol）都归属波兰，这里是白俄罗斯和乌克兰民族的居住地区，他们信奉东正教和希腊东正教。1922年3月国际联盟调解失败后，被称为“中部立陶宛”的维尔纽斯地区归属波兰，这里的居民以波兰人、立陶宛人和犹太人为主。立陶宛认为维尔纽斯是其自古以来的首都，因而拒绝承认这个单方面行动。两个国家因此断绝了外交关系。双方将这一关系恰如其分地表述为“不战不和”状态。

1922年至1923年划分到波兰境内的2700万居民中，有1900万居民，或者说70%的人口认为自己属于波兰民族。这里有400多万乌克兰人，200多万德国人和白鲁塞尼亚人，另外还有一些少数团体如俄罗斯人、捷克人和鞑靼人。1923年的波兰不再是一个“单民族国家”，而是如同历史学家汉斯·鲁斯所说，是一个“地地道道的多民族国家”。波兰受到敌对国家的包围。它们都伺机更改这一局面。在这个问题上，它的邻国德国、苏维埃俄国和立陶宛的立场一致。波兰和捷克斯洛伐克的关系也很糟糕：波兰并不认同7月底协约国大使会议划分华沙和布拉格之间有争议的切申（Teschen）地区的决定。该决定以奥尔扎河（Olsa）为界，将切申市一分为二，约7万波兰人就成了捷克斯洛伐克居民。

/ 198 “维斯瓦河奇迹”对波兰是一个历史性转折点。波兰的胜利大大降低了把革命从东向西扩展的期望值。法国是欧洲大陆的霸权势力，也是苏维埃俄国的主要对手，它从支持毕苏斯基军事力量的成果中获益：波兰成为中小国家阵营中的中流砥柱，一条“防疫封锁线”形成了，既能抵抗布尔什维克的俄国，也限制了德国，防止其影响扩展到“中间欧洲”的中部和南部。

1921年3月20日，《里加和约》签署后两天，在上西里西亚举行《凡尔赛条约》规定的公投。结果是近60%的人赞成并入德国，40%的居民希望并入波兰。从行政区的角度分析，597个行政区多数赞成归入波兰，664 个行政区多数表示愿意划入德国。因此帝国政府提出整个上西里西亚应归属德国，而波兰和协约国则坚持将这个地区一分为二。为了强调它们的要求，华沙政府暗地里支持沃伊切赫·科尔凡蒂领导的起义，他曾经是帝国议会议员，随后波兰叛乱分子占领了大部分公投地区。

德意志帝国和普鲁士政府对此的回应是，向上西里西亚自卫军提供武器，该自卫军是于 1920 年组建的一支准军事部队。5 月 23 日和巴伐利亚自由军团“高地”一道占领了上西里西亚的制高点安纳贝格（Annaberg）。6 月底，协约国的公投委员会终于让各家武装势力退出这一地区。1921 年 10 月 20 日，协约国最高委员会根据国际联盟理事会的评估，对边境问题做出决定：五分之四的上西里西亚工业区归属波兰，包括卡托维兹市（Kattowitz）和霍茄夫市（Königshütte），而在 3 月 20 日公投时，那里的大多数人则希望并入德国。德国能做的只有抗议对自治权的如此曲解，但是没有其他的政治工具来争取更好的解决方案。

波兰并不是战胜国阵营中唯一抱怨协约国决定的国家。意大利也有同样的问题。虽然意大利得到南蒂罗尔、威尼斯朱利亚（Julisch-Venetien）、的里雅斯特和伊斯特拉以及多德卡尼斯岛屿，但是并未满足意大利极端的民族统一运动的要求，他们要求将曾经属于意大利的达尔马提亚沿海的威尼斯地区，以及现在归属于塞尔维亚、克罗地亚和斯洛文尼亚王国的科托尔海湾都划入本国领土。还有一些目标也没有实现，如将阿尔巴尼亚纳入意大利保护领地、得到德国的某些殖民地等。坚定的民族主义者认为最痛心的是，意大利军队 1918 年 11 月初曾经占领的亚得里亚东部的港口城市里耶卡，被划为一个独立的自由市，不再属于意大利，尽管那里的意大利居民多于克罗地亚人。“一场被肢解的胜利”这一口号凝聚着激进右翼的愤怒。

意大利一方承担和谈结果责任的是首相弗朗西斯·尼蒂和外交大臣托马索·蒂托尼（Tommaso Tittoni）。他们的前任分别是1919年6月19日被推翻的首相奥兰多和当年的外交大臣桑尼诺。9月意大利军队和法国占领军在里耶卡发生冲突，尼蒂命令在那里驻扎的几个部队撤离，他们不但拒绝服从命令，反而加入诗人邓南遮组织的志愿军。邓南遮于9月12日进驻里耶卡，让那里的意大利指挥官把管理城市和周围地区的权力交给他。尼蒂开始为此非常恼火，但不得不认识到，军队领导并不准备对抗邓南遮，人们颂扬他是20世纪初的民族英雄加里波第。不久，首相也开始提供金钱和食物来支持邓南遮政权。

1919年11月议会大选后，社会党和新基督教民主派的“联盟党”都取得很好的成果（他们在众议院共获得一半以上的席位），战前的意大利自由派代表，“伟大的老人”乔瓦尼·乔利蒂（Giovanni Giolitti）出面组建新政府。起初他仍继续暗地里支持邓南遮。1920年11月，乔利蒂在拉巴洛（Rapallo）与塞尔维亚、克罗地亚和斯洛文尼亚王国缔结了协议，承认里耶卡自由城市的地位，而扎拉市（Zara）和达尔马提亚的四个岛屿归属意大利。意大利军队和跟随邓南遮的部队发生严重冲突后，1920年12月，乔利蒂政府下令军队正式发动进攻，随后邓南遮投降。3年后，里耶卡的身份又发生了新的变化：1924年1月，贝尼托·墨索里尼执政后第二年，和塞尔维亚、克罗地亚和斯洛文尼亚王国签署协议，将海港部分和整个腹地划给它们，而让里耶卡市回归意大利。[8]

根据威尔逊的本意，建立国际联盟应是巴黎和会传递出的一个积极信号。1920年1月10日，国际联盟决议和《凡尔赛条约》生效，同一天，国际联盟在日内瓦正式开始工作。大约2个月后的3月

19日，在美国参议院所发生的事情，其实并不会令细心的观察家感到惊讶。自1919年11月18日以来，参议院大多数持保留态度，反对《凡尔赛条约》。在对被威尔逊否定的“保留”提案的关键投票中，差7票没有达到所需的三分之二多数。当然，即使拥有足够多数，也帮不了威尔逊总统。并不是《凡尔赛条约》中有关德国的那部分，而是和约中有关国际联盟那个章节，导致威尔逊的伟大计划失败。总统的失败是共和党参议员，是来自爱达荷（Idaho）州的威廉·埃德加·博拉（William E. Borah）和来自马萨诸塞州的亨利·卡伯特·洛奇（Henry Cabot Lodge），以及他们代表的“孤立主义”的杰作。其主要论点是美国一旦成为国际联盟的成员，可能会被拖入那个“纠缠不清的联盟”，这是托马斯·杰斐逊在1801年3月4日就职演说中明确否定的。威尔逊的反对者认为不仅是参加国际联盟，连在巴黎和会上威尔逊和劳合·乔治为法国做出的担保协议，都会带来卷入欧洲冲突的危险。担保协议的内容是如果法国受到德国的无端进攻，他们就要出来保护法国。这个协议也因1920年3月19日的决定而无法生效。

威尔逊总统1919年7月8日从巴黎和会返回后，在参议院和全国各地无数次集会上宣传国际联盟。9月25日，他在科罗拉多州普韦布洛的一次讲演中晕倒。中断旅行几天后，他又在华盛顿不幸中风。8周时间里他无法执行公务。尽管后来身体复原，但是他在其任职的最后18个月身心俱疲。

向参议院的批评者做些让步会扭转局势吗？这值得怀疑。威尔逊拒绝妥协，因为他坚信单方面更改协议文本会导致严重后果。1920年总统选举时，按照以往的经验，已经有两个任期的他不能再参加竞选。这位1919年的诺贝尔和平奖获得者，自1920年3月后，他作为总统，几乎是以悲剧的形式失败了，他的高尚理想和与之抗衡的欧洲及美国的现实相去甚远，这是他失败的原因。

威尔逊为美国设想的领导全球的角色，以及最后的“美国强权之下的世界安定和平”并没有得到美国大部分公民的理解，特别是没有被政治和经济精英接受。美国虽然利用贷款、物资和军队，帮助英国和法国战胜了德国和其盟友，但是并没有准备好承受这个因共同胜利而赋予它的世界政治责任的重担。美国拒绝参加国际联盟，即使它并没有完全切断和欧洲的关系。经济上和金融上，美国在欧洲大陆依旧非常活跃。在某种程度上，它弥补了迄今为止英国起到的世界银行家的角色，在战争期间，英国银行家需要依赖美国的援助，战后依然如此。但是美国参议院拒绝加入国际联盟造成的世界政治空白，是任何欧洲国家都不能弥补的。

1914 年前“大不列颠治下的和平”只存在于其殖民地，并不存在于欧洲大陆。现在法国跻身欧洲大陆最强国之列。由于法国在莱茵地区问题上没有达到其最高目标，所以指望两个盎格鲁 - 撒克逊国家提供援助保证和安全保证。由于美国没有批准国际联盟和《凡尔赛条约》，法国不得不放弃这个希望。西奥多·席德尔（Theodor Schieder）认为，1919 年法国在国际体系中表现出的强硬立场，其实只是一个“称霸的假象”。一方面受制于法国国家财政崩溃的威胁，另一方面，德国东山再起的可能性依旧存在，以及对现状不满、“试图翻案”的德国和苏维埃俄国也有可能携起手来。这个噩梦甚至在巴黎和会期间就一直折磨着劳合·乔治。

作为战胜国的法国在 1919 年后并不感到安全，正因为如此，在之后的一段时间内，它总想通过让德国支付战争索赔来确保得到更多的安全。战争结束后的法国民族主义如此强烈，以至于根本无从想象会有一个“法国治下的和平”。一个打上法国烙印的和平秩序需要巴黎做出准备，将民族利益置于一个高瞻远瞩的大框架内，但是这种准备还不存在。

为此法国需要找到足够强大的伙伴，找到让它感到是真正盟友的伙伴。1917 年以前，俄国就是这样一个盟友，但是自 1917 年革命后它不复存在了。1904 年的协约国伙伴英国，它在 1918 年后并不想让法国更加强大，也不想削弱德国。法国现在的伙伴只剩下波兰和那些“小协约国”。1920~1921 年，捷克斯洛伐克、罗马尼亚和塞尔维亚、克罗地亚和斯洛文尼亚王国在法国保护下联合成立“小协约国”，目的是有效反对匈牙利的“颠覆”企图。 但是 1921 年 2 月和巴黎缔结互助协议的波兰，在《里加和约》后，至少在西部边境问题上，特别是在和捷克斯洛伐克的边境问题上，也跻身于实现“颠覆”计划的国家之列。法国外交部在 1924 年到 1927 年与“小协约国”签订了国家结盟协议或称和平协议，但这些国家更需要法国的帮助，并不能给“防疫封锁线”的发明国法国提供任何帮助。意大利因“被肢解的胜利”非常愤怒，因此自顾不暇，不能认真考虑将其作为盟友。欧洲战后的秩序如此不稳定，和平如此脆弱，法国政治根本不能对这种现状抱有任何幻想。

1919~1920 年的巴黎和会根本不同于 1814~1815 年的维也纳会议。当时战败国法国也参加了和谈。当年的和约根本不是意在复仇和报复，而是为了建立一个稳定的均势秩序。1814~1815 年的和平缔造者还不需要顾及人民的意见。除英国外，大家都一致认为，如果人民有政治诉求，也只需在有限的范围内加以考虑。100 年后，民主意识广泛传播，如不考虑人民的意愿，几乎不可能缔结任何和约。战胜国的人民将德国人归为战争唯一的罪魁祸首，要求他们为战争带来的痛苦、损失和匮乏承担最高的惩罚。任何一个政府若服从国家理性的准则而否认这些要求，马上就会被推翻。因此德国不能参加和谈。它不得不接受战胜国之间协商好的条件。

就中东欧问题，巴黎和会面对的是 1848~1849 年革命期间已经提上议事日程的某些问题。当时隶属哈布斯堡王朝的大多数斯拉夫民族和德国人、意大利人不一样，并未争取建立主权民族国家，而

只满足于在这个多民族帝国中拥有一个合适的位置。因此他们反对
/ 204 努力推翻哈布斯堡王朝或支持这种努力的所有势力。他们反对那些试图建立德意志统一国家的德意志奥地利人。他们反对努力建立一个统一独立波兰国的波兰人。他们反对起来与维也纳皇帝至高无上权力抗衡的匈牙利人。从这种敌对立场出发，他们和哈布斯堡反革命势力结成的同盟，是致使中欧革命失败的中坚力量。

70 年后，斯拉夫民族不再维护哈布斯堡帝国。他们现在的目标是，建立独立的民族国家。因此 1848~1849 年的问题又被摆到了桌面上。当年马扎尔人准备脱离斯蒂芬王冠领地，成立一个自主的、独立于维也纳政府的国家时，引发了斯拉夫各民族的反对，也触动了罗马尼亚人和德国人的神经，因为这些民族都不是匈牙利国名中提到的民族。西方的，更准确地说法国的理念是“民族是一个不可分割的整体”，但这是以高度的民族同一性为前提的，或者说要强迫其达到还不曾存在的同一性。在中东欧和东南欧，民族的混杂与其说是例外，不如说是常态。无限制地采用多数原则只能导致最强势的民族牺牲其他民族利益来实现自己的愿望，威胁其他民族的同一性。

西方势力意识到这个问题，所以尝试用少数民族保护协议进行调解，并把议会批准这个协议作为前提，作为是否从国际法的角度承认那些中东欧和东南欧国家的先决条件，不论它们是新生的、复活的还是扩大领土的国家。第一个少数民族保护协议于 1919 年 4 月 28 日和波兰签署。1919 年还与其他国家签署了一系列相应的协议，如与塞尔维亚、克罗地亚和斯洛文尼亚王国，和捷克斯洛伐克、罗马尼亚，1920 年 8 月和希腊也签署了这一协议。相关国家认为这些条约是对其主权的严重干涉，竭尽全力反对。实际上这些协议在所有公民的同等权利方面，只提出了最低诉求，包括赋予那些在国家
/ 205 名中没有提及的民族以某些文化权利，如在特定条件下，有权用母

语上课等。

大部分协议都没有提及民族同一性的集体权利。只有罗马尼亚的少数民族保护条例确定了有利于匈牙利民族和德国民族的规定。立陶宛不得不在1924年5月8日的《梅梅尔公约》中，确保梅梅尔和其周围地区是一个自治邦，拥有自己的邦议会和政府，这也是立陶宛做出的让步，以便让国际社会承认其1923年1月对梅梅尔地区的兼并。而爱沙尼亚自愿做出的承诺最多，1925年它承认少数民族拥有完全的文化自治，而且少数民族可以成立有征税权利的官方法人协会。德语少数民族和犹太少数民族都利用了这一条款。但是没有人效仿爱沙尼亚。大多数新生民族国家仅满足于国际联盟提出的最低要求。德国和匈牙利少数民族还可从“祖国”那里得到支持，保证立陶宛不会忘记保护少数民族。而其他民族则没有这种强大的保护势力做后盾。

历史学家西奥多·席德尔将欧洲民族国家的形成划分为三个阶段。第一个阶段是那些已经成形的国家，它们通过整合领土形成了中央集权国家：17世纪革命后的英国和1789年革命后的法国是典型实例。第二阶段，1859年后的意大利和1866年后的德国是比较有代表性的例子。多个割据一方但又属于一个国家的部分联合起来组建一个民族国家。而两个因素缺一不可：自由统一运动和一个历史悠久的国度，例如意大利的皮埃蒙特和德意志的普鲁士。第一个阶段地缘重点在西欧。第二个阶段在中欧。1918~1919年一批民族国家的建立属于第三个阶段，其起源可以追溯到19世纪上半叶希腊的解放和塞尔维亚脱离奥斯曼帝国统治。新生的民族国家都起源于分裂运动，它们反对多民族国家，反对奥斯曼帝国、哈布斯堡王朝和罗曼诺夫王朝。第三阶段也是最后一个阶段，重点在中东欧和东南欧。 / 206

按照西方的原则，更确切地说是按照法国的原则，一个民族是建立在众多个体的政治决定基础上的，用欧内斯特·勒南（Ernest Renan）1882 年脍炙人口的表述就是，一个民族的存在是一个每天重复的全民公投。但是越往东，这个定义就越没有意义。在德国，自赫尔德（Herder）以来的主流观点是，重要的是那些共同的语言、文化和传统等客观因素，而不是那些愿意归属某个民族的主观因素。这个观点很适用于那些很靠近东边的新生民族国家。

两次大战期间，中东欧和东南欧民族国家危机更深层次的原因，就在于这个流行甚广的自我评判。不管少数民族保护条例中规定了什么，只要谁不属于国家名称中提到的民族，它就比那些多数的或者国家支柱民族低一头。接受西方民主多数的原则，一开始就蕴藏着歧视少数民族的危险。为了能够在新生国家中站住脚，必须对这个原则加以限制，对少数民族的保护必须做到深入人心。但是几乎所有新生国家都或多或少缺乏这一认知，因此妨碍了民主在大多数这些国家中的发展。

乍看起来第一次世界大战后好像诞生了一个新世界，一个 1848~1849 年革命极左翼梦寐以求的世界：人民的刽子手被消灭，包括欧洲反动阵营的沙俄霸权。几乎在欧洲各个角落，都诞生了自由的、民主的民族国家。在它们之上还有一个国际联盟，它的问世深受实现各民族自治权理想的影响。然而只有部分左派认为，1917 年 11 月在俄国掌握政权的共产主义势力是一个进步的甚至是自由的体制。另外一部分左派，他们与众多保守势力一道竭尽全力阻止苏维埃共产
/ 207 主义向西部传播，因此他们受到的责备与 1848 年温和自由派所受到的一样：背叛革命。在奥斯曼、哈布斯堡和沙俄这些多民族帝国的后继国家中，自由是否有了更加稳定的基础，在 1919 年至 1920 年已经对此有强烈质疑，因此这些国家是否能够成为国际联盟章程中宣称的追求全球和平秩序的可靠支柱，也不得而知。

国际联盟协议创始人之一，南非将军和政治家扬·克里斯蒂安·

史末资，自 1917 年起任新组建的帝国战争内阁自治领地的代表，他曾建议，先把中东欧和东南欧新建立的国家作为国际联盟的托管地，但这严重干涉了这些新生国家的主权，因而受到严厉拒绝。而史末资这种托管的设想，却在当年奥斯曼帝国的阿拉伯地区和德国当年的殖民领地得到证实。

国际联盟托管地的方案也是对美国反殖民地强大思潮的一种妥协，当然在巴黎的威尔逊考虑到其欧洲盟友的利益，同时他本人对这个问题也不感兴趣，因而很不情愿地考虑使用这个办法。如果国际联盟委托一个成员国监管某个非独立地区，那么这个地区就不是“彻头彻尾的殖民地”，而是体现着某种较温和的殖民形式或者较温和的帝国主义形式。原则上这种托管是未来独立前的过渡阶段。这些地区被划分为三个范畴，但开始时只有范畴 A 地区的独立前景比较现实。其中有原属已经灭亡的奥斯曼帝国的阿拉伯地区，伊拉克、外约旦和巴勒斯坦三个地区归英国管理，另外两个地区如叙利亚和黎巴嫩归法国托管。范畴 A 的托管地比较成熟，可以期待很快获得独立。伊拉克于 1932 年 10 月实现独立，也是范畴 A 中第一个独立的地区。伊拉克自 1921 年开始是费萨尔一世（Faisal）统治下的王国，费萨尔是麦加谢里夫（Scherifen von Mekka）侯赛因·伊本·阿里（Hussein Ibn Ali）的儿子。

范畴 B 包括那些独立时间还完全不确定的地区，例如德意志帝国早期的非洲殖民地，但德国的西南非殖民地除外。多哥和喀麦隆在此期间已经分给英国和法国。德国的东非领地大部分归属英国。比利时得到卢旺达和布隆迪。基翁加三角区归属葡萄牙的东非，即现在的莫桑比克。在史末资的敦促下，德国西南非殖民地列入范畴 C，并移交给南非联盟管理。范畴 C 地区的独立比范畴 B 更遥远。而且对黑人的歧视不论在南非联盟还是在其原本的国家内部都很严重。范畴 C 还包括德国殖民地波利尼西亚。赤道以南的地区，委托给自治领地澳大利亚和新西兰，赤道以北的地方归日本管理。这个远东的帝国还继承了德国在中国的权利，当然附加条件是今后要把胶州半岛归还中国。这是美国发起的国际裁军会议的结果，会议于1921年11月到1922年2月在华盛顿召开。在会议上，日本不仅接受了对其舰队的限制（美国、英国和日本的比例为5：5：3），也承认中国的独立，并确认了各国在中国的门户开放原则。日本民族主义分子和许多军方代表认为，这是对西方势力的忍辱负重。

国际联盟对当年殖民地和当年奥斯曼帝国所属阿拉伯地区的态度，并没有和殖民主义及帝国主义的实践有什么不同。不算近东的托管地，和战胜国与中立国的老殖民地相比，那些“新”殖民地并没有更好的机会取得独立。由于属于范畴A的托管地有相对特权，并对其他殖民地有歧视，欧洲殖民势力无意中推动了所有依附于它们的领地的独立运动。特别是在1914年以前民族主义运动就有强大呼声的地方，例如印度和埃及。

/ 209

1919年，埃及经历了一场由瓦夫德党（Wafd-Partei）挑起的革命动乱。起因是大不列颠拒绝让埃及代表团参加巴黎和谈会议。第二年，反殖民地运动蔓延到整个近东地区的托管领地。在叙利亚和伊拉克，阿拉伯人抗议英国、法国和国际联盟阻止他们成立一个较大规模的或者说一个整体的阿拉伯国家。巴勒斯坦人则反对犹太人的民族家园计划，这是1917年11月英国政府在《贝尔福宣言》中确定的方针。1921年西班牙的摩洛哥领地丽芙卡比伦（Rifkabylen）起义，然后蔓延到法属摩洛哥，1926年起义才被镇压下去。

一战期间，印度人在大英帝国军队中起到很大作用。战争结束后半年，殖民势力和当地居民爆发了一场流血冲突。1919年4月，在阿姆利则（Amritsar），廓尔喀（Gurkha）军队在英国将领命令下向手无寸铁的示威人群开枪，原因是抗议者没有遵从官方禁令，而是继续游行抗议压制性的紧急状态法，也就是以一名英国法官的名字命名的《罗拉特法案》。这一事件造成379人死亡、1200人受伤。阿姆利则血案和在旁遮普等地用飞机和机枪对付居民的行径，深深地震撼了印度。独立运动向极端化发展。1920年以来一向温和的独立运动代言人甘地（Gandhi）也不例外。自1857~1858年起义以来，英国的统治受到前所未有的威胁。这是给那些人一个警告，他们以为1918年后仍可以在亚洲和非洲继续推行帝国主义政策，好像第一次世界大战根本没有发生过。

1914年8月战争开始时，社会民主倾向的费边社（Fabian Society）成员之一、英国作家赫伯特·乔治·威尔斯（Herbert George Wells）指出，这是一场“结束战争的战争”。他并不知道他的这个观点重提了德国黑格尔左派人士阿诺德·卢格（Arnold Ruge）的口号。1848年7月22日卢格在法兰克福保罗教堂，在提到期盼已久的抗击专制俄国的欧洲解放战争时说，这场战争是“最后的一场战争，一场反对战争的战争，反对野蛮战争的战争”。韦尔斯的战争解释，不仅在英国和法国，而且在大西洋彼岸的美国也唤起强烈的反响。它和希望全球和平的理想相结合，威尔逊总统试图用实现全球和平的理想，来说服美国公众坚信美国参战的必要性，说服欧洲要坚信美国的使命。然而巴黎和谈后形成的战后秩序，并不能给人什么希望，并不能让人坚信一个持久和平时代即将起航。[9]

美国阵亡的士兵有 11.5 万人，尽管如此，美国的牺牲比其他欧洲国家要少得多：德国和俄国的士兵阵亡人数分别是 180 万和 170 万，法国阵亡士兵人数是 140 万，奥匈帝国的士兵阵亡人数是 120 万，大不列颠有近 100 万人战死沙场。然而第一次世界大战对美国人来说是一个深刻的转折。1917~1918 年，他们不得放弃许多他们本来认为理所应当的事情。他们不仅要到欧洲参战，而且有一段时间甚至必须告别由来已久，例如“允许企业自由经营”和新闻言论自由。战事结束后，尽快回到参战前正常状态的愿望极为强烈。

对于企业主来说，正常化首先是收回在战争期间对工人和工会不得不做出的让步。那些应征入伍的工人，他们希望返回工作岗位，而在此期间这些岗位由妇女和黑人顶替了。这些黑人是 1914 年后“大迁徙”过程中，从南方农业区来到北方工业区。1919~1920 年，
/ 211
战争给经济带来的后果冲击了所有工人：猖獗的通货膨胀，价格上涨高达 15%，迅速吞噬了 1917~1918 年工资的微薄上浮。

1919 年多次罢工潮席卷了从东岸到西岸的全国各地。1 月在华盛顿州的西雅图，造船厂工人罢工引发了数日的总罢工。这次罢工虽然得到激进的世界产业工人联盟（简称 Wobblies）的支持，但是没有得到由塞缪尔·龚帕斯（Samuel Gompers）领导的美国劳工联盟（AFL）的首肯。联邦军队介入后，罢工马上结束，没有引发流血事件。在波士顿，9 月警察因抗议低廉的报酬拒绝执行公务。后果是引发骚乱和抢劫，马萨诸塞州共和党州长柯立芝（Coolidge）不得不动用国民卫队。龚帕斯提出建议，向罢工警察提高工资的诉求让步，而州长严词拒绝，因而受到全国各地美国保守派的赞许。他的回复是：“没有任何权利可以置公共安全于不顾，不准任何人，不准在任何地方，绝对不允许。”

波士顿警察罢工后几天，中西部钢铁工业也开始罢工，大约36.5万名工人参加。像在西雅图，世界产业工人联盟也参与其中，美国劳工联盟没有给予支持。10月罢工工人和军队在加里和印第安纳的流血冲突，造成19名工人丧生。但生产并未受影响，企业继续开工，因为没有组织的黑人取代了罢工工人的位置。1920年1月，罢工潮退去，工人并未争取到更好的条件。

美国黑人在战争中和他们白人战友一样勇敢作战。但是他们的奉献并没有让他们向得到平等待遇的目标靠近。1917年后工业领域就业的黑人，很快就被1918年返回家乡的白人老兵取代。黑人工人常常比白人挣得少，因此白人认为他们是压低工资的原因，这也是白人对有色少数人种越来越怨恨的一个重要原因。私刑黑人的数量从1917年的48起上升到1918年的63起，1919年达到78起。在芝加哥，1919年春天在黑人社区就发生数次爆炸袭击事件，种族之间的这种紧张关系在7月发展为内战般的骚乱，共537人受伤，38人死亡，其中大多数是黑人。1919年夏季的种族骚乱中总共有120人丧生。

美国有色人种最大的利益代表机构，全国有色人种协进会从暴力升级中得出结论，黑人不要仅停留在呼吁有关当局的保护，而是要起来对付白人暴民以进行自卫。以出生在牙买加的马科斯·加维（Marcus Garvey）为首的激进派黑人甚至提出要和白人社会决裂，返回非洲。几年以后在纽约黑人作家和艺术家发起的“哈莱姆文艺复兴”运动，试图通过反思美国黑人的非洲渊源及其文化认同性，提高有色人种的自信。

1919年4月，一系列炸弹包裹的出现震惊了美国公众社会，这些包裹都是寄给著名的商界领袖和政界人士，幸亏包裹在寄达之前都被截获，只有一个例外（一个参议员家佣打开包裹时，双手被炸掉）。那些没有及时拆除引信的炸弹员，6月2日在8个城市几乎同时爆炸，其中一个包裹在威尔逊内阁的法律部长亚历山大·米切尔·帕尔默（A. Mitchell Palmer）家的外墙引爆，造成墙体严重受损。报纸上立即出现的报道是：这是一场大规模、大范围、由莫斯科共产国际操纵的阴谋，用以反对美国的政治和社会秩序。大多数州对这种“红色恐怖”的回应是颁布《防暴乱法》。许多城市、学校和大学开始对那些所谓的或者真正的革命者进行政治清洗。

/ 213 法律部长帕尔默对这次“红色恐怖”采取了极为强硬的措施。1919 年 11 月，他下令抓捕了 250 名“俄罗斯工人联盟”会员，并经芬兰海路把他们遣返回苏维埃俄国。1920 年 1 月，帕尔默在其年轻同事约翰·埃德加·胡佛（J. Edgar Hoover）的支持下，发起了决定性的反击：新成立的联邦调查局（FBI）抓捕并审讯了 6000 多名激进分子，包括罢工教唆者、两个小型共产党的党员和无政府主义分子。大约 500 多名可疑的外国人，尽管无法证明他们中的大多数有极端思想和犯罪记录，都被驱逐出境。大约 250 名当年来自沙俄的居民被遣返回苏维埃俄国。

“帕尔默行动”一开始受到公众的大力欢迎，只是自由主义者和左翼有零星的反抗，指责其严重伤害了公民的自由权。在这次对左翼“外来人”的大规模怀疑运动中，最有名的受害者莫过于两位意大利移民，一个是鞋匠尼古拉·萨科（Nicola Sacco），另一个是鱼贩子巴托洛梅奥·万泽蒂（Bartolomeo Vanzetti）。他们两人丝毫不掩饰自己的无政府主义倾向。1920 年 5 月，他们被控告共同抢劫谋杀了马萨诸塞州布伦特里（Braintree）一家鞋厂的出纳员。1921 年 7 月 14 日，尽管证据非常值得怀疑，他们两人仍然被判处死刑。自由党人、社会党人和共产党人马上组织了世界范围的声援活动。诸多知名知识分子如萧伯纳、赫伯特·乔治·威尔斯和爱因斯坦都积极支持这个声援活动。但这只是起到了延期执行死刑的作用。1927 年 8 月 23 日，不顾国际上的强烈抗议，萨科和万泽蒂还是被执行电椅死刑。马萨诸塞州州长、民主党人迈克尔·杜卡基斯（Michael Dukakis）在1977年7月1日，也就是半个世纪后才为这两位意大利无政府主义者恢复名誉。

如果说在1919~1920年还有什么比“红色恐怖”更触动美国公众社会的，那就是“禁酒令”。1920年1月16日，在国会和各个州议会中取得必要的修宪多数后，1787年宪法第18号修正案生效。这次修改的内容是禁止在美国制造、经销和运输酒精饮料。这个禁酒令是反沙龙联盟和福音派原教旨主义禁酒会会员由来已久的愿望，特别是来自南部和中西部农村地区的禁酒会员，还有许多妇女协会，包括进步运动团体，如19世纪末和20世纪初的大型改革运动。在国家层面和州层面，大多数人之所以同意，是因为参议员和众议员都受到禁酒活动团体的强大压力。

事实证明，禁止酒精饮料是行不通的。它受到大多数居民的拒绝和无视。代替被禁止的“沙龙”的，是诸多非法的、冠以私人俱乐部名称的小酒馆，即所谓“非法经营”的场所。有组织的犯罪集团利用非法烧酒厂以及经墨西哥和加拿大边境走私酒品大发横财。政治学家和法学家恩斯特·弗兰克尔（Ernst Fraenkel）的结论一针见血：“禁酒令也许是美国历史上最大的政治恶作剧。”弗兰克尔认为它破坏了“国家的法制道德，帮助了黑帮势力，败坏了国家机器，令国家陷入管理混乱的边缘”。1933年，富兰克林·德拉诺·罗斯福（Franklin Delano Roosevelt）总统上任初期结束了禁酒令，迫于民意对宪法进行第21次修订，取缔第18号修正案，但仍允许个别州用法律禁止酒精的进口和运输。

1920年8月，第18号修正案生效大约半年后，第19号修改案生效。女性终于与男性一样，在同样条件下拥有了选举权，这也是几十年来美国女权运动奋斗的目标。1914年以前已经在11个州内实行了女性选举权。首次允许女性参加的总统大选是1920年11月的选举。这次大选共和党胜出。尽管他们的竞选人，来自俄亥俄州的保守派沃伦·盖玛利尔·哈定（Warren G. Harding）之前在政治上并未崭露头角，基本上是一张白纸。他的“竞选伙伴”——争取副总统职位的是马萨诸塞州州长卡尔文·柯立芝——是1919年波士顿警察罢工中的“英雄”。民主党总统竞选人是俄亥俄州州长詹姆斯·米德尔顿·考克斯（James M. Cox），副总统竞选人是海军部年轻的助理秘书富兰克林·德拉诺·罗斯福，民主党此次只得到34%的选票。这个结果也是两个大党总统竞选人迄今为止得到的最差结果。共和党的凯旋表达了对回归正常状态的极度渴望，也是哈定一再提及的美国式“正常状态”，他把这种正常状态和明确否定威尔逊年代理想化的国际主义捆绑在一起。

在位只有两年多，经历了两次心肌梗死后，哈定于1923年8月2日去世。在这位威尔逊继任人任职期间，内政部部长和司法部部长都卷入诸多欺诈和腐败丑闻。最臭名昭著的案例是前任墨西哥参议员，现任内政部长艾伯特·培根·福尔（Albert B. Fall）一案。他让哈定把怀俄明州和加利福尼亚州的海军石油储备权交由他监控，他却暗地里将其租赁给私企，索要大笔行贿款。这件事情公开后，1923年夏在哈定总统去世后不久，法尔被判入狱一年。哈定的接班人是时任副总统的卡尔文·柯立芝。1924年11月，柯立芝作为共和党竞选人顺利赢得总统大选，得到54%的选票。来自纽约的财经律师、民主党代表约翰·威廉·戴维斯（John W. Davis）获得29%的选票。代表进步政治行动联盟参加竞选的、来自威斯康星的罗伯特·马里昂·拉福莱特（Robert M. La Follette）获得17%的选票。

民主党人在1924年的总统竞选中曾经考虑过是否站出来主动攻击三K党，但后来由于考虑到南部各州的选民情绪，否定了这个方针。三K党是内战后诞生的一个南方种族主义秘密组织，在19世纪70年代已经灭迹，1915年死灰复燃。他们的“滋扰”不仅针对黑人，而且指向犹太人、天主教徒和“左翼”外国人。战争结束后，它不仅在南方，而且在中部和遥远的西部小城市得到越来越多的支持。印第安纳成为三K党的新据点，其支持者主要是负债累累的农场主、商店小业主、个体户和雇员。1924年时人数达到巅峰，号称有400万名党员。恐吓和暴打、鞭笞和私刑是三K党的斗争手段，这也是在美国重建时期曾经使用的手法。在20年代中期的繁荣阶段，三K党号召力减弱，但之后它仍是极右翼势力最强有力的战斗组织，而且1928年后三K党不再属于秘密组织。

/ 216

三K党是战争结束后美国“本土化主义”最极端的表现。三K党代言的是美国社会普遍存在的担忧和怨恨情绪，这是立法也不能回避的问题。1921年美国国会通过了一项限制移民法。其配额制度规定，所有国家移民的年度配额不许超过1910年后居住在美国的同一个民族的3%。因此官方允许的移民数量陡然从80万降到30万，但本土主义者认为这个数字是打了折扣的。

1924年颁布了另外一项法律:《国家起源法案》。这部法律比1923年加拿大的排华法案有过之而无不及，它取消了东亚移民进入美国的可能性，并将1921年规定的欧洲移民配额从3%降到2%。而且不是以1910年的数字，而是以1880年的数字为基数。这个规定尤其歧视东欧和中东欧的犹太移民。1929年又进一步限制移民。每年最多允许15万人。在之后的几年，得到批准的移民数量远远低于这个数字。其移民政策的种族主义动机昭然若揭。1924年众议院起草移民法令时，任命的专家之一就是优生学专家哈里·汉密尔顿·劳克林（Harry H. Laughlin）。他不厌其烦地警告同胞们“杂种”的危险性。这项法案的支持者之一，弗吉尼亚州西部民主党议员R. E. 艾伦，竟然在1924年4月5日的众议院全体大会上宣称:“清洁和净化美国血统”是免遭布尔什维克化的唯一途径。

美国没有任何理由担心共产主义，因为没有任何一个西方国家

/ 217

可以像美国如此放心。1919 年，一个小型的社会主义政党分裂为两个共产主义政党：一个是共产主义工党，大约有 6 万名党员，约十分之九的成员是移民。另外一个更小的政党是约有 1 万名党员的共产党，成员主要是土生土长的美国人。鉴于共产国际的敦促，1921 年 5 月两个党派合并，更名为美国共产党。在 1928 年列夫·托洛茨基的支持者被开除出党之前，美国共产党频频发生激烈的“党团争斗”。此后，他们也没有摆脱“团体分裂”的局面：1929 年时党员甚至不足 1 万人。无政府主义者制造的炸弹系列谋杀事件和世界产业工人协会初期对布尔什维克事业的同情，是 1919~1920 年前后出现的唯一具有革命威胁的迹象。

严厉拒绝布尔什维克使用暴力手段的社会主义政党，同样也是边缘现象。1920 年的总统选举，他们得到近 100 万张选票，这是他们获得最多选民支持的一次选举，选票主要投给当时在监狱中的党主席尤金·V. 德布斯（Eugene V. Debs）。美国大多数工人一如既往，不赞成根本上改变传统资本主义的经济秩序。他们只是争取更高的工资，要求缩短工时，也就是美国劳工联盟提出的要求，只要“奶油和面包”，并不争取生产资料的国有化。

美国大部分公众对共产主义挑战的反应方式，有其深刻的历史原因。没有任何一个幅员辽阔的国家像美国这样，民主深深地根植于日常文化中。没有任何一个地方的私有财产被认为是如此的神圣。以“无产阶级专政”之名的体制，是建立在共同财产基础上一种全新的社会体系，这简直就是对“美国生活方式”最极端的宣战。有的人还认为：这样一种体系如同从根本上质疑上帝安排的世俗世界秩序。在基督教右翼看来，布尔什维克好斗的无神论把俄国境外的布尔什维克和它的追随者发展为一种反基督的现代表现形式，按照这种观点，很多坚定的反共分子是福音派原教旨主义者并非偶然。

当然并不必一定是共产主义者或者社会主义者，才会成为深信宗教的少数派人敌对情绪的发泄对象。谁只要公开怀疑圣经故事的真实性，就会引火上身，不管你是自由派的神学家，还是达尔文进化论学说的支持者。20 年代中期，福音派原教旨主义者曾在田纳西州取得反对所谓的异教学说的胜利，轰动一时。1925 年 3 月，田纳西州颁布了一项法律，内容是禁止教师在课堂上讲授有别于圣经中关于创世纪解释的任何说法。1917 年成立的美国公民自由联盟呼吁抵制这一对启蒙和自由思想的挑战。它激励了一位来自代顿（Dayton）的年轻生物学教师约翰·托马斯·斯科普斯（John T. Scopes），因为他并不想遵守刚才提到的那项官方法令，由此引起了一场有代表性的诉讼。自由联盟聘请了辩护人，包括著名律师克拉伦斯·达罗（Clarence Darrow），并承担所有诉讼费用。田纳西州和原教旨主义者由多次参加总统竞选的候选人威廉·詹宁斯·布莱恩（William Jennings Bryan）代理，他先是民主党派的总统竞选人，后来代表进步党参加总统竞选。

最后，已经被开除出学校的教师斯科普斯被罚 100 美金（因一个形式上的错误，后来由上一级的法院裁定免除）。达罗和布莱恩的辩论在全国乃至国外都引起了极大关注。结果显然有利于前者。尽管后来仍有其他南方联邦州模仿田纳西的做法，但是以斯科普斯诉讼为标志的、赞成言论自由的一方取得了道义上的巨大成功，原教旨主义者不得不转攻为守。

战后的美国，相应的物质关系也反映在社会、政治和思想气候的发展中。货币贬值造成了 1919 年的社会动乱。所有参战国和为战争融资而负债的国家，都或多或少受到货币贬值的冲击。通货膨胀一开始还有振兴经济的效果，1920 年末，由于高昂的价格和低廉的工资之间的剪刀差不断加大，消费品市场彻底崩溃。不久之后，开始了席卷全球的战后大萧条（而德国明显例外，我们后面还要详细分析）。在美国，1920 年到 1921 年国民生产总值降低近 10 个百分点，大约 10 万家企业宣布倒闭，近 500 万人失业。直到 1922 年下半年，经济才逐步复苏。

此后美国经历了 7 年的强劲增长。主要靠两个因素：一个是建筑工业，战争造成的后续投资需求巨大。另外一个是汽车工业，由于上个世纪技术的迅猛发展，致使生产成本降低，在短期内孕育出未曾有过的、规模庞大的销售市场。1917 年生产了 170 万辆汽车，1929 年达到 450 万辆。在繁荣期的最后一年，美国公路上已经疾驶着 2600 百万辆小轿车和货车。汽车对于大多数家庭来说是一个买得起的奢侈品。在福特、通用汽车和克莱斯勒的家乡，20 年代末，每 5 个人就有一辆汽车，而在英国每 43 人一辆，在意大利是每 325 人一辆，在俄国每 1000 人一辆。20 年代的美国俨然开创了大众高档消费国家的先河：这样一种发展在 1914 年初见苗头，但是在战争结束后才得以全面铺开。同代人兴奋地称之为“新纪元”。

汽车行业的红火刺激了其他经济行业：道路建设和建筑行业，钢铁工业，轮胎生产和诸多配套工业，石油康采恩、加油站和餐饮业。汽车缩短了距离，令美国的发展更进一步。它减轻了每日往返于郊区和市中心的奔波，提高了每个人的流动性，越来越快的火车和长途大客车刺激了大众旅游业。现代大众通信手段的成功也不逊色。不同于欧洲，广播在美国并不受国家控制，而是由私人经营。1925 年，在美国有 200 万台收音机。5 年后，几乎每个家庭都有一台。报刊遇到了一个有着更快捷信息传播方式的强劲对手。广播电台还和剧院、歌剧院竞相争夺客户的青睐。

在流行娱乐或高雅娱乐方面，电台无法和电影媲美。1922 年美国有 4000 万家电影院，8 年后已经有 1 亿电影观众。1927 年以后，有声电影逐渐取代无声电影。好莱坞，这个美国电影之都，趁着欧洲因打仗暂时没有竞争力，一跃占据了全球领先地位。许多美国人向“旧大陆”，那些耀眼的“明星”，如巴斯特·基顿（Buster

Keaton)、查理·卓别林(Charlie Chaplin)、斯坦·劳雷尔(Stan Laurel)、奥利弗·哈迪(Oliver Hardy)和鲁道夫·瓦伦蒂诺(Rudolph Valentino)学习。沃尔特·迪斯尼(Walt Disney)的动画片,助力美国的“大众文化”取得全球性的成功,没有任何其他一个国家可以与之抗衡。欧洲的明星如波拉·内格里(Pola Negri)和葛丽泰·嘉宝(Greta Garbo)也是在好莱坞收获了国际声誉。有声电影还成为推动美国另一个出口产品的火车头。它不是来自“白色”的好莱坞,而是来自“黑色”新奥尔良:爵士乐,其代表人物是路易斯·阿姆斯特朗(Louis Armstrong)和艾灵顿公爵(Duke Ellington)。1927年的电影《爵士歌手》是第一部有声电影,艾尔·乔逊(Al Jolson)饰演主角。在20年代,爵士乐终于征服了欧洲。但是反馈各不相同:有人对这场美国音乐革命无比崇拜,有人则嗤之以鼻。

“咆哮的二十年代”始于美国,很快就席卷全球,但任何一个地方的20年代都不能和美国这样的“黄金期”比肩。始于1923年的繁荣“新纪元”,不仅令“大企业”,而且令大多数居民都从中获益。福特汽车公司老板亨利·福特坚持福特主义哲学,让工人享受合理化带来的收益,例如提高工资、缩短工时等。福特式的“福利资本主义”包括企业失业保险和企业工会,但并未规定有工资谈判伙伴资格的独立工会。1919年后,大公司都广泛地推行“大门敞开”原则,即企业员工不必义务成为工会会员。1920年到1929年工会会员人数从500多万降到300多万。当然原因也在于美国劳工联盟主要代表白人专业技术工人的利益,较少顾及那些没有什么技能的工人,而这个群体中黑人居多。

柯立芝政府非常注重企业家的利益,这也符合人们对共和党政府的期待。柯立芝,一个严格的新英格兰基督教徒,他坚信的格言是:“谁建立了一个工厂,就等于建立了一个寺庙,在里面工作的人，无异于在祈祷。”商务部长赫伯特·胡佛（Herbert Hoover）在“团体主义”口号下，系统地积极推动各个工业分支自愿组合为该行业的利益代表机构，并期待这些组织对稳定物价起到积极的作用。

20年代的经济政策符合共和党的传统，对内自由，对外实行保护主义。在哈定任总统期间，共和党占多数的国会采用了1922年《福特内－麦克康博关税法》（Fordney-McCumber Tariff），收取美国历史上迄今为止最高的进口关税，以保证农业、化学工业和金属工业不受所谓的外国价格倾销打击。农业的高度机械化、庞大的生产过剩沉重地打击了农场主，他们要求更多的保护，也得到参议院和众议院的广泛支持。在全球农产品价格下跌的影响下，美国国会在1927年和1928年两次通过麦克纳里－豪根（McNary-Haugen）议案，由政府采购小麦、棉花、烟草、大米和玉米，随后以更低的世界市场价格转售出去。柯立芝总统两次动用否决权，因为他担心相关国家会采取密集的报复措施。

/ 222

即使没有麦克纳里－豪根议案，共和党政府的美国对外贸易政策在20年代也可以贴上“极度保护主义”的标签。美国的保护性关税推进了经济民族主义，而隔离美国市场重创了许多国家，首当其冲的是德国。德国需要出口来支撑它的战争赔款。1921年8月，美国和德国签订双边和约。这也是参议院没有批准《凡尔赛条约》的必然结果。德国作为贸易伙伴和美国的投资基地至关重要，因此美国对德国的发展不能等闲视之。也是出于这个原因，柯立芝总统两次否决了国会多数通过的麦克纳里－豪根议案。

美国的孤立主义虽然阻止了这个国家参加国际联盟，但是华盛顿的执政者深知，美国在欧洲，特别是在德国的经济利益需要相关政策加以辅助。德国的战争索赔和协约国之间的负债问题紧密相关，而这个问题只有美国才能解决。稳定的欧洲和稳定的德国对美国至关重要。这种认知在某种程度上限制了“孤立主义”，也令保护主义者的大树无法遮天蔽日。一战后，美国应该一反威尔逊反对者在1919~1920年的要求，更多地参与“旧大陆”事务。[10]

/ 223

世界革命延迟：苏维埃联盟诞生，欧洲左翼分裂

若问美国人世界上最危险的国家是哪个，大多数美国人会认为：苏维埃俄国，或者说俄罗斯苏维埃联邦社会主义共和国，这是1918 年 7 月起正式启用的国家名称，简称苏俄。在某种程度上，这个国家的局势到 1919 年深秋才比较明朗化，击败内部敌人的大局已定。自 10 月以来，红军在各个战场连连获胜。一度是当年白军将领中最危险的人物——海军上将高尔察克不得不撤退到伊尔库茨克（Irkutsk），但厌战的捷克斯洛伐克军团将其抓捕，并交给布尔什维克，高尔察克于 1920 年 2 月 7 日被处决。在多次重大失败后，邓尼金将军 4 月份卸任南俄罗斯“白军”总指挥一职，他的继任者兰格尔（Wrangell）秋季在克里米亚发起攻势，尽管得到英国人的支持，但仍未摆脱失败的结局。1920 年 11 月，他的剩余军队退守到协约国的舰队上，由此标志着俄国内战的结束，同时自 1918 年以来，协约国不时站在白军一边对俄国进行的干涉，也由此告终。

四分五裂的“白军”失利的主要原因在于反革命分子未能赢得广大人民的支持。工业无产者几乎一致和他们对着干，小农也对他们恨之入骨，因为他们是旧制度的捍卫者，力图推翻土地再分配的改革。同时他们作为大俄罗斯沙文主义者，也不能争取乌克兰民族主义的可靠盟友和他们并肩战斗。凡是有损“白色”势力的，都有助于“红色势力”：红色势力最强大的后盾是工人，尽管大多数农民抱怨红军不断地没收粮食和食物，但是和白军相比，前者危害更小，因为他们摧毁了大地主占有制。非俄罗斯民族则期待着布尔什
/ 224 维克更加关注他们的利益，而白色势力则支持强大的中央集权国家。

1920 年，不仅俄国内战结束，而且苏维埃俄国还承认了爱沙尼亚、立陶宛和拉脱维亚的独立。10 月苏俄和波兰签订停战协议，和芬兰缔结和平协议。1921 年 3 月，签署了我们上面提到的波兰里加

和平协议。莫斯科承认的俄罗斯苏维埃联邦社会主义共和国的西部边界，以及完全依附于它的白俄罗斯和乌克兰苏维埃共和国的边界，比沙俄时代更向东移，但还是囊括了乌克兰大部分地区，以及第聂伯河右岸地区的基辅。基辅早在17世纪下半叶就被并入俄国［1667年1月俄国与波兰签订了《安德鲁索沃停战协定》］，这个地区主要讲俄语。

在高加索，布尔什维克扩展了苏维埃俄国的领土。1920年英国入侵军队撤离后，苏维埃政权进入阿塞拜疆和亚美尼亚。格鲁吉亚曾在1918年宣布独立，由孟什维克执政，1920年5月莫斯科也正式承认了该国。1921年2月红军占领了格鲁吉亚，尽管国际上反对声音很大，特别是非共产主义左翼表示极度不满，但格鲁吉亚还是成为格鲁吉亚苏维埃共和国，第二年它并入外高加索联邦，并于1922年12月加盟苏维埃社会主义共和国联盟。1922年11月，苏联延伸了其远东的领土，原因是日本撤退后，在占领期间扶植的两个国家，即远东共和国和沿海共和国被苏维埃归并。1920年经俄罗斯布尔什维克的帮助，在希瓦汗国和布哈拉酋长国成立的两个中亚苏维埃共和国，暂时保持独立。

内战结束时，苏维埃俄国内政还远远算不上稳定。1918年7月10日，虽然第五届全俄苏维埃会议批准了委员会制定的宪法，但是现实和宪法相距甚远。在内战期间，东部苏维埃不得不将诸多权力出让给那些拥有全权的机构，例如其中一个组织就是简称契卡的全俄肃反委员会，其任务是反击反革命及其破坏活动，它们的措施不久也将用来对付苏维埃的可疑分子。所有政治军事和经济工作的协调曾经一段时间不归属人民代表委员会负责，而是由1918年11月成立的工农国防理事会负责。所有普通的和特殊的机构都听从共产党的指挥，共产党在所有层面上为革命进程规定方向。到1921年3月，共产党已经发展为有73万名党员的大党，但党员中工人人数相 / 225

对减少，而职员和其他从业人员有所增加。

内战是“战时共产主义”的时期：原始的命令经济，只要需要，就给工人、农民和小业主强加必须履行的义务。政府必须出面挽救工业生产的急剧下跌：特别是由于1918年夏初推行大企业国有化，1918年底的工业产值只有1913年的五分之一。劳动力被根据需求强行征聘。通货膨胀严重地摧毁了工资的购买力，工人的报酬以发放食物和口粮配给取代。在乌拉尔地区，1920年大约37%的工人返回了农村。第二年，金属加工业缺少大约一半的劳动力。自1918年秋季以来，已经没有私人贸易。

俄罗斯南部的粮仓在内战期间落入“白色势力”手中。后来在布尔什维克控制的地区，贫农和红军新建立的委员会发起强征粮食运动，导致农民们不再耕种田地，而是只种植自给自足的口粮。

/ 226

1921年，种植面积减少到62%，收成减少到37%。在城市和农村进行强制措施的必然结果，就是磨灭个人积极性，官僚主义不断增长。

内战的结束并不意味着战时共产主义的结束。因此对命令经济和恐怖的抗议日益加剧。1921年上半年，在莫斯科和彼得格勒发生多起农民起义和工人绝食运动。1月，城市的面包分配减少了三分之一。在彼得格勒，60家大型工厂因没有燃料被迫关闭，2月22日，彼得格勒一些大企业的工人要求举行全面罢工，在集会上主要是孟什维克和社会革命党人发表演讲。契卡的反应是：2月24日向参与工人集会的人群开枪，12人因此死亡，之后开始大抓捕行动。尽管如此，数千名士兵还是参加到罢工工人的行列中。俄罗斯再次来到革命的前夜。

1921年3月2日，莫斯科领导人最担心的事情发生了。喀琅施塔得的1.5万名水兵在芬兰湾的科特林（Kotlin）岛上，在彼得格勒的家门口发动起义。

列宁认为这是一场反革命的进攻，3月7日下令进攻喀琅施塔得。自1918年担任军事委员的托洛茨基，命令图哈切夫斯基（Tuchatschewski）将军先行炮击该城市，然后投入陆军占领。3月18日，巴黎公社50年纪念日这天，此次起义流产。3个月后，1921年6月，图哈切夫斯基镇压了坦波夫省（Tambow）为时最长、规模最大的农民起义。起义领袖亚历山大·安东诺夫（Alexander / 227
Antonow）被捕后遭枪决。1.5万人被投入监狱或被驱逐流放。

喀琅施塔得被围困时，莫斯科正在召开第十次共产党代表大会。尽管反对声浪很高，列宁还是强行通过一个决议，禁止党内成立派系。这项政策名义上是托洛茨基和《真理报》主编尼古拉·布哈林的主张，归根结底则是列宁力推的政策。

另一个具有深远影响的决策是向“新经济政策”过渡。当然“新经济政策”的说法是1921年5月底第十次党代会后才提出的。这个转折是列宁从战时共产主义的失败中得出的教训。不再强迫农民上交粮食和其他产品，而只是以实物纳税，纳税后可以保留剩余的产品。1920年11月底，对小企业实行国有化的决定基本上被撤回了，同时手工业的经济活动空间扩大了。经济的“制高点”，例如大型银行、大型企业、外贸和运输企业仍在国家手中，其管理和控制由1921年2月创建的国家计划委员会负责。

俄罗斯电气化国家委员会是国家计划委员会成员的核心。这是一个主要由“资产阶级”，即一个由非共产党员的专业人士组成的机构。1920年12月底，他们在第八届苏维埃会议上递交了一份野心勃勃的计划。“共产主义就是苏维埃政权加全国的电气化，”列宁的这个著名公式是经过深思熟虑的，历史学家海科·豪曼（Heiko Haumann）如是说，“不要仅从狭义的技术上来理解电气化。借助电气化可以更容易驾驭经济，更快发展生产力。解除城市和农村对 / 228
立的目标近在咫尺，另外，工人不再仅仅履行执行的功能，而是承担起组织的角色。特别关键的是，借助照明可以在农村推动启蒙。”

部分地回归资本主义的经济手段，开拓了和西方国家签订贸易协定的通路。1921 年 3 月 16 日和大不列颠签署第一个贸易协议，5 月和德国签署贸易协定，继而是和意大利以及欧洲大多数国家签署了类似的协议。只有法国和美国拒绝了苏维埃的请求。由于实行新经济政策，货币趋于稳定，工业生产迅速回升。但面对 1920 年的歉收和 1921 年的特大干旱，党和政府都束手无策。由此造成的大饥荒，在 1921~1922 年冬季达到顶峰。据可靠统计，400 万到 500 万人被饿死。如果不是国际联盟难民问题委员、著名的极地研究者弗里乔夫·南森（Fridtjof Nansen）和美国商务部长赫伯特·胡佛（Herbert Hoover），特别是欧洲共产党以及非共产党的工人政党组织慷慨救助苏维埃俄国饥寒交迫的民众，死亡的人数还会更多。

列宁在 1921 年 4 月撰写的一个小册子中提出，前不久推行的实物税收是战时共产主义向规范的社会主义产品交换的过渡，而允许自由贸易则属于“资本主义”，这一过渡阶段将帮助共产党人战胜小业主的分裂，也在一定程度上抵制官僚主义。他详细地引述了他在 1918 年发表的关于俄国目前经济的文章，他当时就认为国家资本主义比目前的状态要先进，是私营经济资本主义和社会主义之间的过渡阶段。一如既往，列宁认为没有大型资本技术的社会主义是行不通的。战争和破坏催生了战时共产主义，这只是暂时措施，并不是符合工人阶级经济任务的政策。“无产阶级在一个小农国家实行专政的正确政策，就是用农民需要的工业产品换取粮食。只有这样一种获取食品的政策，才符合无产阶级的经济任务。只有这样的政策，才能强化社会主义基础，使它走向全面胜利。”

1918~1920 年，内部反革命和外部干涉把局面推向极端化，向最坚定的革命者提出了挑战，一场关乎新秩序生死存亡的挑战。新经济政策并不是布尔什维克革命后的热月行动。迄今为止的革命掌权者依旧在位，他们自己调整了政策。

布尔什维克的权力中心是政治局，由党代会任命的中央委员会选出。政治局内除列宁外，其他初期重要成员有彼得格勒和莫斯科党组织领袖季诺维也夫、加米涅夫和1922年4月被中央委员会任命的总书记斯大林。托洛茨基在党内没有坚实的组织后盾，布哈林，这位在经济和理论方面非常出色的人选，才逐渐赢得支持。1922年5月列宁第一次中风，同年12月第二次中风。1923年3月第三次中风后，列宁实际上已经不能再参与政治生活了。

/ 230

苏共在1920年迅速壮大，合并了与之竞争的其他党团，例如大部分“马克思主义”的社会革命党人、犹太工人总联盟和革命共产党。孟什维克最活跃的领导者因参加1921年工人抗议运动被抓捕，其政党以及社会革命党随后被禁止。1922年7月召开了一场对47位社会革命党人的公审，谴责他们的反革命活动，特别是他们参加农民暴动的行为。审判结果是14人被判处死刑，但由于世界各地非共产党左翼的抗议，才没有执行，但是他们被遣送到北极岛索洛韦茨基（Solowki）劳改营。自1921年起苏维埃俄国已经成为一党制国家，它已经足够强大、自信，可以做出这样的让步。

在苏维埃，由共产党定调子。苏维埃在十月革命后的头两年影响力并不大，自1919年12月第七届全俄罗斯苏维埃代表大会后，它的权力不断扩展。新成立的最高苏维埃逐步削弱了各个特权委员会的影响力，包括抗击反革命和各种破坏活动的全权委员会，建立了工农监督的新机构，以取代履行国家监督职责的人民代表委员会。因为农民在苏维埃比在共产党内强大，因此苏维埃更适于作为落实新经济政策的工具，其核心是有利于农民的新农业政策。1920年1月取缔死刑可以说是苏维埃的一个重大成果。然而1922年5月，死刑恰恰在公审社会革命党时又开始启用：苏维埃国家也希望在将来能够对政治犯和其他罪犯实施最严厉的惩罚。

工会应起到什么作用，是多年来争论不休的问题。“工人反对派”意在争当无产阶级的独立代表机构，而托洛茨基和布哈林则希望工会服从国家机器。1920 年 3 月底到 4 月初召开的第九次共产党
/ 231 代表大会上，莫洛托夫主张的协调方针获得大力支持。工会是一个独立的组织，是工人阶级和政党之间的“传送带”，其工作也就是将工人的愿望传递给政党，将政党的指示传递给工人。实际上，这个方案就是强调工会的服务功能。他们要向无产阶级大众提供共产主义教育，以提高生产效率。1920 年年底，列宁开始从托洛茨基的立场转变到莫洛托夫的路线。因此工会问题不再是一个有争议的问题。1921 年 3 月，第十次党代会定义了工会“传送带”的新作用。

新经济政策还包括一项比较有弹性，但以绝对不能质疑中央政府优先权为前提的民族政策。1918 年 7 月，苏俄宪法还没有提及各个苏维埃共和国之间的相互关系，没有提及俄罗斯、白俄罗斯和乌克兰苏维埃之间的关系。1920~1921 年布尔什维克先是把阿塞拜疆、亚美尼亚，最后把格鲁吉亚纳入其控制范围内，1922 年合并了外高加索联邦，这样为成立社会主义苏维埃加盟共和国（苏联）扫清了障碍。乌克兰、白俄罗斯和外高加索苏维埃共和国与俄罗斯社会主义联邦苏维埃共和国签署国家协议，成立苏联国家。1922 年 12 月 30 日，得到全苏维埃联盟会议批准（其实就是第七届全苏维埃会议的扩大会议，只不过冠以另外一个名称而已）。

这时，只有两个中亚伊斯兰苏维埃共和国还是独立的主权国，即花剌子模（希瓦）和布哈拉国。1924~1925 年，这两个国家在所谓的“民族划界”过程中，和草原总督区以及和突厥斯坦总督区合并，改为乌兹别克斯坦和土库曼斯坦加盟共和国。当年突厥斯坦总督府的塔吉克地区在 1924 年获得自治共和国地位。五年后，塔吉克斯坦成为一个独立的加盟共和国。

/ 232 1923 年上半年，苏联宪法又进行了修改，并在 7 月得到最高苏维埃的批准。1924 年 1 月底得到第二届全俄会议批准。这部宪法中

没有关于如何确认和保证人权、公民权的章节，没有关于三权分立（典型资产阶级的）的章节。如果对最高法院的判决有异议，可以直接向最高苏维埃提出抗议。最高苏维埃由全俄苏维埃会议选出，由两个议院组成，分别是联盟苏维埃和民族苏维埃。

外交政策和外贸属中央政府管辖，军队和交通、邮政和电报亦如此。在国家管控的领域，如经济、金融、供应和劳工方面，中央政府的权重远远大于各个加盟共和国，所以根本谈不上政治权力的分权。苏联形式上是一个联邦，而实际上是一个集权国家。如果不算西部领土的损失，其国土和沙俄帝国很相近。如同沙俄帝国一样，苏联依然是一个多民族国家。至于对待非俄罗斯民族的要求是否比沙皇王朝时代更公正，这个问题只能根据落实宪法的实际情况来回答。

在苏联成立后的最初几年，民族政策的原则是“本土化”和“民族建设”：通过尊重非俄罗斯民族文化的特点，赢得它们对新生革命国家的赞同和对共产主义事业的支持。在伊斯兰加盟共和国中，并没有用俄文而是用拉丁字母代替阿拉伯文字。地方高官和党政要职都由当地人担任，尽管不是一把手职位。

在乌克兰，新民族政策使得乌克兰语言复兴，特别是在部分讲俄语、部分讲乌克兰语的混合地区。在沙俄时代受压迫的许多犹太人加入了布尔什维克，其中不乏诸多领导人，例如季诺维也夫、加米涅夫和托洛茨基。犹太人获得了1917年二月革命后就允诺给他们的权利：可以在全苏联任何地点定居，不限于沙俄时代规定的13个西部总督区的“定居点”。1922年到1926年的民族政策，在理论上以文化自治的原则为准。在实践中，民族政策当时已经和党政机关的大俄罗斯传统发生摩擦，而后来党政机关越来越强大。 / 233

早期苏联的民族政策还比较“自由”，符合斯大林前时代相对多元化的精神。而宗教政策则是最不“自由”的。布尔什维克的无神论和东正教反动的传统，致使布尔什维克和东正教教会的关系一直很紧张。革命中实行政教严格分离，教会地产被没收。莫斯科大主教吉洪（Tichon）激烈抨击不信仰上帝的布尔什维克主义，革命政权给予的回答是关闭教会，起诉大主教。在内战期间，上千名东正教基督徒和至少 23 名大主教被杀。1922~1923 年东正教 8000 多名神职人员遇害。

1922 年，教会内部亲政权的“改革派”和大主教展开了一场激烈的权力斗争，几乎全部教士都支持大主教。1923 年 4 月，在改革派占主导的一次宗教会议上，决定免除吉洪大主教职位，吉洪随后让步。他在政府报刊《消息报》上发表《表忠心声明》，因此 1923 年 6 月取缔了 1922 年 5 月给他延期的软禁令。之后国家有一段时间对东正教比较宽容。1925 年 4 月吉洪去世后，国家和教会又开始了新一轮的权力斗争，直到 1927 年才结束。以诺夫哥罗德（Nowgorod）大主教，即摄政大主教谢尔盖 - 施特拉洛斯基（Sergej-Stragorodski）提交的一份面面俱到的对苏维埃国家表忠诚的新承诺书为标志。

许多虔诚的基督徒，甚至连许多布尔什维克都认为妇女解放运动的先锋亚历山德拉·柯伦泰（Alexandra Kollontai）关于婚姻和家庭的态度和立场太极端。她主张自由恋爱，而且还要在她宣传的公社之家付诸实践。1917 年 11 月到 1918 年 3 月不到半年的时间内，她担任社会福利人民代表委员，她也是世界上第一位女性部长。在这个职务上，作为最高苏维埃妇女部的领导人，她放宽了婚姻法和家庭法，改善了生育保障法，宣布妇女有流产的权利。但是她提出集体教育孩子的要求未能通过。她关于婚姻和家庭的观点，并未得到列宁和其他主要布尔什维克领导人的赞同。后来柯伦泰加入左翼“工人反对派”，提出党内要有更多的民主，之后她的政治影响逐渐减小。中央委员会将她开除出党的动议在 1922 年 3 月因遭到第十一次党代会代表的反对而作罢。1923 年，亚历山德拉·柯伦泰出任苏联驻挪威公使，由此开始了长期外交生涯的第一站。1918 年在她影响下起草的《自由婚姻和家庭法》于 1926 年得到确认。

早期苏维埃的文化政策比较自由。1917 年到 1929 年负责大众教育的人民委员阿纳托利·瓦西里耶维奇·卢那察尔斯基（Anatoli W. Lunatscharski）功不可没。列宁给他的主要任务是扫盲。尽管卢那察尔斯基没有足够的师资，不能引入义务教育制（1930 年最高苏维埃颁布了相应的决议），但他只用了 9 年的时间，到 1926 年时已经将文盲率从 60%~70% 降到 49%。其中一个重要的因素是他在大学和工厂设立工人专业系，在这里就学的人学习读写和基础教育的知识，三年毕业。

另外，他扩大了学校教育。甚至在 1918 年到 1921 年的内战期间，还新成立了 8500 所学校。在新经济政策的影响下，卢那察尔斯基提出传授基本知识要先于思想意识教育，但是后者在任何时候都没有放松：教师是乡村中最重要的社会主义传播者。当然这位人民教育委员面对 1921 年和 1923 年的经济灾难也无能为力，此时 4 年制小学从 7.6 万所降到 5 万所，学生数量从 610 万降到 360 万。到 1926 年才恢复到战前水平，一年后，学生的数量比 1914 年高出 300 万。

扫盲运动只是人民教育委员卢那察尔斯基工作的一部分。1920 年 10 月，根据政治局的决定，迄今为止独立的工人文化运动“无产阶级文化”归属他管辖。这是哲学家和医学家波格丹诺夫（A. A. Bogdanow）在战前发起的运动，也得到了卢那察尔斯基的支持。波格丹诺夫希望工人在自己的俱乐部、图书馆和剧院学习“市民”文化，并形成无产阶级新一代文化栋梁。在内战期间，反动的资产阶级与传统的决裂倾向在运动中愈演愈烈。“无产阶级文化”继承了很多先锋派的特点，例如表现主义、立体主义和未来主义。该运动推出了重要的海报艺术和一个水平很高的政治宣传剧院，影响了一批作家和电影导演的创作。首屈一指的电影导演有谢尔盖·爱森斯坦（Sergej Eisensteins），十月革命之所以在世界各地享有“神话”般的美名，主要归功于他1925年创作的《战舰波将金号》。

“无产阶级文化”要有创意，就需要文化创作的自治。该运动的独立组织解散后，卢那察尔斯基依然承认它们拥有很大程度的自由，但是他长久以来无法和列宁及政治局达成一致。1925年“无产阶级文化”又被归于工会管控，之后它开始走下坡路。在斯大林统治时期，这个运动丧失了迄今为止引起国际关注的所有特性。布尔什维克和艺术前卫派似乎是同一枚硬币的两面，那时，就连“同路人”，甚至返乡的流亡者，都不必总是担心会受到审查或秘密警察的造访，可专注投身于苏维埃的文化工作，甚至科学院也可以任命公开与马克思和列宁学说唱反调的人为其成员。

早期的苏维埃已经有了国家秘密警察。1922年隶属于内务人民
/ 236 委员部的国家政治保卫局取代了国家成立前的契卡。第二年，国家政治保卫局更名为国家政治保卫总局，属于最高管理机构，在人民代表委员会的政府中有席位和投票权，原契卡领导人、生于波兰的捷尔任斯基仍任最高领导。和它的前身契卡一样，国家政治保卫总局的总部设在莫斯科臭名昭著的卢比扬卡大楼内。曼弗雷德·希尔德迈尔（Manfred Hildermeier）写道，国家政治保卫总局可以“在全国开展对反革命、间谍和匪徒”的斗争。可以在各个加盟共和国各地设立分支机构、驻扎队伍和开设劳改营。它们只对人民代表委员会和最高苏维埃负责，而不归地方管理机构管辖。为提高这个曾经功勋卓著的应急组织的地位，宪法明确宣布紧急状态是政府中心地区和新秩序的常态。国家政治保卫总局是革命政权的第三个支柱，另外两个支柱是共产党，和非常忠诚、精练、有整体国家觉悟的军队。

苏联成立时，布尔什维克不仅在和其他国家的关系方面，而且

在国际工人运动内部，不再像1918~1919年时那么孤立无援。这一点在共产国际第二次世界大会上非常明显，该大会于1920年7月19日在彼得格勒召开，7月23日到8月7日在莫斯科召开。第三国际在1919年3月成立大会后，发展迅猛：来自36个国家的217名成员，代表152个共产党和组织。但最重要的代表团还不是共产党，而是拥有很多选民的左翼社会主义政党，例如意大利社会党、法国社会党、德国独立社民党，后者前不久在1920年6月6日帝国议会选举中取得惊人的成功，获得18.6%的选票。还有挪威工人党。前述政党中有两个还不是共产国际的成员，而只是作为有咨询权的谈判方，讨论参加共产国际的条件：它们是德意志独立社民党和法国社会党。

许多事件造成了欧洲工人阶级向左靠拢：对中欧革命进程的失望，坚定的左派认为革命带来的社会和政治变革太少，1919年和1920年大型罢工运动的失败，对第二国际在战争中失误的愤怒，以及许多政党并不愿意以自我批评的方式深究其失误的原因，特别是对那个唯一发动了无产阶级革命的政党的敬佩。它能够在抗击反革命和联合势力入侵的情况下保住权力。在共产国际第二次国际会议开始之际，在苏波战争高潮时，这个政党好像马上要将胜利的红旗传遍中欧。

在意大利，1919年秋季在博洛尼亚的社会党党代会上，以塞拉蒂（Serrati）为首的多数派通过了参加第三国际的决定，尽管以图拉蒂（Turati）和特里夫斯（Treves）等为代表的改良派持反对意见，之后他们两人依旧留在党内。法国社会党人虽然在1920年2月底在斯特拉斯堡的党代会上反对参加共产国际，但是明确表示赞同其基本原则，即无产阶级专政，并和第二国际断交。1919年3月，德国独立社民党在柏林党代会上虽然承认委员会体制，承认无产阶级专政和无情的阶级斗争，但是分裂为布尔什维克主义的赞同者和反对者两派。

列宁为第二次国际会议所做的理论准备是1920年4月和5月撰写的文章《共产主义运动中的“左派”幼稚病》。它不仅对偏离正确马克思主义的盲动主义、工团主义和原则上反议会主义做了严厉清算。同时这也是一个宣言，证明布尔什维克革命的学说具有普遍的适用性。其中一个核心观点是：“苏维埃俄国无产阶级专政的成功经验明确表明，告知那些不懂得思考，而且也不会就这个问题进行思考的人们，无产阶级的绝对集权和最严格的纪律是战胜资产阶级的主要条件之一。”

这一学说的实际应用主要体现在季诺维也夫归纳的加入共产国际的二十一个条件中，在8月6日的会议上，这项决议只差两票即可全票通过。其要点是所有成员党严格隶属第三国际执行委员会和大会决议。共产党（名字从现在起也是义务的）接受民主集中制的苏维埃原则：应该以“铁的纪律严格遵守拥有全权、权威和最广泛权限的党中央指令”；定期清洗党组织，避免意识形态的偏离。应该由“久经考验的共产主义者”取代“改良”政治家和温和的左派，即所谓的“中间派”。为了准备革命，除了合法的政党机器外，还要建立非法的平行机构。把“臭名昭著的机会主义者”，如考茨基、希法亭以及社会党领袖图拉蒂、隆格和麦克唐纳开除出党。对改良主义工会展开“坚持不懈的斗争”。宣传和鼓动的内容必须符合共产国际的章程。因此新的章程或者修改党的计划需要得到共产国际大会或执行委员会的确认。

根据第二次大会通过的章程，共产国际执行委员会（简称EKKI）是举办国际大会期间的领导机构。执行委员会的主要工作由“共产国际大会决议确定的执行委员会办公地点的国家政党”来完成，也就是由苏共承担。因此这个政党可以派遣5名有表决权的代表进入执委会（季诺维也夫担任总书记）。同样“10个到13个重要共产党党派可各自派出一名有表决权的代表。这些政党的名单由共产国际世界大会确定”。其他共产党可以各自派出一名有顾问权的代表加入执委会。 / 239

这个“二十一条”和该章程的目的非常明显：所有共产党应该服从位于莫斯科的中央机构，即服从共产国际执委会的命令。但这个机构受布尔什维克控制。谁接受这个“二十一条”，谁就必须彻底和西方工人运动的民主传统决裂，接受一个政党的领导，而这个党的结构和政策只能在俄国特殊的背景下才能解释。沙俄帝国并没有受到欧洲大型解放运动的真正冲击，不管是文艺复兴、宗教改革和启蒙运动，还是18世纪和19世纪的资产阶级革命，甚至古典自由主义。因此在俄国没有欧洲意义上的资产阶级，但不乏缺少土地和渴望得到土地的百万农民大军。在1860年代，他们刚刚脱离农奴身份。这个残酷的警察国家压制了早期工人运动，迫使其转入地下，促成了密谋造反同盟的组织形式。

听从布尔什维克这样一个政党的思维方式和斗争形式，在1917年以前西方社民党人根本不能想象。1919年时苏俄领导人也认为，一旦无产阶级在当地掌握政权，世界革命的重心必然向西方、向德国转移。但俄国之外革命运动的失败让他们独自矗立于敌对的世界中，布尔什维克这才在1920年认识到，只有一条通往无产阶级革命的道理，即他们自己打通的道路。

接受还是拒绝“二十一条”的争吵令诸多西方工人政党四分五裂。其中之一就是德国独立社民党。该党的大多数领导人和报刊坚决拒绝臣服于莫斯科的专制，但党员们的态度则不一样。1920年10月在哈雷（Halle）召开党代会，在代表成员的初选时，可以探出其决定的方向。根据比例选举的原则，在成员大会上要选出两个 / 240 阵营的代表。他们要带着授权的任务去哈雷参会。选出的代表名单上“二十一条”的赞同派占近58%，反对派占42%。前者之所以占多数，首先归功于那些没有经受社会民主传统的熏陶，只是在战争期间和战后才从政的党员。

在党代会上，代表们目睹了季诺维也夫和希法亭的激烈辩论，聆听了深受迫害的、最有威望的孟什维克领袖之一，尤里·马尔托夫（Julius Martow）对布尔什维克血腥恐怖的惊人控诉。但是投票的结果事先早就确定了。会议以 236 张赞成票、156 张反对票接受了这个“二十一条”。1920 年 12 月，左翼多数和德国共产党在柏林召开的一个共同的党代会上，成立德国联合共产党。失利的少数派组成一个独立政党，沿用它们以前的名字。

法国社会党左翼多数并不像德国独立社民党左翼那样无条件接受这个“二十一条”。社会党的总书记卢多维克·奥斯卡·弗罗萨德（Ludovic-Oscar Frossard）和党的机关报《人道报》总编马塞尔·加香（Marcel Cachin）曾参加第二届共产国际会议。在 12 月图尔（Tours）召开的党代会上，他们起初拒绝开除少数反对派的代表，例如“中间派”让·隆格和保罗·富尔（Paul Faure）。随后列宁、季诺维也夫和其他执行委员会成员签署的电报让代表们明白了，莫斯科不会接受这种对共产国际决议的反对态度。代表们中以绝对多数的 3028 张赞成票对 1022 张反对票通过加入共产国际的决议。共产国际法国支部大约 14 万名党员，而以隆格为首的工人国际法国支部只有 3 万名党员。在后来几年，情况发生逆转。工人国际法国支部在 1924 年获得 10 万张票，而共产国际法国支部只得到 6.8 万张票。1924 年 5 月议会选举时，社会党依旧强势。它得到近 107 万张选票，而共产党只得到 80 万张选票。

/ 241 社会党分裂大约半年后，社会党的法国总工会，也就是法国工会上层组织必须选择其未来的道路。1921 年 7 月在里尔（Lille）召开的会议，以微弱优势通过了拒绝加入在莫斯科成立的国际红色工会的决议，该红色工会不久前举办的大会与共产国际第三届国际会议在一个时间段召开，在表决前甚至有人开枪。铁路工人和建筑工人工会领导下的少数派并不甘于失败，宣布与法国总工会分道扬镳。1921 年 6 月，在圣艾蒂安（Saint-Etienne）成立的一个独立的共产主义工会联盟，起名为法国劳工总联盟（CGTU），第二年它和国际红色工会合并。这次分裂造成会员人数骤减。1920 年社会主义工会有大约 200 万名会员，1924 年两家工会加起来不足 100 万名会员。其中三分之二属于社会主义工会，剩余三分之一是共产主义工会会员。 217

意大利的发展和法国有些类似。和弗洛萨特一样，塞拉蒂也拒绝开除温和势力。称意大利处于革命前夜的列宁，则要求意大利无条件接受“二十一条”，他不但执意要开除图拉蒂，而且提出如果塞拉蒂不放弃其方针，也必须被清除出党。这个消息由共产国际执委会组成的代表团带给意大利的同志。该代表团成员由匈牙利共产党人拉科西・马加什，以及当年库恩・贝拉政府成员、保加利亚领衔政党理论家克里斯托・卡巴奇夫（Christo Kabaktschieff）率领。

除塞拉蒂和他的盟友外，参与和莫斯科使者谈判的还有社会党内“纯粹共产党人”一派的代表。社会党此时分为三个派别：以《苏维埃报》编辑阿马德奥・博尔迪加（Amadeo Bordiga）为首的左翼，他们坚决反对议会制；以《新秩序报》创始人安东尼奥・葛兰西为核心的中间派，他们无条件支持“二十一条”，赞同参加选举，赞同共产党参与议会活动；右翼是格拉齐亚代伊（Graziadei）一派，他们在很多问题上和葛兰西持同样观点，但认为目前分裂 / 242
党还为时过早。“纯粹共产党人”的对手一边是以塞拉蒂为首的“统一共产党人”，另外一边是以图拉蒂、特里夫斯和莫迪利亚尼（Modigliani）为首的“改良派”，而工会联盟总书记卢多维科・阿拉戈纳（Ludovico d’Aragona）也站在改良派一边。共产国际执委会的使者说服了“纯粹共产党人”无条件接受“二十一条”，但是没有得到塞拉蒂一派“统一共产党人”的同意。

1921 年 1 月，关键的决定在利沃诺党代会上做出。9.8 万人赞同塞拉蒂的提案，近 5.9 万张票同意“纯粹共产党人”的提案，约 1.5 万张票投给图拉蒂派。981 位代表持保留意见。投票结果公布后，“纯粹共产党人”立即离开会议大厅，并在圣马可剧院宣布成立意大利共产党。当时拉科西和卡巴奇夫都在场。

列宁和共产国际执委会视这次分裂为革命事业的一次伟大胜利。但 1921 年 5 月的议会选举中，只有少数意大利无产阶级支持共产党。共产党只得到 13 个议席，社会党人得到 128 个议席。（1919 年选举时，尚未分裂的社会党得到 156 个议席。）幸好意大利的工会没有经历像法国工人运动那样的分裂。共产党人也没有从劳工总联合会中分离出去。然而社会党的分裂已经无法让他们同心同德，共同阻止以墨索里尼为首的越来越残暴的法西斯分子，列宁为换取利沃诺的胜利而付出的代价实在太大了。

试图分裂英国工人运动的尝试以彻底失败告终。1920 年在斯卡布罗（Scarborough）召开的工党党代会上，一个较小的英国社会党（加入了工人党）提出加入第三国际的申请提案，被绝大多数否决。同一年，作为英国工党内下属一个派系的独立工党，也被大多数拒绝加入共产国际。1921 年 3 月，在绍斯波特（Southport）党代会上，以 618 票对 98 票拒绝了“二十一条”。对于工党整体来说，拒绝服从莫斯科的指令是不言而喻的事情。1923 年的党代会上，会议主席、费边主义者西德尼·韦伯（Sidney Webb）宣称，社会主义的创始人不是卡尔·马克思，而是罗伯特·欧文（Robert Owen），社会主义和“阶级斗争”没有任何关系，社会主义的本意是传播人类兄弟情谊的自古认知，传播希望、信仰和人类团结的生动故事。

/ 243

历史学家朱利叶斯·布劳恩塔尔（Julius Braunthal）在《共产

国际史》一书中写道，自1688~1689年光荣革命后英国历史的特征是渐进的，指出这些经验是英国工人运动既不接受马克思，也不跟随列宁的主要原因。所有的权力集中在议会，而随着选举权的扩大，权力的大门也对工人阶级敞开。“他们可以指望不通过内战和革命，而是通过争夺由工人阶层组成的大多数人民的心灵，通过赢得议会席位来取得国家的权力。用内战实现社会主义，这在英国社会主义的思想宝库中是一个格格不入的元素。布尔什维克主义的理论……和他们的传统理念和感觉格格不入。”因此1920年成立的英国共产党只不过是一个左翼小团体，一点儿也不足为奇。

不想屈从“二十一条”压力的社会党左翼，汲取了1920年的经验，他们认为有必要加强合作。加入第二国际不可行（也许由于工党的领导地位和秘书处办公地点，它们更愿意称其为伦敦国际）。第二国际在1920年8月初的日内瓦会议上，无条件承认议会民主，谴责共产主义制度是一小撮人的暴政。那些既不跟随莫斯科也不隶属伦敦国际的政党，特别是1920年春季在格拉斯哥党代会上宣布和第二国际断绝关系的工党、德国独立社民党和瑞士社民党，加强了彼此间的合作。 / 244

1920年12月，除以上这些政党外，法国社会党、奥地利社民党和捷克斯洛伐克社会党以及苏俄的孟什维克都参加了在伯尔尼的预备会议。孟什维克当时还不是纯粹的流亡政党。之后1921年2月他们在维也纳联合成立了一个独立的国际组织，即社会主义政党国际工作联盟，被共产国际讽刺为“2½国际”。来自13个国家的20个社会主义政党，71名代表参加了会议。奥地利人弗里德里希·阿德勒出任维也纳国际（当时惯用的名称）秘书长。这个新国际有别于“改良议会主义”，也和共产国际政党的宗派主义截然不同，但并不排除今后和与之竞争的这两大国际进行专项合作。

共产国际自1921年6月22日至7月12日在莫斯科召开第三

次国际会议后，并没有表现出任何合作的意向。除苏维埃俄国外的几乎所有国家都又陷于被动，只有布尔什维克让共产国际执委会在1921年12月出台了对共产党、社民党和工会的“统一战线”指南，而新措施对各种“改良派”的严厉抨击依然非常犀利，其主要目的是让另外两个国际的工人大众脱离他们的政党而加入共产党。维也纳国际在1922年1月中旬邀请莫斯科执委会和伦敦国际召开一个全体大会，当然不是讨论社民党和共产党之间的思想分歧，而是重点讨论欧洲的经济局势和工人阶级的行动，以及讨论无产阶级如何与反动派进行斗争。

/ 245 维也纳国际提议的会议确实得以如期举办。1922年4月初，在柏林帝国议会大厦开幕。第三国际参加，因为他们寄希望于实施其统一战线策略，第二国际也参加，因为他们不想当破坏团结的罪人。但在接受邀请时，后者保留意见非常明显，他们提出：在会议上也要讨论俄国政治犯的命运和格鲁吉亚问题，一年前，布尔什维克军事入侵格鲁吉亚推翻了孟什维克政权，建立了共产主义体制。另外共产党也要做出保证，未来不得在工会内组建基层组织。

尽管奥地利社会党人弗里德里希·阿德勒和奥托·鲍尔做了诸多协调工作，但在柏林会议上，社民党和共产党发生了激烈的交锋。第三国际主要代言人卡尔·拉狄克，为了不损害其主要目的，即把一个大型国际工人阶级的会议作为宣传国际共产主义的平台，最后甚至向改良主义者做出让步。在格鲁吉亚问题上，他同意由三个国际的执行者组织一个调查委员会。关于此时正在苏维埃监狱中等待审判的47名社会革命党人的问题，拉狄克同意另外两个国际派遣辩护人前往莫斯科，并且不会做出死刑宣判。之后会议决定成立九人委员会，其主要任务是筹备“基本会议”。向世界各国的工人阶级发出呼吁，为实现48小时工作制、反对“资本主义进攻”、支持“俄国革命和饥饿的俄国，支持世界各国和苏维埃俄国重建政治和

/ 246

经济关系”，为“在所有国家，在共产国际建立无产阶级统一战线”举行共同大示威。

但回到莫斯科，共产国际的代表立即受到列宁的严厉批评。列宁4月11日在《真理报》发文，责备他们“对资产阶级外交的精明代表”和“第二国际与第2½国际的全权代表”做出诸多妥协，但是自己却未得到对方的任何让步。答应三个国际的代表涉足对社会革命党人的审判，不做死刑判决，按照列宁的看法，这样做令共产国际代表团付出的代价太高了。因此共产国际执委会是否批准柏林协议，令人怀疑。

1922年5月23日，九人委员会在柏林召开第一次会议，弗里德里希·阿德勒任主席。但这也是最后一次会议。拉狄克强硬要求马上召开全球工人大会。另外两个国际的代表表示反对，因为共产国际并没有履行其诺言。莫斯科代表随即宣布其任务已经完成。第二天，共产国际责备伦敦国际和维也纳国际，说它们故意破坏九人委员会。向世界各国工人发出新的号令是:“自下而上建立统一战线”，必要时起来反对“改良主义”政党和工会的领导。

由于苏维埃用其他方式冲破了外交政策孤立无援的局面，之后共产国际对召开世界工人大会的兴趣明显减弱。三个国际都参加的柏林会议结束几天后，世界经济会议在日内瓦召开了。这是第一次西方政府和苏维埃俄国都应邀参加的国际会议。莫斯科意在利用这次会议从各个层面上，即从政府的层面也从阶级的角度申述自己的立场。如果从“辩证”的关系看，苏维埃政府和资本主义势力关系的“务实政治”，受莫斯科财政和人力支持的地下革命工作以及在这些国家进行武力政变的尝试，并不是不可解决的矛盾。尽管欧洲对世界革命很重要，但在地球上很多其他地方可以去挑战资本主义世界体系。在殖民地和亚洲、非洲和拉丁美洲的半殖民地，在那里提上日程的还不是共产主义，而是民族资产阶级革命。

/ 247 早在1920年9月，共产国际执委会就在近东地区的巴库召开工人农民大会。在这次会议上，季诺维也夫呼吁开展对帝国主义的英国进行“圣战”。1922年1月在莫斯科，继而在彼得格勒召开远东共产党和革命组织的第一次大会。除中国共产党外，日本、朝鲜、荷属东印度群岛以及来自蒙古的革命党派，还有中国南方的国民党代表参加了会议。代表们达成一项决议，为《共产党宣言》的传统口号注入了反殖民主义的精神。“全世界无产者和被压迫民族团结起来！”这个号召上升为对日本、美国、英国、法国和其他帝国主义的“宣战”。“我们宣布生死之战，向中国压迫者收买的走狗和奴才宣战。我们宣布生死之战，向虚伪的美帝国主义和贪婪的英国强盗宣战。滚出中国和朝鲜、滚出印度支那和荷属东印度群岛。滚出太平洋岛屿。打倒在远东地区的所有侵略者！”

1922年11月，十月革命迎来5周年纪念。此时在莫斯科召开共产国际第四次世界大会。列宁还没有从他的第一次中风中完全康复，他在讲话中为新经济政策辩护，批评第三次国际会议关于各国共产党组织架构的一个决议，因为这个决议太多地贯穿了苏俄精神，1917年以来的发展使得革命者不再抱有幻想。对手可以轻易挑动共产党人进攻，并在数年内压制他们。“因此我认为，我们必须做好可能会出现倒退的准备，这个想法不仅从理论上具有很重要的意义。而且从实践立场出发也是如此，凡是最近准备对资本主义发起直接攻势的所有政党，现在都要有所准备，如何确保退路。”

列宁没有放弃世界革命的目标。在共产国际会议上最后一次讲
/ 248 话中，他明确强调了这一点。但是此时他也认识到，通往世界革命的道路，比他在十月革命期间想象的更加漫长和艰难。[11]

1920年9月，季诺维也夫在巴库呼吁“圣战”，这不仅是对驻扎在中东地区的英国军队的宣战，也是对大英帝国的宣战。在欧洲，苏维埃俄国的劲敌除英国外还有法国。剑指英国的一个首要原因是，伦敦一直以来是国际金融中心，因此，莫斯科把大不列颠视为资本主义世界的霸权。

1918年时，英伦岛上质疑不断：这场世界大战是否持久地动摇了大英帝国的世界霸权地位。虽然英国得到德意志帝国在非洲的大部分殖民地，但是印度和阿拉伯地区民族主义激化是这次战争的结果，而且是一个对帝国的生存构成严重威胁的结果。130万名印度士兵在战争期间被送往各个前线，如果战后还让幸存者认同自己的家乡长期属于殖民地，是非常不现实的。

与殖民地不同，白人的自治领地自愿派遣士兵支持宗主国。加拿大派出50万人，5.7万人阵亡。澳大利亚派出33.22万人，新西兰派出11.2万人，它们的阵亡人数分别是5.9万人和1.7万人。自治领地的代表参与了1917年后新组建的帝国战争协调内阁，因此他们对战争规划有些影响。除他们之外，来自印度的三位代表、纽芬兰的一位代表、英国战争内阁的五位成员以及殖民大臣和负责印度的国务秘书都是帝国战争协调内阁的成员。

战争结束4年后，大不列颠不得不认识到，在未来不可能再指望类似的贡献了。1922年9月初，在土耳其和希腊战争中，土耳其军队接近中立的达达尼尔海峡地区的查纳克时，有一段时间军事冲突出现升级的危险，甚至濒临开战。（在查纳克危机期间，法国和意大利军队已经从中立区撤出。）在伦敦，主要是殖民大臣温斯顿·丘吉尔力主对土耳其采取强硬态度，他也知道首相劳合·乔治站在他一边。但1921年到1930年以及1935年到1948年任政府首脑 / 249

的加拿大总理威廉·莱昂·麦肯齐·金（William Lyon Mackenzie King）马上表示，如果英国宣战，他领导的自治领地并不自动认为也处于战争状态，会采取不同于1914年的态度。南非总理史末资也表达了类似的态度。这些警告大大削弱了伦敦主战派，有助于英国和土耳其争端的和平解决。

查纳克危机后，加拿大又朝着脱离宗主国、解放自身的方向迈进了一步。1923年3月，它和美国签订一份渔业协议，但并没有让英国驻华盛顿使馆介入。不久后在伦敦召开的帝国会议，确认自治领地有权和第三国直接签署协议。这意味着白人的自治领地，可以无障碍地在那些自愿和它们建立外交关系的世界各国建立代表机构。澳大利亚和新西兰不同于加拿大，开始还不太重视这个权利。英国本身也新设立了一个自治领地管理局，和殖民地管理局是平行的权力机构，尽管开始是由一个班子兼顾两个部门的工作。

在内政方面，大不列颠战后初期不乏激烈的劳工抗争和社会动荡。1919年1月底，7万名造船、码头和矿工工人在苏格兰的克莱德（Clyde）和北爱尔兰的贝尔法斯特自发罢工，要求每周40小时工作制。在格拉斯哥市政厅前，工人们在激烈的骚动中升起一面红旗，之后政府宣布戒严，并派遣1万人的武装部队和坦克进入苏格兰工业重镇。其他地区的几十万矿工和铁路工人也以罢工要挟，同时矿工工会要求煤矿国有化，全国性的罢工似乎近在咫尺。

军队在格拉斯哥和其他地区迅速重建秩序，但只使用武力威胁还不足以遏制社会动荡。劳合·乔治首相的自由保守联合政府专门设立了一个皇家委员会，由大法官约翰·桑基爵士（Sir John Sankey）领导，对煤矿情况进行调研。参加该委员会以及1919年2月底成立的全国工业会议的不仅有企业家和专家，还有工会和工党代表。1919年3月桑基委员会递交的第一份临时报告明显受到他们的影响，在很大程度上迎合了矿工在工时和工资问题上的诉求。

1919年6月的最终报告，以多1票的多数，也就是得到桑基本人的赞同，通过煤矿国有化的提议。尽管政府拒绝听从该建议，但满足了矿工的其他社会要求，由此有了短暂的平静阶段。

1919年6月棉纺厂的工人、7月威尔士的矿工开始罢工，政府马上将军队调入威尔士。秋季，铁路工人和军队及海军兵工厂的员工也举行罢工。政府与工会谈判，并在提高工资和减少工时方面都做出让步。但是在矿山国有化方面，政府持强硬态度，依然否定皇家委员会的建议。

1921年大萧条的春季，国家取消了战时执行的对采矿业的监控，企业主借此机会宣布降低工资。因此矿工工会要求设立国家工资监视会和一个国家级工资联营组织，该建议得到铁路工人工会和运输业工人工会的支持，1914年这三家工会组成“三角同盟”。而政府和企业主很快否定了它们的要求，工会本准备发动全面罢工予以回应，但是并未付诸实施。由于担心军队涉足，矿工工会秘书长弗兰克·霍奇斯（Frank Hodges）在1921年5月15日，也就是英国工会运动“黑色星期五”这一天，同意暂时提高工资的调解建议。矿工工会领导层虽然拒绝了该建议，但是铁路工人工会和运输业工人工会觉得不再有任何并肩作战的义务。三方联盟由此瓦解。

尽管如此，孤立无援的矿工仍然举行罢工，计划持续到1921年7月。罢工结束时工会达成一个协议，同意个别采矿地区的最低工资挂靠煤矿赢利的百分比。矿业工人工会的失败令会员人数骤减，并使其丧失了在英国工会联盟的领导地位。

总的来讲，在战争期间工会运动得到壮大。其会员人数从1914年的400万上升到1920年的650万，到1926年则达到830万。随着工会的壮大，工党也在成长。1914年工党有160万党员，1919年350万，1920年几乎达到440万党员。1910年战前最后一次选举时，工党得票数为50万，1918年12月得票数为220万。1922

年 11 月下议院选举时得票数为 420 万。

1918 年 12 月，工党从劳合·乔治领导的全党派政府退出后，在政治和立法方面依然有重要影响。如果没有工党和工会的施压，战后初期两项最重要的社会政治立法几乎不可能出台。一个是 1919 年 7 月推出的《住房和城市规划法》，以第一任卫生大臣克里斯托弗·埃迪森（Christopher Addison）医生命名的法律，开启了国家补贴的建筑住宅形式。另一项立法是 1920 年颁布的《失业保险法》。将 1911 年实行的矿产、机械制造和船只建造从业者的保险扩展到

/ 252

所有工业分支。规定如果从业人员年收入少于 50 英镑，劳资双方都要支付费用。如果从业人员缴纳了 12 周的失业保险，一旦失业，就可以得到 15 周的失业救济。该法律颁布后不久，经济发展停滞，失业数量急剧上升，在法律规定救济期限过后，还要由国家出面提供补贴。

1919 年到 1921 年，英国政坛上最棘手的问题是爱尔兰争取独立的问题，始于 1919 年 1 月 21 日爱尔兰众议院宣布成立爱尔兰共和国。德·瓦莱拉领导的新芬党政府成功地得到天主教居民的广泛支持，而地区仲裁法庭的新教区法庭也非常卖力。在争取爱尔兰独立的武力抗争中，爱尔兰共和军（IRA）的爱尔兰志愿军，要抵御大英帝国警察、皇家爱尔兰警察以及他们的志愿服务军团，后者大多由参加过世界大战的军官组成。这是一场血腥的游击战，参与双方都动用了残酷的暴力，一直持续到 1921 年。

伦敦认为，1920 年 12 月的爱尔兰政令是一个政治解决方案。该法案将爱尔兰分为两个国家，大一点的国家位于南部，包括阿尔斯特的三个天主教为主的县。法律规定共同的国家首脑是英国国王。计划中的两院体制有利于南方基督教大地主在新国家上议院中选入自己的代表，然而这项法律只是被新建立的阿尔斯特议会所接受，南方的新芬党在下议院获得 128 个席位中的 124 个，但拒绝行驶职

权。因此议会无法工作。伦敦这次没动用军队来解决冲突，而是决定和爱尔兰共和党人进行谈判。

劳合·乔治和埃蒙·德·瓦莱拉政府会谈的第一个结论是，1921年7月11日达成停战协议。最困难的是如何协调爱尔兰共和党的要求和英国敦促爱尔兰成立自治领地的要求（如果阿尔斯特愿意应继续归属英国）。1921年秋季关于爱尔兰和英国关系的谈判最终令爱尔兰归属大英帝国，都柏林代表团的首要人物是温和派的阿瑟·格里菲斯（Arthur Griffith）和武装起义的一位领袖迈克尔·柯林斯（Michael Collins）。两人在12月6日都同意协议文本，该协议规定，爱尔兰是大英帝国的一个自治领地，英国国王依旧是爱尔兰国王。此外大不列颠得到在爱尔兰的几个海军基地，承认这个自由邦的主权独立，包括金融方面的自主权。

在爱尔兰，这个协议受到坚定的共和党人的激烈反对。令他们特别不满的是，该协议要求所有官员、法官、部长和议员都要向英国皇室，也就是各个自治领地组成的“英联邦”首脑宣誓效忠。1927年1月7日，爱尔兰议会经过激烈争论，以64票对57票的微弱优势通过该协议。之后拒绝完全归属大英帝国、拒绝承认这个协议的德·瓦莱拉辞职，由格里菲斯继任。公众、天主教会主教和爱尔兰共和兄弟会的大多数人，以及爱尔兰民族主义者的政治运动都赞成这个协议，因为根据当时的情况，该协议让爱尔兰尽可能地接近了独立。

激进的少数派并不以为然。1922年4月，爱尔兰革命军的一支军官小团队占领了都柏林的几座公共建筑，发出了爱尔兰内战的信号。德·瓦莱拉组建了一个对立政府。政府军方面由柯林斯出任领导。借助英国人赞助的大炮，经过激烈的战斗，都柏林政府平息了首都叛乱。但是柯林斯本人在1922年8月却惨遭暗杀。激进的共和党人受到重创后，1923年5月24日德·瓦莱拉终于命令停火。

但独立运动的分裂活动仍未停止。1923 年夏季，首次自由选举启动了。根据 1922 年 12 月的宪法，妇女拥有同等权利参加选举。反对协议的党派获得 128 个席位中的 35 个，但他们并未入职。新芬党中温和派组建的“盖尔联盟”（Cumann nan Gaedheal），作为独立党派获得 58 票。其他赞同该协议的政党如爱尔兰工党得到 35 票。因为格里菲斯去世，出任政府首脑的是比较温和的科斯格雷夫（T. Cosgrave）。1926 年以德 · 瓦莱拉为首坚定的共和党人成立了一个新的政党“爱尔兰共和党”，并于 1927 年承认英国与爱尔兰之间的协议。1927 年在众议院的选举中获得 44 个席位的爱尔兰共和党议员，也向英国国王宣誓效忠，他们的理由是，这不过是走一个形式。从此，这个自由邦开启了向“正常”的西方民主发展的进程。

这个自由邦和基督教为主的北方之间的关系依旧比较紧张。由于未能在一个共同边界委员会的框架下对 6 个北方县和 16 个南方县的边境做出有利于自由邦的相应修改，于是在 1925 年与大不列颠签订的协议中除个别更改外基本上确认了现存边界。占人口约三分之一的北方天主教徒，1925 年首次在贝尔法斯特下议院有议员席位，而亲英派统一党则拥有无可争议的多数。随着爱尔兰共和党的壮大，统一爱尔兰的赞同者在南方获得支持，天主教和基督教之间的敌视程度有增无减。激进的阿尔斯特共和党人拒绝与议会合作，借助爱尔兰革命军，与新教的奥兰治联盟准军事武装相抗衡，几十年来阿尔斯特一直是英国动荡的根源，这和它们有很大关系。

爱尔兰建国是一个历史转折点：它结束了亨利三世占领该岛后，
/ 255 长达四百年的英国外来统治。自格莱斯顿（Gladstone）时代，保守派一直抨击自由派的所有努力，反对给予爱尔兰地方自治，甚至在 1918 年后，反对终止和英格兰的同盟。大战后，马上进行一场防止爱尔兰分裂国家的大战，只有少数保守党赞成。因此在劳合 · 乔治的努力下，他们认同了这个解决方案，也使得英国皇家能够至少先保住对爱尔兰拥有主权的光环。但这不过是通往实现完全独立道路上的一个中间站，大多数保守党也应该预想到了。

爱尔兰步入独立进程是劳合·乔治内阁最后的一个大功绩。1922年秋季，自由派和保守派联合执政进入尾声的迹象越来越多。10月7日《泰晤士报》发表了保守党党魁、掌玺大臣安德鲁·博纳·劳（Adrew Bonar Law）的一封信。他在信中明确表示，他不赞成首相的土耳其政策，认为该政策太具挑战性、太危险。外交大臣寇松侯爵不再准备继续支持劳合·乔治的消息，不是只有内部的人知道。10月19日，275名保守派下议院议员在卡尔顿俱乐部开会，讨论该党未来的路线。最后以185票对88票的明显多数决定终止联合政府。同一天，劳合·乔治宣布不再担任政府首脑。10月24日，博纳·劳走马上任。寇松侯爵依然担任外交大臣。财政部由迄今为止的财政大臣，也是保守党的“未来人”斯坦利·鲍德温掌管。自爱尔兰国家独立后，保守党不再称自己是统一党，而是再次启用了保守党的称号。

新政府的第一项工作是解散下议院。1922年11月的大选，保守党得到347个席位，大获全胜，比反对党多出87个席位。工党的成绩也不差。他们的议员数量从75个上升到142个。自由党分两个派系，分别以阿斯奎斯和劳合·乔治为首，共得到117个席位，比1918年12月的选举结果减少了45个席位。

博纳·劳在位只有半年。1923年5月他因重病辞职，10月去世。 / 256
其继任者是斯坦利·鲍德温。直到1937年，鲍德温深刻地影响了保守党，尽管在之前的职位上，他并未做出特别的成绩。这届内阁的燃眉之急是解决大批失业问题。鲍德温试图实行高关税政策，就是效仿战争期间对车辆、钟表和乐器的关税规则。1923年10月，他宣布对英国经济实行全面的关税保护。由于其前任博纳·劳一年前曾公开表示，不对关税体制度做重要改动，因此鲍德温认为举行新大选势在必行。1923年12月6日举行大选，结果令首相的计划成为泡影。保守党依旧是最强政党，但是和上一年相比减少了90个席位。赢得选举的政党是提出恢复自由贸易的工党和自由党。工党席位从142个上升到192个，自由党从原来的117个席位上升到158个席位。

工党和自由党联合起来强于保守党。由于鲍德温未能成功组成多数政府，乔治五世责成工党领袖詹姆斯·拉姆齐·麦克唐纳组阁。自1924年1月23日，麦克唐纳出任第一届工党政府领袖，尽管该党在议会中不占多数，但是可以得到自由党的支持。新内阁的政策与其说是偏向社会福利，不如说是突出自由化。财政大臣菲利普·斯诺登（Philip Snowden）废除了战时的保护性关税，减少税务。但未能达到借助大兴公共工程减少失业的目标。“社会福利”的标签更应该归功于市政资助的工人家庭住宅项目，这是卫生大臣亚瑟·格林伍德（Arthur Greenwood）发起的，该项目取得重大成功。

第一届工党政府刚组阁一周，就做出了一个惊人之举。1924年2月1日，外交上它正式承认苏联。继这一重要举措之后，双方开始了新贸易协定的漫长谈判，以及协调俄国战前债务问题，协调英国公民在苏联的权利，并将解决这些问题作为发行英国债券的前提。1924年8月6日签署相关协议时，保守党和自由党的劳合·乔治一派纷纷抗议。他们谴责工党政府，通过这份和苏联的协议背叛了英国的原则性利益。

/ 257

麦克唐纳是否能够在下议院得到对该协议的多数赞同，还值得怀疑，恰在此时，发生了一件给政府添麻烦的事情。共产党《工人周报》的出版人坎贝尔（J. R. Campbell），发表了一篇据说是英国共产党主席哈里·波利特（Harry Pollitt）撰写的文章。在该文章中，他呼吁英国工人不要参加反对自己阶级弟兄的战争。之后检察机关在政府的高压下迅速撤回煽动造反的起诉。至少保守党声称，此举乃政府高压所致。麦克唐纳 9 月 30 日在众议院否认试图对司法施加影响，但无法阻止在野党保守党提交弹劾提案。首相将这个提案和是否信任政府的投票捆绑在一起。10 月 9 日首相不得不承认，他和检察署提起过坎贝尔案件。随后在保守党提案的投票中，表决结果以 368 票对 198 票否定了政府。麦克唐纳决定解散下议院，安排新选举，这也是两年内的第三次选举。

10 月 25 日，即大选前 4 天，《泰晤士报》发表了一封据说是季诺维也夫 9 月 15 日的来信，在这封信上，共产国际执委会总书记呼吁英国共产党将工党置于自己的控制下并准备发动革命。这封信的复印件也转给了《每日邮报》，并于 10 月 10 日转到外交部，随后外交部通知了《泰晤士报》，表达了抗议以及对该信件真实性的质疑。其实“季诺维也夫信件”是维也纳俄国流亡者伪造出来的。但这封信在多大程度上影响了选举的结果，不得而知。 / 258

10 月 29 日大选，尽管工党争取到自由党的一些选民，但是席位还是从 192 个降到 151 个。10 月 10 日投票，反对麦克唐纳政府的自由党，只得到 42 个席位，从 30% 降到 18%。保守党则获得 48% 的选票，414 个席位，也就是增加了 161 个席位。自 1906 年履任内阁成员，如贸易大臣、战争大臣和殖民大臣、著名的自由党人温斯顿·丘吉尔，得到了诸多保守派选民的支持，以“宪法专家”身份被选入下议院。1904 年他脱离保守党，加入自由党。此时他再次加入保守党。在新政府中，丘吉尔担任财政大臣。首相再次由斯坦利·鲍德温出任。下次选举时间是 1929 年 5 月 30 日，鲍德温这次任期为 5 年。

1924 年 10 月的下议院选举，不仅仅标志着英国战后时期的结束，而且释放出“回归常态”的信号，这是鲍德温的看法，美国总统沃伦·哈定前不久也表达了同样观点。这场选举的胜利也意味着两个政党体系的建立。不仅是自由党，工党现在也成为与保守党平起平坐的对手。在19世纪末，自由党决定和方兴未艾的工人运动合作，但它始终是一个资产阶级的绅士政党，因此从构架上就不可能长久地和工人阶级捆绑在一起。而保守党则成功地转变为中间靠右的大众政党，通过通俗的辩论和允诺社会福利吸引了诸多工人大众。1924年10月，他们获得的工人选票比工党得到的还多。但事实证明，工党还远远没有达到其发展的顶峰。1929年5月大选后，鲍德温不得不将首相的位子让给另外一个政治家，即詹姆斯·拉姆齐·麦克唐纳，他也是1924年11月让位给鲍德温的上一任首相。[12]

对抗与妥协：1919 年到 1922 年的法国 233 / 226

和英国一样，战争结束后的法国，丝毫感觉不到 1914 年以来一再狂热吹捧的民族统一。以居民数量衡量，法国是阵亡人数最多的国家。10% 以上的成年男性死亡。法郎的购买力在 1918 年末时，只有战前的 28%。1919 年的实际工资比 1914 年低 15% 到 20%。为安抚工人，1919 年 4 月开始实行 48 小时工作制，然而这些让步并未能阻止罢工的爆发。1919 年春季，继矿工工人之后，金属工业工人和首都公共交通业的工人也加入罢工队伍。但是这些罢工未取得什么可圈可点的实际成果。

在几次罢工中，甚至在巴黎都可以听见革命口号。资产阶级自然害怕布尔什维克主义的传播。总理克列孟梭在抵制共产主义方面的强度绝对超过其他任何政治家。1919 年 11 月 19 日众议院选举前，支持政府的大多数政党组成一个选举联盟，即国民联盟，在 616 个席位中赢得 437 个。这也要归功于选举法的改革。如果选举名单在 8 个人口最多的省份中的任何一个获得绝对多数选票，那么那里所有的席位都归其联合候选人。而这对其他政党不利。左翼在野党得到 180 个席位，其中资产阶级的激进社会党（简称“激进派”）得到 88 个席位，工人国际法国支部得到 68 个席位。右翼中间派得到 130 个席位，左翼中间派获得 100 个席位。迄今为止选民只是法国男性公民。众议院已经通过妇女选举权，但被参议院否决。

不久后的 1920 年 1 月，共和国总统选举开始。11 月选举得胜者 / 260
克列孟梭希望继承现任总统普恩加莱的位子，但迄今支持他的诸多议员的反应却出乎他的意料。他们希望选中一个不是强有力的，而是可以受控的国家首脑，因此毫无政治头脑的众议院主席保尔·德斯内尔（Paul Deschanel）被推上前台。克列孟梭一怒之下马上宣布卸任总理一职，甩手回到外省。他的继任者是亚历山大·米勒兰

234 (Alexandre Millerand)，这位当年的社会党人，后来加盟右翼。德斯内尔任总统数月后因病重于1920年11月辞职，米勒兰被选为他的继任者。经过短暂的插曲后，新总理人选阿里斯蒂德·白里安1921年1月上台，他曾经也是社会党人，后来进入右翼阵营。

米勒兰任国家首脑期间，发生了诸多大型劳工斗争。1920年2月，铁路工人要求增加工资和铁路国有化，并决定从5月1日开始无限期全面罢工。社会党的法国总工会决定支持这个号召，导致其他公共企业的工人以及矿工工会、金属和建筑业工人工会，都参加了这次罢工，参加者已经不限于工人，也不限于铁路工人。米勒兰指责法国总工会准备革命政变，大学生和高中生出面破坏罢工，铁路公司也不做任何让步。

5月底，工会联盟被迫宣布中止罢工行动。被开除的铁路工人很多都没有再返回原工作岗位。尽管1921年1月塞纳省法庭下令解散法国总工会的法令没有执行，但是工会政治上的失败是不言而喻的。1920年的这次事件加速了工人国际法国支部的分裂以及法国总工会的分裂，第三国际第二次国际会议之前就已经露出苗头，法国无产阶级的不满和怨恨会令共产党最受益。工人运动的分裂的受益
/ 261 人首先是企业家协会，这是1919年在贸易部长艾蒂安·克雷门特尔(Etienne Clementel)主持下联合成立的唯一总联盟，即法国实业总联合会(CGPF)。

法国非共产党的左翼明显比德国社民党更左。1919年4月，战争结束后在巴黎召开的第一次党代会上，工人国际法国支部承认无产阶级的阶级斗争，要求“坚决反对资产阶级势力”，谴责“任何形式的执政”。因此，社会党人结束了战争年代的“神圣联盟”，重拾《考茨基决议》，该决议是1900年9月第二国际在巴黎会议上通过的。根据这个决议，社会党参加资产阶级政府被定义为“危险的试验”，只有“权宜之计或者处于不得已的困境中”，才能这样做。

1920年12月在图尔党代会上，该政党分裂为社会党和共产党，工人国际法国支部的主要代言人是当时48岁的莱昂·布鲁姆（Léon Blum），他出生于资产阶级的巴黎犹太家族，在文学和戏剧批评方面颇有建树。他力图让大家相信，与共产党的矛盾是一个“家族内部争执”，并非不可消除。布鲁姆坚信“无产阶级专政”的目标，他认为无产阶级专政是一个阶级或者一个政党的专政，而非共产党理解的那样，是少数几个党领袖的专政。社会党人认为在工人阶级合法取得政权之前，行使权力的唯一合法途径是支持资产阶级的左翼内阁，例如1924年5月选举后实践的“左翼联盟”。

这和德国社民党截然不同。如果德国社民党在1918年后回到其战前的立场，拒绝与温和的资产阶政党联合执政，那么魏玛共和国的成立根本无望。而法国社会党人则确信，如果选举结果如愿，中间靠左的共和资产阶级势力足够强大，可以在工人国际法国支部议会的支持下完成执政任务。 / 262

分裂的左翼和右翼，就1918年后法国提到议事日程之上的一切政治问题，各执己见争吵不休。甚至在处置回归阿尔萨斯和洛林这两个省份的问题上，都没有达成民族层面全方位的共识。共产党人为这个地区争取充分的自治，但没有盟友响应。1918~1919年，法国开始驱逐自1871年吞并阿尔萨斯和洛林后移居到这来的约20万“原有德国人”，包括斯特拉斯堡“帝国大学”的教授和所有高级国家公务员，这在法国并没有引发激烈的争论。（在美国的强压下，大约被驱逐的一半人后来能够返回原来的居住地。）

对阿尔萨斯人在语言和文化上力推的同化政策也没有引起什么大的争端，这是学校和大学最首要的任务。政教分离是法国文化斗争的一个成果，令支持政教分离的人士非常不满意的是，在阿尔萨斯和洛林并没有落实1905年12月5日有关政教分离的法规，理由是不伤害绝大多数天主教居民的感情。天主教和基督教神职人员的工资由政教分离的法国政府发放。因此阿尔萨斯和洛林是法国唯一还在继续执行 1801 年拿破仑·波拿巴时代缔结的国家与教会协议的地区。

这个与天主教教会的地区性协议，符合白里安国民联盟政府宗教政策的基本原则。白里安向保守右翼释放积极的信号，自 1921 年 1 月执政期开始，他就准备恢复 1904 年与梵蒂冈的关系，并于 1921 年 5 月得到参议院批准。1922 年 2 月被选为天主教会最高首领的教宗庇护十一世，也表示准备承认阿尔萨斯和洛林之外地区有关政教分离的规定，也就等于默认了 1901 年根据一项法律解散修士会的活动。另外一个象征性的行动也缓解了国家和教会的关系。1920 年被称为圣女贞德的奥尔良少女被封为圣人，这是继耶稣母亲玛利亚之外第二位法兰西女性被宣布为法兰西的守护神。这个举动，甚至受到那些远离教会但热爱法国的各界人士的赞赏。

/ 263

教会与国家的靠拢既遭到支持政教分离左翼的反对，也受到守旧教会势力的攻击，他们担心这会混淆清晰的阵线。政治中间派、1924 年成立的天主教民主派的人民民主党（PPD），在这种情况下得以大力发展。该党在共和国的框架下争取选民（法国妇女在 1944 年才获得选举权，如果当时妇女有选举权，这个党肯定会有更好的成果）。人民民主党的领衔议员之一是来自梅斯（Metzer）的律师罗伯特·舒曼（Robert Schuman），他也是二战后支持西欧融合之路的先驱之一。笃信天主教的工人在 1920 年 2 月成立的天主教工人联合会找到了他们的知音，这个组织虽然拒绝阶级斗争，但是并不否定罢工的手段，它以天主教社会学说的宣言，即 1891 年教宗利奥十三世撰写的《新事通谕》为准则。1920 年它拥有 15 万名会员，和当时未分裂的、拥有 200 万名会员的法国总工会相比，这只是一个小枝杈，但在某些地区该组织很强大，是令企业家协会不得小觑的一个对手。

不仅在和教会的关系上，白里安政府称得上“温和派”，在外交政策最重要的领域，即和战败国德国的关系上也是如此。自 1921 年夏季起，这位兼任外长的总理致力于和解两国关系。朝这个方向努力的第一个尝试是《威斯巴登协议》。经过长期谈判，1921 年 10 月 6 日，负责解放地区的部长路易斯·罗赫和德国重建部部长瓦尔特·拉特瑙签署该协议。协议规定，德国给法国的战争赔款大部分可以不用马克，而是用实物交付，以应对德国货币的进一步贬值。 / 264 大部分法国工业家深知如何阻挠这个协议的落实，这个饱受右翼严厉批评的协议实际上并没有取得值得一提的成果。

不久后，德国要求暂停赔款。英国首相劳合·乔治的反应是积极的。1921 年 12 月白里安访问伦敦，劳合·乔治建议他的法国同行接受柏林的请求。白里安也准备接受，但政府首脑不在期间负责部长会议的总统米勒兰不同意。1922 年 1 月初，在戛纳召开的协约国会议上再次提到这个问题。劳合·乔治提议，在全球经济会议的框架下解决这个问题，这个会议也请苏联和德国参加。如果法国愿意在战争索赔问题上让步，英国首相愿意为法国和比利时边界提供担保，但并不包括和法国结盟的东欧和东南欧的国界。

白里安表示同意，与会者决定4月10日在日内瓦召开这一会议。总统米勒兰和参议院外交委员会主席雷蒙·普恩加莱马上发电报加以干涉，否认白里安的意见。总理回到巴黎后，未等众议院提出不信任表决提案，便于 1 月 12 日宣布辞职。三天后，他的继任者，也是他的批评者普恩加莱上任，他也与白里安一样兼任外交部部长。

新内阁的立场明显比上一届右倾。普恩加莱对英国担保提出的 / 265 附加条件，无异于否认这个动议。他要求建立互惠联盟，该联盟也要保证法国和东中欧以及东南欧国家的边界，而且万一德国入侵莱茵非军事区，担保同样生效。此外赔偿和担保协议之间没有相互依赖的关系。

4 月 10 日全球经济会议在日内瓦召开，1922 年 5 月 19 日结束。

大多数欧洲国家都参会，包括德国和苏联。另外日本和英国的自治领地也参会，美国和土耳其受邀但没有参加。法国代表团团长是法律部部长路易·巴尔都（Louis Barthou）。根据普恩加莱的指令，他要求德国立即履行战争赔款义务，要求苏联承认沙俄的战前债务，以及赔偿因企业国有化给外国股东带来的损失。法国再一次搅乱了英国准备对两家“受歧视国家”做出的让步计划，这两个国家在战后第一次参加国际会议。巴黎无意中为德俄《拉巴洛条约》铺平了道路，关于这个协议我们还会在其他地方提及。这次全球经济会议无果而终，不仅仅是因为法国态度强硬，但它应负主要责任。

与德国不断的矛盾令1922年法国展开了一场关于新服役法的内部争论。普恩加莱政府坚持40万的常备军队，但是缩短一半服役时间，即从36个月缩减到18个月。在野社会党提出的方案是建立缩短服役时间的人民民兵，但根本没有实施该方案的任何机会。

1922年夏季，战后的萧条慢慢结束，发生的较大规模的罢工都未达到1920年的规模。法国货币疲软：1920年12月到1922年4月，法郎对英镑的汇率从59跌到48。1922年法国经济复苏缓慢，而以出口为导向的德国经济则增长强劲，当然货币大幅贬值也为此助力不少。普恩加莱认为德国的通货膨胀是政治策略，以此来逃避其战争赔款的义务。因此他在赔款问题上非常强硬，严词拒绝了1922年7月柏林再一次的暂停请求，尽管劳合·乔治表示理解。战争结束后4年，德法关系没有丝毫缓和迹象，反而朝着对抗的方向发展。以“生产性抵押政策”为由，1923年1月法国和比利时占领了鲁尔地区，这是一个不良征兆。[13]

一个民主国度的自我毁灭：意大利通往法西斯之路

在意大利，大战结束后的事态发展比法国和英国更加戏剧化。1919 年和 1920 年作为“双红年”载入史册。在这个时期，大罢工、抢占土地和抢占工厂事件层出不穷。1919 年夏季和秋季，铁路和邮局从业人员，波河平原的短工和意大利中部佃农，甚至部委官员都举行罢工。在拉齐奥（Latium）和意大利中部的其他地区，农民强行占领大地主的土地。有些地方抗议通货膨胀的活动演变为公开骚乱。1919 年 11 月的议会选举，第一次采用比例选举制，社会党人获得 165 个议席，成为最强势力，继而是天主教民主党，获得 100 个席位。靠着天主教人民党的支持和紧急法令，自由党的首相弗朗西斯科·尼蒂才勉强把权力维持到 1920 年 6 月。之后他被“伟大的老人”自由党人乔瓦尼·乔利蒂替换下来，1892~1893 年以及 1903~1914 年，乔利蒂都相继就任国家首相这个要职。

社会党的核心分布区位于北部工业区，数都灵最强大。在那里，安东尼奥·葛兰西、安吉洛·塔斯卡和帕尔米罗·陶里亚蒂出版的杂志《新秩序》的影响很大。战争结束前一年，即 1917 年 8 月，在皮埃蒙特爆发了一次工人起义，但是遭到残酷镇压。不过这次罢工作为无产阶级抗争的神话依然流传。以俄国为榜样，第一批工人委员会在意大利的这块土地上成立了。1921 年，社会党极左翼在利沃诺党代会上分裂出来，成立了意大利共产党，他们最希望都灵成为亚平宁半岛上无产阶级革命的出发点，成为意大利的“彼得格勒”。1920 年 4 月，企业主的有意挑衅造成一次都灵金属工人大罢工，激进的左翼寄予很大期望。由于新成立的企业家联盟精心布局，采取了非常有效的防卫措施，致使罢工彻底失败。企业家和政治右翼由此得出结论，左派并非战无不胜，抑制红色革命自有办法。 / 267

1920 年 9 月，社会动荡有增无减。北意大利金属工业工资谈判失败后，企业主开始解雇职工，而职工立即占领了数家工厂，并升起红旗以示胜利。这些行动并不是社会党人指挥的，而是自发的。乔利蒂政府没有动用警察，而是选择等待。总理采取静观其变的计策：工人的企业自我管理试验会因低效而很快失败，这个算盘真是打对了。但意大利大部分人认为，政府这种被动做法是向公开违法的极端少数分子的投降。鉴于这一事件，国家政权威信扫地。这种侵蚀的过程不断持续，1920~1921 年秋季和冬季，在都灵和托斯卡纳相继爆发新的罢工和流血冲突，政府依旧如同一个中立的观察者，不采取任何举措。

权力的真空助力了一个团体的发展，他们决定用自己的方式，系统地对左翼派别施加身体和精神的暴力，以弥补国家威严的丧失：墨索里尼 1919 年 3 月 23 日在米兰成立"革命行动的束棒"（根据他们使用的罗马权杖捆绑在一起的魔杖，称为"束棒"，音译为法西斯）。墨索里尼 1883 年生于弗利 - 切塞纳省（Forlì-Cesena）的普雷达皮奥（Predappio），起初没有成功当上教师，他于 1902 年赴瑞士，在那里他以打零工为生，住在无家可归者的收容所或大桥下。他结识了俄国女革命家安格里卡·巴拉巴诺夫（Angelica Balabanoff），阅读了乔治·索雷尔的《反思暴力》，古斯塔夫·勒庞（Gustave Le Bon）的《乌合之众》和尼采的著作。在洛桑聆听了反议会精英理论家维弗雷多·帕累托的讲座。

1906 年服完兵役后，墨索里尼前往特伦蒂诺，1907 年被奥地利官方驱逐出境，回到意大利后，作为一名激进的工团分子在社会党内工作，1912 年升至党的机关报《前进报》主编。1914 年 10 月他转入干涉主义阵营，和社会党决裂。不久得到军工业和法国金主的财政支持，开办了自己的小报——宣传民族主义精神的《意大利人民报》。1915 年到 1917 年初，他以士兵身份参加伊松佐阵地战，遭遇爆炸负伤后退役。之后，他又开始在"家乡前线"重操记者生涯并进行政治斗争，是战后宣传“被肢解的胜利”最积极的代言人之一，为“意大利领土收复”运动奔走呼吁。

墨索里尼从极左到极右的转变，乍看之下好像令人不解，其实不然。这位后来的“领袖”从来不是一个严格意义上的马克思主义者，而是一个折中主义者，一个行动主义者，一个唯意志论者。索雷尔的学说“直接行动”之所以触动他，是因为它们既可以解释为“左”也可以解释为“右”。该作者的一生也是在两个极端之间左摇右摆。对墨索里尼来说，关键的是他如何有实现自我的最大机会，他本人和他的立场如何赢得人们的欢呼。自1914年后他意识到，民族崇拜的心理应该是一个合适的方式，可以增加他本人的政治影响，并令他最终取得权力。他也从这个原则出发，为自己选择追随者和盟友。因为左翼是国际主义的、反帝国主义的、反军国主义的，因此他只能在政治光谱的右侧寻找，例如布里埃尔·邓南遮和当年的精英士兵“阿尔迪蒂”于1919年4月在米兰把当年墨索里尼的《前进报》办公大楼付之一炬，为的是吹响民族觉醒的号角。

除米兰外，的里雅斯特也是“法西斯”早期活动的场所。他们视斯洛文尼亚人为民族之敌，因为后者不愿无条件脱离奥地利的统治，而臣服意大利的统治。1920年7月14日，斯洛文尼亚联盟的“人民之家”所在地巴尔干酒店被毁，就是法西斯恐怖活动的小试锋芒。1920年11月21日，在社会党大本营博洛尼亚的一次反社会党的行动，可以说是法西斯冲锋队“黑衫军”关键的突破。这一天，新选举出的城市管理部门社民党官员走马上任。墨索里尼的支持者借此机会引发严重的暴乱，造成内战般的恐慌。在后来几周和几个月里，身穿黑制服的法西斯甚至在艾米利亚-罗马涅大区和托斯卡纳开始袭击左派机构及其领导人，不久后在意大利大部分地区也展开了类似行动。

除对社会党人和共产党人的武力袭击外，对民主联盟的类似攻击也越来越多。强迫喝蓖麻油是羞辱政治对手的常用手段。在艾米利亚，大地主是黑衫军的金主，他们意在借助黑衫军恐吓和惩罚那些支持左翼的造反农民。黑衫军称这种袭击为“讨伐”，一旦他们感到受共产党人和社会主义者的挑衅，或者遭受左翼武力的袭击，他们就实施血腥报复。自1921年初，“红色双年”被黑色恐怖的“尼禄双年”取代。

1919年11月选举中，法西斯受到严重挫败：他们在米兰提交的名单中的竞选者仅获得4000票。然而1921年春季内政局势发生变化，因为民主联盟在梵蒂冈的督促下，不再支持乔利蒂。原因是1920年9月颁布的一项法律，内容是为减少庞大的财政赤字，对那些没有统计入国库的教会财产，也就是所谓的“不许交易”的财产进行征税，但是该法律遭到教廷的强烈反对。乔利蒂随后解散众议院，宣布1921年5月重新选举。为了确保多数，这位首相和民族主义党派以及法西斯结成选举联盟，后者与自由党的乔利蒂一派共同组成“民族同盟”。通过这次与部分自由党的实用性整合，墨索里尼运动在政治上得到重视。他们似乎获得了以前从未拥有的社会地位和尊重。

/ 270

在竞选中法西斯利用大规模恐怖活动，令许多地区的社会党和共产党的竞选宣传陷于停顿。5月15日选举日当天，法西斯制造的流血事件导致十几人死亡。选举结果令乔利蒂大为失望。他的“民族联盟”在535个席位中只得到120个，其中36个席位归法西斯。对后者来说这是一个令人瞩目的成就，因为此前他们在众议院根本没有席位。民主联盟也是此次选举的胜利者，他们有108位议员进入议会。资产阶级的积极党得到68个议员席位。社会党损失惨重，只得到123个席位，共产党得到15个席位。

在这种情况下，一个稳定的政府成为泡影。对乔利蒂来说，最可行的办法是借助紧急法令来落实必要的措施，首先是减少庞大的国家公务员数量，但是没有得到议会多数的同意，乔利蒂不得不于1921年6月27日辞职。他的继任者是当时的战争部部长伊万诺埃·博诺米，当年的社会党人，但因1911~1912年支持反利比亚战争被开除出党。为了赢得墨索里尼的好感，新政府首脑和前任乔利蒂一样，对法西斯的暴行无动于衷，听之任之。在这个问题上他不缺少盟友，其他部长、军队和长官也公开持同样态度。诸多地方的军官们甚至和黑衫军合作，为他们提供武器和车辆。1921年股市崩溃，博诺米暂停了受教会抨击的税收法，也很高兴得到墨索里尼的支持，不久之后该法律被彻底取缔。

墨索里尼是法西斯的带头人，但并不是唯一的领导人。意大利北部和中部“农业法西斯主义”的代言人（同代人这样称呼）影响力也很大，首屈一指的是激进的地方指挥官，当年的社会党人、在克雷莫纳（Cremona）的罗伯托·法里纳奇（Roberto Farinacci），还有在博洛尼亚的左翼共和党人迪诺·格兰迪（Dino Grandi）以及在费拉拉的伊塔洛·巴尔博（Italo Balbo）。不少地方的指挥官反对墨索里尼过于严苛的领导。1921年8月，鉴于博诺米的敦促，墨索里尼和社会党人缔结一项和平协议，导致那些地方的指挥官起来造反。和平协议没有取得任何成效，也是因为这些地方指挥官受大地主和企业家支持，反对这个协议的结果。1921年11月在罗马召开的法西斯大会上，墨索里尼被迫断然结束了这一章节。 / 271

但这次会议还是为“领袖”带来了巨大的成功。尽管反对声浪很大，他仍然把法西斯运动转变为一个政党，取名国家法西斯党。随后法西斯暴力一发不可收拾。攻击左翼、民主联盟和自由党的设施，把社会党议员驱逐出其选区，警察也不出手帮助受迫害者。邓南遮在里耶卡的行动起到了模范作用，1922年春季，黑衫军占领城市的事件频发。4月和5月，费拉拉两次被黑衫军占领，甚至一段时间该城市完全被割断了和外界的联系。面对上万名黑衫军训练有素的准军事武装暴力，当地警察队伍无能为力。

1922 年 7 月底，法西斯的恐怖达到高潮。在伊塔洛·巴尔博率领下，一大批黑衫军进攻左翼的拉文纳，且受到国家暗地里的支持。无产阶级建立了“劳动联盟”以进行抵抗，社会党人、共产党人还有无政府主义者都参加了这个组织，但由于没有国家的帮助，他们无法有效地反抗右翼武装，很快就被法西斯打败。根据左翼统计，1920 年 10 月到 1922 年 10 月的两年间，共有 300 名法西斯分子和 3000 名反法西斯人士在动乱、巷战和其他骚乱中丧生，我们可以质疑这个数字。但毫无疑问，黑衫军动用的武力要比反抗其攻击、由左派一方创建的“人民的阿尔迪蒂”更有系统。

国家大部分地区日益陷入混乱和无政府状态，此时罗马也在频繁更换政府。1922 年初，社会党决定推翻博诺米。因为在 1921 年的党代会上，他们达成拒绝与资产阶级政党合作的共识，但又看不到可以争取到更多政治影响力的前景，所以这步棋是令意大利更加不稳定的一个危险举措。1922 年 2 月，新选出的教宗庇护十一世决定撤销教会对民主联盟党唐·斯图尔佐（Don Sturzos）的支持，这一决定更是火上浇油。1922 年 2 月 25 日，路易吉·法克塔（Luigi Facta）取代博诺米出任首相。法克塔是乔利蒂的朋友，属民主党右翼，他有一段时间能够指望法西斯的支持，但在议会中并不占有多数。

1922 年 7 月 19 日，法克塔政府被推翻，随后国王维托里奥·埃马努埃莱三世邀请所有政党领袖，包括社会党领袖前来议事。根据社会党议会党团多数人的决定，菲利波·图拉蒂也应该参加这次和君主的会谈。这将意味着一次破冰行动，因为社会党曾拒绝“宫廷道路”。社会党领导层对此的反应是立即开除图拉蒂及其团队。图拉蒂随即把这个问题提交给 1922 年 10 月在罗马召开的党代会裁决。党代会以微弱优势通过了党领导层的决定。之后被开除的团队马上组建了一个新政党，称号为意大利社会主义工人党，由图拉蒂、埃马努埃莱·莫迪利亚尼和克劳迪奥·特里夫斯领导，议员吉亚科莫·马泰奥蒂担任党书记。这样一来，意大利共有三个社会主义政党，即后来更名为社会统一党的新政党、原来的社会党和意大利共产党。

试探性会谈因社会党的否定而失败。8 月 1 日国王任命法克塔再次担任首相一职，这次他的政府竟然在议会中占有大多数。同一天反法西斯的劳工联盟号召工人起来进行全面罢工，几乎令铁路运输和整个经济生活陷入瘫痪。墨索里尼在议会上给政府发出最后通牒：如果政府在 24 小时内不能结束罢工，那么法西斯作战部队就会出面解决。他宣告之后毫不迟疑地付诸行动。在米兰的浴血巷战中《前进报》大楼再次被焚；黑衫军占领诸多地方，例如在安科纳、利沃诺和热那亚的社会党大楼以及铁路；黑山军还用血腥的手段将不愿复工的工人赶回工厂。社会主义工人阶级遭受迄今为止最惨重的失败，法西斯在攫取政权的道路上又向前迈进了关键的一步。

1922 年 10 月 24 日，法西斯在那不勒斯举行一场大型示威，政府高级代表也在场。3 天后即 10 月 27 日傍晚，墨索里尼向他的准军事同伙下令“进军罗马”。首相法克塔建议国王宣布进入紧急状态。国王先是同意，但第二天又拒绝了该建议，尽管已经公布了有关措施准备签署这个命令。这样一来，主动权落在了墨索里尼这位“领袖”手中。如果说墨索里尼当年只要求法西斯参与萨兰德拉（Salandra）的右翼政府执政，那么他现在提出的要求是自己要任首相一职。国王立即发出电报，屈从了这个要求。随后墨索里尼登上了传说中的卧铺列车，在 29 日夜间前往罗马，并在罗马组建了自己的政府。自己还兼任外交部部长和内政部部长。前参谋长阿尔曼多·迪亚兹（Armando Diaz）任战争部部长，哲学家乔万尼·秦梯利（Giovanni Gentile）任教育部部长。

公元前 88 年“进军罗马”是古罗马最高行政长官卢基乌斯·科

246 / 247 尔内利乌斯·苏拉（Lucius Cornelius Sulla）借助罗马军团征服罗马的一次行动，这次的“进军罗马”只不过是一次有效的威胁，与它效仿的当年的古罗马不一样。君主的唯命是从甚至令法西斯不必和国家军队发生冲突。1922 年 10 月 30 日上午，墨索里尼抵达罗马，2.5 万人的黑衫军中只有部分人携有武器，而且还驻扎在离首都 40 公里远的地方。如果有足够的决心，消灭他们对警察和军队来说易如反掌。经国王允许，黑衫军 10 月 31 日在皇宫前举行示威，但对权力的交接并未起积极的作用。犹如惊弓之鸟的众议院以 306 票对 116 票表示信任新首相。投赞成票的包括乔利蒂、博诺米、奥兰多、萨兰德拉和当时 41 岁的人民党议员、后来长期担任总理和二战后基督教民主党领袖的阿尔契德·加斯贝利。

墨索里尼和法西斯分子效仿列宁和布尔什维克信奉的是：关键的并不是多数选民的支持，只需要有坚定的决心——让对手陷入恐惧、在适当时机夺取政权的坚定决心。如果有了它，那么坚定的少数派也可获取政治领导权。意大利法西斯分子达到这个目标比较容易：他们在国家的民事和军事管理机构中拥有盟友，得到工业和农业精英在财政和政治上的支持。当时起主导作用的资产阶级自由党以及贝内德托·克罗齐（Benedetto Croce）这样有名望的知识分子都确信，与战后持续的混乱状态相比，法西斯统治至少不是最坏的选择。

社会党的工人运动是唯一需要严肃对待的对手，但由于列宁追随者发起的分裂活动，以及非布尔什维克左翼拒绝与温和的资产阶级势力合作，他们以这种致命的方式削弱了自己。在共产党支持下，许多工人选择无政府主义的方式，也就是根本不遵守法规，制造既成事实的普遍现象，为法西斯系统地无视现行法律提供了完美的借口。

/ 275 国家管理者先是容忍了来自左翼的武力升级，这次又认可了来自右翼的更为猛烈的暴力，好像它们是自然威力的爆发。早在 1921

年 1 月，年轻的社会党众议院议员马泰奥蒂就责备国家逐步放弃了其绝对的管理权，“政府和地方机关对推翻法律和秩序的行为熟视无睹。私人法律代替公共法律，大行其道……因此工人们说，民主国家不过是一个玩笑，它放弃了实现人人平等的权利”。法西斯在战后 4 年达到了其目标。他们让意大利的大多数资产阶级都相信，只有他们才能够结束这种无法无天的局面。然而这种局面正是他们自己有意制造的，远远超过了极左势力。

“被肢解的胜利”这种说法是法西斯大力宣扬的观点，也是意大利资产阶级民族主义者联盟的宗旨，法西斯在 1923 年 2 月和该联盟合并。当然这一观点是他们取得成功的重要的但并不是唯一的心理基础。如果意大利民主没有其他的负面因素，1918 年后法西斯也不会达到 1922 年的嚣张程度，例如：南方大部分农村人口依旧处于文盲状态，工业发达的北方和欠发达的农业中部地区之间明显的物质差距，几十年来听从教廷指令的众多虔诚教徒不去参加选举，社会党的大多数拒绝按照议会制度的规则与资产阶级势力妥协。在这种情况下，就不可能产生对民主国家的信任，而每个以自由选举为基础的制度都需要这样一个基础，正是这种必要的合法基础的缺失为法西斯提供了最好的机会。

法西斯会毫无顾忌地使用他们 1922 年 10 月没受任何抵抗就攫取的权力，是那个时代为数不多的可预料的事情之一。如果回顾墨索里尼和他的帮手们在前几年的言谈举止，就可以预料他们会建立一个新型独裁。当时的问题只是，法西斯分子需要多长时间全方位落实其要求。而另外一个在未来才能回答的问题也浮现出来：1922 年在意大利发生的，是一个纯粹的民族现象？或许是一个可以令某些国家模仿的榜样？那些同亚平宁半岛上的国家一样，以同样的方式，在社会、政治和世界观分歧中四分五裂？ / 276

一位有洞察力的同时代人，德国记者哈里·凯斯勒伯爵（Harry

Graf Kessler）在当时就预见了这个问题的答案可能是什么。1922年10月29日，他在日记中写道："法西斯通过政变在意大利攫取了政权。如果他们守住政权，那么这将是一个历史性的事件。不仅给意大利，而且可能给全欧洲带来不可估量的后果。它是反革命胜利进军的第一列队。迄今为止反革命的政府，例如法国政府，至少表面上装作是民主的、热爱和平的。这里明显是一个反民主的、帝国主义的政府重新掌权。在某种意义上说，墨索里尼的政变可以和列宁的1917年十月革命相提并论，当然这是一个反面的例子。也许它开启了欧洲再次进入动荡和战争的阶段。"[14]

共和国面临严峻考验：1919~1922 年的德国

德国经历了 1919 年春季革命斗争，为接受还是拒绝《凡尔赛条约》的激烈内部争执画上了句号。战后的第一个夏天，公众的注意力转向宪法的基本问题，也是国民大会 2 月起就开始的工作。国民大会 6 月前已经做出很多决策。普鲁士邦国保存下来，但不要让它的优势过于凸显。尽管普鲁士占德意志帝国人口的五分之三，但是它在立宪机构的邦国参议院中只能占五分之二的席位。这些席位的一半由政府代表出任，另外一半由邦国政府管理部门的代表出任。邦国参议院在立法方面的话语权明显少于其前身，即帝国参议院。南部的德国邦国不再享有 1871 年到 1918 年的“特权保留”。结论是，这个按照共和国立法的帝国比联邦主义者所期望的更加集权化，但比中央集权倡导者要求的更加联邦化。 / 277

长期以来，关于议会和国家首脑之间的权力分配问题存在争议。资产阶级政党认为应该有一个更强势的帝国总统，以平衡帝国议会的各派力量。开始持反对意见的社民党人，因 1919 年春季发生了类似内战的争执，也赞同这个想法。社民党同意了帝国总统由人民直接选举，每届任期 7 年，可以多次竞选，而且同意了《紧急法》第 48 款的最终文本，即帝国总统在公共秩序面临重大干扰和危险时，可以无须经帝国议会的同意采取紧急措施，但帝国总统也可以取缔这些措施。帝国总统可以将议会通过的某项法律付诸公投。如果十分之一的民众提议就某个问题举行公投，那么就要安排一次公投。由此帝国总统不仅作为代理立法人，而且还以人民参与立法的形式限制了议会和代议制民主的原则。

帝国总理不是由帝国议会选出，他需经过帝国总统的委任，必须事先取得帝国议会的信任。如果帝国议会宣布不信任他，他就必须辞职。因此在选择政府首脑问题上，帝国总统有很大的迂回空间。

另外帝国总统还是所有军队的最高指挥官，有权解散帝国议会。拥有这样的权力，也就不难理解当时的人为什么称总统是“代理皇帝”或“皇帝代理人”。帝国议会当时的出发点是，如果执政党不能或
/ 278 者不愿妥协，那么国家元首就要出面解决难题。因此议会机会主义和波拿巴式的总统制能够轻易地悄悄改变宪法，把代议制人民的权利交付给投票选出的合法国家首脑，即由帝国总统代理的专政。其赞同者认为这种结构在危急关头是确保稳定的法宝。

关于帝国国旗颜色的争吵也很激烈。德国民主党的多数和天主教中央党的少数支持右翼的观点，希望保持俾斯麦帝国时代国旗的黑白红三色。社民党和部分资产阶级中间派则倾向用1848~1849年革命时的黑红金色。最后达成一个折中但容易令人起冲突的方案，帝国国旗颜色定为黑红金，据说是为了在海上显得更加醒目。另外补增一个专用商船旗，颜色为黑白红的旗子上带有一个“黑红金色的内上角”。关于教学体制新规定的争议也很多。最后通过了社民党的提议，将对所有人一视同仁的“无宗教之争的学校”作为“标准学校”，但是可以根据监护人的申请选择教会学校或者非教会学校。

在1849年帝国宪法中，“德意志人民基本法”一章的基础做了更新和扩大，形成新的基本法。帝国议会在获得修宪多数时，可以偏离宪法的表述，而不必修改宪法。就宪法的修改问题，如果得到绝对多数赞同票，国民议会就予以承认，即三分之二的议员必须在场，三分之二在场的代表必须投赞同票。一旦得到所需多数票的赞同，宪法本身并不能保护自己免于被废除。在1919年的宪法之父看来，给多数人的意愿设立限制的立宪规定，无异于复辟集权国家体制。

1919年7月31日的最后表决，大多数表示赞同帝国新宪法。420名议员中338人参加表决。262人赞成，75人反对，1人弃权。投赞成票的是“魏玛派”的社民党、中央党和德意志民主党，投反
/ 279 对票的来自独立社民党、德意志民族党和德意志人民党。8月11日，

暂时履职的德国总统艾伯特签署了宪法。8月14日，以公布法令的方式宣布宪法正式生效。一周后，1919年8月21日，帝国总统、国民议会和内阁告别魏玛，德国的执政机构再次迁移到柏林。

从这时起德国就是“世界最民主的”地方。民主在宪法中得到如此彻底地贯彻，在世界范围内独一无二。社民党的帝国内政部部长爱德华·大卫在1919年7月31日庆贺《魏玛宪法》颁布时如是说。他首先指的是《共和基本法》内有关直接民主的内容。而公众对这部宪法与其说是主动接受，不如说是被动接受。在经历了极右翼的仇恨宣传和暴力行动之后，宪法才成为这个共和国的标志。魏玛帝国宪法给德国人带来了广泛的政治自由。但是宪法并没有确保在危急时期可以维护这种自由。“世界最民主的民主”不仅受到拒绝以及反对势力的威胁，而且这个宪法还规定了可以取缔自身的条例。

《魏玛宪法》被颁布后刚满7个月，1920年3月12日，帝国国防部部长古斯塔夫·诺斯克不得不向帝国总理古斯塔夫·鲍尔内阁禀报，有人正在尝试推翻政府。诺斯克称东普鲁士景观总局局长沃尔夫冈·卡普（Wolfgang Kapp）和上尉瓦尔德马·帕布斯特（Waldemar Pabst）是主谋，后者也是1919年1月谋杀罗莎·卢森堡和卡尔·李卜克内西的主要责任人。的确，帝国国防军中有很大一部分士兵支持这次载入历史的“卡普政变”计划。1920年1月10日，《凡尔赛条约》正式生效后，以驻扎在柏林的国家防卫军Ⅰ部指挥官吕特维兹（Lüttwitz）男爵为首的军方高层和政府的分歧加大。许多军官认为，帝国屈从协约国的要求，尽管不必将德国战犯移交给战胜国，但是必须在德国法庭接受审讯，这种行为和他们理解的国家荣誉观念背道而驰。另外还要签订将军队缩减到10万人的协议。这次裁军主要冲击的是自由军团，尤其是“波罗的海部队”，他们大战后曾在协约国同意下，在拉脱维亚和爱沙尼亚抗击布尔什维克。诺斯克明确指出，这个自由军团就是埃尔哈特（Ehrhardt） / 280

的海军支队。

而这一阴谋的民间支持者是极右翼的政治家、德意志民族党、东易北河大地主和旧普鲁士省保皇派的官员。他们的联络中心是1919年10月在埃里希·鲁登道夫的庇护下，在柏林成立的国家统一协会。其近期目标是建立一个独裁的但暂时非君主制的政权，这个政权对外应推行积极的修正政策。

事实证明诺斯克的防卫措施还远远不够。3月13日清晨，埃尔哈特海军支队挺进柏林，7点卡普占领了总理府。由于大多数将领，包括军队管理局局长汉斯·冯·塞克特（Hans von Seeckt）都认为军事抵抗徒劳无益，所以帝国总统艾伯特、帝国总理鲍尔和大部分部长事先都前往德累斯顿，诺斯克认为那里的指挥官值得信赖。其间帝国首都出现了号召全面罢工的呼吁书，号召无产者联合起来，由社民党的帝国政府新闻处主任起草，据说艾伯特和帝国政府的社民党成员都签了字（不久后他们都尽量回避谈及这个呼吁书）。

全面罢工的风险在于有失控而转变为公开内战的可能性，不能指望共产党和工团主义者仅仅满足于恢复鲍尔政府。另外，1920年春季有足够的理由相信罢工会取得成功。这时，德国通货膨胀造成的繁荣几乎让人人都有工作。参加罢工的人员不必担心会有失业者顶替他们，占据工作岗位。反对军事政变的、支持符合宪法的国家
/ 281 权力，这样的全面罢工拥有毫无疑问的民主合理性。工人和职员共同发出一个强有力的信号，说服官员们集体拒绝违法的篡权者，并促使他们尽快投降，是很有必要的。

全面罢工的领导是自由工会，自由工会中社民党和独立社民党通力合作。因为诸多共产党员在多地违反该党领导的最初指令，参加了反对政变者的活动，之后德国共产党也正式参加罢工。政变分子的支持者主要局限于保守的东易北河一带。大部分部委官员都抵制政变，因此在3月14日政变的失败就已见端倪。令人不解的是，

持右翼自由立场的德国人民党主席古斯塔夫·施特雷泽曼在这个时候，仍然认为鲍尔政府应该为这次政变负责，而且毛遂自荐成为两个敌对阵营的调解人。令共和国支持者更为诧异的是，留守在柏林的德国民主党（10 月份又参与政府内阁）的副总理希弗（Schiffer）和许多普鲁士部长，包括社民党人，对所谓的“帝国总理”卡普和“最高指挥官”吕特维兹都表示让步，并做出保证，如果他们辞职，就立即着手组建大联合政府，进行帝国议会选举和帝国总统直选。

此时躲到斯图加特的鲍尔政府，并不同意向政变分子让步，这也是他们做出的最佳选择。3 月 17 日，在军方的压力下，先是卡普然后是吕特维兹妥协。当埃尔哈特的海军支队唱着德国歌曲，身穿他们日常的军服（钢盔上的卍标识，黑白红三色飘带，被称为埃尔哈特支队）从政府区撤退时，还制造了一场血案，他们向正在抗议的平民动武，致使 12 人死亡，30 人受伤。

政变的结束并不意味着罢工的停止。3 月 18 日，倾向于社民党的工人、职员和政府职员三家总工会决定，继续罢工，直到政府满足他们的要求为止：开除诺斯克，因为他对帝国国防军中的反共和国阴谋坐视不管。解散那些不可靠的部队，改组帝国国防军为共和国防卫军。另外自由工会还要求惩罚所有政变分子，解散保安部队中不忠诚的团体，管理机构彻底民主化，矿山和能源国有化，开除那些对政变分子过于谦让的普鲁士部长，包括社民党的内政部长沃尔夫冈·海涅（Wolfgang Heine）。对峙一直僵持到 3 月 20 日，最关键的要求基本达成一致（国有化问题，重启 1918 年 11 月组成的国有化委员会），三家联合工会才宣布结束罢工。3 天后，帝国总理鲍尔做出了更多让步之后，独立社民党才采取了同样的措施。 / 282

1920 年 3 月 27 日，帝国政府重组完成。接任无任何特色的帝国总理古斯塔夫·鲍尔的是外交部前部长赫尔曼·穆勒，他掌握多种语言，和奥托·韦尔斯两人共同担任社民党主席。新的帝国国防部长是前重建部部长奥托·格斯勒，为德意志民主党右翼。军队领导由冯·塞克特出任，他就是3月13日坚决制止帝国国防军自相残杀的那位指挥官。

卡普和吕特维兹政变导致的改变对普鲁士的影响之深远超帝国其他省份。时任农业部部长的奥托·布劳恩接替政治上毫无特色的邦国总理保罗·赫希（Paul Hirsch）。布劳恩来自柯尼斯堡（Königsberg），曾是一名印刷技工，他是一位很有能力的政治家。布劳恩任命社民党帝国议会议员，当年的一位钳工，来自威斯特法伦的卡尔·泽韦林（Carl Severing）为内政部部长。泽韦林任帝国委员和普鲁士委员时，他在动荡不安的鲁尔地区出色地完成了任务。泽韦林履职期间，对邦国最高领导、邦政府领导、邦议员和警察局长进行大清洗。凡是和政变分子合作的官员都被这位新内政部部长撤下，改用他认为会坚决捍卫共和国的人选。由此开启了普鲁士历史的新篇章。当年霍亨索伦家族的老巢，几年后就发展为德意志共和国的坚强堡垒。

/ 283

巴伐利亚的发展则完全不同。1920年3月14日，慕尼黑经历了某种特有方式的政变。帝国国防军第IV部的指挥官冯·莫尔（von Möhl）将军和保皇派政治家以及准军事组织的居民自卫队关系密切，他向社民党的邦国总理约翰内斯·霍夫曼发出最后通牒，请他为了和平与秩序将执行权转交给自己。不顾霍夫曼的反对，巴伐利亚内阁，一个由社民党、巴伐利亚农民联盟和无党派人士组成的少数政府屈从了这个无理要求。3月16日，邦议会选举维特尔斯巴赫（Wittelsbach）家族坚定的支持者、上巴伐利亚的政府主席古斯塔夫·冯·卡尔（Gustav von Kahr）为邦国总理。这届政府成员由巴伐利亚人民党、德意志民主党和巴伐利亚农民联盟组成。社民党为在野党，而且在魏玛共和国结束前一直是在野党。1920年春季后，巴伐利亚成为右翼的“秩序元素”，成为社民党领导的、有共和倾向的普鲁士的另一个极端。它成为那些试图用专制取代议会民主制、让整个帝国向右转的各派势力的坚固堡垒。

帝国政府的重组、普鲁士政府和巴伐利亚的政府重组，并未给卡普和吕特维兹政变画上句号。最后还发生了一次流血事件：镇压鲁尔地区起义。政变使得一支鲁尔区红军在莱茵威斯特伐利亚工业区组建了，这一支不仅由共产党的支持者组成的无产阶级群众运动的武装力量在诸多大地方都接管了政权。在柏林宪法制度建立后，这支军队的领袖并不想放弃其职位。在矿区的“野蛮西部”，左翼共产党和工团主义者掌握着话语权，地方执行委员会也远比鲁尔区东部和南部地区更激进，东部和南部主要以金属工业为主，深受独立社民党影响。

帝国政府和普鲁士政府利用这个矛盾分化了阵营。泽韦林 3 月 24 日和较温和的执行委员会达成《比勒费尔德协议》(Bielefelder Abkommen)，但是这个协议并未得到激进势力的赞同。几个西部城市，例如杜伊斯堡（Duisburg）几乎处于无政府和混乱状态。因此用武力解决争端的可能性增大。帝国国防军用了那些不久前还支持政变分子的军队。工业区的这场内战死亡总数从来没有精确地统计过。但矿工死亡人数远远超过 1000 人，帝国国防军方面有 208 人阵亡，123 人失踪。警察死亡人数为 41 人。 / 284

鲁尔地区的起义事件，标志着始于 1917 年激烈罢工的德国无产阶级群众运动的结束。很多迹象表明，可以把 1920 年春季的起义视为德国革命的第三阶段。1919 年 5 月慕尼黑第二苏维埃共和国被镇压后，德国革命进入了某种潜伏阶段。激进工人的抗争一方面针对那些发动战争的政治和社会制度，反对 1918 年后力图复辟这种制度的势力；另一方面，起义者也反对那些传统的工人组织，激进的左翼谴责它们已经沦为资本主义制度的一部分。

1920 年春季的革命阶段结束后，希望社会关系发生激烈变革的愿望继续存在。然而当时的教训也令人深思。全面罢工的成功之处在于在很短时间内令篡权势力失败，但也随之产生了一种连工会和社民党都无法把控的自发能量。激进的左翼一反温和派的愿望，把政治罢工转变为一场武装斗争，而这场斗争的胜者不是工人阶级，而是军队。继鲁尔起义后，虽然发生了数起由共产国际策划的共产党政变，例如 1921 年，在德国中部被普鲁士警察镇压下去的“三月行动”，它们都不是无产阶级的群众运动。1920 年后，魏玛共和国再没有发生过全面罢工。

/ 285 对鲁尔起义者的惩罚非常严厉，严厉程度远超前不久对右翼政变参与者的惩罚。后者的大多数人，包括卡普和吕特维兹都可以出走国外。被通缉的埃尔哈特中尉受到“秩序元素”巴伐利亚官方的庇护，在那里筹备下一步的反革命行动。帝国政府向工会做的允诺，兑现的只有为数不多的几个。新成立的国有化委员会的工作如同 1919 年一样没有结果。只有在社民党有足够权力的地方才解散了不可靠的警察队伍。帝国国防军虽然外表上在政治方面比较克制，避免引发怀疑他们支持反对共和的活动，但那些积极参加政变的自由军团军官在 1920 年 8 月大赦后，又被收编到后来的帝国国防军和帝国海军中。塞克特时代的军队在某种程度上可以说是“国中国”，即便怀有坚决反对共和制的思想，也并不影响职业生涯的发展。

1920 年 6 月，战后以及革命后第一次帝国议会选举开始了。这次选举所有共和势力大败。魏玛联合政府的政党在国民议会中曾拥有三分之二多数，现在丧失了多数票和多数席位。社民党的得票率从 37.9% 降到 21.6%，而独立社民党的得票率则从 7.6% 上升到 18.6%。第一次参加竞选的共产党，得到 1.7% 的选票。德意志民主党得票率从 18.5% 降到 8.4%，而德意志人民党的得票率从 4.4% 升到 13.9%。就连德意志民族党的得票率也有所增加，从 10.3% 升到 14.4%。中央党的得票率损失不大，在巴伐利亚以外的地区从 15.1%

降到 13.6%。

这次选举的结果，用一个简单的公式来表示：资产阶级向右转，工人阶级向左转。选民们奖励了那些在共和国奠基中没有妥协的势力，惩罚了温和派，惩罚了他们自 1919 年初以来的所作所为或无所作为。左翼不满共和国的现任政府，因为他们令“反动”派再次强大。右派则认为，魏玛执政党要为损害所谓的民族荣誉和私有权益的一切行为承担责任。《凡尔赛条约》、前帝国财政部部长马蒂亚斯·埃茨贝格尔曾推行的税收改革（实行渐进式所得税、收取帝国紧急税的一次性财产税）、卡普和吕特维兹政变以及之后的斗争，这一切都影响了选举的结果，结论就是魏玛政府丧失了信任。 / 286

成立一个有执政能力的多数派新政府暂时无望。成立一个以德意志民族党为首的“市民联盟”或者由社民党和德意志人民党组成的一个大联合政府，在政治上也行不通。因此只剩下两种少数派政府的可能性：得到德意志人民党和独立社民党支持的魏玛联合政府，或者受社民党议会支持的资产阶级少数内阁。社民党选择了后者，因为可以借此更好地展示社民党的锋芒。6 月 25 日，帝国总统艾伯特任命中央党的巴登政治家康斯坦丁·费伦巴赫（Konstantin Fehrenbach），前任国民议会主席担任帝国总理。他的内阁由中央党、德意志民主党、德意志人民党成员和两位无党派部长组成。1918 年 10 月后，德国政府中首次没有社民党人参加。但是谁跟社民党对着干，他就无法管理帝国。这一点社民党深知，资产阶级少数派政府也认同。

费伦巴赫政府维持不到一年。1921 年春季，两个危机急剧激化。其中一个是我们在讲述 1918 年后波兰发展史时提到的上西里西亚前途的争执。第二个危机是战争索赔。战争赔款为帝国预算带来的负担之大，根本无法用普通的税收征募办法来解决，战争赔款继续推高通货膨胀。和约没有规定战争索赔的数额，这带来了致命的后果。

履行战争索赔义务的规模一直不确定，令有潜力的私营贷款方无法实际接受贷款国的还款能力。因此德国借不到长期外国国债。

/ 287 1921 年 5 月 5 日，英国首相劳合·乔治以协约国的名义，向驻伦敦的德国大使发出了一份最后通牒。提出不算利息在内的战争赔款总额现值为 1320 亿德国马克，分几个时间段支付，外加 60 亿马克支付给 1914 年被德国占领的比利时。在 25 天之内，即于 5 月 30 日支付 10 亿德国马克。另外协约国还督促，根据《凡尔赛条约》应支付 1921 年 5 月 1 日到期的、还未支付的 200 亿马克中的 120 亿；并提出根据协约国之前的照会，进行相应的缴械和对德国战犯的审判。如果不满足这些要求，协约国将于 5 月 12 日占领整个鲁尔地区。为了惩罚德国对上次的最后通牒没有做出反应，1921 年 3 月 8 日杜塞尔多夫、杜伊斯堡和杜伊斯堡的鲁尔奥特已经被占领。

伦敦最后通牒发出的前一天，费伦巴赫政府宣布下台。因为他们未能说服美国在战争索赔问题上承担调解的角色。几个月后的 1921 年 8 月 25 日，美国才和德国签署双边和约。战争索赔危机和政府危机同时出现，而这两个危机需要同步解决。德意志民族党、德意志人民党和德国共产党拒绝接受最后通牒。社民党、中央党和独立社民党考虑到惩罚性的威胁，倾向于接受。德意志民主党的意见出现分歧。

如果强硬派方针占上风，那么德国经济就会面临崩溃。右翼政党也知道，如 1919 年 6 月就《凡尔赛条约》投票一样，可以预见，即使没有他们的同意，也会以多数通过二害取轻的方案。他们没有想错。社民党、中央党和德意志民主党承担了接受最后通牒的责任，共同组建了政府，也是第一个魏玛联合政府的少数内阁。10 月 10 日来自巴登的中央党政治家约瑟夫·维尔特出任政府首脑。这位当
/ 288 年的高中数学教师，在 1920 年 3 月继任埃茨贝格尔的财政部部长一职。他是一位杰出的讲演家，一位狂热的民族主义者，同时也是一

位执着的共和主义者，在内政问题上属中央党左翼。维尔特的上任开始了魏玛共和国史称“履行政策”的阶段。

“履行政策”的目的是要证明这项战争索赔政策实为荒唐透顶，德国几乎以透支的方式在履行强加给它的义务。战争索赔超过帝国经济实力而无法承受，灾难性的后果可想而知。而这个后果应该能令战胜国确信修改付款计划势在必行。不仅维尔特持这一观点，大多数议员也是这样想的。1921 年 5 月 10 日，帝国议会以 220 票对 172 票同意接受伦敦最后通牒。社民党、独立社民党和中央党一致同意，德意志民主党的绝大多数人、德意志人民党和巴伐利亚人民党的极少数人投赞成票。维尔特政府度过了其执政期的第一个考验。

伦敦最后通牒的狭义政治要求中，审判战犯这一条实际上并没有履行。1921 年 5 月到 7 月，虽然在莱比锡的帝国法院对 12 名被告进行 9 次开庭，但只对一半的案例做出了判决。最轰动的莫过于对两名海军上尉的审判。他们击沉了一艘已被鱼雷击中的轮船救生艇。两人被判入狱 4 年，这在帝国海军中引起极大愤慨。1922 年 1 月，监禁突然中断，原因是右翼激进分子、由埃尔哈特率领的“执政官组织”从监狱中营救出这两位军官。协约国曾提出抗议，谴责审判数量少、惩罚过于温和，且只停留在纸面申诉。除了 1921 年做出 6 个判决外，德国的战争罪行并未受到惩罚。

1921 年春季，协约国裁军的要求最起码在形式上得到了满足。裁军对象主要是巴伐利亚的居民自卫队。而慕尼黑政府一年前曾强硬拒绝解散这支部队。1921 年 6 月初，巴伐利亚邦国总理卡尔在协约国的强大压力下，不得不下令解散这支武装队伍。3 周之后，6 月 24 日，帝国政府宣布在全帝国解散以下队伍的武装：巴伐利亚居民自卫队、东普鲁士地方卫队和边防卫队以及由巴伐利亚林业委员乔治·埃舍里希（Georg Escherich）领导的准军事组织“埃舍里希支队”，简称“埃舍支队”。

但准军事政策并未因此而丧失其土壤。作为“秩序元素”的巴伐利亚依然是无数爱国联盟向往的乐园，这些爱国联盟的激进程度远超居民自卫队。魏玛共和国时的武力垄断力量不如1918年到1922年在意大利那么强大。但德国被正式缴械后，准军事联盟和政党军队进入了施展宏图的时代。在某种程度上，帝国被迫去军事化，反而催生了德国社会的准军事化。美化战争的文学也不甘示弱，以保证支撑肌体的精神继续生存：一个军事强大的德国，能够洗刷1918年耻辱的德国。

而伦敦最后通牒的坚硬核心毫不松动。德国必须在1921年支付33亿德国马克的战争索赔，其中10亿马克必须在5月30日交付。而帝国只能筹集到1.5亿现金支付第一期赔款。剩余的赔款只能用三个月期限的国库券赔付，而且国库券需要费很大力气才能在到期时兑付。这个行动催生的通货膨胀的影响显而易见，以至于社民党的帝国经济部长罗伯特·施密特（Robert Schmidt）在1921年5月19日提出，没收20%的农业、工业、贸易、银行和住宅的资本财产，目的是为德国财政政策建立新基础。

要求对实物价值进行“统计”等于施密特宣布默认“通货膨胀共识”。1919年后，“通货膨胀共识”一直影响着德国的经济、财政和社会政策。高工资是政府和雇主试图避免社会极端化的办法。社民党和工会都支持这个方针。但1921年他们开始认识到，货币贬值实
/ 290
际上令社会权力关系不断地向财产持有者方面倾斜，给工人增加了负担。另外他们也认识到，不大刀阔斧地干涉财产，进行财政整顿是不可能的。而企业家和资产阶级政党则反对这种观点，包括社民党的联合执政伙伴瓦尔特·拉特瑙，他是德意志民主党的重建部部长，当年的综合电器协会监事会主席，他第一个站出来严厉批评施密特的建议。之后不久，帝国总理维尔特也站到他一边，此时总理还监管帝国财政部。社民党经济部部长的这次出击因此告败。

在政治右翼看来，“履行政策”之所以应该受到诅咒，是因为“马克思主义者”，即社民党和独立社民党的推波助澜，才接受了伦敦最后通牒。由于与温和派左翼的合作，甚至政治中间势力也受到右翼的攻击。猛烈的口头攻击很快就发展为谋杀行动。1921 年 6 月 9 日，巴伐利亚邦议会独立社民党的议会党团主席查尔斯·加莱斯（Karl Gareis）在慕尼黑被一个陌生人枪杀。8 月 26 日“执政官组织”和“条顿骑士团”的两名成员在黑森林北边的格里斯巴赫（Griesbach）枪杀了当年的帝国财政部部长、1918 年 11 月 11 日停战协议的签署人马蒂亚斯·埃茨贝格尔。凶手经慕尼黑逃到匈牙利。该谋杀案幕后人是“条顿骑士团”领袖曼弗雷德·基林格（Manfred Killinger）中尉。1922 年 6 月，奥芬堡的刑事陪审法庭宣布基林格无罪，驳回了对他犯有唆使谋杀罪的控告。

大部分民族主义报刊都为谋杀埃茨贝格尔辩护。德意志民族党的《十字报》把凶手比作布鲁图斯（Brutus）、威廉·退尔和 1793 年刺杀雅各宾党人马拉（Marat）的夏绿蒂·科黛（Charlotte Corday）。政治左翼对右翼这种美化武力的回应是举行大型示威，德国共产党也参加了示威。帝国政府在帝国总统艾伯特主持下依据宪法第 48 款，在 8 月 29 日颁布一项紧急法令，赋予帝国内政部部长有权禁止一切敌视共和国的印刷品、集会和协会的权力。

之后帝国政府颁布了对多家右翼激进报刊的禁令，包括对 1919 年在慕尼黑成立的纳粹德国工人党机关报《人民观察家报》的禁令，这还引发了和巴伐利亚的严重冲突。巴伐利亚政府拒绝执行这个规定。和巴伐利亚政府谈判的结果是，帝国政府于 9 月 28 日下达第二个紧急令。谈判对手是一周前巴伐利亚新掌玺的政府首脑、巴伐利亚人民党的政治家、属于温和派的莱尔辛菲尔德（Lerchenfeld）伯爵。这个新法令不再仅保护“共和民主国家政体的代表”，而且还保护“公众生活的所有人士”。为保护共和国而实施的禁止和查封 / 291

的责任转交给邦国政府。为此自由邦巴伐利亚要在 1921 年 10 月 6 日前解除自 1919 年 11 月以来当地的紧急状态。

10 月底，维尔特内阁陷入了一场本来可以避免的严重危机。起因是协约国最高委员会决定瓜分上西里西亚。为了在全世界面前抗议这种无视德国主权的行为，德意志民主党和中央党（但并不是那么坚决）敦促帝国政府立即下台。社民党认为这个举动风险过大，而且无济于事，但无法制止。10 月 22 日维尔特通知帝国总统，他的内阁全体辞职。

随后，大联合执政的多次谈判开始了。社民党现在也同意用这个办法解决危机。而德意志人民党则不同意，他们怀疑的是，社民党是否真的愿意在上西里西亚问题上跻身于“民族统一阵线”之列。之后德意志民主党也决定不参与新政府工作，那么最后的选择只剩下魏玛共和国核心的社民党和中央党的联合政府了。德意志民主党同意他的成员奥托·格斯勒（Otto Geßler）依旧担任负责帝国国防军的“专业部部长”。事后看来，德意志民主党的行动犹如一场闹剧。1921 年 10 月 26 日维尔特再次担任总理一职。1922 年 1 月 31 日，他把由他曾经暂时负责的外交部交付给前任重建部部长瓦尔特·拉特瑙，这样在中断 3 个月后，德意志民主党又成为执政党。

/ 292 当拉特瑙履任新职时，德国已在两周前收到协约国最高委员会发出的参加日内瓦国际会议的邀请。这次会议是第一次战胜国和战败国都参加的会议，后者包括德国和苏联，目的是讨论经济重建问题。世界政治上无发言权的柏林和莫斯科很有可能事先协商。虽然 1918 年 11 月 5 日后，马克西米连·冯·巴登亲王政府因抗议俄国给德国革命者财政支持和苏联断绝了外交关系，相互未在对方国家设置外交代表处，但 1921 年 5 月后，德国中部三月起义后不久，双方建立了贸易代表处。这也是苏联发出的一个信号，共产国际的政变尝试和莫斯科官方政策有别。当共产国际主义者在筹备世界革命时，“务实政治家”努力和资本主义国家配合，首先是和德国配合，以稳固自己国家的地位。

这种配合在军事领域尤显突出。1921 年 9 月，帝国国防军和红军之间开始了极为保密的、越来越有系统的合作。俄国的兴趣在于从德国的优势技术中受益，德国更关注的是，借助俄国的帮助，摆脱在空军和毒气生产领域《凡尔赛条约》的束缚。另外它们都和波兰有矛盾。德国和俄国一样，都不满意把领土割让给新成立的波兰国。军队领导塞克特将军早在 1920 年 2 月初，在波兰和俄国战争的前夜就认为，只有“密切和大俄罗斯联合，德国才有希望重新夺回割让给波兰的领土，重建其‘世界霸权地位’”。帝国总理维尔特任财政部部长时就积极赞助帝国国防军和红军的秘密合作，也非常认同塞克特的观点。1922 年他多次提出，必须肢解波兰，德国和俄国应再次成为邻居。

德国对俄政策真正的设计者是外交部东方处处长冯·马尔赞（von Maltzan）——一位深受威廉主义影响的外交家。1922 年初，他和苏联领导层的德国专家卡尔·拉狄克讨论出一个协议的基本框架，充分考虑到俄国与德国加强经济合作的愿望，不用国际联合组织的监管，避开协约国对重建俄国提出的建议。拉特瑙开始没有认同这个方针。与维尔特、塞克特和马尔赞不一样，拉特瑙和帝国总统艾伯特以及社民党人一样，非常“倾向西方”。他希望避免德国和俄国的单独行动，支持国际经济合作体的方针。因此俄国和德国的谈判陷入停顿。直到苏联外交部部长契切林（Tschitscherin）率领代表团 4 月初前往日内瓦停经柏林时，才再次启动这个谈判。但是此次会面双方并未达成任何协议，但在很多具体问题上更加靠拢，为不久的将来签署协议铺平了道路。 / 293

在日内瓦发生的一切都出乎艾伯特和拉特瑙的预料。虽然协约国的专家们同意德国的观点，战争索赔导致德国的货币贬值，索赔也不应超出帝国的经济实力；但是同时流传着一个令人不安的消息，即协约国和苏联单独谈判，它们可能达成共识，而不顾及德国的利益。在这一信息（不久后证明信息不准确）的影响下，加之马尔赞的敦促，拉特瑙做出让步，并委任马尔赞和俄国人再次启动已经中断的谈判。

1922 年 4 月 15 日到 16 日夜间，拉特瑙的酒店房间举办了一次具有传奇色彩的“睡衣聚会”。代表团团长、帝国总理维尔特和马尔赞说服了外长；不顾帝国总统的明确指令，也没有事先通知英国首相劳合·乔治，拉特瑙决定第二天和俄国人签署协议。以签署地意大利北部度假胜地命名的、传奇的《拉巴洛条约》问世。德国和苏俄相互放弃和战争有关的任何赔偿，恢复外交关系，确认最惠国待遇：它们将来给予其他任何国家贸易政策的优惠自动用于该条约的伙伴。

/ 294

在柏林，对这个条约的反应不一，但以正面反馈为主。虽然帝国总统因外长和总理不服从他的指令而恼火了很长时间，然而对外他还是给帝国政府撑腰。帝国议会于 7 月 4 日在第三次宣读该提案时通过，反对的只有几个德意志民族党的议员。发出警告的其中一人是独立社民党的帝国议员鲁道夫·布赖特沙伊德（Rudolf Breitscheid），他认为 1922 年 4 月底的这个条约会严重损害德国利益，原因是这个条约会干扰刚刚起步的和西方的经济共识。

鉴于德国和俄国达成条约，西方势力，特别是法国非常警惕。虽然这个条约没有包含人们猜忌的、任何与军事有关的秘密附加条款，但是鬼鬼祟祟地签署条约足以引起质疑。如果协约国得知帝国国防军和红军还有秘密合作，会加大不信任的程度。如果没有这个条约，日内瓦会议在战争赔款问题上是否就会取得实质性进展，因为美国没有参会，这个问题还是要画上问号。但无论如何，在《拉巴洛条约》的震撼之后，协约国做出妥协的可能性比原来更小了。

1922年5月19日，日内瓦会议中断，没有取得任何结果，因为苏维埃俄国执意拒绝承认沙俄战前的债务。

4月24日，《拉巴洛条约》签署一周后，法国总理雷蒙·普恩加莱在巴勒迪克（Bar-le-Duc）的一次讲话中，就暗示法国可能会采取军事干涉行动。5月2日，协约国在莱茵兰的总司令德古特（Degoutte）将军，给战争部部长马其诺（Maginot）的一封信中提醒后者，鉴于《拉巴洛条约》中德国和俄国合作的既成事实，如果法国想占领鲁尔盆地，应该毫不迟疑。《拉巴洛条约》是在威廉主义势力的推动下，威廉主义冒险政策的复辟。维尔特在日内瓦向契切林提到要“恢复1914年的国界”时，他便深知德国大多数领导层在这个要求上是一致的。

契切林的德方谈判对手拉特瑙不情愿地在《拉巴洛条约》上签字，但他并没有亲眼看到这个条约的正式批准。1922年6月24日近午时分，帝国外交部部长瓦尔特·拉特瑙在从格鲁内瓦尔德（Grunewald）的别墅前往外交部的路上，他的车辆突然被后面一辆车超过，车上两个人掏出手枪射杀了他。很快就查明了谋杀者是海军退役中尉欧文·凯恩（Erwin Kern）和后备役少尉赫尔曼·菲舍尔（Hermann Fischer），7月17日他们被警察在柯森（Kösen）附近的萨拉赫（Saaleck）城堡包围。欧文死于追击者的枪林弹雨中，菲舍尔饮弹自杀。两人都是德国人民保卫防御联盟的成员，当时这个联盟有17万名成员，是一个军事化的反犹太组织，他们两人也是参与筹备谋杀埃茨贝格尔“执政官组织”的成员。不久后，警察也抓捕了这个秘密组织中策划此次谋杀的几个幕后指挥人。

这次谋杀的发起人认为拉特瑙就是“履行政策”和魏玛共和国的化身。拉特瑙代表了他们所憎恨的一切。因为是犹太人，所以他批评传统的德国。没有革命他不可能当上外交部部长。他坚持对西方采取“履行政策”，并没像维尔特那样，暗地向东方靠拢。同时拉特瑙也是威廉时代的产物，一个德国爱国者，1918 年 10 月他还呼吁德国人要进行“全民抵抗”。1919 年夏季后，他一直致力于战胜凡尔赛秩序。正因为拉特瑙本身的矛盾，使他成为那些试图通过右翼谋反搞垮魏玛共和国势力的众矢之的。

在卡普－吕特维兹政变后，没有什么事情像谋杀拉特瑙事件那样，撼动了共和国的根基。但并未发生极右翼所期望的左翼组织的武力升级。德国总工会发起大型示威活动，参加的不仅有社民党和独立社民党，而且有共产党。帝国总理维尔特 6 月 25 日在帝国议会上高度评价了遇害的部长后，向右派甩出了给当代人留下深刻印象的几句话：“敌人就在那里（朝右的方向），他把毒药滴入人民的伤口。毫无疑问，敌人就在那里，敌人在右边。”这番话赢得了帝国议会大多数人和所有听众雷鸣般的掌声。

拉特瑙的死促使帝国政府颁布了一系列管理举措和立法条例，先是颁布了两项紧急法令，继而颁布《共和国保卫法》，该法律 1922 年 7 月 18 日第三次宣读后，获得修宪三分之二多数赞同，因为古斯塔夫·施特雷泽曼领导的德意志人民党也投了赞成票。这项法律规定，凡是敌视共和国的行为，从咒骂帝国的国旗颜色到谋杀共和国的官方代表都要处以严刑，并在莱比锡的帝国法庭建立了一个为保卫共和国而专门处理这类犯罪的国家法院。

如同一年前埃尔兹贝格被谋杀后一样，帝国的制裁导致了和巴伐利亚的激烈冲突。巴伐利亚第二天就取缔了该项法律，取而代之的是一个新规定，该规定虽然接受了该法律中的实质性条款，但是将审理这类案件的权利由国家法院转交给巴伐利亚法庭。帝国政府此次采取了温和的态度回应，最终取得满意的结果：它提议和巴伐利亚谈判。8 月 11 日，即《魏玛宪法》颁布三周年纪念日时，双方达成共识。在国家法院建立第二个审判委员会，专门处理在南德发生的这类犯罪行为，并由南德法官审理。1922 年 8 月 25 日，巴伐利亚政府取缔了它们在 7 月 24 日颁布的那项规定。但巴伐利亚的邦国总理莱尔辛菲尔德伯爵则因这次让步受到邦议会右翼多数的惩罚。11 月 2 日他不得不辞职。一周后他的继任者欧根・冯・克尼灵（Eugen von Knilling）接任。克尼灵比其前任更认同“爱国联盟”和希特勒领导的纳粹。

《共和国保卫法》的作用远远达不到其倡导者的期望。带有专制国家烙印的司法，无意一直地采用法律方式，即使依法行事也是用来惩罚左翼而不是右翼的政治犯。例如一个共产党人用了“强盗共和国”这个词，会被罚监禁 4 周。而一名来自民族主义圈子的被告，使用“犹太人共和国”这种谩骂，只被罚款 70 马克。

反犹主义始于对拉特瑙前所未有的诋毁，最终导致其被谋杀，而抵制反犹主义的种种努力则徒劳无功。极右派认为犹太人是德国在世界大战中战败的罪魁祸首，因为据说犹太人用和平主义的、马克思主义的或者布尔什维克的思想，系统地瓦解了德国工人阶级，他们牺牲德国人民的利益而致富自己。犹太人被视为革命、通货膨胀和“履行政策”的推动者和受益人。因此 1918 年 11 月以来德国承受的痛苦，全部要归咎于犹太人。

学生和知识分子中的反犹情绪尤为强烈。因为他们中间很多人认为，犹太人是他们进入高层社会职业的主要竞争对手。由于 1918 年马克思主义的工人运动上升为执政权力，更令诸多即将毕业或者已经毕业的大学生认为，这简直是对他们的个人侮辱。本应由他们来领导德国的资格受到挑战，竞争者恰恰是他们认为完成这项工作缺少必要的文化能力和道德能力的阶层。犹太人在政治左翼起到的作用，足以将这种身份损失和威信降低的怨气导向反犹方向。民族主义的大学生和年轻知识分子在反对拿破仑解放战争的历史中找到自我，特别是在约翰・戈特利布・费希特（Johann Gottlieb Fichte）、恩斯特・莫里茨・阿恩特（Ernst Moritz Arndt）和体操之父雅恩（Jahn）那里，他们发现了苦苦寻找的东西：永恒繁衍的德国民族，他们不假思索地用这个观点来反对代表“外来民族”的犹太人，反对所谓的受犹太人影响的魏玛国家。

狂热的反犹人士不仅存在于反犹太联盟，而且存在于保皇派的德意志民族党，尤其是该党的民族主义派系中。该派系的机关报《保守月刊》上，帝国议会议员威廉·亨宁（Wilhelm Henning）1922 年 6 月发表一篇文章，其中提到“德国的荣誉”不是“国际犹太人手中讨价还价的货物”，德国人民将追究拉特瑙和其幕后人的责任。拉特瑙被谋杀后，前普鲁士财长奥斯卡·赫格特（Oskar Hergt）领导的该党领导层认为，应该和极端民族势力划清界限：把亨宁开除出党就是要向其他资产阶级政党表明，德意志民族党具有执政能力。德意志民族党的帝国议会党团做出最后的决定：把亨宁从议会党团中开除即可，不必开除出党。而亨宁和他的两位志同道合者则主动宣布退党。1922 年 9 月，他们组建了德意志人民工人联盟，12 月更名为德意志人民自由党。

慕尼黑成为这个新政党的中心，而德意志民族党的地区分支也加入了这个政党。在巴伐利亚的首府，政治气候特别有利于德意志人民自由党，当然他们也有竞争对手。这个竞争对手在憎恨犹太人和“马克思主义者”方面远超前者，这就是希特勒领导的“纳粹德国工人党”。许多当代观察家认为，这个政党在举止和战斗方法上，犹如意大利法西斯在德国的复制品。在慕尼黑社民党人举办纪念拉特瑙的一次大会上，纳粹德国工人党在散发的传单上，用这样的话评价暗杀拉特瑙事件：“可惜拉特瑙死了，但是艾伯特和谢德曼还活着。”对于一如既往反犹的德意志民族党来说，民族主义极右翼分裂出去带来的好处多于坏处。自 1922 年秋，德意志民族党向他们的目标又迈进了一步：加入一个市民阵营，确保推行没有社民党或反社民党的政策。

拉特瑙被谋杀后，左翼一方的政治势力也进行了重组：社民党和独立社民党在 1922 年 7 月成立了帝国议会党团工作联盟，9 月它们再次合并为一个政党。1922 年的独立社民党当然不再是 1917 年的独立社民党。1920 年 10 月，其左翼在哈勒党代会上表示要加入共产国际，也就是要和德国共产党合并。两年后和社民党合并的那部分，主要是独立社民党的温和少数派，包括该党领导人威廉·迪特曼（Wilhelm Dittmann）、亚瑟·克里斯皮恩（Artur Crispien）以及党的笔杆子希法亭和布莱特沙德，还有 1921 年被开除出共产党的“右派分子，包括前任共产党的党主席保罗·列维（Paul Levi）等人”。右翼激进主义的壮大以及 1922 年 6 月 24 日的谋杀事件，说服了社民党和独立社民党不能再继续分裂下去。

1922 年 9 月的合并极大地强化了社民党的政治权重，特别是在议会上的分量。但是这个合并也有其缺点：一年前，1921 年 9 月，社民党在格尔利茨（Görlitz）的党代会上，推出了一个重在改革的方案，主要由伯恩施坦参与起草。在这个方案中，社民党被定义为“城市和乡村中劳动人民的政党”，“一个为民主和社会主义奋斗的团体”，所有志同道合的人们，不论其阶级属性都可以参加这个政党。前独立社民党人则认为，这样一种削弱阶级斗争的思想与备受尊崇的马克思主义政党传统格格不入。在纽伦堡的合并会议上，通过的行动纲领在其措辞上与其说与《格尔利茨纲领》相近，不如说更像 1891 年的老《埃尔福特纲领》。1925 年由希法亭起草的《海德堡纲领》也比 1921 年的纲领更能体现马克思主义的精神。

除了这种意识形态的再塑，在和谁组阁的问题上，政党之间的立场也有冲突。两个社民党议会党团组建工作联盟，导致社民党“右翼”不得不决定暂时推迟组建大联合政府：独立社民党的大部分议员和社民党的左翼，不愿意支持和偏向企业主的德意志人民党组成政府联盟。尽管施特雷泽曼的政党在此期间已经是维尔特政府一个无声的合作伙伴。1922 年 7 月 19 日，社民党和独立社民党组成工作联盟后 5 天，德意志人民党、德意志民主党和中央党也组成一个忠于宪法的中间派工作同盟，意在抗衡社民党。前一天德意志人民党投票赞成共和国保卫法，明显向政治中间派靠拢。10 月 24 日，德意志人民党还促成了帝国议会修宪势力超过三分之二的多数，将帝国总统（依旧是临时总统）艾伯特的任期延长到 1925 年 6 月 30 日。这样原计划 1922 年 12 月初的全民直选成为多余。资产阶级温和派出于对国内和平的担心而尽量避免选举。当然德意志人民党还有一个动机，那就是尽量避免直接表决赞成还是反对艾伯特。

1922 年秋季，原本有足够的理由组建一个大联合执政政府。拉特瑙遇刺事件一下子摧毁了迄今为止对马克的信任。本国人和外国人都惊慌失措地抛出马克存款，大量资产逃离。这时因通货膨胀造成的德国“特殊繁荣”也宣告结束，它曾使帝国免受 20 年代初世界经济危机的干扰。伴随着各国本地工业恢复了生产力，它们对来自德国的便宜进口货的兴趣下降。自 1920 年以来世界各地生产的下降，为德国出口提供了额外优惠，现在德国的出口失去了这个优势。通货膨胀在 1922 年秋季突变为过度通货膨胀，使其无法再“刺激”经济发展，其实客观上它会增加整顿货币关系的机会。但是这样一种整顿，政治上需要企业界和工会的紧密合作，需要温和的资产阶级政党和社民党的紧密合作。

/ 301 1922 年秋季，德国企业界大部分人，包括胡戈·施廷内斯（Hugo Stinnes）还拒绝这一认知。施廷内斯利用通货膨胀建立了庞大的产业帝国，自 1920 年起，施廷内斯开始担任德意志人民党的帝国议员。恰恰是在 1922 年 11 月 9 日，即革命 4 周年纪念日这一天，他在临时帝国经济委员会上提出他的整顿计划。这个委员会是帝国宪法规定的类似行业议会，但没有决策权。他的这个方案引发了左翼的抗议风暴：其主要内容是德国工人应该在 10~15 年之内，每天增加工作 2 小时，且不索要额外的工资补贴。德意志人民党内重工业代表都支持施廷内斯的观点，但并不是所有党员都赞成，党主席施特雷泽曼就不赞成这一观点。施特雷泽曼已经认识到，资产阶级温和势力和工人阶级温和势力必须携手合作，因此在 10 月 26 日同意了帝国总理维尔特的提议，由执政党和人民党组成一个委员会，在这个框架下，就目前经济政策问题的决策，即解决战争赔款问题建立一个共同的平台。

德意志人民党派出电力工业家汉斯·冯·劳默尔（Hans von Raumer）参加这个委员会，劳默尔也是 1918 年“劳资合作协会”的设计者。社民党派出其首席理论家希法亭，他是 1910 年出版的《金融资本》的作者。他们两人在落实一系列举措方面发挥了至关重要的作用，并为政府 1922 年 11 月 13 日的战争赔款照会提供了素材。该委员会的真正引起轰动的建议，是在有诸多争议的工时问题上做出让步：“正常工作日”为 8 小时，但是允许有“受法律限制的例外，通过工资补偿或官方规定的方式”。这样一来，虽然该委员会没有从根本上对 1918 年 11 月争取到的最重要的社会成果提出质疑，但是至少在经济界的部分领域，委员会提出暂时增加工时的建议，目的是以这种方式来整顿金融，恢复德国经济，和邻国达成友善和解。

1922 年 11 月 13 日，维尔特政府关于战争索赔政策的照会也体现了这一精神。正如协约国要求的，帝国银行将采取大规模的扶持措施，以保证马克的坚挺。如果筹措到 5 亿马克的国际债券，帝国银行也会以同样的额度参与。这个照会不仅得到社民党、中央党和德意志民主党议会党团主席的同意，也得到德意志人民党代表的赞同。 / 302

这样一来，似乎为大联合执政奠定了基础。但是一天后，就证明这只是海市蜃楼。1922 年 11 月 14 日，联合后的社民党议会党团的绝大多数否定了大联合执政的方针。普鲁士邦国总理奥托·布劳恩力主这样一种联盟，但是没有得到支持。因为党领导层不想在两家政党刚刚联合后不久，就冒着分裂的风险，和当年的独立社民党员产生争执，因为他们的大多数不同意希法亭的观点，依旧严厉拒绝和德意志人民党，这个所谓的“企业家政党”合作。

根据和各中间党派的协议，维尔特当天卸任帝国总理一职。帝国总统 11 月 22 日任命无党派人士威廉·库诺（Wilhelm Cuno）任帝国总理，他曾担任汉堡－美洲航运股份公司的总经理。这位 1876 年出生于图灵根苏尔（Suhl）地区的天主教徒，政治上明显中间靠右。艾伯特本希望由一位有经验的商人担任内阁领导，会让德国企业更加靠近共和国，也可以在国外留下好印象。除库诺外，内阁还有 4 位无党派人士。例如艾森市上届市长汉斯·路德（Hans Luther）担任食品部长，前任军需部长威廉·格勒纳和在维尔特和费伦巴赫内阁时一样，再次担任交通部部长。其他部长由中央党、巴伐利亚人民党、德意志民主党和德意志人民党的成员担任。库诺这届资产阶级少数派内阁在议会不占多数。只有靠社民党的支持，这届政府才得以残喘支撑。

魏玛共和国的历届政府中，库诺内阁是唯一类似皇帝时代的官员内阁。也没有任何一届帝国总统能像 1922 年 11 月这样在帝国总理选择上有这么大的影响力。称库诺政府是一个总统枢密内阁，可能稍有过分。这种向专制制度的倒退，并不是艾伯特的错误。造成这种情况的主要责任，在于魏玛共和国建国政党的社民党。它为了保证自己政党的团结，拒绝用议会的方式来解决危机，因此助力了总统制方案的实施。[15]

关键的1923年：从占领鲁尔到道斯计划

1923年1月11日，库诺政府上台还未满两个月，法国和比利时就出兵占领了鲁尔区，由此引发了一场不说是一战后的、起码是自1920年苏波战争后最尖锐的国际争端。占领的借口是，经过协约国战争索赔委员会的确认，德国没有履行供应板材、电线杆和煤炭的义务。

这一延误得记在上一届政府维尔特内阁的账下。自1922年8月起，他们有意识地坚持“先面包，后索赔”这个颇受欢迎的口号。这种拖延其实是一种失职。因为法国自德国和俄国签署《拉巴洛条约》后，就一直想找个借口去占领鲁尔区。法国声称，这一占领有助于保护法国不受其东邻国家的安全威胁。凡尔赛和谈时，因两个盎格鲁－撒克逊国家的反对，才没让法国的这一要求通过。安全借口的背后隐藏着法国想在欧洲大陆占据霸权地位的奢望。法国的行动是挑起战争的策略。巴黎没有得到协约国的支持。英国抗议占领鲁尔区的行动，梵蒂冈也出面谴责。

德国对这一侵略性的同时受到英国谴责的行动采取了“消极抵抗”的策略，即拒绝听从占领者的指令。库诺政府的这个方针得到议会大多数的赞同，也得到工会的积极支持。只有极左派和极右派没有追随这个民族统一阵线。1月22日，共产党喊出的口号是：“打倒鲁尔河畔与施普雷（Spree）河畔的普恩加莱和库诺。”因考虑到苏联反帝、反法国的政策，他们之后几周更强调与外部敌人的矛盾，而不是与内部对手的分歧。纳粹的反应更极端，1923年1月11日，希特勒在慕尼黑皇冠马戏团对他的追随者宣布，不应是“打倒法国”，而应该“打倒十一月起义的罪犯”。 / 304

由于德国的抵制，法国和比利时到1923年3月前都无法迫使德国缴纳战争赔款：在这个意义上，消极抵抗的政策暂时实现了其主要目标。但是占领者开始没收矿山和焦化厂并接管铁路。德意志帝国不但要给从占领区被驱逐的帝国铁路员工支付工资，而且还要发放数百万的贷款给煤炭业和钢铁工业，以保证停产企业继续发放工资。这一消极抵抗政策把鲁尔区推入一个财政的无底洞。恶性通货膨胀翻番，德意志帝国央行开始出售黄金储备和外汇，以稳定德国货币的兑换值，1923 年 2 月到 4 月，德国货币兑换值暂时维持在 1 美金兑换 2.1 万马克，但 5 月跌至 4.8 万马克，6 月为 11 万马克。

消极抵抗政策的失败越明显，极端右翼就越变本加厉地试图变消极抵抗为积极反抗，例如到处搞破坏活动。1923 年 3 月和 4 月，在占领区发生数起爆炸袭击铁路设备事件。4 月法国刑警在艾森抓捕了一名嫌犯，即纳粹分子阿尔伯特·里奥·施拉格特（Albert Leo Schlageter），5 月 9 日他在杜塞尔多夫被法国战争法庭判处死
/ 305 刑，理由是从事间谍和破坏活动，5 月 26 日被枪决。

处决施拉格特在德国引发了抗议浪潮，甚至在遥远的莫斯科也得到响应。1923 年 6 月 20 日，卡尔·拉狄克，共产国际的德国专家，在执委会一次扩大会议上称“这个法西斯分子”是“德国民族的殉难者”，是反革命队伍中的英勇士兵。值得“我们这些革命士兵赞美他，赞美他的阳刚和忠诚”。拉狄克还用一部描写自由军团小说的书名“进入虚无的流浪者”比喻施拉格特。德国人民也是为争取解放而战的民族大家庭中的一员。像施拉格特这样的男性，如果他们不知道如何为德国劳动人民伟大的事业而奋斗，那么他们就是“进入虚无的流浪者”。

拉狄克的“施拉格特讲话”，目的是鼓动纳粹分子脱离他们的领导，把民族革命演变为社会革命。从苏联和共产国际的角度看，1923 年德国和法国的冲突为彻底推翻 1919 年的整体战后秩序提供了非同寻常的机会。德国反抗法国开展民族解放战争，可以得到苏联的支持，这将迅速打响世界革命进军的战役，而先决条件是被

“法西斯”迷惑的民粹分子同共产党行动一致，听从共产党的领导。落实这个战略是“民族布尔什维克”在民族右翼追随者中宣传的目的。1923 年夏季，德国共产党为努力争取民族主义右翼分子，在言辞上向反犹主义做了明显的让步，但总的来讲，并没有取得政治上的成功。

德国共产党的口号在工人中得到很大反响。共产党不是 5 月中鲁尔区“自发罢工”的发起者，而是受益者。1923 年夏季，在企业职工委员会、工会、地方议会和邦议会的选举中，共产党势力都明显增强。1922 年 9 月到 1923 年 9 月，党员人数从不到 22.5 万增长到 29.5 万。1923 年 8 月一场政治风暴好似已经酝酿成熟。社会苦难加剧，绝望情绪蔓延，这一切都在所谓的“库诺罢工”中爆发。自由工会曾尽力阻止印刷纸币的帝国印厂参加罢工，但没有成效。1923 年 8 月 10 日一整天，纸币印刷机停产，纸币明显紧缺。 / 306

直到此时，社民党对库诺政府一直采取宽容态度。政党左翼强烈反对同德意志人民党合作，导致党的领导层没有其他选择，只得一再容忍战争结束后这个立场最右的内阁。当然也不乏一种担心，如果社民党在最危急时刻担任政府重任，否定灾难性的“消极抵抗”政策，可能又会被“民族主义”德国指责其“背后捅刀”。而“库诺罢工”让社民党领导层认识到，在继续容忍库诺政府还是组成大联合政府之间选择的话，前一种的危害更大。

资产阶级政党和企业家对现任政府的不满在此期间也达到临界值，因此在几天之内就本应出台的危机解决方案达成共识。社民党在和上届执政党的谈判中，坚持了一系列要求，包括迅速抑制通货膨胀、筹备黄金货币、解散帝国国防军中的非法组织，以及为解决战争赔款问题采取积极的外交政策。就曾经公开争论了很长时间的德意志人民党党魁施特雷泽曼担任总理一事，社民党现在之所以同意，是因为他们从党的角度考虑，不想占据这个头号职位。这个实力最强的政党只满足于占据财政、经济、内政和法律部部长等职位。1923 年 8 月 13 日，库诺宣布辞职的第二天，施特雷泽曼被帝国总统艾伯特任命为帝国总理，同时兼任外交部部长，这位政府新首脑获得了帝国议会的信任票。但约三分之一的社民党和德意志人民党议员没有在场。这个迹象明显表明，两个政党对大联合执政的争执依旧很激烈。

在政治权利上，巴伐利亚和被占领区几乎没有什么区别。政治右翼对社民党再次掌权非常不满，他们对内阁两个成员持有特别强烈的敌对情绪。一个是财政部部长希法亭，因为他是犹太人，还有一个是司法部部长古斯塔夫·拉德布鲁赫（Gustav Radbruch），他在维尔特内阁就担任这个职务，是令人憎恨的共和国保护法的执行者。但这个大联合政府给工人阶级吃了定心丸。"库诺罢工"渐渐平息。德国的革命局势恢复平静。

莫斯科的共产国际持不同观点。在"库诺罢工"影响下，第三国际总书记季诺维也夫在 8 月中向共产党发出呼吁：做好准备迎接即将来临的革命危机。8 月 23 日，苏俄共产党政治局召开秘密会议，季诺维也夫、拉狄克和负责国防的人民代表委员托洛茨基，不顾党总书记斯大林的反对，坚持通过成立委员会的决议，其任务是系统地为德国共产主义革命做好准备工作。

按照托洛茨基的观点，做出"德国十月革命"的最终决策，应该在 1923 年 11 月 9 日，即德国革命 5 周年纪念日。10 月 1 日季诺维也夫给德国共产党中央发布指令，要尽快地加入埃里希·蔡格纳（Erich Zeigner）领导的左翼社民党的萨克森少数派政府，该政府 3 月份以来一直得到共产党的支持。下一步骤应该是武装萨克森的无产阶级。萨克森应该起到德国革命先锋的作用：这是一场内战的起步，而内战的结束，应该是共产党最终战胜法西斯和资产阶级共和国。

当共产党在准备革命时，德国政治危机进一步激化。9 月 26 日，帝国总统和帝国政府经过很长时间的犹豫后，宣布结束消极抵抗政策。巴伐利亚政府当天立即宣布进入紧急状态，并将执行权移交给上巴伐利亚的政府首脑古斯塔夫·冯·卡尔。帝国对此的反应是在9月26日晚颁布全国紧急法，委任帝国国防部长行使行政权，他可以将行政权委托给相应的地方军事指挥官。从法律角度出发，如果帝国总统或帝国政府这样要求，巴伐利亚必须作废它所采取的措施。但是施特雷泽曼和其他资产阶级部长都认为，卡尔不会听从这样的请求，因此不用为此游说慕尼黑。 / 308

后来几天，帝国的弱点更加凸显。纳粹党机关报《人民观察家报》9月27日开始对“独裁者施特雷泽曼和塞克特”发起猛烈的反犹攻击，因为前者和一位犹太人结婚，后者和半个犹太人结婚。国防部部长马上下令查禁该报，但遭卡尔驳斥。冯·罗索（von Lossow）将军，驻巴伐利亚帝国国防军指挥官，也持这一观点。这无异于明目张胆地拒绝执行命令。然而军队最高领导塞克特将军，他的决策和1920年3月卡普-吕特维兹政变时一样，他不想让军队相互斯杀。他认为自己在帝国里起到的作用，应该和卡尔在慕尼黑一样。而且也有许多人支持他：一个由塞克特领导的“执政内阁”，实行“民族主义专政”，这是以胡戈·施廷内斯为首的诸多著名重工业家的要求，也是把德意志民族党视为其政治家园的那些势力的诉求。

在9月30日的内阁会议上，中央党的劳工部部长布劳恩斯（Brauns）和财政部部长希法亭提议另外一种形式的“专政”。他们要求颁布一个授权法，内容是允许政府在财政和政治方面采取必要措施。所谓必要措施就是指延长工时，在这个问题上他们和企业主一致，但遭到工会反对。希法亭的政党社民党也不同意在工时问题上提出的授权提案。大联合政府右翼对施特雷泽曼内阁政策的反对更加明显：德意志人民党的议会党团主席恩斯特·舒尔茨（Ernst Scholz），10月2日在和党的右翼胡戈·施廷内斯达成一致意见后， / 309

提出彻底放弃48小时工时，和“法国断交”，让德意志民族党参与大联合执政。按照当时的局势，这无疑是对帝国总理的宣战，隐蔽地承认“民族主义专政”。施特雷泽曼当天就做出决定并递交了辞职申请。

4天后的10月6日，总理依然是施特雷泽曼。他再次领导大联合执政政府。帝国总统艾伯特力促更新该联盟并取得了一定成果。他之所以能成功，是因为德意志人民党的温和派并不准备屈从施廷内斯的压力而推翻施特雷泽曼。10月5日到6日夜间，在关键问题上，各政党首脑终于取得决定性的突破：在工时问题上达成一个共识，也是1922年11月13日，在维尔特内阁解散前夜有关专家达成的方案：原则上保证48小时工作制，但是可以通过工资协议或制定法律的方式允许超时工作。

该项关于工时的法律的有效期仅限于目前这个联合政府的执政期内，社民党同意了这样一个授权法。10月13日，帝国议会以多数票通过该项法案。在这个基础上随即颁布了失业救济条例，缩减公共部门人员，如出现工资争议，国家强制介入仲裁，让国家在劳工斗争中成为最高仲裁。与宪法第四十八条规定的总统特权的相似处显而易见。

柏林大联合政府正在为生存挣扎，右翼专制势力和共产党都在试图推翻政府。9月25日，希特勒在巴伐利亚被选为“德意志斗争联盟”领导，即“爱国联盟”新的上级组织。4天后，卡尔废除了共和国保护法。为了笼络住纳粹，卡尔自10月中旬开始大量驱逐东欧犹太人。10月20日，帝国国防部长格斯勒下令，撤换了慕尼黑地区防卫指挥官冯·罗索，而卡尔做出了迄今为止对帝国最强烈的反击。他任命罗索为巴伐利亚邦总指挥官，把驻扎在巴伐利亚的帝国国防军第7师纳入自由邦管辖范围。

卡尔、罗索以及他们的盟友巴伐利亚警察最高指挥官冯·塞瑟尔（Von Seißer）上校，其实并不想把巴伐利亚从帝国中分裂出去。这三位意在按照巴伐利亚的"秩序元素"改造帝国。以意大利"向罗马进军"为榜样的"向柏林进军"，其目的是建立"民粹专政"。可以让纳粹参与，但"领袖"并不是希特勒，而是卡尔。在帝国层面上，应该由一个具有同样思想的人来执棒，例如塞克特将军。但是谁也不知道，这个墨守成规的人在关键时刻是否会违背帝国总统的命令行事。

共产党的活动集中在德国中部。10 月 10 日三位共产党人被命令进入社民党左翼埃里希·蔡格纳领导的萨克森政府，其中党主席海因里希·布兰德勒（Heinrich Brandler）任地方总理府主任。10 月 16 日，奥古斯特·弗勒里希（August Frölich）领导下的社民党在图灵根也和共产党组成联合政府。在德累斯顿和魏玛组成的"统一阵线政府"符合宪法，两者都得到议会多数的支持。蔡格纳内阁和弗勒里希内阁并没有采取什么可以作为敌视帝国的做法。尽管如此，在柏林，特别是执政党的社民党，确信共产党人的目的是以萨克森和图灵根为根据地，开展夺取德国政权的斗争。因此 10 月 13 日，萨克森地方国防指挥官和行政权执行人阿尔弗雷德·穆勒下令，取缔共产党人的准军事力量无产阶级百人团。3 天后，他得到国防部长格斯勒的同意，下令萨克森警察要直接服从帝国国防军的命令，剥夺了德累斯顿政府行使其权力的唯一工具。

10 月 21 日，共产党的革命在真正开始前就宣告失败。德国共产党在开姆尼茨（Chemnitz）召集工人会议，社民党拒绝同意共产党向无产阶级发出总罢工的起义信号。这样一来"德国十月革命"的计划受挫，因而无法实现试图在德国再现布尔什维克 1918 年 11 月的革命创举。共产党策划的一次起义仅发生在汉堡。经过三天浴血奋战后，10 月 25 日警察平定叛乱，再次控制了这个汉萨城市。

与此同时，帝国国防军控制了整个萨克森，但在数个城市仍发生流血冲突。10 月 27 日，帝国总理施特雷泽曼发出最后通牒，不许和共产党人组成政府，第二天邦国总理蔡格纳予以回绝。随后施特雷泽曼并没有再次召集内阁会议，就发布正式帝国执行令，任命德意志人民党的帝国议员卡尔・鲁道夫・海因策（Karl Rudolf Heinze）为萨克森民事帝国专员。10 月 30 日，海因策强迫蔡格纳退位。在社民党领导层的督促下，由前任经济部部长阿尔弗雷德・费利施（Alfred Fellisch），一位温和派政治家出面组建社民党的少数派政府，该政府得到德意志民主党的支持。10 月 31 日，邦议会承认该内阁后，根据帝国总理的请求，帝国总统立即终止了海因策帝国专员的职务。

社民党原则上同意施特雷泽曼 10 月 27 日的最后通牒，但事后他们提出严重抗议，因为这次并没有给内阁讨论蔡格纳拒绝回答的问题。在社民党左翼强大的压力下，不顾普鲁士内政部部长泽韦林的强烈反对，社民党德国议会党团在 10 月 31 日发出了最后通牒，要求施特雷泽曼政府解除军事紧急状态，宣布巴伐利亚执政者的行为违反宪法，并马上对这个自由邦采取必要的措施。施特雷泽曼内阁的资产阶级成员坚持认为不能因巴伐利亚问题而引发政治和军事内战，所以拒绝了社民党的要求。因此 11 月 2 日，社民党部长集体退出政府。大联合政府解散 4 天后，帝国总统艾伯特授意帝国国防军进入图灵根，强行解散无产阶级百人团。11 月 12 日，在社民党的敦促下，共产党人从魏玛联合政府中撤出他们的部长。直到 1924 年 2 月提前大选前，弗勒里希一直担任在图灵根的社民党少数派内阁首脑。

11 月 8 日晚，巴伐利亚危机升级。希特勒利用卡尔的支持者在贝格勃劳凯勒（Bürgerbräukeller）啤酒馆的一次集会，呼吁进行“民族革命”。纳粹党魁用枪口对准卡尔、罗索和塞瑟尔，逼迫他们答应参加这次行动。希特勒的同谋者鲁登道夫，也就是一战期间的

“军事强人”，被希特勒任命为“民族军队”总指挥。不久之后鲁登道夫释放了“三驾马车”，由此巴伐利亚的掌权者得以组织反击。1923年11月9日中午，巴伐利亚邦警察发起对慕尼黑统帅堂的猛烈攻击，希特勒政变失败。希特勒本人得以逃脱，但两天后被抓捕。他的16名追随者为这次“民族革命”付出了生命的代价。

慕尼黑事件让柏林发生了戏剧化的转折。就在11月9日夜间，帝国总统艾伯特把帝国国防军的最高指挥权交给军队最高领导塞克特将军，同时在修改1923年9月26日法令基础上，也将行使权交给他。显然艾伯特和施特雷泽曼的考虑是，把权力交到塞克特手上，是让巴伐利亚帝国国防军站到反政变分子前沿的唯一办法，当然谁也不能保证这位将军本人不参与政变。但艾伯特认为，如果塞克特直接隶属总统本人领导，总会比在目前的、几乎不可控制的位置上对共和国构成的危险更小。

希特勒的政变不仅对巴伐利亚来说是一个转折点，对整个帝国来说都是一个转折点。11月8日事件，令卡尔和其盟友力主的“严肃”专政颜面扫地，令卡尔的权威严重受损。但是没有巴伐利亚“三驾马车”的大力支持，就无法在德国建立“民族专政”。希特勒的政变活动适得其反。纳粹党魁的这次行动反而大力巩固了处于危机中的共和国。

慕尼黑政变一周后的11月15日，施特雷泽曼的资产阶级核心内阁成功地创造一次“地产马克奇迹”。这一天发行的货币是一种临时性货币。10月6日接替希法亭的新财政部部长汉斯·路德提议，在推出最终和黄金挂钩的货币之前，用抵押土地及抵押工业和农业产品的债券来保证“地产抵押马克”的购买力。11月14日，纸币马克兑换美金的汇率为1.26万亿，11月20日固定在4.2万亿。帝国央行颁布了一个模拟汇率，即1万亿的纸币兑换一个地产抵押马克。这样让马克和美金再次达到战前汇率的水平。

莱茵兰是地产抵押马克的牺牲品。1924 年 8 月 30 日采用和黄金挂钩的帝国马克之前，这个被占领区不得不使用地方代金券作为支付手段，这也意味着帝国让其最大限度地依靠自己。科隆市市长康拉德·阿登纳，一位中央党的政治家，11 月 13 日提出抗议："莱茵兰应该比一种、两种甚至三种新货币更有价值。"但抗议没有任何效果。看来帝国政府认为，将莱茵兰脱离体制并独立，和因补贴该被占领区而毁掉新货币从而让整个德国的经济崩溃相比，前者乃是小巫见大巫。

/ 314

1923 年 10 月 25 日，另一个奇迹出现了。在这一天，法国总理雷蒙·普恩加莱通知英国首相安德鲁·博纳·劳，表示愿意在特定条件下同意重新考虑战争索赔问题。也就是说巴黎政府首脑准备考虑伦敦已经接受的、美国外长查尔斯·休斯（Charles Hughes）的建议，即 1922 年 12 月底，休斯在纽黑文（New Haven）美国历史协会上提出的：召集一个国际专家会议，在考虑德国经济实力的前提下讨论战争索赔问题。普恩加莱的条件是，这个专家小组由协约国战争索赔委员会召集，1921 年 5 月伦敦最后通牒中提到的德国战争索赔的数额与这次调查的结果无关，成立第二个专家小组来确认德国外汇储存量和存储地。美国同意了这个建议后，11 月 13 日，巴黎向战争赔偿委员会正式提出申请。由此启动了"道威斯计划"，该计划以战争赔偿委员会主席、美国银行家查尔斯·盖茨·道威斯命名。1924 年"道威斯计划"的赔偿协议和 20 年代中期德国经济腾飞密不可分。

普恩加莱的转变有很多原因：占领鲁尔区对法国来说是一个巨大的、威胁货币的负担。来自左翼的内政抵抗，特别是社会党和共产党的抵抗越来越猛烈。外交政策上法国越来越被孤立，和英国的关系恶化尤其不可忽视。另一个原因更重要：10 月 23 日，美国外长查尔斯·休斯转告普恩加莱，美国会对法国参与国际专家委员会予以褒奖，会将战争赔款和协约国内部债务的讨论放在一起谈。因此法国大概指望，对债务人德国的某种妥协能够改善它作为美国负债人的处境。

尽管普恩加莱调整了战争赔款方针，但并未放弃把莱茵兰从帝国分裂出去的目标。通知英国政府法国新方针的同一天，法国决定在占领区积极并公开地支持争取自治的运动。的确，自10月21日，在亚琛、特里尔、科布伦茨、波恩和威斯巴登等地，都相继出现成立“莱茵共和国”的呼声。这些分裂活动受到法国和比利时占领势力的支持，但是并不被广大居民接受。在普鲁士的莱茵兰以及属于巴伐利亚的普法尔茨（Pfalz），在1923年11月时就出现种种端倪，它们不会自愿脱离帝国。12月时，普恩加莱给莱茵兰地区的协约国高等委员会主席保罗·蒂拉尔（Paul Tirard）下令，不再继续支持分裂分子。

内政和外交局势趋于缓和的迹象对德国来说是有利的，但此时柏林却爆发了新的政府危机。11月22日，社民党不顾艾伯特的多次警告，对资产阶级政府施特雷泽曼少数派内阁提交了不信任提案，理由是帝国政府对萨克森和图灵根动用最严厉的措施，而对巴伐利亚违宪状态却没有决定性举措。该提案措辞谨慎，令德意志民族党不能投赞同票，而他们的态度事关这个提案的成败。社民党的目的不是要推翻施特雷泽曼，而是发起一次政治示威，意在安抚一下党内左翼。但是在位总理并不准备认可进一步削弱其地位的举动，因此对社民党提案做出的回应是进行信任票表决。议会以231票反对、156票赞同、7票弃权否定了执政党的相关提案。施特雷泽曼事后在国际新闻发布会上宣布：在德意志共和国历史上，一个政府首次牺牲在“一场公开的战役中”。

组建继任政府困难重重：花费整整一周时间。1923年11月30日，中央党党主席和该党议会党团主席，来自科隆的法学家威廉·

马克思（Wilhelm Marx）接任施特雷泽曼。后者继续在新政府中担任外长，1923年8月他已经担任此职，一直坚持到1929年10月3日去世。马克思的资产阶级少数派内阁需要社民党的支持，也就是推翻前任政府的那个政党。帝国总统动用第48条暗中威胁，在此重压之下，社民党在12月8日支持马克思内阁通过了一项有效期到1924年2月14日的授权法案。根据该授权法，政府在此期间可以用颁布指令的办法采取紧急措施，其中包括工时问题。拟定新的工时规定迫在眉睫，因为迄今为止的规定，即革命期间多次延长的去军事化的规定，在11月17日已经到期。根据法律规定，在没有经过劳资商谈达成协议的地方，战前工时规定依然生效。

在该授权法生效的3个月内，德国发生了巨大的变化。尽管8小时仍是正常工时，但在大部分经济领域，法律上允许10小时工作。自由工会对这一让步做出的反应是，1924年1月终止和1918年11月成立的中央劳工协会的合作，但这只不过是一个象征性的抗议而已。1923年12月，规定了政府官员的工资，其水平远远低于战前。1924年2月14日，这一天授权法到期，同一天颁布税务紧急法，在住房市场方面减少强制经济：这是告别“战时社会主义”的一个重要步骤，战时社会主义在战争结束5年后才寿终正寝。

这一法令也规定备受争议的货币债权需被重估，包括储蓄银行的存款、贷款、抵押贷款、债券和人寿保险等通货膨胀毁掉的资产
/ 317
形式。马克数量增加15%无异于承认，公然违背了财政部部长路德一直倡导的“一个马克就是一个马克”的原则。偿清重估债务的期限被延到1932年，但偿还战争贷款被延长到赔款最终解决方案出台，也就是无限期延期。数百万受害者愤怒的抗议也无法改变这则法令。为了不拿新的货币去冒险，马克思政府也没有其他办法。储户和战争债券认购者是这次通货膨胀真正的受害人。

虽然不是所有中产阶级都因货币贬值受到严重打击或者被持续削

弱，但这个阶层的大部分人都受到冲击，特别是靠储蓄或者出售证券以及证券利息为生的人。受益者则是房屋和土地所有者，得益于有形资产的优势，他们一下子摆脱了债务。真正通货膨胀的获益者是那些负债最多的大地主，以及大型工业资产的持有者，由于通货膨胀，他们甩掉了沉重的债务。国家在有形资产方面是通货膨胀的赢家，在无形资产方面是通货膨胀的输家：货币贬值减免了债务，但带来的损失则持续地动摇了对国家的信任。深感上当受骗的怨恨指向共和国，而不是君主国，尽管货币贬值的起因是君主国造成的：战争结束5年后，许多德国人心目中的帝国又开始散发出神话的光芒。

通货膨胀起到平均主义的作用。高级和低级官员之间的收入差别，以及整个官员队伍和工人收入差别都在缩减。但工人并不是通货膨胀的获益者。1923年12月工人的实际工资只是战前的70%。另外，失业高居不下。鲁尔区起义时，工会选择支持国家，为此付出了高昂的代价：德国总工会成员从1923年9月的770万人降到1924年3月的480万人。一切都预示着在1924年初无产阶级抗议的潜能比一年前大幅增加。 / 318

但此时，政治上也有趋于稳定的迹象。1923年11月底，鲁尔区开始复工。莱茵兰和鲁尔地区经济环境的稳定，使得在这个地区建立一个和帝国联系松散的莱茵联邦国计划失去意义。1923年末，阿登纳征求了施廷内斯的意见后，曾提出这个建议。1924年1月，外长施特雷泽曼严厉拒绝了科伦市长的提议。阿登纳随即搁置了这个计划。

1924年2月29日，在塞克特的敦促下军事紧急状态解除了。这位军队领导意在防止帝国国防军的权威在和民事机构的摩擦中受损，主要是在萨克森和图灵根也包括在普鲁士发生的摩擦。另外，塞克特还担心军队受右翼激进团体的渗透。在他看来，帝国国防军的内部维稳要优先于动用军权，而且这在政治上根本不划算。

起初，有争议的是1923年11月23日塞克特担任行政执行官时颁布的，对共产党、纳粹工人党和德意志民族自由党的禁令是否应该保留。塞克特认为这些禁令仍应该继续有效。泽韦林则认为可以取缔。最后这位普鲁士内政部部长的大部分观点得以落实。取缔紧急状态的同时也撤销了对那些政党的禁令。但原则上仍禁止举行露天公众集会。1924年10月25日才解除了民事紧急状态。

1924年2月，帝国和巴伐利亚的冲突也正式平息。根据2月14日的一项法令，今后驻扎在该自由邦的国防军指挥官的免职须经邦政府同意。帝国国防军和国家海军的宣誓词中增加了忠于各邦宪法义务的誓词。这样一来，慕尼黑政府负责驻巴伐利亚的帝国国防军就是既成事实。4天后，卡尔宣布不再担任巴伐利亚邦总理，罗索夫宣布不再担任巴伐利亚总指挥官。他们在1923年秋季敌视帝国和宪法的行为并没有受到任何刑事犯罪的追究。

/ 319

1923年11月8日和9日对政变分子的审讯，于1924年4月1日宣布结果。慕尼黑人民法庭对指控鲁登道夫将军叛国罪的诉讼予以驳回，宣布他无罪。另外5个参与者，包括纳粹冲锋队的组织者恩斯特·罗姆（Ernst Röhm）均被判3个月缓刑监禁和100马克罚金。希特勒本人和另外3个同谋被判5年徒刑和200马克罚金。而他们也可指望在监禁6个月后得到缓刑。事实也是如此，1924年圣诞节时，希特勒结束了在兰茨贝格（Landsberg）的监禁，他利用这段时间撰写了自白书《我的奋斗》。法院之所以原谅了所有被告，是认为他们的“所作所为出于纯粹的爱国精神和高贵而无私的愿望”，他们诚心诚意地坚信，“为拯救祖国他们必须这样做，而且他们所做的，正是前不久巴伐利亚父母官的意旨”。这个判决和其理由无异于宣判政变分子道德无罪。不管是巴伐利亚还是在整个德国，人们一致这样认为。

对希特勒判决的骚动还没有平息，1924年4月9日，又发生一件引起轰动的事情，它对魏玛共和国的发展产生了深远的影响。1月设立的由美国银行家查尔斯·道威斯领导的专家委员会，发表了对战争赔款问题的评估。该报告没有提出德国应该缴纳的付款总额，但该报告的撰写者出发点很明确——1921年伦敦最后通牒提出的1320亿马克超过德国的经济实力。为了不给货币造成威胁，应该由债权国召集成立一个赔款管理机构，由它来负责“付款保护”工作，即考虑到马克外在价值，按年分期付款，年度支付金额开始为10亿马克，然后5年内上升到25亿马克。为满足法国要求的担保，把帝国铁路改组为一个公司，承担某些债券。该公司的监事会由债权国代表派驻（如同帝国央行的总理事会一样）。该专家委员会还把帝国的某些税收作为抵押，并把50亿马克的德国工业有息抵押贷款作为担保。 / 320

道威斯报告的建议在很多方面极大地限制了德国的主权，但是比法国和比利时1923年1月占领鲁尔区，把领土作为抵押担保要容易接受。另外“道威斯计划”中还提出了一个计划，为德国经济展示了非常喜人的前景：提供8亿马克的国外贷款，作为新建中央银行的基础。其收益暂时全部用于给国内付款提供融资，以支付协约国的实物供应及占领费用。而背后真正的原因是可以指望美国提供贷款和投资，起到刺激经济的作用。德国在1914年以前就是美国产品最重要的进口国之一，因此可以期待美国意识到它的机会，在这个缺少资金但生产力强大的国家内参与经济活动的机会。

“道威斯计划”是美国稳定德国局势的贡献：这样一个举动，标志着世界最强经济体终于站出来承担世界政治责任，也是1919年独立主义在参议院否定参加国联计划而推卸的责任。与此同时，来自另一个权力阵营的苏联，以一种特有的方式为促进德国稳定贡献力量。1924年1月21日，久病卧床的列宁去世（他已经无法参与发动德国十月革命的关键流程）。新“强人”是约瑟夫·维萨里奥诺

/ 321

维奇·斯大林（Josef Wissarionowitsch Stalin）。列宁因其性格粗鲁暴戾和反复无常并不信任他，并在1923年1月4日的补充遗嘱中，特别向同事们提出要解除斯大林共产党总书记的职务。斯大林为巩固自己的地位，也放缓了莫斯科追求世界革命的脚步。斯大林提出的首要任务是先在苏联，“先在一个国家内建设社会主义”。1923年秋季，共产国际在德国发动心血来潮的政变，不符合斯大林1925年宣布的而且之前已经奉行的指令。

1923~1924年，世界政治舞台的变换也包括伦敦和巴黎的政治动态。1923年12月6日，在英国下议院选举中工党和自由党胜出，保守党失守。1924年1月，这个国家首次有了自己的工党首相，即拉姆齐·麦克唐纳。他组建的内阁得到自由党的支持。这届政府任期很短，仅九个半月。在此期间的1924年7月和8月举办了伦敦会议，在此次会议上，协约国通过了“道威斯计划”，后来德国也应邀参加会议。麦克唐纳还兼任外交大臣，他起到的平衡作用，为谈判的成功和《伦敦协议》的签署贡献颇大。

1924年5月11日，普恩加莱领导的“国家联盟”在法国没有获得多数支持，社会党和资产阶级激进社会党组成的“左翼卡特尔”选举联盟获胜。总理和外长由社会党支持的激进社会党人、热衷德国唯心主义哲学的爱德华·赫里欧（Édouard Herriot）担任。因此德国可以指望法国这届新政府比上一届右翼内阁做出更多让步。

法国试图将战后秩序蛮横地向有利于自己的方向扭转，但看上去在1924年春季法国的这一系列努力都归于失败。德国在鲁尔区的争夺中虽然经济上被削弱，但是借助美国的帮助在政治上胜出。1923年11月到1924年4月，战后时代接近尾声。德国的相对稳定和欧洲大国之间关系的稳定局面已经成形。[16]

在20世纪30年代用清醒的眼光回顾会发现，“黄金二十年代”需要经济和政治局势某种程度的稳定作为基础。美国在1922年回归繁荣期，早于欧洲，也早于德国。德国在1923~1924年交替期间才开始感到脚下的地基逐步稳固。提到“黄金二十年代”，我们现在联想到的是流行全球的美国爵士乐，查尔斯顿舞和摇摆舞，约瑟芬·贝克（Josephine Baker）的舞蹈和卓别林的电影。我们联想到的是达达主义图片、蒙太奇和“装饰性艺术”，社会批评画家如乔治·格罗兹（George Grosz）、“革命超现实主义”作家安德烈·布勒东（André Breton）和路易·阿拉贡（Louis Aragon）创作的有意冲破禁忌的作品，联想到群体消费、猛烈的广告攻势和功能性建筑，工人运动文化的鼎盛时期以及更加自由的、全新的性伦理的问世。

历史学家历来把20年代精神在德国的表现形式归纳为“魏玛文化”。然而这些对传统的不断质疑，于1918年以前已经开始了。这种倾向曾被右翼理解为肢解艺术。彼得·盖伊（Peter Gay）提出，“魏玛风格”始于魏玛之前。指的就是在20世纪第一个10年诞生的绘画、文学和戏剧中的表现主义的革命，以及在音乐中无调性音乐的革命性突破。同样在科学上也发生了重大革命，心理分析学家弗洛伊德、提出相对论的爱因斯坦和社会学家马克斯·韦伯：那些开拓性的研究成果都诞生于1914年前。甚至1923年后在各个艺术领域取代表现主义的“新现实派”也可以追溯到战前。沃尔特·格罗佩斯（Walter Gropius）1926年在德绍（Dessau）建造的包豪斯建筑，为新功能美学提供了一个令人羡慕又备受攻击的模型，该建筑师的风格形成于战前。所谓的魏玛文化，在共和国诞生时就已经基本完备。政治上的改朝换代起到了释放的作用。为创新者提供了他们在旧体制下没有的可能性。其影响广泛，后人称“魏玛”为经典现代派的巨大实验场地。

在最广义的文化意义上，20 世纪的欧洲大都市是柏林。1918 年之后，现代派在这里爆发，欧洲和美国的艺术前卫派，凡是 1914 年前没有选择巴黎的，都源源不断来到柏林。在这里形成的雏形，之后发展为领衔潮流。犹太人在德国首都的文化企业，在新闻、电影和戏剧中，都起着领衔作用。这也是为什么德国保守派把他们对魏玛国的憎恨，都集中到柏林的原因。大多数犹太知识分子都很开明或左倾，他们不可能站到右边，因为右翼反犹。反犹几乎总是与反对现代派、反城市化和反智主义同步。因此“魏玛文化”从其起步时就是一个深受威胁的精英项目，一种挥之即去的文化。

包豪斯这座现代建筑的命运，可以折射出德国的文化政治进程。最初包豪斯建筑选址在魏玛，但是 1925 年不得不放弃，因为 1924 年秋季，图灵根邦议会将建造费用缩减了一半，因此无法在魏玛继续。（自 1924 年春季，图灵根执政党是一个资产阶级的官员内阁，得到极右派“民族主义社会联盟”的支持。）在安哈尔特（Anhalt）的首府德绍，也就是在其新的选址地，尽管从 1918 年到 1932 年邦总理一直由社民党人出任，但包豪斯建筑依旧是右派势力的眼中钉、肉中刺。格罗佩斯为德绍 - 特腾（Dessau-Törten）地区的容克工厂设计了工人和职员小区住宅，1929 年在一个住宅开幕典礼上，纳粹和德意志民族党攻击这个住宅是“黑人住宅区”的“摩洛哥小
/ 324
屋”。原因是这些住宅没有德国式的尖顶，而是平顶建筑。这种平顶建筑在建筑史上被称为典型的“新现实派”风格。

反抗新时代的精神也有更高雅的形式。知识右翼认为，德国和欧洲其他地方一样，都受到一种平均化集体主义的威胁，它令群体战胜个体。西班牙哲学家何塞·奥特嘉 - 加塞特（José Ortega y Gasset）在他的《群众的反叛》一文中，描述了“群众”和“精神平民”对文化的威胁，描述了新野蛮。1927 年，也就是他写这段

话的3年前，马丁·海德格尔发表了他的哲学著作《存在与时间》。他在文中谈到了“常人的专政”。“这个常人无处不在，但凡在需要做决策时，常人总是得以躲避。然而常人要为一切提供评判和决策，正因如此，他可以为各个存在承担责任。常人之所以可以这么做，因为人们已经习惯于此。它可以最轻松地承担一切责任，因为没有人需要为此承担责任。每个人都是这个常人，也可以说没有人是这个常人。在日常中，这个最常出现的常人，我们不得不说，其实是没有人。”

除去指责集体主义碾压一切的陈词滥调，同样意在歪曲议会制和解体国家的有害性多元论论点也很常见。宪法学者卡尔·施密特在其1923年问世的《当今议会制的思想史状况》第二版前言中认为，今天的议会不再是公开和自由交流各自论据的地方了，而只是团体利益的冲突场所。理念的极端化代之以理性的论据，因此，当今的议会体制不再拥有取得政治一致的能力。“在某些国家，议会主义甚至演变为把所有公众事件变为各个政党与他们追随者的猎物和相互妥协的玩物，政治不再是精英阶层的特权，政治演变为一个不入流的阶层手中令人唾弃的生意。”

在受君主立宪影响的德国，频繁的执政危机和政府更迭助长了对议会民主是“劣等人统治”的指责。年轻的保守派政论作家埃德加·容格（Edgar Jung）用这个题目命名他在1927年出版的畅销书，谴责议会制。各家政党把自己派出的、在政府中担任部长的同僚也视为外来对手，如同对待皇帝时代的帝国高官。他们并未按照议会民主的逻辑行事，去牵制在野党，同时支持和捍卫议会多数执行委员会。但对议会制度作用和它是否符合时代精神的质疑，不仅局限在德国和那些1918年后建立的民主国家，而且在老牌民主国家的英国和法国，比中欧等国出现得稍晚些，1929年在世界经济危机影响下，这种疑问也在不断扩大和激化，这些我们后面还要 / 325

提到。但不管在哪里，批评家们都给这种所谓蜕化的议会体制树立了一个理想的参照，一个现实中从来没有过的理想体制：如果说哪个政权能被称为“腐败政府”的话，那就是18世纪上半叶沃波尔（Walpole）时代的早期英国议会制度。

帝国神话的复兴是德国特色的从意识形态上克服战败和战后危机的形式。1923年亚瑟·缪勒·范登布吕克（Arthur Moeller van den Bruck）出版《第三帝国》一书，这个纲领性标题可以追溯到12世纪意大利神学家约阿希姆·冯·菲奥雷（Joachim von Fiore），他首次提出这个概念。这个概念为帝国复兴拉开了序幕，并开启了其政治生涯。第一帝国是德意志民族神圣罗马帝国，第二帝国是俾斯麦创建的小德意志帝国，作者将后者归为不完满的“中间过渡帝国”，在这两个帝国之后，德意志应该再次成为大德意志，也就是要包括奥地利在内的“第三帝国”。缪勒称德意志民族主义是“为实现最终帝国的斗士”，“一再预言的，从未实现的，它是完美的，只有在不完美中才能达到的……只有一个帝国，就像只有一个教会。什么才能占有这个的称呼，这就是国家，或者是社区或教派。只有这个帝国”。

/ 326

德意志帝国，拉丁基督教世界的保护势力，从诞生以来就和期待赎救紧密相关。根据帝国神话传说，神圣罗马帝国与基督教的罗马帝国相同，是保罗给帖撒罗尼迦（Thessalonicher）第二封信中提到的、反基督教势力的最终拦截者加特农（Katechon）。1918年后，以诗人斯特凡·乔治（Stefan George）为首的诸多科学家和作家，也加入传播帝国理念的行列，特别是乔治本人。另外，天主教的历史思想家、“保守革命”的作者在1930年前后对公众观点影响很大，当然也有纳粹的作用。从帝国神话中推导出德国的历史使命：在欧洲反抗东方布尔什维克主义、反对西方民主的斗争中起到先锋作用。

正如“1914 理念”的某些代言人一样，“保守革命”的作者们也努力重新诠释“社会主义”概念，赋予其反马克思主义和反西方的意义。奥斯瓦尔德·斯宾格勒（Oswald Spengler）在 1918 年和 1922 年出版了两卷本《西方的没落》一书，该书马上被翻译为多种文字。1919 年他出版了《普鲁士和社会主义》一书。在这本书中他写道，大千世界的问题，其实就是选择普鲁士思想还是选择英国思想的问题，是选择社会主义还是资本主义，是选择国家还是议会的问题。“普鲁士和社会主义并肩对抗英格兰的核心，反对那种贯穿我们人民的整个生活、令其麻木和失去灵魂的世界观……必须把工人阶级从马克思主义的幻想中解放出来。马克思死了。虽然社会主义作为一种存在形式刚刚起步，但德国无产阶级的社会主义已经结束。对于工人来说，不是选择普鲁士式的社会主义就是选择一无所有，对保守派来说，不是选择自觉的社会主义就是选择灭亡。但无论如何，我们需要摆脱英法民主的形式。我们有自己的体制。”

斯宾格勒和“保守革命者”都认为，社会主义和财产所有权变革没有丝毫关系。与其说它是一种经济秩序，不如说它是一种经济观念。在这个意义上，青年保守派和纳粹没有什么根本分歧。但是后者真的想要发动一场革命，而前者只是玩弄术语而已。青年保守派的知识分子在 1933 年以前更赞同意大利的法西斯，他们认为德国纳粹太低俗。 / 327

但是并不能简单地将“保守革命者”和“法西斯”相提并论。法西斯和纳粹都动员群众、组织暴力活动。社会学家汉斯·弗莱尔 1931 年以“革命右翼”为主题出版的一书中提到，“革命右翼”的作者来自受过教育的阶层，不管他们想了什么还是写了什么，都始终没有脱离他们出身的圈子，他们的作品也是为这个圈子撰写的。与视德意志民族人民党为其精神家园的、传统意义上的保守派不同，大多数青年保守派的目标并不是努力复辟帝制。因为在他们眼里，末代皇帝逃亡荷兰的举动已经令其信誉扫地，他们追求的是一个强人领导国家，这个国家由各个职业协会代表参与，是由公民投票合法选举出领袖的国家，这个国家也应该是一个法治国家。

青年保守派原则上反犹，但他们不像纳粹那么重视犹太问题。他们是激进的民族主义者，但是在民族主义问题上不像纳粹那样坚定不移。希特勒在1923年11月8日和9日的政变失败后，为了替他的行为辩护而特地在1924年初撰写了一篇文章，其中典型的表述反映了纳粹民族主义的核心观点：纳粹党魁宣布“只有用充满最高社会伦理和道德的、狂热极端的纳粹主义才能打破马克思主义的国际主义。不给人民一个更好的神，就无法驱赶走他们心中错误的马克思偶像。墨索里尼具有世界意义的‘功绩’在于，他最清楚地认识到这点，因此也身体力行，他用民族狂热的法西斯主义取代了应该铲除的国际马克思主义，成功地解散了几乎所有意大利的马克思主义组织”。

/ 328 当希特勒把他的思想纲领付诸文字时，莫斯科的共产国际执委会主席团正在召集一个会议，重点总结“德国十月革命”失败的教训。卡狄奇关于“法西斯主义战胜十一月革命”的论点受到共产国际总书记季诺维也夫的严厉驳斥。季诺维也夫的观点是，1918年以来，德国由一个“联盟”执政。社民党是执政的一员。它堕落为一个“法西斯派别”，一个“法西斯社民党”。几个月后，即1924年9月，斯大林称社民党是“法西斯的温和派”。社民党和法西斯主义不是“对立的两极，而是孪生兄弟”。由此诞生了“社会法西斯主义”的说法，在魏玛共和国的最后阶段，共产国际和德国共产党的宣传内容也应该以这个准则为主。

德国共产党和社民党不同，它们在艺术家和知识分子中赢得了坚定的追随者。画家乔治·格罗斯（George Grosz）、摄影装置大师约翰·赫特菲尔德（John Heartfield，原名赫尔穆特·赫茨菲尔德），据说自1918年12月31日建党时，他们就是德国共产党党员。共产党的画家和雕塑家在1928年组织了革命视觉艺术家协会，简称“协会”，共产党作家的组织是无产阶级革命作家联盟。他们的行动纲领为“无产阶级革命文学”，“争取、发展和组织工人阶级和广大劳动群众同心同德，为无产阶级革命做好准备”，另外也要争取劳动的中产阶级和脑力劳动者“赞成无产阶级革命，至少要让其保持中立”。

几位最受欢迎的当代作家参加了无产阶级革命作家联盟，以表达他们对这个目标的赞许。贝托尔特·布莱希特（Bertolt Brecht）、安娜·西格斯（Anna Seghers）、阿诺德·茨威格（Arnold Zweig）和路德维希·雷恩（Ludwig Renn）都是其成员，参加该联盟的还有埃里克·魏纳特（Erich Weinert）、汉斯·马施维萨（Hans Marchwitza）、维利·布雷德尔（Willi Bredel）、约翰内斯·罗伯特·贝克尔（Johannes R. Becher）和弗里德里希·沃尔夫（Friedrich Wolf）。该联盟的杂志《向左转》一方面力图争取知识界，例如他们发表了哲学家卢卡奇（Georg Lukács）《论无产阶级崇拜》文学批评的理论文章、汉学家卡尔·奥古斯特·魏特夫（Karl August Wittfogel，汉名魏复古）关于马克思主义美学的文章。另一方面，他们也面向劳工大众，例如通过评奖的办法推动为劳工大众撰写的小说和戏剧的发展。

在共产党内或为该党奔走的许多作家和艺术家，他们的一个突出特点是能够起到大众效应：布莱希特1931~1932年参与了第一部德国无产阶级故事影片《世界在谁手中？》剧本的创作，汉斯·艾斯勒（Hanns Eisler）为它谱曲，恩斯特·布施（Ernst Busch）演唱了影片中的歌曲。其“宣传鼓动”不只在反对“资产阶级”和“反动派”，矛头也一再指向社民党，用共产国际在1931年3月的话说，社民党势力是“资产阶级社会的中流砥柱”。

独立的左翼知识分子如库尔特·图霍尔斯基（Kurt Tucholsky），对待这个建国政党的态度并未像共产国际那样对它憎恨无比，但是也不乏蔑视之意。1921 年社民党在格尔利茨（Görlitz）发表改革纲领时，这位左翼世界舞台上最知名的作家称其为“阅读了马克思、玩着斯卡特牌的哥们”。5 年后，他用“温和的萝卜，外红内白”形容它们。对社民党为参与执政被迫做出的妥协，图霍尔斯基称其为“议会的常用技巧”。

拥护魏玛的知识分子，大都意识到内部局势并不稳定。托马斯·曼直到战争结束时，还曾是德意志专制国家的捍卫者。1922 年 10 月，在庆祝格哈特·霍普特曼（Gerhart Hauptmann）60 岁生日之际，他在柏林、在部分持反对声音的大学生听众面前，表白了自己对德意志共和国的认同。1926 年 11 月底，这位选择慕尼黑为居住地的作家在德意志民主党召集的一次活动上，描述了从大战开始前到现在，巴伐利亚和帝国首都之间关系的变化，词语之间凝聚着愤怒和忧伤。当年慕尼黑是民主的，柏林是军国主义的。然而现在正相反。“我们为那种执拗的悲观主义感到羞愧，它与柏林的政治观点

/ 330

相抗衡，与整个世界的政治诉求作对。我们痛苦地看到它那健康而欢快的血液被毒化，被反犹的民族主义毒害，被种种阴暗的思潮毒害。我们不得不看到，慕尼黑不仅被谴责为德国反动派的堡垒，而且也是逆时代思潮的一切固执和顽固的所在地；我们不得不听到，人们称它是一个愚蠢的城市。”

托马斯·曼希望直言不讳的批评可以带来改善。其他捍卫共和国的知识分子也同样希望，当然他们只占德国教授群体中的少数。这些少数人中的大多数是“理性的共和者”，深思熟虑后背离了君主制，站到了新政权一边。例如学者中的基督教神学家阿道夫·冯·哈纳克（Adolf von Harnack）、宪法专家格哈德·安许茨（Gerhard Anschütz）以及历史学家弗里德里希·梅尼克（Friedrich

Meinecke）。1925年初，在柏林举办的一次民主学生联盟活动上，梅尼克提醒大家不要忘记这个定律，自魏玛问世后“共和国是工人阶级和资产阶级之间阶级斗争最大的调节器，是让他们之间达成社会和平的一个政体。……社会的不满不再存在于工人阶级和资产阶级之间，这个裂缝向右转移了，这个裂缝横穿过资产阶级”。

梅尼克也可以说，这个裂痕既向右也向左移动了，它令资产阶级分裂，也把工人阶级一分为二。和以往相比，政治分界线和社会阶层分界线不再一致。社民党和共产党之间的隔阂不亚于资产阶级“理性共和者”和极右派之间的深壑。这两方工人政党有时使用同一个概念，但对其理解则不相同。共产党认为阶级斗争是社会矛盾尖锐化的表现，最终目的是无产阶级革命；而社民党和自由工会则认为阶级斗争是为工人争取多元化利益的政治工具。

如同欧洲其他国家的战后社会一样，魏玛共和国的德国社会中，相比1914年以前，资产阶级和贵族丧失了话语权。战后的社会比战前更加“无产阶级化”。但由于通货膨胀，德国广大中产阶级的物质生活下降尤为明显。经济状况的恶化也深深撼动了他们的生存安全感。之前可以视为安全的保障：微薄的财产、自己未来的计划以及下一代人的前景、对传统秩序的信任，特别是对国家的信任，这一切都不复存在。这种“下滑”的威胁，催生了一种防御心态，令社会的阶级特征更加分明。工人阶级无法闯入高中和大学这个资产阶层的机构。“阶级司法”不仅是一个来自左翼的攻击性口号，而且是社会和政治现实。为实现建立一个反对社民党的“资产阶级联盟”的目标，除德意志民主党有些例外，各个资产阶级政党内都各有强大的势力为此努力。 / 331

然而战后动荡的5年结束后，这些势力还未能完全控制这个地区。有些人付出了种种努力，为了让资产阶级和工人阶级互相理解。如果不是这样，那么在最大的德国邦——普鲁士——就不会有大联合政府的存在，或者说自 1925 年 4 月以来，魏玛联合执政也不能维持下去。改革自 1918~1919 年的“阶级妥协”朝着政治极端化的方向发展，在 20 年代中期初现端倪。但可以肯定的是，和前几年的不稳定相比，1923 年后魏玛是相对稳定的。来自内部对民主的威胁从来没有停止过，只不过被减弱了而已。[17]

转向独裁（一）：新生的“欧洲中部诸国”

德国并不是欧洲唯一“年轻”的民主国家。地缘上俄罗斯以西和德国以东的“欧洲中部诸国”，它们或诞生于一次世界大战之后，或因这次战争而获得完全独立，例如波兰，它们最起码在书面上被称为民主制宪的国家。“欧洲中部诸国”这个概念由1932年少壮保守派的德国记者吉泽尔赫·维尔辛（Giselher Wirsing）首次使用。但是这些国家中，只有两个国家，即捷克斯洛伐克和芬兰，能够战胜一战后持续十年的种种危机而保住其民主体制。其他国家或早或晚都过渡到专制政体。这种制度转变的起因各种各样：大多数新生国家都是农业国，没有什么工业中心，也没有强大的城市资产阶级，只有很少国家能够成功地落实减轻小农负担的土地改革。几乎没有国家可以和平调解民族矛盾，在各个地方，转向专制制度都是根据经验对经济危机和政治紊乱的反应。

在这些新国家中，有一个本不想独立的新国家，这就是奥地利共和国。三个大政党即社民党、基督教社会党和大德意志党都赞同其与德国合并。1919年3月，社民党和基督教社会党组成联合执政政府。除上面提到的这个认同外，他们在其他问题上分歧严重。前者是集权派，致力于建设一个共同所有权的社会，主张确保1918~1919年诞生的工人委员会对人民国防军的关键控制作用；后者是联邦主义者，希望保留传统的社会秩序，清除社会主义对军队的影响。因为对于士兵委员会前途问题的商谈破裂，1920年6月10日，由社民党卡尔·伦纳领导的大联合执政政府分裂。其继任者是由基督教社会党人、历史学家迈克尔·迈尔（Michael Mayr）领导的“比例政府”，他也是上届政府中宪法和管理改革部部长。新内阁部长由两家政党的成员以及由他们同意的无党派人士担任。

这届新内阁最重要的任务是颁布最终联邦宪法，起草人是维也纳宪法专家汉斯·凯尔森（Hans Kelsen）。联邦宪法规定了两院系统的联邦国家政体，分别为国民议会和联邦议会。有普选权的男性和女性选举出国民议会。联邦议会代表下列联邦州：布尔根兰、克恩顿、下奥地利、上奥地利、萨尔茨堡、施蒂利亚、蒂罗尔和福拉尔贝格。联邦首都是维也纳，尽管它是下奥州的一部分，但享有特殊地位：在联邦议会上，维也纳也算一个独立的州。根据1925年7月30日的宪法修改案，维也纳也被列为一个有同等权利的州。两院作为联邦大会，在一个共同的会议上选举出任国家总统的国家首脑。9年后，也就是1929年12月7日修改宪法后，才模仿德国，由选民直选总统。1920年10月1日，制宪国民会议通过了联邦宪法法案，法案在11月10日正式生效。

1920年10月17日举行国民议会选举。基督教社会党胜出，获得79个席位。社民党获得62个席位，大德意志党获得18个席位，德意志农民党得到6个议员席位，以“资产阶级民主人士”身份参选的前任外长切尔宁也进入议会。基督教民主党和无党派内阁的头号人物再次由迈克尔·迈尔出任。但是1921年6月1日，他不得不辞职，因为大德意志党撤回了对该内阁的支持。这个第三大党改变方针的起因是政府做出的一个极不受欢迎的决定。在协约国施压下，政府禁止施蒂利亚就并入德意志帝国举行非正式公投，因为预计大多数人都会投赞成票，正如前不久在蒂罗尔和萨尔茨堡的投票结果一样，这两个地方赞同票高达99%。新政府的首脑由无党派人士、维也纳警察局长约翰·绍贝尔（Johann Schober）出任，他领导的政府可以说是一个资产阶级的官员内阁。

然而这届总理任期也不长。1922年春，由于货币贬值加速，基督教社会党和大德意志党都认为组建一个有议会多数支持的稳定政府迫在眉睫。1922年5月31日，基督教社会党主席高级教士伊格纳茨·塞佩尔（Ignaz Seipel）被选为总理。两个大党都参与内阁工作。1922年10月，根据《日内瓦协议》，塞佩尔得到英国、法国、意大利和捷克斯洛伐克的担保，它们发放给奥地利6.5亿克朗，由国际联盟指定的总委员监督奥地利对这笔钱的使用。为此，这个阿尔卑斯共和国必须保证，在20年内不得放弃自己的独立地位，必须借助议会批准的特殊全权来维护公共安全和秩序。在野的社民党对这一放弃大德意志的计划，以及从那时开始实施的严厉节约政策，对塞佩尔政府的“整合工作”提出最严厉的抗议，但没有任何成果。1923年10月国民议会大选，胜出的基督教社民党得到82个席位，德奥社民党只得到68个席位。

社民党在联邦首都争取到的地位，可以说是对他们在联邦层面缺乏权力的某种补偿。在他们的庇护下，“红色维也纳”诞生于20年代，它成为欧洲工人运动文化的中心，拥有示范性的社会设施和住宅建筑，如在德布灵（Döbling）区类似城堡建筑的卡尔·马克思庭院，它也是世界上最长的衔接在一起的住宅。维也纳20年代下半期，奥地利无产阶级和资产阶级的阶级斗争急剧极端化。政治激化过程中发生的一个非常重要的事件是1926年11月奥地利社民党在林茨的党代会。社民党推出了一个计划，听起来比其本意更为极端。为了向左翼的要求做出妥协，该政党表示，如果资产阶级在工人阶级选举胜利后拒绝社会变革，那么他们就会坚定地用专政的办法打破这种抗衡。

这种激进的语言正中资产阶级下怀，资产阶级组成一个反马克思主义的“资产阶级联盟”统一阵线，并在1927年春季的竞选中提交统一的候选人名单。4月24日的选举结果当然令基督教社会党非常失望。和1923年相比，他们丢失了9个席位，而社民党赢得3个席位。社民党现在有71名议员，仅次于有73名议员的基督教社会党，但在大德意志党和乡村联盟的帮助下，塞佩尔还是成功地组成了其期盼已久的“资产阶级联盟政府”。

此时两个阵营早已各自拥有一个武装团体。社民党的一边是1923年组建的共和防御同盟，资产阶级的一边主要是用皇帝时代的武器武装起来的家乡防卫联盟。1927年1月底，在布尔根兰的沙滕多夫（Schattendorf）发生了一次重大流血冲突。右翼前线战士联合会的成员向共和防御同盟的工人开火，造成一名军人残废和一名儿童死亡。1927年7月14日，维也纳陪审团判决被告三人无罪，第二天在维也纳发生了社会主义工人的自发大游行，他们的愤怒直指这一带有明显“阶级司法”倾向的案例。和警察发生流血冲突后，几个抗议者放火焚烧环城街旁的司法大楼。随后塞佩尔政府让配备卡宾枪的维也纳警察在法院门前的广场清场。工人投掷石块反抗，警方随即开枪射击。这场冲突致使89人死亡，其中包括四名警察。受伤者达上百人。

对于社民党来说，1927年夏季这次无政府主义的武力冲突是一次严重的挫败。全国性的一日罢工，以及持续3天的交通业大罢工只是象征性的举动，党和工会想以此证明，对工人大众的领导依然在他们手中。但是1927年7月15日事件后，社民党参与奥地利执政的可能性大大减少。在某种程度上，当年社民党为其“奥地利马克思主义”左翼方针付出了代价，但是借助这个方针，他们得以防止另外一个共产主义竞争政党的崛起。很明显，社民党赞同林茨方针中近乎革命性的表述，而这种公开的左倾是维也纳失败的深层原因之一。7月15日事件为右倾的准军事组织家乡防卫联盟提供了发展动力：自1927年夏季后，其成员迅速增加，并得到企业界以及意大利和匈牙利更多的财政支持。

3年后，1930年11月9日国民议会举行了选举。当时没有人能知道，这将是第一共和国的最后一次选举，此时参加竞选的资产阶级阵营已经四分五裂。1929年9月到1930年9月再次担任政府首脑的前总理、无党派人士约翰·绍贝尔组织的，包括大德意志党在内的“绍贝尔联盟”得到9个席位。基督教社会党获得的席位从73个降到66个，以家乡防卫联盟领袖吕迪格·冯·施塔赫姆贝格侯爵（Rüdiger von Starhemberg）为首的“家乡同盟”在议会上拥有8个议席。最强大的政党是社民党，其获得的席位从71个上升到72个，因此卡尔·伦纳可以出任国民议会第一主席。

但是社民党离掌握政府权力的距离依然很遥远。联邦总统米克拉斯（Miklas）委托福拉尔贝格州州长奥托·恩德（Otto Ender），一个基督教社会党的政治家组建内阁，绍贝尔任副总理和外长。1931年6月，恩德下台后，基督教社会党人、下奥州州长卡尔·布莱施（Karl Buresch）担任总理，绍贝尔依然担任两个职务。作为外长，绍贝尔应为一项计划的失败负主要责任。该项目是他经过长期准备，在1931年3月和他的德国同僚，布吕宁第一届内阁的德国外长朱利叶斯·库尔提乌斯（Julius Curtius）共同提出的德奥关税同盟计划。

这个计划因受到西方势力的竭力反对，特别是法国的反对而流产。根据英国的提议，国联理事会在1931年5月18日提交海牙国际法庭审核这一计划。1931年9月5日，海牙法庭以8票对7票判定这一关税联盟违反1922年签订的奥地利经济和金融重建的《日内瓦协议》。两天之前库尔提乌斯和绍贝尔宣布，他们将不再跟进这一计划。放弃跟进这一计划是维也纳在国际贷款帮助下重建奥地利所需支付的代价。如果没有这个援助，那么在1931年5月11日奥地利贷款银行就会因法国暂时撤回贷款而破产，国家的一场经济灾难将不可避免。尽管得到国外的贷款支持，奥地利仍然深受大萧条重创。到1938年，失业率一直占从业人口的20%。

1932年1月底，布莱施内阁因基督教社会党与关税同盟最强大的支持者大德意志党之间的互不信任而解散。但布莱施一直到5月还担任资产阶级少数派政府的首脑。在其第二内阁期间的1931年

4 月 24 日，州议会选举举行了，克恩顿和施蒂利亚同时举行地方选举，在这些选举中，纳粹党获得诸多选票并首次进入议会。1932 年 6 月 20 日，基督教社会党员，现任农业和林业部长恩格尔贝特·陶尔斐斯（Engelbert Dollfuß）接任布莱施的职位。这位新总理让乡村同盟和家乡联盟成员进入他的内阁。这样他的联合政府比社民党和大德意志党组成的在野党多 1 票。

按照 7 月 15 日的《洛桑条约》，奥地利得到 3 亿先令的国联贷款，但奥地利必须保证 30 年不和德国结为经济或政治联盟。1932 年 8 月就这个问题在议会上的争论险些推翻陶尔斐斯政府。1932 年 11 月，陶尔斐斯首次使用 1917 年的战争经济授权法（从未取缔），

/ 338

采取发布行政令的办法，目的是避免正常立法流程带来的风险：这一举动在凸显议会制危机的同时也表明了总理的志向，即决心把国家管理建立在一个新的专制基础之上。

1933 年 3 月 4 日，国民议会主席团无意中帮了政府一个大忙。因如何正确解释一个大赦法表决的议事规则而产生的争执，社民党坚持让议会第一主席卡尔·伦纳辞职，以让他和他的议会党团立场一致（如果他不辞职且身为议会主席是不能这样做的）。由于他的两个副主席也跟随他采取了同样的行动，所以议会无法开展工作。陶尔斐斯因此看到一个脱离议会继续执政的机会。他还设法避免宪法法院的介入——他让法官中的基督教社会党成员辞职，这样最高法院也陷入瘫痪状态。1933 年 3 月 31 日，政府宣布禁止共和派的防御同盟，让忠于政府的那部分家乡防卫联盟履行后备警察的职能。

陶尔斐斯政府的行为其实就是一种政变。依靠法西斯意大利支持的、由施塔赫姆贝格和其盟友埃米尔·费伊（Emil Fay）领导的家乡防卫联盟，无异于在内政和外交上向墨索里尼的国家靠拢。1933 年 3 月，希特勒在德国上台几周后，奥地利也开始建设专制体系，被批评家称为“奥地利法西斯”式的专制体系。当然它比其

榜样——意大利——更依赖天主教会，它不过是从1931年教宗庇护十一世宣布的“四十年”通谕中推导出的基督教等级国家的理想。然而家乡防卫联盟中只有一部分人站到陶尔斐斯一边。强调大德意志的“施蒂利亚家乡防卫联盟”，在德国事件影响下，如同大德意志人民党一样，它们与奥地利纳粹结盟，并在1933年4月底在因斯布鲁克的地方选举中获得41.2%的选票，一跃成为最强势的政党。

社民党近乎瘫痪，由于伦纳的下台，社民党为自己进入国民议会设置了障碍，为陶尔斐斯政府提供了无限期关闭议会的借口。即便如此，积极的抵抗也会是为了保存宪法而进行的合法性民主自卫，如果有任何制止专制的复辟的可能，那么就在1933年3月。然而社民党无动于衷地认可了政变和其带来的直接后果，认可了对共和防御联盟的禁令，这也许和1927年7月产生的心理阴影有关：害怕爆发盲目的大规模暴力。社民党在1933年10月的党代会上宣布，如出现禁止党和工会的情况就会发动武装起义，然而此时这个威胁显得很空洞。1934年2月，奥地利社会主义工人真的拿起了武器，但为时已晚。奥地利法西斯政权已经掌握了镇压起义所必需的一切统治工具。

1918年以前，匈牙利和奥地利拥有一个统治者，结为一个实际联盟。而和帝国内莱塔尼亚那部分核心地区相比，匈牙利政体演变为专制体制却早得多。这个流程始于1920年3月1日，以匈牙利军队最高指挥、海军上将霍尔蒂·米克洛什（Miklós Horthy）当选为摄政王为标志。社民党人没有参加1920年1月的选举，原因是抗议当时为镇压库恩领导的、为时不长的共产党委员会制度而实施的“白色恐怖”。因此议会内全是比社民党右倾的政党。霍尔蒂在3月份就宣布匈牙利的国体是不设国王的君主制，哈布斯堡王朝最后一任君主卡尔一世曾做过两次努力，他在1918年11月并没有卸任匈牙利国王，并依靠部分军队试图再次成为圣伊什特万王冠的所有者，但于1921年告败。摄政王之所以不希望按照哈布斯堡的愿望复辟君主制，是因为会不可避免地招致协约国干涉。1921年10月的一项法律剥夺了奥地利家族拥有匈牙利皇冠的权利。

/ 340

《特里亚农条约》达成后，匈牙利几乎没有狭义上的民族问题了。十分之九的居民，包括吉卜赛人都承认自己是匈牙利人，不到7%的人母语是德语。问题是如何对待大约占人口6%的犹太人，他们中一半人是律师和医生，在贸易和银行业也有很大影响。19世纪在匈牙利流行的反犹太主义，现在如同巴伐利亚一样，因委员会专政又获得新的动力：因为犹太人在共产党领导的政府中承担着重要角色，所以统统被怀疑蓄谋推翻现存秩序，是匈牙利的敌人。三个“伯爵政府”的第一任泰莱基（Teleki）伯爵执政时，匈牙利在1920~1921年就开始将犹太人驱逐出政府机构，在大学引入死板的定员规定，以减少犹太学生和学者的数量。

名副其实的土地改革并没有进行。虽然在小农党的督促下，最贫穷的农民得到一点点额外的土地私有财产，但是农民的小块土地、迷你型的经营规模根本无法营利。大地主的财产没有受到影响，其社会和政治权利丝毫无损。

泰莱基伯爵的继任者是贝特林·伊什特万（István Bethlen）伯爵。1921年12月，社民党在坚决反共的党主席派尔·卡罗伊（Károlyi Peyer）领导下，和首相在一个秘密协议中保证，绝对不在公共服务领域和农民中做鼓动宣传，放弃政治罢工与共和宣传。贝特林首相由此赠给社民党某种“宽容谕旨”。1922年，贝特林首相将国民议会中较大的党团合并为一个“统一党”。新的选举法严格限制了投票权，只有一半的成人选民有投票权。不记名选举的原则继续在较大的城市有效，但不再用于乡村选区。

1922年6月2日，选举的结果完全符合政府的期望。虽然自由党和社民党是在野党，也允许新闻自由，但是一直执政到1931年的贝特林政府的权力地位并没有因此受到任何撼动。西方势力为奖励这个国家政治局势的稳定，于 1922 年接受匈牙利为国际联盟会员，并在 1924 年提供国际联盟债券帮助它战胜猖獗的通货膨胀。世界经济危机爆发前的那几年，匈牙利经济得到复苏，工业蓬勃发展。

匈牙利的外交政策主要是力图修改《特里亚农条约》，贝特林政府开始只是要求退还那些或多或少纯粹由匈牙利居民居住的领土。而其真正的目的是一个雄心勃勃，几乎受到所有党派、社会各个阶层和公众共同支持的计划，这就是恢复 1914 年前历史上的匈牙利。贝特林认为，能够帮助其实现这个愿景的伙伴是法西斯意大利。1927 年 4 月，匈牙利和意大利缔结友好和约。同样贝特林也试图争取英国站在它一边，但是并没有达成类似的协议。

1931 年 8 月，贝特林政府执政结束。此时世界经济危机把匈牙利逼到国家崩溃的边缘。贝特林的继任者卡洛伊・久拉（Gyula Károlyi）伯爵，在 1932 年 9 月下台，因为他推行的严厉财政紧缩政策在议会中没有得到足够的支持。之后霍尔蒂指定亚克福・戈姆贝斯・冯・久洛（Gyula Gömbös de Jákfa）上尉——这位 1920 年为阻止卡尔一世第二次复辟曾立下汗马功劳的上尉——担任首相。戈姆贝斯同时也接任原来的统一党（现在更名为“民族统一党”）党主席的职位，他在中产阶级中得到广泛支持。他是一个热忱的民族主义者，积极的反犹分子。他丝毫不隐瞒对法西斯意大利的好感，以及后来对德国纳粹的赞同。自 1932 年起，反对《特里亚农条约》的斗争成为匈牙利的政治准绳和最高目标。

1936 年 10 月戈姆贝斯去世后，这个目标一直传承给他的两位继任者，一位是达兰尼・克罗曼（Koloman Darányi），另外一位是 1938 年 5 月上台的伊姆雷迪・贝拉（Béla Imrédy）。1939 年 2 月，霍尔蒂强迫伊姆雷迪下台，因为他的曾祖母是犹太人一事被披露出来。他的继任者泰莱基伯爵虽然在 1939 年 5 月引入严格的反犹立

/ 342 法，但另一面他坚决反对德国纳粹在匈牙利的帮凶，萨拉希·费伦茨（Férenc Szálasi）领导下的箭十字党。在外交上他试图和“第三帝国”保持一定距离，却在 1941 年春以悲剧形式结束了生命。不顾泰莱基苦口婆心的劝说和反对，霍尔蒂和军队首领以及希特勒一道进攻塞尔维亚、克罗地亚和斯洛文尼亚王国，面对这一情况，泰莱基愤而自杀。

在一战和世界经济危机之间，塞尔维亚、克罗地亚和斯洛文尼亚王国比匈牙利更加危机四伏。信仰东正教的塞尔维亚人和信仰天主教的克罗地亚人之间的关系是当时最为棘手的内政问题。1921 年人口普查时，这两个民族被统称为塞尔维亚克罗地亚民族。他们占整个居民的五分之四，斯洛文尼亚民族占 8.5%，还有德意志民族、马扎尔族和阿尔巴尼亚族等少数民族。黑山族、马其顿族和穆斯林的波什尼亚克族所占比例并没有被单独记录，只是归入塞尔维亚克罗地亚族。1920 年 7 月的选举法规定允许年满 21 岁的男性居民有选举权，不论其文盲程度。在斯洛文尼亚，1921 年时文盲比例大约是 91.2%，马其顿的文盲比例大约 16.2%，整个国家文盲比例大约为 48.5%。比例代表选举法有利于党派分裂，无法组成稳定的政府多数。1928 年前，28 个内阁在贝尔格莱德轮番执政，没有一个议会能够维持到 4 年的立法任期结束。

1920 年 11 月的选举，集权派政党胜出，联邦派败北。1921 年 6 月 28 日，依靠塞尔维亚人的微弱优势通过王国宪法。联邦派的克罗地亚农民党拒绝参与讨论，因此宪法比议会组成后所预料的更显集权化。历史上的管理单位被解散了，如塞尔维亚、斯洛文尼亚、波黑、达尔马提亚、克罗地亚－斯拉沃尼亚、斯洛文尼亚和伏伊伏
/ 343 丁（Vojvodina），按照法国第二级行政管理模式组建了大管理区，它们都没有自治权。最好战的在野党是共产党，在 401 个席位中占有 58 个，是民主党和老激进党之后的第三大党。他们的追随者对政

府成员发动数次暗杀行动。1921 年 8 月 3 日共产党被禁止，其议员的席位也被宣布无效。8 月 16 日，彼得国王去世。他的儿子摄政王继位，封号亚历山大国王一世。

1925 年 11 月，似乎塞尔维亚和克罗地亚的矛盾调解已经迫在眉睫。一段时间被禁止的克罗地亚农民党领袖斯捷潘·拉迪奇（Stjepan Radic）进入尼古拉·帕希奇（Nikola Pašic）内阁担任教育部部长。然而集权派和联邦派的矛盾没有因此而消除。1926 年春季，拉迪奇与帕希奇的继任者乌祖诺维奇（Uzunovic）关系破裂，1927 年 2 月后，他的政党就不再参与政府工作。1928 年 6 月 20 日，塞尔维亚老激进党的一个议员在议会上开枪杀死克罗地亚农民党的 3 名议员，包括拉迪奇的弟弟帕夫莱（Pavle），还致使另外两人重伤，拉迪奇本人也受伤。8 月 8 日，这位党领袖因伤势过重抢救无效去世。之后克罗地亚人不再参与议会。1929 年 1 月 6 日，东正教的圣诞节这一天，因议会不断出现危机，亚历山大国王做出一个极端决定：解散议会，下令 1921 年的宪法无效。他任命不属于任何政治阵营的将军佩拉·齐夫科维奇（Pera Zivkovic）为首相。由此开启了塞尔维亚、克罗地亚和斯洛文尼亚王国历史的新阶段：以军事力量为基础的专政王国。

1929 年国号正式命名为南斯拉夫王国，它和其邻国的关系，在国王发动政变之前和之后都危机重重。贝尔格莱德和索非亚之间就马其顿问题争执不休。1913 年马其顿在第二次巴尔干战争后被塞尔维亚、希腊和保加利亚瓜分。匈牙利提出，大部分马扎尔人居住的伏伊伏丁历来属于匈牙利。南斯拉夫王国希望从阿尔巴尼亚得到地中海沿岸的大部分领土，但是在 1921 年 11 月协约国大使会议上，阿尔巴尼亚国界被划定，使得这一愿望成为泡影。意大利占据了伊斯特拉半岛和达尔马提亚沿岸，那里斯洛文尼亚和克罗地亚少数民族很多，合起来大约 50 万人。该王国在 1919 年的少数民族保护协

/ 344

议中规定，必须尊重少数民族的权利：1920 年 8 月在法国的监护下，塞尔维亚、克罗地亚和斯洛文尼亚王国以及捷克斯洛伐克结成“小协约国”，以防止匈牙利复辟。1921 年 6 月和罗马尼亚签署类似的协议，罗马尼亚两个月前和捷克斯洛伐克也签署了相关协议。

这个新诞生的王国对意大利持谅解态度，在《拉巴洛条约》中同意将里耶卡组建为自由邦，并把扎达尔割让给意大利，南斯拉夫要在其国土上为意大利种族做出少数民族保护承诺，并没有坚持让对方允诺同步的少数民族保护。1924 年 1 月，墨索里尼在罗马攫取政权，签署《罗马协议》，也称为《亚得里亚条约》。贝尔格莱德承认里耶卡归属意大利，但是得到迄今为止划归自由邦的部分领土，包括巴罗港（Baros）。两个国家保证五年之内必须致力友好合作、维持现状，在受到无端攻击情况下保持中立。

这个协议以及和意大利相关的贸易和航运协议，在议会上只获得微弱多数的赞同。许多技术补充协议，即所谓的《海神公约》（Nettuno-Konventionen）遭到公众反对，以至于政府不得不收回该协议。墨索里尼对此的反应是在 1926 年 11 月签署意大利和阿尔巴尼亚之间的调解协议，1927 年 4 月和匈牙利缔结友好与仲裁协议。贝尔格莱德认为这样做是在有意挑衅，对它实施包围政策。因此没有更新 1929 年 1 月到期的《亚得里亚条约》，尽管在此期间议会批准了《海神公约》。南斯拉夫王国在 1927 年 11 月和法国的结盟协议，在某种程度上算是弥补了丧失意大利这个伙伴的损失。

/ 345

1926 年夏季以来，一支号称“内部革命组织”的马其顿游击队发动了一系列进攻和袭击，致使南斯拉夫和保加利亚的关系非常紧张，这些行动在第二年导致两个国家完全封闭了边界。到 1934 年，双边关系才出现明显改善，原因是索非亚发生军官政变，“内部革命组织”随后被消灭。贝尔格莱德对塞萨洛尼基（Saloniki）提出的领土要求和少数民族保护协定的要求，未得到雅典的同意。1929 年

3 月，国王专制体制确立后两个月，南斯拉夫和希腊达成一个仲裁协议，在协议中并没有提及这些设想也没有提及联盟的义务。1934 年 2 月，迄今为止的南斯拉夫、罗马尼亚、希腊和土耳其之间的双边协议，升级为四方《巴尔干公约》。如果一个巴尔干国家卷入一场由一个非巴尔干国家对另外一个巴尔干国家发起的攻击，签约国都必须相互提供援助。

在塞尔维亚、克罗地亚和斯洛文尼亚王国的社会政治问题中，农业问题比较突出。1922 年 5 月，补偿性没收大地主财产的议会决定主要涉及当年哈布斯堡王朝的领地。在没收的土地中，四分之一用于居住，四分之一的森林充入国库成为国家财产，剩下的一半转让给原来的佃户。农业人口过剩，土地过于零碎，分散在无法营利的小企业和微小企业手中，这些问题如同在东南欧和中东欧的其他国家一样，依然未能得到有效解决。

亚历山大一世的专制统治始于 1929 年，他禁止新闻自由、实行党禁、设立大部制新行政管理单位巴纳特（Banate），实行国家机构的严格集权化，力促南斯拉夫国家的形成。1929 年新引入的国家名称“南斯拉夫王国”也是为同一个目的服务。但并不是所有的计划都付诸实施。由于塞尔维亚东正教会的反对，国王想统一文字和日历的计划付之东流。因此拉丁字母和西里尔字母并存，格里高利历和儒略历共存，基督教大型节日依然在不同的日期分别庆祝。在这个新生国家中，东政教和西方教会由来已久的矛盾，受拜占庭影响地区和受哈布斯堡影响地区的分歧，比那些意在建立一个统一的南斯拉夫国家的设计师们设想的要更深远、更强大。 / 346

1931 年 9 月，亚历山大颁布一个新宪法，尽管它含有某些资产阶级的基本法规，但是它禁止组建政党、拒绝成立各种协会，不管这些协会是以宗教名义、民族名义还是地方名义。不记名投票被取消。选举法规定，参加议会的选举要有一个流程，候选人名单必须是全国性的，而且在所有选区都要有支持者，支持者的数量有最低规定。这样一来，特别有利于实力最强的候选人名单（可得到2/3的席位），同时给国家操纵选举留出广阔的空间。除了人民代表议会外，宪法还规定建立参议院，其成员一半由国王指定，一半由人民选出。

在国王专制时期，南斯拉夫政体遇到的最大挑战是克罗地亚的民族主义运动。1929 年初，萨格勒布（Zagreb）的律师安特·帕韦利奇（Ante Pavelic）建立了名为“家乡防卫队”，后来更名为“反叛者”的地下恐怖组织。其目标是让克罗地亚彻底独立，也就是分裂南斯拉夫，其激进程度和理念都不亚于“内部革命组织”。在法西斯意大利和匈牙利的帮助下，“反叛者”成员在国外进行积极的鼓动宣传。在克罗地亚，自 1931 年以来他们多次策划和实施爆炸活动，包括东方快车上的暗杀案。“反叛者”在 1932 年夏季的一次起义由于没有农民的支持而失败。他们 1933 年 12 月趁亚历山大国王访问萨格勒布时策划了暗杀行动，但最后一刻刺客放弃动手。

/ 347 第二年，克罗地亚极端分子实现了其目标：1934 年 10 月 9 日，亚历山大国王一世和法国外长路易·巴尔都（Louis Barthou）在马赛同时遇刺身亡，刺客是受“反叛者”流亡小组唆使的一个“内地革命组织”的成员。继承亚历山大王位的是他未成年的儿子彼得二世，也是南斯拉夫的最后一任国王。国家实际大权转交政府，1935 年后政府由商人、政治家米兰·斯托亚迪诺维奇（Milan Stojadinovic）领导。由于法国不顾贝尔格莱德的敦促，并没有惩罚“反叛者”的支持者意大利和匈牙利，国际联盟也没有做出制裁这两个国家的任何决定，之后南斯拉夫只好努力靠拢另外一股力量，在经济上也高度依赖它：这就是纳粹德国。

斯托亚迪诺维奇执政时，最棘手的问题依然是克罗地亚的民族主义问题。1935 年 5 月的选举，以克罗地亚农民党领袖斯捷潘·拉迪奇继任者弗拉德柯·麦契克（Vladko Macek）命名的“麦契克竞选名单”，在全国范围得到35.4%的选票，执政党竞选者获得62%的选票。鉴于选举法中单方面偏向执政党的条款，执政党得到301个席位，在野党只得到35个议会席位，因此麦契克和他的盟友决定抵制议会。1938年7月的选举，“麦契克竞选名单”得到40.2%的票数，但是议员席位比3年前还少，在371个席位中占61个席位。根据1921年的“三月宪法”，凡是年满21岁，拥有公民权的所有男性和女性都有选举权和被选举权。

出于外交政策原因，特别是1938年3月奥地利“并入”德国，因此德国和南斯拉夫就成了邻国。贝尔格莱德逐渐意识到，和克罗地亚自治运动达成一致势在必行。克罗地亚的自治在1939年8月兑现，因为当年2月德拉吉萨·茨维特科维奇（Dragiša Cvetkovic）接任斯托亚迪诺维奇的职位。按照麦契克的要求，克罗地亚划为一个地区，有自己的地区议会、自己的地区首脑。贝尔格莱德中央政府失去很多重要权力，且进行了重新组阁。麦契克在茨维特科维奇政府中担任副首相，其政党的4个成员也担任了重要的职位。从那时起，南斯拉夫好像调整到向多民族联盟自治国家发展的方向。让实践来检验已经不再可能。第二次世界大战的爆发，令1939年8月斯托亚迪诺维奇和麦契克两人达成的调解无法实现。 / 348

与南斯拉夫完全不一样，波兰不是新创建的国家。1795年波兰被一割为三,一战后波兰再次获得独立。波兰一直是西方古老拉丁文化的一部分，它和南斯拉夫不一样，并没有因罗马和拜占庭教会的分裂而留下阴影。但是其内部的发展，则和大多数中东欧和东南欧国家一样，也是危机四伏。

1922年11月5日和12日众议院第二次选举时，复兴后波兰的外部轮廓已经成形。和1919年1月的选举一样，这次选举也没有形成明显的多数派阵营：左派一边除了社会党外，也要算上农民党解放党，它们损失了大批选票，而右派的民族民主党和两个较小的政党则大幅增长。以前的中间党派急剧缩小。只有依靠和占五分之一席位的少数民族党派的合作，才组成了多数派政府。

先是议会两院即参议院和众议院选举国家总统，上一届总统毕苏斯基拒绝再次竞选，因为 1921 年 3 月 17 日的宪法大大限制了国家首脑的权力，他不想依赖于他的对手民族民主党。1922 年 12 月 9 日，经过五轮选举，来自“解放党”（Wyzwoleniede）的一个议员加布里尔·纳图罗维奇（Gabryel Naturowicz）教授被选中。他之所以能够当选，主要依靠非波兰议员，特别是犹太议员的支持，这引发了右派激烈的反犹行动，为此他也搭上了性命。当选

一周后的 12 月 16 日，他被民族民主党的一个激进分子用手枪射杀。12 月 20 日两院选出斯坦尼斯瓦·沃伊切霍夫斯基（Stanislaw Wojciechowsk）接任。他属农民党右翼，政治态度不很明朗。1926 年 5 月前他一直担任此职。他曾经参加过社会党，和毕苏斯基关系很好。但是内阁总理在议会中依然没有得到多数支持。以至于众议院主席最终在 12 月 17 日委任瓦迪斯瓦夫·西科尔斯基（Wladyslaw Sikorski）将军组建一个非党派的小型官员内阁，此内阁在众议院支持下维持了大约 5 个月。

1923 年 5 月 28 日，1921~1922 年曾任总理的皮雅斯特农民党右翼领袖的温森迪·维托斯（Wincenty Witos）组建了一个中间右翼内阁。毕苏斯基以此为借口，卸任总参谋长和高级战争委员会主席的职务，返回苏雷欧维克（Sulejówek）乡间隐居。维托斯的第二任内阁开启了议会占上风的时代，一直维持到 1926 年 5 月毕苏斯基发动军事政变。在这 3 年中，政府也可以说是官员内阁更换了 3 次，内政主要聚焦公众切身利益问题：克服通货膨胀、农业问题和民族问题。

在金融专家瓦迪斯瓦夫·格拉博斯基（Wladyslaw Grabski）

领导政府的时代，货币终于稳定下来。1924 年 4 月，引入兹罗提（Zloty）货币，它最初和瑞士法郎比价为 1 : 1。原则上由独立的波兰银行监控其购买力和汇率。土地改革并不彻底，强大的右派势力是波兰大地主阶层利益强有力的保护者。1925 年 12 月土地改革法实施后，只是西部德国大地主要上缴土地，广大的农民中产阶层并没有形成。波兰农业依然是两个极端，一边是规模经营的、用于出口生产的农业，另一边则是仅仅维持生存而无利可图的小农户。在两次大战期间，波兰只是一个工业基础薄弱的农业国，拥有典型的中东欧国家的那些问题：由于同等继承法使得土地占有过于分散，农村人口过剩。 / 350

1921 年的宪法保证非波兰少数民族拥有同等权利。但事实上，少数民族议会代表，不管是德意志民族、犹太民族还是立陶宛民族的代表，都不享有完全同等的权利。对待乌克兰人和罗塞尼亚人的问题上，同化政策的推行初露端倪，但是因加利西亚东部发生了强大的反波兰运动而被搁置，这一运动在 1922 年还阻止了大选的进行。民族民主党和其他右翼党派，包括皮雅斯特党都非常不信任犹太人，犹太人也备受歧视。在波森和维斯瓦河（Weichsel）下游的波美拉尼亚（Pomerellen）地区的大约 50 万德国人被迫移居德国。在那里生活的一多半德国人离开此地。两次战争期间，没有一届政府中有来自少数民族的人担任部长，在地方最高管理部门和县级管理部门也是如此。波兰的政策以西方单一民族国家为榜样，这个目标与一个多民族国家现存的种族多样化根本不相符。

波兰的外交政策基本上仿照法国，1921 年法国和华沙签订一个结盟协议和一个秘密军事协议。1921 年波兰和罗马尼亚签署结盟协议，1922 年 3 月和拉脱维亚、爱沙尼亚签订友好协议，这两个国家都反对苏联。和芬兰也缔结了一个类似协议，但未得到赫尔辛基议会的批准。1921 年 11 月，与捷克斯洛伐克缔结的限制性合作公约，尽管双方外长已签署，但在波兰众议院没有取得多数同意。1925年4月议会批准了和布拉格达成就切申这个有争议地区问题的协议，但是该协议远远不能和1921年未能通过的协议相比。

1922年3月吞并维尔纽斯地区后，波兰和立陶宛的关系趋于紧
/ 351 张，双方也没有建立外交关系。和德国虽然有外交关系，但是这远远不能保证两国之间的正常关系。德意志帝国并不甘心失去现在归属波兰的东部领土，特别是西普鲁士和上西里西亚南部，它对这个东邻国家的合理性或多或少提出明确的质疑，1925年6月，德国还和波兰开展了一场贸易战，令自由市但泽深受重创。波兰系统地扶持与但泽市竞争的另外一个港口格丁尼亚（Gdingen）。20年代中期，德国和波兰的关系丝毫不见好转。对波兰这个笃信天主教的国家来说，1925年2月教宗与其政府签署的协议可以说是某种安慰。尽管西边大邻国不承认波兰的现有领土，但梵蒂冈根据这个协议按照战后的国家边境改组了教区。

鉴于政党之间的矛盾和1918年后政府的不断更迭，政府工作没有持续性，大多是出于个人的谋划和政党策略，致使某个政府倒台，或者组建某个新政府。1925年11月13日，毕苏斯基试图在一个私人谈话中说服总统沃伊切霍夫斯基限制议会权力，但是未能消除总统对违宪的担忧。两天后，这位元帅在给军团军官的一次讲话中暗示：他在不久的将来会不只用语言来对付那些“让国家丧失力量，阻挡正义的制裁之手”。

毕苏斯基视蔡里格夫斯基（Zeligowski）将军为盟友。1925年11月，毕苏斯基曾在斯科钦斯基（Skrzynski）伯爵内阁时，促成任命蔡里格夫斯基为战争部部长的决定。蔡里格夫斯基召集忠于大元帅的军团，以辅助毕苏斯基实施筹备好的政变。由于斯科钦斯基下台导致政府危机，1926年5月组建的中间右翼内阁，温森迪·维托斯（Wincenty Witos）任总理，新内阁受到左派严厉抨击。毕苏斯

基利用这个机会发动决定性的攻势。5 月 12 日，他带领 15 个军团占领了位于华沙市区维斯瓦河右岸的布拉格，并和政府军展开两天 / 352
的激战。为元帅的胜利起到关键作用的是波兰社会党，这个政党是毕苏斯基亲手筹建的，但是他现在已经和这个政党貌合神离。社会党呼吁发动总罢工，阻止了亲政府军队进军首都。14 日到 15 日夜间，总统沃伊切霍夫斯基和总理维托斯下台。1926 年 5 月 22 日，毕苏斯基结束这场战斗的方式是发出一个和解的呼吁，向失败的对手表现出的爱国主义精神表示敬意。

1926 年的军事政变，开启了毕苏斯基为期 4 年的第一个独裁政权。这位元帅在其“道德专制政权”的初期，并没有亲自主管政务，而是让位给别人。根据毕苏斯基的要求，众议院将总理一职委任给工人党党团主席、数学教授卡茨米尔兹·巴泰尔（Kazimierz Bartel），而毕苏斯基在这届内阁中只担任战争部部长。5 月 31 日参议院和众议院以超过 2/3 的票数选举他当国家总统，但是如同 4 年前一样，他拒绝了这个礼节上最高的国家职位，而是让化学教授伊格纳奇·莫希齐茨基（Ignacy Mozcicki）受命。1926 年 8 月 2 日宪法修正案借助右派势力通过了。它规定总统有全权解散议会，并能够在交接的真空期间以颁布法令的形式管理国家，但该法律事后要得到议会的批准。另外，如果议会不能及时通过国家预算，那么允许政府在上一年的预算框架下做出支出。

毕苏斯基以革命的方式，以西班牙的“造反”风格夺取了政权。1926 年 8 月的宪法修改并不是革命性的改变。总统拥有紧急状态的全权，并未超越德意志魏玛帝国宪法第 48 款赋予帝国总统的权限。紧急预算案条款也未越出议会民主常态的框架。议会并未被解散，没有镇压在野党，没有审查新闻。武力换来的新政府稳定了内政，其最初的特点与其说是军事专制，不如说是保守的民主，更提不上 / 353
说它是毕苏斯基所憎恶的“法西斯”专制。

1926 年 10 月，元帅本人终于出任总理一职。他组建了一个以保守派为主的内阁。这导致了社会党和毕苏斯基疏远。毕苏斯基本人出身于一个低微贵族家庭，1926 年 10 月底，他访问拉齐维乌（Radziwill）宫邸，以展示他和东部地主贵族的友好关系。这个举动又拉大了他和他的政治家园的距离。元帅的顽固对手依然是以德莫夫斯基为首的民族民主党和以维托斯为首的皮雅斯特党。为创建一个团结有力的议会基础，毕苏斯基 1928 年 3 月在众议院和参议院选举之前，在忠于他的陆军上校瓦勒瑞·斯瓦维克（Walery Slawek）的帮助下，组成了和政府合作的一个非党派联盟。这个联盟虽然没有清晰的纲领，但是在农民和城市中产中有很多支持者。

1928 年的选举，这个无党派联盟赢得 444 个席位中的 122 个席位，是最强的议会党团。民族民主党和皮雅斯特党损失惨重，而左翼党派共得到 140 个席位，增长势头最强劲。由于众议院的席位组合不能形成拥护政府的绝对多数，毕苏斯基将总理的职位让给他私人和政治上的盟友，先是让给巴泰尔，然后请当时的教育部长斯维塔斯基担任，后来又由巴泰尔出任，最后在 1931 年由斯瓦维克担任。毕苏斯基本人任战争部部长，在这个职位上他依然是政府中的主导人物。他最犀利的对手，是新选举出的众议院主席，社会党人伊格纳齐·达申斯基（Ignacy Daszynski）。政府的这位“强人”认为，左翼和中间党派日益深化的合作构成对政府的威胁。1929 年 10 月这两个政党组成一个正式联盟，号称是“中间左派”。毕苏斯基对此的反应是严厉指责议会和在野议员，同时也夹杂着猛烈有力的恐吓。

/ 354 1929 年 12 月 5 日，斯维塔斯基政府因一次不信任投票被推翻后，执法和立法之间的权力争夺越来越激烈。1930 年 6 月，多个在野党在克拉科夫召开会议，9 月在全波兰举行了争取自由反对专制的多次集会。8 月 25 日，毕苏斯基再次担任总理职务。4 天后，国家总统莫希齐茨基解散了议会，10月初，毕苏斯基下令抓捕18位反对他的议员，包括维托斯、几个乌克兰少数民族议员和知名社会党人在内。这些人在布列斯特城堡内受到虐待和侮辱。

1930年9月17日和23日的议会选举并不是自由的选举，而是弥漫着恐吓和军事独裁气氛的选举，结果当然符合政府的愿望：政府阵营在众议院444个席位中获得243个席位，占半数居多，“中间左派”和少数民族党损失惨重。政府派在参议院中的多数更为明显。但政府并未获得可以修宪需要的2/3多数赞同。因此毕苏斯基试图迅速颁布一部新宪法的愿望无法实现。1930年12月后，元帅本人仅担任战争部部长，如同几年前一样，他把总理职位让给由他挑选出来的代言人，而他们无一例外都是军队上校。

由上校组阁的各届政府都试图用紧急法令和大刀阔斧的节约措施来控制此时席卷全波兰的经济危机。1932年2月，波兰社会党在最重要的工业区举行大罢工，之后集会和结社自由以及法官的独立性都受到限制。1933年3月23日，众议院通过一个授权法，在同一天，希特勒的德国也做出了类似决定。政府有全权，不仅可以颁布条例，而且可以颁布有法律效力的指令，这在很大程度上无异于自行解散议会。

自1930年秋季开始，波兰进入向专制转变的第二阶段，赞成者称之为“整合”阶段，其实完全可以称之为专制阶段。虽然新闻还相对自由，诸多党派以及个人自由也受到某种程度的保护，但通过自由选举而产生合法的国家领导无从谈起。最关键的决定因素是军队，自1933年授权法实施后，议会形同虚设。1935年4月23日的宪法也没有改变这个状态，它只是为专制的总统制国家提供了一个法律基础。不到3周后的5月12日，波兰第一元帅毕苏斯基去世，享年67岁。毕苏斯基，波兰第一元帅，为恢复波兰的独立，比任何人的贡献都大，但是在逐步限制波兰的内政自由方面，也没有第二 / 355

个人可以与他抗衡。

和波兰一样，其东北部的邻国立陶宛也是一个农业国，居民绝大多数信奉天主教。1919 年 4 月，安塔纳斯・斯梅托纳（Antanas Smetona），一个民族主义的右翼记者被选为总统。一年后 1920 年 4 月的制宪会议选举，基督教民主党胜出，在 112 个席位中获得 59 个席位的绝对多数，人民社会党获得 29 个席位，社民党获得 14 个席位，少数民族党获得 9 个席位。犹太人占居民的 7.5%，是最大的少数民族。1923 年立陶宛人口普查时，波兰人至少占 3.5%，德意志人占 1.5%。民族主义的“国民党”未能进入议会。共产党被禁止。

政府和议会的办公地点设在临时首都考纳斯。1922 年 8 月 1 日的宪法规定国家总统主要履行代表国家的职能。如果一院制的议会没有以 2/3 多数通过某项法律，国家总统有法律否决权。国家总统也有权解散议会。宪法规定维尔纽斯是首都，但这个城市以及其周

/ 356

围地区，因 1922 年 3 月华沙单方面行动，被并入波兰。维尔纽斯问题一直是和波兰关系正常化的障碍，这个问题也是立陶宛的一个创伤，影响着两次世界大战期间立陶宛的政策。

法国占领鲁尔区的前一天，1923 年 1 月 10 日立陶宛军队占领了梅梅尔地区，这个行动无疑是对波兰兼并其领土而索要补偿的一种愿望。《凡尔赛条约》生效后，梅梅尔地区由协约国任命的一位法国高级委员管理。在这个原属于德国的地区，根据 1910 年的人口普查，讲德语居民（7.1 万人）的数量稍稍多于讲立陶宛语的居民（6.7 万人）。1923 年 2 月，协约国大使会议确认将梅梅尔地区的主权交付给立陶宛，但附加两个条件：保证其自治地位，波兰可以共同使用梅梅尔港口［立陶宛语称为克莱佩达（Klaipeda）港口］。立陶宛因为与波兰就维尔纽斯问题有争执，没有答应第二个要求，1924 年 5 月 8 日，协约国和立陶宛达成《梅梅尔协议》，就第一个要求做出规定。

因此，梅梅尔地区有了一个自治区议会和一个由5人组成的自治区领导机构作为政府。尽管在1925年10月自治区第一次选举中，德意志政党获得压倒性的胜利：29个议员席位中占27个席位。尽管遭到自治区议会的强烈反对，在接下来的十年中，政府的一把手都是立陶宛总统任命的非本地的立陶宛人。它和德国的关系也因此深受影响。然而这与其和波兰的矛盾有一个重要的不同之处：考纳斯和柏林有外交关系，而考纳斯和华沙则没建立外交关系。

占领梅梅尔地区时，立陶宛的内政处于不稳定的时期。1922年10月的选举，基督教民主党丧失绝对多数席位。直到1932年5月，总统施图尔金斯基斯（Stulginskis）解散议会后他们才再次收复失地。立陶宛20年代最重要的内政任务是农业改革，鉴于国家的农业特征，这个问题相对来说不是很棘手。1922年4月立陶宛颁布一项法律规定，补偿性没收拥有超过80公顷土地的教会、贵族或者其他私人的土地。1928年这个额度提高到150公顷。这一再分配的获益者，第一个阶段是没有土地的或者拥有很少土地的小农，第二阶段是地区政府和非营利机构。受到冲击的大多数大地主是波兰人和俄罗斯人，因此干涉传统的私有财产关系不仅涉及社会层面，还触及种族层面：它强化了立陶宛的民族意识。1926年5月，议会选举再次举行，这也是梅梅尔地区居民首次参加的选举。这次胜出的是左翼党派，人民社会党得到22个席位，社民党得到15个席位，它们两家共占85个席位中的37个席位。基督教民主党只得到30个席位。在犹太和波兰议员的帮助下，两位人民社会党人当选国家最高职位，米科拉斯·什莱扎维丘斯（Mykolas Slezevicius）任国家总统，卡济斯·格里纽斯（Kazys Grinius）任内阁总理。 / 357

1926年9月，左翼政府受到在野基督教民主党、民族主义国民党最猛烈的反对，起因是与苏联签署的互不侵犯条约。民族主义国民党在议会中只有5名议员，最具威胁性的抗议来自军队。1926

年12月17日，波维拉斯·普列哈维丘斯（Povilas Plechavicius）将军发动政变，他显然受到毕苏斯基5月政变的启发。议会被占领，政府被取缔，国家总统由斯梅托纳（Smetona）担任，总理的职务由上一任政府首脑奥古斯丁纳斯·沃尔德马拉斯（Augustinas Voldemaras）出任，他是激进民族联合会“铁狼”（Gelezinis Vilkas）的主席。新任总理和基督教民主党以及民族主义国民党组成政府。4个月后的1927年4月12日，总统斯梅托纳解散议会，并没有宣布会再次选举。从此开启了为时9年的专制统治时期，在此期间立陶宛没有举行过议会选举。

借助军队的支持，总统斯梅托纳不断扩大自己的权势。1928年5月15日公布的新宪法规定所有国家权力集中在总统手中。1929年9月，被誉为“民族领袖”的总统斯梅托纳解除了总理沃尔德马拉斯的职务，让自己的妹夫约扎斯·图贝利斯（Juozas Tubelis）担任总理。

/ 358

在1934年6月军队哗变失败，以及1935年农民起义告败之后，政府把缰绳勒得更紧。1936年2月根据一项新的结社法，在野党必须停止一切活动。1936年6月的大选，也是1926年后第一次大选，只允许民族主义的国民党派出议员。1938年2月11日，这个一党议会通过了一部专制宪法，规定了一个有议会陪衬的总统制。该宪法更多地强调公民的义务而不是他们的权利。国家虽然有义务保护信仰和宗教自由，但只字不提言论、集会和新闻自由。

这部宪法没有起到实际作用。该宪法通过一个月后，波兰发出最后通牒，迫使立陶宛与其建立外交关系并承认双边国界，也就是说放弃维尔纽斯及其周边的领土。立陶宛人也没能参加宪法规定的比例代表制的议会选举。

和立陶宛一样，拉脱维亚人也属于波罗的海语系民族，那些被分化的或者说被融入东普鲁士的古普鲁士人同样也属于这个语族。1918~1919年成立的拉脱维亚共和国包括拉特加尔（Lettgallen）、库尔兰和南利沃尼亚，这些都是沙俄帝国没落前俄国统治的地方。拉脱维亚北面的邻国爱沙尼亚包括原与俄罗斯同一名称的省份和北利沃尼亚的4个县。爱沙尼亚人和芬兰人一样同属芬兰乌格尔语系。和天主教的立陶宛不一样，爱沙尼亚、利沃尼亚和库尔兰自宗教改革以来受路德新教影响（也可以解释为什么几乎所有的居民都会阅读和写字）。上层社会是德意志波罗的海人，几乎所有的大规模土地财产都集中在德意志波罗的海人的贵族手中。自19世纪末，爱沙尼亚、利沃尼亚和库尔兰，包括1918年后的爱沙尼亚和拉脱维亚被统称为波罗的海国家。之后，特别是30年代后，立陶宛也被纳入这个国家统称内。1934年9月12日，立陶宛加入1923年已经签署的、被人称为“波罗的海协约国”的拉脱维亚和爱沙尼亚组成的联盟，进一步推动了这个新概念的使用。 / 359

1920年6月以及1922年2月，爱沙尼亚宪法和拉脱维亚宪法给予议会的权力大于政府。爱沙尼亚不设国家总统。总理同时也是国家首脑。在拉脱维亚，国家总统由议会选出。他也是军队最高指挥，可以颁布紧急法令，但不能解散议会。在这两个国家中，人民代表都是根据比例选举法选出。和立陶宛一样，在拉脱维亚的男性和女性都有选举权和被选举权。继最初分裂后，三个阵营逐渐形成：农民党、资产阶级的中间党和社民党。在爱沙尼亚和拉脱维亚，最强大的势力都是农民党。两次大战期间最重要的两个领导人都诞生于农民党：一个是爱沙尼亚总理，后来的国家总统康斯坦丁·帕茨（Konstantin Päts），另外一个是立陶宛国家总统和总理卡尔利斯·乌尔马尼斯（Karlis Ulmanis）。因1920年的内战，共产党在拉脱维亚被禁止。在爱沙尼亚，1924年年底，约翰·拉伊多内（Johan Laidoner）将军镇压了共产党政变后，对共产党也颁布了类似的禁令。拉伊多内是爱沙尼亚军队的最高指挥，被誉为为自由而战的英雄。

两个国家都不是纯粹的民族国家。俄罗斯人是两国中的第二大种族，1934 年在拉脱维亚占居民人口的 10.6%，1935 年在爱沙尼亚占居民人口的 8.2%。同一时间，德意志人在拉脱维亚的居民人口中占 3.2%，在爱沙尼亚的居民人口中占 1.5%。谈到少数民族保护协议，只有爱沙尼亚在民族问题上提供了榜样性的解决方案：1925 年制定的调解方案。该方案允许非爱沙尼亚的民族团体拥有文化自治，犹太民族和德意志民族都使用这项权利。而拉脱维亚则在 1930 年后推行“拉脱维亚化”，导致德意志少数民族产生严重的对立情绪。

爱沙尼亚和拉脱维亚是唯一推行激进农业改革的中东欧国家。在这两个国家中，大多数德意志波罗的海大地主财产被没收，大约三分之二的农业用地被分配给新农户。森林归国家所有。在爱沙尼亚，那些参加土地分配的大地主可以得到他们被没收的大约 3.6% 的财产。1926 年根据实际财产值的 3% 给予补偿，之后以分配剩余财产的形式返还大地主 50 公顷土地。拉脱维亚则不设补偿。但是那些大地主最多可以保留 50 公顷土地。两个国家都是以农业为主的国家。1930 年，成人劳动力在工业行业就业的人数，在爱沙尼亚占总人口的大约 17.4%，在拉脱维亚占总人口的 13.5%

如同大多数中东欧国家一样，爱沙尼亚和拉脱维亚在世界经济危机影响下，也经历了严重的国家危机，两国都从议会民主转为建立专制政权。在拉脱维亚，这个过程比爱沙尼亚来得更猛烈。1934 年 5 月，总理乌尔马尼斯借政变铲除了极右翼和极左翼，取缔宪法，暂停议会和政府活动，组建了一个温和党派的政府，立法权转交给执法部门。1936 年 4 月，总理乌尔马尼斯同时兼任国家总统。

在爱沙尼亚，政府要顶住来自右翼激进的反议会运动的极大压力，该运动的发起者简称为自由战士协会。它以法西斯为榜样，特别是以我们后面还要讨论的芬兰“拉普阿”运动为榜样。由“自由战士”运动发起的关于宪法改革的公投，要求用总统制取代议会制，得到几乎 73% 选票的赞成，获得巨大成功。总理帕茨充分利用 1933

年的宪法改革，拥有了赋予国家首脑的新的特殊权力。为阻止右翼激进派当上政府首脑，他宣布国家进入紧急状态。他将指挥权交给拉伊多内将军（1925 年拉伊多内交出了指挥权），抓捕了“自由战士”的领袖，推迟总统大选和议会选举。 / 361 人民代表同意进入紧急状态，就连社民党也认为保守的帕茨专制比“自由战士”的专制要好。1934 年 10 月，议会不再召集，政党活动暂停。帕茨靠颁发行政令执政。1935 年“自由战士”的政变行动暴露，随后该协会被禁止。

帕茨借助全民投票，确认了他在 1936 年 2 月的方针。1937 年 8 月，一个由立宪国民会议通过的新宪法，规定总统拥有很大的权限、国家议会下设两院。一个是根据多数选举权选出的议院，另一个是组成人员部分通过选举、部分为指定的国务委员会。1938 年 4 月，帕茨当选为民选共和国总统。他践行的“领导民主”既不同于不稳定的议会制度，例如在 1919 年到 1933 年，每届政府执政时间平均为 8 个月 20 天；也不同于 1934~1935 年的专制制度。包括立陶宛在内的三个波罗的海共和国中，爱沙尼亚在第二次世界大战前是最自由的国家。

两次世界大战期间，在芬兰湾的另一边，议会民主不止一次处于紧急关头。直到 30 年代后期，芬兰都不得不面对极端右翼用武力推翻政府的威胁。而 1918 年 8 月在俄国建立的、从一开始就是非法的芬兰共产党，也一再试图用冒名组织和有针对性的工会活动，为第二次启动红色革命而努力争取大众的支持。在瓦伊诺·唐纳（Väinö Tanner）的领导下，社民党人放弃了内战时期的极端主义，转向斯堪的纳维亚工人党的改良主义。这也是与温和资产阶级政党和农民政党进行议会合作的必要前提。这一合作为这个国家确立了一系列劳工保护法、6 年义务教育制和 1922 年针对大地主的土地改革。 / 362 1926~1927 年唐纳任社民党少数政府总理，得到瑞典人民党的支持，当然他在这个位子上只坚持了不到一年的时间。

1919年到1926年自由党人卡洛·斯托尔贝里任总统期间，以及其继任者、农业联盟的劳里·克里斯蒂安·雷兰德（Lauri Kristian Relander）1925年到1931年任总统期间的政府几乎都是少数派政府，都遇到极大的压力。压力主要来自受国家支持的极右且坚决反共的防卫军团，这是在内战期间成立的一个保家卫国的组织，1919年拥有多达10万名的成员。在这个军团的敦促下，1923年8月，屈厄斯蒂·卡利奥（Kyösti Kallio）任总理的内阁，对共产党遥控的芬兰工人党采取极为严厉的措施，抓捕了27名议会议员和诸多领导人，并以叛国罪对他们处以监禁，该党也被解散。

禁令只是暂时击退了共产党。一个新的伪装组织，名为社会主义工人和小农选举联盟1927年首次进入帝国议会，1929年甚至获得更多席位。1920年，共产党在工会中已占有多数。1927~1928年为期8个月的港口工人罢工，令国家采取新的严厉举措。1928年4月，非法共产党的大多数领袖被捕，且被判以叛国罪并驱逐到橡树岛劳教。一年后，1929年的5月，社民党撤出芬兰工会联盟理事机构，组建了一个新的芬兰工会中央联合会。1930年7月法庭判决取缔这个共产党已经退出的左翼工会联盟。共产党在1929年建立非法红色工会，但是他们并没有能够让广大工人群体走上街头发起示威。

芬兰独立后的十年内，受到的威胁主要来自右翼的家乡防卫
/ 363 军，其大部分成员是农民、官员和职员。外交部部长鲁道夫·霍尔斯蒂（Rudolf Holsti）力求和波罗的海国家、波兰和西方势力紧密合作。他的这一政策受到一位著名家乡防卫军领袖的严厉抨击，国家总统斯托尔贝里1921年夏季解除了家乡防卫军总指挥、上校冯·埃森（Oberst von Essen）的职务。家乡防卫军提议曼纳海姆（Mannerheim）接任埃森的职位，但是受到战争部部长雅兰德（Jalander）的坚决反对。为了防止右翼发动政变，当年的摄政王斯温胡武德（Svinhufvud）尽力充当协调人，终于在1921年令各方

达成共识。战争部部长雅兰德下台，家乡防卫军的自治权得以扩大，狙击手、上校劳里·马尔姆贝格（Lauri Malmberg）被任命为最高指挥官。直到1944年家乡防卫军解散，马尔姆贝格一直担任此职。

第二年，1922年2月14日，内政部部长黎塔沃里（Ritavuori）被极右分子暗杀。民族主义分子攻击他对苏联过于迁就，并视其为眼中钉。这次暗杀事件的背景是东卡累利阿（Ostkarelien）危机：1921年这个大部分居民讲芬兰语的地区掀起了一场反苏联化的抗议。芬兰对这次起义表示强烈同情，并掀起了一场合并东卡累利阿的运动，甚至有些芬兰志愿者到苏联境内加入抗议队伍。1922年夏季，芬兰和莫斯科达成边境和平协议，才在表面上平息了这场争执。

东卡累利阿问题也反映在军官队伍的权力斗争中。一边是当年沙皇时代保守派军官，另一边是年轻的、在德国经过培训的狙击手军官，1924年他们之间爆发了权力之争。后者得到1924年就任战争部部长的马尔姆贝格的支持。战争部部长也强迫军队指挥官威尔克曼（Wilkman）少校到国外游学一段时间。1926年5月，国家总统免去威尔克曼的职位，由36岁的狙击队少校阿尔内·西弗（Aarne Sihvo）接任，这一举动明显标志着，在军官内部权力的争夺中，年轻激进的势力战胜了年长的温和势力。

为了不忘却东卡累利阿问题、促进全方位使用芬兰语，1922年大学生成立的学术性卡累利阿协会起到很大作用。这个协会在很短时间内令大多数芬兰语学生站到他们这边。除东卡累利阿之外，这个协会的积极分子还把属于苏联的英格里亚（Ingermanland）、属于挪威的芬马克郡（Finnmark）和属于瑞典的西博滕省（Västerbotten）都算入大芬兰文化民族地区。自1924年后，这个协会致力于减少瑞典语在芬兰日常生活和文化生活中的应用。那时大约11%的芬兰居民讲瑞典语，赫尔辛基大学大约四分之一的学生和二分之一的教授讲瑞典语。考虑到语言少数民族温和派代表的要 / 364

求，1922 年颁布的一项新的语言法规定了官方和法院以及在地方一级沟通时可以使用瑞典语。鉴于该协会的敦促，赫尔辛基大学关于组织形式的法律草案得到修改，今后只有很少的教授被允许用瑞典语上课。卡累利阿学术协会的核心任务是实现“真正芬兰”——使用一个语种的芬兰。然而这个远大目标并未实现。

在两次大战期间，芬兰的经济很大程度上是农业经济。1920 年大约四分之三（75%）、1940 年几乎三分之二（63%）的从业人员是在农业领域工作。因此 20 年代末，世界农业危机击中这里的要害。特别在农村，白色芬兰和红色芬兰的政治和社会斗争超越了有关语言问题的争执。1929 年 11 月，在东博腾拉普阿（ostbottnischen Lapua）共产主义青年团的一次庆祝活动上，愤怒的民族分子把参会者的红背心从他们身上扯下来。这也是农民色彩浓厚的拉普阿运动的开始，这场运动很快就走向极端。他们在 12 月向 1929 年 8 月刚刚执政的第三任卡利奥（Kallio）政府发出最后通牒，要求政府对共产党、对那些被请愿者视为违法的协会，或者有悖于良好习俗的所有协会采取法律措施。

1930 年 1 月，议会在很大程度上向这一要求做出让步。但是帝 / 365 国议会拒绝了拉普阿运动对新闻限制的要求，极右派积极分子对此的回答是，捣毁瓦萨（Vaasa）一处左翼社会主义报社的印刷机。进一步的行动是绑架上百名政治家、官员和极左派的支持者。他们被带到苏联边境，被逼越过边境，回到他们所谓的政治家园。1939 年夏季的 3 次绑架致使 3 人死亡。数百名拉普阿运动的成员被审判宣告有罪，但这样的判决其实没有任何意义。

第三任卡利奥内阁之所以没有强力干涉，是因为担心大力干涉会令家乡防卫军和拉普阿运动结盟。政府只能靠斯温胡武德这个中间人协商并做出让步，才避免了极右派咄咄逼人的一次政变企图：承诺彻底禁止共产主义组织。在颁布了一项相应的共和国保护法之后，第三任卡利奥内阁在1930年7月2日下台。总统雷兰德任命斯温胡武德为新任总理。新内阁组成后不久，在一次帝国议会的宪法委员会会议上，工人和小农党的两位议员被绑架。政府承诺抓捕所有共产党议员后，两名人质才被释放。

由于帝国议会并不是无条件跟随政府的斗争方针，国家总统雷兰德解散了议会，规定1930年10月1日和2日进行新大选。真正的赢家是右翼党派。虽然社民党还增加了几个议员席位，但是未能阻挡住政府阵营获得修宪需要的2/3多数赞成。在反共产党的法案通过后，拉普阿运动因此放弃了准备就绪的、预备在提案被否定时进行的政变计划。

1930年秋，拉普阿运动给民主机构造成的威胁达到顶峰。10月，该运动的成员绑架了前任国家总统斯托尔贝里及其夫人，这样的举动违反了该运动领导层颁布的禁令，公众意见开始反对这种具有芬 / 366 兰特色的法西斯主义代言人。1931年3月1日，斯温胡武德在总统大选中险胜，得到151张选票，斯托尔贝里得到149张选票，这也使拉普阿运动失掉了借以发动攻击的大部分理由。斯温胡武德请曼纳海姆将军担任新组建的保卫委员会主席。1931年9月，拉普阿运动再次企图颠覆政府，它这一次和政府抗争的手段是利用极右翼力量在帝国议会施加高压，使得有关法律得以通过。由于家乡防卫军的大部分人对政府还是效忠的，所以内政部部长得以在1932年成功解散了拉普阿运动。

它的后继组织爱国人民运动（IKL），允诺不逾越合法的框架，但是接受了法西斯意大利和纳粹德国的斗争形式和象征形式，如军服（包括黑衬衣、蓝领带）、青年组织，还接受了高举右手的希特勒式敬礼。1933年7月大选，爱国人民运动得到14个议员席位，而联合党派则从42个席位缩减到18个席位。社民党取得的成就最大，增加了12个席位，共有78名议员。1934年4月，一个制服禁令出台了。不久之后语言问题的争执再次爆发。改组赫尔辛基大学的法律草案由于“真正芬兰”运动的阻挠而搁浅。1937 年帝国立法终于规定芬兰语为赫尔辛基大学的授课语言。但是瑞典语很长时间内依然是大部分有教养的上层社会使用的语言。

1936 年 2 月，自 1932 年起执政的、属于进步党的基维迈基（Kivimäki）总理失去瑞典人民党的支持，也就意味着失去议会多数的支持。1936 年 7 月的选举，社民党再次胜出，获得 83 个议员席位。维伊诺·唐纳的政党宣布，准备继 1927 年后再次进入政府，但是遭到斯温胡武德总统的拒绝。农业联盟的卡利奥第四次任总理。
/ 367 第二年，1937 年 3 月 1 日，卡利奥在社民党支持下当选国家新一任总统。这样一来，社民党、农业联盟和进步政党组成联合政府的最后障碍被清除了。这是自获得独立后最广泛的联盟，总理由小型进步党代表艾莫·卡扬德（Aimo Kajander）出任。社民党的唐纳出任财政部部长，进步党的鲁道夫·霍尔斯蒂再次担任外交部部长。内政部部长是来自农民联盟的乌尔霍·吉科宁（Urho Kekkonen），他下令禁止青年组织“爱国人民运动”，此举得到内阁的同意。11 月吉科宁宣布对右翼激进党的禁令，却因赫尔辛基法院的否定而无法落实。

社民党和农业联盟之间的相互理解，是民主体制开始稳定最重要的原因。经济逐步复苏进一步阻止了爱国人民运动赢得更多的选民，减小了右翼政变的风险。自 30 年代中期以来，芬兰明显地向其他北欧民主国家的发展潮流靠近。虽然他们各自的语言不同，但是宗教上都受路德新教的影响，因此识字程度很高。丹麦、瑞典和挪威在社民党的大力影响下已经开启的进程，现在芬兰加快步伐也追赶上来，为成为具有北欧特色的福利国家奠定了基石。

在外交领域，北欧几个民主国家也步伐一致。芬兰和瑞典之间，除了语言问题之外，还有关于奥兰群岛（Ålandinseln）的争执：那里的瑞典居民希望划归到瑞典，但是在国际联盟的同意下，奥兰群岛归属芬兰。当然有附加条件，例如芬兰禁止建造碉堡等。1933年秋季，芬兰与瑞典、丹麦、挪威、比利时以及卢森堡结盟，成为“奥斯陆国家”，同意在关税和贸易政策方面紧密合作。1934年，芬兰首次参加斯堪的纳维亚国家部长会议。第二年，基维迈基政府确认了和斯堪的纳维亚国家更加紧密合作的方针，以确保共同的中立，这也是面对咄咄逼人的、即将降临到欧洲头上的新一场大战的反应。 / 368

和苏联的关系依旧比较复杂。1932年1月，芬兰虽然和莫斯科缔结了互不侵犯条约（爱沙尼亚和立陶宛在同一年也有相同的举措），但在1935年夏季，属于苏联的东卡累利阿发动了一场反对芬兰民族分子的宣传攻势，大多数在苏联生活的非法芬兰共产党的领袖成为牺牲品。当时只有在芬兰监狱里的芬兰共产党人躲过了斯大林的这次恐怖行动。根据后来的估计，在斯大林的劳改营内，在所谓的“古拉格群岛”，大约有2万芬兰人死于非命。大芬兰的宣传给莫斯科提供了理由，指责芬兰有吞并东卡累利阿和英格里亚的意图。相反芬兰则认为，在东卡累利阿建造重要的战略铁路线会直接威胁芬兰。以斯温胡武德为首的保守势力在芬兰掌握话语权时，认为和斯大林的苏维埃相比，希特勒的德国远远不是危险的势力。就连民主党再次进入政府执政后，芬兰对莫斯科和国际共产主义的担心依旧不减，以至于妨碍了芬兰反德战线的形成。

和芬兰不一样，1918年到1938年，捷克斯洛伐克没有发生严重到足以威胁民主制的内政危机事件。捷克斯洛伐克共和国在中东欧新生的国家中是工业化程度最高的、最资产阶级化的、政治上最稳定的国家，在这个意义上也是最“西方化”的国家。同时它也是除法国外，在欧洲老牌天主教国家中“最世俗化”的国家。1920年2月29日的宪法称捷克斯洛伐克是“一个不可分割的民族”，是一个统一的、不可分割的整体，也完全符合那个著名的法国的官方套话。只有当年匈牙利族的喀尔巴阡山－乌克兰人享有特殊身份，他们至少在名义上享有自主管理权，并有一个自己的总督。立法权掌
/ 369 握在议会手中，议员是根据比例选举法选出的成年男性和女性，任期6年。普选出的参议院议员任期为8年。议会两院选举出的国家总统任期为7年。总统有权暂停某项得到两院通过的法律。政府对众议院负责，众议院可以投不信任票强迫政府下台。

在颁布宪法的同时颁布语言法，称国家官方语言为捷克斯洛伐克语，其实这是由两种语言组成的，即捷克语和与捷克语非常相近的斯洛伐克语。如果在一个法院管辖区，根据上次人口普查的结果，至少有20%的居民讲某种少数民族语言，那么在官方和法院的沟通中就允许使用这种语言，也允许少数民族建立自己的学校。1921年，捷克人和斯洛伐克人大约有880万人（64.35%），是最大的民族。德意志人有310万人（22.94%），匈牙利人约74.5万人（3.38%），喀尔巴阡山－乌克兰人大约46.1万人（3.4%），犹太人大约18万人（1.32%），波兰和其他民族大约有10.2万人（0.75%）。

比例选举法有利于催生出诸多党派。在捷克斯洛伐克一边，中间靠右有两个政党，一个是民族民主党，另外一个是农民党，还有两个社民党，即社民党和小资产阶级的民族社会党，以及典型的中间党派天主教人民党。这5个政党，也被称为“petka”（佩特卡），是当年建国的政党，也是最常执政的政党。在斯洛伐克，除刚才提到的那些政党外，还有天主教的斯洛伐克人民党和一个更加右倾的但影响力不大的斯洛伐克民族党。最大的苏台德政党主要是社民党、农民联盟和基督教社会党，他们在理念上分歧很大，所以根本无法组成联盟。斯洛伐克的匈牙利人集中在社民党和基督教社会党内，始终坚持超越民族和国际主义精神的唯一一个政党是1918年在俄国
/ 370 成立的共产党，该政党的活跃分子主要是捷克人和德国人。1920年

首次选举出的议会，共产党没有参加竞选，只是由加入社民党的左翼议员为其代表。1925 年的第二次选举中，他们才第一次有自己的议员进入人民代表的议会。

两次世界大战期间，捷克斯洛伐克共和国出现了两个关键的政治家，一个是 1918 年到 1935 年任国家总统的托马斯·马萨里克（Tomáš Masaryk），另外一个是爱德华·贝奈斯（Edvard Beneš），他在 1918 年到 1935 年一直担任外交部部长，并于 1935 年接任马萨里克任国家总统。布拉格的内阁从来都不是纯粹的资产阶级内阁，也不是纯粹的社民党内阁，大多数情况下是“跨越阶级”的联合政府。在宪法颁布后的 6 年内，有过多次少数派政府和官员内阁，但是执政时间都很短。1926 年 10 月，农民党的安东尼·斯维拉（Antonin švehla），首次争取到两个资产阶级的德意志党派，即基督教社会党和农民联盟共同组阁。后来在 1927 年 1 月，在自治权方面做出很大让步后，他也争取到斯洛伐克人民党加入政府内阁。

早在 1920 年，早于资产阶级的德意志党派，德意志社民党就表示，在新生国家的基础上参与议会合作。1929 年底，该党党主席路德维希·切克（Ludwig Czech）进入内阁，在农民党政治家弗兰蒂谢克·乌德萨尔（František Udrzal）的第二任内阁中，切克担任社会福利部部长。1921 年的农业改革是在没有德意志党派参与的情况下决定的，但这次土改和波兰不一样，没有单方面损害少数民族大地主，也就是没有损害德意志族和匈牙利族大地主的利益。苏台德德意志人对 1927~1928 年的行政改革深感失望，因为西里西亚当年的奥地利部分领土和摩拉维亚合并，那么单独的西里西亚邦就不可能建立（而在这个邦议会中，德意志人和波兰人联合起来很可能拥有多数）。总的来讲，20 年代末期，苏台德德意志人在捷克斯洛伐克的融入远远好于在匈牙利和波兰。

斯洛伐克的自治分子给国家的团结制造了最大的麻烦。他们

主要是斯洛伐克人民党内以天主教牧师安德烈·赫林卡（Andrej
/ 371 Hlinka）为首的一批人。1920 年 4 月，第一批议会选举中，他们得
到 12 个席位。5 年后，他们的议员人数翻倍，成为斯洛伐克强势政
党。布拉格政府和斯洛伐克人民党关系中的一个重大转折，是对议
员沃伊池·图卡（Vojtdch Tuka）的审判，他是斯洛伐克家乡防卫
队的创始人。他对捷克和斯洛伐克组成一个共同的国家提出强烈质
疑，1929 年 10 月他因军事泄密和叛国罪被判 15 年劳改。这个判决
在斯洛伐克引起强烈的愤懑，导致斯洛伐克人民党退出政府，并开始
执行坚定的在野政策。党主席赫林卡此后提出的斯洛伐克文化自治和
政治自治的要求非常极端，以至于布拉格把他视为分裂分子。

在世界经济危机影响下，以加工业为主的苏台德地区受大萧条重创，政治气氛也随之走向极端。最右翼的党派是 1904 年成立的民族社会主义德国工人党（最初名为德国工人党），德意志议员在 1929 年布拉格众议院中获得的席位从 8 个增加到 66 个，不久后那些失望的选民，曾经支持“积极”参政的德意志各政党但深感不满的选民，都陆续加入这个政党。该党模仿希特勒冲锋队并开始组建准军事武装，但受到法庭审判，最后该党被禁止。1933 年秋季德意志国家社会工人党自行解散，其后继者是 1933 年 10 月 1 日成立的苏台德德意志家乡阵线，创始人是苏台德德意志体操协会的教练和主席康拉德·亨莱因（Konrad Henlein）。

这个新集体运动的兴起得益于在宣传上充分利用了“第三帝
国”反对大规模失业斗争取得的重大胜利，且不管是所谓的胜利还
是真正的胜利。1935 年 5 月的议会选举，亨莱因的苏台德德意志党
（1935 年 4 月正式更名）获得 44 个席位，占所有德意志议员 2/3 的
/ 372 席位。他们并不宣传分裂苏台德地区，使其归入德国，而是争取尽
可能的自治。多于 1/3 的布拉格议会议员来自从各种理由出发试图
否定捷克斯洛伐克国家的各个党派，或者希望在民族自治权的意义

上重新组织这个国家的各个团体：44名德意志族的自治主义者、22名斯洛伐克族的自治主义者和9名匈牙利民族主义者、6名捷克法西斯党人，该政党的首领是当年的总参谋长拉多拉·盖达（Radola Gajda），还有30名共产党人。共产党自1929年的领导人克莱门特·哥特瓦尔德（Klement Gottwald）公开宣称是斯大林的追随者，他从1946年到1948年任总理，1948年到1953年任国家总统。1934年他逃到苏联才得以逃过牢狱之灾。右翼和左翼反对党的壮大是危机出现的信号，但它并没有威胁到议会多数派政府的组建。1935年后，“积极的”德意志党派在布拉格内阁中仍担任两个部长职务。

外交上，捷克斯洛伐克主要依赖法国。1924年1月，捷克斯洛伐克和法国签订常规联盟协议。在“小协约国”内，即1920~1921年捷克斯洛伐克、南斯拉夫、罗马尼亚签订的协约系统内，布拉格承担的角色是“同僚中的首席”。特别是1929年后，在政治上、军事上和经济上深入合作的年代。1933年2月还建立了相关组织，设立外长常任理事会、常任秘书处和一个共同的经济理事会。但是捷克斯洛伐克和力图修改战后秩序的匈牙利关系比较紧张，和波兰的关系稍有缓和——两个国家之间就切申地区归属问题有争执，1925年4月的双边协议只是在表面上暂时搁置了这个问题。

根据《凡尔赛条约》，德意志帝国必须将赫卢钦区（Hultschiner Ländchen）割让给捷克斯洛伐克，捷克斯洛伐克在魏玛共和国时代和德意志帝国保持着正常或者总的来说较好的关系。1933年1月，纳粹接管政权后，双边关系自然而然迅速恶化。德国咄咄逼人的威胁导致捷克斯洛伐克向苏联靠拢。1934年6月布拉格和苏联建立外交关系。1935年5月，两国签订互助协议，当然附加条件是法国同时给予军事援助。

1935年12月，85岁的马萨里克卸下国家总统职务，贝奈斯成为他的继任者，和5年前相比，此时捷克斯洛伐克的内外局势更加不稳定。但和其他中东欧和东南欧的新生国家相比，捷克斯洛伐克依然是民主稳定的庇护所。向独裁体制过渡的浪潮席卷了所有“欧洲中部诸国”，甚至一段时间也影响了芬兰，但它在这个高度发达的新生国家，在一边是社民党，另一边是资产阶级和农民势力的务实合作这种已经形成的政治文化面前被击得粉碎。这个结论犹如一盏聚光灯，突出了社会的落后与专制危机的解决之间的密切联系。[18]

转向独裁（二）：从巴尔干到伊比利亚半岛

在两次大战期间，不仅大多数“欧洲中部诸国”的新生国家经历了向极权国家的过渡，而且某些在1914年前就存在的国家，例如东正教的、未受西方影响的巴尔干国家（伊斯兰占主导的阿尔巴尼亚是例外）也受到影响。这些国家大约在19世纪，或者在20世纪初（如阿尔巴尼亚）已经获得独立，伊比利亚半岛的两个国家也无一例外，它们是信仰天主教的传统西方国家。

罗马尼亚是“小协约国”捷克斯洛伐克的盟友，从严格的地缘意义上讲，它并不属于巴尔干地区。尽管它在反抗中欧列强的斗争中失败，但在两次世界大战期间更加强大。1918年4月签署羞辱性的《布加勒斯特和约》前不久，它还兼并了比萨拉比亚。由于西方列强协约国的胜利，罗马尼亚不久后得到当年匈牙利的大片土地，包括特兰西瓦尼亚。和塞尔维亚激烈较量后，获得2/3的巴纳特。/ 374 因此，新的大罗马尼亚国人口数量扩大到1600万，成了一个多民族国家。根据战前的人口普查，只有2/3的居民是罗马尼亚民族，最大的少数民族是马扎尔族，占少数民族人口的12%左右。1930年人口普查时，由于非罗马尼亚民族的外迁，以国家命名的民族权重增大：此时居民中的罗马尼亚民族占72%，马扎尔少数民族占近8%，德意志民族大约4%。马扎尔人希望并入匈牙利，多布罗加的保加利亚人希望和保加利亚统一，他们都质疑这个新生的国家，但是特兰西瓦尼亚的德意志人并没有提出这个问题，他们觉得自己是罗马尼亚的忠诚公民。

1866年颁布的宪法一直沿用到1923年，按照这部国家基本法，罗马尼亚是一个君主立宪制国家。1923年3月29日新宪法生效，国体依然照旧。根据两部宪法举行的选举，几乎总是国王任命的首相所属的政党获胜。尽管罗马尼亚的文盲程度很高，但自1923年以来，年满 21 岁的男性公民都享有选举权（义务选举制）。1925 年 3 月 27 日的选举法规定，得到至少 40% 有效选票的那个政党将自动得到70% 的席位。各届政府对选举结果的影响基本上是不可估量的，因此“议会民主”的概念在二次大战期间的罗马尼亚根本无从提起。

1927 年 7 月 20 日，霍亨索伦 - 西格马林根家族的国王斐迪南一世在位 13 年后去世。王储卡罗尔（Carol）因与其犹太情人海伦·卢佩斯库（Helene Lupescu）的婚外恋而被迫放弃皇位，他的弟弟、当年仅 5 岁的王子米哈伊（Michael）继位。因此摄政委员会是国家领导。1930 年 6 月，在卡罗尔暂时断绝了和卢佩斯库女士的关系之后，国民议会还是宣布他为卡罗尔国王二世。

/ 375 最大的内政问题是农业问题，这个问题在所谓的“老王国”中甚为急迫。5% 的地主占有 60% 的土地。多项法规出台，包括不同地区采用不同规则，土地再分配进程，剥夺大地主的财产，基本上根除了大地主，改革有利于中小农户。但是结果仍不令人满意。85% 的农民经营不到 5 公顷的农业用地，大多数农户只能保证自给自足，只有极少数农户的产品能够出口。因此 1918 年到 1921 年相应的法律生效后，农产品出口大幅下降。

1928 年 5 月的选举，官方没有参与操纵，这次实属例外。尤柳·马纽（Iuliu Maniu）领导的民族农民党获胜。由于新首相尤柳·马纽在严重的农业危机面前束手无策，不久农民对他的好感度就大打折扣。卡罗尔二世登基后，马纽实际上被剥夺了权力，并于 1930 年 10 月下台。1931 年 6 月的选举，如同 1928 年以前的大多数选举一样受到上面的操纵，民族农民党惨败。

1932 年 10 月，马纽再次短暂地登上首相宝座。1933 年受严重的金融危机影响，民族农民党领导的政府更迭。1933 年 11 月，国王任命民族自由党主席杨·杜卡（Ion Duca）为政府首脑。6 周后的 12 月 29 日，杜卡被“铁卫队”分子，一个坚定反犹的极右武装联盟谋杀。他并不是这个罗马尼亚法西斯组织手下的第一个牺牲品。这个组织的徽章是蓝黄红的飘带，上面有一个卍标志。该组织的创立者和领袖叫科尔内留·泽莱亚·科德雷亚努（Corneliu Zelea Codreanu），他的父亲是波兰人，母亲是德国人。在1924年10月，他枪杀了地方警察行政长官康斯坦丁·曼丘（Constantin Manciu）。科德雷亚努没有因他的行为而受到处罚。审判他的法官明确表示自己和他观点一致，宣布他无罪。 / 376

杜卡的继任者是乔治乌·塔塔莱斯库（Gheorgiu Tatarescu），他一直坚持到1937年，那时金融和经济局势都处于相对平稳的阶段。最初名叫“圣迈克尔军团”的“铁卫队”被禁止，但它摇身一变，以“一切为了国家”的名义继续活动，并在1937年12月的选举中得到16%的选票。这次选举没有任何一家政党拥有40%以上的选票，也就是没有取得相对多数的选票，卡罗尔国王认为自己有权按照自己的判断任命一位总理。他选择了诗人和坚定的反犹人士，基督教民族党主席奥克塔维安·戈加（Octavian Goga），这个政党得到9%的选票。由于他无法取得议会多数，国王随之解散了议会。如同1929年南斯拉夫的亚历山大一世，国王在1938年2月建立了布加勒斯特式的皇家专政。废除宪法、禁止组建党派、任命大主教迈伦·克里斯蒂亚（Myron Cristea）组建一个极权的内阁。受操纵的公民的投票为君主自上而下的政变披上了合法的外衣：1938年2月27日，新宪法为独裁政府提供了合法的框架。无数恐怖行动的策划者——非法铁卫队受到追捕，其领袖科德雷亚努被捕。并在1938年11月底，依照国王宣布的命令“在逃亡的路上被枪杀”。第二年，铁卫队最坚定的死对头、内政部部长阿尔芒·卡林内斯库（Armand Calinescu）被科德雷亚努的追随者暗杀。

在外交上，1921年罗马尼亚和捷克斯洛伐克、南斯拉夫结为“小协约国”，另外也和波兰结盟。1926年和法国及意大利结盟，并签订友好协议，和波兰也签署友好协议。纳粹专政登台后，罗马尼亚和德国的关系也有所改善。“第三帝国”非常重视从罗马尼亚进口农产品和石油，同时德国也想通过将产品出口到东南欧，包括出口到罗马尼亚，而令其在工业方面依赖德国。

/ 377 加强德国和罗马尼亚在经济领域的合作的同时，为了保持某种平衡，卡罗尔二世也寻求强化与法国的政治联盟。遵循这一方针，1934 年 2 月，塔塔莱斯库政府与土耳其、希腊和南斯拉夫缔结了《巴尔干公约》。同一年，在苏联承认了罗马尼亚对比萨拉比亚的主权后，布加勒斯特和苏联建立了外交关系，1935 年 5 月和捷克斯洛伐克签署了互助条约，但并没有和莫斯科缔结互助条约：因为担心这会太触动纳粹德国的神经，也担心会粗暴地无视广大居民中反共产主义的情绪。极端的反犹右翼虽然表面上受制于国王独裁而有所收敛，但它依然是一支强大的社会势力和政治势力，在学生、小资产者和农民中有大量的追随者。

罗马尼亚的南边邻国保加利亚也是巴尔干国家，地缘上属于巴尔干半岛，文化上深受东正教和数百年来奥斯曼统治的影响。它不同于希腊、阿尔巴尼亚，和南斯拉夫也有些不同，不关心地中海世界的问题。如同所有巴尔干国家一样，农业国保加利亚经济落后，文盲程度高。在民族问题上，马其顿问题最严峻。恐怖组织“内部马其顿革命组织”的地下活动重创了与南斯拉夫的关系，这些我们前面已经提到。1920 年，480 万居民中的 83.4% 是保加利亚民族。最大的少数民族是土耳其族，占 11%。1919 年 11 月，《纳伊条约》规定保加利亚需与希腊交换居民，第二年开始实施。最令保加利亚痛心疾首的是，绝大部分保加利亚人居住的多布罗加南部割让给了罗马尼亚，这是《纳伊条约》为 1913 年第二次巴尔干战争做出的结论。

/ 378 1918 年后如同之前一样，根据 1879 年延续下来的宪法，保加利亚王国是一个立宪君主制国家。1918 年到 1934 年国家的元首是萨克森 - 科堡 - 哥达家族的国王鲍里斯三世（Boris Ⅲ）。年满 21 岁拥有公民权的男性都有选举权。因为 1920 年左右，大约五分之四的居民生活在乡村，所以在政治生活中，农民运动起着重要作用。和罗马尼亚不同，共产党在保加利亚赢得很大一部分农业人口的支持。1919 年 8 月选举后，鲍里斯国王任命地方农民党领袖亚历山大·斯塔姆博利伊斯基（Alexander Stambolijski）为联合政府首脑，该政府得到社民党的支持，最严厉的反对党是共产党，他们在 1919 年的地方选举中大获成功，不久后组织了一场运输工人大罢工，对国家经济生活的不良影响一直延续到 1920 年 2 月。

1920 年 5 月后，斯塔姆博利伊斯基第二任内阁由农民党单独执政。新政府的第一批立法措施包括实行普遍劳动义务，即男性劳动一年，女性劳动半年。1920 年 6 月时这还是一个创举，13 年后被德国纳粹采用，取名帝国国家劳动服务制。最有争议的是 1921 年 5 月的农业改革。凡是超过 30 公顷的私有土地都被没收。斯塔姆博利伊斯基的政策带有强烈的反城市化倾向，在城市中反对声浪越来越大。首相的反对者包括大部分军官。其中部分军官在国王同意下，于 1923 年 6 月推翻斯塔姆博利伊斯基政府。这位政府首脑力主和塞尔维亚、克罗地亚以及斯洛文尼亚王国合作，6 月 14 日他被“内部革命组织”的法西斯成员暗杀。之后，一位无党派人士，索非亚大学国民经济学教授亚历山大·赞考夫（Alexander Zankoff）出任政府首脑。

继军官的政变后，1923 年 9 月共产党发动起义，领导人是党主席格奥尔基·季米特洛夫（Georgi Dimitroff），以及被共产国际派回家乡的保加利亚秘书长瓦西里·科拉罗夫（Vasil Kolaroff）。起义在几天后就被血腥镇压。季米特洛夫、科拉罗夫和几位参加起义的农民党领袖逃到国外。在 1923 年 11 月的大选中，获胜者是一个半官方的政府政党，即民主统一党及与他们合作的社民党。直到1931年，民主统一党一直执政，这极大地保证了身处“巴尔干局势”中保加利亚内政的稳定。

但是这个东南欧国家并没有躲过严重的干扰。共产党发起攻击，1924年在数次骚乱后该党被禁止，但共产党仍从事地下活动。政治暗杀活动不断，1925年4月16日达到高潮：索菲亚大教堂遭到炸弹恐袭，恐怖袭击主要针对聚集在那里的部长、军官和国王。鲍里斯和政府成员躲过了这次针对他们的暗杀活动，与死亡的命运擦肩而过，但此次事件造成上百人死亡，索非亚市长与诸多将军丧命，300多人受伤。此后半年保加利亚处于紧急状态。这次暗杀活动令共产党受欢迎程度大大降低，农民党也远离了极左党派。大约两年后，一个独立的工人政党诞生，取代了共产党，后来该工人党也积极参加议会选举。

1931年的选举，尽管政府施加了影响，但以农民党为首的、结为民族联盟的在野党获胜。由于民族联盟内部争吵过于严重，致使1934年5月尼古拉·穆沙诺夫（Nikola Mušanoff）任首相的政府失去了多数。国王鲍里斯解散了议会，一个由反议会倾向的军官、知识分子和农民党政治家组成的名为“环节派”的联盟，利用这个机会在1934年5月19日发动政变。新政府由基蒙·格奥尔吉耶夫（Kimon Georgiew）上校任首脑，开启紧急状态，取缔1879年宪法的部分内容，大力落实节约措施。6月宣布党禁，并禁止成立政治联盟。他在粉碎“内部革命组织”上花费了最大的力气，“内部革命组织”的领袖伊万·米哈伊洛夫（Ivan Mihajloff）和他的盟友逃
/ 380 到国外，但他们在那里还力图东山再起。1934年8月31日借助一项紧急令，这个左翼武装组织才被彻底地镇压下去。

正如民族联盟政府一样，这个军官政府内部同样争吵得分崩离析。铁杆保皇派和坚定的共和派各执己见。鲍里斯国王对1934年

5 月的政变与其说是支持不如说是接受，1935 年 1 月他开始参与干涉，解除了基蒙·格奥尔吉耶夫首相的职位。其后继者频繁更换，不得不一再改组内阁。1937 年 10 月，鲍里斯国王颁布一项新选举法，缩小了议会，允许妇女有选举权，只允许个人候选人参选，不再允许政党或政治团体参选。1938 年 3 月的选举中投票相对自由，选举结果是亲政府的候选人得到相对多数选票，共获得 104 个席位，反对派候选人得到 56 个席位。1935 年建立的鲍里斯三世专制政权，和南斯拉夫的亚历山大一世和罗马尼亚卡罗尔二世相比，它是东南欧在两次世界大战期间最自由的国王专制。

政变的军官称国家严峻的政局是 1934 年 5 月发动政变的原因之一。他们这里指的是由于土耳其、希腊、南斯拉夫和罗马尼亚在 1934 年 2 月缔结巴尔干协议，令保加利亚在政治上处于孤立地位。该协议孤立保加利亚的倾向的确不可忽视。鲍里斯国王最希望和南斯拉夫达成和解。1937 年 1 月，经过多轮艰难的谈判后，他和邻国缔结了友好协议以及互不攻击协议，这也是他很久以来一直极力争取的结果。国王与巴尔干协议国达成互不攻击协议，于 1938 年 7 月在塞萨洛尼基签署，这使保加利亚不再受《纳伊条约》的裁军约束，并得以让保加利亚将军队驻扎在希腊边境的非军事区。

和罗马尼亚类似，保加利亚在 30 年代和德国扩大贸易往来。德国一向是保加利亚农产品最重要的购买方，保加利亚从德国进口大量工业产品。但是鲍里斯国王一再避免和第三帝国建立更紧密的外交关系。第二次世界大战开始后，他依然成功地坚持了这一方针。

在两次世界大战期间，没有一个巴尔干国家像希腊这样，经历了如此之多的武装政变和政变尝试。在与土耳其的战争中失败后，希腊在 1922 年秋初发生革命暴乱，1910 年到 1915 年和 1917 年到 1920 年任首相的埃莱夫塞里奥斯·韦尼泽洛斯（Eleftherios Venizelos）的追随者再次上台。国王康斯坦丁一世（Konstantin Ⅰ）

1922年9月22日被迫让位给他的儿子乔治二世（Georg Ⅱ），韦尼泽洛斯的军官政权之所以进入希腊的编年史，是因为他们公开审判被推翻的政府中5位重要政治家，以及希腊驻小亚细亚军队的最后一任最高指挥官：尽管他们没有刑事犯罪，被告还是被判处死刑，并不顾国际上的抗议，于1922年执行。这一司法谋杀激化了韦尼泽洛斯派与其反对派无法调和的矛盾，这一矛盾也影响了之后二十年。

1923年10月部分军队发动政变，诱因是不利于韦尼泽洛斯对手的一项选举法，政变几天后失败。1923年12月的制宪国民议会选举中，韦尼泽洛斯的反对派没有参加竞选。自由党和共和党联盟选举获胜，乔治二世被迫退位。1924年3月，立宪会议宣布成立共和国，4月份的公投确认了这一决定。其实自1863年的自由宪法以来，议会民主制就已经实行了，在后来几年，甚至在1924年和1926年的经济腾飞年代，它并没有给希腊带来稳定。1925年6月底，塞奥佐罗斯·潘加洛斯（Theodoras Pangalos）将军发动政变。他一反初期的承诺，也就是向执政的社民共和联盟的政治家亚历山德罗·帕潘纳斯塔索（Alexandros Papanastasiou）做出的承诺。9月他解散国民议会，并未宣布举行新大选，1926年4月他当选共和国总统。

在潘加洛斯将军独裁期，发生了一次严重的外交危机。由于一个偶然的边境突发事件，希腊占领了靠近边境的保加利亚非军事区。国际联盟强迫希腊在1925年10月撤军，并答应给予经济补偿。希腊的经济和金融局势在潘加洛斯统治期间迅速恶化。这也是1926年8月乔治·康迪利斯（Georgios Kondilis）将军推翻该政权的原因之一。同年11月大选，共和党获胜。1927年6月2日，新宪法生效，也是1925年以来的第三部宪法。宪法规定建立两院制，一个是有立法权的众议院，另外一个是参议院，参议院大部分成员是直接选举产生的，小部分成员是由众议院和参议院指定的。

1928年5月，韦尼泽洛斯再次掌权，因为共和党与温和保皇党的大联合政府因经济和金融政治问题争吵不休而破裂。此后4年希腊相对稳定，其中的法律保障包括最高行政法院的建立，希腊和意大利、南斯拉夫以及土耳其友好协议的签订。但是内政的紧张局势并没有缓和，在世界经济危机影响下，希腊货币德拉克马丧失了3/4的价值。韦尼泽洛斯想仿照1930年以来的德国总统内阁，强化执行机构，但没有付诸实施，这些举措很可能会给1932年议会大选的权力更迭造成困难。

这次选举获胜者是帕纳基斯·查尔达里斯（Panajotis Tsaldaris）领导的保皇派人民党，这个政党和几个较小的共和党组成政府。这个多数派政府的问题很棘手，以至于总统克陶里奥德斯（Kounthouriothes）在5个月后就解散了议会，宣布举行新选举。这次选举定于1933年3月5日，采取新实施的多数选举法。人民党和两个较小的右翼政党在这次选举中获得绝对多数，这也是韦尼泽洛斯派的将军尼可拉斯·普拉斯蒂拉斯（Nikolaos Plastiras）第二天发动政变的动因。但是这次政变在军官团中只得到微弱支持，因此失败。查尔达里斯新政府时代，韦尼泽洛斯派和反韦尼泽洛斯派的矛盾更加尖锐。1935年3月，韦尼泽洛斯一派的追随者再一次发动政变，但是因为缺少大众支持、加之军事准备不足，政变失败。韦尼泽洛斯逃亡国外，1936年3月在巴黎离世。

韦尼泽洛斯派的政变尝试，鼓舞了政府阵营中反议会和反共和的势力。温和的保皇派虽然赢得1935年6月的议会选举，但10月查尔达里斯被极端保皇派军官逼迫下台。他的继任者是乔治·康迪利斯将军，康迪利斯也兼任摄政王。保皇人民党的温和派多数撤出众议院后，他们主张复辟王国，重启1911年宪法。1935年11月，受操纵的全民投票结果是98%多数人同意复辟君主制，建立乔治二世王国。

1936 年 1 月的议会选举比较自由，结果是韦尼泽洛斯派和反韦尼泽洛斯派几乎势均力敌，此时共产党 15 名议员的作用举足轻重。因为军队不接受依赖于共产党的政府，乔治 1936 年 3 月任命自由主义党领袖扬尼斯·梅塔克萨斯（Ioannis Metaxas）将军为军事大臣，目的是重建军队纪律。梅塔克萨斯 1935 年 11 月 25 日刚从流亡中回到希腊，温和派和超党派内阁首相德米列切斯（Demertzis）4 月份去世后，梅塔克萨斯接任政府首脑一职。

梅塔克萨斯从一开始就下定决心要和议会制果断决裂。他动用警察，采用极端严酷的办法镇压罢工，1936 年 8 月，他借政变建立独裁专制，在很多方面仿效法西斯意大利。禁止政党，审查报纸和刊物，清洗工会、协会和大学的反对党势力。新设立的国家安全局，

依靠诸多间谍的帮助，以前所未有的残酷手段迫害政敌。准军事组织，包括有组织的国家青年团，统一的服装和国家意识形态的极端民粹化，这一切都在配合这个右翼专制体制，其坚实的核心是步调一致的军队。尽管非常鼓励模仿法西斯的权力结构和统治方法，但梅塔克萨斯仍非常重视在外交上不依赖罗马和柏林，与西方国家保持良好关系。

1922 年到 1936 年，希腊发生政变之频繁，令人联想到拉丁美洲的共和国。当然造成议会体制不稳和专制极权盛行的更深层原因是东正教会持有的反动态度。1927 年宪法在第一章中特别明确了其主导宗教的特权地位。东正教会的影响和人民受教育程度水平低下有关。1928 年，大约 23% 的男性和 58% 的女性既不识字也不会写字。1920 年到 1928 年，从事农业、林业和渔业劳动的人口从 58% 增加到 61%：诸多农业微小企业根本没有盈利，阻碍着经济发展。只有几个家族可发号施令，而他们主要服务于他们各自客户的利益。

梅塔克萨斯将军的政权虽然给希腊人民带来一些社会保障，例如最低工资制、缩减工时和社会保险，但是不能称这个统治为现代

化的专制：1936 年后，希腊社会依旧非常落后，政治文化被相互仇恨的阵营、政治化的军队和广泛的腐败所左右。

在希腊发生的一切，在阿尔巴尔尼亚更是有过之而无不及。两次世界大战期间，这个国家的政治发展反映出其社会的落后。甚至到 1945 年，居民的文盲比例仍为 80%。1918 年左右，阿尔巴尼亚基本上是一个纯粹的农业国，也是欧洲唯一的伊斯兰占主导的国家。大约 70% 的居民是穆斯林，20% 是东正教徒，10% 是天主教的基督徒。上层社会由伊斯兰大地主组成。统治势力来源于这个阶层。大多数居民至少形式上是自由农民和牧羊人，他们在经济上依附于大地主家族。1920 年被定为首都的地拉那，当时生活着 1.5 万人，整个国家不到 100 万人。1912 年阿尔巴尼亚在第一次巴尔干战争后获得独立。在第一次世界大战中，它的南部被希腊、意大利和法国军队占领，北部先是被塞尔维亚军队，继而被奥匈军队占领。撤军后，部分领土又被南斯拉夫军队占领。

阿尔巴尼亚的边境在 1918 年后不断受到威胁。威胁主要来自希腊和新成立的塞尔维亚、克罗地亚和斯洛文尼亚王国以及意大利。意大利视阿尔巴尼亚为其保护领地，并以占领发罗拉（Valona）相要挟。1920 年夏季经过激烈战斗意大利才撤出这个阵地。1920 年 8 月 2 日，罗马承认阿尔巴尼亚的完整和独立，保证从阿尔巴尼亚本土撤军。除了几个边境地区仍受到希腊和南斯拉夫联盟的占领外，阿尔巴尼亚基本得到解放。1920 年 12 月，国际联盟接受它为正式成员国。

在几个月之前，阿尔巴尼亚政府先是由苏莱曼·贝伊·德尔维纳（Suleyman Bey Delvina）领导，11 月后由埃利亚斯·贝伊·弗里奥尼（Elias Bey Vrioni）领导，在地拉那建立首都，并在全国实行专制统治。1921 年 4 月，根据同等的但是间接选举法选举出议会。主要由两大政党组成，一个是大地主占多数的进步政党，另外一个是更左倾一点的人民党。为了抵御米帝塔（Mirditen）天主教部落的起义，新政府在10月成立了，由潘德尔·埃万格力（Pandel Evangheli）任首脑。该政府中主要权力人物是战争部部长艾哈迈德·贝伊·索古（Ahmed Bey Zogu），他迅速有力地平定了叛乱。1921年12月后，他在查弗·伊皮（Dscharfer Ypi）内阁中担任内政部长。在新内阁任内政部长期间，1922年春季他又一次平定了反对他的暴动。12月他接任总理一职。1922年9月协约国大使联席会议的决议确立了阿尔巴尼亚的边境：基本上承认1913年时的边境，南斯拉夫王国和希腊必须从阿尔巴尼亚领土撤军。

政治谋杀属于这个国家的政治文化，源于互相竞争的家族成员之间血缘复仇的传统。1924年2月索古遇刺受伤，紧跟着4月索古策划了对议员阿文尼·吕斯泰姆（Avni Rustem）的暗杀，被害人身亡。这次谋杀引发了新一轮的全国性起义。最后起义者进驻首都，强迫已经退位的总理索古逃往邻国塞尔维亚、克罗地亚和斯洛文尼亚王国。索古在邻国领导一支南斯拉夫武装部队，于1924年12月夺回地拉那政权。1925年1月，他让议会选举他为总理和阿尔巴尼亚军队的最高指挥。1月22日，议会宣布成立共和国。这样就暂时解决了曾经悬而未决的国家政体问题。1月31日，索古被选为可执政7年的总统，他颁布了一个赋予国家首脑非常广泛权限的宪法。

为期14年的索古个人专制时代从此开启了。除了坚定的民族主义外，政治谋杀也是它的标志之一。经济上，总统试图通过颁发给意大利和英属伊朗石油公司的开采权来加强国力。外交上，为了不过于依赖南斯拉夫邻国，他更靠近意大利。1926年和1927年，双方缔结两份地拉那条约。后一个协议规定，若受到第三势力进攻，协议双方有义务出面保护对方。由于索古创立的阿尔巴尼亚民兵军力很弱，这个协议实际上意味着意大利要承担起保护亚得里亚海东岸的这个国家的单边防卫义务。

1928 年夏季，索古解散了议会两院，选出一个制宪会议，修改 / 387
了 1925 年的宪法，令索古得以在 1928 年 9 月 1 日就任阿尔巴尼亚国王。1928 年 12 月 1 日的新宪法称阿尔巴尼亚是一个“民主的、议会制和世袭制王国”。如同凯末尔的土耳其一样，这个王国借鉴了其他国家的法律文本，包括法国的民法和法西斯意大利的刑法。阿尔巴尼亚以法国为榜样，按照中央集权管理的原则布局行政管理。1930 年开始的农业改革，在书面上比实际执行的更为极端。允许每个人占有的私有土地不得超过 40 公顷，配偶可得到 15 公顷，每个孩子也是如此。最初大地主只要将其 1/3 的土地卖给国家农业银行即可，如果他们进行现代化改革，他们就可以继续持有其他土地，期限为 15 年。

世界经济危机期间，阿尔巴尼亚越来越依赖意大利的贷款。为了确保更多国债的安全性，墨索里尼希望建立的关税联盟虽然没有能够实施（1934 年 6 月驻扎在杜拉佐的一次海军抗议），但是这些条件，深深地干涉了阿尔巴尼亚主权。1935 年后，这个国家在经济上沦为法西斯意大利的保护国。而阿尔巴尼亚在政治上的屈服，还需要其他国际框架条件。而第二次世界大战前夜的欧洲危机就促成了这些条件的形成。

如果说在 20 世纪第一个 1/4 世纪中有哪个西方国家的局势类似于巴尔干局势，那么这个国家就是葡萄牙。1910 年的革命，葡萄牙实现了君主制到共和国的过渡。但葡萄牙并没有因此稳定。政府更换的频繁程度，没有任何一个欧洲国家可以与其相提并论。起义或者革命、国家政变和爆炸袭击如此频繁，以至于在国外几乎不再引起关注。1915 年 1 月，约阿金·佩雷拉·皮门托·德·卡斯特罗（Joaquim Pereira Pimento de Castro）将军在这个国家建立了第一个专政体制。但为时不长。1915 年 4 月，革命推翻了这个政府，部 / 388
分军队和海军都参加了这一行动。

第一次世界大战中，葡萄牙尽管和大不列颠历来关系密切，但开始时仍保持中立。1916 年，它加入协约国一边参战，派遣大约 10 万名士兵前往佛兰德和非洲殖民地。战争令 3.5 万人伤亡。1917 年夏季以来的食品紧缺导致暴乱、无政府工团主义者的罢工频发。民主党组建的政府宣布延长紧急状态，但是仍无法重建秩序。由于普遍的不满，一些军官和市民密谋并于 1917 年 12 月发动国家政变，这个造反团体的领导人是科英布拉（Coimbra）大学数学教授、前任驻柏林大使西多尼奥·拜斯（Sidónio Paes），由此他登上权力巅峰。

拜斯推行男性普选权，并被推选为总统。他成立了自己的民族共和党，建立了某种民选总统专制，压制竞争党派和工会，也因此得到天主教教会、企业主、大地主和军队的支持。1918 年 12 月，拜斯遇刺，第一次侥幸躲过，但是第二次被一颗子弹击中身亡。

拜斯的专制统治时间很短，但是其影响深远，它是两次世界大战期间法西斯政权的一个雏形。葡萄牙“卢西塔尼亚原教旨主义”和其主要理论家安东尼奥·萨尔迪尼亚（António Sardinha）是这一路线的开拓者，它以查尔斯·莫拉斯（Charles Maurras）和法国行动为榜样。恢复 1911 年宪法后，“民族十字军”也积极推行这一方针，这个极端右翼组织试图推翻议会民主制，用专制政权取而代之。除了原教旨主义和民族派外，保皇党也反对现行体制。他们尝试多次政变，共和派呼吁民众拿起武器对付他们。1921 年 10 月 19 日的“血腥之夜”，内政骚乱升级为谋杀行动。

/ 389

面对政治的混乱局面，有产阶级，也就是大地主和天主教会，越来越认为军队是唯一维持秩序的可靠势力。1925 年 4 月，认同这一观点的部分军队发动政变，但受到某些军团和共和国民卫队的抵抗而失败。1926 年 5 月，军队再次发动政变，这一次取得成功。民主党派政府被推翻。1926 年 7 月，安东尼奥·卡尔莫纳将军

(Antonio Carmona) 取代了不善从政的起义领袖戈麦斯 · 达 · 科斯塔将军 (Gomes da Costa), 建立了军事专制。1928 年 4 月, 他经策划被推选为总统, 直到 1951 年去世, 他一直担任总统。

这个新政权遇到的最大挑战是整合财政。1928 年 4 月, 这个任务交给了科英布拉大学的教授奥利维拉 · 萨拉查 (Oliveira Salazar), 他推行的严格维稳政策取得成功, 并迅速成为政府"强人"。1932 年他正式任职国家总理, 直到 1968 年 9 月离职, 他在这个职位上一共干了 36 年。

1933 年 3 月 19 日的新宪法形式上规定葡萄牙为总统制政权。总理只对总统负责。而实际上, 总理萨拉查是执政强人。国民议会议员是根据一个分级制的, 也就是不对等的选举法选出。上议院, 即等级代表机构根据职业划分, 雇主和雇员各自有代表。1933 年 9 月的一个劳工章程禁止罢工和停业。同样也是在 1933 年, 新闻审查和限制集会自由的法令被颁布了。得益于这二者的助力, 选举的结果总是偏向政府。萨拉查建立的"新状态"如同奥地利法西斯主义一样, 紧紧依赖天主教等级国家的理想, 即教宗庇护十一世 1931 在"四十年"通谕中提出的理想。"宗教法西斯主义"的提法比较接近实际情况, 但也不能完全这么说, 原因是国家和教会仍是分离的。由于没有承认教会的法人地位, 国家和教会经常发生冲突。直到 1940 年, 一纸协议才平息了这些争执。

1930 年成立的国家政党"全国联盟"(União Nacional), 6 年 / 390
后成立的准军事民兵组织葡萄牙军团 (Legião Portuguesa) 以及同样于 1936 年成立的国家青年团 (Mocidade Portuguesa), 应该主要负责赢得大众支持。然而国家政党的作用只是服务和支持政府。与其他发达的法西斯 (或共产党) 政权不同, 它不是一个独立的权力因素。恐吓和压迫所有反对党势力的任务, 由 1933 年成立的秘密国家警察监视和防御警察局 (Policia de Vigilância e de Defesa do

Estado）承担，这个机构在1945年后更名为国际和国防警察局，含特种法院、专门的监狱和一大批间谍使用的工具。其国家理念就是神秘的民族主义，其核心是推崇葡萄牙和葡萄牙殖民帝国的天主教使命。

葡萄牙在“新状态”时代依旧是一个农业国。1940年工业就业人数只占从业人口的五分之一。经济政策的目标是达到普遍的自给自足，这样无意识地加剧了经济发展的停滞。文盲人数在1911年大约占总人口的70%，后逐步减少。这个“新生国家”远远提不上是一个现代化的专制体制，当然也没有专制体制所需要的典型的意识形态动力。萨拉查主义对外采取防御态度。专制制度得到认可不仅是镇压和宣传的结果，也是从1926年以前混乱状态中吸取教训的结果，更是这个国家社会落后的一个结果，而反动的伊比利亚天主教对社会落后负有大部分责任。

和葡萄牙不一样，在第一次世界大战中西班牙一直保持中立，甚至在1917年德国潜水艇在无限制潜水艇战争中击沉西班牙商船后仍未有所动摇。在同一年，皇家寡头体制受到多重威胁。根据1812

/ 391

年的军队向社会开放的国会宪法，市民军官在军队中的意见很有分量。1916年他们组成国防委员会，严厉抨击贵族大地主、政府和议会体制。1917年8月，他们要求国王阿方索十三世（Alfons XIII），和他们以及所有愿意改革的势力一道，推翻现行政权。他们认为这届政权是造成低廉的薪酬、内政混乱和腐败丛生的祸首。国王拒绝参与政变，但是国防委员会继续存在，依然对立宪制度构成威胁。

另外一个挑战来自议会派，弗朗塞斯·坎博（Francesc Cambó）、共和党人亚历杭德罗·勒洛克斯（Alejandro Lerroux），以及社会党人巴勃罗·伊格莱西亚斯（Pablo Iglesias）领导的加泰罗尼亚地区联盟。如果反对党议员和国防委员会结成联盟，也许能起到某些作用，但是后者过于谨慎，不愿和加泰罗尼亚地方主义者、共和党人和社会党人有任何瓜葛。

真正危险的是1917年夏季的局势：对战后经济繁荣的获益者，对原料、农产品和工业产品出口商的社会抗议开始激化。1917年8月，铁路工人和港口工人的罢工，在社会党人拉哥·卡瓦列罗（Largo Caballero）和胡里安·贝斯特罗（Julián Besteiro）领导下，发展为一个无限期的总罢工。保守党人爱德华多·达托·爱·伊拉迪尔（Eduardo Dato e Iradier）任首相的政府下了包围令，并借助军队力量，在几天之内镇压了抗争的工人。在巴塞罗那和阿斯图里亚斯（asturis）矿区的警察和军队特别残暴，年轻的少校佛朗哥因其对罢工者的坚定态度一时声名鹊起。无产阶级起义之所以失败，其中一个原因是他们在议会和军队的改革派中没有找到盟友：因为这些议会和军队中的改革派都不想和进行阶级斗争的社会主义者携手共事。

1918年2月选举新的议会。如同以前一样，这个选举受到地方“酋长”的左右和操纵。一个月后，保守党和自由党的大联合政府成立。安东尼奥·毛拉－蒙塔内尔（Antonio Maura y Montana）出任政府首脑。由于两党之间不可逾越的矛盾，该政府只维持了8个月。之后是几任短命的内阁。它们遇到的挑战有，1919年春季安达卢西亚农场工人罢工，工人们首次喊出了布尔什维克的口号，如列宁万岁、苏维埃万岁，并提出土地归集体。在达托（Dato）最后一任内阁期间，骚乱一直不断。他1920年上台，为了控制无政府主义局面，不仅借助公民警卫队，还展开了社会福利攻势，包括建立劳工部以及实行社会保险制。然而达托未说服激进左翼，1921年3月8日，他在马德里被一个加泰罗尼亚的无政府主义分子谋杀身亡。 / 392

1919年到1921年，西班牙数次濒临内战边缘。在巴塞罗那，企业家雇用的“枪手”和武装的无政府工团主义者之间的冲突不断，在安达卢西亚发生无数次抢占土地事件。同时俄国布尔什维克的影响也在扩大。社会党的工会组织西班牙总工会和西班牙工人社会党都因多数人反对而拒绝参加第三国际，但是无法阻止马克思主义工人运动的产生。1920 年 4 月，第一个共产党诞生了，一年后第二个共产党诞生。1922 年 3 月，两家共产党合并为西班牙共产党。无政府主义工团的全国劳工联合会（Confederación Nacional de Trabajo，CNT）虽然认同农业共产主义，但是并不认为俄国十月革命是榜样，拒绝参加第三国际和国际红色工会。

在西班牙属摩洛哥，自 1909 年以来殖民战争持续不断，在一战中也没有停止，1921 年西班牙军队全线遭受惨败。这一年的 7 月，阿卜杜勒 - 卡里姆（Abd el-Karim）领导的李福卡北仑人（Rifkabylen）起义可谓“年度灾难”的血腥高峰，西班牙损失 1.2 万名士兵。这一事件引发的国际震惊使对实施专制秩序，特别是军管专制的呼吁得到越来越多的共鸣。

/ 393

两年后时机成熟。1923 年 9 月 13 日，在马德里一个高级军官团体的敦促下，特别是在加泰罗尼亚资产阶级领衔阶层的推动下，巴塞罗那的总队长米格尔·普里莫·德里维拉（Miguel Primo de Rivera）发动政变，推翻了曼努埃尔·加西亚·普列托（Manuel García Prieto）任首相的政府。由于首相不知道是否得到军队支持，所以决定辞职。国王阿方索十三世委任普里莫组织新内阁。君主的这个决定是对内战的否定，是对向军事专制转型的肯定。

这次政变也因此合法化了。新政权的合法性首先是一个否定式的合法性：它否定了议会制，认为议会制无法履行国家权力，无法保证公共安全和秩序。事实上，军队政变铲除了一个早就不能正常运转的体制，媒体和公众对这次政变基本上持正面态度。普里莫·德里维拉政府的第一项公务是，废除 1876 年宪法中几个最重要的基本法条款，包括确保新闻、集会和结社自由的基本法，这个行动也得到相似的正面反馈。

军事专制最重要的社会支柱是大地主、加泰罗尼亚的工业资产阶级和在教育领域有广泛特权的天主教教会。军队大多数一开始还持观望态度，之后普里莫·德里维拉赢得了这些精英的有力支持，这主要取决于他的军事成功。阿卜杜勒-卡里姆进攻法属摩洛哥后，他调动法国西班牙军队组织攻势，在北非取得重大胜利。1927年时，可以说基本结束了殖民地战争。

最令人惊讶的是，社会党和西班牙总工会也准备和新政府合作。这主要归功于普里莫·德里维拉将军对社会福利的关注。他和西班牙总工会总书记，也就是社会党继任领袖拉尔戈·卡瓦列罗私交甚笃。普里莫积极促进建造物美价廉的社会福利住宅以及建立由雇主和雇员相同人数参加的委员会调解工资争执，以此来影响温和左翼。同时对那些不能融入的无产阶级团体加以严厉打击，例如禁止无政府工团主义工会，抓捕1927年比斯开（Biskaya）和阿斯图里亚斯（Asturien）大罢工中的共产党领袖。同样也禁止加泰罗尼亚地方联盟。保皇党在政变后不久纷纷解散。其中诸多成员加入政府统一党，也就是1924年成立的爱国联盟。 / 394

1925年12月，普里莫·德里维拉组建军事领导委员会，民事专业部长由该委员会负责。政府工作的重点是推行保护性的经济政策，目的是扶植西班牙工业化，更新基础设施，例如兴建现代化公路，疏通河道，建设大坝，人工灌溉干燥地区；在数百年来砍伐过度的地区重新植树造林，这也是当今西班牙最大的环境问题之一。但是一个同样紧迫的问题政府却没有处理，即农业改革。农业改革会引发和大地主的矛盾，普里莫·德里维拉认为，不能丧失这个权力精英阶层的支持。

来自另外一个重要团体的愿望，他却没有给予足够的重视，即加泰罗尼亚资产阶级的愿望。1923年他们之所以站到将军一边，是因为视他为地方自治的辩护人。但是1925年他背弃了这个方针，造成他和支持其统治的这个重要支柱产生分歧。这位将军对知识分子是否赞同更是不予理会，许多知识分子包括哲学家何塞·奥特嘉－加塞特，在1923年都表示理解军事政变。但是最初的赞同立即化为乌有，尤其是这位非知识阶层的普里莫公开反对在野派的教授和学生，而且1928年一次反政府示威后，他竟然下令关闭马德里大学。诸多教授，包括奥特嘉教授随即放弃教授职位。哲学家米盖尔·乌纳穆诺－尤果（Miguel Unamuno y Jugo）和历史学家格雷戈里奥·马拉尼翁－泊赛迪罗（Gregorio Marañon y Posadillo）不得不暂时流亡国外。

/ 395 1929年秋季经济危机开始后，西班牙的经济和财政状况急剧恶化。1930年，财政部部长何塞·卡尔沃·索特洛（José Calvo Sotelo）下台，因为他无法搞定国债、不断攀升的物价和西班牙货币比塞塔贬值等问题。另外一个危机迹象是政府在宪法问题上束手无策。在国王的敦促下，普里莫·德里维拉曾在9月召集了一个主要由保守派的社会名流参加的咨询会议，大约在近两年后的1929年7月，他们提交了一份宪法草案。该草案和几乎没有人愿意恢复的1876年宪法在主要问题上的规定都不一样，但这部草案仍遭到自由党人、保皇派和共和派的一致反对，理由是这里面没有规定议会负责的政府。而国王则出于另外一个原因否定了该草案。撰写草案的作者们想剥夺国王的某些特权。因此这个草案的命运就板上钉钉了。政府不得不收回该提议。

一部宪法，从以往议会体制的错误和失败中吸取教训，建立可行的代议制民主制度的基石；一种选举法，以限制地方机构和中央机构操纵选举，阻止各党派分裂。这意味着结束军事专制，同时也意味着事后对其军事专制的合理化辩护。普里莫·德里维拉并不准备，也没有能力迈出这划时代的一步。更致命的是，他的军队改革举措受到军官和部队的强烈反对，因而最终失去军队的支持。1930

年 1 月 26 日，独裁者被迫请 10 个地方总队长表决，是否依旧信任他，答复是否定的。阿方索十三世在 1 月 28 日敦请普里莫·德里维拉下台。被推翻的掌权人自愿出走巴黎，不到 7 周后因糖尿病客死他乡。

他的继任者达马索·贝伦格尔（Dámaso Berenguer）将军是其政治对手，也是皇家军事内阁的首领。他取缔了军事改革，革职了诸多他前任委任的官员。贝伦格尔宣布重新启用 1876 年宪法，但并没有指出摆脱危机的出路。1930 年 8 月，共和党和社会党的政治家们与加泰罗尼亚左翼领袖签订《圣塞巴斯蒂安和约》，结为改革和实行共和的同盟。重要的知识分子如奥特嘉和返回西班牙的马拉尼翁，明确表示赞同共和，在军队中那些有共和思想的军官们也开始形成组织。

1931 年 2 月 18 日，贝伦格尔下台，海军上将胡安·包蒂斯塔·阿斯纳尔（Juan Bautista Aznar）接任。他把原来的自由党首相阿尔瓦罗·德·罗曼诺内斯（Alvaro de Romanones）伯爵也请入内阁，同时也请贝伦格尔任战争部部长。1931 年 4 月 12 日的地区选举中（由政府颁布，以便能够推迟全国层面的选举），在较大的城市，共和党和社会党取得成功。而在农村（也就是在整个西班牙）还是保皇派领先。阿斯纳尔为首的政府认为，这次选举结果是一种惊慌失措的反应，是赞成共和的全民投票。的确在很多城市，如在马德里都宣布成立第二共和国，因为 1873~1874 年的西班牙曾是一个共和国。12 月 14 日，国王阿方索十三世对尼塞托·阿尔卡拉·萨莫拉（Niceto Alcalá Zamora）领导的革命委员会的最后通牒做出让步：国王离开西班牙，但并未放弃王权，走海路经卡塔纳赫前往马赛。

君主的倒台是军事专制无能的结果，他们无法解决 1923 年的议会体制束手无策的问题：农业问题、中央政权和地方政权的关系，教会和军队的地位，面对无政府主义势力国家政权的执行力。在政权更换不久后，无政府主义势力再次证明了，他们没有汲取任何历史经验：听信谣言，据说保皇派准备进攻共和国，1931 年 5 月 11 日夜间，他们在马德里，之后在西班牙的其他地方，特别在安达卢西亚焚毁了无数修道院和教堂。

1931 年 6 月 28 日的制宪议会选举，社会党人得到 114 个席位，
/ 397 成为最大的议会党团。左翼共和党派占有 125 个席位。二者联合和地方主义党派结合，得以在议会中拥有执政多数。反对党由 89 个反社会党和反宗教的激进党派组成，另外还有一些小党派如自由党、右翼共和党、农民党和传统党。保皇派呼吁抵制选举，在议会中没有代表。

1931 年 12 月 9 日，制宪议会以 175 票赞成，59 票反对通过了西班牙共和国宪法。宪法体现了自由、世俗的观点，明确表示西班牙国家没有官方宗教，承认宗教信仰团体是社团，废除了宗教人士迄今为止的国家预算，赋予年满 23 周岁的男性和女性同等选举权和被选举权，保护私有财产，但是允许原则上没收财产，没收财产的同时会给予补偿，目的是为社会福利所用。在西班牙统一的国家内，允许地方自治。共和国总统由议会议员和由同样数量的男性选举人和女性选举人共同选出，任期为 6 年。他的主要职责是代表国家，但可以解散议会。部长则必须得到议会的信任。为了国家安全，政府有权通过规定废除某些基本权利，但事后要得到议会同意。

西班牙好像度过了专制转型阶段，民主的前途就在眼前。尽管反共和派右翼放弃了议会代表，但他们在社会中依然有强大的支持，而且支持者不仅局限于最上层社会。共和派各家势力本身矛盾重重，矛盾首先体现在 1932 年的农业改革上。资产阶级共和派希望把没收大地主的土地分配给缺少田地的农民，而他们的社会党执政伙伴则力图实现国有化和大庄园的集体经营。1932 年 9 月的法律是一个妥

协。它给了政府以极大的没收权限，但是让地方去解决是否由私人或由集体经营没收的土地，这大大延误了改革的实施，导致农村居民的极大不满。

社会党人也意见不一。党主席和议会主席胡里安·贝斯特罗希望把建立社会主义制度放在民主进程中实现，这是一个长远目标。而劳工部长弗朗西斯科·拉尔戈·卡瓦列罗则持不同观点。1932年他就任西班牙工人社会党领袖，深受无政府工团不断壮大的影响，持续向左靠拢，发展为阶级斗争也就是无产阶级专政的捍卫者。1931 年 12 月，左翼共和党人推举坚决反对教会的曼努埃尔·阿萨尼亚－迪亚兹（Manuel Azaña y Diaz）为总理领导联合政府。社会党人和左翼共和党人在加泰罗尼亚问题上一致：1932 年 12 月 9 日，加泰罗尼亚学院把加泰罗尼亚语和西班牙语并列为官方语言。加泰罗尼亚有自己的议会、自己的政府、自己的行政机构和广泛的行政自治权。

1933 年 2 月，温和的右翼在律师吉尔·罗博勒斯领导下组成西班牙右翼自治联盟（Confederación Española de Derechas Autónomas, CEDA），这是一个基督教保守政党，对共和制或君主制问题不置可否，以教宗的社会学说为出发点，赞成社会各行业协作。这个联盟是保守派运动“人民行动”的一个组成部分，在“人民行动”中吉尔·罗博勒斯也起到关键作用。比西班牙右翼自治联盟更加右倾的是保皇党，他们有的聚集在忠于阿方索十三世的西班牙革新派一边，有的聚集在绝对君主制的追随者一边。

10 月成立的“全国工会进攻联盟”则更加激进，这是一个类似民兵的组织。他们力主西班牙实现全面的天主教化。但极右派并不是他们，而是西班牙的长枪党，由当年独裁者的儿子何塞·安东尼奥·普里莫·德里维拉 1933 年 10 月呼吁成立，是一个效仿法西斯意大利的武力联盟。1934 年 2 月，“全国工会进攻联盟”和何塞·

/ 399 360 安东尼奥·普里莫·德里维拉麾下的长枪党合并组成西班牙长枪会和全国工会进攻联盟。要求会员们穿蓝色衬衣作为明显的标识，除此之外还有一个右翼运动组织，这就是在军队内部的西班牙军队联盟，他们主要反对阿萨尼亚（Azaña）推行的军队改革，特别反对改革的核心，即缩小军官队伍，将军队置于政府也就是议会控制的政府之下。

1933 年 9 月，社会党和共和党联合政府破裂。在新的选举中，右翼获胜。他们得到 217 个议席，中间派得到 163 个议席，左派只得到 93 个议席。但右翼一方并未占多数席位。艰难的谈判结果是组成激进派和独立派的少数政府，由资产阶级激进派代表亚历杭德罗·勒洛克斯领导，需要西班牙右翼自治联盟在议会上的支持。勒洛克斯的第一届政府结束了西班牙共和国为期两年的改革阶段，史称双年改革。随之开启了所谓的黑色双年。这期间废除了第一阶段的诸多改革。这种修正的获利者是教会和大地主。反教会的法律被废除，原来的业主收回已经被没收的土地。

右翼的强化是对无政府工团越来越多地使用武力的一种反应，由于 1933 年很多人蜂拥而入，无政府工团 12 月还试图发起反政府的正式起义。而收回农业改革措施促进了左翼一边极端主义的发展。1934 年 5 月，工会号召农业工人起义。参加的有拉尔戈·卡瓦列罗的西班牙总工会、迄今为止温和的社会党的农民工人工会，它们现在也开始宣传社会革命。政府宣布这次起义为非法起义，组织了紧急措施以保证粮食的收成。有一段时间罢工运动甚至扩展到马德里和其他城市，但没有达到目标，只是加剧了西班牙社会和政治层面的激化。

10 月初，极端分子和西班牙右翼自治联盟组成正式联合政府，
/ 400 勒洛克斯再次担任总理一职。由于吉尔·罗博勒斯在前几个月一再向右靠拢，拉尔戈·卡瓦列罗宣布，西班牙右翼自治联盟进入政府

是效仿意大利和德国法西斯而攫取政权，他呼吁工人大众进行总罢工。无政府主义者没有参加这些行动，几天之后无产阶级的行动在大多数城市失败。唯独加泰罗尼亚和阿斯图里亚斯不一样：在巴塞罗那，加泰罗尼亚左翼共和党的领袖莫祖锡（Lluis Companys）领导的地方自治政府，10 月 6 日宣布在西班牙共和国的框架下实现独立，政府借助军队镇压了这次起义，加泰罗尼亚的自治也被取缔。

在阿斯图里亚斯，总罢工导致矿工起义，甚至发展为地方内战，奥维耶多（Oviedo）和吉根（Gigon）等城市一度落入无产阶级革命派手中，并宣布成立苏维埃共和国。政府在这里也投入了军队，并根据指挥将领曼努埃尔·高德迪·罗皮斯（Manuel Goded Llopis）和弗朗西斯科·佛朗哥的建议，投入外籍军团。这个军团为西班牙摩洛哥赢得李福卡北仑之战的胜利做出了决定性贡献。两周后，这次大约 3 万名矿工参加的起义被镇压下去。无数的红色恐怖行动之后，是更加触目惊心的白色残暴行径。死亡人数多达 1300 人，受伤大约 3000 人。数千人在这次的十月革命失败后被抓捕。起义的 20 名领袖被判处死刑，2 名被执行。萨莫拉总统的大赦令，包括对康帕尼斯的大赦，受到西班牙右翼自治联盟的抗议。该联盟甚至为此而暂时脱离政府。卡瓦列罗和他的一些战友被判处 30 年徒刑。但是没有人相信他们会真的坐如此长时间的牢狱。

之后，左翼和右翼就镇压十月起义和更多改革的问题，在议会上展开了激烈的争执。1935 年吉尔·罗博勒斯被任命为战争部部长，佛朗哥被任命为总参谋长。1935 年底激进派领衔政治家卷入腐败的丑闻曝光。总统萨莫拉面对日益增多的不稳定性，不得不在 1936 年 1 月 7 日宣布解散议会。大约一周后的 1 月 15 日，左翼共和党、社会党和共产党结成“人民战线”，提交了一个共同的竞选人名单。在卡瓦列罗的敦促下，社会党人做出了一个致命的决议，即如果左翼选举获胜，他们也不会承担部长职位。迄今为止一直抵制选举的无政府主义者，在 1936 年 2 月 16 日首次参加选举。

人民阵线是这次选举的赢家，得到 420 万张选票，右翼的民族阵线得到近 380 万张选票，中间派得到大约 68 万张选票。选举法有利于最强势的一派，助力左翼得到 278 个席位，占绝对多数。其中社会党得到 100 个席位，共和党得到 87 个席位，加泰罗尼亚左派得到 36 个席位，共产党得到 17 个席位，反对党共得到 134 个席位，中间派得到 55 个席位，其中有 10 名巴斯克人。因为最大的议会党团西班牙社民党，坚持其选举口号不出任任何部长，人民阵线的各个政党达成一致意见，请 1931 年到 1933 年任政府首脑的阿萨尼亚，这位资产阶级共和党人再次出任总理一职。新政府的第一个公务就是让高德迪和佛朗哥两位将军远离权力中心，佛朗哥被派往加那利群岛，高德迪被派往巴利阿里群岛。

1936 年春季，内政局势丝毫没有稳定迹象。左翼举行的诸多庆祝游行转变为骚乱，攻击教会和报刊编辑部并冲击监狱。康帕尼斯和卡瓦列罗都属于被解救的囚犯。在农村，四处抢劫的农业工人和国民警卫队发生冲突，西班牙长枪党和伊比利亚无政府主义联盟频频谋杀政治对手，西班牙右翼自治联盟中的很多年轻人投奔佛朗哥的姐夫塞拉诺·苏涅尔（Serrano Suñer）领导的长枪党。自 1932 年任社会党主席的拉尔戈·卡瓦列罗在全国各地的多次演讲中，宣告无产阶级革命即将来临，赢得社会党和共产党人的热烈掌声。与此同时，军队中的谋反家们在埃米利奥·莫拉·维达尔将军（Emilio Mola Vidal）领导下，密谋要推翻人民阵线。参加的人有佛朗哥、高德迪以及何塞·桑胡尔霍（José Sanjurjo）将军，后者在 1932 年 8 月就参与了反对共和国的、被镇压下去的政变活动。普里莫·德里维拉（此时被监禁）创建的长枪党和保皇派以及传统派和阿方索十三世的追随者都卷入该计划。吉尔·罗布勒斯得知了莫拉的计划，但并未积极参与准备活动。

1936年5月，阿萨尼亚就职国家总统，新任总理是左翼共和党人桑迪亚戈·卡萨雷斯·基罗加（Santiago Casares Quiroga），他比他的前任明显更左倾。新政府力促停滞不前甚至被部分收回的农业改革，但并未能阻止农民工人的罢工和非法的土地占领。几乎没有一天不发生政治谋杀案。7月上半月，共和国冲锋卫队的中尉何塞·卡斯蒂略（José Castillo）被长枪党人暗杀。这是一次报复行动。卡斯蒂略曾经在4月份的一次交火中枪杀了一位著名的长枪党人。冲锋卫队的反应是谋杀一位知名的右翼政治家，保皇派议员和前任财政部部长卡尔沃·索特洛（Calvo Sotelo）。1936年7月12日到13日的夜间，一群身穿制服的冲锋卫队队员把他从马德里的家中带走，逼迫他登上一辆汽车，他被子弹射入脖颈身亡。

卡尔沃·索特洛的遇刺深深地震撼了西班牙资产阶级，也加速了军队的政变计划。冲锋卫队的罪行，让传统派放弃了他们与图谋政变者的分歧。莫拉把7月17日17点定为行动时间，西班牙属摩洛哥的梅利利亚（Melilla）驻军发出反人民阵线的西班牙全国起义的信号。这个完备的行动计划将西班牙的危机一下子转变为全欧危机：西班牙内战爆发。

我们在此引用历史学家瓦尔特·L.贝乃克（Walther L.Bernecker）的评论，1931年到1936年，“西班牙社会的根本问题，明显地妨碍了西班牙的现代化以及资产阶级革命的实现：一边是土地占有者和根植于传统结构中的寡头统治以及他们的盟友，他们根本不准备改变自19世纪以来继承的地位，另一边是农业工人和工业工人，他们认为共和国是改变他们历来备受歧视的状况的动力，但在迅速改变生活状况的希望破灭后，他们和其阶级敌人之前一样，也背离了资产阶级民主共和国。内战就是这个不可调和矛盾的结果，先是右派发起绝望的尝试，继而是左派，用武力的办法力求实现他们无法借助改良的和平方式实现的社会、经济和国家模式”。

然而在第二共和国内相互对立的不仅是社会结构和集体心态。那些活跃分子对矛盾的日益激化负有责任：如政治家阿萨尼亚，他得到整个左翼的支持，得以向天主教的西班牙宣战，如果共和国的政策制定得更敏感些，也许可以赢得被他们吓跑的那些人的支持。还有吉尔·罗博勒斯，他的愿景是建立一个各行各业相互协作的国家，如果得不到议会多数的支持，他希望必要时军队可以帮助他来实现。还有拉尔戈·卡瓦列罗，他认为自己是西班牙的列宁，他也受到了这样的赞誉，他向左靠拢后，与其说代表社会主义立场，不如说代表共产主义立场。因此推行妥协政治，不管是出自中间右翼联盟还是中间左翼联盟，由于原本温和派势力的日益极端化，机会都越来越渺茫。而获益的只是极右翼和极左翼：一方面是无政府主义分子和无政府工团分子，另一方面是联合起来的法西斯分子和民族工团分子。军官团内的民族派也属于最右翼，是他们在 1936 年夏季按动了关键的启动按钮，开始了这场为期 3 年的血腥内战，让积蓄多时的西班牙内部矛盾彻底爆发。[19]

和地中海国家与巴尔干国家相比，在两次世界大战期间，三个斯堪的纳维亚王国展示的则是一幅田园画卷。瑞典、挪威和丹麦在一战中保持中立：它们对参战国的出口急剧增长，并从中受益。但是1917年后，它们在德国潜艇战中受到重创。在战后萧条年代和世界经济危机中，上述三国单位国民经济高速增长。尽管1929年后失业率居高不下，但这三个国家的民主制度并没有出现严重危机。在丹麦、瑞典和挪威，社民党在1918年后扩大了影响力。在30年代，它成为北欧最强大的政治势力，参与执政并进行深入的社会改革。

战争结束后，还看不出这样一种发展态势：斯堪的纳维亚工人运动的分裂。瑞典带头，因抗议社民党和自由党结成联合政府，1917年社民工人政党的左翼从总部分离出去，自立门户成立独立社民党。1921年这个独立社民党再次分裂：多数派组成共产党，是第三国际成员。但这并不是分裂过程的结束。由于反对共产国际的路线，1923年党领导人卡尔·豪格隆德（Carl Höglund）和他的3000个盟友被共产国际开除，他们继而成立一个新政党，即独立共产党。1929年卡尔·希尔布姆（Karl Kilbom）领导的忠于莫斯科的共产党也遭遇同样的命运。这个政党因右倾被共产国际开除，此后更名为民族共产党。剩下的共产党只是一个小党派，左翼社会党人在1923年又加入社民工人党。

与瑞典不同，1918年春季极端分子掌握了挪威工党的领导权。1919年3月，工党参与了共产国际的创立。1921年温和派组成挪威社民工党，但只代表工人阶级的少数。向左靠拢的工人党主席马丁·特兰梅尔（Martin Tranmael）和他的瑞典同僚一样，并不是布尔什维克，而是坚持党内民主。1923年9月和莫斯科彻底决裂。工党的一次会议决定脱离共产国际。其余的人组建了挪威共产党，如同其邻国瑞典的姐妹党一样，这个政党也是一个小党。1927 年社民党和共产党合并为一个政党，为该王国最大的政党奠定了基石。比挪威和瑞典晚许多，丹麦在 1922 年才成立共产党，但丹麦共产党一直在生死线上挣扎，它在 1924 年选举中得到 6000 张选票，而社民党得到 47 万张选票。

瑞典在战后进行了两项重要的宪法政治革新：1919 年实行帝国议会参议院的男性普选法和众议院的女性普选法。第二年瑞典社民工人党推出一个新的改革方案，规定累进制所得税、高额遗产税和失业保险，但是也提出大企业社会化，国家控制私营企业。1920 年国王古斯塔夫五世委托社民党主席亚尔马・布兰廷（Hjalmar Branting）组建政府。这是世界上第一个没有经过政变而掌握政权、社民党领导的政府。该内阁的战争部部长佩尔・阿尔宾・汉森（Per Albin Hansson）原来是一个编辑，被誉为新方针之父。

/ 406

由于地方税务政策失败，布兰廷内阁只坚持了几个月的时间。1920 年选举，社民党上升为最强势政党。布兰廷出面再次组建政府，但鉴于其失业资助计划未能通过，他不得不于 1923 年 4 月下台。他的继任者是保守派的恩斯特・特鲁格（Ernst Trygger），因 1924 年秋季在下院选举中各派势力分布并未有什么根本性变化，特鲁格也步布兰廷后尘，放弃执政。随后社民党少数政府上台，1926 年到 1928 年是自由党人执政，1928 年到 1930 年保守派组阁，1930 年到 1932 年又是自由党执政。1932 年佩尔・阿尔宾・汉森组建了第一个纯社民党政府，1925 年布兰廷去世后，他担任社民党领导。

一个最重要的内政争议是禁酒令。全面禁止生产和经销酒精饮料的先驱是人民自由党领袖古斯塔夫・埃克曼（Gustav Ekman），他在 1926 年到 1928 年、1930 年到 1932 年担任首相。借助布兰廷第二届内阁期间的一个修宪规定，1922 年 8 月举行公投，结果是制造由国家垄断，并严格禁止经销的酒精饮料。（1919 年挪威和芬兰颁布禁酒令，1926 年和 1932 年又相继取缔。挪威的两次禁酒令都是基于全民投票的决定。）

1929 年后，瑞典陷入世界经济危机的旋涡。1931 年这个北欧王国因大英帝国的影响而放弃金本位。1932 年秋季，瑞典最有势力的企业家伊瓦·克洛伊格（Ivar Kreuger）在巴黎自杀，他本是垄断火柴业市场的瑞典火柴股份公司业主，但无人知晓他也是一个行骗的大投机商。他的死亡导致“克洛伊格破产”，他的金融帝国崩溃。

1932 年 9 月选举后，社民党再次执政，甚至差一点获得绝对多数选票。此后，到 1976 年前社民党党魁一直出任首相，只有 1936 年短暂中断。佩尔·阿尔宾·汉森在 1945 年 10 月去世前一直担任此职。在其执政期间，农业社会加快向工业社会转化：1920 年约 44% 的从业人口从事农业、林业和渔业工作，1940 年只剩 29%。工业的就业人员从 35% 上升到 36%。1933 年 3 月失业率达到峰值，当时社民党和农民党的联合执政政府采取一系列措施，支持农业以及限制进口。汉森的社会愿景是“人民之家”，1928 年他在众议院的一次讲话中讲道：一个在调和阶级矛盾基础上的社会，它为具有社会民主特色的爱国主义奠定了基础。

“一个优秀的人民之家，其主要规则是平等、兼顾、合作和互助”，汉森这样来解释“人民之家”这个概念，“如果人们把它理解为一个民族之家或者一个公民之家，那么就意味着当今分裂公民的社会壁垒不复存在。”“人民之家”起源于 20 世纪初农民保守派的一种愿望，也是对一次极为痛苦的经历的一个答复：19 世纪下半叶因贫困导致的大迁徙，瑞典丧失了四分之一的人口。用德国斯堪的纳维亚学家贝恩德·亨宁森（Bernd Henningsen）的话说：自 30 年代起，“人民之家”就是瑞典社民主义“福利国家社会学的代名词”，同时也成为斯堪的纳维亚“共识民主”的标志。其核心思想是，确保社会安定是国家的一项义务。这种安定需要重新分配经济资源，促进社会平等。在这个背景下，社会支出不再被看作国家的财政负担，而是促进经济发展、促进社会安定，也就是确保社会和谐、巩固民主的一种投资。

1934 年，汉森政府推出由国家资助、自愿基础上的失业保险，1935 年全民退休金法取代了 1913 年实行的、不再令人满意的“人民退休金”：瑞典福利国家的两大支柱此时开始起步。1937 年颁布了《妇女保护法》《儿童保护法》，并承认某些《人工堕胎合法》。1938 年雇员每年 2 周度假以法律形式固定下来。“瑞典模式”很重要的一部分还包括劳工和资本的合作，1938 年在斯德哥尔摩附近的疗养胜地萨尔特舍巴登（Saltsjöbaden），工会和雇主联合会共同商定的结果是：在自愿基础上，尽可能不用罢工和停工的办法，友好协商有争议的问题。国家虽然不直接参与协商，但是它鼓励工资谈判双方的合作，因为这有利于国家建立更加致密的维稳网络。

然而“人民之家”的理论也有不足之处：任何形式的集体主义，包括相对温和的集体主义，都具有从众的社会压力。况且从另外一个视角看，瑞典式的集体主义一点也不温和。这里指的是社会沙文主义对那些社会劣等人群的排斥和压迫。早在 1922 年，在乌普萨拉（Uppsala）就成立了世界上第一个种族生物学国立研究院，它受到广泛的、超越党派的支持。原因是右翼及左翼优生学家的共同认知是，整体都要为选择健全的后代做出努力。右翼和左翼持一致观点的还有：鉴于出生率明显降低，必须落实鼓励生育的政策，落实有关措施，鼓励生物遗传学上被视为高级的家长生育。

在优生学家看来，那些弱智者属劣等人，包括那些不能融入社会的人和乱搞男女关系的女性。1935 年汉森政府颁布第一个节育法，1941 年颁布了更为严厉的第二个节育法。涉事人是否同意节育越来越失去意义，因为并不需要那些被宣布为未成年人的同意，即便是那些被视为有法律判决力的人，也说不上自愿同意。因为间接的压力实在太大。

保守的优生学家倾向于，将上流社会归入生物遗传学的高档类别，而不承认低等阶层属于此列。右翼种族生物学家还把种族区分为高档和低档。阿尔瓦·默达尔（Alva Myrdal）和贡纳尔·默达尔（Gunna Myrdal）（贡纳尔·默达尔于1974年获诺贝尔经济学奖，他的太太阿尔瓦·默达尔于1982年获诺贝尔和平奖）领衔的“社会工程学”，他们深受美国泰勒主义影响，也支持社民党。虽然他们也使用优等和劣等父母的概念，但拒绝将种族分等级，否认高等社会地位与生理遗传优质等同。他们致力于改善住房条件、提倡全民健康和全民教育。

尽管如此，左翼和右翼的优生学家们仍有很广泛的共识基础，他们在生物筛选方面的想法是一致的。左翼和右翼都希望减少“劣质”数量，将个人的意愿置于所谓的集体利益之下。用德国历史学家安娜－朱迪·拉本施拉格（Ann-Judith Rabenschlag）的表述，这里的集体“在种族生物学家看来就是种族。而对于社会工程学家来说，这个集体就是人民之家”。

但瑞典优生学者并未从社会沙文主义的筛选思想中推导出结论，他们并不是安乐死的辩护士。而早在1920年，也就是纳粹执政多年前，两位著名的德国科学家，一位是刑法专家卡尔·宾丁（Karl Binding），另一位是心理学家阿尔弗雷德·霍赫（Alfred Hoche），他们在《允许消灭不值得存在的生命》（*Die Freigabe der Vernichtung Lebensunwerten Lebens*）一书中，提出要推行安乐死。两位作家以此为某些所作所为提供了事后的辩解，例如1914年后不仅在德国才常见的行径：在一战期间的饥荒年代，故意不给精神病人足够的营养，以至于“精神病院”的死亡数字急剧上升。

1905年，挪威才和瑞典解除联盟合约，建立了独立国家。和瑞典相比，挪威资产阶级政党的执政时间更为长久。直到30年代中期，执政者主要是资产阶级“左翼”领导人约翰·路德维希·莫温克尔（Johann Ludwig Mowinckel），他于1924年到1926年、1928年到1931年以及1933年到1935年任政府首脑。社民党在1928年的议会选举中成为第一大党，并首次出任首相一职。但其社会主义的方案未得到议会多数同意：两周后因提案不被信任，克里斯托弗·霍恩鲁德（Christopher Hornsrud）领导的工人政府被推翻。不久后，政府首脑再次由莫温克尔出任。

世界经济危机重创挪威这个航海国家，挪威受创程度远超瑞典。1932年和1933年交替之际，加入工会组织的工人中有42%的人失业。1930年的大选结果明显向右转。政治领导权落入农民党手中。在首相彼得·科尔斯塔（Peter Kolstad）执政时，当年极右的总参谋部少校维德孔·吉斯林（Vidkun Quisling）被任命为国防部部长。1933年吉斯林退出内阁，自己组建了一个模仿法西斯意大利和纳粹德国的新政党，号称“国家统一党”，但1933年和1936年大选中该党都未能进入议会。

1933年大选时，工党胜出，获得大约40%的选票，但是两年后，1935年3月被和农民党联合执政的莫温克尔资产阶级内阁取代。直到1949年3月德国占领挪威前，约翰·尼高斯沃尔（Johan Nygaardsvold）一直出任首相，这位政治家当年曾是泥瓦工。外交部部长由历史学家哈夫丹·阔特（Halvdan Koht）出任，法律部长由法学家特吕格韦·赖伊（Trygve Lie）担任，1946年至1952年他出任联合国第一任秘书长，深得全球赞誉。

尼高斯沃尔是一个坚定的改良主义者，在他执政期间，挪威开始迈向社会民主制福利国家。推出年满70岁的挪威人都有权得到全民养老金的规定，1938年建立失业保险制度，获广泛支持。这一新的福利政策主要靠高税收来资助。但失业率降低仍比较缓慢：1939年有组织的雇员中18%失业。挪威的社会结构也发生了很大变化，不断从农业社会向城市的工业和服务业社会发展。1920 年 36% 的从业人口主要从事农业这个第一产业，27% 的人口从事第二产业，也就是工业和贸易行业。30 年后，1950 年前者从业人口为 26%，后者已经上升到 35%。

在两次世界大战期间，丹麦的发展也与其相似。1920 年，第一产业的从业人口占 33%，第二产业的从业人口占 29%。1940 年时，第二产业的从业人口上升到 33%，而第一产业的从业人口降低到 29%。1924 年后，这个王国的政治领导权基本上掌握在社民党手中，1924 年到 1926 年，以及 1929 年到 1942 年由其领袖索瓦尔德·斯陶宁（Thorvald Stauning）出任首相。早在资产阶级激进政党和社民党联合执政的社会自由派政府中，斯陶宁就是内阁成员，他也是北欧第一个“劳工部长”，他在国营企业成功地推行每天 8 小时工作制，自 1920 年后，这一规定也扩展到私营企业。丹麦的福利政策，例如残疾保险、失业保险和养老金等在 1924 年前就取得很大进展。1924 年 4 月斯陶宁组建内阁，由社民党和激进左翼的政治家组成。女性首次入阁，担任教育部长，这就是历史学家尼娜·邦（Nina Bang）。1918 年后，丹麦的内政主要问题是失业率居高不下，1925/1926 年交替之际，有组织的雇员失业率高达 30%。联合执政的资产阶级政党认为，斯陶宁克服长期危机的措施过于“社会主义”化，他于1926年退出社民党的政府。4 月大选斯陶宁获胜，再次掌权。4 年后，失业率创下 40% 的新高，主要原因是德国以及英国的进口限制（而丹麦本身已经采取类似措施）。社民党和激进左翼联合执政政府采用削减部分军费支出的办法，来满足福利增长的需求。

1933 年 1 月 30 日，希特勒在这一天上台，同一天，在哥本哈根的斯陶宁私人住宅里，执政党和在野党缔结了一份《总理街协议》：这个改革方案具有浓厚的计划经济色彩。该协议规定国家货币中心承担调节经济的任务。1933 年的方案还包括颁布一项新的失业保险法（国家提供部分资助）和一项提高退休和残疾保险金的全民保险法，修改了1922年实行的年满65岁丹麦人享有退休金的规定，从此由国家规定应缴纳的费用额度。30年代所有的选举都是社民党胜出。但上议院提议取缔地方管理局的修宪，社民党和激进左翼未能达到目标：1939年的全民投票未能得到至少45%丹麦居民的同意。

丹麦是北欧唯一在一战后扩展了领土的国家。根据《凡尔赛条约》，1920年2月和3月举行全民投票，使得主要讲丹麦语的北石勒苏益格地区归还给丹麦王国，这是丹麦在1863年德国丹麦战争中失去的领土。丹麦语称这个地区为“南日德兰”，得到这块领土可以说是对把加勒比维尔京群岛卖给美国的某种心理补偿。1917年，在卡尔·西奥多·扎勒（Carl Theodor Zahle）任首相、左翼自由党执政期间，全民表决同意该岛自1918年12月1日独立，但是受丹麦国家执政者共管。这个位于北大西洋的岛屿，早在公元930年时就有了令人骄傲的世界上最早的议会，1541年归属丹麦管辖。1904年该岛得到自治管理权。而这次的全民投票再次确认了其主权。第二次世界大战期间的1944年6月，该岛获得完全独立：全民投票取缔了丹麦皇冠的共管：因此该岛成立独立共和国。

/ 413 格陵兰问题的争议比较棘手。1815年丹麦挪威共主邦联解散，格陵兰归属丹麦。1917年美国在购买丹麦所属的维尔京群岛时，承认这个世界上最大的岛屿正式属于丹麦殖民地。但是挪威主要考虑到捕猎鲸鱼的问题，提出了对格陵兰东部海岸的领土要求。奥斯陆和哥本哈根在1924年签订协议，兼顾了挪威捕鲸者的要求，但是并未能持久搁置争议。挪威农民党执政时，1931年奥斯陆政府正式认可一群挪威人占领米格海湾（Mygg）的行动，由此矛盾开始激化。丹麦敦请海牙国际法庭介入（1932年发生第二次占领），1933年4月该法庭宣布该占领违法且无效。挪威议会也站在国际法裁决一边，也就是不同意本国政府的做法。斯堪的纳维亚内部的这一争执就此得到解决。

早在12年前，也就是1921年6月，两个北欧国家之间的争执也是通过更高一层的介入得到解决：瑞典接受国联的决定，同意瑞典族人居住的奥兰岛归属芬兰。同年10个国家签署协议，确认该岛为军事中立区，作为日内瓦决定的补充部分。而对斯匹次卑尔根岛（Spitzbergen）的归属则没有什么争议：诸多国家包括美国、英国、法国和丹麦都承认挪威拥有这个煤矿丰富的北极群岛。挪威承认苏联后，苏联在4年后也同意了这个规定。1925年挪威正式将斯匹次卑尔根岛纳入自己领土。

30年代，北欧各民主党之间的合作更加紧密。1930年，挪威、瑞典和丹麦与荷兰、比利时和卢森堡签订关税和贸易政策合作协议，即所谓的《奥斯陆协议》，1933年芬兰也加入。自纳粹在德国攫取政权后，丹麦力促建立北欧国家共同国防联盟，但并未落实，因为瑞典坚决要求保持绝对的中立。 / 414

除了他们之间的协议之外，能够使他们连接在一起的纽带是共同的文化背景。其特点是自由、自信的农民阶层。工人运动追求务实和具体的改良措施。尤其在路德教影响下，全民教育比较普及。这些综合因素使得斯堪的纳维亚在1918年后成为民主的安全家园，并开始向新型的、北欧特色的现代化民主制度过渡：在社会福利共享权与和平调节利益分配基础上的“代议制政府”形式。[20]

如果我们观察1918年前的历史，斯堪的纳维亚民主制度在两次大战期间得以坚持不倒，并不令人惊奇。而值得惊叹的是，在1921年才争取到独立的爱尔兰共和国，而且独立后的两年内还发生了严峻的内战，其议会体制也能保持下来。1927年后，这个年轻国家的政治局势才开始走向稳定，在埃蒙·德·瓦莱拉领导下，当年激进的共和党转而赞同英国爱尔兰 1921 年协议，在当年 6 月和 9 月大选后，其势力大大增强，在议会中担任在野党角色，执政的政府首脑是威廉·托马斯·科斯格雷夫（William Thomas Cosgrave）。

保守执政党即盖尔党党魁科斯格雷夫执政期间，爱尔兰在 1925 年和英国签署协议，确认了属于英国的阿尔斯特边界现状。都柏林政府的工作重点之一是在今后几年大力扶植爱尔兰语言，规定其为学校的必修专业，也要求未来的政府官员必须掌握，但在国家大部分地区，英语仍占主导。外交上，爱尔兰和加拿大以及南非力促宗

/ 415

主国承认其英属自治领的独立地位；这个目标在 1926 年的帝国会议上以及 1931 年威斯敏斯特章程中逐步得到实现。经济政策上，科斯格雷夫主张自由贸易，这为爱尔兰农产品在英国的销售带来益处，但并不利于本来就非常薄弱的本国工业。

在世界经济危机中，对科斯格雷夫政府的自由贸易政策批评声浪越来越大。共和党是这一风向的受益者，它们公开持保护主义观点。1932 年 1 月议会大选，共和党成为最强势政党。他们和工党一道组成新政府，埃蒙·德·瓦莱拉任政府首脑。1948 年前，瓦莱拉多次担任总理一职。

共和党大选获胜后，和英国的关系急剧转坏。瓦莱拉政府采取的第一项措施是废除效忠英国皇室的誓言，爱尔兰代表在此之前必须履行这誓言。另一项带来严重后果的决策是，停止每年付款给英国，英国曾用这笔款项来赔偿 19 世纪末农业改革过程中在爱尔兰放弃土地的大地主。伦敦对此做出的回应是向爱尔兰农产品征收高额的进口关税，同样瓦莱拉也采用增加关税的办法，提高英国工业产品的进口难度，这样做正好全面吻合共和党规划的工业保护政策。

这场贸易战给农业国爱尔兰带来的伤害远远大于对工业强国英国的影响。1931 年到 1938 年，爱尔兰国民生产总值减少 3%，而英国则增加了 27%。2 月份，都柏林不得不和英国签署贸易协议，双

方都收回部分激进措施。1938 年 4 月这场贸易战才结束，瓦莱拉宣布为获取的土地支付最后一笔款项，为此伦敦把在爱尔兰领土上的海军基地归还爱尔兰。新的贸易协定不仅为爱尔兰农业打开了英国市场，而且还进入依赖于英国的各个英联邦国家市场。关闭军事设施也有助爱尔兰在二战中成为英联邦国家中唯一的中立国家。

世界经济危机期间，爱尔兰未能幸免于政治极端化的影响。1933 年 2 月，被瓦莱拉政府解雇的爱尔兰警察局长约恩·欧达费（Eoin O'Duffy）成立陆军同志协会（ACA），这是一个准军事组织，类似西班牙的长枪党，制服为蓝色衬衣。初期主要成员由退伍老兵组成，为科斯格雷夫的盖尔党担任保安。陆军同志协会视爱尔兰共和军为主要敌人，和瓦莱拉政府的冲突不断扩大，1932 年到 1933 年冬季的竞选中，他们还制造了一系列凶杀事件。

1933 年 9 月，改名为国民卫队的陆军同志协会、盖尔党和其他几个小型政党合并，组成一个新政党，名为爱尔兰统一党。党魁由约恩·欧达费出任。尽管它外表上竭力模仿大陆的榜样，但并不能说它是法西斯化的爱尔兰右翼。爱尔兰统一党始终是一个保守政党，它积极参与议会工作，特别是自 1935 年前任总理科斯格雷夫担任党领导后。由于爱尔兰没有出现马克思主义的甚至是共产主义的运动，爱尔兰共和军就成了最左翼。爱尔兰共和军进行了一系列政治谋杀，1936 年被瓦莱拉政府取缔，后转入地下活动，主要活动区域在阿尔斯特边界附近。

1937 年 7 月 1 日，爱尔兰颁布一项新宪法。国家名字在爱尔兰语中为 Eire，英文为 Ireland。该宪法在全爱尔兰通用，也适用于阿尔斯特地区。宪法中没有提及和英国皇家的关系。国家首脑是经过选举任期 7 年的国家总统。政府首脑是总理。爱尔兰语是第一官方语言，英语为第二官方语言。议会由两院组成：众议院和参议院。众议院的选举根据 1922 年的宪法规定不变，凡是年满 21 岁的男性和女性都有选举权和被选举权。该宪法称爱尔兰是一个拥有主权的、独立的民主国家。宪法的前言中援引最神圣的三位一体为一切权威的源泉。承认宗教自由，但确认天主教会具有特殊地位。但是天主教和其得到承认的宗教一样都得不到国家的财政支持。根据天主教教义，家庭是社会中自然的和原本的基本单位，婚姻不得解除，离婚不予承认。

20 世纪任何一个欧洲国家的宪法，都没有像爱尔兰宪法这样，具有这么浓重的宗教意味。爱尔兰的政治阶层认为，天主教是国民认同性中不可缺少的一部分，甚至是其最重要的精神支柱。在这个意义上我们可以理解历史学家迈克尔·毛雷尔（Michael Maurer）的话："20 世纪爱尔兰的一个特点是游离于欧美现代化潮流之外，推行严格的审查实践和新闻政策。在爱尔兰被禁止的文章名单可以装订成厚厚的一本现代文献目录：性问题和生育节制等题目不堪入耳，甚至有关政治和科学方面有些不大体面的信息也被封锁，不让爱尔兰居民知晓竟达几十年之久。"因此 20 世纪最伟大的作家之一萨缪尔·贝克特（Samuel Beckett）也效仿其前辈萧伯纳和詹姆斯·乔伊斯（James Joyce），在该宪法颁布当年的 1937 年就告别家乡。贝克特之后在国外，主要是在巴黎继续写作。

与爱尔兰南部这种倒退态度的天主教变种相辅相成的是，该岛国北部的联合派的基督教狂热主义，及其准军事化组织奥兰治联盟。尽管在阿尔斯特，三分之一多的居民信仰天主教，却说不上是宗教平等。贝尔法斯特的议会并不是按照比例选举法，而是按照多数选举法选出。这样做既有悖伦敦意愿也不符合 1921 年爱尔兰英国协议的规定，仅仅单方面对基督教徒有利。另外受操纵的选举区划分，即臭名昭著的"杰利蝾螈"（gerrymandering）也取得同样的效果。在官方管理机构中，天主教徒得不到基督徒那么好的机会。1925 年之前天主教徒抵制选举，这更加强了基督多数派的分量。

南部共和党的执政使北部地区的宗教矛盾进一步激化。爱尔兰分裂后，一道紧急法赋予警察在一定时间期限内拥有广泛的特权，1933 年又延期为无期限的特权。阿尔斯特的经济，这个很早就开始工业化的地区，长久以来一直走下坡路。贝尔法斯特的贫民窟在欧洲首屈一指。如果没有伦敦的资助，这个享有部分自治的省份根本无法支撑下去。二战期间的军备工业才令爱尔兰北部的经济有些起色，使其 1950 年的生活水准比南部高出 75%。

和北欧相比，爱尔兰南北两部分在两次大战期间，无论在经济上、社会上还是文化上都比较落后。在宗教分裂的阿尔斯特，基督徒和天主教徒的矛盾掩盖了其他所有矛盾，甚至资本和劳工的矛盾。在天主教徒占 90% 的南部，1937 年特意选举一位基督教徒，即盖尔联盟的创建者道格拉斯·海德（Douglas Hyde）担任第一任总统，可以说这是为新宪法中“教宗至上主义”因素制造某种抗衡。

在独立后的爱尔兰，并不是宗教的矛盾，而是关于民族自立正确方式的争论，让人们忘却了现代的阶级矛盾。也许一个主张阶级斗争的激进左翼也会在爱尔兰，把如惊弓之鸟的中产阶级选民赶到法西斯右翼阵营。然而爱尔兰共和国能坚守住议会体制，还有另外一个原因：这就是大不列颠政治文化的影响。这一影响经历了长期而且成功的独立运动斗争，甚至在该岛分裂为以天主教为主的南部和以基督教为主的北部之后依然不减。

和爱尔兰不同，荷兰王国在大战前和大战后的发展从未间断过，这在欧洲国家中并不多见。一战期间，荷兰不同于其南边的邻居比利时，前者得以保持中立。战争年代中 1917 年发生了最重要的内政事件：开始实行男性普选权，5 年后的 1922 年，女性也享有普选权。与此同时，比例选举法取代多数选举法。

两次世界大战期间一直是资产阶级政党执政。主要原因是社民工党在 1922 年选举法改革后，晋升为第二强势政党，但它在 1939 年前一直拒绝参加联合政府组阁。共产党是一个小型政党：1925年前的议会选举共产党得到3.6万张选票，社民党得票70.6万张。资产阶级政党大都带有宗教色彩：代表基督教派的是基督教历史联盟和反革命派政党，代表天主教的是1926年成立的罗马天主教国家党。

30年代初，荷兰深受世界经济危机重创。鉴于股票市场和批发价格的严重回落，以及失业率的不断攀升，反革命派政党党魁亨德里库斯·科里金（Hendrikus Colijn）在1933年5月成立紧急内阁，迅速达成一系列紧急措施以对抗财政危机，其中包括制定生产和销售规则以及给予农业保护性关税，但是并没有推出国家层面的创造就业措施，也否定了荷兰盾贬值的建议。但是1936年9月，科里金第三内阁不得不让荷兰盾放弃金本位，令荷兰盾贬值20%。这个举措使荷兰经济短期内在全球范围内又赢得竞争力。但是失业率下降缓慢。1935年到1939年失业率平均值比欧洲其他有统计数字的国家都高。

1939年7月前，科里金一直担任总理。他始终认为其内阁的核心任务是要坚决抵制右翼激进主义。其急先锋是1931年底由工程师安东·阿德里安·米塞特（Anton Adriaan Mussert）在乌得勒支成立的国家社会主义运动（NSB）。它以德国纳粹为榜样，模仿纳粹的种种行动，也模仿纳粹着装。1933年秋季这个运动大约有2万名成员。1935年地方议会选举一院时，他们得到8%的选票，1937年二院选举时得到4.2%的选票。政府颁布禁令，禁止米塞特运动的制服，也不允许政府官员加入该组织。荷兰天主教总主教在很多牧函中一再提示要警惕本国纳粹分子。米塞特运动并没有得到广泛支持，首先要归功于资产阶级大型政党和社民党的团结一致，以及拥护他们的报刊媒体。

/ 420

之所以能够动员荷兰激进右翼支持者，也有出于对极左翼的害怕因素。米塞特运动充分利用了令人非常不安的一个轰动事件：就是1933年初战舰“7省号”的起义。不仅米塞特和他的追随者，而且大多数居民都认为这次事件是第三国际对本国舰队的一次暗算，也是对荷兰王国的一次攻击。

在当年荷属东印度的两个最大群岛，现已归属印尼的爪哇岛和苏门答腊岛，共产党组织的起义，1926年和1927年花了很大力气才镇压下去。之后几年，荷属东印度的独立运动领导权逐步落入以苏加诺（Sukarno）为首的激进民族主义者手中。除了这个威胁之外，30年代又出现了另外一个威胁：越来越强悍的日本。荷兰在那时还远远没有认识到殖民统治不会长久，反殖民的解放运动是正义的斗争。拥有17世纪早期在东南亚攫取的殖民地，还被视为民族强大的标志。30年代，荷兰对丧失其殖民地的担心不亚于另外一个担心，即如果不坚决抵制米塞特运动，宗主国本土可能会轻易沦为纳粹德国扩张野心的猎物。

当荷兰努力维护其殖民地的统治时，一战后的比利时扩大了其殖民地领土。1916年，白人军官率领比属刚果共和国的雇佣兵，在英国对德属东非的一次攻势中，占领了一片殖民地：卢旺达－乌隆迪，也就是今天的卢旺达和布隆迪两个国家。根据和英国1919年5月的协议，比利时获国联委任管理该地区。1925年，卢旺达－乌隆迪转变为比属刚果行政管理区。

利奥波德国王二世的刚果国，对当地居民采用野蛮方式的剥削和骚扰，引发国际上的严厉抗议。1908年利奥波德二世不得不将这个私人“自由邦”转交给比利时国，但在这个原材料丰盛的广袤土地上，殖民地剥削的体制并没有什么改变。“上加丹加矿业联盟”在这个剥削体制中首当其冲，1906年它开始开采加丹加（Kantaga）的丰富铜矿，该矿业联盟受比利时兴业银行的控制，其股份一半掌握在国家手中。1928年它和海外银行合并，兴业银行在比属刚果全部投资资本中占70%。国家和私人经济携手的结果是催生了非洲最大工业区，这里黑人工人为白人股东创造盈利，得到的仅是微薄薪水。

20年代中期，矿业联盟开始推行所谓的“维稳劳工政策”：让黑人工人和其家庭迁居到环境最简陋的矿厂旁，以加强对他们的控制，程度远远严苛于往返工的时代。哪里有压迫，哪里就有反抗：如“金巴骨主义”（Kimbanguismus）和“基特瓦拉崇拜”（Kitwala）等预示福音的运动兴起。它们援引圣经，证明被压迫民族有反抗的权利。根据1906年和教宗的约定，比利时天主教会在比属刚果的传道享有优先权，但它并不是这些运动的盟友，而是竭力反对如此解释圣经。他们在传道站所做的事情只局限于一些教育工作，培训从事生产和服务业最简单工作的帮工。在一战后，比属刚果仍是帝国主义剥削殖民领地的一个典型代表，资本利益至上，丝毫不顾及黑人工人的利益。

一战后的宗主国比利时在民主方面颇有进展，1919年实行普选法（但女性只有选举权，直到1949年女性才有被选举权）。两次大战期间的政府大多执政时间不长，基本上是三个大政党组成的内阁，即天主教党、社会党和自由党（1918年到1921年、1926年到1927年以及1936年到1939年），或者是天主教党和自由党的联合执政（1921年到1925年、1927年到1935年，以及1939年4月到9月）。1925年到1926年和1939年2月组成天主教党和社会党的内阁。1925年共产党第一次进入议会，但并没有发挥重要作用。

比利时内政的主要问题是一个国家内两个民族［如果不考虑在欧本·马尔梅迪（Eupen Malmedy）为数不多的德国少数民族］的团结问题。第一次世界大战期间，德国占领势力支持在佛兰德的分裂活动，争取到佛兰芒少数民族活动家为合作伙伴。1918年后，争取将比利时改为联邦制体，提倡提升荷兰语地位的佛兰芒自治运动的温和派占上风，并取得一定成果：1930年根特（Gent）大学转变为纯佛兰芒语高校（德国占领势力早在1916年3月颁布了相关规定）。1932 年到 1938 年，有关在佛兰芒、瓦隆（Wallonien）和布鲁塞尔的官方语言问题的法规，对温和“活动家”的要求做出很大让步。

佛兰芒运动中激进的一翼是佛兰芒民族联盟，它在 1935 年选举中获得的席位从 8 个上升到 16 个。他们认为这远远不够：他们大力呼吁佛兰芒的广泛自治。一个更极端派别的领导人是佛兰芒前线党的前任议员约里斯·范·泽韦伦（Joris Van Severen）。他在 1931 年建立了大荷兰民族团结联盟。他宣扬要建立一个 5000 万人口的大荷兰国，囊括佛兰芒法语地区和所有荷兰以及比利时的殖民地，后来发展到在大勃艮第的旗号下，把瓦隆和卢森堡也加进来。这个右翼激进联盟有自己的民兵，简称大荷兰民族团结联盟（DINASO），其成员身穿深绿色的制服，敬礼时高抬右手并高喊“DINASO”万岁。但比利时的这个法西斯变种在西佛兰芒地区的成员并没有超过数千名。

而对比利时国家构成更大危险的，是从天主教行动中发展出来的雷克斯党，其名称来自鲁汶一家名叫雷克斯天主教的右翼出版社。该党能言善辩的党魁雷奥·德格雷拉（Leon Degrelle）是查尔斯·莫拉斯（Charles Maurras）和其“法国行动”的追随者，自 1935 年他向各个党派的政治家和所谓的腐败体制开火，发起前所未有的尖锐批评，并把自己的运动称作马克思主义以及布尔什维克主义运动之外的唯一选项。其大幅标语口号“莫斯科的雷克斯”。1935 年其进攻性的选举宣传获得巨大的成功：雷克斯派在 200 个议员的议会中获得 21 个席位。

然而两年后，1937 年 4 月德格雷拉以雷克斯党代表的身份参加布鲁塞尔的一次补选，情况开始逆转。天主教联盟的时任总理保罗·范泽兰本人，此时也没有得到席位，这次他作为所有国家执政党的候选人出战。总理得到 27.5 万张票，德格雷拉获得 7 万张选票。

382 范泽兰胜过德格雷拉主要靠红衣主教约瑟夫·恩斯特·范·罗伊（Josef Ernst van Roy）的功劳，红衣主教公开出面反对德格雷拉。之后雷克斯运动迅速崩溃。曾经拥护雷克斯党的中间阶层和农民选民又转向资产阶级政党。是否可以把1935年到1937年的雷克斯运
/ 424 动称为“法西斯”还是一个问题。尽管德格雷拉的表现火药味很浓，非常哗众取宠，但是他的这个运动并不具备法西斯政党的其他特点，特别是没有准军事的、穿特定制服的卫队，也没有对政敌使用武力。

严重的经济危机和其后果促成右翼激进组织的暂时成功：高失业率，矿山工人薪金下跌，大型罢工，比利时法郎多次贬值。1935年3月到1937年10月，范泽兰担任天主教自由党和社会党联合政府首脑期间，经济开始慢慢复苏。这也在1937年在布鲁塞尔的补选中帮助范泽兰把德格雷拉赶到第二位。更重要的是三个执政党的团结。这也证明了，大多数佛兰芒人和瓦隆人都认识到，比维护自己的语言和文化同一性更加重要的是共同维护自由和民主，维护为双方都提供保障的比利时国家宪法。

如同比利时一样，卢森堡在1914年8月也体验到，受国际法保护的中立并不能保证不受德国的入侵。比利时国王阿尔贝一世和政府退守到西佛兰芒的一小块地盘，那里还没有落入德国人手中。而在卢森堡，大公爵玛丽·阿德尔海德（Marie Adelheid）和政府，依然在占领条件允许的情况下继续工作。和比利时不一样，卢森堡并未向德意志帝国宣战，而是继续坚持其中立态度。1918年11月被占领后，这个国家陷入一场严重的危机：社会党人模仿俄国和德国，在11月10日组建了一个工人农民委员会，提出让大公爵和朝廷下野，重工业要实现社会化，实行8小时工作制。与此同时一个泛法运动则要求把卢森堡并入法国。议院多数在11月13日决定，用全民公投决定未来的国家政体形式，并召集一个议会调查委员会，审评1914年以来王室和政府推行的中立政策。

1919年1月，激进左翼建立临时共和政府的尝试失败。1月14日大公爵玛丽·阿德尔海德放弃王位，让位给她的妹妹夏洛特，自己隐居修道院。1919年9月，在协约国的同意下，举行就未来国家政体的全民公投。大约五分之四强的多数赞同国家独立，保持王朝体制。

卢森堡希望加入法国关税体制的愿望未能实现。而比利时一方努力和卢森堡结成关税同盟，并准备做出巨大让步：1920年9月7日和法国缔结秘密军事联盟，以防备德国无理进攻，这意味着比利时放弃1831年建国的条件之一，即坚持中立的保证。1921年7月，比利时和卢森堡结成关税同盟，这也是1948年1月1日生效的荷兰、比利时和卢森堡之间的荷比卢关税同盟的前奏。1919年9月全民投票后，内政逐步稳定，也得益于1919年末实行的男性和女性普选权。之后的选举中，天主教政党赢得绝对多数。自1925年起，这个大公国的联合政府由天主教党、自由党和保守党组成。1940年5月被德国军队再次占领之前，卢森堡的民主体制基本上没有受到大的冲击。

不同于比利时和卢森堡，瑞士在一战期间得以保住其中立地位。但1918年秋季，瑞士陷入一场严重的内政危机。联邦委员会实行义务社区服务制的计划，受到工人的强烈反对。11月初苏黎世调动军队，以制止在俄国十月革命一周年纪念日计划的游行，而前不久左翼国民议会议员罗伯特·格林（Robert Grimm）成立奥尔腾（Olten）行动委员会，呼吁工人进行地区性的，继而是全国性的罢工。这个行动委员会实际上是一个和社民党领导层竞争的委员会。

罢工始于11月12日，联邦委员会和联邦议会也就是参议院和众议院随之动用军队，由高级少将埃米尔·桑德莱格（Emil Sonderegger）指挥，并且给奥尔腾行动委员会发出最后通牒，以11月14日为结束罢工的最后期限。由于只有部分工人参加了罢工，

384 该委员会表示向国家的压力屈服：11 月 15 日罢工在全瑞士结束。

罢工者提出一周 48 小时工作制的要求，在 1919 年得到满足。罢工领导层提出的马上举行新大选、妇女拥有选举权和被选举权的呼声，并没有得到积极的反响。1919 年 4 月 10 日，三位罢工组织者，包括国会议员罗伯特·格林和弗里茨·普拉腾（Fritz Platten），二者因鼓动造反罪名获 6 个月监禁。这次罢工的另一个后果是，中断了和苏联的外交关系。伯尔尼政府认为苏联积极参与了 11 月事件。

1919 年 10 月的国民议会大选，第一次采用比例选举法。原因是 1918 年 10 月全民投票做出这个决定。迄今为止占上风的自由党大败。他们在 1916 年上次大选赢得 105 个席位，这次只得到 60 个席位。另外一个丢失席位的政党是天主教保守党，当然没有像前者那么惊人。而新秀农民党和社民党在这次大选中胜出。农民党一举获得 29 个席位。社民党的议员从 22 名上升到 41 名。但胜选方并未允许进入瑞士联邦委员会，农民党等到 1929 年，而社民党一直等到 1943 年才获准进入，特别是因其在大罢工的作用。1921 年 3 月，瑞士共产党成立，但并没有发挥什么重要的政治作用，社民党在前一年表示拒绝加入第三国际。在同一年，于 1914 年开始实行的权力制度结束，这个制度在牺牲国民议会和众议院权力的情况下，令瑞士联邦委员会的权力迅速扩大。

/ 427 瑞士和国联的关系是战后外交政策中最大的争执点。由于 16 世纪以来，瑞士一直坚持“永久中立”政策，因此加入国联并非理所当然，尽管国联会把日内瓦作为其最重要的基地之一。新选举出的国民议会 1919 年 11 月同意在保证中立的前提下加入国联，并允诺不久举行全民投票做出抉择。1920 年 2 月 13 日，国联委员会的《伦敦声明》中规定，鉴于瑞士是中立国，瑞士应尽的制裁义务只局限在非军事领域，这也有助于做出赞同的决定。

然而加入国联的争执仍未停止。资产阶级政党领导的态度比较积极，但认为不需要成为全职会员。社民党的左翼则拒绝加入国联。1920 年 5 月 16 日全民投票，以 41.5 万张赞成票、32.3 万张反对票的明显多数同意加入国联。这主要归功于瑞士西部法语地区的赞同票，在讲德语的瑞士部分反对声音占上风。同样，参议院以微弱多数的赞成票通过该提案。

由于加入国联，瑞士对中立的官方解释也有所变更，“差异的中立”取代“完全的中立”，这个中立是在保卫各民族和平，履行经济制裁义务条件下的中立。1920 年到 1940 年，由来自提契诺州（Tessiner）的联邦委员朱塞佩·莫塔（Giuseppe Motta）负责瑞士外交政策，作为弱化中立原则某种程度的补偿，瑞士外交政策也重视和那些最可能破坏国际法的邻国搞好关系，即法西斯意大利以及 1933 年后的纳粹德国。

在世界经济危机的影响下，以出口为导向、依赖旅游业的这个国家深受重创。在瑞士也出现了一个军事化的反对派，它反对议会制度，反对所有左倾的和自由的倾向。30 年代早期的阵线运动，尽管其成员大部分是工人，但话语权主要集中在工商业的中产阶级手中。“中产阶级，站起来”，“瑞士属于瑞士人”，这是国民阵线运动的两大口号，该阵线运动也是最大的右翼激进组织，它在领袖崇拜、着装制服、问候举止和象征标识上都效仿德国和意大利。国民阵线的领导罗尔夫·亨纳（Rolf Henne）反对“犹太化的文化布尔什维克主义”，赞成为限制犹太大学生的数量，推行名额限制的考核。国民阵线出于策略考量，开始弱化其反犹主义，整体态度转向温和，1918 年镇压全国大罢工的所谓“英雄”埃米尔·桑德莱格（Emil Sonderegger）在 1933 年建立了人民联盟，非常公开地表达对犹太人的敌意，反对议会制度。1934 年桑德莱格去世，人民联盟并入瑞士阵线运动。瑞士的纳粹党表现得更为激进，他们鼓吹并入德意志帝国。瑞士的法西斯派，非常崇拜意大利的墨索里尼，参与了 1934 年 / 428

12 月蒙特勒（Montreux）法西斯国际大会的筹办工作。

只有国民阵线这个右翼激进组织，在 1933 年的几个地方选举中取得较大的成果，例如在沙夫豪森（Schaffhausen），该组织获得 26% 的选票。3 年后，12 个阵线运动中只有不多的几个组织还存在。他们最大的失败在于，借助 1935 年 9 月的全民投票，试图全面更改联邦宪法，转向专制和协作式国家体制方向，但只获得 19.4 万张赞成票，反对票高达 51 万张。

1935 年的国民议会选举，社民党上升为势力最大的政党。他们如同 1914 年一样，依然无条件认同国防护国，因此它们和资产阶级政党的关系开始逐步缓和。两年后，金属和钟表行业的工会率先和雇主组织缔结了和平协议。经济的复苏也有助于政治局势的稳定。30 年代后半期，瑞士几乎没有来自内部右翼的威胁。那些温和派政党，包括社民党都坚持下来。1936 年以大商人戈特利布·杜特维勒
/ 429
（Gottlieb Duttweiler）为首的独立国家联盟，主张经济的绝对自由，在政治上比之前的阵线运动更为成功。在危机年代瑞士的民主得到巩固，瑞士也能在第二次世界大战中保持住其中立地位。[21]

许多观察家把瑞士的阵线运动以及两次世界大战期间的诸多右翼运动也称作法西斯，这个概念在30年代已经不再仅仅指其诞生地意大利的原型。马克思主义者或自由派批评家提到“法西斯主义”时，他们指的是有别于传统的保守派，那些用极端暴力对付左翼，深知如何用哗众取宠、民族主义口号争取大众的右翼运动或政权的表现形式。大多数当代作家认为法西斯主义最重要的社会支柱是城市和农村的中产阶层，即资产阶级和工人阶级之间的那个中间层，他们深感来自大资产阶级和无产阶级两个方面的威胁，在此之前并没有形成属于自己的政治组织。

在意大利，左翼改革派乔瓦尼·兹伯蒂（Girvanni Zibordi）是对法西斯社会基础进行全方位分析的先驱人物。他称1922年的意大利是一个小业主阶层过剩的国家。兹伯蒂认为法西斯主义首先是“资产阶级反对红色革命的一种反革命运动，是一种造反行动，除了威胁之外没有其他任何手段”。其次，“是江河日下、不满现状的小业主阶层的一种革命或者更确切地说是一种痉挛”。最后，“是一种军事革命”。兹伯蒂的第三个问题指的是某些军官、宪兵和警察，他们和当年诸多士兵一样赞同法西斯，因为法西斯意味着“内政上，战争状态的延长；外交上，开战的机会”。法西斯的巨大力量就在于“凝聚了反对社会主义无产阶级的情绪，集成了当时资产阶级有意识的和冷酷的敌意，以及中产阶层狂热而又困惑的反感，这一切被战后危机暂时压抑下去，现在将不满的愤怒都发泄到无产阶级身上，而并没有对准统治的社会阶层，或者说对准统治的社会政权”。 / 430

兹伯蒂的这个分析，指出法西斯运动的资产阶级、中产阶级和军队等因素，对法西斯主义单方面的社会学解释提出了挑战：他认为，法西斯有中产阶级的因素，但它不仅仅是一个中产阶层的运动。

388 1921 年国家法西斯党的一个职业统计也证实了他的判断。当时法西斯成员中 24.3% 是农业工人，15.4% 是工业工人，学生占 13%，农民、佃农和短期佃农占 11.9%，私营雇员占 9.9%，商人、手工业者和零售商占 9.2%，自由职业者占 6.6%，公共部门职员占 4.7%。

1921 年的数据告诉我们，法西斯主义拥有广泛的社会基础，尤其不能忽略它对中产阶级的特别吸引力。从各自人口比例分析，代表农业工人和工业工人参加国家法西斯党的人员并不多，而代表中间阶层，特别是职员这个新中间阶层参加该政党的人员则很多。尤其是学生、大学生和教师，因可提供的职位过少，这组人群普遍担心自己的社会地位下滑。

历史学家延斯·彼得森（Jens Petersen）称国家法西斯党是“第一个资产阶级群众政党”。鉴于工人成分几乎占 40%，也有“人民政党”这一提法。法西斯政党和其他政党的区别还在于，年轻一代的很多人加入了他们的行列：1921 年，21 岁以下的年轻人占党员人数的四分之一。在雷焦艾米利亚（Reggio Emilia）省，1922 年 10 月时，党员平均年龄为 25 岁。1922 年底的“进军罗马”时代，国家法西斯党大约有 30 万成员，是当时人数最多的政党。在墨索里尼执政的第一年，法西斯运动爆发式增长，1932 年 12 月拥有 78.3 万名党员。

/ 431 墨索里尼政府内，“领袖”担任总理，也担任外交和内政部长，该内阁不仅有法西斯成员，也有无党派专家：如前任总参部部长阿曼多·迪亚兹（Armondo Diaz）和海军上将保罗·陶内·迪·莱费尔（Paolo Thaon di Revel），前者任战争部部长，后者任海军部部长。该内阁还有天主教民主人民党、民主党和自由党的成员。最著名的自由党成员是哲学家乔瓦尼·秦梯利（Giovanni Gentile），当然他那时开始从自由主义转向法西斯主义。

1922 年到 1925 年任财政部部长的阿尔贝托·德·史蒂芬尼

（Alberto De Stefani）是内阁中的法西斯成员，也是经济学教授，1923 年到 1925 年还负责领导资产部。根据其“放任主义”理念实施的有利于企业的财政和经济政策，令工业界团结一致支持新政府。归功在他名下的还有，众议院和参议院赋予墨索里尼政府一年的特权期限，在这个基础上他对财政进行了整合。自由党本寄希望墨索里尼会兑现恢复“正常化”、解散黑衫军的承诺，但是都没有实现。1923 年，黑衫军归入保卫国家安全的民兵志愿团，这是一个起初并不驻扎在兵营的、志愿型新后备役军队，这支队伍归属“法西斯领袖”墨索里尼麾下，不必向国王宣誓效忠，但是享受国家资助。一个月之前的 1923 年 12 月，法西斯大委员会成立，它是法西斯政党的最高咨询和决策机构，由此形成了典型的法西斯双层结构：最高委员会是议会的竞争对手，法西斯民兵是军队之外的一个权力支柱。

由恩里克·科拉迪尼（Enrico Corradini）1910 年建立的激进民族主义的武力联盟，以及意大利民族联盟在 1923 年 3 月和法西斯党合并。该联盟的两位领导人此后担任政府要职，1924 年 6 月路易吉·费德佐尼（Luigi Federzoni）担任内政部部长，1925 年 1 月阿尔弗雷多·罗科（Alfredo Rocco）担任法律部部长。1923年 4 月底，天主教民族人民党的部长被开除出内阁，因为之前该党在都灵召开的大会上对法西斯不断的武力行为和其理念做出严厉批评，反对墨索里尼提出的新选举法。1923 年 7 月新选举法，即《阿塞博法案》（Acerbo Law）颁布。其唯一的目的是让法西斯和其资产阶级“支持者”的共同竞选者得到绝对多数。该法规定，凡是名单中的竞选者成功得到至少 1/4 的有效选票，就可获得 2/3 的席位。众议院投票中 235 名议员同意，140 名反对该法案，参议院的态度是 165 票对 41 票表示赞同。 / 432

投反对票的有共产党、社会党、以伊万诺埃·博诺米为首的改良社民党和乔瓦尼·阿门多拉（Giovanni Amendola）领导的民主党议员。大多数天主教民主人民党议员弃权：39 名赞同者或反对该项法律的议员被开除出党。几位和梵蒂冈关系较好的人民党议员自愿退党，这一行动也被解读为教会对该党的否定。自由党，包括前任首相乔利蒂、萨兰德拉和桑尼诺都投了赞同票，也就是表示反对议会制，他们依然认为墨索里尼政府和战后初期的混乱状态相比，是小巫见大巫。他们认可了当地法西斯首领持续的恐怖行动，因为这些行动并不是针对他们，只是针对左翼。

“进军罗马”后，法西斯光天化日下的恐怖行为并未终止。墨索里尼接管政府后，对政治对手的施暴程度丝毫未减。仅在 1922 年 12 月 18 日到 20 日，为报复被谋杀的两名法西斯分子，有 11~22 名（数字不准确）共产党人、无政府主义者和社会党人在都灵被杀害。而黑衫队的动武行为很少受到抓捕和判决，相反被抓捕的大多数是共产党领导人。1922 年 12 月到 1923 年 2 月，共有 2235 人被抓。其中 252 人是在抓捕坚决反对共产党和社民党合作的极左派党魁博尔迪加（Bordiga）时一起被捕入狱的。1923 年 4 月，博尔迪加被共产国际执行委员会撤掉党主席职务，因为考虑到法西斯攫取政权的新局面，共产国际执委会也调整了其策略，认同左翼统一阵线的方针。在共产国际新安插的党领导中，博尔迪加的这派人不占多数。

新选举法下的首次选举在 1924 年 4 月 6 日举行。竞选的过程伴随着黑衫军对左翼在野党的一系列暴力活动。尽管大力恐吓反法西斯人士，且动了无数手脚，但这次民意调查结果中，法西斯和其盟友的共同竞选名单只得到 65% 的选票：共得到 356 个席位，在野党出任 141 个议员，其中人民党 39 个席位，改革派的社会同盟党 24 个席位，社会主义马克思党 22 个席位，共产党 19 个席位。在北部地区的皮埃蒙特、利古里亚（Ligurien）、隆巴德（Lombarde）和威尼托（Venetien），在野党赢得多数。在意大利其他地区，执政党占多数。

大选后不到8周，1924年5月30日，社会同盟党秘书长吉亚科莫·马泰奥蒂（Giacomo Matteotti）在众议院严厉抨击竞选中法西斯的恐怖活动，提出应宣布此次竞选无效。他的发言数次被众人激烈的呼声打断。法西斯分子没有仅限于口诛笔伐的抗议，6月10日马泰奥蒂在前往议会的路上，在罗马的大街上被阿梅里戈·杜米尼手下的5名黑衫军队员绑架，他被拽入一辆车内，匕首刺入胸膛。直到8月16日，人们在罗马附近的里亚尼奥区（Riano）的森林里才找到这位社会党议员的尸体。

马泰奥蒂的失踪让意大利陷入异常紧张的状态，也令执政的法西斯陷入迄今为止最严重的危机。除了共产党和几个独立的自由党人，包括乔利蒂在内，以乔瓦尼·阿门多拉（Giovanni Amendola）为首的在野党议员都退出议会，他们模仿公元前5世纪初时“平民出走”，迁到阿文提诺山（Aventin）上，在那里建立真正的议会。6月13日墨索里尼在议会上宣称，只有他的敌人才会想出6月10日这样罪恶的行为，才能犯这样的罪行。第二天，他开除了几个失宠的法西斯要职领导人以及新闻部主任切萨雷·罗西（Cesare Rossi）和内政部副部长奥尔多·芬奇（Aldo Finci）。6月16日，墨索里尼本人放弃内政部部长务，由当年的民族党人路易吉·费德佐尼（Luigi Federzoni）接任。后来几周，根据警察局长埃米利奥·德博诺（Emilio De Bono）（在被任命为民兵总司令之前）的指令，几位直接参与谋杀、已经被羁押的黑衫军成员成功逃脱，没有受到任何惩罚，唯有一人落网。 / 434

8月中已经确认马泰奥蒂被害。尽管一再遭到否认，但几乎没有人怀疑，杀害马泰奥蒂真正和最终的责任在于领导政府的这个人。然而反对派没有采取任何行动。阿文提诺山上的在野派虽然组成了一个棘手的团体，但实际上没有任何影响力。也没有人出面组织共产党提出的大罢工，因为大多数反法西斯议员认为大罢工等于玩火焚身，可能会导致内战。许多人寄希望于国王翁贝托二世的出面干涉，特别是阿门多拉。然而国王只是将责任推给众议院和参议院，而在野党退出议院后，众议院只是一个空壳。参议院在 6 月 26 日和 12 月 5 日表示完全信赖墨索里尼领导的政府。

12 月 27 日，阿门多拉领导的《世界报》发表了前国务秘书罗西的一篇名为《回忆录》的文章。在此文中可以明显看出墨索里尼与该事件有染。因为在马泰奥蒂 5 月 30 日讲话后，领袖马上对罗西说：“契卡在干什么呢？”“杜米尼在干什么呢？”“这个人（马泰奥蒂）讲这番话后应该被清除掉”。阿梅里戈·杜米尼是黑衫军中类似布尔什维克秘密警察契卡的一个组织的头子。如果墨索里尼确实说了此番话，就是明显要求除掉这位在野党议员。罗西的《回忆录》令反法西斯派的怀疑成为定论：政府首脑就是谋杀主谋。

1924 年夏末和秋季，墨索里尼犹豫再三：是应该听取极端法西斯分子的劝告，即听从罗伯托·法里纳奇（Roberto Farinacci）的意见，采取严厉措施对付在野党；还是与自由派的支持者继续合作，也就是调整策略采取温和的政治态度？10 月初，自由党在里窝那召开党代会，支持政府的是少数派。11 月乔利蒂和奥兰多转而反对政府，12 月末罗西的《回忆录》发表后，萨兰德拉也采取了同样行动。迄今为止的合作伙伴一个个背离，支持“领袖”的只剩下法西斯运动的中坚力量了。而合作伙伴的转向也削弱了墨索里尼的地位。如果他想保住权力，必须更加依赖法西斯运动的核心力量，即激进派。因此在 1924/1925 年交替之际，领袖决定用突围的办法解决危机，这一行动完全可以被称为一场政变，如果把“进军罗马”称为第一次政变，那么这是他的第二次政变。

1925 年 1 月 3 日首相来到议会，前一天他已经和国王沟通了他的想法。在这个最重要的讲话中，墨索里尼表示他本人对所发生的一切，承担全部“政治、道德和历史的责任”。“如果法西斯主义沦为蓖麻油和警棍，而不能体现最优秀的意大利年轻人的卓越激情，那么这是我的责任！如果法西斯主义演变为一个犯罪团伙，那么我就是这个团伙的首领。如果两个因素相互争执，各不相让，那么只有用武力来解决……意大利需要和平、安宁和无人干扰的劳作。我们要确保它的安宁、不受干扰的生息，必要时用爱心，必要时用武力。请诸位放心，在我讲话后48小时内，局势就会彻底明朗”。为强化他的挑衅，“领袖”还提请议员们注意，他们有权根据1948年3月宪法第47款，控告国王的部长们，将他们告到最高法院。 / 436

1925年1月3日，这一天标志着法西斯历史上的一个转折点。用沃尔夫冈·席德尔（Wolfgang Schieder）的话说："运动阶段”彻底结束，“执政阶段”正式开始。该政权正式成为一个公开的专制政权，1922年10月的“进军罗马”行动已经孕育了其萌芽。在墨索里尼讲话中提及的48小时内，自由党的部长都被解职。当年的民粹主义者阿尔弗雷多·罗科（Alfredo Rocco）接管法律部。无数的反对派报刊被没收，此后报刊必须接受严格的审查。国内最重要的报纸，历史悠久的米兰《晚邮报》不得不站到政府方针一边，其股东克里斯皮（Crespi）家族受到巨大压力，于1924年11月解除了自由党人路易吉·阿尔贝蒂尼（Luigi Albertini）的主编职位。不久后，法西斯把都灵《新闻报》也置于自己的控制下。

1925年1月7日，内政部部长费德佐尼出台措施：关闭诸多政治俱乐部，解散有造反倾向的组织，禁止所有政治集会，搜查诸多可疑住宅，抓捕危险的造反分子。1月9日，退守到阿文提诺山上的议会在野派发表一个声明，抗议压制市民的自由，指出这是“法西斯主义和人民之间斗争的最后阶段”。当几位在野党议员想返回议会时，却被拦在议会外。1925年2月18日，坚决反对新闻独立的主力罗伯托·法里纳奇被法西斯大委员会选为法西斯党秘书长。他援引墨索里尼的话，宣称法西斯主义迄今为止只赢得一场战役，他还要赢得整个战争。

如果在野派及时认识到，只有他们达成并坚持共同的策略，才能在政治上起到有效作用，才不至于被全方位击败。乔利蒂、奥兰
/ 437 多和萨兰德拉对墨索里尼政治姗姗来迟的批评，并不令人信服，因为他们和法西斯的合作令其道德可信度大打折扣。资产阶级的自由党进一步受到削弱，因为他们社会上最重要的支持者—工业家和大地主并不想和这样一个比以前各届政府更有效地保护他们利益的体系去抗衡。凡是放弃了政治活动的前任议员，多数在新的专制制度下也能苟且偷生。思想界著名代表，哲学家贝内德托·克罗齐（Benedetto Croce）在1924年初，曾明确表示反对法西斯政权，但还是得到某种程度的宽容。克罗齐的《批评报》也可以继续存在，尽管该报在意识形态上并未向法西斯主义屈服。

1925年初的举措，只是通往法西斯专制道路上的一个阶段。这一发展趋势也受到法西斯“全国工会”的助力。1922年初它在埃德蒙多·罗索尼（Edmondo Rossoni）领导下，加入全国工会联合会。全国工会一方面宣传战胜阶级斗争，主张资本和劳工合作，但另一方面，主张使用罢工手段，这一点和其他国家中倾向企业主的黄色工会不同。在法西斯党内，他们总是站在以法里纳奇和伊塔洛·巴尔博（Italo Balbo）为首的极端分子一边。

赞同罢工并没有仅仅停留在口头上，1925年初，全国工会发动了一场反资本主义的攻势，导致2月到3月法西斯金属工人大罢工。但是半年后，1925年10月2日，法西斯工会和企业主协会缔结了维多尼宫廷（Palazzo Vidoni）协议，工会一方放弃罢工，对方同意不关闭企业。双方还达成解散企业委员会的共识。法西斯从未能控制企业委员会。全国工会还得到独家特权，负责集体工资谈判。
/ 438 这样一来，其他工会就没有了存在的理由。社会主义劳工总联合会随即自行解散。1926年4月，法律部长罗科把去年10月的协议付

诸法律条文，规定只要雇主和雇员行业协会的会员人数达到该行业从业人员的十分之一，就会得到国家承认。

1925 年 11 月 4 日，在维多尼宫廷协议签署一个月后，社会主义同盟党前议员蒂托·扎尼博尼（Tito Zaniboni）试图暗杀墨索里尼，但最后一刻并未实施，可是带来的后果非常严重。政府的反应是立即禁止社会主义同盟党［扎尼博尼的一个同伙路易吉·卡佩罗（Luigi Capello）将军是共济会会员］，颁布了法律部部长提议的法西斯法案。其中最重要的是国家首脑法，它赋予总理全方位特权，包括取缔议会的立法倡议权。1926 年 1 月 31 日的法案赋予执法机构权力，只要他们认为正确，就可以颁布有法律执行力的规定，也就是取缔了三权分立原则。后来的一系列法律，强化了省级长官的地位（相对法西斯党来说更强），地方自治管理被取消（国家任命的市长取代被选出的市长）。记者被集中到一个强制机构内，同时，开除政治上不可靠的政府官员是被允许的。

法西斯法案的一个重要标志是国家主义：不是法西斯运动而是由国家发号指令。但这个国家不是传统意义上的、政党作为其工具的国家，而是以墨索里尼为政府首脑的法西斯国家。法西斯运动的代表人物法里纳奇，他在 1926 年不得不放弃总秘书长职位，他的许多追随者也随之丢掉了党内职位。和法里纳奇一道的诸多地方党魁也被剥夺了权力。谁站在新的方针一边，谁就可以保留原职。在新秘书长奥古斯托·图拉蒂（Augusto Turati）领导下，法西斯政党逐步控制政府机构，直到 1930 年，图拉蒂一直担任这个要职。

1927 年 1 月 5 日，此时法西斯党员超过百万，领袖决定将党的地方支部书记置于省级长官领导之下。沃尔夫冈·席德尔认为这是“法西斯政党从执政型统一党发展到指挥型统一党的一个转折点”。该政党变成想出人头地的野心家及其追随者组成的官僚社团，他们对政治并不感兴趣，因此这个组织也失去了极端主义带入党内的那种侵略性的攻击力。但同时也可以看到，墨索里尼共融计划的落实有其局限性。传统的精英仍远离这个法西斯的统一党，从而躲开这个法西斯独裁党的直接政治控制。

1926 年秋季，暗杀墨索里尼的尝试又一次失败。这次行动使得镇压升级。10 月 31 日在博洛尼亚，15 岁的安特奥 · 赞博尼（Anteo Zamboni）策划了一次暗杀行动，事后他直接被法西斯暴民用私刑处死。11 月 5 日，政府解散了所有政党，禁止一切反对派报刊，新组建了一个特种警察部门，即政治警察司，简称“POLPOL”，建立了秘密警察组织即镇压反法西斯的监督机构（OVRA），废除所有护照，并实施一项新举措：驱逐反对派，就是说他们被流放到所谓的“被诅咒的岛屿”上，受到监禁和拷打，例如乌斯蒂卡岛（Ustica）和利帕里岛（Lipari）。一位被流放的医生兼作家保罗 · 列维（Paul Levi），在 1945 年出版的《耶稣只到埃博利》（*Christus Kam nur bis Eboli*）一书中，用文学的形式详尽描述了他的经历。

11 月 9 日，众议院的法西斯多数宣布取消在野党议员席位。之后，1926 年 11 月 25 日根据国家保卫法，建立一个特别法庭来处理政治犯罪，实施可追溯前科的、新的严厉惩罚，必要时可判处死刑，例如对反法西斯的行为，警方可以拘留嫌疑人并且不需要经过法庭，只由管理方决定即可。根据新的法规，1926 年 11 月 8 日已经被警察拘捕的共产党实际领导人安东尼奥 · 葛兰西，在 1928 年被特别法庭判处 20 年监禁。那些著名的左翼代表，如果还没有移民或者被捕，都尝试远走他乡，移居国外。1926 年 11 月后，意大利正式成为一党专制国家，比警察国家有过之无不及。

镇压政策只有共融政策相伴才会生效。1925 年创立的业余活动组织国家康乐俱乐部（OND）目的是争取工人，主要为无产阶级大众提供体育、文化和旅游活动，作为失去政治自由和一再降低薪金的补偿，这个举措在有限的范围内也达到了其目的：国家康乐俱乐部成员的数量从 1926 年的 28 万上升到 1929 年的 100 万，战争年代为 460 万。

但是“国家社团主义”试图战胜阶级社会和阶级斗争的努力几乎没有什么效果。1927 年 4 月 21 日被视为罗马市的诞辰日，法西斯大委员会通过“劳工宪章”规定，把国家承认的行业协会，即由雇主和雇员组成的联合会并入一个共同社团。这个社团中资本和劳工代表在国家和政党的领导下，根据国家的利益，调节和规划生产。1928 年 5 月的一项新选举法，还赋予这个社团人选建议权，为法西斯大委员会出谋划策，推举法西斯政党议会竞选人。由于法西斯政党的绝对影响，这项权利不仅仅停留在书面上。

1929 年 3 月，根据新的选举法举行首次选举，其一边倒的结果乃预料之中：850 万张赞成票，13.6 万张反对票。大选 5 年后，1934 年 2 月 5 日才颁布了社团组建、社团任务等有关法律，召集了 22 个社团参加的国民会议。在“国家社团主义”管控下，不可能有自治的利益代表机构。以墨索里尼为首的法西斯权力中心的决策才是起决定作用的。“行会”和“社团”及其笨重的工具，还有一党议会只是合法的外衣，用来遮人耳目。1939 年 1 月议会和社团合并为下议院也是如此，谈不上有任何区别。 / 441

1929 年 2 月 11 日的《拉特兰条约》，可以理解为是其共融政策的一部分。第一个协议同意恢复因 1870 年 10 月罗马并入意大利王国而被取缔的教会国家，承认教宗在梵蒂冈的主权和执政权，教廷也承认由此罗马问题得到解决。第二个协议是一个财政公约，允诺给梵蒂冈一笔可观的数额作为对原有教会国家的补偿。第三个合约是一个宗教契约，同意天主教会提出的条件，承认天主教是国家宗教，这在自由派政府执政期间是绝对办不到的。另外还确保教会可以履行教牧关怀的工作，在公立学校设立宗教课程，教会缔结的婚姻如同民事缔结的婚姻一样有效。

为达成这个宗教协议所遇到的障碍，首先是法西斯青年组织的垄断要求。该组织 1926 年成立，名为国家巴利拉（Opera Nazionale Balilla）。巴利拉本是一个 15 岁男孩的名字，1790 年他在热那亚投掷石头的行动演变为反抗奥地利起义的信号。为达到强健体魄和军事训练以及政治教育的目的，7 岁到 14 岁的所有青少年都应该加入国家巴利拉组织，但并没有义务一定要加入。而 8 岁到 14 岁女孩的组织是意大利少先队（Piccola Italiana），14 岁到 18 岁男女青年的组织分别为“先锋队”和“年轻意大利”。教会为其自己的青年组织“天主教行动协会”争取到特殊地位：允许这个组织继续存在，但不能从事法律规定的属于国家青年队的工作。在大 / 442 学里，天主教以及所有非法西斯的协会都被取缔。男性大学生几乎全都加入了大学的法西斯团体。

《拉特兰条约》结束了教廷和意大利之间几乎持续 60 年之久、严重影响双方关系的争执。恢复教宗的尘世统治权，赋予意大利天主教廷优先地位，是对建立世俗国家的复兴运动的基本原则的修正。法西斯主义并不想皈依天主教或者表明自己更信仰基督，但是 1929 年缔结的和平巩固了这个政权的地位，它对内可以把天主教徒和新制度更有力地捆绑在一起，在国外它提高了意大利法西斯及其领袖的声誉：世界各地虔诚的天主教徒终于有了一个理由，对墨索里尼及其政府表示某种程度的好感。

如果问，在“进军罗马”后的年代，是什么给这个政权创造了某种现实的合法性，回答就是 1922 年底开始的经济复苏。这种发展虽然和世界经济趋势同步，同时也得益于财政部部长（当年还没有独立的经济部）德·斯特凡尼（De Stefani）坚定不移地推行自由经济政策和严格的国家预算。1922 年到 1929 年，工业生产增长 50%，农业也有显著好转，政府力推的“为粮食而战”的措施对提高粮食产量贡献颇大。出于意识形态原因，农业享有政府的特别重视：坚信工业化会带来社会的和精神的损害，法西斯要求意大利实现“乡村化”。制止不健康的城市发展，有意识地开发乡村地区。法西斯主义希望用这种方法，有效抗衡向海外移民的扩大化。

损害大业主利益的农业改革（财产分配或在托斯卡纳废除佃农制度），一开始就无法实施。恐吓大地主是不可以的，因为他们是法西斯最重要的盟友：没有他们的帮助，墨索里尼的政党根本无法攫取政权。因此实现乡村化只能采取某种内部殖民的形式。但可以考虑的空间，除托斯卡纳的马雷玛（Maremma）和罗马北边的马卡雷瑟（Maccarese）以外，只有首都南部的庞提（Ponti）沼泽地区了。

上面最后提到的这个地区，1930 年着手早已规划好的大面积排水工作。在世界经济危机期间，它也起到了搞活经济、为国家创造就业的作用。在 30 年代，这里出现了 5 个新城：利托利亚，今天的萨包迪亚（Sabaodia）、波梅齐亚（Pomezia）、阿普里利亚（Aprilia）和庞廷（Pontina）。这些城市被设计为地区级乡村中心，以法西斯城市理念为榜样：市政厅在中心，对面是天主教堂，两者都不得高于带有刀斧塔的当地党部所在地。另外民兵兵营也是基本设施，市中心还设有一个国家康乐俱乐部。

乡村化如同“粮食之战”一样，尽管花费了大量的人力物力进行宣传，但并没有取得期望的成果。1921 年到 1930 年，整体就业人数增加 110 万，但是在农业领域却减少了 53 万。到 1940 年，只有 10 万人迁居到新开垦的地区。法西斯主义并不想当保守派，而是想当现代派，因此它并不能系统地偏顾乡村而忽略城市。为了对付 1929 年后的危机，它必须扶植工业生产。所采取的措施是模仿前几任政府的实践，借助保护主义的措施、为实现自给自足乌托邦的目标推出的举措：导致钢铁工业的生产价格高于国际市场的 50% 到 100%。

法西斯工业政策最重要的工具，是 1933 年建立的工业复兴所

（IRI），一段时间内，它控制着所有股份公司和全部军备工业 42%
/ 444 的资金。它采用一种混合的、部分国有部分私有的管理方式，大概可以归功于工业复兴所的功绩是：意大利国民生产总值在 30 年代首次稍高于欧洲平均值，1938 年占世界工业生产的 2.8%，稍高于 1928 年的 2.7%。

法西斯主义不仅在新城市，而且在传统城市也打上它的印记。在“开膛破肚”这个口号下，只要有可能的地方，历史的老城中心都被拆毁，代之以矗立着法西斯纪念碑的广场和新主轴式的大路。该政权的城市化政策在罗马留下了深深的印迹。墨索里尼让他的首席建筑师马塞罗·皮亚琴蒂尼（Marcello Piacentini）把全部内城的街道走向改造为星形状，面向威尼斯广场，通向 1929 年他在该广场的办公地点威尼斯宫。宽敞的新街道不仅便于组织游行，而且众人还可以迅速地涌向威尼斯宫，聆听“伟大”领袖在阳台上发表讲演。

墨索里尼认为传统的罗马建筑中只有古典建筑，特别是罗马帝国时代的建筑才值得保留。打通街道的作用是让人们一眼可看到罗马帝国时代的遗迹，看到国会山、罗马广场、帕拉蒂尼山、斗兽场和马克西姆斯竞技场，使它们成为不朽的纪念碑。修建帝国广场大道可以服务于这个目的，古典时代的统治中心周围修起了一条宽大的法西斯式环城街道，而“领袖”还特别重视这些街道要方便游行活动。

在墨索里尼统治时期，古罗马被大修大改。沃尔夫冈·席德尔将其概括为：“从那以后，古典的罗马，特别是帝国时代的罗马，在地形上只剩下经过法西斯异化的外表。若要了解古典时期纪念性建筑的真正形式，必须先揭掉法西斯附加的成分或者至少明确指出这个问题。如果不这样，那么古典罗马就是由法西斯再造的罗马。”

/ 445 法西斯的罗马崇拜，“法西斯的罗马”折射出该政权的愿望：借助历史上无法超越的巅峰来提高自己。罗马帝国是这个新的、还需要缔造的法西斯帝国的榜样。法西斯的大多数标志和众多概念都来自古罗马帝国，从“法西斯”和刀斧塔到民兵的等级布局：“纵队”“百人队”“步兵队”“军团”以及高举右臂的敬礼问候，等等。1926年意大利卷入利比亚独立运动战争时，墨索里尼特意访问驻扎在那里的舰队，被欢呼为大西庇阿再现。模仿奥古斯都的榜样，墨索里尼在1935/1936年阿比西尼亚战后，扮演成和平创建者的角色。赶在第一任罗马皇帝2000年诞辰之前，他下令修复好公元前9年建造的和平祭坛。该祭坛位于经过彻底改建的奥古斯都陵墓和台伯河之间，是现代亭廊的一部分。他要让意大利和全世界都知道，谁是奥古斯都的合法继承人，谁是其精神的命中守护者：这个人就是“领袖”墨索里尼。

法西斯不同于共产党，并没有那种经过深思熟虑的、堪称科学的意识形态理论。法西斯宣传者所表达的基本观点，绝大部分来自19世纪末和20世纪初的非理性生活哲学，例如亨利·柏格森（Henri Bergson）提出的学说“生命的冲动”、乔治·索雷尔（Georgel Sorel）宣扬的“直接行动”以及相信神话的勇气。1925年4月，在博洛尼亚召开的法西斯知识分子大会上，墨索里尼发表了由乔瓦尼·秦梯利撰写的一份向全世界知识分子发出的宣言。宣言说，法西斯将如同所有伟大的精神运动一样，会越来越强大，越来越能起到吸引和凝聚的作用，更有效地穿插在精神、思想、利益和机构中。简而言之，它会更好地融入意大利人民的生活。因此关键的不再是指望和衡量每个个体，而是要重视这个思想，正确地评估这个思想，如同每种真正的、有活力的思想一样，它们本身就是力量，它们不是人为创建的，而是用来改造人的。贝内德托·克罗齐不久之后发表了一个评论，称这个宣言不过是“一篇中学生作文，意识形态混乱，把某些想法荒唐地串联在一起”。 / 446

1932年，墨索里尼认为时机已成熟，他为《意大利百科全书》

撰文，阐述什么是“法西斯教义”。按照他的观点，“信仰法西斯主义的人”代表着“一种生活，通过自我否定、放弃其特有的利益，甚至通过死亡，实现其彻底的精神存在，这是人的尊严所在”。法西斯主义是“一种宗教观点，把人看作和更高法则的内在结合，形成一种客观的精神，它超越了特定的个体，成为一个精神共同体中默契的一员。在这个意义上，法西斯是极权的，法西斯主义的国家，作为所有价值观的综合和统一，给其全体国民的生活提供了注解，并使其发展和壮大”。法西斯的极权概念和警察国家无关。“由一个政党极权地管理一个国家，是一个历史的新事物。”

根据墨索里尼正宗的解释，法西斯主义抛弃启蒙的理性，推崇直觉意志的力量。法西斯主义是反个性化的、反自由主义的、反唯物主义的。它站在把多数等同为人民意愿的民主对立面，声称它自己代表更纯粹的民主形式，因为它对人民有更好的定性理解。法西斯主义认为国家是一个绝对体，而个人和团组都是相对体。它是民粹的、好战的、扩张的、否认四海之内皆兄弟的友谊。“只有战争才能使人类的全部能量发挥到最高的极致，赋予人民以贵族的尊严，具备勇气和美德，临危不惧地投入战斗。……对于法西斯主义来说，打造帝国，也就是不断扩张才是充满活力的表现。上升的或者复兴的民族是帝国主义的民族，只有走下坡路的民族才会放弃。”

墨索里尼毫不犹豫地把法西斯主义称为“本世纪的宗旨”。他为这种判断列举的理由是，当今各民族都追求极权、控制和秩序。
/ 447
他甚至宣称，法西斯主义在世界范围内适用。各种教义都带有这个普遍真理。“它的实现展示了人类精神史上的一个阶段。”“领袖”在1932年文章中的出发点是，法西斯不是纯意大利的现象，而是某种特定的政权类型，其他的民族，只要他们决定和自由时代果断决裂，和马克思主义的各种允诺决裂，他们也可以建立这种类型的政权。

然而每当涉及具体题目时，墨索里尼总是强调意大利的独特性和其历史使命。实际上，是反法西斯的左翼及时把法西斯这个概念和意大利原产国分离开来，用这个概念描述来自右翼的暴力运动和政权的特定形式。因此这个概念不一定是指在意大利发生的林林总总。因为不管亚平宁半岛之外的地方从意大利学到了什么经验，只有和一个相对强大的、强调各自特点的民粹主义结合起来，才能起到作用。法西斯政权乐于结成权宜联盟，以抗衡第三方，也努力赢得本国境外的赞同者。但是“法西斯国际”这样的提法是自相矛盾的。

墨索里尼1932年为《意大利百科全书》撰写的文章中，使用了“极权”这个概念，这个提法并不是第一次出现。1925年时，他就呼吁法西斯分子展示“强力极权意志”。这个概念也不是“领袖”的新发明。在墨索里尼之前，自由党的批评家乔瓦尼·阿门多拉（Giovanni Amendola），社会党人莱里奥·巴索（Lelio Basso）在1923年就称法西斯是极权政权。墨索里尼所说的极权，是不受任何反对派威胁的、整体划一的国家意志，正如他在1925年提出的口号：“一切隶属国家，国家至高无上，绝不反对国家。”

自20世纪30年代以来，“极权”政权的特点是：视政治的核心为敌我之间的搏斗，用武力镇压反对派，借助无处不在的秘密警察恐吓持异见者，为了一党的权力垄断而取缔各种形式的三权分立，借助意识形态、宣传和恐怖行动制造大众的热烈赞美，因为他们对内和对外的合法化需要这种赞许。法西斯的意大利逐步朝这个方向发展。自1926年末建立一党国家后，墨索里尼的国家极其接近这种极权国家类型。 / 448

但墨索里尼的统治也不是至高无上的。除了“领袖”外，还有国王，尽管国王个人没有什么魅力，但是其位置还是有一定的威慑力，若发生战事，国王仍是国家军队的最高指挥。军队、民事国家机器、天主教教廷也未全部受法西斯控制，在意大利社会大部分阶层中，教廷享有很高的权威。整个社会并没有做到步调一致。政府虽然得以让工人阶级保持中立，但实际上并未能融入它们。我们从自由党政治家的行为中以及克罗齐立场的变化中，可以得出普遍的结论：1924 年后，自由派的资产阶级对该政权持有的保留态度在马泰奥蒂危机后越来越强烈。

法西斯国家的支柱一如既往是大地主和工业家，正是他们的支持为墨索里尼在 1922 年 10 月登上总理宝座铺平了道路。但是他们没有去左右该政权的政策，反而因法西斯机器影响的不断强大而越来越被动。1933 年 12 月共产国际执委会第 13 届大会上，格奥尔基·季米特洛夫给法西斯做出了尽人皆知的定义，但它根本不符合意大利的实际情况。他说："掌权的法西斯是极端反革命分子、主要由金融资本的沙文主义分子和帝国主义分子建立的，一种公开的、恐怖主义的专政。"

/ 449

德国共产党右翼异己人士奥古斯特·塔尔海默（August Thalheimer）在 1930 年更确切地阐述了法西斯意大利的状况。他援引马克思 1852 年在《路易·波拿巴的雾月 18 日》中对法国波拿巴政权的分析。路易·拿破仑也就是后来拿破仑皇帝三世，他的政治体系是一种"执法机构的独立权力"，最高国家权力落到拿破仑手中，是因为资产阶级和无产阶级在公开的斗争中已经精疲力竭，两个阶级都没有强大到可以再进行一场新的战争。资产阶级认识到，为挽救其社会权力，他们必须放弃借助议会行使政治权力，而是必须求助一个强大执法机构的保护。

塔尔海默认为这和当下情况有很多类似之处。如同法国的波拿巴主义，意大利的法西斯专制意味着"独立的执法机构"，全体大众政治上的臣服，当然也包括资产阶级本身，臣服于大资产阶级和大地主社会阶层统治的法西斯国家权力。同时，如同波拿巴主义一样，法西斯主义希望成为所有阶级的大恩人：因此不断地利用某个阶级去反对另外一个阶级，造成内部矛盾的不断运动。

墨索里尼作为波拿巴家族的第二任皇帝投胎意大利：尽管波拿巴主义和法西斯主义有很大区别，塔尔海默也不否认这些区别，但仍有很多引人注目的共同点：如同70年前的法国，无产阶级在意大利未能掌权。同样广泛的资产阶级群体已经厌烦了不稳定的议会体制，比较容易接受建立强国的承诺。意大利和法国一样，篡权者拥有武装的私人军队。路易·波拿巴拥有“12月10日社团”，墨索里尼有“黑衫军”，墨索里尼很大程度上和路易·波拿巴一样，是一个很有魅力的领袖，知道如何动员大众。他熟知必不可少的“公关工作”，以便让大众看到他想做出的样子：一位意志坚强、毫不畏缩、精力充沛的领导者。只要他掌控住法西斯大委员会，并取得成绩，他就可以在某种程度上确信会得到意大利人民的欢迎。法西斯的意大利，恐怖压制和选举操纵比在法兰西第二帝国更加强力。

在和外界的关系上，“领袖”领导的意大利初期和波拿巴的法国很不相同。拿破仑三世曾一再尝试，借助声誉显赫、不乏冒险的对外政策和战争来稳定其政权统治。墨索里尼在执政早期只采取了一次冒险的军事行动。这就是1923年夏季，为确认希腊和阿尔巴尼亚边界成立了一个国际委员会，意大利代表泰利尼（Tellini）和他的助手在希腊领土上被谋杀。为了确保意大利获得赔偿，提升国家的威严，墨索里尼令意大利军队占领希腊科孚岛（Korfu），但在国联的压力下，特别是英国的高压下，巴黎大使级会议判定希腊支付5000万里拉，意大利军队随后立即撤出该岛。

在后来几年，对外武力活动仅局限在意大利的非洲殖民地，如厄立特里亚（Eritrea）、索马里、的黎波里塔尼亚（Tripolitanien），特别是在昔兰尼加（Cyrenaika）。总参谋长巴多格里奥（Badoglio）自1929年任的黎波里塔尼亚和昔兰尼加总督，他的副手是格拉齐亚尼（Graziani），两人都是1911~1912年利比亚战争的老兵，1930~1931 年他们对北部地区发生的起义运动进行无情的镇压，对当地游牧居民大举迫害，甚至不惜使用毒气。数万人死于集中营。1931 年 9 月，起义首领奥马尔 · 阿尔 – 穆赫塔尔（Omar al-Mukhtar）在公审后被当众处死。不久后，巴多格里奥向罗马报告胜利完成了出征任务。

而在欧洲，法西斯意大利的外交政策相当节制，在几个问题上甚至强调合作。1924 年 1 月，和塞尔维亚、克罗地亚和斯洛文尼亚王国就里耶卡问题达成一致，这个地区在 1923 年 9 月科孚岛危机期间被意大利兼并。1926 年和罗马尼亚、1927 年和匈牙利缔结友好协议。上面提到的亚得里亚东海岸另外一个国家，并没有得到这么友好的待遇：1926~1927 年两次缔结《地拉那条约》，令阿尔巴尼亚在外交和军事上越来越依附于意大利。在和邻国奥地利的关系上，墨索里尼也不讲情面，1923 年夏季在南蒂罗尔开始实行意大利化举措：意大利语为官方语言和学校用语；1925 年宣布意大利语为法庭用语；1926 年颁布一则法令，南蒂罗尔人必须把他们的名字意大利化；1927 年禁止德语党派和协会。不仅在奥地利，这个行动在德国也引发了超越党派的激烈抗议。但是帝国的政策基本上没有受到什么影响：罗马在南蒂罗尔的所作所为实属意大利内政。只有一次，即 1926 年 2 月，外交部部长施特雷泽曼在帝国议会上采用尖锐斥责的口吻，还击墨索里尼对德国的诋毁。

20 年代中期，欧洲公众对法西斯意大利的判断各执己见。社民党和共产党视墨索里尼为资本主义利益的代言人、工人阶级的残酷压迫者。极右党派则兴高采烈地表示赞同镇压马克思主义、废除软弱的议会制。墨索里尼也赢得保守政治家的高度赞赏。鲍德温第二任期内阁的财政大臣丘吉尔，1926~1927 年冬季访问意大利时感触很深，“随处可见的纪律性、秩序和欢乐的笑脸”给他留下深刻印象。拜见“领袖”后，他在 1927 年 1 月 19 日新闻发布会上说：“见证了这种受到最广泛接受的体制，如果还坚持说意大利政府没有广泛的基础，或不能得到广大群众的积极支持，则是非常荒谬的。”如果丘吉尔是意大利人，“那么他肯定会从一开始就全心全意地加入反对列宁主义的斗争队伍（墨索里尼政府的斗争队伍），抵抗其野蛮的欲望和渴望”。

自由党人甚至也表达了他们对意大利的法西斯体制和其领袖的敬意。1930 年 5 月 11 日，《柏林日报》的总编西奥多·沃尔夫在详细采访墨索里尼后，赞扬墨索里尼是一个温和的政治家，丝毫没有“民粹的虚荣”。而对“领袖”没有回答为何压迫和抓捕不同政见者的问题，作者没有做出直接评论，只是写道：他——墨索里尼必须建立一个“独裁的民主”。

另外一个德国自由党人，作家埃米尔·路德维希（Emil Ludwig），在 1932 年春对墨索里尼进行了一系列采访，之后他整理为书籍出版。他称“领袖”是一位伟大的政治家，真正的“独裁者”，是“最高雅礼貌的人”，是“世界上最自然的人”。墨索里尼的保证，即法西斯不是“出口产品”，可以理解为他对独裁危险性问题的答复。路德维希和沃尔夫都出身于犹太家庭，他们根据墨索里尼的谈话，得出法西斯主义不反犹的结论，也深感宽慰。这个断定来源于“领袖”的暗示，不要把他和五体投地崇拜他的德国人希特勒相提并论。[22]

408

从普恩加莱到普恩加莱：1923~1929 年的法国

法西斯在意大利攫取权力一年后，体制危机的苗头在法国似乎也初露端倪。1923 年 10 月 14 日，共和国总统米勒兰（Millerand）在巴黎附近的埃夫勒（Evreux）发表讲演，在该讲话中，他毫不掩饰地提出要强化总统的权力，明确表示他站在以普恩加莱总理为首的执政民族联盟一边，反对在野党。左翼认为这是对传统议会体制的暗地攻击。当年的社会党人米勒兰和在野党的沟壑已经无法逾越。对总统的批评，伴随着资产阶级激进社会党人对普恩加莱政府的外交、内政特别是财政政策的激烈反对。爱德华·赫里欧（Édouard Herriot）是左翼激进党主席，他在 1923~1924 年公开提出终止法国、比利时在鲁尔地区的占领。放弃民族联盟坚持的冲突路线，资产阶级的左翼希望和英国一道争取和德国达成一致。

/ 453

左翼激进党和社会党在这个问题上取得广泛一致。1924 年 1 月和 2 月，激进的社会党人和工人国际法国支部达成建立一个选举联盟的协议，即 1924 年 5 月众议院大选中获胜的左翼联盟。虽然民族联盟得票数比左翼多（450 万对 420 万），但是根据选举法和左翼的选举协议，左翼可以得到多数席位。左翼联盟获得 287 个议员席位（左翼激进党得到 139 个席位，社会党得到 104 个席位），右翼获得 228 个席位。共产党人得到 26 个席位，主要归功于大巴黎附近的几个重要基地。激进右翼派的“法国行动”，几乎没有什么影响力。

左翼联盟的成功证明米勒兰的立场无法令人接受。他忽视了党派合作的原则，这是他担任此要职的前提，为此他不得不付出高昂的代价：6 月 11 日，他答应了左翼提出的辞职要求。在普恩加莱支持下，两天后参议院主席加斯东·杜梅格（Gaston Doumergue）被选为米勒兰的继任者。他是左翼激进党右翼的一位政治家。随后杜梅格马上委任赫里欧组建政府。

这位多年任里昂市市长和文学教授的政治家期望社会党人进入他的内阁。但是社会党1919年4月在巴黎召开的战后第一届党代会上，明确拒绝参加任何联合政府。1919年他们重申坚持无产阶级斗争的共识，就是拒绝分享“资产阶级”权力的原因。莱昂·布鲁姆领导的工人国际法国支部之所以坚守这个信念，是因为任何一种偏离都会导致党的分裂。如果发生这种情况，左翼会建立一个左翼社会党，或者它和共产党合并将无法被阻止。与进步的资产阶级势力合作的最大限度，只能是在议会上支持激进左翼政府，别无他路，因此1924年6月，工人国际法国支部做出这样的决定。

1924年的权力更换首先意味着外交政策的转折。赫里欧一身两职，担任总理和外交部部长。1924年6月底，他和英国首相拉姆齐·麦克唐纳在契克斯（Chequers，首相别墅）会面，并于1924年7月和8月在伦敦战争赔款会议上，同意了道威斯计划，也同意在一年之内撤出鲁尔区，他有十足的信心会得到社会党人的同意，因为事先就此已经与他们沟通过。法国此次并没有得到英语势力任何安全保障的允诺，就巴黎方面强调的德国战争赔款和盟军内部战争负债之间的连带关系问题，也没有得到相应的承认。但因为法郎的弱势，它不得不指望英国和美国的善意，即使一个比赫里欧“更持民族立场”的政府，它也不能和伦敦以及华盛顿分庭抗礼。占领鲁尔区已证明大错特错：在1924年夏季这已是不争的事实。

执政的激进左翼和支持他们的社会党，就1924年10月底和苏联建立外交关系问题也持一致意见。赫里欧在其首次政府工作报告中就宣布了这个计划。法国是沙俄帝国时代最大的债权人，它之所以反对布尔什维克政权，是因为该政权拒绝偿还俄国战前的债务。1924年莫斯科暗示准备就法国投资者的补偿问题开始谈判，而且今后不再干涉法国内政（这两条允诺实际上都没有结果）。对坚决反共的法国企业家来说，债务问题现在已经没有什么意义了。它认为更重要的是改善和苏联的经济关系，也是出于这个原因，1924 年 10 月外交政策的调整在法国资产阶级中没有引发抗议的浪潮。

财政政策和外交政策不一样，激进左翼和社会党之间在财政政
/ 455 策方面分歧严重。前者想尽可能保护财产占有者，不顾因国际投机而越演越烈的货币贬值，后者则提出征收10%的资产税来整顿货币。财政部部长艾蒂安·克雷门特尔（Étienne Clémentel）拒绝了后者的提议，并于 1925 年 4 月 2 日卸任。他的继任者是激进派参议员阿纳托利·德·蒙奇（Anatole De Monzie），他宣布准备接受法国国际工人支部的建议，这个决定一下子导致资本大批逃往瑞士。4 月 10 日，参议院提交给赫里欧政府的一份财政法案导致该政府下台。

赫里欧下台后，法国开启了一个政治动荡的阶段。1925 年 4 月到 1926 年 7 月，法国共经历了 6 届不同的政府。这期间只有奥赛码头（外国外交部办公地点）是一个稳定的港湾：1925 年 4 月 17 日以来，外交部的首脑一直由曾经的社会党人白里安担任，实际上他在这个职位上一直待到 1932 年 1 月 12 日，没有间断。他任外长的第一年，在 1925 年 10 月 10 日签署了仍需要更深入谈判的《洛迦诺公约》，德国最终承认了其西部边境线。《洛迦诺公约》是白里安和德国同僚施特雷泽曼开启的德法关系史新篇章，很多人也称它是欧洲大陆和平前景的起点，但并不是所有同代人都赞同这个说法。

左翼同盟支撑的政府未能使货币稳定下来。1926 年夏季，法郎的兑换率急剧下降：1925 年中期兑换 1 英镑需要 91 法郎（1914 年为 25 法郎），1926 年 7 月需要 200 法郎，几天后就是 240 法郎。7 月 17 日，财政部部长卡约（Caillaux）提交了一份提案，建议赋予白里安第 9 任内阁政府特权，但被众议院否定。正是赫里欧言辞锋利的批评讲演导致了这个结果，但他并没有能力争取到组建政府的议会多数。仅 25 个月后，左翼联盟政府告败。在许多，也许是大多数
/ 456 法国人看来，它未能阻止法郎的崩溃，是左翼坚持公布财产的结果；

不少激进右翼的追随者则认为，这其实更加证明了议会体制的缺陷。

一直以来，极右翼的急先锋是保皇派和极端民粹的“法国行动”，他们获得政治权重，很大程度上要归功于上到大主教乃至红衣主教的法国神职人员的支持。20年代中期，左翼联盟准备废除阿尔萨斯－洛林的教会特权时，法国天主教的极端右翼一度气焰极为嚣张。那里和法国其他地方不一样，1918年回归后，1801年的教廷协议依旧有效。1925年3月，法国大主教和红衣主教大会对赫里欧政府的回答是，向世俗主义和所有世俗法规猛烈开炮。政府鉴于众议院的反对收回该计划，教会的反抗运动之后也很快平息下去。

1926年秋，教宗一道驱逐令狠狠地打击了一直站在教会一边反对第三共和世俗主义的“法国行动”。庇护十一世认为查尔斯·莫拉斯（Charles Maurras）和他的追随者宣扬的“整体民族主义”无异于某种好战的世俗宗教。莫拉斯的文章被列入禁书名单。“法国行动”日报的文章被逐出教会，受到禁止。继而是对神职人员大清洗，特别是对大主教的清洗：凡是继续拥护“法国行动”的大主教都被革职。一位赞同莫拉斯观点的红衣主教被迫脱下红袍。

与“法国行动”的决裂持续地削弱了整体民族主义的组织。教会重新定位后的受益者是一向赞同共和国政体的天主教徒，他们深受“1890年代团结”精神的鼓舞，践行基督教民主的“务实政策”。1927年左翼联盟倒台几个月后，梵蒂冈还派遣教廷大使到巴黎，对白里安推行的与德国和解的政策表示公开赞赏。

当然，“法国行动”在20年代中期只是法国右翼极端主义的表现形式之一。在反对左翼联盟的斗争中，还涌现出各种新的团体和联盟，例如以当年的总统亚历山大·米勒兰为首的全国共和联盟（Ligue républicaine nationale）；1925年由记者乔治·瓦卢瓦（Georges Valois）组建的“光束党”（Faisceau）。瓦卢瓦曾是“法国行动”的董事会成员。仅从该组织名字的选择上，就可以明 / 457

显看出他们效仿意大利法西斯主义；还有一年前诞生的青少年爱国者（Jeunesses Patriotes），以极右翼议员皮埃尔·泰亭哲（Pierre Taittinger）为首，它是历史悠久的爱国者联盟的一个分支机构。1926 年米勒兰的联盟大约有 30 万名成员。瓦卢瓦的“光束党”有大约 6 万人，泰亭哲的青年爱国者大约有 6.5 万名会员，其拥护者主要是高中生和大学生。类似于“法国行动”冲锋队的“报童团”，它常常向共和党和社会主义大学行动联盟的知识界左翼挑衅，不断地在巴黎拉丁街区挑起巷战。这三个组织的目的是一致的，即用武力推翻第三共和。1926 年夏季，左翼联盟下台，法国再次由普恩加莱领导，由此进入了一个内政稳定的阶段，向激进右翼团体的云集一度回落。“光束党”成员人数在 1928 年锐减，甚至彻底消失。但是右翼的威胁还远未消失，1930 年后世界经济危机期间再次浮出水面。

在政治光谱的另一端，此时共产党也在和社会党竞争，努力争当无产阶级第一大党。尽管自 1920 年 12 月共产党在图尔成立后，党员人数从 13 万减少到 1930 年的 3 万，但是这些“武装分子”的绝对核心是坚定不移的斗士，他们严格遵守党领导的指示和共产国际的基本路线，对国家的镇压不屑一顾。共产党挑衅国家机器，在和警察无数的冲突中付出了高昂的代价：马塞尔·卡辛（Marcel Cachi）、莫里斯·多列士（Maurice Thorez）和雅克·杜克洛（Jacques Duclos）这些党的领袖曾多次服刑。1929 年 5 月 1 日前夜，4000 名共产党员被盯梢。同年 10 月，整个中央委员会和被工人国际法国支部接手的党中央机关《人道报》的编辑部被告上法庭。

原则上共产党拒绝和社会党人以及资产阶级左翼结成选举联盟，因此他们无法将增长的选票转变为议会席位。1924 年众议院选举，共产党获得 87.5 万张选票，1928 年获得 106 万张选票。但因采用多数选举制，加之共产党自己选择的孤立方针，他们在众议院的席位从 26 个降到 12 个。

共产党的积极分子主要是矿山工人、金属业工人以及铁路工人，他们同时也是共产党工会联盟，即劳工总联合会的成员。共产党的红色据点，一个是位于工业化程度很高的地区，如塞纳省和塞纳－瓦兹省，也被称为巴黎的红色郊区。1925年的地方选举，共产党得以在诸多市政府掌权，包括杜克洛（Duclos）担任市长的圣丹尼斯市（Saint-Denis）。另外一个据点是在拥有反封建传统的乡村地区，主要在法国中央高原及其周围一带，他们争取到许多农民。而共产党取得的最大的成功是在科雷兹省（Corrèze）、多尔多涅省（Dordogne）、上维埃纳省（Haute-Vienne）、阿列省（Allier）、谢尔省（Cher）和洛特－加龙省（Lot-et-Garonne）。与极右翼不同，共产党在20年代下半叶，拥有不断增长的强大的群众基础。这个事实确实令大资产阶级日益忧心忡忡。

1926年7月23日后的三年里，法国的政治深深地打上了一个人的烙印，这就是共和派的保守党人雷蒙·普恩加莱。赫里欧因未能在议会上争取到多数组阁，之后普恩加莱组建了由6位前任总理任职的超级部委，例如白里安任外交部部长、赫里欧任教育部部长。普恩加莱本人还兼财政部部长。路易斯·马林（Louis Marin）领导下的右翼共和联盟和左翼激进派都在政府中有代表。爱德华·达拉第（Édouard Daladier）为首的激进左翼中的左翼少数派拒绝支持普恩加莱内阁。总理本人的理性和稳重，在工业界和金融界赢得广泛支持。仅仅更换政府这个事实就足以大力支持法郎对英镑的汇率。一周之内，英镑兑换法郎从245降到了184。 / 459

普恩加莱为落实维稳政策，提高了税收额度，该额度超出专家委员会的建议，他全方位缩减国家预算，大力削减公职人员。用这种方法，首先消灭了预算赤字，继而消灭了国际收支中的赤字。法兰西银行把利率从6%提高到7.5%。与前几任政府不一样，普恩加莱为落实这个新方针需要的特权，得到了众议院大多数的批准。

1926年8月16日，为了稳住战争国债的借款人和小额存款者的信心，总理让参议院和众议院共同召开国民大会，隆重庆祝建立一个独立的摊销银行，其唯一的任务就是偿还国债。

普恩加莱因担心社会动荡决定放弃最初的计划，即恢复法郎和英镑之间的战前比价：25比1。1926年12月20日，法兰西银行得到授权，购买尽可能多的外币，让法郎固定在122法郎等于1英镑的水平上。1926年至1927年西方世界出现的繁荣，也为没有大规模动荡的社会稳定贡献颇多。只有少数工人参与了共产党劳工总联合会组织的罢工。

/ 460

普恩加莱政府充分利用1928年众议院选举前的时间，进行了几项重大改革，包括1927年逐步实行的高中低年级免费课程，1928年3月推行义务社会保险——包括疾病、怀孕、退休和死亡保险。但1930年7月1日该法律生效后，由于受到大多数企业主的阻碍，作用非常不明显。1927年，众议院恢复了1919年前实行的两轮选举的多数选举制，社会党尽管赞同比例选举，但在莱昂·布鲁姆的敦促下，他们还是同意了修改意见。1928年4月的选举，中间派和右翼政党组成联盟，口号是“民族团结”，自由激进左翼和社会党在许多选区也结成选举联盟。

1928年4月22日的第一轮选举，社会党赢得169万张选票，首次成为第一大党。自由激进左翼获得166万张选票，右翼党派共获得240万张选票，中间右翼获得210万张选票。4月29日的第二轮选举，自由激进左翼的选民转入民族统一阵线，令后者明显获益，在610个席位中获得325个。如果共产党在第二轮选举中，支持社会党和激进左翼候选人，而不是派出自己的竞选人，也许会完全是另外一种结果。

大选胜利给普恩加莱提供了大力稳定法郎的机会。1928年6月24日，法郎再次启用金本位，和英镑的比价为124：1，和美金的比价是25.5：1，相当于比战前比价贬值80%。战争国债的出资人和小额存款人是这次汇率改革的牺牲品，但他们大多都毫无怨言，顺从了这个显然无法避免的现实。之后法国银行开始存储大量黄金，致使英美开始不满。一段时间，好像由于普恩加莱的存在，法国这里形成了一个稳定的孤岛。

法郎贬值后几个月，民族统一战线政府破裂。激进党内以达拉第和卡约为代表的左翼决意要和普恩加莱决裂，其主要理由是，倾向右翼教会的利好方针无法使他们继续留在政府中。1928 年 11 月初，赫里欧未能阻止在党代会上提出让激进党部长退位的提案。由于这些部长必须遵照这个决议行事，普恩加莱随即组建了没有激进党参与的新内阁，也是他的第五任以及最后一届内阁，该政府明显比上一届右倾。可以给其中两位部长贴上特别“右倾”的标签。他们就是内政部部长安德烈·塔尔迪厄（André Tardieu）和殖民部部长安德烈·马其诺（André Maginot）。

这个向右转的行为并未对外交政策产生什么影响。普恩加莱从未给白里安设置障碍，鼓励他坚持走与德国友善和解的路线，他在新政府也是如此。在战争赔款新协议的框架下，出台了还需要探讨的杨格计划的雏形，它要求法国必须提前撤出莱茵兰占领区，1929 年 7 月 12 日该方案在众议院以微弱的优势通过。两周后的 7 月 26 日，出于健康原因，总理宣布辞职，因为他必须马上做一个不得推迟的手术。自 1926 年以来，普恩加莱从一个坚定的民族主义者成长为一位善解人意的务实政治家。此时议会制度进入良性循环，比以前更加规范。由于国家财政有序，法国的声誉在世界上大大提高。普恩加莱卸职后，这一发展是否能够持续，只靠内政因素还是不够的。

1926 年后，法国政治上的稳定和法国经济的强劲繁荣在时间上恰好同步。国民生产总值在 1924 年到 1929 年每年增长 3%，生产率增长 2.4%。繁荣的推动力是工业，工业生产在 1921 年和 1929 年每年平均增长 9.5%。如果以 1913 年为基础年，那么 1929 年的工业生产指数为140。20年代后半期，法国工业接受了美国的“泰勒主义”，实现了全面的优化升级。特别值得一提的是设备和飞机制造业、汽车工业和化学工业的增长。战争期间军工业开发的生产方法，在高档消费品和汽车的系列生产中得到应用。

法国被普遍认为是一个“封闭社会”，其实不然，它在两次大战期间，从一个农业社会逐步转变为工业和服务型社会，尽管这个转变并不迅猛。1906年，从业人口的43%从事第一产业，即农业，到1932年这个比例只有30%。在第二产业，即工业和手工业就业的人口，在同一个时间从30%上升到34%。在第三产业，即服务业，就业人口从27%增长到30%。农业几乎没有参与现代化进程。20年代农业处于走下坡路的阶段，只有在1924、1925、1927和1929年这4年中，农业生产高于1914年的水平。1913年到1929年，巴黎的工业工人工资增长了12%，在外省增长了21%。在同一时期，企业主的盈利增长了50%。与政治上四分五裂、拥有不同工会的工人阶级不同，企业主只有一个机构作为他们的“庇护者”，代表他们的利益：自1919年以来一个强有力的联盟，就是在商务部长艾蒂安·克雷门特尔积极推进下成立的法国兴业总联盟（Confédération Géné- rale de la Production Française）。

由于保护主义关税政策，法国殖民地也为两次大战期间的法国经济增长做出了一定的贡献。1913年到1933年，殖民地的外贸额翻倍。1929年殖民地进口了大约价值190亿法郎的产品，其中30亿来自法国，出口为140亿，其中60亿出口到法国。同一年，宗主国总进口额为530亿法郎，总出口额为510亿法郎。法国产品最主要的购买者是阿尔及利亚，根据国际法它是属于法国的三个省份。这三个省在议会的两院中也有代表，同样，交趾支那（Cochinchina）、原有殖民地马提尼克（Martinique）、瓜德罗普岛（Gouadeloupe）、留尼旺岛（Réunion），在塞内加尔的4个城市和法国在印度的占领地，包括本地治里市（Pondichéry）、金德讷格尔（Chandernagor）和马埃（Mahé）在两院中也有代表。除塞内加尔和在美洲的法属占领地外，其他地区的居民都没有选举权。

除了叙利亚－黎巴嫩的托管地区外，殖民地基本上没有自主权。法国重视用文化同化精英阶层，因此它在黑非洲殖民地取得的成功远超北非殖民地。法国比其他殖民势力更重视教育领域。 / 463

20 年代和 30 年代，法国殖民统治在东南亚、近东、北非和法属刚果受到质疑和挑战。1927 年在北圻（Tonking），资产阶级的越南革命民族党成立，并于 1930 年 2 月在印度支那发动起义，即安沛总起义，但被血腥镇压下去。此后该独立运动的领导人越来越转向共产党。阮必成也就是后来的胡志明在法国逗留期间，成长为马列主义者，1939 年他在香港成立印度支那共产党。1930 年 5 月在北部安南保护国一带，因多个示威者被杀害，共产党发起的抗议迅速扩展，直到 1931 年才被镇压下去。无数的独立斗士被杀害，上万人被遣送到交趾支那的种植园。共产党运动随后转入地下，积极筹备游击战，在第二次世界大战中不断挑战日本占领军，1945 年后还重创法国和美国。

一战后不久，法国马上面临近东阿拉伯民族主义崛起的问题，在法国托管领地叙利亚和黎巴嫩，法国最初采取依赖基督教少数的政策，导致穆斯林多数的反对。战后黎巴嫩马上被占领，1920 年夏法国军队在叙利亚驱逐了不久前被当地名流在大马士革选举出的国王费萨尔（Faisal）。黎巴嫩建立了独立的国家，占多数的基督徒和强大的穆斯林少数相互对峙。在叙利亚，法国在大马士革和阿勒颇（Aleppo）成立两个国家，为两个伊斯兰派，即德鲁兹派（Drusen）和阿拉维派（Alawiten）派建立了两个自治的管辖区。

1923 年德鲁兹人开始起义，1925~1926 年发展为叙利亚的普遍反抗。在斗争高潮时，法国人不得不炮击大马士革，这在法国本土引起愤怒的反响。如同在其他殖民问题上一样，最尖锐的批评家是共 / 464

产党。相关的高级委员莫里斯·萨拉伊（Maurice Sarrail）将军被撤职，新上任的是自由派参议员亨利·德·茹弗内尔（Henri de Jouvenel）。1927年终于平息了德鲁兹派的反抗。1928年，茹弗内尔的继任者外交官亨利·庞索（Henri Ponsot）召集了一个立宪会议。但法国方面认为其结果不能接受：该会议决定成立叙利亚黎巴嫩的统一国家，没有提及托管方的特权。1930年法国强加给叙利亚一部符合法国愿望的宪法。在这个基础上，1932年首次选举出叙利亚议会。

托管势力在黎巴嫩也召集了立宪会议，1926年5月宣布立宪的黎巴嫩共和国成立。宪法确保托管势力的优先权，但并没有规定不同信仰团体之间的权力范围。这些信仰派别的矛盾令正常的议会工作几乎无法进行，导致多次废除和更改宪法。1926年建立的共和国使黎巴嫩向独立迈进了一大步。这件事也促进了叙利亚的民族主义，民族联盟就是其组织代表，主席由哈希姆·阿塔西（Haschem el-Atassi）担任，他是泛阿拉伯主义的代表人物。民族联盟的另一个目标是建立一个大叙利亚，它不仅囊括黎巴嫩，还包括巴勒斯坦、外约旦和两个英属托管领地。1933年11月，托管势力和叙利亚政府缔结合约，规定了在与法国结盟的框架下，在1937年实现叙利亚的独立，但是1934年因叙利亚议会中民粹分子的阻挠未获批准。因此托管势力解散了1932年选举出的议会。叙利亚的独立进程暂时搁浅。

泛阿拉伯主义在两次大战期间不仅在近东，而且在北非也得到
/ 465 一定的回应。这个运动的知识分子代言人是一位出生在黎巴嫩的德鲁兹人，他也是作家和历史学家，名叫沙基卜·阿尔斯兰（Schakib Arslan）。一战后他旅居日内瓦，在《阿拉伯民族》杂志上呼吁所有国家的阿拉伯人联合起来。阿尔斯兰提出在非洲西北部的马格里布（Maghreb）一带，建立一个独立于法国、在伊斯兰正统教基础上的统一大国。他的主张与野心更大的泛伊斯兰主义很相近。自1924年，埃及的代表党（Wafd）在开罗也有着很大影响，成为决定性的

内政势力。1919年春季，该党在一份宣言中呼吁美国总统威尔逊，请他为阿拉伯民族自决权代言。

突尼斯酋长塔阿里（Ta'albi）也提出同样的要求。1920年2月，他成立了自由立宪党，多次呼吁突尼斯人民举行反抗法国当局的游行。不久后该党转向务实政治，基本承认法国的保护权，突尼斯的名义首脑突尼斯大贝伊也站到他们一边，为此引发了他和法国总督圣吕西安（Lucien Saint）的多次激烈争执。1922年，托管势力统一组建了一个由欧洲人和突尼斯人参加的地方委员会，赋予它制定工商政策的某些权力。1928年对前身是1896年所设立的咨询会议进行重组，改为大委员会，由直选出的法国人、地方委员会以及各商会选派出的突尼斯人组成。

这种象征性的掌权对新一代突尼斯民族主义者实在没有吸引力。1934年自由立宪党分裂，当年31岁的哈比·布尔吉巴（Habib Bourguiba）发起成立新自由立宪党，提出突尼斯主权独立，在实行普选权的基础上建立议会制。欧洲人和犹太人需根据他们在居民中的比例选出代表。在文化方面向法国靠拢，和老自由立宪党相比，新立宪党更世俗化，伊斯兰化倾向更少，它很快赢得知识分子和社会中层广泛的支持。

立场极右的常驻总督贝鲁东（Peyrouton）马上采取了一系列镇压措施，例如禁止集会和报刊，把新自由立宪政党的布尔吉巴（Bourguiba）和其他领导人流放到南方。1936年3月，巴黎政府撤换下贝鲁东，自由派的阿曼德·基隆（Armand Guillon）接任，被流放外地的人才被释放。但突尼斯民族主义分子和法国保护势力的矛盾依旧持续。1938年4月9日升级为警察和新自由立宪党示威者的流血冲突，后来突尼斯宣布进入紧急状态。在第二次世界大战前，法国对突尼斯的统治基础已经不断受到冲击。 / 466

1918年后，法国经受了摩洛哥当地最激烈运动冲突的考验。摩洛哥是其北非两个新的保护领地之一。和突尼斯相比，在这个原料丰富、已经部分实现工业化的地区，欧洲人相对较少。整体居民约800万，欧洲人大约30万。在突尼斯，共有约300万居民，欧洲人20万，意大利人比法国人多。1920年，在阿卜杜勒－卡里姆（Abd el- Karim）率领下，柏柏尔部落的一支李福卡北伦人发动起义，反对摩洛哥北部的西班牙统治。坚持了3年后，西班牙人放弃对峙，把监管区的大部分让给起义者，之后阿卜杜勒－卡里姆转向法属摩洛哥。在贝当元帅的指挥下，1925年法国人和西班牙人强强联手大举镇压李福卡北伦人。1926年3月，阿卜杜勒－卡里姆被迫投降。他领导的起义类似于很久以前柏柏尔“部落式的”反对更高统治者的抗争模式，并不能简单归入现代反殖民地运动范畴。但毋庸置疑的是其榜样作用不只是推动了摩洛哥反殖民力量。

1927年苏丹穆拉·约瑟福（Mulla Jussuf）去世后，法国常驻总督西奥多·斯蒂格（Théodore Steeg）说动摩洛哥苏丹委员会的文士和法官，不让其长子继位，而是让18岁的穆罕默德出任新苏丹，封号穆罕默德五世。保护势力希望穆罕默德五世可以听任他们的摆布，不予反抗。年轻穆罕默德五世的行为基本上也符合这一期望。

但是，1930年穆罕默德五世引发了一场严重危机。迫于常驻新总督圣吕西安的压力，他只允许柏柏尔族可以根据自己的习惯行使民法权，但刑法则受法国法律管辖。这实际上是禁止柏柏尔人采用伊斯兰法，这也引发了阿拉伯的摩洛哥人的强烈抗议。世俗的民族主义者也加入抗议行列，因为他们认为，赋予柏柏尔人特权，实际上是有意识地试图阻止成立统一的摩洛哥国家。这一反抗运动最终取得部分成果：1934年4月，根据一个新规定，恢复了苏丹和部落领袖在刑法方面的自主权。

民族独立运动并不因这一让步而有所缓和，他们也不惧怕对杂志的封锁，依然坚持抗议。1934年成立了摩洛哥行动委员会，年底推出的改革计划中提出限制保护方代表的比例，改善教育体制，建立代议制机构。和伊斯兰泛阿拉伯主义代表阿尔斯兰关系密切的阿拉尔埃尔－法西（Allal el-Fassi），是民族独立运动的领军人物，他主张建立严格的伊斯兰国家。30 年代后半期，大众对他的拥护胜于对其他世俗民族主义的代言人。

与摩洛哥和突尼斯不一样，阿尔及利亚则正式属于法国的一部分：自 1948 年划归法国的三个省内。1936 年有 95 万法国居民，他们主要居住在大城市，例如阿尔及尔和奥兰。而那里有 600 万阿拉伯人和柏柏尔人。一战期间，17.5 万名阿尔及利亚穆斯林参战，其中 2.5 万人阵亡。1914 年至 1918 年，他们站在法国一边战斗，在非欧洲人队伍中，他们付出了最大牺牲。为表彰他们战胜中欧列强的贡献，1919 年 2 月一条法律规定法国人和穆斯林的税务平等。同一条法律也规定了阿拉伯人和柏柏尔人有权选代表进入地方委员会，但法国人仍占多数。只有在财务代表机构中，双方的人数才是对称的。 / 468

因不满阿拉伯人和柏柏尔人遭受歧视，1926 年"北非之星"（Nordatrikanischen Stern）在法国共产党支持下成立。成立初期提出的要求就是阿尔及利亚独立。在其威望甚高的领袖艾哈迈德·梅萨里·哈吉（Ahmed Messali Hajd）领导下，该组织逐渐脱离共产党的影响，但依旧是一个革命组织，其主要支持者来自工人阶层。对梅萨里·哈吉的多次禁令和拘捕，并不能持续削弱该运动。30 年代中期，梅萨里·哈吉加入阿尔斯兰的泛阿拉伯运动，开始和法国的极右派建立联系。1937 年 1 月，莱昂·布鲁姆领导的人民阵线政府彻底取缔北非之星，随即梅萨里·哈吉组建了阿尔及利亚人民党，在二战开始后的 1939 年，该党同样也被列入禁止名单。

不同于北非之星，1935 年阿卜杜勒·哈米德·本·巴迪斯（Abdel Hamid Ben Badis）酋长组建的阿尔及利亚学者改革协会，主要成员是作家和法学家，属于坚定的伊斯兰独立运动。其主要活动是建立古兰经学校，努力恢复传统的伊斯兰价值观。但是这个协会以及它的章程并没有发展为群众运动。另外一个类似的运动，由医生本德斯库尔（Bendeskul）和药剂师费尔哈特·阿巴斯（Ferhat Abbas）成立的阿尔及利亚选举联盟的影响也很微弱，这个组织主要由知识分子、受过法国教育的阿尔及利亚人组成，他们力争在法国的框架下要求阿拉伯人、柏柏尔人和法国人享有同等权利，争取穆斯林文化的同化。

这个方针符合法国社会党的设想，但受到北非之星和学者改革协会的强烈反对。人民阵线政府计划1936年后逐步授予阿拉伯人和柏柏尔人法国公民权（初步考虑2万到3万人），因遭到法国移民的激烈反对而落空。结果是把阿尔及利亚独立运动推向极端。梅萨里·哈吉的人民党迅速扩大，亲法同化势力受到冷落。费尔哈特·阿巴斯呼吁在法国联盟的框架下实现阿尔及利亚的完全自治。1954年后，追求独立的抗争苗头已经出现端倪。

不同于在马格里布，“黑非洲”的法国殖民统治在两次战争期间并没有受到重大冲击，只有在法属刚果例外。殖民军官、白人商人和种植园主对当地人非常残酷，1927年作家安德烈·纪德在深度走访这个地区后发表的报道引起很大轰动，也令法国公众注意到这个问题。与此同时，深受宗教影响的反殖民金巴骨运动（Kimbanguismus）从比属刚果传播到邻国的殖民地。1928年6月，上桑加（Haute Sangha）地区的格巴亚（Gbaya）地区发生冲突，殖民军官和途经的欧洲人受到攻击。该运动威望甚高的领袖名叫卡利诺（Karinou），1928年12月他和他的哥哥一道被驻扎在塞内加尔的殖民部队杀害。1930年，当局抓捕了法属赤道非洲同乡会创建人马祖瓦（Matswa），罪名是他在黑人民众中制造骚乱。他的被捕引发了罢工和暴动，但一如既往被残酷镇压下去。表面上再次恢复正常，但是黑人对备受歧视的怨恨依然不减。也许法属殖民帝国在黑非洲比世界其他地方稳定，但是其根基上的第一批裂缝已经显现。[23]

上

Contents /

中

第三章 民主与专制：1933~1939 年

Contents /

下

第四章　人类文明的决裂：第二次世界大战和犹太人屠杀

如同法国的托管地，英国在近东的三个托管地，即伊拉克、外约旦和巴勒斯坦都属于国联第一等托管地。这些地区相当发达，不久便可以实现独立。根据英国人的意旨，伊拉克自1921年以来由哈希姆（Haschemiten）家族的费萨尔国王治理，他曾经短期担任叙利亚的统治者，1924年伊拉克过渡为君主立宪，也是第一个步入独立的托管领地。1930年6月30日的协议为此奠定了基础，但规定伊拉克在外交、军事和政治上都和要英国保持一致，包括割让两个空军基地。在外约旦，这个当年属于土耳其巴勒斯坦省的东部地区，于1921年成为一个新酋长国，由费萨尔的弟弟阿卜杜拉（Abdullah）执政。外约旦和伊拉克相比，对英国的依赖程度更高，时间更长。直到1946年，约旦王国才赢得名义上的独立。

巴勒斯坦的发展更为复杂，问题更多。1917年11月的《贝尔福宣言》，允诺犹太人在这个地区建立一个民族国家，致使诸多犹太人迁居此地。伦敦支持这一移民行动，但遭到托管当地官员竭力阻止，他们主要考虑到这里居住的大多数阿拉伯人。20年代初，8.4万名犹太居民占当地居民的十分之一。1920年和1921年，首批阿拉伯人发起反对犹太人迁居的抗议。1922年国联和英国的协议，规定巴勒斯坦的托管由英国负责，允许犹太人通过犹太移民局参与建立犹太国的活动。同年阿拉伯成立穆斯林最高委员会，在大穆夫提（解释伊斯兰教的学者）穆罕默德·阿明·侯赛尼（Mohammed Amin el-Husseini）领导下，1931年在耶路撒冷召开了一个大伊斯兰会议，从此犹太人和巴勒斯坦阿拉伯人的纷争就上升为整个阿拉伯世界和伊斯兰世界的一个难题。

在此期间，两个民族之间的关系急剧恶化，1924年5月美国实行更加严格的民族移民配额后，从波兰来的犹太移民数字爆发式增长。1929 年爆发了首次阿拉伯人流血抗议，导致 133 名犹太人和 87 名阿拉伯人死亡。4 年后，德国的犹太人蜂拥而至。1936 年阿拉伯人组织了一次大罢工，目的是全面禁止移民，不许将土地出售给犹太人，选举巴勒斯坦人民代表，但导致了新一轮的武力升级。鉴于纳粹德国对犹太人的大举迫害，托管势力不能也不愿意限制犹太移民。二次大战前夜，犹太人在巴勒斯坦占总人口的大约 30%。事实证明英国人希望建立一个阿拉伯人和犹太人共同国家的初衷只是一个乌托邦。巴勒斯坦问题没有得到解决。

和巴勒斯坦不同，埃及不是托管地区，自 1914 年它是英属保护区。1922 年，在杰出领袖萨德·扎格卢勒（Saad Saghlul）领导的华夫脱党的高压下，英国单方面宣布埃及独立，但保留以下权力：保证外国人权益、负责苏伊士运河和国家防卫。翌年，埃及过渡为君主立宪，国王是福阿德（Fuad）一世。华夫脱党在同年的选举中一举成为政治势力最大的政党。1925 年 2 月，身兼苏丹总督及埃及军队最高指挥的英国人斯泰克·李（Stack Lee）爵士遭埃及民族主义分子暗杀，伦敦随即将埃及逐出共同管理委员会，但继续让其承担共管费用。1936 年，激烈的民族主义骚动迫使英国让步，恢复了对苏丹的共管权，结束了对埃及的军事占领。但英国可以在 20 年内在苏伊士运河驻扎军队。如果发生战事，英国有义务参加支援，为此埃及必须将其领土供大不列颠使用。1937 年 3 月埃及加入国联。

在两次大战期间，埃及是在很大程度上脱离英国统治的唯一一个非洲国家。坦噶尼喀，这个当年德国东非殖民地的大部分地区属于 B 级托管领地，英国试图用“间接控制”政策，也就是将权力委托给当地乡绅，以确保对当地的控制。1929 年成立的坦噶尼喀非洲联盟是这个地区独立运动的萌芽，在二战后终于大显身手。其邻国肯尼亚，4 年前在乔莫·肯雅塔（Jomo Kenyatta）领导下，成立了吉库尤中央协会（Kikuyu Central Association），是当地居民争取独立的代言机构。同年西非学生联盟在伦敦成立，它是尼日利亚独立运动的雏形。罗得西亚自 1936 年以来就是英国的直辖殖民地，那里的少数白人借助 1930 年的土地分配法，占据了 52% 的领土及所有城市，包括黑人村镇和所有矿产资源。他们模仿南非的种族分离制度，严重歧视本地居民。当年德国西南非的殖民地属 C 类托管领地，1920 年后受大英帝国成员国南非联盟管理，那里黑人的命运也是如此。1922 年和 1924 年的邦德兹瓦人（Bondelzwats）和里霍博斯人（Rehobother）的起义被血腥镇压下去。

两次世界大战期间，大英帝国在印度受到最严重的冲击。1919 年 12 月这个次大陆有了自己的宪法：印度政府法案。它把中央政府和地方政府的职责分开，中央政府负责外交、国防和刑法，由伦敦把关。规定了双轨治理的原则。就所谓的“保留题目”包括警察和财政，由英国总督和由两个英国人与两个印度人组成的对等执行委员会负责。而“转移题目”例如教育等，则委任给印度部长，这些部长对选举出的省立法委员负责。1921 年 6 月该法案生效。

这项改革的实际作用有限。在讨论 1919 年 4 月阿姆利则惨案时，一个由英国人成立的委员会拒绝强烈谴责该事件。印度国民议会以此为契机成立调查委员会，并抵制新宪法。1920 年在甘地领导下，国会开始了不参与新机构、公民抗命和实现自治的宣传攻势。1922 年 2 月，北方邦的 22 名警察被谋杀，令这一活动戛然而止。甘地出生于印度教商人种姓，在英国学习法律。1890 年代后在南非领导印度移民的反歧视法运动，1922 年 3 月被捕，被判处 6 年监禁，1924 年底因病获大赦出狱。

印度大多数人拒绝 1919 年的宪法，这迫使英国政府不得不起草修改建议。组成两个委员会，但只是英国人组成的委员会接手该任务，这件事引发国大党措辞强烈的抗议。国大党 1928 年 8 月提出最后通牒，要求一年之内确保印度得到自治领地位。1928 年 12 月在加尔各答所有印度政党通过的另外一部印度宪法草案，却因穆罕默德·阿里·真纳（Mohammed Ali Jinnah）领导的穆斯林联盟行使否决权而流产。因为伦敦政府不准备满足国大党的要求，1929 年 12 月国大党提出实现印度全面独立。

甘地在 1930 年 3 月发动了新一轮公民不合作的攻势，这次是要求取消 1836 年规定的英国食盐专卖制度。1930 年 4 月 16 日，他组织了“盐队游行”，在丹迪村（Dandi）的大海边象征性地捡起盐粒，给其追随者做出示范。之后甘地和他最忠实的追随者被捕，此次“盐队游行”也就此告终。之后数千名模仿者被抓捕，因为他们公然在市场上蒸煮食盐，触犯了法律。不到一年后，根据甘地和印度副王欧文（Irwin）勋爵，即后来的哈利法克斯伯爵的协议，1931 年 3 月释放了所有政治犯，之后也取消了对蒸煮家用盐的限制。

1931 年秋甘地被邀参加的伦敦圆桌会议，并没有给印度宪法争执提出解决方案。因为选举规则无法保护少数人的意见，即穆斯林和非种姓印度教教徒的声音不被多数印度教教徒的选票淹没。首相麦克唐纳试图单方面把印度教教徒划分为种姓和非种姓印度教教徒来解决这个问题，受到甘地的激烈反对。他再次绝食抗议，几乎丧命。1932 年 9 月 24 日，最终《浦那协议》收回了这项英国法规。

1935 年 8 月 4 日，伦敦出台的强制宪法暂时中止了这场争执，它规定了英属印度省份和与英国王室签订协议而绑定的印度侯爵之间的联邦关系。因为大多数侯爵拒绝参加联邦，所以 1937 年宪法生效的部分不包括有关联邦的条款。省一级的二元制度结束，从此各省归属部长领导，部长对选举出的议会负责。同时缅甸从印度帝国分离出去，获得部分自治。这是昂山领导的民族主义学生运动的胜利。印度帝国大党在甘地的同意下，参加了省一级的议会选举。此时的甘地不再积极参与政治，主要投身社会福利工作。印度离获得国家主权的伟大目标还有一段距离。在次大陆南部的岛国锡兰，

1931 年颁布了普选权基础上的宪法，女性也获得选举权，建立了两院制，为实现国家独立创建了重要前提。

大英帝国麾下 6 个主要讲英语的自治领地以及深受欧洲影响的自治领地，此时早就获得了独立身份：1867 年到 1910 年的加拿大、澳大利亚、新西兰、纽芬兰和南非联盟以及 1921 年的爱尔兰。早在 1922 年 9 月的查纳克危机时，首相劳合·乔治不得不承认这个事实： / 475
如果英国决定和土耳其开战，加拿大和南非联盟并不会跟随英国参战。在 1923 年的帝国会议上，各自治领地还没有提出最终解释主权的要求。1926 年 10 月和 11 月在伦敦的后续会议上，大家同意前任首相贝尔福提议的说法，自治领地是“大英帝国内自主的共同体”，“地位平等，在内政和外交各个方面都不统筹彼此。它们出于对皇冠共同效忠的义务，自愿结合在一起，都是英联邦成员”。英联邦这个定义并不是贝尔福首创的，而是劳合·乔治战争内阁的空军大臣、驻南非将军扬·史末资的功劳，在 1917 年 5 月上院和下院成员的一次庆典宴会上，他提出这个概念。

由此为 5 年后另一届帝国会议通过的协议奠定了基石，即 1931 年 12 月通过的《威斯敏斯特章程》，这一章程也是所有自治领地的总宪法，它承认英联邦成员各自议会拥有绝对的立法权。它取缔了 1865 年的殖民地法，该法禁止殖民地颁布任何偏离英国法的规定。尽管自治领地的首脑不是选举出来的，而是英国王室代表身份的总督，但所有领地最晚在 1931 年后都是主权国家。它们和大英帝国以及相互之间缔结的约定，都是出于自愿，正如 1932 年在渥太华帝国会议上达成的共识：相互之间贸易政策互惠互利，成立“英镑区”，把英镑作为储备货币。另外，前殖民地和宗主国之间意识形态的联系是它们拥有共同的价值观，它大力支撑着自拿破仑战争以来，1939 年受到德国最剧烈挑战的英国。

把全球性帝国转变为英联邦，这是英国的一项创举：及时放弃 / 476

世界上最发达地区对自己的附属地位，提升自己不拘泥于形式的国际影响，因为这种附属仅仅是形式上的，也是过时的。美国政治学家迈克尔·W. 多伊尔（Michael W. Doyle）把基督诞生前后几十年左右，奥古斯都皇帝大举改革帝国的举措称为“奥古斯都门槛”。自罗马帝国的“奥古斯都门槛”以来，没有任何一个帝国能证明它们有大英帝国这么高超的学习能力。鉴于宗主国经济潜力下降的事实（1860 年占世界贸易的 25%，1938 年占 14%），以及盎格鲁 - 撒克逊世界的金融、军事和政治重点逐步从伦敦转向华盛顿，这是一个非常了不起的举动。

1926 年的帝国会议恰值保守党首相斯坦利·鲍德温第二届内阁时期。1924 年 11 月到 1929 年 6 月鲍德温任英国政府首脑。1867 年他出生于英格兰中部的制铁工业家族，代表着重返战前所谓的正常生活的愿望。其内阁中最突出的人物是财政大臣丘吉尔。1924 年他才脱离自由党加入了他在 20 年前离开的保守党。他对英国回归正轨最重要的贡献是重启 1914 年放弃的金本位，1925 年 4 月 28 日，丘吉尔在下院国家预算讲话中宣布此项举措。稳定货币的作用并没有奏效。英镑被估值过高，英国出口工业陷入持续困境，销售受阻，社会不满增长。

矿山工人的情绪最为激烈。1925 年 6 月，煤矿主宣布大幅降低工资。鲍德温政府试图通过成立皇家委员会，调查采矿业的经济状况，并为矿产主提供有期限的补贴赢得时间。1926 年 3 月，委员会提交了报告。报告拒绝了矿工提出的矿山国有化的要求，认为降低工资很有必要性（尽管不是延长工时的形式）。1926 年 5 月 1 日，矿工开始罢工。两天后工会大会领导宣布开始全面罢工，于 5 月 3 日到 4 日夜间开始。

/ 477

工会大会前几年明显向左靠拢。和其他国家的工会联盟相比，它更致力于各国工会的相互理解，调解改革派工会国际阿姆斯特丹派和国际工会联盟，以及与共产党的红色工会的关系。1925 年 4 月一个常务英俄工会委员会成立了，莫斯科赞美这个行动是步入世界革命的一个伟大成就。英国的总罢工不仅得到两家相互竞争的国际工会联盟的支持，还得到社会党工人国际的支持，该组织是 1923 年 5 月在汉堡由两个国际和更加左翼的“维也纳国际”，也就是所谓的“2½ 国际”联合组成的。在法国、德国、荷兰、比利时和斯堪的纳维亚国家，港口工人拒绝为英国船只装载煤炭，铁路工人和船员拒绝将煤炭运往英国。正如朱利叶斯·布朗撒尔（Julius Braunthal）在其《共产国际史》一书中写的：欧洲对英国的“煤炭封锁”几乎“不留任何缺口”。

在大不列颠，总罢工的号召得到参加工会的有组织工人的坚决响应。女作家弗吉尼亚·伍尔夫（Virginia Woolf）在 1926 年 5 月 4 日的日记中写道：“所有的人都骑自行车，汽车里拥挤着更多的乘客。公交停运、没有海报、没有报刊。幸存的只有煤气和电，但 11 点电灯也要熄灭了。”财政大臣丘吉尔 5 月 3 日在下院宣布：议会体制以及和它肩并肩的民族，或在这次斗争中胜出，或现行宪法会受到“致命的摧残”，建成某种工会苏维埃，由它来实际掌控国家的经济和政治生活。《泰晤士报》称这是“自推翻斯图亚特后国家面临的最严重威胁”。《每日邮报》称这是一场“革命运动”，以危害全体国民的方式，胁迫政府屈服。 / 478

鲍德温政府决意启动紧急措施，5 月 1 日得到迅速结束总罢工的授权。海德公园一时成为牛奶和食品的分发中心。在东区投入士兵，以保证港口的运转。1925 年 9 月由志愿者成立的半私人组织“协警”增援警察巡逻队伍，以保障供应，他们身穿卡其布制服，在街上开着装甲车守护火车站，为白金汉宫和其他王室建筑配备了额外的保安人员。5 月 12 日，为期 9 天的罢工结束，工会大会无条件投降。此次活动证明了政府和公众意见比组织起来的工会更加强大。

这次全线胜利得以让保守内阁取缔8小时工作制，1927年6月23日出台了《交易纠纷法》和《工会法》，并宣布总罢工和支持罢工是非法行为，谁号召发起这类罢工，谁就会面临两年监禁。另外政府官员和当地政府工作人员不得加入工会大会，罢工者要挟其他工人属非法。从现在开始，工会会费只有得到成员的同意才能交给工党。从那以后，因罢工而损失的工作天数明显降低。工会成员也大幅减少，由1926年的520万降到1928年的480万。矿工的失败最惨。1926年12月他们才结束罢工，但并没有达到既定目标，不得不增加工时降低工资。

1926年5月是英国工人运动的一个重要转折点。随着这次总罢工的结束，战后的群体罢工也就此告终。英国没有再发生其他大罢工。工会大会从这次失败中得出一个结论：今后工会的任何行动，都不能引发对他们是否忠诚于议会民主制的怀疑。大不列颠共产党大力支持总罢工，但对其进程没有什么影响，1926年其党员人数有所增加，从5月的大约6000人增长到10月的1万人，但1928年底降到3500人。1927年工党解散了被共产党渗透的23个地方党分支机构，其中15个在伦敦和伦敦附近。1929年5月的下院选举，共产党得到5万张选票，比5年前少5000张，丢掉了他们1924年赢得的唯一席位。自总罢工失败后，英国工会被共产国际和红色国际工会咒骂为“叛徒”，致使工会大会退还了苏联工会为罢工矿工的捐款，1927年解散了常务英俄工会委员会。同时工会代表和企业主开始对话，并在1928年7月召开工业会议，目的是相互理解英国工业合理化的必要性以及确保劳工和平的重要性。

/ 479

如果说共产党在这次罢工中参与不多，那么极右派对这次罢工失败的影响更小。墨索里尼的“进军罗马”后半年，1923年5月反共反犹的武装联盟“英国法西斯”成立，1924年更名为法西斯党。其拥护者在1926年5月冲击了刚才提到的供应站和特殊警察的协警，但是基本上被当局阻止住。而对公众有很大影响力的是极端保守派的报界巨头，例如比弗布鲁克勋爵和罗斯米尔勋爵，他们分别是《每日特快》和《每日邮报》的老板。由诺森伯兰公爵资助的《晨报》和《爱国者》，以及同样水准很高的《英国评论》在20年代下半期，越发成为保守党极右翼的传话筒。鲍德温政府对待总罢工的方式深得最极端保守党人的敬佩。《英国评论》认为该罢工事件充分证明了英国一如既往，拥有深知治国之道的领导人。甚至诺森伯兰公爵本人也认为，应该赞扬政府的“力度和智谋”。

1927年6月的反工会法，完全符合保守党强硬派的心声，但是鲍德温政府的另外一项法律则在他们中间引发了普遍不满，这就是1928年7月颁布的男性和女性的法律平等法，废除1918年选举法中的歧视成分，例如女性年满30岁才有选举权，男性年满21岁就拥有这项权利。极右翼的代表，神秘莫测但影响很大的“英国秘传”（English Mistery）协会的创始人威廉·桑德森（William Sanderson）1927年如是说：女性完全受本能驱使，而其本能则由性决定。“她们不具有执政的素质，因为她们缺少政治道德。由于女性不具备社会本能，所以她们无法开发创意艺术或创意组织的知性能力”。如同桑德森一样，还有几位领衔右翼知识分子，例如道格拉斯·杰罗德（Douglas Jerrold），1931年他担任《英国评论》的出版人，安东尼·鲁多维奇（Anthony Ludovici）是该杂志的著名撰稿人，也是尼采的崇拜者，他们都认为女权主义和所谓的社会女权化的危险在于，它会毁掉令英国伟大的一切，按照鲁多维奇的观点，对于女性来说，她们只有一项任务，就是“守护生命和延续生命”，即完成传宗接代的工作。

首次依据新选举法举行的选举在1929年5月进行。保守党得票略多于工党：866万对836万。自由党获得530万张选票。在分配席位时，工党得到287个席位，保守党得到261个席位，自由党得

/ 481 432 到59个席位。工党的成功大部分得益于以下原因，一方面尽管鲍德温政府推出了一些社会福利法，如寡妇、孤儿和养老保险（雇员和雇主缴纳同样多的费用），1929年颁布的地方政府法案改革了贫困法，但因其反工会的措施，该党被视为敌视工人的政府；另一方面，麦克唐纳领导下的工党在1926年大罢工期间比较克制。1928年10月在伯明翰的年会上经过深入讨论，工党通过了历史学家理查·亨利·托尼（R.H.Tawney）起草的“劳工和民族”的新方针。该党赞成从资本主义向社会主义社会的进化型过渡。先将城市和农村的私有地产稳步渐进地过渡为国家财产。矿产、发电厂、铁路和交通运输应划归国有，英国银行要受国家监管。

但工党并不能从此次选举中得出落实这一方案的结论。如同1924年1月工党首次组建政府时一样，为了能够执政，它必须得到自由党的支持。和当年一样，这次麦克唐纳也是得到国王乔治五世的旨令组建政府。外交大臣由亨德森（Henderson）担任，他曾在麦克唐纳第一任内阁中担任内政大臣。担任财政大臣的是菲利普·斯诺登（Philip Snowden），他坚决赞成金本位、自由贸易和财政收支平衡。殖民地大臣由费边主义者西德尼·韦伯担任，教育大臣由坚定的左翼代表查尔斯·菲利普·特里维廉勋爵（Charles Philip Trevelyan）任职。女性第一次进入内阁：劳工大臣玛格丽特·桂丝·邦德菲尔德（Margaret Grace Bondfield）。政府迫在眉睫的任务是降低失业率，由掌玺大臣詹姆斯·亨利·托马斯（James Henry Thomas）负责，担任他助手的是兰开斯特公爵领地大臣奥斯瓦尔德·莫斯利（Oswald Mosley），一位无具体负责范围的部长。这位32岁的党内左翼代表，希望用提高大众购买力、布局公共工程以及
/ 482 实行帝国关税保护来搞活停滞不前的经济。该方案和前首相劳合·乔治起草的自由党竞选纲领几乎雷同。

1929年春季失业人口突破百万大关。降低失业率是工党竞选

的核心诺言。新内阁初期推出了一批社会改革法案，包括投入大约2.5亿英镑的公共工程。莫斯利、劳合·乔治，以及凯恩斯和费边主义者、历史学家科尔（G.D.H. Cole）都主张要加大投入，后两位是政府经济委员会成员，但麦克唐纳、斯诺登和托马斯持反对态度，甚至在1929年10月纽约股市大崩溃、失业率再次攀升时仍坚持他们的原有立场。麦克唐纳第二届内阁执政几个月后，这个少数政府的裂痕开始显现。这是工党1930年和1931年陷入严重危机的前奏。[24]

和英国不一样，德国在1924年到1929年经历了名副其实的“黄金年代”，又有了稳定的货币，生产、消费和大众收入不断增长。1924年的帝国国家预算盈余满满。1925年到1928年赤字很小。但仔细观察一下，就知道德国经济局势依然危机四伏。正如经济学家伍尔夫拉姆·费歇尔（Wolfram Fischer）所说：“国民经济的增长或缩减主要依赖的投资，在1924年1929年期间增势并不均衡。虽然1928年前，固定投资不断增长，但是持有情况非常不稳定，例如1926年、1928年和1929年的国内总投资（固定投资和持有情况）和上一年相比都有所下降。只有1927年是唯一的‘投资大年’。贸易收支在战前几乎都是逆差，只有1926年取得顺差。虽然服务业不断有盈余，主要依赖贸易船队的贡献，但是其盈余还不足以平衡经常性账户支出，或者为战争赔款所需的支出。”

德国可以根据道威斯计划履行偿还战争赔款的原因是可获得国外，也就是美国因资本流动盈余提供的贷款。1924年后德国急需资本，帝国银行的高息及其信贷限制，对国外投资者非常有吸引力，因此20年代下半期的繁荣不只是“美钞盛开”的作用。但使用外国贷款非常麻烦。其中大部分额度，1927年和1928年时大约一半的额度是短期贷款，但德国银行转化为投资贷款，供地方政府和行政区用于长期的和非直接“生产性”用途。1919年埃茨贝格尔帝国金融改革期间，受损的行政区可以用这些贷款建造学校、市政厅、医院、体育设施或者如同科隆市长阿登纳那样，建造著名的“绿色腰带”。只要经济处于繁荣阶段，短期贷款就可以续期，没有任何问题。但是在魏玛共和国好年景时，帝国银行主席亚尔马·沙赫特和赔款经纪人、美国金融专家帕克·吉尔伯特等人就发出预警，责备公共机构在财政管理方面不可靠。如果经济发展停滞，那么一场严重的财政危机则不可避免。

不仅各邦和地方行政区，帝国本身也受到赔款经纪人和帝国银行主席的严厉指责。1927 年 12 月的工资改革给公务员增加工资，平均提高 16% 到 17%，这是因通货膨胀而对公务员的某种补偿，也是承认自 1927 年以来公务员的工资涨幅远远低于工人工资涨幅的事实。1927 年德国工业的赢利创下纪录，远超魏玛共和国前后的年代。1927 年，不仅赔款经济人提请注意，而且帝国议会中央党党团的预算专家海因里希·布吕宁也强调，如果遇到税收大幅降低，国家将无法支付这样的高工资。因此 1927 年 12 月 15 日最后表决时，布吕宁投了弃权票。 / 484

然而 1927 年被收入德国的编年史并不是因为公务员的工资问题，而是因为魏玛共和国期间，工人和职员得到的社会保障大幅提高：法律规定的失业保险机制落实了。帝国议会以绝对多数在 7 月 7 日通过了相关法律，将迄今为止国家失业救济转变为一个保险机制，雇员和雇主各自支付同样数额的款项，当时占毛工资的 3%。它不仅由资本和劳工双方来承担保险的费用，而且完全按照俾斯麦的传统，让国家参与其中。如果该机构的财政需求无法用自己的储蓄满足，帝国有义务为这个负责介绍工作和失业保险的帝国新机构提供贷款。帝国会因此陷入巨大的财政危机，这样一种局面在 1927 年时没人可以想象。

魏玛共和国时，国家是经济生活中一个非常积极的参与者。根据 1923 年 10 月 13 日授权法的一项规定，工资谈判有争议时国家可介入强制仲裁，也就是说出现劳工争执，国家是最高仲裁。社民党理论家希法亭 1927 年把这一仲裁的作用归纳为“政治工资”，称它体现了某种高度发达的“有组织的资本主义”，赞美这是向社会主义迈出的一步：广泛削弱了集体工资谈判的自治范围和市场的力量。

经济历史学家克努特·博查特（Knut Borchardt）的观点，即国家强制仲裁会导致过高的工资，也是根本上导致魏玛经济“病态”
/ 485 的原因，引发了一场激烈的、至今仍未结束的科研争论。国家出面
发挥最后仲裁的作用会削弱市场经济的力量，这一点毋庸置疑。国家还出面对粮食和其他农产品实行保护性关税，作为给东易北河大地主经济的补贴，帝国议会在德意志民族党的压力下，于 1925 年 8 月再次启动这一举措。“扶持东部”的直接支出是魏玛共和国后期的一个重要议题。

工业家们组成全面的卡特尔取缔市场规则，其理由是必须实现合理化，以提高德国的国际竞争力，但实际上它削弱了内部竞争。追求合理化导致生产过剩，1929 年秋季大危机开始前，已经出现大批失业。1929 年第三季度到劳工局求职者人数高达 153 万人。希法亭的官方说法，即“有组织的资本主义”过于美化现实：有足够的理由来说明，魏玛共和国的德国其实是一个无组织的资本主义。

魏玛共和国政治上相对稳定的时代，始于 1924 年 5 月 4 日的帝国议会选举，其实这更是一件预示着不稳定的事件。这次选举中，极右派和极左派增长强劲，而大多数温和党派损失惨重。保皇派的德意志民族党，主要受因通货膨胀损失惨重的中产阶级的青睐，和 1920 年 6 月的选举结果相比，它的支持率从 15.1% 上升到 19.5%，由此成为最强大的资产阶级政党，晋升为第二大政党。德国民粹自由党和未设党主席的纳粹党联手，获得 6.5% 的选票。四分之一的选民选择了反共和的右翼政党。

中间左翼方面有两点值得特别注意：一个是重心从社民党向共
/ 486 产党倾斜，另一个是马克思主义党获得的选票数大幅回落。1920 年
所有工人政党共获得 41.7% 的选票，这次只有 34%。社民党获得的支持率从 21.7% 降到 20.5%，乍看上去似乎损失微弱，实际上这无异于一场大灾难：合并后的社民党在 1924 年得到的选票比 4 年前社民党的选票还少。当年投票给独立社民党的 17.9% 的选票，现在大

多数也许都投给共产党了，而共产党作为无产阶级群众政党首次出现在帝国议会上。自由党派如德意志人民党和德意志民主党受到重创，天主教中央党和巴伐利亚人民党也各有损失。特别值得注意的是，资产阶级各小党派加起来共获得 8.5% 的选票。 437

尽管社民党仍是最大政党，但是鉴于败选的情况，组成大联合政府参与执政不再可能。假设该党领导决定这样做，也会因其左翼，即当年独立社民党的抗议而分裂。另外，温和的资产阶级政党并不想和激进的民族主义德国民族党组阁，让德意志民族党派成员出任政府首脑，因为他们推举当年的海军上将提尔皮茨，即德国海军的缔造者。结果是再次由威廉·马克思出面组建中央党资产阶级少数派政府，德意志人民党主席施特雷泽曼再次出任外交部部长。该政府至少可以指望在重大外交问题上得到社民党的支持，例如批准道威斯计划等。

要通过有关战争赔款的所有法律，只靠社民党还不能够得到所需的票数，其中一项法律是将帝国铁路转变为公司，让其背负一定的债务并设立一个也由债权国代表出任的理事会。这一严重干涉德国主权的帝国铁路法，涉及更改宪法，因此需要修宪三分之二的多数同意。

这就需要争取到德意志民族党的部分票数。为了不让在野的德意志民族党在这个问题上持反对态度，政府在 1924 年 8 月 29 日，/ 487
即《伦敦协议》签署的前一天，发表了一个关于战争罪行问题的声明，该声明特别强调民族性。同时两个势力强大的利益代表协会也施加压力，一个是德国工业帝国协会，1919 年成立的企业界顶级代表机构；另一个是实力强大的帝国农业联盟，它的前身是农民联盟。再加上来自资产阶级阵营一系列的威胁和示好：如果拒绝该提案，帝国政府就解散帝国议会。如果同意，德意志人民党愿为德意志民族党提供执政机会。8 月 29 日，德意志民族党中 52 名议员投反对票，

48名议员投赞成票。这样满足了铁路法需要的三分之二多数，接受《伦敦协议》不再存疑。

但日常政府工作需要的稳定多数并没有因此得到保证。于是马克思政府10月20日决定敦请帝国总统解散议会。艾伯特立即接受了这个请求，新大选日期定于1924年12月7日。同一年的第二次帝国议会选举，时值经济复苏强劲。8月30日取缔了临时地产抵押马克，发行由40%黄金和外汇担保的新马克。《伦敦协议》缔结后，外国贷款涌入德国，失业数量和平均工时迅速减少，工资协议规定的小时工资迅速攀升。

经济局势改善的结果，体现在1924年12月7日的选举中，政治极端化明显减弱。极端党派，一边是以纳粹自由党名义参选的德意志民粹党，另一个极端是共产党，他们在竞选中明显被削弱。社民党大胜，得票率从20.5%上升到26.5%，德意志民族党得票率从19.5%上升到20.5%。共产党得票率从12.6%降到9%。联合起来的纳粹党和德国民粹党得票率从6.5%降到3%。而中间党派和温和右翼党派得票率变动不大。

/ 488

选举结果只能组成两种形式的政府：大联合执政或者是资产阶级中间－右翼联盟。德意志人民党反对和社民党组成政府。而德意志民主党不愿和德意志民族党共事，但这并不能阻止资产阶级组成联盟，因为即使不算这家左翼自由党，他们也拥有足够的多数。1925年1月15日，经过冗长的谈判，德意志民族党参与的第一个帝国政府成立，前任财政部部长、无党派人士汉斯·路德（Hans Luther）任政府首脑，施特雷泽曼担任外交部部长。尽管德意志民主党没有参与执政，该党的奥托·格斯勒出任国防部部长。德意志民族党出任内政部、财政部和经济部部长。农业部部长卡尼茨（Kanitz）伯爵也是亲德意志民族党人士。

内阁组建后不久，德意志民族党的经济部部长卡尔·纽豪斯

（Karl Neuhaus）被迫做出让该党大部分选民非常失望的举措。根据农业、工业、贸易和金融主要协会的一致决定，他在1月底的一份备忘录中宣布，如果储蓄和战争国债升值超出1924年2月规定的（曾受民族党激烈反对）、当年帝国德马克数额基础上的15%，这对实物拥有者来说就是不公平的，也是不可行的。

1925年2月28日，第一个资产阶级联盟内阁组建后6周，帝国总统艾伯特去世，享年56岁。死因是盲肠炎和腹膜炎。在其生命的最后几周，这位担任共和国最高职位的第一个也是最后一位社民党人，陷入一场指责他犯有叛国罪的官司。一位名叫欧文·罗特哈特（Erwin Rothardt）的民粹派记者提起诉讼，指责艾伯特1919年1月加入柏林弹药工人的罢工。这位当年的社民党主席之所以加入罢工，是为了尽快结束罢工。1924年12月23日马格德堡（Magdeburg）地方法院扩大陪审员法庭的判决，是反对共和司法的一个明显案例：被告编辑虽然因侮辱他人被判处3个月监禁，但是在宣判的理由中，法庭认可罗特哈特的断言，艾伯特参加罢工的确犯了叛国罪，刑法意义上是准确的，因此不能判定他犯了诽谤罪。 / 489

当时执政的马克思内阁马上发表郑重声明支持帝国总统，之后德国社会有分量的声音纷纷出面，包括神学家阿道夫·冯·哈纳克（Adolf von Harnack）、历史学家弗里德里希·梅尼克和汉斯·戴布流克、法学家格哈德·安修斯（Gerhard Anschütz）和威廉·卡尔（Wilhelm Kahl），他们一致指责马格德堡法官的诽谤行为。但这一判决确实发挥了其负面作用，它极大地削弱了第一帝国总统的精神和身体的抵抗力。他去世后，就连他的政治对手，包括帝国新政府内的德意志民族党成员都承认，这位总统在艰难时刻，尽心尽力并以超党派合作的楷模方式，履职尽责。从极右派那边听不到类似的悼词，而共产党的发言人议员赫尔曼·雷莫勒（Hermann Remmele）毫不忌讳，在1925年3月1日的帝国议会上直言，艾伯特“与德国无产阶级的诅咒一同走进了坟墓”。

1925年3月29日，德国人民开始第一次直选德国总统。前任帝国内政部部长和当时的杜伊斯堡市市长卡尔·雅尔斯（Karl Jarres）是执政党右翼候选人，得到德意志人民党、德意志民族党以及1920年成立的较小的德国中产阶级帝国党（简称经济党）的支持。社民党的候选人是奥托·布劳恩，他因政府危机刚刚从普鲁士邦总理位置上退下来。前任帝国总理威廉·马克思代表中央党参选。当时国中国的巴登总统威利·海尔帕赫（Willy Hellpach）是德意志民主党的竞选人。海因里希·黑尔德（Heinrich Held）代表巴伐利亚人民党，他自1924年以来任这个自由邦的邦总理。共产党派出党主席恩斯特·台尔曼，他以前是汉堡港的一名工人。纳粹党的竞选人是鲁登道夫。在第一轮选举中，没有人获得所需的绝对多数。雅尔斯得票率最高，获38.8%。布劳恩位列第二，得票率为29%。马克思得票率为14.5%，位居第三。

/ 490 第二轮选举中，魏玛共和国的政党如社民党、中央党和德意志民主党推举马克思为共同候选人，为此中央党必须再次选布劳恩为普鲁士邦总理。雅尔斯和马克思抗衡是没有任何机会的。为此右翼想寻找一个更受爱戴的候选人。根据1920年5月4日帝国总统选举法，可以推举一个第一轮没有参加竞选的候选人。当年的陆军元帅保罗·冯·兴登堡被选中。他1847年出生于珀森，时年77岁，自1919年夏卸任军队最高指挥后退休，住在汉诺威。

兴登堡有着“坦能堡战役凯旋者”神话般的美名，被称为第一次世界大战期间的“候补皇帝”。德意志民族党和全国农村联盟为他大造声势。但德国工业界和德意志人民党，特别是施特雷泽曼起初则顾虑重重，这位外交部部长主要担心来自国外的负面反响。雅尔斯退出竞选后，德意志人民党只得赞同兴登堡为候选人。兴登堡在第二轮选举中胜出的可能性很大。可以预计，他会得到坚定的保皇派和大多数忠于教会的新教教徒的赞同。巴伐利亚人民党也推举新教教徒普鲁士人兴登堡，主要是因为他们不满社民党支持天主教的马克思。帮助兴登堡胜选的另外一个原因是，共产党坚持让根本没有任何希望的台尔曼参加竞选，他在第一轮选举中只得到7%的选票。

保罗·冯·兴登堡作为“帝国阵营”的代表，在1925年4月26日的第二轮选举中比“人民阵营”的代表威廉·马克思多得90万张票。兴登堡得票率为48.3%，马克思得票率45.3%，台尔曼得票率为6.4%。兴登堡虽然差一点和绝对多数失之交臂，但第二轮投票并不需要绝对多数。

兴登堡的当选几乎等于让保守派重组魏玛共和国。他的获胜并不意味着全民投票赞成恢复君主制，但确实表达了人民对1919年以来议会民主制的不满，对灰色共和国碌碌无为的失望，也掺杂着对当年辉煌盛世的追忆。自由派的《法兰克福报》指责，这是“浪漫地追求以往的辉煌和曾经的强大”。自由派的《柏林日报》也提到，这是一场“反动派偷袭的胜利，因共产党对共和国的背叛而取得成功”。如同这两份资产阶级报刊一样，社民党的《前进报》把兴登堡的胜选比喻为1873年教会保皇派麦克马洪元帅当选为法国共和国总统的事件，同时希望德意志共和国会和半个世纪前的法国一样，侥幸地越过这个危险区域。 / 491

这些希望并不是完全没有理由。兴登堡答应尊重共和宪法，这令某些一直视共和国为敌的人来说，难以再继续对这个新生国家持敌对态度。基督教会转向务实政治表明，它终于认可了依然不为它所欢迎的共和国这个事实。兴登堡出身于军队和普鲁士贵族，这是他一向亲密无间的家园，这个阶层此时有充分的理由感到出了口气。帝国国防军和大地主阶层再次和国家最高首脑建立了直接通路，在危急时刻国家首脑起到真正掌权人的作用，此事意义非凡。1925年

4 月 26 日后，社会和政治阵营的势力关系并未马上发生变化。但是从那天起，在德意志共和国成立之前，原普鲁士执政层手中掌握了一个可以操纵的杠杆，尽管帝国议会不愿意认清局势。从“右翼”角度看，这意味着一个大跃进。

对于魏玛共和国来说，兴登堡的当选是 1925 年最引人注目的两件事之一。另一件事情是 1925 年 10 月 26 日缔结《洛迦诺公约》，它提供了德意志再次重返欧洲强国势力的保证。该协议目的是巩固
/ 492 战后秩序现状，但它顺从了德国的愿望，不免有失偏颇。因为从国际法的角度，只确认了德国西部边界：德国、法国和比利时不得武力改变目前的边境。大英帝国和意大利为此提供担保。但帝国与其东边邻国波兰和捷克斯洛伐克只缔结了仲裁协议。如果波兰和捷克斯洛伐克受到德国军事侵略，法国必须出来提供军事援助。

《洛迦诺公约》并没有排除可以和平修订德国东部边界的可能性。外交部部长施特雷泽曼也坚定地表示，保持和德国舆论的完全一致，努力实现这个目标。1925 年 4 月 19 日，他告知德国驻伦敦大使馆，“如果波兰的经济和财政不陷入极端困境，波兰整个国体不跌入崩溃的境地”，就无法和波兰达成边界的和平解决方案。因此目前应该“尽可能地推迟对波兰最终的和持久的整顿，直到这个国家足够理智，接受我们提出的边界问题的相应规则，直到我们的势力足够强大，只有充分收复这里提到的所有领土主权，我们才会满意”。

1925 年 11 月 27 日，《洛迦诺公约》得到帝国议会多数同意，因为社民党投了赞成票。10 月 26 日德意志民族党的部长退出路德内阁，原因是他们认为西方的让步远远不够。所以，德意志民族党投了反对票。如果社民党此时此刻将他们的赞同票和必须参与执政这个先决条件捆绑起来，那么路德和施特雷泽曼就不会拒绝这个要求。但是内部分裂的社民党不仅在 1925 年下半年放弃了执政机会，1926 年他们也拒绝了另外两次参与帝国执政的良机。

1926 年 5 月 12 日，由于无法解决一个因旗帜问题引起的争执，路德资产阶级少数执政内阁不得不宣布退位。起因是 5 月 1 日内阁的一个决定，规定公使和领事机构既可以升黑红金的帝国国旗，也可以挂出黑白红的商船旗。后继政府是以马克思为首的资产阶级少数内阁，它希望社民党参与执政。但是社民党在几个月前积极参与了共产党发起的第一次帝国层面的全民表决，要求没收当年德意志贵族的财产。1926 年 6 月 20 日，全民表决虽然没有达到目标，因为只有 36.4% 的赞成票，没有取得所需的多数票通过这个提案。但在与共产党一起参与了这项议会之外的统一行动后，社民党在某种程度上已经没有能力“立即”回到资产阶级中间派的阶级妥协政策上来。施特雷泽曼之前力图促成大联合政府的目标也未能实现。 / 493

1926 年 12 月中，放弃资产阶级少数政府转而组建中间 - 左翼多数联盟的议会政府的可能性是存在的。在施特雷泽曼敦促下，马克思政府向社民党伸出参与执政的橄榄枝，目的是避免讨论社民党提交的军事问题。但社民党未予理睬。1926 年 12 月 16 日，谢德曼发表了一篇非常轰动的议会讲演。这位当年的帝国总理在讲话中提到了秘密军备工业，提到其来路不明的融资，这令各家资产阶级政党非常恼火。他阐述了帝国国防军和右翼极端组织相互帮助。他说以“小口径射击俱乐部”形式存在的所谓“黑衫帝国国防军”，帝国国防军借助他们才可以绕过军队不得超过 10 万人的数量限制。谢德曼还提示，施特蒂纳（Stettiner）港口小区都知道苏维埃船只在 9 月和 10 月卸载了运往德国的武器和弹药，这番话也惹恼了共产党。

谢德曼在帝国议会讲话后的 1926 年 12 月 17 日，马克思内阁以 249 票对 171 票被推翻了。社民党提出的不信任提案得到民粹党、德意志民族党和共产党的赞成。前任政府首脑的这番讲话也令大联合政府成为泡影。资产阶级政党内再也没有人试图用这个办法 / 494
来解决危机了，或者再也没有人去就此进行严肃的探讨。1926 年

444 到1927年冬季这场政府危机致使威廉·马克思中间右翼政府上台，1927年1月29日他开始执政。德意志民族党出任内政部、司法部、农业部和交通部部长。内政部的掌门人是瓦尔特·冯·科伊德尔（Walter von Keudell），1920年3月他在纽马克（Neumark）作为柯尼斯堡（Königsberg）邦议员和卡普-吕特维兹（Kapp-Lüttwitz）政变政府合作。社民党的策略使得当时魏玛共和国最右翼政府上台，但这并不是它的本意。

施特雷泽曼在第二届资产阶级联盟内阁中仍担任外交部部长。1926年的两件大事和他的名字紧密地联系在一起，这两件事都和《洛迦诺公约》有关：和苏联签署《柏林协议》、德国参加国联。1926年6月10日，帝国议会几乎一致通过了德国和苏联的协议，一方面是为了消除莫斯科对德国《洛迦诺公约》的怀疑，另一方面用这个协议向华沙施压。协议双方相互保证，如果其中一方持和平立场但仍被第三方无端进攻，那么双方都保持中立。另外他们还保证，绝不参加对另外一个势力施加给对方的经济和财政制裁的联盟。德国允诺苏联，绝对不参与国联对莫斯科的任何制裁行动，这也是一年前西方列强提出的条件。其他则以1922年的《拉巴洛条约》作为德国和苏联关系的基础。

1926年第二件外交大事发生在9月10日的日内瓦：接纳德国为国联会员。根据帝国政府的强烈要求，帝国也应是国联最重要的机构理事会成员，而其主要竞争对手波兰一直在努力争取这个身份，但不得不满足于非常任理事国的位置，只得到再次参选这个机构的
/ 495 允诺。社民党比其他政党都更早、更坚持不懈地努力争取加入国联，他们称实现这个目标是一个“伟大的时刻”。《前进报》甚至说这是一个“世界历史的飞跃”。

9月17日，在日内瓦国联大厦庆典后一周，法国外长白里安和德国外长施特雷泽曼，在日内瓦附近的一个小村庄图瓦里

（Thoiry）的饭店里畅谈。吃完丰盛的美食和畅饮葡萄酒后，两人兴致极高。两位部长一致认为，如果德国为稳定法郎提供物质支援，具体的就是提前偿还部分战争赔款，那么应该对德国做出政治让步。其中最重要的是提前归还萨尔地区，1927 年 9 月底前撤出莱茵兰，法国同意德国和比利时关于欧本 - 马尔梅迪（Eupen-Malmedy）归还德国的协议。

兴高采烈之后是沮丧悔恨，法国总理普恩加莱一向无条件支持白里安的理解政策，这次也一反常态。确实，法国外长在图瓦里的行为，用法律语言表述是越轨行为。此事在德国也引发了严重关切，因为施特雷泽曼准备向西方列强做出的政治让步代价过高。1926 年 9 月 17 日这次会面最后并没有取得更多的成果，只是实施了以下方案：监督遵守《凡尔赛条约》军事规定的国际军事委员会应于 1927 年 1 月 31 日撤离德国。冷静思考一下，在图瓦里所唤醒的希望根本不现实。

德国加入国联是施特雷泽曼时代的重大事件。在一战中，施特雷泽曼曾是一个狂热的吞并主义分子，在卡普 - 吕特维兹政变时是一个会抓住机会的杰出战术家，后来他成长为“理性的共和派”，成长为成熟的政治家，1923 年秋季危机时，作为帝国总理，为保证帝国的统一和民主共和国政体，他的贡献远超他人。作为外交部部长，他是践行和西方达成和平理解政策的先锋。当然对待东邻波兰，他和大多数从右到左的德国政治家们一样，表现得很“民粹”。1923 年到 1929 年，这位外交部部长是德国强权政治的开明代表，是赞成欧洲各国紧密团结的辩护士。他之所以可以这样做，是因为他认为这两个目标并不矛盾。国际社会对他的认可超越了德国战后的其他政治家：1926 年 12 月 10 日，他和他的法国同行白里安一道在奥斯陆荣获诺贝尔和平奖。 / 496

马克思的中间右翼政府是施特雷泽曼任职外交部部长的第 8 届

446 内阁。总的来讲，第二个资产阶级阵营，并不像左翼担心的那么“反动”。1927 年 5 月，在德意志民族党内政部长科伊德尔的支持下，得到德意志民族党的同意，1922 年的《共和国保卫法》延期两年，但形势有所缓和。中央党政治家布劳恩斯自 1923 年 8 月以来一直担任帝国劳工部部长，在他的积极推动下，1927 年 12 月颁布了我们曾经提到的《失业救济法》。

此时中间右翼政府的破裂已经出现苗头。自 1927 年 7 月以来，联合政府的各党派就科伊德尔提出的教育法草案争执不休。该草案提出综合性学校和宗教学校在法律上是平等的。中央党、巴伐利亚人民党和德意志民族党表示支持；前身是“文化斗士”的民族自由党的德意志人民党表示反对，理由是帝国宪法规定，容纳各种宗教的学校有优先权。1928 年 2 月 15 日，德意志民族党帝国议会党团主席，联合执政委员会会议主席韦斯塔普（Westarp）伯爵不得不确认，在有争议的问题上无法达成一致，因此解散了此届政府联盟。

在魏玛共和国，各类形式的议会多数政府都明显地带有分裂的
/ 497 萌芽。在大联合政府中，冲突领域聚焦在社会福利政策上，在中间右翼政府中，与生俱来的矛盾集中在外交和文化政策上。源于君主立宪时代，不习惯于做出必要的让步，所有政党都将某些个别的目标视为没有谈判余地的题目。甚至“国家执政”党的行为也不例外，如同 1918 年 10 月前一样，好像重要的分界线划在政府和帝国议会之间，而不是根据议会体制的逻辑，划在多数派政府和在野党之间。尽管自己的政党也参与执政决策，但还是把政府理解为“对手”。不稳定的现象很大一部分要归咎于皇帝时代留下的影响，甚至在德意志第一共和国相对平静的不多的几年中，多变不稳也是德国议会体制的一个特点。魏玛共和国宪法也助长了议员们的这种“错误意识”。如果执政党各方的让步不够而导致联合政府破裂，最后还可以启用第 48 条紧急状态条款中的总统制备用宪法。

1928年3月31日，帝国总统兴登堡解散了帝国议会，规定5月20日进行大选。同样在3月31日，帝国参议院决定的一个项目，令下一届政府陷入深刻危机：装甲巡洋舰“A”。帝国海军希望用这样一艘军舰取代其他一批船只，这也是一个长期的、跨越几个立法期的项目，1927年12月，普鲁士为首的帝国参议院否决了这个项目预算。但是3月底帝国议会中资产阶级联盟的多数批准了第一期建造费用。帝国参议院在3月31日的反应是，向执政的马克思内阁提出请求，进行一轮新的财政状态审核后再开始建造这艘巡洋舰，千万不要在1928年9月1日前启动。帝国国防部部长格勒纳也同意了这个条件，他于1928年1月19日接替了不想继续任职的格斯勒，担任国防部部长一职。

巡洋舰“A”事件为左翼政党提供了一个爆炸性的口号。近几年来，台尔曼领导下的共产党越来越成为顺从斯大林的工具，他们提出不要巡洋舰、要小学生的免费餐食这种颇受大众青睐的要求。因为资产阶级政党曾拒绝了用500万马克为小学生提供免费餐食的提案。社民党也利用“不要巡洋舰、要孩子的饭菜”的口号，这个口号听起来实在很极端。1927年5月在基尔的党代会上，社民党不容置疑地宣布，他们决心阻止新帝国内阁，如果大选结果对他们有利，为了达到该目的，他们准备承担执政责任。 / 498

1928年春参加竞选的政党中，政治光谱中最右翼是经整顿的纳粹党，阿道夫·希特勒这位“元首”是纳粹无可争议的领头人。以奥托·斯特拉瑟和格里哥·斯特拉瑟兄弟俩为首的北德强大左翼，自1926年2月班贝格“领袖会议”后，就无法再和慕尼黑纳粹党总部的“棕色之家”抗衡。尽管纳粹继续声称他们拥护工人阶级，主张社会主义，但在帝国议会选举前就可以看出，其最积极的反响不是来自大城市，而是来自农村地区，特别是1927年生猪价格大跌，深受世界农业经济危机重创的农村地区。希特勒在1928年4月13

日，就该党1920年纲领第17条所做的言出必行的新解释，就是针对农业居民而发：党章中提出的为公共利益无偿没收土地，仅仅是指那些非法获取的财产，特别是“犹太人土地投机公司”的财产。

然而在大选前夜，社会上没有什么危机感。经济数据蒸蒸日上，失业率低于去年。在魏玛共和国的各届帝国议会大选之前，民主势力都没有像1928年5月20日之前这么乐观。

/ 499

第四次帝国议会大选的获胜者是社民党。和1924年12月7日上次大选相比，社民党的得票率增加了3.8%，占29.8%，最大的失败者是德意志民族党，得票率从20.5%降到14.3%。温和的资产阶级政党中，中央党的得票率减少1.5%，损失票数最多。两个自由党派各自损失1.4%的得票率。如果魏玛共和国将5%的得票率设为门槛，那么德意志民主党就会败选，因为它只得到4.9%的选票，仅比德国中产阶级的帝国政党多0.3%。共产党的得票率从9%上升到10.6%。纳粹党不得不满足于平均2.6%的得票率结果。但在石勒苏益格-荷尔斯泰因州西岸的几个农业危机地区，纳粹党的发展非同一般。在北埃迪特玛申（Norderdithmarschen）的支持率为28.9%，在南埃迪特玛申的支持率（Suederdithmarschen）达36.8%。

只有一种组建多数执政的可能，即大联合政府。1928年6月28日，经过了持久谈判，大联合政府成立，但是先不作为正式的联合政府，而只作为所谓的“权威人物内阁”。借这个概念所要表达的部长的政治独立性，其实是一种假象。实际上，德意志人民党对于赫尔曼·穆勒领导的社民党联合政府的抵触情绪很大，以至于施特雷泽曼不得不用最后通牒的形式，迫使其政党暂时同意派出两个人民党成员进入内阁，他自己担任外长，尤利乌斯·库尔提乌斯（Julius Curtius）担任经济部部长。

穆勒政府上台几周后，就陷入一场严重危机。1928年8月10日，内阁批准建造巡洋舰“A”，而在竞选时，社民党是坚决反对这个项目的。社民党的帝国财政部部长希法亭从他管辖部门的角度出发，没有理由提出质疑，因为建造费用是通过节约其他军事预算节省下来的，因此确认上届帝国议会的决定无可厚非。如果社民党否认这个决定，就意味着马上推翻穆勒政府。但德国最大政党的党员们和追随者则不这样看，特别是时任党主席的奥托·韦尔斯，因为另外一位党主席穆勒任帝国总理，韦尔斯几乎是一个人在领导党的工作。在议会夏季休息后，韦尔斯以社民党帝国议会党团的名义，在10月31日提出议案，要求停止建造巡洋舰，将这笔省下的资金用于孩子的餐饮。 / 500

然而等待帝国政府中社民党成员的更糟糕情况还在后面：韦尔斯强迫议会党团在1928年11月16日的表决中，反对8月10日的内阁决议。也就是说，让帝国总理穆勒、内政部长卡尔·泽韦林，财政部部长希法亭以及劳工部部长鲁道夫·维斯尔（Rudolf Wissell）在某种程度上给自己投不信任票。由于所有资产阶级政党和纳粹党都不同意社民党的提议，这个提案流产，因此政府也没有遭受失败。但是给公众留下的印象却是毁灭性的。柏林的《福斯报》（*Vossische*）以及所有自由派报刊都谴责社民党缺少诚信：“它想继续执政，还要保住脸面……用手敲打房间的桌子，庆幸有人出来阻止破坏财物。可以容忍这样做吗？”

1929年4月，执政党派还是成功组建了正式的大联合政府，有一段时间几乎没有人相信这会成为现实。其先决条件是就1929年帝国财政预算达成一致，在先是财政部部长希法亭、之后是各党团的专家将国家税收收入的预测再次调高后，达成统一意见相对容易。这个未曾预料的一致，起因则是一个关键性的外交因素。2月初，战争赔款谈判在巴黎开始，1924年道威斯协议只是一个暂时的规定，赔款的总额度并没有确定。根据道威斯计划，1928/1929年的年金

450 支付首次达到25亿帝国马克。

鉴于日益恶化的经济局势，所有执政党都希望减少负担。赔款管理人也在着手修改道威斯计划。只要由赔款管理人帕克·吉尔伯特（Parker Gilbert）来判定德国收支或者马克的稳定性是否可以支付战争赔款，德国人就可以在某种程度上藏在他身后。吉尔伯特认
/ 501 为这于事无益，他希望通过一个新协议，促使德国在经济和财政上主动承担责任。

巴黎谈判致使杨格计划诞生，以美国银行家欧文·D. 杨格（Owen D.Young）命名，他是于1929年6月7日结束的专家会议的主席。根据专家们的意见，德国应该在1988年前支付完战争赔款，也就是要几乎60年的时间。头十年年金低于平均值的20亿马克，然后逐步增加，37年后再降低。德国财政以及工业债券和帝国收入的抵押都不再受外国监管。

汇款的责任不再由赔款管理人负责，而是直接转交给帝国政府。赔款分两类，一类是“受保护的”赔款，另一类是“不受保护”的赔款。后者必须按时无条件支付。前者可以申请延期两年。建立一个接受赔款的新机构：设立在巴塞尔（Basel）的国际赔款银行。如果德国支付有困难，可以向一个国际专家委员会提出交涉。如果他们认为德国经济没有能力履行其赔款义务，那么该委员会必须讨论如何修改杨格计划的建议。对可能出现的其他不测也做了准备：如果美国同意减免盟军债权人的债务，那么其中三分之二要算入德国的赔款负担内。

对德国来说，和道威斯计划相比，杨格计划的一个重大优势是：恢复了在经济政策领域的主权。但缺点是取消了汇款保护。和以往不同的是，即使在经济萧条时也要支付赔款。在未来58年中年年向当年的战争对手支付赔偿金，这实在让人难以忍受。但因此得到的政治补偿是：如果帝国政府同意杨格计划，法国会在莱茵兰问题

上向德国做出让步。英国、法国、意大利、比利时、日本和德国在海牙会议上，于1929年8月30日签署了提前撤出莱茵兰地区的协议。1929年11月30日之前，协约国军队要撤出第二类地区，1925年到1926年冬季，已经从第一类地区撤出。第三类和四类地区必须在1930年6月30日之前撤出，比凡尔赛和约中规定的早5年。

德国极右翼根本没有等待海牙谈判的结果。1929年7月9日，“德国民调右翼委员会”在柏林召集开会。参加的人有代表老德意志联盟的卡拉斯（Claß）、代表1918年底成立的准军事组织“前线士兵联盟”的“钢盔”领导人弗朗茨·赛尔德（Franz Seldte），代表德意志民族党电影业和新闻界的巨头阿尔弗雷德·胡根贝格（Alfred Hugenberg），自1928年10月他担任该党领导人，还有代表纳粹党的希特勒。他们签署了一份宣言，呼吁德国人民起来反抗杨格计划并反对“战争罪责的谎言”，并宣布将起草一份相应的公投文件。

当右翼集结他们的所有力量时，温和左翼和极端左翼之间的沟壑则越来越深。1928年夏共产国际第六次会议规定了今后所有共产党的首要任务，即要反对所谓越来越资产阶级化的社民党、反对越来越向法西斯主义靠拢的社民党。1929年春季，如果柏林警察局局长、社民党人卡尔·弗里德里希·佐尔基博尔（Karl Friedrich Zörgiebel）在对极左翼的斗争中，没有运用可以让共产国际新极左总路线找到言之有力的借口的手段，那么共产党的这个说法至多是停留在纸面上的一种抽象的套话。1928年12月发生了一系列武力冲突，于是佐尔基博尔宣布禁止所有露天集会，甚至禁止在5月1日这个工人阶级传统“节日”举行集会活动。但共产党无视这个禁令，筑起零星的街垒，这给了警察动用暴力的理由，投入坦克和枪支对付极左人士。这次行动造成32个平民死亡、近200人受伤，1000余人被捕。

/ 503 继警察涉足后，普鲁士带头实施了一项管理措施：在全国范围内禁止1924年成立的共产党军事组织，即红色阵线战士联盟。共产党的反应是，1928年6月把本来准备在德累斯顿召集的党代会放到5月初发生激战的柏林威丁城区。“血腥5月”和禁止红色阵线战士联盟，这在共产党领导看来就是社民党迈向社会法西斯主义的佐证。在此次党代会上，被誉为德国无产阶级革命领袖的台尔曼变本加厉：他称社民党的“社会法西斯主义”是法西斯发展阶段中特别危险的一种类型。

左翼的政治极端化和不断攀升的失业率紧密相关。经济的衰退令1929年2月的失业人数上升到300多万，而春季应有的正常改善仍很疲弱，3月份失业人口依然徘徊在270万。劳工介绍所和失业保险机构的收入只能为80万人提供主要支持，因此不得不从帝国处贷款。由于帝国财政部也无法筹措到这笔钱，财政部部长只能求助银行财团。只有用这种不寻常的方式，1929年3月才避免了失业保险机构的破产。

此时此刻已经很明显，如果不对失业救济保险进行改革，就无法整顿帝国财政。但是联合政府的两个大党最大的分歧都集中在社会福利保障问题上。社民党和自由工会的意见一致，建议增加雇主和雇员的保金。德意志人民党考虑到雇主的利益表示坚决反对，他们的建议是缩小失业救济的服务范围。

1929年9月底，尽管举行了多次专家会谈，但是各自立场仍没
/ 504 有接近的迹象。10月1日魏玛总理穆勒首次暗示，如果政府找不到解决办法，他就准备下台。然而就在同一天，德意志人民党回心转意：如果社民党和中央党同意，把提高半个百分点保险金的建议推迟到12月，那么人民党就会采取弃权的方式，以帮助降低补贴率和杜绝滥用保险的提案得以通过。社民党和中央党同意了这个让步的建议，10月3日，相应的法律条款在议会中得到多数赞同。这个大

联合政府承受住了它执政以来最严峻的挑战。

为拯救穆勒政府做出贡献最大的政治家，却未能亲眼看到帝国议会主席宣布这次投票结果。1929年10月3日晨，施特雷泽曼死于中风，年仅51岁。尽管一段时间以来健康状态不佳，但这位外交部部长仍投入了他蓄积的最后力量，以避免政府破裂，因为政府破裂等于给他践行的和平理解政策致命一击。为了确保其"右转"外交政策，施特雷泽曼表现得比他的信念更为民粹。但是他认为，更改《凡尔赛条约》并不是佐证战争。实现其外交政策所遵循的最高准则的条件是资产阶级温和势力和工人阶级合作。因为他深知这个道理，所以他是其党内支持大联合政府最坚定的捍卫者。他去世后，这个联盟的基础比之前更加脆弱。不久后就证明了，在内政和外交上，没有人能够取代魏玛共和国培养出的这位唯一的政治家。

施特雷泽曼去世4周半后，1929年11月2日，极右翼试图用全民投票的办法来推翻杨格计划。410万张赞同票，即10.2%有选举权的居民在公投名单上签字，刚刚满足所需的票数，仅仅比帝国议会规定的10%法定人数多出0.02个百分点，他们为达到此目标扫清了第一个障碍。帝国专门委员会为公投制定的法律草案写道，"帝国总理、帝国部长"和代替他们签署杨格计划协议的"全权代理"会受到叛国罪的惩罚，至少两年监禁。因此帝国议会以绝对多数否决这个建议是毫无疑问的。只是德意志民族党的投票有些悬念。经过数天讨论后，11月30日，德意志民族党在场的72个议员只有53个投票赞同监禁条款。胡根贝格对持异议者采取的严厉措施导致该党团分裂。12名议员，包括当年的帝国部长科伊德尔、大地主汉斯·冯·施郎格－舍宁根（Hans von Schlange-Schöningen）、德意志民族工商协会主席瓦尔特·拉姆巴赫（Walter Lambach）和当年的少校戈特弗里德·特里拉努斯（Gottfried Treviranus）都宣布退出该党，同时组建德意志民族工作联盟。党团主席韦斯塔普因抗 / 505

议胡根贝格的政策也决定辞职。

在德国议会拒绝此提案后，12 月 27 日举行了势在必行的全民投票。580 万名有选举权的居民或者说 13.8% 的投票者赞成这个法律提案，但法案需要 2100 万张赞同票才能通过。帝国专门委员会的失败不言自明。但 35 个选区中有 9 个选区的赞同票超过五分之一。更重要的是，由于希特勒在帝国专门委员会的工作，他被“高雅社会”所接受。他开始进入上层并受到瞩目。他的政党也从重工业和农业为全民投票提供的资金中获益匪浅。

秋末时节，纳粹党的蒸蒸日上也反映在另一个领域。它在 1929 年 11 月和 12 月邦一级和地方选举中大获成功。自 1930 年 1 月，纳粹党甚至在图林根德意志民族党和德意志人民党的内阁中各派出一位成员，由威廉·弗里克（Wilhelm Frick）担任内政部和教育部部长。此时希特勒的政党开始在大学扩张。1929~1930 年冬季学期的大学生委员会大选中，纳粹德国学生联盟大胜，在维尔茨堡得票率为 30%，在柏林技术大学得票率为 38%，在格赖夫斯瓦尔德（Greifswald）得票率甚至高达 53%。

大学生向右转是社会抗议的一种表现。新一代知识分子拒绝“无产阶级化”。他们开始挑战体制，他们将物质的匮乏和就业前景的不明朗归咎于这一体制。憎恨魏玛共和国与厌恨犹太人如孪生兄弟。尽管犹太人仅占德国人口的 1%，但是在大学生中占 4%~5%。在某些专业领域如医学和法学，在某些大学如法兰克福大学和柏林大学比例更高。在许多非犹太同学看来，这是犹太人享有的不公正特权。大规模煽动嫉妒犹太人社会地位的情绪，也促进了纳粹学生组织的迅猛发展。

毫无疑问，经济原因造成 1929 年末人们蜂拥加入极右派。农业危机进一步恶化，导致北德农业人口走向极端化。春季以来，石勒苏益格 - 荷尔斯泰因一带，占头版头条的事件总是对财政部和农业部的炸弹袭击。9 月全德失业人数达 150 万，12 月上升到 290 万，比上年同期增长 35 万人。如果我们把 1924 年和 1926 年的股价水平设为 100，1927 年的繁荣时代达到 158 的高峰，1928 年跌到 148 点，1929 年则跌到 134 点。最刺耳的警告来自美国，1929 年 10 月 24 日，纽约股市全方位崩溃，其规模类似山崩地陷。之后美国银行开始收回它们在欧洲特别是在德国的投资，而且多数是短期投资。

不仅地方政府和邦政府，甚至帝国现在获准贷款也越来越难。现任帝国银行主席沙赫特曾在 1918 年年底参与筹建德意志民主党，后来逐步向政治右翼靠拢，这次财政危机对他来说如同天赐良机。他利用帝国面临的咄咄逼人的“现金赤字”危机，强烈要求大联合政府制订整顿帝国财政的长期计划。在战争赔款管理人的帮助下，12 月中旬他强迫帝国政府和帝国议会，为 1930 年的帝国预算规定了 4.5 亿德马克的还款计划。 / 507

帝国议会在 12 月 22 日通过了这个方案，帝国政府才从帝国银行领导下的一个银行集团得到过渡贷款，避免了帝国破产。大联合政府所决定的，得到帝国议会保留性批准的财政方案正式生效，内容包括把失业金保费从 3% 提高到 3.5%，提高烟草税，为促进资本形成降低直接税。帝国财政部部长希法亭此时已离职。12 月 21 日因抗议沙赫特，他提出辞职。其后继人是德国人民党的经济学家保罗·莫尔登豪尔（Paul Moldenhauer），数周前的 11 月 11 日，他刚刚担任帝国经济部部长，因为前任经济部部长库尔提乌斯调任外交部部长，接替施特雷泽曼的位置。

毫无疑问，1929 年到 1930 年交替之间，魏玛共和国的议会民主制陷入严重危机。这不仅体现在帝国银行主席和帝国政府之间的矛盾中，还表现在“大部分权力精英”开始和政府渐行渐远，或者说开始疏远议会政府体制。莱茵兰联盟是大地主阶层的利益代表，他们一开始就反对大联合执政。德国工业帝国联盟在 1929 年 12 月发表了一个备忘录，标题是“复兴还是灭亡”，他们向穆勒内阁提出强烈要求，例如根据经济状况调整社会福利政策，政府有权否决帝国议会提出的支出增加提案。帝国国防部长格勒纳和其最亲密的顾问，新成立的部长办公室主任库尔特·冯·施莱谢尔（Kurt von Schleicher）将军，他们在1929年底已经开始和帝国总统办公室的国务秘书奥托·迈斯纳一道，筹划一个没有社民党的政府。根据当时事态，这个政府只能是一个总统制内阁。

/ 508

1929年春，兴登堡本人就表示有意调整到这个方针上来。时任德意志民族党团主席的韦斯塔普伯爵是首批得知总统意向的人选之一。1930年初，兴登堡进一步明确了他的观点。1月6日他和胡根贝格，15日和韦斯塔普分别交换意见，询问德意志民族党的意见，如果因财政改革导致政府危机，他们是否直接或者间接支持一个由帝国总统组建、没有社民党参加的内阁。德意志民族党主席的态度是拒绝的，但已离职的民族党议会党团主席则表示赞同。

当时能够拢住政府阵营的，是执政各党派都希望能批准杨格计划。1930年1月20日，专家会议委员会就诸多细节讨论数月后，杨格计划在海牙正式获准。对德国来说最重要的是，支付方式和支付金额以1929年6月专家提议为准。1月28日拉开了大联合历史上最后一章的序幕：根据12月被选为帝国议会党团主席的布吕宁的建议，中央党决定，同意杨格计划必须和出台财政改革方案捆绑在一起。布吕宁提出的这个法律捆绑既不是对大联合执政的否认，也不是对新的赔款协议的拒绝，而只是一个尝试，利用国外政府联盟的外交政策夹钳，起到整合财政的杠杆作用。

几个社民党议员也提出一个捆绑条件：要按照社民党的思路进行财政改革，把这个条件作为同意杨格计划的前提。但大多数人拒绝内政和外交政策的这种组合，无意中削弱了这个最大执政党的谈判立场。联合政府的右翼，德意志人民党拒绝在失业保险问题上做更多让步，拒绝提高直接税，拒绝让政府官员（尽管帝国总统赞同）和其他领取固定薪水人员支付额外税。出乎意料的是，3 月 5 日内阁就 1930 年帝国预算融资提案居然达成一致。德意志人民党的财政部部长莫尔登豪尔同意了社民党的提议，以提高工业税收的方式收取直接财产税（杨格计划施行后，就废除这个税种），从 3 亿提高到 3.5 亿马克。另外，帝国失业保险机构可以自行将失业保险金从 3.5% 提到 4%，为此社民党的部长则同意 1931 年不再退还工资税。 / 509

内阁达成一致是各个阵营中温和势力的胜利，但是这个成功的基础却如同一盘散沙。3 月 6 日，德意志人民党的帝国议会党团，在雇主协会和德国工业帝国协会支持下，拒绝了政府妥协方案中的主要条款。穆勒政府中出任邮政部长的巴伐利亚人民党，表示拒绝上调啤酒税。3 月 10 日和 11 日，帝国总统再次加以干涉。在和布吕宁以及穆勒的谈话中，他表示愿意授予政府帝国宪法中第 48 条规定的特权。这样一来好像布吕宁提出的一揽子协议达到了目的，即赔款规定和财政改革同步。3 月 12 日，杨格法案通过第三次通读，256 票赞成，192 票反对，3 票弃权。几乎中央党的所有议员都投赞成票。

且不管兴登堡对布吕宁和穆勒的允诺中带有什么意图，他最密切的顾问圈子，即常说的“宫廷奸党”已经下定决心，利用颁布杨格计划形成的这个新局面向右掉头，即放弃议会制，开启总统制。3 月 18 日，德意志人民党的重工业界获知，在格勒纳和施莱谢尔的敦促下，帝国总统已经决定拒绝穆勒内阁启动第 48 条紧急状态条款。3 月 19 日，兴登堡用近乎命令的口吻，要求为德国东部的农业颁布救助措施。其国务秘书迈斯纳对施莱谢尔将军说了下面的话，对这 / 510
一转变做了最好的注脚：“这是配合你们的解决方案的第一个阶段！这也是我们所能得到的最好基础，这就是兴登堡的领导。”

因为德意志人民党事先了解了帝国总统的意图，所以他们在 3

月 21 日和 22 日在曼海姆召开的党代会上，对社民党不惜选择温和的语调。26 日和 27 日，布吕宁为争取达成和解再次做出努力，提出推迟失业保险的争论：失业保险机构要厉行节约措施，帝国政府可以以后再决定是制定提高保险金还是降低服务范围的法规，或者为帝国贷款融资而提高间接税收。

这个建议相对弱化了 3 月 5 日内阁的决定，减少了给失业者增加的负担，3 月 27 日这个建议得到德意志人民党议员多数人的同意。但是在社民党帝国议会党团的会议上，工会代表和劳工部长维斯尔带头反对布吕宁的“妥协方案”，帝国总理穆勒和其他社民党内阁成员赞同中央党建议，但只占少数。最后内阁只能在备忘录上签署失败两字，通知帝国总统内阁解散的消息。

1930 年 3 月 27 日是魏玛共和国历史上最深刻的转折点之一。我们回顾历史，可以毫无疑问地确认，这一天标志着相对稳定的时代正式结束，德意志第一共和国开始解体。甚至同代人也意识到这个变化的深刻意义。3 月 28 日《法兰克福报》写道：“这是黑色的一天……更加不幸的是，因为争执的问题和其导致的灾难性后果相比，是如此微小，如此不可思议，这是加倍的不幸。”在社民党内部批评声音也越来越强烈，而正是他们的决定导致了穆勒政府垮台。在其理论刊物《社会》5 月期上，希法亭阐述了为什么不能同意党内多
/ 511
数的理由：他们认为若同意布吕宁的建议，1930 年秋季时就无法避免降低失业保障服务措施的出台。希法亭写道：“正因为要从确保失业保障的立场出发，退出执政至少无任何益处，而担心秋季境况会恶化，就采取这样一个后果严重的步骤，理由实在不充分。如同因担心死亡就去自杀，这是不可取的。”

权力从议会向总统转移在 3 月 27 日已见端倪，议会内外的右翼都赞同这一发展趋势。因为他们认为，其他任何方式好像都无法控制住魏玛这个福利国家。转向总统制的践行者，他们力求实现这个

近期目标，本意不在反对微调失业保险金。因此右翼要为穆勒政府倒台后发生的林林总总的事件承担大部分责任。

温和派左翼认可并接受了国家放弃议会民主制这个现实，因此不能开脱他们向总统制过渡的责任。社民党本可以以发生党内危机为代价，制止 1930 年 3 月底大联合政府的破裂，但即便如此，也只能取得短期效果，这个政府联盟很难坚持到 1930 年秋，因为他们追求的最重要目标已经实现，即批准杨格法案。尽管如此，社民党也应该踏上布吕宁搭建的桥梁。社民党应该深深自责：在关键时刻，他们没有竭尽全力来保护议会民主制，没有挺身而出制止向专制国家转变的倒退行为。[25]

1929 年后，西方资本主义国家陷入世界经济危机，此时苏联正全力以赴投入斯大林称为“在一国建立社会主义”的运动。“毫无疑问，如果西方取得社会主义胜利能帮助我们，那么我们的任务从一开始就会容易得多，”1925 年 6 月 9 日，苏联共产党总书记在莫斯科斯维尔德洛夫（Swerdlow）大学讲道，“但是首先，社会主义的胜利并没有像我们希望的可以那么快实现；其次，困难是可以克服的，众所周知，我们已经克服了诸多困难。”

斯大林认为，早在 1915 年帝国主义战争期间，列宁就对“在一个国家建立社会主义的问题”给出了原则上肯定的答复。这其实是斯大林对列宁的误解。列宁是在《关于欧罗巴合众国的提法》一文中写道，“先在几个资本主义国家或者甚至在其中某一个国家取得社会主义的胜利”是可能的，只要这个国家能将其他国家被压迫人民争取到自己一边，并鼓动他们“起来反抗资本家，必要时拿起武器反抗剥削阶级和其国家”。

列宁在 1922 年和斯大林翻脸，称他为人“太粗暴”，而且在 1923 年 1 月 4 日的遗嘱补充中，建议解除其党总书记职务。没有列宁，就没有俄国 1917 年的十月革命，也就没有苏维埃。他要求其政党，在他，即列宁去世后，物色一个比在职的党总书记“对同志更加耐心、更加忠诚、更加友好和更加关注，并且少些任性的人”。这并不是说明列宁变得比以前宽容了。不同意多数政治局意见的党内反对派存在的可能性很有限。但是共产主义政权不应该是：借助党内和安全机构内对其盲目服从的领导群体，实施一个人的统治。使用最终极的，也就是致命的手段，迫害所有持不同政见者的一个人的统治。这是列宁想借警告斯大林来争取避免的。

斯大林（俄语中意为钢铁），原名约瑟夫·维萨里奥诺维奇·

朱加什维利（Josephf Wissarionovich Dschugashvili），1879年出生于格鲁吉亚的哥里（Gori），是一位皮匠农奴的儿子。1898年， / 513 他加入俄国社民工党。翌年，由于他的政治活动，特别是组织罢工的活动，他被开除出他正在求学的神学院。1904年后，他从西伯利亚的流放中逃出来，作为布尔什维克的追随者在高加索从事地下活动，包括从事政治暗杀、绑架、解放囚徒、索要保护费，为筹备党的经费抢劫武器、抢劫银行以及袭击货币运输车等。布尔什维克胜利后，他担任工农监督局的人民代表委员，在内战期间，担任红军政委。自1919年后他既是俄国共产党政治局成员也是组织局成员，1922年他被任命为党的第一总书记，这为他后来的权力地位打下了至关重要的基础。就马克思理论的水平而言，布尔什维克的其他领导人，如列宁、托洛茨基、季诺维也夫、加米涅夫和布哈林都远在他之上，而斯大林的优势在于，除了他的组织天赋外，他具有某种本能，可以及时识别对手的弱点，结成巩固其权力的联盟。

1924年1月21日列宁去世前，斯大林、季诺维也夫和加米涅夫结成“三驾马车”的联盟已具雏形，他们反对托洛茨基，反对布尔什维克的关键人物中，在知性上唯一可以和列宁并驾齐驱的人物。托洛茨基是红军的缔造者，1918年3月以来就任最高军事委员会主席。三驾马车的成员不仅指责他有“波拿巴主义”倾向，也就是力求在军事上建立个人独裁，而且这些布尔什维克元老还责备他入党太晚：在1918年7月才入党投身列宁的事业。1924年5月，党的领袖去世4个月后，在一次中央会议上宣读了列宁的遗嘱，当然也包括涉及斯大林的补充部分。季诺维也夫救了斯大林。在谈到总书记本人时，他说列宁的担心是多余的。在季诺维也夫和加米涅夫的敦促下，斯大林得以继续任职，列宁的遗嘱成为保密文件。

确认了其党总书记的地位，斯大林就达到了建立三角同盟所追 / 514 求的目标。1924年秋，他开始号召全党统一到“在一国建设社会主义”的路线上来，这个举措不仅剑指“永恒革命”的主要代表托洛茨基，而且也间接指向季诺维也夫和加米涅夫，季诺维也夫任共产国际总书记和列宁格勒党委书记。列宁格勒曾叫圣彼得堡，后来更名彼得格勒。加米涅夫是莫斯科党组织第一把手。和托洛茨基一样，他们两人曾积极促成“德国十月革命”，但这次共产党政变的彻底败北，严重削弱了他们的政治权重，而托洛茨基的追随者，卡尔·拉狄克，共产国际中的德国专家更是狼狈不堪。1925 年 1 月，托洛茨基不得不接受中央委员会对他“永恒革命”论点的批判，放弃战争委员的职务，季诺维也夫提议把托洛茨基开除出党，但斯大林予以拒绝，托洛茨基仍被保留为政治局委员。

季诺维也夫和加米涅夫是积极主张世界革命的“左翼”代表，“右翼”代表主要是《真理报》主编布哈林，他在列宁 1921 年启动的“新经济政策”中发挥了主要作用，还有人民代表委员会主席阿列克谢·李可夫（Alexei I. Rykow）和工会领袖米哈伊尔·托姆斯基（Michail Tomski）。在 7 人组成的政治局中，这三位右翼代表对 1924 年夏格鲁吉亚农民起义做出的反应是，要求采取明确的利农政策。布哈林在 1925 年 4 月底，第 14 届党代会前不久，引用法国自由派政治家弗朗索瓦·基佐的口号，号召农民：“要自己致富，开发你们的农场，不要害怕有人对你们采取限制措施。”尽管斯大林不赞成这样的呼吁，但是在党代会上同意降低农业税，赞同右翼提出的各种利农措施。

1925 年下半年，季诺维也夫和加米涅夫才意识到，斯大林的战略转型对他们构成了威胁，于是开始公开反对农业政策的“右倾”修正主义。他们扮演了某种反对派的角色，反对派的一边是斯大林，另外一边是布哈林、李可夫和托姆斯基结成的非正式新联盟。1925 年 12 月第 14 届党代会上，俄国共产党更名为苏联共产党，批准了“在一国建设社会主义”的方针以及新农业政策。不久后，新领导层开始对季诺维也夫追随者的列宁格勒党组织大清洗。其中起到关键作用的是刚满39岁的谢尔盖·M.基洛夫（Sergej M.Kirow），不久后，由他接任季诺维也夫担任列宁格勒党委第一书记。1926年1月，斯大林出版了《论列宁主义的几个问题》一书，在这本书中，他大力攻击季诺维也夫和加米涅夫，但并未提及托洛茨基。

“在一国建设社会主义”的口号在内政方面很受欢迎。它唤起某种后来被称为“苏维埃爱国主义”的情怀：为苏维埃感到自豪，这是唯一取得红色革命胜利的国家，可以矗立于敌对世界而不败。外交上“右翼”确定的新方针，促成了和改良派工会以及各家工人政党结成一系列联盟。1925年4月，英俄常任工会委员会的成立是最早的实例。另外一个合作的案例，就是在一年后为没收贵族财产举行全民投票问题上，德国共产党和德国社民党的合作。这种无产阶级“统一行动”的两次较量都没有达到目标，但这也未有助于苏联共产党左翼反对右翼的斗争。

季诺维也夫和加米涅夫在1926年春犯了严重错误。他们和托洛茨基结盟，这意味着加速丧失权力。1926年10月，托洛茨基被开除出政治局，布哈林取代季诺维也夫担任共产国际总书记。一年后，1927年的11月，托洛茨基和季诺维也夫都被开除出党。不久后的12月，在苏共第15届党代会上，加米涅夫也被开除出党。之后反对派分裂，季诺维也夫和加米涅夫撤回他们的观点，1928年恢复了他们的党籍。托洛茨基拒绝任何自我批评，1927年12月被流放到哈萨克斯坦的阿拉木图。1929年1月他被驱逐出苏联，随后开始了11年的流亡生活。1940年8月21日，他在墨西哥被苏联秘密警察暗杀。 / 516

1927年，斯大林的外交政策受到两次严重打击。5月，英国和苏联断绝了外交关系，因为在对苏联商贸代表的一次搜查中，发现了很多犯罪性的鼓动和宣传资料。1929年英国工党执政时才恢复了和苏联的外交关系。苏联的中国政策导致了灾难性的后果，自1924年后斯大林要负主要责任。1923年以来，布尔什维克敦促1921年成立的中国共产党，只和孙中山领导下的国民党紧密合作，就是说作为国民党的一部分参与1916年以来爆发的内战。孙中山去世后，蒋介石成为国民党领导人，1926年他开始系统地铲除和“围剿”共产党员。

1927年4月，“上海大屠杀”是这次暴行的高潮。共产党反对当地军事当权者的起义后，国民党部队3月占领上海。蒋介石进驻上海后，马上下令杀掉在上海和南京没有来得及撤退的共产党人，血腥镇压了另外一次工人起义，在南京建立了一个政权，与在武汉，即当年的汉口成立的国民党左翼政府抗衡，并和苏联断绝关系。

在共产国际和斯大林的敦促下，共产党开展了一系列起义行动。最后一次是1927年12月在广州的工人起义，这次起义如同上海起义一样被血腥镇压下去。中国共产党的失败也是斯大林本人的失败。年轻的毛泽东是一个农民的儿子，当过图书管理员，他和其他早期中国共产党人一样，深受1919年反对帝国主义的五四运动影响，从失败中汲取了教训。早在1925年他就认识到，共产党只能借助农民
/ 517
革命才能在中国夺取政权。1927年他就敦促共产党建立自己的武装力量，并开始在井冈山地区建立共产党政权，后来被迫迁移到江西省和福建省交界的中国西南部。1931年11月，在这个地区，中华苏维埃共和国宣布成立，由毛泽东任主席。

左翼被赶下台后，斯大林和右翼的联盟也完成了其使命。1927到1928年交替之际，苏联共产党总书记开始向左转。这一方针转变的触发因素首先是，1927年夏的收成远远低于此前过高的估计。苏联国内市场的粮食供应比前一年下降了1/4。大多数小农本来就只为自己的需求种植，大农户即富农充分利用其市场优势，为他们产品索要的价格令大多数民众望而生畏。因此，1927年12月苏联

共产党中央委员会决定，对富农采取“极端措施”，尽管这些措施只是暂时的，目的是度过供给瓶颈。

1928年2月中，斯大林在一封致苏联共产党的信中指出，从现在起，要给富农施加压力，以便让城里有更多的粮食。农民囤积农产品并不是斯大林的杜撰，确实是事实。实际上，斯大林的这封信意味着大转弯，放弃让乡村致富政策，这曾是布哈林明确宣传的，也是受到左派严厉批评的方针。很明显，斯大林下决心，要与布哈林、李可夫和托姆斯基决裂。1928年初斯大林急剧调整方针，这一方面源于强化自己权力的初衷，另一方面的确担心可能爆发饥荒，这二者几乎不能分开。

1928年4月初，苏联共产党中央委员会和中央监察委员会全体大会决定，采用具体措施强迫富农把农庄的食品拿出来。不久后，斯大林在中央委员会上阐明，他不仅关注解决紧急的供给危机，还关注加快农业合作化。5月，斯大林宣布：应该提高工业化的速度，特别是重工业。由于缺乏其他来源，投资所需要的资金只能取自富农。毫无疑问，对右翼布尔什维克来说，如果贯彻斯大林的旨意，那么1921年由列宁开启的、有意识地保护私有财产的新经济政策就时日不多了，同时随着取缔新经济政策，他们作为这一政治势力的一部分，在位的日子也不会长久了。

反对苏联共产党右翼需要有国际上的侧面掩护以保驾护航。1928年2月，共产国际第9届扩大执委会上出现了这样的口号：社民党和改良派工会依然是共产主义的主要敌人。1928年7月17日至9月1日在莫斯科召开的第6届共产国际大会的目的是，在全球全面落实这个新左倾方针，也是不久被其批评者称为极左的方针。

恰恰是需要任共产国际总书记的“右翼”布哈林出来，在理论上为急左转弯提供论证，这简直是命运的玩笑。按照布哈林的观点，世界进入了战后发展的一个历史新阶段。继1917年春到1923年秋尖锐的革命危机后，资本主义体制进入相对稳定的阶段，现在这个阶段已经结束，第三个阶段是资本主义的重建阶段，生产力超过战前规模，同时反对资本主义的力量也在壮大。

在这个框架下，布哈林提到苏联经济的伟大进步、中国革命和印度骚动。资本主义的矛盾愈演愈烈，战争的危险也在不断升级。为此共产党人必须有所准备。“帝国主义战争的旗帜已经升起，关键

的时刻就在眼前，我们的共产国际，我们的所有政党，和全世界无数劳动人民要发出他们的最强音。这个最强音就是内战的口号，誓死和帝国主义做斗争的口号，是共产国际胜利的号召。”

第六届国际大会的决议完全符合斯大林的方针。关于国际形势和共产国际任务的一份决议提道，各个国家元首和企业主协会的代表正在和社民党领导的工人组织“纠缠在一起”。“这个工人官僚领导的资产阶级化过程，得到社民党的特意支持和推动……社民党作为资产阶级的‘工人党’，在过去的这段时间里，起到了资产阶级最后储备队伍的作用……阶级合作的理念是社民党的官方意识形态，这和法西斯主义有许多相似之处。为反对革命工人运动而采用的诸多法西斯方法的萌芽，可以在诸多社民党的实践中找到，也可以在改良工会官僚主义的实践中找到。”

法西斯主义在思想意识上与社民主义相近的论点，并不是新提法。1924 年 1 月季诺维也夫就称社民党是“法西斯的一支”，1924 年 9 月斯大林继而声称：社民主义和法西斯主义“不是对立物，而是孪生兄弟”。在斯大林看来，1928 年夏除苏联共产党内部的左右翼斗争之外，还有一个外交原因促使向改良主义宣战变得迫切。在柏林赫尔曼·穆勒领导下组建的大联合政府，让最西方的、最亲法的政党社民党在德国执政。斯大林认为德国和法国的任何靠近都是危险的。在他看来，法国依然是反布尔什维克的敌对势力。莫斯科也不能寄希望于英国。工会和工党自 1926 年 5 月大罢工失败后明显

向右靠拢。第六届共产国际大会宣称爆发“帝国主义”战争的危险并不是对国际形势严肃分析后的结果，而是出于战略考量的一种表述。全世界的共产党必须找出一个共同的敌人，以配合共产国际反对“右翼”的斗争。 / 520

这里剑指德国共产党。它是苏联之外共产国际成员中党员最多、选民最强大的政党。1924 年后，各家共产党都开始“布尔什维克化”，也就是在思想上、政治上和组织上必须以苏联共产党为榜样，包括建立非法的组织和军事机构、搞破坏、从事地下活动、直接受莫斯科指挥。但对“布尔什维克化”的实际结果，共产国际执委会则很不满意，对德国共产党也不满意。斯大林和季诺维也夫、加米涅夫集团分裂后，先是和右翼做斗争，继而反对左翼，在苏联向极左掉头的影响下，又开展对偏离总路线“右翼”的斗争。1928 年 10 月，斯大林强迫前不久被开除出共产党中央委员会的恩斯特·台尔曼再次任党主席（自 1925 年任此职），台尔曼被开除的原因是他卷入党内一次贪污事件。在台尔曼的领导下，德国共产党进一步斯大林化。自 1929 年以来，没有一国的共产党向德国共产党这样，对“社会法西斯主义”，也就是对社民党展开了那么无情的和充满憎恨的斗争。

向极左新路线掉头也帮助不了这位共产国际的领导人了：布哈林犯了双重错误。他和“左翼”的加米涅夫结盟反对斯大林，还公开地影射、批评这位苏联共产党总书记，由此他无意中加速了自己的失势。1929 年 7 月，完全臣服于斯大林的德米特里·曼努伊尔斯基（Dimitri Manuilski）接任布哈林任共产国际执委会总书记。不久前，布哈林的两个最重要盟友之一也丢掉职位。6 月初，N.M. 什维尔尼克（Schwernik）接任托姆斯基的职位，任苏联工会联盟主席。右翼“三驾马车”的最后一位李可夫也不得不服软。1930 年 1 / 521
月，维亚切斯拉夫·莫洛托夫（Wjatscheslaw Molotow）取代李可夫任人民代表委员会主席。1929 年 11 月，布哈林和托姆斯基被开除出政治局，继而 1930 年底，李可夫也被开除。1930 年夏，第 16 届党代会上，李可夫和托姆斯基承认错误，布哈林在 1932 年 2 月的第 17 届党代会上做了自我批评，他们对斯大林构成的威胁现在被铲除殆尽。

1929 年底，斯大林的权力地位好像无可争议。他一个接一个地剥夺了对手的权力。1929 年 12 月 21 日是他 50 岁生日，他把这一天导演成对他“个人崇拜”的早期高峰。苏联各地都把斯大林赞誉为“领袖”“当今的列宁”。在公共场所随处可见他的雕像，在公共大厅展示着他的半身雕塑。在各个城市都贴着大幅海报，各地村庄都悬挂着他和列宁肩并肩的画像。列宁在去世后成为苏联狂热崇拜的对象。和“右翼”的决裂进一步巩固了斯大林在政治局的地位。现在他可以更加专注于投身他的伟大目标：借助第二次革命战胜新经济政策，这个第二次革命的极端性要比列宁的第一次革命有过之而无不及。

大转型的方针都被归纳在第一个五年计划内。在 1927 年 12 月第 15 届党代会相关决议的基础上，根据 1929 年 3 月提交给国家计划委员会的草案，规定在下一个 5 年中，工业总产值至少增长 135%。如果条件允许，即连续 5 年丰收，甚至要达到增长 180% 的目标。而政治领导层决定，把最好的可能性作为工业化计划必须达到的目标，1929 年 5 月第 5 届全苏维埃大会批准了第一个五年计划。1929 年夏宣布，要在 4 年之内落实这个总项目。与此同时，在个别重工业分支再次提高了目标值。产业政策的重点从消费品工业向投资性工业倾斜。但农业市场并没有出现预计的优良条件，尽管如此，苏联共产党也没有修订计划，反而给生产者施压。在制定计划的人看来，好像加压是完成计划的担保。

1928 年 7 月中央委员会全会上，斯大林未能将他的新农业和工业政策贯彻下去，因为布哈林、托姆斯基和李可夫小集团坚决反对。1928/1929 年冬季后，反对富农的斗争和农业合作化进程进入一个新规模。大地主的反抗导致地区性罢工、违法行为，甚至谋杀政府代表的事件屡屡发生，为此，国家机器、保安部门和党的机关采取极为严厉的措施予以反击。官方没收粮食，农民随即销毁粮食，用面粉喂猪，伏尔加流域中部爆发了一次大规模的农民起义。

1929 年夏实行国家粮食收购政策前，苏联大部分地区处于内战状态，令人联想到 1921 年前的战时共产主义。1929 年 12 月 27 日，斯大林发出“对富农发起攻势”的信号。发动这样一种攻势意味着“粉碎富农阶级，消灭富农阶级……意味着认真准备并发动一场让富农无法翻身的斗争。我们布尔什维克人称其为一场真正的攻势”。

1929 年时，富农或者说大地主的数量约为 150 万到 200 万。中农数量为 1500 万到 1800 万，小农或还用木犁耕种的雇农人数为 500 万到 800 万。苏联农民的总数为 2500 万到 2800 万。从统计数字上看，合作化取得全面成功。1919 年 10 月到 1930 年 1 月底，合作化的企业和农民企业总数从 4.1% 增长到 21%。到 1930 年 3 月 10 日增长到 58%。农业企业合作化的方式非常粗暴。赫尔穆特·阿尔特里希特（Helmut Altrichter）写道：“没收富农家庭财产，把他们赶出家园。农民加入新成立的集体农庄之前，先把他们现有的牲畜杀掉。为加快合作化进程，党的干部、苏维埃干部、民兵、城市工业工人的工作小组和共青团小组一波又一波来到乡村。村民会议必须做出相应的决议。谁反对，谁就是富农或者富农的走狗。积极分子被胜利冲昏了头脑，政府也不出面予以制止。”

1930 年 3 月初，面对农民出乎意料的强烈反对，斯大林不得不严厉批评其代理者们非法过分的行为，下令停止对雇农的暴力行动。不久后，解散了许多新的集体农庄。到 1930 年 9 月，集体农庄的比例从 58% 降到 21%。乌克兰西部、黑土区中部、高加索北部和哈萨克斯坦等地新的群体起义此起彼伏。结果却是再次强化了集体化政策。集体农庄再次增加，到1931年增加了一半多，到1934年，占所有经济体的3/4。

至于那些被没收财产的富农和他们家人的命运如何，800万到1000万人的命运如何，这个问题斯大林显然没有想过。1929~1930年交替之际，秘密警察把富农分为三类：第一类是那些卷入反革命活动的富农，他们被立即被捕，被遣送到劳改营，如果反抗，就地枪决。第二类富农虽然是反对派，但不公开反对革命。他们被捕后，和他们的家人一道被遣送到西伯利亚边远地区。第三类人是忠诚于政权的富农，他们被迁居到集体农庄之外，从事土壤改造工作。

1930年夏天前，秘密警察建立起了一个庞大的劳改营网络，主要在索洛夫斯基（Solowki）群岛从卡累利阿（Karelie）到阿尔汉格尔斯克（Archangelsk）一带的白沙海岸。8万多名囚徒像奴隶一样，烧炭伐木，修建白沙海岸到波罗的海的运河（斯大林运河），修建道路和铁路火车线路。另外在远东劳改营联盟的1.5万名囚犯要建造通往布谷查施尼克（Bogutschatschinsk）的铁路线。维彻拉（Witschera）劳改营中大约有2.5万名囚犯，他们的任务是在乌拉尔地区的别列兹尼基（Beresniki）帮助修建巨型化学企业。1930年时，亚历山大·索尔仁尼琴（Alexander Solschenizyn）描写的“古拉格群岛”劳改营体制已经初见端倪。被驱逐的第二类富农，大多身无食品和工具，不得不在人迹罕至的、需要改良土壤的西伯利亚地区居住下来。那些给他们准备的住所基本没有建好。如果被遣送的农民被运送到大型建筑工地附近，至少他们可以在简陋的窝棚里住宿。

1934年初，包括许多儿童在内的50多万人都被关入苏联的集中营，1935年这个数字上升到了79万。另外还有被判处达3年监禁的28万人被关入劳改营，还有16万名监狱囚犯，其中大多是农民。据法国历史学家尼古拉·韦尔特（Nicolas Werth）的估计，1930 年到 1932 年消灭富农化的运动中，因被驱逐致死的人数达 30 万。

被处死的富农总数没有被统计。根据秘密警察的说法，仅 1930 年政治警察特殊法庭就判处了 20200 人死刑。1930 年 2 月 15 日的一份秘密报告提到 6.5 万个死刑判罚。他们中不仅有富农，还有其他“社会异己分子”，如旧政权的警察、“白军军官”、教士、修女、有手工作坊的农民、当年的商人和“乡绅”。在伏尔加流域中部，在乌克兰和高加索，红军用火炮和毒气对付起义的农民。1930 年，数千人在高加索大屠杀中丧命。

农业合作化的直接后果是 1932 年和 1933 年的大饥荒。1928 年以来，特别是由于该政权的蛮横干涉以及对这种干涉激烈的反抗，粮食收成急剧减少。粮食出口到“资本主义”国家又加剧了食品的匮乏：1933 年出口了 1800 万公担小麦。苏维埃领导在大饥荒时依然坚持这个出口政策，主要原因是需要外汇购买为实现农业机械化的拖拉机。

在乌克兰和北高加索那些富饶农产地的农民被国家掠夺一光，现在深受饥荒之苦。1933 年，秘密警察和国外的外交官都报道了这里几个地区人吃人的事件。食品被优先供给城市中组成布尔什维克支柱的无产阶级。农民就算进城也不会得到分毫。1932 年 12 月，该政权再次实行第一次世界大战前十年，在斯托雷平（Stolypin）时代曾经用过的“内部护照”。集体农庄的农民得不到这样的护照，不得不困守在他们的土地上。在城市内，没有“内部护照”的人会被轰出去。1933 年仅在莫斯科，就有 30 多万人受到这种措施的管制。

并不是像有些西方历史书上，或者 1991 年后乌克兰历史书上断言的，这次饥荒是斯大林故意使用的办法，目的是粉碎农民的反抗、消灭乌克兰民族主义。其实它更是农业集体化和强迫工业化不得不承担的后果，如果不对当年的农民施行强制性劳动政策，农业合作化和工业化进程就不可能实现。韦尔特估计，1932 年到 1933 年的大饥荒受害者的数字超过 600 万人，其中大约 400 万是乌克兰人，这一带富农最密集。在哈萨克斯坦也有 100 万人死亡。他们大多是牧民，牲畜被没收，不得不放弃游牧生活定居下来。在北高加索和黑土区也有 100 万人死亡。

/ 526

落实农业合作化的方式方法，给苏联农业带来了严重的伤害。1933 年，粮食产量比 1928 年减少了 500 万吨。25 年后，牲畜数量才恢复到 1928 年的水平。到 20 世纪 50 年代，农业人均生产才达到合作化之前的水准。自 1933 年后，农业局势再次稳定下来，主要是因为苏联向农民做出了多方让步。斯大林下令解散了大部分国营农场，把土地划入集体农庄。有富裕和贫穷的集体农庄之分，集体农庄内还有富有和贫穷的农民之分，这也是斯大林希望看到的。集体农庄并不是共产主义集体，而是某种合作社，农民得到小块土地，大约占可使用面积的 5%，可以私人经营，也可以养些牲畜。直到 50 年代，这些农户自留地提供了约 70% 的土豆、70% 的牛奶和 90% 的鸡蛋。如果这些农户仅仅靠集体农庄发给他们的工资，那么根本不够生活。正是这些自留地为他们的生存提供了保证。

该政权在工业化方面也不得不放缓脚步。第一个五年计划雄心勃勃的目标没有完成。1930 年斯大林提出，一年之内要将煤炭和钢铁产量提高 50%。而实际上，苏联共产党总书记本人在 1931 年也承认，只提高了 6%~10%。1928 年，该政权开展反对“资产阶级专家”的斗争，这对加速工业化发展毫无益处。一切始于在顿涅茨（Donez）盆地的一个采煤区，据说在位于沙赫蒂地区多诺古信托公司的一家下属企业，出现了一起所谓的“工业破坏”事件。53 名被告中，大多是工程师和企业领导，在一次公审大会上，11 人被判处死刑，5 人立即执行。

继而，更多的领导层人员被捕，特别是在金属工业，他们被送到第一个五年计划中提到的工地和企业接受处罚。1930年8月和9月，这个反对“资产阶级专家”的攻势也波及在部委、国家银行和国家计划委员会工作的著名教授，其中包括尼古拉·D.康德拉捷夫（Nikolaj D. Kondratieff）。他是国际上享受盛誉的经济长波“康德拉捷夫周期”的发现者，1928年之前，他一直担任人民代表委员会经济研究所负责财政的领导。经济理论家康德拉捷夫证明了资本主义本身有摆脱周期性危机的能力，例如1929年后再次出现的繁荣高峰，为此，正统的布尔什维克主义者认为，他是危险的离经叛道者。8年单独监禁后，1938年9月17日，他被军事法庭判处死刑，并于当天被送上刑场。 / 527

尽管第一个五年计划的目标远远没有完成，但是苏联在1933年还是颁布了第二个五年计划，1938年颁布第三个五年计划时宣布完成了比较务实的第二个五年计划。就苏联有关工业化成果的数据有不少争执。根据这些数据，1928年到1940年，苏联工业生产从100%增长到587%（西方估计为250%~450%）。“二战”开始时，从纯数量上看，苏联工业生产的规模超过了德国、英国和法国，位居美国之后。然而，增加的数据只能证明数量的增长。就生产率而言，苏联仍然远远落后于西方工业国。斯大林时代苏联的特点是，恐怖主义的强制和无产阶级的热情相混合，因此这种落伍是无法补救的。

1931年2月，斯大林在给经济官员做的一个报告中，非常明确地阐述了他的理由，即为什么要在几年之内，通过第二次革命将落后的农业国发展为先进的工业国。“有时会冒出一个问题，是否应减慢速度，能否限制一下这个运动。不，不能，同志们！速度不能降低！相反，应尽一切可能和力度来提高它。这是我们应对苏联的工人和农民承担的责任。这是我们对全世界工人阶级承担的责任。减慢速度意味着落后。落后就会挨打。我们不愿挨打。古老的俄国历 / 528

史中，有着因落后而不断挨打的经历，正因为落后、文化的落后、国家的落后、工业的落后以及农业的落后，受到各方欺侮。为什么挨打，因为有利可图，不受惩罚…… 我们比发达国家落后 50~100 年。我们必须在十年内走完这段路程。我们要么成功，要么灭亡。”

农业合作化和第一个五年计划中体现的这种政治唯意志论，其原因可见于这个恰如其分的诊断：正如斯大林所说，俄国非常落后。用外部的威胁作为一个有效的理由，来冤枉和指责那些提出放缓工业化进程的人。确实，自联军结束干涉后，再也没有一个资本主义势力敢用武力对付苏联，敢提出废除十月革命的成果。而对苏联造成威胁的，则是最极端的法西斯运动，即德国纳粹。这个运动却恰恰得到了斯大林的支持，因为斯大林在向极端左倾靠拢过程中支持国外的各个共产党，特别是鼓动德国共产党加紧反对社民党。

斯大林的这种行为适得其反。他通过宣传“反对资产阶级专家”让工业增长失去了合理规划的科学基础。剩下的只是单纯的意愿和赤裸裸的暴力。1931 年 6 月，斯大林宣布反对资产阶级专家的斗争结束，此时所有关键的经济机构都掌握在可靠的布尔什维克党人手中。

1926 年初，向极左靠拢的两年前，斯大林在他撰写的《关于列宁主义的几个问题》一文中提出一个论点：资产阶级革命的主要任务是“夺取政权，让其和现存的资产阶级经济发展同步，而无产阶级革命的主要任务是，夺取权力后建立社会主义经济”。这不外乎就是重提马克思主义关于经济基础和上层建筑关系的学说，另外，他还升级了落后和激进的辩证关系。1843 年时，年轻的马克思在《黑格尔法哲学批判》的前言中提出，他给落后德国分配的任务就是，进行所有革命中最激进的革命，即无产阶级革命。

列宁把这项任务分配给了落后的俄国，但认为完成无产阶级革命要依赖发达资本主义国家进行成功的后继革命。斯大林宣布“在一个国家建设社会主义”的学说时，并没有放弃世界革命的思想。但是他认为西方的工人阶级和共产党无法依靠自己的力量让无产阶级取得胜利。他也认为，这样的革命并不是苏联建设社会主义的必要先决条件。苏联越强大，他们就越能按其意愿指挥境外的共产党，借助它们影响所在国的政治。世界革命时机未到，因为只有世界革命打上苏联的烙印，才值得追求。用斯大林1926年的话说：“充分发挥无产阶级的势力，镇压剥削者，保卫祖国，加强和其他国家无产阶级的联系，在所有国家开展革命行动，并取得胜利。”

就政治唯意志论，斯大林和列宁旗鼓相当。和列宁一样，其继承者也认为，社会主义需要或者说必须要征服整个人，目的是培养全新的社会主义的人。这一集权的要求建立一个集权的体制。列宁为其创建了基础，在斯大林那里得到发展。在列宁时代，布尔什维克党内集体领导下还允许有矛盾，在斯大林时代越来越不可能。出现问题时，就由他代表党的集体意志出面。在列宁逝世后的头十年，他在通往这一认同的道路上取得很多成功，但远远不是从他的权势出发可以发掘的全部潜力。 / 530

发动一场文化革命，目的是制造苏维埃新人，用历史学家约尔格·巴贝罗夫斯基（Jörg Baberowski）的说法，它不是一个插曲，而是“斯大林主义的标志”。社会主义文化革命的载体首先是社会地位的得势者，他们通过“工人大学”进入了原来“资产阶级”知识分子从事的职业。谁被视为“社会异己分子”，谁就失去进入高等教育机构学习的入口。“新人”必须不断地谴责所谓的社会主义敌人，比如批评资产阶级教授，来证明自己。他需要这个敌人，来理解是什么把他造就为社会主义新人。他要符合社会主义新道德，目的是发展为身心完美的人，这种人在以往任何阶级社会中都没有也从未曾出现过。

为苏维埃新人而斗争，就要反对传统的人，他们不仅过量饮用伏特加，而且沉迷于传统宗教的鸦片中。农业合作化过程中关闭了无数教会，这一再引发乡村的反抗活动。熔化了教堂的大钟，用于工业建设。社会主义乌托邦的所谓新宗教和与之反抗的现实之间的冲突，在中亚苏联边境的伊斯兰社会尤为激烈。1927 年废除了伊斯兰教。共青团队强行撕下女性面纱。穆斯林激烈反对那些主动抛弃面纱并加入共产党的妇女。在乌兹别克斯坦，1929 年春到 1930 年春期间，约有 400 名妇女遇害。而被保守派致残、强奸、集体羞辱或被驱逐出乡村的女性人数则更多。

/ 531

布尔什维克对这一暴力反抗的回答是施加更加严厉的镇压。用巴贝罗夫斯基的话说，“在相关地区建立流动法庭，处死那些杀死或强奸女性的男人，或者把这些实例作为教育样板，举办公审大会，让民众看到政权是如何对付反革命和阶级敌人的。对于布尔什维克来说，这些妇女不是被谋杀的，她们是在和反革命斗争中英勇牺牲的”。

对富农和其他反革命实施恐怖高压的同时，苏联共产党配合以党内斗争，反对那些不可靠分子。1929 年 4 月，中央委员会宣布党内大清洗，目的是展开社会主义攻势，清除“资本主义”和“小资产阶级”的破坏活动。大约 11% 的苏联共产党员和预备党员被开除出党。大多数是因为违反党的纪律、“非社会主义”的行为和没有认真执行命令。自 1930 年底，斯大林再次受到党领导层一个“右翼团体”的挑战。为首的是两位一直支持党总书记反右翼斗争的干部：苏维埃共和国俄罗斯联邦人民代表委员会主席 S.I. 索尔策夫（S. I. Syrzow），他公然讽刺斯大林格勒附近的样板拖拉机厂是“波将金村庄”，称所谓的工业化胜利不过是“擦擦眼睛”。另外一个是外高加索共产党书记罗明纳兹（V. V. Lominadze），他指责该政权对待农民采用“封建绅士”的态度。

莫斯科党委书记 M.N. 瑞廷（M.N.Rjutin）1932 年的批评更加尖锐。他和其志同道合的朋友共同撰写了“平台”一文，指责斯大林是“俄国革命的邪恶精神”，其报复心和权力欲望把政权推到深渊的边缘。1932 年秋，愤怒的斯大林在政治局上提出要判处瑞廷死刑，但未能如愿。包括列宁格勒党主席谢尔盖·基洛夫在内的多数人只同意把瑞廷开除出党，赶出首都。显然苏联共产党内对斯大林政策和其领导风格的批评，比许多消息灵通的观察家所知道的还要广泛。1933 年 1 月初决定开展第二次党内清洗，开除了 17% 的苏联共产党员和预备党员，但是还未能满足斯大林取得绝对控制权的愿望。关键时刻，他只能依靠维亚切斯拉夫·莫洛托夫（Vyacheslav Molotov）和拉扎尔·卡冈诺维奇（Lasar Kaganovich）等政治局内的少数人，这令斯大林觉得芒刺在背：总书记的权力依然不是无限的。

/ 532

共产国际的成员党根本不知道苏联共产党领导层的意见分歧。而西方共产党对斯大林苏联的炽热拥护更是无与伦比。1929 年后，资本主义国家的社会灾难发展得越深，用革命方式消灭了资本主义的那个国家，这盏明灯就越明亮。苏联的成就，不仅共产党领导层认为是榜样，而且拥护共产党的无产阶级大众也这样看。来自社会主义发源地的书籍、戏剧和电影，以及如何对付阶级敌人的方法都是榜样。1930 年 11 月 25 日，柏林红旗上的标语是“枪决、枪决、枪决”。这虽然不是对德国共产党提出的要求，而只是来自柏林“企业内人民的声音”，就莫斯科公审“工业党”问题的表态，据说这个党是一个破坏团体，控告的理由是他们在法国总参谋部和法国政府的指使下，筹备反苏联的干预战争。但这是德国的声音，是德国共产党中央委员会允许发出的声音。从民意调研中不难得出结论，如果德意志帝国发生共产主义政变，对德国的反革命也要采用“俄语的语调”。

共产党外也有很多人对苏联有好感。1927 年在巴黎举行的人权联盟大会上，大会主席维克多·巴施（Victor Basch），当年阿尔弗雷德·德雷福斯（Alfred Dreyfus）的支持者，就呼吁与会者，不要害怕“革命”两字。在热烈的掌声中，他继续说道：“我们要知
/ 533 道，每一场革命必然暂时取缔合法性。”在巴施看来，俄国十月革命是那些未能从资产阶级革命中获益的阶级的革命。苏联当前发生的一切，可以和法国革命的恐怖阶段相比，是通向新的合法性的过渡。而俄国的“1793”革命比法国的“1793”革命长得多，好像并未让法国左翼的大部分人有所生疑。

甚至苏联之旅也不一定让人认清现实。法国自由左翼领袖爱德华·赫里欧1933年9月走访了乌克兰，当然此事是当地当权者的精心安排，甚至是有意布局的。他用最高度赞美的言辞，赞美了他被安排看到的一切。“我走访了乌克兰，我可以向大家保证，我看见了一个硕果累累、丰收在望的大花园。有人说这个地区刚经历过一段艰难时期。我只能讲我所见到的事实。我恰恰走访了那些饱受灾难的地方，我只能确认到处都是繁荣景象……”

一些英国费边派代表，他们在30年代上半叶走访苏联时，可能获得了更好的印象。他们中间两人，萧伯纳在1932年，以及韦尔斯在两年后，甚至有机会和斯大林本人深谈，斯大林的开诚布公和机敏睿智给他们留下了印象深刻。萧伯纳说，他在苏联没有看到一个营养不良的人。年逾70岁的比阿特丽斯·韦伯和西德尼·韦伯夫妇，在1932年走访苏联后，1935年出版了《苏维埃共产主义，一个新文明？》一书，这本书称苏联共产党是俄国人民的民主传声筒，斯大林只是“一个总书记”，根本没有美国议会曾经赋予美国总统罗斯福那样“巨大的权力”，韦伯夫妇传递给大家的苏联印象是，一个合作生产商的民主社会，他们取代了
/ 534 大地主和资本主义，以科学的名义，共同建设新社会，推出新人。1937年这本书第二次再版时，还把副标题“一个新文明”后面的问号去掉了。

对法西斯意大利和其领袖赞叹不已的保守派和自由派，不论丘吉尔还是路德维希，他们都在苏联短期逗留过，所受的蒙骗和英国左翼以及法国左翼不相上下。他们找到了能证实他们愿意相信的一切，回避了任何可能动摇他们先入为主的想法的一切。[26]

在西方世界中，没有任何一个国家像它一样对苏联“建设社会主义”如此漠不关心，正如德国经济学家维尔纳·桑巴特所说，这个国家是资本主义的圣地迦南，是应许之地，这个国家就是美利坚合众国。但就是在美国，除了少数注册的共产党党员外（1929年时约1万名），还有不少拥有进步传统的知识分子，对苏联的成就也表示尊重和赞赏。

其中最知名的是哲学家约翰·杜威（John Dewey）。1928年他走访了苏联，特别是学校。在杂志《新共和》中，他称1928年11月的苏联是一个“摆脱了历史的负担，充满激情，正在创造一个新世界”的国度。政治学家弗雷德里克·L.舒曼（Frederick L.Schuman）1930年5月同样在《新共和》中写道，如果苏联不去践行马克思的思想，而是进步的思想，那么斯大林政权只是“一个制订了深思熟虑的计划和合作方案的取代经济乱局的管理机构”。著名作家约翰·多斯·帕索斯（John Dos Passos）、西奥多·德莱塞（Theodore Dreiser）和厄普顿·辛克莱（Upton Sinclair）则走得更远，1931年5月，他们参与了成立工人文化联盟的工作，并被选为这个短命新组织的荣誉主席，而这个联盟其实是共产党建立的一个伪装机构。

/ 535

另外一个专制国家在美国拥有更多的赞同者：法西斯的意大利。大城市内的意大利移民居住区被称为“小意大利”。那里最极端的墨索里尼追随者组建了北美法西斯联盟，尽管只吸引了少数人：1928年7月4日召开成立大会，恰逢美国独立日。这一天，在纽约的史泰登岛，350名法西斯分子和1000名反法西斯分子对峙。但因激烈的内部矛盾，该组织于1929年底解散。但是在美国社会的较高阶层以及在某些知识分子中间，“领袖”享有很高的声望，因为是他把意大利从所谓的“混乱”和共产主义中解救出来的。反民主和反竞争的“新人文主义者”重要代表，欧文·白璧德（Irving Babbitt）1924 年写道：如果“得到一个美国版本的墨索里尼，使得美国远离美国版本的列宁”，那么美国人会认为自己很幸运。

对意大利法西斯分子的恐怖活动，右翼知识分子、哈定以及柯立芝的共和党政府视而不见。1929 年 ~1933 年胡佛任总统期间，意大利和美国的关系变得空前的紧密。当年的国务卿亨利·L. 史汀生在二战后回忆，“他和胡佛都认为墨索里尼是一个‘理智的、有益的领袖’”，“其民粹主义并不比某些民主国家领导人的路线更为激进”。

胡佛自 1921 年任商务部部长，1928 年，柯立芝总统放弃再次竞选，胡佛被共和党推选为总统竞选人。民主党的候选人是纽约州长阿尔弗雷德·E. 史密斯（Alfred E. Smith），他是一名天主教徒，坚决反对禁酒令。近 57% 的选民参加投票，胡佛的得票率为 58.2%，占多数，史密斯的得票率为 40.7%。社会党人诺曼·托马斯（Norman Thomas）的得票率为 0.7%，总票数大约为 26.8 万张，是其他候选人中成绩最好的。共产党竞选人威廉·泽布朗·福斯特（William Z. Foster）只得到 4.9 万张票，占 0.1%。大部分美国人不仅赞同当前的社会制度，而且对共和党政府在上一个 8 年间领导国家的方式表示满意，否则这一明确的选举结果就无法解释。另外一个诊断也无可非议：受基督教影响的美国仍不希望天主教徒担任首脑。 / 536

1928 年 12 月 4 日，即将卸任的总统柯立芝在国会两院发表了最后的“国情咨文”。他说，美利坚合众国的历届国会都没有像现在这样，在如此大好局面的形势下召开会议。“内政方面，一片平静和高度满意……前几年的极度繁荣。外交方面，呈现着和平共处和力促相互理解的良好意愿。”立法机构和国家对此现状很满意，乐观地展望未来。“这一史无前例的祝福，主要根源是美国人民的正气和品格。”

就国际关系而言，国务卿弗兰克·B.凯洛格（Frank B. Kellogg）和他的法国同事白里安一道发起的《白里安－凯洛格协议》就是柯立芝所说的相互理解的外交政策的样板。1928 年 6 月 23 日，一份美国照会归纳了其主要内容：该协议谴责把战争用作“国际争端的解决方法”和“民粹政策的工具”。但这份协议没有提到国家自卫的权力，也没有定义什么是侵略者和制裁规定。但这个协议还是间接地承认了对侵略者和现存世界秩序破坏者发动制裁战争的合法性。到 1928 年 8 月底，包括德国在内的 15 个国家在这个协议上签了字，1939 年又有 48 个国家签署了该协议。

美国在柯立芝时代，自 1926 年夏季开始插手西半球的中美洲
/ 537 “后院”事务。借助海军的力量，他们支持尼加拉瓜的保守派总统阿道夫·迪亚兹（Adolfo Diaz），反对自由党和与该党合作的自由党武装力量，其领导人是后来的“自由人民将军”奥古斯托·塞萨尔·桑地诺（Augusto Cèsar Sandino）。尼加拉瓜战事正酣时，1928 年 1 月在哈瓦那召开了巴拿马会议。美国在这次会议上向拉丁美洲国家做出一个重要让步：美国放弃了 1904 年提出的、以西奥多·罗斯福总统命名的、门罗主义的“罗斯福推论”，该推论认为如果当地国家无法靠自己的力量保证内部秩序、建立国家主权，那么美国有权行使类似警察职能并介入拉丁美洲事务。这样一来，奠定了被柯立芝后继人胡佛称为“友好睦邻政策”的基础：维护和拉丁美洲的和平关系。1933 年后，富兰克林·罗斯福也以此为准则。

柯立芝总统准备离职时的乐观展望，好像得到了繁荣年代经济数据的证明。1925 年到 1929 年，美国的工业企业从 18.4 万家增加到 20.7 万家，产值从 608 亿增长到 680 亿美元。如果以 1923 年到 1925 年联邦储备委员会的生产指数为基础，把这些年的平均数设为 100，这个指数到 1928 年 7 月增长到 110，1929 年 6 月增长到 126，汽车生产 1926 年为 430 万辆，3 年后达到 540 万辆。1928 年

3月12日到6月16日，股票交易量从3875910股增长到5052790股。

1874年生于艾奥瓦州的胡佛，原本是工程师，“顽强的个人主义”的辩护士，这个概念是他在1928年10月22日的纽约竞选讲演时提出的，胡佛认为这是美国体制的核心，它不同于体现家长作风和民族社会主义的欧洲学说。他在一次讲演中说，自由主义的真正精神不是在欧洲，而是在美国得到了发展：“我们今天比历史上任何时候都更接近实现我们的理想，即消灭贫穷、无畏无惧地生活的理想。我再次强调，我们的对手（指民主党）所推荐的、引入偏离美国体制的有害原则，不仅会危害我们人民的自由和同等机会，还会贻害后代”。

胡佛当商务部部长时，曾积极推进单一工业部门组成全国范围的联盟，即推出“协作主义”概念。他认为这是提高生产和营销效率的一个方法。现在身为总统，他尝试借助这些经验，在1929年6月用《农业营销法案》来解决20年代由于农业领域迅速机械化而导致的农产品过剩问题。胡佛认为，通过组织得到国家补贴的农户在自愿基础上组成合作社，来稳定农业产量的做法，和国家购买农产品相比，贸易保护主义的色彩淡得多。1926年和1928年国会两次通过《麦克纳里－豪根提案》，但都因总统柯立芝的否决票而没有通过。1929年夏胡佛的提议也未获成功。农户的问题依旧是美国国民经济中令人担忧的问题。

1929年初，股价的走势不仅是报刊的重点题目，而且也是从事与经济无关职业的诸多人喜爱的话题，用约翰·肯尼思·加尔布雷思（John Kenneth Galbraith）的话说，“股票市场主宰了文化”。经济过热预警的信号频频出现。纽约联邦储备银行为了控制投机行为，在2月14日建议把贴现率从5%提到6%，但没有得到在华盛顿的联邦储备委员会的同意。《纽约时报》的工业股票指数在6月增长了大约52点，7月增长了25点，8月大约33点，也就是在3个月内增长了110点，从339点长到了449点。要知道，1928年全年才增长了86.5个点。联邦储备委员会也认识到，现在要有所行动，
/ 539 于是推出了他们在2月份还拒绝的建议。8月9日贴现率提高了一个百分点。

主要是投资信托促进了股市投机，这是1880年代后在英格兰和苏格兰发起的，后来才被美国采用的资本积累形式。1927年初，美国大约有160家这样的基金，同年又增加140家。1928年186家，1929年265家投资基金建立。1927年它们出售的股票数额是4亿美元。1929年秋据估计为80亿美元。1928年12月，高盛集团（Goldman Sachs）和其在纽约的公司成立了专门从事投资业务的高盛股票交易公司。1929年7月26日，该公司成立自己的信托公司，即资本超过1.02亿美元的雪兰多公司（Shenandoah），8月20日成立了一家更大的蓝岭公司，资本为1.42亿美元。两家信托公司共用一个董事会，其中一个董事是后来的国务卿约翰·福斯特·杜勒斯。几个月之内，高盛集团就跻身于美国投资业务的顶尖行列。

此时严肃的经济预警已经频频出现。数年来建筑业的盈利不断下降，6月以来钢铁工业、自10月后货车的生产也呈下降趋势。联邦储备委员会的工业生产指数从1929年7月的126点降到10月的117点。冷静观察一下，股票市场的崩盘已经近在咫尺。10月21日后，股票开始下跌。10月24日“黑色星期四”这一天，股价下跌严重，纽约数个小时里惊慌失措，几个投机商自杀。几家最大的银行发表共同声明后，再次带来暂时的平静。

但史称“黑色星期二”的10月29日犹如无底洞。纽约股市出售了1600万股，工业股票指数下降43点，或者说近10%，去年一年的盈利亏损殆尽。最糟糕的是投资信托。高盛市值从60点跌到
/ 540 35点。蓝岭公司9月初时为24点，10月24日跌到12点，10月29日从10点先跌到3点，之后略有反弹。其他基金更是疯狂下跌，

无法停止。1929 年 10 月，全世界步入了一个为时甚长的严重萧条阶段：尽管纽约股市的崩盘引发了全球的恐慌，但当时的人们过了很长一段时间才意识到这个事实。

为什么 1929 年秋在世界上最大的国民经济体，即在美国爆发了“大危机”呢？解释林林总总。历史学家艾伦·布林克利（Alan Brinkley）列举了他认为最重要的 5 条。第一个因素是 20 年代美国的经济不够多元化，因此经济的繁荣有赖于几个行业的良好发展，最重要的是建筑业和汽车工业。第二个因素是群体消费落后于对生产资料的需求，这是收入极端不平衡所致。布林克利强调的第三点是信贷结构，其中包括许多小银行债务人的欺骗行为和大银行不负责任的贷款发放。第四点是，美国在世界贸易中日趋下降的地位，布林克利认为，主要是欧洲工业和农业合理化，以及由此导致美国出口的减少。第五个原因是国际债权结构，一方面是英国、法国和意大利对美国的债务，另一方面是德国只有依赖美国贷款才能偿还战争赔款的双重问题。布林克利还补充说，美国的高额保护关税，令欧洲人很难把他们的产品销售到美国。

这个罗列很有启发性，也可借此延伸到其他因素：鼓励信托机构毫无节制的投机；联邦储备委员会的失误，一方面启动提高贴现率的手段太晚而且力度不够，另一方面也未存储足够的资产，以备应急之需，因而也未推行有效的“公开的市场政策”，来指导贷款银行的贷款活动范围；还有“盲目的”、与市场条件脱节的、因合理化和机械化导致生产过剩的工业和农业；20 年代共和国政府和“大企业”的愿望没有保持应有的距离。

当然，美国在 1929 年秋前后所犯的失误和错误并不足以解释全球经济危机，但至少澄清了危机的规模和持续时间的相关问题。某些人认为第一次世界大战的长期影响也起到了推波助澜的作用。战争破坏了原有的贸易关系，创造了新的贸易关系，令一些行业枯萎，令一些行业兴旺。纺织行业的生产过剩主要是战争造成的后果，某些农业原材料和产品至少也是这样。就农业产品来说，主要原因是1918年后不仅在美国，而且在加拿大、阿根廷和澳大利亚，因技术创新带来的农业机械化。全球农产品价格下滑始于1925年，1927年农业危机的规模扩展到全球。

农业危机和1929年开始的周期性世界经济危机一样。1919年短期任奥地利财政部长的经济学家约瑟夫·熊彼特（Joseph Schumpeter），对大萧条做出了最合理的解释。他认为1929年秋，持续时间不同的三个经济周期的衰退起步阶段正好交叉在一起，即基钦周期（Kitchin）、朱格拉周期（Juglar）和康德拉捷夫周期。基钦周期（如同其他周期一样以其发现人命名）以大约40个月为一波段，体现的是工业库存周期：企业主为库存的扩大和降低所需要的时间，换一种说法，就是生产前和加工之间的某种缓冲。朱格拉周期指的是一个8年到10年的波段，受消费品领域的技术创新左右。朱格拉周期的繁荣，始于1925年终于1929年，熊彼特认为其原因在于电气产品、化工产品和汽车工业开发了新的购买阶层，而机动车则是无可争议的带头兵。

康德拉捷夫周期描述的是一个为期60年的“长波”。而每个波长大约一半是上升阶段，另一半是萧条阶段。如果将康德拉捷夫的长波理论结合熊彼特对主导产业相互交替的分析，可以得出如下周期顺序：康德拉捷夫的第一个周期是1872年到1842年，这是工业革命的周期，以棉花工业为主导领域。第二个长波是1843年到1897年，这是钢铁工业的周期，铁路建设是经济繁荣的火车头。康德拉捷夫的第三个周期始于1888年左右，以电气、化工和机动车这些新型增长型行业为主导。一战前这一上升周期达到其高峰。1914年到1929年是康德拉捷夫第三个上升周期的下坡路阶段，特点是存在众多的创新（特别是根据朱格拉说法），但不具有“基础特征”，而只是对以前创新的精炼和提高。20年代初期的危机，大力提倡合理化生产以及由此造成的失业，这一切都是在长期经济增长达到高峰后典型的表现形式，正如最终导致1929年10月纽约股市崩盘的投机性过剩生产，它们拉开了康德拉捷夫第三个周期下坡阶段的序幕。我们按照康德拉捷夫和熊彼特的思路，这样来简略归纳迄今为止史上最大的世界经济危机爆发之前出现的前奏。

大萧条以前所未有的力度重创美国。1929年到1932年，美国的外贸从100亿美元减少到30亿美元。国民生产总值从1040亿美元降到764亿美元，也就是四年内降低了四分之一。1930年到1933年，有9000家银行破产。1929年和1932年农场主的收入减少了60%。大约三分之一的农场主失去了土地，当然整个30年代为时甚长的干旱也起到了火上浇油的作用，令得克萨斯州和两个达科他州之间的“大平原”成为巨大沙漠，正如约翰·斯坦贝克（John Steinbeck）1939年在《愤怒的葡萄》中所言。1932年，至少四分之一雇员失业。到30年代末失业人口的比例也没有降到15%以下。特别是南部的黑人：1932年他们中大约一半人失去工作。1932年的结婚数量比1929年减少了25万例。这段时间出生率从18.8‰降到17.4‰。没有希望得到一份养家糊口的职业，许多美国人就没有能力组建和养活家庭。

美国对大萧条的第一个反应是宿命论的态度，历史学家威廉·E.罗伊西腾博格（William E. Leuchtenburg）写道：“经济发展周期不可避免，就像宿命论者所说的那样，人们所能做的只是静等这个最新灾难的结束。”但政府不能这么简单地听之任之。胡佛总统最初尝试让工业和农业代表以及工会，为尽快复苏经济在自愿的基础上合作。他号召企业家维持目前的生产规模，不要解雇工人。他警告工会，不要提出增加工资和减少工时的要求，但是他的呼吁无一奏效。

“大崩溃”之后，胡佛做出的第一个重大经济政治决策，是签署了一个法案，推出了美国历史上最高的关税税率，即1930年6月17日的《斯姆特－霍利关税法》（Smoot-Hawley-Tariffs），得名于其倡议者、犹他州的共和党参议员里德·斯姆特（Reed Smoot）和俄勒冈州的共和党国会议员威尔斯·C.霍利（Willis C Hawley）。他们两人都是坚定的贸易保护主义者，竭力倡导实现自给自足的美国国民经济，试图通过提高75种农产品关税税率和一系列工业产品的关税税率来达到这个目标。参议员的共和党多数派领袖，来自印第安纳州的吉姆·沃森（Jim Watson）甚至声称，颁布法案一个月内，美国的经济就会开始复苏，一年之内美国就会回到繁荣的顶峰。

尽管近千名经济学家警告总统，如果他不投否决票，就会导致消费价格上涨，相关国家会采用报复手段拒绝美国工业产品出口，并会危及协约国偿付美国的债务。的确，“斯姆特－霍利关税”极大地促进了世界范围的贸易保护主义，加剧了世界危机。批评家们强调的协约国债务和德国战争赔款的双重问题，在1931年已经迫在眉睫，最后总统为保住美国在德国的贷款，不得不做出180度大转弯，6月20日提出“延债宣言”（我们在另一章会详细探讨），即中断一年国家间债务的偿付。

胡佛在其他事情上则充分使用了他的否决权。1931年3月，他否定了民主党参议员、来自纽约的罗伯特·F.瓦格纳（Robert F Wagner）建立失业保险和投入20亿美元由国家创建工作机会的规划。同样也否决了另外两个参议员1932年2月提出的议案，即来自威斯康星的共和党人小罗伯特·M.拉福莱特（Robert M. La Follette，jr）和来自科罗拉多州的民主党人科爱德华·P.科斯蒂根（Edward P Costigan）提议向各州提供3.75亿美元的联邦拨款，用于社会救济。

1930年11月大选，共和党在众议院赢得多数，并在参议院获得多个附加的参议院席位，因此胡佛不可能再绝对否定国家出资实施公共工程的计划。1932年1月，他通过法律途径建立了一个新机构：重建财务部门，由它向受到冲击的银行、铁路公司和其他企业发放贷款，1932年可将15亿美元用于公共工程。胡佛只想资助那些最终可以自我融资的工程，如海关桥梁和公共住房。但是投入的资金太少，无法起较大的作用。平衡预算的原则对胡佛来说是一个铁定的规则。谁若不是从这点出发和他沟通，他都认为是在无视通货膨胀的危险。

1932年，公众对胡佛政府政策的反抗日趋尖锐。由艾奥瓦州带头，农户组成所谓的农场主假日协会，呼吁抵制市场，也就是某种形式的农业罢工。战争老兵的要求是，现在就开始分发国会决定的但1945年后才支付的1000美元"抚恤金"。6月，2万名老兵组成"酬恤金进军队"涌入华盛顿，并在那里支起多个帐篷和小木屋，宣称不答应他们的要求，他们就不撤离。一个共产党团体提出了更为极端的口号，但是被"酬恤金进军队"领导层拒绝。

众议院站在老兵一边，但参议院持反对态度。7月底，总统动用了区属警察。7月28日疏散被占领的政府大楼时，抗议人群投掷石头，几个警察开枪还击，两位"酬恤金进军队"的成员被子弹击中身亡。

然而胡佛并不想做出任何让步。在同一天，他听从战争部部长赫尔利（Hurley）的意见，让道格拉斯·麦克阿瑟将军手下的军队遣散驻扎在距离国会3公里、位于阿娜卡斯提亚老区最大的老兵营地。麦克阿瑟的助手包括他的副官德怀特·戴维·艾森豪威尔少校，以及二战期间在军事上做出重大贡献的乔治·史密斯·巴顿（George S. Patton）。军方动用了一个骑兵团、两个步兵团、一个机枪队和六辆坦克。麦克阿瑟在7月28日晚开始行动，手段极为残酷，远远超过胡佛的指令，军队使用了催泪弹和刺刀，点燃自己的木屋，混乱中 1 名儿童死亡，数百名“酬恤金进军队”成员受伤。

1932 年 7 月 28 日的事件彻底摧毁了胡佛剩余的威信。在受危机重创的人眼中，曾为欧洲饥寒交迫的人们组织人道援助的这个人，已经变得那么冷血、厚颜无耻。1931~1932 年，大城市的郊区遍布流离失所的失业工人的临时居住点，这些居住点被称为“胡佛村”。没有固定居所的男性，在公园的板凳上过夜，用报纸当被子，这种报纸被称为“胡佛被”。没有一分钱朝外翻的裤兜被称为“胡佛旗”。只有几个知情人知道，总统并没有想到麦克阿瑟的部队会对“酬恤金进军队”采取这么疯狂的措施。但对于公众来说，是他下令军队介入的。因此现在他必须承担政治后果。

1932 年 11 月，总统大选在即。因胡佛希望再次竞选，共和党人在芝加哥会议上再次推举他为候选人。两周后，民主党也在芝加哥开会。开始没有定论，7 月 2 日决定推举纽约州州长富兰克林·德拉诺·罗斯福（Franklin Delano Roosevelt），他是前总统西奥多·罗斯福的远房侄子，1882 年 1 月 30 日生于纽约一个古老的富有家族，从事律师职业，1910 年被选入纽约州参议院，1913 年到 1920 年，在威尔逊总统内阁任海军部副部长。1921 年患脊髓灰质炎症，此后走路不便。1928 年他接任民主党总统候选人史密斯（Al Smith）担任纽约州长，1930 年大选后他正式坐稳这一职位。

在提名前，他在大会上呼吁民主党人要争做一个“充满自由精神，行动有规划，国际立场开明，为我们公民最大多数争取最大程度幸福”的政党。他允诺为所有群体减轻负担，不管是处于社会金字塔的上层还是下层，节约财政开支，取缔保护关税，颁布更加严格的银行法，筹划公共工程，缩短工作周时，重新造林，规划农业生产，降低关税。美国人民最需要的就是工作和安定。不背弃“自私的时代”，就没有拯救。 给议员和公众印象深刻的一句话是：“我向各位保证，我向自己保证，我为美国人民提供全新的社会契约。”

“新契约”这个概念不是来自罗斯福，而是新闻记者斯图尔特·蔡斯（Stuart Chase）的首创。6月28日，他开始在左倾自由杂志《新共和》上发表题为《给美国一个新契约》的系列文章。蔡斯主张和资本主义决裂，利用国家投资，不惜冒着通货膨胀的危险来刺激经济，规划生产，实行法定的最低工资制和最高工时限制。罗斯福并没有确认“新契约”的内容，他只是含糊地表达了要努力达到社会平衡，也就是他在诸多讲话中提到的那个方向：现在美国政治要更多地重视那些“被遗忘的人”。

在竞选期间，这位竞选人显然做出了许多互不兼容的允诺：一方面要慷慨地创造就业，另一方面要节约公共开支、保持预算平衡。他的两个最重要的经济顾问，纽约哥伦比亚大学教授雷克斯福德·G.特格韦尔（Rexford G. Tugwell）和阿道夫·A.伯利（Adolf A. Berle）并不坚定地支持反周期“赤字财政”理论，这一学说认为国家在经济不景气时要作为投资者出面拯救经济，使经济状态接近充分就业，这是英国经济学家约翰·梅纳德·凯恩斯的论述，他在1936年发表的《就业、利息和货币通论》一书中，经过反复推敲提出了这个学说，但其基本思想在以前的文章中都有阐述。罗斯福作为总统如何为他宣传的公共工程提供融资，在他的竞选讲话中还不得而知。

左翼知识分子的某些观察家认为，胡佛和罗斯福之间的差异似乎可以忽略不计。他们认为这位民主党候选人只是现存制度的另一种形式，而不是另外一种选择，他并不比现在的执政者好多少。约翰·杜威甚至称相反的断言都带有“自杀的特征”。杜威是1929年成立的独立政治行动联盟（LIPA）主席。斯图尔特·蔡斯和基督教神学家雷茵霍尔德·尼布尔（Reinhold Niebuhr）都是他的同僚。他们 / 548 三人在1932年的竞选中都支持社会党主席诺曼·托马斯作为竞选人，他也是独立政治行动联盟成员。更激进的知识分子如西奥多·德莱塞、约翰·多斯·帕索斯、政治学家弗雷德里克·L. 舒曼和当年以揭发丑闻而著名的记者林肯·斯蒂芬斯（Lincoln Steffens），他们都认为应该用革命的方式消灭资本主义的经济体制和社会制度，赞成共产主义和共产党竞选人威廉·Z. 福斯特。而斯蒂芬斯的这一态度并不是没有问题：在过去的几年中，他不仅公开推崇列宁，而且对墨索里尼也赞誉有加。

1932 年 11 月 8 日总统大选，罗斯福的得票率为 57.4%，获得 472 个选举人的赞同票，明显胜过对手。胡佛得票率为 39.7%，59 名选举人赞同。现任总统只在特拉华州、宾夕法尼亚州、康涅狄格州、佛蒙特州、新罕布什尔州和缅因州获胜，而在所有其他州，都是他的挑战者领先。托马斯的得票率为 2.2%，福斯特的得票率为 0.3%。投票人数和 1928 年一样，只有 56.9%。如果说 1928 年的选举是全民对现状的认可，那么 4 年后他们以同样鲜明的态度决定，在美国宪法框架条件下，对现存社会制度进行彻底改革。取缔关税保护是罗斯福承诺的改革措施中的一个重要部分。

大选和新总统就职之间一般有 4 个月时间。罗斯福的就职讲演安排在 1933 年 3 月 4 日。在此期间，1933 年 1 月美国撤回派驻尼加拉瓜的军队。大约 4 年前，1929 年 5 月，起义的自由派和华盛顿签署一个和约，确保他们得到总统一职。而奥古斯托·塞萨尔·桑地诺领导下的自由党武装力量继续在这个中美洲国家的北部和海军开展武装斗争，直到美军按照 1929 年 5 月协议的规定撤军后，才停止抗争。1934 年 2 月桑地诺被安纳斯塔西奥·索摩查·加西亚（Anastasio Somoza García）的国民警卫队暗杀。三年后，加西亚出任总统，开启了其家族在尼加拉瓜的独裁统治，一直到 1979 年才结束。

以国务卿亨利·L. 史汀生为代表的外交政策，是即将下台的政府和“即任总统”之间达成紧密和互相信任合作的唯一领域。然而，罗斯福在就职前否定了胡佛迄今为止的经济和财政政策基本路线。就职之日前，美国银行体系的危机加剧。1933 年 3 月 4 日凌晨，新总统宣誓几个小时之前，在罗斯福之后继任纽约州州长的赫伯特·H. 莱曼（Herbert H. Lehman）宣布关闭纽约州内的银行。不久之后，伊利诺伊州也采取了同样的措施。

按照惯例，富兰克林·德拉诺·罗斯福要在国会大厦台阶前做就职讲演，这是一篇伟大的政治宣讲范文。他在最初几分钟的一句话给同代人留下了深刻印象，也得到迅速传播：“首先，让我强调我的坚定信念：我们唯一值得恐惧的就是恐惧本身。”国家需要行动，而且需要马上行动。他具体指的是国家计划、监督交通和通信业以及能源供应的必要性。禁止拿别人的钱投机，要保证货币的稳定。美国国民经济的健康优先于维护国际贸易关系。作为务实政策的准则，他认为要正确地排列轻重缓急（把第一件事放在第一位）。只有在战时，才需要这样的全民纪律，而目前已经迫在眉睫。在极端的情况下，他作为总统会要求国会授予他必要的特权，如同面临外部敌人进攻时为赢得战胜困境的斗争所需要的特权。

罗斯福只简短地提及了世界政治。他说美国要践行“友好睦邻政策”。“好邻居”是高度自尊的人，因此也尊重他人的权力，履行自己的义务，尊重在睦邻世界中合同的义务和神圣。罗斯福要将他前任在拉丁美洲实行的友好睦邻政策扩展到世界范围，因此他间接地向欧洲发送了一个信号，但他的讲演并没有提及欧洲和世界其他地区。 / 550

在讲话的结束语中，罗斯福再次强调美国的民主，以期唤醒人们的激情：“让我们正视面前的严峻岁月，怀着国家统一给我们带来的热情和勇气，怀着寻求传统的、珍贵的道德观念的明确意识，怀着老老少少都能通过恪尽职守而得到问心无愧的满足。我们的目标是保证国民生活的圆满和国家的长治久安。我们并不怀疑基本民主制度的未来。合众国人民并没有失败。他们在困难中表达了自己的诉求，即要求采取直接而有力的行动。他们要求有领导的纪律和方向。他们现在选择了我作为实现他们的愿望的工具。我接受这份厚赠。”

庄严的语气最适于这个场合。这篇讲演点燃了希望。而1933年3月的美国最需要的就是希望。这位美国新总统通过了第一个挑战。[27]

两害取轻的逻辑：布吕宁时代的德国

高度工业化的德国遭受了世界经济危机的重创，其程度远超其他欧洲国家。美国危机露出水面时，德国国内经济发展已经步入萧条阶段。1929 年国民收入呈下降趋势，股价开始下跌。如果我们以 1924 年到 1926 年的平均数为指数基础，从 1927 年的 158，后继两年分别降到了 148 和 134。1929 年夏同比增加了 25 万名失业者。1928 年 9 月失业人口达 116 万，1929 年 9 月为 152 万，在德国全球经济危机之初的失业基数远远高于美国，而美国在大萧条前夕几乎是全面就业。在德国，1929 年平均 19.3% 的雇员失业，而在美国这个数字只有 3.2%。

我们已经提到过 20 年代德国国民经济的特殊问题：工业卡特尔的形成限制了市场经济；农产品的关税保护；国家强制性仲裁和"政治工资制"；借助外国贷款支付战争赔款；我们提到了银行惯用的做法，即把发放的短期外国贷款，主要是美国贷款，发放给各个邦国、地方政府以及工业界做投资贷款。

德国的银行由于通货膨胀流失了大量存款，因此，借入的资本（主要是向外国贷款）被用来贷出贷款。1929 年，自有资金与外来资金的比例已经不是经典规则要求的 1∶3，而是 1∶10.4，在柏林大银行的比例为 1∶15.5。因此如果外国资金撤出，德国的信贷制度可能会迅速崩溃。而"大崩溃"后撤资局面真的出现了。此外很大程度上，德国在国外的信贷非常依赖对德国整个政治局势的评估。1929 年秋天，极端右翼反对杨格计划的斗争，立即招致国外银行界对德国申请信贷采取明显的克制态度。

德国的失业率和美国的一样增长迅猛，1930 年第一季度在劳工局申报失业的人数为 347 万，1931 年第一季度增长到了 497 万，1932 年增长到 613 万。如果再算上那些看不见的、碍于面子没有申

报的失业人口，根据当时专家的估计，1933 年 2 月失业人数达到绝
/ 552 对的高峰，为 778 万。而且当时很流行的非全日制工并没有计算在内。1932 年 9 月，100 个工会成员中有 22.7 人打短工，43.6 人失业，也就是说只有大约三分之一的人有全职工作（33.7）。1933 年 6 月人口普查和职业普查的结果是，工业和手工业的失业率占 32.2%，商贸和交通业失业率为 15.5%，家政服务业失业率为 14.4%，农业和林业的失业率为 3.3%。在农业领域，德国并不像美国那样受到危机的严重冲击。1929 年和 1932 年德国的农业生产值降低 36.7%。在美国是 53.6%。同期的工业生产值德国降低 55%，美国降低 46%。总的国民收入方面美国的损失为 54%，明显高于约 40% 的德国。

大萧条带来的社会问题在很多方面和美国类似。在大城市郊区出现了德国版的“胡佛村”：无家可归的失业者的住宅点，就是在租赁的土地上修建的一片片简易小木棚。成群结队的无固定居所的失业大军寻找着工作和固定的住所，从一个地方迁徙到另外一个地方，其中有许多农村的季节工。他们夏天在易北河东岸的农庄干活。城市里设立了食品救济站，营养条件越来越糟糕，以至于身兼医生和营养学家的赫尔穆特·莱曼，在 1931 年感叹道：我们“面临最大规模的隐形饥荒，它会给身心带来最严重的后果。”

和美国不一样，自 1927 年后，德国的大多数工人都享受一定期限内的国家失业保险。在不得已的情况下，也不像美国那样，只能依赖各州、地方政府和慈善机构的施舍。根据 1929 年 10 月的新法案，愿意工作且有能力工作的失业者，如果他们近两年在有强制
/ 553 保险的岗位上工作满 52 周，那么就可以得到第一次失业补贴，为期 26 周（自 1931 年 10 月为 20 周，自 1932 年 6 月后，6 周就要做一次需求审核评估）。失业资助的组成一部分是给投保人的失业补贴，另一部分是给需要抚养的家庭成员的补贴。

面对持续不断的、极为糟糕的劳工市场局面，帝国劳工部长不

得不颁布专项的危机资助。相关雇员是否能得到这笔特殊资助，取决于劳工局对需求状态的审核。没有提出申请这个危机资助或者已经使用了这笔资助款的人，根据特定条件可以得到福利资助，以支付必要的“生活需求”。所谓生活需求是指住所、食品、衣服、医护以及安葬。福利补贴可以是钱，也可以是实物，但是接受人必须尽早还上这笔钱。自 1931 年春，失业总人数中接受失业补贴的部分降低，而接受危机资助和福利资助的人数增加。在危机期间，不仅失业补贴的时间多次被缩短，而且服务的范围也变窄了，失业人员等待的时间也变得更长。结果导致社会金字塔最底层的贫困化进一步加剧。

德国不同于美国，大危机期间对生活条件恶化的抗议，一开始就不是纯社会层面的抗议，而是一种激进政治的抗议：失业工人的传话筒是共产党，纳粹代表的是那些生怕社会地位下降的阶层。极左和极右极势力之间经常发生流血巷战，这种趋势在 1929 年后更为明显。希特勒的“褐衫军”、冲锋队和黑红金国旗团经常发生冲突，黑红金国旗团成立于 1924 年，深受共和思想影响，特别是受社民党影响。共产党和国旗团之间，以及共产党和钢盔队之间的冲突也从未停止。

/ 554

和冲锋队不一样，共产党还直接攻击警察，这导致在官方和资产阶级政党眼中，和纳粹相比，共产党对公共安全和秩序造成的威胁更大。自 1929 年 5 月红色先锋战斗联盟被取缔后，共产党失去了其正式的准军事武装。1931 年 3 月以来，只有秘密党卫队才可配备武器，而 1930 年建立的反法西斯战斗联盟成员不准佩带武器。国家的武装垄断受到准军事武装的挑战，但和 1920 年到 1922 年的意大利不一样，国家武装力量并没有持续失效。原则上讲，魏玛共和国后期的德国政府和各邦国政府都可以指望尽职忠诚的警察队伍。

1930 年 3 月底大联合政府破裂后，德国的政治命运就不再由议会多数政府负责，而是由一个资产阶级少数内阁负责。前任中央党议会党团主席布吕宁担任这届政府首脑，他当时 44 岁，单身，是个禁欲主义者，来自威斯特法伦的明斯特。他曾主攻历史和社会学，获国民经济学博士，一战期间到前线作战，受伤后荣获勋章。1920 年他开始在基督教国家工会担任领导，这使得他没有像 1928 年底担任党主席的路德维希·卡斯（Ludwig Kaas）那样，在中央党内被打上“右翼”的印记。另一方面，1924 年后，布吕宁作为帝国议会财政预算专家，在保守派中享有很高的威望。布吕宁是天主教徒，这一点也许不受文化激进自由派的青睐。但兴登堡的那个圈子认为，新总理的宗教信仰是一个优势，帝国总统和他的幕僚们试图悄悄修改宪法，通过布吕宁的协调可能会赢得天主教在政治上的支持。

布吕宁政府最初还不是公开的，而是一个遮遮掩掩的总统内阁。内阁成员包括无党派人士帝国国防部部长格勒纳，前任政府资产阶

级执政党的代表，另外还有一位德意志民族党的部长、一位经济党的部长、一位新组成的人民保守联盟党的部长。这个新政党由当年德意志民族党和农民及乡村人民党议员组成。德意志民族党的食品部长马丁·席勒（Martin Schiele）入职内阁时，放弃了其帝国议员席位，所以在一段时间内，报业巨头胡根贝格领导的这个政党对布吕宁政府持何种态度，不是很明朗。确实，1930 年 4 月，德意志民族党在多次投票中意见都很不统一，以至于政府在帝国议会上赢得了微弱多数，这有悖于胡根贝格的愿望。

布吕宁上台大约 3 个月后出现了一种局面，这是兴登堡任命中央党主席担任帝国总理时就遇到的情况：帝国政府提出的预算建议被帝国议会税务委员会否决，于是帝国总统于 7 月 16 日正式宣布，他已经赋予帝国总理全权，如果议会不通过该预算，那么宪法 48 条强行生效，如果议会决定取缔颁布的紧急规定，或者表达对总理的不信任，那么就解散议会。

社民党的抗议已经无法阻止向紧急法规执政政权的过渡了。7月16日帝国议会全体大会拒绝了预算草案，布吕宁随即宣布，政府无意再继续辩论这个问题。同一天颁布了两个首批紧急政令，但各自只有两天有效期。7月18日，帝国议会接受了社民党取缔紧急法令的提案。之后帝国总统解散了帝国议会。1930年9月14日定为新的选举日期。7月26日兴登堡颁布了一个新的“缓解财务、经济和社会困境的紧急法令”，包括增加“市民税”，和以前的紧急法令有别，市民税按照收入分级。另外，这个紧急法令也是一系列措施的法律基础，例如保护东部德国农业负债过多的庄园，颁布东部救助措施，规定人们可领取固定薪水的补贴，个人所得税的附加费、单身税。鉴于失业人数不断增加，政府将失业保险金从3.5%提高到4%。 / 556

1930年，从隐蔽的总统内阁过渡到公开的总统内阁有其必然性。4个月前帝国总统拒绝了议会多数政府，帝国新总理3月20日上台后的7月危机期间，只有这条法律得到落实。布吕宁如果不向帝国总统和政府阵营右翼施压，就无法向社民党做出让步，但他又不能这样做，因为这会有悖于任命他的理由。社民党也无法接受一刀切的公民税，这也是政府在解散帝国议会前一直坚持的原则，否则就会严重伤害该党支持者的公平感，也会给共产党拱手送上廉价的胜利。7月危机期间，最重要参与者的迂回空间都很小，不可能期待争执的结果会有侥幸的出路。

举行帝国议会大选，是努力把资产阶级的力量集中起来。但效果微乎其微。德意志民主党和人民民族帝国联盟组成德意志国家党，人民民族联盟是保守的、温和（按当时的标准）反犹的青年德意志团的政治伙伴，这个行动令包括犹太籍的支持者在内的诸多支持者深感迷惑。10月初，青年德意志团宣布，由于世界观不可逾越的分歧，他们退出该党，新政党的名字不变。7月底以特雷维拉努斯

（Treviranus）为首的人民党保守派和以韦斯塔普侯爵为首的反胡根贝格阵线党合二为一，这也是工业界有意识地鼓动保守人民党的结果。

在左翼一方，组织形式上没有任何变化。如果说有新情况，最多就是共产党力图展示他们强烈的民族主义。1930 年 8 月 24 日，在“德国人民民族和社会解放方案的解释”中，他们声称社民党的领袖“不仅是德国资产阶级的刽子手，同时也是法国和波兰帝国主义心甘情愿的特务。满口谎言、腐败的社民党的所有行动都是对德国劳工大众切身利益不断的出卖和背叛”。

1930 年 9 月 14 日的帝国议会选举，共有 82% 的选民参加投票，高于 1920 年以来任何一届议会选举。但实际上耸人听闻的是纳粹的选举结果。1928 年 5 月大约 80 万张选票，这次一举获得 640 万张选票。这就是说从 2.6% 升到 18.3%，从 12 个议员席位增加到 107 个议员席位。虽然没有这么戏剧化，但值得注意的还有共产党的成功，从 10.6% 上升到 13.1%，从 54 个席位扩展到 77 个席位。

其他政党都损失不小。德意志民族党损失一半：从 14.3% 降到 7%。德意志人民党从 8.7% 降到 4.5%。德意志国家党，即之前的德意志民主党，从 4.9% 降到 3.8%。天主教各家政党的损失较小：中央党 1928 年的得票率为 12.1%，此次得票率为 11.8%，巴伐利亚人民党此次的得票率为 3%，上次是 3.1%。大型政党的损失要大得多。社民党的得票率从 29.6% 降到 24.5%，新成立的保守人民党和地方德意志汉诺威党一共得到 1.1% 的选票。

更多的人参加投票，令纳粹获益，但之前不去投票的选民并不是“棕色”胜利最重要的原因。纳粹的选民大多数以前是其他政党的拥护者，例如德意志民族党、自由党派。基督教徒更容易受纳粹影响，而其选民比天主教徒多一倍。选民中小业主、农民、公务员、退休人员高于同类居民中的比例。而工人和职员的数量则明显少。

1930年9月，失业人口超过300万，他们对纳粹党崛起的帮助并不明显。失业工人更愿意把选票投给台尔曼领导的共产党，而不是希特勒。

纳粹党对小业主和中产阶层雇员有强大的吸引力，对此当年某 / 558
些观察家认为，纳粹运动是一个中产阶级的运动。实际上，希特勒政党涉足的领地远远不止这个阶层，因此从社会学的角度出发，人们不得不承认其“大众政党”的身份。1930年左右，旧有的社会和宗教“背景”，不再像皇帝时代那么划分严格：唱片、电影和电台创建了逾越背景界限的新大众文化的基础。然而那些“老式”党派还没有认识到这个发展带来的挑战。纳粹持之以恒地利用现代大众传播工具，重视寻求集体归属感的广泛需求，这种集体归属感是超越地位、超越阶级和超越宗教的，这种需求在年轻一代中特别强烈，但政治上还无人顾及。尽管纳粹政党给其选民的许多允诺意味着倒退，但是这个政党的成功首先在于，它有能力适应大众时代的背景条件，在这个意义上证明了其先进性。

纳粹用极端民族主义来回答集体归属感的问题，这在1930年和之前没有什么不同，而且主要对准内部的一个敌人，即形形色色的马克思主义。民族主义的方法特别好用，可以把这些“年轻的政党”以及令人厌恶的魏玛“体制”一道钉上耻辱柱。民族主义应该连接起分离德国人的一切。反犹口号、攻击所谓“世界金融的奴役锁链”和唤醒民族本能常常联袂登场，1930年的竞选和之前比并没有特别强调反犹。因为纳粹党意在赢得工人支持，凡是倾向社民党和共产党的工人，他们对反犹宣传都不积极。“社会主义”这个概念，足以吓住资产阶级选民，特别是他们中的老一代，所以纳粹一再坚持重新定义什么是社会主义：希特勒说的社会主义不是消灭私有财产，
而是指社会机会同等，反映在经济上就是1920年纳粹党纲领基础上 / 559
的“公有先于私有”原则。

新帝国议会的席位分布迫使布吕宁内阁寻找盟友。这个资产阶级中间派政党不能想象，让政府阵营向右倾斜而吸收纳粹。就连帝国国防军和工业界也认为，纳粹党不具有执政能力。希特勒在一场诉讼中的震撼出场也无法扭转这一局面。在对拥护纳粹党的三个乌尔姆帝国国防军官员叛国诉讼审判上，纳粹党魁于 1930 年 9 月 25 日在莱比锡帝国法庭上宣誓，他的政党只会采用合法的途径获取政权。在大法官的追问下，他继而宣布，是通过正常立法途径，取得权力后建立一个国家法庭，以审判 1918 年 11 月的罪人，走法律途径处决这些罪犯。

纳粹党没有参与执政的希望，重返大联合政府也不可能。因为帝国总统和政府阵营中的右翼都坚决拒绝这个方案。在社民党一边，反对和布吕宁以及他所代表的势力合作的声音也很强烈，而且不管是什么形式的合作。社民党左翼认为中央党的这个总理，其观点和纳粹党的观点一样，即“法西斯化”。由于纳粹党和社民党都不能成为执政党，因此资产阶级少数政府必须找到支持的党派，以形成多数。仅从外交政策出发，这个方案中就不能考虑纳粹党。而且希特勒也不会迁就这样一种政策。因此实际的选择只能是和社民党交涉。

社民党的领导层也是这样估计的。从社民党角度来看，主要有三个原因可以在 9 月选举后支持布吕宁政府。首先是用这种方式可以避免更加右翼的、依靠纳粹党的政府。其次是如果社民党在帝国层面让布吕宁政府倒台，那么就会极大威胁在普鲁士的奥托·布劳恩领导下的魏玛联合政府。如果在德国最大的邦国中告别执政地位，那么就意味着放弃对这个和纳粹党及共产党交锋的最重要的国家政权工具的控制权。最后，社民党和政府阵营在具体层面上达成了广泛一致性。主要基于这样一种共识：只能用坚持不懈的节约政策，才能克服 1924 年后不稳定的“赊款经济”后果。在整顿方面的一致观点并不能排除关于如何节约社会成本的分歧，由此产生的后续矛盾也没有消除。

9月底，布吕宁和社民党帝国议会党团的秘密谈话为支持政策奠定了基础。10月3日，社民党帝国议会党团发表了一个决议，他们列举了支持布吕宁少数内阁的理由：帝国议会选举后社民党的首要任务是维护民主、确保宪法、捍卫议会体制。另外还提到，社民党为民主而战，目的是保护福利政策，提高工人的生活水平。“社民党的帝国议会党团，在尊重劳工大众切身利益的前提下，为确保议会基础、解决迫在眉睫的财政政策任务而努力。”

1930年10月17日和18日的帝国议会争论，是魏玛共和国成立以来最激烈的一次。投票的结果没有任何疑问：10月18日，在社民党票数的支持下，帝国议会先通过了政府提交的关于减持债务的法案，另外把废除7月26日紧急法令的提案转交给了预算委员会，通过了一个政府党团的提案，即不予处理所有不信任提案而直接进入日常议程。在纳粹党和共产党的反对声浪中，帝国议会宣布休会到12月3日。政府不仅赢得了一场战争，同样重要的是也赢得了时间。

借助社民党的帮助，布吕宁内阁度过了12月同样争吵不休的议会期的难关。政府为此做出的牺牲是对某些社会福利要求做出让步：将公民税的分级更严格细化，并为失业人口提供免费健康保险。为此社民党的让步是，同意将失业保险金从4.5%提高到6.5%，将政府官员工资降低6%，采取新的措施保护农业，包括对小麦和大麦征收更高的关税。议会从1930年12月7日到1931年2月3日休会。 / 561

社民党的机关报更愿意看到议会解散。大选后3个月的12月3日，《前进报》写道，也许大家都持有这个观点：“这个议会是一个畸形儿，如果听不到、看不到它，大家会很开心。”普鲁士邦议会党团主席、身兼帝国议员的恩斯特·海尔曼认为，一个有107名纳粹议员和77名共产党员的议会，的确不能有效地工作。“选举出这样一个议会的人民，他们实际上放弃了自治权，其立法权自动被48条取缔。”布劳恩12月17日在一个电台讲话中表达了这一观点，如果议会因反议会团体的成功而不想或不能完成宪法赋予它的任务，“那么在这种情况下，就要发出政治的急救信号，就必须打开宪法的紧急阀门，直到消除议会不能控制或者无法控制的紧急危机状态为止”。《前进报》发表了布劳恩的这篇讲话，题为“民主的教育”。

1931年5月底，社民党在莱比锡召开退出政府后的第一次党代会。左翼虽然对支持政策提出了很多批评，但是对这一方针捍卫者的主要论据报以更热烈的掌声。“正是我们击退了纳粹党篡权的计划，”帝国议会党团副主席威廉·索尔曼（Wilhelm Sollmann）讲道，“如果1930年10月避免了把帝国国防军和防卫警察交到纳粹手中，那么我相信，没有任何一个批评者能够阻止我们这样说：这不仅是一次很大的成功，也是德国社民党在欧洲范围的伟大胜利。”

面对1930年9月选举后各个势力的关系，对社民党来说，除了支持布吕宁政府，确实没有其他更负责任的选项。然而到1931年春，社民党就无法再忽略这个政策的负面影响了。帝国议会很少开会这个事实（3月26日到10月13日休会）助长了极右和极左的反议会势力，而希特勒巧妙地利用了这个机会。他现在可以同时向两方呼吁：一方面挑动对西方的、自1919年后推行的“非德国”式议会民主的普遍怨恨，而自1930年秋以来，议会已经沦为赤裸裸的伪装；另一方面提出人民参政的要求，这是自俾斯麦时代就确认的、体现在普选权上的参政，但因布吕宁的总统内阁制而彻底无效。希特勒就是德国这一民主化不平衡的受益者：很早就实行民主选举权，很晚才过渡到向议会负责的政府。更有甚者，自社民党认可了布吕宁不得人心的节约政策后，纳粹党魁声称他的政党是站在共产党右边的，唯一的民族在野运动，也是马克思主义之外的唯一选择，不管是布尔什维克式的马克思主义还是改良主义的马克思主义。

1931年6月5日，社民党在莱比锡的党代会结束。兴登堡总统颁布了一道众人期待已久的紧急法令。它对社会底层打击的力度超过了最糟糕的想象。失业保险津贴平均下降了10%～12%。公务员和公职人员必须接受降薪4%～8%。降低残疾人和战争致残人士的抚恤金。社民党人加入了抗议大军。他们要求召开议会，至少召开预算委员会会议，但被布吕宁坚定地予以回绝。布吕宁认为帝国处 / 563
于无力支付的边缘，也就是内战的边缘。他可以允诺社民党的是，在某些社会特困案例中，放宽紧急法令的执行规定。为了让社民党让步，帝国总理还威胁要解散普鲁士联合政府，这一招果然奏效。6月16日，社民党帝国议会党团代表撤回向元老会提交的召集预算委员会会议的提案。

党内左翼表示抗议，于7月1日发表"警告呼吁书"，反对继续执行支持政策。这部分人是一个新派别的萌芽，即10月初成立的社会主义工人党。社民党大多数人并不想和布吕宁决裂，并不准备放弃在普鲁士的权力。希法亭在《社会》7月刊上称此时党面临一个"悲剧的局面"。之所以称"悲剧"，是因为严重的经济危机和9月14日大选造成的政治紧急状态交织在一起。"帝国议会现在是一个反议会主义的议会，它的存在威胁着民主、威胁着工人阶级和外交政策……用民主宪法的政治手段坚持民主，坚持反对那些拒绝民主的多数人，前提是需要一个正常运转的议会制度，这几乎是化圆为方的难题，也是目前给社民党提出的任务，一个前所未有的局面。"

直到1931年，德国人才开始认识到，经济危机还远远没有触底，全球都处在"大萧条"时代。6月20日再次出现了一丝曙光。美国总统胡佛提议实行国际"无偿款年"，即有期限地暂停国家间的义务偿款，包括德国的战争赔款。美国力劝法国同意后，7月6日"延债宣言"暂时生效，当然还需要得到美国参议院的确认。然而几天后，严重的银行危机袭击了德国。其直接原因是7月13日达 / 564
姆斯塔特国民银行（达姆国民银行）宣布破产，由此引发的持久后果是，进一步深深地撼动了人们对资本主义和市场经济的信任。7月15日，根据帝国政府和帝国银行的决定，外汇买卖被严格限制。这意味着取缔私人经济的金本位。贴现率和抵押挂钩率急剧上升，对深陷危机的经济发展造成了致命的影响。基本上等于将银行部分国有化的整合措施，都需要用税收支撑。

1931年9月，布吕宁政府在外交上经历了一次惨败。施特雷泽曼的后继人、外交部部长库尔提乌斯（Curtius）和奥地利总理以及外交部部长绍贝尔提议的德国－奥地利关税同盟计划未能得到海牙国际法庭的批准，这个提议我们在其他地方已经讲过。库尔提乌斯和他的国务秘书伯恩哈德·冯·比洛（Bernhard von Bülow）以及布吕宁一致认为，关税同盟是巩固德国在东欧和南欧影响的工具，为两个德语国家日后统一铺平了道路。但也正因如此，这个计划遭到法国的强烈反对。

奥地利政策失败让库尔提乌斯丢尽颜面，外长的位子不再稳固。10月3日，他向总理提出辞职，然而此时关键的不仅是外交部部长人选的更换问题了。9月份，先是帝国国防部的部长办公室主任、格勒纳的政治顾问冯·施莱谢尔将军出面，继而是兴登堡要求帝国总理向右急转。面对这样的压力，布吕宁在10月9日重组内阁。他自己兼任外交部部长。帝国国防部长格勒纳兼任代理内政部部长，也就是接任“左翼”中央党政治家的后继人和前任帝国总理约瑟夫·维尔特（Joseph Wirth）的位子，极保守的国务秘书柯特·约埃尔（Curt Joël）晋升法律部部长。

/ 565 库尔提乌斯所属的德意志人民党没有在布吕宁第二届内阁中派出代表。其内部的重工业派在10月3日提出该党应该加入在野派，在帝国议会上对政府提出不信任提案。一周后，该党的领导层和帝国党团正式决定提出这样一个提案。帝国总理需要社民党在议会上的支持，不得不时时向社民党做出社会福利政策方面的让步。在支持政策实行一年后，现在总理得到了报应：企业主阵营的右翼决定和布吕宁决裂，因为其政策对工业右翼来讲不够靠右。

1931 年 10 月 11 日，鲁尔工业区的保守派得到一个机会，又迈进一步，在大庭广众下跻身“民族派在野”的行列。这一天，坚定的右翼党派和各协会在巴特哈尔茨堡（Bad Harzburg）召集了一个军队展。除了联合钢铁公司煤矿厂的一个经理恩斯特·布兰迪（Ernst Brandi）外，没有什么著名的大工业家参加胡根贝格召集的这次聚会。显然在企业家队伍中，布吕宁最尖锐的批评家仍尽量避免无条件地与极端右翼接近。

参加“哈尔茨堡阵线”会议的有：纳粹党、德意志民族党、钢盔团、帝国农业联盟、泛德联盟以及前任执政机构的众多成员，例如当年军队最高领导塞克特将军，自 1930 年他任德意志人民党帝国议会议员；当年的帝国银行主席沙赫特，在 1930 年他因反对杨格计划辞职。沙赫特发起对帝国银行的攻击，引发了持续数天的激烈争执。希特勒在前一天首次受到兴登堡的接见，而他这天的举止引起很大骚动，因为在他的冲锋队列队入场后登场的是钢盔团，而他那时特意离开了主席台，这一有意识的挑衅方式表示他并不依赖“老”右翼派别。

哈尔茨堡会议的召开，让社民党人更容易接受明显向右靠的布吕宁第二届内阁。“法西斯反对派”对帝国政府的猛烈攻击，几乎令社民党认为这个政府可以接受。沙赫特关于货币的表述，促使《前进报》在 10 月 12 日推出题为“哈尔茨堡通货膨胀阵线”的文章。布吕宁也同样严厉地抨击了拿货币做各种各样试验的行为，在这个问题上他们观点完全一致。哈尔茨堡会议两天后，短暂的帝国议会期开始了，帝国总理再次得到社民党的支持，借助社民党的票数，10 月 16 日驳回了所有不信任提案。 / 566

布吕宁的地位得到巩固，他利用这个机会在 12 月 9 日颁布了一个新的紧急令，包括大力干涉工资集体谈判和企业自由，既降低了工资也降低了物价，保证不让大众购买力显著下降，同时提升德国产品在国外经销的机会。这也是帝国总理对英国1931年9月21日再次放弃金本位做出的回应，英国英镑和帝国马克相比贬值20%，为英国出口创造了优惠条件。针对英国的这一行为，布吕宁认为贬值德国马克的建议并不可取，这不仅是因为德国曾经有过通货膨胀的惨痛创伤，还因为帝国需要美国贷款，以及德国战争赔款对美国贷款的依赖，特别是考虑到国家的声望。

用贷款融资创造就业，自1931年夏已经是经济运行的一部分，自12月以来，也是德国工会总会的专家们一再要求的，但帝国总理一如既往地在原则上持拒绝态度。因为他认为这样做不仅有悖于他坚持的必须保证预算平衡的基本原则，而且也不符合外交政策优先的政策。而这会给国际社会留下德国还有财政资源的印象，会令战争赔款遏制德国经济的观点失去说服力。结束战争赔款是德国必须达到的近期目标，只有这样德国才能摆脱凡尔赛的所有羁绊，尤其是军事上的束缚，才能重新获得原有的大国地位。

/ 567

1931年底，在战争赔款问题上出现了一个妥协的机会，但也是出于上述原因，布吕宁没有抓住这个机会。12月22日，美国参议院在经过反复讨论后通过了延债宣言。第二天，巴塞尔国际清算银行咨询肃反委员会提交了一份报告，这是帝国政府根据杨格计划规定的流程，在11月请委员会做的报告。专业委员会得出结论：为了避免新的灾难，应立即调整所有政府间的债务，包括德国赔偿在内，以适应当前世界局势严重失调的局面。

这可以解读为彻底修正杨格计划的宣言。但是布吕宁对参加1932年初因这份报告而召集的赔款会议根本不感兴趣，因为在他看来，这只是一个新的暂缓，只是相对地减轻赔款负担，因此只能是半个方案或者说是临时解决方案，并不能达到绝对和彻底消除战争赔款的目标。因此帝国政府提出延期会议，也得到了批准。1932 年 1 月 20 日将预计 1 月 25 日召开的会议取消。外交政策的这个决定在内政上付出的代价是继续实行严格的通货紧缩政策，社会贫困和政治极端化急剧升级。

1932 年初的德国，内政的所有主题都围绕着春季举办的总统大选。布吕宁一开始就认为，已经 84 岁的在位总统必须再次参选，以阻止极端民粹主义者，甚至纳粹分子的成功。兴登堡本人当然也愿意参加这次民选，条件是他能够得到右翼方面足够的支持。

这一条件能否得到满足，一开始还不能肯定。1932 年 2 月 1 日，在为这位年迈的陆军元帅再次竞选组成的“兴登堡委员会”中，参加人员有诗人格哈特·霍普特曼、画家马克斯·利伯曼、德国工业帝国联合会主席卡尔·杜伊斯贝格（Carl Duisberg），还有当年的两位帝国国防部长奥托·格斯勒和古斯塔夫·诺斯克（Gustav Noske）。但是全国性协会和大型农业协会的代表都没有在这个呼吁书上签字。由于总统属于钢盔团的荣誉成员，所以该组织不愿给总统投否决票，基弗霍伊泽（Kyffhäuser）的帝国战士联盟也对是否表示支持其名誉主席兴登堡犹豫不决。直到 2 月 14 日，基弗霍伊泽联盟的全体理事会成员才表态效忠帝国总统，第二天兴登堡最终宣布，深知“我们祖国命运的责任”的他决定再次参加竞选。 / 568

兴登堡的声明令温和的右翼和中间派公开站到他一边。哈尔茨堡阵线随之分崩离析。钢盔团和德意志民族党并不想臣服于纳粹领导之下，它们在 2 月 22 日推举出自己的竞选人：钢盔团的联邦副主席西奥多·杜斯特贝格（Theodor Duesterberg）。同一天，纳粹党的柏林大区队长约瑟夫·戈培尔（Joseph Goebbels）在体育场宣布：“希特勒将是我们的帝国总统。”4 天后，纳粹党魁在布伦瑞克驻柏林代表处被任命为政府议员，1930 年后这个邦国的联合政府由德意志民族党和纳粹党组成，该代表处是其代理机构。这位在奥地利出生的人，自1925年无国籍的希特勒，借此机会取得了德国国籍，这是他竞选帝国总统前还缺少的一个条件。

1月12日后，极左翼推举出一个总统候选人：恩斯特·台尔曼。共产国际和德国共产党领导层的期待是，如果社民党决定支持兴登堡，那么台尔曼就有可能争取到很大一部分社民党工人的支持。这个计划并不是心血来潮，因为自1930年10月的支持政策开始实行后，尽管社民党人和其支持者认可了许多和党的历来思想相互矛盾的决策，但是若建议选举坚定的保皇派兴登堡，这对许多社民党员来说确实是强人所难了。

/ 569 1932年2月26日，短暂而又争吵激烈的议会大会期的最后一天，社民党正式决定支持兴登堡。1932年3月12日是帝国总统大选日。党领导宣布，德国人民面临一个抉择，让兴登堡继续还是由希特勒代替。“希特勒取代兴登堡意味着：在德国和全欧造成混乱和惊慌，经济危机急剧恶化，本国人民以及和国外展开流血斗争的最大危险。希特勒取代兴登堡意味着，资产阶级最反动的派别对资产阶级最进步势力的胜利，对工人阶级的胜利，摧毁所有公民的自由，新闻自由，政治的、工会的和文化机构的自由。加剧剥削和工资奴隶制。打倒希特勒，因此要选举兴登堡！”

政府阵营中，为兴登堡保驾护航最热情的斗士是帝国总理。3月11日，在柏林运动场召开的最后一场大型竞选集会上，布吕宁几乎把帝国总统描绘为一个神话人物。帝国总理说，他想找到这样一个人，他能像兴登堡一样以同样的方式“敏锐地洞察事物，并能言简意赅地对其进行经典的表述”。布吕宁称兴登堡是“真正的领袖”，是“上帝的使者”，称他为“德国力量和世界团结的化身”，最后他呼吁“兴登堡必须胜利，因为德国必须生存”。

1932年3月13日晚，选举结果出来，还需要举行第二次投票。49.6%的有效选票投给了兴登堡，但是仍不足绝对多数。希特勒的得票率为 30.1%，位居第二。台尔曼和前二位的差距很大，得票率仅为 13.2%。杜斯特贝格的得票率为 6.8%。

在位总统只差 17.3 万张选票就可以连任。和 1925 年不一样，他在社民党的要地以及天主教徒居民占多数的地方都大获成功。而 / 570
在 7 年前他获得绝对多数支持的新教农业区，现在获得的支持数则低于帝国的平均值。如果不算巴伐利亚，兴登堡在其核心选民区折戟，却在当年的反对者那里获得大量支持。

虽然和 1930 年 9 月那次的议会选举相比，希特勒这次为其政党多争取到 500 万张选票，但是在不可避免的第二轮选举中，他击败兴登堡的可能性还是很小。共产党决定，再次让台尔曼参选，遵照斯大林 1931 年 11 月的指示——“工人阶级的主要力量”要指向社民党。共产党强调“台尔曼同志竞选”的最重要目标是：“充分揭露社民党的本质——它是法西斯主义的温和派，是希特勒法西斯主义的孪生兄弟”。杜斯特贝格不再参加第二轮选举。钢盔团建议弃权，德意志民族党不再积极参与第二轮竞选。

第二轮选举定在 1932 年 4 月 10 日。晚间时分局势已经明朗，帝国前总统已获得明确的第二任任命。兴登堡的得票率为 53%，希特勒的得票率为 36.8%，台尔曼的得票率为 10.2%。兴登堡的胜利首先证明了：这是社民党履行支持政策的结果。自 1930 年秋以来，如果社民党的支持者没有机会去熟悉和习惯“两害取轻的政策”，那么在 1932 年春也很难说服他们为避免纳粹独裁上台，去选举一个彻头彻尾的保皇派出任国家首脑。这恰恰是此次帝国总统选举的唯一可能：除了这位当年的陆军元帅外，没有其他人能够既笼络魏玛联合执政剩余的拥护者，同时还能团结传统右翼，把希特勒挤到第二位。兴登堡不是民主派人士，这一点社民党人心知肚明。然而迄今为止，魏玛共和国第二任帝国总统证明了他是一个遵纪守法的人，也尊重并不受众人青睐的宪法。根据 1932 年帝国总统选举面临的局 / 571

512 面，没有更好的办法来拯救魏玛了。在4月10日这一天，又一次避免了宣告“第三帝国”成立，这已经很了不起了。

然而第二轮选举的结果并未给获胜者带来真心的喜悦。深深刺痛兴登堡的是，他的成功不是因右翼的支持，而是归功于左翼和天主教徒的努力。他把愤怒发泄到最积极支持他竞选的人身上：布吕宁。兴登堡责备帝国总理的理由是对希特勒私人军队的禁令。4月13日“为确保国家主权的紧急令”禁止“冲锋队”和“党卫队”，这则禁令主要由普鲁士、巴伐利亚、符腾堡、巴登、黑森和萨克森发起，依据3月中普鲁士警察搜家时发现的纳粹秘密军事政策的材料。

看到这些资料后，帝国国防部部长办公室主任施莱谢尔将军开始是赞同禁止冲锋队和党卫队的。但是第二轮选举前，他转变了态度。他借助当年的战友奥斯卡·冯·兴登堡，让其任帝国总统的父亲确信，禁止冲锋队和党卫队在政治上不是良策，因为这会导致兴登堡和右翼的冲突。因此总统签署这份紧急令很不情愿，但是两天后，他背着帝国国防部部长格勒纳，从军队指挥官哈默施泰因（Hammerstein）处索要黑红金国旗团的资料。按照兴登堡的看法，这些资料足以构成该共和防卫联盟的罪证，有理由颁布禁令。

但还未等到他发话，帝国内政部代理部长格勒纳则认为这些材料不那么重要，这些材料出自也是他领导的帝国国防部。他和国旗团领导人卡尔·霍尔特曼（Karl Höltermann）找到了一个巧妙的措施：给被称为“舒夫斯”国旗团精英部队放假。4月13日“紧急条例”依然有效。但是因这场冲突，格勒纳收获了三个影响力很大的
/ 572 敌手：他的前政治顾问施莱谢尔和兴登堡父子。

帝国总统第二轮选举后两周，德国人又得去投票。1932年4月24日，普鲁士、巴伐利亚、符腾堡州和安哈尔特以及自由汉萨城市汉堡举行地方选举。在这5个邦，纳粹获得空前成功。只有在巴伐利亚的巴伐利亚人民党领先两个席位，其他地方的纳粹党都成为最

强势政党。在普鲁士，魏玛大联合政府失去多数，但右翼政党的纳粹党、德意志民族党和德意志人民党也没有获得多数。

4月12日上届邦议会在大选前的最后一次会议上已经做了相应的准备。执政党，即社民党、中央党、德意志国家党变更了议事规则。迄今为止邦总理的选举在第二轮选举时，决赛投票是在两个最有希望的候选人之间进行，只需相对多数就可以获胜。根据修正案，第二轮以后的选举必须要取得绝对多数票。这个更改的作用相当于建议性的不信任否决票。这样一来，邦议会要解聘邦总理，其前提是找到一个能获得绝对多数票的后继人。5月24日，新选举出的邦议会首次开会。同一天社民党布劳恩的联合政府宣布辞职，但是还继续留任负责工作，原因是无法形成恢复原有议事规则的多数。

1932年5月9日，帝国议会开始为期4天的会议。它也是解职布吕宁的直接前奏。最极端的外因是5月10日格勒纳一个失败的讲演湮没在纳粹党人大声嘲讽的呼声浪潮中。第二天布吕宁主要谈及马上就要在洛桑召开的战争索赔会议，并警告政府和公众，在“达到目标的最后几百米”时，要保持镇静，他的这个讲话好不容易才把出现的损害控制到一定的范围内。

5月12日，虽然借助社民党的帮助，政府再次通过所有提案，但是以施莱谢尔为首的帝国军方领导层已经决定，不仅要和格勒纳决裂，也要推翻布吕宁。格勒纳本人在5月12日表示，他准备辞去国防部部长职务，而集中全力做好代理内政部部长的工作，这需要兴登堡的同意。然而受施莱谢尔的影响，兴登堡坚持让格勒纳彻底离开政府。5月12日，帝国总统前往他在东普鲁士的领地诺伊戴克（Neudeck）去休圣灵降临节假期，走之前他嘱咐布吕宁，不得在此期间做任何人事变动的决定。 / 573

施莱谢尔转而反对布吕宁，禁止党卫军是一个但并不是唯一的理由。1932年4月，这位关心政治的将军就认为，只有吸收纳粹党才能解决国家危机。4 月 28 日和 5 月 7 日，他和希特勒秘密会谈。至少在第二次会谈中，谈及了在什么条件下，纳粹可以支持改建或新组建的一个偏右倾的内阁。自 5 月 7 日，施莱谢尔知道了希特勒的价码：解散帝国议会、重新选举、取缔对党卫军和冲锋队的禁令。兴登堡知道了这次谈话。在施莱谢尔和兴登堡两人眼里，再次削弱布吕宁地位的，是帝国总理和外交部部长从始于 2 月 2 日、结束于 4 月 30 日的洛桑裁军会议空手而归。媒体有足够的理由认为，格勒纳宣布辞去帝国国防部长后，帝国总理的位子也维持不了很长时间了。

兴登堡在诺伊戴克逗留期间，另外一个权力精英团体开始积极活动，他们早就期盼着布吕宁的倒台：这就是东易北河的大地主。帝国农业同盟自 1930 年秋牢牢掌握在“民族主义在野派”手中，也就是说掌握在德意志民族党和纳粹党手中，该组织也是在帝国总统第二轮选举前出来为希特勒站台的唯一有实力的经济利益代表组织。

/ 574

5 月 21 日，政府为这个最重要的农业联盟送上了一个借口，犹如雪中送炭，让他们可以借此展开对布吕宁大规模的反对攻势：负责东部补贴的帝国专员，提交了一份经内阁批准的居住点规则草案。草案规定可以转手或者用强迫拍卖的方式，购买那些资不抵债的农庄，把它们上交帝国或者用于农民的居住点。

在宣布草案之后，德国农业联盟主席、德国农业议会主席以及几个地方分支的负责人，以书面形式和兴登堡交涉。内容基本一样。东普鲁农村协会主席冯·盖尔（von Gayl）男爵说，强制拍卖权意味进一步陷入社会主义，会削弱“那些抵抗力量，而它们是迄今为止反对波兰、坚持民族防卫精神的中流砥柱”。

高压很快见效。5 月 25 日，兴登堡让国务秘书迈斯纳告知施兰格 - 舍宁根（Schlange-Schöningen），他不能同意这个文本的草案。两天后，德意志民族党帝国议会党团在就关于居民点条例做出的决议中，称其是“完美的布尔什维克主义”。至少 5 月 27 日以后，兴登堡在提出反对后已无路可退：阻止德意志民族党“向右转”的进程并不如他所愿。

回到柏林，帝国总统在周日5月29日接见了布吕宁，并告知期待他的辞职。5月30日上午，帝国总理向内阁汇报了和总统的谈话。12点前，布吕宁向帝国总统递交了政府辞呈。谈话只持续了几分钟，因为总统12点必须到其办公官邸大门处，去观摩斯卡格拉克（Skagerrak）卫队即海军荣誉列队的游行。

在历史上，可以说没有一届魏玛共和国的帝国总理像布吕宁一样，受到各个党派如此褒贬不一的评价：有的对其性格赞誉有加，有的则对其恨之入骨，众说纷纭，没有一个统一的定论。有些人认为他系统地掏空了德国民主的基础，不情愿地做了希特勒的同路人。而另外一些人认为他是保守派的代表，既不同于失败的议会体制，也有别于纳粹专制。根据后一种解读，布吕宁的政策在历史长河中是必要的，他倒台后，大灾难的路程才开启。

是的，布吕宁1930年3月30日出任总理时，魏玛议会民主已告失败。大联合政府破裂后，过渡到公开的总统制只是一个时间问题。布吕宁只是一个政策的执行者，其基本方向最终受帝国总统及其幕僚的操纵。在经济政策方面，到1931年下半年，帝国总理一直追求超越党派和阵营的整顿共识，导致通货紧缩。在1931~1932年交替之际，还有另外一个客观的障碍，即反周期经济发展政策的、尚未解决的战争赔款问题。当得知杨格计划破产后，他至少可以调整经济和财政方针。但是这位帝国总理不愿这样做，原因是国家的声望和达成更远大的外交目标的希望，他拒绝了在赔款问题上让步。也许布吕宁根本不可能在1931~1932年力推小修小补的外交政策：很可能会因兴登堡的否决而失败。

帝国总统地位强势，以至于布吕宁自己长期的目标如何，意义并不大。在流亡期间和在他去世不久后于1970年出版的回忆录中，这位1930年到1932年的帝国总理坚称，他一直努力恢复君主制，目的是给纳粹专制制造障碍。布吕宁对1918年没落的皇家的同情有目共睹，然而他是否在执政期间真的致力于复辟霍亨索伦王朝，还没有资料可以证明。后来的表述显然是一种自我渲染，布吕宁想为自己树立一座丰碑，将自己塑造为一位有远见卓识的保守政治家。

布吕宁部分出于自愿，部分被迫践行的这种政治，仅用“保守”二字并不能言尽其意。魏玛共和国后期真正的权力中心是兴登堡和那些心怀鬼胎的幕僚。他们所追求的就是努力向专制国家发展，这样的体制中人民的愿望无法充分得到体现。布吕宁满足于限制议会的权力，特别是用发布有效法令的办法，在1931年2月也用这种方式落实了一些务实的改革计划。他认为本可以驯服纳粹，给他们提出参与执政的条件，但是如果纳粹不彻底改变其本质，就无法接受这些条件。他和中央党主席卡斯都认同德国向右转的方针，当然，是在严格遵守宪法的前提下向右转。当兴登堡和他的幕僚在1932年春决定抛弃支持他们的社民党，向纳粹做出更多让步时，布吕宁认为这样做欠考量，为此，这位中央党总理不得不辞职。

布吕宁下台标志着一个深刻的历史转折。1932年5月30日，温和的、支持议会的总统制第一阶段结束。开始了专制的、公开反议会的第二阶段。导致政权更换的帝国军队领导和大地主阶层，想让纳粹充当与他们合作的小伙伴，但并不想让他们执政，而是把他们变为自己统治的支柱。满足希特勒加入内阁议会的条件，以解散议会为前提，而这次的立法期要持续到1934年9月。如果那时才选举新的帝国议会，德国的情况会和1932年不一样。可以预期的经济复苏、失业率降低和因失业造成的向极右派靠拢，会大幅减弱。兴登堡和原有普鲁士的权力精英，借助从温和总统制向反议会的总统制的过渡，摧毁了这一机会。他们把国家危机推向极端，把德国推入一个用宪法的方法也无法控制的局面。[28]

发展停滞、批评体制：1929年至1933年的法兰西第三共和国

当美国、德国和英国深受世界经济危机重创时，1930年法国如同一个繁荣的孤岛。最重要的工业分支都取得了比前一年更好的业绩。汽车工业年产量为25.4万辆，在国际上名列第二，仅次于美国。直到1931年法国才感到危机的来临。物价开始下滑，生产数字下降。和1929年相比，1931年钢铁工业生产指数下降了17个点，1932年比1929年低48个点。批发价格在1934年才达到1929年水准的46%。1931年，乌斯特里克（Oustric）银行卷入丑闻而倒闭。1934年，雪铁龙汽车工厂申请破产，国家干涉后，由轮胎生产商米其林接手。失业率上升，但没有达到英国、德国或者美国那样的程度。1935年雇员人数为1250万，失业人口大约有50万。

和高度发展的工业国相比，法国在大萧条中受到的冲击相对轻一些，这还要归因于其相对落后的状态：它的工业化程度一向比德国、英国和美国低得多。1931年人口普查前，大多数居民都生活在不足2000人的乡镇。农业和中小型手工业深受全球萧条带来的冲击，甚于资本强大的大型工业。如果说这个危机在法国比在德国来得晚，那么它持续的时间也比莱茵河右岸的时间长。在30年代初期开始的工业停滞，一直延续到50年代初。历史学家塞尔日·贝尔斯坦（Serge Berstein）和皮埃尔·米尔扎（Pierre Milza）提到法国经济的主要结构时说，一个为期20年的现代化壁垒，与其对应的是政府和公众观点受过时的、保护主义经济思想的影响。

巴黎政府在1932年5月众议院选举前，先是依靠右翼中间派。1929年7月普恩加莱退位后和立法期结束前，不到3年的时间，法国共更换了8届内阁，其中3届内阁由安德烈·塔尔迪厄（André Tardieu）出任首脑。他出生在巴黎，长期被视为克列孟梭的“皇太子”，是法国大资产阶级精明的代表。他深知本国的经济落后，因此力图提

518 高本国工业能力，同时也着力扩大社会立法，包括从1930年开始使高中教育逐步免费，1932年实行儿童津贴。担任两届内阁首脑的皮埃尔·赖伐尔（Pierre Laval）出生于多姆山（Puy-le-Dome）省的沙托丹（Châteaudun），其政治生涯始于社会党。他在位期间和塔尔迪厄一样，在危机年代一再向右靠拢。

1932年1月前的外交部部长是白里安。他最重要的目标是争取德法和解，以保证欧洲和平，并得到在野社会党在议会上的一贯支持。1910年前社会党曾是白里安的政治家园。1929年10月施特雷泽曼去世后，白里安在德国找不到一个可以继续有效支持其外交政策的伙伴。自1930年后，柏林的外交政策调子由追求修改战后秩序作为首要目标的政治家和外交家确定：他们是帝国总理布吕宁、外交部部长库尔提乌斯和外交部国务秘书伯恩哈德·冯·比洛。

1930年5月，白里安向欧洲各国政府提交了“关于组织一个欧洲联盟体制的备忘录”。这是施特雷泽曼在世时于1929年9月5日在国联的一个讲话中提到的设想，现在更趋完善。这位法国外交部部长在该文中概述了他对各主权国家在欧洲层面紧密合作的愿景，各国要不断地相互交流，达成共同经济和政治利益的共识，在国联中尽可能用同一个声音代表其利益。但是至少在狭义的政治意义上，德国和英国对此持保留态度：柏林不想放弃进一步修改战后协议的目标，而伦敦则因为英联邦本身就是比联合欧洲更接近的超民族共同体形式。但并不能说那个年代的法国政策是“幼稚的”。1929年底，开始修建以当时战争部部长马其诺命名的马其诺防线：在东北部边境和与意大利接壤的边境建立一个由壁垒和防御工事组成的防御系统，以防法国在东面和东南面受到攻击。

经济危机在法国导致政治极端化。右翼方面，毫无疑问，乔治·瓦卢瓦的“光束”是最早拥护法西斯的派别，该组织在1828年解散。“法兰西运动”和其武装突击队“保皇队（Camelots du

Roi)”，以议员皮埃尔·泰坦热（Pierre Taittinger）为首的“爱国青年团”仍继续存在。在经济和财政稳定阶段，右翼极端组织的吸引力以及公众反响都大大减弱。30 年代初，情况发生变化。1931 年以来，建立于四年前、自 1929 年由卡西米尔·德·拉·罗克（Casimir de La Rocque）上校领导的前线战士联盟“火十字团”（Croix de Feu）晋级为右翼联盟中最强大的团体。火十字团队员并不是法西斯分子，而是极端的民族主义者。他们得到右翼工业家的财政支持，如弗朗索瓦·科蒂（François Coty）、埃内斯特·梅西耶（Ernest Mercier），也得到政治家塔尔迪厄的庇护，他在 1930 年 3 月到 12 月任总理和内政部部长。

1933 年火十字有 8 万名成员，几乎都是当年的士兵，再加上 4 万名青年人组成的国民志愿军。到 1936 年，根据火十字团自己的统计，他们的成员有 200 万到 300 万人。其组织形式是准军事武装，自称法国民粹分子，其努力的目标是建立一个不是议会而是共和国总统有决定权的体制。但火十字团并不想组织武装政变。他们认为，/ 580
1933 年后由科蒂成立的、受意大利墨索里尼财政支持的法西斯联盟是法西斯组织，以及同样由科蒂支持的、1933 年问世的准军事武装法兰西团结也是法西斯组织，当然这两个组织只赢得几千名追随者。

如同 20 年代中期，巴黎大学的索邦学院是与左翼发起武力交锋的场所。“爱国青年团”和“保皇队”竞相攻击有左翼倾向以及和平主义倾向的教授和学生、那些支持左翼激进党和社会党的教授和学生。那些“棘手”的武装组织，如“新右派”（Jeune Droite）和“新秩序”（Ordre Nouveau）也得到知识分子的支持。前者从法国行动中演变出来，而后者的代言人更同情社会主义理想。这些团体的宣传工具有《笔记》《反应》《法新社》《新秩序》和《计划》等杂志。这些年轻右翼中“新秩序”的代言人罗伯特·阿隆（Robert Aron）在 1932 年 12 月这样总结其政治立场：“我们既不左也不右，

520 如果非要把我们放入议会的概念中，那么我们强调，我们处于极右和极左中间，我们支持总统，反对国民议会。”

“新秩序”的政治立场不是中立的，而是靠右的：罗伯特·阿隆和他的同伴文艺批评家阿瑙德·当迪厄（Arnaud Dandieu），在1931年的《法国国家的衰落》和《美国癌症》两篇文章中表达得非常清楚。两位作家认为欧洲既受到苏联布尔什维克的威胁，也受到美国资本主义的威胁。他们认为“延债宣言”只是让旧大陆臣服“新世界”霸权统治的一个尝试。法国的使命是拯救西方世界，但首先需要一个激进的内政转弯：背离议会主义，强化总统权力。年
/ 581 轻的右翼都一致反对白里安主义：1931年，202名知识分子联名签署了一个《年轻知识分子（服兵役年龄）反对法国让步的宣言》，严厉谴责进一步削弱1919年和平协议，提醒注意再次瓜分波兰的危险。

尽管如此，几个年轻的法国右翼团体，例如新秩序，它们和德国知识分子右翼保持着密切联系，甚至和年轻纳粹分子奥托·阿贝茨（Otto Abetz）也有联系。阿贝茨在二战期间是驻被占领法国的德国大使。这一“亲德”潮流的重要代表人物是马克·亚历山大（Marc Alexandre），他原名叫马克·亚历山大·李潘斯基（Marc-Alexandre Lipiansky），出生在敖德萨的一个犹太家庭，俄国十月革命后和家人逃到法国，并曾在德国学习哲学。他深受马克斯·舍勒的“伦理个人主义”以及布雷斯劳大学教授欧根·罗森斯托克-胡瑟（Eugen Rosenstock-Huessy）1931年出版的《欧洲革命和民族特征》的影响。该书极力弱化1789年法国大革命在世界历史上的重要地位。在马克、阿隆以及丹第欧那里，批评法国大革命和中央集权制，就是赞同地方自治，因此和雅克·马里顿（Jacques Maritains）的新托马斯主义有许多相同之处，和教宗庇护十一世1931年在“四十年”谕旨中，进一步发展的天主教社会学说中的辅

助性原则也有很多观点相交。

“新秩序”和“新右派”与德国《保守革命》的作者有许多共同点，当然在特定条件下，罗森斯托克－胡瑟也属其中：反议会、积极关注意大利的“国家合作”主义、坚决反对自由主义、反对马克思主义，批评启蒙运动的理性主义，批评东方唯物主义和西方功利主义。但是法国年轻右翼和德国年轻右翼在一个关键问题上有着显著区别：法国没有莱茵河右岸那种对战争的美化。

/ 582

第一次世界大战对法国来说，如同一次严重的创伤或一次警告，也是切不可重蹈覆辙的一次经历。令法国各个政治派别深感不安的是人口停滞。与人口众多、繁衍迅速的邻国德国相比，法国被甩在后面。1930 年左右，大约只有略高于 1/3（35%）的法国家庭生育了 3 个以上的孩子。60 岁以上的人口占 13.5%，远远高于德国、英国或意大利，在这些国家这一比例大约为 9%。害怕人口过剩的“马尔萨斯主义”依旧流传甚广。法国人口的增长（从 1919 年的 3920 万到 1939 年的近 4200 万），主要靠欧洲国家和北非国家的移民。他们害怕战争会导致新的冲击。军国主义备受战败国德国右翼的扶植，而在法国这个战胜国践行军国主义则缺少重要的先决条件。

如同第三国际所有成员党一样，自 1924 年以来极左翼的法国共产党必须严格执行“布尔什维克化”，为此很多党员脱离了共产党。在向极左转弯的影响下，即根据 1928 年夏共产国际第六届国际大会的决定，法国共产党和工人国际法国支部以及工会总联合会的改良派严格划清界限，为此付出的代价是，政治孤立和议会边缘化。1928 年 4 月选举出的众议院只有 12 名共产党议员，比上个立法期减少了 14 名。

法国共产党故意挑起和警察的冲突，致使其领导人一再被推上法庭和被捕入狱。1930 年春，当年的矿工莫里斯·多列士出狱后，担任法国共产党的实际领导。1931 年他被选为党总书记，所有政治决策，他只和共产国际负责人捷克共产党人欧根·弗里德（Eugen Fried）商量。在“武装分子”和许多工人中，能言善辩的多列士受欢迎程度堪与德国的台尔曼相比。和台尔曼一样，他也深得斯大林信任，绝对忠于其路线。

巴黎周围“红色郊区”的工人和法国西南几个省份，如科雷兹
/ 583 省（Corrèze）的农民，是共产党最坚强的群众后盾，他们投票给法国共产党主要是一种对法国阶级社会的抗议。法国共产党的政治极端主义并不像德国共产党那么突出，当然这也许是因为法国群体贫困不像德国那么严重。虽然有右翼极端潮流，但是没有法西斯群众运动。左翼激进党的资产阶级共和激进主义在30年代足够强大，起到了一扇屏风的作用，阻挡住向右转的大规模激化。

与所有共产党一样，法国共产党吸引了知识分子入党，如超现实主义运动创始人之一的路易·阿拉贡（Louis Aragon），而且还赢得很多知识分子的同路人，他们大多数更热衷于苏联而不是法国共产党。其中最无条件的是1916年反战作品《火》的作者亨利·巴比塞（Henri Barbusse），而最有保留意见的是罗曼·罗兰（Romain Rolland）、安德烈·纪德（André Gide）和安德烈·马尔罗（André Malraux）。1932~1933年以来，他们都参加了“革命作家与艺术家协会”，为这一亲共协会的杂志《公社》撰写文章。令他们大多人转向共产党的最重要原因是德国纳粹的兴起。这些知识分子认为，若想有效打击纳粹，只能和共产党结盟。

纳粹的兴起和法国右翼的壮大对社会党也是一个挑战，该党在1928年选举中，尽管没有得到最多的议会席位，但票数最多。布鲁姆是众议院社会党团主席和党的实际领导者，1926年1月他在巴黎召开的特别党代会上提出的口号现在依旧是工人国际法国支部遵循的准则：认真区分在议会体制内行使权力和用革命夺取政权。对社
/ 584 会党来说，与资产阶级联合执政而行使权力，根据传奇的“考茨基

决议”精神，按照1900年9月共产国际的决议精神，只有在战时或者为抵抗法西斯或反革命造成的危险时，才是可以接受的。按照布鲁姆的观点，行使权力的风险，可能会误导工人期望得到只有在夺取权力时才能获得的结果。 523

在布鲁姆看来，德国社民党采用另外一种方式和资产阶级政党组成政府联盟是完全合理的，至少从外交政策的角度是值得赞许的。因为德国“混乱”的危险比法国要小。由于社民党的伙伴是天主教党和自由党，它们是和社会党明显有别的势力，不是在诸多领域和社会党立场相近的资产阶级进步党派、坚定的共和派和世俗的激进社会党人。就其本国来说，通常情况下可以考虑支持明确反对反动派的政府。这么看来，不去逾越参政这个界限，对法国社会党来说就是保证生存的戒律。布鲁姆后来认为，如果工人国际法国支部能够像德国社民党一样，成为议会中最强势党团，那么可以考虑改变立场。

在工人国际法国支部内，对布鲁姆的教条并非没有争论。1929年10月，该议会党团首次违背其党主席的强烈反对，大多数赞同“参与执政”的决定。只有党领导层的否决才阻止了左翼激进党和社会党的联合执政（也就是帮助塔尔迪厄掌握权力）。参政派的代言人、右翼代表皮埃尔·雷诺得（Pierre Renaudel）并不为这次失败而气馁。他争取到1900年决议之父考茨基的支持，请他撰写了一篇激情洋溢的，特别是从外交政策角度有理有据的演说，赞成社民党的联合执政政策。该文章在1930年《前进报》的新年年刊和雷诺得出版的改良派报刊《社会主义生活》的一月刊上发表。考茨基写道：“有时会出现这样一种局面，若我们把国家这个巨大的权力拱手让给最糟糕的对手，尽管我们能够通过参与执政避免这个威胁，避免这个更大的威胁，那么联合执政则是二害取轻的选择。” / 585

1930年1月底的社会党特别党代会上，“参政派”再次受挫。

右翼议员马塞尔·迪特宣布，少数人会继续坚持其意见，工人国际法国支部总书记保罗·福雷的回答是坚决予以抵制，这令很多人担心政党会因此分裂。不顾“参政派”的反对，工人国际法国支部把问题公布于众，这样一个争吵不休的政党，客观上无法执政。第二年，改良派在议员约瑟夫·保罗－邦库尔（Joseph Paul-Boncour）的领导下，挑起了一场关于国防的争吵，1931 年 5 月在图尔斯召开的党代会，给这场争执画上了句号：保罗－邦库尔和他的支持者退出工人国际法国支部，组建一个新的政党“共和社会党”，该党和社会党明显的分界线是，他们认同强大的强军政策。

1932 年 5 月 1 日，众议院第一轮选举开始。尽管遭到左派的反对，但执政党在大选前还是更改了选举法。新选举法规定，如果竞选人在第一轮选举中至少获得 40% 的选票，就不用参加第二轮选举。尽管如此左翼还是比右翼多得 100 万张选票。工人国际法国支部得到 196 万张选票，左翼激进党得到 184 万张选票。共产党从 106 万张降到 79.7 万张。激进的右翼没有参选。5 月 7 日，在第二轮选举前，一年前选举出的共和国总统保罗·杜美（Paul Doumer）在一次书展开幕式上，被一个反共的俄国移民枪杀。罪犯想借这种方式抗议法国无所作为，根本不想推翻苏维埃政权。5 月 10 日，参议院和众议院作为国民议会一致推举保守派参议院主席阿尔贝·勒布伦（Albert Lebrun）为新的国家首脑。

/ 586 5 月 8 日议院的第二轮选举中，由于社会党和左翼激进党在地方层面上的选举协议，中间左翼取得多数席位。左翼激进党－社会党共有 157 个议员席位，实力最强。工人国际法国支部获得 129 个席位，是第二大党团。右翼一边有三个较大的议会党团：共和民主联盟得到 76 个席位，左翼共和党得到 72 个席位，激进独立党得到 62 个席位。共产党人得到了 12 个席位，其中在工人国际法国支部和法国共产党之间的社会共产党得到 11 个席位。保罗－邦库尔的共和社会党占有 37 个席位。

资产阶级的左翼激进社会党并不是一个步调一致的政党。党主席赫里欧受命组阁，他此时已经从左翼转向中间派。该党内号称少壮派的左翼是少数，代表人物是皮埃尔·科特（Pierre Cot）、皮埃尔·孟德斯－弗朗斯（Pierre Mendès-France）和让·扎伊（Jean Zay）。左翼激进党和社会党合作前景并不乐观，大多数左翼激进党在总统选举时，反对社会党人的竞选人福雷，而把票投给了勒布伦。

赫里欧请社会党人共同组建政府。社会党人在巴黎召开的特别党代会上也表示原则上同意，但为加入政府提出了苛刻的先决条件，也得到改良派议员迪特的同意。这个所谓的“惠更斯笔记”，其中包括铁路国有化、公共交通企业和保险公司国有化、对银行严格监督、实行 40 小时工作制、降低军事开支。因为赫里欧不能迁就这些要求，所以他组建的内阁主要由左翼激进党和几个中间派代表组成。赫里欧本人还兼任外交部部长。当年的社会党人保罗－邦库尔任战争部部长。在社会党人的支持下，赫里欧内阁获得信任票。

在赫里欧短暂的执政期间，在洛桑召开了战争赔款会议，关于这次会议我们后面还会提到。7 月 9 日，赫里欧同意基本上终结德国赔款的协议，但并未事先和美国缔结关于结束盟军内部负债的协议，这件事造成了他的灭顶之灾。一反两院多数以及他自己政党的意见，这位总理准备在延债宣言后，于 1932 年底向美国支付到期的分期付款。1932 年 12 月 14 日，他的提案没有通过，他也不得不辞职。 / 587

从赫里欧倒台后到 1934 年 1 月底，先后有 4 个短命的内阁，分别由约瑟夫·保罗－邦库尔、爱德华·达拉第、阿尔贝特·萨罗（Albert Sarraut）和卡米耶·肖当（Camille Chautemps）领导。内政不稳定的主要原因是左派激进党和社会党之间在经济、财政和货币政策上存在巨大分歧。左翼资产阶级内阁奉行通缩的节约政策，坚持金本位，尽管这有损出口经济，导致社会福利费用上升，而英国和美国各自在 1931 年 9 月和 1933 年 4 月分别放弃了金本位。社会党人持相反观点，而党组织比议会党团的反政府倾向更浓。

1933 年 5 月工人国际法国支部的党领导和议会党团之间爆发了一场严重争执，起因是议会党团不顾党领导的明确拒绝，仍投票赞同达拉第政府的财政预算。以雷诺得和保罗・拉马迪埃（Paul Ramadier）为首的改良核心派，以及以年轻的议员马塞尔・迪特、阿德里安・马尔凯和巴泰勒米・蒙塔尼翁（Barthélemy Montagnon）为首的“新社会主义党”或“新派”，他们的立场是认同和资产阶级左翼的合作，认同社会爱国主义，欢迎中产阶层。特别是迪特认为，争取中产阶级的问题，是德国社民党的失败以及由此造成魏玛共和国没落最重要的教训。如果社会党想阻挡法西斯主义，就必须争取法西斯运动首要招募的那个群体阶层。

“新社会主义党”的出现，是对官方社会主义政党意识形态方面的贫瘠和政治固化的一种反应，即布鲁姆代表的彻头彻尾的社会主义。为保证党的统一，布鲁姆试图用一套说辞把 1920~1921 年成立的工人国际法国支部拢在一起，他希望意见分歧的各个派别可以共存。其经院哲学般的特征是这一平衡政策的体现。但因为“好斗”的多数站在左翼，所以这位党的领导人认为，必须更多地考虑左翼的传统主义而不是右翼少数改良派的计划。随着法国 1931 年后越来越恶化的经济危机，工人国际法国支部的政治缺陷就愈加明显。面对新的挑战，他们给予的仍是原有的答案。面对右翼活动分子的挤压，这个机构的反应几乎是官僚式的。自 1933 年春以来，新社会党人放弃了从内部革新政党的希望。他们和对手一样，都开始认识到分裂已经不可避免。

可以预见，1933 年 7 月的巴黎党代会面临着分裂的考验。“新派”代表们根本没有给议会多数达成谅解的机会，因为他们态度非常嚣张，决意模仿法西斯，甚至令人怀疑他们自己正在向法西斯主义方向发展。当马尔凯在党代会的讲话中提到应认同“秩序、权威、民族”这三个原则时，布鲁姆大声插话表示惊讶。布鲁姆认为新派的几个代表已经表现出法西斯倾向，这个感觉没错。确实，迪特和马尔凯后来成为这一运动的代表人物，而他们在1933年还认为应该反对法西斯主义。其他的新派社会党成员在决裂几年后，都再次回到工人国际法国支部的怀抱。

巴黎党代会多数人谴责议会党团的行为：雷诺得以“新派”的名义对这个决议提出抗议。布鲁姆在党的机关报《人民》（*Populaire*）上发表一系列文章，继续开展意识形态的争论，尖锐指责其法西斯主义的倾向。1933年秋，最终决裂。10月24日就达拉第提出的预算草案表决，91名社会党人投反对票，28名投赞同票，11名弃权。11月4日和5日，工人国际法国支部的国民议会将“新派”领袖开除出党，包括雷诺得、迪特、马尔凯和蒙塔尼翁。

1933年12月初，新社会党人成立法国社会党－让·饶勒斯（Jean Jaurès）同盟，工人国际法国支部原27名议员和7名参议员参加。这一新的右翼社会主义政党没有争取到大众认同。但是和“新派”的决裂对工人国际法国支部的伤害，远远大于两年前德国社会主义工人党即德国社民党的分裂。很显然，一个社会主义政党不仅可能因改良主义，而且也可能因正统的反改良主义遭遇危机。

持恒力：三十年代初的英国

英国受到经济危机的冲击，早于法国也重于法国。英国在整个20世纪20年代都受困于结构性高失业率。1921年工人阶层的失业人数比例首次突破10%，只有1927年这一年略低。1929年，失业率上升到10.4%。1932年，失业率达到22.7%的高峰。之后有所下降。在战争时期的1940年又降到10%以下。用绝对数字来说，1931年8月到1933年1月有近300万人失业，是失业的最高峰。1932年夏有250万人失业，1932年6月有200多万人失业。

受到危机严重冲击的是中部和北部、南威尔士、苏格兰和北爱尔兰的老工业区。在煤炭行业，失业率占从业人口的70%。当然采矿业、钢铁工业、造船工业和棉纺工业的没落始于1929年之前。兰开夏郡（Lancashire）的棉纺工厂，是丢失海外市场，特别第一次世界大战期间丢失印度市场的首批牺牲品。1913年，100万名矿工生产了7.87亿吨煤。1933年，降到50万名矿工生产2.07亿吨。1929年和1932年间，钢铁产量从960万吨降到520万吨。自1925年以来，出口工业因回归金本位制度而低迷不振，英镑价值被高估约10%。1932年夏萧条达到顶峰，自1933年以来，经济大体上逐渐呈复苏趋势。

1929年6月以来，麦克唐纳领导的第二任工党内阁，如同1924年第一任内阁一样，需要自由党在议会上的支持，它的经济与财政政策和德国的布吕宁政府没有什么大区别。财政大臣斯诺登认为应保持预算平衡，支持自由贸易。他坚决拒绝国家慷慨出手创造就业的措施，反对保护关税和灵活的货币兑换率。1930年2月，没有具体管辖范围的大臣奥斯瓦尔德·莫斯利（Oswald Mosley）爵士和公共工程大臣乔治·兰斯伯里（George Lansbury）共同提交了一份商议好的备忘录，意在用公共项目如建造公路等来提高群体购买力，但这个计划在内阁几乎遭到一致反对。

莫斯利于1918年底，以年轻的保守派下议院议员的身份开始其政治生涯。他的第一任太太是当年印度副王、后来的外交大臣乔治·寇松（George Curzon）的女儿辛西娅（Cynthia）。莫斯利不久后在爱尔兰问题上和保守党分道扬镳。1922年和1923年，他作为独立竞选人参选，两次都获成功。1924年3月他加入工党，积极参与左翼即独立工党活动。1930年5月他辞去政府职务，作为对拒绝其备忘录的回答。1930年10月，他试图让工党认同他的立场，但又与成功擦肩而过。此时，在议会党团内，他得到重量级议员安奈林·贝文（Aneurin Bevan）和约翰·斯特雷奇（John Strachey）的支持。

1931年2月28日，莫斯利离开工党并组建"新党"，把战胜危机作为该党的方针。他提出由国家监控银行，提供就业机会，为农业经济制定发展规划，组建有特权的核心内阁，如同一战期间的战争内阁。工党的4名议员，包括辛西娅·莫斯利、约翰·斯特雷奇都加入了他的队伍。他争取到作家哈罗德·尼科尔森（Harold Nicolson）担任其党机关报《行动》的出版人。在失业率为46%的阿什顿安德莱恩选区（以前由工党代表）选举中，新党一举赢得16%的选票。当然胜选的仍是保守党。

尽管莫斯利和其他批评家认为，工党政府在降低失业率问题上投入很少，但并不能责备麦克唐纳政府在社会福利方面无所作为。1930年12月的《失业保险法》改进了失业保险服务，使失业人员更容易得到资助。结果造成国家对失业保险的补贴持续上升，1929年为5100万英镑，两年后达到1.25亿英镑。1931年初，财政大臣斯诺登认为，必须大幅下调国家开支。2月，根据保守党和自由党的建议，成立一个独立委员会，由离任的保诚保险公司经理乔治·梅（George May）爵士领导，拟定节流建议。

这个委员会的工作还没有结束，另一个委员会，即调查失业保险问题的皇家委员会，在6月提交的一个中期报告中，提出要提高保险金额度，缩小服务范围。7月，乔治·梅委员会一反两位工党委员的意见，提交了一份特意戏剧化的报告。根据失业保险的赤字和总财政预算的赤字，专家们得出结论，英国正处于财政灾难的边缘。因此建议降低9600万英镑的国家支出，其中失业保险就占6650万英镑。为失业者提供的服务数量必须减少20%，以满足财政预算平衡的要求。另外委员会还提议降低教师工资，减少公共支出。

政府马上组建了一个经济委员会，直接由首相领导，准备落实这些建议。这个报告的后果还包括抛售英镑、购买黄金。这样一来，

/ 592

就加剧了5月奥地利信贷银行破产后的发展趋势。当英国银行试图从纽约和巴黎筹措8000万英镑贷款时，对方提出的条件是，英国政府应该遵守乔治·梅委员会的建议，务必维持金本位，严格厉行节约方针。

1931年8月20日，麦克唐纳和斯诺登向工党领导和工会大会汇报了大幅削减失业保险的计划。工会的反应是负面的。工会大会主席沃尔特·西特林（Walter Citrine）和运输工人工会主席欧内斯特·贝文明确表示，他们不能同意这个缩减计划。3天后内阁只以11票对9票的微弱多数通过了首相和财政大臣的方案。麦克唐纳认为这个支持力度不够，于8月24日上午前往白金汉宫，向乔治五世提出辞呈。但国王还是敦请首相建立一个由工党、保守党和自由党组成的联合政府，麦克唐纳没有犹豫，显然很情愿地接受了这个请求。

8月25日，新的“国民政府”上台。内阁成员包括工党原有的4位部长，麦克唐纳和斯诺登，他们还就任原职，4位保守党成员，其中鲍德温任枢密院议长，实际上就是副首相，还有两位自由党人士，其中一名是内政大臣赫伯特·塞缪尔（Herbert Samuel）爵士。麦克唐纳把既成事实摆在工党面前，引发了工党抗议。8月25日这

一天，实际上工会和议会外的党组织已经接管了权力。在只有麦克唐纳内阁的 4 位成员参加的 8 月 25 日的议会党团会议上，前任外相阿瑟·亨德森被选为主席。8 月 28 日，工党把麦克唐纳、斯诺登和另外两个工党成员开除出党，他们是殖民大臣詹姆斯·亨利·托马斯和司法大臣大法官约翰·桑基（John Sankey）。工党党员和其追随者认为麦克唐纳、斯诺登和其盟友已经成为叛徒。

工党议会党团和工会在 1931 年 8 月底的反应，在某些方面令人想起德国社民党议会党团和自由工会在下列事件中所持的反对态度：1930 年 3 月 27 日，帝国总理穆勒和帝国政府三位社民党部长中的两位同意了“布吕宁妥协方案”的失业保险改革。在英国和德国所发生的事件使政党和工会都反对缩减社会福利，而执政的少数派政府则认为此乃势在必行。在德国，这个对峙导致最后一任议会多数派政府被推翻，向总统制政权的过渡开始了。在大不列颠，工会的否决票和工党内部的分裂，导致一个多数派政府被组建起来。在英国，工人政党的右翼少数派成立了一个新的政党：国家工党。而在德国，社民党左翼出于反对宽容政策而分裂出了社会主义工人党，但是它在大选中得到的支持比英国民族工党小得多。在两个国家中，政党危机和政府危机都削弱了社民党势力，从而进一步向右倾斜。由此导致德国议会民主制直接受到冲击，而在英国，议会体制在危机中经受住了考验。

1931 年 9 月，英国发生的事件令人目不暇接。为支持英镑需要发行新债券，财政大臣斯诺登提交了一份紧急预算案，建议将公共服务领域职员的工资缩减 10%，将教师的薪水减少 15%，考虑到公共治安问题，警察工资只减少 5%。9 月 15 日，驻因弗戈登岛（Invergordon）的舰队发生哗变，反对减薪。9 月 21 日，政府听从英格兰银行的建议，迈出了曾一再拒绝的关键一步：大不列颠放弃金本位，将英镑贬值。英镑和美金的比价从 4.86 降到 3.8，然后又

/ 594

降到 3.4。没有什么方法比这个更能有效地对付危机了。1932 年夏英国经济开始复苏，原因是贬值提高了出口工业，特别是汽车制造工业的竞争力。

对世界其他地方来说，伦敦的这个决策带来了致命的后果，正如英国经济史学家亚当·图兹（Adam Tooze）所述："固定全球金融体系的大锚松动了。英国告别金本位把大萧条推入全球性灾难的深渊。截至 9 月底，12 个国家跟随英国放开了货币兑换。另有 11 个国家在保留金本位的同时降低了本国汇率。德国、法国和荷兰，这些和黄金保持原有平价关系的国家，别无选择，只能通过严格的兑换限制和货币保护主义来维护自己的收支平衡。"图兹认为，1931~1932 年德国出口量再次下滑 30%，其主要原因就在于英镑的贬值。

按照英国对民主的理解，国民政府尽管在议会中占多数，但它也希望尽早获得选民的授权。选举在 1931 年 10 月 27 日举行。政府执政党共同参加竞选，就是说它们达成一致，为每个选区只推举一个候选人。在此次选举中，斯诺登对工党的攻击尤为尖锐：他声称，这次选举关乎选择繁荣还是选择毁灭的问题，他责备当年的同党友人是"发疯的布尔什维克主义者"。保守党公开宣传保护关税的方针。以约翰·西蒙（John Simon）爵士为首的自由党的部分人，即 59 名议员中的 29 名赞同采取紧急措施，以自由国家党名义参选。以赫伯特·塞缪尔（Herbert Samuel）爵士为首的 30 名自由党成员依旧以自由党名义参选。国民政府的各个党派共同敦请选民授予他们"医师权"，即根据情况做出必要决策的全权委托。

/ 595

选举的结果是执政党大获全胜。他们共赢得了 67% 的票数，得到了 554 个议席。保守党得票率为 55%，得到了 473 个议席，自由国家党得到了 35 个议席，自由党得到了 33 个议席，国民工党得到了 13 个议席。执政党中 3 个较小政党的得票率分别为 3.7%、6.5%

和1.5%。工党的议席从1929年5月的288个降到52个。但得票率的降低并不那么明显：1929年为37.1%，两年半后为30.8%。在野党独立自由党赢得了4个席位，其他政党赢得5个席位。共产党和新党没有争取到席位。前者得到了7万张选票（0.3%），后者得到了大约4万张选票（0.2%）。如果选举权采用的是比例选举法，也许会有更多的选票投给激进党派。传统的多数选举法让投给那些“极端团体”的票数“流失”了，这种选举法鼓励中庸倾向，或者说有利于那些被认为会组建下届政府的政党，或者是至少会参与执政的政党。

尽管保守党选举获胜，经政府各党派相互协商后麦克唐纳仍然任首相。外交大臣由自由国家党主席约翰·西蒙爵士担任。财政大臣由保守党的内维尔·张伯伦出任。1932年2月竞选中允诺的《关税保护法》得以落实，进口货物标价增加了10%，这也标志着英国告别了自维多利亚时代以来奉行的自由贸易传统。1932年8月，在渥太华召开的帝国会议上，英联邦各国达成一个关税互惠的差异化机制，把英镑定为英镑区的储备货币。渥太华的决议取得了醒目的成果。1934年到1938年，英国对美国和大英帝国殖民地的出口额从35%增长到战前的41.2%，各地从大英帝国的进口额从29.6%增长到41.2%，这为战胜英国本土和英联邦的经济萧条做出了重要贡献，但对世界其他地区来说则不然。

在国内市场，国民政府也告别了经济自由主义。根据1931年和1933年的两项农业市场法组建了监督机构，由它们专门负责土豆、牛奶、猪肉和其他农产品的营销。1932年的《小麦法》为相关产品规定了国家保证的标准价格。1934年到1936年相继公布了一些法律，以促进那些受危机冲击严重地区的经济重建、棉纺工业和造船厂的生产，以及销售条件的改善。但大萧条高潮时，失业人员并未觉得伦敦政府做出了足够的努力来减轻他们的困境。1931 / 596

534 年，饥饿的人们组织的抗议游行主要集中在英国30多个城市，特别是罗奇代尔（Rochdale）、贝尔法斯特（Belfast）和默西赛德郡（Merseyside）等地，这也常常引发警察或者赶来帮助的军队和失业抗议人群的冲突，当然这些冲突和德国发生的相比大多不算什么。

1932年10月的“全国饥饿”大游行引起很大轰动。和许多这类游行一样，此次活动也是由“全国失业工人运动”筹备和组织的。该协会成立于1920年底，其领导人先后由瓦尔·汉宁顿（Wal Hannington）和希德·埃利亚斯（Sid Elias）担任，他们两人都是共产党员。在大多数行动团体中，共产党都掌握着话语权。1932年10月的抗议过程中，许多地方的公共建筑和福利办事处被占领，在伦敦、曼彻斯特、格拉斯哥和南威尔士发生了和警察的直接冲突。到1932年12月前，“全国失业工人运动”的1300名成员被抓。包括汉宁顿和埃利亚斯在内的421人因聚众闹事被监禁。1933年1月，工会大会小心翼翼地尝试建立自己的失业工人联盟，但没有成功。

工党严格和共产党划清界限，例如他们在1930年宣布，凡是参加亲共组织，如反资本主义联盟、左翼运动、苏维埃俄国之友和全国失业工人运动组织的人，都无资格担任本党的竞选职位。工党的左翼认为这些措施有些过分。强调全党应该更具有社会主义色彩的独立工党，自1930年夏逐渐疏远工党，1931年10月的下院选举中，
/ 597 他们不依赖工党单独推举自己的候选人（被选入下议院的5名议员还是加入了工党党团）。1932年工党和独立工党彻底决裂。独立工党的多数人决定从组织上彻底脱离工党。结果导致独立工党急速解体。其党员人数从1932年的1.7万人减少到1935年的4400人。

1932年10月在莱斯特（Leicester）召开的工党大会上，乔治·兰斯伯里接替退位的亨德森任党领导。而前不久，许多独立工党的积极分子在其党主席弗兰克·怀斯（Frank Wise）的领导下，和欧内斯特·贝文领导的、1年前成立的“社会主义调查和宣传社团”

合并为社会主义联盟，怀斯任党领导，他去世后，1933 年左翼工党议员斯塔福德·克里普斯（Stafford Cripps）接任该党领导。社会主义同盟力争让工党向左掉头，但是并未如愿以偿。尽管工党在野，仍力主在现存政体框架内推行温和政治，实现社会改良。

1931~1932 年，政治光谱右翼的变化大于左翼。下院选举失败后，莫斯利的新党几乎销声匿迹。在哈罗德·尼科尔森（Harold Nicolson）和几位同事的陪同下，莫斯利于 1932 年 1 月走访了意大利，因此有机会详细了解墨索里尼的法西斯政权，并受到“领袖”的接见。莫斯利对其所见所闻印象深刻。4 月，他和尼科尔森分道扬镳。尼科尔森和莫斯利的太太一样，对法西斯不以为然。1932 年夏，莫斯利撰写了一个纲领，以“伟大的英国”为标题，这个提法源自查尔斯·迪尔克斯（Charles Dilkes）1868 年的名著。在这个纲领中，他谴责英国技术的落后，提出英国要持之以恒地推行保护性经济政策，迪尔克斯批评议会体制，指责它停留在 19 世纪的要求而裹足不前。唯一的出路只能是建立专制国家，建立一个现代化的专制：设立常任议会，时时受政府问责监督，必要时可以动用不信任否决。出现后一种情况时，应由国王而不是议会任命新政府。

1932 年 10 月 1 日，莫斯利成立英国－法西斯联盟。根据该组织自己统计，两年之内会员发展到 4 万~5 万名，当然这是其运动高峰期的数字。莫斯利的追随者身穿黑色党服引起的震惊不亚于他们对其政治对手的暴力，特别是对共产党和犹太人的攻击。1935 年前，莫斯利的理想国一直是墨索里尼的意大利。1935 年 4 月，和希特勒第一次见面后，他开始把纳粹的德国和墨索里尼政权相提并论。 / 598

他对纳粹的同情进一步受到拉德斯达尔（Redesda）爵士女儿戴安娜·米特福德（Diana Mitford）的影响。戴安娜·米特福德 1933 年初时是他的情人，在他太太去世 3 年后，于 1936 年和他结为伉俪。有一段时间，英国－法西斯同盟得到右翼大众刊物的大力支持。1934 年 1 月 15 日起，罗斯米尔在《每日邮报》上发表了一系列有关莫斯利运动的文章，其口号是“为黑衫喝彩”。近 5 个月后的 1934 年 6 月 7 日，在伦敦奥林匹克大厅举办的英国 - 法西斯联盟大会上，趁莫斯利讲话时，其追随者对左翼搅局者蓄意施暴，大打出手。这种举止完全不同于英国历来解决政治冲突的模式，令公众感到十分震惊。此后媒体不再对英国 - 法西斯同盟表示赞同，没过多长时间，该组织就流失了大部分成员。

除英国 - 法西斯同盟外，还有两个组织公开认同法西斯主义。这就是 1923~1924 年诞生的英国 - 法西斯分子和 1928 年成立的帝国 - 法西斯联盟，前一个组织支持莫斯利的运动，而后一个则对黑衫军粗鲁的表现甚为反感。不只是自称法西斯的团体对意大利法西斯主义抱有好感，赞同法西斯的还有以出版人道格拉斯 · 杰罗尔德为首的“新保守派”，这个概念由乔治 · 奥威尔（George Orwell）于 1945 年首次提出。杰罗尔德自 1931 年起担任《英国评论》的出版人。此外还有历史学家查尔斯 · 皮特里（Charles Petrie）、阿瑟 · 布赖恩特（Arthur Bryant）以及尼采的崇拜者安东尼 · 马里奥 · 卢多维奇，曾任杂志《每个人》主编的弗朗西斯 · 叶芝 - 布朗、保守议员利明顿子爵（Viscount Lymington）。这个派别自 20 世纪 20 年代末，主要借助上面提到的那些刊物影响本国的思想意识。

新保守派的立场在很多方面和德国“保守革命”的拥护者类似。他们和德国知识界右翼分子经常交换思想，其明显的共同特征是美化战争，这是法国“新古派”和“新秩序”运动所不具备的。新保守派批评自由主义和民主，其激进程度和德国少壮保守派不相上下。二者都视议会主义为过时的政治体制，推崇以严格的专制国家取而代之。但是有一点和德国大多数少壮保守派不一样，新保守派认为专制国家不需要用投票作为群体基础，而应由君主出面作为人民代表。他们的理想目标不是一个影响力强大的伟人，而是一位国王，也就是建立英国1688年光荣革命前的君主制。优生学对新保守派的影响大于《保守革命》的作者。前者在优生学中找到了解决令他们忧心忡忡的英国社会生物持续退化问题的答案。与德国人相似，英国新一代保守派也反犹，但他们并不赞成对犹太人使用暴力。

新保守派之所以钟情法西斯意大利，主要在于后者果断地限制了左翼运动。他们认为“社团主义”是不同于传统议会制度的另一种选择，这和某些德国少壮保守派的立场一致。新保守派中的法西斯专家是皮特里。1931年杰罗尔德任命他担任《英国评论》的外交政治版主编。1932年11月，皮特里和利明顿一道，参加了由伏塔（Volta）基金会举办的讨论法西斯主义的国际大会，德国方面参会的有：国民经济学家桑巴特和贝克拉特（Beckerath），时任帝国银行行长沙赫特以及另外两位著名的纳粹代表人物，一个是帝国议会主席赫尔曼·戈林，另一个是《人民观察家报》主编阿尔弗雷德·罗森堡（Alfred Rosenberg）。皮特里在大会上做了题为“欧洲文明的基本一致性”的讲演，这是该大会上唯一攻击法国大革命精神并明确赞扬墨索里尼的讲话。新保守派称法西斯意大利结合了传统和现代，是“欧洲大陆的缩影”，皮特里回到英国后这样描述他的感觉：“从有意义的伟大事业回到无意义的蝇头小事中。” / 600

尽管对墨索里尼高度赞美（包括布兰特和叶芝－布朗在内的某些人后来也站在了希特勒这边），新保守派仍和法西斯保持一定的距离，特别是和纳粹保持距离。法西斯把政治演变为一种运动、街道上的动员、准军事化的统一和武力崇拜。新保守派从未提出本国要接受法西斯体制，或者用武力搞政变。对他们来说，批评当前内政状态是当务之急，而保守党领导人鲍德温就是这个状态的代表和化身，因为他一直致力于平衡矛盾。

鲍德温支持印度逐步独立的态度，麦克唐纳在1930年和1931年圆桌会议谈话中所力求践行的方针，不但遭到新保守派的反对，也遭到保守“强硬派”愤怒的拒绝，例如当年的孟买总督、后来驻埃及和苏丹高级委员劳合爵士，丘吉尔也表示反对。后者因抗议印度政策，在 1931 年 1 月退出贝尔福影子内阁。劳合爵士在 1933 年 11 月提交了一份极为保守的要求大纲，引起很大反响，例如他提出应建立自给自足的帝国和一个国民劳工局。新保守派希望劳合爵士发动党内政变推翻鲍德温，自己掌权，但他并不准备这样做。

批评鲍德温的保守派得到媒体大亨比弗布鲁克和罗斯米尔的支
/ 601 持。借助这些报刊和 1931 年 2 月他们成立的联合帝国党，他们鼓动把大英帝国转变为一个自由贸易区，反对任何冲击英国全球帝国地位的行为。两位媒体大亨掌控着大发行量的大众报刊，其中比弗布鲁克的《每日特快》和罗斯米尔的《每日邮报》的订阅者约上百万。1933~1934 年，他们不再是议会民主的捍卫者，反而全力赞美右翼专制的优点，例如宣扬意大利的制度以及 1933 年后德国的体制，《纽约时报》甚至在 1933 年 10 月得出结论：二者都努力让英国也建立类似的体制。如果真的这样，那么其标志性的体现不是黑衫或褐衫，而是“那种猩红色的、可联想到罗斯米尔子爵和比弗布鲁克男爵在上院重大庆典时穿戴的礼服长袍”。

新保守派不是英国的政治边缘团体。他们在非常保守的上层社会有着坚固后盾，有一段时间他们借助某些精英圈子，如 1924 年初成立的“一月俱乐部”，毫无顾忌地和莫斯利的法西斯保持良好关系。如许多保守“强硬派”一样，他们受到历史学家赫伯特·巴特菲尔德（Herbert Butterfield）1931 年出版的《辉格历史诠释》（*The Whig Interpretation of History*）影响，反对自由主义对 1215 年《大宪章》出台以来对英国历史的所谓篡改，推崇中世纪骑士“快乐英格兰”的光荣形象。崇拜好战的阳刚血性，在这一点上和沙文主义大众媒体一脉相承，他们坚决反对广泛的和平主义，反对埃里希·玛利亚·雷马克在德国反战小说《西线无战事》中表达的和平主义（美国为该小说拍摄的电影颇受大众欢迎），反对1933年2月牛津联盟宣布的“本机构不想为国王和祖国而战”的口号：英国最古老的大学在本科生的学生会上做出了这个惊人的决议。

30年代初，英国和德国政治氛围的不同之处，在和平主义者和贝利主义者之间的争执上表现得最为明显。20世纪30年代末，得到帝国总统和帝国政府的支持，纳粹出面禁止德国公开放映雷马克的电影，因为它会“威胁德国威望”。而像恩斯特·荣格（Ernst Jünger）1920年出版的《钢铁风暴》这类没有什么文学价值同时美化战争的书籍，不是在英国反而是在德国获得大众青睐。当牛津大学生表达其无条件的和平意愿时，德国大学学生联合总会早已被德国纳粹学生联盟所掌控。 / 602

30年代初期的德国，少壮保守派作家代表着主流知识分子的意识。而英国新保守派则被束之高阁，仅停留在高雅的社交层面，最多影响了这个阶层在第一次世界大战前线作战的那代人，远远未能赢得文化霸权。布卢姆斯伯里出版社作为英国左翼知识分子的堡垒和缩影，比《英国评论》圈子的影响力还要大一些。出版商维克多·格兰茨（Victor Gollancz）成立的左翼图书俱乐部有5万名固定订阅者，比1937年问世的右翼图书俱乐部的辐射范围大，后者大约有1万名订阅者，最多时也不过2万人。

30年代初英国和德国区别的深层原因，总的来讲在于其不同的政治传统，具体来讲在于自由主义各自不同的发展惯性。1930年到1933年的德国，当年自由党的选民几乎无一例外地都投身纳粹，而英国的自由党则成功地并入保守党或工党。自由党的没落并不意味着英国自由主义的消亡，它继续生存在这两个大党中，即使在1929年危机后，仍是英国的一股政治势力，而这保证了其理念的延续。[30]

1932 年 6 月 1 日晚，社民党《前进报》发表了一篇载入史册的文章，其标题为“贵族内阁”。继被推翻的布吕宁政府之后的新内阁，成员有 1 个伯爵、4 个男爵，还有另外 2 个贵族，3 个“市民”。内阁领导是新任国防部部长库尔特·施莱谢尔将军专门挑选的政治家弗朗茨·冯·巴本 *。巴本生于 1879 年，是总参谋部官员和德国驻美国大使馆武官，威斯特伐利亚的大地主，中央党报刊《德国人》（*Germania*）的大股东和监事会主席，数家农业组织的理事会成员，另外通过他妻子，他和萨尔州重工业的关系也非常密切。

1932 年 4 月 24 日大选前，巴本是普鲁士邦议会中央党议会党团最右翼的一位后座议员。根据施莱谢尔的考量，总理所属政党应该把中央党和新政府绑定在一起，就像当年布吕宁那样。总统兴登堡正式委任巴本组建政府后，中央党主席卡斯教长 5 月 31 日明确告知巴本，如果他准备接任被推翻的布吕宁的位子，那么中央党会认为这是一种背叛。因被兴登堡反复劝说，巴本最终还是决定接任总理一职，并退出中央党。为了给政府一个不偏不倚的光环，下面这些人也相继退出原来所属政党，例如德意志民族党内阁成员、内政部部长威廉·冯·盖尔男爵，食品部部长马格努斯·冯·布劳恩男爵和司法部部长弗朗茨·古尔特纳。亲德意志民族党的外交部部长、前驻英国大使康斯坦丁·冯·牛赖特男爵，还有财政部部长鲁茨·什未林·冯·科洛希克侯爵（Lutz Schwerin von Krosigk）。国防部部长施莱谢尔被普遍认为是政府中的强人。

/ 604 6 月 4 日，任命巴本内阁后两天，兴登堡满足了希特勒接受新政府的一个要求：解散议会，7 月 31 日被定为新选举日。6 月 14 日，

---

* 又译为弗朗茨·冯·帕彭。

帝国总统签署了巴本执政期内第一个紧急政令。其基于由上一任布吕宁政府做好的准备工作，即平均降低失业保险补贴23%，把20周的补贴时间缩短到6周。6周后不得再提出任何补贴要求。取而代之的是一个救济体系，但是给予救济的标准远远低于我们一般所说的“生存底线”。两天后，政府又践行了施莱谢尔6月4日给希特勒的另外一个诺言：取消1932年4月13日布吕宁政府对冲锋队和党卫军的禁令，也取消了自1931年12月对制服着装的禁令。

同一天，1932年6月16日，在洛桑召开战争赔款会议，该会议本应该于1月召开，但因布吕宁的请求而推迟。巴本可以摘取其前任推行坚持政策的硕果：7月9日新总理签署的协议规定德国最多再支付30亿马克的尾款，支付期最早在3年后，而且期限很长，可用债券的形式支付。前提是在此期间经济完全恢复平衡。当然协议的生效还需要巴黎、伦敦和罗马议会的批准，这主要取决于美国是否能够找到一个令人满意的解决其相互债务的规则。事实上，《洛桑条约》从法律上讲从未生效。但该条约实际上意味着取消德国战争赔款，同时也取消盟军之间的战争贷款。

洛桑会议的成果是巴本政府外交上的胜利，但只有自由派报刊和社民党给予了这样的评价。特别是这一成果未能带来内政的稳定。1932年夏的帝国议会大选，是德国经历的最血腥的竞选。大多数武力冲突都要算到共产党和纳粹分子头上。对冲锋队的禁令取消后不久，在帝国诸多地区，特别是在莱茵和鲁尔的工业区，经常发生政治对手之间的流血冲突。6月上旬普鲁士有3人死于政治冲突，其中2人是纳粹分子，1人是共产党人。这个月下旬，对冲锋队和制服的禁令取消后，因政治动机死亡的人数迅速攀升到17人，其中12人是纳粹分子，5人是共产党人。7月死亡的86人中，38人是纳粹分子，30人是共产党人。周日经常发生流血冲突。7月10日一天，整个帝国就有17人死亡，10人受致命重伤，181人重伤。 / 605

取消冲锋队的禁令和持续的武力升级之间的关联显而易见。然而巴本内阁则把街头巷战的责任推给普鲁士警察和这个最大邦国的执政政府。7 月 11 日的内阁会议上，内政部部长盖尔首次提出，给普鲁士派驻一位委员，并推荐总理担任此职，然后由他任命下属委员。帝国政府同意了这个建议，并在第二天把对普鲁士采取行动的时间定在 7 月 20 日。然而普鲁士邦国的内政部部长、社民党人卡尔·泽韦林挫败了这一计划，因为他在 7 月 12 日颁布了一个最严厉的公告，该公告颁布禁令禁止公开集会和游行、支持警方对未经许可携带武器的行为采取最严厉行动，因此令帝国针对普鲁士的计划暂时泡汤。

然而帝国政府还是按时落实了计划，原因是 7 月 17 日“阿尔托纳（Altona）的血腥星期日”事件。一系列非同寻常的政策、管理和警方失误酿成大祸。在当年普鲁士城市的“红色”堡垒，冲锋队举行了一次示威，结果导致 19 名平民死亡。大多数伤亡人员乃警察子弹所致。由于泽韦林没有强力介入，没有马上让阿尔托纳进入紧急状态，给了府主动采取行动的可乘之机。事先没有和各个邦国协商，政府 7 月 18 日颁布了禁止露天集会的禁令，并命令普鲁士的 3 个内阁成员于 7 月 20 日 10 点赶到总理府：这三个成员是代表因病休假的普鲁士邦国总理布劳恩的中央党的福利部部长赫茨西弗
606 （Hirtsiefer）、内政部部长泽韦林和无党派人士财政部部长克莱博（Klepper）。

等待着三位部长的是什么呢？巴本借此机会要通知这 3 位部长的是“普鲁士政变”。根据宪法第 48 款，帝国总统任命帝国总理为帝国普鲁士委员，并授权他取缔普鲁士邦国部长的公职，由他自己接管普鲁士邦总理的工作，并委托其他人担任帝国委员来领导普鲁士各部委。接着巴本公布，根据这个指令取缔布劳恩总理和内政部部长泽韦林的公职，任命埃森市长弗朗茨·布拉赫特（Franz

Bracht）担任普鲁士邦国内政部部长。

由于帝国的措施既违反了帝国宪法，也有悖于普鲁士邦国宪法，执政的普鲁士政府在莱比锡帝国法院的国家法院提起诉讼。但普鲁士政府、社民党、自由工会和黑红金国旗团并没有呼吁人民或者劳动大众起来反对这次普鲁士政变。社民党的口号是，让7月31日的大选结果给“贵族内阁”做出应有的回答。社民党的青年武装团体“国旗团”中的年轻积极分子对放弃抵抗非常不满，他们认为这是对武力的屈服，这一判断在史学上也得到相应的赞同。

然而社民党这样做，有其令人信服且无可辩驳的理由：大多数人民不再支持普鲁士邦政府。他们撤回了4月24日选举时对政府的信任，并沉重地打击了社民党经民主选举获取的合法执政意识。1932年6月，据官方统计，失业人数高达550万，实际的失业人数更多。在这种情况下，发动总罢工根本不可能。1932年7月的情况完全不同于1920年3月反对卡普－吕特维兹政变时的局面：当时在德国几乎是全部就业，另外，那时罢工参加者与合法国家政权是步调一致的。“普鲁士政变”是前不久民选帝国总统的指令。如果期待大多数官员和警察起来反对他，根本不现实。

工人队伍更加分裂。1931年夏，共产党为了推翻普鲁士联合政府，支持右翼纳粹发动的要求解散普鲁士邦议会的公投，其结果未能如愿。现在让社民党和共产党一道为恢复布劳恩政府而抗争，几乎不可想象。因此共产党于7月20日向社民党和自由工会提出是否准备参加总罢工，其实是一个不必回答的问题。武装抵抗帝国国防军，国旗团在军事上和心理上都没有做好充分准备。在武装抵抗问题上，共和国防联盟也不敌右翼的准军事组织，如冲锋队、党卫军和钢盔团。他们都曾参加过反对“马克思派”的战斗，如果1932年夏发生内战，民主左派无法取胜，牺牲的代价也会极为惨重。

产生这个困境的诸多原因可追溯到1932年前。被迫接受普鲁士政变这个事实，是持续20个月容忍政策的后果，也是社民党在普鲁士邦政府多年领衔执政导致的结果。社民党作为执政党，在普鲁士邦是正式的执政党，在帝国层面是非正式的执政党，同时又是嗷嗷待哺的准备发动内战的政党：客观上这是不成立的。1932年7月20日，社民党失去了最后的权力，它之所以能坚持如此之久，是因为他们自1930年秋以来孤注一掷：在宪法的基础上坚决反对纳粹、寻求和资产阶级温和势力的联盟。社民党决定采取这一政策，其实是选择了忠于其一贯方针的策略：其路线的合法性在于他们竭尽全力避免万恶之首的内战。1914年夏季爆发的第一次世界大战期间和1918~1919年革命中，他们一直遵守这一信念。在除社民党和中央党外，几乎没有人站出来坚定地捍卫魏玛宪法时，在各民主党派也深知支持他们的人只有少数人时，他们依然坚持这个信念。

普鲁士的这段特殊历史随着布劳恩政府的解散告一段落。1918年霍亨索伦的邦国摇身一变成为德意志各邦国中最可靠的共和国支持者。1932年春季前，尽管由3家魏玛联合执政党主宰局面，但原有的普鲁士并未消失。“普鲁士政变”后大清洗立即开始。前属联合政府的邦国秘书、部级负责人、邦主席、政府要员和警察局长都临时退休了，由保守派官员，大多是德意志民族党的代表取代。社会民主党的4位最高行政领导中，只留一人在位：汉诺威省行政最高领导古斯塔夫·诺斯克。帝国政府认为，这位当年社民党的人民代表和帝国国防部长，站在其党派的最右翼，因此可以保留其自1920年7月以来的公职。

社民党希望用1932年7月31日帝国议会大选结果，给巴本政府的普鲁士政变以有力回击，但这个愿望未能实现。选举的结果，最起码第一眼看上去是希特勒的凯旋。参加投票的人数占全体国民的84.1%，也是1920年以来比例最高的一次。37.4%的有效票数投给了纳粹，比1930年9月14日的选举增长了19.1%。纳粹议员席位从107个增长到230个。共产党的增长要少得多，从13.1%提高到14.3%。两个天主教政党也略有增长。中央党从11.8%增长到12.5%，巴伐利亚人民党从3%增长到3.2%。其他政党都是败选党，社民党从24.5%降到21.6%，德意志民族党从7%降到5.9%，德意志人民党从4.5%降到1.2%，德意志国家党从3.8%降到1%。其他各政党的总和占2.5%。

纳粹成功地收割了自由派中间党、温和右翼党以及其他小党的选民，吸引了众多第一次参加投票的选民和之前不参与投票的选民。德国中部和北部比南部和西部更具“棕色”，在黑森（Hessen）、弗兰肯（Franken）、普法尔茨（Pfalz）和北符腾堡（Württemberg），纳粹的选票也超过了其他政党。在35个选区中，纳粹的领衔选区是石勒苏益格－荷尔斯泰因，这里51%的选票都投给了纳粹党。

正如1930年，天主教阵营对纳粹口号相对免疫，分裂的马克思主义阵营受纳粹口号的影响也相对较小。在资产阶级的新教选民中，只有保守派保留了一点点对纳粹的独立性。但自由派几乎被彻底摧毁：支持它的稳固阶层分崩离析，其民族主义特色如此强烈，令其选民容易受纳粹各种允诺的吸引。纳粹成为反对“当前体制”的大型抗议政党，谁若没有强大的信念，就会追随这个政党。但这些选民忽略了希特勒政党竞选诺言中的种种矛盾。但起决定性作用的，是这些承诺给人以希望，让人期盼着经过“民族革命”，德国和德国人会比现在过得更好。

但是7月31日后，不要再指望能形成议会多数。只有一种多数的可能性，那就是纳粹和共产党加起来占51.7%，拥有帝国议会608个席位中的319个。即便把所有右翼政党加起来，即纳粹党、德意志民族党、德意志人民党和几个较小的团体，也无法形成多数。

棕色和黑色联合执政能够组成数字上的多数，但可以基本上排除这种可能性，因为两个天主教政党会在正式谈判中提出坚决维护宪法，而希特勒并不准备做出这个保证。

纳粹深感失望，尽管选举获胜但显然未能更接近政治权力。8 月初，他们把愤懑发泄到一系列暴力袭击中，专门攻击政治对手。冲锋队在他们势力强大的帝国东部大打出手。8 月 9 日，政府不得不为制止政治恐怖而发出一道新紧急政令，如果因政治原因致人员死亡，也会面临死刑惩处。同时政府在特别危险地区设立了特殊法院。

3 天之前的 8 月 6 日，希特勒在柏林附近和帝国国防部长举行了一次秘密长谈。在谈话中，纳粹党魁令施莱谢尔确信：他，希特勒本人必须领导帝国政府，他的政党成员必须担任普鲁士邦总理职位，必须任帝国及兼任普鲁士邦内政、教育、农业部部长，以及帝国法律部部长和要新设立的航空部部长。施莱谢尔做出急转弯的决定，原则上赞同了希特勒的要求。1932 年 8 月初施莱谢尔认为，如果不让纳粹控制帝国国防军，就足以形成对纳粹党独家执政的掣肘。

此时逗留在东普鲁士诺伊戴克庄园的帝国总统并不这么看，他不耐烦地拒绝了施莱谢尔的建议。回到柏林后，面对巴本总理 10 月 8 日提出的建议，即组成包括中央党在内的多数派政府，由希特勒任总理，兴登堡的态度依然不变。据说在这个场合，兴登堡说了那句经常被人引用的批语：由他，由兴登堡任命一个“波希米亚下士”为帝国总理，这简直太荒唐了。

10 月 8 日，政府在如何对待希特勒的问题上分歧很大。法律部部长古尔特纳和财政部部长什未林·冯·科洛希克赞成纳粹参与执政，内政部部长冯·盖尔则坚决反对。盖尔甚至表示要和纳粹决一死战，他主张自上而下的革命，解散议会，将新选举推迟到宪法允许的 60 天期限以上，强制推行新选举法。

第二天，8 月 11 日，帝国政府举办传统的宪法庆典，帝国总统出席。而庆典讲演者在这样一个场合公开指责1919年宪法在魏玛共和国历史上还是首次。帝国内政部部长盖尔开始就提出一个命题，即《魏玛宪法》未能团结德国，而是分裂了德国。借此机会他提出改良宪法、推行专制。其核心举措是提高参选年龄，让家庭赡养人和母亲拥有附加选票，政府独立运作，组建一个协作型初级议院作为帝国议院的制衡机构。盖尔这里描述的其实是一个“新国家”的轮廓。不久后，一位名叫沃尔特·肖特（Walther Schotte）的记者，在一份由帝国总理撰写序言的半官方小册子内，用同样的题目详细地论述了该问题。同时，这也是进行内政改革设想的精髓。长期以来，《保守革命》的代表人物一直在讨论这些问题，主要围绕海因里希·冯·格莱兴－拉斯沃姆（Heinrich von Gleichen-Russwurm）代表的“环运动”（Ring-Bewegung），他也是“男士俱乐部”（Herrenclub）的创始人；还围绕着杂志《行动》的读者及其出版人汉斯·萨勒（Hans Zehrer）。

8月12日和13日，按计划希特勒先和帝国总理谈判，然后又和帝国总统进行了谈判。为了强调掌权的愿望，纳粹党元首在柏林附近调集了冲锋队的庞大队伍。8月13日上午，施莱谢尔和巴本告知希特勒，兴登堡不准备让他担任帝国总理。巴本在未经授权的情况下，允诺他副总理的职位，甚至还说不久后会让位给希特勒。然而这个提议被希特勒拒绝，他坚持要当总理。

8月13日下午，希特勒和帝国总统会面时，巴本和兴登堡的国务秘书迈斯纳都在场，纳粹党参会人员有冲锋队参谋长恩斯特·罗姆（Ernst Röhm）、纳粹党帝国议会党团主席威廉·弗里克（Wilhelm Frick）。这次会面对希特勒来说是1923年11月8日和9日慕尼黑政变以来最严重的政治惨败。根据迈斯纳的会议记录，兴登堡对希特勒提出的当总理的要求，给予了“清楚和明确的否定”。“面对上帝、良知和祖国，他不能随便把整个政府权力交给这

/ 612 样一个政党，而且这是一个片面地反对持异议者的政党。”兴登堡也提到拒绝的其他原因，其中包括担心内政不稳以及在国外的不良影响。

关于这次会晤的官方声明短小简洁，却令希特勒深深感受到了公开羞辱。他在阅读公报之前，就严厉责难总理：为什么没有事先明确告诉他兴登堡决心已定。他还威胁巴本和迈斯纳，进一步的发展将不可避免地导致这样一种局面：不是采用他提出的解决方案，就是推翻帝国总统。政府将陷入困境，在野派会非常强大。他不能对这样的后果负责。这其实是公开的勒索：如果不满足他觊觎权力的要求，他就会终止走合法路线，而使用革命暴力并发动内战。

两周半后的 8 月 30 日，巴本、盖尔和施莱谢尔应邀到诺伊戴克庄园和兴登堡商议内政局势。帝国总理谈到马上面临的不可避免的解散议会一事，并建议把新的选举推迟到宪法规定的 60 天后，尽管这种推迟违反宪法第 25 款，但鉴于“国家处于紧急状态”，第 25 款可以授予帝国总统采取这样步骤的权力。“避免给德国人民造成伤害，是帝国总统的誓言和义务。在一个政治动荡时期，恐怖主义行为和谋杀事件层出不穷，新的选举会对德国人民造成极大伤害。”基于此，盖尔在 8 月 10 日提出推迟选举时间，是内阁提出这个建议的第一人。

兴登堡没有任何犹豫，接受了巴本和盖尔的建议。为了扭转给德国人民带来的灾难性后果，他可以从良知的角度出发对此负责，“帝国议会解散后，国家将处于非常状态，据此来解释宪法第 25 款规定，当国家处于特殊情况时，可推迟新的选举时间”。对巴本、
/ 613 盖尔和施莱谢尔来说，这个承诺和立即颁发并签署解散帝国议会的空白全权委托书同样至关重要。

1932 年 8 月 30 日，不仅在诺伊戴克召集了紧急会晤，这一天新选举出的帝国议会也召开了制宪会议。根据不成文的规矩，最大

议会党团竞选人、纳粹党的戈林当选为议会主席。9月12日，帝国议会召开第二次会议。唯一的议题是接受政府声明。然而一开始，共产党就提出要更改议事日程，要求先处理共产党的提案，即取缔两个新规定，一个是9月4日发布的激活经济的紧急令和9月5日在此基础上颁布的增加及保持工作机会的紧急令，以及对巴本内阁的不信任提案。尽管只要有一个议员提出反对，就足以制止这一更改议事日程的提案，但没有一个人出面。纳粹党提议休会半小时，以听取希特勒就下一步行动的决定。休会半小时的提议得到大多数赞同。

巴本被共产党的举动搞得措手不及。在休息期间他才拿出装着帝国总统解散令的“红色文件夹”，因为帝国议会主席戈林有意忽略帝国总理的两次举手提示，巴本就把这个文件夹放到议会主席的桌子上。戈林故意不看这个文件夹，而是让大会就共产党的两个动议进行投票。当政府成员离开帝国议会后，戈林才宣布投票结果：共560票，1票无效，512票赞成，42票否决，5票弃权。德意志民族党和德意志人民党投否决票，少数小党派的议员没有参加投票。其他议会党团，包括纳粹党和共产党，都投票赞成共产党的提案。

该表决其实是无效的，因为当帝国总理把解散令放到议会主席桌子上时，就等于解散了议会。但是这次表决的政治影响已经无法从历史上抹杀掉。五分之四的议员对巴本政府表示不信任。正是帝国总理的疏忽，造成了这样一个糟糕的局面。 / 614

两天后内阁商讨下一步计划，此时巴本不敢再动用8月30日在诺伊戴克从兴登堡那里得到的支持来进行较量了。只剩下盖尔和施莱谢尔赞同无限期地推迟选举，同时帝国国防部部长强调，宪法学家卡尔·施米特、欧文·雅各比（Erwin Jacoby）和“普鲁士邦对峙帝国”的法律诉讼代表卡尔·彼尔芬格（Carl Bilfinger）会同意在这种局面下动用“真正的国家紧急法”。巴本和其他部长认为偏离宪法的时机未到。9月17日，内阁决定向总统建议将新选举日定在1932年11月6日。兴登堡9月20日签署了相应的法令。

尽管在帝国议会上遭遇政治败北，巴本仍坚持要彻底修改宪法。9月12日晚，他通过电台宣读政府宣言，告知公众将根据盖尔8月11日勾勒的大致方针制定出一部协作式的专制宪法，并由全民投票决定。一个月后，1932年10月12日，这位帝国总理利用在慕尼黑召开的巴伐利亚工业家协会的一次会议，试图将其帝国改革的保守设想置于伟大的历史框架内，甚至赋予其历史神学的超高意义。也许深受少壮保守派作家、天主教新教徒埃德加·容格的影响，深受他在1927年出版的极力反对议会体制、反民主的著作《下层的统治》一书的启发，巴本声称要发扬和实现“神圣帝国的无形力量、神圣德意志帝国无坚不摧的理想”。

在德国国家危机期间，帝国神话赢得的支持迅速变大，和它同步的是共和国得到的支持大幅降低。可以把德国人缅怀帝国的理想理解为以此证明他们不同于西方、不同于且优胜于受1789年精神影响的民族国家。1932年威廉·斯塔佩尔（Wilhelm Stapel）、少壮保守派杂志《德意志民族特色》的出版人宣称“只有德国人领导的欧洲才是一个和平的欧洲”。天主教记者、新政治浪漫主义的批评家沃特马·格里安（Waldemar Gurian），在1932年得出“帝国才应该是内政和外交打出的口号”的结论，“为了帝国，反对《凡尔赛条约》和议会民主制……可以把帝国视为德国人的形象，他们有别于西方人道主义，因其和欧洲历史上的渊源，也不同于东方启示录”。

30年代初，复兴帝国的理想经历了一场跨宗教的复兴。这种理想通常和认同大德意志国的意识形态同步，凝聚为一种跨越所有国界的德意志民族特性。崇尚帝国的基督教及天主教的思想家都认为，自哈布斯堡皇朝消亡后，“小德意志”和“大德意志”的矛盾失去了现实意义。在这个问题上，他们和当代德国历史学界是一致的。为了给西方和魏玛共和国一个积极的回答，完全可以搬出超越国界的德意志帝国的理想，或者是弗里德里希大帝的普鲁士，这些才是维持中欧秩序的势力，或者两个神话兼而用之。“保守革命”的大多数拥护者和著名的德国历史学家都是这样做的。但是高度神化神圣帝国则更是巴本所属的右翼天主教的标志。这种信仰为政治对手提供了怀疑这位帝国总理存在意义的理由。

至少在10月25日这一天，巴本不得不被拉回政治现实中来。这一天，国家法庭在莱比锡的帝国法庭宣布了对1932年7月20日“普鲁士政变”事件的判决。法庭宣布，帝国总统的政令，凡涉及任命帝国总理为普鲁士邦国的帝国委员，并授权他暂时收回普鲁士邦国的部长权力、自己接管这些职位的决策的部分，是符合宪法规定的。但是这一授权“不能延伸为撤销普鲁士邦国部委和其成员在下述机构的代表权，即在帝国参议院、邦议院，或者在其他邦国的代表权”，宣判词如是说。 / 616

莱比锡判决并没有取缔备受指责的普鲁士和帝国之间的双轨制，它只是部分地承认指控方正确，也部分地承认被告方正确。普鲁士的邦国管理权也相应地分配给执政的布劳恩政府和帝国委任的委员政府。后者握有实际的执行权，前者拥有最重要的权力，可以在参议院代表普鲁士。布劳恩内阁虽然没有赢回真正的政权，但也可以说是胜诉了，因为对方未能证明他们有罪而违反其义务。帝国政府继续拥有对这个德国最大邦国的国家级监督权，包括对其警察的监督权，但也必须承认他们7月20日撤销普鲁士政府的行为有违宪法。这个判决书也牵涉帝国总统，因为正是以他的名义颁布了那项举措。不管人们怎样翻过来调过去地看：1932年10月25日这个判决书，有力地回击了试图用专制方法改革帝国的那股势力。

莱比锡判决对1932年第二次帝国议会选举几乎没有什么影响。

选举前几天整个帝国的头条新闻是：柏林交通公司大罢工。最为轰动的是，11 月 3 日开始的大罢工，这次反国家、反工会的行动，是共产党和纳粹党共同出面组织的。11 月 4 日的巷战中，3 人被警察子弹击中死亡，8 人受重伤。帝国议会选举后，也就是 11 月 7 日，帝国首都的交通才逐步恢复正常。

11 月 6 日选举的突出特点是，纳粹党不仅在柏林，而且在全国各地都损失了众多票数。与 7 月 31 日的大选相比，纳粹损失了大约 200 万张选票，得票率从 37.3% 降到 33.1%，社民党也是败选党，
/ 617
比 7 月的结果减少了 70 万张选票，得票率从 21.6% 降到 20.4%。德意志民族党和共产党的票数都有所增加：胡根贝格的政党增加了 90 万张选票，得票率从 5.9% 增加到 8.9%。共产党增加了 60 万张选票，得票率从 14.5% 提高到 16.9%，席位从 89 个增加到 100 这个引人注目的整数。其他政党的变化不大。参加选举比例从 7 月的 84.1% 降到 80.6%，降幅明显。

选举结果反映出对政治的失望。如果算上两轮帝国总统大选和 4 月 24 日举行的 5 个邦议会选举，11 月 6 日的选举对很多德国人来说，是 1932 年的第五次投票。纳粹党是动员非选民参加投票最大的受益者，也因选民人数减少而受挫。那些“不关心政治”的选民深感失望，因为他们的选票对实际政治几乎没有任何影响。

不容忽视的还有，巴本内阁又赢得了一定程度的信任，尽管很有限，这主要体现在德意志民族党和德意志人民党相对不错的选举结果。后者的得票率从 1.2% 上升到 1.9%。政府和支持政府的党派宣称经济复苏的初期迹象是巴本的成绩，而这是他们 9 月份实行积极经济政策的结果。另外对纳粹党在政治和社会方面表现出的激进行为也有了清醒的认识。它们和共产党在柏林交通业罢工中的一唱一和，不仅吓住了首都别墅区的选民，也给整个德国的众多资产阶级选民浇了一瓢冷水。然而政府并没有庆祝胜选的理由：几乎十分

之九的德国人都投票反对“贵族内阁”。

纳粹党的得票率下跌，令其政治对手，特别是社民党非常开怀：它们称希特勒已经被彻底打败。但与此同时，它们对共产党人的选票增多也深感不安。社民党与共产党的选票差距减少了一半，从 7 月份的 7.1% 缩至 3.5%。社民党的领导层非常担心：再次选举时，如在 1933 年初大众失业的高峰期，共产党的得票率可能会超过社民党。社民党认为，一旦共产党成为最强势的工人政党，危机有可能加剧，甚至有可能演变为革命的前奏，而这正是共产党所希望的。 / 618

德国敏锐的观察家当然明白：共产党胜选和希特勒败选的相交是给希特勒的机会，而不是给台尔曼的机会。在自由派的《福斯报》上，朱利叶斯·埃尔保（Julius Elbau）11 月 8 日发表了如下评论：“帝国议会有一百位共产党人！这是莫斯科十月革命十五周年庆典日的欢庆和陶醉！ 89 个席位不算什么，不管在议会还是在邦国，但是 100 个席位则是另外一回事了，还是这么一个惊人的整数。真是送给希特勒的一上帝的礼物”。根据该评论员的观点，可以预计“惊恐万分的公民，会慌不择路，纷纷投向那些真正的拯救者的怀抱，投入那些唯一正牌拯救者的怀抱”。对内战的恐惧成了希特勒最重要的盟友。埃尔保的分析正中靶心，揭示了 11 月选举后几周内纳粹领导层的计谋。

宪法学者约翰内斯·赫克尔（Johannes Heckel）在 1932 年 10 月就做出了“宪法瘫痪”的诊断，而 11 月 6 日的选举结果依然无法改变这一局面。纳粹和共产党依旧组成了多数。即使纳粹、中央党和巴伐利亚人民党达成合作也无法拥有议会多数。在这种情况下，帝国议会作为建设性的宪法机构已经失灵。帝国内政部部长盖尔在 11 月 10 日提出，要求内阁恢复 8 月 30 日的国家应急计划，即解散帝国议会，60 天内不安排新选举，但其他部长同僚都不赞成。

帝国总理在1932年11月，如同8月一样推行双轨政治。一方面他对兴登堡表示，保留由巴本本人领导的现行总统内阁制。另一方面，他幕后支持亲纳粹的特别是中产工业家以及银行和地主阶层向帝国总统递交要求，提出把总理府交给希特勒。11月19日，一份相关要求的信件递交到兴登堡手中。签字的有帝国农业联盟主席埃伯哈德·冯·卡尔克鲁什（Eberhard von Kalkreuth）伯爵、前帝国银行行长沙赫特、科隆银行家库尔特·冯·施罗德（Kurt von Schröder）、大工业家弗里茨·蒂森（Fritz Thyssen）和奥古斯特·罗斯特格（August Rosterg）。两个重量级的重工业家，如好望冶炼厂监事会会主席保罗·罗依施（Paul Reusch）和赫施（Hoesch）冶炼厂的总经理弗里茨·斯平格鲁姆（Fritz Springorum）并没有签字。尽管他们赞同信中的请求，但他们并不想在政治上分裂鲁尔工业区。因此上交给兴登堡的这封信并不代表大工业主的抉择。

11月17日宣布解散帝国政府，因为帝国总理曾尝试和各个党派谈话，并没有取得任何结果，但应帝国总统请求仍继续执政。11月18日，兴登堡开始和推举出的各家党派领袖谈话。最重要的谈话是11月19日和21日与希特勒的会晤，但是毫无结果。因为胡根贝格严厉拒绝希特勒进入总理府，所以对纳粹党魁来说，组成议会多数根本无望，而帝国总统也不准备把总统制内阁的领导权交给希特勒。帝国总统对纳粹党元首的恐吓——继续这种独裁政府会在近几个月导致新的革命以及布尔什维克式的混乱——嗤之以鼻。

11月24日，帝国总统让其秘书迈斯纳书面通知希特勒，同时也在报纸上发表通告，其核心内容不外乎是8月13日的内容：鉴于目前情况，帝国总统不得不担心“一个由您（希特勒）领导的总统制内阁将不可避免地发展成为一党专政，其后果是加剧德国人民之间的矛盾。面对誓言和良知，他不能承担这样的责任”。

和希特勒谈话后，兴登堡得出结论：宣布国家处于紧急状态势在必行。但是总理和内阁不像国家元首那样已经下定决心。在帝国国防部长施莱谢尔强烈请求下，帝国总统于11月26日委任他再进行一轮探索会谈。在这轮会谈中，这位部长特意请工会和社民党加入。施莱谢尔受行动派的“精神领袖”记者汉斯·萨勒影响，力图联合改良派左翼与纳粹，或至少联合纳粹内所谓的“务实政治”派，从而架起一个“横向轴线”。帝国组织部领导格里哥·斯特拉瑟是该派系的头面人物。

11月28日，和全德总工会同盟主席西奥多·莱帕特（Theodor Leipart）的谈话很愉快，因为国防部部长答应取缔9月5日那一备受争议的政令，即允许企业主雇用新劳工时，可支付低于协议工资的规定。但同一天，社民党议会党团主席鲁道夫·布莱特沙德（Rudolf Breitscheid）对施莱谢尔前来游说的反应则完全不同。当国防部部长问及社民党会如何对待新选举推迟到1933年春的问题时，这场谈话达到了临界点。面对施莱谢尔的问题“社民党会立即上街修筑街垒吗？”布莱特沙德的回复是：“我回答他，我并不一定会上街修筑堡垒，但是我必须向他表明，社民党会竭尽全力反对这种违宪行动。施莱谢尔认为，既然这样，看来前景实在不妙。”

在政治光谱的右翼，施莱谢尔取得的成功还不及在左翼那么明显。希特勒临时取消了和帝国国防部长的会晤，施特拉瑟也无法说服其元首回心转意。11月30日，希特勒拒绝了中校奥特（Ott）提交的让希特勒在施莱谢尔内阁担任副总理的提议。但如果希特勒接受了该建议，那么向左翼靠拢肯定会受阻。社民党必定会坚决反对纳粹部长，因此也会引发自由工会的反对，尽管全德总工会同盟和社民党之间意见不完全一致，施莱谢尔试图压制的极端化，好像比之前更加恶化，比之前更加强力。“横向轴线的政策”证明了还是一个无法避免的难题。

尽管如此，施莱谢尔还是比巴本拥有更广泛的政治基础和社会支持。他和各中间政党保持着良好的关系，包括天主教民族党、自由党，当然还有那些“自由人”，即和社民党接近的工会以及“黑红金国旗团”，以及总在关键时候起作用的斯特拉瑟。总的来讲，施莱谢尔不像在位总理那么“反动”，也明确表示不赞同去尝试什么专制的宪法制度。他认为，在相当长的一段无议会时间内，只有不得不借助军事紧急状态执政，实行专制宪法才具有重要意义。1932 年 11 月，施莱谢尔和巴本的区别不仅在于他拒绝宣布国家进入紧急状态，而且在于他比巴本更清楚地看到了军事独裁的风险，不管这种军事独裁是不是遮遮掩掩的，所以他要抢先一步竭尽全力防止内战。

这样一来，施莱谢尔和兴登堡的意见不再一致。兴登堡在 1932 年 11 月底决定，解开这个戈耳狄俄斯之结，解散议会，推迟选举，也就是用某种超法律的方式，宣布国家进入紧急状态。尽管巴本心中不满，但还是准备和兴登堡保持一致，但 1932 年 12 月 2 日该决定未能在内阁通过。施莱谢尔让奥特中校给部长同僚们解释在前不久制作的“战争游戏”中得出的结论。帝国国防军不可能在两个阵线上获胜，一面对付共产党，一面对付纳粹党。更别提同时还要应付在这个调研中模拟的波兰对德国东部边境的进攻，内阁看后也深受触动。巴本向帝国总统汇报了会议进程，之后总统不再反对施莱谢尔竞选总理。“我太老了，无法在我生命黄昏时承担内战的责任。”根据巴本的报告，帝国总统用这样的话来解释他为何放弃前一天的立场。

/ 622

1932 年 12 月 3 日施莱谢尔被任命为帝国总理，在新政府中，他仍继续担任国防部部长一职。他的前任依然深得兴登堡信任，在施莱谢尔的同意下，巴本保留了位于威廉大街的官邸，因此他得以保留了在某种情况下甚至比国家公职更重要的优惠：直通帝国总统的特权。巴本内阁的所有成员，除了一个例外，都官复原职，领导他们的原有部委。这个例外是内政部部长：接替威廉·冯·盖尔的是普鲁士邦国的帝国副委员弗朗茨·布拉赫特。

施莱谢尔就职后比较轻松地越过了第一个障碍。在 12 月 6 日开始的短暂帝国会议期间，反政府的不信任议案并没有被提到议事日程。在总理同意下，帝国议会取缔了 9 月 4 日紧急行政令中的某些部分，收回了给政府大幅取消工资自主制定权的授权。议员们也和政府一致通过了《大赦法案》。帝国议会还根据纳粹党的提案，修改了帝国宪法第 51 款。第 51 款的内容是，如果帝国总统不能履行总统职务或者过早离任，那么应由帝国总理代理。1932 年 10 月 2 日兴登堡年满 85 岁。如果他在施莱谢尔任总理期间去世或者重病无法履职，那么帝国总统、帝国总理和国防部长的权力都将掌握在一个人手中，这个人就是施莱谢尔将军。为预防这种情况，纳粹建议将总统的代理权交给帝国法庭主席。这个建议得到大多数资产阶级政党和社民党的赞同，他们认为施莱谢尔的权力扩大同样也有危险。该提案得到修宪多数的同意，在议会期最后一天的 12 月 9 日通过。

1932 年 12 月 15 日，施莱谢尔在电台上宣读其政府声明。他提出创造就业岗位是重中之重，强调他和资本主义以及社会主义的区别，给自己贴上了“社会将军”的标签。他称其前任巴本为“无惧无误的骑士”，但同时指出和他的区别之处：“坐在刺刀顶端非常不稳，也就是说从长远看，不能赢得广泛的民心就无法执政。”因此新政府把当年总参谋长老毛奇的座右铭奉为指导方针：“先思考，再行动。”

“无惧无误的骑士”并不认为“社会将军”是更胜一筹的总理。为了再次返回权力中心，巴本和另外一个反对施莱谢尔的人结盟：1933 年 1 月 4 日他和希特勒在银行家库尔特·冯·施罗德位于科隆的家中会晤。这次会晤的目的是在希特勒和帝国总统之间搭建一座桥梁，为希特勒和巴本都一致努力的推翻施莱谢尔内阁的计划做准备。他们本希望此事保密，但事与愿违，在接下来的日子里，德国和国际新闻界头版头条都披露了此次会晤。在充当希特勒和兴登堡之间的调解人之前，巴本必须先澄清与希特勒的个人关系，自8月13日以来他们之间的关系颇为紧张。这次沟通后，他们达成了某种“双人执政协议”的意向，但由谁担任新政府首脑还未确定。

希特勒在科隆谈话中重申了当总理的要求。我们知道巴本在8月和11月所持的态度，巴本应该并未坚持一定由他本人来担任“国民内阁”的领导。在1月4日的会晤中，他肯定也提到兴登堡对希特勒任总理的一贯保留态度。在谈话过程中，希特勒显然不再完全拒绝寻找其他的可能性，即暂时放弃总理职位，但坚持应由纳粹接管国防部和内政部。无论如何，根据约瑟夫·戈培尔在1933年1月10日的日记，可以推导出这个结论。巴本于1月7日在多特蒙德（Dortmund）对实业家克虏伯、罗依施、斯平格鲁姆和沃格勒（Vögler）也是这样讲的。根据前总理1月9日向帝国总统做的汇报，兴登堡认为希特勒不再坚持索要全部政府权力，而且准备参与“右翼”联合政府。在此基础上，帝国总统授权巴本和希特勒保持联系并严加保密。

兴登堡和巴本会晤两天后，1933年1月11日，反施莱谢尔的利益同盟开始活动，也就是8个月前积极参与推翻布吕宁内阁的那个帝国农业联盟。就在帝国总理施莱谢尔、帝国经济部部长瓦姆博尔德（Warmbold）、帝国食品部部长冯·布劳恩和帝国总统会谈前不久，农业联盟在媒体上发表了一个类似宣战的决议。在该决议中，大农场主们宣称，如果容忍目前的政府，就是让德国农业经济贫困化，尤其让农业精加工经济贫困化，而即便在一个纯马克思主义政府领导下，都不可能有这样的结局。帝国政府立即和农业联盟断绝关系。但是与东易北河大地主阶层向来有着千丝万缕私人关系的帝国总统，并没有加入政府方抗议。1 月 17 日他写信给这个农业经济最大的利益代表机构主席团，表明他希望当日签署的改善执法保护政令能有助于稳定农业经济。

继帝国政府和帝国农业联盟这次冲突后不久，发生了另外一个引人注目的事件：利珀 - 代特莫尔德（Lippe-Detmold）的地方选举。纳粹在这个德国倒数第二小的邦国举办了铺天盖地的集会，希特勒本人马不停蹄地全心投入，为的是把 11 月 6 日帝国议会选举的选票损失弥补回来，他们确实做到了，多赢得了 6000 张选票，得票率从 34.7% 增长到 39.6%。这次胜选被大肆宣传。从现在起已经无法想象在一个“国民政府”中让希特勒放弃帝国总理的位置了。1 月 16 日，纳粹元首与其当年的帝国组织部领导人做了清算。结果一清二楚：没有人出来为施特拉瑟说话，希特勒在党内无可置疑的地位得到进一步巩固。 / 625

同一天帝国政府决定，如果有人提出不信任提案，就解散帝国议会，将选举推迟到 1933 年 10 月或者 11 月。根据宪法规定，60 天内举行新选举才不违宪，与上述违宪举措不同的另外一个选项是，忽略负面多数的不信任提案，即忽略非执政多数的意见，让被推翻的政府继续工作。著名的宪法学家海因里希·赫尔法特（Heinrich Herrfahrdt）和卡尔·施米特都认为这一做法可行，1932~1933 年，许多务实政治家都建议帝国总理采取这一步骤。1 月 16 日的部长会议纪要也补充了这一专家意见。显然，施莱谢尔认为不信任投票会严重削弱其政府声望，所以他并没有认真考虑这个方案。帝国总统是否会同意内阁提出的推迟新选举这个风险更大的危机解决方案也极不明朗。施莱谢尔用“奥托预演”无意中为国家元首提供了在这个问题上反对帝国政府的理由。

内阁会议几天后，报刊上满是即将宣布国家进入紧急状态的各种猜测。1 月 19 日，社民党议会党团主席布莱特沙德在柏林腓特烈斯海因（Friedrichshain）区召开的社民党干部会议上宣布，施莱谢尔在 11 月 28 日就提出可能会推迟新选举。他还引用他本人的答复："这种挑衅会引发最强烈的风暴。"

在同一天，另一个披露引起了更大的轰动。在帝国议会预算委员会上，中央党议员、天主教全国工会秘书约瑟夫·埃尔辛（Joseph Ersing）做了一个有关在东普鲁士发生"东部救助丑闻"的报告，报告涉及滥用公共资金、整顿债台高筑的大庄园。埃尔辛说，支持帝国农业联盟的那些人，如果他们从全德人民手中一再得

/ 626

到巨额资金，采用如同前不久对帝国政府那样的语言，那么帝国政府就必须处理这个问题。如果帝国发放的钱不是用来支付债务，而是购买奢侈汽车、参与跑马竞赛或者到里维埃拉（Riviera）去旅游，那么帝国就应该索回这笔钱款。大地主阶层竭力阻止下一次关于东部救助问题的议会讨论，并在幕后立即展开了解散帝国议会的种种活动。

埃尔辛发表这个轰动性讲话后的第二天，帝国议会的元老院决定，把原定于 1 月 24 日召开的全体大会推迟到 1 月 31 日。更改时间是根据纳粹党的建议，他们有充足的理由暂时避免召开全体大会。因为任何事情都不应干扰希特勒在利珀－德特莫尔德胜选后开始的政治谈判。1 月 17 日，希特勒和胡根贝格会晤，第二天再次和巴本会面，两次会谈都没有具体结果。1 月 21 日德意志民族党帝国议会党团宣布公开反对施莱谢尔内阁，主要谴责其经济政策越来越具有"社会主义国际思路"的色彩，而这会引发加速"在乡村实现布尔什维克主义的危险"，1932 年 5 月德意志民族党对布吕宁也提出了类似指责。

1 月 22 日，巴本和胡根贝格在 3 周内第 3 次会面，和 1 月 18 日的会面一样，地点选在柏林达勒姆区的从政香槟生产商约阿希姆·

冯·里宾特洛甫的别墅内。这次会面之所以非常重要，是因为国务秘书迈斯纳、兴登堡的儿子奥斯卡以及纳粹党的戈林和弗里克都在场。希特勒传递出的最重要信息是，他保证由他领导的总统制内阁会接纳大批资产阶级部长，不论他们代表哪家政党。

1 月 23 日，帝国总统接见总理时，他已经得知达勒姆会晤的内容。施莱谢尔汇报了内阁提出的紧急计划，但是被总统否决。兴登堡说，他会考虑解散议会的事情。但关于推迟选举，目前他还不能做出回复。“各方都向他陈述，这样的步骤属于违宪行为，在决定这样做之前，必须询问各党派领导并得到确认，需要他们承认国家进入紧急状态，且不提出违宪追责。”

1 月 27 日，关于建立巴本独裁政权，而非施莱谢尔独裁的传言在柏林四起。确实，兴登堡仍然想让巴本，而不是希特勒接任施莱谢尔的职位。但是帝国总统希望纳粹党参与合作，并以得到帝国议会足够的支持为先决条件。但德意志民族党不同意这种反议会内阁的想法。1 月 27 日，该党主席胡根贝格就谁接手普鲁士内政部的问题和希特勒发生争执，令后者甚至取消了当天和巴本约定的会谈。纳粹党发表了一个严厉抵制前总理领导独裁政府的公开声明，这令巴本深感震惊，1 月 27 日晚，巴本向里宾特洛甫再次强调，不是由他，而是由希特勒来领导内阁。

第二天，1 月 28 日，施莱谢尔宣布离职。直接原因是兴登堡拒绝给他解散议会的指令。当天没有提及推迟新大选的问题。比施莱谢尔卸任的消息更令公众不安的是帝国总统的另一则正式通知，即委托前总理巴本出面和各个党派谈判，以澄清政治局势，确认当下的各种选择。德意志工业帝国联盟、德国工业贸易大会执行理事会成员路德维希·卡斯特尔（Ludwig Kastl）和爱德华·哈姆（Eduard Hamm）以及国务秘书迈斯纳，都高度警觉地指出这样做的危险性：它将导致德国经济无法摆脱政治危机。所有派别的工会都向帝国总统提出警告，“任命一个反社会的、敌视工人的政府”会让整个德国工人阶级视为对自己的挑战。

/ 628 公众暂时还不知道巴本在筹备什么：一个希特勒内阁，他本人担任有特权的副总理，前届政府的诸多成员依然留职，外交部部长牛赖特和财政部部长什未林·冯·科洛希克都表示愿意在这样一个政府中任职。1 月 28 日晚，兴登堡从巴本处得知这个消息时很高兴，也第一次准备抛开他对希特勒任总理的担心。巴本最大的困难是在德意志民族党处，这个阵营中一如既往地有人坚决反对希特勒出任总理。胡根贝格对纳粹党提出新选举有很大成见，但也看到了某种诱惑，兴登堡可能会让任德意志民族党领袖的他接管帝国层面和普鲁士邦国的经济部和食品部。

在纳粹一边，希特勒不得不委曲求全，不是由他，而是由巴本担任普鲁士帝国委员。为了平衡关系，由帝国议会主席戈林出任普鲁士副委员，负责普鲁士内政也就是负责普鲁士警察。戈林还担任没有具体管辖范围的帝国部长，航空运输帝国委员。帝国内政部长由威廉·弗里克担任。只有 3 位纳粹党成员进入内阁。保守党在数量上明显占优势，其中担任劳工部长的是当年钢盔团第一任联邦主席弗朗茨·赛尔德（Franz Seldte）。

内阁的一位成员是兴登堡本人挑选的。他指定东普鲁士军区总司令勃洛姆堡将军接任施莱谢尔的职务，担任国防部部长。1 月 29 日勃洛姆堡还作为日内瓦裁军会议德国代表团的技术顾问参会。波茨坦驻军（被证明毫无根据）准备哗变的传言让兴登堡在 1 月 30 日上午做出决定，立即让刚刚抵达柏林的勃洛姆堡宣誓就职担任国防部部长。其实帝国总统只有根据帝国总理的建议才能指定帝国部长，但此时帝国总理还没有落实，因此兴登堡的这一举措实属违宪举动。

/ 629 帝国总统是否会满足纳粹党的要求解散议会，重新举行大选，仍是未知数。希特勒为该要求列举的理由主要是，1932 年 11 月 6

日选举出的帝国议会无法形成多数，以通过他认为势在必行的授权法。1 月 29 日，巴本好像得到兴登堡在这个问题上的最终同意，前提是如果得不到中央党和巴伐利亚人民党对新政府的支持。希特勒宣布和这两家天主教政党谈判并非难事。胡根贝格在新选举问题上让步后，1933 年 1 月 30 日近中午时分，希特勒和他的内阁成员向《魏玛宪法》宣誓就职，由总统主持，仪式短暂。兴登堡的结束语是“各位先生，上帝保佑你们前行”！

任命新政府并没有引发任何反抗行动。1 月 30 日之前，有关巴本 - 兴登堡“政变内阁”的传言在公众、企业家协会、工会、中间党派，甚至是社民党内引发的骚动和不安更大。把前一种可能和内战危险相比并非没有道理。一个受德意志民族党影响的总统制内阁无异于把十分之九的居民驱赶到对立面，这无疑会受到共产党、社民党、工会以及纳粹党的激烈反对。如果在希特勒的领导下，“国民政府”得以组建，并得到各天主教党派在议会中的支持，在受前总理施莱谢尔影响的大多数观察家看来，这是两害取轻的一种选择。1 月 28 日晚，就连社民党的《前进报》也发表了类似的观点。

1 月 30 日上午，威廉大街决定德国命运的骰子落下的同时，在附近的议会大厦里，社民党领导层和社民党帝国议会党团的代表以及自由工会代表也在召集会议。对任命希特勒内阁的消息，社民党领导和帝国议会党团的反应是，警告“个别组织和团体的违纪行为”，称“冷静和坚定”是当务之急。第二天，代表卧病在床的党主席奥托 · 韦尔斯的布莱特沙德在党委会上明确拒绝议会之外的任何行动：如果希特勒暂时坚持宪法，那么给他提供违宪的机会就是大错特错。 / 630

1 月 30 日，共产党认为出击的时间已经到来。自 1932 年 7 月 20 日普鲁士政变后，共产党中央委员会首次直接和社民党领导层以及工会对话。它们向社民党、全德总工会同盟、自由职员协会劳工联合会和天主教工会发出呼吁:“和共产党一道发动总罢工，反对希特勒、兴登堡、巴本的法西斯专政，反对破坏工人组织，支持工人阶级的解放运动。”

组建无产阶级统一阵线在1933年1月30日时比在1932年7月20日时更加无望。面对600多万正式注册的失业人口，举行长时间罢工根本不可能。但是有期限的罢工会被新政府认为是软弱的表示，而不是充满力量的示威。另外，共产党也不会听从停止罢工的呼吁。共产党多年来视社民党是“资产阶级的主要社会支柱”和“社会法西斯分子”。《红旗》杂志在1月26日拒绝了《前进报》的建议，称社民党和共产党应达成一个“互不攻击协议”是“无耻地嘲弄反法西斯的柏林”。共产党现在缺少发出共同反抗的呼吁最根本的条件：信任。社民党和自由工会也必须准备好，共产党随时会诉诸革命武力，这也是纳粹党求之不得的，以此为他们的恐怖统治披上合法外衣。内战的结果只能是以工人组织的流血失败告终：面对右翼准军事联盟、警察和帝国国防军，四分五裂的左翼根本没有任何机会。

/ 631 1月30日晚，不仅在柏林，在德国许多其他地方，大街小巷都属于希特勒的“棕色军团”了。第二天，新任帝国总理开始和中央党谈判，这也是希特勒答应巴本的条件。但这些谈判只是做做表面文章。希特勒需要得到一个证明，就是与1932年11月6日选举的帝国议会合作根本无法执政。而中央党则诚心诚意希望和纳粹党联合执政，它们并不太反感希特勒的任命，但对其内阁“反动”的组合甚不满意。希特勒提出帝国议会休会一年的要求，被中央党主席卡斯教长严词拒绝。这样一来帝国总理就有理由宣布1月31日的谈判破裂，并做出其内阁第一个重要决定，请求兴登堡解散帝国议会。2月1日，帝国总统颁布相应的政令和相关规定，将1933年3月5

日定为新选举日。在此之前，希特勒内阁可以而且必须根据第48条紧急状态条款执政。

任命希特勒为帝国总理并不是德国国家危机的必然出路，该危机始于1930年3月27日大联合政府的解体，自1932年5月30日布吕宁下台后急剧激化。兴登堡不必那么疏远施莱谢尔，也不必用巴本取代布吕宁。他可以在帝国议会不信任投票后依然留住施莱谢尔任政府首脑，或者让一位不那么极端化的超党派总理取而代之。再次解散帝国议会、在宪法规定的60天期限内重新选举，这个机会他也可以利用。根据政治中间派和社民党的看法，把新选举推迟到1933年秋，和一年前相比，其危险性几乎不相上下。但并没有什么事件强迫帝国总统一定让希特勒担任帝国总理。尽管希特勒在1932年11月6日的帝国议会选举中失利，但仍是最大政党的领袖，不过他在议会中并没有得到多数支持。

一直到1933年1月，帝国总统为禁止纳粹一党专政，一再拒绝让希特勒担任总理。兴登堡改变态度的原因，一方面是受其最亲密顾问的敦促，另一方面是他认为希特勒内阁中，如果保守派部长占多数，专制的风险尽管未被完全排除，但至少减少了。也许他本人对施莱谢尔的失望起到了某种作用："东部救助丑闻"引发了对帝国总统本人及其幕僚的责备，但是魏玛共和国最后一任总理并没有站出来坚定地予以反对。自俾斯麦时代以来受国家补贴的东易北河大地主的权势阶层，以及巴本所代表的莱茵威斯特法伦重工业右翼，他们一直致力于推翻施莱谢尔内阁、支持希特勒上台。最后，几乎所有和帝国总统有关系的人都出来施压。这位年迈的老人再也无法承受。围绕着兴登堡的权力中心，在1933年1月时他们决定用希特勒冒险一下，兴登堡个人只是这个权力中心的一部分，尽管是最重要的一部分。 / 632

"1月30日事件"既不是此前政治发展之必然结果，也非偶

566

然的结果。希特勒得到大众支持为他的任命提供了条件，但只有得到兴登堡和其代表的社会阶层同意，希特勒才能成为总理。那些“原有精英”的政治势力，力促让希特勒领导“国民政府”；希特勒政党的迅速扩大，是历史深刻积累的一种社会现象。这段历史还包括对民主国家信任的削弱。马克斯·韦伯认为“对合法性的信仰”是最重要的非物质执政资源，而这一基础在魏玛自始至终都很薄弱，其原因很多，与共和国的诞生是因第一次世界大战战败有关，也和战前的历史有着千丝万缕的联系。如果说第一个德国民主制崩溃有一个“终极原因”，那么它就是19世纪在自由问题上的拖延，或者说在于德国政治现代化的不同步：很早就实行民主选举，但政府体制很晚才开始采用议会制。自1930年以来，希特勒对半专制的总统制展开了佯装的民主攻击，他成功的更深层原因就在于这对矛盾。

/ 633

为毁掉魏玛共和国，希特勒利用《魏玛宪法》提供的一切机会，不遗余力。他给其政党布局的合法策略甚为成功，远远胜于10年前，即1923年11月8日和9日他在慕尼黑啤酒馆政变期间所推崇的革命武力，而这一方法仍被另外一个政党，即共产党充分利用。因为共产党公开宣传内战，因此给了拥有最大内战军队的纳粹党某种借口，让他们以宪法保护者自居，他们自诩为秩序的维护者，声称他们准备和帝国国防军一道挫败来自左翼的武力政变企图。同时希特勒还威胁执政者，如果他们自己违法，或者如1932年8月9日那样，为对付政治恐怖颁布不利于纳粹的紧急政令，希特勒就可以动用革命武力，也就是用内战来与之抗衡。

自德国三十年战争那场灭顶之灾以来，可以说对内战的恐惧就是德国的普遍恐惧。希特勒凭借合法手段，巧妙地利用了这一恐惧心理，借助有条件的合法承诺，其中不乏勒索的成分，达到了目的。已经立足的右翼对纳粹发动革命的担心最终让位给对“民族大众”领袖的信任，他们认为这位领袖将努力为其专制政治争取所需的广泛基础。而民主者的错觉也为专制主义者的计划起到了保驾护航的作用。为了维护法治国家，宪法捍卫者必须违反宪法条文行事（即使仅仅以无视负面不信任投票的形式），而宪法就其本身作用来说最终是中性的。一边是宪法条文，另一边是对“功能”合法性的理解，正如卡尔·施米特在 1932 年夏天发表的《合法性和合法化》一文中严厉抨击的，合法性是“在中性中自杀”。社民 / 634
党法学家恩斯特·弗兰克尔（Ernst Fraenkel）1932 年底在《社会》刊物上发表的一篇文章中批评流传甚广的“宪法拜物教”，表达了同样的观点。魏玛共和国陷入宪法创建者无意中设立的合法陷阱。

1933 年 2 月 10 日，希特勒在柏林体育宫的讲话，拉开了帝国议会竞选的序幕。他指责那些“分裂的政党、11 月的政党、革命的政党”，因为 14 年来它们摧毁、瓦解了德国人民。他呼吁德国人给新政府 4 年时间，然后再对它评头论足。讲话的结束语令人感到在模仿圣经和主祷文。希特勒试图用这种方式把其攫取权力的愿望升华为向帝国效劳、完成上帝使命的热衷。“因为我不能放弃这个信仰，这个民族将再次复活。我不能远离对我的子民的挚爱，我怀有坚定的信念。这一时刻一定会来到，那些今天憎恨我们的数百万人将会支持我们，会和我们一道欢呼共同努力创建的，经过艰苦奋斗赢得的伟大的、光荣的、有力的、辉煌与正义的新德意志帝国，阿门！”

如果德国人听从他的召唤，那么他想做什么呢？一周前的 1933 年 2 月 3 日，在陆军司令部总参谋长冯·哈默施泰因－埃克沃德（Hammerstein-Equord）的官邸，希特勒给军队和海军指挥官做了一次秘密讲话，尽管不是面面俱到，但全方位地阐述了他的想法：“彻底消灭马克思主义……最严格地专制治国。消除民主毒瘤！建设国防力量是达到重获政治权利目的最重要的先决条件。必须实行普遍兵役制……如果赢得了政治权利，如何使用它？现在不说了。也许争取更多出口的可能性，也许，也许更好的是，在东部占领新的生存空间，推行彻底的日耳曼化。”[31]

远东的闪电：日本占领满洲里

此时在世界的另外一边，导致东亚地区第二次世界大战的争夺生存空间战已经打响。日本从1931年起就力图在大陆扩张其势力范围。1918年以后，这个远东帝国的政治发展很多地方与欧洲国家相似。日本是第一次世界大战的战胜国，但像意大利一样，日本认为它的胜利果实被盗走。1921年，在西方盟国的敦促下，日本把当年德国的殖民地胶州湾归还中国，承诺对中国实行“门户开放政策”。1922年2月，《华盛顿海军条约》中，日本同意限制其舰队实力。对于民族主义右翼来说，这些条约是鼓动反西方情绪、指责西方推行种族自大政策的一个重要原因。

两次世界大战期间，尤其是美国对日本的态度确实符合这一评判。和大不列颠一道，美国在1919年巴黎和谈会议上未让日本提出的禁止种族歧视条款纳入国联章程。1921年，加利福尼亚推行白人和亚洲人分开的学校。1922年，最高法院禁止授予日本人美国国籍。1924年，一项联邦法禁止（之前只是限制）日本人移民美国。美国毫不掩饰的种族主义让日本民粹分子的怒火更加旺盛。对于极端的日本右翼来说，就像对于德国魏玛共和国右翼一样，“西方”就是一个要大力抨击的敌对形象。

自1868年明治维新以来，日本开始了在亚洲独一无二的现代化进程。技术上和工业上以美国和英国为榜样，政治上和宪法法规上则以德国普鲁士为楷模。和德意志帝国一样，日本的天皇帝国也是立宪君主体制。1919年议会下院选举权扩展到所有男性纳税人。 / 636
1925年3月，普选权覆盖到年满25岁的男性。一周后，下院颁布一项维护公共秩序的法律，主要是针对共产主义、无政府主义和国际化运动，为警察打击左翼打开了大门。实际上在20年代，社会党和共产党基本没有什么影响力。1918年震撼日本的大米抗议并不具有政治色彩，而是纯粹的饥荒抗议，未起到动员工人、农民和农业雇农的作用。

两个有影响力的政党，一个是历史较悠久的立宪政友会，另一个是较年轻的立宪民政党。两个政党都自称自由派，但实际上都是右翼团体。他们和大工业康采恩，即财阀集团保持密切关系，但是没有得到有组织的大众支持。自第一次世界大战以来，日本实际上实现了议会化，尽管某些政府更具官员内阁的特点。经济的繁荣确保了 20 年代末以前政治的相对稳定。如果生产指数以 1910~1914 年平均水平为基础，假设为 100 点，1925 年到 1929 年增长到平均 133 点。进口值从 1913 年的指数基础增至 1929 年的 199 点，同期出口值增加到 205 点。

议会主义践行了一段时间后并未被日本社会所接受。英国历史学家比斯利（W. G. Beasley）认为，对西方这个成就普遍反感的深层原因在于议会主义“阻止日本人争取个人自由，而只是追求集体目标的思维和制度：教育制度形成的压力、以天皇为中心的国教、普遍的服役义务以及相关的灌输。在官僚机器和家庭生活中重要领域内专制传统的传承”。议会被视为不具日本特色，因为它呼吁人民的权利，鼓励个人的自由发展。在明治时代从西方学来的一切，都被认为是繁荣昌盛的代价。“此外，曾经被成功捍卫了的日本传统基本要素——天皇体制、孔子伦理、公共服务领域的武士传统，在 20 年代似乎都陷入危险之中，日本文化正在沦为现代化的牺牲品。”

/ 637

日本作家北一辉（Kita Ikk），若在德国他就会被算作德国保守革命作家。早在 1919 年，他在关于重建日本的论著中，一方面要求大刀阔斧进行社会改革，包括大工业国有化、没收巨额财产、实行土地改革；另一方面赞同军事政变，在亚洲大陆实行扩张性外交政策，针对西方而有效维护亚洲利益。与意大利民族主义协会创始人恩里克·科拉迪尼（Enrico Corradini）一样，北一辉为其帝国主义辩护的理由是，日本属于无产阶级民族，因此必须在国际平台上进行阶级斗争。

和大川周明1921年成立的神武会一道，北一辉影响了大部分军队和亲军队俱乐部的意识形态。他们推出的两个口号，即“皇道”“昭和复兴”（昭和是1926年登基的年轻皇帝的封号），在日本特色的保守革命中起着关键作用。受北一辉思想影响的军官们组成“皇道派”。另外一个派系号称“统制派”，在社会问题上不同于“皇道”。统制派更强调“助力企业”，目的是让日本通过国家监控的密集网络筹备一场全面战争。在领土扩张方面“皇道派”和“统制派”倾向一致。

1928年初，下院根据男性普选法举行首次选举。立宪政友会取得微弱多数。田中义一（Tanaka Giichi）将军任政府首脑。1928年6月，日本军官在他们1905年划入其势力范围的南满洲里杀害了当地中国军阀张作霖。尽管田中在中国问题上原则上采取强硬态度，但他还是敦促对此次事件进行纪检调查，因而和总参谋部产生矛盾。1929年7月，在军队的压力下首相退位。其继承人是立宪民政党主席滨口雄幸（Hamaguchi Yuko） / 638

在滨口领导下，1930年4月日本同意了限制日本军扩的《伦敦海军条约》。在1922年华盛顿方案的基础上，即美国、英国和日本较大战舰的比例是5∶3∶3，这个比例扩展到小型战舰。而美国和日本舰队总比例有利于日本，提高到5∶3∶5。在内阁中包括海军部长在内的所有部长都同意这一协议。但海军总司令在极端民粹组织的支持下投了否决票，其理由是政府无视1889年宪法规定的天皇为最高指挥的原则。昭和天皇支持政府，1930年10月签署了该协议。一个月后，民族主义青年行刺滨口首相，1931年8月首相因伤势过重去世。他的继任人是立宪民政党政治家若槻礼次郎

（Wakatsuki Reijiro），军队认为和他的矛盾要比和其前任少。

在此期间，世界经济危机也席卷整个日本。最重要的出口产品生丝价格一落千丈。以 1914 年为参考年，从 1925 年的 225 点降到 1929 年的 151 点，到 1931 年只剩 67 点。同时世界市场对日本棉制品的需求也大幅下降。结果是纺织工业失业率上升，广大农村地区陷入贫困，这个岛国的北部和东北部，也是军队招募多数新兵的地区受到重创。

/ 639

大萧条在日本也导致政治气候的不断极端化。1931 年 5 月石原莞尔（Ishiwara Kanji）撰写了《满蒙问题私见》一文。他自 1928 年负责关东军的战略规划，这支部队是为保卫南满洲铁路线而组建。在该文中，他提出满洲和蒙古对于捍卫日本、控制朝鲜、摆布中国和拯救日本经济至关重要。由此得出结论，鉴于当前国际形势，吞并满洲和蒙古关乎日本的生存。“在欧洲大战之后，世界正在形成五个超级势力。世界一定会进一步发展，最终将归属于一个制度。如何控制这个制度的中心，将由代表西方的美国和东方的日本之间争夺霸权的斗争来决定。因此我们国家必须立即实现一个国策，其基础是争得东方第一强国的地位。为了战胜目前的局势，为了赢得东方第一强国的称号，我们必须立即扩大权力范围，达到应有的规模。”

石原付诸行动的呼吁得到响应。经过精心准备，1931 年 9 月 18 日，关东军在南满洲铁路导演了一场“中国土匪爆炸案”，并以这个预谋事件作为袭击当地军阀张学良军事要塞的借口，张学良是国民政府主席蒋介石的盟友、被谋杀的军阀张作霖的儿子。同时日本军占领了包括奉天在内的几个满洲城市。滨口政府不知该计划内情。总参谋部军官桥本欣五郎（Hashimoto Kingoro）和极端民粹主义者大川周明参与的、由关东军资助的政变，最后一刻被军队警察发现而流产。不顾昭和天皇的反对，关东军把 1912 年被推翻的中国末代皇帝溥仪带到满洲，并在那里成立了一个名义上由他管理的傀儡政府。12 月若槻礼次郎内阁下台。新首相是立宪政友会的犬养毅 / 640
(Inukai Tsuyoshi)。关东军占领满洲后有恃无恐。

在太平洋彼岸，美国就如何对待日本的嚣张入侵问题意见不一。国务卿史汀生认为，日本的行为是对 1919~1920 年“伟大的和平协议的致命威胁”。胡佛总统和国务卿意见不同，甚至并不准备用制裁来威胁日本。他的看法是“占领满洲既不威胁美国人民的自由，也不损害其经济或道德的未来”。但是他还是同意和国联合作，1931 年 12 月出面委派一个调查委员会，由英国外交官维克多·李顿 (Victor Lytton) 担任主席。1932 年 1 月 7 日，史汀生宣布了以他命名的条文：美国拒绝对目前状态的任何改变，不予任何形式承认日本违反门户开放原则而在中国的所作所为。1932 年 3 月，国联也响应了这个基于国际法的保留态度。

对占领中国领土的行为，中方非官方的反应非常强烈，该占领区从国际法的角度依然是中国领土的一部分。在中国众多城市的日本机构遭到袭击，抵制日货运动兴起。上海发生了一次重大冲突，继而日本海军在海军陆战队的协助下，从海上和空中轰炸了该市。2 月，犬养毅政府向该地区增派部队。经过激烈和损失惨重的战斗后，犬养毅政府于 1932 年 3 月 2 日和蒋介石达成协议，结束了这场入侵。但这只不过是一次暂时的停战。很明显，日本人占领满洲只是牺牲中国利益实现其扩张目标的一个阶段。

早在两周前的 2 月 18 日，关东军宣布新建立的“满洲国”脱离中国而独立。3 月溥仪被任命为国家首脑。犬养毅政府拒绝承认“满洲国”。坚决反对满洲行动的大藏省大臣井上准之助 (Inoue
Junnosuke)，2 月 9 日被激进民粹分子井上日召 (Inoue Nissho) / 641
手下的密谋组织血盟团成员暗杀。1932 年 5 月 15 日，犬养毅首相也在其官邸遭遇同样的命运。他的遇刺是另一个极端右翼团伙策划政变的一部分，犹存社[1]创建人大川周明也参与其中。1932年5月15日任新首相的海军上将斋藤实（Saito Makoto），在1934年7月被另外一个海军上将冈田启介（Okada Keisuka）取代。由党派政治家领导政府的时代一去不复返，之后的几届内阁，民事抗议军方扩张计划的声音销声匿迹。1932年9月，下议院一致承认原本的保护领地"满洲国"为独立国家。

一个月后，国联委派的李顿调查团提交了报告。报告称，日本占领区内看不到争取民族独立的迹象，因此建议把满洲作为中国内部自治地，给予日本警察监护权。1933年2月24日，国联同意了这个建议。自该国际机构成立时就担任国联委员会常任理事成员的日本是唯一投反对票的理事会成员国，只有暹罗国投了弃权票。1933年3月27日，日本以退出国联作为对这个决定的答复。这并不是1933年最后一个撤离国联的行动。10月14日，纳粹德国效仿日本做出的榜样，采取了同样的举措。

/ 642

到1932/1933年，日本发展为一个专制的、军国主义的和极端民粹的国家，它和法西斯意大利有某些类似之处，然而并不能简单地冠以"法西斯"的称号。它不具有法西斯政权典型的重要标志：管控严格步调一致的政党、持续的群众动员、无处不在的秘密警察、有组织有系统的恐怖活动，以一个领袖为核心的权力中心、把他奉为宣传偶像。日本人民参与政治的意愿远不及意大利，更无法和德国相提并论。与欧洲不同的是，在两次世界大战期间，日本并没有强烈的无产阶级群众运动，中上层不会感到其社会地位会受到威胁。因此在远东的这个帝国，军队精英可以加强他们对越来越专制的政权的影响，而不必依赖表面的民众赞同取得其统治的合法性。

两次世界大战期间，日本和许多欧洲国家都背离了议会民主制。

① 日本第一个法西斯组织，名字出自唐诗"慷慨志犹存"。——译者注

在第一次世界大战之前这一体制没有深深扎根的社会，在20世纪20年代或30年代几乎都被专制或极权主义制度所取代。1918年后诞生的新国家中，只有三个国家，即捷克斯洛伐克、芬兰和爱尔兰在30年代后半期还保留了议会制政府。那些不同类型的右翼专制国家主要是农业社会，只有一个例外，它就是高度工业化的德国。随着把权力转交给纳粹元首，它戛然告别了第一次为期14年的民主制度，告别了法制和宪法国家的悠久传统。西方民主以及与之相连的整个西方规范工程，会有什么样的未来，这在1933年、在大萧条的第四年，还是一个未知数。就在这一年，阿道夫·希特勒和富兰克林·罗斯福几乎同时登上德国和美利坚合众国政府首脑的宝座。[32]

1 Heinrich August Winkler, Der lange Weg nach Westen, 2 Bde., Bd. 1: Vom Ende des Alten Reiches bis zum Untergang der Weimarer Republik, München 2005[6], S. 378 ff. (Zitate zu Bernstein: 380 f., Rosenberg: 388, Ebert, 6. 2. 1919: 384), ders., Weimar 1918–1933. Die Geschichte der ersten deutschen Demokratie, München 2005[4], S. 13 ff. (Zitate Löwenthal: 14, Ebert, 22. 3. 1919: 87); Susanne Miller, Die Bürde der Macht. Die deutsche Sozialdemokratie 1918–1920, Düsseldorf 1978, S. 104 ff. (Hilferding: 107); Eberhard Kolb, Die Weimarer Republik, München 2009[7], S. 1 ff.; Ursula Büttner, Weimar. Die überforderte Republik 1918–1933, S. 33 ff.; Richard Bessel, Germany after the First World War, Oxford 1993, Stuttgart 2008, S. 69 ff.; Reinhard Rürup, Probleme der Revolution in Deutschland 1918/19, München 1968; Stephan Malinowski, Vom König zum Führer. Sozialer Niedergang und politische Radikalisierung im deutschen Adel zwischen Kaiserreich und NS-Staat, Berlin 2003. Das Zitat von Hitler aus seinem Brief an Adolf Gremlich vom 16. 9. 1919 in: Hitler, Sämtliche Aufzeichnungen 1905–1924. Hg. von Eberhard Jäckel zus. mit Axel Kuhn, Stuttgart 1980, S. 88–90.

2 Adam Wandruszka, Österreich-Ungarn vom ungarischen Ausgleich bis zum Ende der Monarchie (1867–1918), in: Theodor Schieder (Hg.), Europa im Zeitalter der Nationalstaaten und europäische Weltpolitik bis zum 1. Weltkrieg (Handbuch der europäischen Geschichte, hg. v. Theodor Schieder, Bd. 6), Stuttgart 1968, S. 828 ff.; Alfred D. Low, Die Anschlußbewegung in Österreich und Deutschland, 1918–1919, und die Pariser Friedenskonferenz, Wien 1975, S. 7 ff.; Susanne Miller, Das Ringen um «die einzig großdeutsche Republik». Die Sozialdemokratie in Österreich und im Deutschen Reich zur Anschlußfrage 1918/19, in: Archiv für Sozialgeschichte 11 (1971), S. 1–67; László Kontler, Millennium in Central Europe. A History of Hungary, Budapest 1999, S. 328 ff. (Zahlen zum «roten» und «weißen Terror»: 335, 339 f.); Denis Silagi, Ungarn seit 1918: Vom Ende des 1. Weltkriegs bis zur Ära Kádár, in: Theodor Schieder (Hg.), Europa im Zeitalter der Weltmächte (Handbuch der europäischen Geschichte, hg. v. Theodor Schieder, Bd. 7), Stuttgart 1979, S. 883–919 (887 ff.); Julius Braunthal, Ge-

schichte der Internationale, 2 Bde., Hannover 1961, Bd. 2, S. 146 ff.; Arno J. Mayer, Politics and Diplomacy of Peacemaking. Containment and Counterrevolution in Versailles 1918–1919, New York 1967, S. 521 ff., 559 ff., 716 ff., 827 ff.; Lenins «Gruß an die ungarischen Arbeiter» vom 27. 5. 1919 in: ders., Werke, Berlin 1950 ff., Bd. 29, S. 376–380 (379 f.).

3 Michael Garleff, Die Deutschbalten als nationale Minderheit in den unabhängigen Staaten Estland und Lettland, in: Gert von Pistohlkors (Hg.), Deutsche Geschichte im Osten Europas. Baltische Länder, Berlin 1994, S. 452–550 (465 ff.); Arved Frhr. von Taube, Estland und Lettland als selbständige Republiken und als Unionsrepubliken der UdSSR 1918–1970, in: Schieder (Hg.), Weltmächte (Anm. 2), S. 1107–1133; Gotthold Rhode, Litauen vom Kampf um seine Unabhängigkeit bis zur Gründung der Sowjetrepublik 1917–1944, ebd., S. 1062–1079; Vejas Gabriel Liulevicius, Kriegsland im Osten. Eroberung, Kolonisierung und Militärherrschaft im Ersten Weltkrieg (amerik. Orig.: Cambridge, Mass. 2000), Hamburg 2002, S. 278 ff.; Eino Jutikkala, Finnland von der Erringung der Selbständigkeit bis zur Neuorientierung nach dem II. Weltkrieg 1918–1966, ebd., S. 1080–1106; Seppo Hentilä, Von der Erringung der Selbständigkeit bis zum Fortsetzungskrieg 1917–1944, S. 134 ff.; Mayer, Politics (Anm. 2), S. 284 ff.

4 Georg von Rauch, Sowjetrußland von der Oktoberrevolution bis zum Sturz Chruschtschows 1917–1964, in: Schieder (Hg.), Weltmächte (Anm. 2), S. 483 ff.; Robert Gellately, Lenin, Stalin und Hitler. Drei Diktatoren, die Europa in den Abgrund führten (engl. Orig.: London 2007), Bergisch Gladbach 2009, S. 94 ff. (Zitat Lenin, 11. 8. 1918: 82 [Hervorhebungen im Original]; Zahl der hingerichteten Kosaken, Februar/März 1919: 106); Manfred Hildermeier, Geschichte der Sowjetunion 1917–1991. Entstehung und Niedergang des ersten sozialistischen Staates, München 1998, S. 134 ff.; David S. Foglesong, America's Secret War against Bolshevism. U.S. Intervention in the Russian Civil War 1917–1920, Chapel Hill 1995; George F. Kennan, Amerika und die Sowjetmacht, 2 Bde., Bd. 2: Die Entscheidung zur Intervention (engl. Orig.: London 1952), Stuttgart 1960; Heiko Haumann, Sozialismus als Ziel: Probleme beim Aufbau einer neuen Gesellschaftsordnung (1918–1928/29), in: Handbuch der Geschichte Rußlands. Bd. 3: 1856–1945. Von den autokratischen Reformen zum Sowjetstaat, hg. v. Gottfried Schramm, 1. Halbbd., Stuttgart 1983, S. 623–638 ff.; Nikolaus Werth, Ein Staat gegen sein Volk. Gewalt, Unterdrückung und Terror in der Sowjetunion, in: Stéphane Courtois u. a., Das Schwarzbuch des Kommunismus. Unterdrükkung, Verbrechen und Terror (frz. Orig.: Paris 1997), München 1998, S. 51–295 (Zitate aus der «Prawda», von Sinowjew [September 1918] und dem Dekret über den roten Terror: 88–90, Zahlen zum Terror im Herbst 1918: 91 f., Konzentrationslager: 94, Zahl der Pogromopfer im Sommer und Herbst 1918: 96, Arbeiterstreiks 1918/19: 100 ff., Zahl der Opfer bei

den Bauernaufständen im September 1919: 109, ZK-Beschluß vom 24.1.1919: 114, Gesamtzahl der getöteten und deportierten Kosaken: 117); Andreas Kappeler, Kleine Geschichte der Ukraine, München 2009[3], S. 171 ff. (Pogromzahlen: 182); Braunthal, Geschichte (Anm. 2), Bd. 2, S. 167 ff. (Zitate aus den «Richtlinien» und der Resolution von Sinowjew, März 1919: 184 f.); Heinrich August Winkler, Von der Revolution zur Stabilisierung. Arbeiter und Arbeiterbewegung in der Weimarer Republik 1918 bis 1924, Bonn 1984[2], S. 209 ff. (Zitat aus der Berner Resolution: 211); Mayer, Politics (Anm. 2), S. 373 ff. (Zitat aus der «Prawda» vom 6.2.1919: 409; der von der «Prawda» verwandte Begriff «Gelbe Internationale» spielte auf die arbeitgeberfreundlichen, Streiks ablehnenden «gelben» Gewerkschaften an). Zu den «noyades» von 1793 siehe Heinrich August Winkler, Geschichte des Westens. Von den Anfängen in der Antike bis zum 20. Jahrhundert, München 2010[2], S. 357.

5 Mayer, Politics (Anm. 2), S. 119 ff. (Zitate Barnes: 150, Geddes: 157, D'Annunzio: 221 f.); Alan Brinkley, The Unfinished Nation. A Concise History of the American People, Boston 2008[5], S. 616 f.; Keith Robbins, The Eclipse of a Great Power. Modern Britain 1870–1975, London 1983, S. 88 ff.; Kevin B. Nowlan, Irland vom Osteraufstand bis zur nordirischen Krise 1916/1968, in: Schieder (Hg.), Weltmächte (Anm. 2), S. 746 ff.; Michael Maurer, Kleine Geschichte Irlands, München 1998, S. 258 ff.; Charles Bloch, Die Dritte Französische Republik. Entwicklung und Kampf einer parlamentarischen Demokratie (1870–1940), Stuttgart 1972, S. 255 ff.; René Rémond, Frankreich im 20. Jahrhundert. Erster Teil: 1918–1958 (Geschichte Frankreichs, Bd. 6; frz. Orig.: Paris 1988), S. 50 ff.; Serge Berstein et Pierre Milza, Histoire au XXe siècle, Paris 1950, S. 293 ff.; Jean-Jacques Becker et Serge Berstein, Victoire et frustrations 1914–1929 (Nouvelle histoire de la France contemporaine), Paris 1990, S. 138 ff.; Rudolf Lill, Geschichte Italiens vom 16. Jahrhundert bis zu den Anfängen des Faschismus, Darmstadt 1980, S. 283 ff.; Ernst Nolte, Italien vom Ende des 1. Weltkriegs bis zum ersten Jahrzehnt der Republik 1918–1960, in: Schieder (Hg.), Weltmächte (Anm. 2), S. 619–650 (622 ff.); Giorgio Candeloro, Storia dell'Italia contemporanea, Vol. 8: La prima guerra mondiale, il dopo guerra, l'avvento del fascismo, Mailand 1995[5]; Denis Mack Smith, Italy. A modern History, Ann Arbor 1969[2], S. 310 ff.; Nicolo Tranfaglia, La prima guerra mondiale e il fascismo (Storia d'Italia, diretta da Giuseppe Galasso, vol. 22), Turin 1995, S. 131 ff.; Braunthal, Geschichte (Anm. 2), Bd. 2, S. 130 ff. Zu den Feniern Winkler, Geschichte (Anm. 4), S. 639; zur Entstehung der Labour Party ebd., S. 1054 ff.; zur Bürgerkriegsgefahr in Irland 1914 S. 1067 f. Zum Dubliner Osteraufstand siehe oben S. 37.

6 Theodor Schieder, Europa im Zeitalter der Weltmächte, in: ders. (Hg.), Weltmächte (Anm. 2), S. 1–351 (113 ff.); Margaret MacMillan, Paris 1919. Six Months that Changed the World, New York 2006[2]; Mayer,

Politics (Anm. 2), S. 753 ff. (Zitate zu den Friedensbedingungen aus den USA, Großbritannien, Frankreich und Italien: 771–774); Klaus Schwabe, Weltmacht und Weltordnung. Amerikanische Außenpolitik von 1898 bis zur Gegenwart. Eine Jahrhundertgeschichte, Paderborn 2006, S. 327 ff. (Zitat Schwabe: 652); Hagen Schulze, Weimar. Deutschland 1917–1933 (Die Deutschen und ihre Nation: Neuere deutsche Geschichte in 6 Bänden), Bd. 4, Berlin 1982, S. 192 ff.; Manfred F. Boemeke, Gerald D. Feldman, Elisabeth Glaser (eds.), The Treaty of Versailles. A Reassessment after 75 Years, Cambridge 1998; Winkler, Weg (Anm. 1), Bd. 1, S. 398 ff. (Zitate Scheidemann, Hirsch, Fehrenbach, 12. 5. 1919: 399 f.); Bernstein, Scheidemann, 10.–15. 6. 1919: 401; Hindenburg, 18. 11. 1919: 202); ders., Von der Revolution (Anm. 4), S. 97 ff. (Zitat Ebert, 10. 12. 1918: 100); Ulrich Heinemann, Die verdrängte Niederlage. Politische Öffentlichkeit und Kriegsschuldfrage in der Weimarer Republik, Göttingen 1983; John Maynard Keynes, Die wirtschaftlichen Folgen des Friedensvertrages (engl. Orig.: New York 1920), München 1920, S. 3, 23, 27, 185, 203, 119 (Zitate in der Reihenfolge); Hermann Weber, Die Kommunistische Internationale. Eine Dokumentation, Hannover 1966, S. 44–47 (Aufruf des Exekutivkomitees der Kommunistischen Internationale gegen den Versailler Vertrag). Zu Kant: Immanuel Kant, Zum ewigen Frieden, in: Kant's gesammelte Schriften (Akademie-Ausgabe), Berlin 1900 ff., Bd. 8, S. 341–381.

7 Wandruszka, Österreich-Ungarn (Anm. 2), S. 832 ff.; Silagi, Ungarn (Anm. 2), S. 889 f.; Kontler, Millennium (Anm. 2), S. 325 ff.; Ehrengard Schramm-von Thadden, Griechenland vom Beginn der Dynastie Glücksburg bis zum Frieden mit der Türkei (1863–1923), in: Schieder (Hg.), Nationalstaaten (Anm. 2), S. 610–617 (615 ff.); Gotthard Jäschke, Das Osmanische Reich vom Berliner Kongreß bis zu seinem Ende (1878–1920/22), ebd., S. 539–546 (543 ff.); ders., Die Türkei als Nationalstaat seit der Revolution Mustafa Kemals (Atatürk), 1920–1974, in: Schieder (Hg.), Weltmächte (Anm. 2), S. 1339–1351 (1139 ff.; Zitat Mustafa Kemal, März 1923: 1341); Theodor Schieder, Europa im Zeitalter der Weltmächte, ebd., S. 1–351 (113 ff.); Samuel P. Huntington, Kampf der Kulturen. Die Neugestaltung der Weltpolitik im 21. Jahrhundert (amerik. Orig.: New York 1996), München 1996, S. 279 ff. (284). Zur Entstehung der Nordschleswigfrage: Winkler, Geschichte (Anm. 4), S. 770; zu Wilsons Vierzehn Punkten siehe oben S. 82 ff.

8 Hans Roos, Geschichte der polnischen Nation 1916–1960, Stuttgart 1961, S. 52 ff. (Zitat Roos: 98); Gotthold Rhode, Polen von der Wiederherstellung der Unabhängigkeit bis zur Ära der Volksrepublik 1918–1970, in: Schieder (Hg.), Weltmächte (Anm. 2), S. 990 ff. (zur Formel «weder Krieg noch Frieden»: 997); Włodzimierz Borodziej, Geschichte Polens im 20. Jahrhundert, München 2010, S. 61 ff.; Jörg K. Hoensch, Geschichte Polens, München 1998[3], S. 250 ff.; Nolte, Italien (Anm. 5), S. 622 ff.; Lill,

Geschichte (Anm. 5), S. 288 ff.; Smith, Italy (Anm. 5), S. 329 ff.; Giuliano Procacci, Geschichte Italiens und der Italiener (ital. Orig.: Rom 1970), München 1989[2], S. 347 ff.; Giorgio Candeloro, Storia dell'Italia moderna, vol. 9: Il fascismo e le sue guerre, Mailand 1995, S. 13 ff.

9 Francis Paul Walters, A History of The League of Nations, 2 vols., London 1952, vol. 1, S. 1 ff.; Zara Steiner, The Lights That Failed. European International History 1919–1933, Oxford 2005, S. 15 ff., 399 ff.; Theodor Schieder, Typologie und Erscheinungsformen des Nationalstaates in Europa, in: Heinrich August Winkler (Hg.), Nationalismus, Königstein 1978[1], S. 119–137; ders., Europa (Anm. 7), S. 125 ff. (Zitat Schieder: 125); Jörg Fisch, Das Selbstbestimmungsrecht der Völker. Die Domestizierung einer Illusion, München 2010, S. 166 ff.; Ludwig Dehio, Gleichgewicht oder Hegemonie. Betrachtungen über ein Grundproblem der neueren Geschichte, Krefeld 1948, S. 214 ff.; Hans Kohn, Die Idee des Nationalismus. Ursprung und Geschichte bis zur Französischen Revolution (amerik. Orig.: 1948[4]), Frankfurt 1962; ders., Prelude to Nation-States: The French and German Experience 1789–1815, Princeton 1967; Hans Rothfels, Das erste Scheitern des Nationalstaates in Ost-Mittel-Europa 1848/49, in: ders., Zeitgeschichtliche Betrachtungen, Göttingen 1959, S. 40–53; ders., Grundsätzliches zum Problem der Nationalität, ebd., S. 89–111; ders., Zur Krise des Nationalstaates, ebd., S. 124–145; Erwin Viefhaus, Die Minderheitenfrage und die Entstehung der Minderheitenschutzverträge auf der Pariser Friedenskonferenz 1919, Würzburg 1960; Peter Haslinger u. Joachim von Puttkamer (Hg.), Staat, Loyalität und Minderheiten in Ostmittel- und Südosteuropa 1918–1941, München 2007; Brinkley, Unfinished Nation (Anm. 5), S. 616 ff.; Paul Kluke, Großbritannien und das Commonwealth in der Zwischenkriegs- und Nachkriegszeit, in: Schieder (Hg.), Weltmächte (Anm. 2), S. 353–437 (421 ff.); James J. Sheehan, Kontinent der Gewalt. Europas langer Weg zum Frieden (amerik. Orig.: Boston 2008), München 2008, S. 123 ff. (zu den Unruhen in den Mandatsgebieten und Indien); Hermann Kulke/Dieter Rothermund, Geschichte Indiens. Von der Induskultur bis heute, München 2006[2], S. 357 ff.; Mayer, Politics (Anm. 2), S. 581 ff. (zu Lloyd Georges Furcht vor einem deutsch-sowjetischen Zusammenspiel); Alan Kramer, Dynamic of Destruction. Culture and Mass Killing in the First World War, Oxford 2007, S. 179 f. (zu H. G. Wells); Edward M. Coffman, The War to End all Wars: The American Military Experience in World War I, New York 1968. Zu Ruge: Winkler, Weg (Anm. 1), Bd. 1, S. 127; zu Renan: 220 f.; zu den Nationalitätenproblemen von 1848/49: ders., Geschichte (Anm. 4), S. 660 ff.; zum indischen Aufstand von 1857/58: 701 ff.

10 Brinkley, Unfinished Nation (Anm. 5), S. 618 ff.; Willy Paul Adams, Die USA im 20. Jahrhundert, München 2002[2], S. 47 ff.; William E. Leuchtenburg, The Perils of Prosperity 1914–1932, Chicago 1958[1], S. 66 ff. (Zitat

Coolidge, «The man ...»: 188); Arthur M. Schlesinger, Jr., The Age of Roosevelt, Vol. I: The Crisis of the Old Order 1919–1933, Boston 1957[1], S. 49 ff.; Michael H. Hunt, The American Ascendancy. How the United States Gained and Wielded Global Dominance, Chapel Hill 2007, S. 79 ff.; Niall Palmer, The Twenties in America. Politics and History, Edinburgh 2006, S. 7 ff.; William M. Tuttle, Jr., Race Riot. Chicago in the Red Summer of 1919, New York 1972; Nathan Irvin Huggins, Harlem Renaissance, New York 1971; Robert K. Murray, Red Scare. A Study of National Hysteria, 1919–1920, New York 1964[2], S. 39 ff. (Zitat Coolidge an Gompers: 132); Thomas Welskopp, Amerikas Ernüchterung. Eine Kulturgeschichte der Prohibition, Paderborn 2010; Alan Dawley, Changing the World. American Perspectives in War and Revolution, Princeton 2003; Gary Gerstle, American Crucible. Race and Nation in the Twentieth Century, Princeton 2001, S. 81 ff. (Zitat Allen: 107); George M. Marsden, Fundamentalism and American Culture. The Shaping of Twentieth-Century Evangelicalism: 1870–1925, Oxford 1980, S. 141 ff.; Seymour Martin Lipset and Earl Raab, The Politics of Unreason. Right-Wing Extremism in America, 1790–1970, New York 1970, S. 110 ff.; Frank Costigliola, American Political, Economic, and Cultural Relations with Europe 1919–1933, Ithaca 1984; Frank Costigliola, Awkward Dominion: American Political, Economic, and Cultural Relations with Europa 1919–1933, Ithaca 1984; Werner Link, Die amerikanische Stabilisierungspolitik in Deutschland 1921–32, Düsseldorf 1970, S. 53 f.; Mary Nolan, Visions of Modernity. American Business and the Modernization of Germany, New York 1994; Klaus Schwabe, Der amerikanische Isolationismus im 20. Jahrhundert. Legende und Wirklichkeit, Wiesbaden 1975; ders., Weltmacht (Anm. 6), S. 85 ff.; Michael Behnen, Die USA und Italien 1921–1933, 2 Teilbde., Münster 1998; Ernst Fraenkel, Das amerikanische Regierungssystem. Eine politische Analyse. Leitfaden, Köln 1962[2], S. 75 ff. (Zitat: 77). Zu Bryan siehe Winkler, Geschichte (Anm. 4), S. 954, 963 f.; zum Progressivismus 976 ff.

11 W. I. Lenin, Der «linke Radikalismus», die Kinderkrankheit des Kommunismus, in: ders., Werke, Berlin 1950 ff.; Bd. 31, S. 1–91 (8); ders., Unsere außen- und innenpolitische Lage und die Aufgaben der Partei. Rede auf der Moskauer Gouvernementskonferenz der KPR (B), 21. 11 1920, ebd., Bd. 31, S. 402–422 (Zitat zur Elektrifizierung: 414); ders., ebd., Bd. 31, S. 1–91 (8); ders., Über die Naturalsteuer, ebd., Bd. 32, S. 341–380 (355 f., 379); ders., Wir haben zu teuer bezahlt (9. 4. 1922), ebd., Bd. 33, S. 316–320 (318); ders., Fünf Jahre russische Revolution und die Perspektive der Weltrevolution, ebd., Bd. 33, S. 401–418 (407); Weber, Kommunistische Internationale (Anm. 6), S. 48–54 (Statuten der Komintern), 55–62 (21 Bedingungen), 91–96 (Manifest der kommunistischen und revolutionären Organisationen des Fernen Ostens); Alexander Vatlin, Die Komintern. Gründung, Programmatik, Akteure, Berlin 2009, S. 65 ff.; David Shub,

Lenin (amerik. Orig.: New York 1948), Wiesbaden 1958, S. 362ff. (zum Kriegskommunismus: 413 f.); Gellately, Lenin (Anm. 4), S. 65 ff. (Bauernaufstände, Kronstadt: 112 f.); Hildermeier, Geschichte (Anm. 4), S. 157 ff. (Zitate: 231 [Hervorhebung im Original] NEP: 233 ff., Kulturpolitik: 302 ff.); Haumann, Sozialismus (Anm. 4), in: Handbuch (Anm. 4), S. 623–758 (Zitate Lenin und Haumann zur Elektrifizierung: 711); Gernot Erler, Den «Neuen Menschen» vor Augen: Kultur und Lebensweise, ebd., S. 759–780; Hans-Joachim Torke, Einführung in die Geschichte Rußlands, München 1997, S. 193 ff.; Leonard Schapiro, Die Geschichte der Kommunistischen Partei der Sowjetunion (engl. Orig.: London 1959), Frankfurt 1962, S. 217 ff.; Werth, Staat (Anm. 4), S. 95 ff.; Stéphane Courtois u. Jean-Louis Panné, Weltrevolution, Bürgerkrieg und Terror, in: Courtois u. a., Schwarzbuch (Anm. 4), S. 299–365; Braunthal, Geschichte (Anm. 2), Bd. 2, S. 165 ff. (Spaltung der sozialistischen Linken: 199 ff.; Zitate Webb und Braunthal: 208; Aufruf zur Gründung der Wiener Internationale: 562–565); Winkler, Von der Revolution (Anm. 4), S. 468 ff. (Spaltung der USPD: 470 ff.; Berliner Konferenz der drei Internationalen: 480 f.); ders., Demokratie oder Bürgerkrieg. Die russische Oktoberrevolution als Problem der deutschen Sozialdemokraten und der französischen Sozialisten, in: Vierteljahrshefte für Zeitgeschichte 47 (1999), S. 1–23.

12 Peter Wende, Das britische Empire. Geschichte eines Weltreichs, München 2008, S. 243 ff. (Zahlen zu Opfern Indiens und der Dominions im Krieg: 244); Franz-Josef Brüggemeier, Geschichte Großbritanniens im 20. Jahrhundert, München 2010, S. 122 ff.; Kluke, Großbritannien (Anm. 9), S. 360 ff.; Robbins, Eclipse (Anm. 5), S. 104 ff.; T. O. Lloyd, Empire to Welfare State. English History 1906–1976, Oxford 1984[4], S. 91 ff.; Peter Clarke, Hope and Glory. Britain 1900–1990, London 1996, S. 111 ff.; Alfred F. Havighurst, Twentieth Century Britain, Evanston, Ill. 1962, S. 147 ff.; Bentley F. Gilbert, Britain Since 1918, London 1980[2], S. 14 ff.; G. D. H. Cole, A History of the Labour Party from 1914, London 1914, S. 121 ff.; Henry Pelling and Alastair J. Reid, A Short History of the Labour Party, Basingstoke 1996[11], S. 44 ff.; Andrew Thorpe, A History of the British Labour Party, Basingstoke 1977, S. 32 ff.; Michael Prinz, Der Erste Weltkrieg als Zäsur britischer Geschichte? Eine Deutung im Spannungsfeld von Geschichtsschreibung, Politik und Erinnerungskultur, in: Hans Mommsen (Hg.), Der Erste Weltkrieg und die europäische Nachkriegsordnung. Sozialer Wandel und Formveränderung der Politik, Köln 2000, S. 207–246; Nowlan, Irland (Anm. 5), S. 753 ff.; Maurer, Geschichte (Anm. 5), S. 270 ff. Zum Beginn der «Home Rule»-Debatte: Winkler, Geschichte (Anm. 4), S. 871 f.

13 Bloch, Dritte Französische Republik (Anm. 5), S. 255 ff.; Rémond, Frankreich (Anm. 5), Bd. 6, S. 55 ff.; Berstein/Milza, Victoire (Anm. 5), S. 155 ff.; Rudolf von Albertini, Frankreich vom Frieden von Versailles bis zum Ende der Vierten Republik 1919–1958, in: Schieder (Hg.), Nationalstaaten

(Anm. 2), S. 438–480 (439 ff.); Theodore Zeldin, France 1848–1945, 2 vols., Vol. 2: Intellect, Taste and Anxiety, Oxford 1997, S. 698 ff. (zu Clemenceau); Charles S. Maier, Recasting Bourgeois Europe. Stabilization in France, Germany and Italy in the Decade after World War I, Princeton 1975, bes. S. 233 ff.; Petra Weber, Gescheiterte Sozialpartnerschaft – Gefährdete Republik? Beziehungen, Arbeitskämpfe und der Sozialstaat. Deutschland und Frankreich im Vergleich (1918–1933/39), München 2010, S. 190 ff.; Michael Hoffmann, Ordnung, Familie, Vaterland. Wahrnehmung und Wirkung des Ersten Weltkriegs auf die parlamentarische Rechte im Frankreich der 1920er Jahre, München 2008; Gilbert Ziebura, Léon Blum. Theorie und Praxis einer sozialistischen Politik, Bd. 1: 1892–1934 [nur Bd. 1 erschienen], Berlin 1963, S. 76 ff., 170 ff.; Tony Judt, La reconstruction du parti socialiste 1921–1926, Paris 1976, S. 16 ff.; Ronald Tiersky, French Communism 1920–1972, New York 1972, S. 23 ff.; Georges Lefranc, Le mouvement socialiste sous la Troisième République, 2 Bde., Paris 1977², Bd. 1, S. 210 ff.; Winkler, Demokratie (Anm. 11), S. 1 ff. (Zitate SFIO 1919, «Resolution Kautsky»: 6 f.; Blum: 13); zur «Resolution Kautsky»: ders., Geschichte (Anm. 4), S. 999 f.; zur Trennung von Staat und Kirche in Frankreich: S. 1083 ff.; zum Vertrag von Rapallo siehe unten S. 293 ff.

14 Hans Woller, Geschichte Italiens im 20. Jahrhundert, München 2010, S. 77 ff. (Zitat Kessler: 93); Lill, Geschichte (Anm. 5), S. 287 ff.; Procacci, Geschichte (Anm. 8), S. 341 ff.; Smith, Italy (Anm. 5), S. 321 ff. (Zitat Mateotti: 348); Candeloro, Storia (Anm. 5), Vol. 9: Il fascismo e le sue guerre, Mailand 1981¹, S. 13 ff.; Tranfaglia, Prima guerra (Anm. 5), S. 131 ff.; Nolte, Italien (Anm. 5), S. 627 ff.; ders., Der Faschismus in seiner Epoche. Die Action française. Der italienische Faschismus. Der Nationalsozialismus, München 1963, S. 193 ff.; Wolfgang Schieder, Der italienische Faschismus 1919–1945, München 2010, S. 7 ff.; ders., Benito Mussolini, in: ders., Faschistische Diktaturen. Studien zu Italien und Deutschland, Göttingen 2008, S. 31–56; Jens Petersen, Wählerverhalten und soziale Basis des Faschismus in Italien zwischen 1919 und 1928, in: Wolfgang Schieder (Hg.), Faschismus als soziale Bewegung. Deutschland und Italien im Vergleich, Hamburg 1976¹, S. 119–156; Renzo De Felice, Mussolini il fascista, Vol. I: La conquista del potere 1921–1925, Turin 1966¹; Patrizia Dogliani, Il fascismo degli italiani. Una storia sociale, Turin 2008, S. 3 ff.; MacGregor Knox, To the Threshold of Power, 1922/33. Origins and Dynamics of the Fascist and National Socialist Dictatorships, Vol. 1, Cambridge 2007, S. 143 ff.; Danilo Veneruso, La vigilia del Fascismo. Il primo ministero Facta nella crisi dello stato liberale in Italia, Bologna 1969; Sven Reichardt, Faschistische Kampfbünde. Gewalt und Gemeinschaft im italienischen Squadrismus und in der deutschen SA, Köln 2002, S. 19 ff.; ders., Der Zusamenbruch des Parlamentarismus in Italien nach dem Ersten Weltkrieg 1919–1929, in: Andreas Wirsching (Hg.), Herausforderungen

der parlamentarischen Demokratie. Die Weimarer Republik im europäischen Vergleich, München 2007, S. 61–86; Braunthal, Geschichte (Anm. 2), Bd. 2, S. 216 ff.; Michael Burleigh, Sacred Causes: Religion and Politics from the European Dictators to Al Qaeda, London 2006, S. 38 ff. Zur Rezeption von Sorels «Réflexions sur la violence» und der «action directe» durch den jungen Mussolini siehe Winkler, Geschichte (Anm. 4), S. 1101 ff.

15 Gerald D. Feldman, The Great Disorder. Politics, Economics, and Society in the German Inflation, 1914–1924, Oxford 1993, S. 513 ff.; Winkler, Weg (Anm. 1), Bd. 1, S. 403 ff. (Zitate David: 407; Seeckt, Wirth zu Polen: 423; Wirth zu Tschitscherin: 425, Wirth zum Mord an Rathenau: 426; Henning zu Rathenau: 430); ders., Weimar (Anm. 1), S. 99 ff. (Görlitzer Programm: 163 f.); Peter Krüger, Die Außenpolitik der Republik von Weimar, Darmstadt 1985, S. 166 ff.; Klaus Hildebrand, Das vergangene Reich. Deutsche Außenpolitik von Bismarck bis Hitler 1871–1945, Stuttgart 1995, S. 383 ff.; Manfred Zeidler, Reichswehr und Rote Armee 1920–1933, München 1993; Lothar Gall, Walther Rathenau. Porträt einer Epoche, München 2008; Ernst Schulin, Walter Rathenau. Repräsentant, Kritiker und Opfer seiner Zeit, Göttingen 1979; Walter Mühlhausen, Friedrich Ebert 1871–1925. Reichspräsident der Weimarer Republik, Bonn 2006, S. 316 ff.; Martin Sabrow, Der Rathenaumord. Rekonstruktion einer Verschwörung gegen die Republik von Weimar, München 1994; Gotthard Jasper, Der Schutz der Republik. Studien zur staatlichen Sicherung der Demokratie in der Weimarer Republik 1922–1970, Tübingen 1963, S. 34 ff.; David Clay Large, Hitlers München. Aufstieg und Fall der Hauptstadt der Bewegung (amerik. Orig.: New York 1997), München 1998, S. 162 ff. (Zitat zum Rathanau-Mord: 189). Die Weimarer Reichsverfassung in: Dieter Gosewinkel u. Johannes Masing (Hg.), Die Verfassungen in Europa 1789–1949. Wissenschaftliche Textedition unter Einschluß sämtlicher Änderungen und Ergänzungen sowie mit Dokumenten aus der englischen und amerikanischen Verfassungsgeschichte, München 2006, S. 806–832. Zu Fichte, Arndt und Jahn siehe Winkler, Geschichte (Anm. 4), S. 398 ff. Zur «Zentralarbeitsgemeinschaft» siehe oben S. 137.

16 Winkler, Weg (Anm. 1), Bd. 1, 434 ff. (Zitate «Erst Brot ...», KPD zum 21. 1. 1923 und Hitler zum 11. 1. 1923: 435; Radek: 436; Adenauer: 445, Stresemann: 447, Urteil im Hitler-Prozeß: 450); Hermann J. Rupieper, The Cuno Government and Reparations 1922–1923. Politics and Economics, Den Haag 1979, S. 13 ff.; Jacques Bariéty, Les relations franco-allemandes après la première guerre mondiale, Paris 1977, S. 91 ff.; Klaus Schwabe (Hg.), Die Ruhrkrise 1923. Wendepunkt der internationalen Beziehungen nach dem Ersten Weltkrieg, Paderborn 1984; Gerd Krumeich/Joachim Schröder (Hg.), Der Schatten des Weltkriegs: Die Ruhrbesetzung 1923, Essen 2004; Otto-Ernst Schüddekopf, Linke Leute von rechts. Die nationalrevolutionären Minderheiten und der Kommunismus in der Weimarer

Republik, Stuttgart 1960, S. 139 ff.; Louis Dupeux, «Nationalbolschewismus» in Deutschland 1919–1933. Kommunistische Strategie und konservative Dynamik (frz. Orig.: Paris 1979), München 1985, S. 178 ff.; Werner T. Angress, Die Kampfzeit der KPD 1921–1923 (amerik. Orig.: Princeton 1963), Düsseldorf 1973, S. 374 ff.; Bogdan Musial, Kampfplatz Deutschland. Stalins Kriegspläne gegen den Westen, Berlin 2008, S. 114 ff.; Gerald D. Feldman, Bayern und Sachsen in der Hyperinflation 1922/23, in: Historische Zeitschrift 238 (1984), S. 569–609; Machtkampf in Bayern 1923–24 (amerik. Orig.: Princeton 1972), Frankfurt 1971; ders., Disorder (Anm. 15), S. 631 ff.; Mühlhausen, Ebert (Anm. 15), S. 594 ff.; Shub, Lenin (Anm. 11), S. 441 (Testament Lenins). Zum «Aufbau des Sozialismus in einem Lande» siehe unten S. 511 ff.

17 Winkler, Weg (Anm. 1), Bd. 1, S. 461–469 (hier auch die Zitate zum Bauhaus, von Heidegger, Carl Schmitt, Spengler, Hitler, Tucholsky, Thomas Mann, Meinecke; Hervorhebungen jeweils im Original); ders., Der lange Weg nach Westen, Bd. 2: Vom «Dritten Reich» bis zur Wiedervereinigung, München 2005[6], S. 1 ff. (Zitat Moeller van den Bruck: 6 f.); ders.; Von der Revolution (Anm. 4), S. 701 ff. (Zitate Radek und Sinowjew: 704); ders., Der Schein der Normalität. Arbeiter und Arbeiterbewegung in der Weimarer Republik 1924–1930, Berlin 1985[1], S. 661 ff. (Zitat Stalin: 679, aus dem Programm des Bundes proletarischer Schriftsteller: 703); ders., Von Weimar zu Hitler. Die gespaltene Arbeiterbewegung und das Scheitern der ersten deutschen Demokratie, in: ders., Streitfragen der deutschen Geschichte. Essays zum 19. und 20. Jahrhundert, München 1997, S. 71–93 (Zitat der Komintern vom März 1931: 81); Feldman, Disorder (Anm. 15), S. 631 ff.; Peter Gay, Die Republik der Außenseiter. Geist und Kultur in der Weimarer Zeit: 1918–1933 (amerik. Orig.: New York 1968), Frankfurt 1970 (Zitat: S. 23); Walter Laqueur, Weimar. Die Kultur der Republik (engl. Orig.: London 1974), Frankfurt 1976; Detlev J. K. Peukert, Die Weimarer Republik. Krisenjahre der Klassischen Moderne, Frankfurt 1987; Stefan Breuer, Anatomie der Konservativen Revolution, Darmstadt 1993; Kurt Sontheimer, Antidemokratisches Denken in der Weimarer Republik. Die politischen Ideen des deutschen Nationalismus zwischen 1918 und 1933, München 1962; Andreas Wirsching u. Jürgen Eder (Hg.), Vernunftrepublikanismus in der Weimarer Republik. Politik, Literatur und Wissenschaft, Stuttgart 2008. Die Zitate von José Ortega y Gasset in: ders., Der Aufstand der Massen (span. Orig.: Madrid 1930), Hamburg 1956, S. 50 f. Zum mittelalterlichen Reichsmythos: Winkler, Geschichte (Anm. 4), S. 46 f., zur Ära Walpole S. 153, 186 ff. Zu den «Ideen von 1914» siehe oben S. 27 ff.

18 Giselher Wirsing, Zwischeneuropa und die deutsche Zukunft, Jena 1932; Werner Conze, Die Strukturkrise des östlichen Mitteleuropa vor und nach 1919, in: Vierteljahrshefte für Zeitgeschichte 1 (1953), S. 319–338; Hans-Erich Volkmann (Hg.), Die Krise des Parlamentarismus in Ostmittel-

europa zwischen den beiden Weltkriegen, Marburg 1967; Hans Mommsen, Die Krise der parlamentarischen Demokratie im Europa der Zwischenkriegszeit, in: Wirsching (Hg.), Herausforderungen (Anm. 14), S. 21–35; Wandruszka, Österreich (Anm. 2), in: Schieder (Hg.), Nationalstaaten (Anm. 2), S. 835 ff.; Walter Goldinger und Dieter A. Binder, Geschichte der Republik Österreichs 1918–1938, Wien 1992; Erika Weinzierl und Kurt Skalnik, Österreich 1918–1938. Geschichte der Ersten Republik, Graz 1983; Edgar Hösch, Geschichte der Balkanländer. Von der Frühzeit bis zur Gegenwart, München 2008[5], S. 193 ff.; Holm Sundhaussen, Geschichte Serbiens. 19.–20. Jahrhundert, Wien 2007, S. 231 ff.; Marie-Janine Calic, Geschichte Jugoslawiens im 20. Jahrhundert, München 2010, S. 83 ff.; Kontler, Millennium (Anm. 2), S. 345 ff.; Silagi, Ungarn, in Schieder (Hg.), Weltmächte (Anm. 2), S. 887 ff.; Gotthold Rhode, Die südosteuropäischen Staaten von der Neuordnung nach dem 1. Weltkrieg bis zur Ära der Volksdemokratien, in: Schieder (Hg.), Weltmächte (Anm. 2), S. 1134–1312 (1183 ff.); ders., Polen (Anm. 8), ebd., S. 1000 ff.; ders., Litauen Anm. 3), ebd., S. 1065 ff.; ders., Die Tschechoslowakei von der Unabhängigkeitserklärung bis zum «Prager Frühling» 1918–1968, ebd., S. 931 ff.; Jerzy Holzer, Polen. Land, Geschichte, Identität, Bonn 2007, S. 27 ff.; Roos, Geschichte (Anm. 8), S. 99 ff. (Zitat Piłsudski, 15. 11. 1925: 113); Borodziej, Geschichte (Anm. 8), S. 97 ff.; Stephanie Zloch, Polnischer Nationalismus. Politik und Gesellschaft zwischen den beiden Weltkriegen, Köln 2010, S. 35 ff.; Hoensch, Geschichte (Anm. 8), S. 259 ff.; ders., Geschichte der Tschechoslowakischen Republik. 1918–1978, Stuttgart 1978, S. 39 ff.; Taube, Estland (Anm. 3), S. 116 ff.; Garleff, Deutschbalten (Anm. 3), S. 482 ff.; Jutikkala, Finnland (Anm. 3), S. 1088 ff.; Hentilä, Erringung (Anm. 3), S. 163 ff. (zum stalinistischen Terror: 195 ff.); Elisabeth Bakke, Doomed or Failure? The Czechoslovak Nation Projekt and the Slovak Autonomist Reaction 1918–1938, Oslo 1999.

19 Ernst Nolte, Die Krise des liberalen Systems und die faschistischen Bewegungen, München 1968, S. 237 ff.; Stiliano Ordolli, Histoire constitutionelle de l'Albanie des origines à nos jours, Basel 2008, S. 135 ff.; Rhode, Südosteuropäische Staaten (Anm. 18), S. 1134 ff., 1241 ff., 1269 ff.; Gunnar Hering, Griechenland vom Lausanner Frieden bis zum Ende der Obersten-Diktatur 1923–1974, in: Schieder (Hg.), Weltmächte (Anm. 2), S. 1313–1338; Richard Konetzke, Die iberischen Staaten vom Ende des 1. Weltkriegs bis zur Ära der autoritären Regime 1917–1960, ebd., S. 651–698; Shlomo Ben-Ami, Fascism from above: The Dictatorship of Primo de Rivera 1923–1930, Oxford 1983; Edward E. Malefakis, Agrarian Reform and Peasant Revolution in Spain. Origins of the Civil War, New Haven 1970; Stanley G. Payne, Politics and the Military in Modern Spain, Stanford 1967; ders., The Spanish Revolution, London 1970; ders., Falange. A History of Spanish Fascism, Stanford 1961; Gabriel Jackson, The Spanish Republic and The Civil War 1931–1939, Princeton 1965; Angel Viñas,

La Soledad de la República. El abandono de las democracias y el viraje hacia la Unión Sovietica, Barcelona 2006; Paul Preston, The Coming of the Spanish Civil War. Reform, Reaction and Revolution in the Second Republic 1931–1936, London 1978; ders. (Hg.), Revolution and War in Spain 1931–1939, London 1984; Juan Linz, From Great Hopes to Civil War: The Breakdown of Democracy in Spain, in: ders. u. Alfred Stepan (eds.), The Breakdown of Democratic Regimes Europe, Baltimore 1978[1], S. 142–215; Walther L. Bernecker, Spanische Geschichte. Von der Reconquista bis heute, Darmstadt 2002, 143 ff. (Zitat: 136); ders., Geschichte Spaniens im 20. Jahrhundert, München 2010, S. 74 ff.; ders. u. Horst Pietschmann, Geschichte Portugals, München 2008[2], S. 95 ff.; António Costa Pinto, Der Zusammenbruch der portugiesischen Demokratie in der Zwischenkriegszeit, in: Fernando Rosas (Hg.), Vom Ständestaat zur Demokratie. Portugal im 20. Jahrhundert, München 1997, S. 13–36; Fernando Rosas, Salazarismus oder die Kunst des Überdauerns, ebd., S. 37–48; Hugh Thomas, Der spanische Bürgerkrieg (engl. Orig.: London 1961[1]), Frankfurt 1961, S. 21 ff.; Braunthal, Geschichte (Anm. 2), Bd. 2, S. 470 ff. Das Zitat aus der albanischen Verfassung (Art. I) in: Gosewinkel/Masing (Hg.), Verfassungen (Anm. 15), S. 2079–2101 (2079); die spanische Verfassung von 1931 ebd., S. 599–620. Zur ersten spanischen Republik siehe Winkler, Geschichte (Anm. 4), S. 1112 f., zum Beginn des Aufstands der Rifkabylen 1115 f., zur portugiesischen Revolution von 1910 1117 f.

20 Harm G. Schröter, Geschichte Skandinaviens, München 2007, S. 66 ff. (statistische Daten: 79); Uffe Jakobsen, The Conception of «Nordic Democracy» and European Judicial Integration, in: Nordisk Tidsskrift for Menneskerettigheter 27 (2009), Nr. 2, S. 221–241; ders., The History of Parliamentary Democracy in Denmark in Comparative Perspective, in: Kari Palonen u. a. (eds.), The Ashgate Research Companion to the Politics of Democratization in Europe. Concepts and Histories, Farnham 2008, S. 301–314; Norbert Götz, Ungleiche Geschwister. Die Konstruktion von nationalsozialistischer Volksgemeinschaft und schwedischem Volksheim, Baden-Baden 2001, S. 190 ff.; Thomas Etzemüller, Total, aber nicht totalitär. Die schwedische Volksgemeinschaft, in: Frank Bajohr und Michael Wildt (Hg.), Volksgemeinschaft. Neue Forschungen zur Gesellschaft des Nationalsozialismus, Frankfurt 2009, S. 41–59; ders, Die Romantik der Rationalität. Alva und Gunnar Myrdal in Schweden, Bielefeld 2010; ders. (Hg.), Die Ordnung der Moderne. Social Engineering im 20. Jahrhundert, Bielefeld 2009; Ann-Judith Rabenschlag, Für Rasse und Volkstum. Bevölkerungspolitische Konzepte, Rassenbiologie und soziale Ingenieurskunst in Schweden in der Zwischenkriegszeit. Brüche und Kontinuitäten, Magisterarbeit, Humboldt-Universität zu Berlin (Ms.), Berlin 2007 (Zitat: S. 85); Seppo Hentilä, The Origins of the Folkhem Ideology in Swedish Social Democracy, in: Scandinavian Journal of History 3 (1978), S. 323–

345; Bernd Henningsen, Der Wohlfahrtsstaat Schweden, Baden-Baden 1986, S. 88 ff. (Zitate Hansson: 313 f., Henningsen: 317); ders., Dänemark, München 2009; Hermann Kellenbenz, Die skandinavischen Staaten seit dem Ende des 1. Weltkriegs, in: Schieder (Hg.), Weltmächte (Anm. 2), S. 772–822; Joachim-Christoph Kaiser u. a. (Hg.), Eugenik, Sterilisation, Euthanasie. Politische Biologie 1895–1945, Berlin 1992.

21 Nowlan, Irland (Anm. 5), S. 763 ff.; Maurer, Kleine Geschichte (Anm. 5), S. 279 ff. (Zitat: 284 f., ökonomische Daten: 285 f., 792); Michael Erbe, Belgien, Niederlande, Luxemburg. Geschichte des niederländischen Raumes, Stuttgart 1993, S. 276 ff.; Peter Stadler, Die Schweiz von der Verfassungsrevision 1874 bis zum 1. Weltkrieg (1874–1919), in: Schieder (Hg.), Nationalstaaten (Anm. 2), S. 494–502 (498 ff.); ders., Die Schweiz seit 1919, in: Schieder (Hg.), Weltmächte (Anm. 2), S. 730–745; ders., Die Diskussion um eine Totalrevision der schweizerischen Bundesverfassung 1933–1935, in: Schweizerische Zeitschrift für Geschichte 19 (1969), S. 75–169; Roland Ruffieux, La Suisse de l'entre-deux-guerres, Lausanne 1974, S. 49 ff.; Hans von Greyerz, Die Schweiz zwischen den Weltkriegen, in: Universität Bern. Dies academicus, 26. November 1961, Bern 1962, S. 3–28; Erich Gruner und Peter Gilg, Nationale Erneuerungsbestrebungen in der Schweiz, in: Vierteljahrshefte für Zeitgeschichte 14 (1966), S. 1–25; Nolte, Krise (Anm. 19), S. 288 ff.; Braunthal, Geschichte (Anm. 2), S. 333 ff. Zur Arbeitslosigkeit im Europa der Zwischenkriegszeit: Wolfram Fischer, Wirtschaft, Gesellschaft und Staat in Europa 1914–1980, in: Europäische Wirtschafts- und Sozialgeschichte vom Ersten Weltkrieg bis zur Gegenwart (Handbuch der europäischen Wirtschafts- und Sozialgeschichte, hg. v. Wolfram Fischer u. a., Bd. 6), Stuttgart 1987, S. 1–221 (Tabelle: 102). Zum Kongo König Leopolds II. siehe Winkler, Geschichte (Anm. 4), S. 883 ff., zum Taylorismus 977 f., zur schweizerischen Bundesverfassung von 1874 1125 f.

22 Giovanni Zibordi, Der Faschismus als antisozialistische Koalition, in: Ernst Nolte (Hg.), Theorien über den Faschismus, Köln 1967, S. 79–87 (80, 83 f., 87); Giovanni Gentile, Manifest der faschistischen Intellektuellen an die Intellektuellen aller Nationen, ebd., S. 112–118 (115 f.); Benedetto Croce, Antwort auf das «Manifest der faschistischen Intellektuellen», ebd., S. 138–140 (138); Benito Mussolini, Die Lehre des Faschismus (1932), ebd., S. 205–220 (208, 212, 216, 220); Ernst Nolte, Der Faschismus in seiner Epoche. Action française. Italienischer Faschismus. Nationalsozialismus, München 1963, S. 268 ff. (Zitat von Mussolini zum totalitären Willen: 279); ders., Italien (Anm. 5), S. 630 ff. (Zitat «tutto nel stato ...»: 635); De Felice, Mussolini il fascista. Vol. I (Anm. 14), S. 388 ff. (Zahlen zum Terror 1922/23: 396, Memoriale Rossi: 624, Rede Mussolinis vom 3. 1. 1925: 721 f. [Hervorhebung im Original]); ders., Mussolini il fascista. Vol. II: L'organizzazione dello Stato fascista 1925–1929, Turin 1968[1], S. 3 ff.; Jean-Yves Dormagen, Logiques du fascisme. L'État tota-

litaire en Italie, Paris 2008; Smith, Italy (Anm. 5), S. 373 ff.; Procacci, Geschichte (Anm. 8), S. 358 ff.; Candeloro, Storia (Anm. 5), Vol. 9, S. 18 ff.; Dogliani, Fascismo (Anm. 14), S. 28 ff.; Alberto Aquarone, L'organizzazione dello Stato totalitario, Turin 1965, S. 47 ff.; Schieder, Einleitung des Herausgebers, in: ders. (Hg.), Faschismus (Anm. 14), S. 11–25 (zur Bewegungs- und Regimephase: 15); ders., Mussolini (Anm. 14), S. 31 ff. (zum Staatsstreichscharakter der Rede vom 3. 1. 1925: 37 f.); ders., Der Strukturwandel der faschistischen Partei in der Phase der Herrschaftsstabilisierung, in: ders., Faschistische Diktaturen (Anm. 27), S. 73–98 (Zahlen zur Mitgliedschaft des PNF: 86, Zitat Schieder zum Wendepunkt 1927: 93); ders., Merkmale faschistischer Urbanisierungspolitik in Italien 1922–1943. Eine historische Skizze, ebd., S. 111–125; ders., Rom – die Repräsentation der Antike im Faschismus, ebd., S. 125–146 (Zitat: 145 f.); ders., Das italienische Experiment. Der Faschismus als Vorbild in der Krise der Weimarer Republik, ebd., S. 149–184 (Zitate Wolff, Ludwig: 157 f.); ders., Faschismus (Anm. 14), S. 33 ff.; Petersen, Wählerverhalten (Anm. 14), S. 119 ff. (Zitat: 131); ders., Die Entstehung des Totalitarismusbegriffs in Italien, in: Totalitarismus. Ein Studien-Reader zur Herrschaftsanalyse moderner Diktaturen, Düsseldorf 1978, S. 105–128; Wolfgang Wippermann, Totalitarismustheorien. Die Entwicklung der Diskussion von den Anfängen bis heute, Darmstadt 1997, S. 8 ff.; Hans Woller, Churchill und Mussolini. Offene Konfrontation und geheime Kooperation?, in: Vierteljahrshefte für Zeitgeschichte 49 (2001), S. 563–594 (Zitate Churchill: 568 f.); ders., Geschichte (Anm. 14), S. 95 ff.; August Thalheimer, Über den Faschismus, in: Otto Bauer u. a., Faschismus und Kapitalismus. Theorien über die sozialen Ursprünge und die Funktion des Faschismus, Frankfurt 1967, S. 19–38 (31). Die Faschismusdefinition der Komintern von 1933: Theo Pirker (Hg.), Komintern und Faschismus 1920–1940, Stuttgart 1965, S. 187. Zu Marx' Bonapartismustheorie und zum Regime Louis Napoleons: Winkler, Geschichte (Anm. 4), S. 640 ff., zum Ende des Kirchenstaates 1871: 825 ff. Zur Protesterklärung der Opposition vom 9. 1. 1925 und zur Wahl Farinaccis am 18. 2. 1925: Schulthess' Europäischer Geschichtskalender 1925, Neue Folge 41, München 1929, S. 297 ff. Zu Stresemanns Antwort auf Mussolini: Jonathan Wright, Gustav Stresemann. Weimar's Greatest Statesman, Oxford 2002, S. 362. Zu Hitlers Einschätzung von Mussolini siehe oben S. 327, zu den Tirana-Verträgen 386.

23 Bloch, Dritte Französische Republik (Anm. 5), S. 288 ff. (zur Stabilisierung des Franc: 312 f.); Rémond, Frankreich (Anm. 5), S. 100 ff.; Albertini, Frankreich (Anm. 13), S. 444 ff.; Heinz-Gerhard Haupt, Sozialgeschichte Frankreichs seit 1789, Frankfurt 1989, S. 203 ff.; Becker/Berstein, Victoire (Anm. 5), S. 230 ff. (ökonomische Daten: 314 ff.); Berstein/Milza, Histoire (Anm. 5), S. 241 ff.; Philippe Bernard and Henri Dubief, The Decline of the Third Republic 1914–1938 (frz. Orig.: Paris 1975/76), Cambridge 1985, S. 93 ff.; Pierre Milza, Fascisme français. Passé et Présent, Paris 1987,

S. 60 ff.; Ralph Blessing, Der mögliche Frieden. Die Modernisierung der Außenpolitik und die deutsch-französischen Beziehungen 1923–1929, München 2008; J. F. V. Keiger, Raymond Poincaré, Cambridge 1997, S. 240 ff.; Stephen A. Shuker, The End of French Dominance in Europe. The Financial Crisis of 1924 and the Adoption of the Dawes Plan, Chapel Hill 1976; Zeev Sternhell, Ni Droite, Ni Gauche. L'idéologie fasciste en France, Paris 1987², S. 126 ff.; Samuel Kalman, The Extreme Right in Interwar France. The Faisceau and the Croix de Feu, Aldershot 2008; Robert Soucy. French Fascism: The First Wave 1924–1933, New Haven 1986; Andreas Wirsching, Vom Weltkrieg zum Bürgerkrieg? Politischer Extremismus in Deutschland und Frankreich 1918–1933/39. Berlin und Paris im Vergleich, München 1999; Manfred Kittel, Provinz zwischen Reich und Republik. Politische Mentalitäten in Deutschland und Frankreich 1918–1933/36, München 2000; Tiersky, French Communism (Anm. 13), S. 23 ff.; Udo Scholze u. a., Unter Lilienbanner und Trikolore. Zur Geschichte des französischen Kolonialreiches. Darstellung und Dokumente, Leipzig 2001, S. 146 ff.; Martin Thomas, The French Empire between the Wars. Imperialism, Politics and Society, Manchester 2005, S. 211 ff. Zur «blockierten Gesellschaft»: Stanley Hoffmann, Paradoxes of the French Political Communities, in: ders. u. a., In Search of France, Cambridge, Mass. 1963, S. 1–117. Zum katholischen «Ralliement» der 1890er Jahre und zum Laizismus der Dritten Republik: Winkler, Geschichte (Anm. 4), S. 906 ff., 1086 ff. Zum Kimbanguismus in Belgisch-Kongo siehe oben S. 421 f.

24 Michael Maurer, Kleine Geschichte Englands, Stuttgart 2007, S. 429 ff.; Brüggemeier, Geschichte (Anm. 12), S. 134 ff.; Kluke, Großbritannien (Anm. 9), S. 401 ff.; Wende, Empire (Anm. 12), S. 241 ff. (Zitat Smuts: 247 f., Empirekonferenz von 1926: 248 ff., 340, Außenhandelsdaten: 250 f.); Clarke, Hope (Anm. 12), S. 144 ff.; Ronald Hyam, Britain's Declining Empire: The Road to Decolonisation 1918–1968, Cambridge 2006, S. 30 ff.; Kulke/Rothermund, Geschichte (Anm. 9), S. 356 ff.; Robbins, Eclipse (Anm. 5), S. 109 ff.; Malcom Pearce/Geoffrey Stewart, British Political History 1867–1995. Democracy and Decline, London 1996², S. 347 ff.; Keith Middlemas/John Barnes, Baldwin. A Biography, London 1969, S. 278 ff.; Anne Perkins, Baldwin, London 2006, S. 47 ff.; Martin Pugh, The Making of Modern British Politics 1867–1945, Oxford 2002³, S. 165 ff.; ders., «Hurrah for the Blackshirts!» Fascists and Fascism in Britain between the Wars, London 2005, S. 92 ff. (Zitate «English Review» und Northumberland: 106); Susan Kingsley Kent, Aftershocks: Politics and Trauma in Britain, 1918–1931, Basingstoke 2009, S. 122 ff. (Zitate Woolf: 122 f., Churchill: 132, Times u. Daily Mail: 134); Gerald C. Webber, The Ideology of the British Right 1918–1939, London 1986; Bernhard Dietz, Neo-Tories. Britische Konservative im Aufstand gegen Demokratie und politische Moderne (1929–1939), phil. Diss. (Ms.), Berlin (Humboldt-

Universität) 2010, S. 48 ff. (Zitate Sanderson u. Ludovici: 50 f.); Braunthal, Geschichte (Anm. 4), Bd. 2, S. 325 ff. (Zitat: 326); Nolte, Krise (Anm. 19), S. 330 ff. Zur «augusteischen Schwelle»: Michael W. Doyle, Empires, Ithaca 1986, S. 92 ff. Zur «Balfour Declaration» siehe oben S. 26, zur Tschanakkrise 191, zum Blutbad von Amritsar 209.

25 Wolfram Fischer, Deutsche Wirtschafspolitik 1918–1945, Opladen 1968[3], S. 31 f. (Zitat: 31); Knut Borchardt, Wirtschaftliche Ursachen des Scheiterns der Weimarer Republik, in: ders., Wachstum, Krisen, Handlungsspielräume der Wirtschaftspolitik. Studien zur Wirtschaftsgeschichte des 19. und 20. Jahrhunderts, Göttingen 1982, S. 183–203; Kolb, Weimarer Republik (Anm. 1), S. 209 ff. (zur «Borchardt-Kontroverse»); Ludwig Preller, Sozialpolitik in der Weimarer Republik, Kronberg 1978[2], S. 164 ff. (Arbeitslosenzahlen 1928/29: 166 f.); Winkler, Weimar (Anm. 1), S. 306 ff. (zu Hilferding: 329 f.); ders., Weg (Anm. 1) Bd. 1, S. 452 ff. (Zitate Remmele: 457, zur Wahl Hindenburgs: 460, Stresemann, 19. 4. 1925: 469, «Vorwärts», 17. 10. 1926: 470, Hitler, 13. 4. 1928: 475, «Vossische Zeitung»: 477, Volksbegehren gegen den Young-Plan: 481, Meissner, 19. 3. 1930: 487 [Hervorhebung im Original], Frankfurter Zeitung, 28. 3. 1930, ebd.: Hilferding, Mai 1930: 488); ders., Schein (Anm. 17), S. 177 ff.; Büttner, Weimar (Anm. 1), S. 335 ff.; Krüger, Außenpolitik (Anm. 15), S. 207 ff.; Wolfram Pyta, Hindenburg. Herrschaft zwischen Hohenzollern und Hitler, München 2007, S. 461 ff.; Anna von der Goltz, Hindenburg. Power, Myth, and the Rise of the Nazis, Oxford 2009, S. 84 ff.; Wright, Stresemann (Anm. 22), S. 260 ff. Zu Hilferdings Theorie des «organisierten Kapitalismus» siehe oben S. 129 f., zur Schlichtungsverordnung von 1923 309.

26 W. J. Lenin, Über die Losung der Vereinigten Staaten von Europa, in: ders., Werke (Anm. 2), Bd. 21, S. 342–346 (345 f.); J. W. Stalin, Fragen und Antworten. Rede in der Swerdlow-Universität, in: ders., Werke, Berlin 1951[5] ff., Bd. 7, S. 135–182 (174 f.); ders., Zu den Fragen des Leninismus (1926), ebd., Bd. 8, S. 12–81 (1927); ders., Zu Fragen der Agrarpolitik in der UdSSR. Rede auf der Konferenz marxistischer Agrarwissenschaftler, 27. 12. 1927, ebd., Bd. 12, S. 125–152 (148); ders., Über die Aufgaben der Wirtschaftler. Rede auf der ersten Unionskonferenz der Funktionäre der sozialistischen Industrie, ebd., Bd. 13, S. 27–38 (35 f.); Shub, Lenin (Anm. 4), S. 434 ff. (Lenins Testament, Zitat: 442); Boris Souvarine, Stalin. Anmerkungen zur Geschichte des Bolschewismus (frz. Orig.: Paris 1935), München 1980, S. 343 ff.; Isaac Deutscher, Stalin. Eine politische Biographie (engl. Orig.: Oxford 1949), Stuttgart 1962, S. 249 ff. (zur Zahl der Kulaken und anderen Bauern: 346); Robert Service, Stalin. A Biography, London 2004; Simon Sebay Montefiori, Der junge Stalin (engl. Orig.: London 2007), Frankfurt 2007; Stephen F. Cohen, Bukharin and the Bolshevik Revolution. A Political Biography 1888–1938, New York 1974, S. 243 ff.; Gellately, Lenin (Anm. 4), S. 183 ff.; Gottfried Schramm, Indu-

strialisierung im Eiltempo und kollektivierte Landwirtschaft unter Stalin (1928/29 bis 1940), in: Handbuch (Anm. 4), 2. Halbbd., Stuttgart 1992, S. 782–907; David Priestland, Weltgeschichte des Kommunismus. Von der Französischen Revolution bis heute (engl. Orig.: New York 2009), München 2009, S. 175 ff.; ders., Stalinism and the Politics of Mobilization. Ideas, Power, and Terror in Inter-War Russia, Oxford 2007, S. 189 ff.; Schapiro, Geschichte (Anm. 11), S. 307 ff. (Zitat Bucharin 1925: 313; Daten zur Kollektivierung: 408); Jerzy Holzer, Der Kommunismus in Europa. Politische Bewegung und Herrschaftssystem, Frankfurt 1998, S. 39 ff.; Werth, Staat (Anm. 4), S. 149 ff. (Opferzahlen 1929–33: 169, 175, 185); Hildermeier, Geschichte (Anm. 4), S. 168 ff. (Zitate Syrzow, Lominadse, Rjutin: 404); Helmut Altrichter, Kleine Geschichte der Sowjetunion 1917–1991, München 1993, S. 52 ff. (Zitat: 70, Daten zu Industrie und Landwirtschaft: 80–83); Theodore H. Von Laue, Why Lenin? Why Stalin? A Reappraisal of the Russian Revolution 1900–1930, Philadelphia 1971[2], S. 163 ff.; Robert Conquest, Ernste des Todes. Stalins Holocaust in der Ukraine 1929–1933 (amerik. Orig.: Cambridge, Mass. 1986), Berlin 1981[2] (zum Besuch von Herriot: 382 ff.); Stephan Merl, Bauern unter Stalin. Die Formierung des sowjetischen Kolchossystems, Berlin 1990, S. 199 ff.; Lynne Viola, The Unknown Gulag. The Lost World of Stalin's Special Settlement, Oxford 2007; Jörg Baberowski, Der rote Terror. Die Geschichte des Stalinismus, München 2003, S. 17 ff. (Zitate: 107, 112); Bogdan Musial, Kampfplatz Deutschland. Stalins Kriegspläne gegen den Westen, Berlin 2008, S. 140 ff. (Zahlen zu den Opfern der Entkulakisierung: 269); Hermann Weber, Die Wandlung des deutschen Kommunismus. Die Stalinisierung der KPD in der Weimarer Republik, 2 Bde., Frankfurt 1969; Thomas Weingartner, Stalin und der Aufstieg Hitlers. Die Deutschlandpolitik der Sowjetunion und der Kommunistischen Internationale 1929–1934, Berlin 1970, S. 10 ff.; Bert Hoppe, In Stalins Gefolgschaft. Moskau und die KPD 1928–1933, München 2007, S. 11 ff.; Winkler, Schein (17), S. 661–665 (hier die Zitate vom 6. Weltkongreß der Komintern); ders., Der Weg in die Katastrophe. Arbeiter und Arbeiterbewegung in der Weimarer Republik 1930 bis 1933, Bonn 1990[2], S. 277 ff. (Zitat «Rote Fahne»; 23. 11. 1930: 277); Braunthal, Geschichte (Anm. 2), Bd. 2, S. 342 ff. (zur Chinapolitik der Komintern); François Furet, Das Ende der Illusion. Der Kommunismus im 20. Jahrhundert (frz. Orig.: Paris 1995), München 1995, S. 173 ff. (zu Basch, Herriot, Wells, Shaw, B. u. S. Webb: 198–206); Ludmilla Stern, Western Intellectuals and the Soviet Union, 1920–1940. From Red Square to Left Bank, London 2007. Zu Guizot siehe Winkler, Geschichte (Anm. 4), S. 513; zu Marx' Einleitung zur Kritik der Hegelschen Rechtsphilosophie S. 547 ff.; zu den britischen Fabiern S. 993, 1006, 1055 f.; zur Dreyfus-Affäre 1071 ff.; zu Lenins Sicht der russischen Revolution siehe oben S. 49, 80 ff., zur Entstehung des Begriffs «totalitär» 447 f., zu Churchills und Ludwigs Urteil über den Faschismus 451 f.

27 Monuments of American History. Edited by Henry Steele Commager, New York 1943[3], S. 222–225 (Hoover, 22. 10. 1928), 239–242 (Roosevelt, 4. 3. 1933); Brinkley, Unfinished Nation (Anm. 5), S. 645 ff. (Ursachen der Depression: 652 f.); Richard Hofstadter, The Age of Reform. From Bryan to F. D. R., New York 1955, S. 272 ff.; David M. Kennedy, Freedom from Fear. American People in Depression and War 1929–1945, Oxford 1999; John Hoff Wilson, Herbert Hoover. Forgotten Progressive, Boston 1975, S. 232 ff.; William J. Barber, From New Era to New Deal. Herbert Hoover, the Economists and American Economic Policy, 1921–1933, Cambridge 1983; Richard H. Pells, Radical Visions and American Dreams. Culture and Social Thought in the Depression Years, New York 1973, S. 61 ff. (Zitate Dewey, Schumann: 64–66); Harvey Klehr, The Heyday of American Communism. The Depression Decade, New York 1984, S. 69 f.; John P. Diggins, Mussolini and Fascism. The View from America, Princeton 1972, bes. S. 204 ff.; David F. Schmitz, The United States and Fascist Italy 1922–1940, Chapel Hill 1988, S. 36 ff. (Zitat Stimson: 112); Philipp V. Cannistrano, Blackshirts in Little Italy. Italian Americans and Fascism 1921–1929, West Lafayette 1999, S. 45 ff.; Leuchtenburg, Perils (Anm. 10), S. 241 ff. (Zitat: 249); ders., Franklin Delano Roosevelt and the New Deal 1932–1940, New York 1963, S. 1 ff.; Schlesinger, Crisis (Anm. 10), S. 1 ff. (Zitate Babbitt: 149, Watson: 164, zu Stuart Chase: 201 f., Zitate Roosevelt, 2. 7. 1932: 313 f., Dewey 1932: 436); Frank Freidel, Franklin D. Roosevelt. A Rendezvous with Destiny, Boston 1990, S. 63 ff.; John Kenneth Galbraith, The Great Crash 1929, Boston 1961[3], S. 1 ff. (Zitat Coolidge: 6; Zahlen zur Krise: 48 ff.; Zitat Galbraith: 79); Michael A. Bernstein, The Great Depression. Delayed Recovery and Economic Change in Amerika, 1929–1939, New York 1987, S. 184 ff.; John A. Garraty, The Great Depression. An Inquiry into the Causes, Course, and Consequences of the Worldwide Depression of the Nineteen-Thirties, as Seen by Contemporaries and in the Light of History, San Diego 1986, S. 28 ff.; Alfred E. Eccles, Jr., Opening American Market. U.S. Foreign Trade Policy since 1776, Chapel Hill 1995, S. 100 ff. (zum Smoot-Hawley Tariff); Andreas Predöhl, Das Ende der Weltwirtschaftskrise. Eine Einführung in die Probleme der Weltwirtschaft, Reinbek 1962, S. 8 ff.; Charles P. Kindleberger, Die Weltwirtschaftskrise 1929–1939 (amerik. Orig.: London 1973), München 1979[2]; Joseph A. Schumpeter, Konjunkturzyklen. Eine theoretische, historische und statistische Analyse des kapitalistischen Prozesses (amerik. Orig.: New York 1939), 2 Bde., Göttingen 1961, Bd. 2, S. 752 ff.; Wilhelm G. Grewe, Epochen der Völkerrechtsgeschichte, Baden-Baden 1988[2], S. 729 ff. (zum Briand-Kellogg-Pakt). Zu Sombart: Winkler, Geschichte (Anm. 4), S. 951 f., zur «Roosevelt Corollary» S. 973 f., zum «progressive movement» und den «muckrakers» 976 ff., zu den McNary-Haugen Bills siehe oben 336 f.

28 Heinrich August Winkler, Der Weg in die Katastrophe. Arbeiter und Arbeiterbewegung in der Weimarer Republik 1930 bis 1933, Bonn 1990[2] [fortan zit. als: Katastrophe], S. 19 ff. (Zahlen zur Arbeitslosigkeit: 22 ff., Zitat Lehmann: 35, Zitat Stalin, November 1931: 491); ders., Weimar (Anm. 1), S. 375 ff.; ders., Weg (Anm. 1), S. 488 ff. (Zitate KPD, 24. 8. 1930: 490 f., SPD, 3. 10. 1930: 495, Vorwärts, 13. 12. 1930, Heilmann u. Braun: 496 f., Sollmann: 497, Hilferding: 498, Vorwärts, 12. 10. 1931: 500, Hindenburg, 15. 2. 1932: 502, Goebbels: ebd., SPD, 26. 2. 1932: 503, Brüning: ebd., KPD, 8. 4. 1932: 504, Gayl u. DNVP: 508); Büttner, Weimar (Anm. 1), S. 397 ff.; Fischer, Wirtschaftspolitik (Anm. 25), S. 39 ff. (hier die wichtigsten ökonomischen Daten; zur Auslandsabhängigkeit der deutschen Banken: 42 f.; zum Vergleich USA-Deutschland: 57); Herbert Hömig, Brüning. Kanzler in der Krise der Republik. Eine Weimarer Biographie, Paderborn 2000, S. 149 ff.; Andreas Rödder, Stresemanns Erbe: Julius Curtius und die deutsche Außenpolitik 1929–1931, Paderborn 1996, S. 27 ff.; Herman Graml, Zwischen Stresemann und Hitler. Die Außenpolitik der Präsidialkabinette Brüning, Papen und Schleicher, München 2001; Pyta, Hindenburg (Anm. 25), S. 555 ff.; von der Goltz, Hindenburg (Anm. 25), S. 144 ff.; Karl Dietrich Bracher, Die Auflösung der Weimarer Republik. Eine Studie zum Problem des Machtverfalls in der Demokratie, Villingen 1964[4], S. 57 ff.; Gerhard Schulz, Von Brüning zu Hitler. Der Wandel des politischen Systems in Deutschland 1930–1933 (Zwischen Demokratie und Diktatur. Verfassungspolitik und Reichsreform in der Weimarer Republik, Bd. III), Berlin 1992; Albert Ritschl, Deutschlands Krise und Konjunktur, Auslandsverschuldung und Reparationsproblem zwischen Dawes-Plan und Transfersperre, Berlin 2002. Zur geplanten deutsch-österreichischen Zollunion siehe oben S. 482 ff., zur wirtschaftlichen Lage der Weimarer Republik nach 1924 482 ff., zum Verbot des Roten Frontkämpferbundes 503.

29 Bloch, Dritte Republik (Anm. 5), S. 331 ff. (zur demographischen Stagnation: 367); Rémond, Frankreich (Anm. 5), S. 138 ff.; ders., Les Droites en France, Paris 1982, S. 195 ff.; Berstein/Milza, Histoire (Anm. 5), S. 391 ff. (zur ökonomischen Stagnation: 412 f.); Bernard/Dubief, Decline (Anm. 23), S. 169 ff.; Wirsching, Weltkrieg (Anm. 23), S. 527 ff.; Kittel, Provinz (Anm. 23), S. 723 ff.; Hans-Wilhelm Eckert, Konservative Revolution in Frankreich? Die Nonkonformisten der Jeune Droite und des Ordre Nouveau in der Krise der 30er Jahre, München 2000, S. 1 ff. (Zitat Aron: 63); Jean-Louis Loubet del Baye, Les nonconformistes des années 30. Une tentative de renouvellement de la penseé politique française, Paris 1969, S. 37 ff.; Soucy, French Fascism (Anm. 23), S. 185 ff.; Sternhell, Ni Droite (Anm. 23), S. 156 ff.; Pierre Burrin, La dérive fasciste. Doriot, Déat, Bergery 1933–1945, Paris 1986; Ziebura, Blum (Anm. 13), S. 359 ff.; Lefranc, Mouvement (Anm. 13), S. 293 ff.; Furet, Ende (Anm. 26), S. 341 ff. (zum

intellektuellen Prokommunismus); Heinrich August Winkler, Klassenkampf versus Koalition. Die französischen Sozialisten und die Politik der deutschen Sozialdemokraten 1928–1933, in: Geschichte und Gesellschaft 17 (1991), S. 182–219 (zu Blums Formel von 1926: 88, Zitate Kautsky 1930: 198 [Hervorhebungen im Original], Marquet u. Blum 1933: 214). Zu Rosenstock-Huessy siehe ders., Geschichte (Anm. 4), S. 52 f., zur Resolution Kautsky 999 f., zur Action française 1079 ff. Zu den rechtsradikalen Organisationen vor 1929 siehe oben 456 ff.

30 Brüggemeier, Geschichte (Anm. 12), S. 141 ff.; Robbins, Eclipse (Anm. 5), S. 137 ff. (statistische Daten: 199); Pearce/Stewart, History (Anm. 24), S. 63 ff. (Zitat Oxford Union: 310, statistische Daten: 353 ff.); Malcolm Smith, Democracy in a Depression. Britain in the 1920s and 1930s, Cardiff 1998; John Stevenson/Chris Cook, Britain in the Depression. Society and Politics 1929–1939, Essex 1994[2]; Pugh, Making (Anm. 24), S. 220 ff.; ders., «Hurrah» (Anm. 24), S. 110 ff.; Webber, Ideology (Anm. 24), S. 3 ff.; Dietz, Neo-Tories (Anm. 24), S. 25 ff. (Zitat aus der «New York Times»: 142, zu den Book Clubs: 172 ff., Zitat Petrie: 218); ders., Gab es eine Konservative Revolution in Großbritannien? Rechtsintellektuelle am Rand der Konservativen Partei 1929–1933, in: Vierteljahrshefte für Zeitgeschichte 54 (2006), S. 607–638; Cole, History (Anm. 12), S. 196 ff. (Zitate Snowden: 261); Pelling/Reid, History (Anm. 12), S. 63 ff.; Philip Williamson, National Crisis and National Government. British Politics, the Economy and Empire, 1926–1932, Cambridge 1992; Stefan Berger, Ungleiche Schwestern? Die britische Labour Party und die deutsche Sozialdemokratie im Vergleich. 1900–1931 (engl. Orig.: Oxford 1994), Bonn 1997; Wende, Empire (Anm. 12), S. 243 ff.; Hyam, Empire (Anm. 24), S. 69 ff.; Benedikt Stuchtey, Die europäische Expansion und ihre Feinde. Kolonialismuskritik vom 18. bis in das 20. Jahrhundert, München 2010, S. 314 ff.; Derek Fraser, The Evolution of the British Welfare State. A History of Social Policy since the Industrial Revolution, Oondon 1973, S. 164 ff.; David Howell, MacDonald's Party. Labour Identities and Crisis 1922–1931, Oxford 2002; Robert Skidelsky, Politicians and the Slump: The Labour Government of 1929–1931, London 1967; ders., Oswald Mosley, London 1975; Adam Tooze, Ökonomie der Zerstörung. Die Geschichte der Wirtschaft im Nationalsozialismus (engl. Orig.: London 2006), München 2007, S. 19 ff. (Zitat: 41). Zum Verbot des Films «Im Westen nichts Neues» in Deutschland: Winkler, Katastrophe (Anm. 28), S. 253 ff. Zur Glorious Revolution siehe ders, Geschichte (Anm. 4), S. 150 ff., zu Dilkes «Greater Britain» ebd., S. 868 ff. Zur Konservativen Revolution in Deutschland siehe oben S. 324 ff., zu den «Round-Table-Gesprächen» über Indien 474, zum Vormarsch der Nationalsozialisten an den Universitäten 504, zum Bruch der Großen Koalition 1930 in Deutschland 509 ff., zur Abspaltung der Sozialistischen Arbeiterpartei 563.

31 Winkler, Weg (Anm. 1), Bd. 1, S. 510–555 (hier die wörtlichen Zitate aus

der Zeit vom 1. 6. 1932 bis 30. 1. 1933); ders., Der lange Weg nach Westen, Bd. 2: Deutsche Geschichte vom «Dritten Reich» bis zur Wiedervereinigung, München 2005[6], S. 1 ff. (die Zitate Hitlers vom 3. und 10. 2. 1933: 8); ders., Weimar (Anm. 1), S. 477 ff.; ders., Katastrophe (Anm. 28), S. 611 ff.; ders., Die abwendbare Katastrophe. Warum Hitler am 30. Januar 1933 Reichskanzler wurde, in: ders., Auf ewig in Hitlers Schatten? Über die Deutschen und ihre Geschichte, München 2007, S. 93–104; Hans Mommsen, Regierung ohne Parteien. Konservative Pläne zum Verfassungsumbau am Ende der Weimarer Republik, in: Heinrich August Winkler (Hg.), Die deutsche Staatskrise 1930–1933. Handlungsspielräume und Alternativen, München 1992, S. 1–18; Sontheimer, Denken (Anm. 17), S. 280 ff. (zur Reichsideologie in der «Konservativen Revolution»); Büttner, Weimar (Anm. 1), S. 464 ff.; Dirk Blasius, Weimars Ende. Bürgerkrieg und Politik 1930–1933, Göttingen 2005; Philipp Heyde, Das Ende der Reparationen. Deutschland, Frankreich und der Young-Plan 1929–1932, Paderborn 1998, S. 402 ff.; Henry A. Turner, Jr., Hitlers Weg zur Macht. Der Januar 1933 (amerik. Orig.: New York 1996), München 1996; Pyta, Hindenburg (Anm. 25), S. 701 ff.; Joachim Petzold, Franz von Papen. Ein deutsches Verhängnis, München 1995, S. 63 ff.; Lutz Berthold, Das konstruktive Mißtrauensvotum und seine Ursprünge in der Weimarer Staatsrechtslehre, in: Der Staat 36 (1997), S. 81–94. Zu Bismarcks Schutzzollpolitik zugunsten des ostelbischen Rittergutsbesitzes siehe Winkler, Geschichte (Anm. 4), S. 848 ff. Zum «Legitimitätsglauben» im Sinne Max Webers siehe oben S. 104 f.

32 W. G. Beasley, The Modern History of Japan, London 1978[1], S. 196 ff. (ökonomische Daten: 215, 242; Beasley: 235–237); Gerhard Krebs, Das moderne Japan 1868–1952, München 2009, S. 35 ff.; Roger Bersihand, Geschichte Japans. Von den Anfängen bis zur Gegenwart (frz. Orig.: Paris 1959), Stuttgart 1963, S. 399 ff.; Reinhard Zöllner, Geschichte Japans. Von 1800 bis zur Gegenwart, Paderborn 2006, S. 309 ff. (Zitat Ishiwara Kanji: 354 f.); Manfred Pohl, Geschichte Japans, München 2008[4], S. 71 ff.; Kiyoshi Inoue, Geschichte Japans (jap. Orig.: Tokyo 1963), Frankfurt 1993, S. 359 ff.; Rudolf Hartmann, Geschichte des modernen Japan. Von Meji bis Heisei, Berlin 1996, S. 122 ff.; Hugh Borton, Japan's Modern Century, New York 1955, S. 281 ff.; Hans A. Dettmer, Grundzüge der japanischen Geschichte, Darmstadt 1965, S. 125 ff.; Bernd Martin, Japans Weg in die Moderne und das deutsche Vorbild: Historische Gemeinsamkeiten zweier «verspäteter Nationen», in: ders. (Hg.), Japans Weg in die Moderne. Ein Sonderweg nach deutschem Vorbild?, Frankfurt 1987, S. 17–44; Masao Maruyama, Der Nationalismus in Japan: Historische Grundlagen und theoretische Perspektiven, in: Heinrich August Winkler (Hg.), Nationalismus, Königstein 1985[2], S. 215–231; ders., The Ideology and Dynamics of Japanese Fascism, in: ders., Thought and Behaviour in Modern Japanese Politics. Expanded edition, Oxford 1969, S. 25–83; Schwabe, Weltmacht (Anm. 10), S. 93 ff. (Zitate Stimson, Hoover: 93). Zur Meji-Restauration: Winkler, Geschichte (Anm. 4), S. 708 f., 1194; zu Corradini: 1103. Zur Washingtoner Flottenkonferenz von 1921 siehe oben S. 208.

第三章

民主与专制：

1933~1939年

1933 年至 1936 年富兰克林·德拉诺·罗斯福总统任期内的美国新政

亚里士多德在他的《政治学》里曾经引述过一句希腊成语："良好的开端就是成功的一半。"如果说有哪一届政府看重这一说法，那就要数富兰克林·德拉诺·罗斯福总统 1933 年这一届了。在其著名的"百日新政"中，总统向国会连续提交了 15 篇咨文，通过了 15 项重要改革法案。罗斯福 3 月 4 日就职，这是一个星期六。周末，政府宣布实施为期 4 天的银行假日（bank holiday）。这一做法是效仿在 3 月 4 日早晨就关闭了银行的纽约州和伊利诺伊州。

3 月 9 日，国会通过了《紧急银行法案》。这项法案授权政府采取措施保护濒临破产的私人银行、监督所有黄金的走向，并通过美联储发行新货币。这一有力举措防止了百姓陷入恐慌，从而避免了美国银行系统走向全面崩溃。1933 年 6 月，出台了由弗吉尼亚州参议员卡特·格拉斯（Carter Glass）和亚拉巴马州众议员亨利·B. 斯蒂格尔（Henry B. Steagall）提出的格拉斯 - 斯蒂格尔法案。为了更加严格控制投机行为，法案将商业银行和投资银行隔离开，并且成立了美国联邦存款保险公司，这家保险公司为所有储蓄提供上限为 2500 美元的担保。

/ 644 罗斯福上台不到 7 个月，就制定出了对全球产生影响的货币政策：1933 年 4 月 19 日，美国放弃了金本位制度。总统希望这一举措既能使政府免于出面做出提高物价这样不受人欢迎的决定，又能防范持续通货紧缩的风险。实际上，农业和出口工业从美元汇率下跌中受益，而进口业则受到冲击。罗斯福并不顾及全球经济。1933 年 6 月 12 日，伦敦召开了世界经济会议，而罗斯福于 7 月 3 日通知伦敦世界经济会议，美元的价值将完全依据国内的购买力而定。这一"重磅炸弹式的消息"的意思显而易见：在货币政策上美国不愿被其他国家套上枷锁。

与新政相关联的一系列社会政策更新，与1933年3月31日出台的平民保育团（Civilian Conservation Corps，简称CCC）一起问世了。平民保育团帮助18岁至25岁的无业男子在公共事业中重新找到工作，待遇为每天1美元，这仅仅是个象征性收入。就业重点在于环境保护，例如农业耕作或林业再植。平民保育团的营地由战争部设立。1935年9月，在这些营地生活的青年人数超过了50万，至1941年，共有250万男性青少年曾在平民保育团的营地里生活过。

从工会的角度看，这种实验很危险：这种做法势必会加剧降低薪酬的趋势，工人将失去自己的权益。“我感觉这里洋溢着法西斯主义、希特勒主义”，美国劳工联合会主席威廉·格林（William Green）在1933年的一次参议院委员会会议上对此做出这样的评价。实际上，德国在1931年就建立了一种自愿式的劳动组织，这一团体在1935年形成了国家劳役团（RAD）。18岁至25岁的德意志青年必须在国家劳役团服务半年，而平民保育团则保持了其自愿的性质，一直受到大家的青睐。从军事色彩来讲，其实不仅国家劳役团有，在平民保育团里也是存在的。在美国，军事元素毕竟是相对陌生的，而在纳粹德国，这样的元素自然而然就融入整个体系中去了。 / 645

继平民保育团之后，5月12日又出现了FERA和AAA。FERA是联邦紧急救援署（Federal Emergence Relief Administration）的缩写，署长由罗斯福多年的同事哈里·霍普金斯（Harry Hopkins）担当，该机构的工作是协调为失业者提供的社会救济措施。霍普金斯主持建立了民用工程管理局（Civil Works Administration，简称CWA），负责分配最低薪的修建公共设施的工作。1934年1月中旬，民用工程管理局一共雇用了400万人来修建街道、学校、儿童游乐场、体育设施和飞机场。

AAA是农业调整局（Agrarian Adjustment Administration，

简称“三 A”）的缩写。农业调整局的工作是联合各个农场主组织，通过限制农产品数量，放弃耕作，销毁产品，以及大批宰杀生猪来提高小麦、玉米、棉花、乳制品和猪肉等农牧业产品的价格。这些措施提高了农场主的收入。但是真正受益的并不是农民，而是地主，特别是大地主，他们是“三 A”措施的最大受益者。1933 年 3 月 12 日颁布的紧急农业抵押贷款法（Emergency Farm Mortgage Act）为农业抵押创立了一个新型的财政基础。在这一法令的基础上，6 月 16 日又出台了旨在进行农业信贷改革的《农业信贷法》（Farm Credit Act）。

“百日新政”中最令人刮目相看的项目是 1933 年 5 月 18 日设立的田纳西河流域管理局（Tennessey Valley Authority，简称 TVA）。罗斯福新政迎合激进改革者的要求，创建这一巨大工程，意在把当地的大型水力资源用于廉价发电。田纳西河流域管理局的任务是完成第一次世界大战期间开始修建却未能竣工的亚拉巴马州马斯尔肖尔斯（Muscle Shoals）水坝的修建，并在田纳西河谷修建其他水坝、建造水电站，以此来拉动这个有待发展的大区域的经济。拉动地域经济的任务完成得并不出色，但是 TVA 为这些没电的地区带来了电能，同时也把国内私有能源供应商的价格拉了下来。

1933 年 6 月 16 日，《国家工业复兴法》（National Industrial Recovery Act）生效时，新政已经接近百日。在这一法案的基础上，休·约翰逊（Hugh Johnson）将军领导设立了国家复兴署（National Recovery Administration，简称 NRA）。在这个机构下，每一个经济领域设立一个自治性管理机构，而这些管理机构由劳资双方按比例组成的协会参加。这些自治管理机构根据本经济行业的情况协商制定出一系列规定（codes），设定最低工资（每小时 30~40 美分）、每周最长工作时间（35~40 小时），禁止雇用童工，并为就业和生产制定出总体规定。法案第 7 条（a）款给予工人参加工会的权利，工人有权按照工资协议索取薪酬。但是法案并未确定工会可以采取什么措施强制进行工资协商。国家复兴署一共获得33亿美元，用于公共工程署（Public Works Administration，简称PWA）框架内的公共事业项目的融资。这些工程在美国各地展开，其广告"蓝鹰"格外令人瞩目。难以让人察觉的是这个体系一开始就存在的毛病：工程看重大企业而忽略小企业，而且在价格和工资的制定上存在着很大的任意性。

新政并没有统一的"哲学"基础。被新政所采纳的理念大都来自20世纪初的"进步运动"。为罗斯福出谋划策的知识分子们都认为，单单凭借市场机制已经难以使美国摆脱危机，因此国家必须有计划地干预。总统本人以及他的经济学家们都不是凯恩斯经济学家。罗斯福更加倾向于竭尽全力去平衡收支。新政早期的法令至少有一项是具备"顺应周期"特征的。1933年3月20日，经济法把老兵和联邦公务员的退休金削减了15%，从而降低了大众购买力。罗斯福于1934年便紧急叫停了民用工程项目（Civil Works Program），因为他发现这一项目的开支实在太庞大了。1933~1934年，他并未优先考虑开发公共设施工程，而约翰·梅纳德·凯恩斯和他的追随者们正是把这些项目放在首位的。

1933年12月31日，《纽约时报》发表了这位英国经济学家给总统的公开信，信中要求通过庞大的"赤字开支"来平衡消费者的需求，以此来振兴经济。5个月之后，罗斯福于1934年5月28日在白宫接见了凯恩斯。凯恩斯未能让总统心悦诚服。与美国历史上第一位内阁女性成员——劳工部长弗朗西斯·珀金斯（Frances Perkins）相比，凯恩斯只能拿出一大堆数据来，因此总统认为，凯恩斯与其说是一位经济学家，倒不如说是一位数学家。而凯恩斯获得的印象是，总统对经济一窍不通。

新政府的办事作风给多数美国百姓留下了深刻印象。罗斯福和他的部长以及同僚们充满朝气，信心坚定，积极面对自己的命运，一扫胡佛政府对厄运束手无策的习气。罗斯福发现，在白宫椭圆形办公室的炉火前定期对老百姓直接进行广播交谈的效果极佳，这种所谓“炉边谈话”把新型的大众媒体变成了一种统治工具。罗斯福是一位高手，一位充满诱惑力的演说家，每次讲演都能把政治界和新闻界的对手打得节节败退，而把自己扮演成大众的传话筒。只有直接和他打交道的人才知道，罗斯福很少有坚定不移的信念，他实际上优柔寡断、避重就轻。但这些特征并未影响他在公共社会中的形象。

严重的危机助长了各个国家的民族自我保护意识。美国毫不犹豫地默认了这一倾向，与胡佛时代相比，罗斯福政府更是对此加以容忍，而胡佛正是施行孤立政策的急先锋。为了不再卷入欧洲的交易，华盛顿对罗马和柏林的独裁者采取了容忍的态度。美国对1933年4月德国发生的反犹事件虽然感到担忧，但是并未做出强烈反应。希特勒上台之初被大家视为民族社会主义运动的温和代表。1933年11月，美国作为最后一个西方大国和苏联建立外交关系。罗斯福政府的这一举措获得了热衷于出口生意的经济界人士的欢迎。

对拉丁美洲，华盛顿新上台的民主党政府沿袭了胡佛创立的“安邦政策”。1933年12月，国务卿科德尔·赫尔（Cordell Hull）在蒙得维的亚特别强调，任何国家无权干涉其他国家内政。几天之后，罗斯福再次强调这一立场，拉丁美洲人为此高兴，因为这是对武力干预的明确否定。面对诸如拉斐尔·特鲁希略（Rafael Trujillos）这样的极端独裁者，这一政策当然也不例外，特鲁希略当时是完全依赖于美国的多米尼加共和国统治者。美国在1898年和西班牙的战争中从其手中掠走了菲律宾，使其成为美国唯一的海外殖民地。1934年3月，美国颁布了《泰丁斯－麦克杜菲法令》（Tydings-McDuffie Act），使菲律宾享有“国家联邦”

（Commonwealth）的地位，法令规定菲律宾可以在10年之后宣布独立。美国做出这一决定主要是出于经济原因。在日本，美国众议院的这一决议自然而然地被理解为美国决定撤离亚洲。

第一批新政法令生效一年之后，人们对新政的激情早已烟消云散。最受抨击的是国家复兴署。工会对工资协议的规定迟迟没有下文大为不满；企业家抱怨政府干预太多；消费者则对不断攀升的物价怨声载道。爱达荷州参议员威廉·波拉（William Bora）和北达科他州参议员杰拉尔德·奈（Gerald Nye）等共和党内的“进步主义者”把这些规定视为压迫小企业和帮助大企业建立垄断的手段。甚至罗斯福都日益感觉国家复兴署调控过度。1934年9月，他让约翰逊将军退位，让自己的亲信唐纳德·里奇伯格（Donald Richberg）接任署长一职。新官上任三把火，里奇伯格推行了一系列解决方案，当然这些方案都是有把握让“大企业”接受的。就这样，原属内政部长哈罗尔德·伊克斯（Harold Ickes）领导的公共工程署，从国家复兴署的组织中被分离了出去。 / 649

新政开始的第一年，政府的举措还得到了广泛的支持，但是到了1934年这些支持就已经开始动摇了。罗斯福的“经纪人国家”（broker state）实际是一种美国式的社团主义；不仅大型工业企业和银行界，保守的民主党人，甚至1928年总统候选人阿尔弗雷德·史密斯（Alfred Emanuel “Al” Smith）都拒绝这一理念。1944年8月，反对的呼声日益高扬，美国自由联盟（American Liberty League）应运而生。在这一联盟中，大型工业集团，如杜邦和美国通用汽车公司拥有很大的影响力。罗斯福政府于1933年兑现了民主选举时的许诺，通过第21号修正案解除了宪法中的禁令。很多民主党人对罗斯福的做法大为不满，从而加入了自由联盟。

美国自由联盟崇尚美国宪法精神，认为它要比共产主义、国家社会主义和法西斯主义等所有外国的政府体系更加优越。美国自由联盟主席朱厄特·肖斯（Jouett Shouse）1934年11月这样说道，面对那些颠覆性理论和陌生的国家学说，美国必须要坚持“基本的美利坚主义”。这是指曼彻斯特资本主义，一种不受国家官僚干预的自由式经济模式。这样一种自由模式的理想实际上是对世界经济危机做出的必然反应。美国自由联盟确实曾经认真考虑过把一切直接救援的工作全部让红十字会承担起来，而剩余的世界则完全靠“自救”这一副灵丹妙药。

远比美国自由联盟的动作来得激烈的要数威廉·兰多夫·赫斯特（William Randolph Hearst）的煽动了。这位新闻界大亨在1933年短短的一年时间里即从罗斯福的拥戴者蜕变成反对者。政府
/ 650 干预“私有经济”，这就是带有共产主义渗透的嫌疑，就必须采用一切手段来加以铲除。而在欧洲做出积极贡献的，正是墨索里尼和希特勒。1934年11月，赫斯特对他的三十来家报刊的主编说，在美国还无须法西斯的行动，但是未来是否有必要发动法西斯行动就很难说了。“法西斯主义这项运动的目标明确，就是要将共产主义斩尽杀绝，以阻止最无能和最不可信的阶级赢得这个国家的控制权。如果共产主义在美国步步逼近，那么法西斯主义就会成为一场必要的运动，使我们远离共产主义。”

赫斯特并不希望看到这一进展。只要传统的方式能够维持现有的社会秩序，这位新闻界大亨就主张美国的政体应该优先于各种“疯狂的主义”（cracy isms）。但为了确保这一目的，人们不得不大刀阔斧地割舍一些地地道道的美国成就。于是，赫斯特报业宣称，所谓学术自由就是一个词语，“它被激进团体所利用，作为一种新幌子，来向我们兜售陌生的国家学说”。1934年，赫斯特访问希特勒归来不久，就组织了一场大规模的媒体造势活动，以强力镇压旧金山的一次总罢工。对欧洲法西斯政权的赞美逐渐转变成这样一种政治宣传：似乎美国也应该效仿这种体制。

1934 年议会外的在野人士形成一股反罗斯福势力，这一势力不仅存在于“上层阶级”（upper class），而且还形成了广泛的群众基础。这一趋势最早的苗头来自路易斯安那，这个美国南部的州是南部民主党人的根据地，几乎是一党的天下。1928 年，35 岁的律师休伊·皮尔斯·朗（Huey P. Long）被选为州长。他是个能说会道的演说家，在世纪末风行“民粹主义”的农村地区获得了大量百姓的支持。他的“形象”犹如来自白人底层的发言人。朗作为州长，把大庄园主们和标准石油公司组成的高高在上的乡绅富豪政权视为劲敌。他颁布了有利于穷人的税收法令，大兴土木修建道路，为学校提供免费教材。这些优秀的政绩不仅为他赢得了白人底层的广泛支持，也使黑人底层享受到不少好处。他通过完善的任免制度把管理体系管控起来。在短时间内，他掌控了立法和司法部门，并且有能力轻易地操控选举结果。如果说朗实行独裁，真是不算夸大其词。1932 年，他放弃了州长职务，作为路易斯安那州参议员入驻美国议会，即便如此，朗在本州一人当道的现象也没有改变。

1933 年，朗从罗斯福的拥护者变成了反对者，此时此刻他成了美国政治界的一支力量。年轻的政治家认为总统的政治方针不够激进，而罗斯福却把朗视为政治煽动者，因此是一个危险的敌人。罗斯福决定在政府部门中肃清朗的拥戴者，两人因此彻底决裂。此时，朗在公开场合指责总统削减老兵退休金、不愿重新分配财产，更加依附于银行和大企业。

朗的国内阵营于 1934 年 1 月推出了名为“分享财富”（Share our Wealth）的计划，把一些富有号召力的政治经济学纲领性口号搜集到一起。这些口号的先决条件当然并非出自经济学的理念。根据朗的设想，每个家庭应该保证有至少 5000 美元的无债财产。为了达到这个目的，就应该设定一个 500 万美元财产的上限。此外，每个 60 岁以上的老人每月都应享有一份退休金，每个人的最低年薪不得少于2000美元，工作时间应该缩短，农业生产通过政府收购保持平衡，天资聪慧的儿童应该得到免费的大学教育。“分享财富俱乐部”在全国迅速蔓延开来，1935年2月已经有27000个这样的俱乐部。朗的广告攻势在中西部地区的农民那里取得了巨大成就，这位参议员对美利坚合众国最高职位的用心显而易见，因此白宫对此非常重视。但是朗未能作为第三大党的总统候选人参加竞选。1935年9月8日，这位参议员在巴吞鲁日（Baton Rouge）遇刺，凶手是一位左派青年医生。朗身受枪伤，两天之后与世长辞。

朗被很多同代人视为美国潜在的希特勒，更多人指责他要在美国推行一套墨索里尼式的法西斯主义。但是，尽管休伊·朗在路易斯安那州取消了种种民主立宪的基本元素，但是他的政权仍然称不上是法西斯式的。他的政权并非是针对有组织的工人阶级而建立的，仅从这一点来看，朗就和法西斯独裁有区别。朗把传统的上层阶级从政治领袖的地位排挤出去，这更说明他忠诚于民粹的传统。他的政权略带有拉丁美洲发展中的独裁体系的色彩。这样一种体系在路易斯安那州独特的条件下得以产生，但如果把它推广到全国范围，朗肯定会困难重重，并以失败告终。

1934年煽动百姓反对罗斯福政府的并非朗一人。密歇根州霍利奥克（Holy Oak）的天主教神父查尔斯·库格林（Charles Coughlin）也怀有同样的初衷，并且取得了重大成就。自1930年起，他就在美国各地的广播电台讲演，听众有时达4000万人之多。库格林和朗一样，原来是罗斯福及其新政的追随者，但是从1934年起他对总统的评价变得日益刻薄。库格林一开始通过讲演为罗斯福击鼓呐喊，但是因未受到听众的青睐而失望。后来他集中火力抨击抵抗经济萧条的速度过慢、对农民的保护措施不得力、金融寡头依然如故等弊病。他的造势首先针对美国农村，因为农民从内心就对新型资本主义有陌生感。同时他又向生活在城市社会底层而未从新政受益的人们呐喊。1934 年 11 月，库格林成立了“全国社会正义联盟”（National Union for Social Justice），这个政治平台得到了有着以下社会背景的人士的追捧：除了来自中西部的农民之外，还有那些东北地区薪水微薄或失业的工人，而有“小企业”背景的人数并不多。

新联盟的纲领还要求为每一项工作设立合理的最低工资，为农 / 653
民设立合理的奖金，只有议会有权制定财务政策，工人在对国家承担义务的同时享有联合执政权，工人组织受“财富和智慧的既得利益”保护。纲领中最激进的一个要求是：“从性质上讲极为重要而不能由私人掌控的”经济行业应该收归国有，这里指的是能源供给和矿产资源。其他所有行业应该依然属于私有经济领域。

全国社会正义联盟在马萨诸塞州和纽约的城市天主教区里深深扎根。到 1935 年，这里作为基督教农业地区，联盟分支数量已经是明尼苏达州和威斯康星州的 4 倍。库格林的影响力远远超过了 1900 年前农业民粹主义流行的地区。他在演说中把纯朴的百姓和腐败的上层社会对立起来，要求实行银本位，即宽松的货币政策，他直接援引 19 世纪末农民抗议运动代言人的语录，所有这一切都清楚地表明了库格林继承的是什么传统。在 1934~1935 年，不能把他称为“法西斯主义者”。尽管他当时对欧洲法西斯主义政权有好感，但是在措辞和公告中并未流露出来。

位于美国最西部的加利福尼亚州，在罗斯福上台第二年也掀起了反对“华盛顿”的浪潮。1934 年 1 月，当时 67 岁的医学博士弗朗西斯·汤森（Francis Townsend）和房地产经纪人罗伯特·克莱门茨（Robert Clements）发起了一场改革养老金的运动，创建了老年循环养老金有限公司（Old Age Revolving Pensions Limited）。他
们的核心要求是，每个 60 岁以上的公民每个月都应领到 200 美元 / 654
养老金，只要他们不再从事任何工作，并且保证在一个月内将这笔

钱花费在美国境内。养老金的来源是从每项业务交易中征收两位数百分点的税，税额缴纳到被称为“循环基金”的国家退休金基金中。汤森和他的同道者相信可以用这一方法安置大批失业者：年轻的待业者可以去顶替老年人空出来的工作岗位，对新工作岗位的不断需求会促进经济繁荣。尽管专家的批评声日益高涨，但很多老一代美国人显然认为“汤森计划”是从物质灾难中解救他们的出路：1934年底已经涌现出1200个俱乐部，这些俱乐部认同“循环基金”的理念。它们大都位于美国西部。

1934年声势浩大并常常伴有武力的罢工行动，并非抗争政府，而是把矛头直指大公司。密尔沃基（Milwaukee）因为有轨电车工人一次罢工引起了多场骚乱；费城和纽约的出租车司机走上街头；得梅因（Des Moines）的电力公司工人闹罢工；在加利福尼亚和新泽西南部，劳动者们放下了农具。5月在明尼阿波利斯（Minneapolis）的一场罢工格外血腥，两位由业主雇用的阻止罢工者丧生。7月旧金山的一次总罢工夺走了两位罢工者的性命。9月第一个周一是自1894年来法定的劳动节，而1934年的这个劳动节，纺织工人组织了一次美国有史以来规模最大的罢工。在罗得岛（Rhode Island）的罢工者和警方的一场冲突中，有50名工人受伤。在加利福尼亚州南部的哈尼帕斯（Honea Path），有6名工人被雇用来的阻止罢工者打死。在很多活动中，社会主义者、共产主义者或托洛茨基主义者是领头人。尽管如此，1934年的这些运动根本谈不上是推翻资本主义经济体系的革命运动，因为工人群众关心的仅仅是提高薪水和改善工作环境。

/ 655 从经济上讲，1934年仍是一个萧条之年。失业人数达1130万，比失业人数巅峰期的1933年减少了150万。按就业人口比例来说，失业率从1933年的24.9%降到了1934年的21.7%。国内收入方面，1934年比前一年提高了大约1/4，但也仅仅达到1929年水平的一半。这些数据当然不足以被看作罗斯福政府的成功，但更不能被视为新政的失败。

1934 年是美国中期选举的年份。议会外的势力对政府没有任何威胁，因为他们还没有组建政党。共和党则还没有找到应对新政的答案。通常的中期选举，在野党往往会赢得几个席位，但这一次却完全不同。在新产生的众议院，共和党丢掉了 13 个议席，得到了有史以来最糟糕的一次选举结果。在 1/3 议席重新选举的参议院，老大党（Grand Old Party）的损失更加惨不忍睹。民主党获得了 2/3 的多数议席，这是一个政党所能取得的最佳成绩。新当选的民主党参议员中，有一位来自密苏里州（Missouri）的哈里·S. 杜鲁门（Harry S. Truman），他就是将于 1945 年至 1953 年担任美国总统的政治家。

民主党的选举胜利是富兰克林·德拉诺·罗斯福个人的胜利，这一点就连总统的敌手也不得不承认。但是成就也有其另外一面。民主党内的一派强势敦促罗斯福把以往的施政方针变得更加激进化。对于民主党来说，广泛的民众支持要比受到精英的青睐更重要。而总统在此期间却不甘心孤独地推行他的要政，转而打算要争取银行和大工业企业的理解。但是他内心明白，谨慎地政策“左倾”，甚至实施“第二新政”，都将不可避免。

罗斯福政府在 1935 年初推出“第二新政”的法令，对“企业利益”的极权而言是一次重拳出击。《公用事业控股公司法》的目标是解散能源供给领域里那些在 1940 年 1 月 1 日前无法向美国证券交易委员会（SEC）证明其存在必要性的控股公司。在这些企业的强烈抗议下，国会把这些法令改为由美国证券交易委员会酌情决定。 / 656

由弗朗西斯·珀金斯率领的劳工部拟定的社会安全法，更是一记重拳。法令规定联邦每个月发放 15 美元老年补助金，设立老年保险，经费以附加征税的方式从劳资双方抽取。支付从 1942 年开始，年满65岁的老人每个月可以领到10~85美元的救助金，农业劳动者和家庭仆人除外。对于不能享受保险的人，联邦和州政府将采取其他呵护政策。法令还包括一项由联邦和州政府共同设立的初步的失业保险金，其费用完全由资方承担。同时，单亲母亲和残疾人将得到联邦救助。对卫生事业的公共服务也做出了规定。这些革新用欧洲的尺度去衡量真是微不足道，但是对于美国来说，引进义务制的公共保险事业无异于一项重大突破，美国还是朝着社会国家方向迈出了重要一步。

面对居高不下的失业率，政府在创造就业方面制订了雄心勃勃的新计划，准备实行比迄今为止的所有政策更加“凯恩斯”的政策。这一重任落在了哈里·霍普金斯喜爱的新部门公共事业振兴署（Works Progress Administration，简称WPA）身上。在这个部门的指引下，人们修建了100万公里的道路，其中很多是国家级多车道公路，这些道路穿越景色优美的地区；近12.5万座桥梁，12.5万多栋公共建筑，800多个公园，850座机场就这样建造起来了。公共事业振兴署拥有50亿美元资金，平均同时雇用200万名工人。公共事业振兴署下属的紧急住房部（Emergency Housing Division）负责用联邦资金建造公共住房设施。农村电气化管理局（Rural Electrification Administration）负责美国农村电气化：1935年10座农庄有9座没电，1941年还剩下6座，到1950年，就只剩下1座了。

公共事业振兴署也设立专门的部门，为青少年、艺术家和作家提供专门的设施。国家青年总署（National Youth Administration）为无业青年提供公益劳动和非全职工作，并向他们发放大学奖学金。联邦作家计划（Federal Writers Project）为失业作家提供支持，联邦音乐计划（Federal Music Project）和联邦戏剧计划（Federal Theater Project）为失业音乐家和戏剧创作者提供支持。联邦艺术计划（Federal Art Project）在政府项目中为失业画家和雕塑家提供任务，在公共事业振兴署兴建的公共设施，如图书馆和邮政局内至今依然能够看到这些画家的壁画作品。最受欢迎的主题是描绘具有英雄气概的工人，从远处看去让人想到苏联的“无产阶级榜样”，这些作品也带有一些来自德国和意大利的当代“艺术作品”的风格。

直到1935年5月，议会才通过了“第二新政”中的一部法案：《救济法案》。原因是这些法案在“进步的”参议员和众议员那里受到了重重阻碍。议员们认为这些法案过于推行总统偏向业主的政策。1935年5月27日，罗斯福政府遇到迄今为止最严重的挫折：最高法院判决后决定宣布《国家工业复兴法》违宪。判决是由布鲁克林（Brookklyn）的谢克特（Schechter）兄弟引发的。他们向犹太人的屠宰场提供活家禽，触犯了几项“规定”，其中包括法案第7条（a）款规定的最低薪水和工作时间，两人于1933年6月16日被判刑。高级法院把谢克特公司的经济活动定义为“州内贸易”，而非“跨州贸易”，这样就使联邦政府无法行使司法权。法院通过对美国宪法第一条的“商业”定义进行限制性解释，对新政的大部分法令提出了疑问。伦敦《每日快报》的标题一语切中要害：“美国惊呆了。罗斯福两年的工作在20分钟里灰飞烟灭。” / 658

支持1935年5月27日这一判决的，不仅仅是与所谓的“中间派”抱成一团构成微弱多数的保守法官，还有自称为“进步分子”的路易斯·D. 布兰戴斯（Louis D. Brandeis）和本杰明·N. 卡多佐（Benjamin N. Cardozo）等人。他们认为，应该用法律的手段来反对通过近乎实现垄断的《国家工业复兴法》来削弱竞争的做法。其他反对新政法律的判决主要是一些保守法官所为：判决的票数要么是5∶4，要么是6∶3。公众舆论大都反对高级法院的判决，但同时也反对总统的意图。总统试图以法律手段增加法官人数：只要有一个年满70岁的法官，就增补一名法官。1937年3月，议会否决了总统的相关法律草案。此后不久，法院和政府之间的冲突被一件让人始料不及的事情化解了：一名温和派保守法官欧文·J. 罗伯茨（Owen J. Roberts）改变了自己的立场，站到了自由主义阵营这一边。此后，多名原属多数派的法官退位。这些位子被自由主义者接替。由此，最高法院不再是新政敌手的据点了。

罗斯福在 1935 年 5 月 27 日的判决之前，于 5 月初对美国商会直言不讳地发起了攻击。这个时候他就预见到，与“大企业”公开抗衡是不可避免的。高级法院取缔《国家工业复兴法》，仅仅是发起新一轮政治攻势的最后一次发力。这场新型攻势就是历史学家口中的罗斯福“第二个百日执政”。6 月初，总统通知议会，他期待尽快通过一系列重要的新法案，其中包括《社会保障法案》《公共事业控股公司法案》和一项新银行法案的草案。参众两院无法反抗总统的催促，所有这些法案在 1935 年当年开始生效。

/ 659

令人出乎意料的是，总统采纳了被自己和劳工部部长帕金斯怀疑的人提出的方案。罗伯特·瓦格纳（Robert Wagner）是一位德裔民主党参议员，他起草了一份《国家劳动关系法》。瓦格纳的法律草案是新政时代“最激进的”法律草案。法律把“劳资双方工资谈判”的原则上升为法律，并且规定资方不得阻挠其员工组织成立工会。法律草案中并没有对工会做出相关的约束，因此受到保守批评家的强烈反对。参议院在 5 月 2 日通过了这项法案，6 月 27 日这项法案在众议院也得到了多数票的支持。7 月 5 日，总统在法案上签了字。瓦格纳法案的实施对于当时处在组织危机中的工会来说，真是雪中送炭。美国劳工联合会（American Federation of Labor，简称 AFL）是美国规模最大的团体，自创建以来就关心受过手工业专业训练的技术工人，但忽视了那些劳动力密集型经济领域中未经学习的工人。美国联合矿业工人工会（United Mine Workers of America）主席约翰·L. 刘易斯（John L. Lewis）周边的一些少数派，率领美国劳工联合会近30%的成员，于1934年公开反对单方面强调行业工会（craft union）的原则，创立了现代化的跨行业产业工会（industrial union）原则。

1935年10月在大西洋城（Atlantic City）召开的美国劳工联合会会议经受了一场考验：大多数会员表示不接受跨行业工业工会的原则，少数派的矿山、制衣和纺织工人协会不得不自己合并成一个下属组织，名为产业工会委员会（Committee for Industrial Organization，简称CIO）。然而多数人不能够容忍这种双轨制，冲突开始激化。1936年，这些协会被剥夺了会员地位。有人企图以法律的手段取消这一做法，但未能成功。1938年10月，产业工会委员会不得不更名为产业工会联合会（Congress of Industrial Organizations），成为一个独立的组织，尽管其缩写仍然沿用CIO。 / 660

产业工会联合会要比美国劳工联合会更能得到妇女和黑人工人的支持，而且支持的形式也更加军事化。尽管在产业工会联合会的各个组织中有很多社会主义者和共产主义者，但是这个组织并未发展成一股反对资本主义的力量。瓦格纳为工会制定的法律使产业工会联合会和美国劳工联合会一样，都朝着“稳定体制”的方向发展。这两家组织之间的冲突不久就被磨去了棱角，最后1955年重新合并，名称为美国劳工联合会暨产业工会联合会（AFL-CIO）。

总统1935年初夏释放出来的“左倾”信号，还包括6月19日宣布的一项税务法。这一天，罗斯福向议会传递信息，要在全国范围内征收遗产税，向特高收入者征收附加税、馈赠税，并且根据公司规模征收公司所得税。总统在向其顾问雷蒙德·莫利（Raymond Moley）解释其动机的时候毫不迟疑地指出，他就是想挫一挫休伊·朗和他的“分享财富”运动的锐气。威廉·兰多夫·赫斯特马上做出应对：他建议所有编辑们，把这个“混蛋”建议说成一个叫“斯大林·德拉诺·罗斯福”的“混合体”发明的。是他把“新政”变成了“不公政体”。总统的施政口号是“揩成功者的油”（Soak the Successful）。

总统传递的信息在众议院的民主党人那里受到广泛欢迎，但是参议院的反应非常冷漠。最后，制定出的法律也打了折扣，遗产税被取消了，公司所得税的累进税额也很低。根据历史学家威廉·爱德华·洛克滕伯格（William E. Leuchtenburg）的判断，尽管这项《财产税法》（Wealth Tax Act）在更多向大企业征税而为小企业减负方面、在更加公平地分配福利方面以及在增加国家收入方面所做的贡献是有限的，“但是这项法案提高了房地产税、馈赠税和财产税，并且引进了一项罗斯福根本没有要求的向暴利征收的特别税法，
/ 661 还把附加税提高到历史最高水平，所以经济界一片怨声载道，其呼声高过新政的任何一项法律所引发的反应。”

罗斯福于1935年亲自力荐的所有法案，都是为了增加自己在来年再次获选总统的机会。和“大企业”分道扬镳之后，“罗斯福联盟”的轮廓比以前更加清晰了。它主要包括工人、天主教教徒、妇女、少数民族和黑人。有组织的工人是《瓦格纳法案》的目标群体；妇女问题则由总统夫人埃莉诺·罗斯福（Eleanor Roosevelt）亲自来管；天主教教徒和那些还没有彻底融入美国的少数民族群体大都是一些地位低下的社会人群，这些人与亲企业的共和党人相去甚远，因此就向自我标榜为“小人物”代表的民主党靠拢。

新政中只要是有利于低下社会阶层的举措，都能使黑人民众受益。但是罗斯福并未推行过黑人人权的政策。平民保育团为美国黑人单独设立阵营，国家复兴署接受黑人同工不同酬的劳资条约，而公共事业振兴署总是给黑人以收入水平最低的就业岗位。所有这些，罗斯福都听之任之。总统甚至不愿意出面为一项反对私刑的法案草案做主。1935年，纽约的民主党参议员罗伯特·F. 瓦格纳和科罗拉多（Colorado）民主党参议员爱德华·P. 科斯蒂根（Edward P.

Costigan）提出了这项法案草案。（1935 年在美国南部共有 18 起私刑谋杀案发生。）总统担心一旦支持这项草案，就会丧失南部各州民主党人的支持而使新政付诸东流。如果说黑人依然被成功地融入“罗斯福联盟”中，那是因为在黑人眼里民主党人已经不像亚伯拉罕·林肯（Abraham Lincoln）时代的民主党那样劣迹斑斑了。

1936 年，共和党推举堪萨斯州州长阿尔弗雷德·M. 兰登（Alfred M. Landon）竞选总统。因出生于加拿大而无法竞选总统的神父库格林、弗朗西斯·汤森和接替被暗杀的休伊·朗成为“分享财富”项目负责人的杰拉德·L.K. 史密斯（Gerald L. K. Smith），于 1936 年成立了一个名为联合党（Union Party）的新党，推举来自北达科他州的共和党议员威廉·莱姆克（William Lemke）作为他们的总统候选人。但是联合党的竞选方式并不联合。库格林和史密斯用反犹太人的长篇大论恐吓温和派选民，库格林比史密斯更加赤裸裸地标榜亲近法西斯，而莱姆克和汤森则试图与朗的接班人保持距离。诺曼·托马斯（Norman Thomas）作为社会主义阵营代表参加竞选，而共产党则推举党主席厄尔·白劳德（Earl Browder）参加竞选。 / 662

共和党既缺乏有诱惑力的候选人，又没有令人震撼的口号。莱姆克竭力提醒工人，如果 1937 年 1 月 1 日老年保险开始推行，工人工资就会降低。罗斯福于 6 月 27 日在费城的一次讲话中正式提出作为民主党候选人继续参选总统。由他的新闻发言人托马斯·科科伦（Thomas Corcoran）撰写的演讲稿中的一句话后来被载入史册：“这一代美国人与命运之神有个约会。”后来他进一步明确了这句话的含义：“我们要为我们自己和全世界保护一个伟大而珍贵的政府形式而努力奋斗”。

1936 年 11 月 3 日的总统选举中罗斯福以 60.8% 的高得票率当选总统，创造了历届总统候选人最高的得票率。民主党人在参议院和众议院也取得相应的成绩。共和党候选人兰登获得 36.5% 的选票，只有在缅因州（Main）和佛蒙特州（Vermont）的选票超过了现任总统。“联合党人”威廉·莱姆克获得2%的选票，社会主义者诺曼·托马斯获得0.4%的选票，共产党人厄尔·白劳德获得0.2%的选票。

神父库格林在竞选中宣布，如果他不能为莱姆克拉到900万张选票，就停止广播讲演。实际上联合党候选人的票数连90万张都没有。库格林在短时间内兑现了他的诺言，但此后不久，他就变本加厉地通过讲演和书面文字来散播他那些充满煽动性的激进主张。1938年，他称自己为反犹太主义者，而共产主义和国际金融资本都是同一个犹太种族散布的不同形式的世界大阴谋。他在其杂志《社会正义》中刊印了《锡安长老会纪要》这部反犹太主义者捏造的作品。他创立了一个极右的战斗联盟，称为“基督教阵线”，专门组织反对犹太人的示威游行，并且设立武器弹药库，把希特勒、墨索里尼和佛朗哥赞誉为拯救西方文明的救星。1940年，他的“基督教阵线”被禁止。1942年，迫于公众的压力和教会的禁止，他不得不终止广播讲演。由此，来自霍利奥克的牧师的政治活动终于告一段落。

罗斯福再次大获全胜的时代好像是美国经济已经度过了最艰难时刻的年代。国民收入比1933年提高了50%。1932年以来，1936年的失业人口第一次重新降到1000万人以下，失业率为16.9%，比失业人口高峰期的1933年减少了8%。1936年道琼斯工业指数高出1933年的80%。对于汽车行业来说，1936年是自1929年以来最辉煌的一年。经济腾飞的景象如此令人瞩目，大通曼哈顿银行（Chase Manhattan Bank）的总裁温斯洛普·奥尔德里奇（Winthrop Aldrich）已经警告有通货膨胀的风险了。

经济复苏是相对的。1936年的形势还谈不上完全摆脱了经济萧条。还不能准确判断出政府到底利用了多少法律条款和措施来振兴经济。而新政未能做到哪些，这倒是比较容易界定：收入没有能够得到重新分配，男女权利平等也未能通过有力的措施得到贯彻；对黑人的种族歧视依然存在；社会最底层民众，如贫民窟居民、失业黑人、农业零工和小佃户等，因为几乎没有或根本没有组织起来，因此不能表达自己的政治意愿；尽管“美国印第安人”通过 1934 年的《印第安人重组法》得到了权利，被允许拥有集体资产、选举部落政府，但是他们得到的土地都是美国白人不感兴趣的质量极差的土地。

一方面，施行新政的人员在政治上受到重重阻力而不能实现更多目标。另一方面，他们内心与“美国生活之道”有千丝万缕的联系，因此难以做出更为激进的改变。不管怎样，他们可以坦然地说，努力到现在，因贫困而饿死的风险已经要比 1933 年时低得多了。他们让美国出现社会化的端倪，准确地说更加社会国家化了，或“更加欧洲化”了。他们大大推进了美国广大农业地区的电气现代化进程。他们最大的功绩在于，克服了美国在 1929 年之后所经历的心理抑郁症。罗斯福政府上台后不久，美国又开始有了自信，因此，在世界经济危机期间民主体制从未真正受到过威胁。在这方面，美国与欧洲国家有着本质上的区别；在 20 年代和 30 年代早期，一些欧洲国家蜕变成了专制国家。

当然，当时有很多人认为罗斯福执政的美国发展方向与墨索里尼统治下的意大利和希特勒统治下的德国非常接近。左翼自由主义作家 I.F. 史东（I. F. Stone）在 1933 年就指出，只有假设罗斯福是在向法西斯主义迈进，才能真正懂得罗斯福政治的全部。社会主义阵营的领军人物诺曼·托马斯于 1934 年这样说道，新政的经济政策和墨索里尼的社团主义以及希特勒的极权主义极为相像。就在同一年，美国共产党领袖厄尔·白劳德称罗斯福执行的是“饥饿式的、法西斯化的、帝国主义战争式的执政纲领”，视其政治本性和方向与希特勒如出一辙。

其实并不需要站在左派的立场，就能发现新政是朝着法西斯主义或纳粹主义方向靠拢的。弗吉尼亚州参议员卡特·格拉斯在 1933

年提到国家复兴署的“法案”时就批判“华盛顿政府极为危险的努力”，是“为了在国家的各个角落播种希特勒主义”。1934年密歇根州参议员阿瑟·范登堡（Arthur Vandenberg）是一位奉行孤立主义的共和党人，把总统授权根据互惠互利的原则降低关税税率的做法看作“奉行法西斯主义哲学，以达到法西斯主义的目的”。范登堡的一位同僚议员J.W.泰勒，在1934年6月18日众议院纪念亚伯拉罕·林肯诞辰的讲话中说道，权力从两院日益转移到了执行机构，而他就是独裁诞生的见证人，这种独裁者会让“希特勒、斯大林、墨索里尼和土耳其的穆斯塔法·凯末尔（Mustafa Kemal）等人嫉妒得鼻子发绿。私人经济的独立性已经寿终正寝，个性的自由仅仅留在人们的记忆之中”。

罗斯福在美国的对手并不是唯一把新政视为向法西斯主义和纳粹主义靠拢的人。无独有偶，贝尼托·墨索里尼在1933年7月7日的《意大利人》（*Popolo d'Italia*）中回顾罗斯福著作《向前看》（*Looking Forward*）意大利文版时，也发现了法西斯主义的意大利和新政的美国之间的相似性。“号召青年，拿出坚定的决心和男人般的刚毅奋起抗争，这让人想起法西斯主义唤醒意大利人民的方式……想起法西斯主义的作为，国家不再让经济随波逐流，因为经济与人民的福祉息息相关。这种巨变的气氛与法西斯主义毫无疑问是如出一辙的。但是，目前我们依然拭目以待。”

德国纳粹分子的机关报也做出了相同的积极报道。1934年1月17日，《人民观察家报》如此说：“德国民族社会主义者也在观察美国……罗斯福在做各种尝试，这些都是大胆的尝试。我们也很担心这些尝试是否能够成功。”1934年6月21日，这家报纸又对美国总统做出如此评论：“罗斯福在一个狭窄而又薄弱的基础上做到了极致。”

事实上，罗斯福的美国和墨索里尼以及希特勒的独裁政权确实有些相似之处：强化执行机构、国家操控经济，崇尚劳动、用杀气腾腾的语言向经济危机宣战、煽动百姓承担起本民族的历史使命。所有这一切不仅发生在意大利和德国，1933 年后的美国亦是如此。即便在今天，当我们穿越美国首都中心的国家广场，依然能见到很多 1933 年至 1939 年建造的新古典主义宏大建筑，这些建筑与法西斯主义意大利和民族社会主义德国的国家建筑有着惊人的相似之处。如联邦三角建筑群内的建筑、国家美术馆、国家档案馆、高级法院、史密森尼学会及博物馆、杰斐逊纪念堂，以及众多的部委和政府机构。当然，新政时期的建筑师不必向欧洲独裁国家的建筑师讨教如何建造雄伟壮观的建筑。他们实现的建筑设计往往出自 20 世纪初期，甚至从 18 世纪末期，建筑就已经开始朝这个方向发展了，这些设计符合美国的古典主义建筑传统。但是在很多国家，无论其政治体制如何，经济危机的出现都驱使人们去建造宣扬国家权力的宏大建筑，这些建筑给人以“后自由主义”的感觉。用文化史学家沃尔夫冈·希弗尔布施（Wolfgang Schivelbusch）的话说：“无论是蜕变成布尔什维克或法西斯的社会，还是修理成资本主义的民主社会，他们都需要这样一种建筑，这种建筑在社区中脱颖而出，犹如一座殿堂，去宣扬相互的信任和尊敬，传递一种宗教般的意义，寓意众志成城。同时，他们也在向全世界宣布他们是谁。”

反萧条建筑的类似性说明了危机年代相同的挑战。来自罗马、柏林和华盛顿的回答如果从社会的政治基础来分析，那显而易见是截然不同的。美国并没有更换政府，而是通过改革夯实了民主的基础。他们保留了自己的宪法，这部宪法到 1933 年已经有 146 年历史了。他们把先辈视为核心的东西视为无价之宝。这样一种从未间断的民主传统以及刻上民主烙印的政治文化在欧洲只有寥寥无几的国家拥有。意大利和德国都不属于这一行列，否则独裁政权上台时将遭受重重阻力。[1] / 667

/ 667 620

夺权的过程：1933 年至 1934 年的纳粹独裁政权

德意志帝国政府于 1933 年 1 月 30 日拥有了一个首领，这个人视自己为德意志民族命中注定的拯救者，并同时是整个日耳曼民族的拯救者。他不仅要把德意志人民从《凡尔赛条约》的耻辱中、从马克思主义手中、从自由主义手中、从议会制度中解救出来，而且还要把德意志人民从罪恶之源解救出来，这个罪恶之源就是全世界的犹太民族。犹太恶魔为了掩盖自己毁灭世界的动机，不惜戴上各种面具。希特勒认为，马克思主义不过是犹太人的一个面具而已，但这是迄今为止最成功的面具。马克思主义借助这个面具控制了工人阶级，希特勒将工人从国际化的马克思主义影响之下解脱出来，希特勒将其为民族事业而奋斗，这个任务只有一场运动，只有一个人能够完成，那就是要对犹太民族毫不留情地战斗到底。

阿道夫·希特勒视自己为这个运动的首领。1924 年他被关押在兰茨贝格（Landsberg）监狱里的时候，就在《我的奋斗》中把自己的信仰诉诸笔端，其文其意，大有世界末日之势：“如果犹太人借助马克思主义信仰战胜这个世界的各民族，那么他就会成为人类死亡之舞的王冠，这颗行星就会像百万年以前一样空无一人地围绕着蓝天旋转。永恒的大自然将对超出戒律的做法给予毫不留情的报复。因此，我认为今天要替天行道，抵御犹太人，为上帝的杰作而战。”

宗教的比喻明显说明元首到底要把纳粹主义变成什么样子：一种世界内在的“世界教会”，除它之外永无安宁；一种极权主义的宗教，它对极权的要求只有意大利的法西斯主义才能比肩。民族社
/ 668 会主义作为专制政权，是一种新型的独裁。它与极权式政体，欧洲或拉丁美洲的军事独裁等有着鲜明的区别。与传统的独裁体制相比，这一专制政权首先是发动群众，而且要求每一个人都必须改造成“新人”。这样一种政体在 1933 年 1 月 30 日以及之后的几周里还没

有诞生。但是，如果认真推敲希特勒的“奋斗时代”的公开宣言，就会明白，他要建立的政权至少要和贝尼托·墨索里尼的法西斯政体一样“极权”。

德国民族社会主义和意大利法西斯主义有很多共同之处：极端的民族主义，反马克思主义，反自由主义，内政斗争军事化，崇尚青春、男性和武力，魅力领袖的核心角色。这两项政治运动都发源于第一次世界大战结局给人留下的创伤。纳粹分子把德国的战败归咎于“十一月罪人”在背后“捅了刀子”，而意大利法西斯主义者则抱怨这次战争是一次“支离破碎的胜利”，因为自由主义者的软弱和左派的国际主义化致使西方同盟国雄心勃勃的吞并计划最终未能得逞。意大利和德国的两个政治运动都懂得利用人们对俄罗斯布尔什维克“红色革命”的恐惧来做文章。马克思主义工人运动因为第一次世界大战和十月革命而分裂，而这两个政治运动都从中受益匪浅。

墨索里尼和希特勒发动的运动有着很多相似之处，以至于很多当代人，特别是左派，从一开始仅仅把德国的民族社会主义认作“法西斯”在德国的表现。如果“法西斯”这个概念是用来称谓极右派的一种新型的军事性群众运动的话（事实也确实如此），这种现象在第一次世界大战之前还未曾有过。但是，民族社会主义并不仅仅是“德国法西斯”。与意大利法西斯相比，它已经成为更高层面上的一种剥夺人全部身心的政治宗教。无论从哪个角度去看，它都比其罗马的榜样更加极端、更加极权。同时，它面对的神话般的死敌是墨索里尼及其政治运动和政权所没有的。意大利法西斯对犹太人并没有不共戴天之仇，而这一点恰恰是希特勒“世界观”的核心。 / 669

反犹太人奋斗的“积极”一面是为了建立一个纯种族德意志大帝国的未来。在这个帝国面前，历史上所有的德意志帝国、中世纪帝国以及俾斯麦帝国都将黯然失色。“1914 年的边界对于德意志民族来说根本毫无意义。这个边界既不能保护过去，又不能体现未来的强大，"《我的奋斗》这样写道，"德国要么成为世界强国，要么一事无成。如果要成为世界强国，德国现在就需要具备举足轻重的地位，并且给予国民以好的生活。正因如此，我们民族社会主义者有意识地与战争前时代的外交政策划清界限。我们要从六百年前的终点重新开始。我们不要再无休止地向欧洲南部和西部进行日耳曼之征，而应该把目光聚焦在东部的国家。我们必须中断战前时代的殖民政策和贸易政策，而转向面向未来的土地政策。"

东部在这里指的是"俄国和被其奴役的周边国家"。希特勒坚信，命运本身给了德国一个提示，俄国把自己交给了布尔什维克。在他看来，布尔什维克的掌权取代了迄今为止上流社会日耳曼裔犹太人的地位，但是久而久之他们是无法维持这个帝国的统一的。"东部的帝国行将崩溃。犹太人对俄国统治的终结也意味着俄国这个国家的终结。命运叫我们成为这一灾难的见证人。这是对人类种族理论正确性最重要的确认。"

希特勒对西方最大强权国家美利坚合众国的看法充满矛盾，对其既崇敬又担忧。希特勒在他 1928 年撰写的但在其有生之年从未出版的《第二本书》（*Zweiten Buch*）中，把美国视为一个"新的权力因素……"，认为"它的规模将打乱迄今为止各个国家的所有力量秩序和等级秩序"。希特勒把美国人群视为"年轻而种族特别的人"。只有"有觉悟的人种政策"才能让欧洲各人种在与美国人交往中，"不使自己价值低廉的人种输给美国人种"。他在手稿的另一处写道，可以想象在久远的将来也许会有一次人种大联盟，"这些都是来自各国的高贵民族的人种。只有这个大联盟可以抗拒美利坚合众国对世界咄咄逼人的征服。因为我感觉，英国的世界霸权给今天各民族带来的苦难要比来自美国的小"。

/ 670

希特勒在他的《第二本书》中对英国这另一个盎格鲁 - 撒克逊

大国充满了崇敬。如果这个地球今天拥有一个大英世界帝国的话，那么“目前没有一个民族能凭借其普通的国家政治特性以及平庸的政治智慧与其相比”。希特勒不仅可以想象内陆强国德国与海上霸权英国结成联盟，甚至还可以为此牺牲德国未来的殖民地政策。与此相反，希特勒把法国看作宿敌，因为法国300年以来一直虎视眈眈地盘算如何瓦解德国。而法西斯意大利与法国形成鲜明对比：意大利和纳粹德国是天生的盟友，因此希特勒亲自下令禁止批评意大利的南蒂罗尔政策，更不允许对南蒂罗尔的属性提出质疑。在这一点上，德国纳粹分子与其他党派截然不同，不管是右翼还是左翼政党。

希特勒1930年至1933年在大庭广众之下所做的宣传，并未能够让人识别出他信仰的核心，这也是有如此众多的群众拥护纳粹的原因之一。民族主义和社会主义使得希特勒的运动有别于帝国的其他右翼集会运动。民族社会主义德国工人党（NSDAP）并非名人政党。这个党之所以可以在选举中获胜完全是靠其元首哗众取宠的能力，以及右翼工业家和银行家们作为他的追随者给予的经济支持。纳粹分子的“社会主义”吓倒了不少市民出身的选举者，特别是那些独立经营的中产阶级。1932年12月，纳粹党的分支机构、新建的工商中产阶级战斗联盟认为，有必要向小商贩保证，民族社会主义的经济和社会政策旨在让德国工人“脱贫”：“社会主义思想的意义就在于让一无所有者获得财富。在这一点上阿道夫·希特勒的社会主义与马克思主义者的社会主义截然不同。”对于“本国的”工人、职员、学生和青年学者来说，“民族社会主义”为其提供另一个选择：在这一面旗帜下，他们既可以远离国际马克思主义，也可以放弃民族主义“反动派”，成为“第三派”。这一派看上去前途光明，它远离无产阶级的阶级斗争和资产阶级的自身财富保护。 / 671

民族社会主义德国工人党的民族主义是连接市民德国，或者说表面上连接市民德国的核心。当时没有一个政党愿意说《凡尔赛条约》是正确的，也没有一个政党拒绝追求大德意志国。纳粹分子要求德国获得平等待遇，以及与奥地利合并，其呼声比任何人都高。但是，在修正战后秩序这一点上，德国需要的是取得广泛的国民共识，至少在表面上应该做到这一点。这对希特勒非常有利，他是来自奥地利的德意志伟人，把他的家乡与德意志帝国合并，并且承接普鲁士传统，崇拜腓特烈大帝和俾斯麦，所有这些对他来说都毫无困难。即便他是天主教教徒，这一点也问题不大。年青一代的德国人，只要不是马克思主义者或“教会人员”，就会认为宗教信仰已经过时，阶级斗争更不值得一提。希特勒的机会在于，许多人都相信他能够让看上去水火不容的两极重新和解：不仅仅是民族主义和社会主义，同样还有基督教和天主教的德国。

“民族共同体”和“帝国”是大国组成的秘诀。“民族共同体”的说法首先是弗里德里希·施莱尔马赫（Friedrich Schleiermacher）在1809年的一部手稿中提出来的。后来的几十年里，这个概念首先进入法学领域，然后进入社会学中。第一次世界大战之后，除了那些自称马克思主义者的人之外，其他所有政治派别都采用“民族共同体”这个词，无论是保守党还是自由主义者，无论是工会领袖还是社会民主党的改革家，无一例外。

/ 672

这个概念根据不同的用法可以有完全不同的意思。它可以是调和社会矛盾的自由民族国家的一种信念，也可以是对权威秩序的渴望，完全由“上面”来决定什么是对公众有益的，什么是对公众有害的。而纳粹分子是这一口号的最极端代表，他们宣称要粉碎马克思主义，因为号召阶级斗争本身就是否定“民族共同体”。另外他们还有一点有别于魏玛共和国其他所有政党，那就是他们的“民族共同体”是建立在种族意义上的。只有“雅利安”种族的德国人才能在纳粹的民族共同体内占据一席之地，而那些犹太人、吉卜赛人和其他人种都是劣等种族。

1933年以前，“帝国”日益变成与共和国相对立的战斗口号。同时，帝国的理念不仅指的是过去，也同时指向未来。自古以来，“帝国”就与对光明世界的期待相关联，特别是说到“第三帝国”的时候更是如此。这个概念早在1923年就由一位名叫阿图尔·莫勒·范·登布鲁克（Arthur Moeller van den Bruck）的新保守派时事评论员在其著作《第三帝国》（*Das dritte Reich*）中提出来了。

莫勒的著作出版后不久，纳粹分子就开始接过了“第三帝国”这个关键词，这个概念可以把他们的奋斗清晰地聚焦在一起。它传到纳粹党元首那里是通过格里哥·斯特拉瑟（Gregor Strasser）的哥哥奥托（Otto）的介绍。他于1930年与希特勒决裂，因为他指责希特勒背弃了1920年党纲中的“社会主义”。直到很久以后希特勒才开始担忧，“第三帝国”这个概念很容易诱发人们对另一个帝国，即第四帝国的遐想，这样人们就会对德意志帝国的连续性产生疑问。1939年6月纳粹党办公室宣布“元首”的意愿，不再使用“第三帝国”这个概念。但是此时此刻这个概念早已家喻户晓。很多德国人已经把希特勒当作他们的救世主。 / 673

但是，希特勒从未停止过使用“帝国”这个字眼。1941年12月18日，在掌权近九年之后，他在东普鲁士拉斯滕堡（Rastenburg）“狼穴”（Wolfsschanze）的元首指挥部里，试图对当时的事件做一次历史排序。“在取得政权的时候，”他说，“对我来说是一个关键时刻：我们要保留眼下的计时吗？还是应该把建立世界新秩序的这一刻作为新纪元的开始？我对自己说，1933年不过是对千年来现状的一次更新。当时帝国这个字眼几乎销声匿迹，但是今天它却如日中天，不仅在我们中间，而且在全世界：在各个角落，人们只要提起德国就会称其为帝国。”希特勒高估了自己的“功绩”。在德国知识分子圈里，早在几年以前“帝国”就已经苏醒，

626 尽管这个概念仅仅局限在思想界。希特勒不过是收获了他人播下的种子所结出的果实。

就像“民族共同体”和“帝国”神话一样，“元首思想”也不是纳粹的发明。不仅仅在纳粹右派中，即便是在中间的市民阶层，“领袖”“领导人”“领导”在魏玛共和国晚期已经非常盛行。右派们用领袖思想来对付匿名的干部领导，以及党政分歧和议会的意见争执。在一些年轻保守派作者眼里，“领袖”就是民族的救世主，就是谱写历史的工具，就是国家专政的承载者。希特勒之所以能把自己当作“元首”，是因为魏玛“体系”遗留下了广泛的基础，以及人们渴望救赎为其铺平了道路。只有像希特勒这样的煽动家才能唤起他是唯一能够排忧解难的救世主的形象。他若没有这个本事，也不可能担任帝国元首，并且在位12年之久。[2]

/ 674 以“民族振兴”为题的帝国议会大选，不像以前那样，只有几个大工业家如弗里茨·蒂森和弗里德里希·弗利克（Friedrich Flick）或者法本公司（IG Farben）的几位高管给予支持，所有大工业企业和大银行此次全都慷慨解囊，支持纳粹党。这是有史以来的第一次。与历届大选不同的还有，纳粹党彻底操控了公共无线电广播，他们借此进行煽动宣传。这次大选被笼罩在冲锋队屡屡发动的恐怖袭击的阴影之中。恐袭的主要对象是共产党人和社会民主党人。2月17日，普鲁士邦内政部部长赫尔曼·戈林（Hermann Göring）对警察下达指令，遇到紧急情况不必顾忌立即射击。5天之后，他把冲锋队、党卫军和准军事民族主义组织组合成义务辅警，旨在镇压左派所谓日益猖獗的武力活动。又经过了5天，帝国议会大厦于2月27日起火。

希特勒、戈林和戈培尔马上宣布，可以没有任何证据地指责共产党人是这次纵火案的罪魁祸首，这是他们想挑起血腥争斗和内战的信号。当时以及后来有很多人怀疑是纳粹自己放的火，但是这一怀疑也没有任何证据。根据调查，大多数意见认为，这是在现场被捕的荷兰无政府主义极端分子马里努斯·凡·德尔·卢贝（Marinus van der Lubbe）个人所为。他想用这种方式来发泄对纳粹和法西斯的愤怒。

就在当天夜里，帝国内阁颁布了“保护人民和国家的紧急法令”。这项法令“无限期地”终止了最重要的基本人身权利，出台了应对各邦的措施，并对从事包括纵火在内的一系列恐怖活动的人实施死刑。帝国宪法第48条法令毫无疑问意味着法制德国不复存在了。受到这一肆意行为迫害的第一批牺牲者除了共产党干部之外还有诸多著名的知识分子。就在2月28日，《世界舞台》的出版人卡尔·冯·奥西茨基（Carl von Ossietzky），作者埃里希·米萨姆（Erich Mühsam）和路德维希·雷恩（Ludwig Renn），“火速记者”埃贡·埃尔温·基希（Egon Erwin Kisch），性研究者马克斯·霍丹（Max Hodann）和著名刑事辩护人、律师汉斯·利腾（Hans Litten）就受到了“保护性拘留”。3月3日，警方在柏林夏洛滕堡的秘密住所逮捕了共产党主席恩斯特·台尔曼及其同事。 / 675

恐吓和宣传起到了作用。1933年3月5日的帝国议会大选中，希特勒政府胜出。51.9%的选票落入构成新内阁的两个阵营：民族社会主义德国工人党获得43.9%的选票，黑白红战斗阵线获得8%的选票（这是一个由德意志民族阵线、准军事民族主义组织和非党派保守政治家组成的联合体）。与其他各党派相比，共产党受到了纳粹更加严重的迫害，社会民主党受迫害程度相对较轻一些。它们获得的选票分别占4.6%和2.1%。两个天主教党派收获颇丰：中央党获得11.2%的选票，巴伐利亚人民党获得2.7%的选票。两个自由党派依然未能进入主流：德国人民党获得1.1%的选票，德意志国家党获得0.9%的选票。这次选举中，不仅民族社会主义德国工人党的选票发生了戏剧性的变化（增长了10.8%），而且参加投票的人数大大增加，从1932年11月6日的80.6%增加到了现在的88.8%。

希特勒大选获胜后，展开了纳粹分子所谓的“民族革命”，其中最为重要的一项就是颁布《各部与帝国一体的法令》：原来由纯市民阶层或社会民主党联合执政的邦政府现在一律变更为纳粹执政。“一体化法令”是上下联合出台的一个产物。上面的举措来自帝国内政部长弗里克，而下面的压力来自冲锋队和党卫军。政权更迭用了最长时间的是德意志联邦制的堡垒巴伐利亚。3月16日，慕尼黑也变为由纳粹统治。

与各邦一体化同时进行的是城市和乡镇的政权更迭。冲锋队和党卫军攻占市政厅，在很多地方逮捕了“马克思主义者”，即社会民主党的乡镇委员，并且强迫那些看上去不顺眼的镇长和市长退位。他们对劳工署和健康保险署也采用了同样的暴力措施。

/ 676

很多被捕的政治对手被移交警方，但冲锋队和党卫军自行对其“惩罚”的现象普遍发生。帝国议会选举后，在柏林及周边地区产生了第一批“自生的”集中营，那些“布尔什维克”遭到无情的清算。1933年3月，从巴伐利亚的达豪开始，第一批官方集中营建成。在这些由冲锋队和党卫军控制的营地里，不仅关押着共产党员，而且越来越多的社会民主党员和其他政敌也被关押进来。1933年7月，当冲锋队的恐怖行为开始减弱的时候，官方宣布在整个帝国共有2.7万名“保护性拘留者”。“第三帝国”成立的头几个月里被冲锋队和党卫军折磨致死的人数并未被统计进去。

所谓“民族革命”还包含了众多的大屠杀事件。在布雷斯劳，冲锋队对犹太律师和法官发动了一次政变，很多地方的犹太医务公务员被罢免，犹太人的剧院、歌舞剧院、金银首饰店铺、服装店、银行和百货商店遭到袭击。德国全国发起抗议，3月10日，希特勒不得不禁止其追随者“对个人进行骚扰，阻碍汽车行驶或扰乱商业生活”。两天之后，希特勒通过广播向民众宣布了帝国总统的一项（违宪的）决定：在最后设定帝国国旗的颜色之前，继续悬挂帝国的黑白红三色旗，并且同时悬挂卐字旗。这一规定使德国保守人士欢欣雀跃。

国旗的决定是“波茨坦之日”的前奏。3 月 21 日，在普鲁士被默认为首都的波茨坦的军营教堂举办了新当选的帝国议会开幕典礼。“马克思主义者”并未参加典礼：共产党议员有的被捕，有的销声匿迹。而社会民主党团里有 9 名成员被“保护性拘留”，党团在开幕仪式的前一天决定不参加这次活动。通过这次庆祝活动，希特勒特意强调“资深势力”和“新生力量”的结合。在两大基督教会的热烈参与中，魏玛共和国寿终正寝了。当兴登堡在军营教堂里独自步入地下，来到腓特烈大帝灵柩前，与这位国王来一次无声对话时，很多德国人心中的爱国之情油然而生，那种情感犹如他们数年来观赏阿尔弗雷德·胡根贝格电影公司马法（Ufa）摄制的腓特烈大帝电影一般。

3 月 23 日，帝国议会在其新会议场所柏林共和国广场的克罗尔歌剧院召开会议，讨论由民族社会主义德国工人党和德意志国家人民党提出的法律草案，以摆脱人民和帝国的贫穷。这一授权法案给予帝国政府四年的权力，颁布与帝国宪法相悖的各项法律。而唯一的“限制”是，这些法律内容不得涉及设立帝国上议院和下议院，以及不得涉及总统的权力。从此，上议院和下议院失去了参与立法的权力。会议同时强调，与其他国家签订协议也不例外。帝国政府颁布法令时，只要由帝国元首递交，并且在帝国法律报上宣布即可生效。

为确保修改宪法所需的多数，帝国政府在颁布法律之前就已经违背了宪法。政府对共产党议员视若无睹，把帝国议会的“法定成员人数”减少了 81 位。3 月 23 日，帝国政府修改了议会程序：未请假而缺席的议员可以被帝国议会主席禁止参与议事 60 个会议日，而被禁止议事的议员依然被认为是“在座”的。德国社会主义民主党即便是决定不参加会议，也不能推翻修改宪法的先决条件：需要有三分之二的出席者同意。

中央党和巴伐利亚人民党之所以赞同希特勒，是因为希特勒在政府宣言中采用了中央党主席卡斯关于国家和教会关系的一些措辞，并对天主教党派的代表做了附加的承诺（但是中央党在 3 月 23 日并未等到书面的确认）。在座的 93 位社会民主党人的反对票已经被计算在内。党主席奥托·韦尔斯（Otto Wels）在发言中指出投反对票的原因。这次发言不仅挽回了社会民主党的尊严，而且也挽救了德国民主的尊严。“你们可以剥夺我们的自由和生命，但是无法剥夺我们的尊严”，这样一句名言如今已经根植于德国人的集体记忆之中。代表市民阶层的小党派议员，包括德意志国家党的议员，投了赞成票。444 票赞成，94 票反对，甚至不需要用违宪的伎俩来确定合法会议成员人数，就顺利获得了修改宪法所需的多数票数。

市民政党的赞成票是自欺欺人和讹诈的结果。在他们眼里，大多数所期望的“合法”独裁总比投了反对票而出现的非法独裁要好。法制的外观最起码需要合法性的表象，这一做法保证了大多数人对政权的忠诚，特别是那一大批公务员。忠诚性统计是将权力移交给希特勒的原则性先决条件。1933 年 1 月 30 日的统计还不能表明这一目标已经完全达到。1933 年 3 月 23 日，当魏玛共和国的宪法名存实亡的时候，忠诚的重要性得到了进一步印证。此后，希特勒可以把取缔帝国议会作为帝国议会给他的一项任务来完成。

授权法颁布后政府的第一大行动就是从 1933 年 4 月 1 日开始抵制犹太人商店。纳粹政权的这一做法，一方面是减轻来自“下方”自己阵营拥戴者的压力，另一方面是回应来自全世界犹太组织以及自由派和社会主义派报纸对德国三月大屠杀的尖锐批评。民族社会主义德国工人党法兰克大区区长、反犹太报纸《先锋报》出版人尤利乌斯·施特莱彻（Julius Streicher）出面领导了这次反对“世界暴行的宣传”的行动。而这次行动的真正导演其实是柏林大区区长约瑟夫·戈培尔，他于3月14日担任新设立的帝国人民教育与宣传部部长。戈培尔对全国范围内为期一天的抵制行动颇为满意。“外国逐渐明白过来了，”他在4月2日的日记中这样写道，“全世界必须清楚，不能跟着犹太移民人云亦云地对德国指手画脚。”对德国犹太人的警告是非常明确的。在经济活动中对犹太人的排挤犹如达摩克利斯之剑悬挂在犹太人头顶。纳粹政权保留在任何时候，全国范围内对犹太人的经济影响采取下一步措施的权力。这是1933年4月1日释放出的信号。

在从经济界彻底排除犹太人之前，先要把他们从公职中排挤出去。1933年4月7日，帝国政府颁布了《重建公务员岗位法》。这项法令针对的是所有对执政的纳粹分子来说不可靠的公务员，包括魏玛共和国时期的“党票公务员”、左翼党派公务员以及亲左翼党派公务员，同时也针对“非雅利安”公务员。只要不是前线的战士，战场牺牲者的父亲或儿子，或不是在1914年8月1日之前就成为公务员的，这些公务员将被迫退休。这些例外还要归功于帝国总统兴登堡。前线犹太战士全国联合会曾请求总统，让希特勒手下留情。

1933年4月7日的法令结束了“随意清除”公职人员的做法，德国从而进入了“有序”和全面的国家公职人员大清洗阶段。首当其冲的有数百名大学老师。柏林大学和法兰克福大学丧失了近1/3的师资力量，海德堡失去了1/4的老师，而布雷斯劳有1/5的老师被解雇。被赶出公职岗位的有好几位诺贝尔奖得主，如物理学家阿尔伯特·爱因斯坦和古斯塔夫·赫兹（Gustav Hertz），化学家弗里茨·哈伯（Fritz Haber）。因为种族原因或者政治原因，又或者上述两者兼有，众多精英失去了自己的职位，他们是哲学家狄奥多·阿多诺（Theodor Adorno）、麦克斯·霍克海默（Max

Horkheimer）和赫尔穆特·普莱斯纳（Helmuth Plessner），法学家赫尔曼·海勒（Hermann Heller）、汉斯·凯尔森（Hans Kelsen）和胡戈·辛茨海默（Hugo Sinzheimer），社会学家卡尔·曼海姆（Karl Mannheim）和埃米尔·莱德勒（Emil Lederer），经济学家莫里茨·尤里乌斯·博恩（Moritz Julius Bonn）和威廉·洛卜克（Wilhelm Röpke），心理学家埃里希·弗罗姆（Erich Fromm），基督教神学家保罗·田立克（Paul Tillich）等，为数众多，不胜枚举。被解雇的人中，大部分流亡国外。一些研究机构，如法兰克福社会研究学院，还有一些专业，如弗洛伊德心理学研究，就此灭绝了。

师资队伍被清理的同时，学生阵营也未能幸免。4 月 28 日，根据入学人数限制规定，“非雅利安”学生比例按照犹太人在全民当中的比例被压缩到 1.5%。共产党员或者同情共产党的学生丧失了学习机会。不受欢迎的校长被更换成忠实于政府者。1933 年 4 月 20 日，在希特勒 44 岁生日之际，马丁·海德格尔（Martin Heidegger）当选为校长,5 月 1 日他加入了民族社会主义德国工人党。就在同一天，卡尔·施密特也入了党。5 月 27 日，海德格尔在师生出席的校长讲演中强调劳动役、兵役和知识役三者并举的重要性。

纳粹分子向一切在他们看来“非德意志”“颓废”“颠覆性”的潮流开战，并且活人死人一起算账。1933 年 5 月 10 日，在德国的首都和各大学城举行了公众焚书活动。纳粹的全国学生联会成员将左派、和平主义者、自由派和犹太作者的书籍付之一炬，这些著作中包括海因里希·海涅、卡尔·马克思、卡尔·考茨基（Karl Kautsky）、西格蒙德·弗洛伊德（Sigmund Freud）、阿尔弗雷德·克尔（Alfred Kerr）、亨利希·曼（Heinrich Mann，又译作海因里希·曼）、埃里希·克斯特纳、利翁·福伊希特万格（Lion Feuchtwanger）、埃里希·玛利亚·雷马克、阿诺德·茨威格、特奥多尔·沃尔夫（Theodor Wolff）、贝托尔特·布莱希特（Bertolt

Brecht）、库尔特·图霍尔斯基（Kurt Tucholsky）和卡尔·冯·奥西茨基（Carl von Ossietzky）等人的书籍。此时此刻，大部分活着的受害者已经离开德国。卡尔·冯·奥西茨基于2月28日被捕。而埃里希·克斯特纳居然在柏林弗里德里希－威廉姆斯大学前的广场上悄悄目睹了焚书过程。

焚书运动之后，掀起了反对文学、音乐、绘画和建筑中所有形式的“堕落艺术”的运动。1933年，广播电台界、电影界、戏剧界和新闻界在短短几个月之内被彻底肃清。从某种意义上讲，纳粹政权对报纸还稍有区别。国际上有名望的《法兰克福报》（*Frankfurter Zeitung*）在风格上要比《人民观察家报》更加中肯贴切，甚至近乎挑剔，这也是为了维护“第三帝国”公知的利益。树立起一个专业的四平八稳的表象，再稍加些色彩，这对外交以及内政来说都是有必要的。关键在于，重要事件必须由宣传部来把语言关，并且像戈培尔要求的那样诉诸文字。

1933年4月7日不仅仅是重整公务员体系的一天。这一天，帝国政府也将帝国新的法律基础贯彻到了各个邦。3月31日的第一个一体化法律，根据3月5日帝国议会选举在各邦的结果调整了（当然没有考虑共产党议员的选票）邦议会成员的配比，并且授权各邦政府，无须邦议会决定即可颁布法律，即便是那些具有改动宪法性质的法律也不例外。4月7日《各邦与帝国一体化第2号法令》规定设立邦政府总理一职，邦政府总理代表各邦的最高权力。在大部分邦里，希特勒直接任命民族社会主义德国工人党大区区长为邦政府总理。3月5日新选举出邦议会的普鲁士，由希特勒直接出任邦政府总理。4月11日，他新任命了一个普鲁士邦总理：同时担任帝国议会主席和帝国不管部部长的赫尔曼·戈林。

纳粹的天敌“马克思主义”经过授权法被进一步削弱，但还没有被灭绝。只能说共产主义者被彻底清除了。3月31日颁布的这项法令仅仅还有一些象征意义。德国社会民主党作为机构依然存在，几位受到严重威胁的领袖逃亡国外，如奥托·布劳恩（Otto Braun）、鲁道夫·希法亭和菲利普·谢德曼，其他领袖则已经被捕。剩余的高层干部处处小心翼翼，但是大都不与帝国政府合作。当时的德意志工会联合会则正好相反。工会主席于4月15日明确表示支持帝国政府决议，将5月1日定为“国际劳动节”，并将其作为法定假日。

1933年5月1日，工会大楼上挂出了黑白旗。纺织工人联合会在帝国政府组织的滕珀尔霍夫广场集体大游行中甚至打出了卐字
/ 682 旗。希特勒做了一次各个广播电台同时直播的讲话。讲话中，他强调了道路建设是一项“艰巨的任务”，他还强调脑力劳动和手工劳动的一致性。同时他进一步强调了自己的和平意愿。然而，工会领袖的这一机会主义做法最终得不偿失。就在国际劳动节刚刚过去的5月2日，帝国政府开始对自由工会进行狠狠的打击。这项行动是总指挥部蓄谋已久的，直到当天才开始执行。冲锋队和党卫军在全国各地占领了工会办公室，工会报社编辑部，工人、职员和公务员的银行及其分行。德国工会联合会主席特奥多尔·莱帕特（Theodor Leipart）和其他工会领袖被“保护性拘留”。保护性拘留一般为两周时间，但是莱帕特和他的副手彼得·格拉斯曼（Peter Grassmann）一直被关押到6月。不太重要的干部则被要求在新的领导机构下继续工作，这个机构就是国家社会主义工厂组织（Nationalsozialistischen Betriebszellen-Organisation，简称NSBO）。

自由（这里指靠近社会民主党的）工会的命运成为前车之鉴，另外两个政治派别的工会：基督教国家工会和自由派［希尔施－东克派的（Hirsch-Dunckersch）］工会于5月4日宣布无条件服从希特勒的领导。两天之后，民族社会主义德国工人党帝国组织总干事格里哥·斯特拉瑟的接班人罗伯特·莱伊（Robert Ley）宣布成立

德意志劳工阵线（Deutschen Arbeitsfront，简称DAF）。劳工阵线于5月10日在柏林召开第一次大会，希特勒亲自作为本届会议的监护人。他利用这次机会扮演了一个德国人民各阶层之间“诚实的协调人”的角色。莱伊被任命为德意志劳工阵线主席。国家社会主义工厂组织主席瓦尔特·舒曼（Walter Schumann）接过了工人协会的领袖一职。于是，“第三帝国”的工会组织就这样建立起来了。自1933年5月4日起，工人自己的独立性组织就不复存在了。劳资双方的工资协商也成为过去。有法律约束力的劳工协议条件则是根据1933年5月19日颁布的劳工委托人法制定的，而劳工委托人则由帝国元首亲自任命。

企业家协会与工会不同，他们还能掌握一定的组织自主权。尽管他们必须清除那些犹太领袖，以及纳粹看不顺眼的持不同政见的领袖，但总体而言还能保证继续运作。1933年6月，德意志工业帝国联合会与德意志业主联合会合并，组成了德意志帝国工业阶层（Rechtsstand der deutschen Zndustrie）。“阶层”（Stand）这个概念来自纳粹中产阶级思想家的语言，但是实际上在1933年夏天这项事业就夭折了。他们并未成功地控制大企业，因此不得不根据“副元首”鲁道夫·赫斯（Rudolf Heß）的指示，停止对“犹太人”百货商店和“马克思主义”消费协会的攻击。捣毁百货商店和消费者协会就意味着解雇大批工人和雇员，这是行不通的。纳粹的中产阶级干部试图鼓吹1920年党纲中不同的观点，但是纳粹上台之后，这种观点占据了主流。 / 683

农业组织的发展又是另外一条路径。曾在1933年1月大力协助希特勒成为帝国元首的帝国土地协会（Reichsland Bund），在1933年7月变成了新兴的所谓帝国农业阶层。这一组织的领导人理查德·瓦尔特·达勒（Richard Walther Darré）是纳粹农业机构的负责人。他一个月之前从胡根贝格手中接过了帝国经济和农业部部长一职。纳粹农业政治家的权力日益增长，从而削弱了东易北河大地主的势力。多年来，这些大地主左右着帝国土地协会的政策，并且给德意志民族人民党烙上了深深的印记。将农业重心从大庄园经济转移到小农经济，这正是希特勒的战略目的所在。生活空间战争最终要使德国各个经济领域实现完全独立，而尽可能实现自给自足是生活空间战争的先决条件。代表农业利益的组织的新章程和工业协会组织是一样的"逻辑"，尽量不采用激进的改变方法。

/ 684

摧毁自由工会的做法不可能让社会民主党袖手旁观。5 月 4 日社会民主党主席团决定，将以奥托・韦尔斯为首的三位工会领袖派遣到国外，让他们里应外合，继续与希特勒进行抗争。逃亡的第一站是萨尔布吕肯（Saarbrücken）。从此，社会民主党开始分化成两个团队：一边是以韦尔斯为首的团队，另一边则是"帝国社会民主党"，这一团队的非官方发言人则是当年的帝国议会主席保罗・洛贝（Paul Löbe）。

之后不久，两个"阵营"就爆发了公开的冲突。5 月 17 日，帝国议会在颁布授权法后第一次召开会议。希特勒想在这次会议上就日内瓦裁军会议发布政府宣言，为了摆脱帝国在国际上的孤立局面，总理期待着全国上下齐心协力。然而，身在萨尔布吕肯的党主席却要求社会民主党议会党团采取另一种姿态：不出席会议。党团内部只有少数人同意议员库尔特・舒马赫的这个倡议。而多数人则接受了帝国内政部部长威廉・弗里克的胁迫。他在帝国议会元老会上威胁社会民主党议员，如果党团不一起赞同帝国议会的政府宣言，他将杀死被关押的党内同志。

希特勒 1933 年 5 月 17 日的讲话是他所有讲话中最适度、最平和的一次。他对邻国的安全需求表示理解，特别是法国和波兰。他对和平做出承诺，其态度之诚恳，令其所有前任都甘拜下风。他要求德国能够获得同样的权利。即便是隐含的威胁听上去都是那么无奈："作为一个一再被诋毁的民族，我们也很难继续留在国际联盟中。"政府宣言收获了雷鸣般的掌声，帝国议会主席戈林宣读由民族社会主义德国工人党、德意志国家人民党、中央党和巴伐利亚人民党共同拟定的批准决议，并请同意这一决议的议员起立。这时全场起立，即便是社会民主党人也毫无例外。他们还一起唱了议会一致通过的德国国歌。唱完国歌之后，有人又唱起了《霍斯特 - 维塞尔之歌》("旗帜高举，队伍紧排")，但此时只有纳粹人士迎合。

对希特勒的表决使"帝国社会民主党"和社会主义工人国际组织决裂。社会主义工人国际组织不赞成社会民主党议员的投票行为。从 5 月 17 日开始，党主席奥托·韦尔斯就不再怀疑，帝国议会会议是党内斗争的开始，而民主党主席团只有借助国际势力才能赢得这场斗争。5 月 21 日，民主党主席团决定将总部从萨尔布吕肯迁移到布拉格。选择捷克斯洛伐克的首都是有战略意义的：穿过捷克斯洛伐克西部和北部丛林茂密的山峦，可以轻而易举地越过国境来到巴伐利亚、萨克森和西里西亚。这是开展非法工作的一个重要的先决条件。这些流亡的政党领袖们已经别无他途。6 月 18 日，在卡尔斯巴德（Karlsbad）出版了《新前进报》创刊号，流亡领袖以"砸断锁链！"为题发出号召。这是迄今为止社会民主党向希特勒政权发起的最猛烈的攻势。 / 685

第二天，洛贝一派的德国社会民主党出席普鲁士邦议会会议。普鲁士邦议会党团主席恩斯特·海尔曼把多数人的意见归拢到传统路径上来："只要合法的路径还能走得通，我们就必须继续走合法的路线。"党内事务由一个六人团来领导，这六人全都是纯种"雅利安"人。这几位包括洛贝在内的主席团成员与流亡在布拉格的主席团划清界限：出走国外的党员同志，不能替党做出任何解释。"本党对所有这些言论都不承担任何责任。"

但是洛贝派德国社会民主党并未能以此取得帝国内政部部长的

信任。6 月 21 日，弗里克以流亡主席团“背叛德国行动”的罪名，禁止了德国社会民主党的一系列政治行动。6 月 22 日，这项禁令开始生效。就在当天，掀起了一场大规模搜捕浪潮，除了德国社会民主党众多的党员干部、帝国议员和邦议员以外，其主席团中也有四人被捕，其中包括洛贝。另外一名主席团成员，梅克伦堡－什未林邦（Mecklenburg-Schwerin）前总理约翰内斯·施特林（Johannes Stelling）在科培尼克血腥周被冲锋队以残暴的方式杀害。7 月 6 日，德国秘密警察盖世太保逮捕了洛贝路线最强烈的批评者：帝国议员库尔特·舒马赫。8 月，他被关进斯图加特附近的霍伊贝格集中营，开始了其第一期集中营生涯。直到 10 年之后，舒马赫才恢复自由。

灭绝社会民主党的行动开启了禁止各党派运动的前奏。就在 6 月 21 日禁止德国社会民主党政治行动这一天，弗里克也禁止了德意志国家战斗团（Deutschnationale Kampfringe）。这是德意志国家阵线（Deutschnationale Front）的武装组织（德意志国家人民党自 5 月中旬开始称呼自己为德意志国家阵线），解散的理由可谓耸人听闻，据说是有共产党人和反对国家分子潜入到这些组织中去了。胡根贝格在几天之前还在伦敦的世界经济会议上呼吁德国应该拥有自己在非洲的殖民地，这一言论引起希特勒不满，6 月 27 日他宣布辞去在帝国和普鲁士的所有部长职务。就在这一天，德意志国家阵线自我解体，他们与民族社会主义德国工人党签订《友好协定》，保证德意志国家阵线成员能够进入纳粹党团中去。德国保守党派从此失去了自己的政治力量，面对来势凶猛的政治运动，保守党派本来打算奋力去制服它，现在却缴械投降了。

没过几天，德国国家党和德意志人民党这两个自由党派解散了。最终，罗马决定结束天主教在德国的政治活动。副总理弗朗茨·冯·巴本自 1933 年 4 月以来为取得国家与教会之间的一项协议，一直在和天主教谈判。谈判中，教会一派谈判方的（自 5 月中旬起仅仅是一个形式）中央党主席卡斯作为教宗的一名高级教士起到了举足轻重的作用。为保证宗教发展的空间，教廷牺牲了天主教在德国的政治、社会和就业组织。7 月 5 日，就在国家教会协议生效前三天，中央党宣布解散。巴伐利亚人民党在前一天迈出了同样的一步。

1933 年 7 月 14 日是攻占巴士底狱 144 周年纪念日。就在这一天，希特勒政府颁布一项法令。在德国只允许唯一一个政党存在，这就是民族社会主义德国工人党。“为其他党派集会结社或成立新党派”的任何人，都会受到监禁或劳教处罚的威胁。纳粹仅仅用了不到半年时间，就完成了一党专制。除了政党，还有一些其他权力组织，例如帝国武装、高级官员和大工业家。但是从任命希特勒掌权这一天起，清理各个党派就是“夺权”过程中的一个重要转折点。[3]

为了提高声望，希特勒政府必须尽快在解决大批人员失业问题的“劳工战役”中取得立竿见影的成效。创造就业的工作计划不必重新研究。前几届内阁，特别是施莱谢尔（Schleicher）将军内阁的很多计划，被纳粹贯彻到实际中去了。帝国制定紧急方案，拿出 5 亿帝国马克保证金作为创造就业机会的保障，并且开出可延期的、由帝国出具保证的、由帝国银行开出的有再贴现承诺的汇票，来支持公共就业措施。与施莱谢尔的做法一样，首先要改良土壤发展农村经济。帝国高速公路项目也可以追溯到魏玛共和国时代，只不过被纳粹分子大肆宣扬，而且这一项目从一开始就有其军事化目的，高速公路可以为迅速调动部队提供便利。但是高速公路项目实际上并未对降低失业率起到多少作用：1934 年 6 月底，全德国在这一项目中投入的工人并未超过 3.8 万人。1933 年 9 月，失业人口总数已经降到了 400 万这个临界点。希特勒政府创造就业的举措将 1933/1934 年这个冬季的失业总人数保持在 400 万。

1933 年 4 月，美国总统罗斯福宣布放弃金本位，美元因而贬值，

/ 688 德国经济复苏因此停滞。德国国际贸易收支出现了逆差，帝国银行的外汇储备严重缩水。1933 年 6 月 8 日，帝国政府宣布暂停支付所有私人外债（前提是这些外债不在此前制定的暂停协议范围之内）。为做出友善姿态，德国债务人必须向账户里转入资金，资金由帝国银行管理，但是不再以外汇形式转到国外。亚当·图兹恰如其分地称这种延期偿还债务的做法是“希特勒政府侵略性外交举措的第一步”。

与此同时，德国还做出用极具风险的方式来资助其重整军备的决定。1933 年 3 月重新担任帝国银行总裁的亚尔马·沙赫特想出了一种冶金研究会的特殊汇票，被简称为冶研汇票（Mefowechsel）。他规定从 1934 年 4 月起必须向所有军火供应商支付这种汇票。这种冶研汇票是沙赫特振兴经济“新计划”的核心部分。承接军火项目的企业在帝国银行打一个小折扣就可以让汇票兑现。因为这种汇票的利息不错，所以流通了相当长时间。

第一批汇票于 1933 年秋发行，在 1934 年 4 月则开始作为支付手段大规模发售。与此同时，纳粹政权兴师动众地开始了制造就业机会的第二次攻势。在发行冶研汇票的同时，政府还严格执行创外汇政策，并且对出口进行国家补贴。暂停支付外债和扩展军火工业措施出台后，1933 年 10 月 14 日，“第三帝国”在外交政策上又迈出了迄今为止最令人瞠目结舌的一步：宣布退出日内瓦裁军会议，并且退出国际联盟。西方建议设立一套监控系统，以禁止德国为期八年的扩充军备计划，而希特勒的举措正是对此做出的回应。对凡尔赛条约的公然挑衅受到百姓欢迎，希特勒把这样一场外交失败转变成了内政的胜利。1933 年 11 月 12 日，德国人对退出国际联盟一
/ 689 事进行公投，并且同时选举新一届帝国议会。有效票数中 95.1% 是赞成票，这就意味着 89.9% 的有选举权的人投了赞成票。在帝国议会选举中，92.1% 的有效选票支持民族社会主义德国工人党，这说明 87.8% 的有选举权的人拥护纳粹。

全民公投和帝国议会选举之后两个月，德国在国际上的孤立局面因波兰这个出乎意料的伙伴得到缓解。在魏玛共和国期间，这个东部邻国被大家视为威胁。波兰的国界，甚至波兰的存在，似乎都和德国的利益格格不入。希特勒担任帝国总理之后，波兰“强人”毕苏斯基元帅在 1933 年 4 月前后或者甚至在 3 月就通过极为机密的渠道向法国打听，是否愿意参与一次预防性行动，发动一次类似 1923 年占领鲁尔地区的行动，来占领但泽（Danzig）、东普鲁士（Ostpreußen）和德意志上西里西亚（Deutsch-Oberschlesien），从而迫使德意志帝国遵守《凡尔赛条约》中的军备及边境条款。但是巴黎并未给出正面回应。1933 年 5 月 2 日，毕苏斯基直接要求希特勒改变意向。希特勒给出了让华沙放心的回复：德国打算维持与波兰的边界现状。

1933 年 12 月，毕苏斯基再次与巴黎接洽未果，于是决定与德国直接交涉。经过几轮谈判，德国与波兰于 1934 年 1 月 26 日签订了互不侵犯条约。德国外交上这一出乎意料的转折对在奥地利出生的希特勒来说并不难以接受，而有普鲁士风格、具有反波兰传统的德国外交部对此却耿耿于怀。对总理来说，另一个敌人更加险恶，这就是苏联。他认为，反共产主义和反苏的波兰能够成为反对莫斯科的德意志政策的一个小帮手。这样一种看法在 1933 年前是没人能够想到的。

德国与波兰签署互不侵犯条约之后四天，德国迎来了所谓“夺权”一周年的日子。帝国政府用 1934 年 1 月 30 日这个日子作为纪念日，让新选出的帝国议会通过了重建帝国的条款，这改变了宪法。 / 690
法律取消了各邦的人民代表权，并把这些主权移交给帝国。邦政府从此隶属于帝国政府之下，各邦的总理则受帝国内政部部长监控。这一做法意味着划时代的变化：中央集权主义最终取得了对各邦分权主义的胜利。

然而，势力强大的邦政府总理实际上并不想无条件地听从柏林各部委的调遣。因为他们总是能够让希特勒站在自己一边，所以他们的反对意见还是起到了一定效果。希特勒虽然有着明确的终极目标，但是在国家内部秩序问题上并没有清晰的方案，一直躲避做出决断。因此，他常常打乱民族社会主义的“逻辑”。根据这一逻辑，德国应该日益朝着中央集权化的方向发展，帝国内政部部长弗里克正是根据所谓元首原则，努力实现系统化的中央集权。然而从某种意义上讲，这种不连贯的体系：希特勒的政治主要聚焦在“运动”而不是“秩序”上，翻来覆去的折腾并不利于构建一个稳定的结构。此外，他的追随者之间的纷争也有好处：他经常被请出来做仲裁，尽管他不做决定，但依然是这场游戏的赢家。

在和基督教会的关系中，希特勒采取高高在上的态度，一旦发生纠纷，他会以最终裁判的身份出面。在处理“第三帝国”与天主教教会关系的问题上，希特勒把大权交给了副总理冯·巴本。其结果是1933年7月20日在梵蒂冈签署的《国家教会协议》。这个协议1933年9月10日生效。天主教教会被允许料理自己的事务，并且得到国家承诺，可以保持自己的宗教学校、宗教课程，以及包括青年团组织在内的宗教团体。教廷则承诺神职人员放弃参加政治活动。从此，帝国政府取得了阶段性胜利：天主教在政治上保持中立，
/ 691
政府就可以在这个基础上，排斥天主教教会世界观所施加的影响。

在信仰新教的德国，纳粹早在1933年1月30日前就攻占了坚固的堡垒，尽管教会首领中不乏德意志民族主义分子，但是教会成员对民族社会主义早已经心驰神往。纳粹的“德国基督徒信仰运动”（Glaubensbewegung Deutsche Christen，简称DC）常常称呼自己为“耶稣基督冲锋队”（SA Jesu Christi）或“教会冲锋队”（SA der Kirche），纳粹在1932年11月普鲁士的教会选举中已经获得了三分之一的席位。尽管自己是天主教教徒，但在1933年7月的新

教教会普选之前，正在拜罗伊特（Bayreuth）出席理查德·瓦格纳音乐节的希特勒通过广播呼吁大家参与“德意志基督徒”大选。他的号召起到了作用：“德国基督徒信仰运动”一举获得了三分之二的选票。接下来要做的就是尝试夺取新教教会的领导权，而且首次尝试便获得成功：9月底在维滕贝格（Wittenberg）召开的德国基督教会议上，“德意志基督徒”成员、希特勒的宗教事务顾问、东普鲁士军区牧师路德维希·穆勒当选为新成立的德国新教教会的帝国主教。

但是，在维滕贝格也第一次出现了反抗运动：神父紧急联盟成立了，创建者是来自柏林-达勒姆（Berlin-Dahlem）的前潜艇指挥官和自由军团战士马丁·尼莫拉（Martin Niemöller）牧师，柏林的讲师迪特里希·朋霍费尔（Dietrich Bonhoeffer，又译作迪特里希·潘霍华），以及1933年6月被“德意志基督徒”解除了库尔马克（Kurmark）区总管职务的奥托·迪贝柳斯。数星期之后，神父紧急联盟发展成“认信教会”（Bekennende Kirche，简称BK），1933年底有大约1/3的新教神父加入了这个组织。

认信教会并非一个政治反对派组织。1934年5月在巴门（Barm）基督教会议上，当“德意志基督徒”占据多数的教会领袖要求服从的时候，认信教会也不以为然。认信教会仅仅反对新教政治化，反对教会内部的政治强制，反对德意志基督徒要求的旨在革除所有犹太裔基督徒职位的所谓教徒雅利安条款。认信教会的这一做法并非反对纳粹主义的全面政治主张，当然更不会与没有皈依基督教的犹太人站在一起。 / 692

在“德意志基督徒”眼中，这样一种有限的抵抗也有政治倾向，因为这和民族社会主义对整个人类的要求相抵触。原则上讲希特勒也持同样的看法，但他是个“现实政治家”。对他来说，其他目标要比从内部攻克新教教会更加急迫。反对势力出乎意料的强大迫使他于1934年秋来了一次“战线大调整”。被“德意志基督徒”组织罢免的主教，可以重返自己的岗位。“帝国主教”保住了自己的头衔，但是对教会已经没有实际影响了。

教会争夺战停止后，对基督教教徒和天主教教徒世界观施加影响完全凭借的是“外界”力量。同时，反教会的活动一直延续着。接过斗争领导权的是《人民观察家报》的编辑阿尔弗雷德·罗森堡。他从 1934 年 1 月起正式担任“元首特命民族社会主义德国工人党宗教和世界观教育负责人”。在虔诚的路德教派和天主教派眼中，罗森堡是一个纳粹的“新异教运动”代表人物。他的《二十世纪的神话》于 1934 年被教宗下令列入禁书名录。对于希特勒来说，最为重要的是如何让青年摆脱来自教会以及与教会脱不开干系的家庭的影响。在这个领域，教会斗争至关重要：1933 年底有 120 万基督教青年团团员加入了希特勒青年团。这些人可以开始接受纳粹教育了。

希特勒本人退出教会之争，使得他在教会界和保守的知识分子市民阶层赢得了良好的口碑。这个阶层的领军人物依然是各个大学的教授们。学术界清除了犹太裔和左派同事之后，教授们既不需要更改教义，也无须改变自己的研究方向：1933 年前隶属于“民族”派的知识分子，只要不攻击纳粹和帝国领导层，就不会受到干扰。教授们并未被要求必须加入反犹太主义阵营，但是很多人自发地反
/ 693
犹太人。在讲台上公开排犹，这种做法在 1933 年前并不常见，但是现在教授们公开表露对犹太人的厌恶已经不再是秘密了。

和两个教会阵营一样，大学师资队伍里的青年一代成了纳粹所争取的对象。很多年轻讲师深受“青年盟友会”和“保守革命”思想的影响，这个阵营里出来的人，并不一定会成为纳粹分子，但是在纳粹当权的时代，人们需要有坚定的信念，才有勇气不加入纳粹的队伍。1933 年，只有少数年轻学者拥有这样的精神和道德资源。

科学界如此，文化界各个领域亦是如此。排除犹太人和各类左翼人士的运动随着自我一体化的进程如火如荼地开展起来。1933 年

9 月，戈培尔建立了帝国文化院。这是一个庞大的机构，所有与文化有关的领域都在这个机构下面设有分支机构，在政治上和世界观上受其管辖。无论是写作、新闻、广播、戏剧、音乐或美术界人士，只要想参与德国文化生活，就必须加入这个机构。吸纳同类、排斥异己的运动开始了。很多人不仅被排挤出学术界，甚至被迫流亡国外。那些在国外依然抨击德国现状的人，在 1933 年 8 月 23 日丧失了德国国籍，他们的财产也被没收。这些人当中除了众多的左派政治家，还有戏剧评论家阿尔弗雷德·克尔、作家利翁·福伊希特万格、政论家库尔特·图霍尔斯基（Kurt Tucholsky）和利奥波德·史瓦西（Leopold Schwarzschild）。至 1933 年秋，大部分居住在城市里的知识分子已经逃亡国外。

此时此刻，广大农村则完全是另一番景象，农民紧紧跟随纳粹思想家的路线，深深地扎根于农村。1933 年 9 月 29 日，帝国颁布了《农庄继承法》，其目的就是要稳住农民阶层。这部法律集中体现了《血土》神话的代表、帝国农业阶层领袖、帝国农业部部长里曼德·瓦尔特·达里的思想。这部法律适用于大约 1/3 的农业企业，它们既不是最大的农庄，也不是最小的农户，而是中型规模的家庭农业企业。农庄继承人一般都是家庭里最年幼的男性，而且必须是农民。他的财产只能进行有条件抵押，而且不能像德国西南部常见的那样在家庭成员中再次进行分割。 / 694

大批农民拥入城市是不可避免的结果。尽管这一现象与民族社会主义德国工人党鼓吹的浪漫风情的农业口号背道而驰，但统治者达成了一个远大的目标。这些农民为军火工业提供了强大的后备军力量。军火工业支付的薪水要远远高出农业劳动的报酬。1931 年开始实施的义务劳动制填补了农业劳动力的缺口。这种义务劳动制是帝国准军事化劳役的前身。帝国劳役制度规定，从 1935 年 6 月起，每一位 18 岁至 25 岁的青年男女都必须进行为期半年的劳役。这种劳役制度为兑现希特勒1933年5月1日讲话中的承诺提供了一个机会：脑力劳动者在其一生中至少要体验一次体力劳动。

一方面在心理上提升劳动的价值，而另一方面又在剥夺工人的实际权利。1934年1月20日帝国政府颁布《国民劳动秩序法》，这是“第三帝国”企业宪法的《大宪章》（Magna Charta）。这项法律对“企业界领袖”委以重任，要他们关照“随从们”的幸福，为这些跟随者们做出一切决定。一个信任委员会为企业领袖提供咨询。委员会成员从候选人名单中选举产生，候选人则由企业领袖和德意志劳工阵线负责人事先经过协商产生。这种信任委员会与魏玛共和国期间的劳工代表委员会毫无相同之处。这一新章程的受益者是企业家：他们只要不和德意志劳工阵线发生冲突，就会重新找到“一家之主”的感觉。工人中反抗政府的势力微乎其微。失业人口的减少（1933年12月至1934年11月从410万人减少到230万人）使“第三帝国”及其“元首”受益匪浅。政治和工会权利的丧失多少得到了一些补充：对失去工作岗位的恐惧逐渐淡化了。

/ 695

众多的女工亦是如此。尽管纳粹分子在1933年1月30日前向“双收入家庭”宣战，但是后来也仅仅停留在口头上。女人应该在家围着锅台转，换句话说就是伺候男人和孩子，但是这样的口号实际上没有什么作用。“第三帝国”已婚妇女的就业率非但没有下降，反而一路攀升。只有在公务员要职岗位上，即有大学学历的女性，才被系统地排挤出去。此外，帝国政府还根据1933年4月25日颁布的旨在防止德国学校和高校人满为患的法律，降低女大学生的比例，1939年夏女大学生的比例降到11.2%，创造了历史新低。德国妇女在法律上和实际生活中获得的权利，在1933年之后又丧失了很多。民族社会主义是坚决反对女性解放的。这一点和一些史学家和社会学家的观点格格不入。他们认为，第三帝国不管是否情愿，实际上都为德国社会的整体现代化做出了贡献。

“夺权”一年后，纳粹分子的“民族共同体”轮廓更加清晰了。所谓“民族共同体”，就是要有意识地去除新教和天主教之间的区别，去除城市居民和农村人口的区别，去除“脑力劳动者和体力劳动者”的区别。这一共同体以男性为主，分布在各个社会阶层组织和机构里，特别是在劳动阵线中，听从“元首指示”。业主变成了企业领袖，员工变成了随从。选举出的农业组织代表被帝国农业部任命的地方农民领袖和县农民领袖所取代。在大学里，文化部任命的校长扮演着领袖的角色。根据 1933 年 10 月 4 日颁布的法律，报刊界的总编要对其下属的言论负责。民族社会主义德国工人党内产生了不计其数的大大小小的领袖，从街道主任到街区总管，从镇长到大区区长，还有党团分支的干部，以及各类组织，如纳粹妇女团体、纳粹民生团体、纳粹车队团体的负责人等。所有这些人都服从一个人的意志，但又能同时感觉自己是统治者的一部分。 / 696

如果有人说了元首的坏话，甚或批评希特勒本人，就有可能被检举，根据情节严重程度有可能被送进集中营。为了监视德国人，政府不仅仅依靠拿报酬的盯梢和人数不多的秘密警察（盖世太保），纳粹分子依靠的还有不计其数的“人民同志”。这些人向政府机关检举揭发“人民害虫”，感觉这是帮助了“元首”。在纳粹统治的第一年，对希特勒及其历史使命的信任就成了“民族共同体”最为重要的维系之物。元首的神话不能丧失作用，没有这个神话，“第三帝国”就不能存在。戈培尔每天的宣传攻势就是以此为基础的，而这种宣传是没有一个德国人能够置若罔闻的。[4]

希特勒上台一年后，威胁这位帝国总理的并不是被禁止的共产党或社会民主党发动的地下斗争，而是纳粹运动内部，即冲锋队。早在 1933 年 6 月，冲锋队参谋长恩斯特·罗姆在《国家社会主义月刊》的一篇文章中就以毅然决然的口吻要求将“国家的”革命转变为“民族社会主义的”革命。自1933年7月钢盔团被编入冲锋队以来，冲锋队成员多达150万人。而罗姆感觉自己依然是为希特勒1933年1月30日上台立下汗马功劳的“老战斗队员”的代言人。这一批人对德国迄今为止的变化不满，要求来一场“第二次革命”，好把“褐色军团”的这些元老置于国家和社会的要位上。

/ 697

而希特勒知道，他的长远计划并非向帝国军队、公务员和企业家阵营发起挑战。1933年7月6日，他在柏林召开的帝国总督会议上对罗姆的挑战做出了回应。革命不是永恒的，需把革命转化为稳定的基础。“党现在成了国家。所有权力都掌握在国家手中。德国生活的重心一定要避免重新回到单个领域或某个组织中去。”冲锋队总参谋长的公开说教并未起到作用。1933年12月4日，他被任命为帝国不管部部长，但是此举也未奏效。希特勒本想通过这一任命安抚冲锋队，但是罗姆要求冲锋队在德国的“重新武装”过程中再次挂帅，并且构建成未来军事力量的核心部分。1934年2月1日，罗姆向帝国军事部部长勃洛姆堡递交了一份备忘录，要求把帝国军队的功能降到纯粹的教育军队的地位。罗姆的意图很明确：帝国军队应该和冲锋队调换军事角色。

帝国军事部部长不费吹灰之力就把希特勒拉到正规军这一边来。2月28日，帝国总理在帝国军队、冲锋队、党卫军高级将领的会议上，明确否定了罗姆的军事计划。他决定，“一个人民的军队要建立在帝国军队的基础上，受到精良的培训，配备最现代化的武器”。这样一支新型的军队，要在5年之后能够防御任何进攻，并且在8年之后能够发动攻击。他要求冲锋队听从他的调遣。在过渡期间，冲锋队应该承担起边防和准军事教育的任务。此外，帝国军队应该是全国唯一一支配备武器的武装力量。因希特勒的这次让步，在1934年2月28日颁布的法令中，勃洛姆堡责成帝国军队动用雅利安条款重建职业军队。

接下来的几周里，罗姆并未对元首的新指导方针提出质疑，但是这位总参谋长的言论，特别是 4 月 18 日在外交使团的讲话，可以 / 698
说是一如既往的“革命”，冲锋队和帝国军队之间的冲突也频频爆发。自希特勒担任总理以来，老百姓第一次感觉到领导层有弱点。1934 年 5 月，戈培尔试图发起一场攻势来对付那些“泼冷水和挑刺儿”的人。接二连三的骚动使得围绕在副总理弗朗茨·冯·巴本周围的保守派势力发起一场以自己的方式宣示权力的活动。他们认为，兴登堡一旦去世，就应该重新建立君主制。这一做法是用来应对不远的将来就要出现的情况。1934 年春，年迈国家元首的健康状况进一步恶化。

1934 年 6 月 17 日，巴本在马尔堡大学的讲话中释放出的信号是，保守力量要集结起来应对极端的国家社会主义势力。这篇讲话的文稿是副总理的亲密同僚、青年保守派政论家埃德加·容格撰写的。容格在巴本的讲话中表达出崇尚人性、自由、法律面前人人平等的精神，而这些价值并非是自由派的，而是日耳曼基督徒的概念。讲话中，对煽动第二次革命代表人物的抨击是显而易见的。“一个民族如果想经受住历史的考验，就不可能一直处于自下而上的暴动状态。运动总有终止，必须建立一个牢固的社会结构，借助不受影响的司法和坚定的国家权威保持稳定。德国不能像一列去向不明的火车，无人知晓它何时才能停下来……”

巴本的讲话收获了听众经久不息的掌声。如果不是戈培尔立即禁止播出这篇讲话，德国将因此受到深远的影响。埃德加·容格 6 月 25 日被盖世太保逮捕。至此，希特勒明白自己正处在内政针锋相对的两派中间，他唯一能做的就是将双方各打五十大板。罗姆的“革命冲锋队”和君主主义“反动派”都不能幸免。如果他的枪口仅仅针对巴本一派，就会触动元老们的根基，而冲锋队的胜利对希特勒来说是极为危险的事。如果他仅仅对冲锋队下手，就会助长“市 / 699

民”团队的力量，这也是他不愿看到的。巴本在马尔堡的讲演给他机会来一次闪电式行动，通过肃清两个阵营的办法来解除国内危机。

1934 年 6 月底至 7 月初的事件被当年和后来的人称为“罗姆起义”（这是纳粹分子们的用词）或“罗姆政变”。实际上，冲锋队参谋长从未发动过政变或起义。罗姆与希特勒进行了一次长谈后，于 6 月初开始疗养，并且命令冲锋队 7 月全面“休假”，希特勒如鱼得水。希特勒与帝国军队和党卫军联手，那个时候党卫军还在冲锋队的阵营里，给了他这位多年的朋友和同志一次沉重的打击。6 月 30 日，罗姆和冲锋队其他领袖在巴伐利亚的巴特维塞（Bad Wiessee）被捕，而且希特勒亲自参与了这一行动。这些往日的高级将领被押解至慕尼黑施塔德尔海姆（Stadelheim）监狱，并且未经任何法律程序就在当天被处决，只有罗姆一人例外。他先是被希特勒罢免了冲锋队参谋长一职，然后于 7 月 1 日被处决。

冲锋队的领袖们不仅仅是“罗姆政变”唯一一批受害者。希特勒、戈林和“帝国党卫军领袖”海因里希·希姆莱（Heinrich Himmler）统帅的党卫军，借此机会肃清了一批来自不同阵营的政敌。前任巴伐利亚国家总专员古斯塔夫·冯·卡尔骑士，巴本的亲信，天主教运动主席、总书记埃里希·克劳泽纳（Erich Klausener），巴本的同僚赫伯特·冯·伯泽（Herbert von Bose）和埃德加·容格，前任国家社会主义德国工人党帝国组织部部长格里哥·斯特拉瑟、前帝国总理库尔特·冯·施莱谢尔将军及其同事费迪南·冯·布雷多将军在 6 月 30 日被处死。希特勒事后指责其前任总理施莱谢尔与罗姆共谋叛国、布雷多将军在外交上与施莱谢尔沆瀣一气，这两大指责都毫无依据。而唯一留下证据的是这次大屠杀活动中丧命的牺牲者：共有 85 人被处死，其中有 50 人是冲锋队队员。

除了冲锋队领袖们，希特勒于 6 月 30 日还剔除了失宠的保守派成员。巴本，这位曾经被人推到前排的保守派领军人物最终还是保全了性命。他被戈林软禁了两天，但之后获得了希特勒的个人尊严声明。8 月 7 日，他卸去了副总理职位，并根据希特勒的要求出任德国驻维也纳特使一职。

在那里，奥地利纳粹分子征得“元首”的同意发动了政变，但是总理恩格尔伯特·陶尔斐斯遇刺一事并非在计划之中。虽然暴动的企图被迅速镇压下去，但是引起了一场国际危机：6 月中旬首次在威尼斯与希特勒相会的墨索里尼陈兵布莱纳（Brenner），为的是警告德国不要吞并奥地利。而巴本的使命是在维也纳重建德国的威信。根据此人的性格，料想马尔堡讲话之类的事件不可能重演。

1934 年 7 月 3 日，帝国政府颁布了一项有追溯力的法令：“消灭一切叛国和叛逆活动”，以法律的方式将 1934 年 6 月 30 日、7 月 1 日和 7 月 2 日采取的行动解释为“国家防卫”。7 月 13 日，希特勒在帝国议会如此解释自己的行为：“如果有人指责我，为什么我们没用正常的法律程序来进行判决，那么我只能说：在这样的时刻，我要对德意志民族的存亡负责，因此我就是德意志民族的最高法官！”

希特勒为这场亲自下令、被所谓“健康的人民感觉”默许的谋杀披上了一层自然法则的外衣，从而可以在理论上不通过法治国家的权威去杀人，这样的理论被国家法学家卡尔·施密特据为己有。施密特 1933 年 11 月担任纳粹的德意志法学者联合会大学教师组组长一职。在一篇题为《领袖护卫法》的文章里，他把希特勒的“最高法官”公式变成了自己的学说。“真正的领袖永远是法官，”施密特这样写道，“法官源于领袖，谁想分离甚至对立这两者，就会把法官作为反面领袖，或者把法官作为反面领袖的工具，借助国家的力量来毁灭国家……实际上，领袖的做法是真正的司法管辖权。它隶属于法，而本身就是最高法……领袖的法官实质来自同一个法律源泉，每一个民族的所有权力都来自这个法律源泉。在紧急情况下行 / 701
使最高权力，使法律得以最高程度地实现。所有权力来自人民的生存权利。”

冲锋队危机中的赢家，除了希特勒之外，还有帝国军队和党卫军。为了夺取本民族武器持有者的独断地位，帝国军队领袖们在这场危机中扮演了帮凶的角色。为了达到这一目的，他们不择手段，甚至杀害了两名将军。从此之后，帝国军队一直受到道义上的谴责。1934年7月20日，希特勒为了表彰党卫军在杀害冲锋队领袖层活动中的贡献，将党卫军提升为民族社会主义德国工人党框架内的一个独立组织。“帝国党卫军领袖”海因里希·希姆莱，自1934年4月以来担任德国政治警察魁首，在“第三帝国”的等级制中又向上攀升了一级。他的“党卫军”得以开始发展成国家中的独立王国。

1934年6月初，保罗·冯·兴登堡住进他的庄园诺伊戴克（Neudeck），1934年8月2日逝世，享年86岁。魏玛共和国的这位第二任国家元首一直对党魁希特勒持怀疑态度，直至1933年1月的最后几天。但是当希特勒成为帝国总理之后，他又对其放弃一切成见。1933年1月30日后，这位帝国总统只有两次施展了自己的影响力，第一次是1933年4月重建公务员制度时提出淡化反犹太人法，另一次是同年夏天在教会斗争中提出了自己的意见。希特勒担任总理期间，这位年迈的总统认为德国进入了期盼已久的内部和平时代。兴登堡对镇压所谓的“罗姆政变”持积极态度。他对冲锋队这位同性恋参谋长厌恶至极，镇压行动结束后他甚至发了贺电给希特勒和戈林。他对这些事件的认识，让他提高了对总理的赏识程度。

兴登堡临死前并未能实现自己的政治愿望。1871年1月18日，他作为年轻的普鲁士军官，在凡尔赛目睹了皇帝宣言场景。
/ 702
1934年5月，他写下遗愿，立志重建霍亨索伦君主国。这份遗愿显然是给“帝国总理先生”的，在帝国总统死后交给总理。然而，在巴本奉奥斯卡·冯·兴登堡之命于8月14日在贝希特斯加登（Berchtesgaden）向希特勒转交此信时，希特勒对其内容早已了如指掌。次日，帝国总理发表了前副总理转交给他的兴登堡的遗嘱。在文件中，兴登堡给予了“阿道夫·希特勒及其运动”最高评价。但是，希特勒却只字未提已故帝国总统在遗愿中所说的政治愿望。

希特勒我行我素，拒绝复辟君主制，因为这和他的元首理念格格不入。兴登堡之死给了他进一步扩大元首权力的机会。早在8月1日，也就是帝国总统逝世前一天，帝国政府决定将帝国总统和帝国总理的职务合并，这样一个方案是兴登堡在遗愿中极力反对的，而且也违反了授权法。授权法明确规定，帝国总统一职必须不受影响地延续下去。另外，就在同一次内阁会议上，帝国部长冯·勃洛姆堡还宣布，兴登堡一旦去世，帝国军队的士兵就要宣誓效忠“领袖和帝国总理”。

1934年8月2日，士兵们必须重新宣誓，其誓言毫无法律依据，也没有效忠人民、效忠祖国和效忠宪法的表述，只提及效忠一个人：“我向上帝发出神圣的誓言，我无条件效忠德意志帝国和人民的领袖，军队最高指挥官阿道夫·希特勒。作为一名勇敢的战士，我随时准备为此誓言献出自己的生命。”

1934年8月2日，希特勒的个人权力达到登峰造极的地步，这在德国专制君主制历史上从未有过。从体制角度来讲，“夺权”的进程到此告一段落。唯一缺少的是百姓的欢呼。1934年8月19日，在兴登堡遗嘱公布4天之后，德国人有机会对8月1日颁布的《德意志帝国国家元首法》做出表决。不出所料，绝大部分人都投票赞成这部法律。有效投票人数中有89.9%投了赞成票，这相当于84.3%的有投票权的人拥护这项法律。

乍看上去这是一个压倒性多数的表决结果，但是如果和1933年11月12日的公民投票相比，这个结果发人深省。不参与投票的人数有所增长，投赞成票的人数有所减少，有表决权的人当中投赞成票的比重从89.9%降到了84.3%。大城市投票区投反对票的人数比例很高，汉堡为 20.4%，亚琛为 18.6%，柏林为 18.5%。在帝国首都的各个区，反对票数比例都是两位数，当年的“红区”威丁（Wedding）以 19.7% 称冠。

显而易见，人们更加关心德国退出国际联盟的事，而国家中两个最重要职务的合并并不像前者那样受到关注。希特勒的声望并没有因为少数人的不信任而受到严重影响。但是根据戈培尔在 8 月 22 日的日记中记载，第二次公投出乎自己的预料，以“不成功”而告终。

对政府日益淡漠的信任感同时也反映在经济领域。尽管对出口做了大量补贴，但老百姓深受 1934 年德国外贸额下降之苦。外贸倒退既是受国际贸易保护主义的影响，也是德国自身的贸易保护主义造成的。与美国和英国之间的贸易几近崩溃，德国试图通过多瑙河流域向南欧，甚至向南美洲扩展贸易。这一尝试的进展非常缓慢。1934 年 6 月 14 日，帝国银行总裁沙赫特宣布完全冻结偿还外债，并且引进每天分配外汇的机制。据盖世太保记载，外汇危机导致的经济问题给德国人造成的恐慌要比“罗姆起义”来得更大。

/ 704

军火工业自 1934 年起受益于来自国家的订单。“第三帝国”成立的第二年，军费开支已经超过国家货物和服务业开支的一半。1933 年至 1934 年，国内生产总值增长中军备行业的增长超过了十倍，从原来的 4.2% 增长到 47%。1934 年，非军工行业的创造就业举措没有发挥效果，而军备行业中的失业人口急剧减少。与 1929 年最低薪酬水准相比，此时的工资水平略有提升，但这完全是工作时间延长所致。从这种情况看，8 月 19 日公投大城市工人区的反对票数居高不下并非偶然。

但是，在 1934 年夏还谈不上广大无产阶级对民族社会主义发起反抗。1934 年初成立的隶属于德意志劳工阵线的休假组织“力量来自欢乐”（Kraft durch Freude，简称 KdF）效仿意大利法西斯娱乐组织“休闲国家剧院”，接二连三地推出假日旅游、民间体育、音乐会和戏剧节目，以及“热闹的夜晚”晚会，使得“第三帝国”深受工人喜爱。流亡布拉格的德国社会民主党党魁在柏林的联络人在所谓“罗姆政变”后这样说：“工人对政府的态度依然是中立而友好的，即便是最近爆发了这些事件，但仍然看不到有什么变化。”[5]

罗马建立第二帝国：法西斯意大利和阿比西尼亚战争

欧洲国家中，希特勒认为在意识形态上与自己关联最深的要数法西斯意大利了。没有一个政治领袖像贝尼托·墨索里尼那样受希特勒尊敬和钦佩。1933 年 1 月 30 日，希特勒成为帝国总理，意大利是唯一一个对德国权力更迭做出积极反应的国家。《意大利人民》于 1 月 31 日发表文章，标题为“世界上陈旧的民主自由体系崩溃了，阿道夫·希特勒集结各种民族主义力量和军队派别接管了德国政府”。《古钱报》（*Resto del Carlino*）在同一天刊登的文章标题为：“追寻法西斯的足迹。帝国总理希特勒率领年轻的新生力量获得德国领导权”。

1933 年 3 月 5 日的帝国议会选举巩固了希特勒的权力。此后，墨索里尼试图通过调解德国与西方各国之间的关系来从中获利。这个“领袖”积极参与英国首相麦克唐纳于 1932 年发起的组建英国、法国、德国和意大利协商条约国的计划，这一协议 1933 年 7 月 7 日在罗马签署。然而当在 1933 年 8 月和 9 月间完成批准程序时，只剩下意大利和英国。此举的失败与德国向奥地利施行侵略政策密切相关。墨索里尼非常关心奥地利是否能保持独立，因为他见不得在布莱纳边界上要和德意志帝国接壤。

1933 年 5 月和 6 月，奥地利纳粹分子和基督教社会党党魁恩格尔伯特·陶尔斐斯领导的独裁政府之间的冲突日益加剧。暗杀、炸弹袭击、炸毁桥梁此起彼伏，奥地利这个阿尔卑斯山共和国被推向内战的边缘，而政府则采取搜捕、抄家、禁止集会等一系列强硬措施予以回应。巴伐利亚州的纳粹司法部部长汉斯·弗兰克 5 月在维也纳和格拉兹（Graz）进行了一系列煽动性讲演，月底就被赶出了奥地利。于是帝国政府颁布了“一千马克禁令”，用高额收费禁止德国游客进入奥地利。柏林相信，通过禁令和严厉措施就可以使陶尔斐斯政府在很短时间内就范。

为了维护自己的权力、防止被德国吞并，维也纳政府于 7 月底在伦敦和罗马要求英国和意大利出面对柏林施压，使其收回对邻国采用的有悖于国际法的政策。迄今为止，墨索里尼在西方国家和德国的调停之中一直努力扮演中立的角色，因此打算独自给帝国政府施加影响。但是他最终和英法两国一样无功而返。伦敦和巴黎于 8 月 4 日提出的外交照会毫无成效。这位意大利“领袖”从失败中吸取教训，期盼“奥地利国家法西斯化”，从而成为意大利的卫星国。1933 年 8 月 19 日至 20 日，陶尔斐斯在里乔内（Riccione）再次与墨索里尼会晤，这已经是奥地利总理在短短四个月中第三次访问意大利了。这次会晤中，陶尔斐斯向墨索里尼保证会使自己的政府更加独裁化，并且向社会民主党发起更加猛烈的进攻。 / 706

早在 1933 年 3 月，维也纳政府就已经解散了社会民主党的准军事组织共和国卫队，并宣布这一组织是非法的。1933 年 10 月，社会民主党在一次特别会议中做出决议，在四种情况下必须拿起武器进行抗争。这四种情况是：本党被取缔、工会被取缔、“红色维也纳”遭到攻击、法西斯立宪。1934 年 1 月 18 日，墨索里尼派遣外交部的国务秘书富尔维奥·苏维奇作为特使前往维也纳，目的是要求陶尔斐斯坚持贯彻在里乔内商定的协议，同时苏维奇还强力推行反议会和反马克思主义的路线。于是，1 月底至 2 月初，奥地利的准军事组织保安团（Heimwehr）频繁活动。

2 月 12 日警察对林茨（Linz）工人宿舍采取行动时，被禁止的共和国卫队忍无可忍，从被包围的建筑中对警察进行了还击。林茨的消息传到维也纳，社会民主党决策者们宣布发动总罢工。在奥地利首都开始了武装斗争。警察、联邦军队和武装团体花了 3 天时间来镇压工人的反抗。工人们占领了包括维也纳德布灵区的卡尔·马克思大院在内的大型居民住宅，他们以此为堡垒袭击保安武装力量。

警方大约有 100 人死亡，近 500 人受伤；共和国卫队和普通百姓大约有 200 人死亡，300 多人受伤。根据紧急状态法，众多起义者被枪决，所有社会民主党组织被禁止，社会民主党议员的议席也被取缔了。取得胜利的是“奥地利法西斯”陶尔斐斯政权和支持这一政权的两个国家：一个是法西斯意大利，另一个是独裁统治的匈牙利。当年的匈牙利执政者，一位是帝国摄政者霍尔蒂海军上将，另一位是极右和反犹太的总理根伯什·久洛（Gyula Gombos）。

1 个月之后，1934 年 3 月 17 日，这三个国家签署了罗马协议，进一步加强政治和经济领域的合作。陶尔斐斯在 5 月颁布了新宪法，并让残缺不全的议会表决通过。这部宪法向万能的上帝宣布，“奥地利是一个以社会等级为基础的基督教德意志联邦国”。这样一个安抚并未能化解奥地利国家的独裁本质。1934 年 7 月 25 日，奥地利纳粹分子在特奥·哈比希特（Theo Habicht）全国范围的指导下发动了政变。哈比希特坐镇慕尼黑，随时保持与希特勒的联系。在攻占联邦总理府的时候，陶尔斐斯被手枪击毙。共有 269 人在此次政变中丧生，伤者为 430~660 人。

陶尔斐斯之死并非事先策划，这一恶性事件最终导致政变失败。7 月 25 日，墨索里尼从布莱纳和塔尔维西奥（Tarvisio）调动了四个师的兵力。希特勒则急于撇清与其弄巧成拙的追随者的关系，并于 7 月 25 日至 26 日夜间堂而皇之地解除了哈比希特的职务，解散了民族社会主义德国工人党在奥地利的领导小组。当时的教育部部长库尔特·冯·许士尼格（Kurt von Schuschnigg）接替了陶尔斐斯，成为奥地利总理。他继续奉行前任总理向法西斯意大利看齐的独裁式外交政策。德国与意大利之间的关系也因为这次纳粹分子的政变活动降到了历史最低点。

奥地利并非德国纳粹分子和意大利法西斯主义者之间唯一的分歧点。两个政府的利益在两国交界的地区，即多瑙河流域发生冲突。

“第三帝国”把中东欧和西南欧的农业土地视为工业德国的补充领域，因此决定必须将其并入帝国，并将其统治权牢牢握在自己手中。柏林的决策者对匈牙利和南斯拉夫虎视眈眈。1933 年 7 月，柏林与布达佩斯签署了一份贸易协议，明确指出把匈牙利视为德国统治的大经济区的一部分。从 1934 年初开始，德国有意讨好贝尔格莱德，希望南斯拉夫不要再纠结于与匈牙利的领土纠纷，而把眼光转向捷克斯洛伐克。1934 年 3 月的罗马协议中，意大利人试图唤醒柏林的恐惧感，奉劝德国不要搅乱对西南欧的战略。实际上，罗马对匈牙利和南斯拉夫早就垂涎三尺，力图使这两国对意大利产生依赖。

由于南斯拉夫是 1920 年至 1921 年创建的小协约国的一员，并且 1927 年后直接与法国结盟，所以对于意大利对南斯拉夫的政策，巴黎深感怀疑，而德国对南斯拉夫的一举一动，更使巴黎不安。纳粹分子在奥地利策划的政变，以及德国对南斯拉夫日益深刻的影响，导致了 1934 年秋罗马开始与巴黎拉近距离，这是柏林始料不及的。法国外交部部长皮埃尔·赖伐尔对墨索里尼及其意大利法西斯的好感，使得两国联系进一步加深。对于意大利“领袖”来说，如果想在非洲扩展殖民地，就必须使法国成为自己的盟友。1935 年 1 月，墨索里尼和赖伐尔在罗马签署了多项协议。根据史学家延斯·彼得森的说法，这些协议“已经让意大利加入反对领土修正主义国家阵营”的举措成为定局。如果德国违反《凡尔赛条约》，法意两国愿意共同商讨应对措施，在奥地利的独立受到威胁时，两国也将同样采取措施。

实际上，这些协议的核心是双方对东北非问题的秘密谈话。法国放任意大利采用包括军事力量在内的手段进入阿比西尼亚①。于是，罗马终于有机会洗刷 1896 年阿比西尼亚军队给意大利人带来的

① Abessinien，今日的埃塞俄比亚。——译者注

“阿杜瓦（Adua）耻辱”。实际上，意大利“领袖”从1932年初夏就开始动这个脑筋了。这一帝国主义侵略计划将使意大利一跃成为殖民国家的领袖，成为一个众望所归的“帝国”（Impero）。意大利法西斯主义者认为，这是意大利对1918年“残缺不全的胜利”和经
/ 709 济萧条所致的痛苦经历做出的最好回应。

希特勒的举动使得意大利更加向西方国家靠拢。1935年3月，他两次触犯了《凡尔赛条约》。3月1日，德国宣布重建空军。两周之后，3月16日，德国重新启动了义务兵役制。意大利媒体对德国重建义务兵役制极为恼火，意大利“领袖”同意了法国要求召开一次旨在讨伐违反条约的希特勒的峰会。峰会于4月11日至14日在意大利境内的马焦雷湖（Lago Maggiore）畔的斯特雷萨（Stresa）举行。拉姆齐·麦克唐纳、皮埃尔-埃蒂安·弗朗丹（Pierre-Étienne Flandin）和贝尼托·墨索里尼一致认为，应当“采取一切适当的方法反对单方面解除协约而损害欧洲和平的做法”，应当“为达到这一目的采取步调一致的友好合作”的方法。

斯特雷萨会议中达成的实际成果寥寥无几，其中一条是如果德国入侵奥地利或进攻法国，法意两国将进行军事对话。但是，“斯特雷萨阵线”并未维持多久。“阿比西尼亚”问题在马焦雷湖并没有被提及。之后不久英国就对意大利在东北非的战争企图表示严重担忧。英国的抗议迫使墨索里尼重新考虑其外交政策。他重新开始靠拢希特勒。此时，德国是意大利最为重要的贸易伙伴，无论在进口还是出口方面，其对意大利的重要性都远超他国。此外，意大利的法西斯主义和德国的民族社会主义在思想意识上又非常接近。阿尔卑斯山以北的人对意大利“领袖”的侵略野心更加理解，而共同坐在斯特雷萨谈判桌上的两个西方民主代表却不能与意大利苟同。

墨索里尼无论如何不能放弃阿比西尼亚战争。正如史学家汉斯·
/ 710 沃勒（Hans Woller）所说，侵略扩张的野心不仅存在于法西斯政

党内，还根植于帝国主义思想浓厚的广大群众之中。“墨索里尼要完成一个国家的使命，他并不想凭借一己之力完成，而是把这项任务和全国范围的头等大事结合起来，这就是根据法西斯标准造就新人。墨索里尼要让自己的人民无论对自己还是对其他民族都更加严厉和无情，意大利人的使命就是要统治其他民族。没有扩张，没有战争，他的政权就会止步不前，他的报复也只是一个残缺的作品，他的人类革命也仅仅是一场美梦而已。”

1935 年 5 月 21 日，希特勒向墨索里尼迈进了一大步。在帝国议会的讲演中，希特勒否认德国企图干涉奥地利内政或者吞并奥地利。与奥地利的冲突导致了与意大利早前的良好关系恶化，对此他深感遗憾。此外，德国和意大利并无利害冲突。5 天之后，意大利“领袖”告诉一位德国外交官，5 月 2 日法国与苏联签署的互助协议为国际政治带来了一个全新的因素，因此必须从根本上重新识别方向。5 月底，德国和意大利经过协商，决定停止在媒体上的相互攻击。此后不久，墨索里尼召回了常驻柏林的早已失宠的大使翟禄第（Vittorio Cerruti），将其调到巴黎。

然而，希特勒根本不想帮助意大利迅速打赢阿比西尼亚战争。他虽然不想让意大利“领袖”打败仗，却希望这是一场持久战，这样就可以把西方国家的注意力从德国和中欧转移开。

此时，阿比西尼亚的皇帝海尔·塞拉西（Haile Selassie）曾经求助于德国，希特勒在与外交部部长牛赖特商量之后，决定采取机密行动做出回应。于是，阿比西尼亚获得了 300 万帝国马克贷款，用于购买 1 万支枪、1000 万发子弹、机关枪、手榴弹和约 70 门大炮。之后的几个月里，柏林试图给人们留下一个在阿比西尼亚问题上完全中立的观望者的印象。

在意识形态的备战中，墨索里尼和法西斯吹鼓手们采用了意大利战前时代民族主义者惯用的手法，把资本主义国家和无产阶级国家对立起来。1935 年 10 月 2 日，在向阿比西尼亚发动进攻的前夜，意大利“领袖”打出“意大利无产阶级和法西斯”的口号，为意大利殖民扩张的行径辩护。阿比西尼亚帝国是国际联盟的成员，而对阿比西尼亚的战争没有宣战就打响了。国际联盟指责意大利为侵略者，但并未采取军事行动，而是根据法国的请求仅仅对它实施轻微的经济制裁。石油、钢铁和其他重要金属都不在禁止贸易之列。对意大利实施的武器和原料禁运以及禁止贷款的决议也并没有被所有国家严格执行。11 月 7 日宣布中立的德国，同时宣布不向战争国家提供军火，但是意大利却从德国获得了大批原料，当然意大利也为此付出了沉重的代价。

阿比西尼亚战争是一场种族灭绝的大屠杀，这是 20 世纪第一场这种类型的战争，也是迄今为止历史上规模最大的殖民地战争。从进攻战役到占领战役，战争从 1935 年一直持续到 1941 年，拥有 1000 万人口的阿比西尼亚有 25 万 ~76 万人丧生。瑞士史学家阿拉姆·马蒂奥利（Aram Mattioli）认为，在这样一场针对从军事角度看毫无胜算的非洲王国臣民的战争中，“上演了全世界到那个时候还从未见过的密集和残忍的空袭。由最高指挥授权，意大利王牌空军进行了成千上万次的攻击，向平民百姓投下了杀伤弹、燃油弹和毒气弹。在意大利之前，只有西班牙在其保护国摩洛哥北部用飞机投掷过毒气弹。因此意大利是历史上第二个从空中投掷大规模杀伤性武器的国家”。马蒂奥利认为，从全球的角度来看，阿比西尼亚战争是“帝国主义时代殖民战争和希特勒的生存空间战争之间的一个‘桥梁’”。

1925 年 6 月，意大利在日内瓦签署了在战争中禁止使用令人窒息的毒气以及细菌武器的条约，其目的是禁止首先使用化学杀伤性武器。1935 年 12 月，意大利最高指挥官巴多格里奥（Badoglio）将军置此条约于不顾，在阿比西尼亚高地上系统性地使用了毒气，不仅针对士兵，还针对平民。飞机在河流、池塘和牧场上都喷洒了毒气。红十字会的野战医院和普通医院也未能免于空袭。逃亡中的士兵和百姓被飞机上的机关枪射杀。阿比西尼亚，这个非洲土地上最古老国家的臣民似乎是一群未开化的野人，对付这些人甚至可以使用对付欧洲人时不能使用的武器。意大利军人蓄意把枪口对准阿比西尼亚基督徒，广泛的联合战线还有来自厄立特里亚和利比亚的穆斯林助战部队，他们以极为残暴的方式来完成自己的任务。

对于阿比西尼亚人出乎意料的顽强抵抗，意大利“领袖”和指挥官们做出了使用毒气的决定。意大利军事通讯员被禁止报道这一事件。阿比西尼亚皇帝和亚的斯亚贝巴（Addis Abeba）政府对意大利违反国际法的行径提出强烈抗议，但是这些抗议都被置若罔闻。为了加大制裁的力度，国际联盟最起码应该把禁运品种扩大到石油上。此外，还应该禁止意大利军队和军事运输通过英国控制的苏伊士运河。但是所有这一切都没有发生。尽管英国外交大臣塞缪尔·霍尔（Samuel Hoare）不得不于1935年12月18日卸职，但是此举另有他因。他与法国外交部部长皮埃尔·赖伐尔策划了一份调解协议，意在对墨索里尼再次大幅度让步，然而这一秘密协议事先曝光于众，引起了英国媒体的强烈抗议。但是，即便是霍尔的接班人安东尼·艾登（Anthony Eden）上台之后，英国依然未能出台强有力的措施。1936年5月5日，意大利军队占领了亚的斯亚贝巴，象征着战争的结束，但是阿比西尼亚抵抗力量反抗占领军的活动依然此起彼伏。

首都沦陷后不久，海尔·塞拉西皇帝于1936年6月30日从流亡地英国南部来到日内瓦，成为第一位在国际联盟全体会议上发言的国家元首。海尔·塞拉西说，“一个民族遭受如此血腥的暴行，并且经受了被侵略者灭绝的苦难”。这样的事还没有过先例。“是否此前有过这样一个国家的政府，它违背这个世界所有国家做出的不发动违法侵略战争、不对无辜百姓使用可怕毒气武器的庄重承诺，公然以强盗行径系统性地灭绝另一个民族？”

非洲流亡君主试图唤醒国际社会良知的努力是徒劳的。国际联盟在阿比西尼亚战争中彻底丧失了残余的道德底线。1936年7月4日，国际联盟取消了对意大利的所有制裁。此后，绝大多数国家甚至毫不犹豫地承认了法西斯意大利对阿比西尼亚的占领和吞并。只有美国、苏联、墨西哥、新西兰和海地这几个国家除外。阿拉姆·马蒂奥利的评判切中要害：“为了欧洲的和平，阿比西尼亚帝国就这样成了独裁者扩张野心的牺牲品。这无异于西方国家向那些效仿者们释放鼓励性的信号。”

意大利媒体对阿比西尼亚战争的报道都是独裁政权想看到的消息，战争不仅受到彻头彻尾的法西斯主义者的支持，而且引起了具有“民族心”的意大利人的好感。40年之后，意大利人终于报了阿杜瓦败仗之仇，意大利“领袖”在国民心中的形象如日中天，法西斯主义也受到了前所未有的赞扬。1936年6月5日，攻占亚的斯亚贝巴后仅仅几个小时，墨索里尼就现身于威尼斯宫的阳台，面对欢呼的人群，他喊出了“罗马和平”的口号。“阿比西尼亚属于意大利！这是合理的，因为我们的常胜军队占领了阿比西尼亚！这是合法的，因为罗马之剑代表着文明战胜野蛮！这是公平的，因为我们击败了独断，解决了贫困，上千年的奴隶制从此结束了！”4天之后，意大利“领袖”于5月9日面对情绪激昂的欢呼群众，宣布新罗马帝国成立。“意大利人民用自己的鲜血建立起这个帝国，通过人民的辛勤劳动，这个帝国将结出丰硕的果实。我们将拿起武器捍卫这个帝国。军团的战士们！亮出你们的标志，举起你们的刀剑，捧起你们的赤诚之心，来迎接这个帝国！15个世纪之后的今天，我们在充满历史使命的罗马山上再创辉煌！”

维托里奥·埃马努埃莱三世国王自1936年5月9日起当上了“阿比西尼亚皇帝”。继英国和法国之后，意大利成为第三大殖民国。这一场胜仗所赢得的辉煌，使意大利的种族主义突飞猛进。在黑肤色的非洲人面前，意大利人的民族优越感（superiorita）油然而生，与非洲人的种族混合是不可想象的。之后不久，种族纯洁成了一种狂热的追求。在这种气氛中，连意大利的犹太人（ebrei）也开始受到排挤，意大利又向纳粹的排犹主义迈进了一步。

意大利按照组织法于1936年6月1日创建的“意属东非”（Africa Italiana Orientale），包括阿比西尼亚、厄立特里亚和索马里。这块大殖民地由意大利总督统治。然而殖民地的实际情况与意大利法西斯主义高调宣传的情形大相径庭。1935年至1940年，这一地区耗费了意大利国家预算20%以上的资金。只有30万意大利人到那片时时受到威胁而且土地贫瘠的地方定居。阿比西尼亚人持久的抵抗不久就变成了游击战，而殖民国则掀起了新一轮残暴的镇压浪潮。1936年7月8日，墨索里尼给阿比西尼亚的意大利最高指挥官、担任总督的格拉齐亚尼（Graziani）将军下达命令：“对反叛者以及与其串通一气的百姓，立即采取并实施恐怖和残暴的系统性灭绝政策。不用杀一儆百的做法，就不能在有效的时间内控制住这一瘟疫。”

总督马上开始落实罗马的命令。1937年2月19日，厄立特里亚的两名知识分子企图对他进行炸弹袭击，他被炸弹碎片击伤，另外有7人丧命。于是，格拉齐亚尼变本加厉地进行疯狂的大屠杀。参加这次行动的不仅有意大利的法西斯军队，还有意大利殖民地的成员。3天之内就有大约3000多名无辜者被害。5月，他又对中世纪的修道院古城德布雷利巴诺斯（Debre Libanos）进行报复，原因是这里的神职人员被怀疑参与了上述暗杀活动。在此次报复行动中丧命的修士、主祭和修道院访问者约有1000~2000人。

阿比西尼亚战争时期，大国沙文主义横行。众多主教和大主教，以及包括诗人路伊吉·皮兰德娄（Luigi Pirandello）在内的知识分子对这种沙文主义持赞许态度。这一阵营里，甚至还包括几位自由派和左派的反法西斯主义者，例如哲学家贝内德托·克罗齐（Benedetto Croce）、记者路易吉·阿尔贝蒂尼（Luigi Albertini）、早年的社会主义者阿图罗·拉布里奥拉（Arturo Labriola）。而出走意大利的流亡代言人，无论是共产主义者、社会主义者还是自由主义者，都意志坚定地反对法西斯主义和战争。最具影响力的，甚至能够对意大利境内产生一定影响的流亡者喉舌要属《公正与自由》（*Giustizia e Libertà*）。这是记者卡罗·罗塞利（Carlo Rosselli）1929 年历尽千难万险从流放地利帕里（Lipari）岛逃亡之后与志同道合的知识分子，如加埃塔诺·萨尔韦米尼（Gaetano Salvemini）和埃米利奥·卢苏（Emilio Lussu）等人创立的报刊。“法西斯主义的一切都是战争，”罗塞利 1936 年这样写道，“1925 年以来，法西斯主义无论从其渊源、性质和世界观角度来说，都一直是在为战争做准备。法西斯主义是一场阶级战争。这场战争从内部开始，然后必然向外转化。”

1937 年 6 月 11 日，卡罗·罗塞利和他的弟弟内洛（Nello）在巴尼奥莱德洛尔恩（Bagnoles-de-l’Orne）被一个法国极右派秘密组织的成员暗杀。据猜测，这是意大利“领袖”的女婿，意大利外交部部长吉安·加莱阿佐·齐亚诺（Gian Galeazzo Ciano）下达的密令。自从 1924 年 6 月 10 日吉亚科莫·马泰奥蒂（Giacomo Matteotti）被暗杀后，对罗塞利兄弟的残害是意大利当权者对意大利反法西斯主义者最为凶狠的打击。[6]

苏联在20世纪30年代与法西斯意大利在政治上形成了鲜明对比。早在墨索里尼夺权、发出“向罗马进军”口号的时代，这种不同就已经存在了。但是，思想意识上的两极分化并未阻止斯大林于1932年9月向墨索里尼建议签署《苏意两国互不侵犯协议》。1925年至1927年，苏联与土耳其、阿富汗、立陶宛和伊朗签署了相关的协约。1932年，互不侵犯条约如洪水般涌来：除了意大利之外，苏联还与芬兰、波兰、拉脱维亚、爱沙尼亚签订了协约。1932年11月29日，苏联还和法国签订了协约。 / 716

1933年5月，希特勒取得政权后三个月，德国与苏联之间1926年签订的中立和友好协议就被延长了3年。还在布吕宁政府期间，这个协议就开始了审批程序，因为无人予以重视，所以直到希特勒时代才得以落实。但是，希特勒于1933年7月正式终止了帝国军队和红军之间的合作。德国与波兰在1934年1月签署了互不侵犯条约，作为回应，苏联在同一年里延长了与波罗的海国家、波兰和芬兰的互不侵犯条约。同年9月，苏联成为国际联盟的成员。这样一个1917年来被人摒弃的国家如今成了全世界（要求建立的）公共安全体系中平等的一员。

对苏联积极推行的适度外交政策，西方列强予以充分肯定。1929年，英国恢复了两年前与莫斯科中断的外交关系。1933年11月，苏联获得美国承认，双方建立了外交关系。1934年，莫斯科通过放弃对比萨拉比亚（Bessarabien）的领土要求，并且相互承认现有边界，与罗马尼亚实现了关系正常化。苏联外交人民委员马克西姆·李维诺夫（Maxim Litwinow）素有坚定的“向西方看齐”者的称谓，他取得的最大成功是与法国和捷克斯洛伐克签署了互助条约。这些条约将矛头直指纳粹德国，并且是对1934年1月德国与波兰签署互不侵犯条约的回应。

起初，共产国际对苏联向西方国家靠拢无动于衷。在纳粹分子“夺权”之后，共产国际依然坚持自己的“总方针”，反对“资产阶级”民主和第二国际的“社会法西斯主义”，甚至否认共产主义者或工人阶级在德国的失败。1934 年 1 月 26 日，就在希特勒被任命为帝国总理一周年之际，斯大林第一次就“德国法西斯的胜利”发表意见。这一胜利“不仅意味着工人阶级的软弱，也不仅意味着社会民主党人对工人阶级的背叛，同时还意味着资产阶级已经没有能力通过议会道路和资产阶级民主等陈旧的方法来掌控社会。于是，资产阶级被迫采用恐怖内政的办法。这标志着，资产阶级没有能力从和平外交政策的现状中找到出路，而被迫采取战争的策略……正如你们所看到的，他们正朝着帝国战争的方向发展，试图以此来摆脱现状”。

1933 年以来，苏联与众多的欧洲国家，甚至包括法西斯主义的意大利签订的互不侵犯条约和互助协议，为的是在“帝国主义”强权中插进一个楔子，发动那些侵略性低一些的国家去反对最具侵略性的纳粹德国，并且得到这些国家对和平的承诺。苏联的官方外交政策遵循的是经典的国家“现实政治”。但是，在共产国际的层面上，与资产阶级在思想意识和政治领域的斗争必须坚持下去。直到德国权力更迭一年半之后，莫斯科才认识到，如果有意识地继续这种双轨制政策，会削弱西方的“反法西斯”力量，并且会助长法西斯主义极端形式——民族社会主义的气焰。1934 年 7 月，法国共产党成了第一个与社会主义阵营结成反法西斯行动同盟的共产党。1935 年 2 月，流亡莫斯科的德国共产党要求成立“统一反法西斯人民阵线”，这个阵线应该凝聚所有的力量，统一战斗，目的在于“坚定意志，推翻希特勒政府和法西斯强盗政权”。这一纲领中并未制定共产主义的“最终目标”。“无产阶级统一阵线是人民阵线和人民革命的杠杆。身为共产党员和社会民主党员的工人和干部把握着这根杠杆，他们可以把统一阵线引导成人民阵线，引导成群众斗争，引导成广大劳动人民群众推翻法西斯独裁的斗争。”

1935 年 8 月，共产国际总书记格奥尔基·季米特洛夫（Georgi Dimitroff）在第三国际第七次世界会议上重复了 1933 年 12 月第十三次全体会议上做出的表述：当权的法西斯“是金融资本最反动的沙文主义和帝国主义公开化的恐怖独裁”。此次会议的新意是向第二国际的追随者和组织发出呼吁，邀请他们与第三国际携起手来，组成“反法西斯人民阵线”。“在工人阶级大部分力量投到推翻资本主义的斗争、争取无产阶级革命之前，各党派各组织的工人阶级成员有必要统一行动。”季米特洛夫的言辞中没有共产党人的自我批评。改良主义者们也许还没忘记，他们数年来都被共产国际及其成员党团诋毁成“资产阶级的主要社会支柱”和“社会法西斯主义者”。即便他们没有这样去做，但仍然被共产党人视为在破坏当务之急的工作：在工人阶级的领导下，广泛联系所有反法西斯主义者。

共产国际这个新的总方针并不代表共产主义革命的最终目标，它仅仅是通往这一目标的新路线。1935 年以来，第三国际越来越成为苏联外交政策的工具。之后不久，斯大林的恐怖浪潮也席卷到共产国际的干部头上：如果斯大林认为有必要，就对其处以极刑，当年那些身居要位的老布尔什维克分子也不例外。如此看来，第七次世界会议是共产国际走向末路的开始：1943 年 5 月共产国际解体。

1933 年以来的一段时间里，苏联国内似乎进入一段巩固和适应期，就像是俄罗斯的“热月”阶段。1933 年 3 月，“富农子弟们”甚至还重新获得了选举权。1934 年 5 月，政府下达了决议，被驱逐出户的大户农民们只要对苏维埃国家表示忠诚就可以重新获得公民权。同年 7 月，秘密警察组织格列乌（OGPU）解散，与内务人民委员部（NKWD）合并。1935 年 2 月，苏联共产党中央委员会和苏 / 719

维埃代表大会建议，修改 1934 年以来的宪法，制定出“继续民主化”的目标，引进普遍的、公平的、直接的和无记名的选举权。

1936 年 6 月，经过加工的宪法草案出台，在后来的几个月里经过了无数次大小会议广泛、公开和针锋相对的讨论。这也显示出大部分老百姓对苏维埃政权持怀疑甚至敌对的态度。1936 年 12 月 5 日，苏维埃代表大会通过了稍加修改的草案。新宪法给苏维埃社会主义共和国联盟带来了直接和无记名投票所产生的议会，这就是最高苏维埃。最高苏维埃分成联盟院和民族院。从此，全俄罗斯加盟代表大会和中央执行委员会被取消。苏联被称为“工农社会主义国家”，其政治基础由劳动人民代表的苏维埃构成。“通过推翻地主和资本家政权、实行无产阶级专政，劳动人民觉醒了，而且更加强大了。”在社会秩序的章节中，劳动被定义为每个有劳动能力的公民的义务和光荣，实现“不劳动者不得食”的基本原则。在标题为“公民的基本法和基本权利”的章节中，宪法规定以下权利应当得到保护：劳动、休息、对老人及病人的物质供应、教育、良心自由、宗教信仰自由、反宗教宣传自由。另外，还有言论自由、新闻自由、集会自由、男女平等、各民族及各种族平等、人和住所不受伤害，以及法官和国家审判员的独立性。

/ 720 尽管很多条款都很自由，但是宪法还是做了清晰的界定，现有的权力关系是绝对不能动摇的。共产党的领导权在第 126 条得到了明确规定。苏联共产党“在巩固和发展社会主义体系的战斗中是劳动人民的先锋”，并且是“包括社会组织和国家组织在内的各类劳动人民的组织的领导核心”。第 130 和 131 条规定，公民有义务遵守劳动纪律，尽其社会义务，遵守社会主义集体生活的规则，爱惜和保护社会财产。窃公共财产为己有者，就是人民的敌人。根据第 141 条，只有劳动人民的组织和协会才有权利向苏维埃推荐候选人。这就意味着，只有共产党、工会、合作社、青年团和文化协会才有这种权利。

1936年的宪法当然还有另一个目的，就是苏联想让人们相信，它致力于和西方改善关系。但是，斯大林却认为还有比这更为重要的事，这就是苏维埃政权和他本人在十月革命后的近20年来所完成的社会和政治变革。这一成果必须要用持久的、法律形式的、结构性的机制加以保护。一段时间里，斯大林也似乎允诺通过设立多名候选人参加苏维埃选举来达到这一效果。地方上的党组织马上对此发出警告，认为这种方法会促进敌对势力的抬头，于是在1937年秋这一实验就终止了。对于一党专政的现实来说，1936年的宪法并未起到可以为历史留下口碑的任何作用。

就在就宪法进行磋商和颁布宪法的时期，新一波的恐怖浪潮早已滚滚而来。1934年12月1日，列宁格勒受人喜爱的、政治倾向相对“自由”的苏联共产党书记谢尔盖·米罗诺维奇·基洛夫（Sergej Mironowitsch Kirow）被一个年轻的失业共产党人用左轮手枪击毙。当地的内务人民委员部委员雅戈达（Jagoda）和斯大林马上声明这是一场反对苏联的阴谋，而总书记的对手们很早就猜测，这是斯大林亲自下令的谋杀。这一猜测并不是没有根据的：全俄肃反委员会（简称“契卡”，Tscheka）所有参与调查的人员，一个接着一个被暗杀，有些人死得很蹊跷。但是人们又找不到斯大林参与谋杀的证据。

谋杀基洛夫是大规模清除党内外真正的或被怀疑的政敌的一个信号。就在1934年12月1日，斯大林就颁布条令，允许内务人民委员部不经过法院判决就可以驱逐和处死犯罪嫌疑人。根据总书记的命令，此后有“恐怖主义”背景的刑事诉讼不得进行辩护和撤销原判。最高法院军事法庭的诉讼程序要在一天内结束起诉，死刑必须立即执行。

列宁格勒谋杀案之后，斯大林昔日的对手立即被捕。季诺维也夫（Sinowjew）和加米涅夫（Kamenew）在秘密审判中被判有期徒刑十年。内务人民委员部指控他们参与了对基洛夫的谋杀。对季诺维也夫和加米涅夫的审判刚刚结束，作为雅戈达接班人的中央委员会书记、现任内务人民委员的立陶宛人尼古拉·叶若夫（Nikolai Jeschow）就掀起了另一场运动，在全国范围内将这两位老布尔什维克的追随者以及托洛茨基分子和其他偏离路线的人开除党籍，并且予以拘捕。1935 年夏天，克里姆林宫有 110 名职员被捕。他们被指控受命于托洛茨基和季诺维也夫，准备继续谋杀党内领袖。

一年后，在 1936 年夏，苏联开始对知名前党魁进行一系列公开审判，先是季诺维也夫和加米涅夫，1937 年矛头又指向布哈林、李可夫（Rykow）和雅戈达等人。被告面对法庭没有任何机会。斯大林手下的首席公诉人、总检察长维辛斯基（Wyschinski）对他们极尽恐吓之能事。三十年代初期的时候，维辛斯基还是个独立司法的倡导者。面对那些荒谬的指控，早年的布尔什维克领袖大都默默认可强加于他们头上的罪名，期待着能够免于一死。

/ 722

布哈林表示对自己的一般政治罪行负责，但否认个人的参与。包括布哈林在内的许多人曾经写信给斯大林请求赦免（甚至是请求一种死法，例如 1937 年 12 月 10 日布哈林在其最后一封信中请求注射吗啡自杀，而免于被枪毙），并且再次保证自己对斯大林的忠诚和感情，但所有这一切都是徒劳的。绝大多数的公开审判都以被告被判处死刑而告终，只有很少人被判处监禁。共产国际的德国专家卡尔·拉狄克就是其中一位，但是他于 1939 年死在监狱中。自杀的布尔什维克领袖人数相当可观，他们往往是因为恐怖的形势陷入慌乱，还有人害怕受到公开审判或受到不公正的强迫检举而走上了绝路。其中最知名者是负责重工业的人民委员格里戈里·康斯坦丁诺维奇·奥尔忠尼启则（Grigorij Konstantinowitsch Orshonikidze，昵称谢尔戈），他于 1937 年 2 月 18 日开枪自杀。奉上级命令将其死亡鉴定写成心搏骤停的法医不久之后被起诉，并且被枪毙。

与公开审判相伴的是对党的机构进行大清洗。清洗对象包括间谍、怠工者、白军成员、托洛茨基主义者、酗酒者和堕落分子。根据内务人民委员部负责人叶若夫的统计，1935 年下半年有 1/3 被开除的党员是“间谍”“白军成员”和“托洛茨基主义者”。苏联共产党这一部分的党员人数超过了 4.3 万人。1956 年，根据共产党第一书记尼基塔·谢尔盖耶维奇·赫鲁晓夫的统计，1934 年被选出的 139 名中央委员会委员在 1937 至 1938 年有 98 名被处决，数量超过 70%。流亡共产党员也未能在这次大清洗中幸免于难，特别是德国共产党员。1937 年，有 619 名德国共产党员被捕，估计大部分被捕者死在狱中。我们得知的消息是，82 名被处决，132 名在 1939 年至 1949 年被遣送回德意志帝国。 / 723

1937 年春，军队领导人也被怀疑加入了间谍和破坏分子的行列。首当其冲的是内战时的英雄、国防部副部长图哈切夫斯基（Tuchatschewski）元帅，他第一个受到起诉，罪名是他充当了德国间谍。罪证大都来自德国安全部门（SD）伪造的材料，他们把这些文件通过不知底细的捷克斯洛伐克总统爱德华·贝奈斯（Edvard Beneš）转交给苏联方面。即便没有德国安全部门的阴谋，这位声名显赫的元帅也不能逃脱被革职和枪毙的命运。长期以来，斯大林和叶若夫都把红军内部层出不穷的问题归咎于他。图哈切夫斯基在监禁时受到严刑拷打，被军事法庭判处死刑，1937 年 6 月 12 日被执行枪决。作为同谋，还有 6 位高级将领落得了相同的下场。

1937 年至 1938 年，因为此次所谓的“军事密谋”，至少有 33400 位军官被开除军籍，至少有 7280 位军官被捕。苏联的 5 位元帅中有 3 位被捕，16 位司令员中有 15 位被捕，70 位军长中有 60 位被捕。大约 5000 名军官被执行死刑。可以说红军的军官几乎全数阵亡。

“斯达汉诺夫运动”的积极分子在对经济干部的恐怖活动中扮 / 724

演了举足轻重的角色。顿巴斯（Donbass）地区伊尔米诺（Irmino）的矿工阿列克谢·斯达汉诺夫（Alexei Stachanow）在这次运动中出了名，他在1935年的“社会主义竞赛”中将采煤量的标准提高了14倍。“斯达汉诺夫运动”就是从不熟练的工人中招募那些愿意效仿这种模式的积极分子组成突击队。厂长们面对过高的产量计划设置重重阻力，而这些工人的任务就是要冲破这种阻力。担任这项任务的斯达汉诺夫工作者遭到其他劳动者的痛恨，但是这些突击队工人却乐此不疲地去完成这些工作。他们检举揭发基层经济干部的人数爆炸性地增长，而这些干部最终会受到安全部门的惩罚。在顿巴斯地区，截至1938年4月，有1/4的工程师和经理遭逮捕，并且被处死。

斯达汉诺夫运动有着更加深层的原因，这就是苏联工业生产的增长速度从1933年到1936年开始放缓。另一个原因是，1933年的第二个五年计划的额定数字比1929年第一个五年计划的数字要低。大量的农村人口涌入城市，涌进工厂，他们既没有工业技能，又不熟悉工业界的工作纪律。政府对那些在工作岗位上吊儿郎当、消极怠工和酗酒成瘾的行为加以严厉惩罚。在农村，1937年的恐怖活动主要针对那些合作社社长和农业技术员。在那些公开审判中，这些人的罪名是收成欠佳、引发农民的不满情绪。

三十年代的后几年里，矛头重又指向富农。1935年后，众多的大户农民又回到了他们的村庄。78000名富农和神职人员于1935年8月得到了大赦，允许重返家园。大部分富农被村民接纳到合作社。但是有大约40万名富农却成了一个棘手的大问题，1931年至1937年，他们被流放到西伯利亚的特别居住地。在乌拉尔山脉以东的地
/ 725
方，那些潜伏的富农、出逃的狱中人、流浪汉和罪犯拉帮结伙，组成了强盗团伙。他们抢劫合作社、偷袭火车、骚扰警察署，甚至强奸和杀人。在高加索北部，“底层”的暴力主要来自车臣人和印古什

人的武装团伙。

1937年6月，西伯利亚的共产党中央政治局发布命令，对“被驱逐富农的反革命暴动组织”进行登记，对猖獗分子实行枪决。1937年7月3日，斯大林在电报中进一步明确了这一命令，对富农、牧师、刑事犯、旧军官、革命前各党派中的最怀敌意的人实行枪决。中央委员会应在5天之内做出决定，哪些人应该流放，哪些人必须枪决。内务人民委员部西伯利亚西部地区领导建议对11000人实行枪决，对15000人实行劳改营监禁。莫斯科党委第一书记赫鲁晓夫向政治局建议，对8500人实行枪决，将32000人关进集中营。1937年7月31日，斯大林宣布全国进行不记名的自由大选。而正是在同一天，中央政治局根据上报的人数发出了“00447密令”。根据这一命令，从流放地返回的或者藏匿的富农、早年反对苏维埃党派的成员、宗教人士、邪教成员、白军军人、沙皇俄国的高级公务员、强盗团伙、刑事犯罪人员以及被关押的惯犯统统要捉拿归案。其中75950人将被处死，193000人将被送进劳改营。

接下来，内务人民委员部地方领导们要求增加执行死刑的人数，政治局因此进一步增加了处死的人数。1935年1月，斯大林要求，截至3月中旬，再逮捕57200名人民公敌，并对其中48000人实行枪决，因为这样可以减少劳改营关押的人数。大约有30000人此时被命令处死，他们大都是政治犯或者触犯了劳改营纪律。

从1936年开始，苏联也开始对大批被怀疑进行反苏联活动的少数民族进行迫害，这些人是德意志人、波兰人、拉脱维亚人、亚美尼亚人、朝鲜人和中国人。1937年7月，在苏联军工企业工作的所有德意志人被逮捕和流放，其中包括德国共产党员。在这次行动中共有42000人被杀害。1937年12月，列宁格勒法院宣判992名拉脱维亚人死刑。1938年夏天，波兰和乌克兰边境地区有35000名波兰人被流放。1937年至1938年，共有143810人因被怀疑为波兰

676 间谍被逮捕，他们当中绝大多数人是波兰人，其中有111091人被处死。被迫害的少数民族人员的家属，到1938年底几乎有25万人丧生。根据内务人民委员部统计，从1936年10月1日到1938年11月1日，在依照斯大林命令实行全民恐怖的活动中，被逮捕的人数远远超过150万人，其中有668305人被处死。

疯狂的杀人行动为何终止的原因不详。1938年1月，斯大林在中央委员会全体会议上第一次对党内斗争的过激行为进行了批评。1938年11月，负责国家安全的领导叶若夫被斯大林的忠实追随者贝利亚（Berija）替换。也许是咄咄逼人的战争威胁迫使斯大林终止了全民恐怖活动。不能排除的是，苏联共产党总书记也担心安全部门相对独立会削弱他自己的力量。叶若夫1940年2月在一次秘密审判中被指控为外国策反苏联人民委员部团伙的罪魁祸首而被判处死刑。他的同事以及家属，其中包括妇女和儿童，全都被牵连进去，一共346人被处死。

实际上，斯大林并非唯一罪魁。无论在最高领导层还是权力金字塔的某一个层面，他都需要志同道合者。即便在最底层，他也需要一大批拥护者，这些人把上层宣传的检举所谓社会主义秩序的敌人作为他们的公民义务来履行。他需要这样一批民众：他们要求根据命令对那些叛徒和破坏分子处以最严厉的刑罚，即实行枪决。因为苏联共产党总书记可以找到一大批这样的战友，所以俄国的政治文化极为落后这一现实也不足为怪。正是这种政治文化造就了斯大林和布尔什维克。斯大林充分利用了由马克思创立的、由列宁根据俄国现状修订的阶级斗争的范畴，在党内的权力斗争中打了一场胜仗。如果有人跟他对着干，或者他认为某人今后会成为他的对手，那么这个人“客观上”就是与阶级敌人为伍，必须予以消灭。列宁的长远目标认为国家的统治将是多余的，而斯大林则认为除了全民恐怖别无他途。恐怖就是政权“存在的理由”。正因为永远可以找到需要正法的敌人，所以政权就有存在的理由。缓和与适度的时期不可能长久。对于斯大林主义来说，没有外敌和内敌的情况是最大的威胁，因为在这样一个状态下，政权就没有存在的意义了。

后来的辩护者总是为斯大林主义说尽好话，因为与意大利的法西斯主义相比，特别是与德国民族社会主义相比，斯大林主义毕竟是一种现代化的专制。事实上，苏联在斯大林统治下用了10年多一点的时间从一个农业国转变成一个工业国，这是一项巨大的成就。从工业生产的总量来看，在第二次世界大战前夕，苏联仅仅落后于美国，而排在德国、英国和法国之前。这种数量的增长如果不采取强制化政策是不可想象的。

这种强制化政策的实际机构就是被亚历山大·索尔仁尼琴（Alexander Solschenizyn）称为古拉格群岛（Archipel GULag）的劳改营地。1938年，有821000人在这里劳动，两年之后囚徒的数量攀升到了150万。没有这些人奴役般的劳动，诸如白海—波罗的海运河以及莫斯科—伏尔加运河等大型工程不可能在短短几年内竣工。1933年8月，第一条以斯大林命名的运河开通后不久，120名苏联作家在马克西姆·高尔基（Maxim Gorki）的带领下于这条人工开凿的水上通道进行了一次特殊航行。在一部名为《名叫斯大林的白海—波罗的海运河》文集中，作者们赞誉强制劳动这种“人力原料”组织，并且把提供劳动力的强制劳役集中营体系称赞为“进步的灯塔”。莫斯科—伏尔加运河是第二个五年计划中最大的项目之一。1937年7月，当运河交付普通货运和客运使用时，国家宣传机构再次大肆宣传。在工程建设中丧生的成千上万人却无人问津。运河落成后，有55000名囚犯作为突击队成员被劳改营释放，其他人则被授予勋章。然而，主持这项工程的众多技术员和工程师却经历了不同的命运：他们遭到各种巧立名目的指责，不是破坏就是煽动，最后被逮捕并被枪杀。

绝大多数经理都很清楚，生产量增长并不意味着生产率的增长。“斯达汉诺夫运动”中的突击队成员不仅过度地自我剥削，还搅乱了生产进程，给设备增加了负荷，酿成了一系列事故。事实证明，如果没有采用如此残忍的手段，那么就能够得到持久的高效率增长。红军的大部分军官队伍受到摧毁，这一点更难以用理性的方式加以解释。如果斯大林真是像他后来的一些辩护者所说的那样是为了使苏联免遭纳粹德国的进攻而重整武装，那么他在大敌当前的时候就不可能如此削弱自己的武装力量。然而，到处树敌已经成了一种需求，只要有弊端存在就要去捕猎替罪羊，这种欲望要远远胜过理性的考虑。

1936 年收成欠佳，因此需要把供应危机转嫁给怠工者。黑市交易猖獗，商店门口排起长龙，这些在三十年代后几年里已经是苏联司空见惯的场景了。住房短缺的现象依然让人感到压抑。除了上述现象外，只要不被恐怖活动缠身，普通百姓的生活还算“基本正常”。配给制和购货卡在 1935 年被取消。农民群众的聚众闹事也告一段落。可做的工作比比皆是。对伟大领袖（woschd）斯大林歌功颂德当然也属于“基本正常”。画家、雕塑家和作家对工人和农民崇拜有加，以“社会主义现实主义”手法去颂扬他们。国家倡导开展体育活动，一系列看上去与政治无关的娱乐电影涌上屏幕，《欢乐青年》《伏尔加，伏尔加》《杂技》深受百姓喜爱。音乐、舞蹈和体育在 1937 年落成的莫斯科高尔基文化休闲公园这一既俗气又庞大的建筑群里蓬勃开展。作家鲍里斯·帕斯捷尔纳克（Boris Pasternak）的作品被禁。1937 年 11 月 21 日，德米特里·肖斯塔科维奇的第五交响曲在列宁格勒爱乐乐团音乐厅首演。

三十年代中期和后期，苏联有些地方似乎有些复古。弗拉基米尔·彼得罗夫（Wladimir Petrow）的历史大片《彼得大帝》（*Peter der Erste*）和爱森斯坦（Eisenstein）的《亚历山大·涅夫斯基》

（*Alexander Newski*）被搬上银幕。这是一种新的表达方法，是对"无产阶级国际主义"加以补充和相对化的"苏联爱国主义"。俄国文学的经典作品开始大众化，占据首要地位的是普希金的作品。革命时代被禁止的军阶制恢复了。家庭的价值观也被重新提到日常生活中来。

根据 1937 年苏联人口普查的数据，信教人数依然超过无宗教信仰人数（在年满 16 岁的人口中，二者的比例分别为 56.7% 和 43.3%）。尽管无神论者不再像 20 世纪 20 年代那样好斗，但是对教会的迫害并未终止。根据早年持不同政见者的估计，1936 年至 1938 年，共有 80 万名神职人员被捕，有 670 名主教被杀。根据较新的统计，仅在 1937 年就有 15 万名教徒被捕，8 万名被杀。原来的 8 万座东正教教堂，只有 2 万座还在使用中。很多教堂被摧毁。莫斯科的基督救世主大教堂（MoskauerChristi-Erlöser-Kathedrale）就是一个例证：它于 1931 年底被炸毁。

苏联百姓对宗教在自己国家传播的实情知之甚少。1937 年人口普查的结果没有公开。原因是显而易见的：因为它反映出集体耕作正在减少，饥饿灾荒正在蔓延，到处是判决行刑和流放。1934 年苏联官方统计的人口数量为 1.68 亿，而 1937 年却减少到了 1.62 亿。但是由于统计数据保密，并且部分数据被销毁，所有这些都未能留存下来。国民经济中央档案馆的统计负责人和参与人口普查的干部，包括地方上的干部，大部分都被打上"托洛茨基主义—布哈林主义间谍"和"人民公敌"的烙印，被送上法庭判处死刑，最后被枪决。

西方民主阵营对斯大林的恐怖统治做出了不同的反应。公开审判往往受到保守派、自由派和社会民主派报纸的批评。关于苏联劳改营强劳的报道在美国引起了轩然大波，人们呼吁抵制苏联的货物。左派知识分子在三十年代中期大都把苏联视为进步和反法西斯的堡垒。法国作家罗曼·罗兰在 1935 年走访了莫斯科，用法国史学家弗朗索瓦·福雷（François Furet）的话说，罗兰从某种意义上把“苏联誉为民主普遍性的典范”。这位诺贝尔文学奖获得者和坚定的和平主义者在苏联享受到与斯大林单独谈话两小时的殊荣。罗兰满载着对苏联的正面印象回到法国，他认为苏联在一位启蒙者的领导下，重新扛起法国革命的大旗，去改变人类。罗兰的同行诗人安德烈·纪德原来也对十月革命充满好感，他于 1936 年 6 月抵达莫斯科，他在斯大林的国度逗留了几周，于 8 月 23 日离开。就在这一天，苏联正在对季诺维也夫、加米涅夫和其他所谓的党内敌人进行审判，纪德由此猛醒过来。他在于 1936 年 10 月发表的著作《访苏归来》（*Retour de l'U.R.S.S.*）中怀疑“当前世界是否有这样一个国家，甚至包括希特勒的德国在内，在精神上比苏联更少自由，更加扭曲，更多恐怖，更加有依赖感”。

纪德的著作引起了法国共产党一片愤怒的惊呼。党内的知识分子领袖指责这位著名作家过于轻率，并且受到了托洛茨基主义的影响。而身为“人权联盟”（Ligue pour les droits de l'homme）记者和法律专家的雷蒙·罗森马克（Raymond Rosenmark）却并不需要去承受这种指责。莫斯科在对季诺维也夫、加米涅夫和其他布尔什维克元老成员进行首次公开审判之后，罗森马克就在 1936 年 10 月做出判断：这 16 名被告不可能是因为受到酷刑或威胁才认罪的。他认为纳粹的共谋确实存在，因此得出了明确的结论：“如果我们剥夺人民反对掀起内战的权利，剥夺人民对那些与外国勾结的谋反者加以严厉制裁的权利，那么我们就要否定法国革命了，而这场革命用一个著名的词来说就是一个整体（援引自乔治·克列孟梭）。”

从纳粹德国流亡到法国滨海萨纳里（Sanary-sur-Mer）的作家利翁·福伊希特万格也曾经在 1936 年至 1937 年交替之际走访了苏联。他和纪德一样受到了斯大林几个小时的接见，并且在归来之后以书的形式记录了自己对苏联的印象和了解。他和罗森马克一样，也认为上述事件是可以理解的。在书中，他尽管批评了斯大林大搞个人崇拜，指出了一些社会问题，但是在公开审判苏联重工业副人民委员格奥尔基·皮达可夫（Georgi Pjatakow）、卡尔·拉狄克以及其他托洛茨基派反苏成员的问题上，他认为不必大惊小怪："所有这一切与其说是一场严酷的审判，倒不如说是一次讨论会，大家谈话的语气非常平和，一批有学问的人努力寻找出事实的真相：到底是因为什么才发生了这一切已经发生的事。他们给人留下的印象似乎是，被告者、国家审判员和法官都抱着非常严肃的态度，想对已发生的事来一次滴水不漏的澄清……"这些最终几乎都使被判处死刑的被告者，被迫承认强加在他们身上的莫须有的罪名，诸如捣乱破坏、准备发动恐怖袭击等。面对所有这一切，来自西方的这位审判会观察员却不以为然，他认为没有必要因此去怀疑罪犯们自我引咎的真实性。

福伊希特万格的《莫斯科 1937——献给我朋友们的旅行报告》于 1937 年夏天以德文形式由荷兰的克里多出版社（Querido）出版，同年 9 月英文版在伦敦的维克多·格兰茨（Victor Gollancz）的左翼图书俱乐部（Left Book Club）出版社出版。福伊希特万格对苏联现状的积极描述比纪德充满尖刻批评的方式在左派知识分子中间引起了更多共鸣。1937 年，美国版《莫斯科 1937》由维京出版社（Viking Press）在纽约发行。无论是在伦敦、巴黎还是纽约，这本书均唤起了人们对苏联的积极反应。与罗马和柏林的法西斯独裁政权相比，苏联即便在全民恐怖的时代也是小巫见大巫，更何况人们把苏联视为推翻欧洲乃至全世界法西斯政权的希望。[7]

全线备战：1934年至1938年的纳粹德国

1935年1月13日，纳粹德国举国欢腾。这一天，萨尔地区根据《凡尔赛条约》的规定进行了公民投票，结果是90.8%的投票者主张回归德国，只有0.4%的投票者选择并入法国，9.8%的投票者听从德国社会民主党和德国共产党的口号，选择将此地区交由国际联盟管辖。德国社会民主党和德国共产党之所以建议这种方式，是企图至少让德国的一部分地区免遭纳粹的统治。纳粹政权也借此机会证明了自己在工人中的强势地位，而各个工人党派则不得不承认他们惨遭失败。

/ 733

在这个时期的“旧帝国”（指德国开始扩张领土前的地区——译者注）里，只有少数一批人还在和纳粹对峙，为数更少的人在做着抵抗活动：他们散播非法的抗议号召，在民宅的外墙上张贴或在桥梁上写出反对政权的口号。共产党的抵抗运动组织在这一地区特别活跃，因此他们首先被国家秘密警察分化，以至于其他抵抗力量都对其敬而远之。到1934年底，大约2000名共产党人被杀。1933年至1934年，有大约6万名共产党人被捕，1935年又有15000名共产党员被捕。

社会民主党人比共产党人更加小心。他们通常利用消费者合作社的场合聚会，或者采用在俾斯麦时代就很流行的社会主义者聚会的方式：在同志的葬礼上相约。其中特别勇敢者和流亡布拉格的党部领袖们（Sopade）保持联系，散发他们的文章。这些文章都藏匿在非政治性的标题后面，例如在古典文学剧本或菜谱当中。

1935年，德国加大了对“马克思主义的”政权反对者的追捕力度，并且有效地打击了社会民主党和工会的非法组织。反对派人士被捕后受到集体审判。一批受审的社会民主党员达400人之多，另一次工会人士的审判中，受审者多达628名，在科隆集体受审的社会民主党人一批也有 232 人。那些与教会关系密切的基督徒，只要他们试图逃避教会内的一体化运动，就会被独裁政权视为异己。1936 年至 1937 年，众多的天主教神职人员和教团成员以风俗罪名被告上法庭，随之而来的是反对罗马教会的新闻宣传。就在同一时期，政府还发布命令清除学校里悬挂的十字架。但是这一举措遭到了教徒们的强烈反对和抵抗，最终纳粹分子不得不废止了这项规定。

在基督教会的成员中也发生过类似的抵抗运动。马丁·尼莫拉（Martin Niemöller）是柏林－达勒姆的圣安娜教区（St. Annen-Gemeinde）的牧师。他在布道坛上多次批评希特勒一再违背对基督教会所做的承诺。1937 年 7 月 1 日，尼莫拉被盖世太保逮捕。1938 年 3 月 2 日，柏林特别法庭宣判对尼莫拉实行 7 个月的监禁，而这 7 个月的监禁可以用预审拘留顶替，另外还有 2000 帝国马克的罚款。这样一纸判决书无异于道德上的无罪释放。但是希特勒不会对法官的决定善罢甘休。尼莫拉作为"领袖的囚犯"被直接从莫阿比特（Moabit）的法庭带到了奥拉宁堡的萨克森豪森集中营。1941 年 7 月，尼莫拉被迁移到达豪集中营，在那里一直被关押到战争结束。 / 734

在监狱里，这位基督教牧师算是一个有特权的囚犯了。一方面是因为他在教会中的地位，另一方面也是因为他的两次被捕在全世界引发了抗议的浪潮。集中营内大多数政治犯受到的待遇不尽相同。共产党员和社会民主党员必须为他们在 1933 年前后反对民族社会主义的行为在集中营里付出代价。侮辱、暴打、酷刑、在"逃跑中"被枪决，这些都是家常便饭。库尔特·舒马赫早年是帝国议会的社会民主党议员，他在战争中失去了一条臂膀，却在达豪集中营被逼迫去搬运石头。在舒马赫进行了四周的绝食抗议之后，集中营领导才放弃了通过苦役来消灭他的念头。直到 1943 年 3 月，他才获释。他的两位党团同事则较早得到了自由：尤利马斯·莱贝尔（Julius Leber）和卡洛·米伦多夫（Carlo Mierendorff），分别于 1937 年和1938年获得释放。恩斯特·海尔曼在魏玛时期是普鲁士邦议会的社会民主党党团主席和帝国议会议员，因为他是犹太人，所以经历了惨绝人寰的折磨。1940年4月初，希姆莱亲自下令在布痕瓦尔德集中营杀害了海尔曼。1936年，希姆莱已经成了“德意志警察总头目”。在布痕瓦尔德集中营丧生的还有恩斯特·台尔曼，他长期以来担任德国共产党主席一职，于1933年3月被捕。1944年8月18日，希特勒亲自下令对台尔曼执行枪决。

/ 735

截至1933年7月底，德国共有27000名政治犯。到了1935年6月，集中营的监禁人数已经少于4000人，这显示出纳粹统治趋于稳定。1937年，整个帝国只剩下4座集中营：达豪、萨克森豪森、布痕瓦尔德和利赫滕堡。这些集中营由党卫军管理，每一座集中营驻扎着党卫军一个1000~1500人的“骷髅总队”(Totenkopfverband)。从1934年起，除了政治犯以外，又新增了很多种类的囚犯，即所谓的“人民败类”，诸如“不合群的人”、“工作偷懒的人”、同性恋者、耶和华的见证人、在德国暂住和常住的移民，以及属于上述一项(或多项)的犹太人。根据当时有效的法律，无法对这些“坏分子”进行正常的判刑。纳粹的“民族共同体”又容不下这些人，所以纳粹分子就把这些人关进集中营。

1938年成功逃亡到美国的社会民主党派法学家恩斯特·弗兰克尔(Ernst Fraenkel)在1941年发表了他的著作《双重国家》(*The Dual State*)。他在书中分析了两种国家的区别，一种是稳定的“正常国家”(Normalstaat)，另一种则是不断扩张的“举措性国家”(Maßnahmenstaat)。而集中营正是“举措性国家”恰如其分的表达方式。同时，集中营日益成为党卫军经济帝国的脊梁骨。囚犯们的劳动带来丰厚的利润，以致对囚犯的需求量急剧增加。集中营囚犯实行强劳的采石场变成了建筑材料重要的来源地。希特勒的首席建筑师阿尔伯特·施佩尔(Albert Speer)用这些石材，在纽伦堡、慕尼黑和柏林建造了一系列纳粹风格的巨型建筑。后来的集中营干脆就有的放矢地建造在花岗石采石场附近。在德国上普法尔茨（Oberpfalz）新建了弗洛森比尔格（Flossenbürg）集中营。“合并”奥地利之后，在林茨附近建造了毛特豪森（Mauthausen）集中营。和在“旧帝国”一样，奥地利集中营的囚犯来源也是五花八门的，从刑事犯到“不合群的人”，从同性恋者到吉卜赛人，从犹太人到由于宗教或政治原因反对政府的人。

一方面是坚决要推翻希特勒政权的抵抗力量，另一方面是无条件支持民族社会主义的力量，在这两个阵营之间，存在着一大批持观望态度的人。有很多人对“元首”无比崇拜，但是对身边的“小希特勒们”恨之入骨。这种分歧一直蔓延到民族社会主义德国工人党内部。对很多人来说，只有加入民族社会主义德国工人党才能保住自己的工作。（战争结束时，民族社会主义德国工人党共有 850 万名党员。）很多“人民同志”对“第三帝国”的政治持拥护态度，但是对某些方面却持保留态度，例如第三帝国的教会政策和学校政策。有些人的成见如此之深，以至于只要有一丝可能他们都不愿行希特勒礼，不愿挂卐字旗。他们要么根本不参加纳粹组织，要么避重就轻地参加一些“无足轻重”的分支组织，例如纳粹民间福利组织。这种做法不能说是抵抗政府，但这是一种保持距离、不参与、部分拒绝的做法。在那些不会有成员去听不该听的话的圈子里，也常有对希特勒的怀疑和批评。但是，对于大多数德国人来说，“元首”是神圣不可侵犯的，他的成就和知名度可以弥补“第三帝国”日常生活中的不足。 / 736

希特勒和平统治的时间越久，就越受到德国广大民众的喜爱。但是很多“右派”知识分子的感受却正好相反。1933 年对“夺权”持欢迎态度的人，后来对“运动”的那种平民气息产生厌恶，对“精神”领袖的中庸感到失望，因此不再公开支持民族社会主义。诗人戈特弗里德·贝恩（Gottfried Benn）是这样，社会学家汉斯·弗莱尔（Hans Freyer）也是这样，他于1931年发表的《右翼革命》（*Revolution von rechts*）一书是少有的来自青年保守派知识分子阵营的著作。抱有同样态度的还有哲学家阿尔诺德·盖伦和马丁·海德格尔。海德格尔的情况与前几位有所不同，因为他感觉受到了激进纳粹分子的攻击，他的世界观也被指责为不可靠的。

宪法专家卡尔·施密特的情况正好相反，不是他读不懂民族社会主义，而是民族社会主义读不懂他了。1936年10月，施密特作为帝国纳粹法律联盟高校教师组组长，召开了主题为“法律学中的犹太种族”的会议。在结束语中，他援引了希特勒的“我要为上帝之作而战，要与犹太人作顽强斗争”。施密特要求，如果在文章里不得不援引犹太人的语录，就必须要注明这位作者是犹太人。他希望，“只要一提到‘犹太’这个词，……就要想到成功驱魔”。

施密特的讲话一方面表达出他对犹太人的极端蔑视，另一方面表现出他对统治者献媚讨好。但是他的卑躬屈膝并没有给他带来好处。1936年12月初，党卫军的机关报《黑色军团》（*Das Schwarze Korps*）根据德国难民的揭发，向施密特发起攻击，指责他早年与犹太人联系频繁，与天主教政治组织亲近，并且在1933年前反对过民族社会主义。施密特因此丧失了他的所有政治职位，仅仅保留住了普鲁士国务顾问这个头衔，而这还要感谢戈林的斡旋。教授的职务是保住了。即便如此，他一直到第二次世界大战开战，依然发表文章，以表示自己与“第三帝国”的紧密关系。

1933年既没有离开德国，而又不和民族社会主义同流合污的知识分子，结成了“国内难民”群。这个群体包括几位最著名的作家，如恩斯特·荣格、理卡达·胡赫（Ricarda Huch）、莱因霍尔德·施耐德（Reinhold Schneider）、恩斯特·维歇特（Ernst Wiechert）和维尔纳·贝根格林（Werner Bergengruen）。只要他们不公开发表政治言论，就可以发表文章。那些对民族社会主义进行陌生化批评的文字有时甚至通过了审查，例如贝格根律恩1935年发表的《暴君与法庭》（*Der Großtyrann und das Gericht*）和荣格1939年发表的《在大理石的悬崖上》（*Auf den Marmorklippen*）。“国内难民”的文学著作被读者接受，但是党派媒体对此讳莫如深。当然，占据主流的依然是其他作家，例如汉斯·弗里德里希·布隆克（Hans Friedrich Blunck），这是一位北德意志神话文学作家，曾一度担任帝国作家协会主席一职；汉斯·格里姆（Hans Grimm），这是《没有空间的民族》（*Volk ohne Raum*）的专栏作家；维尔纳·博伊梅尔堡（Werner Beumelburg），他写的《战争经历》（*Kriegserlebnis*）美化了1914年至1918年这几年。

“国内难民”成了中老年人的魅影，而年轻知识分子更倾向于从民族社会主义那里汲取民族全面创新的力量，或者把民族社会主义造就成创新的力量。30年代中期，在党卫军的首脑机关安全局（SD）和盖世太保里，有一群年轻的知识分子在工作，他们在被称为“体系时代”（Systemzeit）的魏玛时代读完大学。维尔纳·贝斯特（Werner Best）就是其中一个。他出生于美因茨，是公务员的儿子，自己则成了律师。他在国家警察机构担任组织者、人事部主任、法律总监和理论家。 / 738

年青一代民族社会主义的技术治国论者们的“战争经历”指的是1919年至1920年和1930年至1933年德国发生的类似内战的冲突，特别是上西里西亚的战斗和1923年鲁尔地区被占领的日子。年轻的民族社会主义知识分子深受国家民族主义的影响，决心用专制国家的方式去创建一个纯一种族的民族群体。消灭“布尔什维克分子”“马克思主义者”以及其他国家公敌是他们应尽的义务。在这方面，他们在1933年大大向前迈进了一步。但是，消灭犹太人还是一项远没有完成的任务。党卫军、安全局和盖世太保里的年轻学者们被米卡尔·维尔特（Michael Wildt）称为“决意的一代”。他们深知消灭犹太人的重要性，因此正在积极想办法。

理论上讲，强迫犹太人离开德国的这种“犹太人问题解决方案”是符合民族社会主义的意愿的。1933 年也曾有过这样的尝试。这一年 8 月，帝国经济部与德国和巴勒斯坦的犹太复国主义代表们签署了《哈瓦拉协议》（*Haavarah-Abkommen*）。根据这一协议，犹太移民可以将自己的部分财产间接运送到巴勒斯坦（另一部分财产则归德意志帝国所有，此外帝国还能够在巴勒斯坦出手比迄今为止更多的货物）。对于 1933 年至 1939 年移民到巴勒斯坦的 6 万名犹太人来说，这项协议提供了一定程度的物质帮助。但是如果想利用这种可能性，必须要有大批的钱财，而只有一部分德国犹太人拥有这么多财产。另外，在有钱的犹太人中间，又只有少数人感觉德国形势已经紧迫到必须移民。1933 年至 1937 年，德国 52.5 万犹太人中，有 12.7 万离开了德国，大多数人选择将西欧作为目的地。

/ 739 1935 年春天，来自“下面”的反犹压力增大，特别是民族社会主义的中产阶级跳了出来，试图通过打砸抢犹太人商店的办法来消除不受欢迎的竞争对手。犹太人蒙受的经济损失惨重，来自国外的负面反响极为强烈，政府不得不于 1935 年 8 月决定把这些“市民阶层”的勾当引导成合法性的抗议。这些打砸抢的行动实际上得到了亚尔马·沙赫特的支持。这位帝国银行总裁于 1934 年 8 月还担任了帝国经济部部长。

于是，帝国议会于 1935 年 9 月 15 日在民族社会主义德国工人党的帝国会议期间出台了被统称为“纽伦堡法”的多项法律。《帝国国旗法》取代了 1933 年 3 月的旧法律。旧法律中，皇家帝国的黑白红三色旗可以与卐字旗并列悬挂。新的法律则仅仅推出纳粹标志，认定卐字旗为唯一的国旗。保卫德意志血缘和德意志荣誉的法律禁止犹太人与流淌着德意志或“同类”血液的国家公民通婚。此外，法律还禁止犹太人雇用45岁以下的“雅利安”女性作女仆，禁止犹太人挂卐字旗。《帝国公民法》定义了“国家公民”的概念，为“雅利安”德国人创造了帝国公民的法律形象。只有帝国公民拥有全部的政治权利，如选举权。而普通的国家公民被降级成被容忍居住在此地的客人。

《帝国公民法》共有四种草案，希特勒选择了其中“最温和”的版本，但是划去了只针对“纯犹太人”条款的限制。其结果是，必须经过法令去断定谁是“纯犹太人”，谁是“一级混血和二级混血”，谁是“犹太同等人”，谁是“德意志血统人”，并且还要规定非纯种“德意志血统人”的后果。希特勒还保留了自己担任可能出现的疑问的最高仲裁官的权利。

“纽伦堡法”剥夺了犹太人的平等权利，把如何定义德意志降级为一个生物性的问题。向文化开战已经甚嚣尘上，并且在德国赢得了不少赞誉之声。通过法令限制犹太人的影响要比对犹太人的施暴更加容易让人接受。柏林的官方媒体报道说，德意志与犹太经过多年的斗争，“终于有了一个清楚的关系”，这使“各地的百姓心满意足，使他们热情高涨”。在科布伦茨，人们对此“感到满意”，因为“《血统保护法》要比不受人欢迎的单独行动更加能够起到孤立犹太人的作用”。但是，相信社会民主党的人们说，在工人队伍和市民阵营，甚至在“纳粹的圈子里”，都有反对“犹太人法”的声音。同样从这个消息来源也传出了人们对皇家的旗帜被卐字旗取代所引起的不满，不满的程度不亚于剥夺犹太人权利的法律所引起的回应。在这一点上，官方媒体的态度也类似，它们也认为“纽伦堡法”中的这一项法律确实不受人欢迎。 / 740

“纽伦堡法”的出台，给外界带来了一定的稳定。1936年，奥林匹克运动会在加米施－帕滕基兴（Garmisch-Partenkirchen）和柏林召开。纳粹高层想借此机会给全世界传递一个友善的德国的形象。2月5日，犹太籍医学学生大卫·法兰克福特（David Frankfurter）在瑞士击毙了民族社会主义德国工人党海外组织的国家分组主席威廉·古斯特洛夫（Wilhelm Gustloff），纳粹政府禁止了一切反犹游行和活动。第二天，冬季奥林匹克运动会在加米施－帕滕基兴拉开帷幕。萨尔地区公民投票后两个月，希特勒向第二次世界大战迈出了极为重要的一步。1935年3月16日，他宣布恢复普遍义务兵役制。《凡尔赛条约》仅仅允许德国拥有一支10万人的职业军队。"元首兼帝国总理"公开违背了《凡尔赛条约》。新国防军将拥有一支36个师、55万人组成的用以"维护和平"的军事力量。

欧洲战胜国，首先是意大利，对德国的这个做法仅仅发出了书面抗议，而英国则连一点戒备之心都没有。3个月之后，英国于1935年6月18日和德国签署了一项舰队协议，这项协议对德国海军和英国海军的军力做了35∶100的约定。此后，希特勒更加胆大妄为，在第二年里做出了彻底摆脱《凡尔赛条约》和《洛迦诺公约》的决定。1936年3月7日，他宣布废除《洛迦诺公约》。为了重建帝国的军事主权，他下令占领莱茵兰的非军事化区。如果法国对进驻的德国军队使用武力，德国国防军将根据命令撤退，当然这对希特勒将是极没面子的事。然而，法国不想打仗，英国就更不情愿了。此前法国在阿比西尼亚战争中拒绝对意大利实行制裁，因此法国在西方的信誉大打折扣。1936年初，全球都密切注视着意大利而忽略了德国，这让希特勒有机可乘。

希特勒在出兵莱茵兰的同时，还加强了宣传攻势。他在广播讲话和备忘录中建议签约国对《洛迦诺公约》做一次全面的更新。他想和法国与比利时签订为期25年的互不侵犯条约，同时请英国和意大利做担保。他还引诱英国与其结成空军同盟。如果西方能够接受他的要求，他甚至愿意考虑重新回到国际联盟中来。莱茵兰危机正像希特勒所希望的那样不了了之。国际联盟做出决议，谴责德国违背了《凡尔赛条约》，但并未做出任何制裁。法国、比利时和英国相互保证，如果德国侵犯其中一国，它们将同时出兵捍卫彼此的领土完整。

在德国，偷袭成功使得“元首”的声望与日俱增。他在百姓中的威望是他的权力得到平民认可的最佳法宝。在1936年3月29日仓促决定的帝国议会大选中，犹太人不得参与选举，地方选举领导人在有需要的时候将选举结果大幅度向上调整。在这次选举中，“元首派”赢得了98.8%的选票。希特勒相信自己是个常胜将军。英国史学家伊恩·克肖（Ian Kershaw）称其为“相信自己神话的人”。他在“第三帝国”迄今为止最危险的外交危机，即占领莱茵兰的行动中采用了把既成事实变为成功的政治手段。他向全世界证明，西方民主和国际联盟没有能力做出决然行动。既然如此，他今后还会有什么失败可言呢？1936年9月召开的“荣誉党代会”上，他以民族拯救者的姿态在自己和人民之间建立起一个神秘的整体：“你们找到了我，这是我们这个时代的奇迹（掌声雷动！），你们在千百万人中找到了我！我找到了你们，这是德国的幸运！” / 742

失业人口骤降也使希特勒深受百姓喜爱。1935年至1936年，德国失业人数从210万降到160万，这意味着失业人口比例从11.6%降低到了8.3%（1936年的美国失业率还在16.9%。）。英国经济学家约翰·梅纳德·凯恩斯1936年发表了《就业、利息和货币通论》。德文版在同一年问世，在前言中凯恩斯写道，他关于生产的通论作为一个整体更加容易适应“一个极权国家的情况”，而传统的理论主要是适应自由竞争的。事实上，纳粹德国作为国家扮演了一个投资者的角色，在世界经济危机时德国要比任何一个其他资本主义国家投入更多，这种“投资国家化几乎面面俱到”，而这正是凯恩斯推荐的振兴经济的方法。

但是，从1936年到1938年，德国国民经济增长中的几乎一半

（47%）是因为军费开支增加了。根据亚当·图兹的分析，如果把提升自我供给和装备措施的投入也计算进去的话，国家投资有2/3（67%）是直接或间接投到军事中去的。1935年到1938年，个人消费的增长只有25%，尽管这个数字在1935年还包括了70%的国民经济活动。国家接受的货物和服务，1935年有70%落入国防军手中，三年之后这个数字提高到80%。凯恩斯在他的反周期性经济政策中见到了一丝和平的希望，因为他乐观地认为，如果全民就业能够通过“国内政策”实现，就不必进行战争扩张了。经常有人将纳粹德国的经济政策称为“凯恩斯式的”，实际上忽略了凯恩斯的政治信息。

在“荣誉党代会”召开之际，希特勒已经准备好了备战的秘密时间表。1936年8月，他在四年计划的专题报告中采用了他在《我的奋斗》里描述的走向地缘战略的极端方式：“法国大革命爆发以来，全世界以越来越快的速度走向另一个争端，这一争端最为极端的解决方案就是布尔什维克主义。布尔什维克主义的内容和目标是以全世界广泛流传的犹太教去消灭和替代迄今为止引领人类的社会阶层。没有一个国家能够逃脱或避开这一历史性的争端。自从马克思主义在俄国这个世界最大的国度之一取得了胜利，并且以此为出发点进行其他活动的时候，这个问题就变得咄咄逼人。一个在世界观上四分五裂的民主世界面对的是一个世界观上团结一致，并且进攻愿望已定的世界。这个进攻愿望强烈的世界年复一年地增强自己的军事力量。”德国一直是“布尔什维克主义向西方世界发动进攻的焦点”。“布尔什维克主义如果战胜了德国，将不会出现一个《凡尔赛条约》，而会出现一场斩草除根的行动，会将德意志民族逼向灭绝的深渊……为了抵御这个危险而采取必要行动是头等大事，必须放在所有考量的前面……我们军事力量的规模绝对是越大越好，其扩展的速度绝对是越快越好！……如果我们不能在最短时间内把国防军从建设上，从阵容上，从装备上，特别是从精神教育上发展成世界一流的军队，那么德国必将惨败！”

根据对经济形势的分析，希特勒认为德国人口过剩，因此没有 / 744
能力自给自足，在原材料需求方面，情况也大致相仿。增加出口在理论上是可行的，但是实际上难以做到。第一步要做的是，德国必须尽一切可能自给自足。汽油和橡胶无论成本多少都要自己合成，要大大提高德国的钢铁和煤产量。破坏经济的人必须判处死刑。损坏德国经济的罪魁祸首是全部犹太人。而最终的解决方案只能是“扩展我们民族的生活空间以及原材料和粮食基地”。战争并非遥遥无期，而是近在咫尺。专题报告得出的两点结论是不容置疑的：“第一，德国军队必须在四年内完成建设并投入使用；第二，德国经济必须在四年内壮大到可以经受战争的考验。”

为了在最短时间内实现尽可能自给自足这一雄心勃勃的目标，德国政府设立了一个大型国家经济部门，并在 1936 年 10 月任命赫尔曼·戈林担任四年计划总监。这个时候又添新职的戈林已经是身兼数职：他是帝国议会主席、普鲁士总理、帝国航空部部长、空军总司令、帝国森林和狩猎部部长。戈林的部门和帝国经济部分庭抗礼，而戈林本人也成了亚尔马·沙赫特的对手。沙赫特也是身兼数职的老将，担任着帝国银行主席、帝国经济部部长和（自 1935 年 5 月起）战争经济全权特使。四年计划，从概念上讲就是借鉴苏联的产物，是为向纳粹国家资本主义过渡制订的计划。政府对经济的影响力达到了一个新高度。1937 年 7 月，在萨尔茨吉特（Salzgitter）创建了“赫尔曼·戈林矿山和炼铁厂股份公司”，这家公司成了一年后问世的“赫尔曼·戈林帝国工厂”的核心。这是一家大型集团公司，1940 年拥有 60 万名员工，包罗所有生产等级。沙赫特的权
力每况愈下，他于 1937 年 8 月主动向希特勒请辞，让出帝国经济部 / 745
部长和战争经济全权特使的职位。1937 年 11 月 26 日，希特勒接受

了他的辞呈。帝国银行主席一职沙赫特保留到了 1939 年 1 月。

为了给军事装备大开绿灯，经费是个大问题。如果政府不想增添百姓的赋税，从而降低群众的消费水平的话，那么国家将不得不债台高筑。对希特勒来说，增加赋税绝对不是出路。因为没有什么比引发工人的不满情绪更可怕的了。英国史学家蒂莫西·莱特·梅森（Timothy W. Mason）在其 1975 年出版的《工人阶级和民族共同体》（*Arbeiterklasse und Volksgemeinschaft*）一书中提到了希特勒和其他纳粹领导对 1918 年 11 月的深刻回忆：就像“刀刺在背传说”一样，当时的革命事件被认为是国内改革取得最终胜利的障碍。

1933 年以来的经济腾飞为绝大多数德国人带来了物质生活的改善。1937 年的周平均收入要比经济萧条的 1932 年高出 20.6%，但还是比 1929 年的时候低 28.8%。生活费用指数从 1932 年到 1937 年仅仅上涨了 3.7%。众多的“人民同志”终于可以第一次买得起一台“国民收音机”（Volksempfänger）了，这也成了纳粹扩大自我宣传的最主要途径。1933 年 8 月至 1934 年 8 月，有 65 万台物美价廉的收音机被销售给民众，截至 1935 年底又销售了 85.4 万台。1938 年，有 70% 的城市家庭拥有这样一台收音机。而在农村，“国民收音机”则要少得多。

1933 年，每 37 个家庭中有一家拥有一辆小辆车。1934 年，希特勒许诺为百姓制造价格低于 1000 帝国马克的小汽车。1936 年 7 月，“元首”决定在一家国有工厂里制造这部“大众汽车”。这家工厂归德国劳动阵线受人欢迎的娱乐组织“力量来自欢乐”所有。/ 746 1938 年 5 月，费迪南·保时捷（Ferdinand Porsche）在中部运河（Mittellandkanal，又译为中德运河）旁新建不久的城市沃尔夫斯堡（Wolfsburg）修建的大众汽车厂开业了。到 1939 年，有 27 万德国人签订了储蓄合同，只要储蓄金额达到 750 帝国马克，就可以买一辆大众汽车。签订储蓄合同的人不断增多，到战争结束时已经激增到 34 万人。到了 1945 年没有一个百姓客户得到了“大众汽车”，而 2.75 亿帝国马克的储蓄金额加上帝国据为己有的利息在战后的通货膨胀中却化为泡沫。但是在第三帝国的战前年代，只要能够期待在不久的将来能开上自己的“大众汽车”，驰骋在“元首的道路上”的帝国高速公路上，这样的念想足以使得政府和希特勒的威望大增。

德国 1937 年的失业人数下降到 91.2 万，相当于 4.6%。接下来的一年里，失业人口再次减半，下降到 43 万，相当于 2.1%。由此，德国在遭受世界经济危机的工业国家中成为第一个实现全部就业的国家。经济繁荣大部分建立在“有创意的”贷款方式上，这就是冶金研究股份公司期票（Mefo wechsel），这样一种国债，只有通过占领他国领土，剥夺他人的资源和劳动力才能得到偿还。如果说希特勒还没有计划战争的话，那么他最迟在 1936 年就必须计划了，否则巨额投资便达不到生产的目的，国家财政也会功亏一篑。为了不再延迟开战的时间，希特勒拒绝了（1935 年 5 月被称为）帝国作战部经济和军备处处长格奥尔格·托马斯（Georg Thomas）上校所谓“深度军备”的提议，而是孤注一掷于“广度军备”。但实际上，这种军备无法适应长期的战争，只能支持一场“闪电战”。闪电战中缴获的战利品再用来支持下一场闪电战。希特勒正是想用这种方法来支撑实现其生活空间目的的巨额经济负担。

失业人数降低，在生产领域就意味着劳动的市场价值提高。梅森简明扼要地指出：“从 1936 年开始，劳动市场的情况使工人可以对自己的政治服从性提出某种条件。因为德意志劳动阵线负责稳定工人的服从性，因此这个组织开出了符合工人阶级利益的很大一部分条件：这些条件至少想从日益繁荣的经济中分得一些好处，这必然会加剧德意志劳动阵线与其他机构和利益集团之间的冲突，因为这些机构必须对涨工资、假日付薪、增加企业内社会福利等要求做 / 747

出回应。”根据梅森恰如其分的评价，如果德意志劳动阵线在限制消费方面一味采取支持企业家、国家官僚机构和军方的态度，那么统治体系中的这个群众组织有可能在转瞬之间就失去了威信。“这条路是万万走不得的，因为统治者担心自身的合法性，而工人阶级的力量可以载舟亦可覆舟。必须‘每天举行公民投票’①，以赢得他们的支持。”

从1935年12月到1939年6月，工业界的平均时薪增长了10.9%。在大部分军工行业所属的生产商品行业，平均时薪甚至增长了11.3%。由于工作时间增加，所以周工资的增长更加可观，达到了20.7%。在周工资增长指数中，消费品行业高于生产资料行业，达到20.7%。与1936年相比，1939年一个男性工人每周平均收入要高出5.8帝国马克，一个女工的周平均收入则高出2.5帝国马克。因此，工人阶层每周的消费能力提高了8500万帝国马克，再加上就业人数的提升，总体消费能力进一步提高了1.15亿至1.2亿帝国马克。

根据当年的消息来源，1935年以后百姓收入的增加主要是因为工人方面的压力。这种压力体现在各种形式的怠工上，例如请病假、工作马虎、缺勤和不服从指令。1939年夏天，德累斯顿的一位制革厂厂主毫不夸张地把工人的行为说成“伪装的罢工”。梅森认为，工人日益散漫的纪律“实际上是一种被动的政治敌对”和“原始形式的阶级斗争”。也许第二种形容更加恰当，而第一种说法有些过激：事实上工人的抵抗很少带有政治倾向。但尽管如此，盖世太保依然四处活动：政府对工人这种做法的回应就是实施恐怖。

/ 748

从1939年夏的情况来看，军工生产已经无法实现再次扩大。第三帝国的政策产生了一个矛盾的结果：失业人口不断减少，工人收入不断增加，这两种现象主要是军工业扩张的结果，随着消费的增

① 原文为 *le plébiscite de tous les jours*，欧内斯特·勒南语。——编者注

长，军备的成本也不断攀升。如果对消费严加限制，这种做法从政治上来说对政府极为危险。从长远角度看，走出这一困境的唯一出路就是进行战争扩张。1939年9月1日开始的战争并非出于经济原因，这一点我们还会仔细讲解。但是，德国如果不使用军事力量将会很难维持自己的战争经济政策。

希特勒1936年8月向德国军队下达任务，命令他们要在四年之内拥有开战能力。那个时候，他会把矛头指向来自东部的危险，布尔什维克则是头号敌人。他对西方的民主国家不屑一顾，他并未把这些国家看作未来的战争对手，他也没想和这些国家进行战争。1935年，他和法国记者伯特兰·德·儒弗内尔（Bertrand de Jouvenel）有一次谈话。那个时候，法国国内正因为审批与苏联的互助协议而争吵得不可开交。希特勒认为，德法之间所谓的宿敌关系是"无稽之谈"。《我的奋斗》中相反的论调早已成为过去。他允诺将在《历史全集》（*Das große Buch der Geschichte*）一书中对此加以更正。

英国在1935年6月18日成了德国舰队的协议伙伴，希特勒努力使其成为自己未来的同盟。他在这个时候加大殖民地政治宣传的力度，并非想把德国政治的重心放在殖民地扩张上，或者甚至放弃向东扩展"生存空间"转而寻求殖民地空间。殖民地问题对他来说实际上是向伦敦施加压力的一个工具：英国应该与他结成同盟，放手让他摆布东欧，那样他就会尊重大英帝国的利益范围。 / 749

希特勒认为，西欧和美国最关注的是德意志帝国以军事武装力量反对布尔什维克主义的摧毁力量。如果西方民主国家能够把德国视为坚定的反苏据点，它们就不会再去在意1919年的和平条约日益失去效力。法国于1935年5月与苏联签订了互助协议。1936年2月马德里成立了人民阵线政府，同年6月巴黎也组成了人民阵线政府，这对希特勒来说是外交政策的一大挫折。但是这又给政治宣传提供了机会：希特勒希望他的反共口号能够唤起法国和西班牙右派的觉醒，同时也能在英国引起更大反响。

西班牙内战开始两个月之后，“元首和帝国总理”1936 年 9 月 13 日在“荣誉党代会”上再次在德国人和全世界面前扮演了一次从布尔什维克主义手中拯救世界的救世主角色。他以世界末日到来的口吻宣告西班牙的战争是“丑恶时代的标志”：“我们常年在讲道中所说的在第二个千年终结时代世界将面临最大的危险，这将变成可怕的现实。现在这个时代，资产阶级政治家们口口声声说不要干预他国政治，而莫斯科的国际犹太革命中心则通过各种无线电广播，通过成千上万的金钱和煽动渠道向我们这个大陆发动革命。”希特勒对形势做出如此评判，得出的结论也是确凿无疑的：面对这种“全世界范围的煽动行为”，民族社会主义不仅在国内要予以彻底回击，而且还将以“最为坚定的决心抵御来自外界的任何进攻”，因此德国要扩充军备。

与伦敦相比，与罗马结成国际反共阵线要容易得多。阿比西尼亚战争使法西斯意大利和西方民主国家之间的鸿沟加深，而这也迫使意大利向德意志帝国靠拢。从经济角度讲，意大利高度依赖德国。

/ 750

希特勒向墨索里尼伸出援助之手，为意大利提供了大量原材料，使得国际联盟的制裁毫无作用。意大利“领袖”作为回报，在奥地利的争端问题上放松了条件，并且敦促联邦总理许士尼格与德国达成谅解。这种政治手段最为强硬的反对者是奥地利副总理、国防军司令吕迪格尔·冯·施塔尔亨贝格（Rüdiger von Starhemberg）。意大利占领亚的斯亚贝巴之后，他擅自向墨索里尼发出了一封极为不客气的贺电。许士尼格因此将其清除出政府。靠近政府力量的联盟组织“祖国阵线”的领导权也从施塔赫姆贝格那里落入许士尼格的手中。此后几个星期内，维也纳没有遭遇什么反抗就贯彻了所谓的“德意志路线”。这正是希特勒 1934 年 8 月任命巴本担任德意志帝国驻奥地利大使以后想在奥地利实现的目标。

1936年7月11日，德意志帝国和奥地利签署了一份条约。在公开的部分，德国承认“奥地利联邦完整的主权”，并且取消了1934年5月下达的须缴纳1000帝国马克才能入境奥地利的规定，而奥地利承认自己是一个“德意志国家”。在秘密的部分，维也纳承诺自己的外交政策“必须配合德意志帝国政府和平的努力行事”，在涉及两国政府的问题上，要和柏林交换意见。此外，奥地利还承诺释放大批政治犯，并且在不久的将来允许“奥地利迄今为止被称为国家党的反对派”参与政府工作。实际上，7月11日任命的两名政府成员就是受国家党信任的人员：联邦总理府国务秘书圭多·施密特（Guido Schmidt）和不管部部长埃德蒙·格莱泽-霍斯坦诺（Edmund Glaise-Horstenau）。（11月，施密特进入许士尼格领导的外交部，格莱泽-霍斯坦诺接管了内政部。）1936年10月，保安团解散。1937年6月纳粹律师阿图尔·赛斯-英夸特进入国务委员会。他是许士尼格和希特勒之间的联系人，同时也负责联邦总理和“国家党反对派”之间的联络。民族社会主义德国工人党在奥地利依然被禁止。1936年7月以后，奥地利的主权被大大削弱，形同德意志帝国的卫星国。 / 751

德奥双方在奥地利问题上达成的协议尽管仅仅是一个表面上的解决方案，但是它为德国-意大利关系的周密设计铺平了道路。1936年10月23日，两国外交部部长康斯坦丁·冯·牛赖特男爵和意大利“领袖”的女婿加莱阿佐·齐亚诺伯爵签订了一项秘密的合作与商议协议。协议为“柏林-罗马轴心”奠定了基础。墨索里尼于11月1日将轴心战略正式对外宣布。从那以后，所有欧洲国家，如果它们“愿意合作，愿意和平”，都可以围绕在这一轴心周围。这两个国家在西班牙内战问题上都倒向民族主义者一边，1936年11月18日，柏林和罗马正式承认佛朗哥将军的政变政权，这就是德意

700 两国对所谓合作的任性的体现。

一周之后，德国在 11 月 25 日与日本缔结了反共产国际协定。这是德国驻英国大使、希特勒的外交政策顾问约阿希姆·冯·里宾特洛甫（Joachim von Ribbentrop）绕过了对中国友善的外交部拟出的一项协定。协定的内容是共同发动宣传攻势来抵御第三国际的颠覆活动。如果苏联向签署协定的一方发动进攻，协定的秘密部分还禁止签约国家采取减轻苏联负担的措施。此外，签约国还不得与苏联签订任何与反共产国际协定相违背的条约。1936 年 2 月，日本对右翼军官的流血军事政变进行镇压之后，军队成为维持秩序的决定性因素。在军队内部，统制（Tosei）（或控制派）占据上风。1936 年 8 月以来，东京遵循《国家政策的基本原则》办事。这一原则实际上是军队两派之间的一个妥协：陆军旨在对东亚陆地进行扩张，而海军则想在太平洋上掌握海军优势权。根据这个原则，日本帝国要在两线扩军，既要准备与苏联开战，又要准备与西方国家，特别是美国开战。

/ 752 1937 年 7 月 7 日，就在出身贵族世家的近卫文麿（Konoe Fumimaro）担任日本内阁总理大臣几周之后，北京的卢沟桥发生了枪战，日本自 1901 年 9 月《辛丑条约》签订以来获得了驻扎军队的权利，这一天中国士兵与日本士兵发生了冲突。日中战争由此开始，并在四年之后成为第二次世界大战的一部分。此后不久，蒋介石领导下的中国与苏联签署了互不侵犯条约。11 月，日本开出了缔结和平的条件，想把中国变成日本的保护省。德国从魏玛共和国时代就派遣非官方军事顾问支援中国军队，并且和国民政府有着广泛的贸易往来。于是，德国开始在中日之间斡旋，但毫无成效。

1937 年 12 月 13 日，日本人攻占了南京，对中国士兵和平民进行血腥屠杀，死者达 30 万之多，集体强奸和抢掠事件频发。1938 年底，日本军队占领了中国华北和中部大部分地区，控制了最重要的交通枢纽和海岸线，从此之后，便不再继续大型攻势。1938 年 11 月 3 日，近卫政府宣布建立“大东亚共荣圈”，这个和平区包括日本、中国和“满洲国”在内。此时，德国已经从中国召回军事顾问，并且承诺停止对蒋介石的军火供应、限制对中国的贸易，但是并未结成东京要求的轴心国同盟。柏林与罗马的联盟，并不仅仅针对苏联，同时还针对英国和法国。这个建议，日本海军是很难接受的，因为此时的日本海军感觉自己还没有强大到可以开展海上战役。

1937 年，法西斯意大利进一步向纳粹德国靠拢。9 月底，墨索里尼进行了一次凯旋般的德国之旅。意大利“领袖”此次访问的高潮是经过精心布置的柏林之行。9 月 28 日，他当着希特勒的面在麦菲尔德（Maifeld）面对欢声雷动的群众，用德文形容了“法西斯主义的伦理”以及他“个人的道德观”：“……开诚布公地说，如果遇到朋友，就要同他志同道合到底。”仅仅 6 周之后，意大利于 11 月 6 日加入了反共产国际联盟。11 月 11 日，墨索里尼迈出了希特勒早在四年前就走出的一步：他宣布意大利退出国际联盟。

这个时候，希特勒已经有了大战的准确时间表。1937 年 11 月 5 日，“元首和帝国总理”召见帝国作战部部长冯·勃洛姆堡、外交部部长冯·牛赖特、陆军司令弗里奇（Fritsch）、海军司令雷德尔（Raeder）、空军司令戈林，以及国防军副官霍斯巴赫（Hoßbach）上校进行秘密谈话，推出了总体军事战略计划。霍斯巴赫 5 天之后整理出来的文件中记录，希特勒坚信，德国生存空间的灾难只有通过武力才能得到解决。德国作为一个坚定种族核心统治的世界帝国，其所需的原料在与帝国比邻的地区寻找要比在海外寻找更为方便。希特勒“不可动摇的决心是，最迟在 1943 年至 1945 年解决德国的空间问题”。但是，如果法国陷入内战或者与第三国发生战争，我们必须提前行动。为了改善德国的军事和政治状况，德国必须把通过战争使“捷克”（Tschechei）和奥地利屈服作为第一目标。这是非常必要的，只有这样做才能在向西方发动进攻时排除来自侧翼的威胁。

希特勒在各位部长和军事首脑面前的陈述，其核心就是《我的奋斗》中生存空间理论的概括。早在1933年2月3日，他就向军事首脑们表示了作为帝国总理必须要完成这一目标的决心。因此，他在1937年11月5日的报告并未使听众们感到惊讶。令牛赖特、勃洛姆堡和弗里奇疑惑的是，希特勒为什么认为英法两国会对德国进攻捷克斯洛伐克袖手旁观。而且希特勒还希望，随着西班牙内战的推进，法国和英国会向法西斯意大利开战。外交部部长的忧虑更加严重。他们异口同声地批评希特勒，甚至有人说，牛赖特就在这一天为自己1938年2月的离职打下了基础。

希特勒早在1937年11月5日就想与勃洛姆堡和弗里奇分道扬镳，这种猜测缺少根据。他们在两个月之后纷纷离职，还是因为人们未能事先预料的两件事。希特勒借着这个机会来了一次大洗牌，同时巧妙地掩饰了人事变更带来的难堪。第一个事件是作战部部长的第二次婚姻。1月21日希特勒得知他和戈林在9天前为作战部部长证婚的这场婚姻有一个秘密。勃洛姆堡的这位新任太太玛格丽特·格鲁恩（Margarete Gruhn）原来是色情行业的一位模特，实际上是一名妓女。

在勃洛姆堡的接班人人选中，陆军最高指挥官维尔纳·冯·弗里奇男爵上将是首选。但是他在警察档案中有案底，希特勒曾于1936年企图销毁这一案底（未果）。这份档案记载了一名职业惯犯的口供，弗里奇曾经因为同性恋身份被敲诈。战争法庭于1938年3月确定，这一指控是错误的，原因是人名搞错了。但是盖世太保似乎受到希姆莱的指令继续指控弗里奇。最后这位陆军最高指挥官和作战部部长一起丢掉了自己的职位，而对外的理由是因为他们二人的健康状况欠佳。

1938 年 2 月 4 日之后，德国不再设立帝国作战部部长一职。帝国作战部部长的工作由新设立的国防军总司令部承担。司令部的领军人物是希特勒，他的下属是新任“国防军总司令”炮兵将军威廉·凯特尔（Wilhelm Keitel）。凯特尔的级别与帝国部长同级。希特勒任命上将瓦尔特·冯·布劳希奇（Walther von Brauchitsch）作为弗里奇上将的接班人。空军总司令戈林被任命为元帅，成为德国军阶最高的军人。军事领域频繁的人事调动，是为了使将军阶层年轻化。与此同时，还有两个部委更换了领导人。就在 1938 年 2 月 4 日这一天，瓦尔特·冯克（Walther Funk）从宣传部的国务秘书调任为帝国经济部部长，原部长沙赫特于前一年 11 月底离职。

勃洛姆堡和弗里奇事件产生了对希特勒来说极为关键的效果。现在的德国国防军终于有了统一的领导，“普鲁士”军队终于失去了其特殊地位，希特勒的权力进一步增强。“老牌精英”的权力在外交界和经济界也逐渐丧失其影响力。外交部和帝国经济部的高层领导都进行了更换。1938 年 2 月 4 日做出的重心转移给当代人和史学家一个总体印象：这应该是长期计划的结果。1938 年 2 月初的事件再一次证明，希特勒是一个应变的高手。在发生了令他和全世界震惊的事端时，他能够巧妙地加以利用。[8]

绥靖主义的开端：1933年至1938年的英国

英国，这个希特勒理想中的伙伴，在德国1933年1月30日权力更迭的时候出奇地镇定。保守党和自由党的报纸认为施莱谢尔内阁中的大部分人员都得以在希特勒内阁中留用是一个标志，意味着德国政治一时不会有什么大起大落。亲近工党的媒体则认为德国新政府不会长久。1933年4月1日德国对犹太人商店的抵制在英国
/ 756 激起民愤，行动过后一切又归于平静。面对希特勒的德国，英国老百姓的看法大相径庭。右翼大众报纸，如《每日邮报》和《每日快报》，对纳粹分子用军事力量反对布尔什维克主义赞不绝口。保守的《泰晤士报》和《每日电讯》则对德国反应平平。自由派的报纸，特别是《新闻纪事报》和《曼彻斯特卫报》对德国的态度则越来越尖锐。《每日先驱报》这一工党的机关报，则坚定反对法西斯主义和反对纳粹。

“第三帝国”到了第二个年头，英国有名望的政论家和政治家都开始下功夫去了解希特勒其人，德国政府中的这个首脑人物。1934年12月，“元首和帝国总理”接见了《每日邮报》的出版商罗斯米尔勋爵，这是一位对希特勒充满好感的英国人。1935年1月，希特勒接见了洛锡安勋爵这位自由党的领袖。在举办奥林匹克运动会的1936年，希特勒约见了好几位英国政要，其中包括公开对希特勒赞不绝口的英国前首相、自由党人士劳合·乔治，媒体大腕人物比弗布鲁克勋爵（Lord Beaverbrook），再次到访的罗斯米尔勋爵，还有工党政治家和平主义者艾伦·哈特伍德勋爵（Lord Allen of Hartwood）和乔治·兰斯伯里。希特勒、戈林和里宾特洛甫曾经多次与英国保守党领袖、原空军大臣伦敦德里勋爵（Lord Londonderry）进行深入细致的谈话。里宾特洛甫曾经两次接受勋爵的邀请，于1936年5月和11月到其阿尔斯特（Ulster）庄园做客。

英国与希特勒官方对话的伙伴是外交大臣约翰·西蒙爵士和议会国务秘书安东尼·艾登。这两位先生于1935年3月前往柏林，希望能够达成谅解，但是最后空手而归。

这些访客从希特勒那里听到的，几乎都是同一个套路：一而再再而三地警告来自布尔什维克主义的威胁；不厌其烦地强调建立德国军事平衡的必要性；期盼与英国签署协议，让英国任由德国去打理中欧和东欧，而德国则承认大英帝国的势力范围。在谈判中，希特勒还加上了归还德国在非洲的殖民地的要求，然而作为谈判筹码这是可以商讨的。希特勒不仅在这些来自伦敦的非官方访问者面前苦口婆心地宣传，他还经常约见来自英国上层社会的各界名流，劝说德英之间应该紧密合作，共同反对布尔什维克主义。“克利夫登帮”（Clivedon Set）人物就是希特勒的座上宾。克利夫登是阿尔斯特勋爵和夫人的庄园所在地，这里是英国保守派人物聚集的场所。1935年由德国大使馆在伦敦资助的英德学会（Anglo-German Fellowship）关注的也是同样的目标。学会由前陆军将军伊恩·汉密尔顿（Ian Hamilton）主持。汉密尔顿将军也是英国最大的退伍军人组织——伦敦军团在苏格兰分支的负责人。英德学会的前身是1928年成立的英德协会（Anglo-German Association），这个协会于1935年4月解散，主要是为了避开开除其犹太籍会员的问题。

大部分新保守党人（Neo-Tories）都是来自保守党右翼的年轻知识分子，他们在1933年之后依然对墨索里尼有比以往高出很多的评价，认为希特勒则比较“低俗”。在赞成纳粹的阵营中公开发表意见的有史学家阿瑟·布赖恩特（Arthur Bryant）和记者弗朗西斯·叶芝-布朗。纳粹在英国最激进的追随者是奥斯瓦尔德·莫斯利爵士（Sir Oswald Mosley）于1932年10月成立的英国法西斯联盟（Union of British Fascists，简称BUF）中的那一批人。他们起初赢得了保守党人的同情，但是1934年6月他们在伦敦奥林匹亚音乐厅举行集会时对左翼干扰分子大打出手，从而失去了一部分人的支持。

这个时候，对于拉姆齐·麦克唐纳政府来说，共产党人控制的国家失业工人运动（National Unemployment Workers' Movement）推翻政府的宣传危险更大。为了反对这个组织瓦解军队的攻势，政府于1934年11月出台了备受争议的《煽惑离叛法案》（Incitement to Disaffection Bill）。反对极右派的措施则很晚才开始实施。这些措施的出台主要是工党和工会组织努力的结果，而且英国法西斯联盟用日益激进的手段排斥犹太人的做法令人感到越来越不安。

1936年10月4日，1900名身穿制服的黑衫党人（Blacksirts）在伦敦皇家铸币厂街（Royal Mint Street）游行，与一批人数更多的反法西斯党人发生了严重冲突，随后警方开始介入，试图制止左右两派的冲突，结果警察自己也被卷入进去。此后，内务大臣西蒙禁止法西斯分子穿越无产者集聚的东区的游行，强迫莫斯利把他组织的游行活动转移到泰晤士河的对岸去。1939年1月1日出台的《公共秩序法》（Public Order Act）是从法律上对十月巷战的回应。这项法律禁止穿戴制服，禁止军事武装的协会，并且给政府以有效控制游行和集会的手段。这项法令颁布后，英国的政治生活很快就恢复正常了。

1935年，英国和德国的官方关系进入一个新时期。3月9日戈林承认德国有空军存在，一周之后希特勒宣布重新实行义务兵役制。德国成立空军一事虽然在英国早已是路人皆知，但是英国政府还是大吃一惊。3月25日和26日，西蒙和艾登在前面已经提到过的访问中，对德国在这两个方面违反了《凡尔赛条约》也仅仅是彬彬有礼地抗议了一下。时间过去还不到3个月，1935年6月18日，英国就接受了德国提出的关于双边海军舰只的协议。协议允许德意志帝国扩充战舰数量，达到英国战舰数量的35%。

这个时候，英国人感到来自日本的危险要比德国的严峻得多。如果不答应德国的条件，也许柏林方面的扩军会更加厉害。此外，意大利的阿比西尼亚冲突急剧升温，英国、法国、意大利三国在4月约定的“斯特雷萨阵线”实际上是一纸空文。法国对伦敦方面的擅自主张大为愤懑。但是，当法国5月和苏联签署互助条约时，也没有征得英国的同意。这个条约在反对布尔什维克主义的英国引发了严重的担忧。

按照英国空军大臣伦敦德里勋爵的意思，英国除了和德国签署舰队协议之外，还应该在英国皇家空军和德国空军之间签署一项实力比例的协议。伦敦德里一心想增强英国空军实力，但在1934年收获甚小。他想通过和德国达成谅解协议，来达到自己的目的。虽然他的表兄温斯顿·丘吉尔早在1933年前就指出德国扩充空军的危险性，但是他认为几年之内德国在这方面的进展都不会对英国构成威胁。当希特勒1935年3月底向西蒙和艾登宣称德国空军的实力已经和英国皇家空军旗鼓相当的时候，伦敦德里感到了巨大的压力。即便是一向以和平主义者自居的麦克唐纳首相，也在政府内部指出英国空军部“错过了”德国空军的扩军。

1935年5月22日，伦敦德里不得不在上议院对他的政策做一番辩护。他赞扬了希特勒所谓限制军备的意愿。在没有提出具体理由的情况下，他提倡在帝国边界发动炸弹袭击的可能性。他的这番话不仅惹怒了左派议员，更加危险的是，就连他的保守党阵营里也有很多人反对他。迄今为止一直在公共场合和议会里支持他的麦克唐纳，已经厌倦官场，疾病缠身，无法胜任自己职位的工作。1935年6月27日，他正式退位，把首相一职交给了保守党党魁斯坦利·鲍德温。鲍德温曾经在1923年，1924年以及1924至1929年担任过内阁首相一职。鲍德温任命伦敦德里为掌玺大臣，使他变成了一个没有实际权力的大臣。空军大臣一职由另一位保守党人担任，他是迄今为止担任殖民地大臣的菲利普·坎利夫－利斯特（Philipp Cunliffe-Lister）。国家自由党派的外交大臣约翰·西蒙爵士改任内务大臣。外交大臣一职由鲍德温的老朋友塞缪尔·霍尔担任。财政大臣一职则由内维尔·张伯伦担任。

1935 年 10 月 18 日，阿比西尼亚战争打响两周之后，鲍德温以国际局势紧张为由，请求乔治五世国王解散下议院，并重新举行大选。大选最迟在来年的 10 月举行。工党指责首相在百姓中传播战争

/ 760

恐怖情绪。工党则致力于世界裁军，呼吁在国际联盟框架下的集体安全，拒绝提高英国的军费开支。而保守党则把扩充军备视为保障和平的条件，鲍德温则允诺，不会添加很多武器。

工党的反战理论收到了实际效果。1935 年 11 月 14 日的下议院选举中，工党的得票率比 1931 年提高了 7.4%，达到了 38%，议席从 102 个扩展到了 154 个。保守党的得票率为 47.8%，下降了 7.2%，所得议席减少到了 386 个，比上次选举少了 83 个。在野的自由党的得票率也有所下降，降到 6.7%，共占有 21 个议席（减少了 11 个）。参与执政的国家自由党的得票率略有提高，共获得 3.7% 的选票，拥有 33 个议席（减少了 2 个）。麦克唐纳的国家工党获得了 1.5% 的选票，共占有 8 个席位，比 1931 年少了 5 个。余下的政党没有一个能够获得 0.7% 以上的选票。共产党采用了统一战线的做法，除了两个选区以外撤回了所有选区的竞选（在其中一个选区还从工党选民那里获得选票从而赢得了选举）。尽管保守党在下议院获得了多数议席，但是鲍德温依然把国家自由党和国家工党的成员吸收进内阁，使内阁依然有“国家政府”之称。

大选几周之后鲍德温政府就陷入了第一次危机。外交大臣霍尔在前往瑞士休假途中于 12 月 7 日和 8 日在巴黎约见了身兼法国总理和外交部部长双职的皮埃尔·赖伐尔，与他商讨出一个共同解决阿

比西尼亚冲突的建议。这个东非帝国的东北和南部大部分地区归属于法西斯意大利，其他地区则保持独立，并且拥有前往海岸的通路。由于奥赛码头走漏了风声，“霍尔—赖伐尔协议”公之于众。当媒体一片哗然，反对之声此起彼伏的时候，鲍德温试图在下议院支持这位外交部的领袖，但是他连自己的内阁成员都说服不了。

12 月 18 日，政府决定不再理睬这个英法建议。霍尔不得不下台。12 月 22 日，负责国际联盟事务的不管部大臣安东尼·艾登接任外交大臣一职。他上台之后，竭力鼓动法国和美国对意大利进行制裁。墨索里尼最为担心的，甚至以战争相威胁的就是石油禁运。但是，这位新任外交大臣的努力没有任何成效。

1936 年 2 月，政府兑现了鲍德温的一个竞选承诺：首相请求下议院批准 3.94 亿英镑的经费以用于扩充英国军备。这笔费用分 5 年发放。英国的防卫应该由一位值得信赖的“防卫协调大臣”（Minister for Defence Coordination）进行监督。有几位保守党政治家想请意志坚决的温斯顿·丘吉尔担任此职。鲍德温首先想到的是霍尔，但是最后还是听从党团的建议，任命总检察长（Attorney General）托马斯·恩斯基普爵士（Sir Thomas Inskip）担任这一职务。

1936 年春最重要的事件就是希特勒在外交上最强硬的挑衅：他强占了莱茵兰非军事区。巴黎和伦敦已经料到德国的这一行动，却没有商议好联合应对的措施。希特勒采取军事行动后，比利时首相保罗·范泽兰（Paul Van Zeeland）和法国外交部部长皮埃尔－埃蒂安·弗朗丹要求比利时、巴黎和伦敦共同采取措施：三国应该在国际联盟提交议案对德国的违约加以制裁。但是英国的回应是负面的。各家大报纸对新发生的事件低调处理，认为这不构成威胁。占领莱茵兰被视为德国内政。用洛锡安勋爵的说法，是德国人占了“自家的后院”。鲍德温对匆匆赶来伦敦的弗朗丹说，制裁需要强硬的军事力量，而英国并不具备这一力量。首相在内阁中强调，一旦发生战争，苏联也会介入，到头来德国有可能变成共产主义的天下。

希特勒的违约最后不了了之。根据当时的情况也不可能有其他的变数。但是这就助长了希特勒继续推行类似做法的勇气。鲍德温希望，希特勒的嚣张气焰不针对西方，而是像他在《我的奋斗》里所说的那样，面向东方。1936 年 7 月，西班牙内战爆发。就在这个月，英国首相对丘吉尔这样解释道："如果欧洲来一场战争，那我就想让布尔什维克和纳粹他们两家干起来。"

在英国历史上，1936 年对君主来说是个多事之秋。这一年经历了两次王冠更易和一次独特的国王危机。1 月 20 日，70 岁的乔治五世（Georg Ⅴ）国王去世，他在前一年庆祝了登基 25 周年。新任国王是他 41 岁未婚的儿子爱德华八世（Eduard Ⅷ）。爱德华多次与已婚女人传出桃色新闻，并且对德国非常有好感。爱德华与一位美国女性的交往让他厄运连连。华里丝 · 辛普森（Wallis Simpson）是一位离过婚的再婚女人。1936 年夏，爱德华租了一条豪华游艇与辛普森畅游地中海。美国、加拿大和欧洲大陆媒体纷纷热播此事，但英国新闻界却一片沉寂。到了秋天，宫廷中忧虑之声逐渐高涨，鲍德温开始出面干涉。10 月 14 日，他与国王谈话，但未得出结果。第二天，国王的秘书告诉首相，辛普森女士准备离婚。10 月 16 日，爱德华把媒体大腕比弗布鲁克和罗斯米尔召到其苏格兰夏宫巴尔莫勒尔（Balmoral），要求他们先不要对此加以报道。

国王决定要与辛普森结婚的时候，财政大臣张伯伦以退位相威胁。圣公会教会也不同意国王的婚姻计划。加拿大总督特威兹缪尔男爵（Lord Tweedsmuir）警告说，这一做法将在清教统治的国土上，在英联邦的中心大英帝国本土产生灾难性的后果。而澳大利亚总理约瑟夫 · 莱昂斯（Joseph Lyons）则以澳大利亚的名义宣布，如果爱德华与辛普森夫人结婚，他必将辞职。鲍德温首相迫不得已向国王施压，如果他仍然固执己见，则建议他退位。只有少数几位“国王党人”支持国王，丘吉尔就是其中一位。大部分“政界”人士都认为国王的这次婚姻与君主的尊严不符，与大英联合王国的尊严相去甚远。下议院议员们的意见被普通百姓所接受，大多数人都持有这种观点。1936 年 12 月 10 日，辛普森夫人前往巴黎一周之后，爱德华在首相的敦促下宣布放弃王位。大英帝国的王位由他的弟弟乔治六世（Georg Ⅵ）继承。

鲍德温的威望因为霍尔－赖伐尔协议大打折扣。然而他在处理王位危机问题上的做法使其重新获得了信任。在公共场合，无论他走到哪里都受到欢迎。但是鲍德温在这一年的夏天已经是 68 岁高龄了，他已经厌倦了官场生活，决意离任。他一直等到 1937 年 5 月 12 日新国王登基才隐退。国王尊重他的意见，于 5 月 28 日任命内维尔·张伯伦为首相。这一年，68 岁的新任首相是约瑟夫·张伯伦的儿子。约瑟夫·张伯伦这位企业家曾经在 1915 年至 1916 年担任过伯明翰市市长。1922 年后，内维尔·张伯伦曾出任过多个部委的大臣，首先是邮政大臣，然后是卫生大臣，1931 年后担任了财政大臣。新任财政大臣为约翰·西蒙爵士，新任内政大臣为塞缪尔·霍尔爵士。张伯伦领导下的政府执政方向将有巨大的变动，但人们对鲍德温这位接班人并没有期待。

相对而言，1937 年是个不错的年景。这一年的失业率为 10.8%，是 1929 年以来最低的一年。1929 年的最低失业率为 10.4%。张伯伦在担任财政大臣时是一位不折不扣的执行健康财政的推手，而他的接班者则在税务和发行债券之间走了一条中间道路。但是，在 1938 年经济萧条之际，失业率上升到 13.5%，发行的债券也不得不增多。但即便在 1938 年，财政部也拒绝用扩充军备的方法来振兴经济。

在军备方面，张伯伦一如既往地推行防务政策。除了军费开支以外，1937 年和 1938 年还有一项开支投在全民健身运动（National Fitness Campaign）上。1936 年德国运动员在奥林匹克运动会上取得了辉煌战果，英国决定将德国作为楷模。即便是这样的开支，左翼政党都抱怨说，这是带有军事防卫的目的。希特勒青年团（Hitlerjugend）、德国少女联盟（Bund Deutscher Mädel）和国家劳役团（Reichsarbeitsdienst）的训练都是带有强制性的，而全民健身局（NationalFitness Council）和教育委员会（Board of Education）则是通过呼吁青年强健体魄来促进全民健康。当权者认为从德国借鉴有用的措施非常有必要，只有极少数右派政治家建议采用强制手段来贯彻这些举措。

张伯伦内阁组阁后的头几个月在外交政策上采取一致行动，继续执行鲍德温制定的不干预西班牙内战的方针。但是到了 1937 年秋，首相和外交大臣在外交政策上的分歧已经露出端倪。他们两人都不愿意与德国、意大利和日本这些专制国家针锋相对。两人都期待能和这三个政治宿敌达成和解。但是张伯伦显示出献媚讨好的态度，而艾登则在原则问题上坚持自己的立场。艾登认为保持强大的军事力量是必要的，只有这样才能制止希特勒和墨索里尼的军事扩张。张伯伦以为，德国“元首”意在建立一个种族纯洁的大德意志国家，而不会因此发动一场大规模的战争。

1937 年 11 月，英国首相找到了一个两国政府高层官员对话的好机会。哈利法克斯勋爵这位当年的印度总督，曾短期担任过战争大臣，现任枢密院议长，他是张伯伦的亲信和顾问，此外还是猎狐俱乐部“米德尔顿猎犬师”（Master of the Middleton Hounds）协会的成员。他接受了国际狩猎展览会的邀请前往柏林。11 月 17 日，他抵达柏林，会见了牛赖特、戈林、戈培尔、勃洛姆堡和沙赫特。德国之行中最为重要的谈话是 11 月 19 日在贝希特斯加登与希特勒的谈话。哈利法克斯赞誉德国“元首”歼灭了德国共产主义，称德意志帝国为西方反共的堡垒。哈利法克斯宣称，只要不再出现新的问题，英国对和平解决但泽、奥地利和捷克斯洛伐克的争端问题并不担心。希特勒则再次表达了消灭布尔什维克主义的决心，并且要求英国人放手让他去整治中欧和东欧。在哈利法克斯的报告中，张伯伦感觉自己对希特勒的判断完全正确。在政府内部，张伯伦主张同意德国的非洲殖民地政策，并且为此放弃葡萄牙的利益，这一做法为的是能够和德意志帝国达成妥协。然而艾登对此则持怀疑态度。

1938 年 1 月，美国总统写给英国首相的一封信引发了张伯伦和艾登之间的意见分歧。罗斯福建议召开一次国际会议，把国家之间相处的规则制定下来。艾登认为，这是一项很好的倡议，可以借此机会与希特勒和墨索里尼较量一下。而英国首相觉得这个想法是多此一举，因为柏林和罗马的反应一定是负面的，所以他未曾和外交大臣商量就直接回绝了美国总统的建议。

希特勒的最后一招致使张伯伦和艾登发生了决裂。1938 年 2 月 12 日，希特勒在贝希特斯加登附近的上萨尔茨堡的阿尔卑斯山宅邸接见了奥地利联邦总理许士尼格。在没有高级军官参与，甚至连凯特尔都不在场的会谈中，德国“元首”向许士尼格下了最后通牒，勒令他释放被关押的奥地利纳粹分子，准许民族社会主义德国工人党自由活动，任命纳粹分子阿图尔·赛斯－英夸特为内政部和安全部部长，并且敦促奥地利为融入德国经济体系迈出第一步。希特勒给出最后期限，要求必须在2月15日之前得到满足上述要求的回答。在这一天，维也纳也做出了满足上述条件的回应。

三天之后，意大利驻英国大使迪诺·格兰迪伯爵（Graf Dino Grandi）在一次和张伯伦与艾登的谈话中，亲历了二人尴尬的冲突。大使首先拒绝代表意大利发表对奥地利问题的看法，然后告知，墨索里尼愿意和英国举行新一轮谈判。张伯伦一心想答应，但是绝对不信任意大利“领袖”的艾登感觉这一邀请缺乏诚意，并且猜测 / 766

墨索里尼已经同意了德国并吞奥地利的计划。为了消除歧义，两位英国政治家暂时告退。但是格兰迪已经看到，首相认为外交大臣一次又一次地坐失良机，这种情况不能继续下去。内阁里除了两位大臣外，其他人都支持首相。2月20日，艾登卸任。5天之后，哈利法克斯勋爵开始担任外交大臣一职。

如果把哈利法克斯替换艾登视为英国外交绥靖主义的开始，那就是大错特错了。外交部头面人物的更换，仅仅意味着英国的外交政策从审慎适度的绥靖主义变成了不加思考和全面的绥靖主义。所谓绥靖，可以翻译成平和、缓和或姑息，在1938年初，这一政策确实不能再被称作英国的新外交政策。德国重新实行义务兵役制、占领莱茵兰地区，意大利在阿比西尼亚战争期间通过苏伊士运河运输军队和武器，面对所有这些事实，英国都熟视无睹，这些都是绥靖政策的后果。

早在20世纪20年代，当凯恩斯1920年发表了关于《凡尔赛条约》所致经济后果的文章后，人们就开始了对条约的自我批判式思考。《凡尔赛条约》签署后，很多英国人都认为对德国的制裁过于严厉，而从英国最根本的利益出发，为了不让法国过于强大，也应该对德国做出一些姿态。这样一种仁慈的态度，到了1933年在保守派圈子里也很少有变化。一些政治家和经济学家也承认，德国的经济和财政问题某种程度上是由英国1931年实行的保护主义政策所引起的。因此，应该自然而然地通过外贸自由化从正面去积极影响和德国的政治关系。也就是说，英国不仅应当推行政治绥靖政策，而且还要推行“经济绥靖主义”。

在所有“绥靖主义者”的脑子里，保住大英帝国世界霸权的地位是一个重要因素。如果英国卷入欧洲大陆的冲突，就有可能导致海外势力增强，而英国统治殖民地的力量就会削弱，殖民地就有可能争取独立。所有这些想法促使英国人尽量避开与意大利和德国独

/ 767

裁政权发生冲突。更何况这些国家坚定反共，应该是共同抵御布尔什维克主义扩散的同盟军。当然，“绥靖主义者”并非那么幼稚，不会轻易相信希特勒和墨索里尼所谓的无条件的和平意愿。在他们眼里，一定程度的“重整军备”还是必要的，只有这样才能阻止这两个国家在欧洲或者至少在西欧发动战争。军备扩张在1936年已经开始了，但还未能达到“威慑”的地步。另外，在到底是否要和另一个盎格鲁-撒克逊强权国家——美国合作的问题上，“绥靖主义者”内部的意见也不尽相同。如果迫不得已，那么依附美国的风险总比依附一个强权德国的风险要小。

“绥靖主义者”们争论不休的问题是，到底要对柏林和罗马的独裁者让步到什么程度。艾登代表的“悲观主义者”愿意做出的让步要比以张伯伦和哈利法克斯为代表的“乐观主义者”少得多。1937年底，心存疑虑的艾登开始接近以温斯顿·丘吉尔为首的“反绥靖主义派”。丘吉尔很早就强烈要求扩充军备，因为他对希特勒的战争狂热不存丝毫幻想。在军事实力上与德国保持平衡，这样一个目标在鲍德温时代已经无法实现了。阻碍这一目标实现的并非保守党人的政治见解，而是英国广大百姓厌战的心理。1934年和1935年交替之际，国际联盟（League of Nations Union）在一项“和平投票”（Peace Ballot）活动中对1.15亿英国人就集体安全问题进行了调查。调查结果表明，有1亿人同意对侵略者进行经济制裁，只有680万人同意在此基础上进行军事制裁。

国际裁军与集体安全最强烈的支持者传统上一直是工党和工
会。1932年至1935年担任工党主席的乔治·兰斯伯里是一个激 / 768
进的和平主义者。他甚至对国防和国际联盟都采取拒绝的态度。这样的激进分子毕竟是少数。兰斯伯里的继任者克莱门特·艾德礼（Clement Attlee）虽然到1937年一直拒绝支持“重整军备”，但是在西班牙内战期间，他支持向西班牙共和国提供军火，并且支持其他国家的志愿者参加斗争。1937 年工党党代会决定，在下议院对增加国防预算的投票中投弃权票，而不再投反对票。1938 年，面对希特勒的侵略政策和本国政府的迁就，工党进一步调整其政策。1938 年 9 月，工党表示强烈反对继续执行绥靖政策。对此丘吉尔专门打电话给艾德礼，表示全不列颠民族赞赏工党的表态。

英国工党坚持既反对右翼独裁又反对左翼专政的两线作战方针。共产党建立左翼统一阵线的呼吁在历届党代会上都遭到了否决。也有一些派别组织坚定不移地致力于建立一个反对法西斯的左翼联合阵线，例如 1932 年从工党中独立出来的独立工党（Independent Labour Party），同年从独立工党中分离出来的社会主义者阵营，1935 年由维克多・格兰茨创建的左翼图书俱乐部，以及伦敦左翼知识分子团体布卢姆茨伯里派等。在工党领导的眼里，所有这些党派的努力不过是共产党对工党的渗透。工党必须利用一切机会重新使自己成为最强的党派。

1937 年召开的工党代表大会上，取消了社会主义者阵营与工党取得“联系”的组织，并且明确否定了统一阵线的政策。之后不久，斯塔福德・克里普斯爵士（Sir Stafford Cripps）解散了由他参与成立的社会主义者阵营，但是他并未放弃宣传左翼统一阵线，并且反对政府的所有军事开支，直至 1939 年 5 月被开除出党。与他一同被开除出党的还有与他立场相同的挚友，其中包括查尔斯・特里维廉爵士（Sir Charles Trevelyan）和安奈林・贝文（Aneurin Bevan）。工党决心坚定不移地走民主社会主义道路，因此工党对斯大林的声讨并不亚于对希特勒的攻势。[9]

右翼总动员，左翼集结人民阵线：1933 年至 1938 年的法国 717 / 769

就像在英国一样，在法国只有少数观察者把希特勒的掌权视为历史上一个重大的休止符。社会主义者和共产主义者要比资产阶级政党警觉得多，但尽管如此，他们也认为欧洲的和平与法国的安全并未受到直接的威胁。人们怪罪议会右派推行所谓“白里安主义”（Briandismus）的软弱外交政策，使得纳粹主义开始抬头；而以社会主义者形象出现的温和左派尽管对德国新当权者的内政震惊万分，但依然坚持在国际联盟框架下的国际裁军和集体安全政策。激进社会主义党人爱德华·达拉第在希特勒掌权后的第二天，也就是 1933 年 1 月 31 日成为政府的头面人物。2 月 13 日在参议院军队委员会会议上，达拉第尚未意识到国际形势正朝着不利于法国的方向发展。原因是希特勒的外交政策与其前任施莱谢尔的外交政策相比几乎看不出有什么差别，就像施莱谢尔的外交政策与其前任布吕宁的外交政策相比也几乎毫无差异一样。法国外交部部长约瑟夫·保罗 - 邦库尔在当年工人国际法国支部的朋友们眼中是一个坚定的和平幻想的批判者：他认为，坚定贯彻日内瓦裁军会议的决议是阻止德国重新军事化的最佳机会。

巴黎和柏林政府首脑之间的第一次非正式接触是由达拉第的朋友费尔南·德·布里农（Fernand de Brinon）发起的，而此人与里宾特洛甫有着良好的关系。1933 年 9 月 9 日第一次与帝国总理会谈的结果，除了希特勒进一步表明和平意愿之外没有任何具体的进展。德·布里农于 11 月 16 日第二次与希特勒会面的时候，德国已经不再参加日内瓦裁军会议，并且退出了国际联盟。此时担任法国总理的是激进社会主义党人阿尔贝特·萨罗，达拉第则担任战争部部长。经希特勒同意，会谈结果于 11 月 22 日以采访的形式刊登在《晨报》
（*Matin*）上。德国“元首”再次试图打消法国人的恐惧心理。因 / 770

为他在《我的奋斗》里曾经说到要与“宿敌”法国来一次清算。就在几天之前，在法国外交部部长保罗－邦库尔的提议下，法国媒体刊登了来自南美的所谓的“德国文件”，文件说明了德意志帝国的种种扩张野心。在这种气氛中，希特勒的采访文章并未收到期待的效果。

1933 年 12 月，法国发生了一件惊天动地的大事，甚至几乎使得第三共和国的政治体制发生动摇。在巴约讷（Bayonne），由于金融投机分子亚历山大·斯塔维斯基（Alexandre Stavisky）的欺骗行为，市政信贷系统（Credit Municipal）崩溃了。1934 年 1 月 8 日，警方在霞慕尼（Chamonix）找到斯塔维斯基，当时的他被左轮手枪击中而奄奄一息。此人与激进社会主义党的记者和政治家有着密切关系，他到底是自杀还是他杀成了一个谜。事后，激进社会主义党人卡米耶·肖当内阁中的两名成员不得不离职，他们是殖民部部长阿尔伯特·达里米尔（Albert Dalimier）和司法部部长欧仁·拉纳尔蒂（Eugène Raynaldi）。前者是因为卷入了斯塔维斯基丑闻而离职，后者离职则是因为另一桩丑闻。以法国行动党（Action française）为首的纳粹右翼认为，这些丑闻不仅使得激进社会主义党的威信扫地，而且使得整个议会体制都已经不可救药了。右翼势力发起的攻势日益猛烈，肖当政府不得不考虑辞职，这是 1933 年 1 月以来法国的第四届内阁。

肖当的总理生涯仅持续了一周时间，便被达拉第接替。为赢得工人国际法国支部的支持，达拉第解除了巴黎警察局局长让·恰佩（Jean Chiappe）的职务。恰佩与左翼政党不共戴天，而和右翼政党走得很近。恰佩的离任使得两位温和右派的部长马上提出辞呈作为回应。

2 月 6 日，达拉第向议会递交了第二届内阁人员的名单。就在距离议会所在地波旁宫（Palais Bourbon）不远的协和广场（Place

de la Concorde），右翼党派发起抗议：法兰西运动党、火十字团、爱国青年团、法兰西团结党（Solidarité française）的数千名示威者集结于此。此时此刻，共产党发起的另一场示威活动也在此举行， 771
示威者既反对政府又反对“法西斯主义者”。晚间，两支示威队伍和警方发生严重冲突。共有 15 人死亡、1500 多人受伤，死者大部分都是示威者。自 1871 年巴黎公社运动以来，巴黎还没有经历过如此血腥的巷战。

也许是因为右翼政党不够团结而过于支离破碎，它们在 1934 年 2 月 6 日并未能够推翻达拉第政府、解除议会制度，从而终结第三共和国。它们仅仅达到了眼下的目标。议会保住了自己的议席，并且以 343 票支持、237 票反对的结果对达拉第政府表示信任。第二天，规模最大的工会——法国劳工总联盟（Confédération générale du travail）发动总罢工，勒令政府对右翼武装团体进行坚决镇压。但是达拉第认为绝对有必要建立一个有广泛基础的联合政府。他不听工人国际法国支部总书记莱昂·布鲁姆循循善诱的劝告，于 2 月 7 日卸任。由此，右翼党取得了胜利：政府就这样被来自议会以外的强大压力推翻了，而这个政府刚刚把多数议员统一在自己的身后。

2 月 9 日由共和国总统阿尔贝·勒布伦（Albert Lebrun）任命的新政府是在 1932 年 5 月法国议会选举的六届内阁中明显右倾的一届。总理是 1924 年至 1931 年担任总统的加斯东·杜梅格（Gaston Doumergue），这是一位靠近右翼中间派的激进社会主义党人。除了政府首脑以外，内阁里还有 5 位早先的总理：外交部部长路易·巴尔都，内政部部长阿尔贝特·萨罗，殖民部部长皮埃尔·赖伐尔，不管部长爱德华·赫里欧和安德烈·塔尔迪厄。担任战争部部长的是 1917~1918 年担任军队总司令的菲利普·贝当（Philippe Pétain）元帅。公共事务部部长由一名新社会主义党人阿德里安·马尔凯担任。卫生部部长一职由共和民主保守联盟主席路易斯·马林（Louis Marin）担任。除了社会主义党和共产党以外，议会内其他所有党团的402名代表都对杜梅格内阁投了信任票。不信任票数为125张。内阁因为得到了议会绝大多数人的支持，因此在议会内申请取得颁布紧急法案（decrets-lois）的许可来应对经济和金融危机。这样一套法律程序让社会主义党人和其他政治家联想起魏玛共和国时代晚期的帝国总理海因里希·布吕宁的执政方式。

2月6日之后，法国首都的街头久久不能平静下来。2月9日，共产党人在一次示威中与警方发生冲突，数人死亡。3天之后，工人国际法国支部、法国劳工总联盟和法国人权联盟发动总罢工，这次罢工获得了共产党及其工会的支持，大批工人响应号召，参加了这次罢工斗争。社会主义党和共产党分别组织了示威游行，这些游行的参与者众多，以致最后汇合成一场大联合的游行示威。接下来的几周时间里，在左翼知识分子的强烈要求下，社会主义党人和共产党人在3月初试图填平他们之间的沟壑。在社会主义党的人类学家保罗·里维特（Paul Rivet）的倡导下，两党联合成立了反法西斯主义知识分子警觉委员会（Comité de vigilance des intellectuels antifascistes）。

1934年6月，共产党人在伊夫里（Ivry）召开的党代会开始改变对社会主义党人那种磨刀霍霍的态度：首先和社会主义党人结成反法西斯主义联盟，然后在1934年秋加入了由进步激进党人（Radicaux）参加的广泛“人民阵线”（“人民阵线”这个称呼，共产党总书记莫里斯·多列士直到1934年10月9日才正式启用）。这些做法并非左派知识分子的功劳，而是共产国际转变了方针。这是和法国外交政策的转变紧密相关的。法国外交部部长巴尔都坚持不懈地要和苏联紧密合作，共同反对纳粹德国。开始时，工人国际法国支部总书记保罗·福雷和党团主席莱昂·布鲁姆对共产党人突然改变态度持怀疑态度，但还是在7月中旬决定抓住这一结盟反对法西斯的机会。1934年7月27日，两党缔结了一项条约，共同决定捐弃前嫌，一致对抗民族主义右派“联盟”和各种形式的法西斯主义，共同抵御战争的危险。

第三共和国面临来自右翼的威胁，这一点从1934年2月6日起就明确无疑了。这里的“右翼”指的是所有在这一天参加了游行的组织，它们呼吁法国应该成为一个有强大执行力的国家，而不再是强大政治家执政的国家。但是“法西斯”这个概念仅仅适用于极少数右翼组织和另一些右翼联盟。这些组织用武力进行政治斗争，它们认为使用武力仅仅是在“呼吁人民”（appel au peuple）的政治觉悟而已。这种手段在意大利法西斯主义和德国国家社会主义那里屡见不鲜。从社会特征和习惯来讲，带有君主主义色彩的法兰西行动组织和青年爱国者组织发起的都是精英一族的运动。而以上校德·拉·罗克（de la Rocque）为首的火十字团在关键时刻证明了自己是法律至上的一类人。根据传统，他们要么是反对革命者，要么是波拿巴主义者，正因如此，他们并不想依从法国以外的榜样。

勒内·雷蒙（René Rémonds）把法西斯主义独特地诠释为“民主的堕落形式”（entartete Form der Demokratie）。“它的合法性来自人民的主权，而人民则将这一主权转移给了他人。”按照这一标准，马塞尔·布卡德（Marcel Bucard）创建的最多时也只有1万名成员的法兰西主义联盟（Bund Francisme）算得上一个法西斯组织，与其可以相提并论的还有规模更小的法国团结会，它和法兰西主义联盟一样，受到工业家弗朗索瓦·科蒂的资助。在这个意义上，直到1936年才创建的更为成功的法国人民党（Parti Populaire Francais，简称PPF）也要算作法西斯主义政党。这个政党是由早年的共产党领导干部雅克·多里奥特（Jacques Doriot）创建的。多里奥特1934年6月被共产党开除。被开除出党的理由是，作为圣德尼（St. Denis）市市长的多里奥特在共产党大转变的前几个月就自行组建了反法西斯人民阵线。即便是这个法国人民党也没有搞出什么大型的群众运动。法国政治文化的民主传统早已根深蒂固，因此，“民主的堕落形式”不可能像在意大利或德国那样得以全面实现。

/ 774 杜梅格政府与其说是“左派”，毋宁说是事与愿违的“右派”政府，它通过激进右派（从某种意义上来讲）的经济政策倒是笼络了一批新追随者。尽管上一届政府推行的也是经济紧缩政策，但是到了杜梅格时代，公务员的工资和退休金再次大幅度缩减，而战争中丧命的将士配偶，若已经再婚，也不能继续领取退休金了。所有这些措施使得老百姓的消费能力急剧下降，众多企业不得不倒闭。1926 年，登记过的失业人口为 24.3 万，1935 年上升到了 45.3 万，1936 年再攀升到 86.4 万（相当于就业人口的 8%）。众多小型企业主加入了反对议会的右翼组织中，而怨声载道的公务员们则更倾向于左派在野党。杜梅格政府决议的军备支出，只给少数企业家和工人带来了好处。多出的开支远远超过节省的金额，政府本想减少国家财政赤字，但是收支的缺口却不断扩大。然而政府并不想通过让法郎贬值来扩大出口和提高税收。保持金本位对于当权者来说意味着维持民族的尊严。

宪法改革的努力并未成功。法国总理集结了一批顾问，其中包括安德烈·塔尔迪厄和一个由保守派政治家保罗·雷诺（Paul Reynaud）以及 1954 至 1959 年任法国总统的勒内·科蒂参加的委员会，这些人致力于通过修宪强化政府首脑的地位、对议会中批准开支的权限进行限制、争取无须国家批准而仅仅通过共和国总统便可以解散内阁的可能性，以及扩展国民经济委员会的权限、使法官具备独立性。杜梅格和塔尔迪厄的做法绝对不是与议会对立，而是想借鉴英国的模式更加突出代议民主制。尽管如此，这一举措不仅受到社会主义者和共产党人的反对，而且大部分市民阶层的激进社

会主义者也对此嗤之以鼻。形形色色的左派分子都把这个修宪计划看作集权制解决危机的方式。 / 775

在内阁所有成员中，法国外交部部长路易·巴尔都的工作最为突出。他是保守的民主共和联盟（Alliance Democratique）成员，出生于1862年，能说一口流利的德语。他非常喜爱德国文化，对理查德·瓦格纳的音乐作品情有独钟。老派法国人喜欢把日耳曼分为两大块，一块是精神和文学的日耳曼，另一块是权力和政治的日耳曼。长期以来，巴尔都对德国的政治持批判态度。第一次世界大战以后，他主张肢解德意志帝国。也许他是唯一一个通读了德文版《我的奋斗》的法国政治家，因此他从不相信希特勒的和平努力。

巴尔都的远期目标是孤立德国。因此他试图制定一个有苏联参与的《东方条约》（Ostpakt），或东方版《洛迦诺公约》，用来保护波兰和“小协约国”（Kleine Entente），即捷克斯洛伐克、南斯拉夫和罗马尼亚，使其免受德国的统治和占领。德国也受邀参加这个新建的安全体系。当然，巴尔都心知肚明，这个建议最终会被柏林拒绝。此外，他还努力使法西斯意大利重新靠拢法国，希望把被希特勒拉拢过去的国家再一次争取回来，并使其与德意志帝国对立。

为了实现这一远大目标，巴尔都频繁出访。他1934年4月前往波兰，6月来到罗马尼亚和南斯拉夫。在华沙与毕苏斯基元帅的对话中，他想与苏联结成政治联盟的建议受到严重阻碍。5月，他在日内瓦与苏联外交人民委员李维诺夫谈话，为后来的法国—苏联相互援助协议奠定了基础。1935年5月2日签署这一协议时，巴尔都已经离开了人世：1934年10月9日，他与南斯拉夫国王亚历山大一世在马赛被一名克罗地亚的民族主义者杀害。这位外交部部长仅仅在职7个月就惨遭杀害，他是两次世界大战之间继白里安之后最重要的一任法国外交部部长。

如果法国警察的保安措施更加严谨的话，马赛的这次暗杀事 / 776

件实际上是可以避免的。这一事件使得内政部部长萨罗不得不于10月11日宣布辞职。两天之后，司法部部长亨利·舍隆（Henri Chéron）宣布辞职：他深深陷入斯塔维斯基丑闻，以至于无法继续在内阁中留任。巴尔都的接班人皮埃尔·赖伐尔于10月13日开始担任外交部部长，他后来被证明是法国历史上最为机敏的政治家之一。在德国问题上，他和巴尔都截然不同。他从一开始就抱着妥协的态度。在处理1935年1月萨尔地区公投的问题上，他的表现也非常明确。他放弃这个地区一切致力于回归法国的政治宣传。11月8日赖伐尔受到任命，几周之后赫里欧和激进党的其他几位部长宣布离开内阁，以示对杜梅格和塔尔迪厄修宪计划的抗议。于是，杜梅格政府失去了议会中的多数。总理被迫退位。

杜梅格的接班人皮埃尔－埃蒂安·弗朗丹于1934年11月9日任法国总理，这是一位民主联盟阵营的政治家。外交部部长依然由皮埃尔·赖伐尔担任。新政府试图沿用上几届内阁的老办法，以紧缩政策来应对经济和财政危机，因此取得的效果也同前政府相仿。由于赶上了战争年代出生人口下降的年景，政府不顾社会主义者和共产党人的反对，于1935年3月15日将义务兵役制的服役年限从原来的一年延长到两年（在第二天，希特勒就以此为由，在德国重新开始实施义务兵役制）。以保罗·雷诺为首的个别政治家，听取了活跃于出版界的军事专家夏尔·戴高乐（Charles de Gaulle）上校的意见，建议成立一支配备大型装甲器械的进攻型职业军队。戴高乐曾经在1934年出版了《未来的军队》（*Vers l'armee de metier*）一书，引起了业界的高度重视。但是，这一建议却遭到了以总司令甘末林（Gamelin）及其前任魏刚（Weygand）将军为首的军事领导们的坚决否定。他们的方针是要一如既往地守护马其诺防线。

/ 777 法国极左翼于1935年5月在国防事务上来了一次令人关注的大

转变：社会主义者们还遵循着国际联盟的世界裁军和集体安全措施，而共产党人的态度则明确转变为支持国家防卫了。他们对法国和苏联缔结盟约持积极态度。这个协约于 1935 年 5 月 2 日由赖伐尔和苏联大使波将金（Potjomkin）在巴黎签署。5 月 13 日，赖伐尔回访莫斯科时发布了一个有轰动效应的公报：斯大林以苏联的名义宣布，他完全赞同法国的国家防卫政策，同意法国将军事力量保持在保护国家安全所需的水准上。

不久之后，维持了将近 7 个月的弗朗丹政府骤然解散。1935 年 5 月 30 日，众议院否决了内阁提出的危机时期授权书。弗朗丹因此下台。6 月 7 日，总统勒布伦第三次任命皮埃尔·赖伐尔为总理，同时赖伐尔还保留了外交部部长一职。赖伐尔获得了众议院未曾给予弗朗丹的危机授权书，并且马上利用它发布了重要的举措：政府把公务员的工资和退休金降低了 10%，同时把公众设施服务、煤气、电、房租等费用都调低了 10%。

在弗朗丹内阁时期，赖伐尔于 1935 年 1 月作为外交部部长访问罗马，赖伐尔对墨索里尼崇拜有加，并且与他达成了一项殖民地政策的协议。意大利“领袖”同意逐步减少意大利人在突尼斯享受的特权，赖伐尔同意割让给意大利一些北非的土地，并且在秘密谈话中承诺墨索里尼可以“自由处置”阿比西尼亚（这项声明后来被赖伐尔解释为仅仅适用于对北非帝国的经济渗透）。1935 年 10 月阿比西尼亚战争爆发，赖伐尔依然对墨索里尼百般让步。对此伦敦方面极为不满，英国甚至认为，赖伐尔接受了意大利“领袖”的贿赂。对意大利再次让步的协议在 12 月 8 日赖伐尔与英国外交大臣霍尔会面时彻底宣告失败，主要原因是这种妥协引发了英国公众的愤怒。

12 月底，法国众议院召开听证会，对赖伐尔在阿比西尼亚战争问题上的态度进行了严厉的谴责。莱昂·布鲁姆、激进党议员伊冯·德尔博斯（Yvon Delbos）、保守党议员保罗·雷诺异口同声地 / 778

对此行为加以指责。1936 年 1 月 10 日，议会在右翼党的支持下制定了一项法律，允许政府禁止一切具有政治倾向的武装团体，并且对媒体诽谤的行为加以重罪。赖伐尔一再拖延采取相应的措施，激进党员们离他而去，转而投奔“人民阵线”。1935 年 7 月 14 日，“人民阵线”应运而生。左翼党派、工会、左翼协会，以及包括安德烈·纪德、巴勃罗·毕加索（Pablo Picasso）、伊雷娜·约里奥－居里（Irene Joliot-Curie）、朱利安·本达（Julien Benda）在内的艺术家和知识分子共同发起成立了这一组织。

在激进党领导的号召下，爱德华·赫里欧这位坚决反对亲意大利与德国外交政策的政治家和其他激进党派的部长宣布离开内阁。内阁再次失去议会多数议席，不得不解散。激进社会主义者阿尔贝特·萨罗的新内阁从开始就是一个过渡政府，其任务就是把行政工作维持到 1936 年 5 月必须举行的议会选举。前一届内阁总理弗朗丹担任外交部部长。劳工部部长由共产党第一任总书记路德维克－奥斯卡·弗洛萨德（Ludovic-Oscar Frossard）担任（他于 1924 年重返工人国际法国支部，1935 年作为右翼从法国支部中分离出来）。航空部部长由新社会主义者马塞尔·迪特担任。政府成员的相对左倾使得内阁赢得了社会主义者的支持：他们为内阁投了信任票，而共产党在这次投票中第一次弃权。

2 月 27 日，众议院批准了饱受右翼分子质疑的法国与苏联结盟协约，3 月 4 日参议院也通过了这一协约（之后不久，希特勒就以此作为占领莱茵兰的理由）。在内政方面，萨罗政府与赖伐尔内阁截然不同，它坚决打击极右派势力，并且在 2 月解散了武装团体“法兰西运动”和“保皇队”。2 月 13 日，“法兰西运动”成员对莱昂·布鲁姆发起人身攻击，因此该组织被解散。“法兰西运动”的创始人和“首席理论家”夏尔斯·莫拉斯（Charles Maurras）因谋杀罪遭到起诉。1935 年 4 月，他曾公开呼吁枪杀布鲁姆，而且要“从背后”

/ 779

开枪，因为这个“自然化的德国犹太人”（naturalisierter deutscher Jude）是个叛徒。法庭判决莫拉斯4个月监禁，他在1937年服刑。然而这并未阻止法兰西学院在1938年选他为院士。

民族主义右派的煽动宣传和暴力袭击使得各左派更加团结。人民阵线的总部于1936年1月组成了“人民会议”（Rassemblement populaire）。人民阵线在纲领中放下了“捍卫自由与和平”的口号，立足于为劳动阶层改善社会条件、缩短工作时间，并利用公共手段去支援失业者、建立国家的粮食基地。工人国际法国支部本想把贷款行业和个别工业国有化，但是这个提议并未得到支持。共产党人是出于策略的考虑拒绝了该提议，而激进党人则是打心眼里不同意这种做法。只有把军备工业国有化的提议得到了人民阵线所有伙伴的赞同。

1936年3月初，法国最大的工会总部、社会主义的工会联盟法国总工会和共产主义的劳动总工会在图卢兹（Toulouse）重新统一。重新统一后的工会联盟马上提出了人民阵线无法提出的条件：公共社会一起应对失业问题，并要求实行每周40小时的工作时间、推行各个层面的国有制。根据共产党的意思，不仅工会要大合并，而且还要把法国共产党和工人国际法国支部也统一起来。但是社会主义者对共产党这突如其来的求和愿望心存疑问，还是决定通过人民阵线所有党派的表决来决定此事。

共产党在政治上实行了转变，尊重法国的三色、尊重马赛曲、尊重法国革命的雅各宾传统。莫里斯·多列士在1936年4月17日的电台选举讲演中高姿态地对法国各个阶层的人民发出呼吁，希望能够达成民族和社会的和解。这位共产党总书记在讲演中激情澎湃，他说，共产党是一个无神论者的政党，共产党向天主教徒、工人、雇员、农民伸出友情之手，因为这些人是共产党人的朋友，有着相同的忧虑。同时，多列士还更进一步，向右翼追随者伸出了双手： / 780

“我们向你们伸手，你们这些志愿服役者，你们这些老兵，现在你们成了火十字团成员。你们是我们人民的儿子，你们和我们一样忍受着社会紊乱和腐败。你们和我们一样，不愿看到我们的国家变成废墟，承受灾难。”

1936 年 3 月 7 日，德军占领了莱茵兰非军事区。法国因为内阁大选在即没有做出强烈的反应。实际上萨罗是打算立即采取军事行动来回应德国这种违反《凡尔赛条约》的做法的。他的想法得到了不管部部长保罗 - 邦库尔的支持，却遭到战争部部长毛林（Maurin）将军、总司令甘末林和空军部长迪特的坚决反对。政府中没有一个成员支持召集后备役入伍。这一做法对于显示军事力量来说是很有必要的。政府认为，就在议会大选之前几周走出这一步会引起骚乱，导致不测的风险。从极右翼到极左翼成员很快就统一了意见：法国必须避免一切可能导致欧洲战争的危险。

左翼力量比中间力量和右翼力量更加坚定地投入到选举中去，这一努力得到了回报：人民阵线在 1936 年 4 月 26 日和 5 月 3 日两次投票中都高票胜出。在第二次投票中，左翼政党、工人国际法国支部、法国共产党、共和国社会主义联邦（Union Socialiste Républicaine）的最成功候选人都得到了竞选联盟中其他党派支持者的支持，最终人民阵线获得了 369 个议席，而中间力量和右翼党派一共才获得了 236 个议席。一共有 513 万人投了左翼党派的赞成票，430 万人把赞成票投给了广义的右翼力量。最大受益者是共产党。坚持爱国路线的共产党成功地进入新的选举人群中。与 1932 年

相比，他们的票数多了近 70 万张，总票数达到将近 150 万张。社会主义党派的票数略有减少，而激进党则损失惨重（社会主义党派丢失了 3.7 万张选票，而激进党人则失去了 36 万张选票）。右翼党派与上次相比一共丢失了 8.4 万张选票。在议会中最强势的党团为共得到了 146 个议席的工人国际法国支部。共得到 115 个议席的激进

社会主义党占据第二位。第三位则是拥有72个议员席位的共产党。

选举结果表明，只有一个政党有资格领导政府，这就是社会主义党，只有一位政治家有资格当选总理，这就是工人国际法国支部党团主席莱昂·布鲁姆。对于布鲁姆来说，人民阵线的胜利还远不能说明无产阶级夺取政权（conquête dupouvoir）的时刻已经到来，但是这毕竟是资本主义框架制度第一次为无产阶级行使权力提供了条件，而无产阶级的这一胜利仅仅是通过参与资产阶级领导的联合政府（participation ministérielle）取得的。1920年12月在图尔召开的传奇式党代会上，布鲁姆实际上已经成了工人国际法国支部真正的领袖。从那个时候起，布鲁姆就一再拒绝实施这样一种联合执政的政策，因为这会引起意识形态上的混乱。与激进党就竞选进行商谈，以及来自左翼资产阶级政府的支持，所有这些又另当别论，因为这些活动并不会导致产生“混乱”的危险。正因如此，只要是有可能，工人国际法国支部就会去做这些约定。但是，现在的局面不同了，工人国际法国支部自身成了议会中势力最大的党团，社会主义党派和共产党加起来的力量远远超过了激进党。在这种情况下，掌握政府大权不仅是可以设想的事，而且在政治上成了必需的事。

根据宪法规定，只有当新议会召开了制宪会议之后，新政府才能组阁。根据传统，选举大约四周之后产生新内阁。但是，就在大选和人民阵线第一届政府诞生之间的时间里，法国经历了历史上最大规模的罢工和骚乱。第一次骚乱出现在5月11日，大约在议会选举一周之后，地点在勒阿弗尔（Le Havre）和图卢兹。三天之后，罢工浪潮涌向巴黎，主要是在冶金业。事态严重，工人不满足于罢工，还在全国到处占领工厂，把工厂做抵押，来要求提高薪水、减少工时、改善工作条件，特别是改善卫生环境和安全条件。勒内·雷蒙把罢工者的“需求清单”（cahiers de revendications）与1789年的“意见书”（cahiers de doléances）做了比较。当然，需求清 / 782

单并没有什么“革命”的性质。工人要求的，都是可以通过社会改革解决的。在其他很多国家，特别是斯堪的纳维亚，这些要求都早已实现了。

工人的行动都是自发的，社会主义工会联盟和法国共产党并未组织这次行动。倒是无政府工团主义工会、托洛茨基分子、来自工人国际法国支部极左翼的力量产生了一定的作用。马索·皮维特（Marceau Pivert）是工人国际法国支部巴黎和周边地区的塞纳河联盟（Fédération de la Seine）负责人。这位左翼政治家于5月27日在工人国际法国支部机关报《人民报》（*Populaire*）登出口号:“一切皆有可能”（Tout est possible）。两天之后，《人道报》（*Humanité*）对这股狂放的革命浪潮做出了反应，这份共产党的机关报登出了标题为“并非一切皆有可能”（Tout n'est pas possible）的文章。6月初，第二次罢工浪潮袭来。6月，12000次罢工和180万人的罢工大军使得这次罢工运动达到巅峰。

大部分资产阶级市民对1936年5月和6月的事件产生了恐慌。这种对红色革命的恐惧感是自1871年巴黎公社活动以来从未有过的。后果是大批资金流到国外：法国银行一个月之内损失了15亿法郎。历史学家查尔斯·布洛赫（Charles Bloch）是这样描写这几周“布尔乔亚”们的心情的:“人们把这次罢工运动与发生在1917年的俄国或者是1919年至1920年的意大利的活动相比较。那两次运动中，革命工人和农民也是抢占了工厂和土地。但是人们忽视了一大区别，在那两个国家革命群众就是要没收大地主和工业家的财产，而法国工人只是和平占领了这些企业，把它们当作实行改革的筹码，

而至少在眼下还没有去质疑资本主义经济体系的原则。”布洛赫把目光从1936年初夏转到了1940年：法国布尔乔亚在寻找“免遭共产主义危险的救星”时，一部分人甚至想到了“第三帝国”。“也许1936年5月至6月发生的事件要比以往任何一次事件更加严重，使

得法国人情愿在1940年接受贝当独裁政权，最后接受德国人占领的事实。”

直到1936年6月4日为止，萨罗内阁应该是负责维持法国社会秩序的政府。在共产党的要求下，内阁放弃了一切有可能加剧局势恶化的举措。因此警方没有对罢工者以及占据工厂的人采取任何行动。在此期间，共产党自己做出不接受布鲁姆发出的加入内阁的邀请的决定。5月14日，共产党宣布，他们坚信，只要他们毫无保留地、忠诚地支持由社会主义者领导的政府，就能更好地为人民服务。“这种做法要比自己进入内阁，被人民的敌人借口诽谤煽动和捣乱强得多。”

在想出不参与政府的理由之前，外交政策上的考虑就迫使共产党做出这一决定了。共产党员如果当上了部长，就会使“布尔乔亚”市民们受到惊吓，这样就为莫斯科寻求法国与苏联之间的紧密合作增加了难度。另外一种考量也很关键：人民阵线政府将推行改良政策，而非掀起革命浪潮。共产党进入内阁不但不受欢迎，而且还会有损政府形象。对于共产党来说，不直接承担做决定的责任而仅仅做一个大度的政党要更加容易。这样他们就不会使大多数拥护者因为期待不能实现的目标而感到失望。共产党的这一策略获得了群众的拥护，党员人数也不断攀升：从1933年的5万人上升到1936年底的28万人。

6月4日，议会的制宪会议召开几个小时之后，莱昂·布鲁姆就向共和国总统阿尔贝·勒布伦介绍了他的内阁。外交部部长是激进社会主义党员伊冯·德尔博斯。内政部部长由社会主义者罗杰·萨朗格罗（Roger Salengro）担任。几个月之后，极右党污蔑他曾经在1915年当过逃兵投敌，最后他含冤饮恨自杀。（1936年11月，社会主义党人马克斯·多莫瓦（Marx Dormoy）接任内政部部长一职。）激进社会主义党人爱德华·达拉第任国防部部长。1947年 / 784

至 1954 年任法国总统的樊尚·奥里奥尔（Vincent Auriol）任财政部长。第三共和国的第一任社会主义党人的经济部部长夏尔·斯宾纳斯（Charles Spinasse）是工人国际法国支部成员。有三位女性政治家担任了副国务秘书一职，这对当时女性还没有选举权的法国来说是一件很了不起的事。女权主义者塞西尔·布伦士维格（Cecile Brunschvicg）担任教育事务国务秘书，社会主义党人、女教师苏珊·拉科勒（Suzanne Lacorre）担任保护青少年国务秘书，物理学家伊雷娜·约里奥－居里担任科学研究国务秘书。在布鲁姆的内阁中，第一次出现了休闲和体育教育的国务秘书。

人民阵线组成的政府面临的第一大挑战是结束罢工和占领工厂的行为。6 月 7 日，布鲁姆召开了由企业家协会－法国生产商总联盟（Confédération Générale de la Production Française）和工人协会－劳工总联盟参加的会议。会议在马提尼翁府（Hôtel Matignon）举行。1935 年以来，这里一直是法国总理的官邸。就在当天夜里，谈判双方签署了《马提尼翁协议》（Accord Matignon）。这个协议的部分内容和 18 年前（1918 年 11 月）由德国工商业雇主中央工作组和德国工人协会达成的协议相仿。协议的核心是：立即引进集体工资协议（这种机制尽管从 1919 年起就存在，但是只用在少数工人身上）；给予工会组织和活动自由；在企业中实行工人代表选举；基本工资提高 7%~15%，平均提高 12%；每周 40 小时工作时间和带薪休假这两个议题交由国会决定。工人应该交还占领的厂房，并且开始工作，政府对他们的行动将不予追究。

《马提尼翁协议》并非意味着罢工和占领工厂的行动告一段落了。很多地方的工人对布鲁姆和社会主义工会联盟主席莱昂·儒奥（Léon Jouhaux）的呼吁置若罔闻，并不想就此归还被视为抵押物的厂房。直到 6 月 11 日多列士以共产党的名义宣布停止战斗，罢工队伍才开始出现解散的迹象。但是直到 7 月，还发生了 1688 次罢工，罢工人数为176947人。马提尼翁府会议的议题仅仅限于雇主和工人之间可以自行解决的问题。第三共和国深层的社会问题还需政府和议会出面解决。6月，布鲁姆推出了第一批基本法案：法案规定工人有权享受两周带薪年假，每周的工作时间从48小时降到40小时（尽量压缩到每周5天工作日，每天工作8小时），劳资双方的工资谈判协议以法律的形式固定下来，并且提高了公务员的薪水和退休金。

1936年夏，又一批法律出台，禁止雇用童工，但是农业经营领域的除外；接受义务教育者的年龄提高到14岁；军备工业国有化；出台大型的公共就业计划；提高残疾人辅助金和家庭补贴；彻底改组法兰西银行（Banque de France），使其与国家的联系更加紧密，并且为了突出这一银行的国家银行特征，将其更名为法国的银行（Banque de la France）；设立国家粮库，起名为国家小麦办公室（Office National Interprofessionel du Blé），专门负责粮食生产、销售和价格调节，并且对粮食进出口进行国家垄断。1936年12月还出台了一项旨在对工资纠纷进行必要调解的法律。仍然需要进行调节的两大社会重点问题是失业救济和老年保障。

缩短工作时间、两周带薪休假、提高工资等举措的经济后果马上显现出来了。企业主平均要多给工人支付25%~35%的工资；生产倒退，产品价格飙升；法国在国际竞争中的地位一落千丈；因为国家需要预支，法国银行的黄金储备下降到法律规定的最低点，即300亿法郎；资金流失现象依然严重。1936年9月26日，法郎不能再自由兑换黄金，在向自由兑换率过渡的时间内法郎损失了25%~35%的市值。长久以来，法郎的市值一直被高估，所以一些政治家一直要求法郎贬值，其中包括保罗·雷诺，但是迄今为止见效甚少。1936年夏天改革加速了法郎贬值，进展要比几年前所期待的快很多。9月26日的这一转折使得法国生产有所增长，但是法国工 / 786

业的国际竞争能力并未因此而提高。失业率仅仅下降了20%~25%，这一数值远远低于人们对新政的期待，而且受凯恩斯理论影响的人民阵线专家们也曾期待比这个数值更好的结果。批发价格依然上涨，因为布鲁姆政府不敢再干预外汇管制，因此资金外流现象源源不断。

布鲁姆政府上台刚刚六周，7月17日至18日，西班牙的民族主义军官就发动政变，西班牙内战爆发了。法国人民阵线当然是站在西班牙人民阵线一边的。西班牙人民阵线于1936年2月16日开始在马德里执政。当西班牙政府请求巴黎给予武器支持的时候，布鲁姆出于对两国间现有的贸易协定的考虑，决定伸出援助之手。但是，共和国总统、众议院和参议院议员都警告总理要三思而行，不要介入西班牙冲突。他们担心这一冲突会蔓延到法国，最后引发欧洲战争。

众议院议长是爱德华·赫里欧。他代表的是他所在党激进党内大部分人的呼声。内阁中大部分激进党成员，如外交部部长德尔博斯和国防部部长达拉第，都反对法国干预此事，只有空军部部长皮埃尔·科特和国民教育部部长让·扎伊支持向西班牙提供武器。外交部内部高级官员的意见也不统一。民族主义的右翼政党掀起一场舆论运动，反对大家对西班牙共和国表达自己的态度。估计这场运动影响了不少军官。在这个问题上，英国的“不”字很有分量：6月底法国总理布鲁姆和外交部部长德尔博斯访问伦敦时，英国首相鲍德温和外交大臣艾登明确表示，如果法国介入西班牙内战，不要指望会得到英联邦王国的支持。

/ 787

对于布鲁姆来说，与英国的紧密合作是法国的严肃外交政策的基本条件。在这种实际情况下，人民阵线政府在西班牙问题上没有其他路线可循，只能按照英国的意图去做：所有欧洲大国都采取不作为的政策。1936年8月底，欧洲27国签署了由伦敦和巴黎发起的不干涉西班牙内政的声明，签字国包括意大利和德国。伦敦于9月第二周还成立了一个不干预委员会，除了英国和法国之外，还有德国、意大利和苏联参加。当然，柏林和罗马从未想过遵循不干预的原则。莫斯科也是在之后不久就积极参与到西班牙内战中去了。最后只剩下英法两个大国老老实实地遵循协议中的内容，而伦敦政府在贯彻的时候当然要比巴黎政府坚定得多。

由于不干预政策的失败，布鲁姆曾经严肃考虑过是否辞去共和国总理一职。但是，第二国际的主席、比利时社会主义党领袖路易斯·德布鲁凯尔（Louis De Brouckère）和西班牙驻法国大使一再劝其留任。接下来的时间里，尽管有1936年8月8日制定的对西班牙禁运军火的限制，法国还是通过种种途径，向西班牙提供了飞机，有些甚至需要绕道墨西哥。作家安德烈·马尔罗虽然自己不会飞行，却组建了一支名为“西班牙”（España）的法国飞行员队伍。巴黎政府对招募组建国际志愿军旅的事情睁一只眼闭一只眼。这支部队站 / 788 在西班牙共和国一边作战，大部分成员来自法国。法国政府对西班牙边境的检查也是有意松懈。人民阵线内部意见不一，因此能够为西班牙共和国所做的也就是这些了。共产党一心想为西班牙做更多，于1936年12月6日第一次与布鲁姆政府拉开距离，在这一天举行的议会关于外交政策的大辩论之后，共产党在对政府的信任问题投票时投了弃权票。

西班牙内战对于法国右翼党来说，是一个攻击人民阵线很好的契机。右翼党指责布鲁姆政府按思想意识行事，把法国推向了欧洲战争的边缘。在内政方面，在野党也找到足够的理由对左翼党发起进攻。6月18日，布鲁姆政府根据1936年1月10日出台的法律解散了反对议会的右翼阵线，其中包括德·拉·罗克上校的火十字团。这时的火十字团已经变成了类似工会的联合组织，把法国职业军人全都召集到自己旗下。之后不久，火十字团并入一个政党内，这就是法国社会党（Parti Social Français）。这个政党的成员遍及全法国，但是大约半数都集中在大巴黎地区。1937 年初，这个新政党大约有 100 万名成员。法国社会党是坚定的右翼政党，反对马克思主义，反对议会制，但是在实际中依然按照议会制的基础和现行法律行事。

因此，法国社会党与 1936 年夏天新成立的另一个新党有所不同。这个新党就是前文曾经提到过的法国人民党，它是由圣德尼市市长和前共产党领袖雅克·多里奥特组建的政党。这个政党要求建立一个社团性国家，其主张接近法西斯意大利。它的做法也与意大利相似：有的放矢地发动工人群众，以激进的民族主义思想为核心，并且用武力来对付政敌。党员主要来自工人和农民，但从未超过 10 万人。

/ 789

多里奥特的这个政党要比任何一个法国右翼政党都更加“法西斯”；要比任何一个政党都获得了更多的工业界和金融界的赞助；要比任何一个政党都获得了更广泛的媒体支持，甚至《费加罗报》（*Figaro*）和《时报》（*Temps*）都为其撑腰；要比任何一个政党都更加吸引了知名知识分子：其中包括皮埃尔·德里厄·拉罗歇尔（Pierre Drieu la Rochelle）、阿尔弗雷德·法布尔－卢斯（Alfred Fabre-Luce）和贝特朗·德·儒弗内尔（Bertrand de Jouvenel）（这些作家在 1938 年秋因《慕尼黑协定》缩小了捷克斯洛伐克版图而脱离了法国人民党）。《战斗》（*Combat*）是右派青年（Jeune Droite）的报纸，这份刊物的作者有罗伯特·布拉西亚克（Robert Brasillach）、乔治·布隆德（Georges Blond）和蒂埃里·毛尔尼尔（Thierry Maulnier）等人，他们为多里奥特的党机关报《民族解放》（*Emancipation nationale*）撰写文章。而法国人民党中央委员会的两名成员拉罗歇尔和德·儒弗内尔则在《战斗》中发表文章。法国人民党的两位活跃分子，后来成了知名人士，一位是政治学家莫里斯·迪韦尔热（Maurice Duverger），另一位是中产阶级叛逆者皮埃尔·布亚德（Pierre Poujade）。

右翼激进党的刊物对人民阵线的攻击也是针锋相对的，《坦率》（*Candide*）和有着60万印量的《格兰戈尔》（*Gringoire*）把矛头直接对准了内政部长萨朗格罗，后者的读者群非常广泛。而布鲁姆则成了法兰西行动党（Actionfrançaise）内反犹主义者的攻击对象。他们诬陷布鲁姆的真实姓名是卡尔冯克尔斯坦（Karfunkelstein），出生在比萨拉比亚，并且完全听从莫斯科的指挥。1936年6月13日，历史学家皮埃尔·加索特（Pierre Gaxotte）在他创办的杂志《我无处不在》（*Je suis partout*）中为法国指明了两条出路，"布尔什维克主义或者民族革命"。一年之后，一名更加激进的反犹主义者成了《我无处不在》的主编，他就是布尔西亚克。这份杂志的作者当中还有一名彻头彻尾的犹太人天敌，他就是路易·费迪南·塞利纳（Louis Ferdinan Céline），他在1937年底发表了一本名为《大屠杀的琐事》（*Bagatelles pour un massacre*）的小册子，文章里充满了反犹主义的硝烟。

1936年秋，工业家总联盟的右翼跳出来反对《马提尼翁协议》，并且对联盟的领导采取敌对态度。他们将"法国生产总联合会"改为"法国雇主总联合会"。联盟的主席是一位年轻企业家，同时也是法学教授，他就是克劳德·格力诺（Claude Grignoux）。这是一名法西斯政权的狂热追随者，他认为自由主义已经过时，赞成与意大利体制相仿的社团制体系。在他的领导下，这个更名为"雇主总联合会"的组织从1936年开始推行一条尖锐反共、反对人民阵线的政治路线。 / 790

1936年10月31日，法国天主教5位大主教共同呼吁向"实际的无神论"（atheisme pratique）开战，驱散"革命的病毒"。在军事圈里，反共和国的叛逆组织"战袍"（La Cagoule）崭露头角，它是1937年7月在奥恩巴纽勒（Bagnoles-de-l'Orne）谋杀意大利的两位反法西斯人士卡罗·罗塞利（Carlo Rosselli）和尼洛·罗塞利（Nello Rosselli）的凶手。“战袍”的战略目标是用武力创建一个军事独裁政权。当其阴谋于1937年11月暴露后，内政部部长马克斯·多莫瓦下令逮捕这一组织的头目。截至1936年底，极右派的作为还没有对共和国产生严重的威胁。但是人民阵线上台几个月之后就发现有一股反对势力在不断发展。

尽管在思想意识上有着根本的分歧，但是人民阵线政府依然努力与纳粹德国保持着牢固的外交关系（德国亦然）。1936年8月28日，在德国实行两年义务兵役制四天之后，布鲁姆接见了希特勒的特使：德意志帝国经济部部长和帝国银行主席亚尔马·沙赫特。法国总理一开始就表明自己是一个“马克思主义者”、一个“犹太人”。他强调，尽管德国反对共产主义，法国反对法西斯主义，但是两国之间依然可以达成“常规方案”。沙赫特要求归还德国殖民地、废除《凡尔赛条约》，并且表示，如果能够满足上述要求，德国将考虑回到国际联盟，甚至还可以重新开启裁军谈判。尽管布鲁姆把沙赫特的殖民地愿望转达给了伦敦，但是这次会面并未得出什么具体结果。

在和法西斯意大利的关系上，事情也没有什么进展。1937年1月，墨索里尼提出了一些建议，但是谈判的先决条件是法国必须同意把西班牙政权交给佛朗哥。此举遭到布鲁姆的坚决驳斥。法国副总参谋长施魏斯古特（Schweisguth）将军在访问莫斯科期间，苏联国防委员伏罗希洛夫元帅曾经建议法国和苏联结成军事同盟。这一建议也遭到了布鲁姆的拒绝。施魏斯古特在评论这一建议时也是充满否定之意。如果总理真接受了这一建议，将会导致法英关系恶化，而这是布鲁姆无力承担的风险。

自1936年6月巴黎政府换届以来，法国与大多数盟国的关系都明显恶化。罗马尼亚和南斯拉夫在此之前就已经开始向德国靠拢了。

/ 791

人民阵线政府的成立使得它们与法国的关系更加疏远。专制统治的波兰还有一个极为亲德的外交部部长，他就是贝克（Beck）上校。1936年夏以来，波兰正因为思想意识上的分歧开始与法国盟友疏远。比利时于1920年10月就和法国结成了军事同盟，当《洛迦诺公约》被德国践踏而未遭到他国指责后，比利时就强调自己的独立性。出于对人民阵线政府的反感，利奥波德三世国王于1936年10月14日宣布正式解散与法国的军事同盟，这意味着比利时重新回归到中立国的状态。此后，希特勒于1937年1月30日表示德意志帝国愿意接受比利时独立。这一协议也在1937年10月13日签署。

西方大国早在半年前的1937年4月24日就宣布，如果比利时王国受到攻击，它们将给予军事支持。法国政治的左倾并未像社会主义者和共产党人早先在反军事化的言论中所预料的那样能够在国防领域松一口气。布鲁姆支持达拉第提出的要求，将军事贷款金额提高到140亿法郎，分四年支付。1937年3月，在议会广泛的支持下，布鲁姆开始大批发售国防债券。1936年10月14日，布鲁姆接见夏尔·戴高乐上校，听取了他关于建设一支专业装甲部队的设想。同时，戴高乐还介绍了德国一旦进攻捷克斯洛伐克或波兰时法国应采取什么样的进攻战略。布鲁姆对此留下了深刻印象。而以甘末林及其影响依然深远的前任魏刚将军和以贝当元帅为首的军中高级将领则对戴高乐的介绍无动于衷。因此，法国的军备依然以防守为主。大家坚信，德国没有能力越过马其诺防线。

1937年初，布鲁姆感觉法国的经济形势非常恶劣。因此他于2月13日宣布暂停原有的经济举措，不再继续上调工资。接着出台的措施都是为了稳定个人经济的，包括重返自由黄金交易。工人国际法国支部的左翼对此感到愤怒。马索·皮维特指出，这是向军事主义和银行业投降。出于抗议，他辞去了总理府秘书长的职务。3月16日，左翼党派追随者和德·拉·罗克上校的法国社会党在克利希

（Clichy）发生冲突，警方出面干预，向群众开枪，打死5人，另有200人受伤，工人的愤怒情绪与日俱增。恶性罢工事件屡见不鲜，甚至影响到了巴黎的世界博览会。1937年5月24日，延误了三周的博览会在一片建筑工地中拉开帷幕。尽管德意志帝国和苏联气势磅礴的展厅已经落成，但是法国和其他许多国家的展厅却未竣工。在来访外宾的名录上，亚尔马·沙赫特的名字赫赫在列。但是他与布鲁姆的再次会晤依然像1936年8月那次一样，无果而终。

1937年中，布鲁姆政府振兴法国经济的努力彻底宣告失败。6月15日，总理请求议会授予政府特别权力，以征收新的资产税、采取强大措施防止资金外流。他的提议在众议院以346票赞成、247票反对的票数获得通过。但是，6月21日参议院以168票反对、96票赞成的结果否决了这项提议。参议院中，也是激进党议员占据多数席位。第二天，布鲁姆宣布辞职。

布鲁姆的离任加速了人民阵线的瓦解，但其仍未终结。6月22日，总统勒布伦委任激进党政治家卡米耶·肖当组阁。此人曾经 / 793 在1930年和1933年至1934年两次担任过总理。布鲁姆担任副总理，他那一届的部长大部分都留任了。原来由社会主义党人担任的经济部部长一职现在由激进党党员费尔南·沙普萨尔（Fernand Chapsal）担任。原任财政部部长的社会主义党人奥里奥尔现在任司法部部长。激进党右翼人士乔治·博内（Georges Bonnet）担任财政界要职。另外两个要职也由激进党右翼人士担当：亨利·克耶（Henri Queuille）担任公共事务部部长，阿尔贝特·萨罗担任不管部部长。三位女性国务秘书都退出了内阁。布鲁姆内阁中社会主义党人比激进党人略占多数，肖当内阁则正好相反。新政府要比老政府明显右倾。

内阁采取的第一批措施之一就是让法郎彻底与黄金脱钩。1937年7月1日这个措施出台后，法郎再次大幅度贬值，失去了大约

25% 的市值。在共产党的同意之下，政府决定征收新税，并且把法国铁路统一归纳到法国国家铁路公司（Societe Nationale des Chemins de Fer，简称 SNCF），并将其收归国有。在外交政策上，政府更加右倾。外交部部长德尔博斯敦促捷克斯洛伐克政府在苏台德问题上向德国让步。沙赫特于 1937 年 11 月再次访问巴黎时，财政部部长博奈赞同德国和奥地利之间进行紧密合作，并且同意苏台德地区享有更多的自治权。肖当毫不掩饰自己反对共产主义的秘密，而这一点迎合了法国社会因为莫斯科举行大规模公审而引起的不满情绪。同时，总理还强调愿意与德国合作。

1937 年底，法国的经济局势日益恶化，要求放弃每周 40 小时工作时间的呼声日益高涨。1938 年 1 月，政府请求议会授权制定稳定货币的政策，共产党投了弃权票。肖当宣布在议会中不再与法国共产党结盟。工人国际法国支部认为这是解散人民阵线同盟的信号，因此宣布将自己的部长撤出内阁。1938 年 6 月 15 日，肖当宣布辞职。 / 794

4 天之后，肖当组建了一个新内阁。内阁里没有社会主义党人，除了激进党党员外，还有两名独立的社会主义共和联盟（Union Socialiste Républicaine，简称 USR）的成员。为了防止政府进一步右倾，工人国际法国支部和法国共产党在 1 月 21 日还是为新内阁投了赞成票。这一届内阁仅仅维持了不到两个月的时间。3 月 10 日，肖当在议会上提出内阁信任案表决时被否决，奥地利危机已经爆发（希特勒于 3 月 12 日进入奥地利）。肖当的接任者正是他的前任。布鲁姆本想组建一个将多列士和雷诺都包含在内的国民政府，但是此举未能成功。于是他又组建了一个在政治成分上类似于他第一届政府的内阁。布鲁姆自己接管了财政部。外交部部长由精力充沛的社会主义共和联盟的成员保罗 - 邦库尔担任。激进党左翼的一位年轻政治家皮埃尔 · 孟戴斯 - 弗朗斯（Pierre Mendès-France）担任国务秘书，负责管理金库。此人之后将在 1954 年至 1955 年担任法国总理。

在布鲁姆短暂的第二次总理生涯内，法国做出了一项外交上的重要决定：就在德国军队开进奥地利的前夜，外交部部长保罗－邦库尔向捷克斯洛伐克保证，如果德国发动进攻，法国将根据 1924 年 1 月法国和捷克斯洛伐克签订的协约为其提供援助。4 月初，布鲁姆请求议会授权解决经济危机，引入资本税，加强外汇管理。他的提议尽管在众议院获得了通过，但是参议院在保守党人士约瑟夫·卡约（Joseph Caillaux）的鼓动下，于 4 月 7 日投了反对票。几天之后，布鲁姆辞职。按照以皮维特为首的工人国际法国支部左派以及巴黎和周边地区的塞纳河联盟的意思，总理应该抗拒上议院的决议、发动群众走上街头与参议院保守的阻挠政策做斗争。这一做法尽管并不违反宪法，但是布鲁姆认为这无异于引爆一场革命。他认为，
/ 795 在 1938 年春的法国，这一时机还未成熟，因此他丝毫没有想和上议院做一次力量上的抗衡。

布鲁姆组建的第二个内阁的失败宣告了人民阵线的终结。左派政府自 1936 年 6 月组阁以来，一直承受着来自右翼的巨大压力。然而，左派政府的这一结局同时也受社会主义者在执政和管理问题上缺乏经验的影响：除了 1914 年至 1917 年这个战争年代，工人国际法国支部还从未将部长送入内阁。因此，他们对于掌权的设想过于抽象。这一弱点也反映在很多操之过急而出台的法律上。莱昂·布鲁姆这个理论上的马克思主义者，实际上却是一个反对革命者。这位能言善辩的政治家一直是“部长参与”（participation ministérielle）的捍卫者。到了 1936 年初夏，当“部长参与”的做法被彻底抛弃的时候，法国为此付出了代价。

但是人民阵线政府的作用不容忽视。它使法国在迈向先进社会国家的道路上前进了一大步。它使像共产党这样的极左派融入第三共和国的政治体系中，并且迫使极右派不挑衅闹事。法国在

经历了1936年严重经济危机后没有发生革命暴力和内战，这要归功于工人阶级的学习能力，以及资产阶级中的左翼力量。从某种意义上讲，法国在1936年至1938年来了一次“各阶级的妥协”（Klassenkompromis），而这一妥协在德国是用1918年至1919年的革命换来的。当然，这种妥协的作用无论在法国还是德国都是微乎其微的。在这两个国家里，通过社会谅解而成立的联合政府都只存在了短暂的一段时间，最终因为内部分歧，丧失了议会的多数。德国在1920年走到了这一步，而法国是在1938年春天。不过，在努力推行改良政策时期所做的决定，在莱茵河两岸都产生了深远的影响，很多决定直到今天还在发挥着作用。

1938年4月10日，激进社会主义党人爱德华·达拉第接替布鲁姆组阁，这是他第三次担任政府首脑一职。他一直在位到1940年3月20日，这对于第三共和国来说是一段非常长的时期。他的内阁成员来自大都有右翼背景的激进社会主义党，还有一些来自社会主义共和联盟。外交部部长由“右翼”人士乔治·博内担任，他在对待德国问题上是法国式绥靖（apaisement）政策的代表。新总理在两院得到了布鲁姆曾在上院遭到否决的授权。在信任议案中，工人国际法国支部和法国共产党都对达拉第投了信任票，其目的是不使法国瓦解。以皮维特为首的社会主义极左派组织巴黎和周边地区的塞纳河联盟，在议会中拒绝支持政府。1938年6月，工人国际法国支部在鲁昂召开党代会时开除了皮维特的党籍。这一做法是对党内的左翼发出警告：不要再反对党的路线。 / 796

入夏以来，越来越多的迹象表明，达拉第的法令与人民阵线政府的改革政策格格不入，有些还产生了倒退现象。8月21日，当总理在广播演说中打出“让法国重返工作岗位”的口号、延长军火工业企业的劳动时间时，社会主义共和联盟的两位内阁成员，即劳工部部长保罗·拉马迪埃和公共事务部部长路德维克-奥斯卡·弗洛萨德（Ludwic-Oscar Frossard）退出了政府。两位接班人虽然来自同一党派，但是要比拉马迪埃和弗洛萨特温和得多。未批准的罢工立即遭到警方镇压，占领工厂的做法也马上被禁止。社会主义工会联盟发起抗议，工人国际法国支部和法国共产党要求达拉第辞职，但是政府依然能够得到中间党派和右翼党派的多数支持。

由于国际形势紧张，社会主义党派和共产党还是决定不发动议会外的工人群众总动员。这段时间，法国经历了一段右翼执政的国内政治稳定期。没有了后顾之忧，达拉第政府就可以放心推行他对德国不顾一切代价的姑息政策了。[10]

1936年7月17日，在法国保护地摩洛哥所属的一块飞地梅利利亚（Melilla）发生了一场军事政变，西班牙内战就此拉开帷幕。这个时间比叛军的原计划提前了几个小时，起因是忠于共和国的安全部队本想抓捕叛军，但是前来援助的西班牙外籍军团中的一支部队向叛军投诚，致使整个行动失败。叛军在短短几个小时之内就控制了梅利利亚的海岸堡垒。以埃米利奥·莫拉（Emilio Mola）将军为首的全国"政变"中心发出开始全线出击的信号。继梅利利亚之后，西班牙驻摩洛哥高官的所在地得土安（Tetuán）和休达（Ceuta）相继落入叛军手中。英国的新保守党成员、政论家和出版商道格拉斯·杰罗尔德在几天前派一架小飞机到加那利群岛的拉斯帕尔马斯，将被流放到特内里费岛（Teneriffa）的叛军军官弗朗西斯科·佛朗哥（Francisco Franco y Bahamonde）接到得土安。7月18日，这位将军抵达得土安，准备接任北非军队的总指挥一职。佛朗哥还在拉斯帕尔马斯的时候，就通过广播呼吁师级指挥官和舰队司令支持起义。

7月18日起，西班牙本土有大批部队加入叛军队伍。贡萨洛·奎珀·德利亚诺（Gonzalo Queipo de Llano y de Serra）将军接受命令，从塞维利亚将动荡的安达卢西亚拉到"国民"力量一边来。在塞维利亚、科尔多瓦和加的斯，经过与忠于政府的部队和罢工工人激战后，叛军连夺了几座城池。在格拉纳达，指挥官米格尔·坎平斯（Miguel Campins）将军迟疑了两天后也加入奎珀的阵营当中。在这里，炮兵部队把矛头直接指向阿尔拜辛（Albaicin）的工人住宅区。共和国一派损失惨重，创作戏剧《血腥婚礼》（*Bluthochzeit*）的诗人费德里戈·加西亚·洛尔卡（Federico García Lorca）在8月18日早上被枪杀。坎平斯将军也为他的踌躇付出了沉重代价：奎珀把他送上了战争法庭，他被判处死刑，尽管佛朗哥反对，但是坎平斯最后还是被枪决了。

民族主义的军事力量于1936年夏天在很多地方成功暴动，除了摩洛哥和安达卢西亚的小部分地区以外，还有加里西亚、纳瓦拉，莱昂，马略卡岛、旧卡斯蒂利亚（Altkastilien）的大部分农业区，例如布尔戈斯（Burgos）和巴利亚多利德（Valladolid），以及奥维耶多（Oviedo）和萨拉戈萨（Saragossa）。西班牙东部重镇，如加泰罗尼亚、瓦伦西亚、穆尔西亚（Murcia）；西班牙北部大部分地区，如巴斯克地区（Baskenland）、桑坦德（Santander）和阿斯图里亚斯（Asturien）；西班牙南部地区，如新喀里多尼亚（Neukaledonien）、埃斯特雷马杜拉（Extremadura）和安达卢西亚的部分地区依然保留在共和国政府手中。因此，共和国依然控制着大城市和经济发达地区，如加泰罗尼亚和巴斯克地区以及马德里，达到西班牙国土面积的2/3。17名最高将领中，只有4名参与了暴动。所有军区头目中只有一个暴动，即萨拉戈萨地区的司令。但是15000名军官中只有3500名宣布效忠共和国。海军里，军官们投靠叛军，而下等军官和士兵却效忠共和国。共和国共掌控了11200人的兵力，民族主义势力则有98500名官兵。老百姓当中，只有纳瓦拉和旧卡斯蒂利亚保守势力地区的人拥护叛军。

反叛的阵营中，除了叛军之外还有卡洛斯主义者和与莫拉保持着良好关系的传统君主主义者。长枪党有魄力的领袖何塞·安东尼奥·普里莫·德·里维拉（José Antonio Primo de Rivera）是西班牙国家工团主义进攻委员会方阵（Falange Española de las Juntas de Ofensiva Nacional Sindicalista，即长枪党）的主席，他的拥护者也在反叛阵营之中。和西班牙所有党派相比，这个组织是最靠近意大利法西斯主义者和德国纳粹主义者的政治集团。除了巴斯克地区外，天主教会全都倒向叛军一边。唯一不随波逐流的是维多利亚（Vitoria）的主教，巴斯克教区正属于他的管辖区。当然，在“民族主义西班牙”地区，也有神职人员和修士对军人们滥杀无辜提出抗议，这些人中有些是真正的抵抗者，有些则被污蔑为抵抗者。君主派政治家何塞·卡尔沃·索特洛（José Calvo Sotelo）于6月12日至13日那个深夜被杀害之后，天主教保守派反对党西班牙右翼自治组织联合会（Confederación Española des Derechos Autónomas，简称CEDA）领袖何塞·马利亚·吉尔－罗布雷斯（José María Gil-Robles y Quiñones）出逃至西班牙北部，后来流亡至法国，但是被布鲁姆政府驱逐，之后，他又辗转来到葡萄牙。 他在流亡地支持民族主义者，并且把右翼自治组织联合会的财产转移给莫拉将军。

根据1936年2月16日的选举结果，共和国政府是由人民阵线组阁的。5月16日，左翼党第一位内阁总理曼努埃尔·阿萨尼亚（Manuel Azaña）当选国家总统，于是内阁总理由左翼共和党人圣地亚哥·卡萨雷斯·基罗加（Santiago Casares Quiroga）担任。拉戈·卡瓦列罗（Largo Caballero）领导的西班牙工人社会党（Partido Socialista Obrero Español，简称PSOE）在选举中胜出。但是他们在选举中就声明大选胜利后不会出任部长职务，选举结束后他们依然忠实于这个承诺。军事政变后，左翼共和党（Izquierda Republicana）的何塞·吉拉尔依然于7月18日从全部来自资产阶级党派的人士中组成了新内阁。内阁立即做出了全民武装的决定。7月19日清晨，战争部就向西班牙两个最大的工会组织派发武器，这就是社会主义的工人总联盟（Unión General de Trabajadores，简称UGT）和无政府主义以及无政府工团主义的全国工人联合会（Confederación Nacional de Trabajadores，简称CNT）。马德里的工人区和其他很多城市都能听到被人称为“热情之花”（La Pasionaria）的最著名的共产党女政治家多洛雷斯·伊巴露丽（Dolores Ibárruri）在前一天晚间通过广播播出的口号“此路不通！”（No pasarán）。自 7 月 19 日起，马德里的政权就不在政府手中了，而是在工会，在大街上。

1936 年 7 月 19 日至 20 日夜间，西班牙首都有大约 50 座教堂起火。共和国的保卫者在战斗中连连获胜，并且在 20 日开始攻克堡垒，向太阳广场（Punta del Sol）挺进。攻克堡垒后，众多叛军分子被处死。在太阳广场作战的很多叛军军官纷纷逃往托莱多（Toledo）和瓜达拉哈拉（Guadalajara）。在这些地方叛军取得了胜利。在巴塞罗那，加泰罗尼亚自治区主席路易斯·康帕尼斯（Lluis Companys）拒绝全民武装，结果全国工人联合会成员冲进了多个弹药库，把领导权从共和国力量那里夺了过来。站在他们一边的还有国民卫队（Guardia Civil），这种情况在当时的西班牙还是很少见的。20 日夜间，和马德里一样，巴塞罗那的叛军被击败了。

/ 800

叛军暴动初期，到底有多少人在大批处决和大屠杀中丧生，已经不得而知。佛朗哥一般都在执行死刑后才去审理那些要求从宽处理的申请。只有在国外的同情左派的记者身上他才网开一面。阿瑟·库斯勒（Arthur Koestler）是一个例子。他是英国自由派《新闻纪事报》的记者，于 1937 年 2 月初亲身经历了占领马拉加（Malaga）的战斗。他没有经过任何开庭听证，就被判处死刑，并且在西班牙民族分子的监狱中度过了三个月的时间。从 1936 年至 1939 年，西班牙民族主义阵营一共有多少人死于政治动机，是一个未知数。根据最新的调查，有据可寻的共有 90194 人死亡。

在共和国阵营里，根据最新统计，在 1936 年至 1939 年约有 50000 人被执行死刑和死于大屠杀。左翼力量的恐怖行动包括 1936 年 11 月至 12 月在首都附近“预防性”枪毙 2000 名囚犯。下命令的则是保卫马德里委员会公共安全负责人圣地亚哥·卡里略（Santiago Carillo），他后来成了共产党总书记。共和国一派过度暴力的受害者中有相当大的比例是天主教神职人员：13位主教和大约6800位神职人员、僧侣、修女和教团新生被害。他们当中大部分都是在内战的前六周，并且是在加泰罗尼亚被害的。加泰罗尼亚是无政府主义者和无政府工团主义者的据点，这些人对天主教教会的仇恨已经根深蒂固了。

在西班牙大地主比较集中的地区，特别是在安达卢西亚，激进的反教权主义是激进的农业革命的一部分。军事政变后，全民都武装起来了。农庄的长工和短工们意识到时机已经来临，他们要借此机会和剥削他们的大地主及其同谋——资产阶级和教会来一次大清算。这种清算采用的是原始的暴力方法：烧毁修道院和教堂，绑架并杀害旧政权中他们最为痛恨的代表们。美国作家欧内斯特·海明威曾经作为战地记者在西班牙工作。他在小说《丧钟为谁而鸣》中描述了安达卢西亚的一个小村落发生的事情。村里的有钱男人先被枷锁捆住，然后被推下悬崖。这一真实故事发生在龙达（Ronda）市。在内战的第一个月里，就有512人丧生。

全国工人联合会和社会主义农业工人工会——全国土地劳动者协会（Federación Nacional de Trabajadores de la Tierra，简称FNTT）是自下而上的革命运动的组织者。它们占领仓库和粮仓，向贫农发放食品和种子，没收大地主财产。那些没有支持政变的大地主也未能幸免。农民纷纷开始组织合作社。1936/1937年的冬天，共和国派掌控的西班牙地区共有1500个合作社。到了1938年8月，合法的农业合作社数量增加到了2200多个。在加泰罗尼亚，无政府工团主义的全国工人联合会是推进合作社运动的主要力量。在一段时间里，这个组织甚至是真正的当权者。在加泰罗尼亚的自治问题上，全国工人联合会与留任的自治区政府的目标是一致的，并且日益把掌控经济的权力移交给地方政府。1936年9月，全国工人联合会甚至正式进入自治区政府委员会中。在巴斯克地区，地方政府也尽可能把各种不同阶层的社会和政治背景的力量吸纳进来。马德里的中央议会（Cortes）于1936年10月给予巴斯克地区以自治权。保守的巴斯克民族党（Partido Nacional Vasco，简称PNF）党魁何塞·安东尼奥·阿吉雷（José Antonio Aguirre）被选为巴斯克地区第一主席（Lehendakari）。此后，巴斯克民族党也完全效忠共和国。尽管阿吉雷政府追求独立的做法经常和中央政府发生冲突，但是正因如此才使得巴斯克地区的大多数神职人员忠诚于共和国。

民族主义分子的政治中心在布尔戈斯。在这里，1936年7月24日国家防卫委员会（Junta de defensa nacional）成立了，米格尔·卡瓦内利亚斯（Miguel Cabanellas）将军出任主席。10月1日，布尔戈斯委员会召开隆重会议，任命佛朗哥将军为国家首脑。就在两天之前，佛朗哥当上了“大元帅”（Generalissimo），成了西班牙民族主义部队的最高统帅。在共和国阵营里，社会主义党和工会领袖拉戈·卡瓦列罗在9月4日替换下吉拉尔，担任西班牙总理。新组建的人民阵线内阁中，除了自由党、共和党和社会主义党以外，还引入了共产党。11月4日，民族主义分子有进军马德里的迹象，于是全国工人联合会的无政府主义者也进入了内阁，这些人的政治中心是伊比利亚无政府主义者联盟（Federación Anarquista Iberica，简称FAI）。司法部部长一职由原来的恐怖分子加西亚·奥利弗（García Oliver）担任。不久前，他还把屠杀神职人员和其他阶级敌人的做法解释成为人民伸张正义。

/ 802

第一眼看上去，共产党人和资产阶级政党共同组成政府中的保守派势力似乎令人吃惊。西班牙共产党（Partido Comunista de España，简称PCE）执行的是和斯大林路线及共产国际完全相同的方针。反对法西斯、保卫共和国是最重要的，它比无产阶级革命重要，比任何一场改变所有制的运动都重要。12月21日，斯大林、伏罗希洛夫和莫洛托夫在给拉戈·卡瓦列罗的一封信中，要求西班牙政府在农业和税务问题上照顾农民的利益，要努力争取城市中的中小资本家，保证自由贸易，禁止任何形式的没收财产行动。苏联领导人甚至特别强调，在西班牙走议会道路将是一种比俄国方式更有效的开展革命的方法。

西班牙社会主义政党出身的政府首脑于 1937 年 1 月 12 日写信感谢莫斯科的建议，但是也特别强调，即便是在共和派里都找不到“热情捍卫议会”的人。在内阁里，拉戈·卡瓦列罗是最主张进行深层社会变革的人之一，那些无政府主义的部长们也是如出一辙。全国工人联合会和伊比利亚无政府主义者联盟面临着一个无法解决的难题。他们不但是政府成员，而且还参与解散了 1936 年夏天如雨后春笋般出现的各种委员会和各地势不两立的工人地方武装，于是他们成了中央集权和军事化进程的担当者。而他们的理想是创建一个没有政府管制的社会。因此，他们的实际做法与他们的理想越来越遥远，他们的大部分理论基础被证明在“现实政治”中是根本行不通的。

在马德里政府更换的时候，英国和法国这两个西方民主大国就明确表示不会和共和国派一起卷入西班牙内战。而佛朗哥的民族主义派则获得了另外两个大国的支持：意大利和德国。与柏林不同，罗马在最初就大致得知了右翼力量的暴动计划。尽管墨索里尼开始时犹豫不决，但他还是在 1936 年 7 月 30 日对西班牙右派的请求做出了反应，先把 12 架飞机从撒丁岛（Sardinien）送到了得土安。意大利“领袖”的意图非常清楚：一个由亲法西斯派执政的西班牙将会对意大利感恩戴德，在争夺地中海战略控制权的战斗中将是一个珍贵的盟友，并且会使地中海最终变成“我们的大海”（mare nostro）。在这方面，能够在巴利阿里群岛建立一个意大利基地极为重要，也许最后还能够使其属于意大利。

与希特勒的关系是佛朗哥通过民族社会主义德国工人党国外组

织的两个成员建立起来的。这两名成员于7月25日在拜罗伊特的瓦格纳音乐节上与德国“元首”谈起西班牙一事。希特勒在当天夜里就决定派送20架不带武器装备但由6架歼击机护航的Ju 52运输机前往得土安。希特勒仅仅和同时在拜罗伊特的戈林和勃洛姆堡进行了商榷就做出了这一决定，而并未和外交部通话。佛朗哥正是用这些飞机把其非洲部队的大约35000名大都来自摩洛哥的穆斯林士兵从西班牙属摩洛哥运送到了西班牙。

1936年7月底，希特勒帮助佛朗哥的动机一直备受猜测。有一点是毋庸置疑的，人民阵线不仅在马德里，而且还在巴黎掌握了政府权力，因此希特勒认为有必要通过西班牙内战来阻止共产主义的蔓延。如果德意志帝国能够帮助民族主义西班牙取代“红色西班牙”，那么德国就可以在建立欧洲新秩序的过程中赢得一位盟友。

对于希特勒来说，在西班牙这件事上与意大利一起行动意义非凡，因为这样可以在罗马和伦敦之间插入一个楔子。经济上和军事上的考量都是事后才有的。作为空军总司令，戈林非常在意让德国的飞机把西班牙作为理想的训练场，而且这一训练是在战事的严峻条件下进行的。作为四年计划的执行者，戈林对西班牙的原料如铁矿和黄铁矿垂涎三尺，这些原料对战争来说都是至关重要的。1936年7月25日，这些想法还并未被充分考虑在内。为了不在外交上引起纷争，希特勒在西班牙内战的整个过程中都试图让德国扮演一个从不介入的角色。在支持民族主义西班牙的问题上，他绝不想和墨索里尼相互竞争。

从1936年底开始，意大利一共向西班牙输送了7万至8万名士兵，而德国向西班牙提供了1万名飞行员、技术员和培训师。德国向西班牙提供了大约200辆装甲车，而意大利提供的数量要超过这个数字。德国派往西班牙的空军部队“秃鹰军团”（Legion Condor）于1937年4月26日对巴斯克地区被视为民族保护区的小城市格尔尼卡（Guernica）进行了长达3小时的狂轰滥炸。这场轰炸中有1654人丧生，889人受伤，所有人都是平民。事发之后，德意志帝国立即否认是自己所为。民族主义者在萨拉曼卡（Salamanca）的军事司令部直接参与了攻击计划，他们反咬一口，声称巴斯克人自己把格尔尼卡付之一炬，为的是把罪责推到民族主义者身上。西方民主国家并未因此而迷惑，德国炸弹的碎片说明了谁是真正的肇事者。巴勃罗·毕加索（Pablo Picasso）的著名绘画《格尔尼卡》在惨案发生仅仅几周之后就悬挂在巴黎世界博览会的西班牙共和国馆内，这幅画给后人留下了深刻的印象。

与墨索里尼和希特勒相比，斯大林花费了更多时间来决定他是否在西班牙内战中去支持“他的”那一派。他近期考虑的并不是如何让马德里的共产党人上台执政，更重要的目标是，如何让西班牙成为反法西斯阵线的一部分。人民阵线执政的法国以及工党一旦执政后的英国都应该加入这个反法西斯阵线。一份报纸披露了斯大林的长期计划：西班牙共产党若能扮演好自己的角色，那么目前还未提到议事日程上的事件实现的希望就会很大，这就是共产主义革命。

莫斯科到底在何时做出隐蔽式干预的决定不得而知，1936年9月底从克里米亚启航的一艘船只贸然出现在海上，船上满载着为西班牙共和国准备的武器。西班牙为苏联的援助付出了昂贵代价。拉戈·卡瓦列罗政府将西班牙一大部分黄金储备运往莫斯科。向法国购买武器时，西班牙用的也是黄金储备。1936年10月下旬，西班牙政府在卡塔赫纳港（Cartagena）向苏联代表递交了价值15亿比塞塔金币的510吨黄金。从1937年2月初开始，苏联人花了14个月的时间将黄金兑换成外汇。西班牙共和国用这些外汇购买了急需的武器。

对苏联来说，向西班牙提供共产国际掌控的国际纵队和为其提供武器同样重要。这是一支来自欧洲和美洲的志愿者组成的部队，他们决心站在西班牙共和国一边投入战斗。1936 年 11 月初，第一支部队和第一批武器同时抵达西班牙。战士们通过各种途径奔赴至此，有的走海路，有的则是翻越了比利牛斯山。部队的指挥员都是共产党人，但是战士们却并非全是共产党员，他们来自五花八门的左翼团体，从社会民主党到资产阶级自由党，应有尽有。所有人都想为反对国际法西斯主义做出自己的贡献。一些独立的左派人士，如英国作家乔治·奥威尔、威斯坦·休·奥登（W. H. Auden）以及法国作家西蒙娜·韦伊（Simone Weil）则更乐意在国际纵队之外为西班牙共和国做贡献。奥威尔参加了马克思主义统一工人党的民兵组织，战斗在加泰罗尼亚；奥登在共和国部队里担任救生员；韦伊则加入了一支无政府主义的民兵部队。

根据反法西斯武装的一个消息来源，1937 年 6 月，有 25000 名法国人、5000 名波兰人、5000 名英国人和美国人、5000 名德国人和意大利人、3000 名比利时人、2000 名“巴尔干人”和 1000 名拉丁美洲人，共 46000 人组成了在西班牙作战的国际纵队。比较保守的统计称国际纵队共有 25000 人。国际纵队的政治和军事领导人几乎全是共产党人。领导班子中的法国人安德烈·马蒂是共产国际执行委员会委员，他在国际纵队担任总政委和总指导员。意大利人路易吉·隆哥（Luigi Longo），匈牙利人拉依克·拉斯洛（László Rajk），德国人弗朗茨·达勒姆、威廉·蔡瑟、汉斯·拜姆勒都是领导成员。拜姆勒于 1936 年 12 月在马德里的一次战役中牺牲。参加战斗的德国作家路德维希·勒恩（Ludwig Renn）原名为阿诺德·菲斯·冯·格森瑙（Arnold Vieth von Golssenau），也是一名共产党员。另一位德国作家古斯塔夫·雷格勒（Gustav Regler）在西班牙内战中的种种经历使其最后与共产主义决裂。英国诗人斯蒂芬·斯彭德（Stephen Spender）也曾经是一名共产党员。国际纵队中著名的社会主义党人有来自意大利的彼得罗·南尼（Pietro

Nenni）和奥地利人尤利乌斯·多伊奇（Julius Deutsch），后者曾经担任过奥地利保卫同盟（Schutzbund）的司令。另一位传奇式人物也来自奥地利，他就是埃米利奥·克莱贝尔（Emilio Kléber）将军。他原名拉扎鲁斯·施坦恩（Lazarus Stern），第一次世界大战时被俄国人俘虏，后来变成了布尔什维克党人。他曾经在德国共产党的非法军事机构中工作，后来辗转到中国担任共产国际的军事顾问，并且在远东担任抗日部队的指挥官。西班牙内战爆发后，他重新杀回欧洲，在保卫马德里的战役中立下赫赫战功。

1936 年 11 月初第一批国际纵队进入西班牙时，共和国这一派的情况要比夏天时糟糕许多。11 月 7 日，德国和意大利与布尔戈斯集团建立了外交关系。到 1936 年底，站在西班牙民族阵线一边的，除了西班牙外国军团，西班牙大方阵（Tercio），还有 5 万名摩洛哥士兵。在殖民地战争中，外国军团的军官们应用了围剿里夫山脉卡拜尔村民（Rifkabylen）的经验。他们与教会联合在一起投入内战，以“十字军出征”（cruzada）的办法来对付共产主义，想要来一次“收复失地”（reconquista）的战争。他们告诉来自北非的雇佣军人，反对“红色”的战争就是反对无神论者，而无神论者是一切宗教，甚至包括伊斯兰教在内的任何宗教的敌人。除了摩洛哥团队，民族阵营中又加入了“秃鹰军团”的德国飞行员和来自安东尼奥·萨拉查（Antonio Salazar）极权统治下的葡萄牙士兵。1937 年初，墨索里尼统治的意大利士兵和埃奥因·奥达菲（Eoin O'Duffy）将军的爱尔兰蓝盔阵营的志愿者也都纷纷加入进来。

在此期间，民族主义派的西班牙军队人数猛增，无论从装备还是从纪律上都远远胜过了共和国的“人民军”（ejército popular）。截至 1936 年 11 月，西班牙大约一半的国土都被民族主义军队占领了。9 月 27 日是象征着民族主义军队反抗的意志的一天，这一天佛朗哥的军队攻克了自 7 月以来就被包围了的托莱多宫殿（Alcázar）。

西班牙中部和安达卢西亚的大片土地被民族主义者所占领。10 月中旬，战争前线向马德里推进，似乎首都沦陷指日可待。莫拉将军把自己的指挥部设在阿维拉（Avila）。外国记者在阿维拉提问，莫拉将派遣四个纵队中的哪一支去占领马德里的时候，他的回答是："第五纵队。"这一回复后来成了经典，莫拉的意思是指在马德里有一批民族主义的同情者。11 月 6 日，拉戈·卡瓦列罗政府不出所料地将办公地迁到了瓦伦西亚。

此后不久，共产党人及其苏联军事顾问就在首都接过了实际权力。保卫马德里战役协调者的重担落在了老布尔什维克党人扬·卡尔洛维奇·别尔津（Jan Antonowitsch Bersin）身上。早在 1923 年，他就担任过准备"德意志十月革命"（deutscher Oktober）的军事顾问，在西班牙他被称为"戈尔杰夫将军"（General Gorjew）。共产党人与政府代表何塞·米亚哈·梅南特（José Miajá Menant）将军密切合作。11 月 6 日共产党提名米亚哈·梅南特将军担任组织和监督保卫首都委员会主任和地区最高军事长官。他们动员了包括妇女在内的大批无产阶级民众。妇女们联合起来，组成了女兵营，战斗在塞戈维亚大桥（Segoviabrücke）边。

11 月 7 日，马德里保卫战打响了。民族主义军队猛烈炮击首都，为了恐吓市民，飞机几乎无休止地投掷燃烧弹。消防队员们则受到飞机的机枪扫射。共和国这一派出战的是纪律鲜明、受到苏联军事机构训练的共产党军队，这就是所谓的第五团。团长是共产党员恩里克·李斯特（Enrique Líster），他原本是一名采石场工人，后来在莫斯科受到了良好的训练。安德烈·马尔罗在他的小说《希望》（*L'Espoir*）中将李斯特描写成"曼努埃尔"（Manuel）的形象。11 月 8 日，第一批国际纵队士兵投入战斗。埃米利奥·克莱贝尔担任大学城和卡萨坎波（Casa del Campo）所有共和国军队的总司令。

11 月 12 日，又有 3000 名全副武装的无政府主义者在指挥官布埃纳文图拉·杜鲁蒂（Buonaventura Durruti）的率领下来到马德里。杜鲁蒂是一个善于搞恐怖袭击的“社会强盗”。11 月 21 日，杜鲁蒂在已经被民族主义分子占领的大学城被一颗流弹击中而丧命。但是，杜鲁蒂很有可能是被自己团队中的一名无政府主义者杀害的，杜鲁蒂作为指挥官，对自己的手下要求极为严格，并且勒令他们不顾生死地去冲锋陷阵。1937 年 1 月，马德里保卫战出现胶着状态，这是防御者的一大成功。他们以英雄般的勇气抵御了前来攻占首都的民族主义军队。

共和国军队的又一大胜利是在 1937 年 3 月击退了意大利军队。在墨索里尼的敦促下，意大利组织了 5 万人从马德里东北部的锡古恩萨（Sigüenza）进发，向瓜达拉哈拉和首都挺进。与其交锋的是国际纵队的几支部队，它们是共和国人士兰多尔夫·帕恰尔迪（Randolfo Pacciardi）指挥的意大利营“加里波第”和恩里克·李斯特以及被称为“老农”（El Campesino）的瓦伦丁·冈萨雷斯（Valentín González）指挥的西班牙民兵团。西班牙共和国的捍卫者们面对佛朗哥的盟军，不仅使用手中的武器，而且还巧妙地利用散发传单的方式呼唤无产阶级的兄弟情谊和国际大团结，这一宣传效果非凡。3 月 18 日，国际纵队大获全胜：大约有 2000 名意大利人丧生，4000 名意大利人受伤，生还的意大利人大都丢下武器弹药逃之夭夭。数百名士兵，亦有报道称上千名士兵被捕，并且接受政治“再教育”。

法国史学家皮埃尔·布鲁埃（Pierre Broué）和埃米尔·泰米姆（Émile Témime）认为瓜达拉哈拉战役不仅是军事上的成功，而且是政治上的胜利。胜利者成功地瓦解了敌军，并且把他们拉入自己的阵营。“这次胜利是国际‘反法西斯主义’的凯旋，正如莫斯科党报《真理报》通讯员米哈伊·科利佐夫（Michail Kolzow）在《真理报》中报道的那样。但是‘反法西斯主义’在此经历了最后一次胜利。这场战争不仅吞噬了革命，而且也吞噬了自己所特有的形式：革命战争。到头来，这场战争变成了为战争而战，扼杀了革命的初衷，正是革命的动机给予了这场战争以精神的烈焰和人性。”

瓜达拉哈拉的战事尽管被亲共和国派的海明威纳入世界重大战役的史册，但从军事角度来讲并未能够让西班牙内战停歇下来。民族主义分子于 2 月 8 日攻克了马拉加，1937 年 3 月惨遭失败后，重整旗鼓，多方位发起进攻。在北方，佛朗哥的部队于 1937 年 6 月攻占了毕尔巴鄂（Bilbao），几个月之后又拿下了桑坦德，接着又占领了阿斯图里亚斯（Asturies）。此时，西班牙北部地区全部沦陷，这里的工业重镇也被叛军所控制。1938 年 2 月，刚刚被共和国军夺回两个月的特鲁埃尔（Teruel）重新落入民族主义者手中。同年 3 月，民族主义者开始向阿拉贡发起进攻。8 月，他们开始向比纳罗斯（Vinaroz）进发，挺进地中海海岸，把加泰罗尼亚与共和国占有的其他西班牙地区切割开来。1938 年 7 月，埃布罗河（Ebro）战役打响了。这场战役一直持续到 10 月底。战役中共和国派最后一次收回了较大面积的土地。但是好景不长，1938 年 11 月，联军就不得不撤出埃布罗。一个月之后，民族主义者吹响了加泰罗尼亚战役的号角。1938 年秋以来，共和国一派苦苦坚守阵地，一直处于劣势。

1937 年春季以来，曾经团结为一体的左派开始瓦解，而右翼势力却众志成城。1936 年 11 月 20 日，长枪党的领袖何塞·安东尼奥·普里莫·德里维拉在阿利坎特（Alicante）监狱被处决。长枪党失去了自己唯一无限崇拜的领袖，因此不得不与卡洛斯主义者合并成一个党，这就是佛朗哥领导的传统主义西班牙国家工团主义进攻委员会方阵。这个新组合的党团并非“法西斯”政党，因为在其党纲中具有明确的传统主义气息和天主教牧师的成分：虽然树立个人威望，但并非极权式的。长枪党从来不是一个真正的群众组织。新党的领导佛朗哥是一位“领导”和“大元帅”，是一个军人，老牌的精英，但不是法西斯的“领袖”。改变形式了的长枪党在佛朗哥的体系中承担着重要的社会任务和宣传任务，但从未在内战和战后决定过政治路线。

1936 年夏天内战爆发时，针锋相对的两派并非法西斯主义者和共产主义者，而是军队和无政府主义者。之后，这一局势在右翼力量中并没有变化，但是左派的阵容却面目皆非了。当左派 1936 年 9 月进入拉戈·卡瓦列罗政府时，西班牙共产党的政治势力日益强大。在加泰罗尼亚，由共产主义者占多数的新建左翼政党“加泰罗尼亚统一社会党”也加入加泰罗尼亚政府委员会中去了。

西班牙共产党和加泰罗尼亚统一社会党接受莫斯科指令，把目标专注在保卫共和国的方针上，因此成为维持社会秩序的重要元素，从而受到小资产阶级分子的青睐。在中央政府中，共产党人坚定维护宗教自由，重新赋予教徒们在教堂里做礼拜的权利（这个权利并非因为法律规定，而是在实际中遭到禁止）。这一主张受到政府总理和司法部部长、无政府主义者加西亚·奥利弗的有力阻挠。

对于拉戈·卡瓦列罗来说，共产党人的后台及其在军队中的军事顾问成了眼中钉。1937 年 4 月 23 日，他解散了西班牙共产党的权力中心——马德里政府委员会。此后，他又削弱了几乎全部由共产党人组成的军队政委的权力［其中有些人后来成了叱咤风云的人物，如约瑟普·布罗兹·铁托、克莱门特·哥特瓦尔德（Klement Gottwald）、帕尔米罗·陶里亚蒂］。其中一段时间还有瓦尔特·乌布利希，有几个政委被他撤换。共产党把这一举动视为蓄意挑衅，便掀起了一场猛烈抨击政府首脑的宣传活动。对总理构成威胁的是自己领导的西班牙工人社会党内那些右翼改革派，这些人不断向西班牙共产党靠拢，他们当中有海运和航空部部长因达列西奥·普列托（Indalecio Prieto）和财政部部长胡安·内格林（Juan Negrín）。他们与共产主义者的意见相同，认为必须先打倒法西斯 / 811

分子，才能向社会主义社会迈进。而拉戈·卡瓦列罗和那些无政府主义者则认为，应该同时朝着这两个目标努力。

1937 年 5 月，共产党人和社会革命力量发生了一次大冲突。冲突的地点不是在马德里，而是在巴塞罗那。1936 年 9 月进入加泰罗尼亚自治区委员会的，除了加泰罗尼亚统一社会党和全国工人联合会（CNT）以外，还有马克思主义统一工人党（Partido Obrero de Unifi cación Marxista，简称 POUM），这个党的总书记安德烈斯·宁（Andrés Nin）担任司法部部长。马克思主义统一工人党是一个小型的左翼共产主义政党，它的前身叫左翼共产党（Izquierda Comunista）。这个政党一开始投靠托洛茨基，批判斯大林主义。1934 年，托洛茨基要求此党加入社会主义政党，构成社会主义政党的左翼。这个建议被左翼共产党拒绝，从此它和托洛茨基决裂。1935 年左翼共产党和加泰罗尼亚马克思主义工农联盟合并，成立了马克思主义统一工人党。对于斯大林来说，马克思主义统一工人党依然是一个托洛茨基党，根据苏联的现行说法，是窝藏法西斯特务的据点。1936 年 12 月 16 日，在共产党的巨大压力下，宁退出加泰罗尼亚地方政府。第二天，《真理报》将这一做法评论为“肃清托洛茨基分子和无政府主义者”运动的开端，西班牙必须要全力贯彻这一运动，就像苏联一样。

1937 年 5 月 3 日，加泰罗尼亚统一社会党出身的自治区委员会秩序管理委员命令民兵冲进自 1936 年 7 月被全国工人联合会占领的巴塞罗那电讯大楼（Telefónica）。然而守卫者用机关枪把民兵阻挡在楼下，一些民兵受了伤。消息传出，加泰罗尼亚首府的工人在没有全国工人联合会号召的情况下开始发动总罢工，占领了战略要点，在城里设置了路障，短时间内掌控了大部分城区。正当全国工人联合会与自治区政府协商的时候，一批自称为“杜鲁蒂之友”（Amigos de Durruti）的极端无政府主义者号召无政府主义青年团组织“自由青年”（Juventud Libertaria）和马克思主义统一工人党行动起来，与内部的敌人做斗争。这场运动是不是佛朗哥集团的“煽动特务”（agents provocateurs）所为，人们不得而知，但在当时就有人怀疑这是特务们的挑拨离间。

巴塞罗那的激战持续了五天。民兵和共产党人向无政府主义者开火，无政府主义者予以还击。根据当时的统计，大约有400~500人丧生，1000人受伤。瓦伦西亚的中央政府于5月6日派出警察部队和三艘战舰前往巴塞罗那，其目的就是号召大家倾听全国工人联合会停战的紧急呼吁。5月8日，巴塞罗那终于恢复了平静。

内战中爆发的这场地区性战斗，对于武装工人来说是无政府主义者对工人组织的国家政策的自发性抗议，从某种意义讲也是对全国工人联合会的抗议。马克思主义统一工人党并不想和全国工人联合会彻底决裂，因此采取了息事宁人的做法。5月6日，马克思主义统一工人党仅仅呼吁工人们不要离开路障工事。已经不参与自治区政府的加泰罗尼亚统一社会党和西班牙共产党却认为彻底清算“托洛茨基分子”的机会来了。共产党媒体把马克思主义统一工人党员说成是“隐蔽的法西斯分子”，是“佛朗哥的第五纵队”。

中央政府的两位内阁成员，教育部部长耶苏斯·赫尔南德斯（Jesús Hernández）和农业部部长乌里韦·加尔德亚诺（Uribe Galdeano）于5月15日提出取缔马克思主义统一工人党。尽管总理拉戈·卡瓦列罗拒绝这样做，但是只得到了无政府主义者的赞同。大部分社会主义党人，包括普列托和内格林，以及资产阶级政党中的共和国派别人士都站在共产党一边，纷纷离开了会议。这次政府危机以5月17日拉戈·卡瓦列罗离职而告终。财政部部长胡安·内格林·洛佩斯（Juan Negrín Lopez）被任命为总理。这位务实的社会主义者是心理学家出身，他同时也是共产党人的候选人。他和共产党人的追求一样，战胜“法西斯分子”是其至关重要的目标。无 / 813

政府主义者拒绝加入新内阁。最后，社会主义党右翼的普列托担任（此前由拉戈·卡瓦列罗设立）战争部长。内格林也并不想成为共产党和苏联的御用工具，因此很难把西班牙共产党视为这次危机中的赢家。

内格林不能或许也不想阻止对马克思主义统一工人党的迫害。5月底，党报《战斗》被禁止。6月中旬马克思主义统一工人党执行委员会成员被捕，总书记宁也在被捕人员中。6月11日出台的指控书中指责该党试图颠覆共和国及其民主，并且试图实行无产阶级专政。西班牙共产党的苏联幕后操纵人甚至宣称，马克思主义统一工人党（在莫斯科大审判中）攻击苏联法律，和国际托洛茨基主义组织沆瀣一气，而托洛茨基主义组织的行为又和“某个国家如出一辙”，这就证明，他们是在为法西斯分子效力。这个时候，西班牙共产党重新掌握了警察的控制权。

警方在进行调查时，采用了伪造的文件，证明宁是法西斯分子的特务。在1938年10月才开始的审判当中，这一指控又被取消了。起诉的立论是“试图颠覆现有秩序”。马克思主义统一工人党的五名干部被判处11年至15年有期徒刑。马克思主义统一工人党及其青年团组织“伊比利亚共产主义青年团”（Juventud Comunista Ibérica）被取缔。尽管这场官司没有像共产党所希望的那样搞成莫斯科公开审判的样子，但是西班牙共产党的主要目的还是达到了。

安德烈斯·宁已经无法亲历这次审判了。1937年7月29日司法部公布的马克思主义统一工人党被告干部的名单上已经见不到宁的名字了。这位左翼共产党总书记被捕之后就被关进了共产党契卡的“私人”监狱，这是苏联内务人民委员部的一个分号。8月4日，政府不得不承认，宁被押解到一个特殊的保护性拘留监狱，并在那里“失踪”了。这一事件在西班牙内外引起了巨大轰动，国际抗议声此起彼伏。8月初，《纽约时报》记者报道，宁被杀害，陈尸在首都郊区。实际情况是，宁被苏联内务部特务绑架、审讯和行刑，但是他拒绝承认莫斯科给他栽赃的罪行。为此他付出了沉重的代价。国际纵队的德国成员装扮成盖世太保到阿尔卡拉（Alcalá）劫狱，把宁提出监狱，装上封闭车，最后将其暗杀。宁只是苏联内务部众多牺牲品中的一个，却是迄今为止最为知名的一个。

苏联秘密警察的特务在内战的后方以肃清马克思主义统一工人党内所谓的托洛茨基分子为名，杀人不计其数，令支持西班牙共和国的欧洲左派和自由派人士无比震惊。（人们后来才得知，一些共产党的领袖，如埃米利奥·克莱贝尔，在 1937 年调回苏联之后也惨遭斯大林恐怖残杀。）马克思主义统一工人党和欧洲的一些左翼社会主义政党保持着密切的关系，其中包括英国独立工党和 10 月初从德国社会民主党分裂出来的德国社会主义工人党。英国独立工党同情西班牙马克思主义统一工人党的人士中包括乔治·奥威尔。他在 1938 年出版的《加泰罗尼亚颂》（*Homage to Catalonia*）里详细记述了巴塞罗那的血腥五月。

德国社会主义工人党于 1937 年 3 月初派遣维利·勃兰特（Willy Brandt）前往巴塞罗那。维利·勃兰特原名赫伯特·弗拉姆（Herbert Frahm），1913 年出生于吕贝克，1933 年 4 月受党派遣在挪威工作。维利·勃兰特在他的报告中批评了西班牙马克思主义统一工人党如同邪教般的极左路线，认为这是错误的。但他同时指责西班牙共产党采用诬陷的办法来对付无产阶级的对手，从而断送了反法西斯主义战争的战斗精神。“共产党在反法西斯西班牙阵营中是一支起决定性作用的力量。即便是共产党今天没有掌握政权，它依然控制着绝大部分国家机构。大部分军官都由它组织，警察也在它的手中。西班牙正在朝着共产党专政的方向发展。因此，我们正朝着共产主义西班牙迈进，至少是朝着共产党的西班牙迈进……”

左派内部互相残杀，右派势力渔翁得利。1937 年 5 月，英国外交大臣艾登采纳西班牙总统阿萨尼亚的提议，呼吁内战双方停火，撤出所有“外国志愿军”，通过谈判和平解决争端。梵蒂冈出面表示支持，但是佛朗哥明确回绝了这一建议。他要求共和国派无条件投降。1937 年夏的民族阵营中，佛朗哥的地位如日中天。莫拉将军，这位可能的竞争对手于 6 月 3 日因飞机失事丧生。此后，“大元帅”政权无论在国内还是国际上都日益强势。1937 年 7 月 31 日，西班牙的天主教主教写信给全世界的主教，声明向共和国政府宣战是正义的和必要的。8 月 28 日，梵蒂冈正式承认布尔戈斯当局为西班牙政府。

1937 年 8 月之后，德国和意大利加强了海上的攻势，试图切断苏联向共和国提供的援助。另外，肖当总理的法国政府对 1936 年 8 月关闭的比利牛斯山边境睁一只眼闭一只眼，这里的武器走私活动自 1937 年 10 月开始又活跃起来。1938 年 3 月，布鲁姆内阁甚至重新正式开启边界，向西班牙提供武器。1938 年 7 月，达拉第政府迫于来自英国的压力不得不重新关闭边界。此后，德国和意大利不断向民族阵营提供援助，使其军事实力不断加强。1938 年 2 月 1 日，佛朗哥组成了自己的第一届政府，内阁除了五名军人以外也有普通人士参加。佛朗哥的连襟拉蒙·塞拉诺·苏涅尔（Ramón Serrano Suñer）受命于西班牙“领袖”，将长枪党和传统主义保皇党重新组合成一个党派，担任内政部部长和新闻宣传部部长的职位。这个政

府的首要任务是为专制国家奠定基石，这是右翼力量在内战中获胜之后要建立的国家形式。

西班牙共和国派的政府早在 1937 年 10 月 31 日就把办公地从瓦伦西亚搬迁到了巴塞罗那，因为他们感觉这里更加安全。1938 年 4 月 5 日，就在佛朗哥从地中海登陆比纳罗斯前 10 天，战争部部长普列托认为胜利的希望日益渺茫，被迫退出内阁。这一举动一方面是来自共产党的压力，另一方面内格林也不认同他的悲观论点。于是，

总理亲自担任战争部部长一职。自从中央政府与共和国西班牙中部的核心地区以及国家东南部地区相互割裂开之后，政府就更加依赖军方了。在南部地区，它不得不将政府的政治和军事权力交给米亚哈将军。内格林则采取坚守政策，他期待着德国对捷克斯洛伐克的侵略政策或许会引发一场大规模欧洲战争，西班牙共和国会因此而得救。

英法两国的绥靖政策在1938年9月30日的《慕尼黑协定》中达到了登峰造极的地步，这一绥靖政策也彻底摧毁了内格林的梦想。这一政策对西班牙共和国派最重要的盟友苏联也产生了作用。斯大林因此认为无法与英法结盟共同反对希特勒。他是否在这个时候萌发过与柏林宿敌进行合作的想法，这并无人知晓，但是他认为西班牙局势越来越危险，他必须大大减少对它的支持力度。他认为，国际纵队已经完成了自己的任务。在很多领域，西班牙人的技能已经胜过了外国人，西班牙自己有受过良好训练的飞行员，因此外国志愿军撤退还是能够让人接受的。内格林也持同样观点。10月1日，国际联盟接受西班牙共和国的建议，监督志愿者撤离西班牙。11月15日，国际纵队在巴塞罗那举行了告别游行。第二天，埃布罗河战役结束，共和国军队撤退到了河流左岸地区。

1938年12月，内战进入最后阶段。民族主义军队挺进加泰罗尼亚。1939年1月26日，巴塞罗那几乎没有抵抗就沦陷了。2月7日，国家总统阿萨尼亚和内格林政府一起流亡法国。两天之后，加泰罗尼亚结束了抵抗运动。内格林于2月10日返回西班牙，2月24日前往马德里。2月28日，阿萨尼亚宣布辞去国家总统一职，此前一天英国和法国已经正式承认佛朗哥政府。 / 817

内格林意志坚定，决心顽抗到底，结果引发了一起政变。3月5日，一直忠于共和国的将军塞希斯蒙多·卡萨多（Sigismondo Casado）和温和派社会主义党人、迄今为止驻伦敦大使胡里安·贝斯特罗（Julián Besteiro）组成了一个委员会，宣布接管政府事务，同时向布尔戈斯的佛朗哥政府传递了和平谈判的信息。消息传出，一位共产党出身的师长率兵挺进马德里，但是这位师长的上司并不支持这一行动。第二天，内格林再次离开西班牙，而这一次是与西班牙诀别。政府成员和一些共产党干部同他一起开始了流亡生活。3月7日，马德里上演了一场为期四天的内战中的内战。卡萨多手下的一位共产党员军长不服委员会的决定，开始与其抗争。卡萨多不为所动，开始与佛朗哥政府进行谈判，谈判对手正是佛朗哥“第五纵队”的代表。谈判无果而终，委员会实在无法接受佛朗哥政府的条件。民族主义军队继续挺进。3月28日，就在布尔戈斯政府宣布加入反共产国际同盟的第二天，军队占领了马德里。3月31日，卡萨多掌控的阿利坎特沦陷。1939年4月1日，西班牙内战结束。战争期间因战事和双方的恐怖行动而牺牲的人数，直到现在专家们对此依然意见不一。评估的数字在27万至50万之间。在内战中牺牲的人数在10万至30万之间。内战结束并不意味着灾难的终结。佛朗哥的新闻官冈萨洛·德·阿奎莱拉1939年在接受美国美联社记者查尔斯·福尔茨（Charles Foltz）的采访时曾经这样说道：“我们的计划是要杀死三分之一的男性公民，只有这样我们的国家才能清洁。”

这种说法有着深远的历史渊源。阿奎莱拉推崇的是“纯血统论”（limpieza de sangre）的理想。根据这一理论，正宗的基督徒应该和后来“皈依”基督教的犹太人划清界限。15世纪末和16世纪，人们正是依据这个理论来迫害犹太人的。肃清西班牙社会，清除那些“伪装的”人、有任何左倾思想的人，这正是被佛朗哥的幕僚们视为己任的历史重任。

尽管这个项目并未完全实现，但是在民族主义军队驱散共和国军队的地区，到处都在屠杀，其情景惨不忍睹。根据英国人的估计，战后五个月里至少有1万人被执行死刑。只要是加入了左派，就有可能被检举、起诉、判刑和枪决。根据最新统计，从1936年至1950年，在民族主义者恐怖活动中丧生的有15万人。至1939年4月，还有44.1万西班牙人翻越过比利牛斯山脉边境前往法国，否则牺牲人数将远远超过上述数字。越境者中（因为在初期临时搭建的难民营情况实在太糟）又有很多人重返家园，所以永久性移民的数字要低得多，大约在16万至30万之间。

这些逃亡国外的难民大都定居法国，还有一部分滞留墨西哥。这些人在第二次世界大战期间踊跃加入盟军队伍作战或者加入法国抵抗力量。德军占领法国后，大约有15000人被关进集中营，大约有一半人在这里丧生。拉戈·卡瓦列罗也被关进了集中营，他被营救出狱一年后于1946年死在巴黎。还有一些知名政治家，如前加泰罗尼亚自治区政府主席路易斯·康帕尼斯、前社会主义政府中的内政部部长胡里安·苏加萨戈伊蒂亚（Julián Zugazagoitia），被德国人遣返回西班牙，在那里被枪决。内格林在英国申请政治避难。

很多来自中欧、东欧以及苏联的共产党员，在经历了西班牙作战之后，都成了斯大林清洗运动的牺牲品。克莱贝尔死于1939年，其他人经历了布达佩斯对拉依克·拉斯洛的公开审判之后死于1949年，拉依克最后也被处以死刑。被枪决的还有拉戈·卡瓦列罗执政期间驻苏联大使马塞尔·罗森堡、马德里保卫战的协调人别尔津将军、《真理报》驻西班牙记者米哈伊·科利佐夫。科利佐夫还担任过政委和军事组织者。被称为“老农”的西班牙民兵首领瓦伦丁·冈萨雷斯曾经两次逃离苏联，第二次他从沃尔库塔（Workuta）拘留营成功逃亡出来。被称为“热情之花”的多洛雷斯·伊巴露丽、恩里克·李斯特和圣地亚哥·卡里略在逃亡中得以幸存。作为西班牙共产党总书记，圣地亚哥·卡里略在1975年佛朗哥死后起到了重要作用，他是欧洲共产主义运动的先锋。

西班牙的一些著名艺术家和知识分子之后就一直过着流亡生活。

例如画家巴勃罗·毕加索，当然他从1906年开始就生活在巴黎了。没有返回西班牙的还有电影导演路易斯·布努埃尔（Luis Buñuel）和历史学家萨尔瓦多·德·马达里亚加（Salvador de Madariaga）。1936年离开西班牙的哲学家何塞·奥特嘉－加塞特于1946年回到了他的故乡。诗人安东尼奥·马查多（Antonio Machado）1939年7月流亡后不久就丧生在西班牙边境旁边的法属科利尤尔（Collioure）。

很多共和国的追随者不能或不想离开西班牙，这些人中有大约27万人被判处监禁。被判处劳动教养、参加强劳或编入"劳动营"接受再教育的人数远远超过10万。这些人被迫参加被摧毁地区的重建工程，从事道路建筑、矿山采掘，或在非人的条件下在极为损害健康的阿尔马丁（Almadín）水银矿强制劳动。刑满释放或离开劳动营并非意味着回归正常生活，而往往是被逐出家乡或每天必须向警方报到。根据1939年8月出台的一项法令，80%的工作岗位必须留给那些为民族主义而战的人或者受到人民阵线政府迫害的人。众多的共和国追随者被处以罚款或没收财产。佛朗哥政府机构经常剥夺"红色"家长教育自己孩子的权利。根据统计，1942年大约有9000名孩子的监护权在国家手里。

共和国时代的社会革新并未能在民族主义者获胜后得到延续。农业合作社和工商界劳资协议，学校去宗教化，妇女在法律上完全平等，加泰罗尼亚和巴斯克地区的地方自主权，特别是管理机构人员更迭，如司法、警察和军队等，这些革新统统被推翻了。1939年4月，全西班牙开始实行布尔戈斯政府于1938年3月颁布的《劳动基本法》（*Fuero del Trabajo*）。这个法律是以1927年意大利的《劳动宪章》（*Carta del Lavoro*）为依据的。它比《劳动宪章》更进了一步。这是一个由国家掌控的统一的"垂直"管理劳资关系的法律。国家层面的劳资利益团体必须由唯一合法政党长枪党的战士组成。

内战结束三年之后，西班牙于1942年7月出台了一部关于议会组合的法律。该法律指定了如何任命和选择议员，其中包括部长、长枪党在国民委员会中的高级干部、国家级劳资利益团体的高级干部，以及被国家元首认为值得信赖的人。然而，国家形式的问题依然悬而未决。1945年7月出台的类似宪法的《西班牙人宪章》（*Charta der Spanier*）也没有厘清这个头绪。1947年7月，西班牙经过公民表决宣布成立王国，但是要等到“国家元首完成了任职”之后才开始实行。这是“西班牙及远征军领袖，军队大元帅唐·弗朗西斯科·佛朗哥”的特权，他可以随时向议会推荐有朝一日成为他接班人的人选。

战后的西班牙满目疮痍。大部分生产设施都被摧毁。1940年的国民收入下降到了1914年的水准。农业生产总值下降了21%，人均收入平均下降了28.3%。因为胜利者决心要尽情享受自己的胜利，所以国家四分五裂。这个政权自1939年4月起在全国范围内说一不二，集专制、独霸宗教、反动于一身，把西班牙变成了一个军事专制的警察国家。但是，它并不是一个极权和法西斯国家。无论是在思想意识还是在社会号召力上，西班牙都没有墨索里尼和希特勒政权的特征。 / 821

弗兰茨·柏克瑙（Franz Borkenau）曾经是一名共产党员。他1900年出生于维也纳，1933年从德国逃亡，在1936年夏和1937年春两次造访西班牙。就在1937年他在伦敦出版了《西班牙战场》（*The Spanish Cockpit*）一书。这本书对20世纪30年代西班牙这种独一无二的特征做了最为精辟的描写。柏克瑙认为，西班牙的权力过于受教会和军队的制约，因此不可能像法西斯专政那样达到多方协调和高效的“现代化”。而西班牙左翼也并非一支现代化力量。“西班牙内战的历史，从左翼阵营来看，是大众反抗两股势力的历史：一方面是反抗宗教和军队的强势，另一方面是要阻止用现代化战争和组织方式去打这场战争。人民群众想打仗，想打一场英雄仗。他们期待的战争就像1707年和1808年的老式游击战那样，从一个村落打到另一个村落，从一个城市包围另一座城市，通过这种办法来抵御暴君的威胁。但这是不可能的。”

柏克瑙认为，西班牙的工人运动和西班牙左翼力量“有能力作战，但是不会组织一场有效的战斗”，对右翼阵营而言也是一样，“如果西班牙革命仅仅针对佛朗哥，也许这场革命就会像在法国和英国那样取得优势。但是，这场革命面对的并非真正的反动派，而是全世界最强势的军事力量”。因此共和国不得不接受另一个强权的恩惠，它就是苏联。苏联在西班牙不是以革命力量出现，因为苏联认为在这里不宜举行革命运动。“西班牙中原的战场上，今天共产国际和法西斯分子第一次进行军事战役。历史的进程将西班牙人带进了这一事件，但是西班牙人仅仅是一支辅助力量。”

内战结束前两年，柏克瑙一针见血地指出了西班牙的症结所在：“无论这场武装斗争的结局如何，西班牙都不会作为一个真正的欧洲国家脱颖而出，不管其结局是法西斯主义的，还是自由民主的，还是共产主义的。这个国家依然如故。它在17世纪末就停止了发展，这个国家尽管在抵御外国侵略方面做出了非凡的贡献，却毫无自我更新的能力。尽管战后会形成一个政权，它自称为自由民主政权或法西斯政权，但是在实际上它和欧洲对这些体制的定义有着本质上的区别。”[11]

对西班牙内战采取积极参与的政策，使意大利在经济和财政上背上了沉重的包袱。1936 年至 1937 年的国家支出达到了 4090 万里拉，大约比 1934 年至 1935 年的支出多了一倍（2090 万里拉）。此时，国家财政赤字增长了近 8 倍（1620 万里拉对 210 万里拉）。由于里拉价值一落千丈，因此 1937 年意大利人的生活开支比前一年增长了 20%。

为了支持佛朗哥，墨索里尼越来越依赖希特勒。德意志帝国早已是意大利的最重要经济伙伴，而与英国和法国的贸易往来日益失去意义。即便是美国，在 30 年代末作为出口国也只能排在德国之后屈居第二。从意大利的进口数量排名来看，也是这个顺序。1935 年，意大利的煤炭进口超过一半来自德国。1940 年德意志帝国在这个领域几乎上升到了垄断地位。

经济上的依赖性也反映在思想意识的相同性上。在意大利法西斯主义和德国纳粹主义之间我们能找到很多事实上的共同点。这些共同点在阿比西尼亚战争前夕因为两国外交政策的冲突而受到阻碍。在西班牙内战时，柏林和罗马终于走到一起了。在这段时间里，意大利法西斯分子和德国纳粹分子居然在原本持截然不同观点的一个领域开始渐渐磨合在一起了，这就是种族主义思想，这里特别是指反犹太主义。并非是德国强迫意大利效仿，而是意大利法西斯主义者自发掀起排犹的运动。 / 823

在法西斯政党内部，党总书记罗伯托·法里纳奇早在 1925 年至 1926 年就掀起了一股激进的反犹太主义浪潮。这意味着反对犹太人的运动从二十年代就已经开始了。犹太人在流亡和反抗群体中起着积极的作用（1937 年在法国被杀害的尼洛·罗塞利和卡罗·罗塞利兄弟就是犹太人），这一情况导致了意大利开始“正式”反犹太主

772 义宣传攻势。墨索里尼从未摆脱过反犹太主义的偏见，但是在法西斯运动中依然重用犹太人，并且给予官阶。直到二十年代末，他的态度才开始强硬起来。从此之后，他把一切反对自己政权的力量归咎于犹太人所为，特别是当西方的民主力量和国际同盟对其进行指责的时候，他便越发变本加厉。

在意大利掀起一场反对犹太人的群众运动并非易事。二十年代，意大利全国只有 48000 名摩西教犹太人（ebrei），这些人里面又只有 8500 名犹太人不是出生在意大利。1931 年，意大利犹太人人数大约为 5 万，占意大利总人口的 0.11%。最大的犹太人社区集中在罗马、米兰和的里雅斯特。1929 年《拉特兰条约》签订之后，犹太人的情况进一步恶化。他们尽管是意大利公民，但是天主教被宣布为国教后，犹太人仅仅是“被国家允许的宗教团体”。学校也不断向犹太学生施加压力，强迫他们参加天主教课程。

/ 824 阿比西尼亚战争是把意大利推向种族主义的最大力量。从传统角度讲，种族“优越感”（superiorità）的想法主要是针对斯拉夫人和非洲人。北非的这场殖民地战争为种族优越感带来了强劲的动力。这种优越感不仅产生了对深肤色人种的歧视，而且对那些“仅仅”在法律上属于意大利人，而在种族上并非属于“意大利种族”（razza italiana）的人也产生了歧视，这里首当其冲的就是犹太人。用历史学家汉斯・沃勒的话来说，就是：“狂热的种族主义在殖民地有着根深蒂固的基础，并且这一观念对无处不在的抵制种族主义的资产阶级精神发起挑战。在这种情况下，犹太人不可避免地被推到众目睽睽的中心位置上。他们是对资产阶级产生厌倦思想的化身，而这种厌倦思想一直在受到谴责。犹太人毁坏了国家和种族的和谐，而墨索里尼非常在意这种和谐。对犹太人任意寻衅并且剥夺他们的权利，也是为了向资产阶级，向王室和梵蒂冈表示，如果犹太人依然违抗法西斯新秩序，将会遭到什么下场。”

日益排斥犹太人是持久极端化的一部分。沃勒认为，这正是法西斯主义的生存法则。“每一次缓和就意味着威胁，每一次静止都可能导致社会民意的损失。只有不断动员民众，刺激他们，通过不停歇的紧急状态，才能保证得到民众的依靠。墨索里尼、希特勒和那些不可能依靠自己的力量夺取政权的小型法西斯运动领袖都必须遵循这一生存法则，对此法西斯主义却毫无顾忌。对于法西斯主义来说，最可怕的是停滞不前，头顶着法西斯主义革命的桂冠享受功名，而法西斯主义运动的大业还远远没有结束。”

以纽伦堡法律为榜样的有计划的歧视犹太人运动于1938年秋全面展开，与此同时，党总书记阿基莱·斯塔拉切（Achille Starace）展开了一场反对资产阶级市民的攻势，两项运动一起搞这并非巧合。运动指责资产阶级把个人利益凌驾于民族事业的胜利之上。墨索里尼第一次呼吁对犹太人要高度警觉是在1938年2月。在大学，在管理层，在市场经济，在文化生活中，犹太人所占份额应该降到犹太人在公民人数中的比例。7月，意大利“领袖”发布的《种族宣言》（*Manifesto degli scienziati razzisti*）已经彻底将犹太人排除在“意大利种族”之外了。

这个宣言出台之后推出的一系列措施使意大利犹太人的日常生活急转直下。犹太学生和老师必须离开意大利学校。在意大利生活的外国犹太人被剥夺了意大利公民的资格，他们必须在6个月内离开意大利。1938年10月法西斯主义大会出台的一项《种族宣言》是这样定义的，只要父母双亲都是犹太人，那么孩子就是犹太人，无论他信仰什么宗教。宗教只有在“混血通婚”中才发生重要作用：如果他接受了洗礼，那么他就是意大利人，否则他就是犹太人。意大利与德国不同，这里不再细分半犹太人、四分之一犹太人和八分之一犹太人。

1938年11月17日，在德国推出了犹太人大纲一周之后，意大利出台了一项保护意大利种族的法律《意大利种族保护措施》。这项法律把迄今为止实施的措施都综合到一起，并且颁发了新的歧视条例。从即日起，犹太人只能和犹太人通婚。现有的“混血通婚”者必须离异。不允许犹太人服兵役，不允许犹太人在公共机构工作，不允许犹太人加入国家法西斯党（Partito Nazionale Fascista）。对犹太人的经济生活实行严格限制。不允许犹太人管理大型企业。犹太人不得拥有 50 公顷以上的土地。

为意大利和法西斯主义做出贡献的犹太人享受特殊待遇。但是即便这些享受“特权”的犹太人也不得在政府机构、军队和法西斯主义政党内留任。很多犹太人离开了意大利，其中一位著名的物理学家就是恩里科·费米（Enrico Fermi），他在自己的第二故乡美国为制造第一颗原子弹的研究做出了重大贡献。国家对犹太人的这种做法并不受群众拥护，但是也没有因此发生大规模的抗议运动。天主教教会比较注意自己的形象，对接受天主教洗礼的犹太人宽大为怀。

法西斯意大利在种族问题上自发地向纳粹德国靠拢。在某些方面，如“混血通婚”的问题上比德国有过之而无不及。墨索里尼一度是希特勒的榜样，现在看来，希特勒对这位好学的轴心国同盟应该很满意了。1938 年 5 月 9 日，希特勒前往罗马对意大利进行国事访问，墨索里尼为他举办了凯旋般的欢迎仪式。两人在会晤时表示，有意加强德国和意大利双方在内政和外交上的合作。

时隔不到一年，1939 年 4 月，意大利出兵阿比西尼亚。墨索里尼试图借此机会拉平和希特勒的地位。就在这个月之前，希特勒把所谓的“捷克剩余部分”也归属到自己的统治之下。而这两次行动都是先斩后奏，在木已成舟之后才让对方知晓。早在 1939 年春，柏林 - 罗马轴心就已经建立了“残忍的友谊”，这是弗朗西斯·威廉·迪金（Francis William Deakin）关于两国缔结战争同盟一书的标题。[12]

紧张的邻里关系：1935年至1938年，捷克斯洛伐克、波兰和“第三帝国”

1938年春，德意志帝国和捷克斯洛伐克的关系为西班牙蒙上了一层阴影。实际上，两国之间的关系早在1935年就已经开始紧张起来了。这一年5月，布拉格与莫斯科签订了互助协议。这是对1920年至1921年捷克斯洛伐克与罗马尼亚及南斯拉夫签订的小协约国协议，以及1924年捷克斯洛伐克与法国签订的友好和结盟条约的补充。而苏联的援助当然也是和法国的支持挂钩的。与莫斯科签订的协议矛头直指德国。但是这并不妨碍希特勒于1936年11月向捷克斯洛伐克总统爱德华·贝奈斯建议德意志帝国与捷克斯洛伐克共和国缔结互不侵犯协议。1935年12月18日，爱德华·贝奈斯被选为捷克斯洛伐克总统，从前总统托马斯·马萨里克手中接过了国家元首的要职。尽管他对希特勒的这一建议做出了积极反应，但是柏林方面对此却再也没有进一步举措。

弗里德里希·霍斯巴赫（Friedrich Hoßbach）上校在秘密谈话记录中写道，希特勒早在1937年11月5日就提出了“反捷克行动”。只要法国内部出现问题而德国军队有进攻实力，或者法国被卷入与第三国之间的战争，那么攻击捷克的时机就在眼前了。希特勒这样计算：如果将捷克斯洛伐克和奥地利据为己有，就能解决500万到600万人的生计问题，这样就可以为德国减轻不少军事和政治上的压力。在1937年11月5日的时候，还很少提及“捷克斯洛伐克的德意志人”的事。德意志帝国“元首”的意思并不在于苏台德地区德意志人的自主权的问题，而是要扩展德意志“生存空间”。

在1935年5月捷克斯洛伐克议会选举中，康拉德·亨莱因的苏台德德意志党获得了三分之二的德意志人选票，占全部票数的15.2%，一举成为捷克斯洛伐克共和国最大党。票数占第二位的是农民党，获得了 14.3% 的选票，然后是得票率为 12.6% 的社会民主党和得票率为 10.3% 的共产党。此时，苏台德德意志党还是相当温和的。1934 年秋天，亨莱因宣称要和民族社会主义拉开距离，并且没有任何调整边界的意图。苏台德德意志党在取得了重大的选举胜利之后，开始与柏林密切接触。这一政党无论在选举前还是选举后都公开要求苏台德地区自治，而非把苏台德地区从捷克斯洛伐克划分出去。1935 年 12 月，亨莱因在伦敦漆咸楼（又称英国皇家国际事务研究所）做报告时，批评了泛斯拉夫主义和泛日耳曼主义，指出在中东欧建立纯民族国家的路子是行不通的。

然而，就在两年之后的 1937 年 11 月 19 日，亨莱因在《向元首和帝国总理汇报捷克斯洛伐克共和国德意志政策的现状》中，腔调已经完全改变了。苏台德德意志党不得不“将自己的民族社会主义世界观和政治原则隐蔽起来”。作为一个政党，苏台德德意志党在捷克斯洛伐克的民主议会体制中只得使用民主词汇，采用民主议会制的方法。这样的话，“追求苏台德地区的自治就没有意义了，因为正是这个地区已经成为捷克斯洛伐克国家的水泥墙和森严壁垒”。1936 年 7 月、1937 年 10 月、1938 年 5 月，亨莱因多次前往英国做报告，包括丘吉尔在内的英国谈话对象们听到的完全是另外一套。亨莱因发誓绝不听从来自柏林的指挥，他追求的目标依然是在捷克斯洛伐克范围内争取自治。这种说法在英国保守党内获得了广泛的支持，尽管丘吉尔是个例外。

/ 828

布拉格政府自 1935 年 11 月以来由斯洛伐克农民党领袖米兰·霍查领导，除了农民党之外，还有“积极”的德意志党、社会民主党和农民联盟参与了这一届政府。1936 年 7 月，基督教社会党人也进入了政府。然而这三个党仅仅代表了三分之一苏台德德意志人。

1937 年 2 月 18 日，霍查与上述三个政党签署协议，答应在经济上下放中央权力，在管理上实行地方化，但是明确拒绝地方自治。

此外，霍查还向积极党允诺为德意志人提供更多公务员职位，向高危地区提供更多国家资助。实际上捷克斯洛伐克的政治没有什么改变。对于贝奈斯和大部分布拉格政界领袖来说，捷克斯洛伐克共和国自从1918年底建国以来一直是一个“捷克斯洛伐克民族的民族国家”。1918年新建和重建的中东欧以及东南欧国家中，捷克斯洛伐克给予了少数民族最多的政治自由和政治影响。但是除了“捷克斯洛伐克民族”以外，其他民族在捷克斯洛伐克的政治舞台上没有一席之地。

积极反对这种国家学说的除了苏台德德意志党之外，还有天主教风气浓厚的斯洛伐克人民党。这个党的领袖是神父安德烈·赫林卡（Andrej Hlinka）。亨莱因曾经于1938年2月与赫林卡取得了联系。苏台德德意志党主席亨莱因在1937年9月就和总理霍查谈话，要求德语地区立即实行自治，但是这场谈话无果而终。1937年11月14日，特普利采（Teplitz）地区亨莱因的支持者与警方发生了严重冲突。冲突中，苏台德德意志党的一位议员由于发表了一通非常尖锐的言论而被捕。于是，布拉格政府和大多数苏台德德意志人之间的关系进一步恶化。这一政治发展趋势受到柏林的密切关注。 / 829

共产党是捷克斯洛伐克的第四大党，自始至终都是政府的激烈反对者。1929年以来，坚定的改革派社会民主党人参与了历届内阁，因此捷克斯洛伐克不可能形成人民阵线联盟。1935年，捷克斯洛伐克与苏联签订了军事互助协议，共产国际也制定了新的基本路线。所有这些现状迫使斯大林在布拉格的追随者，即以克莱门特·哥特瓦尔德为首的共产党人在策略上进行了一定的路线修正，他们必须在某种程度上支持政府与苏联结盟的外交政策。

捷克斯洛伐克的地理位置极其重要，它在三十年代中期与法国结成了同盟。斯大林对此格外重视。所有这些情况使得共产党有必要去支持政府。尽管如此，捷克斯洛伐克共产党的新路线依然是咄咄逼人的。1936 年 4 月 22 日，共产党议员希赫米尔·斯密拉尔（Bohumír Šmeral）在布拉格议会上说，如果资产阶级没有能力维持与苏联结盟政策的现状，那么为了保护本国各民族的利益，“必须改变本国现有的权力关系”。

捷克斯洛伐克在世界经济危机中保住了自己的民主体制。在这一点上，捷克斯洛伐克是中东欧唯一的国家。在欧洲大陆的这一地区，捷克斯洛伐克也是工业发展程度最高的国家。除 1932 年外，捷克斯洛伐克共和国一直处于贸易顺差状态。除 1932 年、1933 年和 1936 年以外，捷克斯洛伐克共和国都做到了收支平衡。主要用于出口的消费品工业因为中东欧和东南欧农业国家的经济萧条而受到冲击（德语地区的情况尤为严重，这一地区的失业人口数量远远高于全国的平均值）。经济史学家爱丽丝·泰克瓦（Alice Teichova）这样形容严重经济危机对捷克斯洛伐克造成的影响：“与 1929 年相比，捷克斯洛伐克的国民经济显示出更强的自给自足的特性。它的对外贸易额降到 1929 年的水准之下，但是它的工业生产几乎重新达到了这个水准。在军事恐吓咄咄逼人的年代，捷克斯洛伐克在世界经济中的地位有所下降，这导致了其在政治上的软弱。”[12]

与捷克斯洛伐克相比，波兰在世界经济危机中遭受的冲击更为惨烈。1930 年，经济短期繁荣似昙花一现。而这一经济繁荣的现象被军人政权解释为 1926 年 5 月毕苏斯基军事政变后所倡导的国家整顿（sanacja）所产生的后果。如果拿 1929 年作基准，将其指数设定为 100 的话，那么 1931 年的经济指数则降到了 69，接下来的一年又降到了 54。华沙股票交易市场上，1932 年的股票指数仅仅为 1928 年水准的 20%。在同一时间里，农产品价格下降了约三分之二。1935 年，农民销售农产品的收入仅仅是 1928 年的三分之一。“经济大萧条对城市所产生的影响让人联想到德国和美国的状态，而在农村已经引发了百姓的灾难。”史学家沃齐米茨·博罗杰伊（Wlodzimierz Borodziej）这样写道。

世界经济危机的年景也给波兰带来了政治动荡的年代。1929 年，激进的乌克兰民族主义分子在波兰东部创建了“乌克兰民族主义组织”（Organizacija Ukrainskich Nacjonalistiv，简称 OUN）。这些人甚至不惜采用武装恐怖的手段。1934 年 6 月 15 日，乌克兰民族主义组织在华沙市中心杀害了波兰内政部部长布罗尼斯瓦夫·毕拉奇（Bronislaw Pieracki）。同一年，总统莫希齐茨基颁布法令，计划在别廖扎卡尔图斯卡（Bareza Kartuska）修建集中营。地方机构通过决议而不必经过法院判决就可以将犯罪嫌疑人关进集中营囚禁三至六个月。集中营里的首批犯罪嫌疑人是民族激进阵营（Obóz Naradowo-Radikalny，简称 ONR）的极右分子，他们被误认为是杀害毕拉奇的凶手。1934 年 9 月 14 日，外交部部长约瑟夫·贝克在国际联盟宣布退出 1919 年 7 月签署的《少数民族保护条约》，理由是迄今为止没有一套全欧范围内通用的少数民族保护法。

1926 年毕苏斯基军事政变之后，波兰成立了一个临时性政府。从法律上讲，1921 年参照法兰西第三共和国形式创立的议会民主制《三月宪法》依然有效，但实际上这个宪法已经被废除了。当毕苏斯基 1930 年 11 月第二次离开总理位置的时候，政府要职几乎全被军官们占据了。从 1931 年至 1939 年，8 位总理中有 7 位出身于军界，还有 15 名部长和 15 名地方政府首领也都是军官，大部分人的军阶为上校。毕苏斯基元帅作为政权的“强人”，依然留任战争部部长，并且是全军的总督察。 / 831

1931 年 3 月，波兰众议院（Sejm）的一个肃反委员会制定出一部新专制宪法，这部宪法试图为独裁政权设置一个固定的法律框架。这就是 1935 年出台的《四月宪法》。这部宪法完全是为毕苏斯基担任国家总统所做的铺垫。国家元首面对“上帝和历史，肩负国家命运”。这个人身上凝聚着“完整的和不可分割的国家权力”。他将根据自己的考量任命总理，指定自己的接班人，担任“全军的总司令”，任命上议院1/3的成员。所有其他国家机关都在他的指导之下：国家政府、下议院、上议院、军队、法院和审计署及最高检察院在内的“国家监督机构”。国家总统由一个选举委员会选举产生。选举委员会成员绝大部分来自“最有尊严的公民”，这些公民2/3从下议院，1/3从上议院选举产生。下议院的候选人根据相应的特殊选举规则选拔出来，这一特殊规则并非按照政党的比例而是按照地区选举委员会的布局。这种做法保证了下议院对国家机构具有广泛的影响。选举人年龄从21岁提高到了24岁。

毕苏斯基借助“四月宪法”，几乎可以拥有至高无上的权力，然而他没有能够活到选举国家总统这一天。这位早已病入膏肓的元帅死于1935年5月12日。国家元首的职位依然保留在一向忠于毕苏斯基的化学教授伊格纳齐·莫希齐茨基（Ignacy Moocicki）手中。他从1926年就一直担任国家元首一职。毕苏斯基的葬礼非常隆重，他被安葬在克拉科夫瓦维尔山（Wawel）上的国王城堡里。德国方面派出了赫尔曼·戈林，法国则由皮埃尔·赖伐尔出席葬礼。这两位高层领导人利用这个机会进行了深入的谈话。死去的毕苏斯基比活着的时候更像一个波兰的神话。他的后期专制统治在民众的记忆中逐渐变成了他作为军事将领、国家奠基者和政治家所留下的辉煌业绩。他于1926年把波兰从经济、财政和政治危机中解救出来的功绩永远留在人们心里。

/ 832

1935年9月举行了新宪法颁布后的第一次选举，投票的人数并不多，只有46.5%的选民参加了选举。这和左翼阵营发起的抵制选举的呼吁有关。创建于1928年的政府支持者无党派阵营（Bezpartyjny Blok Współpracy z Rzadem，简称BBWR）一直担任执政角色，在这次选举中获得了3/4的多数票，但此后不久这个党团就解散了。取而代之的是创建于1937年3月的组织更加严密的民族联合阵线（简称OZN）。这是由上校亚当·科茨（Adam Koc）创建的新党，在组织结构上与意大利法西斯政党相似，但最终并未发展成意大利那种规模。这个新党的宣传核心是突出毕苏斯基的接班人爱德华·雷兹－希米格维将军的形象，把这位三军总监歌颂成“民族的领袖”，但是他的权力和威望远远不及毕苏斯基元帅。1938年5月，民族联合阵线要求将犹太人驱逐出公众生活。民族联合阵线试图通过这样一种支持政府的做法掀起一场群众运动，但是这一希望落空了。这个政党最后仅仅是一个绅士组合的联盟而已。

军人政府的右倾路线得到了左翼政党的回应。1929年开始波兰社会主义党（PPS）日益走向极端。1935年，社会主义党要求进行无偿的土地改革，要求不再建立议会民主，而是建立无产阶级专政。尽管如此，波兰社会主义党并不愿和非法的波兰共产党（KPP）结成人民阵线。1935年至1936年的那次合作仅仅是一个小小的插曲。削弱波兰共产党实力的其实是来自斯大林的大清洗。从1933年到1937年，有托洛茨基主义分子嫌疑的所有共产党领袖，只要他们在苏联逗留，都被流放或枪毙。3800名共产党干部中最后只有100名躲过了斯大林的红色恐怖。1937年开始了一场“波兰行动”，矛头直指那些在苏联生活的波兰人。1938年5月，波兰共产党解散。第二年后补的解释中这样说道：共产党已经被波兰的法西斯主义特务策反了。

1936年，波兰工业区发生大规模罢工，最后导致流血事件。在克拉科夫地区有8人丧生，在伦贝格地区有14人毙命。1937年4月，波兰又发生了血腥的农民罢工事件。这次罢工是由农民党发起的。农民党不仅提出了经济要求，而且在政治上也摆出了明确的条件，并且要求恢复议会民主。这次罢工与警方发生了严重的冲突，有40多名示威者被击毙，约100名警察受伤。5000名农民被捕，其中

1000多名被告上法庭。这时，军事政权彻底掌控了国家权力，即便是发生了迄今为止最为严重的危机，政府的地位却岿然不动。

此时，波兰的右翼也形成了一个极端的阵营。罗曼·德莫夫斯基（Roman Dmowski）的国家民主党（ND）在毕苏斯基统治的时代变成了一个激进党，开始发动反对犹太人的煽动宣传。1937年1月，国家民族党甚至要求将所有犹太人驱逐出波兰。1937年5月至6月，执政的民族联合阵线把驱逐犹太人的要求视为己任。国家民主党来自右翼激进阵营的竞争对手是上面已经提到的成立于1934年的民族激进阵营（ONR）。他们认为波兰仅仅属于波兰人，并且把建立一个法西斯专制的“波兰民族天主教国家”视为己任。在老百姓当中，排犹的口号得到了相当一批人的支持。三十年代中期，常有暴力冲突发生，特别是在农贸市场上。在这些冲突中，共有20人丧命，其中有12人是犹太人。

在反对犹太人的运动中，天主教神职人员起着重要作用。1936年3月，天主教主教会议要求在学校中将犹太儿童与非犹太儿童隔离开来。同年2月25日，天主教教会大主教奥古斯特·赫隆德（August Hlond）在一封牧函中声称，只要犹太人依然是犹太人，那么犹太人问题永远得不到解决。当然不能一概而论地仇视犹太人，但是以下这些情况都是事实：“他们反对天主教运动，他们满脑子装的是自由思想，他们是无神论者的先驱，他们发起布尔什维克运动，闹得我们这个世界鸡犬不宁。此外，犹太人对我们人民的道德影响实在太坏了，犹太人出版社到处散播色情文学。不能否认，犹太人到处行骗，放高利贷，奴役白人……我们必须抵制犹太人的这些不良影响。出于这种原因，我们在这个国家里必须与所有反基督文化的言论做斗争，特别要抵制犹太人出版的那些反道德的刊物。”

/ 834

1936年至1939年担任总理的费利西安·斯瓦沃伊－斯克瓦德科夫斯基（Felizian Slawoj-Skladkowski）禁止对犹太人实施暴

力，但是认为对其实行经济制裁还是适当的。与此同时，一项国际协调的政府计划正在紧锣密鼓地筹划之中。这项计划准备把犹太人强制迁徙到马达加斯加。波兰的犹太复国主义者曾经提出重返巴勒斯坦的要求，这一要求受到英国重视，并且于1937年认真推行过，但是英国政府和以莱昂·布鲁姆为首的巴黎人民阵线谈判并未取得进展。于是强迫犹太人迁徙马达加斯加的计划成了一个替代方案。强迫犹太人迁徙到马达加斯加的计划主要想解决的是一个社会政治问题，即农村人口密集化的问题。只有当中产阶级的犹太手工业者、商人和其他小商贩们离开了城市，波兰的农民才能搬进城来，取代这些城里的手工业者。

其他一些措施相对来说更加容易贯彻下去，例如在波兰实行犹太大学生人数比例控制。1928年至1929年，波兰的犹太人大学生占大学生的比例超过20%，到1937年至1938年，大学生中的犹太人比例降到了10%。这一比例符合犹太人占波兰人口总数的比例。这一官方的犹太人政策在执行过程中又被人添油加醋。反犹太人学生提出要对犹太学生实行隔离，于是大学校长们出台了波兰大学所谓“座位隔离区”的做法：犹太人必须坐在专门为其指定的隔离区内。很多职业团体还利用所谓的雅利安条款，把犹太人从自由职业中驱逐出去。 / 835

到1935年为止，在波兰经济政策上占据主导地位的一直是正统观念：保持货币兹罗提的稳定，做到国家财政收支平衡，贸易额保持顺差。三十年代中期，波兰政府开始转而执行凯恩斯意义上的逆周期经济增长政策，而国家投资主要聚焦在军火工业上。1936年制订的四年计划要为波兰中南部地区创造10万个就业岗位，缩小工业地区与农业地区悬殊的贫富差距。

这一新政策使波兰的经济发展收到了效益，尽管规模不大。1938年，波兰的工厂工业生产水平终于超过了1913年。如果把战前最后一年的经济指数设为100，那么1929年的状态是86，1932年这个指数下降到52，在1938年重新又回升到105。两次世界大战期间社会结构的变化当然是微乎其微的。如果用1921年的指数作标准，1939年农民占就业总人口的比例下降到94%，工人指数上升到106%，“小资产阶级”人数上升到107%，“知识分子”人数上升到112%。根据这些统计数字，博罗基耶得出令人失望的结论，波兰和很多国家一样，“在两次世界大战期间并没有经济增长”。

在外交上，波兰先后与两个最危险的邻居签订了互不侵犯条约。1932年7月波兰与苏联签约，1934年1月波兰与德国签约。这两个条约签署之后，波兰的处境稳定下来。1934年3月，毕苏斯基在密友圈子里宣称，波兰还从未有过这样的太平时光。然而，这位元帅依然保持着清醒头脑，预言和德国的友好关系最多不过4年（尽管互不侵犯条约的期限为10年）。

1932年11月起就在历届政府中供职的外交部部长约瑟夫·贝克是一个亲德分子。互不侵犯条约签署之后，面对1936年3月德军占领莱茵兰地区，他只是口头上予以批评，而实际上已经默认了这一事实。希特勒邀请波兰加入《反共产国际协定》，这个提议遭到贝克拒绝，因为他不想与苏联进行单方面对峙（这也将意味着间接与法国的人民阵线政府对立），从而陷入对德国的依赖。1937年11月，贝克与德国签署了一项保护少数民族的双边协议。这一协议旨在进一步改善柏林与华沙之间的政治“气氛”。德国与捷克斯洛伐克的关系恶化对贝克来说是个良机。波兰和捷克斯洛伐克共和国之间一直有着领土纷争。切申在1920年7月的同盟国大使会议上被分割开来，引起了波兰的强烈不满。如果捷克斯洛伐克共和国在德国的压力下瓦解，那么波兰就有机会以自己的方式来解决切申的问题。

1938年3月17日，贝克出其不意地走出一步妙棋。在德国进犯奥地利的当口，他向邻国立陶宛发出最后通牒，要求立陶宛与波兰建立外交关系和经济关系，并且承认现有的边界。这意味着立陶宛将损失维尔纽斯周边地区。位于考那斯的立陶宛政府迫于波兰的军事优势，不得不满足了这一要求。

贝克的目标是创建一个“第三欧洲”，波兰在这里扮演着引领中东欧国家的角色。贝克在立陶宛问题上的成功，使“第三欧洲”的目标又向成功迈进了一步。当然，实现这一庞大目标的先决条件是，德国和波兰之间的关系必须保持在1938年春夏间的那个样子。至于希特勒是否对这一计划感兴趣，那就不得而知了。1938年秋，事态就真相大白了。但是事态的发展并非华沙所希望的那样。[13]

罗斯福的务实政策：1936年至1938年的美国

对柏林和罗马采取绥靖政策，这不仅仅发生在欧洲，美利坚合众国也参与其中。1935年夏，阿比西尼亚危机愈演愈烈，罗斯福总统希望能够得到授权对侵略者进行制裁，但是他的愿望并未实现，孤立主义思想占上风的国会否决了这一提议。1935年，美国不顾罗斯福以及国务卿科德尔·赫尔的反对出台了中立法案。中立法虽然禁止美国船只向交战国提供装备，但石油和钢铁既不算禁运品，也不在国际联盟的制裁范围之内。正因如此，法西斯意大利和美国的相关工业行业从中受益。

1936年7月西班牙内战爆发后，华盛顿政府支持英国采取的绝对不干涉政策。罗斯福总统请求国会禁止向内战国提供战争装备，这一请求于1937年1月在国会和参议院分别得到了批准。在这次禁运中深受其害的是西班牙共和国，而暴动者一方却得到了德国和意大利的武器支援。但是，出于内政角度考虑，罗斯福并不反感这一效果。总统对内政部部长哈罗德·伊克斯（Harold Ickes）说，如果取消禁运，美国民主党将在1938年的中期选举中丧失很多天主教教徒的选票。美国大多数天主教徒都站在佛朗哥一边，这一点白宫是非常清楚的。另外还要考虑到美国大型企业，诸如德士古（Texaco）和美国通用汽车集团的利益。在西班牙内战中，它们向西班牙民族主义分子提供了大量的石油和卡车。

面对西班牙事件，美国的公众舆论说法不一。一批强硬的少数派支持佛朗哥，而支持共和国的少数派却非常势单力薄。在支持派中，有2000至3000名志愿者加入了亚伯拉罕·林肯营或乔治·华盛顿营，作为国际纵队的成员参加到支持西班牙共和国的军队中去。大部分美国人采取中立的立场。1937年5月国会通过的法案正好迎合了这些人的心理。这项法案出于孤立主义者的考虑，对所有战争方实行武器禁运。这一做法意味着向孤立主义者永久中立的目标迈进了一步。即便在这一次，“大企业”的利益也没有受到损害：法案中的一项“现购自运”条款规定，除了战争装备以外，交战国可以现 / 838
款购物，并且用自己的船只将货物运出美国。爱达荷州议员威廉·博拉（William Borah）是一位开诚布公的孤立主义者，他认为这一妥协是肮脏的懦弱，而包括国务卿科德尔·赫尔在内的坚定的国际主义者则把这项法案视为对美国外交政策的蹂躏。

美国总统自己是个国际主义者，但是作为“现实政治家”，他不想和孤立主义者发生冲突，因为他在推行国内政策法案的过程中需要这些人的支持。1937 年 10 月 5 日，罗斯福在重新当选总统近一年后，在孤立主义者的大本营芝加哥发表了一次讲话，这次演说后来以“隔离演说”（Quarantine Speech）的名称载入史册。这次讲话的起因是日本开始对中国发起进攻。罗斯福的这次讲演被解释为美国开始对国际事务采取干预政策的转折。“热爱和平的国家，”罗斯福说道，“面对那些违反协约、无视人类本性的行为，必须齐心协力予以抵制。仅仅采用孤立和中立的手段，已经无法逃脱今天的国际无政府状态和不稳定局面……当一种疾病成为瘟疫蔓延开来，社会群体只有把病人放进隔离站，才能防止疾病的扩散……无论是不宣而战还是公开战争，都是一种疾病……热爱和平的国家都应该向那些企图侵犯他国义务和权利的国家发出呼吁，让它们放弃这一行动。我们要积极努力保持和平。”

实际上，芝加哥的这次讲演并非一次政策的转折点。罗斯福认为，“隔离”一词要比“制裁”缓和得多。总统要明确向国内外表明美国的道德立场，但他并未申明要承担什么义务。1937 年 12 月 12 日，日本飞机用炸弹轰炸并用机关枪扫射了停靠在长江的美国炮艇
“班乃号”（Panay），两名船员和一名意大利记者丧生。东京为此立 / 839
即道歉，美国则因此而放弃了报复措施。华盛顿从未想到要对日本

宣战。

然而，美国人因德国根据沙赫特的“新计划”做出的西半球贸易政策调整而感觉受到严重的威胁。这一新计划把德国出口的重点放在南美洲，然后德国不必动用外汇就可以通过结算方式购入越来越多的原料。1935 年第一季度，德国的总进口额与前一年同比下降了 2.73%，但是德国从南美的进口额却增长了 17.50%。德国的总出口额下降了 11.62%，然而对南美的出口却增加了 18.32%。1932 年至 1936 年，拉丁美洲的进口中，德国进口的份额从 7.3% 增长到了 14%，几乎达到了翻倍的程度。而美国出口到拉丁美洲的份额这几年仅仅增长了 0.6%（从 28.8% 增长到 29.4%）。

美国竭尽全力挽回局面。最终，美国成为阿根廷、巴西和智利这三个最大的南美经济体最大的贸易伙伴。巴西自 1930 年以来一直由总统热图利奥·瓦加斯（Getúlio Vargas）实行专制统治，1937 年发生政变后，巴西借鉴葡萄牙萨拉萨尔所谓“新国家”（Estado Novo）的方式由总统实行独裁统治。华盛顿对巴西一再施压，迫使其放弃与德国签署新的贸易协议（而 1931 年签署的贸易协议已经在 1936 年 7 月被终止）。然而，美国取得的成就仅仅是个表面现象：巴西与德国的非外汇商品交换一直持续到第二次世界大战开始。

在罗斯福时代，美国不再以武力的方式干预拉丁美洲，因为这种做法不符合“睦邻”（good neighborhood）的风格。1933 年 3 月罗斯福在宣誓就职讲演中强调了这一政策。不干预的政策意味着放任和支持独裁。富尔亨西奥·巴蒂斯塔（Fulgencio Batista）就是这样一个独裁者，他于 1933 年在古巴内战中受到美国人支持而获胜。多米尼加共和国的独裁者拉斐尔·特鲁希略（Rafael Trujillo）又是另外一个例子。对拉丁美洲的其他国家，美国也采取了默许的态度。在墨西哥，拉扎罗·卡德纳斯（Lázaro Cárdenas）于 1934 年当选为总统，他推行了一套左倾民族主义、社会改革和反宗教的政

/ 840

策。在智利，1938 年大选中胜出的人民阵线联合体由激进分子、社会主义者和共产党人组合而成。这一政府的权力一直维持到 1946 年。 789

罗斯福在三次泛美会议上试图与拉丁美洲国家界定美国的外交政策原则。这三次会议分别召开于 1933 年 12 月的蒙得维的亚、1936 年 11 月的布宜诺斯艾利斯和 1938 年 12 月的利马。阿根廷早在 1930 年就变成了一个隐蔽的军人政权国家，他们并不听从美国人的在南半球美洲大陆共同抵御外来威胁的号召。会议的结果是，各国承诺交换意见，并且禁止干预。这样一个结果无异于美国自己承担起责任。一直到了 1940 年，第二次世界大战已经开战近一年，美洲各国在哈瓦那召开会议，根据华盛顿提议，任何一个签约国只要遭到外来的进攻，这个进攻就将被视为对所有国家发起的进攻。

从内政角度讲，罗斯福第二个任期的第一年经历了三重危机。第一个危机来自总统于 1937 年 2 月提出的一个计划。为了扭转高级法院中保守派占据多数的现象，总统决定，只要法官年满 70 岁，就要再任命一位新法官。不仅仅是共和党人，就连很多民主党人，其中不乏自由人士，把总统的这个“法院重组方案”（court-packing）视为对美国宪法的打击。最高法院对新政立法设置重重障碍的这个问题后来迎刃而解了，原因是 1937 年 3 月底一位原本属于保守派的法官进入了自由派的阵营，使赞成改革的法官成为多数。此后不久，好几个保守派法官辞职，取而代之的是进步阵营的法官。于是法院成了“罗斯福法院”。但是总统企图通过改变法官人数的办法操纵最高法院一事在 1937 年 8 月彻底遭到拒绝。同时，人们对总统做法的愤怒远远超过了争执本身。1937 年以后，罗斯福再也不能在国会得到来自本党的全力支持了。 / 841

第二个危机来自社会方面。1936 年 12 月底，密歇根州弗林特的通用汽车公司工人开始静坐罢工。他们占领了厂房，很多观察家感觉，这种形势很像法国人民阵线时代的早期阶段。1937

年 2 月，公司领导层屈服，满足了汽车工业工人联合会（United Automobile Workers，简称 UAW）的要求。在这个组织中，社会主义者、共产党人和托洛茨基主义者占据了要位。其上级组织美国劳工联盟于 1937 年将这个汽车工人工会开除出去，但这对汽车工业工人联合会没有丝毫影响。短时间内，工会会员人数从 3.5 万人飙升到 40 万人，成为新的上级组织产业工会联合会中最大的一支队伍。而这个上级组织要比原来的劳工联盟激进得多。1937 年还有一些大型企业出现了静坐罢工，如联合钢铁公司（United Steel）、凡士通轮胎和橡胶公司（Firestone Tire and Rubber）和美国羊毛公司（American Woolen）。令企业家和保守派大为光火的是民主党州长们和总统的态度。州长们拒绝调用国民警卫队来解决问题。罗斯福则拒绝了詹姆斯·弗朗西斯·伯恩斯的提议。这位民主党议员试图在上院提议对"静坐"运动做出惩罚。

第三个危机是就美国的整体经济而言的。1937 年 6 月，罗斯福受到经济景气指数的积极影响，大刀阔斧地削减了公共开支。首当其冲的是公共事业振兴署，而公共工程管理局的工作完全停止了。两个月之后，美国的工业生产回落在美国历史上创下了纪录。钢铁工业的利用率在三个月之内从 80% 回落到 19%。根据《纽约时报》的股市指数统计，1937 年春天首次超过 1929 年（100），达到 110，在下半年则回落到 85，将 1935 年以来的盈利消耗殆尽。道琼斯指数在 8 月至 10 月从 190 点降到了 115 点。农产品价格一路下跌，1938 年 2 月，国会不得不采取一系列补救措施，其中包括对小麦、棉花和烟草的种植进行配额。

/ 842

在政府内阁中，财政部部长小亨利·摩根索（Henry Morgenthau）是贯彻收支平衡、减少国家债务原则最坚定的支持者。他把生产回落仅仅看作工业缺乏投资兴趣的结果。他认为提高国家开支只能导致通货膨胀和高税额。与他持完全不同看法的除了内政部部长伊克斯之外，还有联邦储备委员会主席马里纳·埃克尔斯（Marriner Eccles）。尽管他没有读过凯恩斯的著作，但是他与这位英国经济学家的观点相同：在通货紧缩的时候，政府必须通过数额更高的、由贷款融资的支出来弥补投资的疲软，而在景气时代则要建立储备基金。在（后来被称为）“罗斯福萧条期”（Roosevelt Depression）的最初几个月里，总统站在了摩根索的正统理论一边。

领取救济金的人们的求救声不断高涨，因饥荒造成死亡的噩耗频传，失业人口居高不下。1937 年至 1938 年，失业人口占据就业人口的比例从 14.3% 攀升到 19%，具体数字从 770 万人上升到了 1040 万人。1939 年是股市大崩盘的第十个年头，失业人口依然保持在 1000 万。总统再也坐不住了。1938 年 3 月 25 日，纽约股市再次暴跌，使罗斯福彻底转向了“赤字开支”（deficit spending）派的一边。4 月 14 日，他要求国会批准一项大型的以国债进行融资的资助项目：公共工程管理局将得到近 10 亿美元，重组的公共事业振兴署得到超过 14 亿美元，其他的资金将进入廉价房、农业贷款和为青年失业者提供就业机会的项目上。

1938 年 4 月底，总统请求国会成立一个调查委员会，专门调查美国经济中权力集中的问题。但是这一调查并未得出具体结果。6 月，国会发布了罗斯福要求制定的《公平劳动标准法》（*Fair Labor Standard*）。这部法令允许例外的情况如此之多，以至于几乎谈不上能够改善打工者的处境。这是罗斯福新政中的最后一部改革法，颁布的时间恰逢美国经济有些复苏的迹象。1938 年是美国中期选举年，这一年里国会议员以及 1/3 的参议员都要重新举行选举。民主党在国会再次获得多数。然而这一多数已经不再那么突出：民主党获得 48.6% 的席位，共和党则获得 47% 的席位。与 1936 年相比，素有老大党之称的共和党的票数增加了 7.4%。在参议院，共和党的议席多了 6 个，但是民主党依然占有 69 席（共和党 23 席），掌握 / 843

了三分之二的多数。1938 年 11 月的选举并非是公民们对新政的否决，却削弱了新政政治家的势力。1938 年 4 月，新政政治家们受到了一大挫折，他们酝酿的《重新组织法》（Reorganization Bill）本想要授权于总统，为提高政府效率而改组政府部门，这项法令在国会以 196 票对 204 票遭到了否决。1939 年之后，新政的设施也不断减少。其中一些新政项目，例如大众们喜闻乐见的联邦戏院项目（Federal Theatre Project）也在 1939 年 6 月被取消了。

与三十年代早期的危机相比，"罗斯福危机"并未掀起一场新的激进浪潮。在右翼的边缘有一些极端的反犹主义者，他们把"新政"称为"犹政"（Jew Deal）。希特勒崇拜者威廉·杜德利·佩利（William Dudley Pelley）的银衫党（Silver Shirts）、神父考夫林（Coughlin）的基督教阵线（Christian Front）、受到民族社会主义德国工人党赞助的德意志美国联盟（German-American Bund），以及活跃在中西部的恐怖组织黑色军团（Black Legion），所有这些组织都是一些零星的派别组织。在左翼的边缘，共产党赢得了一些新的追随者。共产党采用人民阵线的战略，推行广泛的反法西斯联盟政策，自称美国革命真正的继承人。在积极活跃的工业组织会议中，共产党也赢得了一席之地。但在三十年代后期共产党也没有发动群众运动。

1938 年 5 月国会非美活动调查委员会（House Committee on Un-American Activities）由来自得克萨斯的议员马丁·迪斯（Martin Dies）担任主席，这个调查委员会的矛头几乎直指共产党的活动，而对法西斯主义在美国的追随者，纳粹分子或者三 K 党则不闻不问。调查委员会发现共产党已经渗透到公共工程管理局，尤其是联邦戏院项目和联邦作家的项目中。调查委员会还认定有 640 个组织、483 家报纸和 280 个工会组织受到共产党的渗透或控制。在 1938 年秋天的竞选中，一些自由派候选人被诋毁成共产党的傀儡

/ 844

人物，其中包括与工业组织会议保持良好关系的密歇根州州长弗兰克·墨菲（Frank Murphy）。此后，墨菲象征性地获得了总统的支持。总统指责迪斯的调查委员会利用非美调查的手段对选举施加影响。墨菲选举失败后，被罗斯福于1939年2月任命为司法部部长。

罗斯福1937年所经历的挫折让全世界开始产生怀疑：西方民主是否能够战胜来自右翼和左翼的专制呢？纳粹德国恶意地指出，面对经济危机德国做得非常成功，而罗斯福政府却一败涂地。这一点北大西洋另一端的国家也注意到了。然而，罗斯福面对来自外国以及本国对手的攻击毫不动摇。1938年1月，罗斯福向英国首相内维尔·张伯伦建议召开一次国际会议专门讨论国与国之间关系的基础规范，但是这一建议并未得到伦敦的响应。1938年9月，苏台德危机爆发，他两次呼吁希特勒、张伯伦、达拉第和贝奈斯，要维持和平。罗斯福在9月28日的第二次呼吁中，建议在一个中立的国家里召开一次国际会议，并且邀请墨索里尼参与。

罗斯福一开始甚至把9月30日的《慕尼黑协定》视为缓解国际局势的行为，视为他努力的结果，但之后不久就加以更正。面对希特勒的军备计划，罗斯福于10月11日做出回应，将美国的军备开支设定为3亿美元。1938年11月2日，总统签署了《美英贸易协议》，其中反德的倾向显而易见。德国11月9日和10日对犹太人的迫害行动使罗斯福与德国的关系处于“无法挽回的地步”（point of no return）。这一年年底，罗斯福决定允许美国向法国出售1000架战斗机。1938年至1939年交替之际，已经能够清晰看到，美国已经开始偏离严守中立的政策了。

然而，美国公共社会对欧洲纳粹分子发起的进攻毫无准备，根本无法用军事力量予以回击。知名的民调机构盖洛普（Gallup Poll）在1938年9月中旬发起民意调查，如果英国和法国向德国宣战，美国是否能够不卷入其中，其中有57%的人认为可以。68%的人认为，除非自己的国家直接受到侵犯，否则美国是否要向他国宣战应该由全民投票决定。如果罗斯福有朝一日认为，美国应该对西欧民主进行军事支持，那么他还需要对美国人做很多思想工作。[14]

1938年3月9日，在收到希特勒充满羞辱的最后通牒三周之后，奥地利联邦总理库尔特·冯·许士尼格安排了一次全民公投。他试图以这种方法保全奥地利所剩无几的独立地位。他通过广播向奥地利人呼吁，在3月13日为“自由的、德意志的、独立的、社会的、基督教的和统一的奥地利”进行投票。希特勒曾经于2月12日在贝希特斯加登和许士尼格有过一次谈话，他把许士尼格的这次公投行为视作违反当时约定的做法。因此希特勒于3月11日要求取消公投。当维也纳做出这一步之后，希特勒又要求许士尼格辞职，并且任命纳粹分子阿图尔·赛斯-英夸特为总理。总统米克拉斯本来对此非常抵触，但是经过联邦总理的再三劝说，最终还是答应了这些要求。此时，奥地利的纳粹分子已经在很多地方夺取了政权。3月12日清晨，德意志国防军已经开进邻国奥地利。此时此刻，希特勒非常清楚，墨索里尼这次不会再像1934年7月那样去阻止他了。 / 846

“元首”陪伴着德意志军队进入林茨。所到之处他收获的都是一片欢呼。3月13日他就在林茨签署了奥地利重新并入德意志帝国的法案。两天之后，希特勒在维也纳面对着成千上万的欢呼民众宣布了他此生中“最完美的使命”：“作为德意志民族和帝国的元首和总理，我向历史宣布，我的家乡从此并入德意志帝国。”在第一次越境行动中，希特勒再次把国际法以及《凡尔赛条约》和《圣日耳曼条约》等搁置在一边，但是他并不觉得西方民主国家会做出激烈的抵抗行动。作为当年的战胜国，法国和英国禁止德国人和奥地利人行使自我决定的权力。然而法国人和英国人都不会因为这样一部战胜国法去投入战争。在德意志国防军进入奥地利的时刻，法国正处于政治真空阶段。卡米耶·肖当于3月10日离任，而莱昂·布鲁姆在3月13日才接任其位。英国首相内维尔·张伯伦虽然对德国的行为提出谴责，但是也仅仅把它当作既成事实而已。

在“老帝国”①，老百姓对“合并”以及4月10日举行的全民公投反响非常热烈。即便是在布拉格流亡的德国社会主义民主党在向帝国的亲信们报道此事时都认为：“国民的气氛高涨是……真实的，只有极少数有远见的、经得住批评的人除外。”在奥地利，天主教的主教们，甚至连一位知名的社会民主党领袖，前国家总理卡尔·伦纳都赞成这次全民公投。4月10日，无论是在奥地利还是在“老帝国”，都有超过99%的公民支持“重新统一”，并且对“我们的元首阿道夫·希特勒”投了赞成票。在这次新型的“大德意志”帝国议会选举中，希特勒是唯一的候选人。

1938年4月的公投已经谈不上匿名投票了。在一些地方，无效选票被改为赞成票，或者反对票被数成无效票。但是这次“合并”无论如何都是深得民心之举，而做出这次行动的人也更加受到拥戴。即便是那些迄今为止持怀疑态度的人，也对希特勒肃然起敬，认为他是一个政治家，完成了俾斯麦的大业。因为他克服了1866年的分裂，为1806年没落的“老帝国”，即德意志第一帝国建立起一座桥梁。时至1938年，那些坚信“小德意志国”方案的人已经寥寥无几了。基督教自由党人的时代已经一去不复返了。尽管保罗教堂②）认为不能和奥地利组建成一个德意志民族国家，但是自哈布斯堡王朝解体之后，这种看法早已过时了。

/ 847

专家们指出，现在实施的大德意志方案在经济上和战略上存在优势。戈林作为四年计划的专员，更加迫不及待地要促成“合并”，这是有他的道理的：奥地利提高了德国工业总量大约8%。最为珍贵

---

① Altreich，对与奥地利合并前的德意志地区的称呼。——译者注

② 此处指1848年在法兰克福圣保罗教堂召开的法兰克福国民议会，以及之后在此通过的《保罗教堂宪法》。——译者注

的是奥地利施蒂利亚地区丰富的冶金矿藏。迄今为止，这些矿藏都是由奥地利阿尔卑斯山矿业公司来开采，现在这些矿藏名正言顺地并入到海尔曼·戈林的帝国工厂名下。奥地利的40万失业人口（占据总雇员人数的五分之一）构成了强大的劳动力后盾，可以为德国军备工业服务。至少高达7.82亿帝国马克价值的黄金和外汇储蓄可以使帝国不再紧缩进口。鉴于美国爆发了新一轮世界经济危机，如果没有奥地利强劲的储备支持，减少进口就势在必行。然而，“合并”最重要的一点是德国与中东欧和南东欧国家相比，大大增强了自己的地位。这些国家在“新计划”中属于德国优先考虑的外贸伙伴。

德国的一个邻国从1938年3月起没有理由不忧心忡忡，这就是捷克斯洛伐克。大德意志帝国形成后，它被三面包围，德国像一个夹钳，从北面、西面、南面牢牢牵制住了捷克斯洛伐克。希特勒的扩张野心并不满足于“合并”奥地利，这一点布拉格的政治家们心里很清楚。2月20日，“帝国元首和总理”在帝国议会的讲话中指出，帝国应该对“我们边境上两个邻国”的“1000万德意志人”拥有保护权，因为这些人“到1866年为止一直和全体德意志民族生活在一个国家法的整体里”。这些国家中的一国，奥地利，现在已经成为德国的一部分。而另一个国家捷克斯洛伐克却和两个大国有着结盟关系，它们是法国和苏联。德国若对布拉格发出威胁，应该马上会导致严重的国际后果。 / 848

希特勒在捷克斯洛伐克共和国的“第五纵队”是康拉德·亨莱因的苏台德德意志党。这个党在1935年5月捷克议会选举中获得了三分之二的德意志人的选票（在5月和6月的地方选举中，此党的选票甚至上升至85%）。亨莱因不敢要求让苏台德地区回归到德意志帝国，否则他的政党会被立即取缔。但他还是做了1938年3月28日与希特勒见面时希特勒要求他做的事：他能够向布拉格政府提出无法实现的要求。这种做法就是今后苏台德德意志党的路线。

此举对捷克斯洛伐克的威胁显而易见，3 月 17 日苏联外交部部长李维诺夫在莫斯科召见外国记者，认为有必要采取集体行动来保持和平。此后不久，他建议布拉格、巴黎、伦敦和华盛顿政府专门为此召开一次国际会议。英国政府因为苏联在西班牙内战中的立场对其充满负面印象，因此拒绝了这次会议。3 月 24 日，张伯伦在下院解释道，这样一次会议反而会加剧国际紧张局势。华盛顿的反应也是消极的。此时的法国正处于布鲁姆第二期内阁执政时期，因为伦敦已经表明“否定”态度，所以法国政府也无法再释放赞同的信号。在后来的日子里，李维诺夫一再表示，如果法国人愿意，并且波兰或罗马尼亚允许红军穿越其领土，苏联准备履行对捷克斯洛伐克的结盟义务。

/ 849

4 月 28 日和 29 日，布鲁姆的继任人达拉第和新任外交部部长博内在对英国首都进行正式访问时，张伯伦和哈利法克斯伯爵宣称，如果捷克斯洛伐克共和国受到德国攻击，英国将不会对法国履行结盟的义务。法国人对这个消息并不感到震惊，因为张伯伦在 3 月 22 日提交的一个照会中已经做了这一阐述。为解决苏台德德意志人的问题，张伯伦建议捷克斯洛伐克政府再次做出让步，并且布拉格和柏林进行直接谈判。这种息事宁人的做法正中达拉第和博内的下怀，他们认为这种做法比较有效。

柏林与布拉格之间的危机到了 5 月下旬进一步加剧。捷克斯洛伐克方面于 5 月 20 日开始进行军队总动员。捷克斯洛伐克政府的这一举措也许是因为听信了苏联特工机构关于德国人可能马上就要进犯的消息。英国政府通知希特勒，如果法国出兵帮助捷克斯洛伐克同盟的话，英国将义不容辞地站在法国一边，但与此同时，英国又明确告知奥赛码头，英国人是不会出兵的。5 月 30 日，希特勒向国防军颁布“不可撤销的决定”，“在近日采用军事行动粉碎捷克斯洛伐克”。他把 1938 年 10 月 1 日定为最后期限，在这个时候，国防军必须集结完毕，能够随时出兵捷克斯洛伐克，占领波希米亚和摩拉维亚。

面对欧洲的威胁，甚至是第二次世界大战的威胁，德国军界、外交界和知名保守党人于1938年夏天第一次开始对希特勒做出反抗。陆军总参谋长路德维希·贝克上将根据自己对军事形势的分析备忘录，要求陆军总司令冯·布劳希奇释放出全体将军违抗命令的信号，当布劳希奇下不了这个决心的时候，贝克于8月18日宣布辞职。贝克的接班人哈尔德将军在一段时间里支持推翻政府，参与这次行动的还有柏林军区司令冯·维茨莱本（von Witzleben）将军、国防军司令卡纳里斯海军上将和驻伦敦大使馆参赞西奥多·柯特（Theodor Kordt）。反叛者中还有当时的莱比锡市市长卡尔·戈德勒（Carl Goerdeler），由于害怕警察追捕，他于1938年8月至10月中旬一直藏匿在瑞士。

布劳希奇并未参与其中。如果他得知此事并且拒绝的话，政变就会失败。政变是否成功的另一个先决条件是英国人的态度：只有伦敦坚决反对希特勒，保守党的反抗运动才会有机会推翻独裁者。对于很多反叛者来说，只有让王储威廉的儿子出面恢复君主制才是最适合民情的选项。

贝克和其他保守党人并不排除用战争来扩大德国在中欧的影响。他们也视捷克斯洛伐克为德国咄咄逼人的威胁。但是德国必须坚信有现实的机会打赢这场战争，因此必须要明确战争目标，尽可能缩小敌人的数目，并且在选择开战时间的时候要审视再三。无论如何不能与英国和法国发生军事冲突。在这一点上，他们的看法不仅与外交部国务秘书恩斯特·冯·魏茨泽克、帝国银行主席沙赫特的意见相同，甚至和戈林的想法也是一样的。保守派的投石党人（Fronde）想用威廉风格推行扩张的大国政治，但并不想让反英头目们参加。他们拒绝希特勒以孤注一掷的政策决定德国的未来。

贝克的特使埃瓦尔德·冯·克莱斯特-舒曼森（Ewald von Kleist-Schmenzin）是一位前任保守党政治家。他于1938年8月访问伦敦，专门造访保守党中批评绥靖政策的政治家，除了温斯顿·丘吉尔，还有范西塔特勋爵（Lord Vansittart），他是前外交部大臣安东尼·埃登的首席顾问，并且担任外交部国务秘书。尽管张伯伦得知德国投石党人敦促英国强硬派付诸行动，但是他对克莱斯特发出的希特勒战争动机的警告无动于衷。英国首相把柏林的保守党叛逆者视为“威廉国王时代法国宫廷的詹姆斯党人”。这是一批忠实于詹姆斯二世的流亡者。1688年至1689年英格兰光荣革命后，这一批人致力于复辟斯图亚特王朝的王权。

柯特参赞于9月7日受到外交部大臣哈利法克斯的接见。在魏茨泽克知晓和批准的情况下，柯特要求哈利法克斯不要让希特勒对英国的战争准备产生丝毫怀疑。但是，哈利法克斯和张伯伦一样并不认为同这样一批普鲁士政治家和军人结为盟友有什么好处。这些人的外交目标还包括了索要德国殖民地，因此这种倾向也许比希特勒的更加具有危险性。执政的保守党人认为希特勒的好处是他把德国建成了反对布尔什维克主义的堡垒。他们觉得这样一个成就是符合英国和欧洲利益的，这一成就不能受到一批反对希特勒的政界人士的危害。

正值柯特拜访哈利法克斯之际，英国政府翻开了绥靖政策的新篇章。1938年8月4日，英国前任商务部大臣、民族自由党政治家和船王朗西曼（Runciman）勋爵作为张伯伦的特使来到布拉格，为捷克斯洛伐克政府和苏台德德意志人进行调停。在德意志少数民族问题上，朗西曼赢得了众多支持者。至此为止，布拉格政府准备答应苏台德德意志党的所有要求，在捷克斯洛伐克共和国内建立广泛的自治。这一决定姗姗来迟，但做出这一决定意味着布拉格政府已经背离了要建立一个捷克斯洛伐克民族国家的初衷。然而，所有这一切现在已经不能满足康拉德·亨莱因领导的苏台德德意志党了。根据希特勒的指示，苏台德德意志党决意要进行自我公投，保留分离出捷克斯洛伐克和并入德国的权利。

因此朗西曼的使命也就落空了。回到伦敦后，他把调停失败归咎于布拉格政府，并且赞成苏台德德意志人拥有与德国合并的权利。9月7日，就在哈利法克斯与柯特会晤的这一天，《泰晤士报》发表了一篇被公认为有官方色彩的评论，再次强调了朗西曼的观点，尽管英国外交部马上否认了这一说法。

9月6日，纽伦堡召开“大德意志国”党代会。希特勒在9月 / 852
12日的会议闭幕式讲话中对捷克斯洛伐克发出了严厉的攻击。他指责布拉格当局“恐怖讹诈”，并怀有“犯罪的目的”。他强调德国必须努力建设军队，同时他也申明，他关心的是捷克斯洛伐克450万德意志人的自我表决权。他威胁道：“如果一些民主国家坚信，他们……必须采取各种方式来压迫德意志人，那么后果极为严重！……捷克斯洛伐克的德意志人既不是没有反抗能力，也不是被弃置一边。这一点必须要搞清楚。”

讲话结尾处，希特勒试图对他的施政来一次历史大回顾。他认为他统治的德国和墨索里尼领导下的意大利，这两国的发展有平行性。同时他一再强调“老德意志帝国”的特殊地位，波希米亚和摩拉维亚当时都隶属于德意志帝国。希特勒命令将帝国旧日的标志性物品，包括皇冠、皇权金球、权杖和宝剑从维也纳迁移到纽伦堡，这些东西被从哈布斯堡皇帝的故地运到了纽伦堡党代会所在地。这一做法有着深远的意义。“我们想想，最近几个月里就连一个小国家居然敢向德国发难，那是因为大多数人都愿意把德意志帝国看作一个喜好和平的新国家。……罗马帝国重新开始呼吸了。与此相比，德国的历史要年轻得多。但是，德国作为一个国家绝对不是新秀。我把老德意志帝国的象征物品搬到纽伦堡，不仅仅是要让自己的德意志人民，更是想让全世界都好好想一想，早在发现新世界500多年前，就存在着一个庞大的日耳曼德意志帝国。……现在，德意志人民觉醒了，终于可以戴上自己的千年皇冠。……新意大利罗马帝国和新日耳曼德意志帝国一样，它们是最古老的国家。我们并不需要别人去热爱它们。但是，世界上已经没有国家能够去除它们了。”

纽伦堡的党代会刚刚落下帷幕，德国报纸就连篇累牍地报道所谓捷克斯洛伐克在德意志人居住区行凶闹事。多次事件爆发之后，布拉格政府于9月13日在十三个地区颁布了紧急状态法。9月18日和20日，《人民观察家报》刊登了一系列耸人听闻的新闻头条，如“捷克杀人团伙骇人听闻的残暴罪行”“不戴面罩的凶手”“捷克血腥恐怖的证人”“23000个难民”“共产和胡斯拉帮结伙”“德意志人在流血控诉”“残杀不惜任何手段”。这些报道都源于德意志帝国的人民启蒙和宣传部。消息来源都是些所谓专家的杜撰。

当苏台德危机日益严峻的时候，英国首相于9月14日走出了惊人的一步。他提出来要和希特勒会面。内维尔·张伯伦此时此刻想到的不仅仅是自己的政府，还有身后的英联邦成员国：加拿大总理威廉·麦肯齐·金和澳大利亚总理约瑟夫·莱昂斯早在几个星期之前就要求张伯伦继续奉行维护欧洲和平乃至世界和平的路线。南非联邦总理詹姆斯·赫尔佐格（James Hertzog）坚持种族隔离政策，因此对他来说，伦敦对德国的政策是越亲热越好。采取相似立场的还有爱尔兰政府首脑埃蒙·德·瓦莱拉。只有1935年领导工党政府的新西兰总理迈克尔·约瑟夫·萨瓦奇（Michael Joseph Savage）坚定反对绥靖政策。然而，张伯伦却得到了来自法国的明确支持。来自本国军界，特别是空军司令弗勒米（Vuillemin）的悲观的形势判断，迫使达拉第请求英国首相，在苏台德问题上找到一条体面的出路。

就在英国首相9月15日发布消息的第二天，张伯伦和希特勒就在贝希特斯加登附近的上萨尔茨堡的“元首”宫殿进行了会晤。希特勒拿出7个月之前与许士尼格谈判的伎俩来恐吓张伯伦。但是一直被希特勒视为自己理想的海军伙伴的英国政府首脑并非奥地利联邦总理。面对“元首”的战争威胁，张伯伦提问，既然帝国总理已经决定要实施武力，那又何必让自己前来会晤。如果是这样的话，最佳的办法是他立即打道回府。 / 854

希特勒的口气软下来。如果张伯伦承认苏台德德意志人有自我公投的权利，那么就可以接着谈如何将其贯彻到实际中去。英国首相允诺，关于公投以及德意志人口占50%以上地区从捷克斯洛伐克分离出来的事宜他将回去和内阁成员商量，而希特勒则允诺，在此期间不对捷克斯洛伐克动武。

张伯伦在内阁中获得了支持。达拉第也代表当时被社会主义党人默认的法国政府表示支持。伦敦和巴黎对布拉格政府施加压力，甚至下了最后通牒。9月21日，捷克斯洛伐克总统贝奈斯和总理霍查出于无奈，同意英国的建议，将纯德意志地区割让给德国，在有争议地区进行国际监督的公投。

9月22日，张伯伦再次会晤希特勒，地点选在巴特戈德斯贝格（Bad Godesberg）。但是谈判并未能够取得英国首相期待的成果。希特勒坚持国防军立即出兵，同时还要满足受他鼓动的匈牙利和波兰的领土要求。张伯伦对这些要求无所适从，但他并不想落得一个受到勒索而屈服的罪名。谈判还在进行中，9月23日深夜传出捷克斯洛伐克发动总动员的消息。尽管形势急转直下，但是张伯伦依然同意把德国名为《备忘录》的最后通牒转达给布拉格政府。希特勒为无条件接受最后通牒设定了期限：9月28日下午14时。

9月26日，希特勒收到了捷克斯洛伐克政府拒绝其要求的消息，世界大战似乎一触即发。几天前，英国舰队进入战争状态，法国后备役军人应征。9月26日，英国政府宣布，一旦采取对捷克斯洛伐 / 855

克的军事行动，英国将会支持法国。当天夜间，希特勒在柏林体育宫（Sportpalast）的讲话中向贝奈斯发出最后通牒，要他在和平与战争之间做出抉择。德国所有广播电台播放了这次讲话。讲话中，希特勒强调，苏台德地区是他对欧洲的最后一次领土要求："我们并不想要捷克。"这次狂热的讲话收获了暴风雨般的掌声。但是体育宫里的气氛并非代表德国人民。根据官方报道，德国人没有丝毫战争热情，到处是保持和平的渴望。

体育宫讲话的第二天，9 月 27 日，希特勒发布命令集结第一批进攻部队，对 19 个师发出动员令。德国叛逆者们认为事态严重，很可能第二天就会爆发战争。但是"进攻命令"的信号却迟迟未来。9 月 28 日，就在德国对捷克斯洛伐克的最后通牒期限结束前，墨索里尼受张伯伦和罗斯福之邀，由意大利出面调停。他请求希特勒将德国总动员的时间推迟 24 小时。

德国与意大利在 1936 年 10 月签订了柏林 - 罗马轴心国协议，希特勒无法拒绝这位意大利"领袖"的建议，因为他并不想在全世界和德国人民面前扮演一个战争发动者的角色。于是他下令推迟进攻时间。数小时之后，他接受张伯伦的建议，召开国际会议解决苏台德地区争端。但是他对此建议做了重要的改变：第二天上午，他邀请张伯伦、达拉第和墨索里尼在慕尼黑会晤，但是并未邀请贝奈斯，而英国首相的本意是让捷克斯洛伐克的政府首脑出席这次会议。

9 月 29 日，四国国家和政府首脑在巴伐利亚州首府会晤。谈判结果与德国"元首"在戈德斯贝格提出的要求非常接近。捷克斯洛伐克必须在 10 月 1 日开始退出德意志地区，并且在 10 月 10 日完成这一工作。从 10 月 1 日开始，德意志国防军将逐步进入被撤离的地区。在多民族混居地区原来打算进行全民公投（后来放弃了这一点）。此外，还给边境那一边的德意志人和边境这一边的捷克人进行选择定居的权利。英国和法国保证，捷克斯洛伐克在被动卷入战

/ 856

争时剩余领土完整，而德国和意大利本来打算把这个保证和解决波兰以及匈牙利少数民族问题一起来谈，但最后并未遵守这一允诺。

这次会议上，希特勒是赢家，但是从另一个角度讲也是输家。他再次不费一刀一剑地将德意志人居住的地区归属到了德国，可以再次吹嘘他那大政治家的天赋。但是，他骨子里的野心要远远大于吞并苏台德地区。他想让国防军长驱直入布拉格，彻底占领捷克斯洛伐克，将波希米亚和摩拉维亚据为己有。由于墨索里尼出面调停，他未能达到这一步。也许他能够不发动战争，或者仅仅发动一场欧洲规模的战争就能达到这一目的。但是德国人在1938那年秋天并未做好这个准备。9月26日下午，希特勒命令一个机械化师在大街上驶过，他从帝国总理办公室看下去，发现柏林人对此的反应非常冷漠甚至担忧。“我不能带领这样一个民族去打仗”，希特勒自己这样承认道。慕尼黑人对张伯伦和达拉第报以掌声，这再次说明了德国人民喜爱和平。从这个角度来看，《慕尼黑协定》对于希特勒来说是一个非常令人钦佩的结果。

西方民主国家的政府首脑从慕尼黑返回家乡的时候受到鲜花的簇拥和人们的欢呼。大部分英国和法国报纸对会晤表现出极大的热情。张伯伦认为，他与希特勒签署的文件表明了两国人民不再打仗和通过协商来解决争端问题的决心。这一份协议是近期内和平的保证（“我们这个时代的和平”）。

在下院，英国首相不仅要听来自工党的尖锐批评，甚至保守党内的朋友安东尼·埃登、达夫·库珀和温斯顿·丘吉尔也提出了批评。为了表示抗议《慕尼黑协定》，库珀甚至辞去了海军大臣的职务。10月5日，丘吉尔把会议的结果描写成希特勒史无前例的敲诈的胜利。英国人民必须知道：“我们经历了历史上一个可怕的里程碑，全欧洲从此丧失了平衡，这是对西方民主可怕的宣判：‘人家把你放在秤上称重量，觉得你轻如鸿毛。’你们千万不要相信，这一幕就此结束了。这只是清算的开始，这只是苦药的第一口，让你尝尝味道。今后年复一年永无尽头。我们必须要像从前那样重整道德健康，重整旗鼓，鼓起勇气为自由而战。”

下院经过4天的辩论于10月4日进行投票，其中366名议员赞同，144名议员反对首相在慕尼黑的表现。反对票来自工党和自由党，80名保守党员，其中包括丘吉尔、埃登、库珀和1957年至1963年担任首相的哈罗德·麦克米伦，投了弃权票。对于张伯伦来说，慕尼黑会议还带来了另一个令人惊喜的结果：4月16日，张伯伦政府与意大利签订了一项协议，两国保证在地中海目前的状态不变。但只有当意大利从西班牙撤军之后这个协议才生效。墨索里尼在意大利向张伯伦宣布从西班牙撤走1万名意大利士兵，为英国-意大利的地中海协议生效创造积极条件。英国首相认为，至少意大利不再会听从佛朗哥指挥在共和国一派的港口袭击英国船只。1938年11月16日，当共和国人士在埃布罗河（Ebro）进行最后的撤退战役之时，这个协议开始生效，尽管此时此刻还有12000名意大利精英部队的士兵在西班牙的“民族”分子一边作战。

在法国，新闻界和议会对慕尼黑协定的看法不一，一向忠实于政府的盟友共产党人这次站了出来。而极右派则对政府颂扬有加。10月4日在对达拉第的外交政策进行表决的过程中，535名议员表示拥护政府，其中包括莱昂·布鲁姆的社会主义党议员（1名议员除外），而75名议员投了反对票，3名议员弃权。反对票来自73名共产党人、社会主义党议员让·博海（Jean Bouhey）和右翼党议员亨利·德·凯里利斯（Henri de Kerillis）。比达拉第更加忠实捍卫对德国采取“绥靖政策”的外交部部长博内认为有必要与捷克斯洛伐克外交部部长联系。他在10月2日的信中对捷克斯洛伐克“深表同情”，“在这民族经受沉痛考验之时，我时时刻刻都在关注您高尚和果敢的行动”。一项民意调查显示，并非所有法国人都对政府和议会多数议员表示赞同。57% 的被询问者表示赞同，37% 的人表示反对。法国和英国未来是否应该抵制希特勒的要求，对于这个问题，有 70% 的人赞同，只有 17% 的人反对。

《慕尼黑协定》导致了法国人民阵线同盟的最终瓦解。法国共产党说“不”之后，无论达拉第如何敦促，激进党都拒绝再和共产党人共事。此后不久，社会主义党人也放弃从政而走向在野。原因是 11 月 1 日新上任的财政部部长保罗·雷诺推行一条严格的财政路线，发起宣传攻势反对每周 40 小时工作制。（雷诺的财政措施奠基于授权法，而在 10 月 4 日对授权法的投票中，工人国际法国支部成员投了弃权票）。总工会联盟于 1938 年 11 月 30 日发起的总罢工，不能说是失败，但是距离成功甚远：只有不到一半的工人参加了这次罢工。 / 859

到年底的时候，慕尼黑协定使得工人国际法国支部产生了隔阂。总书记保罗·福雷坚持对德国继续实行温和政策，而党团主席莱昂·布鲁姆则不再顾忌全世界裁军的信念，要求对侵略者实施反抗。他的这一主张非常接近党内左翼首领让·茨罗姆斯基（Jean Zyromski）。12 月在巴黎郊区蒙鲁日（Montrouge）召开的社会主义党人特别会议上，以勉强的多数通过了布鲁姆的决议。总工会联盟也发生了类似的分裂，而以莱昂·儒奥（Léon Jouhaux）为首的《慕尼黑协定》反对者于 11 月中旬在南特（Nantes）召开的工会会议上获得了三分之二会员的支持。由于总罢工不成功，在野党四分五裂，达拉第政府可以不受阻碍地继续对德国采取和解政策。12 月 6 日，外交部部长博内和里宾特洛甫在巴黎签署了互不侵犯条约。德国在条约中宣布永久承认与法国现有的边界。张伯伦 10 月 1 日在慕尼黑也打算和希特勒签署一个双边和平意愿的意向书。当然，这份文件的价值和上述法国德国互不侵犯条约的价值一样：一文不值。

对于《慕尼黑协定》中的主角捷克斯洛伐克来说，协议的签署是一场灾难。西方国家逼迫捷克斯洛伐克向希特勒投降。直到谈判结束后，英国人和法国人才向前往慕尼黑的捷克斯洛伐克代表正式宣布了决议的内容。这不仅仅意味着捷克斯洛伐克将丧失主要由德意志人居住的地区，就在9月30日午夜来临之际，布拉格还收到了波兰提出的最后通牒，要求在10月1日中午12点让出切申周边地区。捷克斯洛伐克政府默许。10月2日，波兰军队占领了有争议的地区。在波兰，与德国配合的行动受到百姓的欢迎。11月，执政党民族阵线在有67.4%选民参加的新选举中几乎囊括了所有参议院席位，在众议院的208个席位中赢得了161个。

10月5日，就在波兰人进驻切申地区后的第3天，捷克斯洛伐克总统贝奈斯退位。11月2日捷克斯洛伐克共和国不得不屈服于德国、意大利两个轴心国的（第一）维也纳仲裁裁决，将斯洛伐克南部匈牙利人居住的大部分地区割让给匈牙利。11月19日，布拉格制定出法律框架，肯定了已经成为事实的斯洛伐克剩余地区和喀尔巴阡－乌克兰地区的自治权。

除了法国以外，苏联可以算作捷克斯洛伐克最重要的盟友了。但是苏联并未被邀请参加慕尼黑会议。在这场欧洲秋季危机中，苏联得出结论，资本主义国家很容易克服民主和法西斯这一对矛盾，最后共同把矛头直指苏联。10月4日，苏联副外交人民委员波将金（Potjomkin）对法国大使考仑德雷（Coulondre）解释道，此时此刻苏联没有其他办法，只得与德国进行和解。事实上，把慕尼黑会议参与国家连接在一起的，正是一股与东方的革命国家相对立的势力。对伦敦和巴黎而言，政府的反布尔什维克主义是防守型而不是进攻型的。而另外三个强权国家推行反苏政策是进攻型的：这就是1936年11月缔结成反共产国际协议的纳粹德国和日本，还有一年之后加入这个协议的意大利。

斯大林感觉受到威胁是有道理的。当然，苏联也在向别人发出威胁。如果德国敢于进攻捷克斯洛伐克，苏联就以出兵波兰相威胁。

莫斯科认为，在事态严重的情况下人家是不会给予苏联红军以通行的权利的。莫斯科通过共产国际表示支持捷克斯洛伐克共产党人，并且有意图将一场国家的防卫战转化为中欧范围的大内战，最终夺取无产阶级革命的胜利。希特勒的反布尔什维克主义在西方民主国家获得反响，也是对斯大林政策所产生的回应。他在苏联搞大清洗，发动内战宣传，并且在苏联边境以西的地区促动共产国际，大搞革命运动。

苏联利用欧洲战争强大自己，这个威胁西方民主国家政府很清楚，即便是1938年陷入重重危机的布拉格政府也很清楚。但是面对来自纳粹德国的危险，英国绝大部分保守党人和法国有权有势的资本主义党派却睁一只眼闭一只眼。而且，在这两个国家里公众社会的大多数人士都不愿去正确面对这一严重威胁。

1938年秋天，以丘吉尔为首的不畏冲突的现实主义者们是可以把多数政治家引导到自己的队伍中来的。这些人在必要的时候随时准备对希特勒发动武装进攻。但是问题在于，这样一个坚定主战的政府是否能够获得英联邦成员国的支持。也许一个日益沉浸在绥靖政策幻想中的政府需要经历一次失败，才能看清危险的局势。为了抵御侵略者极其危险的进攻，西欧民主国家不仅要进行军事武装，还必须竭尽全力团结一致。但在1938年9月只有极少数人认识到这一点，因此才自然而然地导致了慕尼黑的道德溃败：牺牲中东欧唯一一个尚存的民主国家，把它送上所谓现实政治的祭坛。[15]

1938年11月9日德国犹太人大屠杀的前因后果和过程

受德国的越境行动带来灾难最深重的人群是犹太人。奥地利合并后有19万名犹太人落入纳粹的手中。正如索尔·弗里德兰德（Saul Friedländer）所说，如今成为帝国“东线马克”（Ostmark）的这块土地上，对犹太人的迫害真是变本加厉。在奥地利反犹主义者的老巢维也纳，犹太人遭到了此前在德国没有经历过的迫害。“当众羞辱越来越不堪入目和惨不忍睹，没收财产的行动日益有组织化，强迫移民的速度越来越快。看样子奥地利人的反犹太人行动要比老帝国的公民更加起劲儿。在国防军还没有越过边境之前，暴力行动就开始了。尽管官方努力控制不要使其发展成打砸抢的流氓行为，但是这种行动还是持续了几周。暴徒们在公开侮辱犹太人的场合中寻欢作乐。来自各个阶层不计其数的无赖，要么穿上党的制服，要么随便戴上一个卐字袖标，对犹太人实施大规模的威胁和恐吓：从遭到惊吓的犹太人手中掠夺钱财、首饰、家具、汽车、住宅和企业。”

/ 862

1938年3月至11月，政府部门把大约5000名犹太人遣送到捷克斯洛伐克、匈牙利和瑞士。此外，犹太社区还被迫出资帮助那些比较贫困的犹太人通过合法的渠道移民。在那些经过官方机构正式批准出国的人员里，包括82岁高龄的西格蒙德·弗洛伊德。1938年6月，他在离境前还不得不宣布，他从未受到虐待（他在陈述中还加上了一句讽刺的话：“我愿向任何人推荐盖世太保。”）到了1939年大约有10万名犹太人离开了奥地利，人数超过了奥地利被合并时犹太人总数的一半。在强迫移民的同时，犹太人财产的“雅利安化”也齐头并进。这一自1936年开始的行动速度越来越快，与老帝国相比，这一行动在奥地利更加快速，更加系统化。

犹太人的大批遣返和出走使犹太移民问题成为一个国际化问题。在美国总统罗斯福的倡议下，1938年7月在日内瓦湖法国一侧的依云（Evian）召开了一次会议。来自 32 国的代表出席了会议，会议的宗旨就是解决犹太人的移民问题。然而，正如弗里德兰德所说的那样，会议从一开始已成定局：请柬上明确说明，不期待任何一个国家接受比本国法律所允许的移民数量更多的犹太人。这里也包括美国在内，美国严守 1924 年制定的严格的移民法。这次会议除了从“外部”发出人道主义呼吁之外，没有得出什么具体结果。值得一提的只有一个在美国人乔治·鲁布利（George Rublee）领导下成立的跨国性移民问题委员会。这次会议的失败使得纳粹分子气焰更为嚣张。因为没有一个国家愿意为犹太人而更改本国的移民政策，《人民观察家报》打出了凯旋式的标题《谁也不想要他们》。9 月 12 日，希特勒在纽伦堡的党代会上宣布，那些人口稀疏的民主大国除了向犹太人提供“道德”援助外，其他一无所有。

在吞并奥地利之前，德国就有激化反对犹太人政治的迹象。1938 年，所有犹太人被迫上缴护照。只有打算移民的犹太人才能得到新护照。4 月，政府对犹太人发布新命令，要求他们公布自己的财产。6 月，1935 年的《帝国公民法》多了一项规定，定义一家企业在什么时候被视为“犹太”企业。1938 年 7 月 6 日的一项法律列出今后不允许犹太人经营的商业类别，其中包括不动产经纪人的职务。汉斯·格罗布克（Hans Globke）是帝国内政部的一个处长，后来成为康拉德·阿登纳手下的联邦总理办公室主任，1938 年 8 月 17 日，他拟出了一项规定。所有犹太人，如果自己的名字中没有犹太人特有的名，就必须再加一个名，叫作“伊斯雷尔”（Israel）或“萨拉”（Sara）。这项规定于1939年1月1日开始生效。9月30日起，不再发放犹太人行医许可。与此同时，戈培尔作为柏林大区（Gau）区长颁布了把犹太人驱逐出帝国首都的命令：党员们听从号召，穿着便衣在犹太人商店的橱窗上涂鸦“犹太人”字样，并且画上六角星。从秋天开始，帝国很多地方爆发了排犹事件。慕尼黑和纽伦堡的犹太教堂被付之一炬。

其他国家也参与了歧视犹太人的活动。继波兰之后，匈牙利于1938年5月通过了第一项反犹太人法律，时间比法西斯意大利还要早。但是，实施反犹太人措施的，不仅仅是那些专制或独裁的政府。被纳粹分子强制实行的犹太移民措施，使瑞士尤其感觉受到威胁。1938年5月28日，就在奥地利合并两周之后，伯尔尼的联邦会议决定，奥地利护照持有者在入境前必须要申请瑞士签证。当奥地利护照被德国护照取代之后，这项决议扩展到所有德国护照持有者身上。不可避免的结果是，瑞士公民在进入德国时也需要办理德国签证。为了改变这个意想不到的状况，瑞士向柏林的保安警察总署（后更名为帝国安全总署）建议，在犹太人的护照上做上特殊标记。德国机构积极响应，在犹太人的护照上盖上一个红色的大写字母“J”的印章。这项新规定于1938年10月4日开始生效。根据伯尔尼的官方报告，瑞士警察可以在边境上检查，“德国护照持有者是雅利安人还是非雅利安人”。

德国军队进驻苏台德地区后，在那里生活的犹太人被赶到依然属于捷克斯洛伐克的地区，而布拉格当局则以驱逐这些人做出回应。匈牙利拒绝接受这些遭驱逐的犹太人，结果数万名犹太人被迫来到多瑙河畔介于捷克斯洛伐克和匈牙利的无人区。他们在那里搭起了临时帐篷，生活难以为继。

被逐出苏台德地区的犹太人仅仅是大批犹太人遭遇的前兆。根据1933年的人口普查，有56000多名波兰犹太人生活在德意志帝国。华沙政府于1938年1月31日颁布了一项法令，专门阻止人的遣返。这项法令允许当局撤销在外国生活的波兰公民的国籍，只要这些人符合某些条件，就会丧失波兰国籍，而这些条件又是专门为犹太人而设的。10月，波兰又追加了一项更为严格的命令，如果外国波兰侨民在月底之前不能出示特别的入境许可的话，他们的护照将被吊销。没有获得许可的波兰侨民，从1938年11月1日起成为无国籍游民。

德国方面决定立即行动。根据“帝国党卫军司令和德国警察指挥官”海因里希·希姆莱的命令，所有居住在德国的波兰籍男性犹太人必须在10月29日前被遣返回波兰。（与这些男人有亲缘关系的妇女和儿童当然也一起遣返。）但波兰边防警察又把这些遣返的犹太人驱赶回来，所以这些犹太人在边界的无人地带来回游荡，得不到食物补给。最后，大部分犹太人被押解到兹邦申（Zbaszyn）的波兰集中营，剩余部分重又返回到德国。

1938年10月底被驱逐出德国，并被送到兹邦申的16000名波兰犹太人中，有一家名叫格林斯潘（Grynszpan）的犹太人来自汉诺威，这家人里面的一个成员，17岁的赫舍·格林斯潘（Herschel Grynszpan）当时非法居住在巴黎。他从姐姐那里得知自己家人的悲惨境遇，决定要用特殊方式进行抗议，让全世界都知晓这件事。他买了一把手枪，11月7日来到德国大使馆，射杀了一等秘书恩斯特·冯·拉特（Ernst von Rath）。这位德国外交官身受重伤，于11月9日中午身亡。

巴黎事件让纳粹分子抓住把柄大张旗鼓地掀起犹太人大屠杀运动。这是继1348年至1350年鼠疫时期屠杀犹太人以来最大的一次屠杀高潮。就在恩斯特·冯·拉特死去几个小时之后，整个德国的犹太教堂都燃起了熊熊大火。267间犹太教堂被摧毁，7500家犹太人商店被砸烂。至少有91名犹太人被打死。数百名犹太人自杀或在集中营被折磨而死。数万名有钱的犹太人被抓到集中营，在那里听从发落。

戈培尔和正在慕尼黑逗留的希特勒商量之后发出了“碎玻璃之夜”（Reichskristallnacht，又译为水晶之夜）的大屠杀信号。当时，希特勒为参加每年一度的纪念1923年“统帅堂游行”（Marsches zur Feldherrnhalle)[①]活动，专程来到慕尼黑。参与这个残暴活动的有冲锋队、党卫军和不计其数的纳粹党员，这次行动成了德国有组织反犹太人活动的开端。广大老百姓几乎没有参与这次活动，对这次打砸抢活动也没有表示赞同。“从他们的面孔上很难看出他们在想什么，”慕尼黑的一篇报纸这样写道，“间或听到一两句幸灾乐祸的话，但是也偶尔听到一两句憎恶之语。”巴特特尔茨（Bad Tölz）旁边的小镇赫尔布伦（Heilbrunn），有一部分旁观者“支持反对犹太人的行动，另一部分人对此视若无睹，还有些人甚至对犹太人表示同情，尽管他们没有公开说出来”。德国社会民主党在帝国的亲信向逃亡海外的党总部汇报的时候说：“德国绝大部分老百姓对这些行动深恶痛绝。”在此期间，德国社会民主党的流亡总部已经从布拉格搬到了巴黎。

民主国家，特别是英美两国的报界详细报道了德国 1938 年 11 月 9 日至 10 日这一夜发生的事件，口气中充满了震惊。但是只有一个国家做出了强烈的反应。美国总统罗斯福把美国大使休·罗伯特·威尔逊（Hugh R. Wilson）召回华盛顿汇报时局，然后就把他从柏林彻底召回。大使一职就此空缺，直到 1941 年 12 月德国向美国宣战，大使馆彻底关闭。在 11 月 15 日（就在同一天，美国大使威尔逊向里宾特洛甫进行告别拜会）的新闻发布会上，罗斯福对德国大屠杀之夜表示愤慨。他从来不能想象，“这样的事能够发生在二十世纪的文明世界里”。前任总统赫伯特·胡佛、内政部部长哈罗德·伊克斯和各界宗教领袖在全国广播中对德国新一轮迫害犹太人的浪潮表示愤慨。从此之后，美国在柏林成了世界犹太人的中心。

11 月 10 日，戈培尔下令停止屠杀。帝国人民启蒙和宣传部声称，国家将通过法律的手段给犹太人以最后的回应。11 月 12 日，

---

① 即啤酒馆暴动。——译者注

第一批法令出台。德国犹太人必须要缴纳10亿帝国马克“赎罪金”，自己承担店铺重建的费用，通过保险可以得到的金额统统上缴给帝国。将犹太人逐出经济生活的法令规定，犹太人不得从事零售业务、邮寄业务、订货业务，不得独立经营手工业企业。在1939年1月1日之前，犹太人不得不出售自己的不动产、企业、股票、首饰和艺术品。犹太人因此得到的报酬如此之低，几乎和没收入没有区别。这场“雅利安”运动把巨额财产重新分配到了非犹太人的竞争对手那里。这场财产再分配所产生的影响一直延续到现在。

犹太人财产“雅利安化”的同时，还出台了一系列侮辱性的措施。犹太人不得进入游泳池、电影院、剧院、音乐厅和展览馆，不得乘坐“雅利安人”乘坐的火车车厢。犹太人不再允许拥有金、银、宝石和无线电，犹太人的电话和驾驶执照都被没收。犹太人被聚集到“犹太人住所”中，进行强制劳动。德国学校不再允许犹太儿童进入。犹太人不再享受公共福利。

1938年至1939年交替之际，对犹太人进行社会隔离的工作几近完成。但是到底对这些犹太人如何处置，还没有做出决定。根据1939年5月的人口普查统计，共有21.4万名犹太人生活在“大德国”。1939年2月成立了帝国犹太人出境中心。这个机构归莱因哈德·海德里希（Reinhard Heydrich）领导的保安警察管辖。这个中心成功将德国犹太人的数量减少了3万。但是，没有国家乐意接受贫穷的德国犹太人。阿拉伯世界对轴心国日益亲近，英国从1939年春天开始几乎封锁了犹太人进入巴勒斯坦的路径。因为上述种种原因，德国想利用强制出境来快速全面解决“犹太人问题”的可能性几乎不存在。

但是，纳粹上层要解决德国犹太人的决心丝毫未受动摇。1939年1月5日，希特勒在贝希特斯加登接见波兰外交部部长约瑟夫·贝克的时候说：他决心已定，要把“犹太人赶出德国”。“现在还允许他们带走一部分财产，……他们迟疑越久，能带走的财产就越少。"3周之后，1939年1月30日是所谓"夺权"（Machtergreifung）6周年纪念日，这一天希特勒向帝国议会宣布，他这一辈子经常预言，现在他再当一次预言家："如果全世界包括欧洲和欧洲以外的犹太富豪能够再次把各国人民带进一次世界大战，那么结果将不是全球的布尔什维克化，也不是犹太人的胜利，而是犹太种族在欧洲灭绝。"[16]

德国未来的政治走向已经在1938年末的两次秘密讲话中初见端倪。11月8日，希姆莱在党卫军最高官员出席的会议上宣布，“元首”将要“创建一个大日耳曼帝国……这将是人类历史上规模最大的帝国，是地球上能见到的最大帝国”。对于希姆莱来说，这是唯一的抉择：“要么建立大日耳曼帝国，要么万念俱灰。”两天之后，希特勒在精心挑选的德国媒体代表面前解释道，政府的和平宣传是出于外交政治的原因，迫不得已的，但这种宣传“存在很多问题”，并且已经过时了。现在有必要“扭转德国人民的心理，让他们明白，如果用和平的方式不能达到目的，则必须采用武力”。

不仅仅是希特勒的和平宣传有些地方“存在很多问题”。还要考虑到如何再教育人民去进行战争准备。20世纪30年代后期德国人的生活中尽管有希特勒青年团、国家劳役团和义务兵役制，但是政府在社会上取得的成果也是显而易见的：工作岗位日益稳固，一系列的社会改善措施得以实施，这些措施特别让妇女和家庭受益匪浅。最受德意志劳工阵线欢迎的是“力量来自欢乐”向大众提供业余休闲活动。大众并不想把大量钱财用到征服战争上，而更情愿花在“力量来自欢乐”组织的挪威游轮之旅，或者甚至购买一辆“大众汽车”上。

1938年，老帝国的失业人口为40万，是就业人口的1.9%。失业人口的下降与军火工业有多大关系，没有庞大的军费开支个人收入会提高多少，帝国马克如果可以与其他货币兑换到底值多少钱，物价、工资、房租如果按照市场供求的法则而不是国家规定到底会是多少，所有这一切只能靠人去猜测了。不管怎样，辛辛苦苦挣来的钱当然不能随便乱花。绝大部分德国人在1938年底当然不会想到，他们的“元首”要打仗。根据官方的民调报道，在绝大多数

“人民同志”（Volksgenossen）的眼里，《慕尼黑协定》证明了希特勒有能力不用战争就解决最棘手的国际危机。

就在希特勒和希姆莱发表秘密讲话的同时，德国武力扩张的路线已经制定完毕：10 月 21 日，希特勒发出“解决剩余捷克地区”问题的命令，并且命令占领梅梅尔地区，这一地区 1923 年被立陶宛占领，1924 年开始自治。11 月 24 日，希特勒又补充命令，为占领但泽自由市做准备。根据《凡尔赛条约》，但泽自 1920 年以来受国际联盟保护。

除了但泽问题，波兰也开始引起德国扩张政策的关注。10 月 24 日，德国外交部部长冯·里宾特洛甫约见波兰大使利普斯基。谈话最重要的几点内容是：将但泽归还给德意志帝国，建立东普鲁士和帝国其他地区的境外交通渠道，索要但泽地区一个自由港口并且建立通向港口的境外交通渠道，延长互不侵犯条约 25 年，波兰加入反共产国际同盟。即便是满足了德国的建议，波兰充其量是向苏联开战前的一个马前卒，同样也是前途未卜。这样一个远景等同于波兰自我放弃。

1939 年 1 月 5 日，希特勒在贝希特斯加登约见波兰外交部部长约瑟夫·贝克，以稍加改变的方式再次提出了这些要求。贝克尽管没有斩钉截铁地拒绝，但是指出波兰公众舆论是不会答应但泽自由市消失的。3 周之后，冯·里宾特洛甫安排了于 1 月 25 日至 1 月 27 日访问华沙。在此期间，波兰方面明确回绝了德国的要求。尽管冯·里宾特洛甫提议，共同攻占苏联管辖的乌克兰，但是以莫希齐茨基总统、雷兹－希米格维元帅和贝克为首的波兰首脑认为，这一点并不能改变他们的立场。“我们可不是捷克人”，波兰外交部部长这样告诉他的德国同行。

1939 年 2 月 10 日，希特勒向军队指挥官宣布，他决意开战。1938 年取得的成就仅仅是通往更加雄心勃勃目标路上的中间站。

“1918年战败的时候，欧洲人数最多的民族丧失了政治权力。因此这个民族要不惜一切手段，采用任何方式来实现其最重要和最自然的生存需求。这个民族不仅仅是欧洲最强的民族，而且……也是世界最强大的民族。”“我们要坚持本民族的利益，今后数百年我们种族的命运就在今天落到了我们手中……我们不能够逃脱责任，我们必须采取行动，用我们的行动来构造德国的未来……《威斯特伐利亚和约》签订以来，我们走上了一条从世界强国到日益贫困，直至政治瘫痪的路。”1933年德国开始的振兴之路不是已经结束，而是刚刚开始。希特勒坚信，“下一场战争将是一场世界观之战，这就意味着，这会是一场有意识的民族和种族的战争”。

1939年2月10日的讲话，一语道破了希特勒纲领与威廉皇帝时代老派精英本质上的区别：老派精英想把时代逆转到第一次世界大战之前，而希特勒想把时代逆转到三十年战争之前。老派精英认为自己代表着德意志的利益，希特勒却认为只有自己持有唯一正确的民族社会主义世界观。当希特勒说起“世界强国”时，他用了一个大家耳熟能详的概念。但是，作为世界最强民族的首领，他远不能满足于和其他世界强国并驾齐驱的状态。他的帝国必须是最强的世界帝国，是能够统治世界的强国。在这种情况下，希特勒于1939年1月底命令建造一支庞大的潜水艇舰队，并在3月下令开始建立帝国殖民地总署的筹备工作。

2月12日，就在发布秘密的基本原则讲话两天后，希特勒接见了斯洛伐克政治家沃伊捷赫·图卡（Vojtdch Tuka）。此人在1929年因叛国罪被判处长期监禁。谈话中，希特勒告诉图卡，他赞成斯洛伐克的独立运动。此时此刻，希特勒的决定已下：要在最短时间内“解决剩余捷克地区”的问题。实际上他是借助斯洛伐克分裂主义者的力量来实现自己的目的。3月14日，斯洛伐克宣布独立。

当天夜间，希特勒把捷克斯洛伐克共和国总统贝奈斯的接班人伊米尔·哈卡（Emil Hácha）叫到柏林，强迫捷克斯洛伐克无条件投降。第二天早晨，哈卡和外交部部长赫瓦尔科夫斯基（Chvalkovský）在一项“协议”上签了字。协议内容为，捷克斯洛伐克总统宣布，“为了实现永久的和平，总统把捷克斯洛伐克人民和国家的命运充满诚信地交到德意志帝国元首的手中”。

德国国防军立即进入“剩余捷克”地区。3月16日，希特勒在布拉格的哈拉卡尼古堡宣布建立“波希米亚和摩拉维亚保护国”。3月18日，德国外交部前部长牛赖特被任命为保护国总督，拥有无限的权力，而国家总统哈卡今后则完全依靠“元首和帝国总理”的诚
/ 872 信了。3月18日，斯洛伐克与德意志帝国签署了一项保护协议，协议把新成立的国家与德国紧密连接在一起，在外交、军事、经济和财政上更是如此。

波希米亚和摩拉维亚保护国有着雄厚的工业能力，这对德国的军备经济来说真是如虎添翼。纳粹分子巧妙利用捷克斯洛伐克人民，把他们拉进剥夺犹太人财产并系统地使其雅利安化的行动中来。用这种办法让捷克斯洛伐克人顺从起来。瓜分“剩余捷克”的行动在军事上获得的最大优势是苏联设在中欧的“航空母舰”现在被清除了。这是德国宣传攻势中经常引用的说法。从这一年春天起，德意志帝国战略优势咄咄逼人，似乎德国在东南欧中部的霸权已经永远万无一失了。

从多个角度来讲，“布拉格”都是一个转折点。希特勒在他的第三次越境行动中，逾越了德意志民族国家定义的界限：这就是德意志民族的所属范围。由于德国把捷克斯洛伐克的捷克部分定义为波希米亚和摩拉维亚保护国，因此德意志帝国就不再是一个民族国家了。在这一点上，德国开始有别于他国了。“帝国”的概念现在有了新的含义，而这个含义又与非常古老的含义相同。卡尔·戈特弗里德·胡戈尔曼（Karl Gottfried Hugelmann）是一个奥地利法律

史学家，1935 年开始他在威斯特法伦的明斯特教书，他是一个坚定的大德意志拥护者。1940 年，他在《德意志命运转折中的人民和国家》（*Volk und Staat im Wandel deutschen Schicksals*）一书中写道，如果在中世纪，“大小、权力和尊严”是帝国的“根本标志”的话，那么这个尊严是建立在“使命的意识”基础上的。因此，把捷克人民“并入”德意志帝国，对于帝国这个概念来说是恰当的和有意义的。他还强调，“把波希米亚和摩拉维亚保护国并入大德意志帝国……更加显示出帝国的特性”。

1939 年，国家学说法学家卡尔·施米特在保护国建立后不久撰写了《国际法之大空间秩序与外部空间权力的禁止干涉》一文。这是 4 月 1 日他在基尔大学所做报告的扩展版。他在这篇文章里用德语来解释帝国的含义。“德语把大规模且历史悠久的组织体称为帝国，如波斯帝国、马其顿帝国、罗马帝国、日耳曼各民族及其对手的帝国，等等，它们在特定的含义中一直被称为‘帝国’。”欧洲中部的德意志帝国“处于西方自由民主的各民族自我同化的普遍性和东方布尔什维克世界革命的普遍性之间”，因此“在两个阵线上都要捍卫非普遍性的、有民族特色的、尊重各民族的生活秩序”。帝国的国际法律概念是“受一种特定的世界观思想和原则约束的大空间秩序，这种秩序禁止外部国家的干涉。这种秩序的保证和捍卫任务由一个能够担当的民族来完成……新国际法的新秩序概念就是我们所说的帝国这个概念，它的出发点就是由一个民族担当的有民族特色的大空间秩序”。

希姆莱身边的纳粹法学家指责施米特是用 1823 年“门罗主义”的德国式翻版来敷衍了事，而且在世界观上也没有依据。帝国元首党卫队保安局（Sicherheitsdienst des Reichsführers SS，简称 SD）的人事和组织处处长维尔纳·贝斯特（Werner Best）于 1939 年 8 月对在国际法的民族意义上到底有没有“法”可言提出质疑。“每一个民族存在的目的就是自我生存和自我发展，因此只去关注为了这一目的而行动的尺度。在对待其他民族的问题上，一个民族不可能去遵循不考虑自我生存目的的规则。”这就是说，希特勒的帝国不能仅仅拥有一个比其他国家和民族在“他们的”大空间里更高的权力。只有帝国至上，其他国家和民族对于这个帝国根本就没有什么可以引用的法律和权力。

对于西欧两个最大的民主国家来说，1939 年的“三月厄运”① 是一个分水岭。残暴践踏《慕尼黑协定》的举动引起了英法两国的愤怒，而法国人更是义愤填膺。几乎所有的媒体和以总理达拉第为首的绝大多数政治家都主张对希特勒采取强硬措施。一如既往地避免与德国抗衡的外交部部长博内在内阁中被孤立起来。3 月 17 日，英国首相张伯伦在其 70 岁生日前夕发表讲话。在伯明翰的保守党员会议上，张伯伦强调，肢解捷克斯洛伐克的做法是德国政府在粗暴践踏《慕尼黑协定》，并完全无视对自己的指责。出于恐惧，他还提出了一连串问题：“这是一段历史的终结还是新历史的开端？这是最后一次侵占一个小国家还是将会有更多的侵占行动？难道这真是用武力征服世界而迈出的第一步吗？”

/ 874

3 月 21 日，英国对德国的侵略行径做出了第一步反应：建议与波兰签署咨询条约，并且让法国和苏联一起加入。就在同一天，冯·里宾特洛甫向波兰发出最后通牒，要求将但泽归还给德国，并且在东普鲁士飞地和德国其他地区之间建立跨领地的联系。两天之后，德国在强迫立陶宛同意的情况下，将军队开进梅梅尔地区，使其成为帝国的一部分。就在同一天里，即 1939 年 3 月 23 日，德国与罗马尼亚缔结了一项贸易协议。贸易谈判从 2 月 23 日就开始了。在谈判中，柏林向对方施加了巨大的压力，因此在协议中得到了很多好处。

---

① Iden des März，欧洲流行的罗马恺撒遇刺的比喻。——译者注

面对德国向斯洛伐克、立陶宛和波兰施加的敲诈勒索式压力，波兰于 1939 年 3 月 23 日做出了反应。华沙开始调动部分兵力：三个师和一个骑兵旅在西部边境地区集结。两天之后，波兰正式拒绝德国于 3 月 21 日提出的要求。3 月 31 日，张伯伦在下院发表一项声明，保证波兰国家独立，但并未强调波兰的边境不受攻击和领土完整。此后，法国立即响应，参与到这项申明中来。波兰外交部部长贝克在访问伦敦时，成功地把英国的单方面保证转化为一个临时性军事互助协定。贝克并不想得到苏联同样性质的帮助。尽管波兰和法国早在 1924 年就已结盟，贝克也不想让法国参与进来，来一个三国互助。5 月 5 日，波兰外交部部长在议会上进行了一场著名的讲演，他以纲领性的方式表述了国家的重要性："和平是珍贵的，令人向往。我们这一代人经过战争和鲜血的洗礼，享受一个和平时期是理所当然的。和平就像世界上所有的东西一样，有一个高昂的价格，但是这个价格应该是可估算的。我们波兰人不会不惜一切代价去享受和平。各民族、各国家的生命里只有一样东西是无价的，这就是尊严。"

波兰和英国签署临时性军事互助协定后的一天，即 1939 年 4 月 7 日，意大利军队开进阿尔巴尼亚。阿尔巴尼亚国王索古一世（Zoglu）逃亡希腊。4 月 12 日，在专门召开的"国民会议"上，意大利国王维托里奥·埃马努埃莱三世被推举为阿尔巴尼亚国王，4 天后他欣然接受了这一推举。接下来就是任命一个总督，颁布一部新宪法，建立一个法西斯党，参照意大利的模样成立一个最高法西斯委员会。墨索里尼似乎在向全世界炫耀，除了希特勒，他也可以通过武力来贯彻自己的意志。而墨索里尼在柏林的榜样已经在 3 天之前就采取了行动。4 月 3 日，希特勒命令开始准备向波兰发动军事进攻，并要求从 1939 年 9 月 1 日起，军队就必须准备好随时发起进攻。

4 月 13 日，英国和法国面对轴心国的侵略行为，向罗马尼亚、希腊、土耳其做出会给予保护的承诺。荷兰、瑞士和丹麦虽然也接到了签署承诺的通知，但是它们并未同意，因为它们不想激起德国的愤怒。第二天，张伯伦要求苏联对其邻国做出承诺，如果邻国遭到闪电式攻击就应提供军事援助。4 月 1 日，莫斯科拒绝了这一要求，而是建议签署一个由英国、法国、苏联参加的三国协议。不过就在五周之前，斯大林还在苏联共产党第十八届会议上做了一次传奇式的“栗子演说”（Kastanienrede）：苏联不想给“那些习惯于让他人火中取栗的战争挑衅者以机会……将我们的国家卷入纷争之中”。这句话的意思是，英法两国在半年前没有和斯大林商量就和希特勒签署了《慕尼黑协定》，因此现在，如果这两国纳粹德国发生纠纷，也别指望能够得到苏联的援助。

/ 876

4 月 17 日，苏联驻德国大使阿列克谢·费奥多罗维奇·梅勒卡洛（A. F. Merekalow）与德国国务秘书魏茨泽克谈话，表示苏联政府愿与德国改善关系。5 月 4 日，莫斯科释放出更加明确的信号。斯大林撤换了外交人民委员李维诺夫，这是一个热衷于搞国际联盟又亲近西方国家的政治家，在纳粹新闻界被特意称为“犹太人芬克尔斯坦”①。取而代之的是维亚切斯拉夫·莫洛托夫（Wjatscheslaw Molotow），他是人民委员会主席。政治局成员出任外交人民委员一职，这在苏联历史上还是第一次。这样，斯大林能够更加有效地根据自己的意愿制定外交政策，并且冷静考虑那些与己相悖的外交选项，例如与西方国家或者甚至与柏林的“法西斯”死敌达成某项协议。

4 月 28 日，“元首与帝国总理”在帝国议会的讲话中对西方国家和波兰的外交行动做出了回应。他宣布解除德国与英国 1935 年签署的舰队条约以及德国与波兰 1934 年签署的互不侵犯条约。4 月 14

① der Jude Finkelstein，李维诺夫是犹太人，芬克尔斯坦是他出生时的姓氏。——译者注

日，罗斯福让希特勒和墨索里尼做出保证，至少在接下来的 25 年里不对 31 个被列出的国家发起进攻。希特勒用非常巧妙的语言回应了美国总统的倡议。希特勒说，如果德国和意大利向美国提出相似的要求，罗斯福也许会援引门罗主义做出回应（根据门罗原则，欧洲国家不应该干涉北美、中美和南美洲的事务）。“我们德国人完全采用同样的原则来对待欧洲，最起码在对待大德意志帝国区域和事务时是这样。”早在 1930 年 10 月，希特勒在接受一家美国新闻社采访的时候就提出了“德国就是要管德意志人”的说法，创造了“德意志式的门罗主义”。卡尔·施米特在他的基尔报告中援引了美国的榜样，也许在欧洲的扩张正是源自施米特。纳粹的高级法律学家显然是把这个方案提交给了希特勒。从此之后，这一说法成了希特勒的发明。

帝国议会讲话之后三周，希特勒于 1939 年 5 月 22 日和墨索里尼签订了《钢铁条约》。两个国家做出承诺，如果一国开战，另一国必须立即提供军事援助。条约中丝毫未提战争的性质是一场防御战还是进攻战。更为重要的是两个国家的“生存空间”和“生存利益”。意大利外交部部长、墨索里尼的女婿齐亚诺伯爵在日记中这样写道：“我还从未见过这样的条约。这是最纯的炸药。”

意大利“领袖”同意德国“元首”的建议，因为希特勒一再强调大型战争要过几年才会开始。实际上，1939 年意大利在军事上还根本起不到希特勒所设想的作用。德国“同盟”阵营在此期间得到了扩展。继日本和意大利之后，1939 年 2 月 24 日，日本的卫星国“满洲国”和匈牙利加入了反共产国际协定，3 月 27 日，佛朗哥的西班牙也加入了进来。这些国家在严峻时刻是否会支持德意志帝国，还完全不得而知。但是如果希特勒敢于迈出闻所未闻的一步与斯大林结盟，那么他手上最起码有这样一份名单。

1939 年 8 月，人们对苏联未来的外交政策方向也只能是猜测。

5 月 2 日，英国议会决定与苏联开始关于建立军事同盟的谈判。这一举动是达拉第非常期盼的，但是张伯伦却不是很情愿。英国的公众舆论赞同这一联盟。1939 年 6 月的一次民意测验中有 84% 的民众赞同英法苏结成军事联盟。直到 7 月 24 日议会才达成一致意见，这项决定在签署军事协议之后开始生效。根据这一协议，若对这三国以及对芬兰、波罗的海沿岸国家、波兰、比利时、罗马尼亚、希腊和土耳其任何一国发动直接或间接的进攻，协约三国有义务进行军
/ 878 事援助。斯大林坚持把很难定义的间接进攻这一开战理由加进协议。另外，把波罗的海国家和芬兰这些并不愿意得到苏联援助的国家加进协议也是斯大林的主意。

西方专家耗时多日辗转海路抵达列宁格勒进行军事谈判。谈判于 8 月 12 日开始。苏联提出一项刺痛他们神经的要求：红军要穿过波兰领土进入西部。这一点是波兰政府绝不答应的。法国代表接到来自巴黎的通知，尽管苏联方面这样要求，但依然要同意这一条约。英国代表仅仅被政府授权做出如下解释：波兰在战争情况下也许会接受苏联的支持。但是苏联方面对这样的谈判结果并不满意。

1939 年夏天，张伯伦对斯大林充满猜忌，而苏联共产党总书记对西方国家，特别是对伦敦的保守党政府也是疑心重重。实际上，英国首相尽管对希特勒 1939 年 3 月 15 日撕毁条约非常愤慨，但是并未彻底对绥靖政策失去信心。抱有这样想法的并不止他一人。英国工业联合会（Federation of British Industry）一向是“经济绥靖政策”的鼓吹者。就在德国国防军开进“剩余捷克”这一天，英国工业协会与 1934 年创立的帝国工业协会进行谈判。两天之后，双方于 1939 年 3 月 17 日签署协议，经过协商，双方决定终止两败俱伤的竞争，展开最大规模的经济合作。1939 年 6 月和 7 月，张伯伦的外交首席顾问霍雷斯·威尔逊（Sir Horace Wilson）和戈林的四年计划办公室处长赫尔穆特·沃尔塔特（Helmut Wohlthat）进行了

多次会晤，威尔逊强调了英国的经济合作意向，为德国生产商开辟了进入英国市场的途径，并且同意德国的殖民地政策，先决条件是德国必须为重建国际局势稳定做出贡献。

即便在绥靖政策最高潮的时候，英国也没有放弃自己的军备扩充。1938 年 10 月，就在慕尼黑会议后不久，英国下院就把军费从 15 亿英镑提高到 21 亿英镑，英国皇家空军受益最多。1939 年 5 月 29 日，下院不顾工党的反对通过了重新实行自 1920 年起废除的义务兵役制的决议。法国政府因为得到了特别授权，所以在经济上大张旗鼓，开始迅速复苏，在德国 1939 年 3 月开始的一系列侵略行为的影响下，也开始注重军事装备。马塞尔·迪特原来是一名社会主义党人，现在成了极右派国家民族联合阵线（Rassemblement National Populaire）的领袖。1939 年 5 月 4 日，他在报纸《作品》（*L'OEuvre*）中发出了臭名昭著的提问："值得为但泽去死吗？"并且给出了否定的回答。他的这种说法并不代表大多数法国人。如果希特勒准备出兵征服自由市但泽，是否应该用武力对付希特勒？在民调提出这个问题时，有 76% 的法国人说"是"，17% 说"否"，7% 未发表意见。

1939 年 7 月 11 日，西欧这两个最大的民主国家经历了一次军事上的挫折。这一天，美国参议院外交政策委员会以 12 票反对、11 票赞同的结果否决了总统罗斯福的提议：放宽 1937 年以来的中立法案中的规定，允许英国和法国遭遇战争时，采用"现购自运"（cash and carry）的做法在美国购买军事物资，用自己的船只运回。6 月 30 日，众议院在表决时以 200 票赞同、188 票反对的微弱多数通过了这个提案，但是参议院里隔离主义者占了上风。如果英法两国与德国开战，美国公开支持英法两国，这在 1939 年夏天和秋天的美国，是想都不敢想的事情。对日本，美国却采取了强硬措施。1939 年 7 月 26 日，美国国务卿赫尔在参议院的支持下向东京宣布终止

1911 年签订的贸易协议。

就在英法两国于 1939 年夏天与苏联展开政治谈判，特别是具体的军事谈判的同时，苏联的两位外交官和德国外交部的公使衔参赞尤利乌斯·施努雷（Julius Schnurre）相聚在一家柏林的葡萄酒馆里。参加 7 月 26 日会晤的两个苏联人是苏联驻德国代办格奥尔基·阿斯塔霍夫

（Georgi Astachow）和苏联驻德国商务处副处长奥涅金·巴哈林（Ewgenij Bacharin）。在此之际，威廉大街[①]的代表公开表达了德苏谅解的愿望，具体事宜就是签署互不侵犯协议，并且在东中欧达成共同利益的协议。他的主要论据是，与英国结盟不是介入一场欧洲战争，就是与德国为敌，但是如果与帝国步调一致就意味着中立，并且不必参与欧洲纷争。

从这时开始，德国和苏联的接洽频繁起来。8 月初，里宾特洛甫开诚布公地向苏联代办表示，从波罗的海到黑海没有德国和苏联不能达成谅解的问题。8 月 14 日，帝国外交部部长向苏联指出“西方资本主义民主国家”是共同的敌人，并再次向莫斯科提供从波罗的海到黑海之间的利益范围的划分。8 月 16 日，莫洛托夫表示，苏联并非不欢迎德国外交部部长前往莫斯科。8 月 19 日，柏林和莫斯科为一项借贷和贸易协议制订了框架条件。8 月 20 日，希特勒在电报中直接请求斯大林在莫斯科接见里宾特洛甫。德国外交部部长将带着签署互不侵犯条约的全权委托前往莫斯科。8 月 21 日晚间，莫斯科的回复抵达柏林：将在 8 月 23 日在苏联首都迎接帝国外交部部长。

1939 年 8 月 24 日爆出了一条令全世界瞠目结舌的头号新闻，就在午夜刚过的时候，里宾特洛甫和莫洛托夫经过三小时的谈判，签署了《德国与苏联互不侵犯条约》，条约签署的日期还在 8 月 23

① 德国外交部所在地。——译者注

日这一天。两个国家保证在10年内互不侵犯。若第三国发动与签约国的战争，另一签约国绝不支援第三国。两国保证不加入正在间接或直接攻击签约国某一方的国家集团。

没有向国际舆论公开的是还有一项秘密的附加谈判记录，上面记载了如何分割包括芬兰在内的波罗的海沿岸国家，以及如何瓜分波兰，将这些国家划分到德国和苏联的利益范围内。立陶宛北部边界，以及由纳雷夫河、维斯瓦河、桑河连起来的地界线成为两国利益范围的界限。在东南欧，德国承认原属罗马尼亚的比萨拉比亚属于苏联的势力范围。悬而未决的是，“是否两国都想维持波兰的国家独立，这个国家应该如何界定”的问题。这个问题只有在今后的政治发展过程中才能得到进一步澄清。

这个协议助长了希特勒进攻波兰的勇气，斯大林并未因此而恐惧。因为他不仅赢得了西方国家不能提供的大片领土，还赢得了时间。他现在可以充分地扩展军备。一旦希特勒想再次聚焦原来的目的，以牺牲苏联为代价来扩张自己的生存空间，那么届时苏联将会严阵以待。在此期间，他可以坐山观虎斗，看着资本主义国家之间相互残杀。“战争发生在两个资本主义国家阵营中……他们为了重新瓜分世界而战，为了统治世界而战”，1939年9月7日，斯大林在小范围内这样说道。共产国际的总书记格奥尔基·季米特洛夫（Georgi Dimitroff）也在这个小范围内。“如果他们相互厮杀，削弱自己的实力，对此我们不反对。如果德国能够动摇最富有的资本主义国家（主要是英国）的根基，那是一件好事。”他认为，正是斯大林挑起了资本主义国家的内斗。

苏联和希特勒德国走到一起是两个极端势力的联盟。从思想意识角度讲，这种现象很难解释。“法西斯当权”意味着“最反动的、大国沙文主义的、金融资本最带有帝国主义性质的、公开的恐怖专政”，这是季米特洛夫在1933年12月提出的，1935年8月被共产

国际第七次国际会议定义为“官方的”说法。与这样一个体制的国
/ 882 家结成同盟，意味着放弃了最根本的原则。最起码从表面上来看确实如此。这就是为什么西方众多共产党人反对这项希特勒与斯大林之间协议的原因。但是，如果说在众所周知的国际工人阶级利益和苏联的利益之间没有矛盾的话，那么德国与苏联8月23日的协定就是为世界无产阶级和世界革命着想的。在这里，就需要用正确的和辩证的眼光来看待这个问题了。

经过短期的犹豫之后，以法国为首的西欧共产党开始接受这一观点：法国共产党认为，“社会主义国家”打破了“帝国主义国家的阵线”，从而保证了社会主义国家的未来和欧洲的和平。苏联、英国、法国之间之所以未能达成谅解，完全是因为“帝国主义”西方国家造成的：它们在慕尼黑支持德国“向东挺进”，拒绝集体安全的政策。同时，法国共产党、英国共产党以及流亡莫斯科的德国共产党坚定表示继续坚持向法西斯战争发动者做不懈的斗争。

对希特勒和斯大林结盟最为突出的赞誉来自中国共产党总书记毛泽东。1937年日本向中国开战以来，中国共产党和蒋介石的国民党结成了一个新型的统一战线，尽管这一联盟困难重重。在一次采访中，毛泽东说莫斯科协议打破了“张伯伦、达拉第和其他人构成的国际反革命资产阶级”妄想在苏维埃社会主义联盟和德国之间挑起战争的企图，冲破了德国、意大利、日本集团对苏联的包围。“在东方，这一协议对日本是一次打击，对中国是一个帮助。它稳固了中国在抗日持久战中的地位，是对资产阶级的一次打击……苏联和
/ 883 德国的协议是对日本帝国主义的一次沉重打击，在未来给日本造成更大的困难。”

1939年8月23日的协议对东京来说确实是一场噩梦。在日本和中国战争中，日本5月11日在“满洲国”和（1924年成立的完全依附于莫斯科的）蒙古国边境上与苏联发生了严重的冲突，这就

是诺门坎战役（Nomonhankrieg）。德国与苏联的谅解不仅违反了反共产国际协议，而且还给日本造成了被纳粹德国遗弃的印象。受挫的平沼内阁被推翻。在 1939 年 9 月 1 日爆发的欧洲战争中，日本保持中立，同时在远东地区也遭到隔离。诺门坎战役于 9 月 15 日以日本帝国惨败而告终，这对日本军队是一次严重的道德冲击。

希特勒戏剧性的大转弯不仅使反共产国际协定的远东合作伙伴深感困惑，也使他在德国的不少忠实追随者陷入了迷茫。对于“元首和帝国总理”来说，向人解释 1939 年 8 月 23 日签订的协议的困难程度不亚于斯大林。他一再强调，纳粹德国的使命就是要阻止布尔什维克主义这种罪恶形式。1934 年 9 月在纽伦堡的帝国党代会上，他以追溯历史的办法来强调德国的使命：“早先，来自东方的各民族和种族在德国受到了挫败，现在我们的人民再一次成为中流砥柱，去抵御那些试图冲垮欧洲福祉和文化的洪水。”一年之后，他于 1935 年 11 月 26 日向担任合众国际社（United Press）社长的美国记者休·贝利（Hugh Baillie）解释道：“德国是西方反对布尔什维克主义的堡垒，我们将用宣传的方式来抵御他们的宣传，用恐袭的方式抵御他们的恐袭，用武力的方式对付他们的武力。”1937 年 9 月，他在“劳工的党代会”（Parteitag der Arbeit）上把“犹太人的世界布尔什维克主义”称作“欧洲文化民族共同体”中的“异己分子”，“这个野蛮的犹太人布尔什维克主义国际罪犯体甚至让莫斯科来领导欧洲文化古国德国”，这是“痴心妄想”。 / 884

两年之后的现在，用希特勒自己的话说，1939 年 8 月 28 日缔结的协约是为了用“魔王”去驱除“魔鬼”。李维诺夫被革职（还有早先的托洛茨基分子和其他犹太布尔什维克人）向希特勒证明了斯大林领导的苏联打算与迄今为止的国际主义和干涉主义决裂，转而发展一个民族式的社会主义国家。“犹太布尔什维克主义”以及与其不共戴天的抗争不再被提起。不计其数的号召抗争的煽动性小册子一夜之间成了一堆废纸。反对布尔什维克的宣传电影也都纷纷下映。

德国与苏联签订互不侵犯条约之后，希特勒感觉德国的地位牢固。8 月 25 日他向英国大使内维尔·亨德森爵士（Sir Neville Henderson）提出建议：如果英国不阻碍德国对波兰问题的解决方案，德国将全力维护英国现状的稳定。他以为英国会接受这一提议。接下来，他把开战的时间定在第二天的 4 点 30 分。就在 8 月 25 日，墨索里尼通知希特勒，由于意大利国王维托里奥·埃马努埃莱三世、外交部部长齐亚诺和军队指挥官们的反对，他的国家不能和德国一起发动战争。当然，墨索里尼也是在 8 月 12 日才得知德国将进攻波兰的。此外，希特勒还得知英国与波兰马上就要签署军事互助条约了。于是，1914 年的场景又咄咄逼人地重现了，德国将同时在两线作战，这是希特勒此时此刻无法相信的事。忐忑不安的希特勒最后接受布劳希奇的建议，收回了进攻的命令。国务秘书冯·魏茨泽克和身在伦敦的参赞西奥多·柯特利用这短暂的时间，试图挽救和平。戈林也请瑞典商人比洛·达鲁斯（Birger Dahlerus）出面调停，在最终一刻阻止了战争。但是布劳希奇和军队总参谋长哈尔德将军从未想过要阻止对波兰的战争。开战的决心是希特勒下的。他只是希望英国和法国不要发起对德国的进攻，但这只是希望而已。

英国无法接受德国的提议，因为这项提议直接违背了英国对波兰所承担的责任。8 月 29 日以最后通牒形式递交给华沙的提议，也只不过是不想在历史上留下一个不宣而战的恶名。8 月 31 日，墨索里尼提出了一个不现实的想法，英国政府如果同意将但泽归还德意志帝国，就可以给几大强国再次召开会议一个机会。同一天 12 点 40 分，希特勒正式发布命令向波兰开战：进攻将在 1939 年 9 月 1 日 4 点 45 分开始。为了制造理由，党卫军不得不在德国与波兰边境上制造适合的“事端”，其中一个就是党卫军成员于 8 月 31 日深夜身穿波兰军服袭击格利维采（Gleiwitz）电台。

当希特勒9月1日发动第二次世界大战时，他没有任何经济负担。尽管希特勒的战争经济政策使德国不占领他国领土难以为继，但是吞并奥地利、占领苏台德地区、建立波希米亚和摩拉维亚保护国等一系列行为已经使经济困难有所缓解。但是希特勒决意要尽早发动战争。延迟时间就意味着给英国和法国留出更多的时间扩充军备，而这会造成德国在这方面的优势不再。与苏联缔结的互不侵犯条约使希特勒免遭"大型"两线作战的危险。1939年夏天，美国的孤立主义倾向严重，难以立即介入支持英法两国的战争。在这种情况下闪电袭击波兰利大于弊，况且希特勒还不愿意相信伦敦和巴黎真的会去兑现军援华沙的承诺。

1939年9月的德国与25年以前完全不同，现在的人们对战争根本不感兴趣。"对和平的渴望要远远大于战争，"6月底上弗兰肯的埃贝尔曼斯塔特（Ebermannstadt）县长这样说道，"绝大多数人仅仅赞同以迄今为止合并东部土地的方式来解决但泽问题，既要快捷又不要流血……1914年的那种战争热忱，今天已经一去不复返了"。一个月之后，这位官员再次对百姓的情绪做了一次总结："对于'但泽以及建立飞地通道'的问题，公众的回答依然如旧：合并到帝国？对。通过战争？不。"8月31日是和平时光的最后一天。县长的记录和帝国其他地区的情况一样："对元首的信赖将受到迄今为止最严峻的考验。绝大部分人民同志期待他能制止战争爆发。实在没有更好的办法的话，情愿放弃但泽和飞地通道。" / 886

1939年9月1日战争爆发几个小时之后，希特勒在帝国议会上援引了一位历史偶像腓特烈大帝的名言，此时此刻，希特勒觉得他距离这位偶像最近。德国这次也许要面对一群强权国家，而他正是这次大战的见证人。"我从来不知道投降是什么。如果有人说我们要经历一番苦难，那么我请这些人好好想想，当年普鲁士国王只有可笑的一片弹丸之地，却面对最强大的敌军联盟，经过三次战役最终凯旋。这是因为他坚信他有一颗雄心。此时此刻我们也需要有这样一颗雄心。我向所有人保证：1918 年 11 月的场景绝不会在德国历史上重演！”

就在德国进犯波兰的当天，英国政府和法国政府就要求德国停止进攻，并将部队撤出波兰。9 月 2 日，英国在前一天发布照会的基础上继续施压，对德国下了最后通牒，时间期限为 9 月 3 日 11 时。德国在这个期限内未做出回应，英国随即与德国进入战争状态。法国的

最后通牒于 9 月 3 日 12 时 20 分递交，期限为当天 17 时。此后法国与德国也进入战争状态。就在同一天，英联邦的澳大利亚和新西兰，以及英属印度向德国宣战。9 月 6 日，南非联盟（尽管总理赫尔佐格坚持保持国家中立，但是最后不得不向政府和议会中主张干预的多数派屈服）向德国宣战，9 月 10 日加拿大向德国宣战。希特勒的战争从一开始就不仅仅是一场欧洲战争，而且是一场全球战争。

英国下院在 9 月 3 日给予张伯伦政府全力支持。工党在 9 月 1 日就发表了自己的战争宣言，号召大家拿起武器应对希特勒的侵略行径。内维尔·张伯伦并没有因为他对德国政策的失败而离职。他在 9 月 3 日和 4 日连续接纳了三位“反绥靖政策”保守党人进入内阁，借此强化自己的党内地位。温斯顿·丘吉尔担任第一海军大臣，安东尼·艾登担任自治领大臣，哈罗德·麦克米伦担任新创建的信息部大臣。

法国政府宣战后也得到了议会的全力支持。9 月 2 日，众议院和参议院通过举手表决一致通过，授权达拉第政府征集新贷款。尽管总理避免直接使用“战争”一词，但是众所周知，这是战争贷款。议会两院里，共产党人也赞同政府的草案。共产党人根据共产国际的指示，在士兵中煽动反对“帝国主义战争”，并且把红军进驻波兰东部解释为解放波兰。三周半之后，9 月 26 日，共产党被宣布为

非法组织。

希特勒对西方民主国家的反应如此迅速感到吃惊，他采取了以攻为守的策略。9月3日开始，他的主要敌人就是犹太人。但是这个犹太人不再是“布尔什维克”意义上的，其出现形式现在成为“民主的”“财阀统治的”“资本主义的”了。希特勒摇身一变，成为和斯大林平起平坐的辩证学家，把由他挑起的战争嫁祸于犹太人。

在法国宣战之前，希特勒撰写了《告德国人民同胞书》，解释引发战争的并不是英国人民，而是“那些财阀统治的犹太人和民主当权派，他们想奴役全世界人民，使其成为顺从的奴隶。他们憎恶我们的新帝国，因为他们发现我们的国家是社会化劳动的楷模。他们恐惧这也会传染到他们自己的国家中去”。

9月3日，他向“民族社会主义党人”宣布，“我们的世界公敌是民主国家的犹太人，他们挑动英国人民向德国宣战。他们的理由充满谎言而且破绽百出，和1914年如出一辙”。他向党内同志发出号召：“在几周之内，纳粹战斗精神必须要有生死一战的坚定一致。只有这样，英国的战争贩子及其走狗才会在短时间内看到，毫无任何理由进攻欧洲最伟大的人民国家将意味着什么。”

希特勒1939年9月3日的讲话让人想起“1914年思想”（Ideen von 1914）的那种特殊方式：把社会的，甚至是社会主义的德国与资本主义的，甚至是财阀统治的英国对立起来。“犹太人的世界反叛”大本营一夜之间从莫斯科转移到了伦敦。希特勒反资本主义的演讲甚至在工人阶层引起了一定的反响，这是因为德国已经实现了完全就业，向福利国家迈进了一步，德意志劳工阵线的休闲活动深受人们喜爱。如果想避免“1918年11月”的历史重演，希特勒必须获得工人的支持。与威廉时代的德国不同的是，反对犹太人的运动并非来自某一个社会集团或政治组织，而是“自上而下”的，因此带有官方的色彩。不管这种口号引发了什么回应，1933年以来德国的反犹太主义来自当权者。这是 1914 年和 1939 年两次战争爆发的根本区别，也是两次战争的根本区别。

另一个区别来自希特勒 1939 年 10 月签署的一个公告，这项公告被倒签到战争爆发的这一天：1919 年 9 月 1 日。公告如下："特此授权党卫军帝国领袖鲍赫勒（Bouhler）和医学博士布兰特（Dr. med. Brandt）列出扩展权限的医生名单，这些医生可以在对患有不治之症病人的病情做出慎重评估后对他们安乐死。阿道夫・希特勒。"

从此，帝国"元首"最终成了决定人生与死的主宰。"他的"战争给他机会在国内把他的社会达尔文主义世界观执行到底，帮助他创立一个新型的、纯种的、健康的雅利安人种。此时此刻，德国人民的注意力都被吸引到前线的战斗之中。这个时候可以不引起大家关注地实行"避免遗传病人的繁衍"。1933 年 7 月 14 日的一项法律允许"灭绝没有生活价值的生命"，措施从"优生"到"安乐死"。呼吁实行这些措施的急先锋是刑法学家卡尔・宾丁（Karl Binding）和精神病医生阿尔弗雷德・霍赫（Alfred Hoche）。正如此前说起过，他们在 1920 年就要求允许"灭绝没有生活价值的生命"（这是他们两人共同著书的书名）。但是在广大社会中，特别是在基督教教会中，对精神病人实行"安乐死"依然被看作杀人。希特勒希望，在战争的情况下，他可以实现对人类文明的决裂。在有需求的情况下，打破来自传统的和资产阶级宪政国家的禁锢的规范，这就是极权国家的逻辑。在纳粹德国，这一逻辑只有在战争中才能得以全面发展。[17]

1 Alan Brinkley, The Unfinished Nation. A Concise History of the American People, Boston 2008[5], S. 679 ff.; ders., Voices of Protest. Huey Long, Father Coughlin and the Great Depression, New York 1982; William E. Leuchtenburg, Franklin D. Roosevelt and the New Deal 1932–1940, New York 1963, S. 41 ff. (Zitate Carter Glass: 67, Daily Express: 145, Leuchtenburg: 154); Arthur M. Schlesinger, Jr., The Age of Roosevelt. Vol. II: The Coming of the New Deal, Boston 1958, S. 27 ff. (Zitat Vandenberg: 254), Vol. III: The Politics of Upheaval 1935–1936, Boston 1960, S. 15 ff. (Zitate Stone: 175, Browder: 190, Roosevelt zu Moley: 326, Hearst über Roosevelt, 1935: 329, Roosevelt über Keynes und Keynes über Roosevelt: 404–408, Roosevelt, 27. 6. 1936: 585); Robert F. Himmelberg, The Origins of the National Recovery Administration. Business, Government and the Trade Association Issue, 1921–1933, New York 1976; ders., The Great Depression and the New Deal, London 2001; David Cipley, Liberalism in the Shadow of Totalitarianism, Cambridge, Mass. 2006; David M. Kennedy, Freedom from Fear. The American People in Depression and War, 1929–1945, New York 1990, S. 131 ff.; Frank Freidel, Franklin D. Roosevelt. Launching the New Deal, Boston 1973, S. 46 ff.; ders., Franklin D. Roosevelt. A Rendevouz with Destiny, Boston 1990, S. 92 ff.; Steve Fraser und Gary Gerstle (eds.), The Rise and Fall of the New Order, 1930–1980, Boston 1989; Alonzo L. Hamby (ed.), The New Deal. Analyses and Interpretations, New York 1981[2]; ders., For the Survival of Democracy: Franklin Roosevelt and the World Crisis of the 1930s, New York 2004; Anthony J. Badger, FDR: The First Hundred Days, New York 2008; Robert F. Himmelberg, The Great Depression and the New Deal, Westport 2001; Robert Dallek, Franklin D. Roosevelt and American Foreign Policy, 1932–1945, New York 1979, S. 23 ff.; Arnold A. Offner, American Appeasement. United States Foreign Policy and Germany, 1933–1938, Cambridge, Mass. 1969; Irving Bernstein, Turbulent Years. A History of the American Worker 1933–1941, Boston 1970; Colin Gordon, New Deals. Business, Labor, and Politics in America, 1920–1935, Cambridge 1994; Nancy J. Weiss, Farewell to the Party of Lincoln. Black Politics in

the Age of FDR, Princeton 1983; Barton J. Bernstein, The New Deal: The Conservative Achievements of Liberal Reform, in: ders. (ed.), Towards a New Past. Dissenting Essays in American History, New York 1968; Theda Skocpol and Kenneth Feingold, State Capacity and Economic Intervention in the Early New Deal, in: Political Science Quarterly 97 (1982), No. 2, S. 255–278; Robert Skidelsky, John Maynard Keynes. A Biography, Vol. II: The Economist as Saviour 1920–1937, London 1992[1], S. 483 ff.; John H. Garraty, The New Deal, National Socialism, and the Great Depression, in: American Historical Review 78 (1973), S. 907–944; Hans-Jürgen Schröder, Deutschland und die Vereinigten Staaten 1933–1939. Wirtschaft und Politik in der Entwicklung des deutsch-amerikanischen Gegensatzes, Wiesbaden 1970, S. 69 ff.; Detlef Junker, Kampf um die Weltmacht. Die USA und das Dritte Reich 1933–1945, Düsseldorf 1968; ders., Der unteilbare Weltmarkt. Das ökonomische Interesse in der Außenpolitik der USA 1933–1941, Stuttgart 1975; Wolfgang Schivelbusch, Entfernte Verwandtschaft. Faschismus, Nationalsozialismus, New Deal 1933–1939, München 2005 (Zitate Schivelbusch: 14; Völkischer Beobachter: 24; Mussolini: 27; Thomas: 33); Ernst Fraenkel, Das amerikanische Regierungssystem. Eine politologische Analyse, Köln 1962[2], S. 189 ff. (Supreme Court und New Deal); Kiran Klaus Patel, «Soldaten der Arbeit». Arbeitsdienste in Deutschland und den USA 1933–1945, Göttingen 2003 (Zitat Green: 160); Peter Lösche, Industriegewerkschaften im organisierten Kapitalismus. Der CIO in der Roosevelt Ära, Opladen 1974; Jürgen Kocka, Angestellte zwischen Faschismus und Demokratie. Zur politischen Sozialgeschichte der Angestellten: USA 1980–1940 im internationalen Vergleich, Göttingen 1977 (Arbeitslosenstatistik: 232); Heinrich August Winkler, Die Anti-New-Deal-Bewegungen: Politik und Ideologie der Opposition gegen Präsident F. D. Roosevelt, in: ders. (Hg.), Die große Krise in Amerika. Vergleichende Studien zur politischen Sozialgeschichte 1929–1939, Göttingen 1972, S. 216–235 (Zitate Shouse: 220, Hearst 1934: 221, Coughlin 1934: 225); ders., Geschichte des Westens. Bd. 1: Von den Anfängen in der Antike bis zum 20. Jahrhundert, München 2009[1], S. 952 ff. (zum amerikanischen Populismus), 958 ff. (zum spanisch-amerikanischen Krieg von 1898), 975 ff. (zum «progressive movement»). Das Zitat von Aristoteles in: ders., Politik und Staat der Athener. Neu übertragen u. eingeleitet von Olof Gigon, Zürich 1955, S. 209 (5. Buch der «Politik»).

2 Adolf Hitler, Mein Kampf. Zwei Bände in einem Band, 711.–715. Aufl., München 1942, Zitate: S. 69 f., 738, 742 f. (Hervorhebungen im Original); Hitlers Zweites Buch. Ein Dokument aus dem Jahr 1928, Stuttgart 1961, Zitate: S. 110, 125, 165, 218; ders., Monologe im Führerhauptquartier 1941–1944. Die Aufzeichnungen Heinrich Heims, hg. v. Werner Jochmann, Hamburg 1980, S. 155 (17./18. 12. 1941); Klaus Schreiner, «Wann kommt der Retter Deutschlands?» Formen und Funktionen von politischem Messianismus in der Weimarer Republik, in: Saeculum 49 (1998), I,

S. 107–160; Karl Dietrich Bracher, Zeit der Ideologien. Eine Geschichte politischen Denkens im 20. Jahrhundert, Stuttgart 1984[2]; Kurt Sontheimer, Antidemokratisches Denken in der Weimarer Republik. Die politischen Ideen des deutschen Nationalismus zwischen 1918 und 1933, München 1962, S. 268 ff. (Führergedanke), 280 ff. (Reichsidee); Jean F. Neurohr, Der Mythos vom Dritten Reich. Zur Geistesgeschichte des Nationalsozialismus, Stuttgart 1957; Lothar Kettenacker, Der Mythos vom Reich, in: Karl-Heinz Bohrer (Hg.), Mythos und Moderne. Begriff und Bild einer Rekonstruktion, Frankfurt 1983, S. 261–289; Herfried Münkler, Das Reich als politische Macht und politischer Mythos, in: ders., Reich – Nation – Europa. Modelle politischer Ordnung, Weinheim 1996, S. 11–59; Hans Fenske, Das «Dritte Reich». Die Perversion der Reichsidee, in: Bernd Martin (Hg.), Deutschland in Europa. Ein historischer Rückblick, München 1992, S. 210–230 (Weisung der Parteikanzlei, 13. 6. 1939: 213); Heinrich August Winkler, Der lange Weg nach Westen. Bd. 2: Deutsche Geschichte vom «Dritten Reich» bis zur Wiedervereinigung, München 2009[7], S. 5 ff. («Entproletarisierung des deutschen Arbeiters»: 5, zur «Volksgemeinschaft»: 6). Zum deutschen Reichsmythos: ders., Geschichte (Anm. 1), S. 5 ff. siehe oben S. 325 ff., 614 ff., zum Mythos vom «verstümmelten Sieg» in Italien 198 ff., zum Begriff «totalitär» 446 ff.

3 Heinrich August Winkler, Der Weg in die Katastrophe. Arbeiter und Arbeiterbewegung in der Weimarer Republik 1930–1933, Bonn 1990[2], S. 867 ff. (Zitat Wels, 23. 3. 1933: 904); ders., Weg (Anm. 2), Bd. 2, S. 8–24 (hier die Belege der anderen wörtlichen Zitate); Karl Dietrich Bracher, Wolfgang Sauer, Gerhard Schulz, Die nationalsozialistische Machtergreifung. Studien zur Errichtung des totalitären Herrschaftssystems in Deutschland 1933/34, Köln 1962[2]; Karl Dietrich Bracher, die deutsche Diktatur. Entstehung, Struktur, Folgen des Nationalsozialismus, Köln 1969, S. 251 ff.; Richard J. Evans, Das Dritte Reich, Bd. 2: Diktatur (engl. Orig.: New York 2005), Frankfurt 2007; Erich Matthias u. Rudolf Morsey (Hg.), Das Ende der Parteien 1933, Düsseldorf 1960; Hans-Ulrich Thamer, Verführung und Gewalt. Deutschland 1933–1945, Berlin 1986, S. 231 ff.; Hans Mommsen, Beamtentum im Dritten Reich. Mit ausgewählten Quellen zur nationalsozialistischen Beamtenpolitik, Stuttgart 1966; Martin Broszat, Der Staat Hitlers. Grundlegung und Entwicklung seiner inneren Verfassung, München 1969[1], S. 130 ff.; Saul Friedländer, Das Dritte Reich und die Juden. Die Jahre der Verfolgung 1933–1939 (amerik. Orig.: New York 1997), München 1998, S. 31 ff.

4 Winkler, Weg (Anm. 2), Bd. 2, S. 24 ff. (Zitate zum Kirchenkampf: 25); Ludolf Herbst, Das nationalsozialistische Deutschland 1933–1945. Die Entfesselung der Gewalt, Rassismus und Krieg, Frankfurt 1996, S. 89 ff.; Broszat, Staat (Anm. 3), S. 151 ff.; Adam Tooze, Ökonomie der Zerstörung. Die Geschichte der Wirtschaft im Nationalsozialismus (engl. Orig.:

London 2006), München 2007, S. 59 ff. (Zitat Tooze: 76); Richard J. Overy, War and Economy in the Third Reich, Oxford 1994, S. 37 ff.; Timothy W. Mason, Arbeiterklasse und Volksgemeinschaft. Dokumente und Materialien zur deutschen Arbeiterpolitik 1936–1939, Opladen 1975; Dörte Winkler, Frauenarbeit im «Dritten Reich», Hamburg 1977, S. 42 ff.; Wolfgang Zollitsch, Arbeiter zwischen Weltwirtschaftskrise und Nationalsozialismus. Ein Beitrag zur Sozialgeschichte der Jahre 1928 bis 1936, Göttingen 1990, bes. S. 210 ff.; Götz Aly, Hitlers Volksstaat, Frankfurt 2005; Frank Bajohr u. Michael Wildt (Hg.), Volksgemeinschaft. Neue Forschungen zur Gesellschaft des Nationalsozialismus, Frankfurt 2009; Eckart Conze u. a., Das Amt und die Vergangenheit. Deutsche Diplomaten im Dritten Reich und in der Bundesrepublik, München 2010, S. 25 ff.; Hans Roos, Geschichte der polnischen Nation 1916–1960, Stuttgart 1961, S. 130 ff. (zum deutsch-polnischen Nichtangriffsvertrag); ders., Polen und Europa. Studien zur polnischen Außenpolitik 1931–1939, Tübingen 1957, S. 129 ff.; ders., Die «Präventivkriegspläne» Piłsudskis von 1933, in: Vierteljahrshefte zur Zeitgeschichte 3 (1955), S. 344–363.

5 Winkler, Weg (Anm. 2), Bd. 2, S. 33–38 (hier die Zitate zur Röhm-Krise von Goebbels, Carl Schmitt, zur Eidesformel vom 2. 8. 1934 und aus dem Bericht an den Exilvorstand der SPD); Immo v. Fallois, Kalkül und Illusion. Der Machtkampf zwischen Reichswehr und SA während der Röhm-Krise 1934, Berlin 1994, S. 100 ff. (Hitlers Rede vom 28. 2. 1934: 119); Peter Longerich, Die braunen Bataillone. Geschichte der SA, München 1989, S. 206 ff. (Opferzahlen: 219); Heinz Höhne, Mordsache Röhm. Hitlers Durchbruch zur Alleinherrschaft 1933–1934, Hamburg 1984, S. 207 ff. (Zahl der Opfer: 319 ff.); Manfred Messerschmidt, die Wehrmacht im NS-Staat. Zeit der Indoktrination, Hamburg 1969, S. 18 ff.; Klaus-Jürgen Müller, Das Heer und Hitler. Armee und nationalsozialistisches Regime 1933–1940, Stuttgart 1969, S. 88 ff.; Tooze, Ökonomie (Anm. 4), S. 93 ff. (hier die ökonomischen Daten); Wolfgang Pyta, Hindenburg. Herrschaft zwischen Hohenzollern und Hitler, München 2007, S. 831 ff.; Reinhard Mehring, Carl Schmitt. Aufstieg und Fall. Eine Biographie, München 2009, S. 319 ff.; Kurt Bauer, Hitler und der Juliputsch 1934 in Österreich. Eine Fallstudie zur nationalsozialistischen Außenpolitik in der Frühphase des Regimes, in: Vierteljahrshefte zur Zeitgeschichte 59 (2011), S. 193–227.

6 Giuliano Procacci, Geschichte Italiens und der Italiener (ital. Orig.: Rom 1970), München 1989², S. 367 ff.; Denis Mack Smith, Italy. A Modern History, Ann Arbor 1969², S. 447 ff.; ders., Mussolini's Roman Empire, London 1976, S. 44 ff.; Renzo De Felice, Mussolini il duce. Gli anni del consenso 1929–1936, Turin 1996², S. 534 ff. (Zitat Mussolini, 5. 5. 1936: 745); Hans Woller, Geschichte Italiens im 20. Jahrhundert, München 2010, S. 142 (Zitate Rosselli: 13, Woller: 144, Mussolini, 8. 7. 1936: 149 f.); Wolfgang Schieder, Der italienische Faschismus 1919–1945, München

2010, S. 58 ff.; ders., Kriegsregime des 20. Jahrhunderts. Deutschland, Italien und Japan im Vergleich, in: ders., Faschistische Diktaturen. Studien zu Italien und Deutschland, Göttingen 2008, S. 397–416; Jens Petersen, Hitler – Mussolini. Die Entstehung der Achse Berlin – Rom 1933–1936, Tübingen 1973, S. 100 ff. (italienische Zeitungen vom 31. 1. 1933: 114 f., Mussolini zu Östereich: 203, Zitate Petersen: 378, Stresa: 400); Aram Mattioli, Experimentierfeld der Gewalt. Der Abessinienkrieg und seine internationale Bedeutung 1935–1941, Zürich 2005, S. 13 ff. (Zitat Mussolini, 9. 5. 1936: 131 f.); ders., Entgrenzte Kriegsgewalt. Der italienische Giftgaseinsatz in Abessinien 1935–1936, in: Vierteljahrshefte für Zeitgeschichte 51 (2003), S. 311–338 (Zitate Mattioli: 314, 336, Haile Selassie: 334); ders., Ein vergessenes Schlüsselereignis der Weltkriegsepoche, in: Asfa-Wossen Asserate, Aram Mattioli (Hg.), Der erste faschistische Vernichtungskrieg. Die italienische Aggression gegen Äthiopien 1935–1941, Köln 2006, S. 9–25 («Brücken»-Zitat Mattioli: 24 f.); ders., Das Versagen der Weltgemeinschaft, ebd., S. 109–115; Nicola Labanca, Kolonialkrieg in Ostafrika 1935/36, der erste faschistische Vernichtungskrieg?, in: Lutz Klinkhammer u. a. (Hg.), Die «Achse» im Krieg. Politik, Ideologie und Kriegführung 1939–1945, Paderborn 2010, S. 194–210; Gabriele Schneider, Mussolini in Afrika. Die faschistische Rassenpolitik in den italienischen Kolonien 1936–1941, Köln 2000; Manfred Funke, Saktionen und Kanonen. Hitler, Mussolini und der internationale Abessinienkonflikt 1934–1936, Düsseldorf 1970; Angelo Del Boca, Gli italiani in Africa orientale, 2 Bde., Rom 1982; Adam Wandruszka, Österreich von der Begründung der ersten Republik bis zur sozialistischen Alleinregierung 1918–1970, in: Theodor Schieder (Hg.), Europa im Zeitalter der Weltmächte (Handbuch der europäischen Geschichte, hg. v. Theodor Schieder, Bd. 7), Stuttgart 1979, S. 823–882 (S. 852); Julius Braunthal, Geschichte der Internationale, 2 Bde., Hannover 1963, Bd. 2, S. 421 ff. (zum österreichischen Februaraufstand 1934); Bauer, Hitler (Anm. 5), S. 193 ff. Zur Niederlage von Adua: Winkler, Geschichte (Anm. 1), S. 961 f., zum italienischen Vorkriegsnationalismus 1103 ff. Zur österreichischen Staatskrise vor 1934 siehe oben 336 ff.

7 J. W. Stalin, Rechenschaftsbericht an den XVII. Parteitag über die Arbeit des ZK der KPdSU (B), 26. 1. 1934, in: ders., Werke, Berlin 1951 ff., Bd. 13, S. 252–336 (261 f.); Lion Feuchtwanger, Moskau 1937. Ein Reisebericht für meine Freunde (1. Aufl.: Amsterdam 1937), Berlin 1993, S. 50 ff. (Zitat: S. 93); Theo Pirker (Hg.), Komintern und Faschismus 1920–1940. Dokumente zur Geschichte und Theorie des Faschismus, Stuttgart 1965, S. 187 f. (Dimitroff auf dem VII. Weltkongreß der Komintern: Der Faschismus und die Arbeiterklasse, 17. 8. 1935); Hermann Weber (Hg.), Die Kommunistische Internationale. Eine Dokumentation, Hannover 1966, S. 278–284 (Die Faschismustheorie der Komintern, XIII. Plenum des EKKI, Dezember 1933; Zitat: 279), 294–299 (Dimitroff: Für die Einheitsfront. Referat auf

dem VII. Weltkongreß; Zitat: 297); Helmut Altrichter (Hg.), Die Sowjetunion. Von der Oktoberrevolution bis zu Stalins Tod, Bd. 1: Staat und Partei, München 1986, S. 266–292 (Verfassung vom 5. 12. 1936); ders., Kleine Geschichte der Sowjetunion 1917–1991, München 1993, S. 84 ff.; Rolf Binner u. a. (Hg.), Massenmord und Lagerhaft. Die andere Geschichte des Großen Terrors, 2 Bde., Berlin 2009/10; Jörg Baberowski, Der rote Terror. Die Geschichte des Stalinismus, München 2003, S. 135 ff. (Jeschow 1935: 159, Säuberungen in der Roten Armee: 167 ff., Stalin, Juni 1937: 174 f., Massenterror und Tötungsquoten: 183 ff., Zitate Baberowski: 160, 179, 204, 207); Robert Conquest, Der große Terror. Sowjetunion 1934–1938 (amerik. Orig.: New York 1968), München 1993; Roy A. Medwedew, Die Wahrheit ist unsere Stärke. Geschichte und Folgen des Stalinismus, Frankfurt 1973; Karl Schlögel, Terror und Traum. Moskau 1937, München 2008, S. 21 ff. (zu Feuchtwangers Reise: 194 ff.; zur Volkszählung von 1937: 153 ff.; Bau des Moskwa-Wolga-Kanals: 361 ff.; Massentötungen: 603 ff.; Bucharin an Stalin, 10. 12. 1937: 674 ff.); Timothy Snyder, Bloodlands. Europe between Hitler and Stalin, New York 2010, S. 98 ff. (Zahlen zur «polnischen Operation» 1937/38: 103); Leonard Schapiro, Die Geschichte der Kommunistischen Partei der Sowjetunion (engl. Orig.: London 1959), Frankfurt 1962, S. 423 ff. (Chruschtschow, 1956: 437); Isaac Deutscher, Stalin. Eine politische Biographie (engl. Orig.: Oxford 1961[2]), Stuttgart 1962, S. 440 ff.; Robert Gellately, Lenin, Stalin und Hitler. Drei Diktatoren, die Europa in den Abgrund führten (engl. Orig.: London 2007), Bergisch Gladbach 2009, S. 313 ff. (Eröffnung des «Stalinkanals»: 359, «Militärverschwörung»: 380 f.); Gottfried Schramm, Industrialisierung im Eiltempo und kollektivierte Landwirtschaft unter Stalin (1928/29 bis 1941), in: Handbuch der Geschichte Rußlands, Bd. 3: 1856–1945. Von den autokratischen Reformen zum Sowjetstaat, hg. v. Gottfried Schramm, II. Halbband, Stuttgart 1992, S. 782–908; Heiko Haumann, Die Wirtschaft, ebd., S. 1194–1299; Manfred Hildermeier, Geschichte der Sowjetunion 1917–1991. Entstehung und Niedergang des ersten sozialistischen Staates, München 1998, S. 435 ff. (Zahlen zur Kirchenverfolgung: 584); Nicolas Werth, Ein Staat gegen sein Volk. Gewalt, Unterdrückung und Terror in der Sowjetunion, in: Stéphane Courtois u. a. (Hg.), Das Schwarzbuch des Kommunismus. Unterdrückung, Verbrechen und Terror (frz. Orig.: Paris 1997), München 1998, S. 51–295 (Säuberung der Exilparteien: 350 ff.); David Priestland, Weltgeschichte des Kommunismus. Von der Französischen Revolution bis heute (engl. Orig.: New York 2009), München 2009, S. 231 ff.; Bogdan Musial, Kampfplatz Deutschland. Stalins Kriegspläne gegen den Westen, Berlin 2008, S. 229 ff. (Säuberungen in der Roten Armee: 361 ff.); François Furet, Das Ende der Illusion. Der Kommunismus im 20. Jahrhundert (frz. Orig.: Paris 1995), München 1996, S. 341 ff. (Furet über Rolland: 356; Zitat Gide: 369). Zum Zitat von Clemenceau über die Französische Revolution aus dem Jahr 1891: Suzanne

Citron, Le mythe national: L'histoire de France revisitée, Paris 2008, S. 27. Zum französischen Thermidor: Winkler, Geschichte (Anm. 1), S. 367 ff. Zu Lenins Verhältnis zum Marxismus siehe oben S. 48 ff.

8 Winkler, Weg (Anm. 2), Bd. 2, S. 40 ff. (Zitate Carl Schmitt: 27; aus den Stimmungsberichten 1935: 47 f.; Hitler über den Bolschewismus, 13. 9. 1936: 50 f.); Thamer, Verführung (Anm. 2), S. 526 ff. (Zitat Mussolini, 28. 9. 1937: 552); Peter Hoffmann, Widerstand, Staatsstreich, Attentat. Der Kampf der Opposition gegen Hitler, München 1969, S. 34 ff. (Zahlen zu den Prozessen: 39); Mehring, Carl Schmitt (Anm. 5), S. 358 ff.; Michael Wildt, Generation des Unbedingten. Das Führungskorps des Reichssicherheitshauptamtes, Hamburg 2003[2]; Ian Kershaw, Der Hitler-Mythos. Volksmeinung und Propaganda im Dritten Reich, Stuttgart 1980, S. 70 f. (Zitate Kershaw und Hitler, September 1936); ders., Hitler 1889–1936 (engl. Orig.: London 1998), Stuttgart 1998, S. 663 ff.; Friedländer, Verfolgung (Anm. 3), S. 29 ff.; Uwe Dietrich Adam, Judenpolitik im Dritten Reich, Düsseldorf 1972, S. 46 ff.; Die Verfolgung und Ermordung der europäischen Juden durch das nationalsozialistische Deutschland 1933–1945, Bd. 1: Deutsches Reich 1933–1937, bearb. v. Wolf Gruner, München 2008; Ernst Fraenkel, Der Doppelstaat. Ein Beitrag zur Theorie der Diktatur (amerik. Orig.: New York 1941), Frankfurt 1974; John Maynard Keynes, Allgemeine Theorie der Beschäftigung des Zinses und des Geldes (engl. Orig.: London 1936), Berlin 1936 (Zitate Keynes: S. IX, 321); Kocka, Angestellte (Anm. 1), S. 232 (Arbeitslosenzahlen Deutschland und USA); Tooze, Ökonomie (Anm. 4), S. 243 ff. (Zahlen zu «Volksempfänger» und «Volkswagen»: 181 ff.; Investitionsdaten: 247); Wilhelm Treue, Hitlers Denkschrift zum Vierjahresplan 1936, in: Vierteljahrshefte für Zeitgeschichte 3 (1955), S. 184–210 (Zitate Hitler: 204 f., 210; Hervorhebungen im Original); Dieter Petzina, Autarkiepolitik im Dritten Reich. Der nationalsozialistische Vierjahresplan, Stuttgart 1968, S. 48 ff.; Friedrich Forstmeier/Hans-Erich Volkmann (Hg.), Wirtschaft und Rüstung am Vorabend des Zweiten Weltkrieges, Düsseldorf 1975; Mason, Arbeiterklasse (Anm. 4), S. 1 ff. (Daten zur Entwicklung von Löhnen und Lebenshaltungskosten: 61, 113, Zitate Mason: 124 [Hervorhebung im Original], 163 f., «getarnter Streik»: 169); Klaus Hildebrand, Das vergangene Reich. Deutsche Außenpolitik von Bismarck bis Hitler, Stuttgart 1995, S. 563 ff. (Zitate Hitlers gegenüber de Jouvenel: 607; zum deutsch-österreichischen Vertrag vom 11. 7. 1936: 626 ff.; Zitat Mussolini, 1. 11. 1936: 631); Woller, Geschichte (Anm. 6), S. 142 ff.; Gerhard Krebs, Das moderne Japan 1868–1952, München 2009, S. 62 ff. Das Hoßbach-Protokoll in: Internationaler Militärgerichtshof. Der Prozeß gegen die Hauptkriegsverbrecher, Nürnberg 1947–49, Bd. XXV, S. 403 ff. Das Zitat von Ernest Renan («plébiscite de tous les jours») in: ders., Qu'est-ce qu'une nation? (Conférence faite en Sorbonne, le 11 mars 1882), in: Œuvres complètes de Ernest Renan, tome 1, Paris 1947, S. 887–906. Zum Boxeraufstand und dem «Boxerproto-

koll», dem Frieden von Peking, vom 7.9.1901: Winkler, Geschichte (Anm. 1), S. 969 ff. Zu Hitlers Ausführungen vom 3.2.1933 siehe oben S. 634, zur japanischen Tosei 634, zur Tausend-Mark-Sperre 705.

9 Franz-Josef Brüggemeier, Geschichte Großbritanniens im 20. Jahrhundert, München 2010, S. 162 ff.; Martin Pugh, The Making of Modern British Politics 1867– 1945, Oxford 2002[3], S. 222 ff.; David Powell, British Politics, 1910–1935. The Crisis of the Party System, Milton Park 2004, S. 171 ff.; Malcolm Pearce and Geoffrey Stewart, British Political History 1867–1995. Democracy and Decline, London 1996[2], S. 277 ff.; Bernard Potter, Britannia's Burden. The Political Evolution of Modern Britain 1851–1990, London 1994, S. 213 ff.; Keith Robbins, The Eclipse of a Great Power. Modern Britain 1870–1975, London 1983, S. 167 ff.; ders., Appeasement, Oxford 1991[2], S. 45 ff.; Keith Middlemas, The Diplomacy of Illusion. The British Government and Germany 1937–1939, London 1972; ders. u. John Barnes, Baldwin. A Biography, London 1969, S. 802 ff.; Anne Perkins, Baldwin, London 2006; S. 90 ff. (Zitate Baldwin 1935: 100, Baldwin zu Churchill 1936: 105); Frank McDonough, Neville Chamberlain, Appeasement and the British Road to War, Manchester 1998, S. 13 ff.; Hildebrand, Reich (Anm. 88), S. 600 ff. (Zitat Lothian 1936: 699); Martin Gilbert and Richard Gott, The Appeasers, Hoghton 1963; R. A. C. Parker, Chamberlain and Appeasement. British Policy and the Coming of the Second World War, Basingstoke 1993, S. 12 ff.; Peter Neville, Hitler and Appeasement. The British Attempt to Prevent the Second World War, London 2006, S. 5 ff.; Detlev Clemens, Herr Hitler in Germany. Wahrnehmungen und Deutungen des Nationalsozialismus in Großbritannien 1920 bis 1939, Göttingen 1996, S. 252 ff.; Ian Kershaw, Hitlers Freunde in England. Lord Londonderry und der Weg in den Krieg (eng. Orig.: London 2004), München 2005, S. 7 ff. (Zitat MacDonald 1935: 138); ders., Hitler 1939–1945 (engl. Orig.: London 2000), Stuttgart 2000, S. 15 ff.; Christian Bussfeld, «Democracy versus Dictatorship»: Die Herausforderung des Faschismus und Kommunismus in Großbritannien 1932–1937, Paderborn 2001, S. 90 ff.; Richard Griffith, Fellow Travellers of the Right. British Enthusiasts of Nazi Germany 1933–1939, London 1990; Alistair Hamilton, The Appeal of Fascism. Intellectuals of Fascism 1919–1945, New York 1971; Dan Stone, Responses to Nazism in Britain, 1933–1939. Before War and Holocaust, Basingstoke 2003; Bernhard Dietz, Neo-Tories. Britische Konservative im Aufstand gegen Demokratie und politische Moderne (1929–1939), phil. Diss. (Ms.), Humboldt-Universität zu Berlin 2010; Anna Maria Lemcke, «Providing the superiority of democracy»: Die «National Fitness Campaign» der britischen Regierung (1937–1939) im transnationalen Zusammenhang, in: Vierteljahrshefte für Zeitgeschichte 57 (2009), S. 543–570; Arnd Bauerkämper, Die «radikale Rechte» in Großbritannien. Nationalistische, antisemitische und faschistische Bewegungen vom späten 19. Jahrhundert bis 1945, Göttingen 1991, S. 143 ff.; Gottfried

Niedhart, Großbritannien und die Sowjetunion 1934–1939. Studien zur britischen Politik der Friedenssicherung zwischen den beiden Weltkriegen, München 1972, S. 141 ff., Ben Pimlott, Labour and the Left in the 1930s, London 1972, S. 9 ff.; G. D. H. Cole, A History of the Labour Party from 1914, London 1951², S. 268 ff. (zum «Peace Ballot» 1934/35: 302); Andrew Thorpe, A History of the British Labour Party, Basingstoke 1997, S. 79 ff.; Henry Pelling/Alastair J. Reid, A Short History of the Labour Party, London 1996¹¹, S. 65 ff. (Churchill zu Attlee, 20. 9. 1938: 77); Stuart Samuels, The Left Book Club, in: Journal of Contemporary History 1 (1966), S. 65–86. Zu den Neo-Tories und der British Union of Fascists siehe oben S. 480 ff., zur «Stresafront» 709 ff.

10 Charles Bloch, Die dritte französische Republik. Entwicklung und Kampf einer parlamentarischen Demokratie (1870–1940), Stuttgart 1972, S. 413 ff. (zu Maurras, August 1935: 426, Zitat Bloch: 457, Treffen Blum–Schacht, 28. 8. 1936: 466); René Rémond, Frankreich im 20. Jahrhundert (Geschichte Frankreichs, Bd. 6/1; frz. Original: Paris 1988), Stuttgart 1984, S. 199 ff. (Zitat Rémond: 203, Vergleich der «cahiers de revendications» mit den «cahiers de doléance»: 234, Zitat Daladier, 21. 8. 1938: 259); Sergej Berstein et Pierre Milza, Histoire de la France au XXe Siècle, Paris 1995, S. 458 ff.; Jean-Baptiste Duroselle, La décadence 1932–1939, Paris 1985³, S. 29 ff.; Robert W. Mühle, Frankreich und Hitler. Die französische Deutschland- und Außenpolitik 1933–1935, Paderborn 1995, S. 41 ff. (Daladier, 13. 2. 1933: 50); Geoffrey Warner, Pierre Laval and the Eclipse of France, New York 1968, S. 56 ff.; Hans-Wilhelm Eckert, Konservative Revolution in Frankreich? Die Nonkonformisten der Jeune Droite und des Ordre Nouveau in der Krise der 30er Jahre, München 2000, S. 131 ff.; Julius Braunthal, Geschichte der Internationale, 2 Bde., Bd. 2, Hannover 1963, S. 437 ff.; Claude Willard, Geschichte der französischen Arbeiterbewegung. Eine Einführung (frz. Orig.: Paris 1958). S. 173 ff.; Georges Lefranc, Le mouvement socialiste sous la Troisième République, vol. 2: De 1920 à 1940, Paris 1977, S. 302 ff.; Jacques Kergoat, La France du Front Populaire, Paris 1986, S. 7 ff. (Zitate Thorez, 17. 4. 1936: 86, PCF, 14. 5. 1936: 105, Streikzahlen: 127 f.); Jacques Delperrie de Bayac, Histoire du Front Populaire, Paris 1972, S. 9 ff. (Zitate Pivot 27. 5. 1936: 222, Humanité, 29. 5. 1936: 229, antisemitische Kampagne gegen Blum, Blum zu Schacht, 28. 8. 1936: 302, 252, Erklärung der Kardinäle, 31. 10. 1936: 317, Blum–de Gaulle: 333 ff.); Jean-Paul Brunet, Histoire du Front Populaire (1934–1938), Paris 1991; Guy Bourdé, La défaite du Front Populaire, Paris 1977; Anne Kriegel, Les communistes français. Essai d'ethnographie politique, Paris 1968; Roland Tiersky, French Communism, 1920–1972, New York 1974, S. 54 ff.; Heinrich August Winkler, Klassenkampf versus Koalition. Die französischen Sozialisten und die Politik der deutschen Sozialdemokraten 1928–1933, in: Geschichte und Gesellschaft 17 (1991), S. 182–219 (zu Blums Theorie der Machtbeteiligung: 188); ders., Ge-

schichte (Anm. 1), S. 47 ff. (zu den «cahiers de doléances»). Zur Ermordung König Alexanders I. und Barthous siehe oben S. 346, zum Hoare–Laval-Abkommen 712, 760 f.

11 Walther L. Bernecker, Geschichte Spaniens im 20. Jahrhundert, München 2010, S. 135 ff. (Zahlen zur deutschen und italienischen Militärpräsenz: 146); ders., Krieg in Spanien 1936–1939, Darmstadt 1991, S. 47 ff. (Opferzahlen: 211–213, Ökonomische Daten: 213 f.): ders., Anarchismus und Bürgerkrieg. Zur Geschichte der Sozialen Revolution in Spanien 1936–1939, Hamburg 1978[1], S. 27 ff.; Carlos Collado Seidel, Der Spanische Bürgerkrieg. Geschichte eines europäischen Konflikts, München 2010[2], S. 15 ff. (Zahlen zur Kollektivierung: 81, zur Kirchenverfolgung: 84, zu den Militärstärken: 102, Zitat Aguilera: 185, zu den Opfern von Bürgerkrieg und Nachkriegsterror: 190, zur Emigration: 194); Frank Schauff, Der Spanische Bürgerkrieg, Göttingen 2006; ders., Der verspielte Sieg. Sowjetunion, Kommunistische Internationale und Spanischer Bürgerkrieg 1936–1939, Frankfurt 2004; Gabriel Jackson, The Spanish Republic and the Civil War 1931–1939, Princeton 1965; Hugh Thomas, Der spanische Bürgerkrieg (engl. Orig.: London 1961), Frankfurt 1964, S. 21 ff. («No pasarán!»: 120, zu Ronda und Hemingway: 146, Zitat Mola 1936: 248, Hemingway über Guadalajara:); Pierre Broué/Émile Témime, Revolution und Krieg in Spanien (frz. Orig.: Paris 1961), Frankfurt 1968, S. 33 ff. (Briefwechsel Stalin–Largo Caballero: 328 f., Zitat Broué/Témime: 480, kommunistische Stimmen über den POUM: 359, Anklageschrift gegen den POUM: 367 ff., Ermordung Nins: 371, Zahlen zu den Internationalen Brigaden: 480); Robert Payne, The Civil War in Spain 1936–1939, London 1963; Stanley G. Payne, The Spanish Revolution, London 1970; ders., Falange. A History of Spanish Fascism, Stanford 1961; Paul Preston, The Coming of the Spanish Civil War. Reform, Reaction and Revolution in the Second Republic 1931–1936, London 1978; ders. (ed.), Revolution and War in Spain 1931–1939, New York 1984; Richard A. H. Robinson, The Origins of Franco's Spain. The Right, the Republic and Revolution, 1931–1936, Newton Abbot 1970; Bernd Nellessen, Die verbotene Revolution. Aufstieg und Niedergang der Falange, Hamburg 1963; Wolfgang Schieder u. Christof Dipper (Hg.), Der Spanische Bürgerkrieg in der internationalen Politik (1936–1939), München 1976; Michel Alpert, A New International History of the Spanish Civil War, Basingstoke 1994; Robert H. Whealey, Hitler and Spain. The Nazi Role in the Spanish Civil War, Lexington 2005[2]; Raúl Arias Ramos, La Légion Cóndor en la Guerra Civil. El apoyo military alemán a Franco, Madrid 2003, bes. S. 166 ff. (Guernica); Angel Viñas, Franco, Hitler y el estallido de la Guerra Civil. Antecedentes y consecuencias, Madrid 2001; Rafael Cruz, El Partido Comunista de España en la Segunda República. Madrid 1987; Martin Baumeister/Stefanie Schüler-Springorum (eds.), «If you tolerate this ...» The Spanish Civil War in the Age of Total War, Frankfurt 2008; Stefanie Schüler-Springorum,

Krieg und Fliegen. Die Legion Condor im Spanischen Bürgerkrieg, Paderborn 2010; Arthur Koestler, Ein spanisches Testament (Zürich 1938[1]), Zürich 2005; Gustav Regler, Das Ohr des Malchus. Eine Lebensgeschichte, Köln 1958, S. 363 ff.; George Orwell, Mein Katalonien. Bericht über den Spanischen Bürgerkrieg (engl. Orig.: London 1938), Zürich 1975; Franz Borkenau, Kampfplatz Spanien. Politische und soziale Konflikte im Spanischen Bürgerkrieg. Ein Augenzeugenbericht (eng. Orig.: London 1937), Stuttgart 1986 (Zitate: 342, 348, 359, 362; die Jahreszahlen 1707 und 1808 beziehen sich auf den Spanischen Erbfolgekrieg bzw. den Guerillakrieg gegen Napoleon); Peter Merseburger, Willy Brandt 1913–1992. Visionär und Realist, Stuttgart 2002, S. 126 ff. Das Zitat von Brandt in: Ein Jahr Krieg und Revolution in Spanien. Referat Brandts auf der Sitzung der erweiterten Parteileitung der SAP, 5. 7. 1937, in: Willy Brandt, Hitler ist nicht Deutschland. Jugend in Lübeck – Exil in Norwegen 1928–1940. Bearb. v. Einhart Lorenz (Willy Brandt, Berliner Ausgabe, Bd. 1), Bonn 2002, S. 306–342 (329). Die spanische Verfassung von 1931 und die grundlegenden Gesetze der Jahre 1938 bis 1947 in: Dieter Gosewinkel u. Johannes Masing (Hg.), Die Verfassungen in Europa 1789–1949. München 2006, S. 599–638. Zur «limpieza de sangre»: Winkler, Geschichte (Anm. 1), S. 107. Zur Vorgeschichte des Bürgerkriegs siehe oben S. 395 ff., zu Douglas Jerrold und den Neo-Tories S. 480 ff., 757 ff.

12 Woller, Geschichte (Anm. 6), S. 153 ff. (Zitate Woller: 153 f., Außenhandelsdaten: 164); Thomas Schlemmer/Hans Woller, Der italienische Faschismus und die Juden 1922 bis 1945, in: Vierteljahrshefte für Zeitgeschichte 53 (2005), S. 165–201; Smith, Italy (Anm. 6), S. 454 ff. (Daten zum Staatshaushalt: 461); Procacci, Geschichte (Anm. 6), S. 368 ff.; Schieder, Kriegsregime (Anm. 6), S. 406 ff.; Renzo De Felice, Mussolini il duce, vol. 2: Lo Stato totalitario 1936–1940, Turin 1996[2], S. 467 ff.; ders., Storia degli ebrei italiani sotto il fascismo, Turin 1993[9]; ders., Il fascismo e gli ebrei. Le legge razziali in Italia, Rom 2003; Michele Sarfatti, Gli ebrei nell'Italia fascista. Vicende, identità, persecuzione, Turin 2000; Enzo Collotti, Il fascismo e gli ebrei, Bari 2003; Francis William Deakin, Die brutale Freundschaft. Hitler, Mussolini und der Niedergang des italienischen Faschismus (engl. Orig.: London 1962), Köln 1964.

13 Rudolf Jaworski, Vorposten oder Minderheit? Der sudetendeutsche Volkstumskampf in den Beziehungen zwischen der Weimarer Republik und der ČSR, Stuttgart 1977, S. 160 ff.; Johann Wolfgang Brügel, Tschechen und Deutsche 1918–1938, München 1967, S. 225 ff.; Carol Skalnik Leff, National Conflict in Czechoslovakia. The Making and Remaking of a State, 1918–1987, Princeton 1986, S. 45 ff.; Jan Mylanárik, The Nationality Question in Czechoslovakia and the 1938 Munich Agreement, in: Norman Stone and Eduard Strouhal (eds.), Czechoslovakia: Crossroads and Crises 1918–1988, Basingstoke 1989, S. 89–100; Roland J. Hoffmann u. a., Odsun. Die Vertreibung der Sudetendeutschen. Dokumentation zu Ursachen, Planung und Realisierung einer «ethnischen Säuberung» in der

Mitte Europas 1848/49–1945/46. Bd. 1: Vom Völkerfrühling und Völkerzwist 1848/49 zur Errichtung des «Protektorats Böhmen und Mähren» 1939, München 2000; Boris Celovsky, Das Münchner Abkommen 1938, Stuttgart 1958, S. 23 ff. (Hitlers Äußerungen zur ČSR, 5. 11. 1937: S. 93 f., zum «Nationalstaat der tschechoslowakischen Nation»: 105, Henleins Bericht an Hitler, 19. 11. 1937: 116); Ivan Pfaff, Stalins Strategie der Sowjetisierung Mitteleuropas 1935–1938, in: Vierteljahrshefte zur Zeitgeschichte 38 (1990), S. 543–588 (Zitat Šmeral, 22. 4. 1936: 549); Alice Teichova, Die Tschechoslowakei 1918–1980, in: Wolfram Fischer (Hg.), Europäische Wirtschafts- und Sozialgeschichte vom Ersten Weltkrieg bis zur Gegenwart. (Handbuch der europäischen Wirtschafts- und Sozialgeschichte. Hg. v. Wolfram Fischer u. a., Bd. 6), Stuttgart 1987, S. 598–639 (Zitat Teichova: 617); Iván T. Berend u. György Ranki, Polen, Ungarn, Rumänien, Bulgarien und Albanien 1914–1980, ebd., S. 769–846 (Daten zur polnischen Industrieproduktion: 797); Gotthold Rhode, Die Tschechoslowakei von der Unabhängigkeitserklärung bis zum «Prager Frühling» 1918–1968, in: Schieder (Hg.), Europa (Anm. 6), S. 920–977 (920 ff.); ders., Polen von der Wiederherstellung der Unabhängigkeit bis zur Ära der Volksrepublik 1918–1970 ebd., S. 978–1061 (1013 ff.); Roos, Polen (Anm. 4), S. 224 ff.; ders., Geschichte (Anm. 4), S. 144 ff.; Włodimierz Borodziej, Geschichte Polens im 20. Jahrhundert, München 2010, S. 162 ff. (Programm des ONR: 176, Zitate Borodziej: 177, 178, Piłsudski, März 1934: 187); Stephanie Zloch, Polnischer Nationalismus, Politik und Gesellschaft zwischen den beiden Weltkriegen, Köln 2010, S. 403 ff.; Ronald Modrus, The Catholic Church and Antisemitism in Poland, 1933–1939, Chur 1994, S. 345 ff. (Zitat Hlond: 346 f.). Zu den «Madagaskar-Plänen»: Magnus Brechtken, «Madagaskar für die Juden». Antisemitische Idee und politische Praxis 1885–1945, München 1997; Hans Jansen, Der Madagaskar-Plan. Die beabsichtigte Deportation der europäischen Juden nach Madagaskar, München 1997, S. 111 ff. Die polnischen Verfassungen von 1921 und 1935 in: Gosewinkel/Masing (Hg.), Verfassungen (Anm. 11), S. 385–417. Zur «kleinen Entente» siehe oben S. 202.

14 Brinkley, Unfinished Nation (Anm. 1), S. 692 ff.; Leuchtenburg, Roosevelt (Anm. 1), S. 219 ff. (Borah zur «cash and carry»-Klausel ebd.: 225, Roosevelt zu Ickes ebd.: 226, Daten zur «Roosevelt Depression»: 243 f.); Arnold Offner, American Appeasement. United States Foreign Policy and Germany, Cambridge, Mass. 1969; Dallek, Roosevelt (Anm. 1), S. 101 ff.; Roland D. Gerste, Roosevelt und Hitler. Todfeindschaft und totaler Krieg, Paderborn 2011; Schröder, Deutschland (Anm. 1), S. 169 ff. (Daten zum deutschen und amerikanischen Außenhandel: 229–235, 238, 250); Junker, Weltmarkt (Anm. 1) S. 43 ff.; ders., Kampf (Anm. 1), S. 13 ff. (Umfragen September 1938: 71); Klaus Schwabe, Weltmacht und Weltordnung. Amerikanische Außenpolitik von 1898 bis zur Gegenwart. Eine Jahrhundertgeschichte, Paderborn 2007[2], S. 95 ff.; ders., Die Regierung Roosevelt und

die Expansionspolitik Hitlers vor dem Zweiten Weltkrieg. Appeasement als Folge eines «Primats der Innenpolitik»?, in: Karl Rohe (Hg.), Die Westmächte und das Dritte Reich 1933–1939. Klassische Großmachtrivalität oder Kampf zwischen Demokratie und Diktatur?, Paderborn 1982, S. 103–1932; Michaela Hönicke, Das nationalsozialistische Deutschland und die Vereinigten Staaten von Amerika (1933–1945), in: Klaus Larres/Torsten Oppelland (Hg.), Deutschland und die USA im 20. Jahrhundert. Geschichte der politischen Beziehungen, Darmstadt 1997, S. 62–94; dies., Know Your Enemy. The American Debate on Nazism, 1933–1945, Cambridge 2010; Stephen H. Norwood, The Third Reich in the Ivory Tower. Complicity and Conflict on American Campuses, Cambridge 2009. Zu den Arbeitslosenzahlen: Kocka, Angestellte (Anm. 1), S. 232. Roosevelts Quarantänerede in: The Public Papers and Addresses of Franklin D. Roosevelt. 1937 volume, New York 1941, S. 406–411. Zur ersten Amtszeit Roosevelts und der amerikanischen Innenpolitik 1933–1936 siehe oben S. 643 ff., zu Roosevelts Reaktion auf die Novemberpogrome in Deutschland siehe unten 844 f.

15 Winkler, Weg, Bd. 2 (Anm. 2), S. 54 ff. (Zitate Hitler, 15. 3. 1938: 54, 20. 2. 1938: 55, 30. 5. 1938: 56, 12. 9. 1938: 58 f., 26. 9. 1938: 60 f., Schuschnigg, 9. 3. 1938: 54, Exil-SPD: 55); Tooze, Ökonomie (Anm. 4), S. 290 ff. (Wirtschaftsdaten zum Anschluß Österreichs); Celovsky, Münchner Abkommen (Anm. 13), S. 151 ff. (Chamberlain über die deutsche Fronde: 298 f., Schlagzeilen «Völkischer Beobachter», 18. u. 20. 9. 1938: 337, Bonnet an Krofta, 2. 10. 1938: 468, Churchill: 469); Detlef Brandes, Die Sudetendeutschen im Krisenjahr 1938, München 2010²; Pfaff, Stalins Strategie (Anm. 13), S. 560 ff.; Neville, Hitler (Anm. 9), S. 78 ff.; Parker, Chamberlain (Anm. 9), S. 78 ff.; Parker, Chamberlain (Anm. 9), S. 124 ff.; Frank McDonough, Hitler, Chamberlain and Appeasement, Cambridge 2002, S. 43 ff.; ders., Neville Chamberlain (Anm. 9), S. 45 ff.; Keith Feiling, The Life of Neville Chamberlain, London 1947², S. 320 («peace for our time»: 381); Hoffmann, Widerstand (Anm. 8), S. 69 ff.; Gerhard Ritter, Carl Goerdeler und die deutsche Widerstandsbewegung, Stuttgart 1954, S. 151 ff.; Bernd-Jürgen Wendt, München 1938. England zwischen Hitler und Preußen, Frankfurt 1965; Hildebrand, Reich (Anm. 8), S. 651 ff.; Thamer, Verführung (Anm. 3), S. 580 ff.; Bloch, Dritte Republik (Anm. 10), S. 488 ff. (Potjomkin zu Coulondre, 4. 10. 1938: 494); Berstein/Milza, Histoire (Anm. 10), S. 571 ff.; Rémond, Frankreich (Anm. 10), S. 260 ff. (Umfrage zu München: 263 f.); Thomas, Bürgerkrieg (Anm. 11), S. 408, 427, 431 (zum anglo-italienischen Mittelmeerpakt). Zur «Glorious Revolution» und den Jakobiten: Winkler, Geschichte (Anm. 1), S. 149 ff., zum Problem «großdeutsch-kleindeutsch» in der Revolution von 1848/49: ebd., S. 618 ff. zu Mussolinis Haltung in der Österreichkrise vom Juli 1934 siehe oben S. 704 ff.; 12. 2. 1938: 765, zur Begegnung Hitler–Schuschnigg, 12. 2. 1938: 765.

16 Friedländer, Verfolgung (Anm. 8), S. 262 ff. (Zitate Friedländer, 262, 269,

Freud 262, «Völkischer Beobachter» und Hitler, 12.9.1938: 270f., Schweizer Bericht zur Kennzeichnung von Juden in deutschen Pässen: 286); Peter Longerich, Politik der Vernichtung. Eine Gesamtdarstellung der nationalsozialistischen Judenverfolgung, München 1998, S. 190ff.; Otto Dov Kulka u. Eberhard Jäckel (Hg.), Die Juden in den geheimen NS-Stimmungsberichten 1933–1945, Düsseldorf 2004, S. 304ff.; Walter Pehle (Hg.), Der Judenpogrom 1938. Von der «Reichskristallnacht» zum Völkermord, Frankfurt 1988; Leuchtenburg, Roosevelt (Anm. 1), S. 285 (Roosevelt zur Pogromnacht); Winkler, Weg II (Anm. 2), S. 48ff. (deutsche Berichte zum 9./10. 11. 1938: 48, Zitate Hitler 5.1. u. 30. 1. 1939: 49f.). Zur Judenverfolgung in den Jahren 1348 bis 1350: ders., Geschichte (Anm. 1), S. 105.

17 Winkler, Weg II (Anm. 2), S. 62ff. (Zitat Himmler, 8. 11. 1938: 62, Zitate Hitler, 10. 11. 1938: 62, 10. 2. 1939: 63 f, 28. 4. 1939: 67, 26. 11. 1935, 13. 9. 1937, 28. 8. 1939: 69, 1. u. 3. 9. 1939: 71f.; Zitate Hugelmann, Schmitt, Best: 65f., Berliner Protokoll vom 14. 3. 1939: 64, Geheimes Zusatzprotokoll vom 23. 8. 1939: 68, Stimmungsberichte 1939: 70f.); Thamer, Verführung (Anm. 2), S. 600ff. (Ribbentrop, 14. 8. 1939: 617); Karl Dietrich Erdmann, Die Zeit der Weltkriege, 2. Teilbd.: Deutschland unter der Herrschaft des Nationalsozialismus 1933–1939 (Gebhardt, Handbuch der deutschen Geschichte, 9. Aufl., Bd. 4), Stuttgart 1976, S. 474ff. (Moskauer Verhandlungen, Juli–August 1939: 484ff.); Rolf Dieter Müller, Der Feind steht im Osten. Hitlers geheime Pläne für einen Krieg gegen die Sowjetunion im Jahr 1939, Berlin 2011; Hildebrand, Reich (Anm. 8), S. 666ff. (deutsch-sowjetische Gespräche Juli–August 1939: 686f.); Geoffrey Roberts, The Soviet Union and the Origins of the Second World War. Russo-German Relations and the Road to War, 1933–1941, Basingstoke 1995, S. 92ff.; Hermann Graml, Europas Weg in den Krieg. Hitler und die Mächte 1939, München 1990, S. 107ff. (Beck zu Ribbentrop, Januar 1939: 139); Erwin Oberländer (Hg.), Hitler-Stalin-Pakt 1939. Das Ende Ostmitteleuropas?, Frankfurt 1989; Geoffrey Roberts, The Unholy Alliance. Stalin's Pact with Hitler, London 1989; Ian Kershaw, Hitler 1936–1945 (Engl. Orig.: London 2000), Stuttgart 2000, S. 215ff.; Tooze, Ökonomie (Anm. 4), S. 335ff.; Neville, Hitler (Anm. 9), S. 69ff.; McDonough, Hitler (Anm. 15), S. 61ff. (Zitat Chamberlain, 17. 3. 1939: 74); ders., Chamberlain (Anm. 15) S. 57ff.; Feiling, Chamberlain (Anm. 15), S. 303ff.; Parker, Chamberlain (Anm. 9), S. 182ff. (Umfrage, Juni 1939: 233); Bloch, Dritte Republik (Anm. 10), S. 499ff.; Rémond, Geschichte (Anm. 10), S. 260ff. (Zitat Déat, 4. 5. 1939, Umfragedaten: 269); Berstein/Milza, Histoire (Anm. 10), S. 571ff.; Willard, Geschichte (Anm. 10), S. 195 (PCF zum deutsch-sowjetischen Vertrag: 196); Woller, Geschichte (Anm. 6), S. 162ff. (Zitat Ciano zum Stahlpakt: 169); Roos, Geschichte (Anm. 4), S. 158ff.; Borodziej, Geschichte (Anm. 12), S. 189ff. (Zitat Beck, 5. 5. 1939: 189); Hildermeier, Geschichte (Anm. 7), S. 590ff.; Gellately,

Lenin (Anm. 7), S. 469 ff. (Stalin, 7. 9. 1939, laut Tagebuchaufzeichnung Dimitroffs: 475); Leuchtenburg, Roosevelt (Anm. 1), S. 291 ff. (Kongreßbeschlüsse Juni/Juli 1939); Krebs, Japan (Anm. 8), S. 67 ff. (zum Nomanhankrieg: 70); Weber (Hg.), Kommunistische Internationale (Anm. 7), S. 312–315 (Interview Mao Tse-Tungs, 1939); Hitlers «Deutsche Monroe-Doktrin», 14. 10. 1930 in: Hitler, Reden, Schriften, Aufzeichnungen. Februar 1925 bis Januar 1933. Bd. IV: Von der Reichstagswahl bis zur Reichspräsidentenwahl Oktober 1930–März 1932, Teil I: Oktober 1930–Juni 1931. Hg. u. kommentiert von Constantin Goschler, München 1994, S. 19–21. Das Zitat aus Stalins «Kastanienrede» vom 10. 3. 1939 in: J. W. Stalin, Rechenschaftsbericht an den XVIII. Parteitag über die Arbeit der Partei, Berlin 1952, S. 17. Zur Monroe-Doktrin: Winkler, Geschichte (Anm. 1), S. 493 ff. Zu den «Ideen von 1914» siehe oben S. 27 ff., zu Binding und Hoche, 409, zum ersten chinesischen Einheitsfrontbündnis 516 ff., «cash and carry»-Klausel 837 f., zur «Dimitroff-Formel» von 1933 448, 718 f.

上

Contents /

中

第三章 民主与专制：1933~1939 年

Contents /

下

第四章　人类文明的决裂：第二次世界大战和犹太人屠杀

第四章

人类文明的决裂：
第二次世界大战和犹太人屠杀

/ 891 ## 毁灭性的战争：波兰的第五次分割

1939 年，只有一个国家准备目标明确地发动一场战争，但是又不能决定这场战争到底在哪儿打，这就是德国。如果斯大林不和希特勒签订 1939 年 8 月 23 日的《苏德互不侵犯条约》的话，希特勒是否还会在这一年的秋天进攻波兰，这一点不得而知。1939 年，第三帝国的军备达到了登峰造极的地步，而其他国家也在不断扩充军备，一场战争已经不可避免。德国与苏联签订的互不侵犯条约实际上是一项进攻条约，它降低了希特勒冒险游戏的风险：希特勒把苏联变成了协助侵略者，并且使其在一段时间内对主要侵略者的政治产生依赖性。

说起进犯东部邻国的原因，希特勒 8 月 22 日在上萨尔茨堡对高级将领们做出这样的解释："消灭波兰，目标是消灭其有生力量，而不是建立一条特别的路线。"另一条消息虽然出处有争议，但是记录还是非常可信的。这条消息说，"元首"在这个命令上还做了一个解释。他目前只把骷髅总队（Totenkopfverbände）送往"东部"，"将说波兰话的男人、女人和孩子毫不留情地统统杀死。只有这样我们才能得到我们所需要的生存空间。今天还有谁去过问灭绝亚美尼亚人的事吗"？

/ 892 希特勒把矛头指向波兰的时候，他在军队将领中得到了广泛的支持。前一年春天和夏天发生苏台德危机时，还有一批军官反对希特勒，其中包括后来担任总参谋长的哈尔德。1939 年春天，希特勒准备进攻波兰时，军中已经没有不同的声音了。从历史上讲，苏台德地区从未归属过成立于 1871 年的德意志帝国，而波兰的大部分地区则是帝国的一部分，因此波兰被德国右翼分子当成"强盗国家"和"季节性国家"。1939 年 4 月 28 日，德国与波兰解除了互不侵犯条约，总参谋长哈尔德"心中的一块石头落了地"。他在 4

月底或5月初的一次秘密讲话中说，国防军在两到三周内就可以攻占波兰。当波兰像“坎尼”[①]一样被攻陷，德国就可以向西方国家开战了。

对波兰的战争从一开始就是一场灭绝种族的战争。它不再是欧洲的“普通战役”，而是欧洲的第一场民族之战。而对斯拉夫民族的东部地区的占领仅仅是这场战争的开局。早在第一次世界大战的时候，斯拉夫各民族在德国精英的眼里就和日耳曼民族以及罗马民族有别。斯拉夫民族不被看作优等文化民族，受人忌恨，并且被负面的陈词滥调称为“肮脏的”和“没有进化的”民族。对占波兰人口10%的犹太人的成见就更加有过之而无不及了。因此关于如何整治波兰犹太人的设想之极端程度就可想而知了。“1939年夏天出台的德国占领东部生存空间的计划就是灭绝一大部分生活在那里的人，并且奴役幸存者，”约亨·伯勒尔（Jochen Böhler）在他2006年出版的《毁灭性战争的开端》（*Auftakt zum Vernichtungskrieg*）一书中这样写道，“国防军在战争伊始就很清楚这一纲领，他们积极参与其中，努力实现这一目标。”

波兰总参谋部情报局截获了德国的进军计划，从8月中旬就开始逐步动员，到8月30日开始总动员。9月1日，当德军开始空袭，从“石勒苏益格－荷尔斯泰因号”战舰上开始向但泽附近的西盘半岛（Westerplatte）射击的时候，波兰边境地区的部队已经进入战备状态。战争打响的几个小时里，波兰空军的飞机已经被歼灭在飞机场上。陆军虽然进行了顽强抵抗，但是在德国国防军压倒性优势面前也无计可施。9月11日，德国第三集团军已经从维什库夫（Wyschkow）东部越过西布格河（Bug）。 / 893

① Cannae，这里指坎尼会战。第二次布匿战争中汉尼拔率领迦太基军队击败了罗马军队。——译者注

战争打响的头几天里，德国士兵感觉波兰到处都是游击队在偷袭，其实这一消息毫无依据。实际上，这些都是撤退到纵深地区的波兰军队，它们避开了公开的战场，转而在森林里、灌木丛中、农庄内、街巷中作战，这就给侵略者留下了一种斯拉夫游击战的印象。德国士兵对此的回应是将村庄和小镇付之一炬，将俘虏的波兰士兵统统枪毙，平民百姓不分老者、妇女和儿童一律射杀。在战役以外被杀害的波兰士兵的数量超过 3000 人。从 9 月初到 10 月底，一共有大大小小 714 次枪决，共有 1.6 万平民被处死。犹太人特别容易被怀疑成偷袭者。有多少犹太人被害，我们不得而知。经常看到德国士兵在集市广场上剪掉或火烧犹太人的胡子，并鞭笞他们。犹太人居所被抢劫一空，常有强奸犹太妇女的事情发生。

在波兰战役中，德国国防军和党卫军的界限并不清晰。1939 年 8 月，党卫军辅警部队和党卫军骷髅总队获得了“常规武装部队”的地位。第 14 集团军由党卫军“日耳曼”分队组成。党卫军骷髅总队“勃兰登堡”分队也构成了一个独立建制，这支部队烧毁了多处犹太教堂。“阿道夫・希特勒”警卫旗队在第 8 集团军中作战。党卫军“德国”炮兵团和党卫军侦察兵冲锋队被编制到肯普夫（Kempf）的装甲师中，参与了进攻波兰的行动。这个装甲师的士兵于 9 月 6 日在罗赞（Rózan）附近的戈沃罗沃（Groworowo）进行了大规模屠杀活动：他们杀死了犹太教堂里的犹太人，再把当地的犹太人都赶进教堂里，准备放火焚烧。国防军的一名军官出面调解，才在最后一刻制止了这场集体大屠杀。

除了德国国防军和党卫军的 150 万士兵以外，还有 1939 年创建的党卫队国家安全部（Reichssicherheitshauptamt，简称为 RSHA）的 5 支行动部队在波兰活动，最初大约有 2000 人。根据安全部部长 9 月 7 日的谈话记录，这些人的任务是“尽可能清除波兰人民中的精英人士”。几天之后，帝国国家安全部部长莱因哈德・海德里希

（Reinhard Heydrich）这样说道："我们可以放过小人物，但是对贵族、牧师（对，正是牧师！）和犹太人，我们必须斩尽杀绝。"行动部队在1939年9月到10月初杀害的犹太人人数不详。党卫军上级集团领袖乌多·冯·沃伊尔施（Udo von Woyrsch）部下的"特别行动部队"仅仅在9月16日至19日普热梅希尔（Przemyśl）及其周边地区发动的一次最大规模屠杀中，就杀害了500~600名犹太人。到1939年底，大约有7000名犹太人丧生。除了国防军、党卫军和行动部队以外，还有人民德意志自卫队组织的敢死队参与了屠杀行动，仅仅在占领波兰的头几个月里他们就杀害了2万至3万名波兰公民。

波兰方面在9月份发生了一系列对德意志少数民族施暴的事件，大约有2000人丧生。9月3日在比得哥什发生了武装团伙火并的暴力事件，仅仅这一次事件中就有300人死于非命。9月17日对波兰来说是一个转折点。这一天，波兰总统莫希齐茨基、最高指挥官雷兹－希米格维和政府首脑斯瓦沃伊－斯克瓦德科夫斯基进入罗马尼亚国境。苏联全线开进波兰东部。官方的说法是，红军是为了保护乌克兰人和白俄罗斯人。3天之后，"波兹南"（Posen）军队和"波美拉尼亚"（Pomerellen）在布楚拉河畔投降。9月27日，华沙沦陷。

第二天，里宾特洛甫和莫洛托夫在莫斯科签署了一份《德国－苏联边境友好条约》。在一项附加的秘密条约中，德国和苏联重新划分了边界线。这条分界线从原来的维斯瓦河向东移到了西布格河。作为补偿，整个立陶宛除去西南角都被划分到苏联的势力范围之内。德国占领了波兰土地的48%，拥有其63%的居民。苏联占领波兰土地的51%，拥有其37%的人口。在被红军控制的波兰东部地区，与乌克兰人和白俄罗斯人相比，波兰人和犹太人的人数是少数。 / 895

最后一批波兰部队于10月5日投降。波兰军队损失了6.63万人，德国军队损失1.0572万人，红军损失737人。大约有70万波兰士兵在德国的战俘营，20多万在苏联战俘营中。大约11万名官兵从波兰逃到立陶宛、拉脱维亚、匈牙利和罗马尼亚。枪炮声平息后，瓦迪斯瓦夫·西科尔斯基（Wladyslaw Sikorski）于9月30日在巴黎建立了流亡政府。两天之前，莫希齐茨基总统宣布退位。流亡军队成为流亡政府的强大支持。这支军队主要来源于1939年从波兰前往匈牙利和罗马尼亚，然后从那里抵达法国和英国的士兵，另外还有一部分是流亡在外的波兰人，一共有8.4万人。军队包含一些有经验的情报机构军官，他们在战争中为同盟国军队提供了珍贵的情报。

9月1日，德国人民没有显示出丝毫的“战争热情”。快速的胜利让人松了一口气，也唤起了人们的激情。但是德国的“民意”（*Volksmeinung*）对波兰人民的命运并不感兴趣。德国军队的凯旋（继1772年、1793年、1795年、1815年后）第5次分割了波兰。德国把波兰西部和北部的大批领土据为己有。苏联则瓜分了波兰东部地区。剩余的波兰地区，包括华沙在内的“波兰总督府”（Generalgouvernement），属于帝国的“附属领土”。

根据希特勒的命令，对波兰的军事管制将于1939年10月25日取消。但是设立非军事化国家管理的先决条件根本不存在，所以“元首”的决定一直被推迟到1940年春天。关于这段时间，历史学家马丁·布罗扎特（Martin Broszat）说道，“是一个在很多方面都无法彻底澄清的状态，国家管理、警察职权和党的管理交织在一起”。这种状态“造成了无政府的法律真空，为长达数周的、没有秩序可言的反波兰人和犹太人‘大规模行动’奠定了基础。而这种情况的出现绝非是无意识的”。

/ 896

10月6日，希特勒在帝国议会上解释了未来德国的波兰政策中最重要的任务。“要建立起人种关系的秩序，也就是要进行民族迁徙，最终要达到比今天的状态更佳的分界”。承担这一任务的主要是民族社会主义德国工人党、党卫军、党卫军保安处和特别行动部队。他们首先大规模处决犹太人、波兰知识分子，其中包括教授、牧师、教师、律师、医生和地主。他们经常用枪毙人质的方式进行残杀。1940 年春天，“非常态平定行动”构成了这种大清洗的早期高潮。在这一行动中，成千上万的知识分子、艺术家和政治家被枪毙。前政治家、众议院议长马切伊·拉塔也未能幸免。为了能让德意志人搬迁进帝国的新区，截至 1939 年底，有大约 8.8 万波兰人、犹太人和吉卜赛人被强行迁徙至波兰总督府地区。帝国的新区包括：帝国大区瓦尔特（Reichsgau Wartheland）、帝国大区但泽 - 西普鲁士（Reichsgau Danzig-Westpreußen）、东普鲁士新行政区茨辛瑙（Zichenau），被划入东普鲁士的苏瓦乌基（Suwalki）周边地区，扩大了的上西里西亚（Oberschlesien），以爱沙尼亚和库尔兰（Kurland）的波罗的海德意志人地区（Baltendeutsche）、乌克兰的沃里尼亚德意志人地区（Wolhyniendeutsche）、罗马尼亚的比萨拉比亚德意志人地区（Bessarabiendeutsche）为代表的德意志裔族（Volksdeutsche）地区。根据希特勒的意愿，将来只有德国人能生活在德意志帝国的土地上。为了实现这一愿望，他在 1939 年 10 月任命帝国党卫军首领海因里希·希姆莱为“巩固德意志民族性帝国专员”。

1940 年 5 月，希姆莱在希特勒的特别批准下，撰写了备忘录《如何对待东部的外民族》，对波兰总督府地区做了结论。波兰人因为“血统”不好，不能被日耳曼化，所以不能摆脱“黑劳士”① 民族的地位。东部的非德意志人最多只能接受小学四年级的教育，不得

① Heloten，古希腊斯巴达城邦的一种国有奴隶。——译者注

享受更高的教育。“这种教育程度的目的仅仅是：算术最多计算到500，语文就是会写自己的名字，教导他们听从德意志人是上帝的戒律，必须要诚实、努力、听话。我认为不需要教他们认字。”血统好的孩子的家长应该去德国，成为忠诚的国民或者交出他们的孩子。“也许他们不应该再生育孩子。只有这样才可以避免这些血统好的人在东部成为下等人民的统治阶层，构成与我们势均力敌的危险局面。”波兰人民中那些不想被“德意志同化的”大多数人，只有一个出路：作为一个没有元首的人民，他们必须听候吩咐，成为德国特殊工作（筑路、采石场开采、建造施工）的工人。

这些规定很快被落实到现实中。德意志人和可以被德意志同化的人，被列入德意志民族列表的四类人当中。这些人分别是迄今为止的德意志少数民族后裔、出身德意志但迄今为止还没有证明自己是德意志后裔的人、被波兰人接纳但依然可以被德意志同化的德意志族人、可以被德意志同化的德意志裔“变节分子”。绝大部分波兰人没有希望晋升为统治民族。而德国对波兰的统治是一种对殖民地的统治：把被统治者视为种族低下的人群。威廉大帝时代对海外殖民地的统治是由军官和公务员执行的，而对波兰的统治则是由特殊权力的专门机构执行的：纳粹党任命汉斯·法郎克为波兰总督，坐镇克拉科夫的瓦维尔，而党卫军则负责执行希特勒的民族政策。传统思维中的标准、规范和高级官员们的那些职权范畴，面对种族动乱所掀起的风暴已经束手无策了。

苏联在对付波兰东部的手法上和德国人奴役其“所属”的波兰部分有所不同。为了给苏联的统治以民主合法的外表，1939年10月，苏联人民代表大会进行“表决”，请求将波兰东部地区纳入苏联乌克兰共和国以及白俄罗斯共和国。苏联迅速在吞并的土地上开始了去波兰化行动，将工业国有化，稍后对农业实行了合作社制。社会动荡伴随着一系列枪毙、逮捕、判刑和流放行动。流放从1940

/ 898

年2月开始，大批波兰人被流放到苏联东部和南部。到1941年6月，波兰东部大约有76万到125万人遭到流放。流放中很多人（尤其是儿童）因为严寒而毙命。遭到流放的人中最初都是一些在国家机构中工作的上流社会人士和知识分子及其家属。1940年6月大都是从德国统治中逃出来的犹太人。而1941年6月被驱逐的是乌克兰人和白俄罗斯人中的“民族主义分子”。

从1939年到1941年，苏联政权在向波兰东部施行暴力的过程中，最为惨烈的要数1940年春天屠杀成千上万名波兰军官的行为，这次行动深深地留在众多人的回忆之中。1940年3月5日，斯大林领导下的苏联共产党政治局决议枪毙波兰的2.57万名“军官、公务员、地主、警察、宪兵和狱警”。这些人都被关押在苏联战俘营以及乌克兰和白俄罗斯监狱中。共有21300人被执行了枪决。毙命的军官在哈尔科夫（Charkow）有4000名，在加里宁/特维尔（Kalinin / Twer）的梅德诺耶（Mednoje）有6300名，在卡廷有4000名。在波兰还有更多无法统计人数的集体大屠杀行动，例如在基辅附近的比科夫尼亚（Bykownia），遇害者的尸体就埋在1937至1938年大恐怖牺牲者的旁边。

埋在卡廷的那些尸体于1943年春天被撤退的德国部队发现。德国立即向全世界宣布这是布尔什维克主义灭绝人性的表现。就在同一年，纳粹德国系统杀害欧洲犹太人已经达到了登峰造极的地步。但是德国并不想让世人知晓此事，也不想让人知道德国统治的波兰地区有多少波兰上层人士被屠杀。[1]

/ 899 **从一场“假战”到争夺挪威的战争**

英法这两个西方国家几乎没有给予波兰任何军事援助。巴黎尽管向华沙允诺，在开战 15 天后发起攻势以减轻波兰的负担，但实际上仅仅是送了几支部队到齐格菲（Westwall）防线前沿，这是德国 1938 年修建的对抗马其诺防线的筑垒体系。根据德国国防军统计，截至 10 月 19 日，几次交火中，共有 196 名德国士兵丧生。英国打头阵的两个师直到 10 月初才抵达法国，10 月第三周，英国又增添了两个师的兵力。

英国更为有效的措施是实行海上封锁。这一措施在第一次世界大战中封锁了德国与世界的往来。在海战中，德国与英国互有胜负。德国的潜艇于 9 月在布里斯托尔湾摧毁了英国的“勇气号”航空母舰，于 10 月在斯卡帕湾击沉了“皇家橡树号”战列舰。英国战舰于 12 月重创了德国装甲舰“施佩伯爵号”（Graf Spee），最后德国舰长不得不在拉普拉塔河口进行自我沉船。两个西方民主国家为波兰所做的最重要姿态，莫过于它们回绝了希特勒于 10 月 6 日在帝国议会讲演中对两国发出的“和平建议”。西线战争在头 7 个月里不久就被英语世界称为“假战”（phoney war），而在法国则被称为“怪战”（drôle de guerre）。

1939 年秋，希特勒完全有机会在西线来一场决定胜负的决战，但是最后由于天气原因他还是放弃了这个主意，把这些计划推迟到 1940 年春天。这一举动让保守的在野党失去了计划推翻希特勒的基础。有一段时间，举棋不定的总参谋长哈尔德甚至也曾进入这个保守圈子里。然而，11 月 8 日发生了一场暗杀行动，符腾堡的
/ 900 木匠格奥尔格·艾尔塞（Georg Elser）选择了“元首”为每年一度纪念 1923 年啤酒馆暴动纪念活动在慕尼黑贝格勃劳凯勒啤酒馆（Bürgerbräukeller）发表演说的机会引爆炸弹，然而爆炸发生时希

特勒已经离开了啤酒馆。希特勒马上怀疑这是英国特工人员所为。实际上艾尔塞是独自行动的。对于德国保守派叛逆者试图推翻希特勒政权，伦敦是知情的。但是即便柏林发生政权更迭，张伯伦政府也并不想和普鲁士保守党反对派成员讲和或更改自己的战略。

然而，东部的政治和军事局势在发生变化。9 月底，苏联强迫爱沙尼亚签署援助和贸易协议，迫使爱沙尼亚允许苏联在自己领土上建立军事基地。10 月初，苏联又强迫拉脱维亚和立陶宛签署相同的协议。这一过程中，立陶宛获得了维尔纽斯周边的地区。这一地区在波兰第五次被瓜分时落入苏联手中。只有芬兰抵御住了苏联的压力。10 月 10 日，芬兰开始紧急征集后备役人员，效果相当于总动员。芬兰政府与苏联政府的谈判于 11 月 13 日破裂。11 月 30 日，红军开始发起攻击，冬季战争爆发。第二天，苏联在边境地区泽列诺戈尔斯克（Terijoki）建立了一个“芬兰民主共和国人民政府”，让一名来自芬兰的老布尔什维克分子奥托·威廉·库西宁（Otto Wilhelm Kuusinen）担任国家主席。12 月 2 日，苏联与这个政府签署了友好和援助条约。在赫尔辛基，进步党的里斯托·吕蒂（Risto Ryti）担任政府首脑，社会民主党人韦伊诺·坦内尔（Väinö Tanner）担任外交部部长。曼纳海姆（Mannerheim）元帅依然担任国防委员会主席一职，并且担任芬兰军总司令。

欧洲民主国家对芬兰反抗苏联侵略的斗争深表同情。瑞典的一个声援委员会喊出了“芬兰的事就是我们的事”的口号。有 8000 名瑞典人报名自愿支援芬兰，但最后只有两个加强营的人员投入了前线的战斗。社会民主党人佩尔·阿尔宾·汉森领导下的斯德哥尔摩政府严守中立政策。主张采取干预政策支持芬兰的外交部部长里卡德·桑德勒（Rickard Sandler）不得不在 12 月中旬辞职，让位于忠实总理外交政策的克里斯蒂安·君特（Christian Günther）。赫尔辛基 12 月初请求国际联盟给予帮助，国际联盟发出了象征性的声援。12 月 14 日，这个世界组织谴责苏联为侵略者，将其开除出国际联盟。国际联盟委员会中的斯堪的纳维亚国家成员和波罗的海国家成员都放弃了这次表决权。这也是国际联盟的最后一次表决了。

巴黎和伦敦在战争前曾经向赫尔辛基做出过援助承诺，而斯堪的纳维亚国家的中立最终成了阻碍法国和英国出兵的原因。两个国家的公众舆论都明显支持芬兰，但是承诺援助的动机却另有别论。芬兰历史学家赛博·亨迪莱（Seppo Hentilä）这样说道："西方国家对瑞典北部的矿藏尤其感兴趣。这些国家担心德国或占领芬兰后的苏联会霸占这个地方。因此，延长冬季战争对于法国和英国来说是有好处的。瑞典的情况极为复杂，三方都有可能占领它。尽管与德国和苏联相比，西方国家对瑞典来说是稍微能够忍受一些的选择，但是瑞典始终反对西方国家出兵援助。"

面对兵力强大的红军，芬兰部队进行了顽强抵抗，并且在开始时取得了一些成效。他们成功阻击了侵略者试图在卡累利阿地峡（Karelischen Landenge）中心进行突破的企图。把敌人包围在那个地方的努力导致了芬兰方面的巨大损失，12 月 23 日，芬兰不得不放弃这一战略。此后，卡累利阿地峡的战役转变成了阵地战。在拉多加湖（Ladogasee）北侧，芬兰的包围战略取得了成效：最大的包围圈将苏联的两个师团团围住。1940 年 1 月，芬兰部队歼灭了红军第 44 摩托化师，并且包围了另一个师。

直到 2 月初，苏联国防人民委员伏罗希洛夫元帅指挥的苏联军队才对卡累利阿地峡进行了大规模突围。2 月 23 日，苏联当局通过斯德哥尔摩向芬兰政府传递和谈的条件：芬兰必须出租汉科（Hanko）半岛 30 年，割让包括维堡（Wiborg）在内的卡累利阿地峡所有土地，并且还要割让拉多加湖的西北部分。芬兰政府不想屈服，并再次向西方国家求救。英法两国允诺在 4 月份派出 1 万兵力支援。但是，斯德哥尔摩再次拒绝英法军队通过。曼纳海姆元帅认为已经无力继续作战，芬兰政府2月29日决定开始和平谈判。巴黎和伦敦再次提出新的援助方案，但是芬兰方面认为不够得力。红军再次获得胜利后，芬兰决定接受苏联要求割让库萨莫（Kuusamo）和萨拉（Salla）的附加条件。3月13日，双方代表在莫斯科签署了和平条约。此条约于3月14日生效。战役中，芬兰军队损失了2.4万兵力，而根据红军的统计，他们牺牲了4.9万人。

芬兰损失了大片土地，但是达到了最重要目的：保持了国家的独立。这一事实让芬兰人更加紧密地团结在一起。芬兰经历过这一苦难后犹如一个新生的国家。冬季战争不仅对芬兰产生了重大影响，也让苏联人得到了重大教训：占领芬兰并使其变成一个苏联加盟共和国大大超出了自己的能力。希特勒德国从1939年至1940年的冬季战争中得出结论：德国国防军可以轻而易举地击败苏联红军。

芬兰的妥协在法国引发了严重的政治危机。法国国民议会的两院召开秘密会议，指责达拉第政府在支援芬兰的问题上不得力。3月20日，众议院进行投票表决，有239名议员对政府投了信任票，1人投了不信任票，但是有300名议员投了弃权票。政治上的失败迫使达拉第做出反应，3月21日，达拉第在执政两年后辞职。迄今为止的财政部部长保罗·雷诺接任总理一职，并且兼任外交部部长。他从来就是一个坚定的反绥靖主义者，坚决主张反对纳粹德国。达拉第留任国防部部长一职。面对雷诺充满战斗气息的政府宣言，军事改革家戴高乐采取积极拥护的态度，然而达拉第却阻止将其任命为军事内阁秘书长。3月22日，众议院在对政府投票时，雷诺仅仅以一票优势获得绝对多数的信任票：268张信任票，156张不信任票，111张弃权。这次投票结果真实地反映了1940年春天法国内部的矛盾。 / 903

冬季战争在伦敦也产生深远的影响。作为海军大臣的温斯顿·丘吉尔在战争一开始就强烈要求忽略挪威的中立，在挪威沿岸水域布雷。这不仅仅是因为要先下手为强、封锁德国从瑞典北部运送矿物的路径，同时也考虑到把挪威甚至整个斯堪的纳维亚纳入英国的势力范围。是否违反国际法对于丘吉尔来说应该从更高的层面去考虑，这就是自由国家的安全，而英国的利益又在这一切之上。苏联1939年11月底对芬兰的进攻使这位海军大臣更加坚信斯堪的纳维亚的战略意义。除了在挪威沿岸水域布雷的要求之外，他还想占领卑尔根，特别是纳尔维克（Narvik），因为瑞典的铁矿都是在那里装上德国的船只的。

1940年3月28日，法国新任总理雷诺前往伦敦参加盟军战争委员会第四次会晤时，丘吉尔说服英国首相内维尔·张伯伦有必要在北海北部和挪威海域发动战略攻势。这次会晤中，两个国家承诺不单独与其他国家缔结和平条约，并且在战后继续为和平安全努力合作。但是这次会晤的核心内容是瑞典向德国提供矿石的问题。雷诺要求瑞典停止供货。此外，盟军就在挪威沿岸水域布雷的事情上取得了一致意见。两国向斯堪的纳维亚派出一支远征军，先占领纳尔维克和特隆赫姆（Trondheim）、卑尔根和斯塔万格（Stavanger）等地区，然后再占领波的尼亚湾包括瑞典铁矿区在内的港口城市吕勒奥（Lulea ˚）。4月5日，丘吉尔访问巴黎的时候，制定了这次行动的细节。

4月8日，在奥斯陆政府不知情的情况下，挪威沿岸水域的布雷行动已经开始了。4月10日，英法两国出兵准备占领纳尔维克，并且向瑞典边境挺进。但是计划还未实施，德国已经开始行动了。4月9日，德国国防军出兵占领丹麦，丹麦稍做抵抗之后便被占领。德国紧接着开始了占领挪威的行动。早在1939年10月，德国海军总司令雷德尔海军上将就有这种想法。12月14日，希特勒在雷德尔的引荐下接见了挪威前作战部部长、右翼激进党国家统一党（Nasjonal Samling）领袖维德孔·吉斯林。吉斯林告诉希特勒，挪威的中立正在受到来自英国的威胁。希特勒就在当天下令制作一份对斯堪的纳维亚发动军事行动的调查报告。1940年1月，“威瑟堡行动”（Weserübung）计划出台。4 月 2 日，希特勒制订了详细的行动计划。占领行动在挪威遭遇的抵抗要比丹麦的来得凶猛。4 月 9 日，德国军队虽然占领了挪威最重要的港口城市，但是满载占领军官兵和盖世太保的“布吕歇尔（Blücher）号”巡洋舰却在奥斯陆峡湾被击沉了。趁此机会，挪威王室、政府成员和众多的官员以及议员们纷纷离开首都，前往埃尔沃吕姆（Elverum），并且把国家银行的黄金储备安全地储藏起来。以社会民主党人约翰·尼高斯沃尔（Johan Nygaardsvold）为首相的挪威政府通过表决决定拒绝向德国投降。哈康七世（Haakon Ⅶ）于 4 月 9 日对德国的投降要求以一个“不”字回绝。这个“不”字同时也回绝了德国要求吉斯林组成“政府”的要求。尼高斯沃尔政府就在当天获得议会特别授权，继续抵抗德国侵略。

由于德军已经捷足先登，4 月 14 日至 18 日陆续抵达挪威海岸的英国和法国士兵在很多地方不得不重新返回船上。只有在纳尔维克一地爆发了一场激烈的战斗。5 月 28 日，这座城市落入盟军手中，但在 6 月 8 日盟军不得不撤出这座城市，这也是盟军的最后一支撤离挪威的部队。几天前，挪威国王和政府从特罗姆瑟（Tromsö）流亡到英国。在奥斯陆峡湾和挪威北部给予德国海军重创的挪威军队，于 6 月 10 日停止了战斗。

希特勒的亲信维德孔·吉斯林 4 月 9 日自称“国务秘书”，稍后就被占领者任命为“管理委员会”的负责人。这一管理委员会是挪威最高法院的法官们提议成立的，但是管理委员会最终未能得到其合法性，最终于 9 月底解散。1940 年 5 月 24 日开始，挪威占领区的政府日常工作由德纳粹党埃森（Essen）大区首领约瑟夫·特博文（Josef Terboven）主持。帝国总督（Reichskommissar）特博文成立了一个由 12 人组成的国家委员会。特博文解散了所有政党，仅仅保留了吉斯林的国家统一党。1942 年 2 月，特博文任命吉斯林为挪威首相，尽管吉斯林根本得不到民众的支持。

在丹麦，国王克里斯蒂安十世（Christian X）和政府都被保留下来了。国家的最高权力掌握在希特勒任命的帝国授权人手中。这个职务由外交官塞西尔·冯·雷特-芬克（Cécil von Renthe-Fink）担任到1942年10月，之后由党卫军地区总队领袖维尔纳·贝斯特担任。社会民主党人索瓦尔德·斯陶宁（Thorvald Stauning）一直担任首相一职，直至1942年5月去世。他扩大了内阁，把自由党和保守党政治家以及无党派公务员吸收到内阁里，组成了一个国家联盟式的政府。为了迎合“第三帝国”，丹麦1940年11月加入了反共产国际同盟，并且在国内开始肃清共产党的势力。丹麦通过这些妥协的办法换来了一段时间国内政治稳定的局面。到1943年夏天，丹麦还可以有高度的自治权。这种自治权是在德国军队占领的其他国家中得不到的。

在掌控斯堪的纳维亚的这场竞赛中，英国的失利是最严重的，尽管这个失利是暂时的。正如伊恩·克肖所说，主要责任应该由丘吉尔来负，但是张伯伦却为这次失败的行动付出了政治上的代价。“这个试图安抚希特勒的首相早已被人视为落马之翁。在野的丘吉尔的再三警告现在被认为是有先见之明，因此丘吉尔现在脱颖而出。5月初，张伯伦失去本党内部大多数人的信任。他们认为张伯伦已经不再适合在战争时期担任英国的领袖，而在野党彻底拒绝在战争内阁中与其合作。”在下议院的投票中，内维尔·张伯伦失去了多数人的信任，于1940年5月10日退位。

很多人认为外交大臣哈利法克斯是理所当然的候选人。但是，为了能够在下议院顺利通过其政府事务，哈利法克斯不得不首先放弃在上议院的议席，并且还要通过后补选举进入下议院。连他自己都怀疑能否胜任战争内阁的首相一职，所以在任命当天就放弃了这一政治要职。

于是，65 岁的温斯顿·丘吉尔就顺理成章地担任了首相。丘吉尔曾经两次更换党籍，1904 年他从保守党更换到自由党，1924 年重又回归保守党。正因如此，丘吉尔有着随心所欲的名声。1924 年至 1928 年，担任英国财政大臣的丘吉尔是一个没有财运的大臣。作为帝国主义老牌的“死硬派”（diehard），他百般阻挠印度的独立，从而招致了温和保守党人、自由党人和工党人士的反对。他百折不挠地反对绥靖政策，他的坚韧和毅力、他的口才和文采，甚至获得了众多反对者的敬佩。5 月 10 日，他为了能够使战争内阁有一个广泛的政治基础，专门邀请工党参与政府工作，工党接受了这一邀请。前反对党领袖克莱门特·艾德礼担任掌玺大臣，成为丘吉尔的副手。工党政治家休·道尔顿（Hugh Dalton）接手经济部。工党的另一位政治家赫伯特·莫里森（Herbert Morrison）担任供应部大臣（直到 1940 年 10 月）。哈利法克斯爵士依然担任外交大臣（直到 1940 年 12 月）。他的前任安东尼·艾登出任战争部大臣。深得新闻界喜爱的勋爵比弗布鲁克担任飞机制造部大臣。国防的协调任务则由丘吉尔本人承担。

1940 年 5 月 10 日，当乔治六世（Georg Ⅵ）国王任命丘吉尔为首相时，德国军队的西线攻势刚刚开始。第二次世界大战进入一个新的阶段。战争打到现在，希特勒决定对西方民主国家发起攻击。恰恰在这个时候，丘吉尔已经成长为一个旗鼓相当的对手，并且决意要让德意志帝国就范。5 月 13 日，丘吉尔作为新任首相第一次在下议院演讲。面对议员和全体百姓，他所能给予的除了“鲜血、艰辛、眼泪和汗水”，别无他物。必须向有史以来最可怕的暴政宣战。这是一场海陆空的战争，必须不惜一切代价赢得这场战争。这场战争关系到大不列颠帝国的存亡，因此必须调动一切可能的力量。丘吉尔的这番话正是对第二次世界大战开战 8 个月以来英国所面临挑战的最戏剧性、最贴切的描述。[2]

法国溃败：西线战役

5月10日凌晨，德国开始发起西线进攻。德国军队完全无视荷兰、比利时、卢森堡的中立立场，从北海沿岸至卢森堡向西线发起全面攻击。这些国家中，荷兰最早放弃了抵抗。在议降谈判的过程中，德国对鹿特丹进行了轰炸，大约900人因此丧命。5月13日，威廉明娜女王（Wilhelmina）与荷兰政府流亡伦敦。5月15日，荷兰军队正式投降。3天之后，奥地利纳粹前党魁阿图尔·赛斯－英夸特作为德国驻荷兰总督，开始设立德国式民事管理机构。

比利时的战事持续得更久一些。到5月16日为止，列日（Lüttich）和那慕尔（Namur）的工事，以及代勒河（Dyle）阵地被攻克。5月17日，布鲁塞尔沦陷。几天之后安特卫普失守。至此，德国军队在北线成功阻截了取道法国援助比利时的英国和法国军队。比利时政府先逃往法国，后来转移到英国。比利时国王利奥波德三世留守比利时，于5月28日签署了投降书，然后像一个俘虏一样被带回拉肯王家城堡（Schloss Laeken）。亚历山大·冯·法肯豪森（Alexander von Falkenhausen）将军接管了比利时军队总司令的工作。行政专区主席埃格特·里德（Eggert Reeder）担任军事管制主席一职。

卢森堡在夏洛特（Charlotte）女大公和政府流亡到英国之后，实际上被德国吞并，成为摩泽尔－特里尔（Mosel-Trier）大区的一部分。这个大区在1941年初更名为摩泽兰（Moselland）大区。卢森堡人民在语言和文化方面被强制进行德意志化教育，男人到了义务兵役制要求的年龄，马上被征进入德国国防军。大约10万名讲法语的洛林人和阿尔萨斯人必须离开被吞并的地区。他们被驱逐到维希法国政权统治的地区。1942年8月底，卢森堡人发动总罢工以示对德国这一措施的抗议。罢工不但未能使新统治者回心转意，德国对这些本不愿意当“人民同志”的管制反而变本加厉了。

法国人在两次世界大战期间加固了马其诺防线，然而德国选择了马其诺防线以北的地方作为突破口。阿登（Ardennen）丘陵地一直被法国军队视为不可逾越的天然屏障。冯·伦德施泰特（von Rundstedt）将军旗下的A集团军群所属的7个装甲师，在3天之内对法国科艾普（Corap）将军的第九军进行毁灭性的打击。5月15日，色当落入德国人之手。海因茨·古德里安（Heinz Guderian）将军自作主张，率领他的坦克部队长驱直入，向海岸方向挺进。法国部队总司令甘末林向总理雷诺报告，军队已经无法保证巴黎的安全。在法国东部和北部，大批百姓逃难，造成众多街道堵塞。6月份，全法国有大约800万人在逃难。

雷诺通报了局势紧张的情况之后，英国首相丘吉尔于5月16日前往巴黎，对法国的惊恐状态做了详细了解。然而法国首都的沦陷并未像人们想象的那么快，原因是德国人首先向英吉利海峡方向挺进。5月19日，雷诺改组了政府：总理自己接过了国防部部长一职。现任内政部部长达拉第调任到外交部。精力充沛的殖民事务部部长乔治斯·曼德尔（Georges Mandel）入驻内政部。副总理一职由第一次世界大战的英雄、84岁高龄的“凡尔登胜者”菲利普·贝当元帅担任。雷诺认为，甘末林将军应该为军事失利承担主要责任。甘末林的总司令一职由前总参谋长魏刚接任。魏刚是一名坚定的极右分子。他和贝当一样，与第三共和国议会的社会民主党人格格不入。

就在巴黎进行人事更迭的这一天，5月19日，冯·克莱斯特（von Kleist）将军的德国装甲部队已经长驱直入到索姆河入海口的阿布维尔（Abbéville）。此时此刻，“镰割计划”（Sichelschnitt，又称曼斯坦因计划）业已完成：位于索姆河以北的英法军队和其余的盟军部队已经失去了与陆地的连接。5天之后的5月24日，在德国军队距离敦刻尔克只有 15 公里的时候，行军骤然停止。希特勒与伦德施泰特商量后，决定保护装甲部队的力量，调用赫尔曼·戈林的空军部队从海上攻克敦刻尔克。这一做法遭到了包括布劳希奇和哈尔德在内的其他将军的反对。

装甲兵战争中的这一空档使得英国将军戈特勋爵喜出望外。他不顾对法国人做出的所有承诺，自作主张将英国军队撤离前线，回到敦刻尔克，并且在那里建了桥头阵地。这一做法事后得到了战争部大臣艾登的认可。5 月 27 日，部队开始登船返回英国。这项（被英国人称为）"发电机行动"（Dynamo）受到德国空军的猛烈袭击，但是撤退行动依然按部就班地进行。在这一行动中，德国空军也遭到了英国皇家空军的重创。到 6 月 4 日为止，有 224301 名英国士兵和 111172 名法国及比利时士兵撤离英吉利海峡。他们的武器和装备不得不遗弃在欧洲大陆上（在法国登陆后来又折回到英国的加拿大部队则携带了自己的装备）。"敦刻尔克奇迹"暂时解救了英国：没有这些撤回的兵力，英国几乎无法继续这场抗衡德国的战争。

5 月下旬，英国政府和法国政府依然对罗斯福抱有很大希望。丘吉尔在 5 月 15 日和 18 日的信中恳求美国总统援助英国，否则法国一旦失守，英国将陷入灾难的境地。罗斯福在 5 月 24 日的回信中口气友善，但是考虑到美国强大的孤立主义势力，他依然是闪烁其词。罗斯福能够允诺的，仅仅是劝说墨索里尼，不要让意大利卷入这场战争。

保罗·雷诺也通过外交途径向美国总统发出了求救信号。5 月 26 日，他来到伦敦与英国政府进行谈判。5 月 27 日，罗斯福收到了英法两国的请求。美国总统立即做出反应。他告诉意大利独裁者，说明自己愿意出面调停，如果有必要他愿意把意大利在地中海地区的领土要求转告给同盟国。同时，罗斯福还做出保证，让意大利以平等的身份出席战后的和平会议。这一企图并未成功。5 月 28 日，意大利“领袖”拒绝了这一建议。

按照雷诺和哈利法克斯勋爵的意见，英法两国应该直接和意大利进行接洽，但是丘吉尔考虑再三后于5月27日否定了这一做法。法国总理想做出的让步尺度很大，除了在非洲殖民地政策上做出极大让步之外，还要让苏伊士运河和直布罗陀海峡保持中立，以及马耳他去军事化等。所有这些对英国首相来说都是不可接受的，因为这直接影响到大英帝国的生存利益。请意大利“领袖”为德国“元首”做调停，这是一些英国和法国政治家的建议。这在丘吉尔眼里就意味着请求停战，这是丘吉尔必须回绝的。因此，英国的立场是坚定的：绝不退让。

6月4日，“发电机行动”结束，敦刻尔克落入德国人之手。此时已经有120万名士兵被德军俘虏。他们分别来自法国、英国、比利时和荷兰。第二天凌晨，真正的法国战役正式拉开帷幕，德国西线战役进入第二阶段。一边是100多个德国师，一边是少于50个能立即投入战斗的法国师。德国在空中的优势咄咄逼人，其装甲部队也更胜一筹。已经没有什么大型战役可言了。德国国防军从马其诺防线背后南下，占领了阿尔萨斯和诺曼底。6月9日，鲁昂被攻克。第二天，意大利急忙向法国和英国宣战，为的是从战争中分得一杯羹。军功意大利人肯定是分享不到了，因为意大利根本没有做好正式开战的准备。

6月5日是德国展开新攻势的最后一天。这一天，保罗·雷诺再次改组政府。这位总理除掉了对手达拉第，亲自出任外交部部长。同时兼任国防部部长的雷诺，为了表示坚定抗战的决心，起用刚刚成为准将的夏尔·戴高乐，任命他为国防部次长。此后戴高乐成了保罗·博杜安（Paul Baudouins）的对手。博杜安也是次长职务，但是在奥赛码头的外交部供职，他的悲观论点一直影响着政府总理，而且其影响力要比戴高乐更大。

6月10日，就在意大利宣战这一天，雷诺政府决定离开巴黎。此后的3天里，又接连两次召开了盟军最高作战会议，一次在奥尔良附近，另一次在图尔斯，这两次会议丘吉尔都出席了。英国首相拒绝了法国请英国出动皇家空军援助的要求，因为这些飞机必须要留作保卫自己的国家之用。6月13日，雷诺和丘吉尔联合向罗斯福发出救援请求。第二天，德国部队占领巴黎。就在德国军队开进首都前，巴黎宣告自己为“不设防城市”（Offene Stadt）。雷诺政府将办公地点转移到波尔多（Bordeaux）。在历史上，这个城市已经做过一次法国政府的办公地了。那是在1870年至1871年普法战争中，当时法国败局已定，迫于无奈，临时迁都至波尔多。

巴黎的沦陷令人沮丧，这不仅对法国百姓如此，对法国的政界和军界高层也是一个沉重打击。几天之前，贝当和魏刚就发出了无法继续抵抗的警告。魏刚指出，不是军队投降，而是整个国家必须投降。这位军官如此说是要强调政治家应当为此承担责任。美国总统回应，增加武器供应量，但是美国不会出兵。罗斯福的这个回复在6月16日的部长会议上进行了宣读，但是丝毫没有助长法国人的士气。

雷诺内阁面临两个选择，要么在北非继续战斗，要么让德国人提出停战的条件。此时，英国人提出，两个国家建立一个“联合国”（Union），国籍合并，政府合并，军队合并。尽管法国总理出面赞同这一建议，但是大部分法国人对此感到惊讶，并且拒绝这一建议。雷诺个人主张与英国人一道继续作战，但是他发现大部分部长已经不站在他这一边了。在共和国总统阿尔贝·勒布伦的敦促下，雷诺辞去了总理的职务。6月16日，勒布伦任命最受法国人欢迎的贝当元帅担任总理。他的内阁成员都是些悲观人士：魏刚担任国防部部长、博杜安担任外交部部长、变成主和派的海军上将弗朗索瓦·达尔朗担任海军部部长。极力把雷诺赶下台的副总理卡米耶·肖当留住了自己的职位。

当天深夜，法国部长会议做出决定，请求德国向法国提出停火 / 913
条件。这封信通过西班牙驻法国大使转交给希特勒。第二天，贝当发表广播讲话，告诉同胞们法国不得不停止战斗。这一讲话如同一个命令：从现在起立即停止抵抗德国人。很多部队就此放下了武器。德国军队在不费一枪一炮的情况下拿下了瑟堡（Cherbourg）、圣艾蒂安（St. Étienne）和里昂。古德里安将军的装甲部队从凡尔登出发，直抵瑞士边境。6 月 18 日，希特勒与墨索里尼在慕尼黑会晤，双方商讨了法国停火条件一事。意大利“领袖”提出了一大堆领土要求——尼斯、科西嘉、北非的大部分土地，包括突尼斯和法属索马里，同时还要求法国将舰队和飞机交给意大利。希特勒拒绝了这些条件，他最关心的是必须阻止法国通过舰队以及殖民地继续这场战争，并且把贝当的法国变成一个忠诚的卫星国。

老态龙钟的法国元帅请求德国开启停火谈判，同时他有意放弃 1940 年 3 月 28 日盟军最高作战会议决议的需要经过大不列颠同意才能接受德国条件的做法。这一举措也许能够获得大部分法国人的支持。失败是一个既成事实，很长一段历史决定了这次失败，而且在短期内也不可能挽回败局。法国过于依赖加固后的马其诺防线的保护作用。尽管夏尔·戴高乐一再提出警告，但是法国仍然没有打造一支有战斗力的、能够在公开战役中出击的装甲兵部队。法国疏忽了空军的建设。无论是左翼还是右翼，法国政治家均过于幻想和平。法国在社会上和政治上的分歧极为严重。

在人民阵线时代，尽管只有一小撮右翼分子打出“情愿要希特勒也不要布鲁姆”的极右口号，但是悲观主义的风气盛行，向“第三帝国”屈服的想法在达拉第和雷诺当政的时代都常常浮现出来。6
月 29 日接任贝当政府的内政部部长一职的是波尔多新社会主义党人 / 914
的市长阿德里安·马尔凯；极右党的两位领袖，前社会主义党人马塞尔·迪特和前共产党人雅克·多里奥特，都是这种想法的忠实代表。但是，在公开宣扬悲观主义的政治家中，没有一个像前总理皮埃尔·赖伐尔那样彻头彻尾，那样肆无忌惮，那样投机取巧。1939 年 9 月 2 日，他在上议院试图阻挠向德国宣战。1940 年夏天，他表示无条件跟从贝当元帅。6 月 22 日，他被任命为副总理。

然而德高望重的元帅在 1940 年 6 月 17 日的举动并不能代表所有法国人。戴高乐将军在6月18日就做出了回应。作为国防部次长，他受雷诺政府的委托于 4 天前来到伦敦做增强盟军战斗力的协调工作。戴高乐通过英国广播电台呼吁所有在英国的和正在前往英国的法国军官、士兵、军火工业的工程师和专业工人与他取得联系。他说，失败仅仅是暂时的，法国依然是有希望的，因为法国有英国这样的强国支持，并且可以使用美国强大的工业资源。“这场战争不会因为法国的胜负而定论。这是一场世界大战……不管发生什么，法国人抵抗的火焰不能也不会熄灭。”后人经常引用的那句名言“法国虽然输了一场战役，但是法国没有输掉这场战争”是在后来发行印刷版文字时添加进去的。

这次讲话的影响深远。这是法国创建抵抗力量反对德国占领的宣言。10 天之后，戴高乐在伦敦创建了“自由法国”（France libre）委员会，成为法国抵抗力量的领导中心。英国政府于 6 月 28 日承认戴高乐将军为自由法国领导人。法国殖民地也有很多将军支持戴高乐。乍得、喀麦隆、法属赤道非洲、法属刚果等地的总督也站在戴高乐一边。在法国本土，贝当政府通过 1939 年秋开始实行的严格审查制度尽量防止戴高乐的呼吁传播开来。但是彻底隔绝是做不到的。这位反叛的将军被撤销了法国国籍，军事法庭于 7 月 4 日判处戴高乐有期徒刑，在 8 月 2 日改判为死刑。然而支持戴高乐的法国人却对此不以为然。

6 月 21 日，法国停战谈判代表团由安齐热（Huntziger）将军率领，在贡比涅（Compiègne）附近的一节火车车厢里开始谈判。这节车厢正是1918年11月11日法国元帅福煦向德国代表递交盟军停火条件书的地方。希特勒和众多高级将领出席了这次会议。会议上，德国国防军陆军元帅凯特尔向法国人递交了受降条件书。法国北部包括巴黎在内直至卢瓦尔河（Loire）的大部分地区，以及大西洋沿岸所有地区都由德国军队占领。由诺尔省（Departements Nord）和加来海峡大区（Pas-de-Calais）组成的比利时边境的一条狭长地带，由驻防布鲁塞尔的德国军队司令管辖。占领军拥有行使主权的权力。在占领军的掌控下，地方管理权归法国人。地方管理部门必须与占领军“合作”。

法国军队人数受到限制。在法国本土的军队人数就像1919年《凡尔赛条约》限制德国军队的人数一样为10万人，在阿尔及利亚和其他殖民地地区的军队人数为27.9万。大炮、坦克、飞机和重型军事装备一律上缴德国。为了不让法国舰队落入英国人之手，在法国各个港口的法国舰只都被德国人缴械。这些舰只不包括保护远海地区的舰队。德国允诺在战争中以及战后都不会没收法国舰只，从而满足了魏刚和达尔朗提出的一个条件。法国方面承诺，禁止所有法国人与德国作战。这条禁令也包括戴高乐。法国释放德国战俘，而被关押在德国战俘营的195万名士兵依然不能获释。法国必须根据德国的要求，把德国国籍的难民送回德国。法国必须支付德国占领军费用（最初是每天4亿法郎，相当于2000万帝国马克）。德国还拥有动用法国经济资源的权力。 / 916

停火协议中没有特别强调从1871年至1918年属于德意志帝国的阿尔萨斯和部分洛林地区。但是相关地区，如摩泽尔省、上莱茵省、下莱茵省实际上都已经被并入德国，有一些甚至在此前就已被并入德国。阿尔萨斯成为巴登大区（Gau Baden）的一部分，区名更改为“上莱茵大区”（Gau Oberrhein）。洛林则被并入更名为“西马克大区”（Gau Westmark）的萨尔普法尔茨大区（Gau Saarpfalz）。这两个地区都属于大区区长的民事管辖范围。法文地名重新改成德文。禁止使用法语。有义务服兵役的男性公民必须在德国国防军服役。

德国方面拒绝了法国提出的几乎所有愿望，最后向法国发出最后通牒，6月22日法国代表团在停火协议书上签字。这项协议生效的先决条件是和意大利也签署相关的停火协议。尽管6月20日贝当请求停火，但是意大利还是在第二天开始在阿尔卑斯山发起进攻。然而这次战役中意大利并没有赢得什么土地。法国代表团前往罗马谈判，意大利“领袖”的代表要求法国割让刚刚被占领的土地，交出法国阿尔卑斯山部队的武器，对欧洲和非洲的法国—意大利边界以及一系列军港进行去军事化，允许意大利将法国在非洲的一些港口和铁路用于军事用途。6月24日，协议正式签订。6月25日1时35分，停火协议生效。法国在西线战场中牺牲了8.5万人，有1.5万名士兵失踪。德国方面有2.7万名士兵死亡，1.8万名士兵失踪。

英国于1940年3月28日和法国签订协议，规定两国不得擅自
/ 917 与他国缔结和平条约。法国现在的违约做法引起了英国的强烈不满。6月28日，英国承认了以戴高乐为首的自由法国。7月3日，英国的直布罗陀舰队在瓦赫兰（Oran）附近的梅塞尔－克贝尔（Mers-el-Kébir）市军港歼灭了那里的法国舰队。大约有1300名法国军官和水兵丧命。丘吉尔试图通过这种办法阻止舰只落入德国人之手。同时，丘吉尔也在向美国表决心，即便是没有欧洲大陆的盟军支持也要把反抗德国的斗争进行到底。贝当政府对这一史无前例的挑战做出了回应。7月5日，法国与英国断绝了外交关系，并且轰炸了直布罗陀。此后，德国放弃了没收法国船只的行动。

从7月1日开始，贝当政府搬迁到了法国中央高原北部的疗养地维希。维希和巴黎以及波尔多不同，它地处法国未被占领的地区。

7 月 10 日，贝当元帅召开了上议院和下议院同时集会的国民议会。在副总理皮埃尔·赖伐尔的倡议下，集会授予贝当提交宪法的权力。来自各个党团的 569 名议员投了赞成票，80 名议员投了反对票，其中包括以莱昂·布鲁姆为首的 37 名社会主义党议员。授权书规定，未来的宪法必须保证劳动、家庭和祖国的权利，宪法必须全民通过，并且由立法机关执行。

在这个基础上，贝当到 7 月底发布了 5 项宪法法令，这些法令取代了 1875 年以来的大部分宪法内容。根据法令，7 月 11 日法国元帅菲利普·贝当成为“国家元首”（Chef d'État）。他拥有面面俱到的独裁权力，其中包括组建新议会在内的所有司法权力。他是三军总司令。他任命的部长仅仅对他负责。他可以全权谈判并通过有关国际法的条约。议会的表决仅仅在宣战这一项上对他有约束力。1936 年选举产生的上议院和下议院从此休会。 / 918

从此第三共和国寿终正寝，专制的总统独裁“法兰西国”（État français）形成了，维希政府的宣传者们鼓吹的“国民革命”（révolution nationale）开始了。赖伐尔和其他议会民主的反对者达到了一个重要的目的：法国从此构建了一种社会秩序。这种秩序从长期角度来讲可以缓和停火协议的条件，能够忍受战争，能够通过和平协议重建自己的主权，能够在希特勒的新欧洲占据一席之地。

法国投降如此之快，并非像德国所说的那样，归功于德国“元首”天才的战略，归功于所谓“闪电战”的理念。西线战役本来并不是这样计划的。这种状况主要还是由另外两个因素造成的：一方面是法国和英国军队的失误；另一方面是 1940 年 5 月中旬古德里安将军率领的德国装甲部队临时决定从色当突破，直抵海岸线。“所谓的‘闪电战思想’是在西线战役之后发展出来的”，军事史学家卡尔－海因茨·弗里泽（Karl-Heinz Frieser）这样评判。他认为，

"闪电战"不是"胜利的起因，而是其结果。1940年5月出乎意外的胜利，从此时起就开始作为'胜利的秘诀'为希特勒的占领意志服务了"。只有从这样的评估中才能产生"'闪电战'的狂想"，并且在世界历史中留下痕迹。费舍画龙点睛地指出："西线战役并非一场计划出来的战役，却是成功的'闪电战'，而1941年的东线战役是一场计划的，然而不成功的'闪电战'。"

希特勒并未对西线的凯旋做出任何贡献，而且在敦刻尔克的问题上还耽误了战机。尽管如此，在法国大获全胜使得希特勒在德国的名声扶摇直上。《凡尔赛条约》生效了20年之后，人们仿佛感觉德意志帝国打赢了第一次世界大战一样。"群情激奋的全体人民同志欢呼雀跃，对元首超人的伟大及其著作超人的伟大感激涕零。"7月9日施瓦本专区主席这样说道。奥格斯堡市纳粹党主席第二天如
/ 919
此形容："可以肯定地说，全国人民对元首的忠诚信任，已经达到了空前的高度。"德国学术界的激情并不亚于众多无名的"人民同志"。自由主义保守派的历史学家弗里德里希·梅尼克（Friedrich Meinecke），一直以来对希特勒和民族社会主义成见颇深。他在1940年7月4日写给另一位德国史学家齐格弗里德·A.凯勒（Siegfried A. Kaehler）的信中说："我的内心对这支军队充满了喜悦、热情和自豪！斯特拉斯堡终于回归了！谁能不为此心动啊！在四年里重建这样一支百万大军，并且能力如此超凡，这是第三帝国惊人的和最伟大的功绩。"

1940年春天，纳粹政权发动宣传攻势，要求全欧洲服从德国（和意大利）的领导地位。这一做法得到了大部分德国历史学家的支持。戈培尔出版的周报《帝国》在1940年5月底正式发行。在1940年7月21日版中，历史学家彼得·理查德·罗登（Peter Richard Rohden）特别强调了德国和意大利的使命："真正意义上的帝国秩序的思想并非建立在压迫和利用的基础上，而是以公平与和

平为目的。在日耳曼和罗曼地区，只有德国和意大利能够承担起这种思想精神。意大利是‘罗马大同’（Pax Romana）的继承者，德国是‘帝国之魂’（Sacrum Imperium）的继承者……”

第二年，卡尔·理查德·甘策尔（Karl Richard Ganzer）发表了《帝国作为欧洲秩序大国》（*Das Reich als europäische Ordnungsmacht*）一书，之后不久他开始承担纳粹德国新德国历史学院行政领导的工作。本书的核心内容可以用一句话加以概括：“德意志核心凝聚着更高的政治潜力，置身于其他民族本身独立的空间之中，使其变成一个政治共同体。在这个共同体中，德意志的领导地位与其他民族的自主性达到有机的和谐分级。”

从希特勒的做法就可以看出，对于他来说，欧洲西部的“其他民族的自主性”根本不算什么。早在战争之前，1937年5月，他就梦想着“彻底解除《威斯特伐利亚和约》”。1939年11月7日，戈培尔在和希特勒谈话后做了这样的记录：“对西方国家的打击迫在眉睫。也许元首成功解除《威斯特伐利亚和约》的时间要比我们想象的还早。如果这样的话，就是为自己的历史生涯戴上了桂冠。”十天之后，希特勒重又谈起这个问题。“元首说到我们的战争目的，”11月17日，戈培尔这样记录道，“一旦开始，就要解决问题。他打算就在明斯特彻底解除在明斯特签订的《威斯特伐利亚和约》。这是我们伟大的目标。如果得以成功，那我们也可以瞑目了。” / 920

解除在明斯特市和奥斯纳布吕克市签署的合约，意味着要重画欧洲地图，建立帝国对欧洲大陆永久的统治。重建三十年战争前神圣罗马帝国的西部边界仅仅是最起码的条件。早在1939年秋，希特勒的土地要求就远远超过了这一边界。根据戈培尔11月3日的记录，他这个时候就已经提到了瓜分法国省份，使南蒂罗尔人移民到勃艮第（Burgund）去。1939年6月23日，德国和意大利的一份协议中这样规定，南蒂罗尔人必须在年底前做出决定，到底是离开家园移民到德国，还是愿意作为没有特别权利的意大利公民留在意大利。

击败法国之后，德国政权为实现这一想法走出了第一步。1940年7月10日，海因里希·希姆莱前往勃艮第视察，察看如果德国农民移民到此地是否能够将这一地区日耳曼化。1940年12月底，调查报告出台，指出需要对9个法国省移民100万人。

/ 921

将勃艮第日耳曼化，这是希特勒1940年春宣布的“大日耳曼政策”的一部分。4月9日，就在德国进犯丹麦和挪威的这一天，希特勒向身边的同事解释道：“就像1866年俾斯麦帝国的创立①，今天将要出现大日耳曼帝国。”战争前，希特勒曾经想通过占领东部地区，即广阔的苏联来实现“日耳曼化”。但是，1939年8月23日德国与苏联签署了互不侵犯条约之后，希特勒在设计帝国未来的时候只字不提苏联了。在“大日耳曼帝国”里，丹麦人、挪威人、荷兰人、佛兰芒人在德意志人的领导下形成一个整体。这个整体的人种纯粹，但是并非一个民族国家。

希特勒重又唤起了民族形成之前的、古老的“大日耳曼”（Germania magna）思想。这种思潮在1500年左右由德意志人文学家提出，19世纪初被恩斯特·莫里茨·阿恩特（Ernst Moritz Arndt）推崇。但是在1940年的条件下，这一思潮犹如一个“后民族”项目。除了“大日耳曼帝国”，也就只有意大利和大不列颠能够被称为同等的欧洲大国了，而意大利还是因为和德国站在一起才能有此殊荣。希特勒在获得了战争中迄今为止最大的胜利之后，才对俄国边境以西的地区做出了这样一种欧洲新秩序的远景设想。[3]

① 普鲁士战胜奥地利。——作者注

德国在西线战役的胜利对远东产生了影响。1939年9月欧洲战争爆发时，日本一开始保持中立，但是在荷兰和法国战败后改变了立场。对于日本来说，占领荷属东印度和法属印度支那的机会近在咫尺，甚至在今后还有可能占领英属马来西亚和新加坡。1940年，军队推翻海军大将米内光政（Yonai）的保守政府，重新请出了1937年至1938年担任首相的近卫文麿，请他组阁。同时，军界还推举出了他们推崇的陆军大臣东条英机和外交大臣松冈洋右。

德国和苏联签署了互不侵犯条约，东京受到惊吓。日本新政府上台后重新向德国靠拢。日本提出"大东亚共荣圈"的概念，旨在追求对整个东南亚的统治。常年来日本海军就要求向南扩张。1940年夏天，本来对俄国虎视眈眈的陆军也转移到这个方针上来了。新的口号叫作"北守南攻"（Nordverteidigung Südvormarsch）。一开始，希特勒对东京释放的信号保持缄默。1940年8月，希特勒发现，美国竭力援助英国而使得战胜英国成为一件难事，于是同意德国开始与日本接触。 / 922

希特勒的目标是，日本必须和德国结成反对美国的同盟，德国才承认日本在东南亚的势力范围。日本海军还在迟疑，因为他们并未做好向美国开战的准备。日本陆军坚持要和德国以及意大利签署轴心国协议。最后海军做出了让步。1940年9月27日，外交大臣松冈洋右在柏林签署了三国协议，承诺如果美国发起攻击，三国将结成共同防守同盟，协议有效期为十年。德国向日本允诺为其和苏联调停。德国甚至向苏联承诺，如果苏联加入三国协议，将把伊朗和印度划作苏联的势力范围。

日本靠近轴心国后，其内政也发生了一系列变化。签署了三国协议之后不久，政党解散了。1940年10月12日成立了拥护天皇统治的大政翼赞会（Taisei yokusankei）。这个协会不仅具有一个统一党的功能，同时还要成为所有职业和文化团体的上属机构。协会的主席就是历任首相。但是这个协会最终未能变成可以和纳粹党或国家法西斯党相比的充满执行力的组织。原因是日本政界和军界领袖们对创建这一协会的目的分歧过大。议会的组合依然如故，政权的极权性质变本加厉，但是远东的这个帝国最终并未形成像德国或意大利那样的独裁专制。

东京签署三国协议是否给其最危险的潜在敌人美国留下了什么印象，这一点令人存疑。协议签署前一天，1940 年 2 月 26 日，美国对日本实施了彻底的钢铁和废铁禁运，对日本造成了伤害。这是对日本迈出侵略一步的惩罚：日本出兵占领了法属印度支那，试图切断中国蒋介石政府的补给线，而这一做法是经过柏林以及维希政权同意的，尽管法国政府很不情愿做出这一让步。美国无视新建立的“柏林 - 罗马 - 东京三角联盟”，继续严格执行禁运规定，并且加强了对中国的援助。

苏联对《柏林协议》的签署无动于衷。正如东京所预料的那样，苏联没有丝毫加入这个协议的迹象。松冈洋右进行了一次漫长的欧洲之旅，最后一站是莫斯科。1941 年 4 月，他在这里得到的是一个中立条约，而不是一个梦寐以求的互不侵犯协议。在此期间，德国对苏联的态度急转直下，这一点日本并不清楚。同时，美国对日本施加压力，并且得到了一些成果。正当积极反美的外交大臣逗留欧洲之际，近卫文麿内阁在背后开始与华盛顿进行了试探性对话。双方谋求探讨出两国调解的可能性。[4]

欧洲战争爆发之初，美国宣布中立。但是在 1939 年 11 月 4 日，美国的政策就开始向同盟国这边倾斜。新的中立法案对 1937 年“现购自运”条款进行了进一步扩展，允许战争国家在美国购买武器和弹药，通过自己的船只进行运输。

1940 年 5 月 16 日，德国发动西线战役的第六天，美国总统罗斯福请求议会特别批准 10 亿美金用于部队的机械化和机动化，以及用于制造 5 万架飞机。他的申请得到参议院和众议院的批准。同时，议会把国家赤字上限提高到了 490 亿美元。三个月之后，1940 年 7 月 19 日，罗斯福签署了《两洋海军扩展法案》（Two Ocean Navy Expansion Act），准备在 1945 年时建造一支可以投入大西洋和太平洋的庞大舰队。

此时此刻，美国的公众在如何应对柏林、罗马和东京的极权以及独裁政权的侵略政策问题上意见严重分歧。德国西线战役给美国人留下深刻的印象。1940 年 5 月，在政治评论家威廉·艾伦·怀特（William Allen White）的领导下，国际主义者们成立了“援助同盟国保卫美国委员会”（Committee to Defend America by Aiding the Allies）。委员会的目的正如其名：通过大力支持欧洲民主国家，特别是英国，来避免美国直接卷入战争。支持者大都是来自美国东岸的知识分子，其中包括感觉与英国距离很近的“美国佬”（Yankee）和犹太裔美国人。

7 月，孤立主义分子成立的一个对抗组织在社会上引起轩然大波，这就是工业家罗伯特·伍德（Robert Wood）创建的“美国优先委员会”（America First Committee）。不久，世界著名的首个飞越大西洋的查尔斯·奥古斯图斯·林德伯格（Charles A. Lindbergh）成了这个委员会的明星演说者。这个委员会的赞助者和支持者都是一些美国中西部（主要是芝加哥及其周边地区）的商人，这些美国人大都有着爱尔兰和德意志血统，大部分人都是共和党的支持者。然而，在“老大党”内也不乏坚定的国际主义者，甚至干预主义者。1940 年 6 月，罗斯福专门把其中两位吸纳进自己的内阁，一位是战争部部长亨利·刘易斯·史汀生（Henry L. Stimson），他曾经在塔夫脱和胡佛两任前总统手下任职；另一位是海军部部长威廉·富兰克林·诺克斯（William Franklin Knox）。

1940 年夏天，美国民众逐渐认识到自己的国家受到来自外部的威胁。5 月的民意调查还有 40% 的美国公民无论如何都希望美国不要参战。7 月的民意调查中已经有 2/3（66%）的民众认为德国已经对美国构成威胁。就在 7 月，哈瓦那召开的泛美外长会议的组织者发现，希特勒的恐吓政策已经影响了拉丁美洲。考虑到与贸易伙伴德国的关系，阿根廷、巴西、智利等国不打算派遣自己的外交部部长前往古巴。尽管如此，美国国务院还是在年底前与所有拉丁美洲的联邦国家签署了共同防御协定，只有阿根廷一国例外。

1940 年 9 月，保卫美国委员会在第一次世界大战英雄潘兴（Pershing）将军的组织下发动强大的宣传攻势，罗斯福在原来向英国所做的援助承诺的基础上，又趁此机会迈出了决定性的一步。在丘吉尔的强烈请求下，罗斯福绕过了“现购自运”法，将 50 艘大都是第一次世界大战的旧驱逐舰转让给英国，并且把一大批飞机送回工厂，然后让英国人从那里把飞机买走。作为回报，伦敦承诺允许美国在纽芬兰岛、百慕大群岛和加勒比海的英属岛屿上建立军事基地。这一宗“交易”是美国与英国之间“特殊关系”载入史册的早期表现方式。对于英国人来说，与军舰和飞机同等重要的是美国于 9 月 16 日开始生效的法律：《兵役登记法》（Selective Service Act）。这项法律规定对年龄从 21 至 35 岁的男性公民进行登记，以便必要时招募新兵入伍，这在美国历史上还是第一次。

1940 年 11 月，美国进行总统选举。同年夏天的时候人们还不清楚富兰克林·德拉诺·罗斯福是否会再次成为民主党的候选人。宪法并没有规定一个人不能出任三届总统，但是一个已经两次当选总统的政治家不再作为总统候选人已经是一个不成文的规矩了。由于世界局势极为紧张，罗斯福决定打破传统规矩，再次参选美国最高职位，这个决定已经在 1940 年 5 月底做出了。但是直到 7 月在芝加哥召开的民主党大会之前，“FDR”[①] 才公开宣布，他不拒绝选举人再次提名他。众望所归，罗斯福在会议上被绝大多数党代表再次提名。同时，罗斯福还成功地提名农业部长亨利·华莱士（Henry Wallace）作为副总统候选人，这是一位坚定的国际主义者。共和党方面跳出一匹“黑马”，名不见经传的纽约工业界经理温德尔·威尔基（Wendell Willkie）原来是民主党人，他在提名竞选中成为胜利者。他本人也是一位自由主义的国际主义者，“天下一家”（One World）就是他提出的口号之一。他口才卓越，地位重要，得到权威报界如《纽约时报》和《克利夫兰诚恳家日报》（*Cleveland Plain Dealer*）的支持，并且有希望获得中间派选民的支持。

在总统竞选过程中，两位候选人都强调不让美国卷入战争。威尔基甚至对罗斯福的和平愿望提出质疑。罗斯福总统做出回应，他向美国的父母亲承诺，绝不把他们的儿子送到任何一个陌生的战场上去。11 月 2 日，就在大选前三天，罗斯福向大家保证：“你们的总统宣布，这个国家不会投入战争。”与他的对手相比，罗斯福的政治经验比较丰富。使罗斯福竞选更为有利的是美国不容忽视的经济繁荣，然而这一繁荣景象主要是由于军火工业以及战争物资向英国出口造成的。“新政”到 1938 年没有能够达到的目标，但现在通过美国还没有正式参与的战争达到了。新一轮经济繁荣出现了。

罗斯福赢得了选举，其结果不像 1932 年和 1936 年那么遥遥领先，但是毕竟比威尔基有着明显的优势：2700 万张选票对 2200 万张选票。在选举人团的投票结果中，449 票投给了现任总统，82 票投给了共和党的竞争对手。投给总统票数最多的人群是工人和社会中下层百姓，还有犹太裔和波兰裔美国人，以及黑人。对选举最为

① 指罗斯福，这三个字母是罗斯福名字的缩写。——译者注

失望的是孤立主义者，他们只能在两位国际主义者之间选择一位。1941 年 1 月 19 日，美国孤立主义者阵营中一位极具影响力的发言
/ 927 人，来自北达科他州的共和党议员杰拉德·普伦蒂斯·奈（Gerald P. Nye），在堪萨斯市举办的“美国优先委员会”活动中这样说道，如果历史证明，自从费城召开共和党人会议之后，“正在有一批人谋反，他们正在阻止美国人民表达自己的愿望”，那他将对此丝毫不感到惊讶。

总统选举后，罗斯福在外交上所做的第一大决定是不再让几乎破产的英国支付提供武器及战争物资的费用。1940 年 12 月 17 日，美国总统对此做了一个形象的比喻：“如果我家邻居着火了，我当然会把自家院子里的水管借给他。我不会对他说：‘邻居朋友，这条水管值 15 美元，你得先付我 15 美元。’我并不想要这 15 美元。等你把火扑灭了，把水管还给我就好。”12 天之后，罗斯福在一次备受关注的广播电台“炉边谈话”中，对这种“借贷”（lend-lease）原则做了解释：美国必须是“民主的军械库”。1941 年 3 月 11 日，议会通过了《借贷租赁法案》（Lend-Lease Act）。法案规定，武器借贷者必须在战争后将这些“借的”美国舰只、坦克和飞机归还给美国。从这个时候起，美国不再提起“中立”二字了。从经济上讲，美国早在 1940 年春就和轴心国开战了。美国政治在这一方面有着重要的经济动机：对美国工业界来说，欧洲必须是一个长期稳定的销售市场，同时美国资本在欧洲的运作也必须有保证。

1941 年 1 月 6 日，美国总统在国会联席会议上发表国情咨文，为美国全新的公开干预主义政策做了根本性的解释。由于“侵略主义国家”发动攻势，美洲所有共和国都面临着严峻的危险，罗斯福这样解释道。他向各个民主国家允诺，在自由保卫战中提供经济和军事的援助。美国想要保证的世界必须建立在四大自由之上：言论
/ 928 自由、信仰自由、免于匮乏的自由（freedom from want）和免于

恐惧的自由（freedom from fear）。“这并非是下一个千年的幻想。这是我们这个时代和我们这一代人所生活的世界的坚实基础。我们就是要用这一理念去抗衡独裁者试图用炸弹建立暴政式的所谓的新秩序……自由意味着人权的有效性无处不在……为达到这个目标我们必须胜利。”

1941 年 4 月，美国国务卿科德尔·赫尔提出了日本必须履行的“四大原则”。只有满足了这些条件，美国才能与近卫文麿政府进行谈判：日本必须尊重所有国家的主权和领土完整，不得干涉其他国家的内政，必须尊重各个国家一律平等的原则，并且尊重它们的贸易机会，不得用武力改变太平洋地区的现状。1941 年 6 月，美国还以条款的方式提出了额外的要求，这些条款无异于要将三国同盟置于死地。1941 年的上半年里，美国在欧洲和太平洋两线开战的可能性明显提高了。[5]

罗斯福决心不惜一切手段来支持这场“微战”（short of war），微战指的是在公开战争规模以下的战争。英国得到美国的这一支持后也增强了自己坚持到底的信心。只要是丘吉尔领导着英国政府，希特勒就绝不可能用对法国那样的“闪电战”战胜英国。希特勒期待的伦敦提出和平谈判的情形也不可能出现。

希特勒从黑森林北部弗罗伊登施塔特（Freudenstadt）的元首临时住所回到柏林两周之后，于 1940 年 7 月 19 日在帝国议会讲话中向大不列颠喊话：“再次呼吁英国回归理性。”他从未企图消灭或者伤害大英帝国，但是他很清楚，继续这场战争的结果将使交战的一方被彻底毁灭。“也许丘吉尔先生应该破例相信我一次，我做出这样的预言：一个庞大的世界帝国将被摧毁……也许丘吉尔先生会以为被摧毁的是德国，但是我知道，这将是英国。”希特勒在这里暗指的是一个希罗多德流传下来的预言，德尔斐（Delphi）的神谕暗示，

890 如果吕底亚（Lyder）国王克罗伊斯（Krösus）去攻打波斯人的话，将有一个帝国被摧毁。公元前 546 年，这场战争结束时，克罗伊斯被波斯国王居鲁士二世（Kyros Ⅱ）打败，他的帝国从此消亡。

这个时候，希特勒已经不再试图与英国达成和平协议了。1940 年 7 月 16 日，就在他向帝国议会发表讲话前三天，他已经做出了发动登陆英国的“海狮行动”的命令。行动之前，必须尽量全歼英国皇家空军。四周之后，德国于 8 月 13 日对英国发动了激烈的空战，这就是“不列颠战役”（Battle of Britain），目标是轰炸雷达基地、飞机场、飞机工厂、港口和英国南方的铁路线段。英国对柏林进行了第一波空袭之后，德国空军从 9 月初开始系统性轰炸伦敦和其他英国大城市。有些德国飞行员还专门轰炸百姓人群。“不列颠战役”于 9 月 15 日达到了高潮：这一天有 56 架德国飞机和 26 架英国飞机被击落。在围绕着英国发生的空战中到 1941 年 6 月共有 4.3 万名百姓丧生，其中 600 名考文垂老百姓是在 1940 年 11 月 14 日至 15 日的夜间被德国恐怖袭击所杀害的。

戈林的空军在迄今为止规模最大的战役中节节失利。摧毁雷达基地和防空系统的计划落空，然而这是德军登陆作战的重要先决条件。即便是德国最先进的飞机，考虑到回程的燃油，最多只能支撑其在英国领空逗留半个小时。英国皇家空军、英联邦空军和波兰流亡部队的空军则没有这个问题。此外，它们还有一个重要伙伴：糟
/ 930 糕的天气。天气的原因也把德国人的计划搞得乱七八糟。由于秋季风暴，希特勒不得不在 9 月 17 日把应该在四天之后开始的“海狮行动”无期限推迟。

希特勒在空战之前就怀疑是否能迅速击败英国。7 月 21 日，他在三军司令面前提出要对苏联动手的意向，这在《苏德互不侵犯条约》签订之后还是第一次。他的解释是这样的，英国一直把希望寄托在美国和苏联身上。10 天之后的 7 月 31 日，希特勒在上萨尔茨

堡的元首讲话中说得更加明确：英国的希望是苏联和美国，如果对苏联的希望落空了，那么对美国的希望也会落空。苏联犹如英国和美国在东亚的一支利剑，如果苏联沦陷，日本将会在东亚以非常迅猛的速度扩张起来。“如果苏联被粉碎，英国最终的希望也就破灭了。德国终将成为欧洲和巴尔干的主人。下定决心：在这场分歧中必须干掉苏联。1941 年春天……五个月的时间来做这件事。”1940 年夏天以来，希特勒除了“闪电战”以外，已经不能想象还有其他的战术了。

得到美国有力支持的英国做出了顽强的抵抗，历史学家安德烈亚斯·希尔格鲁贝尔（Andreas Hillgruber）认为，这一抵抗“改变了希特勒迄今为止的想象”。“征服法国，期待与大不列颠‘和解’，其目的是为他解除后顾之忧，建立一个牢固战略基地，然后选择合适时机向东线挺进。征服东部这一主要目标同时也是战胜盎格鲁-撒克逊海军强国的手段，这些强国不服他对欧洲大陆中部和西部的统治，并且想和他争一个高低。”到 1940 年 7 月底这个时间为止，希特勒还一直抱着这样的想法，但是不久之后就可以发现他的这个时间表并不是一成不变的。

当德国在西线捷报频传时，苏联也没有浪费光阴。6 月 15 日，苏联向立陶宛发出最后通牒之后，派红军占领了立陶宛，并且包括 1939 年 9 月 28 日约定归属于德国势力范围的西南角。两天之后，6 月 17 日，红军占领了拉脱维亚和爱沙尼亚。8 月 6 日，这两个国家和立陶宛一起变成了苏维埃共和国，成了苏联的一部分。到 1941 年 6 月为止，苏联从波罗的海地区把 17 万名真正的和被诬陷的反共分子迁移到了苏联纵深地区，大都迁到了西伯利亚。这些人当中有 34250 人来自拉脱维亚，60000 人来自爱沙尼亚，75000 人来自立陶宛。斯大林的下一个目标是罗马尼亚。6 月 26 日的最后通牒要求罗马尼亚把比萨拉比亚和布科维纳北部地区割让给苏联。两天之后，苏联红军占领了这些地区。

占领比萨拉比亚的行动是按照1939年8月23日德国与苏联签订的互不侵犯条约对东南欧和中东欧利益范围分界的框架执行的。罗马尼亚卡罗尔二世（Carol Ⅱ）国王于7月2日要求德国给予边境保证，并且派遣军队。这一请求正中希特勒下怀。在第二次维也纳仲裁裁决中，德国和意大利首先于8月30日强迫罗马尼亚将特兰西瓦尼亚（Siebenbürgen）北部地区和切克利（Szeklerland）割让给匈牙利。9月4日，卡罗尔二世任命亲德分子扬·安东内斯库（Ion Antonescu）为罗马尼亚首相和国家元首。9月6日，卡罗尔二世受到安东内斯库逼迫而退位，把王位交给了自己的儿子米哈伊。第二天，罗马尼亚又不得不将多布罗加（Dobrudscha）南部地区割让给保加利亚。罗马尼亚剩余的边境得到轴心国承认，而这一做法并未事先和对罗马尼亚垂涎三尺的苏联进行商量。9月2日，希特勒决定应前国王的邀请，向罗马尼亚派遣军队。于是，德国向拥有罗马尼亚石油资源的战略目标迈进了一步。

德国的罗马尼亚政策对苏联来说是一个挑战，但是并没有导致柏林和莫斯科关系破裂。苏联的石油、贵重金属和粮食依然源源不断地运往德国。这是1940年2月11日德国与苏联的经济协议，以及1939年8月19日的贸易协定的内容。苏联为德国提供大量资源，从而使英国海上封锁的效力大大降低。1940年9月中旬，希特勒甚至一度改变主意，支持里宾特洛甫不攻打苏联而建立从“横滨到西班牙”的反英国“大陆阵营”的建议，同时还争取让苏联加入进来。10月4日，希特勒在布莱纳会晤墨索里尼，和他商量邀请佛朗哥西班牙和维希法国加入阵营的事。按照柏林的设想，这两个国家都应该加入大陆阵营。

近三周之后，希特勒和佛朗哥于10月23日在法国和西班牙交界的昂代伊（Hendaye）有一次谈话。谈话的结果令双方感到失望。

德意志“元首”做出姿态，同意西班牙占领直布罗陀，但是西班牙“大元帅”并不领情。希特勒要求西班牙出兵，马德里则要求德国让出北非的领土，但是希特勒在昂代伊还不想对此做出让步。德国在11月表示，可以满足佛朗哥这一愿望，但是西班牙的经济局势已经灾难重重，西班牙政府对是否参战举棋不定。于是，佛朗哥根据战争的局势一会儿宣布不参战，一会儿宣布保持中立。1940年12月，西班牙决定组织一支志愿军部队，这支部队大都由长枪党人组成，被命名为“蓝色师团”（Blaue Division）。这支部队和德国人一起参与东部前线的战役。1943年12月，佛朗哥召回了这支部队。

希特勒和贝当在图尔斯周边的卢瓦河畔蒙图瓦尔（Montoire-sur-le-Loir）的谈话也不了了之。为了准备这次谈话，德国“元首”和法国副总理赖伐尔提前两天就来到这里。法国元帅虽然从德国人那里得到允诺，使法国成为自己在德国的战俘的保护国，但是与德国的和平协议谈判却依然遥遥无期。贝当的回报则是不参与和英国的战争。维希政府首脑自10月30日公开承认的“合作”政策，不久之后就陷入了危机。1940年12月13日，贝当未经德国同意就辞退了“合作”的主要代表皮埃尔·赖伐尔，重新起用亲英人士，原总理皮埃尔－埃蒂安·弗朗丹为外交部部长。1941年2月，弗朗丹迫于德国的压力，不得不退出政府。他的继承人海军上将弗朗索瓦·达尔朗和部长会议副主席一起接管了外交部、内政部、信息部和海军部部长的职务。他竭尽全力与德国保持更紧密的关系，并且竭力使法国成为未来“大陆阵营”中的一个积极分子。

1940年10月最为重要的和结果最严重的大事件并非希特勒在昂代伊和蒙图瓦尔的谈话，而是意大利于10月28日开始进攻希腊，这一天正好是“进军罗马”的十八周年纪念日。这次行动的始作俑者是意大利外交部部长齐亚诺，他选择这样一个时间，目的是让意大利从德意志帝国侵略扩张的影子中脱颖而出。面对德国人不打招呼先发制人的做法，墨索里尼很不以为然，所以意大利的这次行动也未通知德国。就在当天，希特勒在佛罗伦萨的旧宫（Palazzo Vecchio）和意大利“领袖”谈话，但是意大利进攻希腊的事已经生米煮成了熟饭。对于意大利军队来说，这次行动是一场灾难。希腊军队于 11 月初的反攻中占领了 1939 年 4 月被意大利攻克的阿尔巴尼亚的 1/3 领土。英国军队 10 月 29 日占领了克里特岛，11 月初占领了雅典。希特勒担心英国空军攻击罗马尼亚石油产区普洛耶什蒂（Ploievti），于 1940 年晚期准备对希腊进行解围式攻击。

希腊冒险者在非洲的战争行为对轴心国来说产生了严重的后果。1940 年 9 月中旬，意大利从利比亚开始对埃及发动进攻，刚刚越过边境就止步不前了。12 月，英国的尼罗河部队开始发动反攻，并且获得了巨大的胜利。意大利军队被彻底逐出埃及，并且有 3.8 万人被俘。英国人的另一次进攻是在次年 1 月下旬，地点为厄立特里
/ 934 亚（Eritrea）。1941 年 1 月 21 日，英国人占领了意属利比亚东部的图卜鲁格（Tobruk），2 月初又占领了昔兰尼加（Cyrenaika）的首都班加西（Bengasi），被俘虏的人数剧增到 14 万。此后不久，英国又开始从肯尼亚对意属索马里发动进攻，并且攻克了摩加迪沙（Mogadischu）。如果意大利重兵集结在非洲战场，特别是具有重要战略意义的埃及，而不是把大部分兵力派往希腊，英国人不可能对北非取得如此快捷的胜利。

希特勒出于无奈，迫不得已于 1941 年 1 月把墨索里尼召到贝希特斯加登的贝尔格霍夫（Berghof），叫停这场“平行战争”，并且让意大利服从德国的战略计划。2 月初，德国新编非洲军团的第一部队在隆美尔将军的率领下抵达的黎波里，并从这里开始发起反攻。3 月，昔兰尼加几乎全部落入德国人之手。托布鲁克港的工事也被攻克。但是英国人在希腊顺利推进，至 4 月底，已经有 5.8 万人抵达希腊。

1940年秋，还不能预见意大利在巴尔干半岛南部的战役对希特勒关于苏联的战略计划有什么影响。里宾特洛甫想把三国同盟变成“大陆阵营”的核心取得了一定的成就：1940年11月，匈牙利、罗马尼亚和斯洛伐克加入了阵营；1941年3月，保加利亚和南斯拉夫也加入这个柏林－罗马－东京的联盟中来了。但是苏联并未想过要加入反英国家阵营。丘吉尔要求苏联与德国决裂，被斯大林于8月1日拒绝。但是要苏联加入由德国主导的欧洲联盟，这对斯大林来说也是不可思议的。

11月12日，苏联外交人民委员莫洛托夫来到柏林，与希特勒和里宾特洛甫进行了为期两天的对话。谈判时德国首都遭到英国空军的轰炸，有一部分时间谈判不得不跑到帝国政府的防空洞里继续。谈判本身也非常艰苦，未能达成切实可行的结果。希特勒试图要求苏联认可德国在欧洲的霸权范围以及德国在非洲的殖民地要求，作为交换条件，德国同意苏联向印度洋方向扩张，霸占大英帝国的势力范围。而莫洛托夫则把目光聚焦在芬兰和南欧上。苏联要求，德意志帝国必须停止9月与赫尔辛基签署的使用芬兰领土转运部队去挪威的协议，同时把已经派往芬兰的部队撤回德国，认可苏联吞并芬兰的做法。由于德国对罗马尼亚做出承诺，所以德国必须同意苏联对保加利亚做出承诺。德国必须同意苏联自由使用东海出海口的权利，并且允许苏联在博斯普鲁斯和达达尼尔海峡修建军事基地。另外，莫洛托夫还强调苏联对波兰、匈牙利、南斯拉夫和希腊未来的命运表示关注。 / 935

苏联外交人民委员的表述并非是对“大陆阵营”的彻底“拒绝”。11月26日，莫洛托夫甚至发表书面声明，准备把三国同盟扩展为四国同盟，先决条件是，柏林、罗马和东京政府接受莫斯科提出的更为详尽并且经过扩充的先决条件。然而，希特勒根本没有想去满足苏联的条件。对他来说，11月12日和13日在柏林进行的谈判意味着不可能与斯大林达成协议，战争是不可避免的。德国“元首”把莫洛托夫的信件视为要挟之举，根本没有对此做出回应。11月18日，希特勒对“巴巴罗萨计划”做出指示：“德意志国防军必须在英国战争结束前，做好对苏联发起进攻的准备。”准备工作立即开始，并且最晚在1941年5月15日前结束。

希特勒对苏联发动战争的时间计划差一点被巴尔干发生的两件事搞乱，一件是意大利在希腊的惨败，另一件是1941年3月27日在南斯拉夫发生的政变。贝尔格莱德的行动是由空军总司令杜尚·西莫维奇（Dušan Simovic）和空军将军博利沃耶·马尔科维奇（Borivoje Markovic）发动的。这两个人都反对自己的国家加入三国同盟，而南斯拉夫首相德拉吉萨·茨维特科维奇（Dragiša Cvetkovic）却在3月25日签署了加入三国同盟的协议。这个决定备受争议，两天之后，南斯拉夫的政权就被推翻了。政变者宣布七岁的国王彼得二世（Peter Ⅱ）为成年人，并且让其成为国家首脑。彼得二世又任命西莫维奇担任首相。摄政王保尔（Paul）前往希腊，贝尔格莱德爆发了反对轴心国的暴力示威。

尽管新政府并没有正式解除3月25日的协议，并且向德国示好，但是希特勒还是把政变视为敌对德意志帝国的行动。从某种意义上来讲，这一点是对的，因为英国特工亲自参与了这场政变。3月27日，德国“元首”就下令进攻南斯拉夫。他动员保加利亚和匈牙利政府和他一起参与粉碎南斯拉夫的行动。匈牙利王国首相特莱基·帕尔伯爵（Graf Pál Teleki）致力于同时与柏林和伦敦搞好关系，并且于1940年与贝尔格莱德签署了友好条约。他不想毁约，但又无法抗拒摄政者霍尔蒂和军事领袖们的势力，出于无奈于4月7日自杀。

4月6日，就在南斯拉夫新政府与苏联签订友好与互不侵犯条约的第二天，德国不宣而战，开始向南斯拉夫和希腊发动进攻，巴尔干战役开始了。贝尔格莱德遭遇了严重的空袭，从奥地利和保加利亚出发的德国装甲部队开进了南斯拉夫纵深地区，一路上仅仅遭遇了零星的抵抗。4月12日，德国军队攻克贝尔格莱德。4月17日，南斯拉夫军队指挥官投降。彼得国王和政府要员乘坐英国飞机前往雅典，稍后在伦敦成立了流亡政府。匈牙利、保加利亚、意大利和意大利的卫星国阿尔巴尼亚的军队参与了攻占南斯拉夫的军事行动。7月8日，德国和意大利宣布南斯拉夫王国终结。德国占据了包括下施蒂利亚（Untersteiermark）和部分克拉尼斯卡在内的斯洛文尼亚大部分地区，意大利则吞并了斯洛文尼亚的其他地区，包括其首都卢布尔雅那（Ljubljana）、大部分达尔马提亚和绝大部分亚得里亚海岛在内。匈牙利得到了塞尔维亚早年属于匈牙利的部分。保加利亚得到了马其顿绝大部分地区。依附于意大利的阿尔巴尼亚吞并了科索沃和与其交界的马其顿地区。

波斯尼亚全部地区和黑塞哥维那（Herzegowina）被划分到部分被德国、部分被意大利占领的克罗地亚。在这里，曾经流亡意大利的宗教法西斯乌斯塔沙（Ustascha）运动领袖安特·帕维里奇（Ante Pavelic）当上了一个名义上的独立国家的“元首”。他是1934年10月在马赛谋杀亚历山大一世（Alexanders Ⅰ）国王的主谋。他仅仅获得了一小部分同胞的支持，但是因为其贪污腐败、独断专行、大搞恐怖活动，不久就失去了民心。黑山（Montenegro）成了意大利的保护国。在塞尔维亚，德国军管会安排了一个由塞尔维亚前国防部长米兰·内迪奇（Milan Nedic）将军领导的塞尔维亚国家管理机构进行管理，而实际大权依然在军管会手中。在保守派宗教人士内迪奇的背后有500多名知名人士，其中包括东正教主教、贝尔格莱德大学教授、工业家和前任部长。这一政府的权威受到了以德拉查·米哈伊洛维奇（Draza Mihajlovic）上校为首的民族势力组织南斯拉夫祖国军（Cetnici）的质疑。1941年7月之后，由南斯拉夫共产党总书记约瑟普·布罗兹·铁托发动的日益壮大的游击运动，也向这个政府发起了挑战。

1941 年 4 月 6 日，德国军队从保加利亚出发，迅速深入希腊纵深地带。4 月 9 日，塞萨洛尼基（Saloniki）沦陷。4 月 21 日，伊庇鲁斯（Epirus）军队投降。6 天之后，德国人占领了雅典。英国人从大陆撤离到克里特岛上。克里特岛爆发了持续 12 天的惨烈战役，6 月 1 日，德国空降兵占领了克里特。此时，雅典在占领军的操控之下成立了以乔治·索拉科鲁（Georgios Tsolakoglou）将军为首的希腊政府。5 月底，乔治二世（Georg Ⅱ）国王、希腊政府和部分军队流亡到埃及。希特勒发动东线战役需要德国部队，所以把占领希腊主要地区的任务让给了意大利人。德国国防军部队留守在雅典、塞萨洛尼基和克里特。东马其顿和西色雷斯则由保加利亚部队占据。

正当德国国防军在巴尔干地区取得辉煌进展的时候，西线面对
/ 938
英国的战役却停滞不前。1941 年 5 月 10 日和 11 日，德国对伦敦进行了最后一次大规模的空袭。这次空袭中有 1200 人丧生。5 月底，德国“俾斯麦号”战列舰在大西洋被英国人击沉。这艘战列舰刚刚在三天前击沉了英国最大的战列巡洋舰“胡德（Hood）号”。“俾斯麦号”战列舰的沉没对德国人来说意味着大西洋水面上的战争已经结束。潜水艇战争依然继续着，尽管英国海军受到重创，但潜艇战还是未能达到德国海军司令所期待的转折。在北非，从 1941 年 6 月中旬到 11 月中旬没有发生过重大战役。在东非，英国人对意大利人进行了沉重的打击。4 月，英国人收复了亚的斯亚贝巴。5 月，驻扎在阿比西尼亚的大部分意大利军队在安巴阿拉吉（Amba Alagi）缴械投降。在伊拉克，英国在 4 月成功颠覆了通过政变上台的亲轴心国拉希德·阿尔－盖拉尼（Raschid al-Gailani）政府。5 月 30 日，英联邦军队占领巴格达，反英的当权者们流亡他国。

一周之后，英国部队与来自巴勒斯坦和伊拉克的戴高乐军队共同向叙利亚挺进。7 月，驻扎在那里的维希法国军队在邓茨将军的

率领下放弃抵抗，并且与英军签署了停火协议。至此为止，英国在近东全线胜利。对于希特勒来说，唯一的安慰就是土耳其了。1939年春，意大利进军阿尔巴尼亚的时候，土耳其与英国和法国签署了军事互助协议，1941年3月，土耳其和苏联签订了发生战争时相互保持中立的协议,1941年6月18日，土耳其和德国签署了友好协议。对于土耳其总统伊斯麦特·伊诺努（Ismet Inönü）来说，这些协议并不冲突：这些协议进一步强调了土耳其在任何条件下都保持中立的决心。伊诺努是1938年11月去世的建国元勋凯末尔的接班人。

对于希特勒来说，巴尔干两次“闪电战”的快速胜利意味着他不必调整进攻苏联的“巴巴罗萨计划”。1941年5月中旬是希特勒制定的最早时间，但是在这一时间发动进攻已经不可能了。姗姗来迟的春天、苏联江河的洪水泛滥、德国部队内部的组织问题，所有这些问题导致了进攻时间的延迟。最终进攻苏联的时间定在了1941年6月22日。这个日期本身就应该足以让通晓历史的“元首”产生疑心了。1812年6月22日，欧洲另一位占领者，拿破仑一世，开始发动对俄国的战争。这场战争对拿破仑来说最后成了一场军事灾难。 / 939

早在1941年3月3日，也就是世界大战真正爆发前的16周，希特勒对德国党卫军领袖海因里希·希姆莱做出指示，在将来的部队作战地区“准备接受政治管理的特殊任务”，“这是由两种相互对立的政治体系的角斗而决定的”。开战后不久，根据总参谋长哈尔德的记载，希特勒在3月30日对200多名高级将领解释道，布尔什维克是“与社会格格不入的罪犯”，共产主义是“可怕的危险”：“我们必须摆脱士兵当中所谓战友的概念。共产主义以前不是，今后也不是战友。对苏联的战争是一场毁灭性的战争。我们要消灭布尔什维克的政委和共产主义的智囊团。这是一场针对蜕变剧毒的斗争。这不是军事法庭能够处理的事。这场战斗和西线战争有着本质上的区别。只有东

900 线战役的强硬才能换来未来的温和”。第二天，1941年3月31日，“政委命令”（Kommissarbefehl）的草案问世，5月12日有了最终的版本，其核心课题就是“消灭高级政工干部和领导（政委）”。

希特勒1941年春天的讲话像是回到了1933年的“奋斗时代”。对他来说，针对苏联的战争从一开始就是一场世界观的战争，一场人民战争，这是一场决一死战的战争。反对“国际犹太主义”的民主或财阀形式的时代早已一去不复返。对苏联的战争，最重要的是对“犹太布尔什维克主义”的斗争。这场斗争在德国和苏联签署了
/ 940 互不侵犯条约之后，似乎被“忽略”了。他那所谓的德国“生存空间”只有通过消灭苏联才能得以扩展的信条，好像也被抛在了一边。1941年3月30日，希特勒旧话重提，用适当的方法给高级军官们上了一课，他感觉大部分军官已经理解了他的用心。即便是有反对意见也都不再公开提出。根据哈尔德的日记记载，尽管希特勒没有明确强调打击犹太人，但是在座的人都很清楚希特勒指的是谁。

埃里希·霍普纳（Erich Hoepner）将军是一位反希特勒的军界人士，他在1942年1月因为不服从命令而被革除军籍。在向苏联发动战争的时候，他对“元首”的愿望依然是服从的。“对苏联的战争是一场强加在我们头上的迫不得已的战争，我们必须要维护大德国的生存，特别是我们的经济自主权，以及德国控制的欧洲空间”，这是霍普纳1942年5月2日发出的进军命令。“这是一场日耳曼人对斯拉夫人的战争，我们要保护欧洲文化不受来自莫斯科和亚洲的文化侵蚀，我们要抵御犹太布尔什维克主义。这场斗争的最终目的是要捣毁今日的苏联，因此我们必须无坚不摧。每一场战役我们都必须用钢铁般的意志来执行，毫不留情地彻底歼灭敌人，特别是针对苏联布尔什维克主义体系的当权者，我们绝不能手软。”1941年6月22日凌晨4时德军开始向苏联发动战争。这不仅仅是希特勒的战争，它也是对“元首”唯命是从的德国国防军的战争。[6]

斯大林和希特勒一样，把德国与苏联之间的互不侵犯条约仅仅看作两个大国博弈中一次喘息的机会。与柏林方面思想意识上的死敌的较量终将会到来，因为德国从未放弃过《我的奋斗》中的纲领，从未放弃过占领东部以扩展生存空间，从未放弃过要消灭“犹太布尔什维克主义”：对此，苏联统治者没有任何侥幸心理。另一方面，斯大林相信，希特勒在战胜英国之前是不会进攻苏联的。在此期间，必须迅速把自己的国家武装起来，而且不让德意志帝国有任何借口提前进犯苏联。因此苏联和协议伙伴不同，它严格遵守1939年至1940年与德国签署的经济协议。在1941年1月至6月期间，莫斯科向德意志帝国提供了150万吨粮食、10万吨棉花、200万吨石油产品、150万吨木材、14万吨锰钢和2万吨铬。

从装备上讲，1941年的苏联无论在飞机还是坦克的数量上都要超过德国，苏联拥有的大炮数量远远多于德国。苏联拥有42300门大炮，而德国仅仅有7000门。苏联在西方部署了250万兵力，在远东部署了220万。而德国国防军集结了152个师，共300万人。步兵大约3/4的兵力都被抽调出来了。

尽管1941年夏苏联的优势明显，但是部队存在着严重的弱点：技术装备落后，执行力差，特别是红军经过大清洗之后留下了致命的后果。基本上斯大林是革了红军的命。1937年至1938年，他解除了34000多名军官的职务，其中22000人被杀害。101名最高军事将领中有80人丧生。1940年，苏联军队又从被捕但幸存下来的军官中挑选了1万多人重新入职。这样一支军队只有到1942年底才能达到完整的战斗能力。苏联红军是这样计划的，斯大林也是这样盘算的。

从战略上讲，苏联早在图哈切夫斯基时代就已经做出决定，一旦受到攻击，立即从防御转向进攻。进攻的战略基于这样一种设想，即战争从宣战和发动总动员开始。1940 年 5 月，因为苏联与芬兰的冬季战争失利，国防人民委员伏罗希洛夫被撤职，由季莫申科（Timoschenko）继任，但是人们对如何打仗的看法并没有根本的改变。苏联猜测，德国会从布列斯特（Brest-Litowsk）的南边以及巴尔干进入乌克兰。

在 1941 年的前五个月里，并不缺乏德国将要进犯的警告声。4 月 21 日，丘吉尔通过英国驻苏联大使斯塔福德·克里普斯（Stafford Cripps）勋爵，一位独立的左翼社会主义者，向斯大林报告了英国特工组织调查到的情况，但是苏联领袖仅仅把此看作一个陷阱，认为伦敦试图通过这种办法把苏联拖进与德国的战争中去。斯大林对苏联本国的特工机构发出的类似忠告也置若罔闻。很多方面都发出了希特勒进攻计划的预告。德国情报人员，如哈罗·舒尔茨－博伊森（Harro Schulze-Boysen）和阿维德·哈纳克（Arvid Harnack）是传奇式的“红色合唱团”（Rote Kapelle）的成员，而间谍大师理查德·佐尔格（Richard Sorge）的报告则来自东京。所有这些报告最终都不了了之。

5 月 5 日，斯大林迈出了显示权力的一步，据说这是为了提升公众的道德观：他接过了莫洛托夫的苏联人民委员会主席一职，于是变成了身兼党和国家双重要职的人物。就在同一天，他对军事研究院的毕业生、军队指挥官和政府中最重要的官员进行了一次秘密讲话。讲话中，他把红军称为武器装备先进的进攻部队。季莫申科和总参谋长朱可夫在这次讲话前不久向斯大林提交了一份作战计划修订本（尽管这一计划是用于稍后一段时间的），并且建议他在讲话中讲述对德国的防御战争，但他对此却只字未提。他对民主国家英国的厌恶不亚于纳粹德国。5 月 10 日，希特勒的副手鲁道夫·赫斯自作主张飞往英国，他刚刚落地就被英国人逮捕了。苏联负责人把这一行动解释为希特勒试图与英国终止西线的战争而开启与苏联的战争。但是无论是柏林还是伦敦都没有对“元首副手”的这种业余做法做出表态。

6 月初，特工机关传来的风声越来越紧，德国马上就要开始下手了。斯大林不得不加强西部边境的兵力，并且向前线转移司令部。6 月 19 日，红军开始对飞机场进行伪装，把飞机分布到距离边境较近的飞机场。但是苏联绝不去做有可能挑衅德方的事。即便是 6 月中旬莫斯科得到了越来越多关于德军将进攻日期定在 6 月 22 日的准确消息的时候，苏联依然循规蹈矩。苏联内务人民委员拉夫连季·贝利亚在 6 月 21 日写给斯大林的信中，要求召回苏联驻德国大使弗拉基米尔·德卡诺佐弗（Wladimir Dekanosow），理由是他向莫斯科谎报军情，说是在第二天德国就要进犯苏联。贝利亚绝不听信此言，他和其他苏联官员一样相信斯大林过人的判断能力。而斯大林依然认为希特勒没有胆量开启一场两线作战的战争。 / 943

本不该发生的事情还是在 1941 年 6 月 22 日清晨发生了。苏联号召红军，不管敌人侵犯了苏联哪一段边境，都予以猛烈回击，并且消灭他们。但是德国国防军看来势不可挡：6 月 28 日，明斯克落入德国人之手，一周之后，德军已经在苏联境内挺进了 500 公里。6 月 29 日，苏联共产党中央委员会声明要对法西斯侵略者发动一场“伟大的苏联卫国战争”。斯大林自 7 月 1 日起接管了国防委员会主席一职，于 7 月 3 日呼吁人民在敌后发起游击战。就在同一天，德国总参谋长做出大胆的预测，认为在两周之内就能战胜苏联。[7]

1941 年 6 月 22 日，希特勒在广播讲话中向德国人民宣布进攻苏联是一场自卫战。希特勒说，苏联的敲诈勒索和侵略行径迫使他走出了这一步。罗列苏联罪状的时候，希特勒不仅提到了 3 月 27 日贝尔格莱德的政变，还说起了 1941 年 1 月底由（德国支持的）法西 / 944

斯“钢铁卫队”策动的对罗马尼亚“领袖”（Conducator）安东内斯库将军的政变遭到镇压一事。德国“元首”指出发动军事行动最主要的原因是“英国与苏联现在开始联手”了。在苏联不断入侵边界之后，“对犹太人盎格鲁－撒克逊挑衅者和布尔什维克莫斯科中心的犹太当权者组成的联盟，发起必要还击的时刻到了”。

在德国，除了彻头彻尾的纳粹分子以外，大部分德国人对局势的发展都表示担忧，但是不久之后又对国防军取得的军事胜利留下了深刻印象。第一批对偷袭苏联报以赞赏态度的是基督教和天主教教会人士。以汉诺威州主教奥古斯特·马拉仪斯（August Marahrens）为首的德国基督教教会信徒委员会，于6月30日对希特勒表示感谢，感谢他“为了我们的民族和欧洲各民族，毅然决然地拿起武器，向挑战所有秩序和西方基督教文化的死敌发起进攻”。天主教教会的主教们则仅仅要求信徒们“忠于职守，勇敢坚持，为了我们的民族而献身工作与奋斗”。但是数个月之后，一些教会的教领们走得更远了。例如，艾希斯特（Eichstätt）主教米夏埃尔·拉克尔（Michael Rackl）把对苏联的战役形容成“十字军东征，是一场保卫家乡和人民的圣战，是为了信仰和教会而战，为了基督及其神圣的十字架而战”。

明斯特主教克莱门斯·奥古斯特·冯·加伦伯爵（Clemens August Graf von Galen）把这场战争定义为一场对不信上帝的布尔什维克主义的正义战争。他在1941年9月14日的主教通告中说，“元首和帝国总理”宣布灭掉“俄国人同盟”，是“解除我们的心头之患，同时把我们从巨大的压力中解放出来”。同时他还赞同地援引了希特勒的措辞“莫斯科的犹太布尔什维克主义当权者”。但是就在同一份主教通告中，主教又对纳粹主义提出了尖锐的批评。这
/ 945
种批评已经不是第一次了。加伦认为，“允许蓄意杀害那些‘没有生产能力的人’以及贫困而无辜的精神病患者的理论是残忍的。这一

理论为屠杀被称为‘没有生产能力的’人、无法治愈的病人、因工作或战争致残者以及老弱病残者，打开了方便之门”！

加伦公开抗议“安乐死行动”引起了社会的巨大反响，由于他德高望重，因此没有被当局立即逮捕并关进集中营。希特勒的这项公告发布的日期是1939年9月1日。到1941年夏天为止，已经有7万人丧生。杀人的办法起先是注射，到了1940年1月，开始采用一氧化碳毒气。1941年8月24日，这一行动中止，原因是百姓的不安对希特勒来说已经达到了要发生政治危机的地步。但是中止不等于彻底终止“消灭无价值生命”的行动。希特勒的指令仅仅适用于“老帝国”的几个知名的杀人中心，如符腾堡的格拉芬内格（Grafeneck）、林堡（Limburg）附近的哈达马尔（Hadamar）以及哈弗尔（Havel）河畔的勃兰登堡。杀人的行动还在继续，不过现在变成了地方化的形式，手法也有所变化，例如有意识地饿死病人（这一手法在第一次世界大战中也采用过），在帝国的新区如但泽-西普鲁士，党卫军集中枪杀老弱病残者，甚至采用炸药。有一类病人甚至不经过逐一检查，无一例外地被处死，他们就是犹太精神病患者。

这个时候，德国在东线战役中不再是孤军作战，而是得到了其他欧洲国家的支持。6月22日，罗马尼亚和意大利投入战斗（罗马尼亚投入了主力军，而意大利仅仅是远征军），6月23日斯洛伐克也开始参战了。芬兰于6月25日迈出了相同的一步，但是明确指出自己并非同盟者，而仅仅是站在德意志帝国一边“共同参战”。在芬兰人眼里，这仅仅是“持续战”。芬兰在冬季战争之后不得不在1940年3月12日与苏联缔结和平协议，而现在的战争就是要收复失地。芬兰参战之后的第二天，匈牙利于6月27日向苏联宣战。布达佩斯宣战的理由据说是匈牙利遭到了苏联的空袭。匈牙利的三个师参与了占领乌克兰的行动，但是到1942年春天为止，匈牙利的军事行动仅仅是象征性的。

真正与苏联开战之前，德国领导层就决定，德国国防军从战争的第三年起，即从 1942 年起，要在苏联取得补给。根据 1941 年 5 月 2 日国务秘书谈话的记录，已经有 4000 万人在苏联境内死于饥饿。《东部总体规划》（Generalplan Ost）对新开发的东部生存空间的日耳曼化做出了指令，规划的第一版由希姆莱于 1941 年 7 月 15 日提交。柏林弗里德里希 - 威廉大学（Friedrich-Wilhelms-Universität）的农业科学家们参与了这一规划的设计。东部规划在 30 年内，向波罗的海诸国、白俄罗斯和部分乌克兰地区输出德国移民。先决条件是，要有 3100 万当地居民移民到西西伯利亚去，而 1400 万名“种族优良”的居民留在自己的居住地。在这个庞大的项目中，除了俄国人、白俄罗斯人（Weißruthenen）和乌克兰人外，波兰人和捷克人也将遭到驱逐。在各民族被驱逐人数的比例中，波兰人占 80% 至 85%，为最高。接下来是白俄罗斯人，他们被驱逐的比例为 75%，而乌克兰人则有 65% 被驱逐。

第二天，1941 年 7 月 16 日，希特勒当着赫尔曼·戈林和阿尔弗雷德·罗森堡的面，宣布了未来东部占领区的政策。罗森堡第二天被任命为帝国占领区部长。苏联的欧洲部分被分成 4 个帝国总督辖区（Reichskommissariat），即乌克兰辖区、包括波罗的海和白俄罗斯的东地辖区、莫斯科辖区和高加索辖区。这块“巨大的蛋糕”必须“切割得当，只有这样我们才能第一去统治它，第二去管理它，第三去剥削它”。这是一个从长计议的计划，所以德国对他人还遮遮掩掩。“所有必要的工作，枪毙、强制移民等我们还是要做的，我们也能这样做……在乌拉尔以西绝对不能再形成一个军事国家，即便是我们要打一百年的仗……铁一般的基本法则必须要坚持：除了德国人以外，绝不允许任何人携带武器……我们的士兵必须要保护政权。”3 个月之后，1941 年 10 月 17 日，希特勒在元首官邸对东

/ 947

部地区的目标做了总结："只有一个任务：通过接纳德意志人实现日耳曼化，把当地居民视为印第安人。"

希特勒和军队将领们计划的东线战役是一场"闪电战"。然而1941年夏东部前线的局势并非到处都像将军中的乐观主义者想象的那么顺利。在波罗的海和乌克兰地区，德国部队继续挺进，但是在中部地区自从8月初斯摩棱斯克（Smolensk）沦陷后部队就止步不前了。军界想快速挺进莫斯科，却被希特勒制止。出于对经济局势的考虑，希特勒认为，占领基辅和顿巴斯盆地（Donezbecken）要比拿下苏联首都急迫得多。8月底，苏联第一次享受到了7月12日与英国签署的相互援助（和反对单独议和）协议的条款内容。苏军与英国军队开进中立的伊朗，打败了伊朗的军事力量，之后不久便强迫亲轴心国的礼萨沙赫·巴列维（Rheza Schah Pahlavi）下台。这个被占领的国家被一分为三，北部地区被苏联人占领，南部地区被英国人占领，中部地区成了一块中立的中心区。此后，英国立即通过伊朗向苏联运输战争物资。不久之后美国也开始通过伊朗向苏联提供武器。

在北部和东线，德国国防军在与芬兰军队合作下于9月初几乎完全包围了列宁格勒。希特勒打算通过彻底切断补给线的办法迫使列宁格勒断粮而投降。苏联只能通过拉多加湖给这个百万人口的城市提供少量的补给。9月17日基辅被攻占，665000名红军士兵被德军俘虏。10月初，部队从斯摩棱斯克和奥廖尔之间的地区向莫斯科挺进。10月19日，政府机构和外交人员撤离首都之后，斯大林宣布莫斯科进入被包围状态。

11月21日，东南最前线刚刚被攻克的罗斯托夫得而复失。莫斯科，这个几乎就在德军视野中的首都却遥不可及。德军先是遭遇了泥泞季节，然后这一年苏联的冬天也早早降临了。列宁格勒没有被攻占。疲惫不堪的德国国防军根本没有做好冬季战争的准备。尽

/ 948

管有330万苏联士兵被俘虏，但是苏联的崩溃却遥遥无期。12月初，红军从几处前线开始发起反攻。巴巴罗萨计划打算用闪电战来征服苏联的战略宣告失败。几个将领遭到撤换，部队总司令瓦尔特·冯·布劳希奇被解职。1941年12月19日，希特勒亲自接过了部队总司令一职。[8]

希特勒并没有和三国同盟中远东的伙伴商议巴巴罗萨计划，即进攻苏联的事。东京原本希望通过与柏林、罗马和莫斯科的协作能够遏制盎格鲁-撒克逊国家，使其不再对日本在太平洋地区的扩张加以限制。这个希望现在彻底落空了。日本外务省大臣松冈洋右曾经于1941年4月与莫斯科签署中立协议。他曾经让自己的政府起誓，参与反苏联的战争。这个提议受到了海军和陆军的反对。两军认为“北进计划”不可行，应该首先考虑“南进计划”。7月15日，近卫文麿在改组内阁时，松冈洋右被迫下台。海军大将丰田贞次郎被任命为新外务省大臣。他的任务之一是探讨与美国缔结和平的可能性。

然而，东京的现实政治却与此意图背道而驰。7月24日，日本军队尽管受到美国方面警告，但依然出兵4万人开进法属印度支那。在德国的高压之下，维希政权不得不默认这一事实。至此，蒋介石政府最重要的后援通道“滇缅公路”（Birmastraße）被切断，而日本则开通了一条直达荷属东印度的油矿之路。美国对此做出了回应，于7月26日冻结了所有日本银行账户，并且加大了经济制裁的力度，
/ 949 扩大了已经在执行的原油禁运范围。3天之后，英国、加拿大、新西兰和荷属东印度也参与到美国的制裁行动中来。荷兰的决议是在伦敦的流亡政府通过的。因为日本的原油储量最多只有三年，因此占领荷属东印度的原油资源势在必行。9月3日，日本政府和军方举行联合会议，准备向美国、英国和荷兰开战，但同时也继续和美国进行非正式的和解会谈，会议要求会谈最迟要在10月10日得出

一个结果。5 天之后，即 10 月 15 日，陆军和海军将做好开战准备。9 月 6 日，不很情愿开战的昭和天皇出席会议，确认了他三天前颁发的《天皇政策的解释原则》（*Grundsätze für die Ausführung der Kaiserlichen Politik*）。

一段时间里，似乎调解日本与美国之间的冲突还是有希望的。罗斯福并不反对近卫文麿提议的高层会晤。但是美国总统坚持他的强硬条件。这些条件美国国务卿赫尔于 1941 年 4 月在他的“四个原则”中提出，其中一条是要求日本从中国撤军，并且为会谈做准备。9 月 13 日，东京的联合会议做出了决议，制定了“日本与中国缔结和平的基本条件”。决议中规定，只有当重庆的蒋介石政府与南京的日本傀儡汪精卫政府合并之后，日本才从中国撤军。这个条件在当时是根本不可行的。此外，日本还要求中国承认日本的卫星国“满洲国”。美国否决了日本的提议，美国国务卿赫尔于 10 月 2 日向日本大使野村吉三郎宣布了这一决定。

尽管近卫文麿本人愿意尽快解决“中国事件”（东京为淡化这场 1937 年开始的战争，将其称为事件），这样就可以满足美国人的条件，但是他的意见在内阁得不到多数人的支持。他的死对头陆军大臣东条英机将军认为，向美国低头有损日本的尊严。10 月 16 日，日本首相出于无奈，向天皇递交辞呈。近卫文麿强调，如果能够解决与中国的冲突，他就同意打一场大仗。这一点他也和东条英机商讨过。10 月 18 日，东条英机担任日本首相。他不仅没有放弃原来的陆军大臣职务，而且同时担任了内务大臣一职。昭和天皇解除了天皇会议决议，请日本政府继续与美国进行秘密谈判。主导这些谈判的是外务省大臣东乡茂德，他在此前曾经在柏林和莫斯科任大使。 / 950

11 月 1 日，日本政府和军界的联合会议做出决定。经过 7 小时的辩论，“鹰派”占据上风，他们主张与美国的战争宜早不宜迟，否则美国在军事上会进一步增强力量。11 月 2 日凌晨 1 时 30 分，与会者决定，如果在12月1日零点与华盛顿的会谈没有圆满结束的话，将在12月初向美国、英国以及荷兰发动战争。11月5日，天皇会议确认了这一决定。起决定作用的是，日本人相信只有通过一场打破钳制的战争，才能使日本用于军事目的的石油供应在两年后不中断。1941年11月，日本领导人确信，日本必须背水一战。实际上，把日本推向死胡同的正是日本自己推行的政策。1931年9月东京决定进军中国东北，并且在1937年7月继续这场对中国的战争。[9]

当希特勒进攻苏联时，对共产党恨之入骨的温斯顿·丘吉尔没有迟疑片刻就把苏联拉入自己的战斗阵营，并把苏联视为命运相同的伙伴。1941年6月22日晚，英国首相在有数百万美国人聆听的
/ 951 广播讲话中说道，苏联遭受的损失就是“我们自己的损失和美国的损失，苏联人保卫家园的战斗是世界各个角落的所有自由人和自由民族的战斗”。

丘吉尔发表讲话两天之后，罗斯福在一次新闻发布会上声称，美国将尽一切可能支援苏联，这是“理所当然”的。6月26日，罗斯福明确指出，他不会因为美国的中立法而做出对苏联不利的事。1940年6月德国战胜法国之后，美国总统在三件事情上态度非常明确：第一，美国应该尽早参加这场被他从1941年3月开始称为“第二次世界大战”的战争；第二，对美国最大的威胁来自独裁者中最有侵略性的一个，这就是希特勒；第三，在议会中赢得多数人赞同宣战依然是一件遥不可及的事。

正因如此，美国总统才能尽可能地把意愿变成现实。1941年5月，他宣布美国进入紧急状态。这一做法允许他能够采取紧急措施。7月初，罗斯福在经过冰岛政府同意之后，将4400名海军陆战队士兵派遣到冰岛。这些士兵替换了驻防在冰岛的英国和加拿大部队。这些部队于1940年5月占领了北大西洋的这个岛屿，但是丘吉尔亟

需将这些兵力抽调到欧洲和北非战场。冰岛在海战中有着特殊的战略意义，因此绝不能落入德国人手中。这一点，美国总统和军方领导是再清楚不过了。

和出兵冰岛不同的是总统修订美国《兵役登记法》的要求必须得到国会批准。1940 年 9 月国会通过了这项修正案。修正案的目标是，在国家紧急状态下延长义务兵役者的服役时间，将他们服役的地区扩展到西半球以外，并且取消服役人数 90 万的上限。8 月初，这个草案在参议院经过激烈辩论之后以 45 票赞成和 30 票反对的明显优势获得了通过。但是可想而知，在众议院的情况就比较严峻了：203 票赞同，202 票反对。如果按照孤立主义者的思路走，美国在遭遇最严峻威胁的时候，其军事防御力量将大打折扣。

早在罗斯福赢得国会的支持之前，他最亲近的顾问哈里·霍普金斯（这位政治家也是《租借法案》的策划人）7 月底在总统和国务院的支持下，从英国出发经过极地路线前往莫斯科，与斯大林探讨美国援助事宜。苏联的党和国家领导人表示，苏联最需要的是高射炮、机关枪和步枪。此外，斯大林接受了霍普金斯的由美国、英国、苏联共同在莫斯科召开会议的提议。斯大林呼吁罗斯福尽快参战：没有美国的支援，苏联和英国就无法消灭德国的军事力量。罗斯福的见解与斯大林完全相同，霍普金斯向斯大林转达了罗斯福的这个意见。

直到 8 月 9 日，霍普金斯才又见到自己的总统。他同丘吉尔一道乘坐“威尔士亲王号”（Prince of Wales）来到纽芬兰的普拉森舍海湾（Placentia Bay），而罗斯福则乘坐巡洋舰“奥古斯塔号”（Augusta）专程前来与英国首相进行第一次会晤。会晤的内容是讨论国际局势，盎格鲁－撒克逊国家如何抵抗柏林、罗马、东京侵略者，以及如何建立战后的秩序等问题。支持苏联和如何保护漫游在大西洋的英国船只是需要商讨的问题，然而最急迫的问题是如何抵御日本在太平洋的威胁。对丘吉尔来说，会谈最重要的结果是罗斯福的承诺（即便兑现这个承诺又经过了一段时间），不仅对美国和冰岛的舰只进行军事护航，而且所有前往冰岛的舰只都将得到保护。英国首相期待美国参战，但是罗斯福对此却不能做出承诺。美国总统仅仅说明，他会找一个“事件”作为挑起敌对局势的事端，然后来一个不宣而战的战争。

全世界，特别是美国公众社会关注到的是罗斯福和丘吉尔在 8
/ 953 月 12 日协商的《大西洋宪章》。两天之后，这个宪章公之于众。宪章的两位签字人做出保证：两国不寻求任何领土的或其他方面的扩张；他们不希望看见任何与人民意志不符合的领土变更；他们尊重所有民族选择它们愿意生活于其中的政府形式之权利；他们希望看到曾经被武力剥夺其主权及自主权的民族能够重新获得主权与自治；他们要履行现有的义务，努力促使所有国家，不分大小，战胜者或战败者，都有机会在同等条件下，为实现它们经济的繁荣参加世界贸易并获得世界的资源；他们希望促成所有国家在经济领域内最充分的合作，以促进所有国家的劳动水平、经济进步和社会保障；在纳粹暴政彻底消灭后，他们希望建立和平，使所有国家能够在它们境内安然自存，并保障所有地方的所有人在免于恐吓和不虞匮乏的自由中，安度一生；这样的和平将使所有人能够在公海上不受阻碍地自由地航行；他们相信出于现实的和精神上的理由，世界上所有国家必须放弃使用武力，如果那些在国境外从事或可能以侵略相威胁的国家继续使用武器装备，则无法维持未来的和平；所以他们相信，在一个更普遍和更持久的全面安全体系建立之前，必须解除这些国家的武装；他们会协助和鼓励一切其他可行的措施，来减轻爱好和平的人民在军备上的沉重负担。

这个《大西洋宪章》无论从词句还是内容上来看，都与 1918 年 1 月威尔逊的“十四点和平原则”很相似。1941 年 8 月 14 日的这个宣言与和平原则一样，设计了一个未来的更好的社会秩序。行文的措辞也面面俱到。原则和实际之间的矛盾不能够太突出。否则，印度、缅甸和斯里兰卡要求独立的战士们将会援引宪章中的国家主权一词，要求成立自己的政府。丘吉尔认为必须在下院解释清楚，“主权”是对欧洲的被压迫民族而言的。这个问题是要和大英帝国内部的自治领机构的发展划清界限的。为了满足英国坚持英联邦成员之间的关税特权政策（帝国特惠制）的愿望，宪章还以补充条款的形式特别指出了现有的义务。

纽芬兰海湾的会晤缺少了一个重要的角色，这就是苏联人民委员会主席斯大林。罗斯福和丘吉尔在 8 月 12 日向他发出了衷心的问候。不管美国总统和英国首相是如何看待莫斯科领导人的和平愿望的，他们最需要解决的问题是唤起美国人的理想主义，在道德上逼退美国的孤立主义势力。从长远角度来看，这个《大西洋宪章》仅仅是对西方文明标准一个简短的新描述。以美国和英国为首的西方国家如果想在战后依然保持自己的可信度，它们就必须向这个文明标准看齐。到 1945 年为止，还有 43 个向德国宣战的国家在书面上认同这个 1941 年 8 月签署的宪章，其中包括苏联和中国。1942 年 1 月 1 日，在美英于华盛顿召开阿卡迪亚（Arcadia）会议时，罗斯福给这些国家起了一个前瞻性的名字，这就是“联合国”。 / 954

1941 年秋，能够挑起德国和美国之间敌对局势的事端此起彼伏。9 月 5 日罗斯福说，就在一天之前美国“基尔号”（Greer）驱逐舰受到了一艘德国潜水艇的攻击。实际上是德国 U652 号潜艇在冰岛以南水域遭到“基尔号”驱逐舰长达数小时的跟踪，同时还有数架英国战机和一艘英国驱逐舰的配合。潜艇最后向美国驱逐舰发射了鱼雷，但并未击中。尽管如此，罗斯福依然用这次事件做了文章，于 9 月 11 日发布了“进入视线立即射击”（Shoot-on-sight）的命令：在对于保卫美国有重要意义的水域，只要见到轴心国的潜

914 艇就立即开火。

10月16日的一次事件更加严峻：在冰岛附近的海域，美国“卡尼号”（Kearney）驱逐舰遭到德国潜艇攻击，11名海军士兵丧生。第二天，美国众议院批准了政府请求为美国货轮配置武器的提案。这些货轮的目的港就是英国。这项决议削弱了1939年11月出台的
/ 955 中立法。11月初，这项法案再次修改，位于战斗区域的美国舰只不再受中立法的约束。促使这一法案修改的起因是迄今为止德国与美国之间发生的最大一次冲突：在爱尔兰以西600海里处，美国“鲁本·詹姆斯号”（Reuben James）驱逐舰被德国潜艇用鱼雷击沉，115人丧生。

此时，美国的传媒和公众舆论已经不再像战争开始时那么坚信孤立主义了。10月初的民意调查显示，50%的被询问者都表示打倒纳粹德国要比美国的中立更重要。尽管美国存在强烈的反共意识，但是在1941年3月出台的《租借法案》在所允许的范围内向苏联提供援助这一现实也得到了越来越多的支持。特别是有很多美国人认为，这种办法可以取代由自己的国家直接参战或起码可以拖延参战的时间。美国的头号威胁是阿道夫·希特勒的德国，而不是天皇的日本。由于美国专家成功破译了东京与日本驻华盛顿大使馆之间加了密的无线电信息（相应设备的名字叫“魔法”），因此美国军方对日本将发动偷袭的信息略知一二。

11月26日，美国国务卿科德尔·赫尔向日本大使野村吉三郎提出了解除两国冲突美国方面的条件。其中重要的几点就是日本从中国和印度支那撤军，放弃日本在中国的所有境外权利，承认蒋介石政府为中国唯一合法政府，并且放弃三国协约。日本认为，这些条件不仅回绝了日本提出的“权宜之计”的建议，而且是彻头彻尾的最后通牒。12月1日，天皇会议决议，日本只能通过战争予以回应。美国也估计到日本将在此时发动进攻，但是美国军方猜测，日

本的攻击地将会是马来亚、泰国或者菲律宾。泰国和菲律宾是建立于1935年的美“联邦”中带有自治内政的自由邦，但是依然属于美国国防和外交的控制范围，因此这两地理应算作美国领土。进攻夏威夷的军港，美国太平洋舰队大部分船只的锚地珍珠港，这方面的信息还是不少的，例如美国驻秘鲁大使馆就搜集到了这方面的情报。可惜这些信息被纷至沓来的情报所淹没，或者没有受到足够重视。实际上，珍珠港长时间以来一直是日本进攻目标的首位。11月26日，一支远航舰队从千岛群岛（Kurilen）启航，驶向夏威夷，这只舰队中有6艘航空母舰。

1941年12月7日当地时间7时55分，华盛顿时间14时25分，日本第一批轰炸机开始袭击珍珠港，一小时之后又发起了第二轮攻击。美国的3艘驱逐舰、8艘战列舰和4艘其他舰只被击沉或遭严重损坏。188架战机被摧毁，159架无法投入战斗。美国军队2400多人丧生，近1200人受伤。航空母舰没有遭到袭击，因为它们都不在港口内。幸存下来的还有美国潜艇的掩体。就在同一时刻，日本开始对马来亚半岛、新加坡发起攻击，不久之后又对菲律宾和香港发起攻击。12月10日，美国岛屿关岛（Guam）被占领。

珍珠港成了美国参战的“突发事件”，尽管美国总统以为这样的事件会在大西洋而不是在太平洋发生。有一种说法纯属阴谋论：罗斯福为了让战争成为现实，尽管他知道日本人发起攻击的时间和地点，却未对这次偷袭做任何准备。负责军事安全的部门完全失灵，因此在日本发动偷袭之后，美国总统再也不愿承担风险，他于12月8日请求国会批准向日本宣战。参议院全票赞同，众议院仅有一票反对。

这并不意味着美国与德国之间必须开战。但是希特勒执意要和美国打仗，因为只有这样才能把日本紧紧拉到自己一边。盎格鲁-撒克逊战争与亚洲战争交织在一起，两场互不相干的战争最终成了一次世界大战。12 月 11 日，希特勒向大德意志帝国议会报告了德国、意大利和日本之间签订的协议。根据这一协议，三国必须不择手段在“美利坚合众国和英国挑起的战争”中获得最后的彻底胜利，而且三国有责任在未经相互商议并完全同意的情况下绝不同美国或英国缔结停火或和平协议。也许，希特勒向美国宣战，使这场战争全球化的原因并非完全出自军事战略方面的考虑。从 9 月 1 日开始，他再三重复，如果“国际金融犹太中心”再一次把各国人民推向世界大战的话，他就要在欧洲彻底消灭犹太人种。现在，世界大战成为事实，希特勒终于可以实现他向往已久但还未能发出命令的行动：在全欧洲掀起一场系统灭绝犹太人的战役。[10]

种族灭绝的开端："犹太人问题的最终解决方案"（一）

直到 1941 年夏天，纳粹的魁首们还不很清楚如何处置德国国防军占领地区的犹太人。德国占领和分割了波兰之后，柏林打算在波兰规划出一个"地区性"解决方案，在总督区东部地区的卢布林一带划出一块地方。希特勒和希姆莱打算在那里建立一个犹太人特殊区。但是，1939 年 10 月至 12 月，第一批犹太人就达 9 万人之多，混乱局面可想而知。波兰总督汉斯·弗兰克无法再接受这种运输方式，并且拒绝在维斯瓦河以东建立犹太人集中地。于是这个方案搁浅了。

1940 年初夏，又有一个"犹太人问题"的"地区性"解决方案流传开来，这次的地点是在海外。这个建议不仅给弗兰克解了围，还受到希姆莱的赞赏。1940 年 6 月初，在德国战胜法国前夜，外交部犹太问题专员弗朗茨·拉德马赫（Franz Rademacher）提出了一个老生常谈的想法：应该把犹太人（或者像拉德马赫精确形容的"西方犹太人"）集中到法国殖民地马达加斯加去。这个主意最早是由德国反犹太主义者保罗·德·拉加德（Paul de Lagarde）于 1885 年提出来的，1930 年代中期被波兰军人政府再次提起。因为希特勒也赞同这种想法，所以帝国安全总局专门于 1940 年 8 月设计出一项"马达加斯加方案"。方案把非洲东部的这个岛屿专门划出来建造一个大型隔离区，并且由德国人掌控。 / 958

马达加斯加严峻的气候条件和空空如也的基础设施很可能在短时间内就把"地区性犹太人问题解决方案"变成"物理性解决方案"，因为犹太人会大批死去。但是并不仅仅因为这个原因，马达加斯加方案不可能成为杀害犹太人的"真正"替补方案。如果不和英国签署和平协议，就不可能用英国和法国的船只将数百万人运到那里去。因为这些主要先决条件都不成立，所以"马达加斯加"项

918 目到1940年底就几乎无人问津了。

纳粹魁首们为了给“犹太人问题”找到一个所谓“地区性”解决方案，先选择了卢布林，后来又重新考虑马达加斯加。出于这个目的，他们在瓦尔特大区（Warthegau）以及波兰总督地区建造了犹太人隔离区，把犹太人与其他百姓隔离开。犹太人居住区的条件非常恶劣，大批人因此而死亡。根据历史学家劳尔·希尔伯格（Raul Hilberg）估计，至少有50万犹太人惨死在隔离区。隔离区仅仅是一个过渡，犹太人被集中起来，是要被送到波兰总督地区的东部或者送往海外的。当“卢布林”和“马达加斯加”项目都成了泡影之后，德国当局试图在某些地方让隔离区的犹太人参加军备工业的劳役来维持生活。罗兹（Lodz）就是这样一个例子。另外一些德国机构，例如华沙隔离区当局，甚至想把犹太人活活饿死。1941年4月，赞成“劳役”的一派在“任其饿死”一派面前占据了上风，然而这仅仅是短期的。自1941年6月22日开始进攻苏联以来，纳粹犹太人政策开始了一个新的阶段：事后看来，从这一刻开始德国控制地区犹太人的命运已经注定，希特勒已经下决心要消灭“犹太布尔什维克主义”。

希特勒在1940年12月做出了进攻苏联的决定。就在这个时候，德国“元首”表示要“在战后彻底解决德国所统治的或控制的欧洲地区的犹太人问题”。根据盖世太保驻巴黎的犹太人问题专员特奥多·丹内克（Theodor Dannecker）的记录，德国警察总长和安全局局长莱因哈德·海德里希接到“党卫军领袖和帝国元帅”，即希姆莱和戈林的指令，“提交一个彻底解决方案的项目”。1941年1月21日，在丹内克做记录的时候，“项目的主要大纲”已经在希特勒和戈林的手中了。接下来的计划就是要“为迁徙全部犹太人做前期工作，以及做有待于决定的迁徙地区的细节工作”。

到1941年3月为止，海德里希还在打苏联的算盘，他首先考虑的是边远地区和贫困地区：北极海岸（Eismeerküste）。1941年9月23日，海德里希对戈培尔说，要把犹太人运往布尔什维克主义者设置的集中营里去。如果真是这样的话，犹太人不可能在那里长期生存。很多人在遣送途中就会丧命，而这正是海德里希及其同事们计划的一部分。1941年春，帝国安全局酝酿出计划，对有劳动能力的犹太人实行强制劳动，将他们消灭在修建道路以及排水的劳役中。

从东线战役第一天起，大规模屠杀苏联犹太人的行动就开始了。执行这一任务的主要是党卫军新成立的四支部队，它们的行动区域在陆军部队的北区、中区和南区（在陆军部队南区，有两支党卫军部队在行动，他们是C部队和D部队）。希特勒把犹太人与布尔什维克党员和游击队员等同起来。这就意味着，行动部队地区里的大部分男性成年犹太公民必死无疑。

从7月底开始，党卫军以及行动部队开始枪杀所有犹太人，包括妇女和儿童。屠杀行动的扩大与新的任务分工有关。7月16日至17日，希特勒把“新东部地区的警察安全”大权交给了“帝国党卫军首领和德国警察总长”海因里希·希姆莱，这就意味着用警察的力量来“解决犹太人问题”。1941年8月14日至15日，希姆莱在明斯克向第八别动队司令奥托·布拉德费施（Otto Bradfisch）亲自下达了“枪毙所有犹太人的元首命令”。命令贯彻下去了，仅仅驻扎在波罗的海沿岸和苏联北方部分地区的A行动部队，在1941年6月22日至10月15日期间就杀死了12.5名万犹太人和5000名非犹太人。在基辅附近的娘子谷（Babi Jar），9月29日发生了战争开始以来最耸人听闻的大屠杀：33700名犹太人被枪杀。东线战役的头5个月里大约有50万名犹太人被杀。种族灭绝的行动开始了。 / 960

德国国防军不仅没有阻止党卫军行动部队，甚至在有些地方还参与了屠杀活动。在波兰东部以及乌克兰西部的占领区内，人们发现了被苏联内务人民委员部杀害的成千上万具当地人的尸体，这显然更加降低了德国士兵的道德底线。德国的两名陆军元帅于1941年秋明确呼吁，对苏联的战争并非一场常规的战争，要把这场战争理解为世界观战争和种族战争。10月10日，瓦尔特·冯·赖歇瑙作为希特勒的传声筒，申明“东部地区的士兵要担当起无情的国家意志”，要“完全理解对犹太下等人种必须实行严厉而公正的复仇”。11月，埃里希·冯·曼施坦因的说法几乎如出一辙：“必须彻底消灭犹太布尔什维克主义体系。这个体系绝不能再次侵袭到我们的欧洲生存空间。我们有必要对犹太人实施严厉的复仇，因为他们是布尔什维克主义恐怖的精神承载者，战士们必须牢记这一点。”

/ 961 陆军中央集团军群参谋长海宁·冯·特莱斯科夫（Henning von Tresckow）和总参谋部上校鲁道夫－克里斯托夫·冯·格斯多夫（Rudolf-Christoph von Gersdorff）等人后来都是在德国抵抗希特勒运动中起着重要作用的军官，但在当时他们都把东部地区的犹太人和布尔什维克的游击队员画上了等号。他们在对这些人执行枪决的报告上签名，并且根据命令继续传递。直到1941年10月20日至21日在鲍里索夫（Borissow）杀害犹太人的行动波及妇女和儿童，纳粹反犹太的屠杀性质暴露无遗之后，特莱斯科夫才开始和朋友们一道发起抵抗，并且策划谋杀暴君的行动。

在波罗的海沿岸地区，在加利西亚东部，在乌克兰等地，当地的势力也参与了大批屠杀犹太人的行动。他们的仇恨不是仅针对1939年至1940年站到苏联一边的犹太人，而是针对所有犹太人，动机往往在于宗教、经济和政治方面。在波兰比亚韦斯托克（Bialystok）区的小城耶德瓦布内（Jedwabne），犹太人被当地人打死，或被关在粮仓里活活烧死。面对这种暴行和其他的恶劣行径，天主教机构一言不发。教会方面在1941年6月1日至7月15日向伦敦流亡政府递交的一份报告中，是这样形容犹太人问题的：“这是上帝的独特的恩典，不管德国人对我们的国家做了多少错事，而且还在做错事，他们在这里开了一个好头。他们用行动表明，波兰这个社会是可以从犹太的瘟疫中摆脱出来的……而占领者为解决这个迫在眉睫的问题做出了贡献，这只能说明它出自上帝之手。”

德国人开的先例，给东南欧和中南欧志同道合的政权们开启了大门。根据罗马尼亚“领袖”安东内斯库的命令，军队和宪兵于1941年至1942年的12个月里在罗马尼亚本土和苏联杀害了28万至38万名犹太人。克罗地亚乌斯塔沙独立运动组织成员们在“领袖”帕韦利奇的指令下对本国220万名东正教塞尔维亚人和大约4.5万名犹太人进行了围剿，其手段极为残酷，特别是对塞尔维亚妇女的屠杀行径更是惨不忍睹。到1942年春，有30万至40万名塞尔维亚人和大部分犹太人丧生，而教宗庇护十二世（Pius Ⅻ）和天主教机构并没有阻止笃信天主教的独立运动组织者的做法。匈牙利警察于1941年8月向党卫军移交了1.8万名外国犹太人。这些犹太人和大约5600名本国犹太人一起在西乌克兰被杀害。天主教的斯洛伐克在1941年秋采纳了一系列德国式反犹太人措施，其中包括1941年9月1日实行的所有犹太人必须在公共场合佩戴黄色犹太人袖标的措施。不受斯洛伐克犹太人法限制的只有那些在1941年11月1日前转信基督教的犹太人。1942年3月，斯洛伐克作为欧洲第一个国家开始向东部遣送犹太人，目的地就是奥斯威辛集中营。 / 962

德国在苏联被占领地区的行政统治，名义上由阿尔弗雷德·罗森堡（Alfred Rosenberg）执行。他从1941年7月17日担任德意志帝国东方占领区部长。但是实际行政权掌握在两名纳粹党的高级干部手里：辛里奇·洛斯（Hinrich Lohse）是石勒苏益格-荷尔斯泰因大区区长，他担任由波罗的海三国和白俄罗斯组成的“东方辖区”（Ostland）的总督；埃里希·科赫是东普鲁士大区区长，他担任（缩小了版图的）乌克兰辖区总督，这个辖区还包括波兰东部的比亚韦斯托克区。科赫把乌克兰视为纯粹的被剥削地区，把乌克兰人视为奴隶，认为乌克兰必须为德国统治者服务。罗森堡认为这种政策是非常危险的，因为这样就不可能和乌克兰的反布尔什维克主义力量合作。但是罗森堡对此却无能为力，因为科赫受到党务中心有权势的领导马丁·鲍曼（Martin Bormann）的支持，而鲍曼的靠山就是希特勒。

在犹太人问题上，罗森堡也没有考虑人尽其用的做法。前任勃兰登堡大区区长，后来担任白俄罗斯总督辖区总督的威廉·库贝（Wilhelm Kube），于1941年10月对集体杀害包括大批技术工人在内的犹太人提出抗议，并且向东方占领区部长提出是否应该“不顾其年龄、性别和经济利益（例如为国防军和军火工厂工作的专业工人），将犹太人”斩尽杀绝的质疑，罗森堡的回答是这样的：“政

府解决这个问题的原则不做经济方面的考虑。此外，出现问题要直接请上一级党卫军领袖和警方官员予以解决。”

灭绝犹太人的行动从1941年夏开始，但是很多问题都悬而未决。一段时间内，大屠杀仅限于东部地区的犹太人，手段主要是枪杀。通过这种办法在短时间内杀害数百万人在技术上是不可能的，对参与者的“道德观”来说是危险的，而且不可能对德国和世界公众保密。因此，依然需要有一个“总体规划来执行彻底解决犹太人问题方案”。戈林作为希特勒钦定的东线战役非军事行动协调者，于1941年7月31日向海德里希提出了上述要求。

直到1941年秋，希特勒在彻底解决“犹太人问题”方案的时间上，还有意识地把犹太人分成东方犹太人和西方犹太人。1941年1月30日，他在帝国议会还提起了他在1939年1月30日发出的“指示”（他确实把日期定在了1939年9月1日战争爆发的这一天），“如果犹太人世界中的其他犹太人一同被卷进战争，那么欧洲的犹太人也算有一定作用”。希特勒显然把德国和西欧的犹太人视为人质，这些人质势必会受到美国的关注。在他看来，美国成了国际金融犹

太人中心的保护国和政治靠山。如果美国彻底站在德国敌人这一边，特别是站在苏联一边，那么“世界犹太人资本主义布尔什维克主义大阴谋”就变成了现实。1942 年 1 月 1 日，希特勒在新年致辞里就提到了这一点。在这个现实面前，希特勒就不需要对德国以及西欧的犹太人抱什么怜悯的态度了，如果他打赢了战争，那就更加不必有所顾忌了。不管结局如何，从长远角度看，犹太人在德国势力范围没有生存的可能。

1941 年 8 月 14 日发生的一件事动摇了希特勒的战略和政治计划，这就是罗斯福和丘吉尔宣布的《大西洋宪章》。希特勒知道，即便是德国在东线取得了胜利，英国也不会回心转意与他合作。德国“元首”做出决定，不再采用“闪电战”战略，即尽快攻克莫斯科。他转而竭力霸占苏联南部的冶金矿藏，其目的是为德意志帝国汲取长期战争的资源。 / 964

对犹太人的态度则又是另外一种。希特勒觉得美国马上就会参战，同盟国不久就会在大西洋登陆，因此他在战争中加快了消灭欧洲所有犹太人的进程。希特勒用他的思考方式做出行动。他把灭绝欧洲犹太人作为对欧洲战争发展成世界战争的回应。1941 年 8 月 18 日，德国“元首”同意宣传部部长的建议，强迫帝国所有犹太人佩戴“明显的犹太人标志”，这就是上面说到的黄色犹太星标志。1941 年 9 月 1 日起，这一措施通过法令开始实施。在和戈培尔的同一次谈话中，希特勒还谈到了整体的“犹太人问题”。他用一种方式清楚地表示，想在战争期间在欧洲范围内通过物理的消灭办法解决“犹太人问题”。“元首相信，他在帝国议会上所做的预言将会得到证实。如果犹太人再发动一次世界大战，那么这场战争将以犹太人的毁灭而告终。这一点在这几周和这几个月里可以说是完全得到了证实。在东方，犹太人必须得到报应。在德国，他们已经得到了部分报应，今后还会得到更多报应。他们最后的躲藏地点是北美，在那儿他们也迟早要得到报应。”

1941年11月16日，帝国人民启蒙和宣传部部长在《帝国》周刊中让德国公众舆论知道，希特勒在1939年1月30日的预言是死一般严肃的。“我们正在见证这个预言，犹太人正在得到报应，这个报应非常残忍，但这完全是命中注定的。我们绝不能怜悯他们，更不要对此抱有遗憾。全世界犹太人在策划这场战争时彻底错误估计了自己的力量。现在他们正处在被逐渐消灭的过程之中。如果他们有实力的话，本来是想消灭我们的，而且是打算肆无忌惮地向我们行凶的。现在他们正在照着自己的‘以牙还牙，以血还血’的法则走向灭亡。”

/ 965

按照戈培尔的说法，希特勒预言的消灭犹太人种的行动“正在”欧洲实施，这个信息一清二楚，并且毫无悬念:《帝国》周刊在1941年秋的发行量为100万份。宣传部部长的这篇文章题目一目了然:《犹太人咎由自取！》。读到这篇文章或者听到这一讲话的人都会知道，东方的犹太人已经遭到大规模屠杀，德国当局已经下定决心将这一行动执行到底。“在这样一个历史分歧中，每一个犹太人都是我们的敌人。”1941年11月16日的文章这样写道，“不管他们是在波兰的隔离区食不果腹，在波兰或汉堡苟且偷生，还是在纽约或华盛顿吹响战争的号角……这些是犹太敌人派遣进我们人群中的使者。谁偏向他们，谁就等于在战争中变节投敌。”

宣传部部长的这篇文章首先是对德国为数不少的同情犹太人的百姓发出警告。戈培尔警告将会严惩所有同情犹太人的百姓。“佩戴犹太星，就意味着是人民的敌人。与犹太人还有私交的人，和他们同属一类，将和犹太人一样对待和处置。”戈培尔指责美国犹太人策动美国向德国开战，而这篇文章是否也是向这些美国犹太人发出最后的警告，便不得而知了。1941年11月毕竟还没有爆发希特勒于8月中旬设想的“世界大战”。但他在不久之后便将世界大战变成了事实。

在美国，人们从《纽约时报》上看到从柏林发回的消息：自1941年10月中旬开始，犹太人被从德国内地遣送到东方。1941年9月11日美国“基尔号”事件发生后，罗斯福向舰队发出指令，在美国利益范围的海域内，只要“见到”德国和意大利潜艇就立即开火。希特勒遣送犹太人的做法是对罗斯福总统做出的回应。但是在德意志帝国和美国表面上依然保持和平的情况下，希特勒还不想处决德国犹太人。德国考纳斯（Kaunas）地区计划枪毙5000名犹太人，但是这个计划并未得到希特勒授权。11月30日，希特勒以此为由通过希姆莱命令海德里希“把犹太人运出柏林！不要枪毙”。这个命令未能及时传达到里加：就在同一天有1000名德国犹太人被枪杀。而德国其他的犹太遣送行动则遵循了这一命令。11月16日，戈培尔把战争归咎于“全世界犹太人”，并且以消灭所有犹太人相要挟。而在两周之后，希特勒似乎又要把消灭德国和西欧犹太人的行动向后推迟，直到这场欧洲战争彻底转变为世界大战。

1941年12月7日，日本在珍珠港向美国舰队发起进攻。对希特勒来说，这意味着在“犹太人问题”上他不必再去顾及美国了。珍珠港事件后，希特勒应该是马上做出了在战争期间就消灭德国控制区内所有犹太人的决定。“我们知道什么力量在为罗斯福撑腰，”希特勒在12月11日的大德意志帝国议会上这样解释道，“这就是那些阴魂不散的犹太人，他们以为整治我们的时机已经到来。他们想把我们在苏联所见到的毛骨悚然的局势强加到我们头上。”第二天，希特勒给帝国以及大区领导们开会。“关于犹太人问题，元首已经下定决心要彻底清算，”戈培尔在日记里这样记载，“他预言，如果犹太人再次发动一场世界大战，就会经历自己的灭亡。这并非说说而已。世界大战已经开始，消灭犹太人将成为必然的结果。”

12月12日出席会议的另外一个官员汉斯·弗兰克在12月16日总督政府会议上指出，不要再指望把犹太人送往“东方”或乌克兰地区，而是要把他们消灭在总督辖区里。“柏林和我们说了，何
/ 967 必要给我们增添烦恼。我们东方辖区或帝国地区也不知道拿他们怎么办，你们自己解决了他们吧！……350万犹太人我们枪毙不过来，也没法毒死他们，但我们要找出能够成功消灭他们的办法来。我们要和帝国商谈这些措施……”

两天之后，1941年12月18日，希姆莱在和希特勒谈话之后做了以下记录：“犹太人问题。和游击队员一样统统歼灭。”这一简明扼要的注释并不难解读：自从德国与美国进入战争状态后，德国可以抓到的所有犹太人，将和迄今为止苏联的数十万犹太人的遭遇一样，他们将受到同等处置。

1942年1月20日，柏林大湾湖（Am Großen Wannsee）56-58号房子里，莱因哈德·海德里希主持由弗兰克召集的会议。这次会议本应是在1941年12月9日召开的，但是因为世界局势的变化而无限期后移了。参加会议的有来自各界的代表：党卫军、外交部、帝国司法部、东方辖区部、四年计划机构、辖区总部、帝国国务院。众多高官出席了会议，其中有四名国务秘书、一名副国务秘书、一名司长。会议的主题是“犹太人问题的最终解决方案”。帝国安全总局犹太人问题署署长阿道夫·艾希曼对会议做了记录。根据这一记录，海德里希以加密的形式说出了“向东方疏散犹太人”的意义所在。“根据最终的解决方案，犹太人将在相应的领导下以适当的方式在东方投入劳动。组成大规模的劳役队伍，性别分开，有劳动能力的犹太人将被投到那些地区的道路建设中去，毫无疑问将有大部分人自然死亡。如果还有幸存者，那一定是最有抵抗力的那一部分人，我们必须处理掉这
/ 968 些人。自然进化的情况表明，如果释放这些人，他们将成为新犹太群族的核心（请见历史的经验），最终解决方案的具体执行将从欧洲西

部开始，一直梳理到东方……”

湾湖会议奏响了大规模“梳理行动”的序曲，最终目的是把德国占领或控制的欧洲变成“无犹太人”地区。在实际过程中，通过道路建设消灭犹太人的方法从一开始就没有起到什么作用，因为军事形势根本不允许这种类型的东方殖民行动。以工业方式消灭人种的“最终解决方案”主要在波兰境内实行。“T-4 行动”（名字来源于柏林动物园大街 4 号屠杀精神病患者办公室）的专家们从 1941 年秋天开始为大规模屠杀方法的技术准备出谋划策：在杀害精神病患者时，他们拥有了使用毒气的经验，当时使用的是流动的毒气车辆。

1941 年 10 月，党卫军开始建造第一座“纯粹的”杀人设施，地点在卢布林附近的贝乌热茨（Belzec）。11 月，在那里建造了固定的毒气室。这就证明，从此时开始德国已经做出了系统地以物理方式杀害犹太人的决定，最起码对东方犹太人是这样的。继贝乌热茨之后，又建成了索比堡（Sobibór）和特雷布林卡（Treblinka）这两个毒气灭绝营。现有的奥斯威辛和马伊达内克（Majdanek）这两处并非“纯粹的”杀人集中营，而是连带经济产业的集中营。1941 年 12 月 8 日，没有劳动能力的波兰犹太人和吉卜赛人在瓦尔特大区的海乌姆诺（Chelmno），德文被称为库尔姆霍夫（Kulmhof）的集中营内被送进毒气车辆惨遭杀害。按照荷兰的历史学家 L. J. 哈尔托格·切尔姆诺（L. J. Hartog Chelmno）的说法，这是“人类历史上第一个杀人工厂”。

在湾湖会议期间，杀人设施的开发还在初级阶段。1942 年，这台杀人机器的效率不断提高。取代毒气车辆的是毒气室，在奥斯威辛、贝乌热茨、索比堡、特雷布林卡和马伊达内克都安装了这种毒气室。以氰化氢为基的齐克隆 B 取代了从前使用的一氧化碳。奥斯威辛－比尔克瑙集中营一直采用“从劳动走向死亡”的办法，犹太人强制劳动的地方还包括染料工业利益集团[①]的一家分厂。会被立即毒死的除了犹太人外，还有吉卜赛人和苏联战犯。

希特勒并没有发布过消灭犹太人的书面命令。之所以不可能有这样的命令，是因为杀害精神病患者的命令就引发了一系列负面的反响。希特勒在“解决犹太人问题的方案”中表述了他的愿望，让他下一层的领导们，从党卫军帝国领袖到高级党卫军和警察领导，直至行动部队和别动队领导都感觉到，以最为极端的方式执行命令是最符合元首的愿望的。消灭犹太人行动的手段日益走向极端，上述情况是其中一个理由。

另一个理由是早先制定的那些不考虑影响的措施带来的结果。向瓦尔特大区移民德意志人，把犹太人迁出德意志帝国、波希米亚和摩拉维亚保护国，并把他们送往总督辖区，这些做法无法减轻原先决定遣送犹太人至苏联的压力：“东方总体计划”已经对苏联交界地区做了规划，本想在北极海岸建立犹太人营地的计划则因为德国无法占领北极海岸而告终。在波兰东部地区实施“地区性犹太人问题解决方案”已经不现实了。这一解决方案尽管也可以通过物理的杀人办法实施，但需要相当长的一段时间。地点处置方案不再可行，剩下的就是“最终解决方案”如何实施的问题了。“外界限制”使集体大屠杀变得越来越不可避免。1941 年底以来物资供应日益紧张，因此希特勒不得不做出最终决定。到底如何解释杀害犹太人的问题，按照希特勒的意图可以解释为“国际性”的，从民族社会主义战争和种族政治的角度出发可以解释为“功能性”的，这是一个纷争已久的问题。实际上，我们并不能说到底是哪一种类型，因为这是二者兼而有之的现象。

湾湖会议 10 天以后，1942 年 1 月 30 日是希特勒“夺权”9 周

① 也被译作法本公司，德文为 IG Farben。——译者注

年纪念日。这一天希特勒在柏林体育宫再次强调他对消灭犹太人所做的预言。“我们很清楚，战争只能有一条出路，要么雅利安各民族被灭绝，要么欧洲犹太人消失……这里第一次要用到古老的犹太法则了，‘以血还血，以牙还牙！’这个战斗规模越大，反犹太主义就会传播越广。这句话让世界犹太人自己去说好了。每一个俘虏营、每一个家庭都是活生生的例子，这一切说明了为什么他们不得不做出牺牲。这个时刻将会到来，因为各个时代最为罪恶的世界大敌毕竟在一千年里使尽了自己的伎俩。”

经历了对反基督潮流的胜利到世界末日审判的这一千年之后，魔鬼将不再对人类施展权力：尽管希特勒没有援引圣经的出处，但是人们知道这是《启示录》（*Offenbarung des Johannes*）的第20章。希特勒用这个比喻让德国人明白自己肩负着意义重大的历史重担，甚至可以说是神圣的历史重担。而且这里不仅仅指德国人：希特勒和戈培尔一样坚信，欧洲乃至整个“雅利安”人种都有充分的理由感谢德国摆脱了犹太人世界的危险。

用对犹太人的仇视作为纳粹德国团结欧洲的一种方法，这一期待并不是奢求。纳粹分子反对犹太人的口号在德国势力范围的欧洲地区引起了某些反响。继意大利和匈牙利之后，法国维希政权在停火不久，并且在德国没有极力敦促的情况下，就推出了自己的犹太人立法。7月底的一项法律规定审查1927年以来的入籍人名单，结果有大约8000名犹太人失去了法国国籍。8月，一项刚刚在4月颁布的法律被取消。这项法律的内容是禁止出于种族或宗教的原因发动人身攻击。1940年10月3日，在德国军队领袖颁布了第一项反对犹太人条例之后，贝当政府便迫不及待地颁发了《犹太人章程》。章程定义了犹太种族的归属（祖父母和外祖父母中有三人是犹太人，或者祖父母和外祖父母中有两人是犹太人，但婚姻配偶也是犹太种人，那么此人就是犹太人），并且把犹太人从所有的公共机构及新

930 闻界、戏剧界和电影界的要职中驱逐出去。正是由于《犹太人章程》，140 名高校老师和法兰西公学院（Collège de France）的四名教授被解雇。

/ 971 1940 年 10 月 4 日的另一项法律允许各部门发布拘留外国犹太人的命令。1941 年 5 月，对外国犹太人的第一次大拘捕开始了。同年 6 月，《犹太人章程》再次更新，其中条件更加苛刻了。章程制定了配额限制条款，限制独立职业者的数量，其中包括律师和医生，同时还对法国经济的雅利安化制定了措施。大约有 4.7 万家犹太人企业被取缔或被非犹太人业主接管，首当其冲的有纺织企业、百货商店和银行。这一措施对巴黎犹太人的打击甚大。

在维希政权的犹太人和移民政策推行过程中最早受到迫害的人中有两名德国社会民主党人：一名是知名的马克思主义理论家和担任过两届帝国财政部部长的鲁道夫·希法亭，他是一名犹太人；而另一名并非犹太人，他是早先的德意志帝国社会主义民主党党团主席鲁道夫·布莱特沙伊德。1941 年 2 月 9 日，维希政府警察在法国南部阿尔勒（Arles）的论坛酒店（Hôtel du Forum）逮捕了这两位政治家，并在维希将他们移交给德国安全局，安全局将他们关进拉桑德（La Santé）的盖世太保监狱。1941 年 2 月 12 日，希法亭在监狱里自杀。布莱特沙伊德被押解到布痕瓦尔德集中营，在那里据说他于 1944 年 8 月死于炸弹轰炸。被维希政权移交给德国的法国最著名社会主义者是莱昂·布鲁姆。他在布痕瓦尔德和达豪的集中营里活了下来，并且在 1946 年至 1947 年再次担任法国政府首脑。

在西欧受德国影响地区，只有一个国家的本地公民对剥夺犹太人权利和迫害犹太人的行为做出了公开抗议，这就是荷兰。1940 年 11 月，莱顿和代尔夫特（Delft）两地大学的教授和学生对解雇犹太籍高校老师进行抗议。1941 年 2 月 25 日，阿姆斯特丹的共产党人成功呼吁发动总罢工，这次罢工主要针对的是警察在本市犹太人区的一次残暴行动。在德国占领的西欧其他所有国家，人们对反犹太人政策要么同情，要么缄默。用索尔·弗里德兰德（Saul Friedländer）的话来形容："反对犹太人的措施被各国人民、思想界和知识界的精英，特别是教会大部分人所接受，甚至赞同。" / 972

在战争期间，政府不断的反犹太人宣传在德国留下了深远影响。德国军官以及普通士兵从波兰寄回的信件中，都充满了对犹太人的深仇大恨。尽管如此，纳粹政府知道，杀害欧洲犹太人的意图是得不到百姓支持的。因此，尽管有明确指示让犹太人"消失"，"消灭"或"灭绝"犹太人种，但是这些行动以及杀人的方式都应该保密。

希特勒的亲信们是否相信希特勒关于"雅利安"人种和犹太人种最终决战的预言，这一点我们不得而知。实际上他们不一定要相信这一点也可以成为狂热的反犹太主义者，而且根本不需要仇恨犹太人就能去执行希特勒消灭犹太人的命令。只要把号召力无穷的"元首"当作政治上不可或缺的领袖就大功告成了。元首以德国名义所做的事，不可能是不对的。在消灭犹太人的过程中，"命令危机"时有发生。在欧洲东部，发生过德国警察拒绝枪杀手无寸铁的犹太男人、妇女和儿童的事情，但是据我们所知，这些人并未受到惩罚。对于大多数人来说，不管他对犹太人的态度如何，"命令终归是命令"。同志间的社会压力往往要大于自己的良心。

对犹太人的厌恶并非一朝一夕形成的，它在德国及其他地区的保守势力中由来已久，在基督教当中传统更加深远。对犹太人的敌对态度只有在少数人那里升格为嗜杀成瘾的现实，但是当希特勒要实现自己的信仰时，大部分人却对此视若无睹。针对杀死精神病患者的事，基督教和天主教都提出了抗议。政府本不想张扬杀害犹太人的事，然而这件事却流传更广。面对这件事，只有为数甚少的宗教人士提出质疑。天主教的教区主教伯恩哈德·利希滕贝格就是其中一位。这位教士的勇气最后换来了监禁和死亡。与此相比，符腾 / 973

堡基督教大主教特奥菲尔·乌尔姆（Theophil Wurm）受到的政府惩罚要温和得多。他继承了宫廷布道者阿道夫·施托克（Adolf Stoecker）的传统，本身就是一个反犹太人主义者。尽管如此，他在1943年的布道和写给希特勒与戈培尔等人的信件中，多次抗议灭绝犹太人。1944年3月，乌尔姆被剥夺了讲演和书写的权利。

屠杀成千上万的犹太人，不仅仅要有一支忠实接受命令的大军。屠杀犹太人之所以得以实现，是因为有一大批精英的参与：军界成功地为建造灭绝犹太人设施提供了可能；工业界积极参与了所谓通过劳动灭绝犹太人的行动，并且从中受益；银行界把被杀害的犹太人的婚戒和金牙变成了帝国所需的外汇，并且为建造杀人设施提供贷款；科学家和技术人员提供了可以大规模杀人的设施；医生在犹太和其他人种的囚徒身上做了一系列非人的试验；法学家们为剥夺犹太人权利和迫害犹太人披上了法律和法规的外衣；史学家和经济学家为政府出谋划策，积极筹划“犹太人问题解决方案”。德国历史上谋杀犹太人的现象并不是一个秘密项目。但是德国历史为我们解释了，当一个一直被大部分德国人相信的人要实现极端的反犹太主义项目的时候，为什么几乎没有受到抵抗。[11]

战争出现转机：轴心国转为防守

1942 年新年伊始，德国的东方前线频频传来坏消息。从瓦尔代山（Waldaihöhen）到斯摩棱斯克以北地区，红军开始全线挺进，把德国的中央集团军群和北方集团军群分割开来。几天之后，1 月 18 日，苏联军队在哈尔科夫（Charkow）以南地区攻克了德国南方集团军群的防线。5 月，希特勒下命令从这里发起反攻。在这次反攻中，有 23.9 万红军士兵成为德军的俘虏。德国国防军通过夏季攻势赢得了苏联东南部地区的大片土地：7 月，德军攻克了沃罗涅日和罗斯托夫。之后不久，德军抵达顿河。苏联红军撤退到"斯大林格勒防线"（Stalingrad-Front），并且系统地加固了这条防线。苏联内务人民委员部的部队以极其残忍的手段阻止苏联军队的进一步撤退。 / 974

德国国防军缺乏燃料的情况众所周知，因此，希特勒的近期重要战略目标是占领高加索，特别是巴库等石油重镇。8 月 21 日，德国山地步兵军团（Gebirgsjäger）在高加索最高的山峰厄尔布鲁士（Elbrus）插上了德国国旗。然而德军对军港苏呼米（Suchumi）发动的进攻并不成功。德国人动员了一批非俄罗斯族人进行合作，并将其组成哥萨克营、格鲁吉亚营、卡尔梅克（Kalmüken）营。尽管如此，新组建的 A 集团军群依然未能攻克格罗兹尼（Grosny）和巴库。这导致希特勒和陆军总参谋长之间产生了严重分歧。9 月 24 日，弗朗茨·哈尔德辞职，炮兵将军库尔特·蔡茨勒（Kurt Zeitzler）继任陆军总参谋长。七周之前，1942 年 8 月 19 日，德国国防军第六集团军在保卢斯（Paulus）将军的指挥下开始进攻斯大林格勒，并且在数周之内将整座城市包围起来。斯大林于 8 月 25 日宣布以自己名字命名的工业重镇进入被包围状态。对希特勒来说，攻克斯大林格勒不仅仅有着重要的战略意义：这一坐落在伏尔加河畔的城市与列宁格勒和莫斯科一样是“犹太布尔什维克主义”的老巢，必须予以摧毁。

1942年初，英国把地中海的大部分舰只调遣到印度洋，其目的是为了抵御日本的侵略。这一做法使得德国从中受益。德国的非洲军团在埃尔温·隆美尔的率领下，于2月初向托布鲁克（Tobruk）挺进。6月21日，托布鲁克落入德国人之手。第二天，德国“元首”将隆美尔晋升为元帅（Generalfeldmarschall）。尽管希特勒和墨索里尼希望先占领马耳他，但隆美尔转而进军埃及，并且在6月30日抵达亚历山大（Alexandria）以西大约100公里处的阿拉曼（El-Alamein）。但是此时此刻非洲军团已经没有能力进军开罗了。10月

底，蒙哥马利（Montgomery）将军发起大规模进攻，他的军队里还包括了流亡的波兰部队。他们的目标是德国和意大利设在阿拉曼的据点。从此时开始，轴心国在北非的部队陷入疲于招架的局面。而隆美尔不顾希特勒的三令五申，于11月底撤回到马萨－艾尔布雷加（Marsa-el-Brega）阵地。

两周之前，1942年11月8日和9日，带有传奇色彩的“火炬”（Torch）行动开始了。美国和英国部队在总司令德怀特·戴维·艾森豪威尔（Dwight D. Eisenhower）将军的指挥下在摩洛哥和阿尔及利亚登陆。一开始，法国海军还在卡萨布兰卡、奥兰和阿尔及尔等地予以抵抗，但在11月10日经过法国海军上将达尔朗批准停止了抵抗。达尔朗曾一度担任法国政府元首，于4月被皮埃尔·赖伐尔取代，之后一直担任法国维希政府部队总司令。11月初，他正好在阿尔及尔逗留。他做出的西北非停火决定很可能没有和贝当政权秘密商量，而是擅自做出的决定。之后，同盟国任命他为北非的法国民事管理负责人。自由法国的负责人戴高乐将军并不知道盟军占领摩洛哥和阿尔及利亚一事，对此他向丘吉尔提出了抗议。11月16日，贝当解除达尔朗的总司令一职，但达尔朗并不在意。12月24日，

他被戴高乐的一名拥戴者暗杀在阿尔及尔。此后，法国驻北非部队总司令亨利·吉罗（Henri Giraud）将军成了盟军的合作伙伴。吉罗1942年4月从德国战俘营逃回法国，是一位坚定的反德人士。

然而，突尼斯又是另一番景象。德国和意大利部队于11月12日从空中进行袭击，一开始并未受到法国的抵抗。1943年2月，隆美尔在突尼斯南部的卡塞林（Kasserine）山谷给美国人以重创，但是这并不能阻挡盎格鲁-撒克逊盟军的挺进。3月9日，希特勒解除了隆美尔德国-意大利“非洲装甲军”总司令职务。这一职务由汉斯-于尔根·冯·阿尼姆（Hans-Jürgen von Arnim）接任。1943年3月13日，这支部队的残部投降。17.5万名德国和意大利士兵被俘虏。北非战争就此结束。 / 976

1942年，第一批美国军队在欧洲登陆。1月21日，美军登陆爱尔兰。3月至5月，英国皇家空军对德国城市进行了第一次大规模轰炸。每次空袭都会造成数以百计的人死亡，遭到轰炸的城市有吕贝克、罗斯托克和科隆。德国空军轰炸了巴斯、埃克塞特和坎特伯雷，但这些轰炸并未奏效：英国人并未因此停止对德国的空中轰炸。第一次登陆欧洲大陆的尝试是在8月19日。加拿大和英国部队企图在迪耶普（Dieppe）登陆，但是最终因损失惨重而告终。德国的潜艇战于1942年夏在北大西洋达到登峰造极的地步。通过有协调的操作，他们袭击了驶向英国的美国船队。然而德国人使用的“狼群战术”（Rudeltaktik）开始失灵了。主要原因是1942年12月英国人通过仿造德国恩尼格玛密码机（Enigma），破译了潜艇之间的无线电通信。英国专家的这一成功是建立在波兰情报处相关知识之上的。

英国和美国军队于1942年11月8日至9日在北非登陆。此举促使希特勒发动了蓄谋已久的行动，这就是占领法国迄今为止未被占领的地区。这一行动从11月11日开始。就在同一天，意大利与德国商量之后开始向普罗旺斯推进，直至罗讷河。第二天意大利占领了科西嘉。当德国“元首”11 月 11 日通知法国维希政府首脑贝当元帅，德国开始了新的占领行动时，贝当郑重声明这是违反 1940 年 6 月 22 日停火协议的行为，但是并未发动抵抗。11 月 27 日，德国人占领土伦，企图阻止停泊在那里的法国舰队向盟军投诚。法国海军用自毁战舰做出回应。只有三艘潜艇成功逃往阿尔及利亚。

1942 年 11 月，西方同盟国军队并非像苏联以及美国所想的那样大规模登陆欧洲，而是选择在北非登陆，这是英国强烈要求的。地中海南部地区对英国来说是一个战略上极为重要的地区。在这个地区，大英帝国认为自己的势力与轴心国相比要强大一些。8 月在迪耶普登陆的失败更加让英国政府相信一定要分清主次。在法国境内的大西洋沿岸登陆需要做更多的准备，也会有更多的牺牲，而登陆北非情况则会好许多。罗斯福与丘吉尔一致认为，战胜德国的任务要优先于打败日本。从华盛顿的角度看，这样一个顺序还有着经济原因。美英两国元首在 1941 年至 1942 年的华盛顿“宪章”（*Arcadia*）会议上认为，在太平洋领域应暂时以防御为主。

而日本的做法正好相反：1941 年 12 月 22 日，日本出兵菲律宾最南端的岛屿棉兰老岛（Mindanao）。5 天之后，日本人攻占了香港。1942 年 1 月 2 日，马尼拉沦陷。就在同一个月里，日本军队还攻占了荷属东印度的岛屿，其中包括石油资源丰富的打拉根（Tarakan）和西里伯斯（Celebes，又称苏拉威西）。同时，日本还对与泰国相连的英属缅甸发起进攻，登陆新几内亚。这一举动促使澳大利亚开始全线总动员。2 月 17 日，经过 8 天的围困之后，英国殖民地新加坡投降。以白思华（Percival）将军为首的 7 万名将士被日本人俘虏。对于英国人来说，这是大英帝国历史上一大耻辱。三周之后，当时的缅甸首都仰光沦陷。3 月 8 日，爪哇岛上的荷兰军队投降。此时，荷属东印度的全部土地已经落入日本人之手。5 月 6 日，菲律宾彻底被占领。

四周之后，6 月 3 日，日本人开始了对美国中途岛的战役。日本人之所以想攻占这些岛屿，是因为他们在 1942 年 4 月断言，只有占领这些岛屿，日本才能有效避免美国对日本本土的空袭（如东京和其他城市）。然而，日本人在这次行动中遭受了巨大损失，其中包括四艘最优良的航空母舰。四天之后，日本人不得不终止这次行动。日本的这一次失败标志着太平洋战争的转折。日本不得不放弃了原计划挺进夏威夷的行动。1942 年 6 月，远东的天皇帝国的军事成就和领土扩张行动就此结束。 937 / 978

日本原来想在日益壮大的印度民族运动中受益，而这一企图并未奏效。这一英属殖民地在 1942 年初秋时节成功地控制了国内的骚乱。骚乱的起因是甘地在印度国民大会党（Allindischer Kongreß）提出并贯彻了“退出印度方案”（Quit India Resolution），要求英国人立即离开印度。1942 年 8 月，包括莫罕达斯·卡拉姆昌德·甘地和贾瓦哈拉尔·尼赫鲁（Jawaharlal Nehru）在内的印度国民大会党的全部领导人遭到逮捕。此后，日本不再给予印度的民族主义者以支持。这些民族主义者无法制止印度继续向英国提供食品、纺织品和其他物品。同时，印度还向英国提供了 250 万名士兵。这些士兵被派往盟军与轴心国作战的各个前线。中途岛战役失败后，日本把主要力量集中在加强对已占领地区的统治上，抵御美国和英国的袭击。

日本遭受第一次后果严重的失败时，德国正处在扩张的巅峰阶段。德意志帝国的势力范围从北极圈（Nordkap）到阿拉曼，从英吉利海峡岛屿到高加索。但在几周之后形势急转直下，不仅在北非，在东欧也出现了转机：1942 年 11 月 19 日，苏联红军从斯大林格勒以西的顿河桥头堡工事发动了由斯大林、朱可夫元帅、华西列夫斯基元帅指挥的强大攻势。他们突破了罗马尼亚第三军和第四军的防线，然后在斯大林格勒地区包围了保卢斯将军率领的德国第六集团军。

保卢斯要求突围，但是希特勒拒绝了这一要求。他允诺建立起有效的空中桥梁。然而，这一行动并未奏效。新组建的顿河集团军群发起解围攻势，最后也不了了之。1942 年 12 月中旬到 1943 年 1 月中旬，苏联红军成功歼灭了在顿河与德国人一起作战的一支意大利部队和一支匈牙利部队。苏联红军乘胜追击，从东线南部挺进，将德国的 A 集团军群从高加索驱赶到罗斯托夫，由克里米亚提供后勤的库班半岛（Kuban-Halbinsel）也被红军攻克了。几天之后，1 月 18 日，苏联军队在北方夺回了拉多加湖（Ladogasee）畔的什利谢利堡（Schlüsselburg），为 1941 年 9 月被围困到处于饥饿状态的列宁格勒建立起一条陆路连接通道。重要的战争物资，其中包括船只、轰炸机、战斗机、坦克、吉普、卡车、火车头和货物源源不断地从美国运出，美国《租借法案》的效果明显。另一方面，苏联红军的战斗意志高涨：苏联的军事力量发展到让德国人心惊胆战的地步。

德国第六集团军陷入了毫无希望的境地，但是1943年1月23日，希特勒发出命令，坚决禁止第六集团军投降。1 月 31 日，保卢斯率第六集团军南部包围圈内的部下投降。此时，保卢斯的军阶已经是陆军元帅了。两天之后，第六集团军北部包围圈内的部队投降。原来的 25 万大军仅仅剩下 3 万到 4 万人，而且大部分都是带伤从包围圈逃离出来的。至少有 12 万人阵亡，9 万人被俘虏。斯大林格勒战役的失败是德国自 1939 年以来遭受的最惨重的失败。德国从此一蹶不振。德国战无不胜的“元首”的神话遭到严重质疑，甚至消失了。

接下来的几周内，苏联红军接连攻克了罗斯托夫、哈尔科夫和库尔斯克，德国国防军被赶到顿河彼岸。在泥泞的春季，两军对峙了一段时间。7 月初，希特勒开始了名为“堡垒”（Zitadelle）的最后一次大型攻势。这是一场大型的坦克战役，从奥廖尔和被重新夺回的哈尔科夫开始。这次战役使红军遭到重创。几天之后，红军从中路成功突围，7 月中旬奥廖尔被红军占领，希特勒不得不命令终止这次攻势。11 月初，基辅失守。1944 年 1 月，战线从列宁格勒退到了普里皮亚季河沼泽地（Pripjet-Sümpfe），直至克里米亚。此时，德意志帝国已经没有能力加强东方前线的力量了，因为从 1943 年夏天开始又多了一处战场：7 月 10 日，美国人和英国人在艾森豪威尔将军的率领下在西西里登陆。

日本在中途岛的失利、德国在阿拉曼和斯大林格勒的败北，使希特勒在全球范围内与大英帝国作战的希望化为乌有。1941 年 11 月 28 日，他接见了逃往德国的耶路撒冷大穆夫提（Großmufti）哈吉·穆罕默德·阿明·埃尔·侯赛尼（Haj Mohammed Amin el-Husseini）。希特勒允诺将帮助阿拉伯人反对巴勒斯坦犹太人及其英国保护者。和埃尔·侯赛尼一样，伊拉克前总理拉希德·阿里·阿尔－盖拉尼（Raschid Ali al-Gailani）也是一个逃往德国的阿拉伯人，并且是轴心国的坚定朋友。他于 1942 年 7 月 15 日和希特勒进行了会晤。然而英国人在近东和北非捷报频传，这两个人对于德国来说已经没有什么用处了。

另外一位政治流亡者对希特勒来说还有些用处，这就是印度国大党前主席苏巴斯·钱德拉·鲍斯（Subhash Chandra Bose）。1942 年 5 月 28 日，希特勒和他有过一次谈话。1943 年 6 月，鲍斯乘坐德国潜艇经新加坡来到日本，他的政治身份是由自己组成的印度临时国民政府的首脑。他从马来亚和新加坡召集 4 万至 5 万名印度战俘建立了印度国民军。这支军队站在日本一边，听从日本人的指挥作战。1944 年 2 月，他们和缅甸的日本部队一起向印度东部挺进，但此后杳无音信。4 月，这支部队被英国人彻底击败。斯大林格勒的德国第六集团军还没有投降，罗斯福与丘吉尔便已经在 1 月 26 日带着他们的总参谋长在摩洛哥的卡萨布兰卡会晤，商榷下一步行动。这次会晤最为重要的结果是美国总统在一次新闻发布会上要

940 求对方“无条件投降”。罗斯福特别强调，这次投降应该以美国结束内战的模式为榜样。1865 年 4 月，美国北军总司令尤利西斯·格兰特（Ulysses Grant）将军提出了要求对方无条件投降。

“无条件投降”的要求主要是为了消除斯大林担心西方国家和希特勒之间达成和解的疑虑。无条件投降还包括，即便是柏林政府发生更迭，也不会与德国达成特殊的和解协议。德国、意大利和日本的投降不仅仅是军队投降，而且是整个国家投降。接下来的部署是占领突尼斯，并在西西里登陆。这一点对丘吉尔来说尤为重要。尽管斯大林坚持要求盟军在法国登陆，但是丘吉尔认为 1943 年还为时尚早。盟军在其他战线上对德国的打击越沉重，英国在德国设立的大西洋防线上所受的损失就会越小。“无条件投降”的要求是否会激起德日两国更加强硬的抵抗，在这一点上两个西方盟国乐意为此付出代价，关键在于如何在将来消除这两国的进攻能力。[12]

绝不允许1918年11月的历史重演，希特勒于1939年9月1日在帝国议会这样说道。在这一点上，德国“元首”真正成了一名预言者。在第二次世界大战中，德国没有过工人罢工，没有军人哗变，更没有爆发革命。这不仅仅是因为现实的恐怖局面，更主要的是德国对所占领地区肆无忌惮的掠夺，使得德国本土躲过了像第一次世界大战那样的饥荒。同时也是因为德国对数百万被实行强劳的外国工人、战俘和集中营囚徒进行了肆无忌惮的剥削。一个新型的准无产者，他们在种族等级中地位卑贱，这就是“东方工人”，他们比“西方工人”受到的虐待更多。在“西方工人”中，“自愿者”大有人在，而“东方工人”则大都出于被迫。遭受最非人待遇的要数犹太奴隶工人了。这些人的劳动仅仅是通往被消灭过程中的一个阶段。

对外国人实行强劳和奴役，使得这场战争对于德国人来说并非是一场“彻底的”战争。1943年2月18日，戈培尔在柏林的体育宫发表臭名昭著的演说时提到了这个字眼。就在斯大林格勒的灾难发生几周之后，这位德意志帝国人民启蒙和宣传部部长以玩弄字眼的方式提出了一个问题：“你们需要一场彻底的战争吗？”在他面前是一片狂热的民众，他期待能够得到他们热烈的回应。德国并没有对妇女实行义务兵役制，因为希特勒小资产阶级的意识根深蒂固，他认为兵役与德国（市井）女人的形象不符。德国人民要对“元首”保持忠诚，为保持这一现状，对德国工人，特别是德国劳动妇女的剥削必须有度。希特勒亲自对此把关。 / 982

由于军工业的迅猛发展，德国妇女在总体劳动大军（不包括士兵）中就业的比例达到了37.3%，这要比英国高出10.9%。1943年，德国妇女的就业比例提升到48.8%，英国达到了36.4%。和所有战争经济体一样，德国妇女就业的职业范围要比战前广，很多 1939 年前大都由男子操持的工作现在由妇女来承担：邮差、铁路工人、汽车和有轨电车司机等。和其他参战国一样，德意志帝国的军火工业要比其他所有行业都享有优先权。经过多次的系统“筛选工作”，手工业、贸易业，以及为民事需求服务的经济类别中的大批劳动力被筛选出来抽调到军工业里去。大批人应征入伍，无数企业不得不关闭。手工业从 1939 年到 1944 年失去了 48.3% 的劳动力，贸易业失去了 42.7% 的劳动力，农业失去了 22.6% 的劳动力。

德国人的生活在第二次世界大战期间从始至终说不上富足，在最后几年遭受轰炸期间更是雪上加霜。为了保证军火工业优先，纳粹政权早在 1939 年前就把普通百姓的生活标准定得很低。用英国史学家理查德·詹姆斯·奥弗里（Richard J. Overy）的话说，战争开始后，

德国政治并非致力于“提高百姓的生活水平，或者保持和平时期的生活水平，而是把生活水准保持在不能够再降的最低水平。无论如何，必须避免第一次世界大战期间出现的‘大头菜之冬’[①]。对于希特勒来说，最重要的是平均分配，而不是高消费。要保证每个地方的德国人遭受的痛苦都一样，德国各地人民所做的牺牲都一样”。

对外国地区及其劳动力的剥削并不是德国战争开支的唯一来源。材料的耗费主要来自德国人的积蓄，而非来自过高的纳税或其他开支，这一点德国人一开始并未察觉。德意志帝国从 1939 年到 1945 年巨大的额外债务来自德国人的积蓄。从邮政储蓄到储蓄所，从银行到保险公司，都被强迫将它们的积蓄供政府支配，其形式是购买帝国的长期债券保险（Schuldversicherungen）和国库券（Schatzwechsel）。只有当德国取得了战争胜利，才能把这些债务转嫁到别人头上。

① Steckrübenwinter，大头菜是用来喂猪的饲料，饥荒年代老百姓用此充饥。——译者注

但是战争结果并非如此，所以德国人战后要付出的代价极为惨重。他们的积蓄几乎被搜刮一空，帝国马克购买力急剧下降的现实此时此刻才彻底暴露出来。战争期间，这一积蓄还在不断增长，因为所有商品受到战争经济的严格控制，社会上除了每天必需的商品外一无所有，因此购买力出现了严重的过剩现象。食品供应发生短缺而使得百姓产生了不满情绪，政府则尽可能实行弹性控制：1942年夏天，工人因肉类配给量太少而开始闹事，政府马上提高配给量；1943 年 5 月肉类重新出现供应紧张，政府再次减少配给。

随着 1943 年德国国防军不得不撤退，局势也越来越糟。特别是在 1943 年和 1944 年交替之际，食品供应非常糟糕。在短缺的食品种类中，重心不断从肉类转到农作物产品上。通过这种办法，城市的普通工人家庭对于蛋白质的需求基本可以得到满足。重劳力家庭虽然有更多的配给，但是由于动物蛋白和油类的减少，他们习惯的营养标准还是下降了。经济史学家克里斯托夫·布赫海姆（Christoph Buchheim）发现，大部分消费者都受到明显的限制，没有孩子的家庭所受的限制要远远超过有小孩的家庭。东方前线和西方前线的士兵寄给家属的食物帮助众多家庭渡过了物资短缺的难关。而政治界、军事界和经济界有权有势的人则用高价从瑞士等中立国家潇洒地购买打上所谓“爱心的奉献”（Liebesgaben）标签的物品。在“人民共同体”辉煌的表面背后依然存在着“上层”与“下层”的社会矛盾，这些矛盾在战争期间愈演愈烈。 / 984

1939 年后，德国经济转入战争需求模式，这与“第三帝国”自己提出的高不可攀的雄伟目标格格不入。德国在 1940 年 3 月才设立了一个帝国装备及弹药部，由德国道路建设总督弗里兹·托特（Fritz Todt）领导，负责战争经济的总设计和操控。1942 年 2 月 8 日，托特乘坐飞机失事身亡。此后，受希特勒宠爱的建筑师阿尔伯特·施佩尔（Albert Speer）接过了这一职位。施佩尔是纽伦堡帝国党代会的组织者，也是德国新总理府的缔造者。在他的领导下，德国工业更加服从战争经济的需求。他把外籍工人、集中营囚徒、苏联及其他国家的战俘以及“犹太劳工”组织成劳动大军，把他们投入提高德国军火工业产生的工作中去。在使用这些劳工的过程中，施佩尔毫不顾忌他们的安危，在极端情况下很多人因为过度劳累而死。施佩尔的这些指令在劳动力调配全权总代表、图灵根大区区长的支持下得到贯彻执行，但是两人之间摩擦不断。

1942 年 11 月底，在德国工业、手工业、农业和私人家庭就业的外籍劳工达到 467 万人。其中数量最多的是苏联战俘和民工，数量达 160 万。来自波兰的劳工人数达 130 万，法国的战俘有 93.1 万。在战争结束前一年，德国劳工总人数为 2330 万。民工的存活率最高，为 94%。战俘的存活率为 70%，排第二位。幸存的小群体“犹太劳工”排第三位，存活率为 55%。居于末位，即第四位的是集中营囚徒，他们的存活率只有 31%。

德国工人在战前时代的那些社会保障，例如劳动保护，特别是母亲保障，在 1939 年后依然能够实现，这主要也是因为政府想让工人对其保持忠诚。1940 年秋，德意志劳工阵线为战后时代制订了一项慷慨的“德国人民社会计划”，目的是为“大后方”描绘一个积极的未来景象，为眼下的艰难赋予更高的意义。这个社会计划包括一项面面俱到的老年保障计划、一项带有休闲娱乐性质的保健计划、一项帝国工资规定、一项职业教育计划和一项社会住房建造计划。此外，还以法律的形式定义了劳动的义务和劳动的权利。德意志劳工阵线在 1940 年 9 月的一部文献中规定了社会住房建筑是为了“防老、防止外国人渗透和防止产生社会贫困”。希特勒非常重视这一项目的政治意义。1940 年 11 月 15 日，他任命德意志劳工阵线领导人罗伯特·莱伊为社会住房建筑总监。

与已经实施的和正在允诺的社会福利相对应的是对反对“元首”

以及对“最终胜利”持怀疑态度的言行实行最严厉的恐怖政策。史学家罗尔夫－迪特尔·穆勒（Rolf-Dieter Müller）这样说道：“‘人民团体’内部纪律机制种类多样，从警告到关进集中营，直至刽子手的板斧，不一而足。”1934 年 4 月临时建立的人民法院在 1936 年 4 月通过一项法案变成了永久性的法院。人民法院承担帝国法院有关叛变和叛国罪以及其他有关政治犯罪的一审到终审过程。在罗兰德·弗莱斯勒（Roland Freisler）的领导下，人民法院自 1942 年起发展成为公审法庭。人民法院成为拥有特别管辖权的一把利剑，对所有新定义的罪名以及需要从严处理的罪行进行最严厉的惩处。1943 年以来，人们对“最终胜利”的信念发生了动摇，从此时起死刑的数量急剧上升。1943 年，德国法律界受到猛烈抨击。4 月 26 日，希特勒干脆让帝国议会在最后一次会议中把“最高法官”的全部权力转移到他自己身上。这一举动完完全全证明了，德国的法治国家和司法独立性的残余被彻底清除了。 / 986

根据官方观察员的报告，希特勒 1942 年 4 月 26 日在帝国议会上的讲话在百姓当中引起了不满，一方面是因为他对法制机构的任意践踏，另一方面是他暗示战争即便在来年冬天也不可能终结。1940 年夏“闪电战”结束以来，元首的神话尽管依然在起作用，但已经逐渐失去其神奇的力量。德军在斯大林格勒投降之后，这一进程便开始加速，并且扩散。“并非这次失败，而是不能取得胜利而最终结束战争，这一点使得元首形象大打折扣，”伊恩·克肖这样写道，“‘斯大林格勒’引起的巨大震惊，使得希特勒的光辉形象大打折扣。这就为政权批判者大开方便之门，对元首的批评也不再是遮遮掩掩的了。”

第六集团军被歼灭的消息传来，引起了“巨大的震惊”“最深的触动”“惊慌失措”“特别沮丧”，巴伐利亚的媒体这样报道。尽管对希特勒的批评越来越多，但是民间对希特勒本人的态度还是要比

946 对他的干将，如戈培尔和戈林的态度要好得多，风评最差的要数那些纳粹党的地方官员了。如果说“第三帝国”的哪位代表还能让大众抱有希望，那就是这个最高位的元首了。1933 年百姓与他达成的契约，在那些民族凯旋的日子里日益根深蒂固。在受挫和失败的日子里，即便是在那些空难临头、整夜遭受炸弹袭击的恐慌日子里，
/ 987 大部分德国人依然对此不弃不舍。[13]

1942 年是德国实行“欧洲堡垒”政策扩张到极限的一年。这一年，希特勒在伦敦的死对头作为战争年代的首相经历了内政最困难的时期：大多数人都认为温斯顿·丘吉尔在政治上和军事上业绩平平。而 1943 年 5 月离开了工党而成为独立的左翼社会主义者的掌玺大臣、能说会道的理查德·斯塔福德·克里普斯勋爵成了合适的候选接班人。直到蒙哥马利将军在阿拉曼取得突破之后，丘吉尔的地位才有所巩固。克里普斯在春天对印度做了一次正式访问，他企图让国大党违背自己要求独立的诺言参与到对抗轴心国的战斗中来，这一尝试并未成功，克里普斯的形象因此受挫。11 月底，丘吉尔觉得自己的势力不断强大，于是将克利普斯逐出战争内阁，让他担任不太重要的飞机生产大臣一职。

阿拉曼胜利之后一个月，威廉·贝弗里奇（William Beveridge）勋爵向下院及公众提交了一份题为《社会保险和相关服务》（*Social Insurance and Allied Services*）的报告。他是一位著名的经济学家和自由派社会改革家，这篇报告是他受劳工大臣欧内斯特·贝文这位知名的工党政治家委托，率领一个专家小组写成的。这是一篇面向未来的社会革新宣言，有很多地方与 1940 年 9 月德国劳工阵线做出的计划相仿。

贝弗里奇设计出了战后英国社会的情景：物资匮乏、失业、疾病得不到医治、缺乏教育，所有这一切都将成为过去。报告的核心

是创建一个全国性统一保险机构，有工作能力并且有收入的公民每周支付保险费，为病人、寡妇、失业者和退休者提供最起码的生活费用。同时，国家性的卫生机构向百姓提供医疗服务。这套机制很像 1938 年新西兰的工党政府引入的办法。贝弗里奇的报告之所以受 / 988
到欢迎，并非因为他的见解有什么独到之处，而是他把不同的想法组合成大家都能接受的方案。这个方案的共同分母就是克服英国社会的阶级差异。

媒体高度赞誉贝弗里奇专家小组的建议，把它们视为革命性的信息。《泰晤士报》写道，这些建议必须成为实际政治的基础。“通过实施这些建议，政府有机会为贫困时代盖上社会业绩的图章，通过这种办法，帮助普通男女重新相信全世界民主的力量。”《经济学人》把这篇报告称为诉之笔端的最重要的文件之一。“对贝弗里奇计划的真正考验是，它是否能抛开商业社会的利益，使全国上下团结一致来解决显而易见的社会问题。不管这场战争最后结局如何，这一计划将促使政府出台一系列决策，推进社会安定，同时促进经济进步。”

然而，英国各党派并非一致赞同贝弗里奇及其同事的提议。丘吉尔和大部分保守党成员担心，改革的呼声将会让英国忽视最为急迫的问题，这就是全力迎战。而工党则认为这篇报告证实了本党政治决心的正确性，但是工党同时也瓦解成两个阵营：一派是政府成员，他们把这一计划视为战后时代国内政治的基础，但并非是眼下要执行的；但是下院党团的大多数人认为，内阁应该按照这一计划立即开始实施。经过深入辩论之后，相关的提议于 1943 年 2 月在下院进行了表决，结果是 225 票反对、119 票赞成。其中有 97 名工党议员投了反对票，只有 23 人支持政府。在这 23 人中，有 22 人都在丘吉尔内阁中担任这样或那样的职务。

英国首相从 1940 年起就不厌其烦地一再把战争称为“人民战 / 989

争”。实际上也出现了很多民族团结的感人例子，人们把社会弱势群体团结到自己身边。当德国发动轰炸时，一些家境较好特别是住在乡间的家庭，把伦敦东区和英国其他大城市贫民窟中贫困家庭的儿童收容到自己家里。然而，维持特权、阶级冲突、自私自利的现象依然比比皆是：高尔夫俱乐部到了这个时候依然拒绝将高尔夫球场还原成耕地，豪华酒店依然拒绝接纳遭炸弹袭击的收入卑微的人群。社会下层人士也趁着空袭的档口洗劫商店。根据官方统计，1941 年共发生过 4585 起类似事件。

种族偏见也是和“人民战争”的华丽辞藻格格不入的。在英国生活的黑人对此有切肤之感。尽管部队缺人，特别是飞行员严重缺乏，但是黑人却不得在皇家空军服役。即便是由非军人组成的保护家园卫队（Home Guard）也把黑人拒之门外，这支卫队是准备在德国人入侵时保护自己家园的。驻扎在英国的美国白人士兵甚至不允许黑人进入舞厅和饭店，直到英国的殖民地部（Colonial Office）出面干预，这一行为才得到了制止。

如上所述，战争期间妇女就业人数急剧攀升。但是 1941 年开始执行的义务兵役制并不包括那些有 14 岁以下儿童需要照顾的或需要在家中操持为丈夫做午饭等家务的妇女。在工业领域工作的已婚妇女的子女由政府开办的幼儿园负责照顾。工会并不赞成进一步扩大妇女工作范围，他们担心大量妇女就业会导致出现排挤男性工会成员的结果。官方认可的“同工同酬”的基本原则遭到多数企业的忽视。即便是妇女参与的工作与男性完全相同，而且经常是高技能的
/ 990
工作，她们得到的报酬往往也只有男人的一半。

总的来说，英国经济界的总动员不像德国那样“彻底”。反映到现实中就是，英国平均消费水平没有像德国那样受到严重削弱：从 1938 年至 1944 年，德国实际人均消费指数跌至 70%，而英国仅仅跌至 88%。英国与德国一样，在战争期间国家计划举足轻重。

1940年7月，约翰·梅纳德·凯恩斯被英国财政部任命为特别顾问，他制订了一套新型的财政计划。这个计划不仅仅涉及国家的收支，而且还把国民经济的全部统计包括进去了。把从国民生产统计中汲取的宏观经济循环指数与总体社会集群，即企业、个人家庭、国家、外国和财产变化的每一个账户进行周期计算。就像复式记账法那样，在这个账户上显现出每一个集群与其他集群之间的所有循环交易。战后时代福利国家的方案为凯恩斯的国家预算改革和贝弗里奇专家小组的报告投上了阴影。

英国战争政策压制性的一面让来自轴心国的外国人深有感触。在英国生活的所有德国人和奥地利人从1939年9月起被分成三类人。英国政府首先把明确支持"第三帝国"的第一类人关押起来。1940年5月，英国军队从法国和比利时撤退后，很多因为种族原因或政治原因离开德国的难民也被关押起来。只要有空位，这批人都被关押在男人岛上。2.5万名逃亡到英国的难民中，有大约9000人被运往加拿大或澳大利亚。对希特勒的反对者，特别是犹太人的这种不公平做法引起丘吉尔内阁的反思，丘吉尔在1940年夏终于做出决定，停止"统一集中"（general roundup）犹太人的做法，并且开始释放第一批被关押者。意大利加入战争后，意大利难民也有被关押的现象，这些人的遭遇也和德国难民一样。彻底结束"关押"这一篇章是在两年之后才开启的。此时，来自德国和奥地利的年轻犹太人已经成为志愿者，加入英国军队向德国纳粹和意大利法西斯开战了。

在英联邦国家中，处理"敌国人"（enemy aliens）的办法不尽相同，其中最自由的要数新西兰。1935年工党组阁以来，仅仅把那些纳粹之友关押了起来。澳大利亚的战争内阁对来自轴心国的移民要严厉得多。"敌国人"受到行动自由的限制，并且受到严格的警察监视。实行关押是最后一招（ultima ratio），被关押的只是明确支持希特勒和墨索里尼政权的人。1940年后，被关押的欧洲人可以对这一措施提出申诉，而被关押的日本人则没有这一权利。自由党人总理威廉·莱昂·麦肯齐·金（William Lyon Mackenzie King）的加拿大内阁对潜在的“敌对外国人”（feindliche Ausländer）也持有相似的歧视态度。来自德国和意大利的移民只有一小部分人被关押，但是祖籍日本的加拿大人在太平洋战争开始的时候被毫无例外地关押了起来。这一种族偏见的做法让加拿大更加向其南方的大邻国靠拢。[14]

1940年，大约有12.7万名祖籍日本的居民生活在美国。他们当中有三分之一是第一代移民，三分之二都是生在美国或者入籍的美国公民。偷袭珍珠港事件后，所有这些人一概被怀疑成日本间谍或特务。大部分“日本裔美国人”生活在美国西岸，在西岸地区政治家和军人的不断鼓动和战争部的再三催促下，总统罗斯福于1942年2月9日下令对日本族裔人实行关押。大约有11万人被关进类似监狱的营地，这些营地集中而且与外界隔绝，大都位于荒漠中。直到1944年，被关押者才有机会离开营地，先决条件是宣誓忠于美国：或参军，或接受美国内地的劳动岗位。这种剥夺人身自由的做法具有明显的种族歧视特性，然而1944年12月，最高法院认为总统的命令并没有违宪。与日本籍居民相比，祖籍德国或意大利的美国人则没有受到这种对待。

/ 992

在战争中，“日本裔美国人”不是唯一受到白色人种歧视的种族。美国黑人是另外一群人。受战争热潮的感染，很多黑人从南方乡村涌向美国东北部和中西部，特别是底特律。在这里，1943年6月爆发了种族骚乱。骚乱中有34人死亡，其中25人是黑人。一年前，美国黑人工会领袖和人权活跃分子创建了种族平等会议（Congress of Racial Equalitiy，简称为CORE），反对各种形式的种族歧视，特别是在剧院和饭店里实行种族分离的做法。从此派生出了“静坐”等新型的抗议形式。

在黑人工会领袖、卧车行李搬运工兄弟会（Brotherhood of Sleeping Car Porters）主席阿萨·菲利普·兰多夫（A. Philip Randolph）的强烈要求下，罗斯福总统于1941年6月25日颁布命令，禁止对国防工业企业的工人和联邦机构职员因为种族、宗教信仰、肤色或祖籍国不同而产生歧视行为。这项《公平就业措施》（Fair Employment Practices）并未成为法律。战后人们企图为此立法的时候，遭到了美国南方几个州的保守民主党员的反对。

战争接近尾声时，在部队服役的人当中有70万人是“非洲裔美国人”。他们在各个方面处于劣势。海军和空军完全禁止黑人加入。在军训营里，只有为数甚少的军训营地在战争期间从白人与黑人分别受训的模式过渡为共同受训模式。但是即便在混合受训的营地里，黑人士兵也被白人训练官的歧视行为搞得心神不定。一些事件引起了抗议，有的甚至引发了骚乱。

战争期间，妇女在工厂，尤其在服务行业也遭遇了很多不合理的待遇。她们参加工作，是为了填补因男人们应征入伍而出现的劳动力空缺，以及政府机构新增设的工作岗位。1942年以来，新增工作岗位的数量日益增加。职业妇女的薪水始终比男性低。因为幼儿园奇缺，丈夫为战争服役的妇女不得不经常把孩子留在家中或汽车里，无人看管。新政在这方面并没有什么建树，战争期间幼儿园的扩建就更提不到日程上来了。随着就业人数接近饱和，一些机构因为没有存在的必要而被解散，例如平民保育团和公共事业振兴署等等。

美国在加入战争之前，国家开支和负债已经因为战争而大幅度增长。在距离日本最近的西海岸，政府下令建立飞机制造业基地，与之相伴的还有技术研发、各种高度专业化的配件生产企业，以及对基础设施的投资，等等。所有这一切拉动了整个地区的繁荣。对

952

劳动力不断增长的需求使得美国西南部墨西哥人的数量激增。在加利福尼亚，特别是洛杉矶，1943 年 6 月以来，几乎每天都有本国工人与外籍工人之间的冲突。

从就业人数激增中获得好处的是工会。工会成员的数量从 1941 年的 1050 万增加到了四年后的 1300 万。尽管美国劳工联合会和产业工业联合会这两家顶级工会组织允诺在战争期间不发动罢工，但是并非所有工人和零星工会组织都照此去做了。从 1941 年到 1945 年共发生 1.5 万起停工现象。1943 年 5 月，国会拿出了《战争劳工争议法》(也被称为《史密斯 - 康纳利法案》)来回应联合矿工协会(United Mine Workers)的一次罢工。这次行动中，参众两院议员甚至以所需的三分之二绝对多数将总统的否决弃置一边，通过了这项法案。从此，工会在对战争至关重要的经济行业发动罢工之前，必须停止活动 30 天。这项法律还授权总统可以出兵占领军工企业，企业在这种情况下禁止发动罢工。

/ 994

第二次世界大战期间，很多犹太籍高级知识分子出走德国，逃难美国，美国因此获得的好处是史无前例的。被希特勒驱逐的人文科学家们向美国政府提供了有关心理战和战后计划的咨询。而自然科学家们则积极帮助美国赶在德国前面研制出原子弹。美国和英国专家在火箭技术的研发上取得了重大进展，使得同盟国在抵御敌人的潜艇、飞机和火箭袭击时取得了决定性的优势。同时，破译德国和日本密码的工作越来越快捷。在破译德国密码方面，波兰人和英国人遥遥领先。美国的资源看上去无穷无尽，但是最为重要的是精神资源。从珍珠港事件爆发那一天起，全国上下齐心协力听从总统指挥，保卫自己的国家及其理想，为战胜柏林、罗马和东京的独裁者而努力。[15]

莫斯科的统治者在 1941 年 6 月 22 日遭到德国袭击之后，花了几天时间让自己冷静下来。斯大林做的第一件事，是疏散重要的军工企业，把这些企业连同工人从前线附近撤到德军打不到或者德国空军轰炸不到的地方。首选的地方有伏尔加地区、乌拉尔地区、西伯利亚西部和中亚地区。转移的工厂有列宁格勒、莫斯科和乌克兰地区的武器厂、马达制造厂、拖拉机厂、飞机厂、钢铁厂和汽车制造厂。之后不久，顿巴斯盆地的工厂也都被疏散了。从 1941 年 7 月到 11 月，共有 1523 家企业被疏散。亚历山大·沃思（Alexander Werth）在战争期间担任《星期日泰晤士报》驻莫斯科记者。他在《战争中的俄国》（*Russia at War*）一书中称赞这一疏散行动是“了不起的举动”，但同时也强调，并非所有工业企业都得到了及时疏散，有的根据斯大林 1941 年 7 月 3 日下达的“焦土政策”的命令及时予以摧毁。

德国与苏联战争爆发以来，苏联工人承受着极大的压力。6 月 22 日，苏联开始实行七天工作制，而工人每天的工作时间也延长了。1941 年底，军工企业的职员成了“已被动员”的人。这些人就不能再更换工作岗位了。1942 年 2 月，全部城市居民，只要有劳动能力的，都必须工作。规定的年龄为男人从 16 岁到 55 岁，妇女从 16 岁到 40 岁。此后不久，农村居民也被划入义务工作的规定中来。

德国国防军越向东挺进，食品供应的情况越糟糕。1941 年 11 月之前被德国人占领的地区拥有全苏联 38% 的粮食产量和 84% 的食糖产量。全国 38% 的牛和 60% 的猪都养殖在这些地区。面对这样严峻的局面，苏联不得不在伏尔加地区、乌拉尔地区、西伯利亚西部地区、哈萨克斯坦地区扩展耕地、种植粮食。战争期间，农业劳动几乎全是由妇女和儿童来完成的。在收获季节，必须从城里抽调居民帮助他们。

以“伟大的苏联卫国战争”的名义对苏联百姓发动精神总动员唤起了大俄罗斯民族的自豪感。在这场动员工作中，斯大林不仅唤起人们对托尔斯泰、契诃夫、格林卡和柴可夫斯基等伟大的诗人和作曲家的崇敬，还把沙皇时代的战争英雄如苏沃洛夫元帅和库图佐夫元帅搬了出来。最后，就连沙皇伊凡雷帝也被谢尔盖·爱森斯坦于1944年搬上了银幕，出现在一部著名的对沙皇歌功颂德的历史大片中。

1943年5月共产国际解散。这一纯属外交需求的组织在此时解体也迎合了苏联的爱国主义。1943年9月，苏联政权向东正教靠拢，斯大林与其缔结了协约。政府允许教会选择其长老，重建圣主教的教会机构，重新开办1936年被禁止的《莫斯科长老报》(*Moskauer Patriarchatszeitung*)，重新开设一些神学院校。教会赢得了更多的信众，特别是士兵。为了对共产党政府的做法表示感谢，教会明确表示忠于政府和爱国的态度。

/ 996

一方面是追忆革命前的传统、还原以前的机构，另一方面是鼓动对德国侵略者的仇恨。苏联士兵读到的最多的文章出自作家伊利亚·爱伦堡(Ilja Ehrenburg)，他的文章定期在军队报纸《红星》(*Krasnaja Swesda*)上刊出。1942年8月23日，当德国人已经进军斯大林格勒的时候，他这样写道：困苦、饥荒、死亡，所有这些都能忍受，唯一不能忍受的是德国人。“今天我们只有一个念头：杀死德国人，把他们埋进黄土……我们把他们斩尽杀绝。我们必须快速行动，否则他们将扩散到整个苏联，折磨死千千万万的同胞。”第二天，爱伦堡喊出口号：“你杀死了一个德国人，就去杀下一个。没有比看到德国人尸体更美的事。”

在苏联人眼里，德意志人被描述成下等种族，通过这样的渲染来煽动苏联人对德意志人的仇恨。德国人在波罗的海、乌克兰、高加索常常被视为解放者而受到拥戴，这一点对很多苏联人来说更加难以容忍。所有这些民族都被怀疑成和德国人穿一条裤子。首先遭到怀疑的是德裔苏联人，特别是伏尔加德意志人。早在1941年8月，莫斯科政府就把50万伏尔加德意志人迁徙到哈萨克斯坦和西伯利亚，并且解散了伏尔加德意志自治共和国。这些德意志人中有一部分早在叶卡捷琳娜大帝时代就在此建立了自己的家园。这次大迁徙过程中，有80%德裔居民被迁走。所有与侵略者合作的民族也遭受了相似的命运，如车臣人（Tschetschenen）、印古什人（Inguschen）、巴尔卡尔人（Balkaren）、麦斯赫特人（Mescheten）和克里米亚鞑靼人（Krimtataren）。克里米亚鞑靼人在迁徙到中亚的过程中有45%人丧生。在他们原来居住的地区，政府清除了他们遗留下来的文化和生活痕迹。

苏联老百姓在战争中饱受苦难，而最为残酷的要数列宁格勒了。近900天的包围从1941年9月开始，到1944年1月才结束。300万居民中，有60万至80万人丧生。德国人系统的围困造成了大饥荒，列宁格勒发生了多起哄抢食品和抢劫商店的案件，甚至出现了人吃人的惨剧。内务人民委员部对哄抢食品的人实行枪决。在每周没有休息日的劳动过程中，擅自离开工作岗位的人被以擅离职守的罪名告上法庭。“工作疲沓”也被定成罪名。如果不是红军在冬季为被包围的城市提供了一些补给，苏联的这座“面向西方的门户”到1944年就会变成一座死人城市了。

苏联内务人民委员部在列宁格勒实行的恐怖行径无独有偶。不管德国军队开向哪里，内务人民委员部的部队就事先在那里对真正的或被认为的反政府者进行处决或迁徙。最为血腥的是在东部波兰、西部乌克兰、白俄罗斯原属波兰的部分和波罗的海沿岸。在伦贝格，全俄肃反委员会（即契卡）成员根据内务人民委员部领导贝利亚的命令于1941年6月24日杀死了大约3500名囚犯。行刑之前，这些囚犯受尽了折磨。根据可靠来源的估计，东波兰地区被契卡杀死的人有2万至3万之多。这些人死于集体枪毙、鞭笞、酷刑、强奸和死亡行军。1941年10月，苏联共产党官方机构的恐惧达到高峰，斯大林下令内务人民委员部把“人民公敌”留在莫斯科的亲属拉到古比雪夫（Kuibyschew），并在那里执行枪决。在斯大林市[①]被德国人攻克之前，契卡成员强迫犯人们为自己挖掘坟墓，然后对他们执行枪决。在顿巴斯盆地，一些工人仅仅是对政府或物资供应情况发了几句牢骚就被执行枪决。

对平民百姓的恐怖被埋没在红军战士每天所感受的恐怖气氛中。第一批牺牲者包括西部方面军总司令德米特里·巴普洛夫将军和他部下的三位将军。1941 年 7 月 4 日明斯克沦陷，他们被捕，以“反苏联军事阴谋集团”罪被判处死刑，并且于 7 月 22 日被枪决。1941 年 8 月 16 日，斯大林下达“00270 号命令”。根据这一命令，所有被包围的部队必须奋战到最后一刻或者发起突围重新归队。那些准备进入德国战俘营的人必须被赶尽杀绝。被捕红军战士的家属得不到国家的资助和补贴。

此时，已经有 150 万红军战士被俘虏。1941 年底，这个数字增加到了 380 万。根据后来的调查，战争中一共有 99.4 万人受到军事法庭审判，其中 15.7 万人以逃兵、擅离职守或其他罪名被处死。从包围圈或战俘营中逃出来的 40 万士兵被送进惩罚营。在这些惩罚营中有很多战俘都是被红军战士营救出来的人。惩罚营的 150 人被送到最危险的前线去，大部分人马上被敌火击中而阵亡。

斯大林对自己的儿子雅科夫（Jakov）也绝不手软。1941 年 7 月雅科夫被德军俘虏。德国人拿他作为交换德国将军的条件。斯大林责骂自己的儿子是懦夫和叛徒，拒绝和德国人讨价还价。雅科夫·朱加什维利于 1943 年 4 月死在萨克森豪森集中营，有可能是自杀。“红军没有退路，”伊万·巴甫洛夫斯基这样评论道，“士兵们要么被德国人打死或俘虏，要么被内务人民委员部杀死。因此他们一般都决心继续冲锋。冲锋要比撤退生还的希望还大。”[16]

---

① 顿涅茨克从 1924 年起更名为斯大林。——译者注

在德国国防军占领的苏联西部，准备与德国人合作的反共分子大有人在，特别是在非俄罗斯民族地区。但是与这些所谓的“解放者”合作，不仅要面对纳粹分子的种族自大，而且德国领导层坚信就是要通过战争来赢得东方的生存空间。接下来，德国农民和手工业者在德国武装力量的保护之下开进被占领地区进行殖民，为德意志帝国获得好处，而斯拉夫人民却不得不退让。东方民族只有无条件服从新主人，并且为其服苦役，才有一线生还的希望。所谓的“额外的饭桶”（überzählige Esser）命里注定要接受被饿死的命运，500 万苏联战俘中的绝大部分都未逃脱这个命运，最后仅仅有 100 万人生还。本地人到那时为止耕种的土地上种出来的粮食将来要供奉给德国人，土地资源也完全由德国人支配。生存空间战争背后的“哲学”，希姆莱是这样以一个简单的公式加以总结的：“解决社会问题的办法只有一个，打死别人，掠夺他们的土地。”这是他于 1942 年 8 月从基辅回来之后所做的结论。

把这一命令转化为实际行动的是两个由希特勒任命专门负责管理东部地区的帝国专员。一个是石勒苏益格 - 荷尔斯泰因大区区长辛里奇·洛斯（Hinrich Lohse），他负责波罗的海沿岸国家和白俄罗斯（被德国人称为“Weißruthenien”）地区，这些地区都合并到帝国的东方总督辖区内；另一个是东普鲁士大区区长埃里希·科赫，乌克兰总督辖区由他管辖。科赫认为，粮食和矿藏丰富的乌克兰，可以满足大德意志帝国 80% 的需求，还可以向德国输送劳动力。以斯捷潘·班杰拉（Stepan Bandera）为首的乌克兰民族主义者组织（Orhanizacija Ukrajins'kych Nacionalistiv，简称 OUN）于 1941 年 6 月 30 日宣布成立独立国家。但是这个组织的领袖们没过几天就被逮捕了，并且被送进了萨克森豪森集中营。出身于德意志波罗的 / 1000

海家庭的阿尔弗雷德·罗森堡自 1941 年 7 月起负责领导帝国被占领东方地区的工作。他认为彻底排除在乌克兰拥有众多追随者的民族势力和反布尔什维克主义力量的做法并非正确。他在希特勒面前表示了自己对科赫这种做法的不满，但是正如前所述，他并未能够说服希特勒同意自己的观点。即便是面对被算作西方文化的波罗的海沿岸居民，罗森堡都无法在其民族独立方面抱有什么期望。

1942 年 7 月，苏联将军安德烈·安德烈耶维奇·弗拉索夫（Andrei A. Wlassow）被德军俘虏。他建议从苏联战俘营和叛变者当中拉起一支队伍和德国国防军一起攻打苏联，把苏联从斯大林的统治下解放出来。这个建议遭到了德国“元首”的拒绝。1942 年 12 月，弗拉索夫成立了“斯摩棱斯克委员会”（Smolensker Komitee）。委员会把“志愿者”召集到一起，这些志愿者被收编到德国军队中，对苏联军队作战。至少有 50 万当年的红军战士响应了这一号召。很多人并非出于对布尔什维克主义的憎恨，而是担心饿死在德国战俘营里，或者被内务人民委员部枪杀。

直到 1944 年 9 月，当红军已经步步逼近德国边界时，希特勒才同意建立“俄国解放军”（Russische Befreiungsarmee）。这支军队被简称为“弗拉索夫军队”。这支军队由战俘、强劳工人和难民组成，曾有 10 万人，在战争临近尾声的时候被投入波希米亚和摩拉维亚的东部前线上去。（后来，美国人根据协议，把投降的弗拉索夫和他的军队移交给苏联。1946 年 8 月，苏联处死了弗拉索夫及其他 9 名将军。弗拉索夫军队的士兵被送进强劳营。适合减刑的人被遣送到边远地区劳动 6 年。）

相当一部分德国人出面支持弗拉索夫，1944 年初海因里希·希姆莱也加入了支持者行列。对他来说，为了取得“最终胜利”，日耳曼纯种的设想可以先弃之一边。党卫军武装部队的 38 个师中最终不仅有丹麦人、挪威人、荷兰人和佛兰芒人，即“日耳曼”族裔的编队，后来还有瓦隆人（wallonisch）、法国人参加进来。到了战争后期，拉脱维亚人、爱沙尼亚人、白俄罗斯人、俄罗斯人、波兰人、波斯尼亚人、哥萨克人、乌兹别克人、印度人和阿拉伯人都有自己的编队。1944 年春天组建的俄国编队，还在 1945 年初收编了哥萨克第 15 骑兵军团。用日耳曼自己的力量打造德意志民族大日耳曼帝国的理想被证明是不可能实现的。当然，日耳曼大集结的口号自 1943 年以来就已经寿终正寝了。德国决策者们所做的一系列允诺中，也只有这样一条还在产生影响：把欧洲乃至世界从布尔什维克主义手中解放出来。

和乌克兰人一样，波兰人即便是和德国人联合起来一起对付苏联，也不会得到德国人的善待。他们的境遇甚至比乌克兰人更糟糕。事实上，在波兰倒是有一些苏联共产党党员，但是德国纳粹分子的数量却微乎其微。波兰向德国国防军投降之后不久，在波兰总督地区就出现了第一批抵抗组织，其中包括 1939 年底至 1940 年初建立的武装斗争联盟（Związek Walki Zbrojnej，简称 ZWZ）。这个组织得到西科尔斯基领导的流亡英国的波兰政府的承认。1942 年，这个组织更名为波兰家乡军（Armia Krajowa）。这支武装力量袭击的对象是通敌者、被检举的内奸、令人深恶痛绝的占领军代表，他们捣毁铁路、冲击监狱、袭击警察局、拦截战俘运输车。1943 年至 1944 年，家乡军发展到了 30 万至 35 万人。当然，在这支庞大的队伍中只有大约两万人是武装起来的游击队员。与此相比，1944 年 1 月创建的共产党人民军（Armia Ludowa）和 1942 年由共产国际成员创建的波兰劳动党（PPR）组织的军队的规模都很小。

武装起来的波兰人不仅仅在自己的家园与德国人斗争，而且还战斗在各个前线上。1944 年，在西方盟军中和红军中分别有 8 万名波兰人投入战斗。另外还有 7 万人被编入瓦迪斯瓦夫·安德 / 1002

斯（Wladyslaw Anders）将军的部队里。这些人大都是来自战俘营的战俘或者是被关押的波兰人。这支部队被称为“安德斯军队”。1942年3月至8月，在丘吉尔的催促下，斯大林把这支部队“疏散”到中亚的伊朗。在这里，这支军队在英国的总指挥下进入伊拉克和巴勒斯坦，然后来到北非和意大利。尽管如此，苏联和波兰流亡政府之间的紧张关系并未得到缓和，原因是莫斯科对1万多名失踪波兰军官的下落缄口不言。1943年春天，德国国防军在卡廷发现了被杀人员的尸体，流亡政府请求国际红十字会对此事进行调查。苏联人对此极为不满，莫洛托夫于4月25日宣布“中止”与西科尔斯基政府的外交关系。

武装斗争仅仅是波兰人抵抗运动的一部分。尽管占领国的恐怖无处不在，但是波兰知识分子承袭了从十九世纪俄国“波兰会议王国”发展而来的传统，建立了一座地下大学和一座地下中学，使其成为“地下国家”的非军事社会的一部分。这些设施的经费来自英国，并且在12个省里有自己的“代表”（Delegatura）进行协调。抵抗运动就是通过这种远程办法进行准备的，而且在波兰各地均有自己的组织。如果没有这套机制，就不可能召唤积极分子去发动袭击压迫者的活动。在另一处我们还将提到华沙抵抗活动。这个活动从1944年8月1日开始，持续了9周时间，大大超出了组织者的预期。

相当一部分波兰老百姓在德国占领期间身居“老帝国”，而非在波兰。这部分人达130万之多。早在1939年10月，波兰总督弗兰克就在他统治的地区对波兰居民实行义务劳动制，从14岁到60岁的人都属于这一范围。从1940年开始，波兰人开始在德国劳动，
/ 1003
不久之后被强制押解到德国的人数就超过了应征的人数。农业方面的劳动力需求量特别大。在农村，尽管有各种官方的清规戒律，但波兰人和来自其他国家的民工所受的待遇比在工厂工作的外籍民工要好一些。根据特别的《波兰人法令》（Polenerlasse），在帝国工

作的波兰人不允许使用公共交通工具，不得拥有自行车，不得参加德国人的祷告仪式，不得进入电影院和戏院。基本上他们获得的食品配给要比西方国家工人的少。波兰人如果无视禁令与德国人发生性关系将被处死，而且是当着所有同胞的面执行绞刑。自1943年中起，波兰人遇到这种案子大都被送往集中营。德国妇女和女童如果“参与”与波兰人性交，也会被处以这一刑罚。然而，与波兰女人性交的德国男人却不受法律约束。

与波兰人相比，波希米亚和摩拉维亚保护国的捷克人所受的待遇要“温和”一些。当地老百姓被彻底剥夺了政治权利。一个通敌的统一政党“国家联盟”（Národní shromázddní）取代了迄今为止的所有政党。外交和国防事务完全由占领国负责。内政所有机构受到德国这一保护国管理方的严格监控。共产党、“左翼”资产阶级知识分子、逃往捷克斯洛伐克而未能在德国占领之前及时再次逃离的德国难民，被送进了集中营。犹太人自1941年秋天起一部分被直接送往东部，另一部分先被送往在保护国土地上建造的特莱西恩施塔特集中营（Konzentrationslager Theresienstadt），这些人自1942年又被转送到波兰的杀人营。

1943年10月28日捷克斯洛伐克在国家独立日举行罢工和示威游行。占领者予以铁腕回应：一名工人被击毙，一名学生重伤致死。希特勒以示威游行为借口关闭了捷克的高等院校，为期三年。除了医学人员外，所有教授都被送回家，学生一律被应征劳动。1941年9月，捷克总理阿洛伊斯·埃利亚斯（Alois Eliáš）被指责与驻扎伦敦的爱德华·贝奈斯流亡政府暗中勾结，因此被捕。他在公开审判中被判处死刑，于1942年6月被枪毙。 / 1004

与德国人采取合作态度的人，一般来说都有恃无恐。捷克工业被并入帝国的战争经济中，几乎完全受德国工业集团操控。众多小型、中型、大型企业的业主都得到了犹太人财产被“雅利安化”所带来的好处。工人则因为备战而全线就业。帝国任命的第一名波希米亚和拉脱维亚保护国的总督康斯坦丁·冯·牛赖特是早先的帝国外交部部长。他在 9 月因为生病被放假，实际上是被新任命的副总督、党卫军国家安全部部长莱因哈特·海德里希篡夺了权力。他以更加残暴的方法来对付当地居民。

1942 年 5 月 27 日这一天改写了保护国的历史。这一天，流亡的捷克斯洛伐克伞兵志愿军在保护国空降，向保护国副总督行刺，1942 年 6 月 4 日，海德里希因伤势严重死亡。接踵而至的是白色恐怖，大约有 1 万名捷克人被捕，1000 多人未经判决被处死。1942 年 6 月 10 日和 24 日，在利迪策（Lidice）和雷萨吉（Lezáky）两地的大屠杀构成了恐吓百姓活动的巅峰。民房被摧毁，男人被枪毙，妇女和儿童被关进集中营。取代海德里希的是警察将军库尔特·达吕格（Kurt Daluege）。1943 年 8 月，帝国内政部部长威廉·弗里克被任命为保护国总督，而希姆莱自己接过了内政部部长一职。直到 1945 年，捷克没有再发动过较大规模的破坏和偷袭活动。党卫军和警察的恐怖统治，使得波希米亚和摩拉维亚保护国按照统治者的意思“正常运转”。

通敌与抵抗活动在被占领的塞尔维亚也时有发生。占领国安插
/ 1005 的贝尔格莱德政府由米兰·内迪奇将军担任首脑。他从表面上看最起码是与占领国合作的，但是在暗地里他却与塞尔维亚抵抗运动民族主义阵线组织南斯拉夫祖国军（Tschetnik）积极配合。这是一个大塞尔维亚军事化组织，以异常残酷的方式对待克罗地亚独立运动组织乌斯塔沙、黑山和阿尔巴尼亚分裂主义者、波斯尼亚的穆斯林。对于德国占领军，南斯拉夫祖国军则采取防守的态度，而且还一度得到意大利人的资助。

对于流亡伦敦的彼得二世国王和南斯拉夫流亡政府，内迪奇强调，他仅仅是替他们占据着位置。内迪奇组建的武警部队有 1.8 万人，这支部队作为塞尔维亚的国家警卫军得到了德国人的默认。这支部队与德拉查·米哈伊洛维奇上校率领的保守抵抗运动组织也保持着秘密联系。与之相比，基督教民族主义战斗组织（Zbor）创建者德米特里耶·罗迪克（Dimitrije Ljotic）组建的塞尔维亚志愿军规模要小得多，只有 3600 人，而且他们完全站在与德国人合作的立场上。

1941 年 7 月，共产国际发出对德国压迫者发起攻击的号召。共产党游击队在原籍克罗地亚的约瑟普·布罗兹·铁托的领导下在南斯拉夫的很多地方如火如荼地发起了抗击活动。初秋时节，这支队伍已经有 1.5 万人了。搞破坏、袭击德国国防军人员和设施、暗杀塞尔维亚警察并捣毁其设施的事件从 1941 年 7 月的 97 起陡升到 9 月的 892 起。德国人对此做出的反应是采取杀一儆百的“惩罚措施”。驻军司令弗朗茨·鲍姆（Franz Böhme）将军的格言是，一个德国士兵的性命要用 100 个塞尔维亚人的性命来偿还。1941 年 4 月到 1942 年 2 月，有 2 万名平民被枪杀，其中有数千名犹太人。1941 年 10 月 21 日，德国国防军部队（而不是党卫军部队）杀害了克拉古耶瓦茨（Kragujevac）市的 2300 名居民，其中包括当地中学的老师和学生以及犹太人。

德国人和克罗地亚乌斯塔沙的恐怖行为导致更多人加入共产党的游击队，其中相当一部分人并不是共产党员，但是他们已经对南斯拉夫祖国军的观望态度大失所望了。1941 年 11 月，塞尔维亚西部城市乌日策（Užice）被德国人占领。铁托的游击队不得不撤离这个被称为“共和国”的地方，把自己的战略重点暂时转移到意大利保护国黑山，以及被称为“克罗地亚独立国”的波斯尼亚西部和黑塞哥维那等地区，这些地区实际上都是意大利占领区。铁托和米哈伊洛维奇两个人因为立场不同而无法调解。1941 年 11 月，南斯拉夫 / 1006

祖国军和共产党游击队之间就开始发生流血冲突，双方使用的手段都极为残酷。

在希特勒眼中，这两个相互结仇的游击队阵营都同样可怕。1942 年 10 月阿拉曼沦陷之后，希特勒更加担心盟军会进军巴尔干半岛。这样的话，游击队的势力就更加不容忽视了。1943 年 1 月，德国、意大利和克罗地亚军队在克罗地亚南部和波斯尼亚西部对铁托的民族解放军来了一次重创。尽管如此，共产党的力量还是非常强大，1943 年 2 月内雷特瓦河（Neretva）畔的战役中，共产党部队击败了南斯拉夫祖国军获得胜利。同年 5 月，共产党部队在苏特耶斯卡河（Sutjeska）畔的战役中遭到德国人和意大利人的重重包围，尽管损失惨重，但最后还是冲出了重围。不久之后，共产党部队获得了一场意外的胜利：南斯拉夫祖国军的大部被轴心国军队缴械了。

1943 年 11 月，在波斯尼亚一方的亚伊采（Jajce）召开了由铁托发起的南斯拉夫人民解放反法西斯主义委员会第二次会议。会议决议，南斯拉夫将建立联邦制，在铁托的领导下成立临时政府，禁止彼得二世返回，并且否认流亡伦敦的南斯拉夫政府。在同盟国阵营里，斯大林是铁托的唯一支持者，但是他对成立临时政府一事非常生气，因为这对广泛的东西方反希特勒联盟是一个威胁。然而，一直支持米哈伊洛维奇的丘吉尔却是一个现实主义者，他开始转变方向，转而支持铁托，并且向游击队组织运送了大批武器弹药。

1943 年 9 月意大利投降，这对铁托来说是一件大好事。意大利投降一事我们还会详细论述。这一出人意料的转折使得共产党游击队组织在波斯尼亚和黑塞哥维那站稳了脚跟，同时再次进军黑山。苏特耶斯卡河战役失败之后，共产党部队不得不退出黑山。从此，这支部队从南斯拉夫内战和解放战争中脱颖而出成为胜利者，并且以第二次世界大战中最成功的抵抗组织形象载入史册。南斯拉夫祖国军的命运则每况愈下。1941 年 1 月流亡君主将战争部部长、南斯拉夫家乡军队总司令、将军等显赫的头衔授予南斯拉夫祖国军的指挥官米哈伊洛维奇。但是所有这一切都无济于事。1944 年 9 月 12 日，彼得二世国王在丘吉尔的敦促下，在伦敦呼吁“塞尔维亚、克罗地亚、斯洛文尼亚同胞”团结在“以铁托元帅为首的人民解放军”周围。此时此刻，南斯拉夫的未来已成定论。一旦从德国人手里解放出来，南斯拉夫将是共产党的天下，其命运将与当年的塞尔维亚、克罗地亚、斯洛文尼亚王国大相径庭。

希腊与当年的南斯拉夫情况相似，在这个一半被意大利占领、一半被德国占领的地方，抵抗力量也分为共产党阵营和反共产党阵营。国家解放阵线（EAM）是一个人民阵线组织，其武装部队名为希腊人民解放军（ELAS），这支部队实力强大。而与此相对立的资产阶级共和国组织势力就小得多，这就是希腊民族共和国同盟（EDES）。在英国人的一再敦促下，两个对立组织才在 1941 年 11 月采取了一次联合行动：炸毁了德国为其非洲部队运送装备和后勤的重要补给线高尔格博塔莫斯（Gorgopotamos）的铁路高架桥。此后，为了敦促希腊人民解放军与希腊民族共和国同盟于 1943 年 7 月进行有序的合作，英国人支付了更多的黄金。但是，这种合作并未能维持多久：意大利投降后两个月，希腊人民解放军在对意大利皮内罗洛（Pinerolo）师进行缴械之后，立即用这些武器装备向正在伊庇鲁斯（Epirus）作战的希腊民族共和国同盟开火。两军交火，拉开了希腊内战的帷幕。这场内战于 1946 年正式爆发，直到 1949 年 10 月才结束。 / 1008

1943 年秋天以后，解放希腊的战斗矛头直指占领国德国以及其在雅典设立的希腊政府。而德国人日益把自己的防守力量投放在大城市和重要的交通要道上。每当游击队发动袭击，统治者就变本加厉地对平民百姓进行血腥报复。1943 年 12 月到 1944 年 7 月，全城居民惨遭灭绝的事件时有发生。1943 年 10 月 13 日的卡拉夫里塔（Kalavrita）、1944 年 7 月 16 日的迪斯托诺（Distono）和 1944 年 7 月 29 日的克利苏拉（Klissura）等地的居民就这样被斩尽杀绝了。在 1943 年 3 月至 1944 年 10 月，有 21255 名希腊人被占领军杀害，有大约 2 万人被关进监狱。

在这个被占领的国家里，德国人坚决贯彻“消除犹太人”的政策。1943 年春天，德国人不顾希腊总理康斯坦丁诺斯·洛戈特托普洛斯（Konstantinos Logothetopoulos）的反抗，把 4.5 万名至 5 万名犹太人从塞萨洛尼基（Saloniki）遣送到奥斯威辛和特雷布林卡，大部分人被直接送进了那里的毒气室。接踵而至的是对雅典和爱琴海地区的犹太人进行大搜捕和遣送。1940 年，大约有 7 万名犹太人生活在希腊。1944 年 8 月德国人撤退后希腊大约只剩下 1 万名犹太人。有些犹太人逃往了近东的国家。被遣送到集中营的犹太人只有大约 2000 人躲过了大屠杀。

1944 年 2 月，希腊的两支武装力量，即国家解放阵线和希腊人民解放军为一方，希腊民族共和国同盟为另一方，宣布停火，其各自的势力保持原状。此时共产党的游击队活动影响甚大，1944 年 4 月，左翼自由派政治家乔治·帕潘德里欧（Georgios Papandreou）担任流亡开罗的希腊政府首脑，他向国家解放阵线提供了六名内阁部长的职位。苏联军事使团再三劝说，乔治二世国王也承诺服从希腊人民的公投结果。在这种情况下共产党领导终于在 8 月同意进入
/ 1009
帕潘德里欧政府。1944 年 9 月 24 日，以希腊人民解放军和希腊民族共和国同盟为首的所有游击队组织根据《卡塞塔协议》团结在流亡政府周围，流亡政府则通过英国在希腊的军队将领向希腊战斗团体转达命令。与此同时，德国开始从爱琴海和希腊撤军。希腊人民解放军乘虚而入，扩大自己的地盘，占领了希腊的大部分领土。雅

典和其他几个大城市则由英国军队和希腊政府军占领。10月27日，在德国国防军撤退5天之后，帕潘德里欧政府正式开始在首都工作。

五周之后，1944年12月1日，国家解放阵线宣布退出政府。之后不久，警察向手无寸铁的示威者开枪，雅典开始了一次共产党暴动，直到1945年1月国家解放阵线与英国人签订停火协议、2月12日与政府缔结和平协议，共产党暴动才正式结束。从表面上看，内战的危险再一次被避免了，但实际上1945年初仅仅是一次短暂的战斗间隙。

比利时的情况与希腊相仿，德国人在这里的统治一直持续到1944年，并且主要是军事统治。权力主要集中在德军司令亚历山大·冯·法肯豪森将军手中，艾格·里德（Eggert Reeder）作为行政长官辅助其工作。法肯豪森在任职期间尽量减弱党卫军对军事机构的控制。1944年7月13日，法肯豪森被革职，原因是他与反希特勒的军事力量和保守政治力量关系密切。7月29日，在暗杀希特勒未遂9天之后，法肯豪森被捕。原来的军事统治机构变成了民事统治机构，由科隆的大区区长约瑟夫·格罗厄（Josef Grohé）担任民事统治长官。格罗厄保留了里德的行政长官职务，并且任命他为自己的副手。里德反对希姆莱追求的将佛兰德德意志化的做法，因此与党卫军结了怨。

佛兰芒右翼极端民族主义者团体“佛兰芒民族同盟”（Vlaamsch Nationaal Verbond）乐意与德国人紧密合作。1941年，这个同盟中又诞生了“大尼德兰民族团结同盟”（Verbond van Dietsche Nationaal solidaristen）和以莱昂·德盖尔（Le´on De´grelle）为首的“雷克斯运动”（wallonische Rexisten）组织。这些组织中有志愿者参加佛兰芒和瓦隆地区的党卫军武装组织。出乎德国人意料之外的是，以国际知名社会心理学家亨德里克·德·曼（Hendrik /1010 de Man）为首的比利时社会主义者也采取了和德国人合作的态度。从 1939 年开始，亨德里克·德·曼担任比利时工人党主席（Parti Ouvrier Belge）。他是一位坚定的计划经济学家，认为比利时的投降是议会民主和财阀资本主义的失败，而这一失败正好成就了社会主义。1940 年，他解散了社会主义党，并且借鉴德意志劳工阵线成立了一个统一的工会：手工劳动者和脑力劳动者联盟（Unie van Hand-en Geestesarbeiders）。这一联盟公开与德国人合作，但是参与者却寥寥无几，因此德国人对这一新组织的兴趣很快就消失了。

比利时国王利奥波德三世应该算是广义上的德国合作者。与赫伯特·皮埃洛特（Hubert Pierlot）政府不同，国王并没有流亡国外，而是留在了比利时。签署了投降书之后，他退居到拉肯王家城堡，被软禁起来。他曾经流露出建立极权政府的想法，并且试图组建自己的政府，1940 年 11 月他还与希特勒进行会晤。所有这一切使他在比利时民众中的可信度大大下降，1950 年他不得不退位，把王位传给儿子博杜安（Baudouin）。

根据战后的统计，共有 50 万比利时人与德国合作，其中有很多公务员，他们在德国人的监督下继续自己的工作。一些企业家成了德国战争经济的合作伙伴，并且从中受益。共有 34.5 万人被送上法庭，6 万人受到审判。据估计，积极加入抵抗运动的比利时人大约有 7 万人。抵抗运动包括救助犹太人，为他们提供非法居住地，使其免遭遣送至杀人集中营的厄运。有些人为被击落在比利时的盟军飞机的飞行员提供住所。从 1943 年开始，破坏活动也日益增多。/ 1011 1944 年 12 月，阿登（Ardennen）发生了惊天动地的炸毁桥梁事件，其中有数百名德国士兵因此丧命。大部分比利时人则对外来侵略者采取忍受的态度，既不合作也不积极抵抗。

荷兰与比利时的遭遇不同。奥地利纳粹分子阿图尔·赛斯－英夸特作为德国的帝国总督成为荷兰民事管理的最高官员。因此，纳粹党在德国占领政策方面的影响力要远远超过其南部邻国比利时。日耳曼族荷兰人在种族上被视为与德意志同种，因此德国的占领政策从长远角度来讲是要把荷兰归属到所谓大日耳曼帝国中来。尽管在商业界和公务员队伍中有相当多人愿意和占领者合作，但是他们并不想把荷兰有朝一日归属到德国去。

安东·阿德里安·米塞特领导的国家社会主义运动（Nationaal Socialistische Beweging）共有 8 万多名追随者，但是他们得不到社会的支持。为了尽可能让国家机构和经济界人士与德国合作，占领军一开始对这支运动力量并未采取特别的支持措施。1941 年米塞特创建了荷兰地区党卫军志愿军团，参与和苏联的战争。1940 年 7 月，由保守力量创建的统一党“荷兰同盟”（Nederlandsche Unie）也采取与德国合作的态度。这支力量的人数要比米塞特的组织多十倍。但是，这个组织并不听从指挥，因此在 1941 年 12 月被德国民事管理机构禁止。在此之前其他党派也都被禁止。1940 年 6 月以来，议会被禁止集会。国家由荷兰各个部委的国务秘书在德国的监督下进行“管理”。大臣们在德国进犯三天之后于 1940 年 5 月 13 日和女王威廉明娜一起流亡伦敦。首相迪尔克·扬·德吉尔（Dirk Jan de Geer）是一位保守党政治家。1941 年 2 月，他自行决定返回被占领的家乡，并且主张承认现状、与德国人达成妥协。这一主张得到德国人的支持，但最后变成了一场个人的闹剧。

我们曾经提到，荷兰是被德国占领的国家中唯一一个公开抗议迫害犹太人的国家。抗议首先发生在 1940 年 11 月的莱顿和代尔夫特的大学，1941 年 2 月，开始扩大为在阿姆斯特丹的总罢工形式的抗议。这并非是占领期间唯一的罢工运动。1942 年，医生举行罢工活动。1943 年 4 月底，占领国把荷兰战俘释放出来，并强迫他们在德国进行劳动。这一举动引发了从特文特（Twente）开始的罢工， / 1012

这次罢工最后蔓延至荷兰全国。1944 年 9 月，当盟军马上就要解放荷兰的时候，铁路工人再次发动罢工。

但是，这些抗议行动并不能阻止德国强迫荷兰工人劳动。根据占领国的法律，年龄从 18 岁至 45 岁的荷兰男性公民有义务到德国劳动。1944 年，荷兰火车被强行转开到德国，乘客中符合劳动条件的人被抓去强劳。1942 年 11 月，在德国劳动的荷兰人达到 15.3 万，比利时人达到 13 万。占领国对每一次罢工都采取了极为残忍的措施。面对铁路工人的罢工，德国封锁了荷兰河道运输数周，这是大城市食品供应的重要渠道。荷兰抵抗运动发动了一系列破坏活动，对通敌者和民事管理机构工作人员，对德国国防军的士兵和设施进行打击。对此，德国人采取了惨无人道的报复手段。一名荷兰将军因为与德国人勾结被杀，德国人便在 1943 年 2 月杀害了 50 名人质予以报复。在战争行将结束的最后几个月里，抵抗运动发动袭击后，每次都有数百名人质被杀害。

面对那些不起眼的小型抵抗活动，占领者则有些无奈。荷兰的劳工部门和卫生部门阻挠征集劳工前往德国工作的事时有发生，但是这些事常常无法查证。没有百姓的检举，占领军很难找到那些潜

/ 1013

伏的犹太人，或者被同胞们藏匿起来的抵制强劳者、抵抗运动人员。战争期间，5 万多名荷兰人被送进集中营。战后，有 15 万通敌者受到相应的惩罚。他们被关押在德国人在荷兰修建的集中营内。根据在占领期内的所作所为，他们的刑期也长短不一。共有 6.6 万人受到审判，其中 900 人被判处死刑、无期徒刑或长期徒刑。被判处死刑的人名单上有安东·米塞特。他于 1946 年 5 月 7 日在海牙被处死。

挪威与荷兰的情况相仿，德国占领挪威后在这里也建立了一套民事管理机构。希特勒任命艾森大区区长约瑟夫·特博文为帝国总督。特博文在这里唯一可以依靠的是维德孔·吉斯林的国家统一党。

这是挪威唯一一个被允许存在的政党，大约有5万名党员。吉斯林还招兵买马，组织了一支有近4000名挪威志愿者参加的党卫军武装力量。特博文怀疑吉斯林的政治能力，吉斯林不得不请他在柏林的恩师，纳粹党外交部负责人阿尔弗雷德·罗森堡和海军总司令埃里希·雷德尔出主意想办法。吉斯林的第一个小胜利是，由特博文组建的“总督国家委员”（kommissarische Staatsräte）从1941年9月底开始可以担任“部长”职务了。这些成员本身也都是纳粹出身。希特勒并没有想去实现吉斯林的愿望，把挪威变成一个与大德意志帝国构成一个大德意志联邦的“自由的、不可分割的、独立的帝国”。挪威的实际当权派依然是特博文，最起码在那个时候依然如此。

对吉斯林的任命并没有帮助德国人在挪威百姓中得到支持。就在他当政初期，1942年2月，这位名义上的政府首脑颁布的教育系统和教会系统一体化措施就在挪威引起了轩然大波。60%的教师在一项声明中签字，说明自己不能根据国家统一党的“青少年服务局”的方针去教育挪威青少年，因此不准备加入新成立的挪威教师协会。 / 1014
有大约1000名教师因此被逮捕，并且被发落到挪威北部进行强劳。

挪威的主教和牧师的反应与教师一样：对向“新国家”宣誓忠诚的要求持拒绝态度。1942年2月24日，主教们宣布，他们将辞去在国家路德教中的职务，但继续为百姓做拯救心灵的工作。吉斯林“政府”的回应是撤销这一批主教，换上一批“忠诚”的官员。牧师们纷纷起来表示支持主教，表示也要放弃国家教会的公职。此后，政府做出了反应。4月，有五位基督教社区委员会反对派领导人被捕，其中包括挪威教会的宗教领袖，奥斯陆的主教埃温·贝格拉夫（Eivind Berggraf）。教会和教育部下了最后通牒之后，几乎所有牧师依然坚持辞去教会公职。这些牧师虽然领不到薪水，却依然继续灵魂救助的工作。这些牧师得到了丰厚的赞助。新创立的临时教会领导机构把这些源源不断的赞助发放给牧师。

1942年9月，吉斯林的又一次行动惨遭失败。他计划把总督管理部门之下的工会、手工业协会和工业家协会按照德国劳工阵线的模式统一到一个联合总会（Riksting）中去。工会和其他团体对此做出的反应是，要求它们的成员从现有的协会中退出。面对来势凶猛的退会浪潮，特博文立即要求吉斯林收回“联合总会”的计划。人民的不服从意志再次占了上风。

此时，挪威的真正主宰权已经落入抵抗力量手中。这些人与流亡伦敦的政府密切配合。在挪威和英国的设得兰群岛之间有船只来往，它们把难民送往英国，把参加地下工作的志愿者运回挪威，同时还带回武器和其他物资。这条秘密航线一开始并未被占领国发现。挪威抵抗力量的“军事组织”（militær organisasjon，简称Milorg）

/ 1015

日益壮大，他们帮助英国人袭击德国“俾斯麦号”和“提尔皮茨号”战列舰，还自己发动摧毁德国船只的行动，并捣毁德国补给设施及军工设施、刺杀占领国的代表。最让人瞩目的破坏行动发生在1943年2月，一支经过英国特别行动队（Special Operations Executive，简称SOE）培训的挪威抵抗力量捣毁了威尔莫尔克（Vermork）的重水设施，这里是德国核研究的重要基地。

对于抵抗力量的每次行动，德国人都采取极端的“赎罪式措施”，在绝大多数情况下被杀害的往往是无辜者。1942年4月的一次报复行动中，小渔村特拉瓦格（Televåg）被夷为平地。两名从设得兰群岛潜伏回挪威的抵抗组织成员杀死了两名盖世太保的特务之后，在此地藏匿起来，导致了这场悲剧。特拉瓦格的男人都被送进萨克森豪森集中营，其中有31人丧生，妇女和儿童则被送进挪威内地。1943年秋天，占领国关闭了奥斯陆大学，逮捕了1200名大学生和30名老师。战争结束时，有4万挪威人被关押在德国人在挪威建造的集中营里，其中有很多警察和军官，他们因拒绝效忠新政权而被捕。从1940年4月起，大约有5万挪威人逃往邻国瑞典，其中有900多名犹太人，总数已经超过了1940年生活在挪威的犹太人的半数。滞留在挪威的700多名犹太人中只有屈指可数的几个在第二次世界大战中活了下来。

以社会民主党人约翰·尼高斯沃尔（Johan Nygaardsvold）为首的流亡伦敦的挪威政府，从1940年之后成功逃往瑞典或择水路逃往英国的挪威人中招募了一批志愿者成立了海陆空三军。1942年至1943年有大约2500人参与了盟军的作战。1945年5月，在挪威的德国军队投降。1945年5月31日，挪威国王哈康七世和流亡政府重返奥斯陆。吉斯林向挪威自卫军投降。法院判处吉斯林死刑，并于1945年10月15日执行。还有另外25名挪威通敌者也得到了同样下场。 / 1016

斯堪的纳维亚最南端的国家丹麦在德国占领期的经历与他国不同。丹麦国王克里斯蒂安十世（Christian X）在国家被入侵期间从未离开过自己的国家。1940年开始各党派联合执政，由社会民主党人索瓦尔德·斯陶宁领导的内阁与占领国忠实合作。1942年5月3日，斯陶宁去世后，他的继承人维尔海姆·布尔（Vilhelm Buhl）依然出自社会民主党阵营，并且同样采取与占领国合作的态度。1942年11月5日，维尔纳·贝斯特接过了外交官塞西尔·冯·雷特－芬克（Cécil von Renthe-Fink）的职位，成为在丹麦维护德国利益的最高管理官员。贝斯特早先是盖世太保的法律专家，后来成了党卫军别动队首领。只要丹麦政府承认在外交上依赖德意志帝国，老百姓不进行大规模的抵抗，占领国就容忍民主政府体系的延续，并且保留社会民主党人的领导角色。

对于党卫军出身的知识分子贝斯特来说，日耳曼的丹麦有朝一日应该成为大日耳曼帝国的一部分，因此需要小心翼翼地对待这个邻国。此外，这个王国对德国来说有着重要的战略和经济意义。丹麦是通向挪威的桥梁，同时也是面向英国海岸线的欧洲大陆，丹麦向德国提供大量食品（1941 年的提供量相当于德国需求总量的 10% 到 15%，相当于丹麦农产品出口总量的 75%）。在外交上，丹麦向德意志帝国做出了重要的承诺，它于 1940 年 7 月退出国际联盟，于 1941 年签署了《反共产国际协定》。对于招募志愿者加入党卫军武装力量和在北石勒苏益格少数民族中招募人员加入国防军，丹麦政府都不设任何阻碍。哥本哈根的领导人希望能够通过这种方式避免直接参与战争，并且能够保住国内的自治权。

把纳粹分子的小党拉进政府并不符合丹麦人的上述目标。然而，
/ 1017 希特勒甚至于 1941 年秋要求让丹麦纳粹分子第一人弗里茨·克劳森（Frits Clausen）组成内阁，这就和丹麦人的意愿相去甚远了。贝斯特一开始担任帝国全权代表，就说服克劳森放弃其纳粹党参政，为符合宪法的解决方案铺平了道路。他任命无党派人士的外交大臣埃里克·史卡维尼斯（Erik Scavenius）出任内阁元首，政府成员则由各重要党派人士担任，从社会民主党到保守党，应有尽有。根据希特勒的要求，帝国议会颁布了一项《授权法》，这项法案允许丹麦拥有广泛的立法权。但是如何利用这项法案，主要要看参与内阁的各个党派了。斯卡维纽斯内阁虽然比前几届社会民主党政府更加受制于德国，但是它毕竟比一个傀儡政权要强。

1943 年初，贝斯特认为丹麦内政稳定，因此允许丹麦在 4 月 3 日之前举行议会选举。3 月 23 日的选举中，社会民主党获得了 44% 的有效选票，成为最大党。4 个“议会政党”一共获得了 92% 的选票。丹麦纳粹党仅仅获得 2% 的选票，因此依然是一个微不足道的党派。斯卡维纽斯政府可以把选举结果称为丹麦“全民”（folkestyre）的自主公决。在取得了这场内政上的胜利几个月之后，丹麦政府经历了与德国采取合作政策后最为严峻的危机。1942 年底，德国在

军事上连连受挫。BBC 不断播出流亡伦敦的丹麦政治家们的宣传。1943 年开始，丹麦老百姓日益不安，担心丹麦会被将来取胜的国家视为轴心国的伙伴而受到惩罚。英国别动队从 1943 年春天开始加强与丹麦抵抗组织的联系。他们在日德兰（Jütland）登陆或空降特工，为丹麦提供武器和炸药。丹麦的破坏活动从 1943 年 1 月的 24 起骤增到 4 月的 80 起。罢工事件频频发生，丹麦老百姓和德国士兵之间也发生了冲突。

德军驻丹麦的总司令赫尔曼·冯·汉纳根（Hermann von Hanneken）主张对抵抗和破坏活动予以最严厉的回击，而贝斯特则一如既往地采取忍耐的政策。这位帝国全权代表一直把忍让政策维持到了 1943 年夏天。接下来的情况急转直下。7 月份，墨索里尼政权被推翻。英国对汉堡进行了猛烈的轰炸。丹麦老百姓以为战争即将以德国战败而告终。执政党和老百姓之间的鸿沟日益加深。社会民主党和工会逐渐丧失了对工人的影响力。8 月初，丹麦各地发生骚乱。8 月 6 日，埃斯比约（Esbjerg）工人发动“自发式”罢工。这次罢工持续了 6 天。8 月 21 日，贝斯特再次召集执政党开会，要求制止罢工和破坏行动。但是这一呼吁已经不起作用了。炸药袭击事件频频发生，受袭的都是重要的交通枢纽。北日德兰（Nordjütland）的罢工活动日益高涨，占领国对此深感不安。此时此刻，同盟军正打算从这一带海岸线登陆。

8 月 24 日和 25 日，贝斯特来到东普鲁士拉斯滕堡附近的元首指挥部“狼穴”，向希特勒报告日益紧张的丹麦局势。而“元首”早已决意对丹麦人采取激进的强硬措施了。“保护国榜样”（Musterprotektorats）的时代已经一去不复返了。虽然贝斯特有希姆莱、里宾特洛甫、帝国农业部部长赫伯特·巴克（Herbert Backe）在背后撑腰，但是他感觉自己已经成了一具“政治僵尸”。这位帝国全权代表不得不违背自己的意愿，向斯卡维纽斯政府发出最后通牒。最后通牒里的某些条款是无法满足的，例如对罢工者进行武力镇压。社会民主党人明确否定这些条款，因此政府回绝了最后通牒。于是，德国宣布丹麦进入紧急状态。1943 年 8 月 29 日，斯卡维纽斯政府被解散，取而代之的是冯·汉纳根将军的军事武装力量。尽管丹麦国王克里斯蒂安十世不接受大臣们的辞呈，这些政府官员名义上还在位，但是他们已经不能行使自己的职权了。

汉纳根长时间以来主张的强硬政策正是希特勒所需要的，罢工和示威被立即镇压下去了。但是政治合作是无法以这种方式延续下去的。于是，贝斯特在柏林建议尽快结束紧急状态，并且成立一个“非政治化的”内阁或者一个管理委员会。他认为，德国可以利用紧急状态在丹麦建立起一支强大的警察队伍，来镇压反对德国的力量。丹麦方面认为，根据当前的局势已经不可能建立起以宪法为基础的政府了。唯一可以考虑的方案是由各个部委的国务秘书组成一个管理班子。这个领导班子按照德国要求的社会秩序进行工作。

在此期间，占领国出台了严惩罢工和破坏的规定。根据这项规定，一名丹麦抵抗运动分子于 9 月 8 日被判处死刑。小型的丹麦军队被解散了。丹麦海军舰只没收之后被炸沉。9 月 8 日，贝斯特在一封电报里要求外交部门在丹麦还没有解除紧急状态的时候就处理掉犹太人和共济会的问题。如果等到紧急状态解除，再由德国方面对生活在丹麦的 8000 名犹太人下手，势必会引起一场总罢工。贝斯特传记的作者乌尔里希·赫伯特（Ulrich Herbert）这样写道，这位帝国全权代表命令解决这一问题的初衷并非是他在后来的法院陈述中所说的要用这种办法来救助丹麦犹太人，相反，在全欧洲的德国势力范围推行“去犹太化”一直是他遵循的路线。这一行动在丹麦之所以未能贯彻，是因为德国在丹麦还有更重要的事做，那就是让丹麦向德国源源不断地输送食品。这其中的利益要远远大于以武力去对付犹太人。

当权者们期待紧急状态能够很快解除，并不会挑起众多纷扰，然而事与愿违。希特勒批准了遣送丹麦犹太人，贝斯特于 9 月 17 日命令德国警察出面没收犹太人居民区的名册。另有一支来自挪威的德国警察队伍为其壮胆，结果这一行动引起了丹麦犹太人和丹麦公众社会的强烈反响。从此时开始，贝斯特不得不意识到，他走出的每一步都会招致强烈的反对。汉纳克也持相同观点。然而，德国大使馆的航运专员格奥尔格·费迪南德·杜克维奇（Georg F. Duckwitz）却走出了决定性的一步。9 月 11 日，他（或许是从贝斯特那里）获知，10 月 1 日至 2 日之间警察将发起大规模的搜捕行动，他毅然决然地把这个消息传递给他的好友，社会民主党政治家汉斯·赫托夫（Hans Hedtoft）和汉斯·克里斯蒂安·汉森（H. C. Hansen）。这两位政治家马上把德国人的计划转达给丹麦犹太人的代表。

因为通报及时，大部分犹太人得以逃脱。中立的瑞典政府从其驻哥本哈根大使那里得知了这一消息，马上告诉德国政府，瑞典愿意接受这批丹麦犹太人，并且还在广播里宣布了这件事。瑞典政府期待让当事人能够从广播中得知这一消息，并且及时在丹麦朋友或邻居那里躲避起来。由于德国海军没有设防，结果有大约 7000 名丹麦犹太人乘坐丹麦渔船或小艇穿越厄勒海峡（Öresund）逃往瑞典。其中几百名犹太人还携带着他们的非犹太人配偶一起逃亡。德国警察在 10 月 2 日以及后来的日子里仅仅抓捕到了 481 名犹太人。这些犹太人被遣送到德国。在贝斯特的强烈要求下，这些犹太人没有被送进死亡营，而是被送进了特莱西恩施塔特集中营。其中大部分犹太人居然生存了下来。作为帝国全权代表，贝斯特得意扬扬地宣布完成了丹麦“去犹太化”的使命。对于大搜捕的失败他却只字未提。

1943 年 10 月 6 日，丹麦紧急状态结束。此后，贝斯特不得不与丹麦负责外交事务的国务秘书尼尔斯·斯文宁森（Nils

Svenningsen）共同商议丹麦的日常行政管理事务。在丹麦方面，斯文宁森作为所有国务秘书的代表与德方保持联络。在此期间，丹麦的抵抗力量组织成一个“自由委员会”。这个委员会与英国政府保持紧密联系。随着时间的推移，这个委员会在百姓中的支持率不断得到提升。此时，绝大部分破坏活动都是由这个委员会发起的。从1943年10月开始，破坏行动次数陡升，暗杀为德国人工作的丹麦奸细的活动日益频繁。被德国保安警察抓获的很多破坏者都被送上德国的军事法庭，有几个被判处死刑。希特勒要求采取“赎罪措施”，杀害无辜。这一点遭到贝斯特拒绝，因为他担心这一措施会导致局势激化。希特勒又提出要处死抵抗力量成员作为对暗杀和破坏活动的回应。这一要求也被贝斯特拒绝了。

贝斯特尽管成功阻止了杀害无辜，但是在“以恐怖对付恐怖”方面，他也无能为力。1944年1月4日，卡伊·蒙克（Kaj Munk）被德国特务杀害。蒙克是一位牧师和诗人。一名丹麦纳粹分子此前被抵抗组织除掉，而蒙克成了德国人报复的牺牲品。此后，还发生了一系列“以恐怖对付恐怖”的活动，而且还按照二比一的比例执行：一个死去的德国人要有两个丹麦人偿命。（一开始希特勒要求的是五比一的比例。）

1944年6月底，哥本哈根发动了“全民总罢工”，而这将丹麦抵抗运动推向高潮。引起这次罢工的原因是，哥本哈根著名的趣伏里公园（Tivoli）被局部捣毁，并且开始实行宵禁。一家军工厂遭到破坏，于是德国人采取了这些报复措施。于是，丹麦首都工人联合起来进行反抗。面对如此凶猛的抗议活动，贝斯特不得不在6月28日取消宵禁。第二天，有11名示威者被警察枪杀，德方还宣布了处死抵抗组织8名成员的消息。然而，罢工运动如火如荼，贝斯特不得不宣布哥本哈根进入紧急状态，并且停止食品供应。此外，武装巡逻部队得到命令在需要时可以开枪，战斗机上也装载了燃烧弹。对哥本哈根进行空袭的恐吓起到了效果。7 月 1 日，罢工阵线开始瓦解。7 月 3 日，罢工结束。

哥本哈根的事件让希特勒震怒。他认为贝斯特的策略已经彻底失败。1944 年 7 月 5 日，帝国全权代表贝斯特来到贝尔希特斯加登的贝格霍夫，遭到他的“元首”严厉的批驳。在此之前，贝斯特还有一些微不足道的独立行事的空间。现在，这些特权被全部夺回。1944 年 7 月 30 日，希特勒颁布《恐怖和破坏条例》，命令不再对抵抗运动分子使用法律追究程序，而是直接采用“以恐怖对付恐怖”的强硬措施。从此，丹麦不再享受独特地位。这个斯堪的纳维亚的王国最终成了一个彻头彻尾的被占领国。[17]

占领、合作、抵抗（二）：法国

维希政权的法国第一眼看上去与被占领的丹麦有很多相仿之处。一开始法国在内政上拥有相当的自治权。但是从内容上看两者有着本质上的区别。丹麦的社会民主党政府在外交上迎合“第三帝国”，其目的是为了保住自己的民主体系。而维希的贝当政权则是利用法国军事力量的崩溃和德国的统治来消除第三共和国的议会民主。这位年迈的元帅作为国家元首发表《国民革命》宣言，并非是要建立法西斯独裁政权，而是要建立起一套极权制度。这套制度和葡萄牙萨拉查（Salazar）的“新国家”相仿。

这个“法兰西国”把法国右翼势力各种不同的传统糅合在一起。路易·德·波纳德（Louis de Bonald）和约瑟夫·德·迈斯特（Joseph de Maistre）的反革命意识、波拿巴主义和布朗热主义、火十字团和法兰西运动等在这里都得到了体现，而法兰西运动的思想在这里体现得淋漓尽致。1939 年 7 月，庇护十二世（Pius Ⅻ）教宗任职不久，就取消了他的前任庇护十一世教宗 1926 年下达的绝罚令。此前，阅读《法兰西运动》（*Action française*）报纸的人会被天主教加以绝罚的惩处。维希法国时代法兰西思潮的一位重要代表人物是拉斐尔·阿利贝蒂（Raphaël Alibert）。他是维希法国第一任司法部部长，也是宪法法令的真正撰写人。这一法令于 1940 年
/ 1023
7 月颁布。法兰西国的座右铭“劳动、家庭、祖国”是火十字团的首领德拉·罗克上校于 1934 年提出来的。两次世界大战期间右派青年们提出了计划经济的方案，这些被达尔朗政府看中。在意大利的法西斯主义那里，维希又在以下方面受到启发，如职业等级秩序、亲政府准军事组织的制服、政治宣传、对真正的或假想的敌人进行分类（把共产党人、共济会成员、外国人、犹太人视为法国的敌人）。德意志帝国劳动局负责监督建造青少年劳动营（Chantiers de

jeunesse）。凡尔登的英雄贝当元帅被当作崇拜的偶像来宣扬。这一点和其他几个国家非常相像：在波兰，人们对毕苏斯基元帅倍加颂扬；在匈牙利，霍尔蒂被奉为圣人；在罗马尼亚，安东奈斯库元帅受到热捧；在西班牙，当然是佛朗哥将军最得人心。在每一个国家，这些最著名的军事将领的任务是作为民族的统一和新秩序的象征。

贝当于 1940 年 12 月解雇了赖伐尔，但这并非意味着解除与德国的合作。贝当元帅在蒙图瓦尔与希特勒会晤之后不到一周，就在 1940 年 10 月 30 日宣布和德国采取合作的政策。赖伐尔被解雇的原因是贝当不信任赖伐尔及其周边人物。接替赖伐尔职位的海军上将弗朗索瓦·达尔朗还于 1941 年 2 月担任了部长会议副主席、外交部部长、内政部部长、信息部部长和海军部部长，成为法国政府的新型“强人”。在 1941 年 5 月的《巴黎条约》中，他要求德方降低 1/4 法国需要缴纳的占领费用，并且要求释放 10 万名战俘。为达到这一目的，他允诺支持德国在伊拉克、叙利亚和北非对英国发动的战争。但无论是德国政府还是法国政府，都对《巴黎条约》提出了质疑，最后这个协议未得到签署。在德国人的强烈要求下，贝当不得不于 1942 年 4 月 18 日重新起用赖伐尔，先决条件是保留自己行使全权的可能。1942 年 6 月 22 日是德国进攻苏联一周年的日子。在这一天，赖伐尔在广播讲演中说出了一句话。在广大法国人的心目中，这句话表明了赖伐尔其人就是占领国的傀儡：“我衷心祝愿德国取胜，否则布尔什维克主义将横行世界。” / 1024

维希法国还有不少浪漫的和倒退的色彩。例如，妇女不得参与公众服务业的工作，父亲被提升为一家之长，“解甲归田”将会得到补贴，政府用这种办法阻止农村人口涌向城市，向共济会成员发起挑战，启蒙思想的传播在有些人身上还伴随着对宗教的崇拜，当然并非所有政府代表都是宗教的传教士。右翼人士的职业等级思想对农会等强制性组织，以及很多自由职业者协会如医生、药剂师和建筑师等来说都是大好事。工会和企业家协会被这些纯粹的职业行会所取代。法国人效仿意大利 1926 年制定的《劳动宪章》(Carta del Lavoro),于 1941 年 10 月 4 日推出了同名的《劳动宪章》(Charte du Travail),宪章为企业内的社会关系规定了劳动法的准则。亨利·卢梭(Henry Rousso)认为,这是在社会伙伴关系的外表下强化了企业主的权力。

维希政权反动和落后的一面明确体现在 1940 年 10 月和 1941 年 6 月颁布的犹太法令上,也体现在对公职部门和法院机构中大批第三共和国的支持者的清洗运动中。政府取消了法官不得被罢免的规定,从此法律不再独立。此后又诞生了一批特别法庭,它们的主要职责包括追究"失败者"、打压共产党人、整治黑市等。里翁最高法院对导致 1940 年法国失败的所谓罪魁祸首莱昂·布鲁姆和爱德华·达拉第进行了审判,然而结果却不了了之。希特勒公开提出,里翁法庭不得追究战争的责任,而只能追究这些人在备战不足上的责任。1942 年 4 月 11 日,这场官司草草收场。

法兰西国除了强制、压迫和反动这一面之外,也有着现代化因素。勒内·雷蒙认为,那时的经济和财政理论家和实践者是现代因素的承载者。他们深知法国经济落后,他们的目标是要把自己的国家转变为强大的工业国。他这样写道:"这些技术官员们对政治现状比较淡漠,他们是战前年代技师们的后裔…… 他们是后来一代高级官员的先行者。这些高级官员在 1945 年后把法国推上了现代化的进程。如果维希政权不在当年打下基础,法国现代化的进程不可能如此迅捷。"

/ 1025

德国向苏联发起进攻对法国来说是一个转折点。在希特勒和斯大林结盟的时候,被禁止的法国共产党试图和占领者一起共事,甚至想要重新发行《人道报》(*Humanité*)和其他党报。然而这种企图马上就被禁止了。1941 年 6 月 22 日之后,局势发生了根本性变化。共产党走上了积极抵抗德国人及其法国党羽的道路。8月21日，共产党人皮埃尔·乔治（Pierre Georges）在巴黎地铁巴贝斯－洛舒雅（Barbès-Rochechouart）站打死了一名德国军人。这位法国共产党人后来成为法比安（Fabien）上校，在法国抵抗运动中扮演极为重要的角色。他当年任意选择的枪杀对象是德国海军管理处助理阿尔方斯·莫泽（Alfons Moser）。德国人对此以及其他抵抗运动进行了极为残暴的还击。10月底有98名无辜的法国百姓为此付出了生命的代价。维希政府的内政部部长皮埃尔·普豪伊（Pierre Pucheu）甚至在1944年秋处死了大约100人。

巴尔贝－罗什舒阿尔地铁站袭击事件把法国推入了一个多事之秋。贝当于8月12日在广播讲话中用这样一句话来描述这个时代：他感觉到在法国很多地区“一股狂风”（vent mauvais）袭来。让贝当元帅和达尔朗总理深感不安的是，法国各地的百姓都在收听BBC，并对广播内容产生日益强烈的共鸣。伦敦发出的声音包括戴高乐“自由法国”的政治宣传。法国国内的局势也让元帅和总理头疼。1941年5月，加来海峡省矿工发动大罢工，抗议矿业主与占领国采取密切合作的态度。

维希政权对百姓的骚动采取禁止所有政治集会的措施。新一轮大清洗（épurations）活动开始了，首当其冲的是共济会成员。警察力量增加了一倍。武装力量法国战士军团（Légion française des combattants）得到了丰厚的资助。这支武装力量1941年11月发展为法国战士和国民革命志愿军团（Légion française des combattants et des volontiers de la Révolution nationale）。这一军团的最后核心力量是1月创建的治安服务军（Service d’ordre légionnaire，简称SOL），这支武装力量的成员身着军装，他们的头目是后法西斯主义者约瑟夫·达尔南德（Joseph Darnand）。这支军队与戴高乐部队为敌，向布尔什维克主义者宣战，清洗共济会 / 1026

员，驱除犹太人。

1940 年 7 月法兰西国成立的时候，有大约 33 万犹太人生活在法国本土（不算阿尔及利亚），其中有 20 万犹太人是法国国籍。13 万外籍犹太人当中有 6 万名波兰人、苏联人、德国人、奥地利人和罗马尼亚人，还有 4 万名难民来自荷兰、比利时和卢森堡。1940 年 10 月，大约 7000 名犹太人被帝国安全局从德国的巴登和萨尔普法尔茨遣送到法国。这一行动并未征得维希政权的同意。

早在 1939 年秋，法国就开始把那些外籍犹太人和不受欢迎的外国人送进临时建造的营地里。居尔（Gurs）、迈尔斯（Les Milles）和里夫萨勒特（Rivesaltes）等地的营地生活环境极为恶劣，很多人因为疾病、饥饿和虚弱而死亡。阿瑟·库斯勒（Arthur Koestler）是一位作家，1939 年至 1940 年他被关押在居尔。据他说，那里的"饮食、设施和卫生条件要比纳粹集中营"还差。1942 年，被德国人占领的法国地区有 1.5 万人被关押，而在未被占领的地区关押人数一度高达 5 万人，除了犹太人和非犹太裔难民以外还有辛提人和罗姆人，这些人都没有法国护照。

1942 年 3 月底，占领国第一次把 1000 名犹太人遣送到东部，目的地是奥斯威辛集中营。这些犹太人大都是法国国籍，来自布尔歇（Bourget）。从 1942 年 6 月 7 日开始法国被占领地区的所有犹太人必须佩戴犹太人标志。在未被占领区，这一措施并未得到落实。8 月 18 日皮埃尔·赖伐尔重新成为法国政府首脑，他担心这一措施会引起法国老百姓的反感。赖伐尔任命勒内·布斯凯（René Bousquet）为警察局局长。这位新任局长向德国方面保证，法国警

方将配合反犹太人的行动，而德国人则允诺先对外国犹太人下手。

赖伐尔甚至要求把 16 岁以下的儿童也一起遣送出境，而德国方面并未要求这样做。维希政权的首脑不想让法兰西国来抚养这些留下来的未成年犹太儿童，而这一做法可以减轻自己的负担。最大

的搜捕行动发生在1942年7月中旬，这是一场由法国警察组织的搜捕行动。12800名外籍犹太人被关押在首都的冬季自行车体育馆（Vélodrome d'Hiver，简称Vel'd'Hiv'）内。把如此众多的人关押在一座体育馆场内，官方对这些人的补给并未做任何准备。当年10月，10500名外籍犹太人从未被占领的法国地区营地被遣送到德朗西（Drancy），在那里他们被装载上列车运往被占领的波兰。从法国遣送出境的犹太人1942年底已经达到了4.2万人，已经超过了在法国被抓的犹太人总数的一半，他们成了纳粹种族谋杀的牺牲品。

1942年夏在法国各大城市发动的犹太人大抓捕行动不再遮遮掩掩，于是引来一片抗议之声。行政督察们报告了百姓的愤怒。众多天主教的主教们在教会公开宣读的牧函中，对不公正对待犹太人的做法表示抗议。图卢兹大主教萨里格（Saliège）在8月23日这样说道，犹太人应该被基督徒视为自己的兄弟。维希政权本来期待着能够得到天主教教会人员的支持，现在只能一再援引教宗和经院哲学家们的反犹太人言论，并且指责这些抗议是"国民革命"的敌人在背后作怪。9月初，政府在官方的新闻发布会上呼吁天主教应该同情法国的120万名战俘，因为这些人才是"法国真正的儿子"。

法国战俘对于维希政权来说是一件需要严肃考虑的事情。因此占领国在要求法国对战争经济做出密切配合的时候，维希政权不敢怠慢。希特勒的劳工调遣全权代表弗里茨·绍克尔（Fritz Sauckel）要求法国在1942年下半年派遣35万名劳工支持德国经济。赖伐尔 / 1028 经过谈判，把人数降到了15万，同时提出了用3个工人换一个战俘的要求，这就是所谓的"调换制"（Relève）。但是即便是15万人的规模也很难实现。1942年6月22日赖伐尔呼吁大家踊跃报名，截至7月底只有大约4万人自愿报名。而德国则把120万法国战俘大都用到强劳工作中去了。

1942年9月法国政府颁布了一项法律。这项法律的内容是，为了国家的更高利益，允许调集年龄在18岁至35岁的男人进行劳动。在这项法律的基础上，1942年底法国又征调了24万名工人前往德国。然而，绍克尔又提出要求，再次追加25万法国外籍工人名额。法国出于无奈，颁布了强制劳动制（Service de travail obligatoire，简称STO），要求出生于1920年~1922年的男性青年强劳两年。适龄青年、他们的家人以及教会对此极为愤慨。众多年轻人奋起加入抵抗组织，用这种办法逃脱去德国强劳的命运。在管理机构、警察队伍和宪兵部队里，也有很多人置严厉惩罚于不顾，奋起反抗强制劳动制。

从颁布动员令到实施强劳制，在这两项措施之间维希政权经历了一场大转折。1942年11月，盟军在北非和法国未被德军占领的地区登陆。此前，法兰西国在政治上还有一点回旋的余地，从此时开始则完全成了顺从德意志帝国意志的卫星国了。然而，赖伐尔一直否认这一点。1943年1月30日是希特勒“夺权”十周年纪念日。在这一天，赖伐尔用法国民兵（Milice français）取代了治安服务军，并且任命治安服务军的首领达约瑟夫·达尔南德为法国民兵总书记。这一支准军事民兵武装力量由志愿者组成，他们的职责是维持社会秩序，抓捕逃工、反政府人士和藏匿的犹太人，并把这些人送交给警察。赖伐尔借助民兵的力量不仅要与维希和巴黎的政治对手抗衡，并且也是向占领国发威。然而，这后一项任务达尔南德是越来越不能胜任了。他开始推行自己的政策，与政府首脑的敌人为伍，和德国党卫军保安处过从甚密，并且和德国秘密警察密切往来。

法国史学家把维希政权出于国家的利益与占领国合作称为“国家合作”。赖伐尔和贝当一样，都是“国家合作”意义上的通敌分子，而不是个人性质的“通敌分子”。这样一种合作并非要在思想意识上与“第三帝国”为伍，而更为重要的是为被占领的法国逐渐扩大回旋余地，并且尽早恢复自己的主权。而“通敌分子”的性质完全不同，这些人不管是政治家或知识分子，他们公开声称信仰法西斯主义，认同国家社会主义，把希特勒德国视为唯一正确的国家，只有这个国家可以抵御欧洲的“犹太人布尔什维克主义”，并且能够战胜盎格鲁－撒克逊民主势力，为首的就是美利坚合众国。然而大部分“合作者”都是坚定的反共分子，而且常常也是反犹太分子，所以他们与“通敌分子”之间绝不是只有区别，相反，他们也有着重要的共性。

早期的社会主义政治家马塞尔·迪特和前共产党领袖雅克·多里奥特就是两个出了名的“通敌分子”。迪特早在1939年5月就提出了悲观主义的口号“为但泽而死？”。1940年7月，他赞同贝当组成一个统一党的做法，而这个统一党以意大利法西斯主义和德国纳粹分子政党为榜样。他的这种做法并未能够获得元帅的支持。此后，他向德意志占领国靠拢，于1941年2月成立了自己的组织，名为“全国人民大团结”（Rassemblement national populaire，简称RNP）。这个组织在自己的机关报《杰作报》（*L'OEuvre*）上攻击维希政权是民族资本主义和反动派。1941年夏，他和多里奥特、欧仁·德隆克勒（Eugène Deloncle）共同成立了“反布尔什维克法国志愿军团”（Légion des volontaires français contre le bolchévisme）。三个人当中，德朗克勒本身就是亲法西斯组织“社会革命运动”（Mouvement social révolutionnaire）的头目。1943年，这个志愿军团的残余组成了党卫军法国支队，后来成为党卫军查理曼师。

与知识分子出身的迪特不同，多里奥特俨然以一个保民官的角色出现。他在1936年成立了极右党法国人民党（Parti populaire français，简称PPF），自己担任党主席。他的反共意识强烈到把自己称为德国国防军法国军团成员，他还曾经穿着德国军服自愿参加攻打苏联的战争。柏林的外交部和德国驻巴黎大使奥托·阿贝茨（Otto /1030

Abetz）都比较看好迪特，而党卫军则对这位极右的多里奥特情有独钟。然而，两个人当中没有一个人能够在民众当中引起反响。多里奥特在战前还是有些追随者的，战争开始后他作为“通敌分子”失去了大部分拥护者。尽管如此，他的党员人数还是比迪特的要多。和其他法西斯组织一起，其中包括德朗克勒的组织，“全国人民大团结”和“法国人民党”1942 年至 1944 年在法国的 52 个省大约有 1.4 万名成员。根据估计，1943 年下半年法国所有的法西斯组织和亲德意志组织的成员最多有 5 万名。

法国知识分子里的“通敌分子”有政治评论家阿尔弗雷德·法布尔 - 吕斯（Alfred Fabre-Luce）、作家路易·费迪南·塞利纳（Louis Ferdinand Céline）、罗伯特·布拉席拉赫（Robert Brasillach）、皮埃尔·德里厄·拉·罗谢勒（Pierre Drieu la Rochelle）和亨利·德·蒙泰朗（Henry de Montherlant）。这些人都能说会道，积极拥护纳粹德国向布尔什维克主义发动战争，用这种办法来保护欧洲。这些“通敌”的拥护者虽然云集巴黎，但是他们在维希也有影响力很大的同盟者。例如当年的共产主义者保罗·马里昂（Paul Marion）就是其中之一。1941 年 2 月他就在政府中负责信息和宣传。另一位是部长会议副主席国务秘书雅克·伯努瓦 - 梅肖（Jacques Bénoist-Méchin）。而约瑟夫·达尔南德是民兵头目，在其亲密同僚菲利普·昂里奥（Philippe Henriot）的密切配合下，他从 1943 年开始成了维希政权法西斯化的代名词。

1943 年对于法国来说就是抵抗的一年。自从 1 月份实行强劳制以来，抵抗组织人员的数量猛增，而且他们还拿起武器反抗维希政权的警察、民兵、通敌分子和占领国成员。占领者的回应是严酷的，他们把大批法国人遣送到德国的集中营。在 8.7 万名被遣送的法国人当中有三分之二是抵抗组织成员，另外三分之一则是人质、刑事罪犯和同性恋者。

/ 1031

随着局势不断恶化，本来在地域和政治上四分五裂的抵抗组织日益团结紧密。戴高乐将军在法国的个人代表是早先的厄尔－卢瓦尔省省长让·莫林（Jean Moulin）。经过他的努力，1943 年法国东部地区的三个最重要的左派抵抗组织终于合并到一起。这三个组织分别是“战斗”（Combat）、“解放”（Libération）和“法兰西射手”。同年 5 月 27 日，他在巴黎创建了“全国抵抗运动委员会”（Conseil national de la résistance，简称 CNR）。除了被禁止的较为温和的右翼和左翼以及共和党的抵抗组织以外，加入这个委员会的还有规模最大、最积极的抵抗运动组织，那就是共产党控制的民族阵线。四个半周之后，让·莫林被捕。1943 年 6 月 21 日，盖世太保逮捕了莫林。盖世太保驻里昂的头目克劳斯·巴比（Klaus Barbie）用酷刑审讯莫林。7 月 8 日莫林心脏骤停。莫林的死对于抵抗运动来说是一次严重的打击，但是抵抗运动并未因此而停止。法国中原地带的“丛林游击队”（maquisards）凭借着丛林这一天然屏障积极战斗。其他地区的游击队也利用适合的地形与占领军及其法国帮凶展开斗争。

法国抵抗组织的大联合给法国以外的反维希政权力量以启发，大家纷纷发出合作的呼声。亨利·吉罗（Henri Giraud）将军是法国驻北非的民事和军事高级专员。1943 年春天，他在亲密顾问让·莫内（Jean Monnet）的影响下，公开宣布脱离贝当元帅的政府。戴高乐在英国政府的敦促下，表示乐意和吉罗结成同盟。两位将军于 1943 年 6 月 3 日在阿尔及尔宣布成立“法国民族解放委员会”（Comité français de libération nationale，简称 CFLN）。然而，一个委员会有两个主席的时间并不长。阿尔及利亚抵抗力量于 9 月召开协商会议，成员向吉罗施压，迫使吉罗在 10 月初放弃了委员会主席一职。于是，戴高乐成了法国民族解放委员会的唯一领导，并且同时也是法国在阿尔及利亚的唯一掌权人。同盟国在同年 7 月就承认法国民族解放委员会是法国利益的代表，因此自由法国的元首自然而然得到了美国的支持。此前，美国与维希政权的外交关系维持到了1942 年 11 月 8 日。而在北非，美国本来是支持吉罗的。

吉罗的出局使法国本土以外的军事力量团结壮大起来了。与此相比，戴高乐的其他几项军事行动却付出了沉重的生命代价：1940 年 9 月，戴高乐试图借助英国的力量登陆达喀尔（Dakar）。1941 年夏，维希政权军队和英军与自由法国军队在叙利亚激战。1942 年 11 月，同盟军在北非登陆发动战役。在法国内部的抵抗运动中，戴高乐的威望不断提高。莫林被捕后，全国抵抗运动委员会主席一职由自由法国元首戴高乐的另一位亲信担当：乔治·皮杜尔（Georges Bidault）。法国抵抗力量日益壮大有两个原因，一个是维希政权和占领国的压迫日益残酷，另一个是各阶层法国人都很少可以施加影响，这就是同盟国在军事上取得的胜利，他们在各个战线都给了德国人重创。德国及其同盟者能够取得“最终胜利”的信念正在逐渐消失，这一点在法国也不例外。

1943 年夏，维希政权内部重新发生矛盾。贝当和赖伐尔之间的紧张关系再次浮出水面。法兰西国的元首拒绝占领者取消所有 1927 年之后获得法国籍的犹太人的国籍的要求。德国人的这种做法用心险恶，因为他们能够更加容易处置这些没有国籍的犹太人。然而赖伐尔却已经同意了德国人的计划，此后不得不改变自己的决定。但是遣送携带法国护照犹太人的行动并未因此停止，而仅仅是拖延了一点时间。几个月之后，占领国和法兰西国之间发生了一次危机。面对赖伐尔日益包揽大权，贝当采取了果断的措施。这一措施被史学家马克-奥利弗·巴鲁克（Marc-Olivier Baruch）形容为“宪法式‘政变’”。贝当元帅在 11 月 11 日签署了一项宪法法案。这项法案重新启动 1940 年 7 月被禁止的国民议会的两院。这两个议院的任务是商讨新宪法，并且决定贝当的接班人。占领国闻风而动，立即禁止广播国家元首的宣言。贝当提出抗议，但是最终不得不屈服。同时贝当还不得不接受德国外交官、原德国驻丹麦全权代表塞西尔·冯·雷特－芬克随时随地的监督。法国内部的权力争斗最后以赖伐尔获胜而告终。

1944 年初，德国强迫法国解雇法兰西国首脑的几位顾问和多名省长和副省长，其中几名被遣送到德国。同时，占领国还要求把一些坚定的“通敌分子”纳入法国政府，并且委以要职。法国民兵总书记约瑟夫·达尔南德于 1944 年 1 月 1 日被任命为法国社会秩序维持会总书记，相当于警察部部长。他的同僚菲利普·昂里奥也是一个坚定的反犹太分子。就在达尔南德上任 5 天之后，他被任命为法国信息与宣传部部长。3 月 17 日，马塞尔·迪特被任命为劳工部部长。这些公开的法西斯分子都纷纷占据了法兰西国的要职。他们随时可以调动驻扎在营地的民兵。而民兵早已成为镇压抵抗力量的重要工具了。达尔南德把一些民兵骨干任命为省长、警察署署长、监狱长、特务机构的领导人员。1944 年 1 月，达尔南德设立了特别法庭，专门审讯那些准备搞暗杀或进行暗杀活动的抵抗组织成员。一旦定罪，不容上诉立即枪毙。

民兵权力扩大，警察的势力就相对缩小，被法兰西国政府所忽视。因此很多警察官员纷纷投奔抵抗力量组织。因为这个原因，有的时候甚至分不清通敌分子和抵抗力量的界限。1944 年初，上萨瓦省（Departement Haute-Savoie）境内格力耶（Glières）的丛林中，抵抗力量和民兵之间爆发激战，最后维希政权不得不借助德国的力量才打赢了这一仗。被抓获的抵抗力量成员大都没有经过法院审判就被枪决。老百姓把民兵的恐怖行为归咎于赖伐尔，而不是贝当。贝当依然享有名望。4 月 26 日，元帅来到巴黎。这是停战之后 / 1034
贝当唯一一次走访巴黎。在这里他受到了百姓的欢迎。1944 年春天，贝当还巡视了法国其他几个城市，所到之处他都受到了友好接待。

然而，法兰西国此时已经失去了民众的广泛支持。大多数法国人热切盼望外国军队来解放自己的家乡。自6月6日盟军部队登陆诺曼底以来，这一期盼马上就要变为现实了。

此后不久，德国占领军和法国民兵犯下了维希时代最为恶劣的罪行。6月7日，德国军队从“法兰西射手”组织和游击队手中重新夺回了蒂勒。第二天，德国军人把蒂勒市的99个居民悬挂在阳台上。1944年6月10日，党卫军“帝国”师灭绝了格拉纳河畔奥拉杜（Oradour-sur-Glane）这个村落。村里的642名男女老幼被赶进一座仓库和教堂里乱枪射死，有的被活活烧死。6月20日，属于民兵编制的法兰西卫队从里翁的监狱里绑架了激进社会主义者、前任部长让·扎伊。他的尸体直到1946年才被发现。7月7日，民兵又杀害了另一名激进社会主义政治家乔治·曼德尔（Georges Mandel）。据说他的死是为了报复抵抗力量成员6月28日暗杀宣传部部长亨里厄特的行为。

德军节节败退，开始从法国撤兵。8月20日，贝当元帅被德国人强行从维希带到贝尔福，然后又被押解到施瓦本地区的西格马林根（Sigmaringen）。其他政府官员，包括赖伐尔和他的部长们也都被强行带到这里。此时，贝当政府也变成了流亡政府，尽管这个政府还包括达尔南德和迪特这样的人。经过贝当同意，维希政府早先的被占领地区总代表和后来的国务秘书费尔南·德·布里农（Fernand de Brinon）担任起这个流亡政府的首脑一职。当然，这个西格马林根内阁已经没有任何实权了。真正的权力已经掌握在抵抗力量手中。8月22日，最后一批犹太人被从法国遣送到奥斯威辛集中营。8月25日，自由法国的军队在勒克莱尔（Leclerc）将军率领下解放了巴黎。这次行动得到了抵抗力量的全力支持。几小时之后，戴高乐将军进驻首都，前往市政府。第二天，他在追随者的伴随下，经过香榭丽舍大街前往协和广场，受到老百姓暴风雨般欢呼。

当德国人在法国呼风唤雨的时候，谁也说不好，一旦德国赢了这场战争，法国的命运将何去何从。然而，阿尔萨斯－洛林将归属于德国，这一点应该是毫无悬念的。在西部战役开始的前后，希特勒、希姆莱和戈培尔曾经幻想把勃艮第日耳曼化。然而这个愿望早在 1941 年就已经破灭了。德国“元首”从未想过要把法国的其他地区并入将来的大日耳曼帝国中去。也许法国领土会被缩小，成为常胜大国德意志的一个附属国。希特勒对这个被占领国的文化还是心存尊重的，德国驻法国大使奥托·阿贝茨和众多的德国军官对法国文化更加崇拜。这个事实让法国人免遭像其他被奴役国的人民，如白俄罗斯人、乌克兰人和波兰人的厄运。

另一方面，很多艺术家和知识分子经过阿贝茨的劝说，也接受了法国被占领的现实，尽管他们并不是公开的通敌分子。在 1940 年至 1944 年，巴黎首演了一批著名的话剧，如让－保罗·萨特（Jean-Paul Sartre）的《苍蝇》和保罗·克洛岱尔（Paul Claudel）的《缎子鞋》。经过德国人批准，一批文学家的著作在此时出版，如阿尔贝·加缪（Albert Camus）、乔治·杜哈梅尔（Georges Duhamel），等等。即便是被视为抵抗力量成员的弗朗索瓦·莫里亚克（François Mauriac），也在地下出版社午夜出版社（den Editions de Minuit）出版了自己的作品。画家、雕塑家，只要他们不和占领国发生冲突，都未受到干扰。马克－奥利弗·巴鲁克甚至把巴黎的 1940 年至 1944 年这段时间视为“百花齐放之季”（blühenden Saison）。

法国的解放使抵抗力量升华成一种神话。1944 年 8 月 25 日，戴高乐在巴黎市政厅前发表讲话，法国是自己解放了自己，法国是她自己的人民在法兰西军队的协助下，在全法国、战斗的法国、唯一的法国、真正的法国、永恒的法国的援助和支持下解放的。 / 1036

自由法国的元首就这样把大约 100 万法国人少数派的功绩扩

大成整个民族的业绩。而通敌分子则变成了一小撮人，这些人要被无情地绳之以法。在同盟军进入法国前后几个月，“清洗运动”（épuration）开始了，大约1万人未经过法院程序就成了牺牲品，其中包括政治家、民兵和宪兵。与占领军士兵发生关系的女性遭到了与被德国占领的其他国家的女性一样的命运，她们被不加区分地打上通敌分子的烙印，受到社会的排斥，有些地方的女性还被强行剃了光头。从这种关系中出生的孩子因为其身份而受到歧视。

非正式的清洗运动之后，开始了正式的报复。1945年，维希政权的部长和国务秘书们受到审判，其中有22人被判入狱或强劳，18人被判处死刑。被判处死刑的人当中有10人缺席审判。被宣判死刑的名单中，菲利普·贝当名列其中。因为他年事已高，因此被关押到与旺代隔海相望的利勒迪厄岛（Insel Yeu）。1951年7月23日，他死在这座岛上。赖伐尔、布里农、达尔南德被处死。多里奥特在1945年2月的一次空袭中葬身德国。迪特逃往意大利，藏匿在一座修道院里，1955年离世。维希政权的民兵和高级官员中，共有大约1500人被判处死刑，3.8万人被判处监禁。

有些通敌分子因为与抵抗力量保持联系，因此在清洗运动中躲过了一劫。勒内·布斯凯直到1943年都是法国警察头子，他一直是镇压机构的头目，积极参与了押解法国犹太人前往死亡营的活动。布斯凯被判处剥夺政治权利5年。后来人们发现了布斯凯更多的犯罪行为，其中包括参与了遣送194名犹太儿童。1991年布斯凯重新
/ 1037
遭到起诉。然而他与1981年至1995年担任法国总统的弗朗索瓦·密特朗的关系非同一般。于是开庭时间被一拖再拖。1993年6月8日，布斯凯被一名据说是精神失常的男人击毙。[18]

“把这个民族从地球上灭绝掉”：“犹太人问题的最终解决方案”（二）

完成灭绝犹太人计划的第一个国家是塞尔维亚。1941 年夏天和秋天，塞尔维亚在实行“惩治措施”时枪杀了数千名犹太男人。1942 年 3 月至 5 月，又有大约 8000 名犹太妇女和儿童在萨吉米斯切（Sajmište）集中营被杀害。接下来遇害的是贝尔格莱德的犹太人医院的病人和工作人员。贝尔格莱德附近营地的犹太人则被送进从柏林开来的毒气车。除了犹太人以外，辛提人和罗姆人也遭到同样的处置。在德国人占领的欧洲所有地区，辛提人和罗姆人都被视为下等人，是一伙与社会格格不入的饭桶，因此要统统被处死。党卫军集团领袖哈拉尔德·特纳（Harald Turner）是德国派驻贝尔格莱德的民事管理头目，他负责执行对犹太人和吉卜赛人的谋杀活动。1942 年 8 月，特纳自豪地向柏林致电：“塞尔维亚是唯一一个解决了犹太人问题和吉卜赛人问题的国家。”

毒气车原来是用来杀死精神病患者的。后来这种车辆被用于消灭犹太人，并且在波罗的海国家、白俄罗斯、乌克兰，以及瓦尔特大区的海乌姆诺灭绝营被广泛使用。1941 年 11 月，波兰总督府地区的贝乌热茨开始用毒气室杀害大批犹太人。贝乌热茨灭绝营和索比堡、特雷布林卡、马伊达内克一起构成了所谓的“莱因哈特行动”灭绝营。这个名称是为了纪念莱因哈特·海德里希而起的。这些灭绝营当中，马伊达内克是稍后加入进来的，时间为 1942 年 7 月。截至 1942 年底，贝乌热茨一共杀害了大约 43.4 万犹太人，索比堡灭绝营在启动的前三个月里，即 1942 年 3 月至 6 月就杀害了 9 万至 10 万犹太人，这些犹太人大都来自卢布林区、奥地利、老帝国地区，以及保护国波希米亚和摩拉维亚。1942 年 7 月，特雷布林卡毒气室开始启用。马伊达内克本来是一个关押苏联战俘的集中营。这 / 1038

个集中营既有强劳性质，又是一个灭绝营。奥斯威辛也是这样一座集中营。通过强劳灭绝犹太人的部分由党卫军经济管理局负责，而直接用毒气杀人的部分则由帝国安全局负责。

奥斯威辛 - 比克瑙（Auschwitz-Birkenau）灭绝营从 1941 年 9 月投入“前期运营”，600 名苏联战俘、200 名生病或丧失工作能力的囚徒被用齐克隆 B 杀害。1942 年 2 月，毒气室大规模杀人活动开始。第一批牺牲者是上西里西亚劳动营中被视为丧失劳动能力的犹太人。1943 年，比克瑙建造了一个“妇女营”、一个专门用于吉卜赛人的“家庭营”和一个用于来自特莱西恩施塔特集中营犹太人的“家庭营”。被杀害的犹太人在进入毒气室之前要脱光衣服。进入毒气室的人因窒息而死，因此极端痛苦。他们死后，尸体上的金牙、假肢、女性的头发，以及所有值钱的物品如婚戒和眼镜等都被分门别类地搜集起来。这些工作由犹太人特别小组来完成。死人的躯体原来被掩埋起来。1943 年后，尸体被送进大型焚烧炉焚烧。焚烧炉是由德国埃尔福特的托普夫父子公司（Firma Topf und Söhne）建造并提供的。骨头在特制的研磨机里粉碎。索尔·弗里德兰德（Saul Friedländer）这样写道：“骨灰被撒在附近的农田、森林与河流里。犹太人特别小组成员时不时被处死，然后更换一批新成员。”在奥斯威辛被杀死的人总数大约为 130 万，其中包括 110 万名犹太人、14 万名波兰人、约 2 万名辛提人和罗姆人、1 万名苏联战俘。

被杀害者来自被德国占领和控制的欧洲各个地区。犹太人所在
/ 1039
之处也很少得到当地人的帮助。我们前面提到的像丹麦那样成功援救大批犹太人的情况是一个例外。在荷兰，尽管 1940 年至 1941 年在代尔夫特、莱登和阿姆斯特丹有过声援犹太人的活动，但是当犹太人被遣送到灭绝营的时候，荷兰警察和公务员都一直与占领军一起行动。比利时的情况也相仿。它与北部邻国的情况不同的是，国

内生活的大部分犹太人都是外国国籍。在法国，当遣送本地犹太人时，“通敌合作”遇到了一定的困难。从法国遣送出国的犹太人有三分之二（68%）是外籍犹太人。被灭绝的犹太人中，在法国生活的外籍犹太人占了39%，而法国籍犹太人“仅仅”占了12%。在法国，被遣送和杀害的犹太人占犹太人总数的23%。在比利时，被遣送和杀害的犹太人占犹太人总数的一半。在荷兰，被遣送和杀害的犹太人占犹太人总数的四分之三。

在比利时，1942年8月第一批犹太人被运往灭绝营，人数为1万。这些犹太人的国籍是波兰、捷克斯洛伐克、苏联和其他国家，但是没有比利时国籍的犹太人。德国驻比利时军队总司令维尔纳·冯·巴根（Werner von Bargen）在向柏林报告时说，比利时外交部代表是这样解释的：比利时对“犹太人问题的理解”还不够深入，他们认为犹太人是“本地经济活动”的一部分，因此遣送犹太人恐怕会引起“劳工市场的麻烦”。一些比利时犹太人和外籍犹太人之所以幸免，这要归功于当地百姓自发的援助和抵抗力量的支援。1944年7月31日，最后一批犹太人从梅赫伦集中营被遣送到奥斯威辛。画家菲利克斯·努斯鲍姆（Felix Nußbaum）也在这一批被遣送的人群里。用纳粹的话说，努斯鲍姆是“颓废艺术”的代表。这位艺术家就这样被毒气杀死，他死亡的日期大约是8月2日。

在荷兰，基督教教会的领袖们于1942年7月纷纷反对遣送犹太人。此后德国专员赛斯-英夸特宣布，所有在德国人占领之前就皈依基督教的犹太人都可以免遭遣送的命运。得知这一消息后，基督教主教们都纷纷开始让步，而天主教主教们的反对呼声却并未减弱，而且他们还在教会中公开抗议。结果大部分天主教犹太人被捕，其中92人被送往奥斯威辛。在那里他们马上被送进毒气室。被毒死的人当中有一位是来自布雷斯劳（Breslau）的加尔默罗会（Karmeliten）修女和哲学家艾蒂特·史坦茵（Edith Stein）。 / 1040

很多未受洗礼的犹太人选择了逃亡荷兰，但是他们并未因此躲过了劫难。1929 年 6 月出生于美因河畔法兰克福的安妮·弗兰克（Anne Frank）就是其中一个。1942 年 6 月，安妮一家通过当地百姓的帮助成功逃往荷兰，在阿姆斯特丹王子运河（Prinsengracht）的一座后院里藏匿了两年。安妮在她后来举世闻名的日记中记述了这段故事。后来由于有人告发，1944 年 8 月 4 日这里的犹太人被捕。只有安妮的父亲奥托·弗兰克（Otto Frank）在战争中活了下来。当年他被遣送到了奥斯威辛集中营。安妮和她的姐姐玛格特（Margot）被带到伯根 - 贝尔森集中营。在 1945 年 3 月集中营就要被解放的前夜，她们两人因患伤寒死亡。

被德国占领的国家的犹太人只能通过逃亡的办法躲避抓捕。1942 年 11 月法国南部被占领后逃亡的路子也几乎没有了。另外一个办法就是藏匿起来，然而这必须要有非犹太人的帮助才有可能实现。帮助犹太人躲过追杀，置自己的生命于不顾地收留犹太人，这样的人不仅在所有被占领国都存在，而且在德国本土也有，然而没有一个地方的救助者人数超过有着反犹太人传统的波兰。当然，金钱和敲诈在这里也起到一定作用。波兰救助者们帮助那些已被同化的犹太人，帮助他们隐姓埋名，甚至为他们提供住处。但是从总体来看，赞同灭绝犹太人和检举藏匿犹太人的波兰人要比救助者的人数多得多。1939 年有大约 330 万犹太人住在波兰，这些人里只有大约 30 万人活了过来，而在波兰本土活着经历了战争的犹太人最多不过 4 万人。

和纳粹德国结成同盟的国家在灭绝犹太人的问题上有些举棋不定或矛盾重重。即便是法西斯意大利也是如此。意大利外交家和军
/ 1041
官在希腊、克罗地亚和法国南部被占领地区挽救了成千上万名犹太人的性命，他们成功地阻止了这些人被遣送到灭绝营。在克罗地亚，

他们的这种做法不仅与德国人截然不同，而且和那些极端反犹太的乌斯塔沙运动组织人员也是格格不入的。在德国影响区和占领区内，乌斯塔沙人员如入无人之境，任意杀害犹太人，致使当地的犹太人几乎被灭绝了。1942 年 8 月 21 日，墨索里尼向他的军事部下和老百姓宣布，在意大利占领区克罗地亚，他支持让德国人来处置当地犹太人的做法。德国驻意大利大使馆的第二把手、德意志帝国建造者的孙子奥托·冯·俾斯麦（Otto von Bismarck）公使，此前向意大利外交部提交了书面照会，以非同寻常的公开形式要求遣送当地的犹太人，目的是“打击和彻底消灭”这些犹太人。

在亚得里亚海另一端的意大利军队由罗塔（Roatta）将军担任总指挥。他是意大利驻斯洛文尼亚、达尔马提亚和克罗地亚的第二军总司令。这支军队不愿听从来自罗马的指示，这不仅仅是出于人道主义的考虑，也有现实政治上的考虑。他们不仅讨厌德国同盟的那种杀气腾腾的种族狂热，还担心一旦德国战败，战胜国将向意大利兴师问罪，在种族灭绝的滔天罪行上把意大利和德国画上等号。尽管罗塔提出种种顾虑，墨索里尼还是在 10 月中旬发出命令，把生活在意大利占领下的克罗地亚地区的犹太人关押起来，并移交给克罗地亚人和德国人。然而，这个命令仅仅执行了一半，犹太人被关押到拉布岛（Rab）上，但并没有移交给他人。此时罗塔接到了意大利“领袖”的一项新命令，于是被关押在岛上的犹太人的命运被延期到 1943 年春天再做决定。1943 年 7 月墨索里尼政权被推翻，意大利于同年 9 月 8 日和西方同盟国签署停火协议。此后，德国人在迄今为止被意大利占领的克罗地亚地区只能将一部分犹太人运送到奥斯威辛集中营，而另一部分犹太人已经加入了铁托的游击队。

到 1942 年夏天为止，希特勒的忠实盟友、罗马尼亚“领袖”扬·安东内斯库，无论是在“犹太人问题最终解决方案”方面还是在攻打苏联的问题上都是完全支持德国的。在东部战争开始的头一年 / 1042

1000 里，罗马尼亚的军队和宪兵在重新被夺回的地区比萨拉比亚和北布科维纳杀害的犹太人达 28 万至 38 万之多。1941 年 10 月罗马尼亚军队开进敖德萨之后，杀害了 4.5 万至 5 万生活在那里的犹太人。但是在 1942 年秋天之后，布加勒斯特独裁者的做法开始发生变化，也许是因为他看到了轴心国在军事上的连连失利。同年 10 月，他把已经向德国人允诺的遣送 30 万罗马尼亚犹太人的计划推迟到了 1943 年春天。就在 1942 年 11 月，他又向希姆莱的一名特使宣称，罗马尼亚不赞同德国人对犹太人的态度。显然，柏林向布加勒斯特施加的压力起到了相反的作用。面对这个反叛的罗马尼亚“领袖”，希特勒又不能使用武力，因为东部前线的战况不允许他这样做。于是，希特勒只能接受罗马尼亚拒绝继续灭绝犹太人的做法。

霍尔蒂时代的匈牙利同安东内斯库的罗马尼亚一样，也是彻头彻尾地反对犹太人的。早在 1939 年 5 月，匈牙利就出台了反犹太人的种族歧视法律。1942 年春，匈牙利开始没收犹太人的土地。犹太人被集中起来送往东部前线的强劳营。有很多人在那里丧命。就在这个时候，王国摄政者海军上将霍尔蒂开始了外交政策的转折。他认为，“第三帝国”最终将败在同盟国手下，因此他在 1942 年 3 月把无条件忠实于德国的总理巴尔多希・冯・拉斯洛（László von Bárdossy）撤换下来，让大地主卡洛伊・冯・米克洛什（Miklós von Kállay）继任。卡洛伊坚决反对匈牙利纳粹分子，坚决反对萨拉希・费伦茨（Férenc Szálasi）领导的箭十字党（Pfeilkreuzler），坚决反对德国纳粹。这位新总理根据霍尔蒂的愿望，开始寻求与西方同盟国的接触。

起初，卡拉伊拒绝德国人的要求，不同意在匈牙利让犹太人佩戴标志，也不同意遣送 80 万匈牙利犹太人的计划。1943 年 4 月，希特勒在萨尔茨堡的克莱斯海姆宫（Kleßheim）约见霍尔蒂，但是两人的观点截然不同。1943 年 5 月，卡拉伊在一次公开讲话中尽管表示要让犹太人彻底迁出欧洲，但同时也强调了犹太人问题解决方案最重要的先决条件是，要把犹太人迁徙到什么地方去。这个先决条件是根本不存在的。此外，卡拉伊总理再次强调了与纳粹世界观格格不入的理想观点：“在自己走过的历程中，匈牙利在种族问题和信仰问题上始终奉行自己的人道主义观点，匈牙利绝对不会动摇自己的人道主义观。”

不到一年的时间之后，希特勒决定开始行动。为了防止匈牙利倒向同盟国阵营，他于1944年3月18日在克莱斯海姆宫约见霍尔蒂时向匈牙利下了最后通牒。他勒令王国摄政者，允许德国进军匈牙利，建立一个与德国友善的政府，并且以输出劳动力为名向匈牙利征调10万名犹太人。如果霍尔蒂不答应这些条件，德国将对匈牙利诉诸武力。第二天，匈牙利被德国军队占领。原匈牙利驻德国大使斯托尧伊·冯·德迈（Döme von Sztójay）出任匈牙利政府首脑一职。霍尔蒂的一些亲信被捕，并且被押送到德国集中营。

3月20日，德意志帝国安全局犹太人问题专员阿道夫·艾希曼来到布达佩斯。在他的指挥下开始了“第三帝国”关于“犹太人问题最终解决方案”的最后一章：解决匈牙利的犹太人问题。同年4月7日，在匈牙利宪兵的积极参与之下，在匈牙利各省搜捕犹太人的工作开始了，这一行动甚至得到了老百姓的拥护和欢呼。从5月份开始，第一批犹太人被送往奥斯威辛。每天都有1.2万至1.4万名犹太人踏上前往灭绝营的旅途。

与匈牙利相比，斯洛伐克开始灭绝犹太人的行动要早得多。1942年3月底，第一趟列车将999名年轻妇女送往奥斯威辛。这一做法并非出自德国人的敦促，而是沃伊捷赫·图卡（Vojtdch Tuka）总理领导的政府自发的行为。图卡是一个极端的反犹太分子。犹太人的财产在大规模“雅利安化”的进程中被没收，而政府并没有兴趣去抚养那些日益贫困的犹太人。1942年初，斯洛伐克就 / 1044

已经向德国输送了2万名有工作能力的犹太人。这些人被用于强劳，参与了奥斯威辛－比克瑙灭绝营的建造。1942年6月底，又有5.2万名犹太人被送往奥斯威辛和其他灭绝营。在这之后，国家总统约瑟夫·蒂索（Joseph Tiso）下令停止遣送犹太人。蒂索是一名天主教的主教，他接到来自梵蒂冈的警告后下达了这一命令。对此，德国外交部国务秘书恩斯特·冯·魏茨泽克于6月30日发表了抗议照会，尽管照会内容含蓄，但是德国人的不满情绪跃然纸上。1943年9月，斯洛伐克在德国人的一再催促下，又向奥斯威辛运送了三批犹太人。

1943年3月，仅仅还有2万名犹太人生活在斯洛伐克，他们当中大部分人都受过洗礼。当图卡总理宣布，这些人也可能被移交给德国人时，天主教教会开始奋起反抗，老百姓的反抗呼声也日益提高。最后，政府首脑的这一计划不了了之。蒂索在1943年4月22日与希特勒会晤时明确提出不打算把皈依天主教的犹太人遣送出境。柏林考虑到滞留在斯洛伐克的犹太人数已经寥寥无几，所以没有再施加更大的压力。蒂索因此能够坚持自己的主张。

保加利亚和斯洛伐克一样，一开始在遣送犹太人问题上采取与德国积极的合作态度。1942年6月，议会责成波格丹·菲洛夫（Bogdan Filov）的政府解决犹太人问题。在征得了保加利亚国王鲍里斯三世（Boris Ⅲ）同意之后，保加利亚政府于1943年春天将大约1100名犹太人移交给德国人。这些犹太人大都来自两个地区，而这两个地区都是保加利亚1941年4月跟着德国人出征巴尔干半岛时通过战争吞并而来的，它们是希腊的色雷斯和南斯拉夫的马其顿。这些犹太人最终被送到特雷布林卡灭绝营。鲍里斯国王向党卫军使者允诺，接下来将遣送保加利亚本土的犹太人，这些犹太人与色雷斯和特雷布林卡的犹太人的不同之处在于，后者属于外国人。然而，无论是议会还是东正教会都发出反对的呼声，国王不得不就此罢休。

保加利亚的2.5万名犹太人得以留在本土，躲过了这场劫难。

在芬兰只有大约150至200名外籍犹太人，即便如此德国还是坚持要“最终解决”。1942年7月，希姆莱来到赫尔辛基，亲自要求芬兰交出这些犹太人。秘密警察开始搜集这些人的名字和住址，然后准备将这份名单交给德国人。然而这件事最终还是露出了马脚，引来了政府和公众舆论的强烈反抗。最终结果是，原本35名外籍犹太人的名单最后只留下了8名。这8名犹太人于11月被送到德国人占领的爱沙尼亚。最终只有一个人活了下来。

欧洲的一些中立国家和未参战国家也碰到了灭绝犹太人的问题。西班牙尽管到1943年12月底时有一支数万人的“蓝色师”志愿军部队在东线作战，但是依然想远离世界大战。西班牙既不想和柏林与罗马的独裁者们结成同盟，也不想得罪盎格鲁－撒克逊民主国家。为了做到这种平衡外交，西班牙做了很多努力。1942年9月，亲轴心国的外交部部长拉蒙·塞拉诺·苏聂（Ramón Serrano Suñer）被撤换下来，亲英派的弗朗西斯科·戈麦斯－霍尔达纳（Francisco Gómez-Jordana）爵士上台。1942年11月之前，未被占领的法国地区有些犹太人试图穿越西班牙和葡萄牙前往美洲。对于这些事，西班牙也不去深究。葡萄牙独裁者萨拉查坚持严格要求办理过境签证，然而葡萄牙的一些领事对来自里斯本的命令置若罔闻。就这样，大约有5万名犹太人保全了自己的性命。

在选择穿越比利牛斯山奔向自由的人当中，有一位是逃往法国的德国文学理论家和哲学家瓦尔特·本雅明（Walter Benjamin）。他在美国驻马赛领事馆获得了美国签证，并且拥有西班牙和葡萄牙的过境签证。当本雅明1940年9月26日和其他犹太难民一起经过边境波尔特沃（Port Bou）的时候，西班牙边防警察不认可马赛出具的签证。此时，本雅明已经没有勇气第二次尝试穿越西班牙了。

/ 1046 就在被拒绝入境的当天，本雅明以自杀的方式结束了自己的生命。

瑞士和瑞典与西班牙和葡萄牙不同，它们都是民主国家。根据瑞士的要求，德意志帝国于1938年11月在所有犹太人的护照上加盖了无法删去的红色“J”字。于是瑞士比瑞典更早想出了对付犹太人的办法，犹太人通过合法途径已经无法进入瑞士了。从1942年开始，瑞士加强了边境管理。自8月起，瑞士各州下达命令，犹太人不属于政治难民，因此严禁入境，并直接或间接交由德国人处置。到1943年底，这项命令得到严格执行，曾经发生过例外情况，但案例甚少。

在处置犹太人方面，瑞典到1942年秋冬之际一直采用和瑞士相似的办法。当灭绝犹太人的消息传来的时候，斯堪的纳维亚的这个王国改变了自己的做法。它向挪威和丹麦的犹太人开放了自己的边界。瑞典不顾自己的中立地位，向边境附近的挪威抵抗力量提供装备和培训。与此同时，社会民主党领导的政府为德国战争经济源源不断地提供矿石和轴承。在这一点上，瑞士也与瑞典有着相似之处。瑞士为德国开通了前往意大利的铁路线，瑞士工业为轴心国提供装备。另外，瑞士也依赖德国的煤炭供应。瑞典和瑞士如果没有向德国做出如此的贡献，也不可能获得自己的相对独立。它们与德国的合作不仅导致了战争的延长，而且还间接助长了德国的纳粹政策，这就是“犹太人问题最终解决方案”，因为只有战争，德国人才能推行这个政策。

瑞典和瑞士这些中立国家很早就从德国渠道得知将要对欧洲犹
/ 1047 太人斩尽杀绝。1942年夏天，库尔特·格斯坦（Kurt Gerstein）接受德国安全局的命令，前往卢布林购买齐克隆B，即氰化氢毒气。格斯坦是一个非常虔诚的德国基督徒，也许是出于叛逆心理加入了党卫军。他在柏林的党卫军武装部队的卫生局担任消毒专家。格斯坦在贝乌热茨见证了毒气杀死犹太人的行动。在从华沙返回柏林的途中他遇见了一名瑞典外交官，使馆专员戈兰·冯·奥特（Göran von Otter），并且向他叙述了自己的见闻。此后，他又把这件事告诉了基督教柏林大主教奥托·迪贝柳斯（Otto Dibelius）。不久之后，另一位瑞典外交官，瑞典驻什切青领事，卡尔·英韦·文德尔（Karl Ingve Vendel）又从另一个渠道得知德国在用毒气大规模灭绝犹太人。他获知消息的来源是德国反希特勒的军事势力，或许是中央集团军第一参谋亨宁·冯·特雷斯科夫（Henning von Tresckow）。两位瑞典外交官得知此事之后，向斯德哥尔摩政府做了汇报。瑞典政府准备把这些信息传递给西方同盟国。

1942 年夏，这一消息也传到了瑞士。德国工业家爱德华·舒尔特（Eduard Schulte）和纳粹政权高层保持着良好的关系，他在访问苏黎世时，告诉一位犹太贸易伙伴德国计划灭绝欧洲犹太人。舒尔特的贸易伙伴把这个信息传递给了世界犹太人大会日内瓦办公室主任格尔哈特·里格纳尔（Gerhart Riegner）。里格纳尔通过美国和英国驻伯尔尼公使以电报的方式把这个消息传递给世界犹太人大会组织。当然，电报中也带有一些怀疑消息真实性的口气。电报发出，这一消息不仅传到了世界犹太人会议，还传到了伦敦和华盛顿的外交部。德国的“犹太人最终解决方案”昭然若揭。美国副国务卿萨姆纳·威尔斯征得世界犹太人会议主席斯蒂芬·怀斯（Stephen Wise）的同意，得到中立来源的证实之后再发布这一消息。国际红十字会和瑞士政府对这一消息也采取了相似的谨慎态度。

1942 年 6 月底，英国到处流传着灭绝犹太人的消息。同年 11 月，美国国务院认为有必要向世界犹太人会议确认里格纳尔的电报内容是确凿的事实。12 月 10 日，英国政府收到波兰流亡政府外交部部长拉钦斯基（Raczynski）爵士关于灭绝营的详细报告。一周之后同盟国政府和自由法国国家委员会共同发布宣言，向全世界公布 / 1048

欧洲犹太人被灭绝的进程，并且发出警告要惩治犯罪的元凶。波兰家乡军的一位地下抵抗人员扬·卡尔斯基（Jan Karski）在犹太人的帮助下走访了华沙的犹太人隔离区。

1942 年 10 月，他身穿乌克兰军服潜入贝乌热茨集中营，目睹了大规模灭绝犹太人的情景。此后，卡尔斯基接受波兰流亡政府的命令，冒着生命危险，穿越德国、维希法国、西班牙，经过直布罗陀来到伦敦。他报告的灭绝犹太人的消息不仅受到波兰人和英国人的怀疑，就连他的犹太人同伴都不能相信这是真的。1943 年 7 月，卡尔斯基作为波兰流亡政府的信使前往华盛顿。他向天主教大主教们、犹太人组织领袖们、最高法院犹太人大法官费利克斯·弗兰克福特（Felix Frankfurter）以及美国总统罗斯福汇报了波兰的局势以及犹太人被残害的情况。来自现场的第一手资料并未带来什么实际结果。美国犹太人代表表示愿意竭尽全力支持反对纳粹德国的战争，但是又不想让自己的事给总统施加太多压力。两位成功逃往斯洛伐克的犹太人囚徒鲁道夫·弗尔巴（Rudolf Vrba）和阿尔弗雷德·韦茨勒（Alfréd Wetzler）撰写了《奥斯威辛记录》（*Auschwitz-Protokolle*）。这份记录通过瑞士传到英国和美国。

1944 年 4 月底，同盟国根据这份记录对所有大型灭绝营发生的事件了解得一清二楚。众多的犹太知名人士请求美国政府轰炸奥斯威辛毒气室或通向灭绝营的铁路线段。但是这些努力都未成功，要么是美国国务院不感兴趣，要么是战争部阻力重重。反对者的标准
/ 1049 论点是，这样的行动需要动用很多资源，而这些资源都是当下最急需的。1944 年 8 月，美国国务院副国务卿甚至还找到了另一个借口来回绝这样的建议：轰炸行动只会让德国人变本加厉地残害犹太人。

英国人的反应也是同样不感兴趣。北大西洋两岸的军事将领和政治家都担心一旦做出支持犹太人的行动反而会助长本国的反犹太人情绪。当事人当中也常有些人对犹太人带有偏见。同盟国直到最

后也没有做出过以军事力量营救犹太人的行动。从技术角度讲，轰炸通往奥斯威辛的道路是完全可行的。相距毒气室和焚烧炉几公里的工业设施，在 1944 年 7 月至 11 月间多次遭到同盟国的轰炸。梵蒂冈也非常清楚德国人对犹太人犯下的罪行。1942 年初，教廷就得到了波罗的海地区大规模处决犹太人的报告，之后波兰和乌克兰也传来了相关的报告。教宗庇护十二世（Pius Ⅻ）并不想公开谴责"第三帝国"，因为他担心这样做会受到德国天主教教会和德国统治的欧洲地区的天主教教会的报复。同时，教宗一直认为布尔什维克主义的危险要大于民族社会主义。1942 年的圣诞贺词中，教宗对那些由于民族归属或种族的原因而死或者受到日益深重灾难的人表示同情。然而他话锋一转，又提到了空袭中死亡的人。

庇护十二世对 1943 年 10 月罗马的犹太人被遣送一事只字不提。1943 年 3 月，柏林大主教康拉德·冯·普莱辛伯爵（Konrad Graf von Preysing）请教宗出来为犹太人遭遣送的事说一句话，并且指出被遣送的人当中有很多天主教徒。然而，教宗庇护十二世仅仅向柏林天主教教会致以谢意，感谢他们对那些灾难深重的"所谓非雅利安人"施以爱怜。教宗的行为举止像一个外交官，对他来说，他所理解的天主教会要比其他人从基督教教义中得出的人道主义思想重要得多。因此，灭绝欧洲犹太人的行动可以继续，而梵蒂冈可以一言不发。

就在大规模毒死犹太人的消息刚刚传到西方的时候，华沙犹太人隔离区就建立了犹太人抵抗组织"犹太战斗组织"（Zydowska Organizacja Bojowa，简称 ZOB），这是 1942 年 6 月底发生的事。有大约 200 名犹太人战斗组织成员从共产党地下组织那里得到了手枪和手榴弹。抵抗组织成员的行动首先聚焦在犹太人委员会里的那些犹太通敌者身上，却没有什么进展。同年 8 月和 9 月，德国人逮捕了犹太人战斗组织的领导成员。然而组织并未因此瓦解。1943 年 1 月，抵抗组织成员袭击了一支党卫军的护送卫队。于是有 5000 至 6000 名犹太人被捕。犹太人战斗组织对那些为德国人工作的犹太人实行暗杀活动，被杀死的人当中包括犹太人隔离区盖世太保的副队长。这支犹太人战斗组织和波兰家乡军的合作并非一帆风顺，原因是一些犹太人战斗组织员有共产主义倾向，并且和共产党地下组织保持联系。尽管如此，波兰家乡军还是把一些武器送进了犹太人隔离区。

按照希姆莱的想法，1943 年 4 月 19 日应该开始清理华沙犹太人隔离区，这里的居民都应该被遣送到灭绝营里去。犹太战斗组织及其军事组织犹太军事联盟（Zydowski Zwiazek Wojskowy，简称 ZZW）对此早有准备：他们开始了与党卫军的战斗。战斗在街面上进行了 9 天，之后又转移到地下壁垒。一些犹太抵抗力量人员通过下水道逃往波兰首都的非犹太人居住区，从而逃过了一劫。党卫军使用了火焰喷射器、机关枪、手榴弹、炸药和催泪弹。1943 年 5 月 16 日，党卫军旅长于尔根·斯特鲁普（Jürgen Stroop）宣布战斗结果："华沙已经不存在犹太人居住区了。"根据党卫军估计，一共杀害了超过 6 万名犹太人。

华沙犹太人隔离区的反抗不是犹太人唯一的一次防卫行动。比亚韦斯托克和维尔纳的犹太人隔离区在大清理过程中也遇到了武装
/ 1051 抗争行动。1943 年 8 月，特雷布林卡集中营有过一次暴动。暴动的起因是德国人命令把犹太人尸体挖出来进行焚烧。这清楚地表明，在红军步步逼近的时候德国人想销毁自己的罪证、拆除这个集中营。当时特雷布林卡还有 850 名"强制劳役犹太人"。这些人里除了 100 名犹太人得以逃生之外，其他人都死于暴动，或在暴动后被杀死。

1943 年 10 月中旬，索比堡发生暴动，原因也是集中营要被拆

除。暴动人员成功地逃避了党卫军的岗哨。有 300 名犹太人穿越西布格河，逃进附近的森林，加入游击队中去。在马伊达内克、特拉弗尼基和波尼亚托瓦集中营的“强制劳役犹太人”也跃跃欲试，准备暴动，但是党卫军先下手了。1943 年 11 月初，纳粹德国发起了“丰收节行动”（Operation Erntefest），大约有 42400 名犹太人被杀害。德国人用高音喇叭播放震耳欲聋的音乐，来掩盖枪声和受害者声嘶力竭的喊叫。

与灭绝欧洲犹太人相比，德国人对辛提人和罗姆人的处置并非那么系统。尽管这些人最早来自印度西北部，应该属于“雅利安”种族，但是他们依然被纳粹分子视为不合群的“低级人种”。从 1936 年开始，在德国生活的吉卜赛人就被送到集中营。从 1938 年开始，他们又被拉去强劳。1941 年开始对他们进行第一批大规模射杀。一年之后吉卜赛人在海乌姆诺（Chelmno）第一次遭到毒气杀害。在维希法国大约有 3 万名辛提人和罗姆人被关押并被移交给德国人。在波兰、苏联和塞尔维亚德国人占领区有数千名吉卜赛人被杀害。克罗地亚的乌斯塔沙政权和罗马尼亚的安东内斯库政权也杀害了数千名吉卜赛人。奥斯威辛吉卜赛人集中营关押的 22600 名吉卜赛人当中有 19300 人丧生。在德意志“老帝国”境内生活的吉卜赛人和“吉卜赛混血”当中有大约 1.5 万人被害，在奥地利境内的吉卜赛人有 8000 人被害，在捷克斯洛伐克境内的吉卜赛人有 3.5 万人被害。根据统计，在德国人的统治下，遇害的吉卜人总数在 22 万至 50 万之间。

1942 年底，党卫军开始对吉卜赛人加以区分。他们认为辛提人应该属于“纯种的”雅利安血统，而罗姆人并非是纯种的。此时，押解吉卜赛人前往灭绝营进行杀害活动的行为停止了。1944 年，在德意志帝国地区有 2000 至 2500 名“难以融入的”吉卜赛人混血被做了绝育手术。民族社会主义的吉卜赛人政策可以说是自相矛盾的， / 1052

一方面考虑的是生理种族的原因，另一方面考虑的是社会政治的功利主义关系。如果说灭绝这一群族的愿望不像灭绝犹太人那样坚决和强烈，那是因为吉卜赛人“仅仅”是社会的低下人群，而非是要颠覆世界的始作俑者。颠覆世界这种说法仅仅是对犹太人而言。

1943 年 10 月 4 日，德国党卫军司令海因里希·希姆莱在波森（Posen）对党卫军高级军官们发表讲话。在说到灭绝犹太人时，他的露骨程度前所未有：“‘犹太民族将被灭绝’，每个党员同志都这么说，‘这清清楚楚地写在我们党的纲领中，灭掉犹太人，灭绝他们。’然而我们这八千万实诚的德国人，每个人身边都有几个老实巴交的犹太人。事情很明白，别的犹太人都是坏蛋，我身边的可都是善良的犹太人。我们对所有这样说和这样想的人视若无睹，不去追究。100 具尸体堆在一起，500 具尸体躺在那里，或者 1000 具尸体躺在那里，你们大家都知道这意味着什么。除了人的软弱之外，能够经受得住这些考验，而且依然保持自己的实诚，这才使得我们更加坚强。这是我们历史上从未写过的，将来也不会写上去的功名。”

两天之后，希姆莱在波森对纳粹党的大区主席发表讲话。他再次提到了灭绝犹太人的这个题目。“我们面临一个问题，”德国党卫军总司令发问，“我们拿那些妇女和孩子怎么办？我决心在这个问题上也要找到一个明确的答案。我认为仅仅灭绝男人，无论是杀死他们或者派人杀死他们，这不公平，因为他们的孩子将会对我们的子孙进行报复。必须下定决心，坚决把这个民族从地球上铲除掉。”

/ 1053 戈培尔出席了 10 月 6 日大区主席的会议。他在日记中记述道，希姆莱在犹太人问题上做了“毫无掩饰和坦率的描述”。“他相信，我们在今年年底就会解决全欧洲的犹太人问题。他主张采用最为极端和强硬的办法，让犹太人断子绝孙。尽管这个方法非常残酷，但这绝对是一个前后一贯的做法。我们必须担当起在我们这个时代解决这个问题的责任。今后的人类肯定不会再有我们今天的勇气和执着来解决这个问题。”

德国民族社会主义有两大目标，其中一个是占领东部的“生存空间”。到1943年秋天，这个目标已经是遥不可及了。这一年7月，希特勒不得不中止了在库尔斯克的代号为“堡垒”的行动计划。此后苏联红军向西方步步逼近。1943年8月和9月，德国人不得不撤离顿河盆地和库班桥头堡，11月第聂伯河防线失守。德国民族社会主义的另一个目标就是彻底解决犹太人问题。这个目标看起来还是有希望实现的，因此纳粹领导层竭尽全力设法完成这一目标。然而从生理上灭绝犹太人并非终极目标。希特勒认为，犹太人为早期的基督教打上了烙印，因此犹太人的精神依然存活在基督教里，这就是各雅利安民族自作多情的致命弱点。正因为这个道理，反犹太精神的斗争只有克服了基督教思想才能赢得最终的胜利。

希特勒在元首办公室里常常自言自语地论述一个问题，这就是耶稣是雅利安人种或者至少是半个雅利安人，而保罗则是个犹太人，他在一开始就把基督教引到了布尔什维克主义的邪路上。“保罗为了反抗巴勒斯坦的犹太人，建立了一个跨越国界的基督教，正因如此，犹太人摧毁了罗马帝国。”希特勒于1941年10月21日这样说道，“保罗用他的基督教实现那个推出了跨国界帝国的学说，用此来对应罗马的国家学说。保罗宣布所有人平等，而只有一个上帝。他的思想得以贯彻，罗马的国家权力黯然失色……罗马成了布尔什维克主义，这个布尔什维克主义对罗马的影响，就像我们后来在苏联所经历的一样。……扫罗变成了保罗，马德沙（Mardochai）变成了马克思[①]。如果我们消除这场瘟疫，我们将造福于人类。在外面忙忙碌碌的芸芸众生，他们根本想象不出这场运动的深远意义。” / 1054

1944年11月30日，也就是在三年之后，希特勒是这样描写基

① 马德沙是马克思祖父出生时的姓氏。——编者注

督教中的犹太特性的："耶稣一生致力于反对他那个时代的腐败的唯物主义，因此把矛头指向犹太人……而保罗认识到，正确利用一个承载性的理念来控制非犹太人，这个权力要比向犹太人予以物质奖励的承诺大得多。于是，这位扫罗－保罗就用巧妙的办法篡改了基督教义：本来是一场抵制神化金钱、反对犹太人自私自利、反对犹太人唯物主义的斗争，后来却变成了低级种族、奴隶、被压迫者、一穷二白者向统治阶级、高级种族、压迫者们宣战的主体思想了。保罗的宗教和从此开始的基督教变成了彻头彻尾的共产主义。"

希特勒对犹太人的仇恨并非仅仅是"种族主义"的表达。"黑人"是他最看不起的人种，但是他并不想灭绝他们，而是把他们当奴役使唤。"陌生类别"（artfremd）的吉卜赛人之所以引起希特勒的注意，是因为他们"不合群"，因此有大部分人被杀害。对"非雅利安的"日本人和中国人，他越来越钦佩。种族主义者希特勒很清楚，严格意义上讲犹太人并非一个种族。"犹太种族首先是一个精神的共同体，"1945 年 2 月 3 日希特勒在谈到这个问题时对纳粹党务中心领导人马丁·鲍曼这样分析道，"精神种族要比自然种族更加顽固和持久。一个犹太人不管走到哪里，都是犹太人。他天生就不可能被融入。正是这种不可能被同化的特征塑造了这个种族。对于我们来说，犹太人就是一个'精神'超越肉体的悲哀例证！"

/ 1055 对犹太人肉体上的灭绝不等于永远战胜了犹太"精神"。因为这种精神进入基督教里面，所以"北方种族"在解决了"犹太人问题"之后还有着艰苦的战斗。按照希特勒的意愿，在军事"最终胜利"之后还要有一场史无前例的文化大革命。这场革命的目标是要纠正历史的发展。将近 2000 年前，这场历史就拉开了帷幕，犹太人精神披上基督教的外衣，意在占领欧洲，打断雅利安人的脊梁骨。他们把高贵人种的特性从雅利安人身上驱赶出来，把雅利安人定格在怪异的"不可杀人"的犹太戒律上。

19 世纪下半叶德国反犹太分子保尔·德·拉加德（Paul de Lagarde）曾经写到保罗所谓歪曲耶稣学说，在希特勒那里这个想法走到了极端的尽头。“犹太人问题的最终解决方案”是肃清流毒的先决条件。而这一流毒是犹太人和有着犹太烙印的基督教散布到欧洲历史乃至世界历史中去的。只有肃清流毒，雅利安人才能从怜悯的道德束缚中解放出来、得到全面发展，才能持久地为了自己的生命而奋斗。担负起历史的使命，去“实现历史的意愿”，这才是真正达到或接近了这一目标。[19]

独裁的崩溃：1943年至1944年的意大利

在犹太人问题上，墨索里尼的意大利远没有像纳粹德国那么疯狂和极端。然而，在占领和统治方面，意大利法西斯则竭尽全力向它最强大的同盟国看齐。在阿比西尼亚，意大利军队早在1941年5月就不得不向英国人缴械投降。在这个时候已经有7.5万名游击队员被杀，被就地正法的估计有2.4万人，死在集中营的大约有3.5
/ 1056
万人。瑞士历史学家阿拉姆·马蒂奥利（Aram Mattioli）提到意大利人1936年至1941年在尼格斯（Negus）王国建立的政权时说，这是"非洲和亚洲殖民史上少见的残暴统治"。

意大利人对希腊的占领和统治没有做什么准备，1941年至1942年的冬天大约有5%的平民百姓死于饥饿。在克罗地亚和黑山，意大利占领者拿出党卫军的手法来对付铁托游击队的袭击。酷刑、滥杀无辜、烧毁村落、遣送集中营，这些都成了家常便饭。有些地方，枪杀人质的比例高达1∶10。这意味着，只要有一名军官被杀或受伤，就要有10个人质因他而丧生。一共有10万名斯洛文尼亚人和克罗地亚人被遣送到异地，为的是让被占领的地区尽快实现完全"意大利化"。王国第二军军长马里奥·罗塔在这方面尤为极端。我们之前曾经提到过他，就是这位指挥官在1942年秋天成功阻止了把犹太人交给德国人的计划。

从思想意识、经济利益和面子的角度出发，墨索里尼坚持让意大利参与对苏联的战役。然而意大利驻苏联军团（Armata Italiana in Russia，简称ARMIR）在东部战役的准备一点也不充分。最糟糕的是缺乏冬季服装和重型武器。1943年2月初，当红军重新收复斯大林格勒的时候，意大利方面损失了9.5万人，其中包括大约70%的机动车辆和几乎所有的炮兵。受伤人员多达数万名。1943年春天，意大利人从东部前线撤退的时候一盘散沙。只有1万多名意大利驻苏联军团的士兵重新回到了自己的故乡。

斯大林格勒沦陷之前，意大利人在 1942 年 11 月就输掉了阿拉曼（El-Alamein）战役。对意大利人来说，这是轴心国在北非战场上迄今为止最惨痛的失败。沃尔夫冈·席德尔认为，阿拉曼战役的意义可以和德国人的斯大林格勒战役相比。这是大战结束的开端。1943 年 5 月，德国人和意大利人在北非投降。7 月 10 日，英国和美国军队在总司令艾森豪威尔将军的率领下登陆西西里岛东南部，彻底粉碎了纳粹的“欧洲堡垒坚不可摧的神话”，历史学家延斯·彼得森（Jens Petersen）这样写道。奥古斯塔（Augusta）和叙拉古（Syrakus）纷纷投降。德国军队在西西里岛的东北部与墨西拿（Messina）海峡相交的地方负隅顽抗。同盟国军队在西西里岛的乘胜追击迫使希特勒 7 月 13 日做出中止“堡垒”行动的决定，把党卫军第二装甲兵部队从苏联调往意大利。

在同盟国军队攻占西西里岛之前，意大利就已经是一片怨声载道了，老百姓对战争的不满情绪爆发了出来，先是举行绝食大游行，到了 1943 年 3 月开始发动大罢工。罢工运动从菲亚特汽车公司在都灵的工厂开始，不久就蔓延到意大利北部大部分地区。这是几乎 20 年以来的第一次罢工，规模最大时有多达 30 万人参加这次罢工。工人要求涨工资、增加食品配给，当然其中也夹杂着要求立即停战的呼声。工厂主立即开始与罢工者谈判，并且尽量满足他们的要求。国家政府、法西斯党和官方机构几乎没有出面。“社团合作”（stato corporativo）仅仅是一个表面，这明确体现了法西斯体系中极权专制的崩溃。

1942 年至 1943 年交替之际，意大利各种反对派势力开始形成。社会的动荡为这些反对派创造了道德和政治上的条件。法西斯政权的亲信们观察到共产党运动日益壮大。然而在政治上更加有影响力的是 1943 年夏出现的一批政治家，他们来自比共产党右倾的政党。这些人团结在1921年至1922年担任总理的伊万诺埃·博诺米（Ivanoe Bonomi）周围，而博诺米是改革派社会主义者出身，他与国王的儿媳玛丽·何塞·冯·皮蒙特（Marie José von Piemont）公主保持着紧密的联系。冯·皮蒙特公主是已经去世的比利时国王阿尔伯特一世（Albert Ⅰ）的女儿。这个政治圈早在1942年夏就计划发动政变推翻墨索里尼的统治，重新建立意大利王国。按照博诺米的意思，国王派应该推翻墨索里尼政权，将墨索里尼关进监狱，由一位将军建立临时的军人政府，然后组建有老政治家参与的内阁。/ 1058 这个内阁的任务是与同盟国谈判，让意大利退出战争。

在此期间，就连法西斯党内也出现了反墨索里尼的呼声。反对派的首脑是议会主席迪诺·格兰迪（Dino Grandi）伯爵，他坚信轴心国必败无疑。墨索里尼对此人也极为不满，1943年2月初，意大利“领袖”把这位伯爵从司法部部长的位置上拉了下来。格兰迪最亲密的盟友是早先的参议院主席路易吉·费德佐尼（Luigi Federzoni）、企业部部长朱塞佩·博塔伊（Giuseppe Bottai）和墨索里尼的女婿齐亚诺。齐亚诺早先担任意大利外交部部长，1943年2月被革职。所有这些人有一个共性，就是1940年他们共同反对意大利参战。1943年夏，格兰迪试图修改法西斯政权的宪法，让国王、参议院、众议院重新承担起宪法规定的责任。在这个基础上改组的政府应该和西方同盟国进行和平谈判。格兰迪在1932年至1939年曾经担任意大利驻英国大使，与丘吉尔保持着良好的关系。因此格兰迪知道自己肩负着重要的使命。然而在墨索里尼当政的情况下，这一使命是无法实现的。剥夺意大利现任“领袖”的权力，是实现计划的先决条件，这一点格兰迪和他的同道都很清楚。

军方内部，意大利部队总参谋长维托里奥·安布罗西奥（Vittorio Ambrosio）组成了一股对墨索里尼日益怀疑的势力。安布罗西奥认为，墨索里尼只有让希特勒回心转意，在战略上做根本的调整，才有可能继续担任意大利政府的首脑。所谓战略调整，指的是结束东线的战争（这一点墨索里尼也是赞同的），把军事实力集中到对西线同盟国，特别是地中海地区的作战中去。墨索里尼能够保全自己位置的可能性是，意大利彻底退出战争。如果墨索里尼不准备这样去做，或者不能说服希特勒改变战略，那么这位意大利“领袖”必须退位。然而，必须有国王的支持才可能让墨索里尼退位。

对意大利国王维托里奥·埃马努埃莱三世来说，他也有足够理由和墨索里尼分道扬镳：意大利一旦失败，君主制很有可能就会被推翻。因此必须要及时和把意大利推向战争的这个人决裂。1943年7月初，国王试图借助军队和宪兵的力量把墨索里尼赶下台，并且让巴多格里奥元帅组成临时政府。巴多格里奥早先是总参谋长，1940年12月被墨索里尼革职。

权力更迭如果能在法西斯党内找到更多的支持者，不流血政变就有可能实现了，内战也可以避免。但是无论如何，维托里奥·埃马努埃莱还是想等墨索里尼与希特勒会晤之后再做决定。7月19日，两人约定在意大利北部的费尔特雷（Feltre）会晤。国王心存幻想，期盼意大利也许可以通过外交手段与德国协商退出战争。

意大利与德国的两位领袖在费尔特雷会晤时，希特勒滔滔不绝地自言自语了数个小时，试图说明乌克兰和巴尔干的战争经济的意义所在。身体欠佳的墨索里尼尽管向希特勒提出要求，让德国给予更多的军事支持，但是大多数时间他一直在听希特勒讲话。墨索里尼的这种做法让意大利军方大失所望。与墨索里尼一同前往费尔特雷的总参谋长安布罗西奥一再敦促墨索里尼向希特勒指出意大利绝望的处境，并且可能在最短时间内结束战争，但是安布罗西奥这次对墨索里尼深感不满。这两个独裁者会晤之际，同盟国正在轰炸罗马。这仅仅是多次空袭的开端。1943年意大利老百姓的情绪因此而低落。7月19日的这次空袭是同盟国第一次对意大利“帝国”

(Impero)的首都进行轰炸，因此有着特别的政治和象征性意义。

就在这一天，推翻意大利“领袖”的力量凝聚成更加明确的一股势力。国王决定罢免墨索里尼。格兰迪撰写了多个文件，明确提出意大利应当回到宪法制定的国家形式，废除“领袖”的独裁。

/ 1060

7月21日，他亲自向墨索里尼提交了这个方案。此间，克雷莫纳(Cremona)激进党领袖罗伯托·法里纳奇(Roberto Farinacci)已经把格兰迪及其盟友的计划告诉了墨索里尼。格兰迪的盟友大都是一些温和派的法西斯主义者，并且对君主心存好感。墨索里尼接受了法里纳奇的建议，召开了一次法西斯大委员会(Gran Consiglio del Fascismo)会议，在这次会议上与党内反对派见面。法西斯大委员会是已经多年没有召开会议的法西斯党的最高权力机构。墨索里尼把这次会议的时间定在7月24日深夜，地点选在他的办公地威尼斯宫。

在法西斯大委员会的会议上，墨索里尼犯了一个严重的错误。尽管这个委员会只有咨询的职责而并无决议的功能，意大利“领袖”还是让委员会对格兰迪的提议进行了表决。28名委员赞同，19名委员反对议会主席的提案。这个结果无异于对独裁者的不信任议案。然而，墨索里尼依然相信可以得到国王和军方的支持，因此并不把这次失败放在眼里。墨索里尼召开大委员会会议，本来是要号召法西斯党及其追随者抵制自己下台的，然而大委员会的表决却适得其反。因此必须立即采取行动。

7月25日下午，墨索里尼前往索瓦亚宫(Villa Savoia)觐见国王。他本来想着仅仅把战争的军权交还给维托里奥·埃马努埃莱。1940年6月10日，国王未被强求，就把军权交给了墨索里尼。然而，这一次国王干脆地让意大利“领袖”下台，并且告诉他，巴多格里奥元帅已经接管了政府的工作。墨索里尼离开国王住所的时候被宪兵逮捕，他被暂时关押在蓬扎(Ponza)岛囚犯监狱中，后来又被转到与撒丁岛相对的马达莱纳岛（La Madalena）。8月28日，墨索里尼被囚禁在阿布鲁佐（Abruzzen）地区大萨索山（Gran Sasso）的一家酒店里。

1943年7月24日至25日发生的不流血政变之所以成为可能，是因为法西斯意大利政权还不够"极权"。1943年夏的体制危机证明，意大利君王还是有能力在军方的支持下变成一股反对势力的。从另一个角度讲，法西斯意大利这个"领袖国家"的极权要比纳粹德国弱。"第三帝国"并没有像法西斯大委员会这样的机构。这个机构在意大利成了党内反对派矛头指向党魁的工具。另外，意大利对老百姓的控制远远没有像阿尔卑斯山以北的同盟国那么严密和面面俱到。如果做到了这一点，意大利就不可能爆发1943年春天在都灵－米兰－热那亚工业区的大罢工，"领袖"的独裁也不可能在几个月之后就毫无抵抗地结束了。

巴多格里奥政府并没有像格兰迪及其朋友们设想的那样成为法西斯政权的替代。从核心上讲这是一个军人内阁，不过内阁中的一些职位，如内政部部长等是由非军事人员担任的。担任政府官员的人当中有一部分是在职的和前任的省长。巴多格里奥本人在1940年卸任总参谋长之前是墨索里尼的忠实追随者，在利比亚以及其他地方，他犯下了严重的战争罪行。7月25日政权更迭后，意大利很多城市的老百姓走上街头欢庆。他们并非庆祝巴多格里奥当政，而是想象着与同盟国缔结和平的日子早早到来。

一些地方的示威游行和罢工被政府认为已经超越了尺度，因此遭到警察的血腥镇压。雷焦艾米利亚（Reggio Emilia）和巴里（Bari）就是这样的例子。从1943年7月25日到9月8日，国家机构和百姓之间爆发的冲突导致了全意大利105人死亡、572人受伤、2455人被捕。新政府并没有修改法西斯分子制定的反犹太人法。新政府仅仅满足于解散法西斯党、大委员会、特别政治法庭，把民兵并入军队中去。就在 7 月 25 日当天，巴多格里奥元帅就向盟友德国公开表示，意大利说话算话，战争会继续打下去。

然而希特勒根本不相信这样的保证，而且这一保证也与事实不符。巴多格里奥一边公开征求德国让意大利和平退出战争的保证，一边却在暗地里通过里斯本与西方同盟国取得联系。西方同盟国早在 1942 年 1 月 1 日就有协议，参与向轴心国发动战争的所有国家不得与其缔结特殊的停火协议。这一次，西方同盟国最终还是同意了与意大利进行谈判。谈判中，美国人和英国人根据 1943 年 1 月在卡萨布兰卡制定的原则，要求意大利无条件投降。对此，巴多格里奥政府抵制了几个星期。9 月 3 日，双方在西西里岛的卡西比利（Cassibile）签署了秘密停火协议。这个协议保密性极强，意大利政府都没有给自己的军队下达通知。当天，英国两个师在卡拉布里亚（Kalabrien）登陆。9 月 8 日，盟军总司令艾森豪威尔将军正式宣布停火。第二天，美国军队登陆塔兰托（Tarent）和萨勒诺（Salerno）。

意大利发生政变的时候，德国军队还在西西里岛上与同盟国军队作战。在卡拉布里亚和撒丁岛，德军还想建立“第二防线”。在意大利中部也有德军驻扎，他们的任务是守卫热那亚海湾。罗马事变之后，希特勒加强了德国在意大利的军事力量。意大利国王感觉在首都不安全，于是在停火协议生效的第二天就和巴多格里奥政府匆匆忙忙穿越佩斯卡拉（Pescara）来到布林迪西（Brindisi），9 月 9 日他们要求在那里登陆的同盟国军队保护他们。德国人把这一行为视为“叛变”，于 9 月 10 日占领了罗马。而罗马从 7 月 31 日起就被宣布为“不设防城市”了。

9 月 12 日，德国伞兵部队把墨索里尼从大萨索山里营救出来。根据希特勒的命令，这个当年的意大利“领袖”当天就被带到维也纳。9 月 13 日，他和希特勒在元首的拉斯滕堡办公室见面。德国“元首”命令他，现在的任务是担任“法西斯主义民族政府”（Faschistische Nationalregierung）的元首。这个政府是按照德国人的安排在9月8日至9月9日夜里成立的，政府成员是一批极端的法西斯主义者，其中包括罗伯托·法里纳奇。此时，墨索里尼觉得“法西斯主义”这个概念已经没有什么号召力了，于是他在选择国家名字的时候干脆放弃了这个称呼，把国名改为“意大利社会共和国”（Repubblica Sociale Italiana，简称RSI）。这个共和法西斯主义的政府把办公地点定在了萨罗（Salò）这个小城市，于是意大利第二个带有法西斯性质的国家也以“萨罗共和国”（Repubblica di Salò）的名称载入史册。

1943年初秋，意大利签订停火协议之后，它在各个地方的军队都被德国人视为叛徒，被当作敌军对待，并且被缴械。大约有50万名意大利皇家军队的士兵作为战俘被拉到德国或被德国占领的地区做苦役。在巴尔干地区，特别在希腊，德国人与他们以前的同盟者意大利人发生了严重冲突，德国军队以及党卫军武装部队对待意大利人的手法极为残暴。有2.5万名意大利士兵丧生，他们有的是在和德国人的战斗中死亡，有的是在被运往德国占领区的途中死亡。在被德国俘虏的战俘营中，还有大约2.5万名意大利军人丧生。在希腊岛屿凯法利尼亚（Kephallonia），意大利军队阿古伊（Divisione Acqui）的5000名士兵在俘虏后被枪决，这是一个史无前例的战争罪行，而且这些被枪杀的士兵不久之前还是德国最紧密的同盟。在意大利本土，士兵们纷纷潜入普通百姓中去，但是依然有很多士兵被缴械，并且被遣送到德国去。

在巴尔干半岛，意大利投降最大的受益者是各地的游击队。他们在希腊、阿尔巴尼亚和南斯拉夫缴获了很多武器和弹药，并且在意大利人撤退的地区站稳了脚跟。在克罗地亚，意大利第二军向铁托军队投降。落入游击队手中的战争装备，被用到与其他敌手的作战当中。这些敌人是还留在此的德国军队、南斯拉夫祖国军和乌斯塔沙。意大利退出轴心国同盟对乌斯塔沙来说也是一件好事：乌斯塔沙国少了一个讨厌的保护者，并且收复了1940年被意大利吞并的亚得里亚海岸地区。

/ 1064

从1943年秋天开始，意大利就没有一个统一的政府了。巴多格里奥的皇家政府的办公地点在萨勒诺，这个政府仅仅在同盟国军队占领的意大利南部地区有一些影响力。加埃塔海湾以北地区，同盟国军队迟迟没有行动，这里是墨索里尼的“意大利社会共和国”的势力范围。从意大利中部地区开始直至罗马，属于德国的所谓南部军事行动区，这个地区大都直接受凯塞林元帅领导的德国军事管理。在北方，阿尔卑斯山前沿地区和亚得里亚海岸地区是两个精心策划的所谓军事行动区。这些地区和意大利其他地区分割开来，接受蒂罗尔和克恩顿大区区长的管理。

萨罗政府管理的地区仅仅是包括罗马涅在内的波河河谷（Poebene）以北和以南地区。同时，这个政府还要接受大德意志帝国全权代表、外交官鲁道夫·拉恩（Rudolf Rahn）的监督。墨索里尼的“意大利社会共和国”把自己标榜为社会主义国家，并且宣布要进行广泛的社会化改革。看样子这个意大利“领袖”要回到他执政的初衷上来。另一方面，1943年11月新组建的“法西斯共和党”（Partito Fascista Reppublicano）在它的《维罗纳宣言》（Manifest von Verona）中直言不讳地表明自己的反犹太主义倾向：犹太人作为意大利民族的敌人必须被排除，而且要完全剥夺1939年种族法案出台后犹太人依然享有的权利。墨索里尼政权把大约7000名犹太人交给了德国人，德国人又把他们押解到奥斯威辛灭绝营。这些人当中只有830人幸存了下来。在罗马，德国人于1943年10月中旬亲自动手把城里抓到的1030名犹太人送往奥斯威辛。这些人里只有15人躲过了大屠杀。在1942年生活在意大利的4.3万名犹太人当中，只有大约五分之一的人幸存。

1944年初，萨罗共和国在维罗纳以特殊法庭的名义第一次公开审判5名被告者，罪名是背叛法西斯主义思想。5个人当中，最有名的“叛徒”是墨索里尼的女婿齐亚诺伯爵，他曾长期担任意大利外交部部长一职。他和其他几位被告一样被判处死刑，1944年1月11日执行。排斥异己思想的恐怖手段执行者有共和国国家卫队和1944年夏组建的黑色旅。年龄在16岁至60岁之间的党员必须加入黑色旅。还有一支当年的海军陆战队也加入恐怖行动的队伍中来，这就是侯爵瓦莱里奥·博尔盖塞（Valerio Borghese）率领的戴奇玛·玛斯第10快艇支队（Decima Mas）。这是一支专门与游击队作战的别动队。

德国方面很不情愿让“意大利社会共和国”拥有自己的常规军队。“共和国”军队中有4.3万人服役，另外7万人自愿加入党卫军武装部队或直接受德国指挥的部队。直到最后依然忠实于墨索里尼的，不仅仅是那些老法西斯主义分子。在这些人眼里，1943年7月推翻墨索里尼政权是机会主义之举和胆小鬼的做法，是一种背叛。在墨索里尼的军队里还有很多年轻人，他们抱着向布尔什维克主义宣战的理想，因此他们站在意大利“领袖”一边，从而也就站在了德国人一边。

然而广大民众却并不站在萨罗政权一边。无论墨索里尼的社会主义言论还是反布尔什维克主义的宣传都不能打动广大民众。1943年11月爆发的大罢工就可以看到工人们的态度。这次在都灵的菲亚特工厂的大罢工是由共产党组织的，参与人数多达5万。墨索里尼允诺的社会化改革并没有发生，这主要是由于德国人的反对。萨罗这个完全依附于德国的卫星政府最后还是站到了鄙视无产者民众的一边。

巴多格里奥元帅的意大利政府则是以另一种方式依附于外国政

权。西方同盟国组成的军人政府强迫这个意大利政府与反法西斯政党和团体合作，这些团体 1944 年 1 月底组成了民族解放委员会（Comitato di Liberazione Nazionale）。这个多元化的同盟里有共产主义者、社会主义者、左翼自由派人士和天主教人士。这些人对国王及其任命的总理嗤之以鼻。1944 年春天，共产党领袖帕尔米罗·陶里亚蒂推出一套不同的务实政治路线，声称把意大利从“纳粹法西斯”统治下解放出来，这是头等大事，内政方面的分歧可以暂时搁置一下。这个刚刚从莫斯科流亡归来的政治家，推行的政策与斯大林的命令完全相符。陶里亚蒂和左翼社会主义者彼得罗·南尼一起通过民主的方式紧紧把握住权力。1944 年，他自己甚至都在巴多格里奥内阁中出任不管部部长。哲学家贝内德托·克罗齐和从美国流亡归来的卡罗·斯福尔扎伯爵也选择了从政的道路。早在 1920 年和 1921 年，斯福尔扎就在乔利蒂的内阁中担任过外交部部长。

意大利共产党（PCI）在法国流亡期间进行了重组，1942 年开始参与意大利地下活动。它不仅组织了 1943 年 11 月的都灵大罢工，还袭击了很多法西斯官员和投敌分子，并且经常攻击大地主和企业家。意大利的“抵抗力量”（Resistenza）在 1943 年至 1944 年发展成为一支军事力量，而意大利共产党在这个组织里是势力最强的。在游击队里积极活动的社会主义者 1943 年秋天也都纷纷联合起来组成了“无产阶级团结社会党”（Partito Socialista di Unità Proletaria）。这个党的领袖是彼得·南尼、朱塞佩·萨拉盖特（Giuseppe Saragat）和莱利奥·巴索（Lelio Basso）。抵抗力量中最强大的资产阶级势力是费鲁乔·帕里（Ferruccio Parri）领导的行动党（Partito d’Azione）。1942 年 7 月，自由派人士组成了意大利自由党（Partito Liberale Italiano）。受到法西斯镇压的共济会员组成了劳动民主党（Partito della Democrazia del Lavoro）。天主教的意大利人民党（Partito Popolare Italiano）和天主教行动党（Azione Cattolica）的残余在1942年10月组成了民主基督党（Democrazia Cristiana）。这个党派1945年后在阿尔契德·加斯贝利的领导下成为政府中的一个重要党派。

抵抗力量面对两个敌人，一个是德国占领军，另一个是意大利法西斯分子。抵抗力量的这支武装队伍在1944年夏有8万人，到了1945年春天达到了活动鼎盛期，成员人数已经超过20万。大部分“游击队员”是昔日皇家军队的成员，这些人成功地躲过了1943年德国人的缴械活动。抵抗力量中有3万到4万人在解放战争和内战中牺牲。法西斯分子和投敌分子中大约有1.2万人被反法西斯游击队击毙。德国国防军、党卫军武装部队、德国军事警察的成员一旦受到袭击，德国人就会进行极为残暴的反击。1944年3月24日，赫伯特·卡普勒（Herbert Kappler）中校的党卫军部队在罗马附近的阿德阿提涅洞穴（Fosse Ardeatine）中杀害了335名人质，其中包括罗马犹太社团的领袖和反法西斯党派的成员。在博洛尼亚以南的一个小镇马尔扎博托（Marzabotto）附近，德国党卫军和国防军在瓦尔特·雷德尔（Walter Reder）少校的命令下杀害了770名普通百姓。在反击游击队的战争中，一共有9200名男女老幼被残杀。 / 1067

早在1943年10月13日，意大利王国就向德意志帝国宣战了。皇家军队重整旗鼓，被同盟国编入“巴多格里奥师”。抗击德国人的重担主要还是落到美国人和英联邦军队的肩上。同盟国军队在萨勒诺登陆后，德国国防军于8月中旬从西西里岛撤退到卡西诺山（Monte Cassino）和奥尔托纳（Ortona）一带，将其称为“古斯塔夫防线”（Gustavlinie）。德国人死守这条防线，顽强抵抗到1944年春天。1月底，美国军队在罗马以南的安济奥（Anzio）和聂图诺（Nettuno）建筑起桥头工事。5月18日，新西兰、印度和波兰军队终于占领了蒙特卡西诺要塞。几周之后，德国人不仅从意大利南部撤退，而且还将意大利中部拱手让人。

6月4日，同盟国军队重新进驻“不设防城市”罗马。5天之后，意大利国王维托里奥·埃马努埃莱三世任命他的儿子翁贝托（Umberto）为意大利“王国总督”（Generalstatthalter des Königreiches）。他的这一做法是企图挽救君主制度。巴多格里奥元帅内阁解散，取而代之的是各反法西斯政党组成的联合政府。陶里亚蒂也再次进入内阁。解放意大利的战斗还远没有结束。但是在1944年初夏，人们已经不再怀疑这场战争的最终结果了。[20]

1943年对于德国在远东的轴心国伙伴日本来说也是关键的一年。1943年1月，南京政府向美国和英国宣战。南京政府是1940年3月由日本占领军一手扶持起来的政府，而蒋介石元帅的国民政府此时已经转移到了重庆。南京政府的这一举动对于盎格鲁-撒克逊国家来说并没有提升日本的战略地位。1943年春天，日本东条英机内阁中新任外务省大臣重光葵（Mamoru Shigemitsu）幻想与苏联改善关系。对于日本来说，苏联是一个中立国，苏联又和德国缔结了和约，如果日本和苏联两国关系得到改善，日本就可以全力以赴应对西方国家。改变东南亚的占领政策并不是没有希望的——特别是在缅甸和菲律宾，将原来一味剥削占领地的政策变成有的放矢地支持反殖民地运动。这两个国家都单方面宣布独立：缅甸在8月1日，菲律宾在10月14日。

一周之后，印度民族主义者苏巴斯·钱德拉·鲍斯于10月21日在日本首都宣布成立"自由印度"新政府。鲍斯的经历我们已经提过，他1943年6月搭乘德国潜水艇来到新加坡，又从新加坡辗转到东京。10月30日，日本与南京国民政府缔结和平协议。在协议中，日本宣布放弃1901年《辛丑条约》中的特权。11月1日，东京召开"大东亚会议"（GroßasiatischeKonferenz），除了日本之外，还有"满洲国"，中国南京政府，与日本结盟的泰国、菲律宾、缅甸和鲍斯的"自由印度"参加。会议的结果令人瞠目结舌：与会者表示要共同建设大东亚共荣圈，并且相互承认主权。日本之所以对自己的盟友和独立国家做出这种新承诺，是因为日本看到了意大利退出了轴心国阵营，而自己在和西方国家的战争中也连吃了几次败仗。6月底，美国军队登陆新几内亚和所罗门群岛，同盟国军队在南太平洋的攻势也开始了。9月30日，日本把主要防线挪回到了马里亚纳群岛和西加洛林群岛。

日本希望通过有号召力的口号在占领区得到广泛的拥护，然而这个计划又落空了，因为日本帝国的占领政策没有原则上的改变。中国内地、中国台湾、朝鲜半岛和后来被占领的地区依然有大批百姓被押解到日本进行强劳，妇女和小姑娘则被强迫做“慰安妇”——在日本军队中做妓女。据统计，被占领地区大约有 100 万人因为劳役致死。有 54 万名战俘因为饥饿、极为糟糕的卫生情况和医疗状况而死亡。360 万中国人和 100 万菲律宾人被日本士兵杀害。55 万人死于地毯式轰炸以及生化武器。25 万人被故意活活饿死。日本人以战争方式推行的“生存空间”政策，一共导致了大约 600 万老百姓丧生。

日本人在 1941 年底以来占领的地区实施了强硬的占领政策，导致各个地方的老百姓奋起反抗。1943 年，菲律宾建立了人民军（Hukbalahap）。这支军队主要由农民组成，打击的对象不仅仅是占领军，还有那些与其合作的上流社会人士。在马来亚半岛上，主要是华裔人士和抗日人民军联合在一起。在法属印度支那，胡志明的共产党创建了越南独立同盟会（Vietminh），把矛头指向两个外国统治者：日本和法国。在维希政权期间，法国在东京的允许之下继续对这个地方进行统治，直至 1945 年 3 月。在缅甸，缅甸国民军
/ 1070 在昂山将军的领导下，先是站在日本人一边反对英国人的统治，从 1945 年 3 月开始又向日本占领军发起武装攻击。1944 年 8 月，缅甸组成了反法西斯同盟，共产党也加入这个大联合组织中来了。在荷属东印度，苏加诺领导下的独立运动自始至终都和日本人采取合作政策。他们认为，只有日本打败了欧洲殖民地国家之后，印度支那地区才有最终独立可言。

东京的大东亚会议召开几周之后，罗斯福和丘吉尔于 1943 年 11 月 22 日至 26 日在开罗与蒋介石会晤。大家商议共同出兵收复缅甸，重建朝鲜的独立，把台湾、澎湖列岛和满洲重新归还给中国。

必须把日本从1914年占领的德意志太平洋岛屿上赶出去。无论是远东的日本帝国还是欧洲的纳粹德国，这场战争必须以它们的无条件投降而告终。蒋介石对这次会晤感到满意。在开罗，他不仅仅被盎格鲁－撒克逊民主国家视为中国的代表，而且是一个大国的领袖。

此时此刻，美国军队在海军将领切斯特·尼米兹（Chester Nimitz）的率领下在吉尔伯特群岛（Gilbert-Inseln）登陆，开始了传奇般的“跳岛战术”（Inselspringen）。同年12月，英国和印度军队开始进攻缅甸，不久之后美国军队和中国军队也开始发起攻击。1944年1月，美国攻占了马绍尔群岛（Marschall-Insel），夏天攻占了马里亚纳群岛（Marianen-Inseln），开始向关岛发起进攻。马里亚纳群岛中的塞班岛还引发了一场航空母舰的战役。塞班岛的失守在日本引发了一场政治地震：东条英机内阁于7月18日解散。内阁由小矶国昭（Koiso Kuniaki）将军重组。他把义务兵役制的服役年龄降到了17岁。

占领马里亚纳群岛具有极为重要的战略意义：美国的轰炸机可以从这里直接抵达日本。1944年11月开始了对日本的地毯式轰炸，到1945年3月9日至10日，炸弹开始落在日本东京，轰炸行为达到了耸人听闻的高潮：大约有8.5万人丧生，受难人数超过了第二次世界大战任何一次空袭。1944年10月道格拉斯·麦克阿瑟将军率领美国军队在菲律宾的莱特岛（Leyte）登陆。日本在那里集中了大部分舰只，莱特岛战役变成了第二次世界大战中规模最大的海战。日本飞行员接受命令，对敌舰进行自杀式轰击，然而这一举动并未能够挽救失败的局面。美国人虽然伤亡惨重，但是依然打赢了这场战役。

1945年2月，菲律宾首都马尼拉落入美国军队之手。日本人在撤退之前还对老百姓进行了一次大屠杀。就在同一个月，美国军队经过激烈的战斗攻克了第一座日本岛屿硫磺岛（Iwojima）。仅仅这一次战役，美国就阵亡了 7000 人，日本则有 2 万人丧生。

4 月 1 日，投入了上千架战斗机之后，冲绳岛被占领。四天之后，苏联单方面解除 1941 年 4 月 13 日签署的中立条约，最起码在形式上接近了几周之前向西方同盟国所做的承诺。在 1945 年 2 月初的雅尔塔会议上，苏联保证在德国投降两到三个月之后开始进攻日本。此时此刻，日本军队还四散在满洲、朝鲜、中国大部分地区、荷属东印度和印度支那。除了一些士兵以外，1945 年春日本还拥有大约 300 万没有投入战斗的士兵。所有迹象表明，日本将投入这些后备力量来挽救自己的失败。

在欧洲战场上，苏联红军于 1944 年 3 月在南部前线把德国人驱逐出了乌克兰。同年 4 月，苏联军队跨越德涅斯特河进入罗马尼亚地界。5 月中旬，克里米亚被收复。6 月初，苏联在卡累利阿地峡
/ 1072 （Karelischen Landenge）向芬兰发起进攻。7 月中旬，这场战役以芬兰人抵御成功而告终。7 月 31 日，芬兰总理里斯托·吕蒂被迫离职。他曾于 6 月底向里宾特洛甫允诺，不单独与苏联缔结和平条约。曼纳海姆元帅作为总统成为国家元首，于 9 月 2 日完成了苏联的一项核心要求，与德国断绝所有关系。两天之后，双方停战。9 月 17 日在莫斯科签署的停战协议中，芬兰不得不放弃佩申卡地区和西卡累利阿地区，而西卡累利阿地区早在 1940 年就实际上已经归苏联所有了。协议中规定，苏联获得波卡拉（Porkalla），并且获得芬兰的 3 亿美元赔款，分 6 年付清。

这个时候，德国在南欧也失去了两个结盟的国家。8 月 20 日，苏联红军已经挺进罗马尼亚核心地区。三天之后米哈伊国王撤销了安东内斯库元帅的职务，并且马上下令停战。安东内斯库也立即被捕。8 月 25 日，德国对布加勒斯特进行空袭。罗马尼亚向德国宣战。8 月底，苏联红军占领了布加勒斯特和石油矿区普洛耶什蒂

（Ploievti）。9月12日，罗马尼亚和苏联在莫斯科签署停火协议。罗马尼亚的南部邻国保加利亚看到苏联红军在久尔久（Giurgiu）地区已经逼近多瑙河，立即于9月2日宣布退出《反共产国际协定》，但是这一举动为时已晚，苏联于9月5日向保加利亚宣战。9月8日至9日，保加利亚发动了一场政变，亲苏联的基蒙·格奥尔基耶夫（Kimon Georgiew）建成了由共产党人组成的政府，事情发生了转机。此后不久，保加利亚被红军占领。10月11日，索非亚宣布放弃1940年占领的希腊和马其顿地区。10月28日，保加利亚在莫斯科与苏联、英国和美国签订停火协议。

苏联红军走到哪里，就在哪里追究政敌，同时还发动大规模的迁徙运动。1941年苏联发动夏季攻势，在沃里尼亚（Wolhynien）和东加利西亚（Ostgalizien）大规模驱逐当地居民。此前，就有大约30万波兰人逃离家园来到波兰的核心地区。1944年到1946年，有80万波兰人从乌克兰移居到波兰，有50万乌克兰人从波兰移居到乌克兰。在苏联红军重返此地之前，民族主义和反犹太主义的乌克兰起义军（Ukraińska Povstans'ka Armija，简称UPA）从1943年开始就对波兰移民进行恐怖活动。有大约8万波兰人被迫害致死，其中包括妇女儿童。波兰家乡军则以恐怖行为予以还击，死在家乡军手中的乌克兰人大约有2万人。

1944年6月22日是德国向苏联发动进攻三周年的日子。在这一天，红军向集结在从维捷布斯克（Witebsk）到博布鲁伊斯克（Bobruisk）这一带前线的德国中路集团军发起了大反攻。这次军事行动的名称为“巴格拉季昂行动”（Bagration-Offensive）。巴格拉季昂是沙皇时代的元帅，曾经在拿破仑战争中立下功勋。仅仅几天内，德国军队就损失惨重，其伤亡程度远远超过斯大林格勒战役。7月8日，苏联军队攻克白俄罗斯首都明斯克。从反攻行动开始，已经有28个德国师被歼灭，大约35万人阵亡。不久之后，苏联又在加利西亚发动攻势。红军从伦贝格向西挺进。7月20日，苏联军队跨越西布格河。7月底，苏联的装甲兵先遣队直抵华沙东部郊区。

1943年11月28日至12月1日，斯大林、罗斯福和丘吉尔在德黑兰会晤时做出决定，把波兰领土的疆界向西推进（波兰东部的疆界大致保持在1920年由英国外交大臣寇松勋爵提议的，并且以他的名字命名的边界线上），将比亚韦斯托克地区划给波兰，将东普鲁士北部连同柯尼斯堡（Königsberg）划给苏联。经过调整的寇松边界线把1939年莫洛托夫和里宾特洛甫协议中划给苏联的土地的90%都留给了苏联。斯大林和丘吉尔在德黑兰把波兰的西部疆界划定在奥得河（Oder）。罗斯福在细节界定的问题上没有表态，这是因为出于内政的考虑，他要照顾美国的波兰裔选民。尽管如此，波兰东部划给苏联，在西部把德国地区划给波兰作为补偿，在这一点上，同盟国是没有争议的。1944年2月22日，丘吉尔在下院声称这个协议是波兰问题的理想解决办法。

/ 1074 1943年7月4日，流亡英国的波兰政府总理瓦迪斯瓦夫·西科尔斯基因飞机在直布罗陀海峡失事而丧生，斯坦尼斯瓦夫·米科瓦伊奇克（Stanislaw Mikolajczyk）接替了其总理职务。米科瓦伊奇克政府同意波兰边界向西扩展，但是不顾《德黑兰协议》坚持波兰东部边界应维持在1921年3月《里加合约》中的状态。这条边界线要比寇松边界线向东推进大约250公里。苏联国家政治保卫局（GPU）在卡廷杀害过数千名波兰军官，因此波兰流亡政府于1943年4月与莫斯科断绝外交关系。1944年1月1日，以博莱斯瓦夫·贝鲁特（Boleslaw Bierut）为首的共产党在华沙建立了国务委员会。这个委员会为了和家乡军抗衡，专门成立了人民军（Armia Ludowa）。7月22日，莫斯科电台宣布成立波兰民族解放委员会。这个委员会也被称为卢布林委员会（Lubliner Komitee），委员会主席是社会主义者爱德华·奥索布卡－莫拉夫斯基（Edward Osóbka-

Morawski）。这是一个由共产党控制的波兰政府，专门和伦敦流亡政府唱对台戏。

1944 年 7 月参加了维尔纳解放战役的家乡军被苏联红军逼上绝路，要么缴械投降，要么就被收编到站在苏联一边战斗的波兰流亡军队中去。这支部队由齐格蒙特·贝林格（Zygmunt Berling）上校领导，并且以他的名字命名。既不想被缴械，又不愿接受收编的地下军队的军官们被逮捕，有的被遣送到东部，有的被枪毙。很多逃避了苏联抓捕的军官，后来都纷纷加入反共的地下组织。苏联红军在波兰土地上取得的胜利，迫使波兰家乡军做出决定，于 1944 年 8 月 1 日在华沙发起了计划已久的行动，这就是向德国占领军发起进攻。波兰人应该抢在苏联军队之前，率先解放自己的首都。波兰家乡军之所以做出立即行动的决定，还有一个原因是克劳斯·申克·冯·施陶芬贝格（Claus Schenk Graf von Stauffenberg）上校于 1944 年 7 月 20 日暗杀希特勒未遂事件。这次暗杀活动标志着纳粹德国行将崩溃。西方同盟国通过空中运输向家乡军提供武器和弹药，其规模要比提供给法国"抵抗力量"的小得多。积极参与华沙暴动的武装士兵大约有 4 万人，指挥者是家乡军司令塔德乌什·博尔 - 科莫罗夫斯基。

暴动开始两天之后，总理米科瓦伊奇克在斯大林的邀请和英国的敦促下前往莫斯科，参与和卢布林委员会代表的谈判。谈判于 8 月 10 日结束，谈判双方没有任何进展。在此期间，起义军在老百姓的欢呼声中已经解放了首都的大部分地区。8 月 4 日，德国人开始反击。希特勒和希姆莱决心要把波兰知识分子和民族抵抗力量的中心华沙夷为平地。起义军成员不管在不在战斗一律被枪毙，即便是不打仗的老百姓也不能幸免。德国方面指挥反击战的是党卫军上级集团军指挥埃里希·冯·登·巴赫 - 热勒维斯基（Erich von dem Bach-Zelewski）。德国人在华沙巷战中一边用大炮和火焰喷射器，一边还出动空军投掷炸弹。8月5日和6日，德军的血腥行为尤为猖狂，被杀害的4万名华沙人当中有受伤的战士和正在抢救他们的医生和护士，犯下这些战争罪行的是德国一支名为“迪勒旺格旅”（Brigade Dirlewanger）的部队。在华沙战役之前，这支部队参与了对白俄罗斯百姓的大屠杀活动，而另外一支特种部队的士兵则强奸了成千上万名波兰妇女。

起义历经九周时间，于10月2日以家乡军投降而告终。这次起义波兰方面一共损失了大约15万至18万人，其中90%都是平民。接踵而至的是驱逐幸存的华沙老百姓、大面积摧毁华沙首都及其文化珍品。参与1944年8月至10月华沙大屠杀的，不仅仅是德国人和德国雇来的帮凶，例如阿塞拜疆红军中的逃兵等，还有

/ 1076

“苏联那些袖手旁观的帮手”。这是历史学家沃齐米茨·博罗基耶（Wlodzimierz Borodziej）的观点。苏联军队集结在城市东部，对起义者见死不救。在2月10日之前，苏联甚至拒绝美国飞机在苏联机场降落。唯一一次救援波兰首都的飞行是苏联向美国所做的最大一次让步了。

即便是起义者胜利了，斯大林也会说不该让这些波兰人取得胜利，因为这不是“他的”人，而是和西方同盟国站在一起的人。正因如此，斯大林就把消灭最积极的波兰人的事情留给德国人去做了，因为这些人如果留下来将会成为斯大林的对手。直到希特勒德国瓦解之后，被斯大林视为“正确”波兰人的卢布林委员会才获得了比华沙起义之前好得多的地位。苏联对待波兰起义的态度大大刺痛了西方同盟国，然而此时的斯大林已经默认这个事实了。

华沙起义失败不到一周，莫斯科就在10月9日召开了英国－苏联会议。丘吉尔和斯大林出席了会议，美国大使埃夫里尔·哈里曼（Averell Harriman）作为观察员列席了会议。流亡波兰政府首脑米科瓦伊奇克作为顾问数次列席会议，会议上米科瓦伊奇克再次拒

绝苏联要求波兰接受寇松边界线作为波兰的东部疆界线。同时，米科瓦伊奇克还拒绝卢布林委员会成员在战后内阁中占据多数部长席位。卢布林委员会也得到了参加会议的邀请，在此期间这个委员会的势力不断强大，在西布格河与维斯瓦河（Weichsel）之间的地区行使管理权。丘吉尔支持苏联的边界主张，包括奥得河边界。罗斯福 1944 年 11 月 7 日第三次当选后以婉转的方式拒绝了独立波兰的领土保证，米科瓦伊奇克及其流亡内阁不得不于 11 月 24 日提出辞呈。社会主义者托马斯·阿尔齐谢夫斯基（Tomasz Arciszewski）接任了总理一职。他是一个坚定的反共分子。波兰最后一届流亡政府在国际舞台上已经起不了什么作用了。同盟国政治在波兰内政中的赢家要属卢布林委员会和忠实于莫斯科的国务委员会。9 月 9 日，国务委员会主席、共产党人博莱斯瓦夫·贝鲁特出任波兰国家总统一职。 / 1077

在华沙起义的头几天里，苏联红军被反击的德国军队阻挡在距离首都不远的地方。在更北的地方，在东普鲁士边界的前沿，苏联红军也受到德国军队的阻击。8 月 20 日，苏联部队在罗马尼亚和德国交界处发起猛烈攻击。几天之后，当苏联红军抵达喀尔巴阡山的杜克拉山口（Dukla-Paß）时，斯洛伐克爆发了抗击德国人的起义。这次起义尽管获得了苏联伞兵的支持，但是依然在 10 月初被德国国防军镇压了下去。10 月 13 日，德国军队从里加以北撤军，撤回到库尔兰。在这里德国人被团团包围起来，但是他们依然负隅顽抗，直至 1945 年 5 月。1944 年 10 月 16 日，苏联进军东普鲁士。德国军队竭力抵抗，到 11 月初收复了被红军占领的大部分地区，其中包括戈乌达普（Goldap）。1944 年秋天，东部前线有一部分已经进入德意志帝国本土以内的地区了。

然而对战争胜负起到决定性作用的还是在法国开辟第二战场。早在 1942 年斯大林就提出强烈要求，这一要求真正实现是在 1944

年。6月6日，西方同盟国军队在诺曼底登陆。希特勒和德国军队将领们早已料到美国人和英国人会发起这种进攻，但是他们没想到地点会选在诺曼底，而以为会在更北的地方，也就是在英吉利海峡最狭窄的地方：加来海峡。德国人在比利时和法国海岸修建了“大西洋壁垒”，一共有将近1.5万座掩体和2700门大炮，因此德国人认为这应该是万无一失的。另外，德国元首也无法相信西方国家能够成功进入法国。

1942年初创建的美国和英国参谋长联席会议（Combined Chiefs of Staff）制定了“霸王行动”（Operation Overlord），计划在1943年就登陆诺曼底。1943年8月，罗斯福和丘吉尔在魁北

克商定1944年5月1日为D日（D是disembarcation的缩写，意为下船），后来因为天气原因推迟到6月。在登陆之前，盟军对法国北部的交通要道以及敌军正在修建的火箭发射台进行了全面的轰炸。23个步兵师、10个装甲师和4个空军师供总司令艾森豪威尔将军调配。这300万名士兵由美国人、英国人、英联邦国家士兵组成，其中还包括戴高乐部下，以及波兰、捷克斯洛伐克和荷兰的志愿军。德国方面共有187万名士兵，由陆军元帅伦德施泰特指挥。6月6日凌晨有三个空降师在德军防线后进行空降。登陆行动因为德军炮火猛烈而伤亡严重，但是就在登陆当天已经在三处抢滩成功。盟军在法国大陆成功建立起滩头堡，在接下来的几天里这些滩头工事汇集成了一块大型的行动阵地。

6月18日，美国第一军在奥马尔·布拉德利（Omar Bradley）指挥下成功穿越科唐坦半岛（Cotentin）。此前一天，德国陆军元帅隆美尔在盟军的低空袭击中受重伤。当时，隆美尔任B集团军总司令，是德军中最有希望打胜仗的军官。7月底，双方阵亡的士兵总数达到11.6万。8月19日，德国第七集团军和部分第五集团军将士共12.5万人被包围在法莱斯（Falaise）。只有一部分人突围成

功，大约有 4.5 万人被俘虏。这场战役几乎决定了盟军的胜利：通往巴黎的道路由此畅通。争夺法国的战役开始了。盟军花了 6 个月的时间取得了最终胜利。

截至 8 月底，德国方面损失了 25 万人。在接下来的几周里，德军在很多地方成功阻击了盟军的挺进，但是德军无法阻挡美军和自由法国军队 8 月 15 日在地中海沿岸土伦（Toulon）和戛纳（Cannes）登陆，戴高乐将军于 8 月 25 日进入巴黎。10 月 21 日，德国第一座城市亚琛（Aachen）落入美国人之手。11 月，美国军队攻克了梅斯（Metz）和斯特拉斯堡。此后，盟军便放慢了脚步。美国总统罗斯福并不想让斯大林怀疑他的军队有抢在红军之前进入柏林的野心。如果真是这样的话，那么战后的进程就将面目全非了。 / 1079

另外，同盟国军队对自己的空中优势深信不疑。1943 年夏天以来，他们不断加强对德国城市的轰炸。1943 年 7 月，被命名为蛾摩拉行动（Operation Gomorrha）的空袭中，汉堡有 3.5 万人丧生。11 月和 12 月对柏林的轰炸中有 2700 人丧生。佩内明德（Peenemünde）是德国火箭装备中心，1943 年 8 月对这里的轰炸导致了严重的后果。10 月份对施韦因富特（Schweinfurt）的轴承厂的轰炸对德国来说是更加致命的打击。1944 年 5 月，同盟国空军的目标主要集中在摧毁德国本土的工厂，以及保护国波希米亚和摩拉维亚的德国合成燃料基地。1944 年 7 月，斯图加特大部分地区被摧毁。8 月底柯尼斯堡内城被炸毁。

德国人在 1944 年 1 月至 4 月则以更加猛烈的轰炸作为回应，轰炸的主要目标是伦敦。但是这一举动并未能够削弱英国人的战斗激情。德国人派出的无人机“V1”和“V2”在 1944 年 6 月和 9 月多次骚扰英国的首都，但是这些尝试都无济于事。然而，同盟国军队每天夜间对德国大中型城市的轰炸也并未起到理想的作用：德国人并未因此而反感自己的元首。德国百姓经历了阿拉曼的失守、斯大林格勒的惨败、盟军在西西里的登陆和意大利法西斯的崩溃，不再相信“最终胜利”的说法，但是他们拥戴自己“元首”的时间太久了，已经不可能在德国每况愈下的时候真正和希特勒决裂。盟军的口号“无条件投降”在民众当中形成了一种宿命论，除了少数的狂热纳粹分子以外，大多数德国人从1943年开始就预感德意志帝国会失败。德国人情愿失败也不愿继续经历无穷尽的惊吓。[21]

除了立场坚定的纳粹分子和那些摇摆在崇拜元首和宿命论之间的"人民同志"以外，还有另外一批德国人，他们是坚定反对希特勒的少数派。这种反对意识逐渐成为积极的抵抗运动。这种抵抗力量和其他国家抵抗运动的不同之处在于，其他国家的抵抗运动都是反对外国统治或是外部敌人设在本国的政府，而德国的抵抗力量是反对自己的政府。在战争期间推翻自己的元首意味着与忠诚于国家的传统观念决裂。这种做法对许多德国人，尤其是保守的德国人来说会引起严重的良心不安。

有组织地反抗希特勒及其政权，如果想取得实际效果，就必须要近距离接触这个政权。只有进入这个政权里才能有效摧毁这个政权，这听上去有些矛盾，但事实确实如此。纳粹的权力最晚在1933年夏天就开始形成了，从这个时候开始纳粹分子在民众中就有了一个可靠的中流砥柱。分裂出来的工人运动属于早期的抵抗运动，它们缺少近距离接触政权的先决条件。近距离接触政权，又不和政权核心同流合污的是一批军界的高级军官和政界的高级官员，他们与民族社会主义思想保持着一定距离，或者重新又脱离了这一思想。保持距离的大都是老一代的希特勒反对派人士，而年轻一代反对派人士则是先相信了国家社会主义理论后来又摒弃了它。所有这些反对派人士都是最广义上的保守派人士。

在这样一批有权势的反对人士基础上，又有一批拥有特别权威和专门知识的人士加入进来。例如，原陆军总参谋长路德维希·贝克（Ludwig Beck）和原莱比锡市市长卡尔·戈德勒（Carl Goerdeler），天主教和基督教的神学家，如基督教的迪特里希·潘霍华（Dietrich Bonhoeffer）和天主教的耶稣团神父阿尔弗雷德·德尔普（Alfred Delp），早先的社会民主党政治家，如尤利乌斯·莱贝尔（Julius Leber）、卡洛·米伦多夫（Carlo Mierendorff）和西奥多·豪巴赫（Theodor Haubach），前工会领导人，如威廉·罗伊施纳（Wilhelm Leuschner）和雅各布·凯泽（Jakob Kaiser）。这两位工会领导人，前者来自“自由”阵营，后者来自“基督”阵营。决定加入抵抗力量的在职军官、外交官和公务员需要专家们的专业知识，并且需要和重要社会团体取得联系。专家和策划者们如果想做成大事，就必须和军队以及国家机关中的反对派势力合作。

希特勒反对者为了这一目的而结盟，他们在政治上犹如一个联合执政的团体，从社会民主党派一直到德国民族派人士，应有尽有。在联合体的右翼有极权制拥护者和君主制拥护者，左翼中有统一工会赞同者和核心工业社会化的赞同者。把他们撮合到一起的是他们的信念：专制统治必须让位于法治国家。然而“重回魏玛”的想法是不能把大家统一起来的。保守派对德国的第一次民主体制试验自始至终都是持反对态度的，即便在1933年之后也是如此。即便是共和国的捍卫者也不认为重建魏玛体制是一件负责任的事，正因为宪法本身的缺陷，才导致这个体制的最终失败。

以法学家赫尔穆特·詹姆斯·冯·毛奇伯爵（Helmuth James Graf von Moltke）为首的克莱稍集团（Kreisauer Kreis）努力把各种相互矛盾的传统合成在一起。克莱稍是西里西亚的一个村落，是毛奇的庄园。这里被选作希特勒反对派聚会的场所。这些人的另一处会议场所是毛奇的好友彼得·约克·冯·沃滕堡（Peter Graf Yorck von Wartenburg）伯爵在柏林的公寓。冯·沃滕堡是德国国防军司令部东部经济参谋部中的行政专员。在这些地方，保守派和社会主义者们构想着战后的德国，在这个国家里应该消除“右”和“左”的矛盾。这是一种更多构筑在如家庭、社团、家乡、行业和企业等“小规模团体”上，而不是完全构筑在政党和其他大型组织上的社会体制。在这个体制内采用的是自治和联邦制，而不是德意志帝国里绝对置于德国百姓之上的领导权。直到县一级管理层，德国人应该可以直接选举出他们的代表（家庭中的父亲可以为没有选举权的每一个孩子投上一票）。县级以上的选举采用间接形式，社区和县议会选举产生州议会，州议会选举产生国家议会。在外交政策上，克莱稍集团反对传统的民族主义，而是赞成欧洲的统一。克莱稍集团国际问题发言人是在外交部信息处工作的公使衔参赞亚当·冯·特洛特·楚·苏尔茨（Adam von Trott zu Solz），然而就是这样一个赞同欧洲一统的政治家却在一段时间里也要求西普鲁士的 / 1082
一部分和苏台德地区回归德国。

老一代保守派人士，一旦政变成功将会成为总理人选的卡尔·戈德勒，当年驻意大利大使、政变成功后将成为外交部部长人选的乌尔里希·冯·哈塞尔（Ulrich von Hassell），普鲁士财政部部长约翰内斯·波皮茨（Johannes Popitz），他们与“克莱稍集团”不同，他们要建立的是有威廉特色的德意志大国。希特勒至1940年所占领的地区，除了波兰总督区和保护国波希米亚和摩拉维亚之外，都应该归于德国。戈德勒、珀皮茨、哈塞尔和纳粹党内科学家们的看法一样，认为德国就是欧洲秩序的国家。他们反对希特勒奴役东部国家的手段，但是人们认为在1941年至1942年交替之际德国对苏联的战争是有可取之处的：消除布尔什维克主义，建立德国霸权，这些做法是和他们的欧洲新秩序的设想完全一致的。

在内政方面，老保守派与“克莱稍集团”的不同点在于：他们比克莱稍集团更加坚定地反对西方民主。珀皮茨认为应该建立一个严格的中央集权国家。普鲁士财政部部长在1940年初最初设计国家基本法草案时，把一堆独裁的权力都集中到国家元首身上。只有到了最终的宪法草案时，人民才有可能通过职业代表去影响政治。

戈德勒也强调广泛的独立行政权，反对议会的有效控制权。政府随时可以颁布代表法律的行政命令。废除一项行政命令或推翻一届政府则需要有议会中三分之二的票数。如果是帝国议会和由各行业、教会和大学的代表组成的帝国等级会议一起要求罢免一届政府的话，议会普通多数票就可以通过。帝国议会的成员一半由“大区议会”选举产生，另一半由人民直接选举产生，如果一个父亲通过合法婚姻拥有至少三个孩子，那么他就能得到附加选票。只有帝国等级会议通过，法律才能生效。帝国的首领暂时由一位摄政者担任，此后也许会由一个有继承权的君主担任。

/ 1083

不给百姓更多的自主权利，这不仅仅是保守派的传统。即便不是保守派，也能从魏玛共和国的经验中得出结论：多数派也可能是错的，因此遵从多数的原则不能无限制使用。尽管希特勒不是经过自由选举进入总理府的，但是他在政治上飞黄腾达正是因为选民把他的政党追捧为最大党。希特勒能够保持持久的声望证明了百姓的判断力值得怀疑。持有这种观点的不仅仅是保守派，很多社会民主党人也是这样看的。珀皮茨设想的极权体制，或者是戈德勒设想的更加温和一些的体制，充其量不过是让一股军事力量当权。保守派的希特勒反对者们幻想着，老百姓如果得到比 1933 以前更多的政治权利就应该感到满足了。

要推翻希特勒的保守派的，并非是一批坚定拥护犹太人的群体。在传统上，德国保守主义者对犹太人的看法是有所保留的。无论是在 1933 年之前还是之后，保守派都一直相信必须要缩减犹太人对经济和文化的影响。因此很多保守派人士认为，纽伦堡法律至少在核心上是对犹太人设置的正当防卫。戈德勒 1941 年初撰文要求取消对犹太人的一系列歧视措施，并且要求在占领区内“人性化”设置犹太人隔离区。但是，当国际合作商议“在加拿大或南美洲完全适合居住的条件下”建立一个犹太人国家的时候，戈德勒认为犹太人应该立即从德国自动搬迁到那里去。获得例外的只是那些参加过第一次世界大战的犹太人，其家庭在 1871 年之前就已加入德国国籍的犹太人，能够证明接受过洗礼的犹太人，或者是“混血婚姻”产生的基督教后代，而且这个婚姻必须是在希特勒夺权之前就完成的。戈德勒毫不夸张地说，纽伦堡法律如果用这些办法调整就会“完美”。他说，“犹太人属于另一个种族”，这些都是“老生常谈”。在这一点上，他也完全符合保守派的设想。

戈德勒的这份备忘录是在德国系统杀害犹太人之前撰写的。在谴责这一罪行的问题上抵抗运动所有成员的看法是一致的。1944 年，戈德勒在另外一份备忘录上谴责了“有计划的野蛮灭绝犹太人的残酷暴行”。带有传奇色彩的波茨坦第九步兵团的年轻军官阿克塞尔·冯·德姆·布舍（Axel von dem Bussche），于 1942 年秋天亲身经历了在乌克兰大规模枪杀犹太人的暴行。他最终决定参与暗杀活动，干掉枪杀犹太人行动的最高指挥官。在和包括参谋部上校克劳斯·冯·申克·施陶芬贝格伯爵在内的几位军界志同道合者的沟通之后，他决定在一次军装演示会上用炸弹袭击的方式和希特勒同归于尽。然而在这次行动之前，布舍就在前线受了伤，无法亲自参加暗杀活动。另一位年轻军官埃瓦尔德·冯·克莱斯特－舒曼森（Ewald Heinrich von Kleist-Schmenzin）曾想以同样方式暗杀希特勒，但是这一计划于 1944 年 2 月再次落空，原因是这次军装演示会被临时取消了。

除了布舍和克莱斯特这两位年轻军官外，还有更多人也想和希特勒同归于尽。参谋部上校鲁道夫－克里斯托夫·冯·格斯多夫（Rudolf-Christoph von Gersdorff）是普鲁士贵族家庭的后裔，他也曾经在 1942 年夏天准备了一次暗杀活动。1943 年 3 月 21 日一切准备就绪。在柏林召开的英雄纪念会上，格斯多夫打算在军械库给“元首”展示缴获的武器，同时引爆两枚英式吸附式炸药。但是希特勒匆匆走过展会，暗杀活动未遂。格斯多夫急中生智，阻止了一枚已经点燃的炸药的爆炸。经常被希特勒挂在口头的“老天有眼”这次又让希特勒逃脱了。

/ 1085

格斯多夫的暗杀活动是在上校亨宁·冯·特雷斯科夫的指挥下进行的。特雷斯科夫是中部军团第一参谋总长，是军界抵抗力量的核心人物。他对党卫军在东部地区所犯下的罪行了如指掌。灭绝所谓的或真正的游击队员、犹太籍的或非犹太籍的游击队员及其家属，包括妇女儿童，所有这些命令每天都放在他的案头，并由他签署。特雷斯科夫认为对游击战采取最严酷的手段是不可避免的军事行动。最初，他视对布尔什维克主义发动战争为己任。到了1941年秋天，他开始下定决心抵抗发动这场战争的政权。在这个时候，他看清了纳粹分子对犹太人实施种族屠杀的企图，从而在根本上不再怀疑“第三帝国”的罪恶本质。从这个时候开始，特雷斯科夫坚信，只有清除希特勒才能制止屠杀。

克劳斯·冯·申克·施陶芬贝格伯爵出生于施瓦本天主教贵族家庭。他计划于1944年7月20日在东普鲁士拉斯滕堡元首总部“狼穴”中用炸弹杀死希特勒。克劳斯·冯·施陶芬贝格和他哥哥贝特霍尔德（Berthold）一样，是诗人斯特凡·乔治（Stefan George）门徒，带着贵族精神，期待着一个“新帝国”和有内涵的德国。兄弟两人在民族社会主义中发现了可以实现民族共融的机会，即便是种族思想对他们来说也是一种健康的思潮。他们认为纳粹分子的种族政策是对一个正确思想的危险夸张。

当赫尔穆特·冯·毛奇1941年或1942年初在施陶芬贝格那里试探其是否愿意加入抵抗力量时，施陶芬贝格的回答很清楚：德国必须先打赢这场战争。在与布尔什维克主义作战的同时不可能与“褐色瘟疫”清算，而必须在这个战争之后。然而在1942年中，施陶芬贝格改变了主意，认为在战争中就应该颠覆这个政权。此时此刻他坚信，德国是赢不了这场战争的，但是东部的败局也许还是可以挽回的。1943年10月，施陶芬贝格担任后备部队参谋长，这个职务对发动反叛活动具有深远的战略意义，他本人也有机会接触到希特勒。

当施陶芬贝格上校离开拉斯滕堡的元首总部前往柏林时，他设置的炸弹爆炸了。1944 年 7 月 20 日，这批叛逆者在国防军司令部本德勒大楼（Bendlerblock）精心策划的颠覆纳粹政权的计划最终还是失败了。他们猜测希特勒已经丧命，然而希特勒逃过了这次暗杀，仅仅受了轻伤。

就在 7 月 20 日当晚，后备部队总司令弗罗姆下令枪毙了施陶芬贝格及其同伙弗里德里希·奥尔布里希特（Friedrich Olbricht）、阿尔布雷希特·里特·默茨·冯·昆海姆（Albrecht Ritter Mertz von Quirnheim）和维尔纳·冯·海夫腾（Werner von Haeften），枪决地点就在本德勒大楼的院内。国家颠覆一旦成功，路德维希·贝克将会是国家元首的人选。然而他这个时候已经离世了。在弗罗姆的逼迫下，他试图开枪自杀未遂，最后被一名军士射杀。第二天，亨宁·冯·特雷斯科夫也自杀身亡，他在东部前线波兰的奥斯特鲁夫（Ostrów），把自杀伪装成敌军的手榴弹袭击。他之所以做出这一决定是因为担心自己在酷刑中可能会供出同伙姓名，牵连他人。

希特勒对直接和间接参与暗杀活动的人加以疯狂的报复。在人民法院被告者一个个都勇于承担自己的责任，并且昂首挺胸地面对暴跳如雷的法院院长罗兰德·弗莱斯勒（Roland Freisler），这一点是希特勒始料不及的。乌尔里希·威廉·什未林·冯·施万纳菲尔德伯爵（Ulrich Wilhelm Graf Schwerin von Schwanenfeld）是元首总部办公室的一名成员，他在陈述行为动机时说是因为“波兰的大屠杀”。彼得·约克伯爵（Peter Graf Yorck）的解释是：“和所有这些问题相关联的核心，是国家对自己的公民实施极权统治，并且消除了每个公民对上帝的宗教义务。”维尔纳·冯·海夫腾的哥哥汉斯－贝恩德·冯·海夫腾（Hans-Bernd von Haeften）是外交

/ 1087

部公使衔参赞，他也明确地站在他朋友的这一边："我认为，元首在世界史上扮演的角色，是一个邪恶的执行者。"

被弗莱斯勒判处死刑的人当中，有八个在宣判后被立即行刑。他们于8月8日在柏林－普莱岑湖（Berlin-Plötzensee）监狱被绞死。第一批被绞死的人当中包括埃尔温·冯·维茨莱本（Erwin von Witzleben）、埃里希·霍普纳（Erich Hoepner）将军和约克。其他人则必须等待执行死刑的时间。尤利乌斯·莱贝尔因为和非法的德国共产党有联系，于7月5日被捕。10月20日他被判处死刑，1945年1月5日被处死。对戈德勒的判决在9月8日，行刑是在1945年2月2日。毛奇于1945年1月被判决和行刑。2月2日，阿尔弗雷德·戴尔普神父遭遇了同样的下场。迪特里希·潘霍华于1943年初被捕，1945年2月被送进弗洛森比尔格集中营，4月4日在那里接受军事法庭审判，之后被处死。在与1944年7月20日事件有关联的人当中，共有大约200人被处死。

即便希特勒在暗杀中丧命，也不意味着叛逆者就能胜利。因为他们在百姓中的基础太弱。根据官方调查，大部分德国人对这次事件感到愤慨。因此，当他们听到希特勒仅仅受了轻伤的时候，喜悦之情溢于言表。根据纽伦堡高级法院院长的观察，"并非只有那些彻头彻尾的纳粹分子不赞成这次暗杀，大家除了讨厌这种暗杀罪行外，还坚信只有元首才能应对当时的局面，他的死亡将意味着混乱和内战"。

出现混乱和内战，这一想法并不现实。但是希特勒死后纳粹党魁人物之间将会展开权力斗争，这是可以预料的。希姆莱和珀皮茨有过接触，他也被"卷入"了这场叛逆行动。从另一方面讲，也不是整个德国军队都站在叛逆者一边。谴责施陶芬贝格和他的朋友给正在战斗的部队背后捅了一刀，这一点是肯定的。纳粹分子声称，这场叛逆活动是一小撮反动分子所为，这一说法得到了大家的支持。

/ 1088

“元首神话”不断受到冲击，但是还没有破灭。1944 年 7 月 20 日的暗杀事件失败之后，这一神话甚至经历了一次回光返照。很多人相信，也许真是“老天有眼”让希特勒大难不死，只有他才能救德国。

发动 7 月 20 日事件的人并不怀疑，希特勒的名望比他们要高。他们也不清楚，德国人民在纳粹罪行被揭露之后是否会觉得刺杀暴君的行动是必要的。1943 年 1 月罗斯福和丘吉尔在卡萨布兰卡要求德国无条件投降后，他们不能判断，希特勒的政敌接手德国之后，同盟国是否会接受一个比较温和的停战协议。1944 年夏天，对于抵抗力量的核心组织来说，其行动是否取得成功已经不再关键。而最为关键的是让全世界以及德国下一代人知道，希特勒并不等于德国。除此之外，还有一个更好的德国。

这样一想，那么立即行动就是一种荣幸，正像叛逆者们 7 月 20 日所做的那样。很多人直到很晚才投身到积极抵抗希特勒的行动中来。因为他们都是替国家着想，因此民族社会主义的那一套对他们来说并不陌生。他们认为，战争绝不是希特勒的战争，而是他们的战争。这是为德国争取领导角色的战争。1942 年夏天之后，战争又多了一层意义，就是要打败侵略性的罪恶的政治体制，这就是布尔什维克主义。认识到自己的国家就是这样一个侵略性的罪恶体制，有的人觉悟得早，有的人觉悟得晚。不管他们承不承认，很多人都在不同程度上难辞其咎。当他们用自己生命去反抗希特勒的时候，也是在为自己救赎。

弗莱斯勒的法官席前是另外一个德国。这个德国的最佳代表来自传统，带有基督教或人道主义色彩，有着康德或普鲁士的成分。在这个传统中，凌驾于国家和男人之上的还有一个命令者，这就是自己的良知。叛逆者们遵循自己的良知，把 1944 年 7 月 20 日变成近代德国历史上伟大的一天。另外两天也具有同样高尚的道德意义，它们也是因为抵抗希特勒的运动而载入德国史册。1939 年 11 月 8 日，符腾堡的木匠约翰内斯·乔治·埃尔瑟在慕尼黑啤酒馆政变纪念日上试图用自制的炸弹杀死"元首"。1943 年 2 月 18 日，在斯大林格勒战役失败之际，"白玫瑰"学生抵抗组织的创建者汉斯·朔尔（Hans Scholl）和索菲·朔尔（Sophie Scholl）在慕尼黑大学的天井散发了上百张传单，反对希特勒丧心病狂的战争。

埃尔瑟这个来自百姓的单独行动者，朔尔兄妹及其同学克里斯托夫·普罗布斯特（Christoph Probst）、亚历山大·许墨瑞（Alexander Schmorell）、威利·格拉夫（Willi Graf）和他们的老师库尔特·胡贝尔（Kurt Huber）遭遇了和 1944 年 7 月 22 日事件当事人同样的命运。他们都被处以极刑。如果没有这些人奋起反抗希特勒，在纳粹统治结束后，德国人在回顾 1933 年至 1945 年的历史时，就没有什么值得振奋的事了。[22]

欧洲的划分（一）：同盟国的战后计划

在德国本土反对希特勒的人士中，以戈德勒为首的几位关键人物直到最后都希望推翻纳粹政权后，德国可以和同盟国签署一个和平停火协议。这一期待在卡萨布兰卡制定出“无条件投降”的条件之后实际上已经不可能实现了。1944 年 6 月，西方同盟国军队在诺曼底登陆后，伦敦和华盛顿对德国在野势力的态度也更加强硬了。丘吉尔非常了解柏林反叛者的企图，但是对普鲁士风格的做法深表怀疑。1944 年 8 月 2 日，英国下院对 7 月 22 日事件中的人员做出了非常低的判定：暗杀希特勒的行动仅仅是德意志帝国内部上层人物之间的斗争。丘吉尔认为，这种评判是恰当的。

长时间以来，同盟国对战后德国的计划都抱有“分化”德意志帝国的想法。1941 年 12 月，斯大林在和英国外交大臣艾登谈话时，首先说出这样的想法，把莱茵兰从普鲁士分割出来，把东普鲁士划分给波兰，再构建一个巴伐利亚国家。1943 年 10 月，美国国务卿赫尔、英国外交大臣艾登和苏联外交人民委员莫洛托夫在莫斯科协商，按照 1938 年的边界重新建立一个独立的奥地利，把东普鲁士划给波兰。具体的细节由位于伦敦的欧洲咨询委员会（European Advisory Commission）商议决定。 / 1090

1943 年 11 月 28 日至 12 月 1 日，罗斯福、斯大林和丘吉尔“三巨头”在德黑兰会议期间，不仅谈到了波兰西移，将东普鲁士的北部划分给苏联，而且还初步谈到了分化德国。在会议结束的讲话中，丘吉尔要求孤立普鲁士，要拿出比对待德国其他地区更严厉的手段来对付普鲁士。同时他还谈到成立一个多瑙河联邦，由巴伐利亚和奥地利组合而成，并且尽可能让匈牙利加入。罗斯福提出了组建五个德意志自治国家的想法。这五个国家是普鲁士，汉诺威和德国西北部，萨克森，黑森，巴伐利亚、巴登和符腾堡。鲁尔和萨尔地区不属于德国国家范围，由联合国托管。在美国总统和英国首相的方案之间，斯大林更加倾向于美国的方案。德黑兰会议并未做出有约束性的决议。“三巨头”决定把分割德国的细节讨论留给伦敦的欧洲咨询委员会。

在美国政府内部，对今后如何对待德国的意见多种多样。国务卿科德尔·赫尔建议德国自愿分割，他估计德国西部和南部地区会强烈要求分离出德国。他的副手萨姆纳·威尔斯（Sumner Welles）则坚决要求强制分化德国。财政部部长小亨利·摩根索走得更远，
/ 1091
他想把东普鲁士东部、西里西亚、莱茵河和摩泽尔河以西地区靠近萨尔地区的法国部分统统划给波兰，把鲁尔地区交由国际管辖，把剩余的德国划分成两个互相独立的自治国家，一南一北。为了防止德国再对其他国家构成威胁，必须彻底清除工业，使其回归成农业国。

1944 年 9 月，罗斯福和丘吉尔在魁北克会议时，把焦点放在摩根索的计划上。但在 9 月 22 日，美国总统又收回了自己的签字，原因是美国国务卿赫尔、战争部部长史汀生及其副手约翰·麦克洛伊极力劝说罗斯福，财政部长让德国回归成农业国的愿望是倒退，这将会给重振欧洲经济造成致命的后果。此后不久，丘吉尔也开始与摩根索计划保持距离。

分割德国的事情又一次成为同盟国的议题。1944 年 10 月 27 日，丘吉尔发电报给罗斯福，报告了他与斯大林在莫斯科谈话的情况。苏联领导人建议把鲁尔地区和萨尔地区从普鲁士分出来，建立一个独立的莱茵国和一个南德国，南德国把奥地利包括进去，以维也纳为首都。然而戴高乐将军的法兰西共和国临时政府又提出了分割德国的其他方案。这个临时政府于 1944 年 9 月 10 日成立，于 10 月 23 日得到同盟国的承认。这个政府要求把德国莱茵河左岸地区从德国分离出来，把莱茵河直至科隆以北的地区作为法国永久边界或至少是军事边界，将鲁尔地区国际化，把萨尔地区划给法国，并且

在德国西南部建立一个法国占领区。未来的德国应该由几个国家组成，它们之间的连接至少应该是松散的。1944 年 12 月戴高乐访问莫斯科，与斯大林缔结了为期 20 年的《法苏同盟协议》。协议签署之后戴高乐同意德国和波兰以奥得河和尼斯河（Lausitzer Neiße）为界。然而斯大林并没有接受法国以莱茵河为界的要求。

在丘吉尔 1944 年 10 月访问莫斯科和计划于 1945 年初召开的三国峰会之间，正好是美国总统大选，日期为 1944 年 11 月 7 日。共和党推出纽约州州长托马斯·埃德蒙·杜威（Thomas E. Dewey）竞选，他是年轻一代最为积极的政治家之一。民主党则第四次推举富兰克林·德拉诺·罗斯福。在副总统人选上，民主党决定把坚定的“新政”政治家亨利·华莱士替换下来，取而代之的是较为保守的密苏里议员哈里·S. 杜鲁门。健康状况欠佳的总统此时动脉硬化症更加严重了，但是他还是顽强地把竞选活动坚持下来了。罗斯福再一次凯旋，他获得了 53.5% 的选票，他的竞争对手得票率为 46%。民主党在参议院失去 1 个席位，在众议院赢得了 20 个席位。在议会的上下两院，总统的党派都占据多数。 / 1092

总统大选过去 3 个月之后，罗斯福、丘吉尔和斯大林于 1945 年 2 月 4 日在克里米亚的雅尔塔会晤。他们分别带上了自己的外交部部长、军事官员和重要的政治顾问。会议召开时，美国在远东的战争还未见分晓，根据军方估计战争有可能持续到 1946 年，兵力也可能再损耗 100 万。因此罗斯福刻意要求苏联开辟第二战场，对日本发起进攻。

斯大林基本同意解除 1941 年 4 月和东京缔结的为期五年的相互中立协议，并且最迟在德国投降三个月之内向日本开战。但是斯大林提出了苛刻的条件：苏联要求归还沙俄 1875 年割让给日本的千岛群岛，以及 1904 年至 1905 年日俄战争中俄国失去的南库页岛。另外，苏联还要求归还俄国在满洲里对铁路和港口所拥有的特权。罗斯福同意了这些要求，但同时告诉斯大林他必须取得蒋介石的同意。
/ 1093 在这种情况下，苏联（象征性地）宣布于 1945 年 4 月 5 日解除苏联与日本签署的相互中立的条约。

在雅尔塔，罗斯福和丘吉尔在对待斯大林的态度上有所不同，美国总统更是让步有加。他的愿望不仅仅是在东亚太平洋地区通过苏联的援助尽快结束战争。在德黑兰会议上罗斯福意识到，美国和苏联这两个世界级大国将来只有通过紧密合作才能维护世界和平。这样一种共同承担只能建立在相互信任的基础上。罗斯福准备向斯大林表示自己的诚意，也期待得到斯大林的信任。

当斯大林在雅尔塔再次提出分化德国的时候，罗斯福不再反对。丘吉尔和艾登则对“分化”德意志帝国多了几分疑虑，因为他们感到从中受益最大的将是苏联。讨论的结果是一个折中方案。尽管正式决定要“分割”德国，但是细节的敲定将由新建的“分割问题委员会”（Ausschuß für die Teilungsfrage）进行讨论，雅尔塔会议就此结束。

大家一致认为，对德国的最高管理权必须掌握在同盟国手中。同盟国设置的检查委员会必须贯彻“彻底缴械、去军事化和分化”的措施。同盟国认为，“为了保证未来的和平和安全”，这些措施是“必须的”。1944 年 10 月，斯大林和丘吉尔答应给法国在同盟国留出一个检查委员会的席位，并且给法国留出一块德国西南部的占领区。这块占领区本来是属于美国和英国的。但是，法国并没有进入分割问题委员会。

1944 年 9 月到 11 月，欧洲咨询委员会协商制定了德国的占领区划分方案：德国南部包括黑森属于美国占领区，1947 年初不来梅和不来梅哈芬（Bremerhaven）作为飞地也归属到美国占领区；英国占领区在德国西北部，苏联占领区为德国东部和中部，西部分界
/ 1094 线如下：从吕贝克西沿着易北河一直到维滕贝格北，然后是普鲁士

的萨克森省，从图灵根到萨克森，往南一直到捷克斯洛伐克的西部边界。柏林被分割成四个管辖区。维也纳和奥地利的分割与柏林和德国相仿。还没有解决的是战争赔偿问题。就像解决分化德国问题一样，为了战争赔偿问题，各国也专门设立了一个咨询委员会。这个委员会的地址设在莫斯科。

德国的未来仅仅是“三巨头”在雅尔塔一周会议上的一个议题。在波兰问题上，稍加改动的寇松边界线最终成了波兰东部的边界线。然而，英国人和美国人都不愿意把波兰边界扩展到奥得河。斯大林要求把波兰的西部边界以奥得河和尼斯河为界，丘吉尔提出反对。对此他讲了一句后来一再被援引的话：“可惜的是，如果用这样的德国饲料去喂波兰鹅，它会因为消化不良而死去的。”由于这一意见分歧，“三巨头”在波兰问题上仅仅做出了“北部和西部大规模扩张”的决定，而没有具体到边界线的划分。

大家都很清楚，波兰西移意味着数百万百姓被迫迁徙。1944 年 12 月 15 日，丘吉尔在下院讲演时说明，必须“清理门户”，驱逐德意志帝国东部地区的德国人是达到这一目的“最令人满意和最持久的手段”。英国首相也不愿相信，为什么德国没有地方割让给波兰（东普鲁士北部割让给苏联）的德国人居住。“毕竟有 600 万到 700 万的德国人在这场可怕的战争中丧生了……在未来春天和夏天的战事中将有更多德国人丧生。”

在斯大林要求承认由苏联共产党设置的卢布林委员会作为波兰临时政府的时候，西方国家领导人的表现要比在驱逐德国百姓问题上更加人性化。丘吉尔指出，波兰的主权独立和自由对于大不列颠来说是一项尊严，同时他也表现出这个问题是可以谈的。根据英国首相和美国总统的设想，这个临时政府应该先从流亡者和波兰本土产生一个“民主领袖”，然后再获得大家的承认。实际上，丘吉尔和罗斯福此时已经对以不愿让步的社会主义者托马斯·阿尔齐谢夫斯基为首的流亡政府不抱什么希望了。他们相信斯大林的承诺，波兰不久就会举行自由选举，也许这场选举会安排在一个月之内。他们就这样决定了波兰的命运，他们没有意识到 1939 年 9 月英国正是为了波兰才向德国宣战的。

为了东南欧和中东欧的利益范围划分，波兰问题只能做出让步了。1944 年 5 月，英国向苏联建议，把罗马尼亚当作苏联的“活动区域”，把希腊当作英国的“活动区域”。谈判期间，两个大国的“活动区域”不断扩展。英国看中了南斯拉夫，苏联看中了保加利亚。6 月 12 日，罗斯福总统同意了这个建议。1944 年 10 月，斯大林和丘吉尔在莫斯科谈判，美国驻苏联大使埃夫里尔·哈里曼作为观察员列席了这次会议。这次会议以准确的方式确定了“影响范围”。根据这个谈判，苏联对罗马尼亚的影响力为 90%，对保加利亚的影响为 80%。对于伦敦来说，希腊具有重要的战略意义，因此英国在会议上要求对希腊的影响力为 90%。对匈牙利和南斯拉夫双方首先约定影响力为 50% 对 50%，此后不久苏联把对匈牙利的影响力提高到了 80%。

在雅尔塔，人们不再用百分比的方式划分影响范围了。在此期间，苏联红军已经占领了罗马尼亚和保加利亚，并且把德国人逐出波兰。1944 年 10 月 20 日，贝尔格莱德被收复。当同盟国在克里米亚开会时，布达佩斯马上就要被攻克了。“三巨头”对南斯拉夫流亡总理舒巴什奇（Šubašic）和反法西斯主义委员会主席铁托的和解表示欣慰。南斯拉夫两位领导人协商建立联合政府（政府于 1945 年 3
/ 1096 月 8 日成立时，实际权力掌握在共产党手中）。在《关于被解放的欧洲宣言》（Erklärung über das befreite Europa）中，斯大林、罗斯福和丘吉尔根据《大西洋宪章》，保证各民族“通过自己的选举产生民主机制”的权利，尽快“通过自由选举产生符合人民意愿的政府”。

宣言中最后一个允诺并没有兑现。西方国家在东南欧和中东欧大部分地区袖手旁观，听任苏联的摆布。苏联的势力要么通过强势的军事力量，要么未经战争而通过新的影响范围，在两次世界大战期间的所谓反布尔什维克主义的“瘟疫隔离带”（Cordon sanitaire）中站稳了脚跟。波兰仅仅是这些国家中的一个。在这里，独断已经成为新的国家权力政治的现实。

波罗的海沿岸的三个共和国，爱沙尼亚、拉脱维亚和立陶宛，无论在德黑兰还是雅尔塔会议上都不曾是谈判的话题。然而，斯大林坚持把这些国家划给苏联，这是德国和苏联在 1939 年至 1941 年合作的产物，而西方国家对此却善罢甘休了。丘吉尔早在 1942 年 2 月就表示，同意 1941 年 6 月苏联的边界状态。1942 年 8 月，波罗的海三国的公使从伦敦的外交代表名单上被移除了。美国虽然在法律上坚持波罗的海国家继续存在，然而实际上却认可了苏联的吞并。斯大林对波罗的海国家实行了一系列苏维埃化政策，把大批市民阶层精英和数万不愿意加入合作社的农民遣送到西伯利亚。与斯大林结盟需要付出高昂的道德价格，1941 年 8 月《大西洋宪章》的原则就这样被废除了。然而，苏联自 1942 年 1 月 1 日在华盛顿签署加入联合国协议之日起，就正式承认遵从这些原则了。

这个时候，联合国共有 26 个成员国，这些国家都是向德国宣战的国家。罗斯福对这个概念抱有更多期望。他期望以此建立起一个公平的世界和平秩序或者一个全球性的“新政”。这样一个远景和威尔逊 1917 年至 1918 年间提出的设想非常相似，不同的是，罗斯福的这个设想可以不受到国内政敌的阻碍得以实现。按照总统的意思，1939 年开始已经没有实际作用的国际联盟，应该让位于一个这样的组织：它有放之四海而皆准的原则，由勇于担当的大国领导，具备为公共安全付诸行动的体系，这就是联合国。 / 1097

美国不想因为他国的投票改变自己的意愿，因此它和所有大国一样，要在联合国最重要的机构，即安全理事会中拥有强有力的否决权。美国和与其并驾齐驱的最重要大国苏联要建立起一个基本的协议，确保世界的永久和平。国际联盟创建于1919年，为的是保持第一次世界大战后的和平。罗斯福设想的联合国，1945年处在一个更加困难的环境里。历史学家和政治学家瓦尔德玛·贝松（Waldemar Besson）确切地形容道，联合国“这个世界政府要保持还根本没有界定完成的状态”。

一开始，斯大林对这个美国项目持怀疑甚至否定态度。1943年之后，斯大林逐渐改变了他的立场。这一年莫斯科召开的外交部长会议上，莫洛托夫同意在打败轴心国之后建立一个世界组织来维持和平的建议。1944年8月21日至10月7日，华盛顿哥伦比亚特区的敦巴顿橡树园（Dumbarton Oaks）召开了各同盟国专家会议，会议商讨了联合国组织的结构和职能，以及未来国际法庭的建立。两个盎格鲁－撒克逊国家首先和苏联谈，然后和美国指定为第四大国的中国谈。

未来联合国宪章的基本构架被勾画出来了：安全理事会与国际联盟委员会不同，它可以随时召集会议；法国被邀请到常任理事国席位上；大国拥有否决权。对于美国来说，很重要的一点是，联合国的所有成员国在受到攻击时有进行独立保卫和集体保卫自己的“固有权利”，直到安理会采取必要的措施。各国代表在设置否决权上未能达成一致意见。苏联要求像英联邦的自治领那样，在联合国全体会议上给予苏维埃联盟的16个共和国每个共和国一个席位和一票，在这个问题上也未能达成一致意见。这两个有争议的问题重新成为雅尔塔会议的议事日程。

/ 1098

在克里米亚会议上，罗斯福、斯大林和丘吉尔商议，除了苏联以外，苏联的另外两个加盟共和国乌克兰社会主义共和国和白俄罗斯社会主义共和国也将纳入联合国。斯大林坚持否决权具有绝对否决的性质，即使一个大国自己卷入了争议，也可以使用否决权。最终大家接受了斯大林这个要求。与德国作战的或者在1945年3月1日之前向这个共同的敌人宣战的所有国家都可以成为联合国成员。几个拉丁美洲国家，以及埃及、叙利亚、黎巴嫩和沙特阿拉伯因此向德国宣战。除此之外，还有一个国家也利用第二种可能性加入了联合国，这就是土耳其。土耳其在第二次世界大战中一直保持中立，在同盟国一再施压的情况下于1944年8月2日与德国解除外交关系。在1945年3月1日，即规定的最后一天，土耳其向德国宣战。

八周之后，美国、苏联、英国、中国和法国这五个大国发起邀请，于4月24日在旧金山召开联合国成立大会。6月26日，51个国家在旧金山召开的第一次全体会议上签署了《联合国公约》。就在同一天，联合国制定了国际法庭的章程。五个大国和大部分公约签署国向美国政府提交了本国的批准文件之后，《联合国公约》于1945年10月24日开始生效。联合国公约确定，联合国的宗旨是通过有效的集体措施维护世界和平与国际安全，在平等和民族自决的基础上发展各国间的友好关系，为解决经济、社会、文化和人道主义问题展开国际合作，尊重人权和基本自由，尊重所有人的平等权利，不分种族、性别、语言或宗教。 / 1099

大国的特权让联合国的其他成员感到自己是个二流国家。但是为了让这个新型世界组织具备执行能力，大国必须要有这种特权。只有它们坚持安理会的决议，这些决议才能得到贯彻。和那些不算大国的国家相比，殖民地国家更加有理由抱怨。国际联盟的委托管理地区在1945年归于联合国托管委员会监督，这些地区属于联合国全体会议，但是没有席位和选举权。它们期待得到两个没有殖民地的大国的支持，这就是美国和苏联，因为这两个大国都是反对殖民主义的。第二次世界大战刚刚结束的时候，华盛顿和莫斯科都不能想象在没有它们同盟的情况下或者违背同盟的意愿去建立一个世界新秩序。而它们最重要的同盟就是英国。而英国又不想成为大国中唯一一个拥有殖民地的大国，因此英国竭力把法国也拉进大国的行列。

联合国是美国在第二次世界大战后想敲上自己图章的第一个项目。为准备第二个项目，美国发出邀请，请各个国家到美国新罕布什尔州（New Hampshire）的布雷顿森林（Bretton Woods）召开会议。这个会议于 1944 年 7 月 1 日至 22 日举行，反希特勒联盟的 44 国政府参加了这次会议，会议探讨了战后时代货币、支付和贸易等问题。在这个会议上，美国财政专家哈里·德克斯特·怀特（Harry Dexter White）要比英国代表团长约翰·梅纳德·凯恩斯
/ 1100 施加了更多的影响。会议决定建立布雷顿森林体系。这个体系有两大支柱，一个是建立国际货币基金组织，另一个是世界银行。第三大支柱建于 1947 年，这就是关税与贸易总协定。国际货币基金组织成员国同意为货币的自由兑换做准备，并且确认黄金和美元的比价，这就是“美元本位制”（Dollarstandard）。在这个时候，35 美元兑换 1 盎司黄金。

美国央行做出保证，随时可以用黄金兑换美元。布雷顿森林体系的其他成员用固定兑换汇率兑换美元。只有在长期失衡的情况下才允许一种货币升值或贬值超过 20%，而且必须经过国际协商才可以实行。只有美国在货币政策上享有自主权。这种混合的黄金 - 美元本位制要比以前的纯粹金本位或 1925 年至 1931 年的金汇兑本位制更加灵活。各种货币对黄金比价的变化，使每种货币都有可能进行有限的升值和贬值，这样就大大提高了灵活性。但是，只有当美国不出现大规模贸易逆差以及不推行货币紧缩政策的时候，这个布雷顿森林体系才能运作。美国的这些先决条件一直持续到六十年代初期。

国际货币基金组织作为联合国的一个特别组织，它的重要目标是在货币政策上采取国际合作，促进世界贸易，保证有序货币关系

的安全，消除外汇流通的限制，建立多边支付体系，通过向成员国发放信用货币的方式方便收支平衡。世界银行原名叫国际复兴开发银行，它的任务是通过向政府或私人企业发放债券促进成员国的经济发展。

美国人认为，美国通过布雷顿森林倡议终于实现了自己的世界经济领导的角色。从客观上讲，这个任务早在第一次世界大战之后就已经落在美国身上了。然而，美国并没有承担起这个任务，最后对世界经济产生了灾难性的后果。新型货币协议的建筑师把美国视为全球经济稳定者。这个世界强国从两次世界大战期间的经济和财政危机中吸取了教训。美国为了大家都能理解的自身利益，把物质资源投放到世界经济持续和不受干扰的增长上去，从而为保证世界和平做出了决定性的贡献，其作用犹如全球范围的新政。

斯大林却是完全从另外一种视角看待这个问题。对他来说，把美元作为世界外汇储备，这种做法清楚地表明了美国彻头彻尾的帝国主义企图。因此苏联和依附于它的国家 1945 年并没有在《布雷顿森林协议》上签字。因此，在遇到收支平衡困难时向国际贸易基金组织求助，在美元波动强烈时出面干预，这种可能性只存在于那些“资本主义”国家中。长期以来，这种绑定美元和黄金汇率的做法给这些国家带来了好处。而苏联领导下的“东方集团”反对可能加强美国霸权的一切做法。早在 1945 年，战后国际货币领域中东西方的冲突就已经初露端倪。

然而，终于把美国从孤立主义中摆脱出来的人，却未能见到战争结束的这一天，也未能等到联合国建立的这一天。1945 年 4 月 12 日，富兰克林·德拉诺·罗斯福死于心脏病，享年 63 岁。他用了很长时间才意识到，美国只有站在反对希特勒阵营的首位，才能成为有前途的世界大国。和盟友斯大林相比，罗斯福在长远目标上的想法近乎幼稚。在雅尔塔会议上他说道，美国不想在战后让自己的士兵逗留欧洲超过两年。他的这种说法等于把美国士兵在欧洲奋战的成果付诸东流。

然而他用自己的号召力和坚韧的毅力，带领美国走出三十年代的大萧条，迎来了1945年的春天。他的接班人哈里·S.杜鲁门早期开一家店铺不成功，后来成为他家乡密苏里州非常成功的参议员。他身上缺少罗斯福之所以能够成为美国伟大总统的很多因素。另外，他也没有外交经验。然而杜鲁门是一个好学的政治家，他拥有足够的智慧和本能，去应对作为一个美国总统的挑战。1945年4月12日，他成为美利坚合众国第33任总统。[23]

正当同盟国积极筹备建立战后世界新秩序时，纳粹德国却忙着完成所谓的历史使命：灭绝欧洲犹太人。1944 年和 1945 年交替之际依然滞留在德国本土的少数犹太人可以分为这几种情况：婚姻属于“特权的混合婚姻”(privilegierte Mischehe)，即配偶的一方是“雅利安”种的；极少数犹太人隐瞒了自己的犹太血统；还有些犹太人被非犹太籍的德国人藏匿起来。“混合婚姻”犹太籍的配偶已经被彻底剥夺权利，他们必须佩戴犹太人标志，和他们的配偶生活在特别的“犹太人住所”中，时时刻刻都必须盘算着将会卷入被灭绝的浪潮中。

很多“混血”也感觉自己的命运岌岌可危，特别是“第一代混血”，即所谓的“二分之一犹太人”，即便他们不被算作“与犹太人同等待遇的人”，他们的境遇也是非常糟糕的(“与犹太人同等待遇的人”指的是祖父母这一辈有两个犹太人的“混血”，或者和一名犹太人通婚，或者信仰犹太教)。“二分之一犹太人”和“四分之一犹太人”都备受歧视和侮辱，这些人 1941 年起被革除军籍，从公务员岗位上被迫退休并且不得再任。1944 年 3 月起，“二分之一犹太人”被编入“托特组织”的特别编制中进行强制劳役。1942 年 12 月，帝国教育部决定，“二级混血”(Mischlinge zweiten Grades)尽管被允许在大学注册学习医学、牙医和药剂学，但是不允许注册学习兽医学。这个决定让人联想到，“雅利安”德意志人也许可以让“四分之一犹太人”给自己看病，但是不能给自己的牲畜看病。关于如何处置“混血儿”的特别条例，最终由纳粹党政办公室，也就是希特勒本人做出决定。帝国安全局则认为，应尽可能把“混血儿”纳入消灭的范围。 / 1103

在德国本土以外建立的集中营当中，有一个集中营享有特殊的地位，这就是波希米亚和摩拉维亚保护国的特莱西恩施塔特。这个集中营一部分是犹太人隔离区，一部分则是通向灭绝营的中转站。索尔·弗里德兰德是这样描述特莱西恩施塔特集中营的“双重身份”的：“一边把犹太人运往奥斯威辛和特雷布林卡，一边又修建起一个‘波特金村’来迷惑世界。”集中营的“舒适之处”是有一座咖啡馆、音乐会和戏剧演出、图书馆和银行。1943 年 1 月，莱奥·贝克（Leo Baeck）和德国犹太人协会的其他领导会员被押解到这里。同年 10 月，盖世太保把在丹麦能抓到的几个犹太人也运送到这里。1943 年 6 月，红十字会国际委员会（IKRK）的代表团参观了这个集中营。德国担心代表团坚持要参观犹太人离开特莱西恩施塔特后被运送到的地方，帝国安全局犹太人问题专员署署长阿道夫·艾希曼命令在奥斯威辛－比尔克瑙专门修建一座“家庭营”。家庭营的成员暂时免遭毒气杀害。确认代表团并未提出请求这项参观之后，毒气杀害的工作继续进行。

1944 年秋天在特莱西恩施塔特拍摄了宣传片，被关押者给这部电影起了一个充满讽刺意义的名字：《领袖送给犹太人一座城》（这部影片的官方标题是《特莱西恩施塔特：一部拍自犹太居民区的纪录片》）。这部电影把特莱西恩施塔特拍成了一个几近奢华的休养地，有学校、公园、游泳池、足球比赛和丰富的文化活动。影片的导演是著名犹太演员库尔特·盖隆（Kurt Gerron）。他是集中营中的一位“知名”被关押者。电影摄制工作结束后不久，盖隆就被送上了从特莱西恩施塔特前往奥斯威辛的最后一趟列车，并且于 1944 年 10 月 8 日被杀害。

/ 1104

这部电影没有公开放映。1945 年 4 月红十字会国际委员会的第二个代表团观看了这部影片。这个代表团参观了特莱西恩施塔特，然后在日内瓦以这个集中营为主题做了一个报告，名字叫《一个小小的犹太国家》。从 1941 年 11 月开始，共有 14 万犹太人和“混血儿”被送到特莱西恩施塔特。近3.3万人死在这里，大约8.8万人被押解到灭绝营。1945年5月8日，苏联红军解放特莱西恩施塔特时，这里还有将近1.7万人，其中一个就是德国犹太人联盟前主席列奥·贝克。

1944年3月德国军队占领匈牙利，这里的“最终解决方案”的进展非常戏剧化。到7月9日为止，艾希曼和他的同僚把匈牙利各省，包括喀尔巴阡－乌克兰（Karpato-Ukraine）和北特兰西瓦尼亚（Nordsiebenbürgen）在内的43.8万犹太人押解到了奥斯威辛。这些人中有39.4万人被立即毒死。这个时候匈牙利首都大约还有20万名犹太人。1944年春天，一个犹太人“援助和解救委员会”试图从党卫军那里救赎还没有被送走的犹太人的性命。艾希曼接到希姆莱命令，与这个委员会接触。1944年4月，艾希曼向犹太方谈判代表乔尔·布兰德（Joel Brand）提出要求，开出救赎100万犹太人所需的货物清单，其中包括一万辆可以冬季行驶的卡车。这些卡车由西方同盟国提供，仅仅使用在东部前线。

希姆莱也许想在西方同盟国及其苏联同盟之间制造矛盾，甚至想和盎格鲁－撒克逊国家单独进行和平谈判，然后一起向布尔什维克大国发起攻击。为了这个目标，帝国党卫军领袖甚至愿意停止灭绝欧洲犹太人的行动或至少暂停这一行动。然而西方大国并不想来一次“联盟的逆转”（renversement des alliances），此外希姆莱也没有这个权力来说服希特勒这样做。犹太谈判代表从维也纳出发前往伊斯坦布尔，从那里被带到开罗。在开罗，犹太谈判代表受到英国当局的审讯和关押。艾希曼建议的“交易”不了了之。 / 1105

另一个交换交易最终倒是做成了。“援助和解救委员会”的领导人之一鲁道夫·卡斯特纳（Rudolf Kastner）在6月底成功救出了1684名犹太人，代价是为每个犹太人支付1000美元。这些犹太人从布达佩斯颠沛流离，穿越（没人预料到的）伯根－贝尔森（Bergen-Belsen）进入瑞士。瑞士人同意接受这一批匈牙利犹太人。如果他们不想破坏国际声誉，除了接受这批人外没有其他选择。灭绝营中发生的事情在这个时候早已家喻户晓。当 1944 年秋天两批犹太人经过伯根－贝尔森来到瑞士的时候，大家都知道特雷布林卡毒气室的场景。红军 7 月底解放集中营的时候，德国人已经无法销毁灭绝营设备的痕迹了。

1944 年夏，匈牙利总督霍尔蒂海军上将已经不再怀疑战争的结局了。同年 7 月 6 日，他下令制止将犹太人押解出匈牙利。8 月 25 日，他革去了斯托尧伊的总理职务。斯托尧伊是一个忠实于德意志帝国的政治家。霍尔蒂任命自己的亲信洛格特什·冯·盖佐（Géza von Lakatos）上将为匈牙利总理。新任总理立即下令重新开启 4 月份关闭的犹太人商店（先决条件是商店的股东或经理中有一个不是犹太人）。10 月初，苏联红军从罗马尼亚开进匈牙利，霍尔蒂派人在莫斯科开启了与苏联和解的秘密谈判。10 月 11 日在苏联首都签署了停战协议的草案。四天之后，匈牙利总督通过广播命令匈牙利军队停火。然而，萨拉希·费伦茨领导的反犹太的箭十字党在此期间已经把军队牢牢控制在自己手里，总督的命令无人听从。党卫军扣押了总督，强迫他任命萨拉希担任总理，并且辞去自己的总督职务，否则就枪毙他的儿子。最终，霍尔蒂被押解到德国关押起来。

/ 1106 接下来的几周里，有大约 5 万名匈牙利犹太裔男女被迫徒步前往德国地区，很多人死在路途中。活着抵达德国的犹太人当中有数千人在修建维也纳周边防御工事时丧命，还有 3.5 万名犹太人也被抓去修建布达佩斯周边的防御工事。同年 12 月，苏联军队步步逼近，匈牙利军队不得不退守匈牙利首都。此时，箭十字党名为“射手”（Nyilas）的打手部队，在多瑙河桥、多瑙河沿岸对强劳的犹太人进行血腥殴打。

这个时候，布达佩斯有两个犹太人隔离区。其中较小的那个隔离区被称为“国际”隔离区。这个隔离区受到瑞士和瑞典等中立国家的保护。匈牙利政府迫于国际压力，同意 8800 名犹太人移居巴勒斯坦。此时，“援助和解救委员会”成功地将这些人的个人出境证明更换成家庭出境证明。瑞士公使馆“外国人权益”处处长卡尔·卢茨（Carl Lutz）为 4 万名犹太人出具了保函。其中 3.5 万份保函得到了萨拉希政府的认可。4 万名匈牙利犹太人迁徙巴勒斯坦的计划最终遭到了党卫军的否决。于是卡尔·卢茨在瑞典公使馆的一等秘书拉乌尔·瓦伦贝格（Raoul Wallenberg）和德国反政府外交官格哈特·费纳（Gerhart Feine）的配合下，租下了大约 30 栋楼房，让大约 3 万名布达佩斯犹太人平安度过了战争。除了卢茨和瓦伦贝格外，天主教教廷大使、西班牙和葡萄牙的外交官都伸出援助之手，也参与了这次救助数万名匈牙利犹太人的行动。其中最知名的救助者拉乌尔·瓦伦贝格 1945 年被苏联内务人民委员部绑架到苏联。公众得知他的最后一次信息还是在 1947 年的事。此后他就在苏联销声匿迹了。

在外交官展开援救行动时，“箭十字党”的残杀行动还在继续。1945 年 1 月中旬，他们在多瑙河岸边进行了最后一次大屠杀行动。这次行动主要是针对犹太男女和儿童的。在 1944 年至 1945 年的冬天，有 1 万至 2 万名犹太人被反犹太打手团伙杀害。2 月 13 日，苏联红军攻克了匈牙利首都。20 万布达佩斯犹太人中只有不到一半活了下来。

在 1944 年至 1945 年交替之际，希姆莱继续努力在“犹太人问题”上与西方同盟国达成谅解。帝国党卫军领袖让他的部下与瑞士的犹太人组织代表联系，去寻找瑞典和瑞士的中间人。他认识瑞士联邦委员会委员尚 - 马利·姆希（Jean-Marie Musy），便向他允诺释放 1 万名犹太人，为和盎格鲁 - 撒克逊国家谈判奠定基础。

1945年1月确实有一列火车载着1200名犹太人从特莱西恩施塔特来到瑞士。同年2月，瑞士红十字会副主席福克·伯纳多特伯爵（Folke Graf Bernadotte）来到柏林，和希姆莱谈判关于从诺因加默集中营释放斯堪的纳维亚犹太人，以及从特莱西恩施塔和伯根-贝尔森释放犹太人的问题。帝国党卫军领袖显示出积极配合的样子。4月21日，希姆莱甚至接见了一位来自瑞典的世界犹太人会议的代表诺伯特·马舒尔（Norbert Masur）。谈判的结果非常有限。希姆莱同意释放1000名犹太妇女和拉文斯布吕克集中营里的几位知名的外籍犹太人，将其归还给瑞典。这次行动根本谈不上是“犹太人问题最终解决方案”的转折点。战争最后几周德国人杀害犹太人的行动也证明了这一点。1944年11月，考虑到苏联部队步步逼近，希姆莱下令停止奥斯威辛的毒气杀人工作，炸毁毒气室和焚烧炉，销毁杀人证据。此前，党卫军已经对奥斯威辛以东地区的灭绝营做了相应的处理。万人坑里的尸体被重新挖掘出来焚烧掉。我们在上文已经提到，在1944年7月，特雷布林卡已经来不及完成销毁罪证的工作了。

在奥斯威辛集中营关闭之前，党卫军在施佩尔的催促下把还有工作能力的犹太人运回德国参加军火工业的劳动。这些人被调到达豪和哈尔茨山区的多拉中间段（Dora-Mittelbau）隧道里，在“托特组织”的监督下参与V-2火箭的生产，遭受着非人的工作待遇。

/ 1108

1945年1月，希姆莱命令撤掉东部所有集中营。70万至80万名囚禁者当中绝大多数都是犹太人，他们以死亡行军的方式徒步返回西方。途中有25万人因力竭或寒冷丧命，其中还有人被枪杀或被活活烧死。很多地方的老百姓，还有希特勒青年团的成员，都参与了这一屠杀。

1月下旬，施图特霍夫集中营外部营地的5000多名犹太囚徒沿着波罗的海海岸西行，当他们实在走不动的时候，东普鲁士大区区长埃里希·科赫（Erich Koch）命令在杨塔尔尼附近将这些人击毙。布痕瓦尔德集中营的3000名犹太囚徒中的一大部分人也经历了相似遭遇。这些人被党卫军于同年4月徒步押解至特莱西恩施塔特。布痕瓦尔德集中营里4.5万名囚徒有三分之一没能活到战争结束。生病的囚徒被留在集中营。在奥斯威辛，党卫军在最后撤离之前杀死了其中200人，而且全都是妇女。1945年1月27日，苏联红军占领了这个规模最大的灭绝营，解放了大约7000名活下来的囚徒。在那里被杀的人数为130万。犹太人大屠杀的牺牲者总数在500万至600万。

杀害欧洲犹太人的不仅仅是德国人。在德国统治下的欧洲各地区的犹太仇视者和党卫军的帮手们都参与了这一杀害行动。计划和发动这场种族杀害行动的是纳粹德国。没有消灭犹太人的坚定意志，没有执行者的纪律，没有德国高度工业发展的能量，这个项目是不可能实现的。很多德国人在1945年春天就意识到同盟国将要把犯下人类罪的人绳之以法。然而，从灭绝欧洲犹太人的罪行中总结出来更加深远的道理，这是大部分德国人后来才意识到的：在对犹太人犯下罪行之后，他们对国家的理解再也不会是历史上经历过最黑暗的断代之前的德国了。这个断代就是1933年把权力交给希特勒所引起的。[24]

/ 1109 战争结束（一）：德意志帝国的灭亡

1944 年行将结束之时，希特勒命令在西部前线发起的进攻，即阿登战役实际上败局已定了。同盟国军队损失了 7.6 万人，德国损失了 9 万人。德国“元首”的这场攻势，仅仅把美国人和英国人进入德国的时间比原计划推迟了六周。1945 年 3 月 7 日，雷马根（Remagen）未被炸毁的莱茵河桥经过激战落入了美国人之手。美军在莱茵河右岸建起了第一座桥头工事，把那里当作向山地和鲁尔地区发动进攻的出发点。

苏联红军的最后一次大型攻势开始于 1945 年 1 月 12 日。前线从梅梅尔经过华沙直至喀尔巴阡山。在此以东，还有德国军队在“库尔兰包围圈”中，希特勒固执地让这些部队坚守在那里。阿登战役使德国国防军在东线的后备兵力丧失殆尽，苏联军队得以在短短几天内向西线挺进。1 月底，红军攻下了未被摧毁的上西里西亚工业区。这一行动的意义重大。军备部部长阿尔伯特·施佩尔专门向希特勒提交了备忘录，说明德国战争军备和军火生产不得不终止。

1 月 31 日，朱可夫元帅在奥得河畔的科斯琴（Küstrin an der Oder）建立了桥头工事。就在同一天，柯尼斯堡被暂时包围起来。3 月 4 日，苏联军队向波罗的海的东普鲁士挺进，将其从德国本土分割出来。东普鲁士大区区长埃里希·科赫拒绝及时疏散东普鲁士的居民，结果成千上万名百姓的逃离造成了一场灾难。逃难的队伍被苏联的坦克碾压或被飞机扫射，马车在行驶中纷纷掉进刚刚结上薄冰的维斯图拉潟湖（Frisches Haff）。在皮芳（Pillau）小港口登上一条船，不等于已经获救。海军调到东普鲁士的多艘船只，都被敌舰击沉了，其中包括当年“力量来自欢乐”的“威廉·古斯特洛夫号”轮船。在经过波罗的海前往石勒苏益格－荷尔斯泰因或丹麦的路上，有 2.5 万名难民丧生。
/ 1110 没有逃脱苏联红军的东普鲁士人的

命运非常悲惨。无数妇女和少女被强奸，有工作能力的男女被押解到苏联强劳，各个年龄段的百姓被毫无目的地处死。未能成功逃往西方的百姓和未能离开自己住所的老弱病残者的死亡人数估计超过10万。

经过陆路向西逃难的上万名百姓，2月中旬囤聚在德累斯顿及其周边地区。西方同盟国掌握这一情况，但是这并未阻止他们在2月13日至14日把这个世界知名的“易北河畔的佛罗伦萨”化成一片火海，这个重要的工业重镇被付诸一炬。7000多架英国轰炸机接连两夜的轰炸之后，美国轰炸机于2月14日午时开始继续轰炸。2万至2.5万人丧生。

1943年7月的蛾摩拉行动导致汉堡3.5万人丧生。德累斯顿和汉堡一样，在德国人的记忆里，被轰炸摧毁的城市中，德累斯顿给人留下了非常深刻的印象。1943年1月在卡萨布兰卡会议上，同盟国强调对德国城市进行地毯式轰炸是同盟军作战的一个重要组成部分。空袭的目标不仅仅是德国工业和军火生产的中心以及重要的交通枢纽和港口设施，除了这些战略目标以外，空袭还要达到另外一个目标，就是要摧毁百姓的精神支撑力。英国皇家空军把这一做法称为“精神轰炸”（moral bombing），以示和“战略轰炸”（strategic bombing）的区别。

这种轰炸并没有能够达到目的。“人民同志”并未因此痛恨希特勒及其政权。同盟国军队的空袭反而让德国人感觉到，必须要同甘苦共命运，无论如何都要坚持下去。对于手无寸铁的妇女、儿童和老人来说，轰炸恐怖的“精神”力量毫无根据。恰恰相反，地毯式轰炸反而给人一种印象：侵略者的非人性也可以改变那些反对侵略者的人，甚至让这些人也变得反人性。然而人性的捍卫者正是以这个名义去作战的。正因为这种看法，英国的一位教会领袖，奇切斯特（Chichester）主教乔治·贝尔（George Bell）从1941年起就一再 / 1111

对所谓“精神轰炸”提出抗议。这一类抗议之声最后得到了回应。德累斯顿空袭后，丘吉尔认为，继续这种地毯式轰炸将会损害大不列颠的战争大目标，因此没有理由继续。

当苏联红军占领德国东部的时候，在挪威、丹麦、荷兰北部、库尔兰、波希米亚和摩拉维亚保护国、克罗地亚北部、斯洛文尼亚和意大利北部都还驻扎着德国军队。4 月 9 日，同盟军在艾米利亚－罗马涅（Emilia-Romagna）发动攻势，十天之后解放了博洛尼亚。4 月 27 日，美国人占领了热那亚。就在同一天，共产党游击队在科莫湖畔多里奥附近抓获了化妆成德国士兵匆匆逃跑的贝尼托·墨索里尼。4 月 28 日，这个意大利“领袖”被击毙。同时被击毙的还有他的情人克拉拉·佩塔奇（Clara Petacci）和二十多名追随者，其中包括前法西斯党书记阿基莱·斯塔拉切（Achille Starace）。他们的尸体被倒挂在米兰的洛雷托广场（Piazzale Loreto）加油站的房顶上。意大利法西斯统治的最后阶段，萨罗共和国就此寿终正寝。此后，血腥的反法西斯清洗运动开始了，这个运动在 1945 年初夏达到了高潮。

墨索里尼被枪毙的第二天，即 4 月 29 日，德国驻意大利军队在卡塞塔（Caserta）同盟军总部当着苏联军官的面签署了无条件投降书。投降书于 5 月 2 日 14 时生效。在此之前，党卫军上级集团领袖卡尔·沃尔夫作为德国驻意大利北部军事总督于 3 月 8 日自行与美国情报部门“战略服务处”（Office of Strategic Services）处长艾伦·威尔士·杜勒斯进行过秘密谈话，地点选在苏黎世。3 月 19 日，
/ 1112 这场谈话在阿斯科纳（Ascona）继续进行，这次美国派了两位高级将领参加了谈话。

斯大林对西方国家和共同的敌人这种单方面接触是非常疑虑的。4 月 3 日，苏联统治者给罗斯福发电报表达了他的怀疑。他担心英

国人和美国人在德国人同意不予抵抗的情况下直接挺进德国的腹地，而苏联军队则要继续与德国军队苦战。两天之后，罗斯福严正回绝了这种假设。实际上西方也没有这种意图。美国总统和英国首相完全清楚，即将到手的胜利绝大部分功劳应该归于苏联的努力。因此他们一再强调，三个同盟国之间对德国无条件投降的看法是完全一致的。

在中东欧和东南欧的命运上，此时此刻同盟国之间已经没有时间再商量了。苏联于 3 月 6 日在罗马尼亚强迫成立了一个政府。这个政府在形式上是一个多党制的内阁，实际上却是由共产党统治的。波兰事态的发展让罗斯福和丘吉尔更加感到不安。苏联借助那里的临时政府建立了一个共产党的卫星国政权，并且禁止美国人和英国人派遣代表进入这个被红军“解放”了的国家。

1945 年 3 月 16 日，丘吉尔在给罗斯福的信中这样写道：“一道不透明的窗帘就这样落下”。11 天之后，英国首相提醒美国总统：“解放欧洲的规定并没有运用到东欧，我们两个在这些地区毫无影响力”。然而《雅尔塔协议》所允许的，恰恰是丘吉尔现在才充分意识到的：波兰和东欧以及东南欧的其他国家被“强迫建成了苏联式的民主”。

接下来的几周，丘吉尔对波兰的担心与日俱增。波兰流亡政府首脑斯坦尼斯瓦夫·米科瓦伊奇克（Stanislaw Mikolajczyk）已经在 1944 年 11 月下台。1945 年 4 月，丘吉尔说服米科瓦伊奇克尽量与苏联搞好关系，并且认可把改变的寇松边界线作为波兰的东部边界，并且明确宣布放弃伦贝格。波兰的非共产党势力依然日益受到排挤。3 月底，有 16 名非共产党地下活动代表在莫斯科被逮捕。这些代表是受邀请到苏联参加筹备波兰统一政府的谈话的，临行前还专门提出保障他们的人身自由。4 月 29 日，丘吉尔向斯大林提出抗议，然而斯大林回复道，这些人背着苏联红军计划谋反。在 6 月 18 / 1113

日开始的公开审判中，13 名被告被判处 4 个月至 10 年的监禁，3 人被释放。

1945 年 5 月 4 日，英国首相画了一张草图用以说明西方国家必须要接受的现实。关于德国的区域划分，同盟国已经有约定。“波兰将会被苏联占领的国家所包围，并且被埋葬在那里。我们将会面临一个苏联边界，这个边界从斯堪的纳维亚的北角（Nordkap）开始，沿着瑞典－芬兰边界，经过波罗的海到吕贝克东边的一个点，沿着现在约定的德国划分区边界到巴伐利亚－捷克边界再到名义上由四国占领的奥地利，经过这块土地到伊松佐河（Isonzo），这条河以东地区将被铁托和苏联占有。苏联将会控制波罗的海沿岸、整个德国划分给它的区域、捷克斯洛伐克的全部地区、奥地利大部分地区、整个南斯拉夫、匈牙利、罗马尼亚、保加利亚，直到未界定的希腊边境。中欧的所有大首都，柏林、维也纳、布达佩斯、贝尔格莱德、布加勒斯特和索非亚都在这个区域里。毫无疑问，接下来要讨论土耳其和君士坦丁堡了。”

丘吉尔相信，这个现实“在欧洲历史上是前所未有的。西方国家经过漫长和各种方式的努力，最后却毫无准备地来了个两手空空”。苏联向德国索取的战争赔款如此之高，“苏联几乎可以一直占领着德国，至少可以占领到波兰以及苏联控制的欧洲地区中的众多国家彻底消失。这些地区不一定在经济上实行苏维埃化，但至少要经历警察政权的统治”。

/ 1114

对于英国首相来说，分析的结果一目了然。“我们手上有几个重要的筹码，如果使用得当，就可以得到一个和平解决方案。第一，西方国家从现在的状态回到预先设定的区域划分之前，必须在以下几点上得到有约束力的保证：波兰、苏联占领德国的临时特性、在多瑙河盆地被苏联化或被苏联控制的国家中重建的国家秩序，在这里要特别考虑到奥地利、捷克斯洛伐克和巴尔干的情况。第二，在做出一个大调整的框架下，我们可以在黑海和波罗的海的结局上做出让步。只有当美国军队在欧洲的势力减弱之前，才有可能找到解决所有这些问题的方案。如果这些问题在美国军队撤离欧洲以及西方世界的战争设施拆除之后依然没有得到解决，那么和平解决问题的前景就极为渺茫，第三次世界大战也就几乎不能避免。我们必须寄希望于现在，尽早和苏联来一次较量，来一次大调整。在此之前，我不想在波兰问题上向苏联示弱。”

丘吉尔把他的担心与要求诉之笔端的时候，美利坚合众国的新总统哈里·S.杜鲁门还未能表明他的国家对此持有的态度。何时结束欧洲战场的战争，这个问题的实际决定权有一段时间似乎落在美国及西方同盟军在欧洲战场的总司令德怀特·戴维·艾森豪威尔身上。与丘吉尔不同的是，艾森豪威尔没兴趣率领西部同盟军尽快挺进柏林，以避免德意志帝国的首都落入苏联红军手中，或最起码不是完全被红军占领。在攻占布拉格的问题上，艾森豪威尔也不像英国首相那么着急。对于艾森豪威尔将军来说，首先要占领德国南部，把部队推进到德国1937年与捷克斯洛伐克的边界上。但是，他担心美国部队会在所谓的“阿尔卑斯山要塞”受到德国军队顽强的抵抗。丘吉尔试图纠正艾森豪威尔的战略，但是杜鲁门完全支持他在欧洲的司令官的意见，所以丘吉尔的想法最后不了了之。第二次世界大战的最后几周，只有一个坚持维护“西方世界”整体利益的人，这就是头脑清醒和能说会道的丘吉尔，他在5月4日做的势力范围的草图中就已经说明了这一点。 / 1115

尽管他不像罗斯福那样相信斯大林，但是面对出现的这种情况，丘吉尔也是有一定责任的。英国和美国把与纳粹德国进行军事较量的重担压在苏联身上，对斯大林在法国开辟“第二战场”的要求一推再推。当然，这些都是有着军事方面的原因的。西方两个民主大国通过这种方式保持了自己的军事实力，它们也希望这种做法能够得到本国的选民的支持。另外，大不列颠帝国在地中海区域还要维持自己的势力范围，英联邦也必须要保持下去。正因如此，西方国家登陆北非的时间优先于登陆欧洲大陆。

这种政策的代价是，西方民主国家把德国的大部分地区交给了苏联，并且几乎把整个中东欧和东南欧也拱手送给了苏联。罗斯福和丘吉尔在德黑兰和雅尔塔向斯大林做的承诺是无法反悔的。此外，欧洲战事的结束并不等于第二次世界大战的终结。华盛顿和伦敦都认为，制服日本依然需要借助苏联的力量。因此在 1945 年春天的时候，两国根本不能与斯大林发生大冲突。

/ 1116

在丘吉尔对来自东部的危险感到日益严峻之时，苏联红军正长驱直入。3 月 30 日但泽被占领。4 月 9 日柯尼斯堡被攻陷。这一天，整个匈牙利也落入苏联之手。三天之后，苏联开始从奥得河中段和尼斯河向柏林发起进攻。

此时，英国人和美国人从西线向德国挺进。4 月 18 日，美国军队攻克了马格德堡（Magdeburg），第二天占领了莱比锡。4 月 26 日，不来梅落入英国人手中。4 月 30 日，美国第七军占领了往日的“运动之城”（Hauptstadt der Bewegung）慕尼黑。西方同盟国军队在 1945 年 4 月不仅解放了德国城市，他们也占领了德国的集中营：4 月 11 日布痕瓦尔德、4 月 15 日伯根 - 贝尔森、4 月 29 日达豪集中营被解放。几乎被饿死的囚徒以及堆积成山的尸体的照片和影片被曝光，全世界同代人为之震惊，留下了深刻的恐怖记忆。

在“第三帝国”的最后几周里，只有极少数狂热的纳粹分子还相信所谓“最终的胜利”。“老百姓已经惊慌失措，惊恐万分”，1945 年 3 月巴伐利亚巴特艾布灵（Bad Aibling）的报道中是这样记载的。3 月 7 日，党卫军安全局在贝希特斯加登这样报道：“广大群众一致关心未来的欧洲是什么样子的。所有的谈话都聚焦在一个问题上，各个阶层的人民同志都迫切期待能够恢复到战前的生活水平。他们已经不在意载入历史史册的事了。”就在同一座城市里，有一个居民这样评论：“如果1933年知道今天是这样一个结果，当年就不会选希特勒了。”与此同时，还有另一篇报道是这样说的：“上帝把元首送给我们，不是为了拯救德国，而是要消灭德国。老天有眼，他要消灭德国人民，而希特勒是上帝意志的执行者。”

希特勒下定决心，如果帝国战败，那么全国人民将与其同归于尽。3月19日。他下达命令，一个地区在落入敌人之手前，必须要销毁所有军事设施、交通设施、通信设施、工业设施和补给设施，而且所有有价值的东西都要销毁。（五周之后，他从军备部部长施佩尔那里得知，施佩尔不仅没有执行这个命令，还阻止了这个命令的执行。）直到4月，德国“元首”依然寄希望于粉碎西方民主国家和布尔什维克苏联之间的结盟。得知罗斯福去世的消息后，他认为敌对阵营中的同盟即将瓦解。而戈培尔的言论还让希特勒更加对此深信不疑。这个期望落空之后，希特勒坚信能够在柏林这场关键战役中获胜。

4月20日是希特勒56岁生日。这一天，苏联坦克开进了帝国首都柏林的郊区，并且向柏林开火。这是“第三帝国”大部分高官最后一次见到希特勒。他们在元首地堡中向希特勒庆贺生日后匆匆离开柏林：戈林、希姆莱和大部分德国部长，其中包括施佩尔（他当然不是最后一次见希特勒）。两天之后戈培尔得知，希特勒决定留在柏林。

“元首”的一些追随者把这一决定视为希特勒实际上已经放弃了自己的职位。戈林自1941年起就是希特勒指定的接班人。4月23日，他从贝希特斯加登的上萨尔茨堡发出电报，如果在22点之前得不到来自柏林的消息，他将担任德国首脑的职务。元首地堡中的人很清楚戈林的意图，他想与西方国家进行投降谈判了。希特勒强迫戈林辞去所有职务，并且对这个“帝国元帅”实行软禁。

/ 1118

4 月 28 日希特勒得知希姆莱 5 天前在吕贝克和瑞典红十字会副主席福克·伯纳多特伯爵会晤，并通过他向西方同盟国转达德国投降的意愿。希特勒听闻此信后暴跳如雷，说这是“德国历史上最为无耻的背叛”。他命令立即逮捕希姆莱，并执行枪决。然而，所有这一切都已经不可能了。

此时此刻，苏联军队已经打到了波茨坦广场，马上就要抵达德国元首办公室和元首地堡了。柏林守卫者除了正规军以外还包括希特勒青年团的年轻人和“人民冲锋队”的老人。这些人没有丝毫可能去抵御红军。就在世界大战行将结束的“柏林战役”中，红军又损失了 10 万人。这个数字相当于美国在欧洲全部战场上损失的人数。

1945 年 4 月 28 日至 29 日的夜间，希特勒决定承担失败的后果，以自杀方式结束生命。他曾经多次宣称在这种情况下会以身殉国，尽管他自己还没有意识到，这也是为他自己推行的政策承担后果。4 月 29 日凌晨，他口授了自己的政治遗嘱，承认了向国际犹太人发动战争，并且承认自己有责任“领导国家和人民坚决执行种族法则，毫不留情地反抗世界各民族的罪魁祸首国际犹太主义”。希特勒任命卡尔·邓尼茨海军元帅为国家总统和三军总司令。邓尼茨原任海军总司令，办公室在荷尔斯泰因的普伦。此外，希特勒还任命戈培尔为帝国总理。

4 月 30 日下午 16 时，希特勒对自己的太阳穴扣动了扳机，自杀身亡。此前一天，他与相处多年的情人爱娃·布劳恩（Eva Braun）完婚。希特勒死去的同时，布劳恩服毒自杀。5 月 1 日晚 22 时 26 分，广播电台播出消息；“我们的元首阿道夫·希特勒今天下午在帝国元首办公室的指挥台上为德国捐躯，为了抵御布尔什维克主义，他战斗到生命的最后一刻。”此时此刻，希特勒的帝国总理继承人已经离开人世了。在几个小时之前，戈培尔先用氰化物毒死了自己的四个孩子，然后与妻子一起自杀。约瑟夫和玛格达·戈培尔的尸体的处理方法和前一天阿道夫与爱娃·希特勒的尸体处理办法相同。遵照命令，人们在帝国元首办公室的花园里浇上汽油对尸体加以焚烧。5月2日，柏林守卫者向红军投降。第一批冲进德意志帝国权力中心的苏联士兵找到了这些遗体。

希特勒的死讯仅仅引发了少数人的悲痛。大部分德国人听到这个消息后心情复杂，冷漠之余还夹杂着一丝轻松。随着同盟军部队的逼近，当年的“人民同志”们忙不迭地处理那些“第三帝国”的标志：元首肖像、卐字旗、纳粹制服和党员徽章。

希特勒掌握权力达12年之久，最关键的一点是利用了人们相信“元首”的魅力。人们发现他的统治把德国引向灾难之后，大多数德国人心中的这个咒语终于破灭了。希特勒自1933年开始玩弄的这一咒语是他能够扮演世界历史角色的先决条件。没有别人像他那样对20世纪历史的走向留下如此深刻的影响。1945年后没有一个重大历史事件不和他的统治有着直接或间接的关联。

希特勒作为传统和价值的摧毁者进入历史，这些传统和价值在包括德国在内的西方世界里被认为是理所当然的。反殖民地的解放运动由于他发动的世界大战而发展壮大，这是他的作为的附加效果。他给后世留下的记忆是，数百万人由于他的疯狂而丧失了生命，特别是他格外仇恨的犹太人。他的帝国崩溃时，大多数德国人感到茫然。1945年的时候，很少有人意识到，他们早期对“元首”的狂热拥护才使犯罪成为可能，而这些罪行让他们成为胜利者的阶下囚。

希特勒的接班人卡尔·邓尼茨于5月2日组建的帝国政府把办公地迁到弗伦斯堡（Flensburg）。政府最重要的目标是，让尽可能多的德国军队向西方国家投降，让他们尽可能免遭落入苏联战俘营的命运。第一批地区性的投降是在意大利，于5月2日生效，这是邓尼茨事后批准的。当天晚上第二批军队在梅克伦堡的路德维希卢斯特（Ludwigslust）宫殿投降。5 月 3 日另外一批军队在易北河以西的施滕达尔（Stendal）投降。这两批军队都是向美国人投降的。

5 月 4 日，海军元帅冯·弗里德堡（von Friedeburg）根据邓尼茨的命令，在吕讷堡石楠草原（Lüneburger Heide）英军总司令蒙哥马利元帅的总司令部签署了所有德国军队区域性部分投降协议，这些地区包括荷兰、德国西北部和丹麦。蒙哥马利做出口头承诺，允许正在和红军作战的德国士兵转移到英国战俘营里来。就这样，大约 185 万名德国士兵在 5 月的第一周向英国人和美国人投降，从而逃脱了进入苏联战俘营的命运。这些士兵大都是残兵败将，已经溃不成军，没有组织了。5 月 2 日到 8 日之间，数十万难民也到达了德国的英美军队占领区（在这里他们不再受到红军士兵的骚扰和强奸）。

这个时候很多地方的战事还在进行中，其中包括南斯拉夫北部和波希米亚与摩拉维亚保护国。5 月 5 日，布拉格爆发捷克抵抗运动。这次起义遭到了党卫军的镇压。一开始，弗拉索夫军队的一个师也帮助镇压起义，后来这些军人投诚到捷克人一边。巴顿将军指挥的美国军队此时已经占领了捷克斯洛伐克西部，直至（与苏联商议好的）卡尔斯巴德（Karlsbad）—比尔森（Pilsen）—捷克布杰约维采（Budweis）边界线。一开始巴顿的部队并不介入战斗。直到 5 月 9 日，苏联红军挺进布拉格，结束了德国对波希米亚与摩拉维亚保护国的统治。

四天前，陆军元帅凯塞林在慕尼黑完成了德国南部和奥地利西部德国军队的投降事宜。就在同一天，即 5 月 5 日，邓尼茨的特使海军上将冯·弗里德堡来到艾森豪威尔在兰斯（Reims）的总司令部。他企图为还在南斯科拉和波希米亚作战的部队赢得时间，让他们进入美国战俘营。但是这一尝试并未成功。西方同盟军总司令坚持德国军队必须在各个战场无条件投降，这项命令在 5 月 8 日至 9

日的夜间开始生效。邓尼茨不得不服从。他同意并且责成国防军参谋部总参谋长阿尔弗雷德·约德尔（Alfred Jodl）于5月7日凌晨在兰斯签署了投降书。

在斯大林的坚持下，投降仪式于5月9日午夜后在柏林－卡尔斯霍尔斯特（Berlin-Karlshorst）苏联总司令部又重复了一次。这一次，德国方面所有兵种的代表都签了字：国防军最高统帅部总长威廉·凯特尔元帅作为陆军代表，汉斯·格奥尔格·冯·弗里德堡海军上将作为海军代表，汉斯－于尔根·施通普夫（Hans-Jürgen Stumpff）上将作为空军代表。这些代表签字前不久，停火协议于0时01分生效。欧洲的第二次世界大战就此结束。

海军元帅邓尼茨在弗伦斯堡的帝国政府在德国投降后维持了两周。5月23日，在苏联和法国的催促下，艾森豪威尔将军命令逮捕政府的所有成员。这个政府曾在英国人的容忍下存在了几天。1871年的德意志帝国终于寿终正寝。

就在同一天，杀害犹太人的总执行者海因里希·希姆莱咬破了藏在口腔里的毒药自杀。他曾用化名潜伏下来，于5月21日被英军抓获。希特勒手下这个时候还活着的最高级官员就是赫尔曼·戈林了。他于5月9日在贝希特斯加登被美国军队抓获。他最终也逃脱了自己的罪责。他是纽伦堡国际法庭审判的12名主要战犯中的一员。1946年9月30日至10月1日，他被判处死刑。10月15日，就在行刑的前一天晚上，他采取了和希姆莱同样的做法，服毒自尽。[25]

/ 1122

5月13日，温斯顿·丘吉尔通过广播讲话向英国同胞宣告同盟国在欧洲取得的胜利。他感谢英国及英联邦的士兵和美国盟友战胜了希特勒和墨索里尼的军事大国。讲话结束之前，他不仅提醒大家日本还没有被征服，而且西方同盟国的理想在欧洲受到了威胁："我们绝对不能在战后几个月里就忘记我们为之而战的简单而光荣的目标。在对岸的那个大陆上，这个目标不能被忘记，也不容被抹杀。我们所理解的'自由'和'解放'绝对不能失去其真实的含义。除非法律和正义盛行，如果德国征服者被极权政治体制所取代，那么仅惩罚希特勒的罪行是没意义的。"

在前一天发给杜鲁门总统的电报中，丘吉尔更加直截了当。他第一次提到了"铁幕"一词。这道铁幕就落在苏联的战线上。"毋庸置疑，吕贝克－的里雅斯特－科孚岛以东的全部地区在短时间内彻底落入他们手中。除此之外，还有美国军队在艾森纳赫与易北河之间的地区。我想，这个地区在您的部队撤走几周之内也要归到苏联的势力范围中去……我们百姓的注意力现在都聚焦在惩罚德国上了。实际上德国现在已经是一片焦土，无能为力了。现在苏联如果愿意，他们完全有能力在很短时间内挺进到北海和大西洋海岸。"现在至关重要的是，"必须与苏联达成谅解，在我们的军队削弱到无能为力而必须撤回到我们的占领区之前，必须要看清我们与苏联的立场"。

英国首相深知他在说什么。正是因为他和罗斯福在东南欧和中东欧问题上向斯大林做过让步，才使这个过程成为可能。早在1944年9月9日，保加利亚就发生了一场由新创建的祖国阵线发动的政变，早年的总理基蒙·格奥尔基耶夫组成了一个亲苏联政府，在这个政府中，共产党把持了包括内政部和司法部在内的关键职位。1944年至1945年的冬季，开始了残酷迫害前政府成员的活动。1945年2月初有162人以叛国罪为由遭到起诉，其中有96人被判处死刑，并立即执行。被判处死刑的人当中包括1944年9月新成立的政府委员会的所有成员。这个政府委员会是为1943年8月六岁就继承鲍里斯三世王位的西美昂二世（Simeon Ⅱ）行使国家元首职能而成立的。3月6日，罗马尼亚成立了以部长会议主席彼得鲁·格罗查（Petru Groza）为首的亲苏政府。在共产党的严重影响下，政府极力摆脱以米哈伊国王为首的非共产党势力。在布加勒斯特，内政部和司法部部长的要职也都由共产党人担任。

苏联在匈牙利还是比较谨慎的。流亡莫斯科的共产党政府返回匈牙利之后于1944年12月在红军占领的塞格德建立了独立国家阵线。在鼓掌欢呼声中被选举出来的议员于1944年12月21日在德布勒森成立了临时国民议会。第二天，这个国民议会选举投诚红军的道尔诺基·米克洛什·冯·贝洛（Béla Miklós von Dálnoki）上将为部长会议主席。在他的政府中，共产党占了四个部长的职位，其中包括内政部长，这样就保证了对警察有控制权。在苏联的庇护下，匈牙利各地建成了国民委员会。国民委员会颁布有法律效果的规定，取消法院决议，颁布逮捕令。1945年3月，共产党强迫出台一项农业改革，没收大地主和中农财产，仅仅留下几乎没有盈利的小农户。共产党希望，这些农户今后能够自愿接受农业互助组的保护，加入农业合作社。

在重建的捷克斯洛伐克，爱德华·贝奈斯的流亡政府从1943年开始向莫斯科靠拢，并且于同年12月与苏联签订了友好互助条约。苏联政府因此而受益。尽管苏联于1944年12月占据了原捷克斯洛伐克的喀尔巴阡乌克兰地区，贝奈斯依然坚定地走亲苏路线。1945
年底，他的政府与流亡伦敦的波兰政府断绝关系，转而承认亲苏的 / 1124
卢布林委员会为波兰临时政府。在这个时候，没有其他国家在波兰问题上如此向斯大林示好。

1945年3月，捷克斯洛伐克各个流亡组织在莫斯科共产党的严重干预下共同协商，制定出一个共同纲领。在这个基础上，4月5日在斯洛伐克的科希策建立了捷克和斯洛伐克国家阵线政府。在这届政府中，社会民主党人兹德涅克·费林格（Zdenek Fierlinger）担任部长会议主席，共产党主席克莱门特·哥特瓦尔德（Klement Gottwald）担任其中一个部长会议副主席，亲共产党的卢德维克·斯沃博达（Ludvík Svoboda）将军担任内政部部长。国家总统的职务又是由贝奈斯担任。政府纲领确定将重工业、矿业和银行国有化，并且实行彻底的土地改革。斯洛伐克享有充分的自治权。国家阵线决定，吊销没有积极参加反分裂势力运动的德意志人和匈牙利人的国籍。在1938年9月的《慕尼黑协定》中，捷克斯洛伐克被迫将苏台德地区划给德国。这个协议在贝奈斯的敦促下早在1942年7月就被英国战争内阁取消了。同时，伦敦政府同意重新安置这一地区的德意志少数民族。

总统在1945年5月至10月颁布的法令，在1946年3月18日得到临时国民议会的批准。“贝奈斯法令”为后来关于德意志人和马扎尔人的处理方式奠定了所谓的法律基础。大部分德意志人和马扎尔人被取消国籍，他们的财产被无偿没收，他们的积蓄被上缴，他们必须义务工作以消除战争灾害。法令还提到了纳粹犯罪分子、叛徒和走狗的惩治。1946年1月底波茨坦三国会议决议得到贯彻之前，是一个“野蛮”驱逐少数民族的时间段，这段时间里大约有80万德意志人被驱逐。流亡归来的军队、革命卫队是驱逐行动的执行者，有些地方甚至连百姓都参与了驱逐行动，使其成了一场可怕的暴力活动。1945年5月至7月，在兰什克龙（Landskroun）、波斯托洛普蒂（Postoloprty）、扎泰茨（Zatec）和拉贝河畔乌斯季（Ústí nad Labem）等地爆发了惨案。很多德意志人在从布尔诺（Brünn）被押解到奥地利边境时因为生病和得不到最起码的补给而丧命。在劳改营和囚禁营中，不计其数的苏台德德意志人自杀。在被“正规”驱逐之前，他们必须被囚禁在这里。

根据保守的估计，从捷克斯洛伐克被“野蛮”驱逐出境的德意志人中有1.3万到3万人死亡。临时国民议会于1946年5月8日颁布法令，豁免那些在“遣返”过程中触犯有效法律的罪行。捷克斯洛伐克共和国对马扎尔人的处置要比对德意志人更加温和一些。这当然也和布达佩斯政府反对遣送移民有关。根据1946年2月的移居协议，6.8万名匈牙利裔居民迁出斯洛伐克，与在匈牙利生活的7.7万名斯洛伐克人进行了交换。多达50万马扎尔人的大部分依然留在捷克斯洛伐克。280万苏台德德意志人中，到1950年还有大约20万留在捷克斯洛伐克。

经过了德国人在波希米亚和摩拉维亚保护国对捷克人所做的一切之后，1945年很少有捷克人还能想象或甚至愿意在重建的捷克斯洛伐克国家内与德意志人和平共处。此外，大多数苏台德德意志人在亨雷恩政党的支持下积极参与了反对捷克斯洛伐克的活动，并且促成了1938年至1939年捷克斯洛伐克的瓦解。在同盟国的支持下，“遣返”的想法有了国际合法性，尽管这个做法是违背《大西洋宪章》原则和《联合国宪章》原则的。在“野蛮”驱逐过程中发生的暴力事件证明，政治的非人性和希特勒战争引发出一种不祥的力量：在反对纳粹侵略的战斗中民主国家也开始采用希特勒的极不人道的方式。

波兰在战争结束的时候，共产党的权力已经超过了捷克斯洛伐克的共产党。1945年1月19日，利奥波德·奥库里斯基（Leopold Okulicki）将军解散了他指挥的家乡军，家乡军的士兵也不再受入伍时誓言的制约。他当时并没有幻想过之前德国的统治现在会被苏联接替。家乡军大部分士兵听从了奥库里斯基最后一次命令，在最艰难的情况下开始重建家园的工作。但是并非所有人都那么去做了。 / 1126

超过 1 万名士兵潜入地下，开始了反抗波兰苏维埃化的斗争。

2 月 1 日，共产党占据多数的临时政府在社会主义者爱德华·奥索博卡－莫拉夫斯基的率领下，把办公地点从卢布林转移到华沙。流亡伦敦政府的早期负责人斯坦尼斯瓦夫·米科瓦伊奇克于 1944 年 11 月返回波兰。尽管很多反对共产党的人士被捕或被遣送，但是米科瓦伊奇克在丘吉尔的不断劝解下，还是决定于 1945 年 6 月开始和波兰共产党员博莱斯瓦夫·贝鲁特和瓦迪斯瓦夫·哥穆尔卡商谈建立波兰统一政府的事。这个时候，西方国家不承认奥索博卡－莫拉夫斯基的政府，而苏联也不承认流亡波兰的托马斯·阿尔齐谢夫斯基，波兰也就没有办法参加在旧金山召开的联合国第一次会议，也无法在 6 月 26 日签署《联合国宪章》。6 月 28 日，波兰终于建成了“国家统一扩大内阁”。在这届政府中，农民党原总书记米科瓦伊奇克担任部长会议副主席和农业部部长，社会主义者扬·斯坦奇克（Jan Stanczyk）担任劳动和福利部部长。最重要的部委，公共安全部部长的职位则由共产党员斯坦尼斯瓦·拉德凯维奇（Stanislaw Radkiewicz）出任。经过这次象征性的改组后，这个“国家统一临时政府”在 6 月 29 日至 7 月 5 日之间分别得到了法国、英国和美国的承认。10 月 15 日，波兰签署了《联合国宪章》，被接纳到联合国创建者的圈子里来。

波兰党派中，波兰共产主义工人党是非常重要的一个，这个时候拥有 19 万名党员。依赖共产党的有两个党，一个是社会主义党，
/ 1127 一个是新农民党。社会主义党有 12.4 万名党员，新农民党有 15 万名党员。早先的右翼政党，国家民主党和追随毕苏斯基的政党，都被视为“法西斯”政党，并被取缔。共产党的势力不断扩大，在很短时间内他们占据了所有重要岗位。他们的保护者苏联即便在 1945 年夏天红军撤离后依然在波兰拥有众多的军事基地。此外，苏联内务人民委员部在波兰驻扎特种部队，帮助波兰政府消除反对共产党

的地下活动。

战后的波兰面目全非。大约600万名波兰籍公民在战争中丧生，其中80%至90%是犹太人，还有大约12%波兰血统的公民。物质损失估计为490亿美元（按1939年的价值计算）。在东部，波兰丧失了战前47%的国土和1939年时23%的人口。维尔纳和伦贝格，这些在波兰历史上扮演过重要角色的地方都成了苏联的国土。但泽和布雷斯劳，这两座有德意志特色的城市，现在归属波兰。

历史学家沃齐米茨·博罗基耶（Wlodzimierz Borodziej）称，波兰在1944年至1947年经历了“最大的民族大转变”。“东部新边界的划分把大部分白俄罗斯人和乌克兰人划进了苏联。1944年秋开始，东部新边界开始了居民大调换，使百姓的民族性与国籍相符。将近50万乌克兰人和3.6万白俄罗斯人被迁徙到苏联，有些迁徙并非是情愿的。根据官方数据，大约有110万人迁出原波兰东部地区、集中营和居民点，其中有25万名犹太人。1940年至1941年，有很多人自愿向西迁徙，从原波兰东部地区‘疏散’的人由于害怕新占领者政权而放弃自己的家乡。东波兰大部分人和犹太人都迁徙到新波兰的西部和北部地区。”

1945年5月依然居住在未来波兰西部边界以东的400万至500万德国人中，绝大部分已经在1945年7月至8月波茨坦会议边界确定之前被驱逐了。驱逐的手段和捷克斯洛伐克相比，稍微缓和一些。劳改营和囚徒营，特别是早先的集中营都被改成德国人等待出境的临时营地。这些地方的环境非常恶劣，根据后来波兰的统计，被囚禁在这里的人的死亡率高达20%至50%。只有那些被认为可以变回波兰籍的或者愿意成为波兰籍的人才能留在当地。这些人大部分都是上西里西亚人、卡舒比人和马祖里亚人。 / 1128

新波兰从种姓角度来讲要比老波兰更加均匀，因此成了一个更高程度上的民族国家。同时，博罗基耶也确认，这个波兰要比1939

年的波兰更加“无产阶级化”。经过战争、德国人的占领和苏联人的占领，这个国家丧失了 57% 的律师、39% 的医生、27% 的天主教神职人员、29% 的大学老师。出国流亡的大部分精英不再返回波兰，特别是知识分子、艺术家、政治家、公务员和军官。战后出现的共产主义波兰已经不是 1939 年以来这些人用武器或文字为之而战的波兰了。

红军的占领并非是共产党掌权或至少获得主要权力的唯一可能性。南斯拉夫的解放并非是通过苏联军队，而是通过约瑟普·布罗兹·铁托的游击队战胜了德国人的统治。而铁托也受到了西方国家的大力支持。第二次世界大战对南斯拉夫来说也是一场内战，这在欧洲国家中是独一无二的。当德国于 1945 年 5 月 8 日至 9 日投降的时候，这场内战还没有结束。共产党领导的游击队在接下来的几周内给南斯拉夫国内的敌手以重创。这些敌手中有 1944 年秋天被消灭的以米兰·内迪奇为首的塞尔维亚傀儡政权和所有通敌分子，还有以德拉查·米哈伊洛维奇为首的大塞尔维亚地区的南斯拉夫祖国军和以安特·帕韦利奇为首的克罗地亚地区的法西斯乌斯塔沙。

/ 1129 1945 年 5 月 9 日，铁托的游击队进入萨格勒布。驻扎在克恩顿和施蒂利亚的英国军队把 10 万名克罗地亚士兵、乌斯塔沙民兵和大约 2 万斯洛文尼亚人交给了铁托部队，这样更加方便了在被德国吞并地区对乌斯塔沙人员和斯洛文尼亚反共分子的清算。大规模正法活动从 1945 年 5 月开始，首当其冲的是德拉瓦（Drau）河畔的马里博尔（Maribor），在这里有成千上万名政治敌手被处死。在斯洛文尼亚，有数万人被枪毙或殴打致死，尸体被埋在万人坑、矿井和喀斯特洞穴中。半个多世纪之后南斯拉夫瓦解了。斯洛文尼亚政府在 600 多个万人坑里发现了成千上万的尸体，死亡者当中有克罗地亚人、斯洛文尼亚人、德国士兵和德意志裔少数民族，还有很多塞尔维亚人、黑山人、意大利人和匈牙利人。

反共组织的首领中，内迪奇于1946年2月以自杀的方式躲过了对他的审判。他是在奥地利被捕的。米哈伊洛维奇在波斯尼亚躲藏了一年。1946年3月，他在一次公审大会上和南斯拉夫祖国军的其他头目一起被判处死刑，并被处死。克罗地亚的斯拉夫科·库瓦特尼克（Slavko Kvaternik）元帅于1947年6月经历了相同的命运。他在1941年和1942年担任克罗地亚的国家元首，1942年10月被帕韦利奇剥夺了一切职务。被称为“领导人”（Poglavnik）的帕韦利奇1945年借助教会成功逃亡，路线从奥地利经过意大利，于1949年底抵达布宜诺斯艾利斯，成为阿根廷独裁者胡安·庇隆（Juan Peron）的座上宾。庇隆被赶下台后，他逃往西班牙，1959年12月死在马德里的医院里。

为结束与数百年前搬迁到此的多瑙河施瓦本人的共同生活，人们不惜谋杀德国少数民族。大批德意志裔人被关进营地，惨遭蹂躏，数万人因为生病得不到医治而死亡。直到德意志联邦共和国于1949年成立，幸存者们才得以离开南斯拉夫。铁托的国家不仅想摆脱在
南斯拉夫生活的德意志人，还想把奥地利说德语的地区归为己有， / 1130
并且参与占领奥地利的行动。同盟国拒绝了铁托的这一要求。1945年5月中旬，游击队进入克恩顿南部，但在5月底不得不放弃占领的地区。但是南斯拉夫仍然对克恩顿和施蒂利亚提出领土要求，理由是那里有斯洛文尼亚少数民族居住。

一个更严重的国际问题是，南斯拉夫企图修改1920年至1921年《圣日耳曼条约》和《拉巴洛条约》的边界，把意大利土地划为己有。在西方同盟军到达之前，南斯拉夫军队就在月底占领了伊斯特拉全境，5月初还占领了的里雅斯特、里耶卡和戈里齐亚，并且在那里成立了“民族解放委员会”，组织了一场回归南斯拉夫的人民运动。当英国和美国部队5月进入的里雅斯特和戈里齐亚的时候，冲突不可避免。争端的焦点就是的里雅斯特的未来。6月9日，三

国协议把伊斯特拉的军事管理权移交给南斯拉夫。但是铁托必须从的里雅斯特、普拉和伊松佐河谷撤军。11 天之后在杜伊诺制定了国境线：普拉、的里雅斯特和索查河谷暂时由同盟军管理。南斯拉夫将得到里耶卡、扎拉、伊斯特拉大部地区、达尔马提亚海岸原属于意大利的岛屿，这些地方聚集着斯洛文尼亚居民或克罗地亚居民。

1945 年，南斯拉夫的内政问题很快就解决了。5 月，红军离开南斯拉夫。8 月，为了走同盟国推荐的程序，南斯拉夫民族解放反法西斯委员会将规模扩大到 121 名政治成员，其中 39 名是原议员。共产党人及其结盟者在这里占据了三分之二的席位。扩展的反法西斯委员会宣布自己是民主联邦南斯拉夫的临时议会，并且颁布了一项选举法，这项法律规定“通敌者”不能参加人民代表选举，选举人的年龄从 21 岁降到 18 岁。

/ 1131 在选举过程中，铁托联合政府内阁中的外交部部长伊万·舒巴什奇对政府肆无忌惮的做法已经丧失信心，这位早先流亡政府的部长会议主席于 10 月退出了政府。1945 年 11 月 11 日，在立宪议会的两院选举中共产党的“人民阵线”大获全胜，他们在联邦议会占据了 90% 的议席，在国家议会占据了近 89% 的议席。南斯拉夫议会的第一批决议宣布南斯拉夫为共和国，反法西斯委员会颁布的所有法律都有效。1946 年 1 月 31 日，新宪法生效。这部宪法以苏联 1936 年的宪法为基础，把南斯拉夫定义为联邦人民共和国，一共分为 6 个加盟共和国：斯洛文尼亚、克罗地亚、塞尔维亚、波斯尼亚－黑塞哥维纳、黑山和马其顿。

在阿尔巴尼亚，共产党掌握政权的速度要比南斯拉夫还快。1941 年成立的小型共产党在铁托的指导和大力支持下于 1944 年 5 月号召成立跨党派的民族解放反法西斯委员会。这个委员会外表看上去是一个跨党派组织，它以南斯拉夫为榜样，受到西方国家，特别是英国的物质和军事援助。委员会的执行机构为民族解放委员会，这个委员会的主席就是共产党中央委员会主席、体育老师恩维尔·霍查。阿尔巴尼亚南方有一个平行的组织叫民族阵线，在反抗意大利占领和由意大利设置在地拉那的傀儡政权中起到了积极作用。法西斯意大利投降之后德国人于1943年9月开进阿尔巴尼亚，并且要重建国家的独立。民族阵线开始与德国人合作。

共产党领导的民族解放委员会在反抗德国人的战斗中取得了成功。他们的抵抗加速了1944年秋天德国军队从阿尔巴尼亚中部和北部撤退。10月22日，民族解放委员会在占领地拉那之前就召开了民族解放第二次反法西斯会议，宣布成立阿尔巴尼亚民主政府。这样，共产党实际上已经取得了政权。1945年12月2日，霍查的民主统一党通过操纵的议会选举获得民主合法性。1946年1月11日，新选举的国民议会宣布成立阿尔巴尼亚人民共和国。共产党的颠覆就这样以“合法”的形式继续下去了。 / 1132

中东欧和东南欧直接在苏联的影响范围内，斯大林在这些地区并不像铁托和霍查那样着急建立共产党政权，这是有原因的。1945年，苏联共产党总书记还非常注意在红军占领的国家保持一个民主的外表，尽量建立联合政府，这样共产党的霸权就不那么突出。他选择这种“中间道路”，是因为不想给西方民主国家提供口实，批评这些国家的“人民民主”建立方式。他的这种做法也是为了保护西欧共产党的利益。共产党在西欧的四个国家：法国、意大利、比利时和丹麦参与政府的工作。

在法国，共产党在戴高乐将军的一再要求下于1944年4月加入民族解放委员会。在1944年9月10日由戴高乐领导的法兰西共和国临时政府中，共产党人出任了卫生部部长和航空部部长的职务。在意大利，共产党领袖帕尔米罗·陶里亚蒂在伊万诺埃·博诺米的政府中担任副总理，这届政府一直延续到1945年6月8日。在此之后，他在费鲁乔·帕里的政府中担任司法部部长。在博诺米政府中，财政部部长也是共产党员，在帕里的政府中财政部部长依然由共产党员担任，直到1945年7月底。在比利时，共产党员也具备了“执政气质”。在社会主义者阿希尔·范·阿克（Achille van Acker）领导的联合政府中，共产党和基督教民主党以及自由党一起参与了进来。在丹麦，共产党在社会民主党人士维尔海姆·布尔领导的“解放部”里出任交通部部长一职。在这四个国家里，共产党的部长们忠于自己的政府，没有任何暴力谋反的行动。

/ 1133

1945年，斯大林不曾期待过会有这样的发展。他的注意力主要聚焦在如何在红军有能力左右政府和政治生活的地方巩固和发展苏联的影响力。现在成为苏联占领区的德国地区，正是高度符合这种先决条件的地方。在斯大林看来，这是战胜纳粹德国的辉煌战果。这也是增强苏联在欧洲势力的筹码。只要美国在欧洲还具备强大的军事势力，最好还是不要无故挑衅它。美国一旦把军队撤回大西洋彼岸，欧洲的力量分布将会大变样，这对苏联来说将是一个非常美好的前景。[26]

在德国投降之前，苏联已经开始在德国占领区内进行政治变革了。1945 年 5 月 2 日是德国首都守卫部队缴械的日子。这一天，一批逃亡的德国共产党员在瓦尔特·乌布利希的率领下进入柏林。乌布利希曾经是萨克森帝国议会议员，从 1927 年起就是德国共产党政治局成员。这一批共产党员的任务是，协助苏联在占领区进行系统化的共产主义变革。5 月 14 日，苏军驻柏林司令官贝尔沙林（Bersarin）将军为柏林大区设置了一个市政管理局，由无党派人士担任市长，市政管理局的所有要职一律由共产党人担任。苏联在其占领区的其他城市也采取了同样的做法。

斯大林在 5 月 9 日的莫斯科胜利讲演中谈到了他对德国的做法。他说，苏联庆贺胜利，但是它并不想“分化或消灭德国”。这和这位苏联共产党总书记在德黑兰和雅尔塔会议上的分化德国计划截然不同。现在，苏联占领了东普鲁士北部，波兰也向西迁移进入德国原来的地区，斯大林显然相信，苏联如果能够从占领区把自己的影响力扩展到全德国，这将是保护自己实力的最好办法。为了实现这一点，最好是保留德国还存留下来的领土完整，不把它们分化为几个独立的国家。 / 1134

6 月 5 日，四个战胜国在德意志帝国无条件投降后走出了顺理成章的一步，它们在各自所占领的地区接过了最高政府管理权。艾森豪威尔代表美国、朱可夫代表苏联、蒙哥马利代表英国、德·拉特尔·德·塔西尼代表法国，这四位最高指挥官在柏林共同发表了关于击败德国并在德国承担最高权力的宣言。宣言中列出了 5 月 8 日至 9 日的军事投降书中公布的总体投降条件。宣言明确指出，“德国没有一个中央政府或机构”来“维持日常秩序、管理国家和执行胜利国提出的要求”。因此，四个同盟国接管的最高政府管理权“包括德国政府以及各州、市、区的主管部门的一切权力。《柏林宣言》还确认，同盟国接管政府管理权不等于“吞并德国”。总司令在其各自的占领区内施行最高政府管理权。涉及全部德国的事宜将由总司令组成的同盟国控制委员会施行最高政府管理权。柏林也采取这样的管理办法。城市被划分为四个区，涉及全市的事宜，由同盟国司令部做出决定。7 月 1 日至 4 日，苏联军队进驻此前由美国人和
/ 1135 英国人撤出的萨克森、图灵根和梅克伦堡西部地区。同时，美国人、英国人和法国人开进柏林为他们保留的区域。根据《雅尔塔协议》，德国西南部的法国占领区是从美国和英国占领区中划分出来的。

在奥地利，同盟国采取的也是相似的办法。但是维也纳的管理方法和柏林不同：仅仅将内城交由四国管理。另外，与德国不同的是，奥地利在 1945 年夏天就已经有了自己的政府。4 月 27 日，苏联在奥地利设立了临时联合政府，由早先的总理卡尔·伦纳领导。在政府中，除了伦纳的社会主义者之外，还有基督教社会党和共产党参与执政。5 月 1 日，伦纳的政府恢复了 1920 年宪法（1929 年版）的效力，一周之后，政府开始在重建的联邦州里组建州政府。10 月 20 日，维也纳的临时政府得到了西方国家的承认。

德国政治的新起点是在帝国投降之前在后来的英国占领区开始的。早先的帝国议会议员库尔特·舒马赫积极开展了政治工作。这位社会民主党人士在达豪集中营被囚禁了 10 年之后，终于在 1943 年 3 月被释放。美国人占领汉诺威 9 天之后，舒马赫于 4 月 19 日在汉诺威召集会议准备重建德国社会民主党。5 月 6 日，汉诺威成立了第一个社会民主党地方协会。汉诺威成了社会民主党在英国和美国占领区的“前沿地区”，“舒马赫办公室”成了临时党中央。

德国“崩溃”后重新组建的第一个政党是德国共产党。在苏联驻德国军事管理处（Sowjetische Militäradministration in Deutschland，简称 SMAD）批准建立“反法西斯 - 民主”党派和

工会之后的第二天，共产党于 6 月 11 日在柏林正式成立。德国共产党成立的口号中强调它是国家政党，并且具有“改革性”。德国共产党确认自由贸易，支持在私有财产基础上创建私人企业。德国共产党还强调，把“苏联体系强加在德国”身上是错误的，因为这条 / 1136
路不适合眼下德国的发展条件。为了德国人民的利益，德国应该走另一条路：“建立一个议会民主共和国的反法西斯的民主政权，人民享有民主权利和自由”。

1945 年夏，还不能确定德国共产党和德国社会民主党之间的关系将如何发展。两党阵营的大多数党员都认为，如果不是“马克思主义”工人运动内部出现严重的分歧，希特勒是不可能上台的，因此眼下的关键是要消除历史矛盾。“乌布利希小组”完全同意斯大林的意见，把重建德国共产党的工作放在首位。党只有拥有了一个强有力的组织，才能给“工人阶级的团结”创造条件。库尔特·舒马赫坚决反对任何形式的联合计划。1945 年 8 月，他在“德国社会民主党与其他政治力量关系的政治指导方针”中以无比坚定的口气形容道：“共产党离不开战胜国当中的唯一一个国家：民族帝国主义的俄国，共产党是完全与其外交政策的目标挂钩的。”舒马赫在西方占领区的社会民主人士中保持的立场也是西方德国社会民主党的立场。

战后诞生的第一个“资产阶级”党派是基督教民主联盟（Christlich-Demokratische Union，简称 CDU）。这个党试图消除德国的信仰分歧，把各个阶层的天主教徒和基督教徒组合成一个人民党。建党的地点是科隆、柏林和法兰克福。1945 年 6 月开始了第一次大联合。后来担任联邦总理的康拉德·阿登纳（Konrad Adenauer）于 1945 年 5 月 4 日官复原职，被美国人任命为科隆市市长。阿登纳并非基督教民主联盟的建立者。战后的几个月里，他一直在犹豫，到底是重建天主教中心还是加入这个新型的跨信仰的党派。直到 8 月底他才加入基督教民主联盟。1945 年 7 月，德国自 / 1137

由派势力也开始重新组合，这些派别有各种名称，但它们的共同目标是要克服左翼自由党和右翼自由党之间的隔阂。

美国占领军对德国党派的建立一开始抱着观望的态度。杜鲁门总统5月10日确认的参谋长联席会议第1067号命令宣布，美国政治并非聚焦在德国的解放上，而是要占领这个被战胜的敌对国家。这项命令不仅宣布了这一准则，同时还禁止德国有任何形式的政治活动。但是实际上这个要求基本没有得到执行。在同一项命令中还规定了“不得成立兄弟会”，这项规定也没有得到执行。如果想对德国人进行“再教育”，把他们的民族社会主义改造成民主思想，就应该给他们以承担政治责任的机会。1945年在高级的层面实现这种做法还没有可能，所以德国就从“下”开始，在乡镇和社区的层面开始介入政治。美国人非常信赖“草根民主”（Graswurzeldemokratie）的做法，否则他们早就杜绝这种做法了。

在美国占领区的乡镇和城市，特别是在巴伐利亚，占领军军官及其顾问经常向天主教牧师咨询在管理的人选上应该起用哪些德国人。后来这种咨询工作也延伸到了前工会领导人的身上。一些德国难民的专业知识和个人见解也派上了用场。经过德国社会主义民主党流亡伦敦领导小组的甄选，一批德国难民由美国特工组织战略服务处于1945年3月带进德国。他们在成立“反法西斯”工人运动的某些方面中发挥了积极的作用。德国难民也组成了“白色名单”。这个组织的成员都是政治清白的德国人和被证明是希特勒反对者的人。苏联占领区对德国组建政党采取了支持的态度。这就进一步促进了政治活动的开展。政治活动的禁令在1945年夏天就已经名存实亡了。如果想让西方国家认可的民主原则在德国得到贯彻，就必须
/ 1138
借助魏玛共和国在德国史上第一次采用的民主力量。

德国传统中比民主更加有久远意义的是联邦思想。西方同盟国试图把这种思想也用到自己的目的上来。联邦思想似乎可以阻止强

大的中央集权的复苏。鉴于“第三帝国”极权主义国家的经验，预计许多德国人会更倾向联邦体制。苏联占领区也倾向联邦制。7月9日，苏联把自己的占领区划分成5个州：图灵根、萨克森、勃兰登堡和萨克森－安哈尔特。这些州政府与此前不久成立的11个苏联占领区中央管理组相比，当然重要性小得多。这些中央管理组依然由共产党控制，并且置于苏联驻德国军事管理处之下。

在西部占领区，州管理职能的建设花费了更长的时间。第一个州政府成立于1945年5月28日。这一天美国人任命原巴伐利亚人民党主席弗里茨·舍费尔为巴伐利亚州政府总理。最后一个州政府的建立是在1946年11月1日。这一天英国占领区组建了萨克森州政府。萨尔兰（Saarland）享有特殊地位，同盟国商定萨尔兰属于法国占领区，但是这块土地被从德国划分出去，被并入法国自己的经济区内。

占领国在一项原则上的意见是完全统一的。它们认为必须彻底消灭民族社会主义和德意志军国主义。6月5日，“柏林宣言”命令逮捕“纳粹主要首领”以及所有被点名的人，这些人涉嫌“犯有战争罪或下达战争命令或推进战争的罪行”。

然而，从一开始，同盟国在如何与民族社会主义（或者像苏联和德国共产党人喜欢称呼的“法西斯主义”）斗争的方向和方法上也有明显的差异。西方民主国家主要是要把那些有罪的人绳之以法，而苏联还要消灭“阶级差别”。根据马克思列宁主义的理论，正是阶级差异导致了“法西斯主义”，因此必须要剥夺大地主贵族和大资本家的统治基础。苏联认为“反法西斯主义”主要就是要保证共产党的主导地位。1945年7月14日是德国所有党派被取缔的14周年纪念日。14年前的这一天，德国仅仅剩下了一个政党，这就是纳粹党。14年后的这一天，苏联占领区成立了“反法西斯主义民主党派统一阵线”，其又被称为“反法西斯同盟”（Antifa-Block）。这 / 1139

个统一阵线包括德国共产党、德国社会主义民主党、基督教民主联盟和德国自由民主党。尽管没有正式确认德国共产党在统一阵线中的领袖地位，但是实际上这个地位已经确认了。

四个占领国拥有最高行政权的这个国家现在已经满目疮痍。大型和中型城市被同盟军的炸弹炸为灰烬。交通连接和九成的铁路网络被摧毁或被中断。数百万人无家可归。流离失所的人当中，有的是被炸弹炸毁了住所，而更多的是从东部强迫遣送过来的难民，他们被称为“流离失所者”。他们来自东欧、中东欧和东南欧，其中包括大屠杀的幸存者。这些人被安置在最简陋的住所内，或者依然颠沛流离。帝国马克已经丧失了绝大部分购买力。德国人的储蓄被以纳粹战争融资的方式丧失殆尽。食品供应奇缺，大部分居民，特别是城市居民不得不挨饿。燃料缺乏使寒冷的季节成为让人最恐惧的事。尊重他人财产，无论是私人财产还是公共财产，这个一直以来理所当然的、喜欢被人称为“资产阶级”的道德观念受到了深深的动摇。

1945 年 5 月颁布的参谋长联席会议第 1067 号命令以摩根索计划的精神为主旨。这种精神至少在 7 月初依然体现在文字上：不得采取任何措施“振兴德国经济”或“维持或增强德国经济”。如果美国坚持这种精神，德国的灾难将不堪设想。这场灾难不仅会影响占领国军队，还会影响西方民主国家，尤其是美国。这场灾难将会导致一场美国人民反对美国领导的运动。为了避免与本国老百姓发
/ 1140
生冲突，避免与自己的价值观发生冲突，美利坚合众国必须采取行动。在此基础上，美国总统杜鲁门召集最重要的战胜国，美国、苏联和英国于 1945 年 7 月 17 日在波茨坦召开会议，正式修正对德国的政策路线。[27]

德国投降之后，“三巨头”的会晤还未敲定。在德黑兰和雅尔塔，美国、苏联和英国的国家首脑协商了战后秩序的基本原则。纳粹德国被同盟国军队打败之后，各国还需要详细商量如何处置德国和中欧。大家都不想再把其他大国拉进讨论的圈子。在此期间，法国被承认是一个大国，并且在德国和奥地利得到了自己的占领区，但是斯大林对于和三个西方大国进行谈判没有丝毫兴趣，杜鲁门和丘吉尔也不想给法国固执己见的戴高乐将军参与这次谈判的机会。三国的谈判本身已经非常困难了，法国的加入会使其难上加难。1945 年春，戴高乐占领了意大利的奥斯塔山谷（Aostatal），出兵黎巴嫩和叙利亚，搞得两个盎格鲁 - 撒克逊国家狼狈不堪。这两起事件险些挑起一场军事冲突。

丘吉尔急切要求会见杜鲁门和斯大林。5 月 11 日，他向美国总统提出这一要求。英国首相最大的担忧是苏联不断扩大自己在欧洲的影响力。丘吉尔认为，只有西方的盎格鲁 - 撒克逊国家强有力的一致行动才可能有效抵御“苏联的帝国主义扩张”。因此英国首相在 5 月底向杜鲁门派来的特使约瑟夫·爱德华·戴维斯（Joseph E. Davies）提出，坚决反对华盛顿的计划：在三巨头聚会之前首先举行美国总统与苏联党和国家领导人的单独会晤。他表示这是伤害大不列颠及其英联邦的做法。如果这样，英国政府将拒绝参加同盟国的共同会议。英国政府坚持作为一个平等的伙伴从头开始参加会议。 / 1141

戴维斯从担任驻苏联大使开始就被认为是亲苏的外交官。5 月 27 日，丘吉尔向戴维斯递交了一份备忘录。英国首相在备忘录中从基础原则上反对美苏两国的单独会议。“必须牢记的是，大不列颠和美利坚合众国是以同样的理想连接在一起的两个国家，这就是自由的理想和美国宪法所规定的原则。这些理想再加上一些现代的补充被写进《大西洋宪章》。而苏维埃政府则赞扬另一种哲学，即共产主义和无拘束地使用警察力量。苏联把警察暴力引进其军队所解放的所有国家中，使它们成为受害者。首相难以接受这样的结论，即美国简简单单地把大不列颠和苏维埃俄国视为两个平起平坐的国家，现在要和它们讨论解决过去战争所产生的困难……大不列颠和美利坚合众国做出牺牲所追求的高尚理想和原则，不仅仅是国家势力的平衡问题，它们更是拯救世界的基石。”

杜鲁门尽管立即否认要举行美苏两国的前期会议，但是新总统却没有足够的力量去消除丘吉尔的担心，这就是美国可能对苏联采取绥靖政策。杜鲁门在任职期间的头几个月里，深受国务卿詹姆斯·F.伯恩斯（James F. Byrnes）、约瑟夫·戴维斯和罗斯福早期亲密顾问哈里·霍普金斯的影响。所以他认为斯大林是一个完整国家的务实派领袖，而丘吉尔则将苏联的扩张欲望无限夸大，并且近乎歇斯底里地反共。1945 年 5 月底和 6 月初，霍普金斯受总统委托在莫斯科与斯大林进行谈判。这次谈判决定了波兰未来的命运。华盛顿的使者同意了最终仅仅对共产党为主的华沙内阁进行象征性扩充。内阁中加入了几名流亡的波兰政治家和“资产阶级”政治家。7 月初，华盛顿和伦敦承认了这个以奥索博卡 - 莫拉夫斯基为首的政府。这个时候，杜鲁门急于说服苏联早日加入对日本的战争，并且在战争结束之后保持美苏之间的合作。

苏联推行的政策不是丘吉尔急于召开美英苏三国首脑会议的唯一原因。当他 5 月 27 日起草备忘录的时候，他已经不再是一个“国家政府”的元首，而仅仅是纯保守派内阁的首脑。英国工党在布莱克浦（Blackpool）举行的党代会上决定脱离这个事实上由各党参与的政府。此后丘吉尔于5月23日向英国国王乔治六世提交辞呈请求。国王再次委托丘吉尔组阁。被重新任命的首相的第一项工作是解散 1935 年 11 月选出的下议院。由于战争的原因，下议院两次延长了任期，最后一次延期是在1944年12月。选举日期定在7月5日。早日选举符合保守党的利益。保守党认为，对德国的战争刚刚胜利，丘吉尔作为战争年代的首相拥有较高的支持率，这将会为保守党带来良好的效果。大部分英国士兵都在国外选举，他们的选票箱运回国内要花费时间，所以下议院决定，将选票箱封闭三周。选举结果要到7月26日才能揭晓。在此期间，选举结果是一个未知数。如果按照丘吉尔的意思，三国首脑会议最好在这之前召开。这个时候他是毋庸置疑的英国首相。

5月底，杜鲁门、丘吉尔和斯大林把会议的时间定在7月15日， / 1143
地点为柏林。实际的会晤时间比原定的推迟了两天，地点没有没在被彻底摧毁的原帝国首都，而是在损坏不那么严重、距离首都又不远的波茨坦。会晤头八天的主要议题是波兰的西部边界。斯大林根据波兰政府的要求，提议波兰西部沿着奥得河和劳西茨的尼斯河流向分界，而丘吉尔竭力要求把边界线划到更东边的地方，即沿着奥得河和格拉茨的尼斯河划分。杜鲁门支持丘吉尔的要求，但并不十分强烈。英国首相的主要论据是，这两条同名河流之间的居民都是德意志裔。德国现在要安置被从东部驱逐出来的数百万人。1937年德国边界以内的食品和柴火必须要满足所有德国人的需要，无论他们生活在哪个占领区内。在这一点上，丘吉尔坚决不受波兰代表团的影响。7月24日，波兰国家总统贝鲁特率领的波兰代表团在三国代表面前陈述了自己的立场。

第二天，英国首相返回伦敦，准备7月26日选举结果的公布情况。选举结果出乎绝大部分观察员预料，工党票数遥遥领先，获得了393个议席，而保守党仅仅得到197个席位。（两个大党的选票比例为49.7%：36.2%，自由党获得了9%的选票，拥有12个席位。）这次匆匆选举的真正主题是英国的经济和社会政策，而非战争首相的功绩和他的政党。大部分英国民众迫切期待改革。战争期间，

1942 年的《贝弗里奇报告》就允诺进行改革，但是改革迟迟没有进行（唯一的例外是 1944 年 8 月的教育法案，这项法案把义务教育制的年龄提高到 15 周岁，在公立大学的课程实行免费）。工党的口号“让我们面向未来”要比想把有经验的政治家丘吉尔留在其职位上的爱国口号来得更加有力。然而，这个败选政党的领袖可以欣慰地看到，他的绝大多数同胞尽管选择了工党，但是他们对丘吉尔的历史功绩赞誉有加：没有一个西方政府首脑像丘吉尔那样为战胜纳粹德国和维护自由民主做出如此之大的贡献。此时，温斯顿·丘吉尔已经是 70 岁高龄了。

/ 1144

他的接班人是当年的副首相，迄今为止一直在野的克莱门特·艾德礼。根据丘吉尔的请求，艾德礼从波茨坦会议一开始就作为英国代表团成员出席了会议。然而面对会议上要做出决定的问题，他和新任外交大臣都要比他们的前任生疏得多。此时欧内斯特·贝文替换了安东尼·艾登，接任了外交大臣一职。在波兰西部边界这个有争议的问题上，两位新人并不觉得必须要坚持丘吉尔的立场，反对波兰和苏联把边界划在劳西茨尼斯河的要求。7 月 26 日之后，英国在“三巨头”天平上的政治分量要比美国的轻了许多，原因就是伦敦政府换届所引起的第一波外交政策效果。

在会议最初的八天里，杜鲁门在反对界定西部尼斯河的态度上就没有丘吉尔那么坚定。7 月 26 日之后，美国方面以国务卿伯恩斯为首的代表团成员认为，如果斯大林在其他有争议的问题，例如战争赔偿方面愿意妥协的话，西方国家就可以在波兰西移的问题上做出让步。此外，时间也比较紧迫，杜鲁门想尽早返回美国，致力于对日本取得最终战争的胜利。另一方面，杜鲁门决定尽早从欧洲撤回大部分美国军队，并把他们投入到远东战场上去。

波茨坦商定的波兰西部边界的协议仅仅是表面上的一个妥协。边界从北端紧贴希维诺乌伊希切（Swinemünde）的西侧开始（这样什切青就划分给了波兰），沿着奥得河和西部的尼斯河直至捷克斯洛伐克边境。德国东部地区归波兰管辖，东普鲁士北部除外，最终的边境界定将在一项和平协议中被决定。西方国家允诺，将在和平协议中支持苏联对这块土地的领土要求。 / 1145

波兰对德国东部地区的管理并不意味着波兰在同盟国控制委员会得到了第五个占领国的资质。根据国际法，德国东部领土的行政权是临时的，但实际上波兰在其西部新领土上行使了一个主权国家的权力。因此，美国和英国已经向现实情况屈服了。红军占领了这些有争议的领土，并将德国人驱逐出东部领土，临时保留奥得河与尼斯河以东地区为德国领土只是一纸空文。按照1937年德意志帝国的边界线划分，德国东部的这一块土地相当于德国总领土面积的四分之一。将德国1937年的边界线作为波茨坦会议的出发点这一点，斯大林是接受的，然而在这次会议之后，这个德国在法律上已经子虚乌有了。而真正的德国是由四个同盟国占领，并且由盟军控制委员会管理的地区组成的。这就是第二次世界大战以后的德国，以及1945年的边界。这个德国没有了东普鲁士、后波美拉尼亚（Hinterpommern）、勃兰登堡州边区（die brandenburgische Neumark）和西里西亚。

在战争赔款问题上，西方同盟国也向斯大林做了让步，但是幅度没有像波兰的边界问题那么大。苏联本想在波茨坦会议上要求共同对鲁尔区实行控制。虽然苏联的这个要求并未实现，但是得到了从三个西方占领国地区中的战争赔偿。“三巨头”决定，在接下来的两年里拆除德国工业设施，彻底消灭德国的战争潜力，没收德国的境外财产。《波茨坦协定》并没有规定从现有的生产中提取战争赔偿，而苏联在自己的占领区则是这样做的。

根据在雅尔塔成立的联合赔偿委员会建议，由于苏联在希特勒发动的战争中遭受的损失最多，因此将获得所有占领区赔偿总量的 / 1146

56%，以及从西部占领区中拆除的工业设施的10%。苏联还将获得15%的工业设施，苏联将用自己的占领区获得的粮食、煤炭、钾盐、木材、黏土和石油产品换取这些工业设施。波兰要求得到的赔偿从苏联获得的赔偿部分中提取。在美国的百般敦促下，奥地利作为希特勒所谓的“第一个牺牲品”免除了缴纳战争赔偿。在德国的境外资产上，美国和英国放弃对保加利亚、罗马尼亚、匈牙利、上奥地利和芬兰的德国财产的追索，把它们让给苏联。而苏联则放弃上述地区以西的德国财产，以及西方国家在它们曾经占领过，后来被划分为苏联占领区内开采的黄金。

波茨坦会议上对战争赔偿问题的调解充满了分歧。在英国的压力下，苏联最终放弃了对其赔偿200亿美元的要求。由于每一个占领国都从自己的占领区索取赔偿，因此同盟国之间的合作意愿非常关键。但是，在“三巨头”会议结束后不久，苏联就无视《波茨坦协定》，像以前一样从现有的生产中提取高额的赔偿。这不仅危及自己占领区中德国居民的供应，而且破坏了通过交换方式向西部地区供应食品和其他货物的承诺。在这种情况下，杜鲁门、阿特勒和斯大林把1945年边界内的德国视为一体化经济体的打算并未能实现。

这种计划的实际执行也受到了西方占领国的抵制。法国没有参加波茨坦会议，它在1945年8月7日的一份说明中以不加掩饰的方式宣布，将会对成立德国中央行政部门行使否决权。其他三个占领国本想通过建立这些行政部门来支持同盟国维护德国的经济统一。尽管法国加入了同盟国赔偿委员会，但是它对波茨坦的赔偿协议持保留态度。总体上讲，巴黎仅仅认为《波茨坦协定》是有约束力的。这份协议书是法国在会后明确表示赞同的。 / 1147

杜鲁门、丘吉尔和斯大林显然没有考虑到将法国排除在波茨坦会议之外可能产生的后果。法国坚决反对建立德国中央行政部门的举动不仅拖延了赔偿协商的时间，而且使德国经济一体化成为一种假设。尽管“三巨头”在德黑兰和雅尔塔会议上把“分化”德国的计划束之高阁了，但是他们并没有阻止把被占领的德国分裂开来。德国是否能够重新成为一个经济和国家整体，这个问题在1945年夏天的时候根本没有定论。

与波兰西方边界和赔偿问题相比，在德国其他方面的问题上，几个国家很少有争议或没有争议。三个同盟国在《波茨坦协定》中描述了德国政策的第一个目标：“必须灭绝德国军国主义和民族主义。同盟国经过相互协商，在现在和将来采取各种措施，让德国永远不能威胁到邻国或对维护世界和平产生威胁”。与此同时，同盟国表示并不打算“摧毁或奴役德国人民”。“同盟国想让德国人民有机会在民主与和平的基础上重建自己的生活。德国人民如果不断努力实现这一目标，就有可能在适当的时候在世界自由和平的人民当中找到自己的位置。”

为了实现同盟国的方案，德国应根据《波茨坦协定》的“政治原则”彻底放下武装，并且实现非军事化。所有可以用于军事目的的工业设施都要被关闭或受到监督。纳粹党被灭绝，党卫军、冲锋队、安全局和盖世太保等附属机构将被取缔。德国陆海空三军和总参谋部被解散。所有在种族、宗教或政治信念基础上歧视人的纳粹法律都必须被取消。将战犯及其帮手逮捕并绳之以法，逮捕并监禁纳粹党领导人以及所有对同盟国的占领及其目标产生威胁的人员。主要战犯的第一份清单将于9月1日公布。“三巨头”将尽快公布对这一批战犯的起诉方式。 / 1148

“在民主基础上彻底转变德国政治生活，让德国在国际生活中参与和平合作。”在这个意义上，以民主精神重组教育和司法机构以及行政管理部门。重组从社区的自治开始。在整个德国，允许并鼓励建立各种民主政党。他们有权召集会议并进行公开讨论。尽快在市、县、省和国家等各个层面上实现人民代表的选举。在保证军事安全的必要条件下，允许言论、新闻和宗教自由，尊重宗教机构，允许建立自由工会。然而，同盟国所允诺的这些措施是有先决条件的。这就是被战胜者必须有这样的认识："德国人民必须承认他们遭受了全面的军事失败，德国人民不能为自己所做的事逃避责任。这场无情的战争和纳粹疯狂的抵抗摧毁了德国的经济，引发了不可避免的混乱和苦难。"

"经济原则"中规定，德国必须销毁其战争潜力，实行经济分散化。所谓分散化是指消灭以卡特尔、工业集团、托拉斯和其他垄断形式存在的"过度集中的经济实力"。在经济生活的重组当中，主要侧重于农业发展和"用于内需（消费）的和平工业"。同盟国对德国经济的控制应该局限在必要的程度上。实施赔偿的过程中应该为德国人民留下足够的资源，做到没有外援也可以生存。当前生产和库存产品的出口所得主要用于支付"德国财政计划"中必须要进口的产品。在这方面，德国的行政管理机构将起到重要作用。然而这个机构并没有建立起来，法国的否决权使这个计划付诸东流。

/ 1149

同盟国之间在划定欧洲地图新版图所导致的人口大迁徙问题上并没有争议。第二次世界大战期间，丘吉尔多次以 1923 年的《洛桑条约》为例，来解释希腊和土耳其的人口转移。根据这项协议，150 万希腊人从小亚细亚、庞特斯地区（Pontusgebiet）和色雷斯东部迁徙到希腊，40 万土耳其人从马其顿、塞萨利和伊庇鲁斯迁徙到土耳其。按照 1919 年 11 月的《讷伊条约》，土耳其和保加利亚进行过类似的人口交流。在 20 世纪 40 年代，英美两国的政治家认为，协议制定的强制性迁徙在国际上有过先例，因此应该不存在问题。

从波茨坦会议面对的这个具体情况来看，鉴于过去 10 年德国实行的政策，应该做出人口转移的决定。德国人对自己的邻国所做的一切，已经不可能让人期待波兰人与捷克人还能和逗留在德国境外的德意志人和平共处。如果“三巨头”把数以百万计的德意志人留在波兰和捷克斯洛伐克地区，这将会助长德国收复领土的野心，从而重新威胁欧洲的和平。

同盟国在苏联、波兰和捷克斯洛伐克的敦促下，决定将“留在波兰、捷克斯洛伐克和匈牙利或其所属地区的德意志居民迁移到”德国，这种迁移必须“有序进行，并且以人道主义的方式进行”。采用人道主义的方式，这种说法无懈可击，但是这一说法只是为了让西方民主国家的公众放心，因为这些民主国家迄今为止还没有逃脱出“野蛮”驱逐行动的暴力行为。按照《波茨坦协定》的规定，被驱逐的德意志人应该适当分配到各个占领区，然而事实证明，这个规定也只是一种虚幻：1945 年 8 月，法国拒绝向难民和被驱逐者开放自己的占领区。

当波茨坦会议于 1945 年 8 月 2 日结束时，至少在书面上有一个“三巨头”同意设立的新机构：外交部长理事会。除了美国、苏联、英国以外，法国和中国也加入进来了。外交部长理事会最重要的任务是为意大利、罗马尼亚、保加利亚、匈牙利和法国建立和平条约，然后将这些和平条约提交给联合国。（如果法国和中国与有关国家签署了停火协定，那么它们就应该参与这些和平条约的审议。）此外，外交部长理事会要为德国拟定一个和平解决办法，以便在“以此目的而建成的德国政府”成立之后通过这一份相关文件。

“三巨头”的一些协议没有被归类为“秘密”，但最初也没有公布。这些协议中包括一旦同盟国军队撤出德黑兰，英国和苏联将立即从伊朗撤军的协议。另一个协议是修改 1936 年《蒙特勒公约》，交还土耳其对达达尼尔海峡、马尔马拉海和博斯普鲁斯海峡的主权。在这个协议基础上，苏联提出了一项要求，并且得到了西方国家的支持，这就是参加海峡的监督。这一要求土耳其应该是必须同意的（但是它并没有这样做）。

/ 1151 在波茨坦会议上，没有一个与会者打算分裂德国。与法国的想法不同，“三巨头”出于各种原因，要把被占领的国家建设为一个经济体，如果可能的话，将来把它当作一个政治体来对待。对于美国和英国来说，这是对苏联占领区的发展施加影响的唯一手段。这个手段也可以保证从苏联占领区得到应向美英占领区提供的赔偿份额，这是苏联在波茨坦会议上做出过承诺的。另一方面，苏联则努力渗透西方占领区，并且试图对德国工业的心脏鲁尔地区实现四国共同监督（这一点英国人和美国人在波茨坦会议上并没有彻底拒绝）。如果在这个有争议的问题上不能达成一致，那么地理界线就可以被清楚地识别出来了。这条线把被占领地区分为两部分：一面是英美两国占领区的边界，另一面是苏联占领区的边界。

第一眼看上去，斯大林是波茨坦会议的赢家：他实现了波兰的向西迁移，边界的划分也是按照他的意愿实行的。在战争赔偿问题上，除了在赔偿金额上限为200亿美元和鲁尔地区的国际化问题之外，他的要求都得到了满足。一旦他在莱茵河和鲁尔地区的诉求也得到满足，苏联将会对德国西部产生决定性的影响，并且大大加强苏联在西欧的地位。然而斯大林并未能够取得成功。他想控制鲁尔区的要求遇到了顽固的抵抗。这个抵抗不仅来自占有这个工业区的英国人的反对，而且占据西方国家无可争议的领导地位的美国也坚决反对。

美国总统从波茨坦谈判过程中得出了一个意义深远的结论：即使苏联参加远东的战争，他也不希望赋予苏联参与占领日本的权利。在德国问题和与之密切相关的波兰问题上与斯大林讨价还价是不可避免的。然而在对东亚的日本的战争取得胜利之后，杜鲁门并不想再次开启类似的谈判。

/ 1152 对于德国人来说，“三巨头”会议带来了矛盾的结果。《波茨坦协定》不是和平条约，但在不久之后就会被一个和平条约所取代。

这个协定在领土损失、经济负担和政治限制上要比《凡尔赛条约》苛刻得多。但是，波茨坦会议也让美国最终与摩根索计划的精神分道扬镳。这个计划的提出者不再是美国政府的成员了。7月5日，杜鲁门毫无保留地接受了国务卿亨利·摩根索的口头辞呈。摩根索曾经请总统让他出席波茨坦会议，这个请求被杜鲁门无情地拒绝了。《波茨坦协定》中关于拆除工业设施的规定是很难实现的，但是它与德国去工业化和重新农业化的方案有着本质上的区别。

会议的结果在政治上也给德国人带来一丝希望。他们获得了个人的自由权和民主共同决定权的保证，美国取消了之前有效的参谋长联席会议发布的JCS 1067命令。当然，德国人的政治乐观也仅仅局限于西方占领区和柏林西部地区。斯大林的理念与美国人、英国人和法国人的见解根本不同。这一点不仅在苏联得到了证实，而且在1944年至1945年共产党借助苏联的帮助占据了国家关键地位的所有地方都得到了证实。在这个问题上，西方国家在波茨坦的会议记录中都发出了警告，然而斯大林把这些警告视为西方国家已经默认了东欧和中东欧地区的既成事实。尽管德国问题还有很多悬而未决的因素，但是已经可以预见，将来的欧洲将分为东西方两个利益区。波茨坦会议结束后，丘吉尔用“铁幕”来形容这个古老的大陆更加恰如其分了。[28]

/ 1153

战争结束（二）：原子弹和日本投降

在波茨坦会议开始前一天，1945年7月16日清晨，一群美国和英国核物理学家及其同事们在阿拉莫戈多（Alamogordo）附近的新墨西哥州沙漠成功地进行了一次改变世界的试验：原子弹的第一次爆炸。这次成功的试验是多年研究的成果，得到美国政府的巨资支持，被称为“曼哈顿计划”。

美国做出巨大努力的最重要政治动力是担心希特勒的德国甚至可能在美国之前制造和使用新的大规模毁灭性武器，因为德国有一批核物理学家，如奥托·哈恩（Otto Hahn）、维尔纳·海森堡和卡尔·弗里德里希·冯·魏茨泽克（Carl Friedrich von Weizsäcker）等。然而这种恐惧是毫无根据的：希特勒只对短期可用的“奇迹武器”感兴趣，并没有想到投入巨资来开发这种技术。这种技术还不确定是否能用在军事方面，如果可以使用的话，还不知道要等多久。结果德国的核研究远远落后于盎格鲁－撒克逊人：1944年，德国核研究刚刚达到罗斯福设立的铀委员会在1941年7月开始工作时的水平。德国曾经于1944年10月在鲁根进行过核武器试验。1945年3月初在党卫军的指导下，德国在图灵根布痕瓦尔德集中营的郊区奥尔德鲁夫（Ohrdruf）再次进行核武器试验。然而直到战争结束，从使用核武器的能力来看，德国还有很长的路要走。

在新墨西哥爆炸的原子弹代号为“三位一体”（Trinity），其破坏力远远超过了在洛斯阿拉莫斯（Los Alamos）工作小组组长罗伯特·奥本海默（J. Robert Oppenheimer）的期望。《纽约时报》科学编辑威廉·劳伦斯（William L. Laurence）能够从约30公里以外观察到阿拉莫戈多的最高机密事件。他看到的爆炸：“在这个星球上从未见到过。这一短暂的时刻似乎要延续到永远。许多太阳的光
/ 1154 束填满地球和天空……然后在万籁寂静中爆发出一声巨雷。在短时

间内，我们所观察到的光化作响声重复出现，就像是数千枚最重磅炸弹同时在一处发生爆炸。大地在我们脚下颤抖，犹如一次地震。”

杜鲁门总统于7月15日抵达波茨坦，试验爆炸成功后他立即获悉。在此之前他已经下定决心，如果远东地区的战争在这个时候依然无法预见何时结束，只要新式武器试验成功就立即使用。6月18日，他的参谋长莱希（Leahy）海军上将就曾经算过一笔账，根据1945年4月至6月冲绳战役的经验，攻占日本主要岛屿将会牺牲约268000名美国士兵。这个数量相当于美军至今为止在第二次世界大战所有战场上失去的人员总数。战争部部长史汀生和国务卿伯恩斯也同样认为，采用常规武器与日本交战，战争还将持续几个月，日本甚至要到1946年秋天才会投降。

原子弹能够提供挽救成千上万名“普通士兵”生命的机会。如果东京方面不停战，就必须把原子弹投向一座日本城市。在这一点上，杜鲁门和他最亲密的顾问以及丘吉尔的意见是一致的。即便在1945年夏天，杜鲁门和伯恩斯的身份依然首先是美国的政治家，伯恩斯和杜鲁门一样也曾经是议员，因此他们时时惦记着家乡的选民。如果他们依然延续这场血腥和伤亡惨重的战争，而不用现有的技术可能性来迅速结束它，那么选民是不会原谅他们的。

杜鲁门进一步了解了新墨西哥州沙漠的试验结果之后，于7月24日在波茨坦会议第八次全会期间顺便告诉斯大林，美国现在研发出一种新式武器，杀伤力极大。苏联人民委员会主席的反应冷静。他只是表示，希望美国能够有效利用这颗炸弹去对付日本。事实上，斯大林早就从一名间谍那里获悉阿拉莫戈多的爆炸事件了。这个间谍就是从德国移民到英国的核物理学家克劳斯·富赫斯（Klaus Fuchs），他参与了“曼哈顿计划”的研发工作。

此时美国还没有做出投放原子弹的决定。在使用新式武器之前，应该给予日本结束战争的机会。在7月26日的最后通牒《波茨坦公

1110 告》中，杜鲁门、丘吉尔和中华民国政府总统蒋介石（他不在波茨坦）要求日本在8月3日前缴械投降，只有这样才能免遭全军覆没和日本群岛被彻底摧毁的命运。

同盟国的条件是“无可争辩的”：坚持“不负责任的军国主义”和侵略性征服政策的魁首必须被消灭。正如1943年11月开罗公告中所宣布的那样，日本的领土和主权应该限制在它推行扩张政策之前所拥有领土的状态。在建立新的民主与和平秩序之前，必须要占领日本，其规模有待于进一步确认。《波茨坦公告》对天皇没有表态：既没有要求他放弃皇位或对他加以谴责，也没有声称要从君主制过渡到共和国。另一方面，同盟国既没有暗示愿意让昭和天皇（Hirohito）留在君主位置上，也没有直接威胁要使用原子弹。

1945年4月7日以来，日本由年迈的铃木贯太郎（Suzuki Kantaro）海军上将担任政府首脑。他深得天皇的信任，在爱好和平人士的拥护下走马上任。在外务省大臣东乡茂德（Togo Shigenori）的唆使下，前首相近卫文麿7月前往莫斯科进行会谈，想请中立的苏联出面为日本和西方国家调停。苏联谈判伙伴的态度非常矜持，并且对日本人采取拖延政策。波茨坦对近卫文麿的努力进行了讨论，并且得出了结果：与德国不同，《波茨坦公告》只要求军队而不是国家的无条件投降，日本人可以对未来的政治进行自决，同时还对日
/ 1156 本展示了获得资源以及参与世界贸易的前景。所有这些被看作向东京寻求快速缔结和平的力量释放的信号。

然而日本的领导层却是矛盾重重：以外务省大臣东乡茂德为首的温和势力在《波茨坦公告》中看到了积极的一面，但认为有必要澄清同盟国对昭和天皇未来地位的看法。激进的军国主义分子陆军大臣阿南惟几（Anami）和总参谋长梅津美治郎（Umezu）将军认为接受最后通牒有损日本的尊严。最高战争委员会经过广泛讨论后，东乡茂德7月28日建议等待苏联对近卫文麿之行所做的

回应。在随后的新闻发布会上，铃木首相宣布已经做出了“默杀”（mokusatsu）的决定。默杀这个字很难翻译，但大意是“忽略”的意思。于是陆军大臣阿南惟几打出了口号：“无视与拒绝”。这个口号第二天成了民族主义新闻界的头条。在美国人看来，这是一个明确的否决标志，于是他们开始准备投放第一枚原子弹。

行动小组计划把港口城市广岛这个工业和军事中心作为空袭地点。根据杜鲁门总统的命令，轰炸机“艾诺拉·盖号”（Enola Gay）的机组人员于1945年8月6日8时15分，从680米的上空投掷了第一颗作为战争武器的原子弹“小男孩”。35万名居民中，有大约8万人立即死亡，另有6万人在1945年底前死亡，还有6万人后来死于放射性污染。8月6日，广岛五分之四的建筑物被摧毁或严重受损。

8月8日，“小男孩”投掷两天后，苏联向日本宣战。尽管杜鲁门在日前威胁道，如果日本不立即投降，美国将继续以迄今为止无人知晓的杀伤力进行空袭。然而在这个时候，美国人依然没有得到东京投降的请求。沉默的原因是日本领导层的纷争：日本最高战争委员会只能在达成一致的情况下通过决议，然而日本温和派和激进
派之间矛盾重重，无法达成协议。结果美国总统命令投掷第二颗原 / 1157
子弹，这是“曼哈顿计划”生产出来的三枚炸弹中的最后一枚。8月9日上午11时，这颗被命名为“胖子”的原子弹被投掷在长崎，而且直接命中三菱集团的军火工厂。27万名居民中，有大约3.9万人立即死亡，另有3.1万人在1945年底前死亡。长崎40%的建筑物被摧毁。

即使投掷了第二颗原子弹之后，东京的强硬者依然没有准备按照《波茨坦公告》的规定投降。8月9日午夜之前，昭和天皇召开最高战争委员会咨询会议。铃木首相请求天皇在温和派与激进派之间做抉择时，君主站在了主张接受最后通牒的外务省大臣东乡茂德

1112 一边。此后不久，外务省通过日本驻伯尔尼大使馆通知战争对手，日本准备投降。唯一的条件是，胜利者不要干预天皇作为主权统治者的权力。

美国政府经过与英国、中国和苏联磋商，回应了日本的要求，美国政府承诺可以根据日本人民的自由意志决定最终的国家形式。占领日本的行动持续到“波茨坦公告”的目的得到实现。8 月 12 日清晨，美国国务卿伯尼斯签署的文件到达东京。8 月 14 日，最高战争委员会在天皇催促下接受了美国的受降书。同一天晚上，反叛部队的政变企图失败。军事界和政治界一些激进的民族主义分子开始剖腹自杀。

8 月 15 日，天皇通过广播电台告知日本国民，日本已经接受了受降书，他在讲话没有使用“失败”“缴械”“投降”的字眼。他谴责美军在广岛和长崎投掷原子弹的行为，但也毫不含糊地宣称，继
/ 1158 续这场战争意味着日本国家的最后崩溃和灭绝。第二天，天皇命令各个战场停火。1945 年 9 月 2 日上午 9 时许，苏联、中国、英国、澳大利亚、新西兰、加拿大和法国代表登上锚定在东京湾的“密苏里号”战列舰，出席了日本武装部队无条件投降的仪式。美军总司令道格拉斯·麦克阿瑟将军接受了日本方面的投降。日本方面由新任外务省大臣重光葵和陆军总参谋长梅津美治郎在投降文书上签字。至此，第二次世界大战在亚洲也画上了句号。

美国总统得知对广岛的轰炸时，正在公海上——他参加定波茨坦会议后正在返回美国途中。他听到远东传来的消息后感到如释重负，并且很高兴。对日本投掷原子弹的决定是杜鲁门做的。做这个决定的时候没有任何道德上的挑战。从他看来，新武器是尽可能提前结束这场可怕的战争，尽可能减少美军伤亡的合法和必要的手段。原子弹的投掷杀死了数量不可预估的包括妇女和儿童在内的日本平民，面对这个事实，华盛顿采取认可的态度。常规炸弹的袭击也已

经导致了数十万人的死亡。仅仅在1945年3月9日至10日对东京的空袭中，就有8.5万人死亡。西方民主国家负责人对炸弹大规模杀害平民的做法已经习以为常，因此也逐渐减少了精神上的压力。原子弹大大增加了杀伤力，因此在战略上更有价值。至于核辐射带来的长期性后果并未能够打动这些决策者。

没有迹象表明杜鲁门和他最亲密的顾问在决定向日本投放原子弹时，是受到了流行的对“小日本”的种族偏见的影响。如果这种大规模毁灭性新式武器早些时候研制成功的话，也许会被用于与德国的战争中。有人猜测，总统受到这种想法的影响，即至少在实际中使用一次原子弹是必要的，这样就可以最后一次向世界展示，战争在今后不能再成为政治手段。然而这种猜测也是没有根据的。代表这种想法的有政府的两位重要科学顾问，一位是马萨诸塞理工学院院长卡尔·泰勒·康普顿（Karl T. Compton），一位是哈佛大学校长詹姆斯·布莱恩特·科南特（James B. Conant）。康普顿1945年6月11日在写给战争部部长史汀生的信中说：“如果在这场战争中没有使用这种武器，那么战争再次爆发，世界将不会因此得到足够的警告。”这是一个面向未来的深远考虑。这个考虑远远超出了那些在1945年夏天必须对使用原子弹做出决定的人的眼界。

自1965年以来，对美国投掷第一颗原子弹提出最尖锐的科学批评的是历史学家加·阿尔普罗维兹（Gar Alperovitz）。他是美国历史学方面“修正主义”流派的代表。他的中心论点是，日本在1945年夏天马上就要军事崩溃，所以为了缩短战争而使用核武器是没有必要的。因此，杜鲁门和他的顾问完全是为了追求另一个截然不同的目标：恫吓苏联。通过在远东地区显示核威慑已经让美国领导人感觉到对苏联在欧洲的政策产生了积极的影响。就在波茨坦会议上，当杜鲁门了解了阿拉莫戈多的试验细节后，就在斯大林面前采取了比从前更加严厉的态度。

事实上，在 1945 年 8 月 6 日之前还看不到日本领导人投降的必然性。不投掷原子弹，战争就会再持续很长时间。在这一点上，杜鲁门和他最亲密的同事们的估计是正确的。在苏联问题上，国务卿伯恩斯从 7 月 21 日杜鲁门和他详细了解了阿拉莫戈多爆炸的那一天开始得出这样的结论，他们已经不再需要苏联介入日本战争了。伯恩斯还希望美国的新军事实力对苏联的欧洲政策产生积极的影响，然而他是在波茨坦的美国代表团中唯一一个有这种想法的人。自 4 月 21 日以来，杜鲁门就认为苏联向日本宣战的事再也没有什么价值，但他并没有采取措施阻止这一点。可以猜想在新墨西哥州沙漠的事件可能会产生另一种政治影响：原子弹可能加强了杜鲁门不让苏联占领日本的意图，这样就可以避免给美国造成类似在德国那样的困难。

就欧洲而言，美国在 1945 年夏天没有开始任何反苏的转折，战争部部长史汀生还提倡美苏两国在军控领域进行合作。自 7 月 21 日波茨坦会议以来，美国对莫斯科的立场没有任何强硬化的迹象。美国继续采取与苏联合作的态度，而且实际上也接受了苏联在东南欧和中东欧地区的影响力。原子弹是一场军事技术革命，它改变了西方阵营与苏联之间政治权力的比重。在全球范围内美国占据了更加重要的政治地位。但是，美国在 1945 年没有进行阿尔普罗维兹所说的“原子弹外交”。冷战是后来才开始的。

苏联于 1945 年 8 月 8 日开始向日本开战，尽管姗姗来迟，但还是赶上了最后一刻。然而这一步不仅仅是一个象征性的行为。红军在宣战后马上就进入满洲，并派出部队到朝鲜北部地区以及千岛群岛和库页岛，并把这两地并入苏联领土。（千岛群岛最南部的 4 座岛屿不属于 1875 年沙皇俄国割让给日本的岛屿，这就意味着是吞并日本人居住的领土，居住在那里的人被驱逐。）在朝鲜，战争一直持续到次年 4 月 20 日。根据与美国的协议，苏联方面接受日本军队在北纬 38 度以北地区的投降，而美国方面接受日本军队在北纬38度以南地区的投降，由此画定了一条边界线。这条边界线很快就证明它将带来很多冲突。 / 1161

在中国，日本军队在9月9日向蒋介石投降。近8周前，苏联与蒋介石达成了友好和联盟协议。在这个协议中，苏联让中国确认西方国家在雅尔塔同意给予苏联对中国东北的权利，在阿瑟港（抚顺）建立海军基地，并且在辽东半岛享有特权。协议还宣布中国国家政府承认外蒙古的独立。对于中国内部来说，这个协议加强了蒋介石国民党与毛泽东领导下的中国共产党权力斗争的力量。而毛泽东认为，这个协议是一种侮辱。

几年前，毛泽东就在中国北方与日本人进行了顽强的游击战。1945年8月，他的部队参加了苏联进入中国北方的进攻。在苏联的敦促和美国的调解下，毛泽东8月底在中华民国的临时办公地重庆与蒋介石谈判。他们于10月10日发表联合声明，表示双方愿意和平合作。然而公报仅仅是一纸空文。敌对阵营并未因此得到谅解。在美国人的敦促下，双方于1946年2月25日在部队的力量和分配上达成进一步协议。然而这一做法也无济于事。同年4月，国民党和共产党爆发了激烈的斗争，这场斗争于1947年春天变成了一场公开的内战。两年后，战争以共产党人的胜利而告终，国民党从中国大陆被驱逐到了台湾。

日本投降之后，日本占领的欧洲大国的许多殖民地企图防止从前的殖民国恢复自己的统治地位。在荷属东印度的爪哇岛，独立运动的两个领导人，艾哈迈德·苏加诺和穆罕默德·哈达，迫于民族主义青 / 1162
年运动的压力，于1945年8月17日宣布成立印度尼西亚共和国。除了爪哇之外，苏加诺和哈达的部队还控制了苏门答腊及其以南的马都拉（Madura）。如果不是英国印度军队在从战俘营中被释放出来的日本士兵的支援下进行了全力还击，独立运动的部队甚至会控制全局。1946年10月，荷兰军队替代了英国军队。殖民政权企图与共和国进

1116 行和解，但仅仅取得了一个短期的成功。在1947年至1949年发生了一系列血腥的“警察运动”。此后，海牙政府迫于全球公众舆论，特别是美国的压力，于1949年12月让印度尼西亚独立。

天皇帝国投降的消息传到日本占领的法国殖民地，越南引发了最强烈的要求独立的示威。1945年3月日本人再次把保大帝（Bao Dai）推到傀儡政权的首位。10月28日保大帝被迫退位。而在9月2日，共产党领导人胡志明就已经在河内宣布成立越南民主共和国。继日本占领之后，越南北方是由中国军队占领，南方由英国印度军队占领。就像在荷属东印度一样，英国印度的军队得到了从日本战俘营中释放的日本兵的支援。9月，胡志明的部队越盟（Viet Minh）首次与英国人从日本战俘营释放出来的法国士兵发生冲突。10月，35000人的法国殖民部队抵达越南南部，司令是巴黎解放者勒克莱尔（Leclerc）。胡志明多次尝试与法国进行协调都没有成功，一年半之后，第一次印度支那战争爆发。

日本投降之后，英国人在许多东南亚殖民地的遭遇和荷兰人与法国人一样，他们看到的是强烈要求独立的力量。新加坡、马来亚，特别是缅甸的反殖民运动势头强劲，恢复殖民统治的企图引发了最顽强的抵抗。与在其他被占领国一样，日本在缅甸的统治唤起了拒绝任何殖民地统治的力量。如果说日本帝国主义产生了一点积极的影响，那就是在这方面了。

在这些不断变化的情况中，美国的事最容易处理。美国在1935年对自己的所谓殖民地“美联邦”菲律宾做过承诺，于1945年允许菲律宾独立。因为战争的拖延，美国于1946年7月才兑现了这一承诺，同时也为自己保留了一系列贸易政策特权和一些军事基地。欧洲殖民国家则需要更多的时间才能懂得，第二次世界大战彻底埋葬了它们在亚洲统治的基础。它们的醒悟越迟，将要付出的代价也越昂贵和越血腥。[29]

第二次世界大战中直接或间接的死亡人数估计高达 6000 万。其中平民多于士兵。平民死亡人数统计的差异很大。死亡平民包括被杀害的犹太人、波兰人、俄罗斯人、白俄罗斯人、乌克兰人、辛提人和罗姆人、南斯拉夫和希腊内战中的平民受害者，他们死于无辜枪杀、运送进集中营、驱逐出境或轰炸。除此之外还有数百万人饥饿而死，这在许多统计数据中都没有显示出来。

在战场中阵亡或在战俘营中死亡的士兵人数至少达 2700 万，是第一次世界大战中被杀战士人数的 3 倍之多。那次世界大战估计的死亡士兵人数为 850 万。苏联和中国的死亡人数最多，分别为 2700 人和 1350 万人，接下来依次为德国 635 万人、印度 300 多万人、日本 200 多万人。这些数字中包括阵亡的士兵和死亡的平民。

除了“纯粹的”内战以外，自三十年战争以来，欧洲没有任何 / 1164
一场战争像第二次世界大战那样把士兵与平民之间的界限变得那么模糊不清。虽然这场战争绝不是在任何地方都是“全民战争”，但是与第一次世界大战相比，它要“全民”得多。1907 年海牙国家战争法规定，攻击只是针对军事目标，而尽可能保护平民。这个戒条不仅被独裁统治的侵略者们践踏，而且越来越多地被西方民主国家所忽视。同盟国的“精神轰炸”是为了摧毁平民百姓的意志，动摇侵略国的群众基础。

对德国和日本的城市进行地毯式轰炸，这并不是西方民主国家与敌方采取类似的野蛮战斗方式的唯一共同点。如果德国在其所控制的欧洲不进行大规模谋杀式的“种族清洗”，那么西方国家也不会在 1945 年以惩罚性方式大规模驱逐平民。用历史学家约尔格·巴贝罗夫斯基（Jörg Baberowski）和安塞尔姆·多林－曼陀菲尔（Anselm Doering-Manteuffel）的话来说，就是“消灭德国军队，从奥得河与尼斯河以东地区以及从波希米亚驱逐德意志人，都是德国人征服和占领得出的结果”。

无论是地毯式轰炸还是驱逐平民，在当代人的理解中都不算作战争罪：同盟军的炸弹袭击在国家领导人眼中看来是对德国和日本侵略的回应。在强迫迁移这件事上，西方国家认为他们借鉴了第一次世界大战后协议商定的模式，特别是以 1922 年《洛桑条约》为基础的希腊和土耳其居民的交换。

此外，战争罪既不是第二次世界大战的创新，也不仅仅是发生在独裁者一方，尽管战争是由独裁国家发起的，而且绝大部分战争恶行是它们犯下的。苏联犯下战争罪的清单也是长长的，1940 年春天苏联在卡廷杀死成千上万的波兰军官，这并非是这张战争罪清单的开端。虽然国际法对西方同盟国的约束力要比对它们的共产党盟友更大，但是依然有“战争罪行”发生。在 1945 年春天，在占领德国的第一阶段，同盟军方面在德国西部也有掠夺、强奸和暴力发生。要被算作同盟军战争罪的还有对几十万名德国战俘的不人道待遇。这些战俘被囚禁在莱茵河左岸草地上的大约 20 个营地中。所谓“住所”就是在露天的大地上自己挖掘的地洞。在这里，至少有 8000 名战俘丧生。

/ 1165

1945 年，许多西方民主国家的法律专家和政治家认为，用“战争罪”这个概念来衡量纳粹德国及其同盟国对人类所做的一切似乎太弱了。30 年前，1915 年 5 月 14 日，英国、法国和沙皇俄国在一份联合抗议声明中指责奥斯曼帝国屠杀亚美尼亚人是“反人类和文明罪”。第二次世界大战结束后，战胜国重新回到了这个概念上。1945 年 8 月 8 日，“三巨头”和法国的代表根据波茨坦会议的协议通过了“伦敦协定”。根据该协议，在纽伦堡建立的国际军事法庭将对包括计划、准备或发动以及进行侵略战争的反对和平罪、战争罪和反人类罪进行惩罚。

纽伦堡审判的法律基础是新制定的国际法（不久之后东京也以此为榜样了）。所有法治国家的宪法基础是“罪行法定原则”，事后制定法律进行追溯审判是被禁止的。然而西方民主国家的国际法专家出于自然法则的原因，认为不应受这个约束，对纳粹罪行的惩罚是因为这些人的所作所为根本违背了文明人类普遍接受的法律原则。换句话说，纽伦堡审判的罪行是如此罪恶，如果这些罪行不受到惩罚，正义感就会受到更加严重的侵犯。正是出于同样的原因，西方大国也容忍了审判程序中的另一个缺陷：作为审判方的战胜国之一苏联自己犯下的一系列反人类罪，却要确保在纽伦堡不被提及。 / 1166

1946 年 10 月 1 日，将近 11 个月的诉讼流程之后，对主要战犯宣布了审判结果。“第三帝国”最高官员中的 12 名被判处绞刑，这些被判处死刑的人当中包括戈林、里宾特洛甫、弗里克、罗森堡、凯特尔和约德尔。其他人如希特勒的副手鲁道夫·赫斯和装备部部长阿尔伯特·施佩尔被判处长期徒刑。如前所述，戈林于 10 月 16 日自杀，逃脱了死刑的执行。前总理弗朗茨·冯·巴本、前帝国银行行长和帝国经济部部长亚马尔·沙赫特曾经为希特勒进入帝国总理府铺平了道路，但没有犯下被指控的罪行，被无罪释放。

主要战犯审判之后，开始对医生、法学家、知名的工业家和包括弗里克、克虏伯和法本公司在内的公司，德国外交部的成员，德国国防军高级官员，个别军事领袖和党卫军领袖提出诉讼。（和纳粹党领导组一样，盖世太保和安全局、冲锋队、党卫军都在此前已经被宣布为“犯罪组织”。）在这些审判中，还有 36 人被判处死刑。前战争对手因战争罪和反人类罪被定罪的总人数估计在 5 万至 6 万人之间。在德国的苏联占领区被定罪的人中，约有三分之一被押解出境在苏联强迫劳动。在西部占领区，包括纽伦堡审判中判处的死刑，共有 806 起死刑，一共执行了 486 件。在苏联占领区宣布和执行的死刑判决数目是个未知数。

波茨坦决定为数以百万计的民族社会主义组织成员进行“脱纳粹化”。这项工作的执行从占领区到占领区有所不同，但多多少少都是公式化。苏联在这方面是最严格和最随心所欲的。被捕的纳粹分子，如果他们没有被押解到苏联，就和那些不得人心的资产阶级民主党人士、社会民主党人士，甚至反对派的共产党人关押在“特别营地”。到1950年依然存在的这些营地里的12万多名囚犯中，有42000人遇难。这些营地中其中一个就是以前的布痕瓦尔德集中营。1949年8月1日，托马斯·曼在魏玛德国国家剧院为纪念歌德诞辰200周年纪念发表讲演时，他反对继续这种恐怖，让他的许多崇拜者大失所望。

能够对压迫提出反抗是一种特权。行政部门、警察机关和学校都遭到彻底“清洗”，可靠的共产党人尽可能地被安插到最重要的岗位上。经过短期培训的“人民法官”（Volksrichter）和“新老师”（Neulehrer）代替了他们政治上不清白的前辈。在这种人员更迭时，专业精神和高效率不予任何考虑：脱离纳粹和共产党干部政策直接接轨。

法国占领区的情况与苏联占领区正好相反。法国对前纳粹官员比较慷慨大方：“党员同志”的过去从一开始就被当作施加压力的手段，迫使这些人效忠新政。在这里，解职、逮捕和拘留的事也时有发生。这在四个占领区中构成第一阶段的脱纳粹化，一直持续到1946年。1946年3月，美国占领区开始进入第二阶段脱纳粹化，英国占领区和法国占领区在半年之后也开始了第二阶段。第二阶段的主题是类似法院审理的“法庭”。法庭根据德国人填写的用于诉讼程序的“调查问卷”，将德国人分为五组：主犯、要犯、轻犯、从犯、无罪。美国人在这方面最为严厉：他们只把极少数人划为“无罪”，起初他们对“从犯”也禁止就业。而英国人则放弃了这样的措施，并且把一大半受审查者判定为“无罪”。

1947年以来，随着东西方的矛盾日益扩大，美国人在对待前纳粹分子方面也变得越来越宽容，希特勒多年来一直是民族英雄，他的党曾经领导了一场群众性的运动。从严对待他以前的追随者势必会造成社会的不满和政治上的极端。宽容加上“再教育”，即政治再教育，预期会收到更好的结果：快速熟悉民主，抵制左右极端的口号。脱纳粹化被证明是一个失败。那些没有被定罪的人在德国西部大都可以在1949年之后官复原位。几年以后，不仅“从犯”和“轻犯”，即便是“要犯”，都可以期待不再为过去的政治行为负责了。

苏联占领区对付那些“小”纳粹分子的办法没有太大区别，他们必须重新学习，转变成一个正直的“反法西斯主义者”。在苏联驻德国军事管理委员会看来，脱纳粹化最重要的部分不是对个别人的制裁，而是结构性干预。根据马克思列宁主义的观点，这意味着要与那个帮助法西斯主义夺取权力的阶级做斗争。按照这种想法，1945年9月实行了“土地改革”，易北河东部大地主的土地被剥夺。大约7000户大地主的财产被没收，得不到任何补偿。苏联提出的战斗口号是“变地主土地为农民土地”。以这种方式获得土地所有权的50万人中，有83000户“移民”，即从东部地区离乡背井逃难到这里的家庭。

没收土地的做法不仅仅打击了纳粹的前支持者，而且也危害到纳粹的反对者。然而，这种激进的做法并不是共产主义所独有的。几十年来，资产阶级农业改革家一直要求改变易北河以东的土地所有权状况、改善中小农民的经济条件，但他们并不打算在没有补偿的情况下没收这些土地。然而，“土地改革”的声望并没有因为没收行动而动摇，大部分中产阶级都认为这些古老大地主庄园土地的再分配是正当的，早就应该走这一步。

土改之后不久，“工业改革”于1945年10月开始了，然而这场工业改革名不副实。改革绝对不是只针对“战犯”和“纳粹”，而是面向大企业主。到1948年春天，几乎有1万家企业无偿成为国家财产，结果当时工业生产的40%成了公共企业的份额。另外苏联在占领区还设立了重工业股份公司，由占领国自己经营。银行和储蓄银行早在1945年7月就已经国有化了。从这一年秋天开始，占领国的目标已经清楚无疑了：系统地消灭资本主义社会秩序，用社会主义社会秩序取而代之。

在西部占领区，占领国对社会的干预比较有限。土地改革开了个头，最终不了了之。在工业领域，在纳粹政权时期犯有严重罪行的大企业和大银行被没收或被管控，这些企业包括法本公司，英国占领区的钢铁企业、商业银行，德累斯顿银行和德意志银行。12家最大的冶金企业被英国1945年12月无偿没收之后，分成了28家独立企业。社会民主党和工会要求将大型企业社会化，1945年7月以来在伦敦执政的工党支持这一要求，然而美国占领区总司令卢修斯·杜比尼翁·克莱（Lucius D. Clay）并不主张这样做。社会化这个问题就这样被推迟了，理由是这个问题非常重要，不是一个国家或一个占领区能独自做决定的，而只能由将来的德国立法者自己来做决定。

1945年在德国社会历史上留下的切口，只有和第一次世界大战结束时德国的情况相比较才能有一个正确的衡量。那个时候在柏林有一个人民代表会议形式的德国政府，它的合法性没有受到盟国的
/ 1170 质疑，帝国没有被占领。老牌的权力组织没有一个是整体退位的。易北河东部地区的庄园主们尽管暂时失去了政治影响力，但依然能够维护自己权力的社会基础。重工业成功抵制了社会化运动。1918年至1919年的革命没有对公务员系统产生根本的震撼，而司法机关根本就没有动摇。军队不得不受到凡尔赛条约的限制，但是军队在魏玛共和国的地位和在帝国中是一样的：这就是“国中之国”，此外它还是一支国内政治权力的力量，在特殊状态下它可以发展成一支行政权力力量。

根据《波茨坦协定》的规定，第二次世界大战后既没有德国国家也没有德国军队。“土地改革”之后，易北河东部的大地主庄园已经不复存在了。由大地主们打下烙印的普鲁士国家被同盟国控制委员会解散了。1947 年 4 月 25 日，同盟国控制委员会发布第 46 号法令，宣告普鲁士“一直以来都是军国主义和德国反动派的支柱”，因此事实上已经不复存在了。重工业在东部地区被没收。在西方，它首先被占领国拆散，在德意志联邦共和国成立后，又受到工人参与决定的制约。因此，所有这些在 1933 年以前与民主对立的权力组织，到 1945 年以后就不会像在魏玛共和国时代发挥同样或相似的作用。

在西部占领区，公共行业的延续性要强得多。美国和英国试图废除德国的专职公务员制度，用盎格鲁 - 撒克逊风格的“公务员”取而代之，但是这一尝试并不成功。因此，没有一个参加过“第三帝国”恐怖判决的法官受到谴责。那些在 1933 年至 1945 年特别出丑的大学教师，包括马丁·海德格尔和卡尔·施密特，失去了教授的职位。许多后来被发现有历史问题的人，1945 年不得不中断工作之后又官复原职。对公务员的政治审查是严格的，帝国“崩溃”的教训历历在目。从此，公开反对民主受到了质疑：无论是公务员队伍还是司法机构都是如此。 / 1171

“第三帝国”灭亡之后并没有出现“零点”，但是用这个概念来形容当时那一代人的感触是最准确的。德国的未来从来没有这样不可预测。从来没有像 1945 年春天和初夏那样到处一片混乱。所有的安定感都没有了，这一点深深印刻在每个经历过这种动荡的人的记忆中，尽管他们经历的方式不同，因为在苏联占领区要比在西部占领区残酷得多。“崩溃社会”在所有四国占领区里流动着：饥饿的城市居民跑到农村去“搞吃的东西”，在农村他们用以物易物的方式进行交易。从前的那些“养尊处优”者，现在没有了薪水、养老金或其他常规收入，不得不做些零工糊口。那些清理瓦砾废墟，从垃圾中挑拣还能使用的建材的“瓦砾女郎”们，则以性交易的极端方式养家糊口。

纳粹统治的年代，在“人民社会”的旗号下，德国全面反对传统的上层阶级想得到更高社会地位的要求。然而德国社会的“真正结构”并没有来一场革命。在轰炸、驱逐和“崩溃”的过程中，德意志社会的变化远远超过了“第三帝国”的头十年。“崩溃的社会”是一种非常态现象，它并没有带来新秩序，而是急切地渴望尽快返回到某种“正常状态”。

比社会动荡更为深刻的是德国人的道德震荡，尽管德国人一再表示歉意，但这种道德震荡的效果却久久没有退去。1918 年后的战争无辜传奇和“刀刺在背”传说博得了精英和广大群众的掌声，1945 年之后的情况完全不同了。帝国的首脑发动了第二次世界大战，这实在太明显了。他必须要对这次战争承担主要责任。城市一片废墟，老百姓因炸弹袭击或被驱赶而流离失所，流亡者和逃难者颠沛流离，集中营和杀害犹太人的准确消息广为流传。所有这一切都引起人们对希特勒的愤恨，因此必须反对任何复兴民族社会主义的思潮。希特勒作为党和党卫军的最高领导，被视为唯一的罪魁祸首，而国防军和德国群众被说成是“清白”的，这种说法在相当长的时间里都很受欢迎。一方面是要和“元首”及其狂热追随者划清界限，另一方面是要深刻了解与民族社会主义相关联的德国传统，还要深刻了解对 1933 年以来德国发生的事情所要承担的自我责任。

/ 1172

1937 年至 1938 年被民族社会主义政权禁止发表言论的哲学家卡尔·雅斯贝尔斯（Karl Jaspers）在 1946 年以一篇名为《罪责问题》（Die Schuldfrage）的文章引发一片赞同之声，同时也遭遇了一阵抵制的浪潮。这篇文章本来是他 1945 年至 1946 年冬季学期在海德堡大学授课的讲义。雅斯贝尔斯谈到 1933 年至 1945 年期间德国人要对其政治状况负责的时候用了“道义上的集体罪责”这个概念。“事实上，在德国生活的智力条件下，是有可能产生这种政权的，对此我们都要承担罪责。”“集体罪责”这个概念足以让许多人责怪雅斯贝尔斯是在对同盟国唯命是从。作者否认民族社会主义完全是德国人的罪责，他认为外国对希特勒的成功也要负责。他还引用了移民经济学家威廉·洛卜克（Wilhelm Röpke）不久前发表的文章《德国问题》（*Die deutsche Frage*），说明德国人是希特勒的“第一受害者”，德国的反犹太主义“从来不是一场人民运动”。尽管如此，雅斯贝尔斯并没有能减弱那些反对他的人的愤怒。

1945 年 10 月，德国基督教会临时委员会发表了文章《斯图加特认罪书》（*Stuttgarter Schuldbekenntnis*）。这篇宣言的目的是要与德国新教的民族主义遗产彻底决裂。这篇文章和雅斯贝尔斯的《罪责问题》一样，收获了褒贬不一的回应。在符腾堡大主教特奥菲尔·乌尔姆（Theophil Wurm）和曾被关进集中营的黑森－拿骚（Hessen-Nassau）教会主席马丁·尼莫拉（Martin Niemöller）的主张下发表的声明说明了教会与人民之间《罪的同当》（*Solidarität der Schuld*），这篇文章在教会内部引起了一片反对的呼声。反对者认为，对于（据称是）同盟国对德国“集体罪责”的论点不恰当的肯定主要是在这句话上：“我们给许多国家和人民带来了无法估量的痛苦。”这些保守的基督徒自责走得太远了：“我们不够勇敢，我们的祈祷不够忠实，我们的信仰不够虔诚，没有执着地去爱。”然而正是这些对基督教德国人的集体记忆印象深刻的话语，为和解做出了决定性的贡献。它们让德国以外的基督教会感觉到，德国作为宗教改革的发源地，正是在和解精神下做出自己的努力。 / 1173

《斯图加特认罪书》没有明确提到民族社会主义最大和最可怕的罪行，即谋杀欧洲犹太人。直到几十年之后，德国人才认识到犹太人大屠杀的核心意义。犹太人的种族灭绝被历史学家丹·迪纳（Dan Diner）称为“反文明”：“奥斯威辛事件源于文明确定性层面，这是人际行为的基本前提条件之一。奥斯威辛事件触动了文明确定性的各个层面。对文明的肯定属于人际行为的基本前提条件。机构化组织的和工业化执行的大规模屠杀意味着反人类文明。人类文明的思想和行动遵循着一种理性，这种理性以最低限度的预先信任为先决条件。一种功利主义的信任，即便是仅仅出于当事人的利益和自我保护就应该拒绝无理的大规模杀人，更不用说是以理性组织的形式去杀人了。社会的规则性是服务于对生活和生存社会的信任的。在这里，社会的规则性被逆转了：大规模屠杀变成了规则，而生存被贬为纯粹的偶然。”

谋杀欧洲犹太人是文明的中断，这是纳粹分子做的最系统和最一贯的一件事。它从大规模枪杀开始，以大规模使用毒气告终。与大屠杀同时发生的德国人其他大规模谋杀事件，尽管没有像迪纳那样被特别强调为“工业化”屠杀，但是依然要被算作“反文明”：除了希特勒命令的杀害精神病患者外，还灭绝了大部分波兰精英。

/ 1174

数百万计的白俄罗斯人、乌克兰人、俄罗斯人和苏联其他民族人民被活活饿死。苏联平民死亡人数估计为1500万。在苏联，根据美国历史学家蒂莫西·斯奈德（Timothy Snyder）的计算，苏联每25名公民中就有1人丧命于德国人之手，乌克兰和波兰有十分之一的公民被德国人杀害，白俄罗斯被德国人杀害的人口达五分之一。在杀害犹太人的同时，成千上万的辛提人和罗姆人被谋杀：这一种族灭绝，虽然纳粹分子没有像谋杀犹太人那样系统地运作，但是依旧不比“工业化屠杀”更温和。

1939年之前的反文明行为，无论它们是否属于《防止及惩治灭绝种族罪公约》所界定的种族灭绝的概念，用约尔格·巴贝罗夫斯基和安塞尔姆·多林－曼陀菲尔根据社会学家齐格蒙特·鲍曼理论的说法，都是为了追随一个“明确性的乌托邦”：这就是追求种族、民族、国家或阶级的同一性。专制政权实施的“现代”大规模屠杀与以前的屠杀是有区别的，鲍曼指出了这个与“明确性”实例相关的区别特征：“现代大屠杀一方面是完全缺乏自发性，另一方面是经过理性和冷酷计算的。”

但是，德国对欧洲犹太人实施的种族灭绝与其他种族灭绝的不同之处，不仅仅是通过一套机构的流程和完美的技术把包括男女老少在内的受害者抓捕和运送到贝乌热茨、索比堡、特雷布林卡和奥斯威辛的杀人工厂进行残杀。这里还有其他的特点。犹太人本身不是一个“民族”，他们属于其他民族国家的公民，他们在许多国家把自己视为那个国家被融入的一部分。犹太人的敌人是这样看的：犹太人世界各地无处不在，所以哪里都不是他们的家。激进的反犹太分子与老派的反犹太教人士不同，他们认为，犹太人无论是坚持传统宗教信仰，还是背弃这个宗教，都是无关紧要的。犹太人之所以成为他们的死敌，是因为犹太人试图统治世界，无论这些犹太人是披着资本主义富豪还是马克思主义布尔什维克的外衣。犹太人为了实现自己的目标，不顾一切地从“雅利安”种族人民内部对其进行分化，挑拨离间。

在许多欧洲国家有少数人相信这个理论，但只有在德国，这种极端反犹太主义势力通过自己的力量掌握了权力。站在这个国家政府首脑位置上的人，自以为是受“天命”之托，不仅要消灭犹太人，还要消灭渗入到“雅利安”各民族的基督教里的犹太人精神。

德国在文化上是西方国家。中世纪以来，德国与欧洲国家一起完成了伟大的欧洲解放进程，甚至在宗教改革中走到了前头。德国参加了欧洲启蒙运动，并且在十九世纪建成了符合西方标准的法治国家。作为一个社会国家，德国已经成为别人的榜样。二十世纪初，德国是一个高度发达的工业国家，并且成为世界领先的科学国家之一。正因如此，灭绝欧洲犹太人的做法在西方民主国家中引发了骇然的惊恐。“毫无疑问，”温斯顿·丘吉尔在 1944 年 7 月 11 日给安东尼·艾登的信中写道，“这可能是所谓文明人类借着欧洲一个伟大国家和先进民族的名义用最科学的手段在世界历史上所做的最大和最可怕的犯罪行为。”

犹太人大屠杀是人类犯罪，这个罪行是由古老的西方国家犯下的。这个国家的传统精英与大西洋两岸的西方国家有着根本不同点：1776年和1789年两大运动的理念成了西方精神文明的规范工程，这个理念在1918年前至少有一部分被德国接受。但是不可出卖的人权、人民主权和代议制民主的原则并不是德意志帝国政治文化的一部分。一个被定义为法治国家的国家不可能发出不合法的指令，顺从这样一个国家对于俾斯麦帝国的资产阶级来说要比对承担社会政治责任的观念更为重要。在第一次世界大战中，德国战争思想家将“1789年的理念”与“1914年的理念”进行了对比，认为德国的文化、权力和主权国家的理念要胜过西方民主国家普遍价值观。

1918年失败之后，魏玛的议会民主被一大批舆论精英们视为战胜国的政治体制，因此被认为它不是德国的产物。希特勒也赞同这一观点。民族社会主义是德国人对西方发泄怨气最为极端的表现。“第三帝国”的“现代化”也反映出了德国现代化进程缺少规范价值的原则。如果没有先民主和反民主传统的支持，希特勒就不可能把德国置于自己的统治之下。正是因为他拥有了国家权力，才能对犹太人问题采取极端的解决措施，并且得以实现。犹太人问题是纳粹工程的核心部分。犹太人大屠杀是有其前段历史的，这段历史超越了反犹太主义和种族主义的历史，是和德国通史分不开的。德国的历史也要算是一个西方国家的历史，这个国家的传统精英们在1945年前一直拒绝向西方的政治文化开放，在1945年不得不承受这一灾难性政策的后果。[30]

1946年10月纽伦堡对主要战犯进行判决时，对意大利的占领早就结束了。英美对意大利的占领直到1945年12月31日。占领军在意大利期间，英美军政府对立法有最终的决定权：没有他们的同意，就没有法律能够生效或者变更。西方同盟国对公共行业的清洗、新闻单位的重组和文化政策的制定方面起到了决定性的作用。

早在1943年，在没有被德国人占领的意大利地区就开始了对法西斯主义的清算。1943年至1946年的“野蛮”清洗方式最为激进，有大约1200名法西斯分子丧命。与此同时，也开始了正式的“政治清洗”。同盟军政府任命的委员会、解放委员会的清理委员会和国家委员会参与了此次政治清洗。在墨索里尼统治下任职的市长，大多数都被解雇了。在国家行政机关担任高级职务的人员也是如此。在意大利北部，以共产主义为主的清理委员会走得更远：在一些工厂，他们不仅解雇了从前的法西斯主义者的职务，还解雇了所有他们认为“对劳动有敌意”的人。

与德国不同，意大利保留了自己来处理本国专制时代法律问题的权利。当现行的《刑法》（产生于1931年，即墨索里尼时代）到了极限，那么新设立的对审判最高法西斯国家和党的领导人负责的高等法院和纽伦堡国际军事法庭一样，援引普遍公认的法律原则，这样就有意识地避开了“罪行法定原则”。1945年至1947年，特别陪审法庭也采用了这一做法。特别陪审法庭对政治犯罪的法西斯主义者及其合作者进行了2万至3万次审判，判处了大约1000人死刑，更多的人获刑长期监禁。“在欧洲其他国家，也许法国除外，没有一个国家的法庭如此迅速地对大批法西斯主义罪犯做出判决，”汉斯·沃勒这样写道，“在1945年，没有任何其他地方有这么多没落政权的代表像在意大利那样被绳之以法。”

到1945年底，同盟国给意大利政府施加巨大压力进行“去法西 / 1178
斯化”运动。占领军撤走后，这个压力也随之消失。1945年12月4日以来，组建了以基督教民主党人阿尔契德·加斯贝利为总理的各党联合政府，参加政府的左翼政党有以副总理彼得·南尼为首的社会主义党和以帕尔米罗·陶里亚蒂为首的共产党。和两个左翼政党相比，基督教民主党对继续大清洗的工作并不太感兴趣。1946 年 6 月，陶里亚蒂在处理法西斯主义问题上来了一次大转折（这在他自己的党内也有争议）。他提出了一项大赦法令，减轻或取消迄今为止的许多惩罚。这项法令于 6 月 22 日生效。三周前，6 月 2 日，第一个战后议会选举产生了。共产党人获得 18.9％的票数，社会主义者获得 20.7％，左翼党派获得的票数远远少于预期，而基督教民主党则以 35.2％的票数取得了惊人的成就。

1946 年 6 月 2 日也是意大利决定未来国家形式的日子。有 54.3％的投票者为共和国投票，45.2％的选民想保留君主制。意大利国王维托里奥·埃马努埃莱三世于 1922 年 10 月任命墨索里尼为首相，1943 年 10 月解除了他的职位。在选举日，埃马努埃莱三世已经不在王位上了。他于 1946 年 5 月 9 日把王位让给了他的儿子翁贝托二世（Umberto Ⅱ），自己则流亡埃及。翁贝托在公民投票前几天也离开意大利去了葡萄牙。

除了国王之外，在 1943 年之前，军队是“元首”和法西斯政权的可靠支持者。此后军队反戈一击，推翻了独裁者，并且与西方国家结成同盟，变成了功臣，得到了基督教民主党及其政府的支持。意大利政府坚决拒绝遵守联合国的要求，拒绝将意大利武装部队的 1700 多名成员移交给那些指控这些军人犯有严重战争罪的国家。

另一方面，由于意大利要求引渡德国战犯，因此意大利至少要
/ 1179 做出认真对待自己的任何战犯的姿态。事实上，军事检察院也对 2000 起案例展开了侦查和审讯工作，这些案例除了涉及德国人之外，也有意大利通敌分子和意大利武装部队成员。不过，意大利不想把意大利的战犯绳之以法，因此事实上根本没有起诉。绝大多数意大利人认为没有什么不妥的地方：他们自己的军官和普通士兵通

常被认为是“老实人”。他们不像德国人那样，他们完全没有采取暴力行为的能力。因此，意大利人在埃塞俄比亚、希腊和南斯拉夫的战争罪行除了极少数案例之外并没有受到惩罚。

为了试图摆脱自己国家在法西斯主义统治下对其他国家的不公正做法，意大利倾向于把意大利法西斯主义极力从被称为“纳粹法西斯”的德国民族社会主义干系中摆脱出来，让人难以承认两国政权之间有着任何相似之处。与此同时，意大利左派则喜欢诉说广泛反对法西斯主义的神话。尽管共产党自1947年以来成为在野党，但是这个神话允许共产党作为所有反法西斯势力的共同遗产而一直存在着。

根据沃尔夫冈·席德尔的观点，“‘抵抗力量’（Resistenza）仪式化的历史被提升为意大利政治的辉煌故事”，法西斯主义的历史被有目的地简化为反法西斯主义的历史。左派人士不愿意想起他们在法西斯主义前后时代的无能和失败，而右派则对他们在扶植并维护法西斯独裁统治方面的反省工作漠不关心。因此，席德尔的结论是，在1945年之后的头二十年里，意大利形成了一种“共同对法西斯主义不感兴趣”的现象。

战后的头几年还有另一个共同点，就是大家致力于在和平条约里尽可能地维护国家的领土完整，尽可能减少意大利的物质损失。从严格意义上讲，并没有进行过和平谈判，意大利人只能在华盛顿、莫斯科、伦敦和巴黎陈述自己的立场。他们的中心论据是，意大利被墨索里尼强迫站在德国一边进行战争，意大利的战争是实实在在 / 1180 的。意大利于1943年摆脱了“领袖”的统治，站到了同盟国一边，最终为同盟军战胜德国做出了重要贡献。正如沃勒所形容的那样，罗马派出的使者把意大利描述成“法西斯主义的主要受害者”。这样一种历史描述实在牵强附会，因此意大利使者在四个同盟国的首都未能说服任何一个政府相信这一点。

1947年2月10日给予意大利的“巴黎和平条约”是相当宽容的。这个前轴心国必须把1912年占领的多德卡尼斯群岛还给希腊，把伊斯特拉半岛划给南斯拉夫，放弃所有殖民地（这并不排除联合国1949年11月交给意大利对其前殖民地索马里进行托管，并为其独立做准备的行政任务）。的里雅斯特最初是一个自由区但在1954年回归意大利。南蒂罗尔依然属于意大利，并于1948年1月第一次获得自治。意大利的战争赔偿负担依然是比较有限的：南斯拉夫获得1.25亿美元，希腊获得1.05亿美元，苏联获得1亿美元，埃塞俄比亚获得2500万美元，阿尔巴尼亚获得500万美元。意大利部队在兵员和装备上受到限制。法国、希腊、南斯拉夫和苏联获得了意大利大部分战舰。

和平条约在国内引起了激烈的争议：不仅是新法西斯主义和君主主义这些极右翼，即便是自由主义派别都反对这个和平条约，它们认为这是强加在意大利头上的。实际上，意大利在《巴黎条约》方面取得了相当的成功。意大利在墨索里尼的领导下，在埃塞俄比亚进行了一场种族主义的征服战，并且采用了大规模灭绝的方式，这在欧洲殖民历史上几乎是独一无二的。意大利和德国人一起在北非、巴尔干和苏联作战，并且把他国领土占为已有。意大利在欧洲犹太人的迫害和灭绝方面做了很多坏事。而在1947年，大多数意大
/ 1181 利人都不愿意知道这些事。让他们比较放心的是，法西斯意大利所做的一切都被它的前盟友纳粹德国的更大和更可怕的犯罪历史所掩盖了。[31]

日本与意大利不同，君主制被保留下来了，但是其特征被改变了。1946年1月1日，日本昭和天皇在诏书中否认了自己是“神”。10个月后，君主于1946年11月3日宣布了新宪法。这部新宪法在半年之后，即1947年5月3日生效。宪法是美国占领国设立的一个

委员会的工作成果。这个委员会是10月由新当选的议会绝大部分议员批准的。天皇现在不再是主权统治者，而仅仅是“国家和民族统一的象征”。贵族被废除了，日本从此以后成为有独立法律权的议会民主制国家，国家和宗教成为相互独立的领域，神道不再是有特权的宗教。宪法确保了包括宗教自由在内的基本权利，承认男女平等。在宪法第9条中，日本放弃设置军队和发动战争的权利。这是一项独到的创新，我们不知道这是日本人自己的创举，还是迫于占领国的压力所为。

与德国不同的是，日本在投降后继续拥有自己的政府。同盟军部队总司令和美国占领军总司令道格拉斯·麦克阿瑟将军在日本1945年9月2日投降后的几个小时就宣布，由占领国行使国家的一切权力。但是这个命令发布之后不久就遭到日本的抗议，美国国务院也下指令改变方向，于是麦克阿瑟不得不修正自己的命令：总司令对日本政府发出指示，然后由日本政府作为执行机关执行占领国的命令。

麦克阿瑟的指令目的是使日本帝国彻底西化。他废除了有压制性的安全法，释放了政治犯，逮捕了涉嫌犯有战争罪的人。他允许成立自由工会，出台罢工权，禁止童工，呼吁男女平等，解散“财阀”一类的大型公司，进行土地改革，推行教育制度自由化。因此，1947年宪法的大部分内容仅仅是对占领国命令的程式化确认。 / 1182

美国所关心的一项中心任务，就是要惩罚战犯。但是在日本投降和美国占领军进驻日本之间的短暂时期，日本当局销毁了大量罪证材料。这一做法使得惩罚战犯的工作困难重重。直到1946年5月，仿照纽伦堡模式的东京国际军事法庭成立后，这项工作才得以开始。一批战犯，如前首相近卫文麿和前国防大臣杉山元（Sugiyama Gen）将军以自杀的方式逃脱了对他们的追捕。长年的战争主帅东条英机将军也属于主要战犯群体，他试图自杀未遂，受了重伤。

东条英机是1948年11月被国际军事法庭判处绞刑的7名被告之一。被判处死刑的7名被告中有6人是军人，唯一的文官就是前首相兼外交大臣广田弘毅（Hirota Koki）。法官对16人判处终身监禁，对两人判处长期徒刑。（所有活下来的人到1956年已经被全部释放。）和德国一样，对主要战犯进行审判之后就开始了对被指控犯有战争罪的人进行诉讼。在菲律宾、中国和苏联也对日本战犯进行了诉讼。

除了诉讼战犯以外，美国人也非常希望能像在德国那样，在日本来一场类似“脱纳粹化”的政治清洗运动，然而这场运动因日本公务员的反对而失败。在占领国发起的结构性变革中，土地改革可能是最成功的。日本政府从1946年至1949年从大地主那里购买土地，随后进行分配，约有500万小农户受益，成为土地所有者或长期租户。此后，不得有人可以拥有或租赁超过3公顷以上的土地进
/ 1183 行耕作。只有在北海道这样贫瘠的岛上才允许存在面积达20公顷土地的庄园。

教育制度的转变也产生了持久的效果。义务教育制度从6年延长至9年，以美国大学为榜样，日本设立了3年制高等教育模式，师资队伍经过了“再教育”，教材中的军事成分全都去掉了。美国人在试图瓦解大公司方面并不成功。尽管出台了相应的法律，但并没有能够阻止企业新的集团化和相互交织的现象出现。历史学家格哈德·克雷布斯（Gerhard Krebs）认为，最终美国改革者的努力得到了适得其反的结果：日本通过工业和金融界的现代化，再次成为美国的对手，而且其竞争力比在第二次世界大战之前更强。

德国的那种对罪行的讨论在1945年以后的日本就没有发生过。在德国，这种讨论发自新教并非偶然现象：人的罪恶是原罪的结果，这是所有基督徒，特别是路德教神学的核心问题。对日本文化产生

深刻影响的神道，并没有这样的传统。东京在三十年代和四十年代采取了一系列侵略政策，日本军队和宪兵队给中国、朝鲜和其他被占领地区的平民百姓造成严重灾难，并且强迫至少10万名妇女和女童充当慰安妇。面对这些事实，国民并没有“良心上的责备”。日本社会广泛认为，认罪与日本的“荣誉”概念不符。根深蒂固的耻辱感让日本人认为认罪是有失体面的事，因此必须避免。

日本右翼人士认为，那些被判处死刑的战犯依然是爱国者和烈士。靖国神社是1869年由明治皇帝建立的神道教神社。这个神社直到今天还在祭奠这些人。从1975年到2009年，自由民主党重要代表都要在8月15日这个投降的正式纪念日到这里参拜，举行民族主义的祭奠仪式。在广岛和长崎投掷的原子弹更加让日本感到自己在第二次世界大战中是一个受害者而不是凶手：这样一种态度使日本与邻国的关系矛盾重重，并与战后的西方民主格格不入。 / 1184

在意大利得到和平条约四年半后，日本于1951年9月8日在旧金山接受了和平条约。这项和平条约既没有让共产主义中国签署也没有让苏联签署。在和平条约中，日本宣布放弃在1895年以后获得或占领的所有地区。美国为自己保留了几个具有战略意义的小岛的临时管理权。美国同日本缔结了一项安全条约，允许日本成立“自卫力量”。作为对美国的回报，日本尽管不情愿，但还是与逃往台湾的国民党当局缔结了一项单独的和平条约。这个政府被东京承认为中国唯一的合法“政府”。

现在，日本狂热的军国主义已经成为过去。然而，自1951年占领军撤走之后，一些要为战争政策负责的政要人物再次获得了政治的未来。1954年，被判处监禁的前外务省大臣重光葵又被官复原职。1957年，曾经在东条英机战争内阁中任过职的坚定反共人士岸信介（Kishi Nobusuke）担任了总理大臣。在日本，这被认为是走向正常化的标志，而在美国，人们早已经不对此感到震惊了。

日本、意大利、德国——1943年至1945年代表着三个试图建立晚期帝国主义国家经历了灾难性的失败。东京、罗马和柏林试图在二十世纪完成老牌帝国在前几个世纪里的所作所为：扩张自己的统治范围，占领他国，最好是欠发达国家的土地。然而这种帝国主义并非是那种在两次世界大战期间催生了侵略性政权的帝国主义。这样的体制并非偶然诞生在那些自认为在“世界划分”中得到太少的国家里。20世纪40年代上半叶出现全球灾难的原因就是在这里：三个自认为受到命运不公正对待的国家企图用强制性补偿的手段改变世界政治现状，去永远占有自认为属于它们的一席之地。[32]

/ 1185

1945 年 7 月和 8 月，“三巨头”再次齐聚波茨坦。但是有些英国人可能要问，他们到底算不算是战胜国中的“巨头”。第二次世界大战期间，英联邦成员国有将近 500 万士兵站在英国一边参加了战争：印度 250 万人，澳大利亚和新西兰 100 万人，加拿大 72.5 万人，东非和西非 50 万人，南非 20 万人。这些兵力对于英国来说非常重要。同样重要的是，英国人还从印度和老联邦成员国加拿大、澳大利亚和新西兰得到了贷款。此外，他们还得到了美国人根据租赁法提供的物资援助。没有这些支持，英国根本不可能与轴心国打这一场仗，最终也不可能打赢这一场仗。从物质上来看这一历史成就完全是借来的胜利。

随着战争的结束，账单也要亮相了，对这一点伦敦的负责人丝毫没有怀疑。1945 年 9 月 2 日，美国的供货骤然而止。在冗长的谈判过程中，约翰·梅纳德·凯恩斯起了决定性作用。英国在这次谈判中大大削减了自己的债务。美国把自己以租赁形式放出的债务从 220 亿美元降到了 6.5 亿美元，仅仅剩下债务总额的 3%。向英国提供贷款支援的英联邦成员国最终把债务降到了总额的 1%，它们最终放弃了 380 亿英镑或 1520 亿美元贷款的追索。

这一做法大大减轻了英国的负担，但是尽管如此英国的财政依 / 1186
然运转不起来。第二次世界大战消耗了英国人民在国内外全部财产的 28%。如果得不到外国的新贷款英国将发生财政崩溃。经过艰苦卓绝的谈判，英国从加拿大借到了 12.5 亿美元债券，从美国得到 3 倍于这个金额，即 37.5 亿美元的债券。

美国议会极力反对向英国人发放贷款。最终，参议院在 1946 年 5 月的表决中以 46 票赞同、34 票反对，众议院在 7 月的表决中以 219 票支持、155 票反对通过了这项议案。杜鲁门总统于 1946 年

7月15日签署了这项法令。在议会表决中起到关键作用的一个考量是，英国在防止苏联扩大其欧洲的影响上是美国最重要的同盟者。1946年3月5日，英国在野党领袖温斯顿·丘吉尔在密苏里的富尔顿（Fulton）进行了一次具有历史意义的演说。杜鲁门总统也在场聆听了这次演说。这是丘吉尔第一次在公共场合中说到了“铁幕”一词。这道铁幕从什切青到的里雅斯特，落在欧洲大陆上。在这样暗无天日的背景下，两个讲英语的伟大民主国家，美利坚合众国和大不列颠必须要加强其“特殊关系”，一种历史的特殊关系。丘吉尔的话语震撼全场。

美国两大政党在英国债券问题上采取保留意见的做法，主要原因在于英国对巴勒斯坦的政策。英国政府在1939年5月的一份白皮书中明确指出，1917年11月的“贝尔福宣言”对建立巴勒斯坦犹太人民族之家的承诺，从来不是说要违反阿拉伯人民意志的建立一个犹太国家。巴勒斯坦人应在十年内获得独立，阿拉伯人在这个新国家中仍然占据人口的大多数。白皮书宣布，在未来五年内，即到1944年，犹太移民数量每年不超过1万人，在这个基础上再加2.5
/ 1187 万名犹太移民。这个规则对犹太复国主义来说，意味着经历了历史上最严重的挫折。

战争结束后，在英国托管地发生了犹太人和阿拉伯人的利益冲突。对于犹太人来说，由于纳粹分子的迫害和谋杀，巴勒斯坦已经成为犹太人的一个避难所。当地的阿拉伯人则坚决反对犹太人继续涌入，反对把英国托管地划分为犹太人区和阿拉伯人区。而犹太教区领袖和犹太复国主义世界组织主席哈伊姆·魏茨曼（Chaim Weizmann）正是倡导这样的解决办法。英国托管地管理部门也反对更多来自欧洲的犹太人进入，但是他们无法完全阻止非法移民：1946年初，“非法入境”人数达到每月1000多。这个时候，居住在巴勒斯坦的犹太人数达到60.8万，这意味着他们已经占了总人数的五分之二。

美国并不想从欧洲接受更多的犹太人，因此对英国的态度提出了尖锐的批评。华盛顿要求，英国托管地必须立即为10万名大屠杀幸存者提供生存的地方。这个要求遭到了英国人的拒绝。为了制止“非法移民”的行为，伦敦实行了海上封锁，并把26000名难民关押在塞浦路斯难民营里。1947年夏末，一艘名为“出欧洲1947号”（Exodus from Europe 1947，简称Exodus 1947）的轮船满载着4500名流离失所的犹太人被遣返回欧洲。在巴勒斯坦，英国自1946年6月29日“黑色安息日”（Schwarzer Sabbat）以来加大了打击犹太复国主义地下组织的力度。后来的总理梅纳赫姆·贝京（Menachem Begin）领导的右翼“伊尔贡”（Irgun）和阿乌拉罕·斯特恩（Avraham Stern）领导的“莱希”（Stern-Gruppe）这些已经发动过多次袭击英国设施活动的犹太复国主义组织成为打击对象。犹太复国主义恐怖活动的血腥高潮是“伊尔贡”组织发起的，1946年7月22日他们轰炸了英国管理局所在的耶路撒冷大卫王酒店，有91人遇害。

犹太人抗议方式激进化，导致英国舆论界反对迄今为止的巴勒斯坦政策。1947年2月，克莱门特·艾德礼（Clement Attlee）领导的工党政府把解决巴勒斯坦的问题推给了联合国。联合国的前身国际联盟曾在1922年把托管权交给了英国。联合国大会1947年11月29日以三分之二多数的表决就划分巴勒斯坦问题做出决议，然而英国又坚决不予执行，甚至拒绝联合国巴勒斯坦委员会成员进入托管地。 / 1188

1947年至1948年交替之际，阿拉伯人和犹太人之间的冲突上升为公开的内战。1948年5月14日，就在英国单方面结束托管任务的前一天，以色列临时政府总理戴维·本-古里安（David Ben-Gurion）宣布成立以色列国家。第二天，阿拉伯邻国的部队进入巴勒斯坦。战争在 1949 年 7 月结束，以色列军队获得胜利，并大大扩张了以色列国领土。

与巴勒斯坦问题相比，伦敦在印度问题上做出历史性决定的时间更早：1946 年 2 月 20 日，艾德礼政府宣布，要坚定采取一切必要步骤，把权力在 1947 年 6 月前转交给负责任的印度政府。然而，伦敦想把印度变成松散联邦的做法遭到了贾瓦哈拉尔·尼赫鲁（Jawaharlal Nehru）领导的国大党的反对，国大党希望建立一个中央集权的印度。英国的建议同样也遭到了穆罕默德·阿里·真纳（Mohammed Ali Jinnah）领导的穆斯林联盟的强烈反对，真纳坚决主张要把英属印度一分为二。1946 年 8 月，印度教徒和穆斯林之间在加尔各答和旁遮普（Panjab）发生了血腥内战，4000 多人死亡。印度的最后一代总督蒙巴顿（Mountbatten）勋爵和艾德礼内阁最终看到只有一条出路可以逃离这种咄咄逼人的混乱：1947 年 6 月 3 日，伦敦政府提出明确计划，将这个次大陆分为一个以印度教为主的国家和一个以穆斯林为主的国家。7 月 18 日英国议会通过了相关的法律，并于 8 月 15 日生效。英国在印度的统治就此结束。

/ 1189 丘吉尔和其他保守派的“顽固分子”一直警告说，从印度撤退将是大英帝国结束的开始。然而工党政府并不因此而动摇，他们认为这是不可避免的，也正是美国所期待的。原则上讲，美国期待所有欧洲的殖民地占有国放弃那些要求独立的殖民地。就印度来说，殖民地占有国和殖民地国家之间的物质份额现在已经出现了持久性的转移：英国是债务人，而印度是债权人。印度在伦敦拥有 13 亿英镑的盈余。英国对印度的出口量在 1914 年占印度进口总量的三分之二，在 1940 年下降到了进口总额的 8%。

最后，正如历史学家彼得·温德（Peter Wende）在他关于大英帝国的书中所写的那样，事实很明确，“在未来的危机局势下，英国人不再拥有足够的资源能够强硬地维持在这个国家的统治。根据战争的经验，英国政府不再认为印度军队是遏制可能的叛乱的可靠手段。印度人越来越多地参与管理，这也降低了英国职业人员在殖民地中服务的机会。虽然印度公务员位置长期以来一直是留给英国大学毕业生的，但是到了 1947 年，来自英国的公务员仅仅有 429 名，而印度籍公务员已经达到 510 名……这不是一场惊心动魄的军事失败，却是权力的逐渐被侵蚀，英国人撤出已经成了政治上的必然”。

第二次世界大战削弱了英国的实力，它已经承担不起一系列长期而昂贵的殖民地战争，本国人民更加缺乏支持这种战争的意愿。经过殊死的战斗产生了印度和巴基斯坦这两个新国家，1948 年又有另外两个亚洲殖民地独立了：缅甸和锡兰（斯里兰卡）。锡兰引发的冲突很少。锡兰像印度和巴基斯坦一样，成为英联邦成员国，而缅甸则放弃了这一点。英国在亚洲的统治还没有结束。马来亚、新加坡和北婆罗洲（Nord Borneo）仍然是英国的殖民地。这些地方的独立时间分别是：马来亚 1957 年、新加坡 1963 年、文莱 1984 年。香港在英国 1898 年与中国签订的 99 年有期租赁合同到期后于 1997 年回归中国。在非洲的肯尼亚，五十年代爆发了一场反对英国殖民地统治的武装起义。在六十年代，一个又一个英国殖民地相继独立。只有在南罗得西亚（津巴布韦），白人定居者一直阻挠独立，直至 1980 年。 / 1190

英国无疑是第二次世界大战中的胜利国，因此它比法国更加容易放弃自己的殖民地。法国到了第四共和国时期，坚决致力于维护从第三共和国继承来的海外所有权。占据阿尔及利亚的时间就更早了，它是在波旁复辟王朝和七月王朝时代被法国占有的。占有这些土地助长了法国人的弥补心态：保有殖民地、保护国和成为法国“本土”（France métropolitaine）的阿尔及利亚似乎是在维护自己的“尊严”。经历了 1940 年戏剧性失败和被德国占领之后，此时的法国急切地需要这个尊严。这一错觉让法国的几届战后政府付出了昂贵的物质和生命代价。具有讽刺意味的是，法国偏偏在战争英雄和国家英雄戴高乐 1958 年重新掌权后，才开始认可这样一个现实：法国只有作为一个纯粹的欧洲国家才会有前途。1962 年阿尔及利亚完全独立，法国在非洲的殖民统治结束。

1960 年，比利时刚果与大多数非洲的法国殖民地一起，在同一年宣告独立。从此开始了非洲后殖民历史上最可怕的章节。顽抗最久的是葡萄牙。葡萄牙在第二次世界大战中保持中立，它并不想放弃往日的辉煌。葡萄牙占领军在安哥拉和莫桑比克血腥的殖民战争中进行了残暴的镇压。1974 年 4 月葡萄牙军方发动了“康乃馨革命”（Nelkenrevolution）。这场政变一年之后，军队正式结束了葡萄牙在非洲的殖民历史。1999 年，在香港回归中国两年之后，葡萄牙的最后一个亚洲租借地澳门也回归中国。

/ 1191

殖民地问题在第二次世界大战期间是美国与英国之间的一个争吵点。与威尔逊不同的是，罗斯福是一个坚定的反殖民主义者。他认为“民族自决”这个概念就是“亚洲和非洲殖民地拥有要求领土独立的权利”。1941 年 8 月《大西洋宪章》所做的承诺也应该适用于它们。在杜鲁门身上，这一路线没有改变。但与罗斯福不同的是，他无须在伦敦的接班人身上施加任何压力：阿特勒的工党政府在给予印度独立这个紧急案例中，行动要比华盛顿预期的还要快。但是，荷兰的情况就不同了，在结束对印度尼西亚的殖民统治问题上，需要经过一而再再而三的劝说。

在 1943 年 11 月开罗会议期间，罗斯福向蒋介石谈到了由国民党政府对法属印度支那进行托管的问题，于是蒋介石在 1945 年夏天向越南北部派兵。然而，美国并不想支持共产党的越盟。共产党在中国取得胜利之后，美国在反殖民主义问题上在东南亚也收紧了控制。在有疑问的情况下，美国人情愿支持殖民地占有国法国而忽略独立运动组织，因为这些组织的胜利将意味着世界政治权力更加掌控在苏联手中。美国认为，非洲在20世纪40年代消除殖民主义似乎并不现实，直到20世纪50年代，华盛顿对这块“黑色大陆”才日益重视起来。

1945年的美国在经济、金融、军事和政治等各个方面都是世界上最强大的国家。美国人知道这对他们最亲密的盟国英国意味着什么。英国在财政上依赖美国，因此英国人觉得在外交政策上要尽可能与华盛顿站到一起。而美国则想方设法为英国在战后秩序中创造一个特权地位，试图以这种方式来弥补英国在世界排名中丧失的重要性。1945年12月15日，在美国的倡议下，总统杜鲁门、英国首相阿特勒和加拿大总理麦肯齐·金在华盛顿就密切合作和平利用核能问题发表了联合声明。其他国家也被邀请参加，但先决条件是参加国必须做出可靠的安全保证，不把这种裂变材料使用到军事上。与此同时，签署国还提出在国际上禁止使用核武器和所有大规模毁灭性武器。当然，美国并不打算放弃对核武器的垄断。

1945年秋天，西方国家和苏联之间的关系开始露出恶化的苗头。在9月10日至10月2日在波茨坦的外交部长理事会会议上，莫洛托夫因为伯恩斯和贝文拒绝承认以共产党为主的罗马尼亚政府而拒绝了盎格鲁-撒克逊国家的建议。因为法国和中国还没有和所有相关国家签署停战协定（罗马尼亚就是这样），英美两国外长本想邀请法国和中国加入与这些国家签订和平协议的谈判中来，结果苏联外长对此说“不”。

在对待苏联明显违反《波茨坦协定》的行为上，西方国家的态度更加严肃了。苏联擅自在伊朗北部加强兵力，支持共产主义的伊朗人民党（Tudeh-Partei）在阿塞拜疆和库尔德斯坦的伊朗部分进行分裂活动，并且在1945年12月成立了自治共和国。1946年3

月，伊朗在美国和英国的支持下，在联合国安理会揭露了苏联的侵略行为。莫斯科答应在六个星期内撤出苏联军队。同时，苏联还不断增加对土耳其的压力，它不仅要求土耳其政府与苏联一同对博斯普鲁斯海峡实行联合监管，还要求归还苏联在 1921 年割让的卡尔斯（Kars）、阿尔达汗（Ardahan）和阿尔特温（Artvin）等南高加索 / 1193 地区。1946 年 3 月，苏联还解除了 1925 年与土耳其缔结的互不侵犯和中立条约。为了给这些要求施加军事压力，斯大林下令在土耳其边界集结大批部队。

苏联与土耳其冲突的加剧，导致了美国 1946 年夏季对苏联政策做出根本调整，加速了“冷战”的爆发。然而，在 1946 年春天还不能说西方与东方已经彻底决裂。美国并没有质疑苏联在中东欧和东南欧的统治。1946 年 2 月，华盛顿经过长期考虑之后还是承认了由苏联设立的罗马尼亚政府。此时此刻，在索非亚、布加勒斯特和华沙，忠于莫斯科的共产党人已经占据了政府和国家机构的重要职务。在布达佩斯和布拉格，共产党人也在参政。在德国苏联占领区，共产党和德国社会民主党在占领当局的巨大压力下于 1946 年 4 月合并为德国社会主义统一党，为共产党人的主导地位和其他党派的一体化奠定了基础。丘吉尔 1946 年 3 月在富尔顿说有一道“铁幕”把欧洲一分为两，并没有任何夸张之意。

雅尔塔划定的划界线并非是在“东方”和“西方”之间画了一条线，这条线是从旧时的西方穿越过去的。新的“东方”不仅仅包括两个以拜占庭东正教为主的国家：保加利亚和罗马尼亚，还包括古代西方的东部区域，这些地区是拉丁与西部宗教为主的地区，包括波罗的海国家、波兰、捷克斯洛伐克、匈牙利和德国苏联占领区。新时代的跨大西洋的“西方”不仅包括古代西方的土地，还包括 1949 年以共产党人失败而告终的内战后的东正教希腊和伊斯兰土耳其。在“冷战”时期，“西方”和“东方”的历史概念已经被新的东西方矛盾所叠加，旧时的现实与概念正逐渐被人遗忘。

自1945年以来，纯粹欧洲的世界大国已经不复存在了。1945 / 1194
年的世界大国，美利坚合众国和苏联是反希特勒联盟的两翼。这两个国家在其影响范围内都具有霸权地位。然而，1945年发展起来的“两极”开始并不是对称的。“两巨头”中如果只有美国能够生产核武器，这就意味着它在世界对手面前具备决定性的优势。同时，美国在经济和金融方面也优先于苏联。美国是新的世界银行家，美元也是全球占据主导性的货币。因此，在战争刚刚结束的时候，美利坚合众国与苏维埃社会主义共和国联盟之间还谈不上达到“平衡”。

大多数欧洲国家在1945年之后分别属于这两个世界大国之一的影响范围。除了朝鲜半岛以外，美国和苏联没有在任何地方像在“古老的大陆”这样直接面对面。然而欧洲只是世界的一小部分，欧洲国家在其他大陆统治的地区在1945年已经不再安全。第二次世界大战刚刚结束时，还没有“第三世界”。但是，1945年至1949年形成了一系列国家，它们当中的两个国家，印度和印度尼西亚，仅仅从国土面积的大小上讲就适合承担领导的角色。如果一些国家有朝一日从“两巨头”的影响范围中摆脱出来，那么印度和印度尼西亚就有能力来维护它们的共同利益。

苏联一直被认为是反帝国主义的国家，但是这并没有阻止它在中国东北奉行一种遵循帝国主义沙皇帝国脚步的政策。1945年以后，莫斯科比以往更加注重从民族解放运动中招募为全球阶级斗争而战，从而为世界革命而战的人士。而美国正是进行了反殖民主义的革命才获得了自己的存在，因此它必须与殖民主义保持距离，否则就会受到苏联的指责。

第二次世界大战使殖民地国家获得了解放，但这并不是第二次 / 1195
世界大战的始作俑者阿道夫·希特勒想要追求的，而是因为他发动的战争削弱了老牌殖民地统治国的力量。在这场战争结束时，一直受到希特勒崇拜的大英帝国剩下的日子已经屈指可数了。法兰西殖民帝国也是一样。1945 年，战后秩序初见雏形。无论是在欧洲还是在亚洲，这一战后秩序依然离奇地打上了德国的烙印：它依然是第二次灾难性失败的企图的结果。这个企图就是要把 1871 年建立的德意志帝国建成世界大国，一个绝对的世界大国。[33]

Jochen Böhler, Auftakt zum Vernichtungskrieg. Die Wehrmacht in Polen 1939, Frankfurt 2006, S. 25 ff. (Zitat Böhler zum Polenbild der deutschen Rechten: 36, Bromberg: 136, Zahlen der Opfer auf polnischer und jüdischer Seite: 212 ff.); Klaus-Michael Mallmann, Jochen Böhler, Jürgen Matthäus, Einsatzgruppen in Polen. Darstellung und Dokumentation, Darmstadt 2008, S. 11 ff. (Zitate RSHA-Besprechung, 7.9.1939 u. Heydrich, 8.7.1939: 57); Michael Wildt, Generation des Unbedingten. Das Führungskorps des Reichssicherheitshauptamtes, Hamburg 2003, S. 419 ff.; Martin Broszat, Nationalsozialistische Polenpolitik 1939–1945, Stuttgart 1961, S. 10 ff. (Zitat Broszat: 31); Włodzimierz Borodziej, Terror und Politik. Die deutsche Polizei und die polnische Widerstandsbewegung im Generalgouvernement 1939–1944, Mainz 1999; ders., Geschichte Polens im 20. Jahrhundert, München 2010, S. 191 ff.; Hans Roos, Geschichte der polnischen Nation 1916–1960. Von der Staatsgründung im ersten Weltkrieg bis zur Gegenwart, Stuttgart 1961, S. 171 ff.; Gotthold Rhode, Polen von der Wiederherstellung der Unabhängigkeit bis zur Ära der Volksrepublik 1918–1970, in: Theodor Schieder (Hg.), Europa im Zeitalter der Weltmächte (Handbuch der europäischen Geschichte, hg. v. Theodor Schieder, Bd. 7), Stuttgart 1979, S. 978–1061 (1021 ff.); Robert Gellately, Lenin, Stalin und Hitler. Drei Diktatoren, die Europa in den Abgrund führten (engl. Orig.: London 2009), München 2009, S. 491 ff. (Zahlen zu den Deportationen aus Ostpolen: 525); Jörg Baberowski, Der rote Terror. Die Geschichte des Stalinismus, München 2003, S. 209 ff. (Beschluß des Politbüros, 5.3.1940: 211); Mark Mazower, Hitlers Imperium. Europa unter der Herrschaft des Nationalsozialismus (engl. Orig.: London 2008), München 2009, S. 81 ff.; ders., Der dunkle Kontinent. Europa im 20. Jahrhundert (engl. Orig.: London 1998), Berlin 2000, S. 237 ff.; Timothy Snyder, Bloodlands. Europe between Hitler and Stalin, New York 2010, S. 119 ff.; Bernard Wasserstein, Barbarism and Civilization. A History of Europe in our Time, Oxford 2007, S. 287 ff.; Michael Burleigh, Moral Combat. A History of World War II, London 2010, S. 115 ff.; Heinrich August Winkler, Der lange Weg nach Westen, Bd. 2: Deutsche Geschichte vom «Dritten Reich» bis zur Wiedervereinigung, München 2010[5], S. 73 ff. (Zitate Hitler, 6. 10. 1939: 74, Himmler, Mai 1940: 74 f.); Ian Kershaw, Hitler 1936–1945 (engl. Orig.: London 2000), Stuttgart 2000, S. 325 ff.; Saul Friedländer, Die Jahre der Vernichtung. Das Dritte Reich und die Juden. 2. Bd., 1939–1945 (amerik. Orig.: New York 2006), München 2006, S. 29 ff.; Norman Davis, Die große Katastrophe. Europa im Krieg 1939–1945 (engl. Orig.: London 2006), München 2009; Richard J. Evans, Das Dritte Reich. Bd. III: Krieg (engl. Orig.: London 2008), München 2009, S. 17 ff.; Horst Rhode, Hitlers erster «Blitzkrieg» und seine Auswirkungen auf Nordosteuropa, in: Die Errichtung der Hegemonie auf dem europäischen Kontinent (Das Deutsche Reich und der Zweite Weltkrieg, 13 Bde., Bd. 2), Stuttgart 1979, S. 79–156; John Keegan, Der Zweite Weltkrieg (engl. Orig.: 1989), Berlin 2004, S. 70 ff.; Rolf-Dieter Müller, Der letzte deutsche Krieg 1939–1945 (Gebhardt, Handbuch der deutschen Geschichte. 10., völlig neu bearb. Auflage, Bd. 21), Stuttgart 2004, S. 57 ff.; Sönke Neitzel/Harald Welzer, Soldaten. Protokolle vom Kämpfen, Töten und Sterben, Frankfurt 2011; Die Verfolgung und Ermordung der europäischen Juden durch das nationalsozialistische Deutschland 1933–1945, Bd. 4: Klaus-Peter Friedrich (Bearb.), Polen September 1939–Juli 1941, München 2011. Das Zitat von Halder, Frühjahr 1939: Christian Hartmann, Sergej Slutsch, Franz Halder und die Kriegsvorbereitungen im Frühjahr 1939. Eine Ansprache des Generalstabschefs des Heeres, in: Vierteljahrshefte für Zeitgeschichte 45 (1997), S. 467–495 (482 f.), die Zitate von Hitler vom 22. 8. 1923 in: Akten zur Deutschen Auswärtigen Politik 1918–1945, Serie D (1937–1945), Baden-Baden 1950 ff., Bd. VII, S. 171 f. Dazu Winfried Baumgart, Zur Ansprache Hitlers vor den Führern der Wehrmacht am 22. August 1939, in: Vierteljahrshefte für Zeitgeschichte 16 (1968), S. 120–149. Halders Verweis auf Cannae bezieht sich auf die Umfassungsschlacht des Jahres 216 v. Chr., in der ein karthagisches Heer unter Hannibal die Römer und ihre Bundesgenossen vernichtete. Zum Völkermord an den Armeniern im Osmanischen Reich während des Ersten Weltkrieges siehe oben S. 22 f.

2 Keegan, Zweiter Weltkrieg (Anm. 1), S. 83 ff.; Kurt v. Tippelskirch, Geschichte des Zweiten Weltkrieges, Bonn 1954, S. 28 ff. (Zahlen zu den deutschen Gefallenen an der Westfront im Herbst 1939: 29); Ian Kershaw, Wendepunkte. Schlüsselentscheidungen im Zweiten Weltkrieg 1940/41 (engl. Orig.: London 2007), München 2008, S. 25 ff. (Zitat Kershaw: 39); Martin Gilbert, Churchill and America, London 2005, S. 166 ff.; David Reynolds, From World War to Cold War. Churchill, Roosevelt and the International History of the 1940's, Oxford 2006, S. 75 ff.; Charles Bloch, Die dritte französische Republik. Entwicklung und Kampf einer parlamentarischen Demokratie (1870–1940), Stuttgart 1972, S. 512 ff.; René Rémond, Frankreich im 20. Jahrhundert. Erster Teil: 1918–1958 (Geschichte Frankreichs, Bd. 6, frz. Orig.: Paris 1991), Stuttgart 1994,

S. 309 ff.; Serge Berstein et Pierre Milza, Histoire de la France au XXe Siècle, Paris 1995, S. 589 ff.; Jean-Baptiste Duroselle, L'abîme 1939–1945, Paris 1982, S. 159 ff.; Anthony Adamthwaite, France and the Coming of the Second World War 1936–1939, London 1977, S. 353 ff.; Marc Bloch, Die seltsame Niederlage. Frankreich 1940. Der Historiker als Zeuge. Mit e. Vorwort zur deutschen Ausgabe v. Ulrich Raulff (frz. Orig.: 1990), Frankfurt 1992; Seppo Hentilä, Von der Erringung der Selbstständigkeit bis zum Fortsetzungskrieg 1917–1944, in: Osmo Jussila u. a., Vom Großfürstentum zur Europäischen Union. Politische Geschichte Finnlands seit 1809, Berlin 1999, S. 115–235 (Zitat Hentilä: 207); Gerd R. Ueberschär, Hitler und Finnland 1939–1941. Die deutsch-finnischen Beziehungen während des Hitler-Stalin-Paktes, Wiesbaden 1978; Walter Hubatsch, «Weserübung». Die deutsche Besetzung von Dänemark und Norwegen 1940, Frankfurt 1960²; Hans-Dietrich Loock, Quisling, Rosenberg und Terboven. Zur Vorgeschichte und Geschichte der nationalsozialistischen Revolution in Norwegen, Stuttgart 1970, S. 207 ff.; Hermann Kellenbenz, Die skandinavischen Staaten seit dem Ende des 1. Weltkriegs, in: Schieder (Hg.), Weltmächte (Anm. 1), S. 772–822 (791 ff.); Harm G. Schröter, Geschichte Skandinaviens, München 2007, S, 83 ff. (Zitat König Haakon VII.: 9. 4. 1940: 85). Das Zitat aus Churchills Unterhausrede vom 13. 5. 1940 in: David Cannadine (ed.), The Speeches of Winston Churchill, Middlesex 1990², S. 147–149.

3 Karl Dietrich Erdmann, Die Zeit der Weltkriege, 2. Teilbd.: Deutschland unter der Herrschaft des Nationalsozialismus 1933–1939. Der Zweite Weltkrieg (Gebhardt, Handbuch der deutschen Geschichte, 9. Aufl., Bd. 4/2), Stuttgart 1976, S. 509 ff.; Franz Petri, Belgien, Niederlande, Luxemburg vom Ende des 1. Weltkriegs bis zur Politik der europäischen Integration 1918–1970, in: Schieder (Hg.), Weltmächte (Anm. 1), S. 699–728 (711 ff.); Hans-Erich Volkmann, Luxemburg im Zeichen des Hakenkreuzes. Eine politische Wirtschaftsgeschichte 1933–1944, Paderborn 2010; Karl-Heinz Frieser, Blitzkrieg-Legende. Der Westfeldzug 1940, München 1996², bes. S. 433 ff. (Zitate Frieser: 435, 437, 439; Hervorhebung im Original); Kershaw, Wendepunkte (Anm. 2), S. 25 ff. (zum britisch-französischen Werben um Roosevelt: 47 ff., Zahlen zur «Operation Dynamo»: 68); Berstein/Milza, Histoire (Anm. 2), S. 593 ff.; Bloch, Dritte Republik (Anm. 2), S. 519 ff.; Rémond, Geschichte (Anm. 2), S. 320 ff.; Ronald Tiersky, French Communism, 1920–1972, New York, 1974, S. 156 ff.; Hans-Jürgen Heimsoeth, Der Zusammenbruch der Dritten Französischen Republik. Frankreich während der «Drôle de Guerre» 1939/1940, Bonn 1990; Eberhard Jäckel, Frankreich in Hitlers Europa. Die deutsche Frankreichpolitik im Zweiten Weltkrieg, Stuttgart 1966, S. 32 ff.; Henri Rousso, Vichy. Frankreich unter deutsche Besatzung 1940–1944 (franz. Orig.: Paris 2007), München 2009, S. 9 ff.; Jean Lacouture, De Gaulle. 3 tomes. Tome I: Le rebelle, Paris 1984, S. 363 ff.; Uwe Mai, «Rasse und Raum».

Agrarpolitik, Sozial- und Raumplanung im NS-Staat, Paderborn 2002, S. 223 ff.; Winkler, Weg II (Anm. 1), S. 76 ff. (Zitate aus den Stimmungsberichten, von Meinecke, Rohden, Ganzer, Hitler, Goebbels: 76–78, zur «Germania magna»: 78). De Gaulles Rede vom 18. 6. 1940 in: Charles de Gaulle, Discours et messages. Pendant la guerre 1940–1946, Paris 1970, S. 3 f. Die französischen Verfassungsgesetzte und Dekrete vom Juli 1940 in: Dieter Gosewinkel/Johannes Masing (Hg.), Die Verfassungen in Europa 1789–1949, München 2006, S. 347–352. Zum Westfälischen Frieden: Heinrich August Winkler, Geschichte des Westens. Von den Anfängen in der Antike bis zum 20. Jahrhundert. München 2010², S. 123 ff., zum deutsch-französischen Krieg von 1870/71: 804 ff.

4 Gerhard Krebs, Das moderne Japan 1868–1952. Von der Meji-Restauration bis zum Friedensvertrag von San Francisco, München 2009, S. 70 ff.; Roger Bersihand, Geschichte Japans. Von den Anfängen bis zur Gegenwart (frz. Orig.: Paris 1959), Stuttgart 1963, S. 463 ff.; Manfred Pohl, Geschichte Japans, München 2008⁴, S. 71 ff.; Rudolf Hartmann, Geschichte des modernen Japans. Von Meji bis Heisei, Berlin 1996, S. 194 ff.; Hugh Borton, Japan's Modern Century, New York 1970², S. 410 ff.; Richard B. Frank, Downfall. The End of the Imperial Japanese Empire, New York 1999, S. 240 ff.; Akira Irye, The Origins of the Second World War in Asia and the Pacific, London 1987, S. 83 ff.; John Toland, The Rising Sun. The Decline and Fall of the Japanese Empire, New York 1971⁴, S. 241 ff.; Dieter Kuhn, Der Zweite Weltkrieg in China, Berlin 1999, S. 179 ff.; Kershaw, Wendepunkte (Anm. 2), S. 121 ff.

5 Kershaw, Wendepunkte (Anm. 2), S. 235 ff. (Zitat Roosevelt, 29. 12. 1940: 291); Alan Brinkley, The Unfinished Nation. A Concise History of the American People, Boston 2008⁵, S. 714 ff.; Willi Paul Adams, Die USA im 20. Jahrhundert, München 2008, S. 72 ff.; William E. Leuchtenburg, Franklin D. Roosevelt and the New Deal 1932–1940, New York 1963, S. 299 ff. (Zitate Roosevelt, 2. 11. 1940: 320 f., Nye, 19. 1. 1941: 322 f.); Robert Dallek, Franklin Delano Roosevelt and American Foreign Policy 1932–1945, New York 1995², S. 199 ff. (Zitat aus der Pressekonferenz Roosevelts vom 17. 12. 1940: 255); Wayne S. Cole, Roosevelt and the Isolationists 1932–1945, Lincoln 1983, S. 357 ff.; Waldo Heinrichs, Threshold of War. Franklin D. Roosevelt and Entry into World War II, New York 1988; Joseph P. Lash, Roosevelt and Churchill 1939–1941. The Partnership that Saved the West, New York 1976, S. 112 ff.; Akira Iriye, The Globalizing of America, 1913–1945 (The Cambridge History of American Foreign Relations, Vol. III), Cambridge 1993, S. 149 ff.; ders., Origins (Anm. 2), S. 83 ff.; Robert H. Divine, The Illusion of Neutrality, Chicago 1962, S. 229 ff.; ders., Second Chance. The Triumph of Internationalism in America during World War II, New York 1997, S. 98 ff.; David Reynolds, From Munich to Pearl Harbor. Roosevelt's America and the Origins of the Second World War, Chicago 2001, S. 69 ff.; ders., The Creation of the Anglo-American

Alliance 1937–1941. A Study in Competitive Co-Operation, London 1981, S. 95 ff.; ders., From World War to Cold War. Churchill, Roosevelt and the International History of the 1940s, Oxford 2006[1], S. 23 ff.; David M. Kennedy, Freedom From Fear. The American People in Depression and War, 1929–1945, New York 1999, S. 381 ff.; Ronald D. Gerste, Roosevelt und Hitler. Todfeindschaft und Totaler Krieg, Paderborn 2011, S. 163 ff. – Roosevelts «State of the Union»-Rede vom 6. 1. 1941 in: Henry Steele Commager (ed.), Documents of American History, Vol II: Since 1898, New York 1973, S. 447–449. Zur «cash-and-carry»-Klausel von 1937 siehe oben S. 837 f.

6 Andreas Hillgruber, Hitlers Strategie. Politik und Kriegsführung 1940–1941, München 1982[2], S. 207 ff. (Zitat Hillgruber: 225); Christian Streit, Keine Kameraden! Die Wehrmacht und die sowjetischen Kriegsgefangenen, Stuttgart 1978, S. 9 ff.; Johannes Hürter, Hitlers Heerführer. Die deutschen Oberbefehlshaber im Krieg gegen die Sowjetunion 1941/42, München 2006, S. 203 ff.; Gerd R. Ueberschär u. Lev A. Bezymenskjj (Hg.), Der deutsche Angriff auf die Sowjetunion 1941. Die Kontroverse um die Präventivkriegsthese, Darmstadt 1998; Evan Mawdsley, Thunder in the East. The Nazi-Soviet War 1941–1945, London 2005; Geoffrey Megargee, Barbarossa 1941. Hitler's War of Annihilation, Stroud 2008; Christian Hartmann, Unternehmen Barbarossa. Der deutsche Krieg im Osten 1941–1945, München 2011; Burleigh, Combat (Anm. 1), S. 221 ff.; Kershaw, Wendepunkte (Anm. 2), S. 77 ff.; Franz-Josef Brüggemeier, Geschichte Großbritanniens im 20. Jahrhundert, München 2010, S. 191 ff.; Walther L. Bernecker, Geschichte Spaniens im 20. Jahrhundert, München 2010, S. 199 ff.; Klaus-Jörg Ruhl, Spanien im Zweiten Weltkrieg. Franco, die Falange und das «Dritte Reich», Hamburg 1975, S. 17 ff.; Rousso, Vichy (Anm. 3), S. 46 ff.; Hans Woller, Geschichte Italiens im 20. Jahrhundert, München 2010, S. 173 ff.; MacGregor Knox, Mussolini Unleashed 1939–1941. Politics and Strategy in Fascist Italy's Last War, Cambridge 1982, S. 189 ff.; Gellately, Lenin (Anm. 1), S. 532 ff. (Zahlen zu den Deportationen aus dem Baltikum: 538); Gotthold Rhode, Die südosteuropäischen Staaten von der Neuordnung nach dem 1. Weltkrieg bis zur Ära der Volksdemokratien, in: Schieder (Hg.), Weltmächte (Anm. 1), S. 1134–1312 (1211 ff.); Gunnar Hering, Griechenland vom Lausanner Frieden bis zum Ende der Obersten-Diktatur 1923–1974, ebd., S. 1313–1338 (1325 ff.); Ehrengard Schramm-von Thadden, Griechenland und die Großmächte im Zweiten Weltkrieg, Wiesbaden 1955, S. 60 ff.; Ladislaus Hory u. Martin Broszat, Der kroatische Ustascha-Staat 1941–1945, Stuttgart 1964, S. 39 ff.; Holm Sundhaussen, Geschichte Serbiens. 19.–20. Jahrhundert, Wien 2007, S. 306 ff.; Marie-Janine Calic, Geschichte Jugoslawiens im 20. Jahrhundert, München 2010, S. 137 ff.; Die Weisung für den «Fall Barbarossa», 18. 12. 1940 in: Internationaler Militärgerichtshof (Internationales Militärtribunal [IMT]). Der Prozeß gegen die Hauptkriegsverbre-

cher Nürnberg 1947/49, Bd. XXVI, S. 47 f. (Hervorhebung im Original); Max Domarus, Hitler. Reden und Proklamationen 1932–1945, Bd. 2/2: Untergang 1941–1945, München 1965, S. 1540–1559. Zitat aus der Aufzeichnung über Hitlers Rede vom 31. 7. 1940 in: Generaloberst [Franz] Halder, Kriegstagebuch. Tägliche Aufzeichnungen des Chefs des Generalstabs des Heeres, 1939–1942, 3 Bde., Stuttgart 1962–1964, Bd. 2, S. 49. Die Zitate von Hitler vom 3.3. u. 30. 3. 1941, aus dem «Kommissarbefehl» vom 31.3./12. 5. 1941 u. von Hoepner, 2. 5. 1941: Winkler, Weg II (Anm. 3), S. 419 ff. Zum delphischen Orakelspruch: Herodot, Historien, I, 53, 54, 91. Zur Ermordung König Alexanders I. siehe oben S. 346, zum Bombenkrieg unten 1114.

7 Geoffrey Roberts, The Soviet Union and the Origins of the Second World War. Russo-German Relations and the Roads to War, 1933–1941, Basingstoke 1995, S. 135 ff.; Richard Overy, Rußlands Krieg 1941–1945 (engl. Orig.: London 2002), München 2004, S. 581 ff. (Zahlen zu den militärischen Stärkeverhältnissen: 658); Alexander Werth, Rußland im Krieg 1941–1945 (engl. Orig.: New York 1964), München 1965, S. 113 ff.; Geoffrey Roberts, Stalin's Wars. From World War to Cold War, 1939–1953, New Haven 2006, S. 30 ff. (Daten zu den sowjetischen Lieferungen an Deutschland: 42); ders., The Unholy Alliance. Stalin's Pact with Hitler, London 1989, S. 171 ff.; Gabriel Gorodetsky, Die große Täuschung. Hitler, Stalin und das Unternehmen «Barbarossa» (amerik. Orig.: New Haven 1999), Berlin 2001, S. 320 ff.; Kershaw, Wendepunkte (Anm. 2), S. 309 ff. (Zahlen zu den Folgen der Säuberung der Roten Armee: 313); Keegan, Zweiter Weltkrieg (Anm. 1), S. 252 ff.; Halders Einschätzung vom 3. 7. 1940 in: Halder, Kriegstagebuch (Anm. 6), Bd. 3, S. 38.

8 Winkler, Weg II (Anm. 1), S. 82 ff. (Zitate Marahrens, Rackl, Galen: 82 f., 84 f.); Guenther Lewy, Die katholische Kirche und das Dritte Reich (amerik. Orig.: New York 1964), München 1965, S. 254 ff., Arno J. Mayer, Der Krieg als Kreuzzug. Das Deutsche Reich, Hitlers Wehrmacht und die «Endlösung» (amerik. Orig.: New York 1988), Reinbek 1989, S. 333 ff.; Hans-Walter Schmuhl, Rassenhygiene, Nationalsozialismus, Euthanasie. Von der Verhütung zur Vernichtung «lebensunwerten Lebens», 1890–1945, Göttingen 1992; Henry Friedlander, Der Weg zum NS-Genozid. Von der Euthanasie zur Endlösung (amerik. Orig.: Chapel Hill 1995), Berlin 1997, S. 84 ff.; Michael Burleigh, Death and Deliverance. «Euthanasia» in Germany, 1900–1945, Cambridge 1994; ders., Die Zeit des Nationalsozialismus. Eine Gesamtdarstellung (engl. Orig.: London 2000), Frankfurt 2000, S. 397 ff.; Joachim-Christoph Kaiser u. a. (Hg.), Eugenik, Sterilisation, Euthanasie. Politische Biologie 1895–1945, Berlin 1992; Ernst Klee, «Euthanasie» im NS-Staat. Die «Vernichtung lebensunwerten Lebens», Frankfurt 1985; ders. (Hg.), Dokumente zur «Euthanasie», Frankfurt 1985 ff.; Ueberschär/Bezymenskij (Hg.), Angriff (Anm. 6); Bianka Pietrow-Ennker (Hg.), Präventivkrieg? Der deutsche Angriff auf die Sowjet-

union, Frankfurt 2000; Christian Gerlach, Kalkulierte Morde. Die deutsche Wirtschafts- und Vernichtungspolitik in Weißrußland 1941–1944, Hamburg 1998, S. 46 ff. (zur Staatssekretärsbesprechung vom 2. 5. 1941); Snyder, Bloodlands (Anm. 1), S. 155 ff.; Babette Quinkert, Propaganda und Terror in Weißrussland 1941–1944. Die deutsche «geistige» Kriegführung gegen Zivilbevölkerung und Partisanen, Paderborn 2009; Hentilä, Von der Erinnerung (Anm. 2), S. 220 ff.; Helmut Heiber, Der Generalplan Ost, in: Vierteljahrshefte für Zeitgeschichte 6 (1958), S. 281–325; Hans-Ulrich Thamer, Verführung und Gewalt. Deutschland 1933–1945, Berlin 1986, S. 660 ff. (Zitate aus Hitlers Rede vom 16. 7. 1941: 662); Erdmann, Deutschland (Anm. 3), S. 528 ff.; Müller, Zweiter Weltkrieg (Anm. 1), S. 125 ff.; Keegan, Zweiter Weltkrieg (Anm. 1), S. 252 ff. Hitlers Proklamation vom 22. 6. 1941 in: Domarus (Hg.), Hitler (Anm. 6), Bd. 2/2, S. 1726–1732. Hitlers Zitat vom 17. 10. 1941 in: Hitlers Monologe im Führerhauptquartier 1941–1944. Die Aufzeichnungen Heinrich Heims, hg. v. Werner Jochmann, Hamburg 1980, S. 91.

9 Japan's Decision for War. Records of the 1941 Policy Conferences. Translated, edited, and with an Introduction by Nobutaka Ike, Stanford 1967, S. 129 ff.; Akira Ikije, Origins (Anm. 4), S. 103 ff.; ders., Power and Culture. The Japanese-American War, 1941–1945, Cambridge 1981; Krebs, Japan (Anm. 4), S. 74 ff.; Dallek, Roosevelt (Anm. 5), S. 301 ff.; Kershaw, Wendepunkte (Anm. 2), S. 417 ff. Zu Hulls Vier Punkten siehe oben S. 928.

10 Kershaw, Wendepunkte (Anm. 2), S. 375 ff. (Zitat Churchill, 22. 6. 1941: 381); Reynolds, From Munich (Anm. 5), S. 132 ff. (Roosevelt, 22. u. 26. 6. 1941: 132, Churchill zur Interpretation der Atlantikcharta: 144 ff.); Brinkley, Unfinished Nation (Anm. 5), S. 717 ff.; Elisabeth Borgwardt, A New Deal for the World: America's Vision of Human Rights, Cambridge, Mass. 2005, S. 14 ff.; Michael H. Hunt, The American Ascendancy. How the United States Gained and Wielded Global Dominance, Chapel Hill, 2007, S. 115 ff.; Cole, Roosevelt (Anm. 5), S. 423 ff.; Dallek, Roosevelt (Anm. 5), S. 269 ff.; Gordon W. Prange, At Dawn We Slept. The Untold Story of Pearl Harbor, London 1982; Roberta Wohlstetter, Pearl Harbor. Warning and Decision, Stanford 1962. Die Atlantikcharta in: Commager (ed.), Documents (Anm. 5), S. 451; Hitlers Reichstagsrede vom 11. 12. 1941 in: Domarus (Hg.), Hitler (Anm. 6), S. 1794–1811. Zu Wilsons Vierzehn Punkten siehe oben S. 82 ff., zu Hitlers Reichstagsrede vom 1. 1. 1939 868.

11 Domarus (Hg.), Hitler (Anm. 6), Bd. II/2 (Hitler, 30. 1. 1941: S. 1663, 11. 12. 1941: 1808, 1. 1. 1942: 1820 f., 30. 1. 1942: 1828 f.); Raul Hilberg, Die Vernichtung der europäischen Juden (amerik. Orig.: Chicago 1961), 3 Bde., Frankfurt 1985, Bd. 1, S. 164 ff., Bd. 3, S. 1292 (Tote in polnischen Ghettos); Peter Longerich, Politik der Vernichtung. Eine Gesamtdarstellung der nationalsozialistischen Judenverfolgung, München 1998, S. 227 ff.; ders., Der ungeschriebene Befehl. Hitler und der Weg zur «End-

lösung», München 2001; Friedländer, Vernichtung (Anm. 1), S. 225 ff. (zum Massaker von Babi Jar: 2251 f., Zitat Friedländer: 216); Ruth Leiserowitz, Sabbatleuchter und Kriegerverein. Juden in der ostpreußisch-litauischen Grenzregion 1812–1942, Osnabrück 2010, S. 337 ff.; Sarah Gordon, Hitler, Germans, and the Jewish Question, Princeton 1984, S. 119 ff.; Peter Fritzsche, Life and Death in the Third Reich, Cambridge, Mass. 2001, S. 253 ff.; L. J. Hartog, Der Befehl zum Judenmord. Hitler, Amerika und die Juden (niederl. Orig.: Maastricht 1994), Bodenheim 1997, S. 45 ff. (Hitlers Weisung an Heydrich, 30. 11. 1941: 55, Zitat Hartog: 65 f.); Tobias Jersak, Die Interaktion von Kriegsverlauf und Judenvernichtung. Ein Blick auf Hitlers Strategie im Spätsommer 1941, in: Historische Zeitschrift 268 (1999), S. 311–374; Götz Aly, «Endlösung». Völkerverschiebung und der Mord an den europäischen Juden, Frankfurt 1995, S. 29 ff.; Ulrich Herbert (Hg.), Nationalsozialistische Vernichtungspolitik 1939–1945. Neue Forschungen u. Kontroversen, Frankfurt 1998; Hans Mommsen, Die Radikalisierung des Utopischen: Die «Endlösung der Judenfrage» im «Dritten Reich», in: Geschichte und Gesellschaft 9 (1983), S. 381–420; Ian Kershaw, Improvised Genocide? The Emergence of the «Final Solution» in the «Warthegau», in: Transactions of the Royal Historical Society, vol. 2, December 1992, S. 51–78; Christian Gerlach, Die Wannseekonferenz, das Schicksal der deutschen Juden und Hitlers Grundsatzentscheidung, alle Juden Europas zu ermorden, in: Werkstatt Geschichte 18 (1997), S. 7–44 (Himmlers Aufzeichnung vom 18. 12. 1941: 22, Franks Ausführungen vom 16. 12. 1941: 29 f.); Christopher Browning, Die «Endlösung» und das Auswärtige Amt. Das Referat D III der Abteilung Deutschland 1940–1943 (amerik. Orig.: New York 1978), Darmstadt 2010; ders., Der Weg zur «Endlösung», Entscheidungen und Täter, Bonn 1998, S. 13 ff.; ders., Ganz normale Männer. Das Reserve-Polizeibataillon 101 und die «Endlösung» in Polen (amerik. Orig.: New York 1992), Reinbek 1993; Hans-Jürgen Döscher, Das Auswärtige Amt im Dritten Reich. Diplomatie im Schatten der «Endlösung», Berlin 1987; Thomas Sandkühler, «Endlösung» in Galizien. Der Judenmord und die Rettungsinitiativen von Berthold Beitz 1941–1944, Bonn 1996; Streit, Keine Kameraden (Anm. 6), S. 115 (Zitate Reichenau, Manstein); Omer Bartov, Hitlers Wehrmacht. Soldaten, Fanatismus und die Brutalisierung des Krieges (engl. Orig.: Oxford 1992), Reinbek 1995, S. 27 ff.; Alexander Dallin, Deutsche Herrschaft in Rußland 1941–1945 (amerik. Orig.: New York 1957), Düsseldorf 1958, S. 15 ff. (Kube-Rosenberg: 218); Magnus Brechtken, «Madagaskar für die Juden». Antisemitische Idee und politische Praxis 1895–1945, München 1997, S. 226 ff.; Hans Jansen, Der Madagaskar-Plan. Die beabsichtigte Deportation der europäischen Juden nach Madagaskar, München 1997, S. 320 ff.; Jan T. Gross, Nachbarn: Der Mord an den Juden von Jedwabne (amerik. Orig.: Princeton 2001), München 2001; David Bankier, Die öffentliche Meinung im Hitler-Staat. Die «Endlösung» und die Deutschen.

Eine Berichtigung (engl. Orig.: Oxford 1992), Berlin 1995, S. 159 ff.; Ian Kershaw, Hitler, the Germans and the Final Solution, New Haven 2008; Marlis Steinert, Hitlers Krieg und die Deutschen. Stimmung und Haltung der deutschen Bevölkerung im Zweiten Weltkrieg, Düsseldorf 1970; Johannes Hürter, Auf dem Weg zur Militäropposition. Tresckow, Gersdorff, der Vernichtungskrieg und der Judenmord. Neue Dokumente über das Verhältnis der Heeresgruppe Mitte zur Einsatzgruppe B im Jahr 1941, in: Vierteljahrshefte für Zeitgeschichte 52 (2004), S. 527–562; Michael Mayer, «Die französische Regierung packt die Judenfrage ohne Umschweife an». Vichy-Frankreich, deutsche Besatzungsmacht und der Beginn der «Judenpolitik» im Sommer/Herbst 1940, ebd., 58 (2010), S. 329–362; Winkler, Weg II (Anm. 1), S. 85 ff. (Hitlers Weisung an Heydrich u. Danneckers Bericht vom Dezember 1940: 86, Goebbels, 18. 8. 1941: 90 f., ders., in «Das Reich», 16. 11. 1941: 91 f., Zitat Goebbels, 12. 12. 1941: 94, Wannseekonferenz, 20. 1. 1942: 98). Zu Stoecker: ders., Geschichte (Anm. 3), S. 841 f., zu Lagarde: 843. Zum polnischen Madagaskar-Projekt siehe oben S. 834.

12 Keegan, Zweiter Weltkrieg (Anm. 1), S. 364 ff.; Müller, Zweiter Weltkrieg (Anm. 1), S. 201 ff.; Erdmann, Zeit (Anm. 3), 2. Teilbd., S. 528 ff.; Jäckel, Frankreich (Anm. 3), S. 199 ff.; Rousso, Vichy (Anm. 3), S. 94 ff.; Antony Beevor, Stalingrad (engl. Orig.: London 1998), München 2001; Krebs, Japan (Anm. 4), S. 77 ff.; Jeffrey Herf, Hitlers Dschihad. Nationalsozialistische Rundfunkpropaganda für Nordafrika und den Nahen Osten, in: Vierteljahrshefte für Zeitgeschichte 58 (2010), S. 259–286; ders., Nazi Propaganda for the Arab World, New Haven 2009; ders., The Jewish Enemy: Nazi Propaganda during World War II and the Holocaust, Cambridge, Mass. 2006; Klaus-Michael Mallmann/Martin Cüppers, Halbmond und Hakenkreuz. Das Dritte Reich, die Araber und Palästina, Darmstadt 2006; Hermann Kulke/Dietmar Rothermund, Von der Induskultur bis heute, München 2006[2], S. 375 ff.; Ian Kershaw, Der Hitler-Mythos. Volksmeinung und Propaganda im Dritten Reich, Stuttgart 1980, S. 149 ff. Zu Roosevelts Bemerkungen über die Formel «unconditional surrender» in Casablanca am 24. 1. 1943: Complete Presidential Press Conferences of Franklin D. Roosevelt, Vol. 21, New York 1972, S. 88 f.

13 Richard J. Overy, «Blitzkriegswirtschaft»? Finanzpolitik, Lebensstandard und Arbeitseinsatz in Deutschland 1939–1942, in: Vierteljahrshefte für Zeitgeschichte 36 (1988), S. 379–435 (Zitat: 401, Hervorhebung im Original; Zahlen zur Umschichtung der Beschäftigtenzahlen: 421, zur Frauenarbeit in Deutschland und Großbritannien: 426); Christoph Buchheim, Der Mythos vom «Wohlleben». Der Lebensstandard der deutschen Zivilbevölkerung im Zweiten Weltkrieg, ebd. 58 (2010), S. 299–328 (Zitat: 327); Adam Tooze, Ökonomie der Zerstörung. Die Geschichte der Wirtschaft im Nationalsozialismus (engl. Orig.: London 2006), München 2007, S. 591 ff.; Müller, Zweiter Weltkrieg (Anm. 1), S. 167 ff. (Zahlen zu

den Fremdarbeitern: 284–286), 286 ff. (Zitat Müller: 289); Götz Aly, Hitlers Volksstaat, Frankfurt 2005 (These vom «Wohlleben» der Deutschen im Zweiten Weltkrieg); Alan S. Milward, Die deutsche Kriegswirtschaft 1939–1945 (engl. Orig.: London 1965), Stuttgart 1966; ders., Albert Speer und die Rüstungspolitik im Krieg, in: Bernhard R. Kroener u. a., Organisation und Mobilisierung des deutschen Machtbereichs, 2. Halbbd.: Kriegsverwaltung, Wirtschaft und personelle Ressourcen 1944/45 (Deutsches Reich [Anm. 1], Bd. 5), Stuttgart 1977, S. 275–773; Hans Umbreit, Die deutsche Herrschaft in den besetzten Gebieten 1942–1945, ebd., S. 3–272 (181 ff.); Bernhard B. Kroener, «Menschenbewirtschaftung», Bevölkerungsverteilung und personelle Rüstung in der zweiten Kriegshälfte (1942–1944), ebd., S. 777–1001; Ulrich Herbert, Fremdarbeiter. Politik und Praxis des «Ausländer-Einsatzes» in der Kriegswirtschaft des Dritten Reiches, Berlin 1985, S. 96 ff. (Zahlen zur Herkunft ausländischer Arbeitskräfte: 181); ders. (Hg.), Europa und der «Reichseinsatz». Ausländische Zivilarbeiter, Kriegsgefangene und KZ-Häftlinge in Deutschland 1938–1945, Essen 1991; Marie-Luise Recker, Nationalsozialistische Sozialpolitik im Zweiten Weltkrieg, München 1985, S. 82 ff. (zum Sozialwerk des Deutschen Volkes, Zitat aus der Denkschrift der DAF, September 1930: 130); Dörte Winkler, Frauenarbeit im «Dritten Reich», Hamburg 1977, S. 82 ff.; Kershaw, Hitler-Mythos (Anm. 12), S. 149 ff. (Zitat Kershaw: 167, Zitate aus Bayern: 168). Goebbels' Rede vom 18. 2. 1943 u. a. in: Walther Hofer (Hg.), Der Nationalsozialismus 1933–1945. Dokumente, Frankfurt 1957, S. 250–252. Hitlers Reichstagsrede, 26. 4. 1942 in: Domarus, Hitler (Anm. 6), Bd. II/2, S. 1865–1879. Zu Hitlers Reichstagsrede vom 1. 9. 1939 siehe oben S. 868, zur materiellen Not in Deutschland im Ersten Weltkrieg 57.

14 Brüggemeier, Geschichte (Anm. 6), S. 204 ff. (Zahl zu den Plünderungen 1941: 208 f.); Martin Pugh, The Making of Modern British Politics 1867–1945, Malden, Mass. 2002[3], S. 243 ff. («People's War»); Malcolm Pierce and Geoffrey Stewart, British Political History 1867–1945. Democracy and Decline, London 1996[2], S. 424 (Zitate aus der «Times», 2. 12. 1943 u. dem «Economist», 5. 12. 1942: 439 f.); Kevin Jefferys, Finest and Darkest Hours. The Decisive Events in British Politics from Churchill to Blair, London 2002, S. 32 ff.; ders., The Churchill Coalition and Wartime Politics, 1940–1945, Manchester 1990; Malcolm Smith, Britain and 1940. History, Myth, and Popular Movement, London 2002; Gordon Corrigan, Blood, Sweat and Arrogance and the Myth's of Churchill's War, London 2006; Stuart Hylton, Their Darkest Hour. The Hidden History of the Home Front, 1939–1945, Stroud 2001; Peter Clarke, Hope and Glory. Britain 1900–1990, London 1996, S. 190 ff.; Overy, «Blitzkriegwirtschaft»? (Anm. 13), S. 379 ff. (deutsche und britische Konsumdaten: 396); Keith Sinclair, A History of New Zealand, London 1959, S. 231 ff.; Kay Saunders and Roger Daniels (eds.), Alien Justice. Wartime Internment in Au-

stralia and North America, St. Lucia, Queensland 2000; Klaus Neumann, In the Interest of National Security. Civilian Internment in Australia during World War II, Canberra 2006; Udo Sautter, Geschichte Kanadas, München 2000, S. 89 ff.

15 Adams, USA (Anm. 5), S. 72 ff.; Brinkley, Unfinished Nation (Anm. 5), S. 731 ff.; Roger Daniels, Concentration Camps. North America and Canada during World War II, Malabar, Florida 1981, S. 42 ff.; ders., Prisoners without Trial. Japanese Americans in World War II, New York 1993, S. 22 ff.; Richard M. Dalfiume, Desegregation of the US Armed Force. Fighting on Two Fronts 1939–1953, Columbia 1969, S. 44 ff.; Kenneth Paul O'Brien and Lynn Hudson Parsons (eds.), The Home-Front. World War II and American Society, Westport 1995.

16 Overy, Rußlands Krieg (Anm. 7), S. 161 ff.; Klaus Segbers, Die Sowjetunion im Zweiten Weltkrieg. Die Mobilisierung von Verwaltung, Wirtschaft und Gesellschaft im «Großen Vaterländischen Krieg» 1941–1943, München 1987; Mark Harrison, The Soviet Union: The Defeated Victor, in: ders. (ed.), The Economics of World War II. Six Great Powers in International Comparison, Cambridge 1998, S. 268–301; Alexander Werth, Rußland im Krieg 1941–1945 (amerik. Orig.: New York 1964), München 1965, S. 166 ff. (Zitat Werth und Zahlen zur Evakuierung der Industrie: 169, Zahlen zur Landwirtschaft: 174, Zitate Ehrenburg: 296 f.); Anna Reich, Blokada. Die Belagerung Leningrads 1941–1944 (engl. Orig.: London 2011), Berlin 2011; Gellately, Lenin (Anm. 1), S. 639 ff. (zum Befehl Nr. 00270: 644 ff.); Baberowski, Terror (Anm. 1), 209 ff. (Militärjustiz und Terror gegenüber der Zivilbevölkerung: 226 ff., Zitat Baberowski: 231); Bogdan Musial, «Konterrevolutionäre Elemente sind zu erschießen». Die Brutalisierung des deutsch-sowjetischen Krieges im Sommer 1941, Berlin 2000, S. 32 ff. (Opferzahlen: 113, 138); Manfred Hildermeier, Geschichte der Sowjetunion 1917–1991. Entstehung und Niedergang des ersten sozialistischen Staates, München 1998, S. 601 ff.; Norman M. Naimark, Flammender Haß. Ethnische Säuberung im 20. Jahrhundert (amerik. Orig.: Cambridge/Mass. 2001), München 2004, S. 111 ff.

17 Eckart Conze u. a., Das Amt und die Vergangenheit. Deutsche Diplomaten im Dritten Reich und in der Bundesrepublik, München 2010, S. 221 ff.; Bob Moore (ed.), Resistance in Western Europe, Oxford 2000; Jacques Sémelin, Unarmed against Hitler. Civilian Resistance in Europe 1939–1943 (frz. Orig.: Paris 1989), London 1993; Gerhard Hirschfeld, Formen nationalsozialistischer Besatzungspolitik im Zweiten Weltkrieg, in: Monika Glettler u. a. (Hg.), Geteilt, besetzt, beherrscht. Die Tschechoslowakei 1938–1945: Reichsgau, Sudetenland, Protektorat Böhmen und Mähren, Slowakei, Essen 2004, S. 13–30; Hagen Fleischer, Nationalsozialistische Besatzungsherrschaft im Vergleich, in Wolfgang Benz u. a. (Hg.), Anpassung, Kollaboration, Widerstand, Berlin 1996, S. 257–302; Yves Durand, Le nouvel ordre européen nazi. La collaboration dans l'Europe

allemande (1938–1945). Brüssel 1990; Umbreit, Herrschaft (Anm. 12), S. 3 ff.; Friedländer, Jahre (Anm. 1), S. 515 ff.; Rolf-Dieter Müller, Hitlers Ostkrieg und die deutsche Siedlungspolitik. Die Zusammenarbeit von Wehrmacht, Wirtschaft und SS, Frankfurt 1991; Quinkert, Propaganda (Anm. 8), S. 71 ff.; Josef Ackermann, Heinrich Himmler als Ideologe, Göttingen 1970 (Zitat Himmler, August 1942: S. 273); Dallin, Herrschaft (Anm. 11), S. 470 ff.; Streit, Keine Kameraden (Anm. 6), S. 128 ff.; Herbert, Fremdarbeiter (Anm. 13), S. 154 ff.; Jörn Hasenclever, Wehrmacht und Besatzungspolitik in der Sowjetunion. Die Befehlshaber der rückwärtigen Heeresgebiete 1941–1943, Paderborn 2010; Alexander Brakel, Unter Rotem Stern und Hakenkreuz. Baranowicze 1939 bis 1944. Das westliche Weißrussland unter sowjetischer und deutscher Besatzung, Paderborn 2009; Andreas Kappeler, Kleine Geschichte der Ukraine, München 2009[3], S. 215 ff.; Broszat, Polenpolitik (Anm. 1), S. 118 ff.; Borodziej, Geschichte (Anm. 1), S. 189 ff.; Detlef Brandes, Die Tschechen unter deutschem Protektorat, 2 Bde., München 1969/1975; Rhode, Polen (Anm. 1), S. 1021 ff.; ders., Die Tschechoslowakei von der Unabhängigkeitserklärung bis zum «Prager Frühling» 1918–1968, in: Schieder (Hg.), Weltmächte (Anm. 1), S. 920–977 (949 ff.); ders., Südosteuropäische Staaten (Anm. 6), S. 1216 ff. (Zitat König Peter II., 12. 9. 1944: 1220); Edgar Hösch, Geschichte der Balkanländer. Von der Frühzeit bis zur Gegenwart, München 2008[5], S. 222 ff.; Hory/Broszat, Ustascha-Staat (Anm. 6), S. 107 ff.; Sundhaussen, Geschichte (Anm. 6), S. 306 ff.; Mazower, Hitlers Imperium (Anm. 1), 247 ff.; ders., Inside Hitler's Greece. The Experience of Occupation 1941–1944, New Haven 1993, S. 155 f.; C. M. Woodhouse, The Struggle for Greece 1941–1949, London 1976, S. 21 ff.; Rainer Eckert, Vom «Fall Marita» zur «wirtschaftlichen Sonderaktion». Die deutsche Besatzungspolitik in Griechenland vom 6. April 1941 bis zur Kriegswende im Februar/April 1943, Frankfurt 1992; Hering, Griechenland (Anm. 6), S. 1326 ff.; Hagen Fleischer, Im Kreuzschatten der Mächte. Griechenland 1941–1944, Frankfurt 1986 (Zahlen über die griechischen Juden: S. 364 ff.); Michael Erbe, Belgien, Niederlande, Luxemburg. Die Geschichte des niederländischen Raumes, Stuttgart 1963, S. 289 ff.; Etienne Verhoeyen, La Belgique occupée. De l'an 40 à la Libération (niederl. Orig.: Brüssel 1993), Brüssel 1994; Werner Warmbrunn, The German Occupation of Belgium 1940–1944, New York 1993; Konrad Kwiet, Reichskommissariat Niederlande. Versuch und Scheitern nationalsozialistischer Neuordnung, Stuttgart 1968; ders., The Dutch and the German Occupation 1940–1945, Stanford 1963; Gerhard Hirschfeld, Fremdherrschaft und Kollaboration. Die Niederlande unter deutscher Besatzung 1940–1945, Stuttgart 1984; Loock, Quisling (Anm. 2), S. 331 ff. (Zitat Quisling, 25. 10. 1940: 558 f.); Robert Bohn, Reichskommissariat Norwegen. Nationalsozialistische Neuordnung und Kriegswirtschaft, München 2000; Ulrich Herbert, Best. Biographische Studien über Radikalismus, Weltanschauung und Vernunft, 1903–1989,

Bonn 1996[2], S. 323 ff. (Zitate Best, August 1943: 352, 4. 10. 1943: 372, Zitat Herbert: 370); Gustav Meissner, Dänemark unterm Hakenkreuz. Die Nordinvasion und die Besetzung Dänemarks 1940–1945, Frankfurt 1990, S. 153 ff.; Philip Giltner, «In the Friendliest Manner». German-Danish Economic Cooperation during the Nazi Occupation of 1940–1945, New York 1998; Leni Yahil, The Rescue of Danish Jewry: Test of a Democracy, Philadelphia 1969. Zu Katyn siehe oben S. 898, zum Konflikt Koch-Rosenberg 962 f.

18 Rousso, Vichy (Anm. 3), S. 39 ff. (Zitate Rousso: 62, Koestler: 84, Laval, 22. 6. 1942: 96); ders., L'Épuration. Die politische Säuberung in Frankreich, in: Klaus-Dietmar Henke u. Hans Woller (Hg.), Politische Säuberung in Europa. Die Abrechnung mit dem Faschismus und Kollaboration nach dem Zweiten Weltkrieg, München 1991, S. 192–240; Marc-Olivier Baruch, Das Vichy-Regime. Frankreich 1940–1944 (frz. Orig.: Paris 1996), Stuttgart 1999, S. 75 ff. (Zitate Pétain, 12. 8. 1941: 92–95, Kardinal Saliège, 23. 8. 1942, und Vichy-Pressedienst: 108 f., Baruch: 162, 176); Wolfgang Seibel, Die «Endlösung der Judenfrage» in Frankreich, 1940–1944, Konstanz 2010; Robert O. Paxton, Vichy France. Old Guard and New Order 1940–1944, New York 2001 (1. Aufl.: 1972), S. 51 ff.; Ian Ousby, Occupation. The Ordeal of France 1940–1944, London 1999[2], S. 107 ff.; Jean-Paul Cointet, Histoire de Vichy, Paris 1996, S. 103 ff.; Jean-Baptiste Duroselle, L'abîme 1939–1945, Paris 1982, S. 207 ff.; Jean-Pierre Azéma et François Bédarida (éds.), Vichy et les Français, Paris 1992; Philippe Burrin, La France à l'heure allemande 1940–1944, Paris 1995; Gerhard Hirschfeld u. Patrick Marsh (Hg.), Kollaboration in Frankreich. Politik, Wirtschaft und Kultur während der nationalsozialistischen Besatzung 1940–1944 (engl. Orig.: Oxford 1989), Frankfurt 1991; Jäckel, Frankreich (Anm. 3), S. 140 ff.; Conze u. a., Amt (Anm. 18), S. 227 ff.; Stanley Hoffmann, Decline or Renewal? France since the 1930s, New York 1974, S. 3 ff.; ders., Aspects du régime de Vichy, in: Revue Française de science politique 6 (1956), S. 44–69; Sarah Fishman et al. (eds.), France at War. Vichy and the Historians, Oxford 2000; Tiersky, French Communism (Anm. 3), S. 112 ff.; Corinna von List, Frauen in der Résistance 1940–1944, Paderborn 2010; Brian Jenkins, France in the Era of Fascism. Essays on the French Autoritarian Right, New York 2005; Dieter Wolf, Die Doriot-Bewegung. Ein Beitrag zur Geschichte des französischen Faschismus, Stuttgart 1967, S. 231 ff.; Reinhold Brender, Kollaboration in Frankreich im Zweiten Weltkrieg. Marcel Déat und das Rassemblement national populaire, München 1992, S. 83 ff. (Mitgliederzahlen RNP und MSR: 187); Roland Ray, Annäherung an Frankreich im Dienste Hitlers? Otto Abetz und die deutsche Frankreichpolitik 1930–1942, München 2000; Anja Köhler, Vichy und die französischen Intellektuellen. Die «années noires» im Spiegel autobiographischer Texte, Tübingen 2001; Olivier Wieviorka, France, in: Moore (ed.), Resistance (Anm. 17), S. 125–156;

Rémond, Frankreich (Anm. 3), S. 349 ff. (Zitat Rémond: 357); James F. McMillan, Twentieth Century France. Politics and Society 1898–1991, London 1992², S. 135 ff.; Friedländer, Jahre (Anm. 1), S. 403 ff., 443 ff., 579 ff.; Peter Novick, The Resistance versus Vichy. The Purge of Collaborateurs in Liberated France, London 1968; Robert Aron, Histoire de la Libération de la France, Juin 1944–Mai 1945, Paris 1959, S. 321 ff. De Gaulles Pariser Rede, 25. 8. 1944 in: ders., Discours (Anm. 3), S. 441 f. Zu de Maistre und Bonald: Winkler, Geschichte (Anm. 3), S. 436 f., zum Bonapartismus 640 ff., zum Boulangismus 899 ff., zur Action française 1079 ff. Zu den Feuerkreuzlern siehe oben S. 579 f., zu den Verfassungsdekreten vom Juli 1940 917 f., zum Treffen Hitler-Pétain in Montoire 932 f., zu den Judendekreten 970 f.

19 Friedländer, Vernichtung (Anm. 1), S. 384 ff. (Zitate Bargen, 9. 7. 1942: 450, Kállay, Mai 1943: 512, Friedländer: 531, Himmler, 6. 12. 1943 u. Goebbels' Tagebucheintrag dazu: 571 f.); ders., Pius XII. und das Dritte Reich: Eine Dokumentation, Reinbek 2011²; Longerich, Politik (Anm. 11), S. 473 ff. (zur Ermordung von Sinti und Rom: 571 ff.); Aly, Endlösung (Anm. 11), S. 327 ff.; Conze u. a., Amt (Anm. 17), S. 221 ff.; Thamer, Verführung (Anm. 8), S. 696 ff. (Zitat aus Himmlers Posener Rede, 4. 10. 1943: 703); Burleigh, Combat (Anm. 1), S. 394 ff.; ders., Sacred Causes: Religion and Politics from the European Dictators to Al Qaida, London 2006, S. 214 ff.; Winkler, Weg II (Anm. 1), S. 106 ff. (Zitate Hitlers über Judentum und Christentum: 107 f.); Gunnar Heinsohn, Warum Auschwitz? Hitlers Plan und die Ratlosigkeit der Nachwelt, Reinbek 1995, S. 129 ff. (zum Unterschied zwischen Judenhaß und Rassismus sowie zum alttestamentarischen Tötungsverbot); Michael Zimmermann, Rassenutopie und Genozid. Die nationalsozialistische «Lösung der Zigeunerfrage», Hamburg 1996; Rousso, Vichy (Anm. 3), S. 99 ff. (Zahlen zu den Opfern der Judenvernichtung in Frankreich, Belgien und den Niederlanden: 104); Jonathan Steinberg, Deutsche, Italiener und Juden. Der italienische Widerstand gegen den Holocaust (engl. Orig.: London 1990), Göttingen 1992; MacGregor Knox, Das faschistische Italien und die «Endlösung» 1942/43, in: Vierteljahrshefte für Zeitgeschichte 55 (2007), S. 53–92 (Zitat Bismarck: 53); Thomas Schlemmer u. Hans Woller, Der italienische Faschismus und die Juden 1922 bis 1945, ebd. 53 (2003), S. 164–202 (179 ff.); Denis Silagi, Ungarn seit 1918: Vom Ende des 1. Weltkriegs bis zur Ära Kádár, in: Schieder (Hg.), Weltmächte (Anm. 1), S. 883–919 (899 ff.); Insa Meinen, Die Shoah in Belgien, Darmstadt 2009; David S. Wyman, The Abandonment of the Jews. America and the Holocaust, 1941–1945, New York 1984, S. 288 ff.; Henry L. Feingold, The Politics of Rescue. The Roosevelt Administration and the Holocaust 1938–1945, New Brunswick 1970; José de Sánchez, Pius XII. und der Holocaust. Anatomie einer Debatte (amerik. Orig.: Washington 2002), Paderborn 2003; Michael Feldkamp, Pius XII. und Deutschland, Göttingen 2000, S. 142 ff.; John Cornwall, Pius XII. Der Papst, der geschwiegen hat (engl. Orig.: London

1991), München 1999; Daniel Jonah Goldhagen, Die katholische Kirche und der Holocaust. Eine Untersuchung über Schuld und Sühne (amerik. Orig.: New York 2002), Berlin 2002. Zu Lagarde siehe Winkler, Geschichte (Anm. 3), S. 843. Zur niederländischen Solidarität mit den Juden 1940/41 siehe oben S. 971 f. Zum Schicksal der italienischen Juden in den letzten Kriegsjahren siehe unten 1040 f.

20 Aram Mattioli, Ein vergessenes Schlüsselereignis der Weltgeschichte, in: Asta-Wossen Asserate/Aram Mattioli (Hg.), Der erste faschistische Vernichtungskrieg. Die italienische Aggression gegen Äthiopien 1935–1941, Köln 2006, S. 9–25 (Zitat Mattioli: 17); Amadeo Osti Guerazzi, Kain in Rom. Judenverfolgung und Kollaboration in Rom 1943/44, Vierteljahrshefte für Zeitgeschichte 54 (2006), S. 231–268; Knox, Italien (Anm. 19), S. 90 ff.; Schlemmer/Woller, Faschismus (Anm. 19), S. 187 ff.; Thomas Schlemmer (Hg.), Die Italiener an der Ostfront 1942/43. Dokumente zu Mussolinis Krieg gegen die Sowjetunion, München 2005, S. 58 ff.; Jens Petersen, Sommer 1943, in: Hans Woller (Hg.), Italien und die Großmächte 1943–1949, München 1988, S. 23–48; Renzo de Felice, Mussolini l'alleato 1940–1943, Tomo 2: Crisi e agonia del regime, Turin 1990; Frederick W. Deakin, Die brutale Freundschaft. Hitler, Mussolini und der Untergang des italienischen Faschismus (engl. Orig.: London 1962), Köln 1964, S. 431 ff.; Claudio Pavone, Una guerra civile. Saggio storico sulla moralità nella Resistenza, Turin 1991, S. 169 ff.; Lutz Klinkhammer, Zwischen Bündnis und Besatzung. Das nationalsozialistische Deutschland und die Republik von Salò 1943–1945, Tübingen 1993; ders. u. a. (Hg.), Die «Achse» im Krieg. Politik, Ideologie und Kriegsführung, Paderborn 2010; Gustavo Corni, Italy, in: Moore (ed.), Resistance (Anm. 17), S. 157–188; Woller, Geschichte (Anm. 6), S. 173 ff.; Wolfgang Schieder, Der italienische Faschismus 1919–1945, München 2010, S. 88 ff.; Denis Mack Smith, Italy. A Modern History, Ann Arbor 1969^2, S. 481 ff.

21 Krebs, Japan (Anm. 4), S. 81 ff.; Borton, Century (Anm. 4), S. 347 ff.; Bersihand, Geschichte (Anm. 4), S. 463 ff.; Keith Sainsbury, The Turning Point. Roosevelt, Churchill, and Chiang-Kai shek, 1943. The Moscow, Cairo, and Teheran Conferences, Oxford 1985; Jukka Nevakivi, Vom Fortsetzungskrieg bis zur Gegenwart 1944–1995, in: Jussila u. a., Vom Großfürstentum (Anm. 2), S. 237–384 (239 ff.); Hösch, Geschichte (Anm. 17), S. 222 ff.; Rhode, Südosteuropäische Staaten (Anm. 6), S. 1134 ff.; ders., Polen (Anm. 1), S. 1021 ff.; Borodziej, Geschichte (Anm. 1), S. 234 ff. (Zitate Churchill, 22. 2. 1944: 240, Borodziej: 251, zum Warschauer Aufstand: 249 ff.); Roos, Geschichte (Anm. 1), S. 200 ff.; Snyder, Bloodlands (Anm. 1), S. 277 ff. (zum Warschauer Aufstand: 298 ff.); Kappeler, Kleine Geschichte (Anm. 16), S. 215 ff. (Zahlen zu den Opfern der UPA und der Armia Krajowa in der Ukraine: 222 f., zu den Umsiedlungen zwischen Polen und der Ukraine: 224 f.); Müller, Zweiter Weltkrieg (Anm. 1), S. 307 ff.; Antony Beevor, D-Day. Die Schlacht um die

Normandie (amerik. Orig.: New York 2009), München 2010; Jörg Friedrich, Der Brand. Deutschland im Bombenkrieg, München 2002. Die Zahlen zu den Opfern des Krieges in Fernost: Gunnar Heinsohn, Lexikon der Völkermorde, Reinbek 1998, S. 192 f. Zum Boxeraufstand und zum russisch-japanischen Krieg von 1904/05 siehe Winkler, Geschichte (Anm. 3), S. 930 ff. Zur Curzon-Linie siehe oben S. 195 f.

22 Winkler, Weg II, (Anm. 1), S. 98–106 (hier alle wörtlichen Zitate); Herbert von Borch, Obrigkeit und Widerstand. Zur politischen Soziologie des Beamtentums, Tübingen 1954; Bodo Scheurig (Hg.), Deutscher Widerstand 1938–1944. Fortschritt oder Reaktion, München 1969; Christoph Dipper, Der deutsche Widerstand und die Juden, in: Geschichte und Gesellschaft 9 (1983), S. 349–380; Ger van Roon, Neuordnung im Widerstand. Der Kreisauer Kreis innerhalb der deutschen Widerstandsbewegung, München 1967; Walther Schmitthenner u. Hans Buchheim (Hg.), Der deutsche Widerstand gegen Hitler, Köln 1966; Hans Mommsen, Alternative zu Hitler. Studien zur Geschichte des deutschen Widerstands, München 2000; Hans Rothfels, Die deutsche Opposition gegen Hitler. Eine Würdigung (amerik. Orig.: Hinsdale 1948), Neuausgabe Frankfurt 1954; Gerhard Ritter, Carl Goerdeler und die deutsche Widerstandsbewegung, Stuttgart 1954; Peter Steinbach u. Johannes Tuchel (Hg.), Widerstand gegen den Nationalsozialismus, Bonn 1994; Peter Hoffmann, Claus Schenk Graf von Stauffenberg und seine Brüder, Stuttgart 1992; ders., Widerstand, Staatsstreich, Attentat. Der Kampf der Opposition gegen Hitler, München 1969, S. 301 ff.; Gerd R. Ueberschär (Hg.), NS-Verbrechen und der militärische Widerstand gegen Hitler, Darmstadt 2000; Theodore S. Hamerow, Die Attentäter des 20. Juli – von der Kollaboration zum Widerstand (amerik. Orig.: Cambridge, Mass. 1997), München 1999.

23 Die offiziellen Jalta-Dokumente des US State Departments, Wien 1955 (Churchill zur Unabhängigkeit und Freiheit Polens: 141, Erklärung über das befreite Europa: 355, über die Zerstückelung Deutschlands: 355 ff., über Polen: 357); Winston S. Churchill, Der Zweite Weltkrieg (engl. Orig.: London 1948 ff.), Bd. 5: Der Ring schließt sich, 2. Buch: Von Teheran bis Rom, Bern 1952, S. 27 ff. (Teheran-Konferenz); Bd. 6: Triumph und Tragödie, 2. Buch: Der Kalte Krieg, Bern 1954, S. 7 ff. (zu Jalta; zu Roosevelts Erklärung vom 4. 2. 1944 über die Befristung der amerikanischen Militärpräsenz in Europa: 15 f., Zitat von der polnischen Gans: 39); Jost Dülffer, Jalta 4. Februar 1945: Der Zweite Weltkrieg und die Entstehung der bipolaren Welt, München 1999[2]; Fraser J. Harbutt, Yalta 1945. Europe and America at the Crossroads, Cambridge 2010; Robin Edmonds, The Big Three: Churchill, Roosevelt, and Stalin in Peace and War, London 1991, S. 315 ff.; Anne Lane and Howard Temperley (eds.), The Rise and Fall of the Grand Alliance 1941–1945, Basingstoke 1995; Wilson D. Miscamble, From Roosevelt to Truman. Potsdam, Hiroshima and the Cold War, Cambridge 2007; Peter Clarke, The Last Thousand Days of the British Empire.

The Demise of a Superpower, London 2007, S. 189 ff.; Richard Thilenius, Die Teilung Deutschlands. Eine zeitgeschichtliche Analyse, Hamburg 1947, S. 47 ff.; Waldemar Besson, Von Roosevelt bis Kennedy. Grundzüge der amerikanischen Außenpolitik 1933–1963, Frankfurt 1964, S. 65 (Zitat Besson: 96); George F. Kennan, Sowjetische Außenpolitik unter Lenin und Stalin (amerik. Orig.: Boston 1961), Stuttgart 1961, S. 467 ff.; Wolfgang Wagner, Die Oder-Neiße-Linie in den Verhandlungen während des Zweiten Weltkrieges, Stuttgart 1953; Hans Rothfels, Das Baltikum als Problem internationaler Politik, in: ders., Zeitgeschichtliche Betrachtungen. Vorträge und Aufsätze, Göttingen 1959, S. 217–235; ders., Opposition (Anm. 22), S. 159 (Zitat Churchill, 2. 8. 1944); Günter Moltmann, Amerikas Deutschlandpolitik im Zweiten Weltkrieg. Kriegs- und Friedensziele 1941–1945, Heidelberg 1958 (zum Morgenthau-Plan: S. 121 ff.); Sainsbury, Turning Point (Anm. 21), S. 217 ff.; Georges-Henri Soutou, La guerre de cinquante Ans. Les relations Est-Ouest 1943–1990, Paris 2001, S. 71 ff.; Bernd Greiner, Die Morgenthau-Legende. Zur Geschichte eines umstrittenen Plans, Hamburg 1995; R. C. Hildebrand, Dumbarton Oaks. The Origins of the United Nations and the Search for Postwar Security, Chapel Hill 1990; Paul Kennedy, Parlament der Menschheit. Die Vereinten Nationen und der Weg zur Weltregierung (amerik. Orig.: New York 2006), München 2007; Mark Mazower, No Enchanted Peace. The End of the United Nations, Princeton 2009; Leland M. Goodrich/Edvard Hambro, Charter of the United Nations. Commentary and Documents, Boston 1959[2] (Text der Charta: S. 582–611); C. W. Guillebaud, Das Abkommen von Bretton Woods und seine internationale Bedeutung, Hamburg 1947; Matthias Herdegen, Völkerrecht, München 2000, S. 254 ff. (zur UNO-Charta); Churchills Unterhausrede vom 15. 12. 1944 in: Hansard (House of Commons Daily Debates), Vol. 406, Sp. 1483 ff. Zur russischen Chinapolitik seit 1896 und dem russisch-japanischen Krieg von 1904/05 siehe Winkler, Geschichte (Anm. 1), S. 930 ff. Zu Wilson siehe oben S. 50 ff., 82 ff., zur Atlantik-Charta 953 f., zur Westverschiebung Polens 1076 f.

24 Friedländer, Vernichtung (Anm. 1), S. 630 ff. (Zitat Friedländer: 382; Immatrikulationsbestimmungen, Dezember 1942: 452, Theresienstadt: 662 ff., Ungarn: 670 ff., Todesmärsche: 672 ff.); Hilberg, Vernichtung (Anm. 11), S. 859 ff.; Daniel Jonah Goldhagen, Hitlers willige Vollstrecker. Ganz gewöhnliche Deutsche und der Holocaust (amerik. Orig.: New York 1996), Berlin 1996, S. 385 ff.; Daniel Blatman, Die Todesmärsche 1944/45. Das letzte Kapitel des nationalsozialistischen Massenmordes (hebr. Orig.: Jerusalem 2010), Reinbek 2011, bes. S. 192 ff.; Longerich, Politik (Anm. 11), S. 565 ff.; ders., Heinrich Himmler. Biographie, München 2008, S. 728 ff.; Yehuda Bauer, Freikauf von Juden? Verhandlungen zwischen dem nationalsozialistischen Deutschland und jüdischen Repräsentanten von 1933 bis 1945, Frankfurt 1996; Christian Gerlach/Götz Aly, Das letzte Kapitel: Der Mord an den ungarischen Juden, München 2002; Randolph Braham,

The Politics of Genocide: The Holocaust in Hungary, Detroit 2002²; Krisztián Ungváry, Die Schlacht um Budapest: Stalingrad an der Donau 1944/45 (ungar. Orig.: Budapest 1988), München 2005⁴; László Kontler, Millennium in Central Europe. A History of Hungary, Budapest 1999, S. 383 ff.; Klaus-Dietmar Henke, Die amerikanische Besetzung Deutschlands, München 1995, S. 882 ff. (zu Himmlers «Evakuierungspolitik» und seinen Verhandlungen über die Entlassung von Juden aus Konzentrationslagern). Zur Rettung der dänischen Juden siehe oben S. 1019 f.

25 Churchill, Kalter Krieg (Anm. 23), S. 103–110 (Briefwechsel Churchill-Roosevelt, 16.–27. 3. 1945), 123–132 (Briefwechsel Roosevelt-Churchill-Stalin), 3.–12. 4. 1945, 167 f. (Erklärungen Mikołajczyk, April 1945), 173–176 (Briefwechsel Churchill-Stalin, 29.4.–5. 5. 1945), 181–183 (Churchills Lageanalyse vom 4. 5. 1945); John Zimmermann, Pflicht zum Untergang. Die deutsche Kriegführung im Westen des Reiches 1944/45, Paderborn 2009; Ingo v. Münch, «Frau, komm!» Die Massenvergewaltigungen deutscher Frauen und Mädchen 1944/45, Graz 2009; Tippelskirch, Geschichte (Anm. 2), S. 508 ff.; Erdmann, Zeit (Anm. 3), S. 581 ff.; Burleigh, Combat (Anm. 1), S. 478 ff.; Müller, Zweiter Weltkrieg (Anm. 1), S. 347 ff.; ders. u. a., Die Zerstörung Dresdens 13.–15. Februar 1945. Gutachten und Ergebnisse der Dresdner Historikerkommission zur Ermittlung der Opferzahlen, Göttingen 2010; Paul Addison/Jeremy A. Crang (eds.), Firestorm. The Bombing of Dresden, 1945, London 2000; Friedrich Taylor, Dresden. Tuesday, 13 February 1945, London 2004; Randall Hansen, Fire and Fury, The Allied Bombing of Germany 1942–45, Toronto 2008, S. 259 ff.; Friedrich, Brand (Anm. 21), S. 358 ff.; Dietmar Süß, Tod aus der Luft. Kriegsgesellschaft und Luftkrieg in Deutschland und England, München 2011; Deakin, Freundschaft (Anm. 20), S. 853 ff.; Klinkhammer, Bündnis (Anm. 20), S. 554 ff.; Antony Beevor, Berlin. The Downfall 1945, London 2002, S. 249 ff.; Kershaw, Hitler-Mythos (Anm. 13), S. 192 f. (Stimmungsberichte, März 1945); ders., Hitler (Anm. 1), S. 1025 ff. (Zitat Hitlers über Himmler, 28. 4. 1945: 1054); ders., Das Ende. Kampf bis in den Untergang. NS-Deutschland 1944/45 (engl. Orig.: London 2011), Stuttgart 2011; Joachim C. Fest, Hitler. Eine Biographie, Frankfurt 1973², S. 988 ff.; Sebastian Haffner, Anmerkungen zu Hitler, München 1978⁶, S. 31 ff. (Selbstmord im Denken Hitlers); Domarus (Hg.), Hitler (Anm. 6), S. 2250 (Rundfunkmeldung über Hitlers Tod, 1. 5. 1945); Eberhard Kolb, Bergen-Belsen. Vom «Aufenthaltslager» zum Konzentrationslager 1943–1945, Göttingen 1996⁵, S. 51 ff.; Henke, Besetzung (Anm. 24), S. 657 ff.

26 Churchill, Kalter Krieg (Anm. 23), S. 261 f. (Churchill an Truman, 12. 5. 1945), 444 (Rundfunkrede, 13. 5. 1945); Hösch, Geschichte (Anm. 17), S. 232 ff.; Rhode, Südosteuropäische Staaten (Anm. 6), S. 1161 ff. (Rumänien), 1219 ff. (Jugoslawien), 1257 ff. (Bulgarien), 1284 ff. (Albanien); ders., Tschechoslowakei (Anm. 17), S. 961 ff. (hier die demographischen Daten); ders., Polen (Anm. 1), S. 1040; Silagi, Ungarn

(Anm. 19), S. 901 ff.; Kontler, Millennium (Anm. 24), S. 387 ff.; Calic, Geschichte (Anm. 6), S. 166 ff.; Eva Hahn/Hans Henning Hahn, Die Vertreibung im deutschen Erinnern. Legenden, Mythos, Geschichte, Paderborn 2010, S. 21 ff.; Wolfgang Benz (Hg.), Die Vertreibung der Deutschen aus dem Osten: Ursachen, Ereignisse, Folgen, Frankfurt 1985, S. 58–85; Roland J. Hoffmann u. a. (Hg.), Odsun. Die Vertreibung der Sudetendeutschen. Bd. 2: Von der Errichtung des «Protektorats Böhmen und Mähren» im März 1939 bis zum offiziellen Abschluß der Vertreibung Ende 1946, München 2010; Detlef Brandes, Der Weg zur Vertreibung 1938–1945. Pläne und Entscheidungen zum Transfer der Deutschen aus der Tschechoslowakei und aus Polen, München 2005[2]; Atlas. Zwangsumsiedlung, Flucht und Vertreibung. Ostmitteleuropa 1939–1959, Warschau 2009; Anja Kruke (Hg.), Zwangsmigration und Vertreibung. Europa im 20. Jahrhundert, Bonn 2006; Naimark, Haß (Anm. 16); 139 ff.; Borodziej, Geschichte (Anm. 1), S. 253 ff. (Zitate Borodziej: 258 ff., 260, demographische Daten: ebd.); ders. u. Hans Lemberg (Hg.), «Unsere Heimat ist uns ein fremd gewordenes Land geworden.» Die Deutschen östlich von Oder und Neiße 1945–1950. Dokumente aus polnischen Archiven, 4 Bde., Marburg 2000–2004; Hory/Broszat, Ustascha-Staat (Anm. 17), S. 172 ff.; John Corsellis/Marcus Ferrar, Slovenia 1945. Memories of Death and Survival after World War II, New York 1965, S. 41 ff.

27 J. W. Stalin, Ansprache an das Volk (9. 5. 1945), in: ders., Über den Großen Vaterländischen Krieg der Sowjetunion, Berlin 1951, S. 221–223; Ernst Deuerlein (Hg.), Die Einheit Deutschlands, Bd. 1: Die Erörterungen und Entscheidungen der Kriegs- und Nachkriegskonferenzen 1941–1949, Frankfurt 1961[2], S. 241–245 (Berliner Erklärung, 5. 6. 1945); Wilhelm Cornides, Die Weltmächte und Deutschland. Geschichte der jüngsten Vergangenheit, Tübingen 1957, S. 16 ff.; Theodor Eschenburg [u. a.], Jahre der Besatzung (Geschichte der Bundesrepublik Deutschland, Bd. 1), Stuttgart 1983, S. 21 ff. (zur Direktive JCS 1067: 66 ff.); Martin Broszat u. a. (Hg.), Von Stalingrad zur Währungsreform. Zur Sozialgeschichte des Umbruches in Deutschland, München 1988; Norman M. Naimark, Die Russen in Deutschland. Die sowjetische Besatzungszone 1945 bis 1949 (amerik. Orig.: Cambridge/Mass. 1995), Berlin 1997, S. 17 ff.; Henke, Besetzung (Anm. 24), S. 630 ff. (zur Rolle der Emigranten); John Gimbel, Amerikanische Besatzungspolitik in Deutschland 1945–1949 (amerik. Orig.: Stanford 1968), Frankfurt 1971, S. 16 ff.; Winkler, Weg II (Anm. 1), S. 116 ff. (Gründungsaufruf der KPD, 11. 6. 1945 u. «Politische Richtlinien» Schumachers, August 1945: 124). Zum Münchner Abkommen siehe oben S. 855 ff., zur nationalsozialistischen Kriegsfinanzierung 742 ff., zum Morgenthau-Plan 1090 f.

28 Churchill, Kalter Krieg (Anm. 23), S. 267–271 (Memorandum vom 27. 5. 1945); Harry S. Truman, Memoiren, Bd. 1: Das Jahr der Entscheidungen (1945) (amerik. Orig.: New York 1955), Stuttgart 1955, S. 322 ff.; James F. Byrnes, In aller Offenheit (amerik. Orig.: New York 1947), Frank-

furt o. J., S. 96 ff.; Ernst Deuerlein (Hg.), Potsdam 1945. Quellen zur Konferenz der «Großen Drei», München 1963, S. 188 ff. (Potsdamer Abkommen: 350–370); Micamble, From Roosevelt (Anm. 23), S. 172 ff.; Clark, Thousand Days (Anm. 23), S. 337 ff.; Marc Trachtenberg, A Constructed Peace. The Making of the European Settlement 1945–1963, Princeton 1999, S. 3 ff.; Soutou, Guerre (Anm. 23), S. 93 ff.; Clarke, Hope (Anm. 14), S. 216 ff. (zur britischen Unterhauswahl vom Juli 1945); Thilenius, Teilung (Anm. 23), S. 71 ff.; Cornides, Geschichte (Anm. 27), S. 64 ff.; Wagner, Oder-Neiße-Linie (Anm. 23), S. 146 ff.; Naymark, Haß (Anm. 16), S. 139 ff.; Klaus-Dietmar Henke, Der Weg nach Potsdam – Die Alliierten und die Vertreibung, in: Benz (Hg.), Vertreibung (Anm. 26), S, 58–85. Zu den Verträgen von Neuilly und Lausanne siehe oben S. 187, 191 f., zum Lend-Lease-Programm 927, zur britischen und sowjetischen Besetzung Irans 1941 947, zum Morgenthau-Plan 1090 f., zum «Beveridge-Report» 987 f., zur Erweiterung der Warschauer Regierung im Juni 1945 1126.

29 Truman, Memoiren, Bd. 1 (Anm. 28), S. 425 ff.; Keegan, Weltkrieg (Anm. 1), S. 832 ff.; Krebs, Japan (Anm. 4), S. 84 ff.; John Hersey, Hiroshima (amerik. Orig.: New York 1946[1]), Zürich 1947[1]; Florian Coulmas, Hiroshima. Geschichte und Nachgeschichte, München 2010; William L. Laurence, Dämmerung über Punkt Null. Die Geschichte der Atombombe (amerik. Orig.: New York 1946), München 1949, S. 13 ff. (Zitate: 13, 20); Mark Walker, Legenden um die deutsche Atombombe, in: Vierteljahrshefte für Zeitgeschichte 38 (1990), S. 45–74; ders., Selbstreflexionen deutscher Atomphysiker. Die Farm-Hall-Protokolle und die Entstehung neuer Legenden um die «deutsche Atombombe», ebd. 41 (1993), S. 519–542; Rainer Karlsch, Hitlers Bombe. Die geheimen Berichte der deutschen Kernwaffenversuche, München 2005; Micamble, From Roosevelt (Anm. 28), S. 218 ff. (u. a. zur Rolle von Truman, Byrnes u. Stimson); Stephen Walker, Hiroshima. Countdown der Katastrophe (amerik. Orig.: New York 2005), München 2005, S. 349 ff.; Dennis D. Wainstock, The Decision to Drop the Atomic Bomb, Westport 1996, S. 29 ff. (zu den Entscheidungsprozessen in Tokio); Martin J. Sherwin, A World Destroyed. The Atomic Bomb and the Grand Alliance, New York 1975, S. 193 ff. (Zitat Compton: 213); Gar Alperovitz, Atomic Diplomacy: Hiroshima and Potsdam, New York 1965[1]; ders., Hiroshima. Die Entscheidung für den Abwurf der Bombe (amerik. Orig.: New York 1995), Hamburg 1995, S. 245 ff.; J. Samuel Walker, Prompt and Utter Destruction. Truman and the Use of Atomic Bombs against Japan, Chapel Hill 1997; Andrew Jon Rotter, Hiroshima. The World's Bomb, Oxford 2008; Leben nach der Atombombe. Hiroshima und Nagasaki 1945–1985. Hg. v. d. Kommission zur Dokumentation der Schäden der Atombombenabwürfe auf Hiroshima und Nagasaki (jap. Orig.: Tokio 1985), Frankfurt 1988; John W. Garver, Chinese-Soviet Relations 1937–1945. The Diplomacy of Chinese Nationalism, New York 1988, S. 237 ff.; Kuhn, Zweiter Weltkrieg (Anm. 4), S. 324 ff.; David Priestland, Weltgeschichte des Kommunismus. Von der

Französischen Revolution bis heute (amerik. Orig.: New York 2009), München 2009, S. 322 ff. (zu China); Clarke, Thousand Days (Anm. 23), S. 365 ff.; Andreas Eckert, Spätkoloniale Herrschaft, Die Kolonisation und internationale Ordnung. Einführende Bemerkungen, in: Anja Kruke (Hg.), Dekolonisation. Prozesse und Verflechtungen 1945–1990, Bonn 2009, S. 3–20. Die Potsdamer Erklärung vom 26. 7. 1945 in: Deuerlein (Hg.), Potsdam (Anm. 28), S. 271–273. Zur Verfassung für Indien von 1935 siehe oben S. 474 ff., zu den Vereinbarungen von Jalta über sowjetische Rechte in der Mandschurei 1092 f.

30 Churchill, Zweiter Weltkrieg (Anm. 23), Bd. 6: Triumph und Tragödie, 1. Buch: Dem Sieg entgegen, Bern 1954, S. 413 (Churchill an Eden, 11. 7. 1944); Hugo von Münch (Hg.), Dokumente des geteilten Deutschland, Stuttgart 1976, S. 54 f. (Gesetz Nr. 46 des «Alliierten Kontrollrats vom 25. 4. 1947); Erdmann, Zeit (Anm. 3), S. 643 ff. (Zahlen zu Prozessen gegen Kriegsverbrecher: 648); Arthur L. Smith, Die «vermißte Million». Zum Schicksal deutscher Kriegsgefangener nach dem Zweiten Weltkrieg (engl. Orig.: Munich 1992), München 1992; Dan Diner, Vorwort des Herausgebers, in: ders. (Hg.), Zivilisationsbruch. Denken nach Auschwitz, Frankfurt 1988, S. 9–13 (Zitat: 9); ders., Gegenläufige Gedächtnisse. Über Geltung und Wirkung des Holocaust, Göttingen 2007; Snyder, Bloodlands (Anm. 1), S. 155 ff. (zu den Hungertoten); ders., Der Holocaust: Die ausgeblendete Realität, in: Transit 38 (2010), S. 6–19 (hier die statistischen Angaben über Opfer deutscher Gewalt in der Sowjetunion und Polen); Winkler, Weg II (Anm. 1), S. 109 ff. (Zitate aus dem «Stuttgarter Schuldbekenntnis» und von Jaspers: 110 f.); Tony Judt, Geschichte Europas von 1945 bis zur Gegenwart (engl. Orig.: London 2005), München 2006, S. 27 ff.; Armin Boyens, Das Stuttgarter Schuldbekenntnis vom 19. Oktober 1945 – Entstehung und Bedeutung, in: Vierteljahrshefte für Zeitgeschichte 19 (1971), S. 347–397; Clemens Vollnhals, Die evangelische Kirche zwischen Traditionswahrung und Neuorientierung, in: Broszat u. a. (Hg.), Von Stalingrad (Anm. 27), S. 113–167 ff.; ders., (Hg.), Entnazifizierung. Politische Säuberung und Rehabilitierung in den vier Besatzungszonen 1945–1949, München 1991; Klaus-Dietmar Henke, Die Trennung vom Nationalsozialismus. Selbstzerstörung, politische Säuberung, «Entnazifizierung», Strafverfolgung, in: ders./Woller (Hg.), Säuberung (Anm. 18), S. 21–83; Helga A. Welsh, «Antifaschistisch-demokratische Umwälzung» und politische Säuberung in der sowjetischen Besatzungszone, ebd., S. 84–107; Jörg Baberowski/Anselm Doering-Manteuffel, Ordnung durch Terror. Gewaltexzesse und Vernichtung im nationalsozialistischen und im stalinistischen Imperium, Bonn 2007, S. 15 ff. (Zitate: 15, 83); Zygmunt Bauman, Moderne und Ambivalenz. Das Ende der Eindeutigkeit (engl. Orig.: Cambridge 1993), Frankfurt 1995; ders., Dialektik der Ordnung. Die Moderne und der Holocaust (engl. Orig.: Oxford 1989), Hamburg 1992[1], bes. S. 98 ff. (Zitat: 105); Wolfgang Sofsky, Zeiten des Schreckens. Amok, Terror, Krieg, Frankfurt 2002, S. 63 ff.; Jean-Michel

Chaumont, Die Konkurrenz der Opfer. Genozid, Identität und Anerkennung (frz. Orig.: Paris 1997), Lüneburg 2001; Volker Knigge u. Norbert Frei (Hg.), Verbrechen erinnern. Die Auseinandersetzung mit Holocaust und Völkermord, München 2002; Norman M. Naimark, Stalin und der Genozid (amerik. Orig.: Princeton 2010), Berlin 2010; Eric D. Weitz, A Century of Genocide. Utopias of Race and Nation, Princeton 2003; Mihran Dabag u. Kristin Platt, Genozid und Moderne, 2 Bde., Bd. 1: Strukturen kollektiver Gewalt im 20. Jahrhundert, Opladen 1998; Jacques Sémelin, Säubern und Verwalten. Die Politik der Massaker und Völkermorde (frz. Orig.: Paris 2005), Hamburg 2007; Yves Ternon, Der verbrecherische Staat. Völkermord im 20. Jahrhundert (frz. Orig.: Paris 2007²), Hamburg 1996; Boris Barth, Genozid. Völkermord im 20. Jahrhundert. Geschichte, Theorien, Kontroversen, München 2006; Claus Leggewie, Der Kampf um die europäische Erinnerung. Ein Schlachtfeld wird besichtigt, München 2011. Opferzahlen zum Zweiten Weltkrieg nach: Der Große Ploetz. Die Enzyklopädie der Weltgeschichte, Göttingen 2008, S. 843. Der Text der «Triple-Note» vom 24. 5. 1915 zum Völkermord an den Armeniern in: Richard G. Hovannisian, The Historical Dimension of the Armenian Question 1878–1923, in: ders. (ed.), Armenian Genocide in Perspective, New Brunswick 2007, S. 30. Zur Haager Landkriegsordnung: Winkler, Geschichte (Anm. 3), S. 1008 ff. Zum Völkermord an den Armeniern siehe oben S. 22 f., zu den stalinistischen Verbrechen der dreißiger Jahre 720 ff.

31 Hans Woller, Die Abrechnung mit dem Faschismus in Italien 1943 bis 1948, München 1996; ders., Geschichte (Anm. 6), S. 188 ff. (Zitate Woller: 218, 222); Aram Mattioli, Das sabotierte Kriegsverbrechertribunal, in: Asserate/Mattioli (Hg.), Vernichtungskrieg (Anm. 20), S. 152–161; Amadeo Osti Guerazzi, Italiener als Opfer und Täter. Kriegsverbrecherprozesse in Italien nach dem Zweiten Weltkrieg, in: Jürgen Finger u. a. (Hg.), Vom Recht zur Geschichte. Akten aus NS-Prozessen als Quellen zur Zeitgeschichte, Göttingen 2009, S. 84–94; Schieder, Faschismus (Anm. 20), S. 111 ff. (Zitate: 112 f.).

32 Krebs, Japan (Anm. 4), S. 87 ff. (zur Entwicklung der Konzerne: 94 f.); Iris Wieczorek, Japans Umgang mit der Geschichte, in: Japan aktuell 6 (2005), S. 17–25; Ian Buruma, Erbschaft der Schuld. Vergangenheitsbewältigung in Deutschland und Japan (amerik. Orig.: New York 1994), München 1994; Manfred Kittel, Nach Nürnberg und Tokio. «Vergangenheitsbewältigung» in Japan and Westdeutschland 1945 bis 1968, München 2004; Christoph Cornelißen u. a. (Hg.), Erinnerungskulturen. Deutschland, Italien und Japan seit 1945, Frankfurt 2003; Yaggyû Kunichika, Der Yasukuni-Schrein im Japan der Nachkriegszeit. Zu den Nachwirkungen des Staats-Shintô, ebd., S. 243–253; Hannah Arendt, Elemente und Ursprünge totaler Herrschaft. Antisemitismus, Imperialismus und Totalitarismus (amerik. Orig.: New York 1951), München 1955¹, S. 193 ff. (hier die These von den imperialistischen Ursprüngen totalitärer Herrschaft).

33 Peter Wende, Das britische Empire. Geschichte eines Weltreichs, München 2008, S. 243 ff. (Zahlen zu den Soldaten aus dem Commonwealth: 245, Zitat Wende: 274); Clarke, Thousand Days (Anm. 23), S. 399 ff. (zu den Lend-Lease-Lieferungen und den Anleihen an Großbritannien); Miscamble, From Roosevelt (Anm. 23), S. 262 ff.; Truman, Memoiren, Bd. 1 (Anm. 28), S. 556 ff.; Micha Brumlik, Kleine Geschichte des Judentums, Berlin 2009, S. 182 ff.; Michael Brenner, Geschichte des Zionismus, München 2002, S. 108 ff.; Charles D. Smith, Palestine and the Arab-Israeli Conflict, New York 1996[2], S. 120 ff.; Dan Diner, Israel in Palästina. Über Tausch und Gewalt im Vorderen Orient, Königstein 1980; Charles D. Smith, Palestine and the Arab-Israeli Conflict, New York 1996[3], S. 120 ff.; Geir Lundestad, The United States and Western Europe since 1945. From «Empire» by Invitation to Transatlantic Drift, Oxford 2003, S. 27 ff.; Kulke/ Rothermund, Geschichte (Anm. 12), S. 375 ff.; Rudolf von Albertini, Die USA und die Kolonialfrage (1917 bis 1945), in: Vierteljahrshefte für Zeitgeschichte 13 (1965), S. 1–31; Adam B. Ulam, Expansion and Coexistence. The History of Soviet Foreign Policy 1917–67, New York 1968[1], S. 378 ff.; John Lewis Gaddis, Der Kalte Krieg. Eine neue Geschichte (amerik. Orig.: New York 2007), München 2009, S. 42 ff.; Bernd Stöver, Der Kalte Krieg 1947–1991. Geschichte eines radikalen Zeitalters, München 2007, S. 67 ff.; Judt, Geschichte (Anm. 30), S. 124 ff.; Bruce Robellet Kuniholm, The Origins of the Cold War in the Near East. Great Power Conflict and Diplomacy in Iran, Turkey, and Greece, Princeton 1980, S. 130 ff.; Geir Lundestad, The United States and Western Europe since 1945. From «Empire» by Invitation to Transatlantic Drift, Oxford 2003, S, 27 ff.; Timothy J. Botty, The Long Wait. The Forging of the Anglo-American Nuclear Alliance 1945–1958, New York 1987; Ludwig Dehio, Gleichgewicht oder Hegmonie. Betrachtungen über ein Grundproblem der neueren Staatengeschichte, Krefeld 1948, S. 228 ff.; Jörg Fisch, Das Selbstbestimmungsrecht der Völker. Die Domestizierung einer Illusion, München 2010, S. 217 ff.; Klaus Hildebrand, Vom Reich zum Weltreich. Hitler, NSDAP und koloniale Fragen 1919–1945, München 1969, S. 767 ff.; ders., Das vergangene Reich. Deutsche Außenpolitik von Bismarck zu Hitler, Stuttgart 1995, S. 849 ff. Zur «Balfour Declaration» siehe oben S. 26, zur Potsdamer Vereinbarung über Iran 1150.

从世界大战到世界大战：非常时期的回顾

1941 年 9 月 18 日，在伦敦的自由法国领袖戴高乐将军在对法国同胞的广播演讲中，试图将眼下的战争置入到大的历史背景之中。“反对德国的战争始于 1914 年，”他说，“实际上，《凡尔赛条约》并未结束这场战争。这仅仅是一次停火。敌人利用这次停火的机会恢复了他的攻击力。1936 年 3 月以来，德国的侵略卷土重来，首先是占领莱茵兰地区，然后是奥地利和捷克斯洛伐克，之后便开始了进攻波兰、比利时和法国的准备工作。所有这些仅仅是进攻俄罗斯的前戏，现在德国又竭尽全力攻打盎格鲁 - 撒克逊。实际上，世界正处在三十年战争中，这是一场帮助或反对德意志世界统治的战争。”两年半后，丘吉尔把这个历史解释据为己有。英国首相在 1944 年 2 月 27 日给斯大林的信中写道，他把“德国的侵略视为从 1914 年开始的一场总体的三十年战争”。

新三十年战争的说法是一种心理战的手段，但并不缺乏历史基础。德国并不独自承担 1914 年引发第一次世界大战的罪责，但是这个大国对七月危机的升级负有最大责任，这次危机使奥地利和塞
/ 1198 尔维亚冲突不断加剧，最终导致一场大型的欧洲战争。1918 年后，德国并不甘心自己的失败。如果说全国上下有着完全相同的看法的话，那就是所有人认为《凡尔赛条约》非常不公平，必须进行修正。希特勒从一开始就决心发动侵略扩张的战争。与全国上下希望修正《凡尔赛条约》的思潮不同的是，他从来没有想过满足于战前时期的

德国边境。对德国现状提出质疑的运动一直延续着，在希特勒掌权之后，这一种思潮构成了欧洲政策动荡的真正因素。因此从事后看来，两次战争期间不过是一次脆弱的停战。1918 年后的德国政策证明了德意志帝国发动世界大战是不可避免的。

如果我们把目光从欧洲扩展到亚洲，也同样有理由在这种看法后面画一个问号。第一次世界大战后，仅仅维持了二十年的和平。日本作为纳粹德国后来的轴心国伙伴，早在 1931 年就建立了保护国满洲国，以暴力扩大自己的势力范围。1937 年 7 月北京爆发了卢沟桥事件，中日战争拉开帷幕，这场战争于 1941 年成了第二次世界大战的一部分。德国的另一个轴心国伙伴意大利，1935 年已经开始了阿比西尼亚战争。这场战争超越了传统的殖民地战争概念，是一场种族动机的灭绝战，这一类型的战争 1939 年后以更大的规模席卷中东欧，然后蔓延到东欧。西班牙内战，一方面是德国和意大利的轴心国的介入，另一方面是苏联的参与，因此也具备第二次世界大战中前戏的特征。在这里，“法西斯主义”和“布尔什维克主义”第一次以军事力量冲撞到一起。这两支军队仅仅在希特勒与斯大林结盟的短暂时期进行过合作。当 1941 年 6 月 22 日德国袭击苏联的时候，这两支军队开始了殊死的搏斗。

1945 年后，第二次三十年战争的概念也出现在历史学当中。最为明确和最令人印象深刻的使用要属美国历史学家阿诺·约瑟夫· / 1199
迈耶了。他在 1988 年出版的一本关于“犹太人问题最终解决方案”的书中，将第二次世界大战描述为德国对犹太人布尔什维克主义的“十字军讨伐”。两次三十年战争，第一次从 1618 年到 1648 年，第二次从 1914 年到 1945 年。迈耶认为，在这两次三十年战争中间有几个重要的巧合。“从国际体系角度讲，这两次战争的起因都是一个大国要实行对大陆的霸权统治，为了反对这一霸权主张，两次都是由不同的意识形态的群体结成一个军事联盟。黎塞留（Richelieu）

和古斯塔夫·阿道夫（Gustav Adolf）组成了势均力敌力量的代表，温斯顿·丘吉尔和约瑟夫·斯大林也是截然不同的一对搭配。在17世纪，中欧是暴风疾雨的关注点，20世纪，这个关注点在东欧。这两起例子都引发了超大规模的流血事件，而且都是平民的死亡人数超过士兵……1648年，哈布斯堡的霸权主义和中央集权主义的野心被制止，这个事实导致了二百多个领土独立的德意志国家编织成一块德意志‘地毯’的情况，这些小国的王侯们以cuius regio，eius religio（谁统治，就信谁的教）的原则进行统治。1945年，这个后来才统一的德国试图成为欧洲霸主的尝试失败之后，又分裂成两个残缺的国家，这两个国家都有着不容被剥夺的政治宗教。”

迈耶说，这两次三十年战争都爆发在“社会和政治制度发生全面危机的时期，危机是全面而可怕的战争的原因和后果。战争震撼了欧洲传统的基础。人们误认为17世纪上半叶将作为最血腥和毁坏性最大的半个世纪载入史册，然而，这个称号到了20世纪上半叶则被取代了。……17世纪的普遍危机和三十年战争标志着天主教与新教之间的思想意识斗争的终结，20世纪的普遍危机和三十年战争构成了法西斯主义与布尔什维克主义之间意识形态斗争的高潮。……

17世纪，欧洲重组和扩大了对全球的统治地位，20世纪，欧洲失去了全球霸主及其殖民帝国的地位。”

17世纪上半叶和20世纪上半叶都是非常时期，通过这两个时期的比较，可以说明很多问题。和三十年战争一样，第一次世界大战和第二次世界大战不仅是国家之间的冲突，也是在意识形态的层面发生的冲突，其中有些部分构成了内战的形式。和1648年一样，1945年意味着国家体系和国家内部秩序严重的断代。三十年战争是“谁统治，就信谁的教”原则的胜利，第二次世界大战用宪法专家汉斯·彼得·伊普森（Hans Peter Ipsen）的公式来说就是“cuius occupatio，eius constitutio”（谁当占领国，谁立宪）。

“威斯特法伦主权体系”的基础是所有国家自己有权确定其内部政治秩序，其他国家没有权利进行干预。雅尔塔和波茨坦的体系则将这个原则转移到大国的影响力范围内，在逐渐形成的两个“阵营”之内不管发生了什么，即便是占据霸主地位的国家无视自己影响区内的一个国家的主权，也容不得另一方进行武力干涉。当影响范围被逾越，例如在把德国当作一个完整的经济体的问题上，或者在1950年的朝鲜，正式商定的界线被一方忽略和超越的情况下，就有可能在领导国家之间发生冲突。

然而，除了平行的现象外，17世纪和20世纪的状况也存在根本性的差异。30年战争尽管有分明的阶段和变化的结盟，但是在当时人们的眼里这是一场战争。在20世纪两次世界大战期间的第二个十年里，绝大多数欧洲人和北美人并不觉得他们处于战争状态。如果魏玛共和国没有在世界经济危机的风雨中消亡，而被阿道夫·希特勒的“元首制国家”所取代，那么在巴黎郊区缔结的和平协议可能会持续更长的时间。“第二个三十年战争”的概念把1914年至1945年间的发展套上了一层必然性，把两次世界大战之间和平时代转化为视觉上的错觉，一种历史目的论和历史决定论，不再为第一次世界大战后可能的出路和全球经济灾难影响下的现实政治之间做出区分留出可能性。[1]

对于法国人和英国人来说，第一次世界大战仍然是一次“大型的战争”，它要比许多其他战争更重要，它是赫拉克利特意义上的“万物之父”。“伟大的战争使得暴力理论得到了压倒性的胜利，”经济学家莫里茨·朱利叶斯·博恩（Moritz Julius Bonn）在1925年的《欧洲民主的危机》一文中写道，“过去的战争在很大程度上是由职业士兵进行的。而大战是人民的战争。每个人每天都会自己感受到自己的作用，即使他是在后方工作。在这方面，世界大战更是一场组织良好的内战，其本质就是打破了社会各方面的关系……战争否定了现代文明建设的原则。它否定了私有财产的不可侵犯性，它否认人的生命的神圣……它破坏了契约……四年来一直持续咆哮的暴力精神不可能因为一道解甲归田的命令变成温顺的感觉。”

1918 年以后准军事暴力在许多国家成为内政的一个特征，在战败国更是如此。俄国是第一个经历了大战过渡成内战的国家。早在 1914 年 11 月，列宁就宣称“把当前的帝国主义战争转变成内战”的口号是“唯一正确的无产阶级口号”。列宁有机会在 1917 年十月革命后将理论付诸实践，他希望俄国的例子将成为引发整个欧洲革命的火花。

共产主义革命在俄国取得了胜利。借助共产国际以及共产国际
/ 1202 的成员党派，共产主义很快就出现在欧洲各地。世界大战后即刻爆发的内战都受区域性的限制，并没有像布尔什维克所预期的那样汇总成一场大规模的内战。然而对内战和红色革命的恐惧却在欧洲各地蔓延。这种恐惧感在德国的传播比在任何地方都强烈和广泛，而德国恰恰是为十月革命提供积极帮助的国家。没有德国，列宁和布尔什维克就不可能夺取政权。对内战的恐惧有着更深层次的原因，这就是国家受到的创伤：所有传统秩序遭到毁灭，到处一片混乱，盲目暴力比比皆是，三十年战争以来对外国士兵的愤恨。三十年战争是德国历史上的负面经历，也是德国的最大灾难。

布尔什维克俄国最强的对手是美利坚合众国，美国和俄国一样，在 1917 年首次成为欧洲政治舞台上的演员。威尔逊总统是力主美国参加大战的人。他的口号是各国人民应该享有自决权，这个口号要比列宁号召世界革命的口号具有更大的力量。俄国和哈布斯堡多民族帝国在中东欧和东南欧的后续国家成了两项最西方化的原则的受益者，这就是民族主权和民主多数决定权。这两项权利是和 1776 年美国革命与 1789 年法国革命密不可分的。

在民族混合地区应用这些原则从一开始就与其他西方传统造成冲突，这就是尊重所有公民的人权和公民权利，因此必须对少数民族实行宽容政策。新兴国家认为自己是一个单一民族国家，但是从严格意义上讲，这些国家没有一个是这样的国家：南斯拉夫、捷克斯洛伐克和波兰都是多民族国家。国际联盟规定的少数民族保护条约只有在很少情况下达到令人满意的执行程度。除了芬兰和爱沙尼亚以外，没有任何一个新兴国家谈得上主要民族和少数民族关系在总体上达到了和谐。

由于民族问题，就无法构成稳定的政治多数，另外民族问题还使得西方民主在绝大多数年轻国家里扎不下根来。之所以缺少民主，典型的原因是农民缺乏土地，文盲现象普遍；神职人员、军队和特权阶层，特别是大地主对议会制度的不信任；农民、“小资产阶级”和工人又强烈抗议现有的社会关系。执政者对国家内部危机现象所做的回应大都是极力推行民族主义，也常常采用反犹太人主义，并且采取镇压的统治手段。最终的结果是，各个领先国家的“自决”（self-determination）胜过了国内公民的民主“自治”（self-government）。威尔逊当时把这两条原则并列起来，而现在的发展却越来越荒谬了。 / 1203

第一个转变为专制制度的新国家是1919年至1920年的匈牙利。这个失败的国家一直在为早先《特里亚农条约》（Vertrag von Trianon）中丧失的土地而悲哀，而且在1919年还成为中欧唯一的一个经历了一场共产主义革命的国家。在第一次世界大战结束10年之后，新国家当中只剩下少数几个还可以称得上民主国家。到了三十年代中期，除了两个国家以外，其余的都多多少少成了独裁性质的国家。这两个例外，一个是捷克斯洛伐克，在多民族帝国的后继国家中，捷克斯洛伐克是最资产阶级化、最工业化和最世俗化的国家之一；另一个国家是芬兰，它是斯堪的纳维亚民主国家的一部分，并且受其政治文化的强烈影响；而芬兰的南方邻国爱沙尼亚则以“指导性民主”的角色置身于其中。

除了中东欧和东南欧的大多数新兴国家外，许多欧洲古老的国家在 20 世纪 30 年代后期也开始了独裁统治。在巴尔干和比利牛斯半岛，1938 年就没有民主可言了。西方民主仅仅保留在斯堪的纳维亚、英国、爱尔兰、荷兰、比利时、卢森堡、法国和瑞士。捷克斯洛伐克在 1939 年 3 月被纳粹德国摧毁之前也属于这个国家圈子。

/ 1204 如果去寻找两次世界大战期间民主制纷纷消失的更深层原因，就会发现一个共同点，几乎在所有的情况下都是因为社会和精神上的落后所致。独裁的专制主要在于农业国家盛行，除了波罗的海国家和奥地利之外，大部分国家的老百姓都是文盲，天主教或东正教与传统的上层阶级构成了权力垄断。

然而在两个国家里，仅仅套用“落后”这个公式是不够的，这就是意大利和德国，而且德国的情况还更加严重。两国有很多共同点。他们在十九世纪下半叶才形成了国家统一，后来又成为拥有殖民地的国家。这两个国家在地区上有着自身的发展落差，在意大利是南北落差，在德国是东西落差。在 1914 年之前，它们只是进行了部分的民主化。意大利尽管是一个议会君主制国家，但直到 1912 年才获得了近乎普及的选举权。1870 年，梵蒂冈对取消教会国家的举措做出了抵制选举的回应，抵制选举的影响仍然在意大利继续着。德国 1871 年成立帝国以来，尽管男人拥有帝国议会普遍选举权，但是直到 1918 年 10 月德意志帝国才实施了议会君主制，在这个时候大家都看到了军事失败的必然性。

德国的民主化进程在时间上不均衡，在选举法上进程快，在政治制度实现议会制上进程慢。这样就导致了在第一次世界大战以后的一个事实：在 1918 年至 1919 年的革命，主要是推进更多的的民主：实现妇女选举权，实现每个邦国选举权的民主化，实现彻底的议会政府制度。极端左翼试图根据苏联模式建立“无产阶级专政”。这一企图仅仅获得了少数无产阶级的支持，最终在1919年至1920年被血腥镇压。意大利在1918年后并没有经历一场真正的革命，而是以“红色双年”（biennio rosso）的形式于1919年和1920年经历了革命动乱，这一动乱使议会制政府陷入严重危机。在魏玛共和国时期的德国，广大资产阶级阶层越来越认为西方民主是胜利者的国家形式，因此这种民主是失败的“非德意志”产物。在意大利，人们对西方产生怀疑，因为意大利右翼认为西方是“肢解的胜利”
（vittoria mutilata）的罪魁祸首，国家英勇奋战取得的成果最终被 / 1205
搞得支离破碎。因此，对西方的怨恨是这两个国家背叛民主的起点。

1922年10月，在国家君主的大力帮助下，以及迄今为止掌握实权的自由党的容忍之下，法西斯主义在意大利开始掌权。在那个时候，这是一个以前在欧洲从未有过的国家体制。法西斯主义的壮大依靠的是准军事力量，这支力量以前曾经对左派分裂党派施行过极端暴力，因此得到了大地主们的财政支持。墨索里尼掌权并不意味着恐怖的结束，而是国家认可了这种恐怖。

意大利法西斯主义是对布尔什维克主义最为极端的回应，但同时在某些方面也是对其的模仿。对政治上和思想上的敌手采取不宽容的手段，在这一点上法西斯比共产党人毫不逊色。这两个政权都要求人的全身心投入，并且承诺将来会塑造出他们设想中的“新”人。这种总体要求把意大利新一届专制政府从传统的专制政权，如军事独裁中区分出来。意大利这种新政权类型被自由主义和社会主义批评家形容成“极权主义”。意大利是第一个这种类型的国家。极权主义这个概念被墨索里尼使用，后来又被学术界使用，用来确定法西斯主义和民族社会主义之间的共同点：一个党垄断政权和宣传，永远消除权力机构的分散，镇压各种形式的反对力量，秘密警察和恐怖无处不在，发动群众，大搞个人崇拜。

/ 1206

1922年，意大利仅仅实现了部分工业化，并且仍然受到农业的强烈影响。在南意大利（Mezzogiorno）的一些地方，如卡拉布里亚（Kalabrien），在二十年代初期大多数人仍然是文盲（1921年全国文盲占总人口的27%）。如果意大利的落后是民主失败和右翼独裁统治诞生的原因之一的话，那么对德国做类似的考虑，似乎发展不可能是导致民主失败的原因。德国是一个高度发达的工业化国家，义务教育制度早已存在。可以被称为“落后”的主要是易北河东部平原地区的大地主庄园，特别是与德国其他地方分离的东普鲁士地区。这些地区只有通过普鲁士和德意志帝国的慷慨财政援助才能在经济上存活下去。然而，德国在教育上并没有像意大利那样出现如此严重的区域性落差。

德国的一场参照意大利法西斯分子榜样发起的运动之所以能够在1930年后发展出最强大的一个政党，这是与德国民主化进程的不均衡有很大关系的。在议会制度因温和派政党不愿妥协而失败之后，希特勒的纳粹分子们获得了独一无二的机会：从那时起，他们一方面煽动对西方民主的广泛怨恨，另一方面呼吁实现自俾斯麦时代以来就已经书面确认的全民普选权。1930年以来执政的半集权式总统内阁推广这一普选权，为的是要加强自己的政治影响力。

这是一种伪民主的“号召人民”（appel au peuple），虽然希特勒和传统右翼派都对魏玛坚决说“不”，但是希特勒的这个号召把两者区分开来。迄今为止，右翼人士主要追求的是一种集权的危机解决办法。这种做法有可能把国家带入血腥的内战中去。1932年至1933年间，一部分保守派持有这样的观点，他们认为，在德国这样一个具有悠久民主选举传统的国家里，政权的更迭必须要有广泛的民众支持。因为希特勒作为最强的“国家”政党领导人似乎能够得到这一支持，并且同意与保守派分享权力，因此以德国总统兴登堡为首的右翼力量于1933年1月30日协助希特勒登上了总理的宝座。

德国民族社会主义与意大利法西斯主义有着许多共同点。这两种运动都极端崇尚民族主义。这两种运动都极力反对马克思主义和自由主义。它们对政治对手都采取前所未有的野蛮手段，对自己的元首搞英雄崇拜，歌颂青年、男子汉的士气和士兵的美德。这两股势力上台后，消除了一切其他势力，关闭了所有的机构，通过宣传和恐怖的结合，创造了一种虚假的公众舆论，容不得任何对立，给政权蒙上了一层全民公决的合法化色彩。

在不断排挤传统精英方面，民族社会主义要比意大利法西斯主义做得更加彻底和成功。直到最后，法西斯主义最终还是受到了君主制和军事力量的制约。民族社会主义尽管在“元首”周边一直存在着内部权力斗争，但是比意大利法西斯主义更为集权，更接近绝对的权力垄断。在反犹太主义问题上，民族社会主义也有别于意大利法西斯主义。狂热的反犹太主义是阿道夫·希特勒运动的内在核心。直到1938年底，墨索里尼政权才开始推行反犹太政策，这一政策以1935年纽伦堡法为榜样，但并没有用同样的官僚体系予以执行。种族主义当然是意大利法西斯主义的一个特征，在利比亚和后来的阿比西尼亚殖民地战争中，意大利法西斯充分显示出这一点。在非洲，意大利“领袖”证明了他的政权对外的侵略性。尽管他反复强调反对布尔什维克主义，但因为意大利有限的物质资源他从未打算向苏联开战。1941年他还是参加了纳粹德国在东线发动的战争，这是一场晚期殖民地争夺战，同时也是意识形态的破坏性战争。而墨索里尼参战的原因仅仅是因为他期待法西斯意大利在预期的世界重组中不会空手而归。

意大利法西斯主义与德国民族社会主义之间的共同之处非常明显，在那个时代就有人用“法西斯主义”这个典型的概括性理念对两者加以总结。民族社会主义一方面是德国法西斯主义的表现形式，另一方面又和意大利模式在核心点上相去甚远，因此德国民族社会

/ 1208 主义决不能被简单看作是“德国法西斯主义”。两次世界大战期间，欧洲有很多法西斯主义运动，其中包括西班牙长枪党、克罗地亚乌斯塔沙、罗马尼亚钢铁卫队、匈牙利箭十字党。但是只有在意大利和德国、法西斯主义政党没有通过外界的力量而获得政权。只有在这两个国家形成了自主的法西斯主义政权。

组织国际性的欧洲法西斯主义的企图是注定要失败的。法西斯主义独有的民族主义特性使得法西斯政权不可能在国界之外像共产国际那样进行国际大联合。在反犹太主义和反布尔什维克主义方面，“第三帝国”在第二次世界大战中在被占领国里能够说服个别知识分子、政治家、党派和团体与其合作，但动员不起来群众。法西斯主义或民族社会主义与国际主义本身就是自相矛盾的。

俄罗斯布尔什维克是极右力量最极端的反对者，他们一直认为自己是一个新的无阶级社会的急先锋，因此他们夺权后立即开始消除现有的统治阶级，并在很大程度上灭绝他们。意大利法西斯分子和德国纳粹分子并不想消灭经济界、军事界、公务员界和知识分子精英，而是让他们为自己服务，这种做法在不同程度上取得了成功。

斯大林统治的中心动力，就是要彻底消除俄罗斯的落后现象，为了接近这个目标，他采用了比其他任何前任政治家都更为残酷的手段。法西斯主义对意大利社会现代化的贡献是非常有限的，做的最多的工作是扫盲，但是在这一点上墨索里尼的意大利也只是继续了乔利蒂时代所推行的政策。在纳粹德国，尽管有着农业田园生活情调的党派意识，但是工业化在不断发展，这并不是因为希特勒希望德国现代化，而是因为如果不强力扩展军火工业，就不能发动战
/ 1209 争。纳粹德国和法西斯主义意大利并不是现代化的独裁统治，而是像沃尔夫冈·席德尔（Wolfgang Schieder）指出的那样，是现代化危机的表现。这是两个刚实现统一的国家的危机，其社会问题不能以民主手段得到解决。这两个国家对第一次世界大战之后新秩序所

赋予它们的地位深感不满。

两次世界大战期间欧洲民主的危机并不局限于传统的集权国家或法西斯独裁国家，它也涵盖了大多数拥有古老的民主传统的国家。第一次世界大战对理性的信念造成了沉重打击，促生了民族主义激情，随着武器终于沉默，民族主义激情更加高涨起来。这场战争也唤起了对那些被指责让大批民众死亡的人的仇恨，这些人当中有些人为此辩解，有些人则因此而得到升迁。1918 年以后，即便在那些习惯通过议会平台以和平方式交流意见来解决政治冲突的国家也很难恢复常态。业主们总是害怕不断强大的工人运动，他们的工会和党派。1918 年之后，左派在市民阶层中占据大多数的可能性要大于 1914 年之前。

然而，议会民主只有在这两种情况下才经历了失败，要么是议会民主在 1918 年至 1919 年才引进，要么议会民主在社会上没有广泛的基础。在较老的民主国家，法西斯运动不可能像在德国或意大利那样拥有群众基础。在法国，即便共产党人成功地把相当一部分工人阶级团结在自己周围，但是他们依然无法把社会主义者排挤到第二位上。在法国和英国，也有右翼人士对议会主义和民主做出批评，他们也找到了自己的支持者。但是与德国“保守主义革命”不同的是，无论是在英吉利海峡的这一边还是那一边，年轻知识分子右翼都未能成为舆论界主流。这些右翼只能代表各种思潮中的一种。

从世界经济危机当中，德国放弃了议会制度，转向右翼集权式 / 1210
独裁统治。这场经济危机给英国和美国带来的影响力也不亚于德国。在这两个盎格鲁-撒克逊国家里，民主被保留下来，通过经济和社会改革，民主得到了延续和加强。在萧条时期，老派的自由主义顽强地存留下来了。西方的文明垂范意识深入人心，它决定了执政人和被执政人的政治思想，经受住了西方迄今为止最严峻的挑战：这就是 1929 年以来的大危机。[2]

如果西方保守派阵营1933年以后对阿道夫·希特勒的“第三帝国”有什么地方表示同情，那就是他以武力反对布尔什维克主义。三十年代下半年英国的绥靖政策有相当一部分是基于这样一种想法，即德国反对布尔什维克主义态度坚决，因此可以作为伦敦和柏林之间的有限合作的基础。1939年8月23日，德国和苏联签订了互不侵犯条约，证明了这一想法仅仅是一厢情愿。希特勒和斯大林之间的权力安排不会持续很久，这一点很容易预测到。1941年6月22日，德国入侵苏联，这为英国提供了与一个强大的盟友同时向纳粹德国开战的机会。尽管保守的丘吉尔是坚决反对革命的布尔什维克主义的，但是这一点并不重要。只要是涉及大不列颠及其大英帝国的存亡的大事，意识形态上的分歧就必须让位于共同利益，这就是迅速彻底地消灭德国侵略者。

富兰克林·德拉诺·罗斯福似乎对携手斯大林向希特勒开战一事没有任何意识形态上的疑虑。美国总统把苏联视为一个理性的国家。罗斯福非常看好苏维埃共产党人的反殖民主义，反殖民主义与丘吉尔的帝国主义构成了一种势均力敌。希特勒绝对是敌人，他本
/ 1211
人，他的政权，他的世界观和美国政治没有丝毫连接点。与斯大林是可以达成协议的，而且尽可能可以超越军事联合的这个时间段。美国和苏联在第二次世界大战之后的时代可以成为两个世界大国：罗斯福认为，今后维护世界和平的愿景取决于两国共同交流和共同合作的意愿。

社会学家马里奥·莱纳·莱普修斯（M. Rainer Lepsius）称共产主义和法西斯主义是“二十世纪反对议会民主和反对文明社会项目的两大运动”。事实上，不仅是意大利法西斯主义和德国的民族社会主义，而且苏联的布尔什维克主义也是对西方文明规范性工程的根本否定。十八世纪后期大西洋两岸的几次革命所努力追求的就

是西方文明的规范工程。然而，共产主义和法西斯主义这两种意识形态与规范工程所保持的距离是不对称的。法西斯主义完全拒绝了1789年的遗产，因此站在了与十九世纪初的天主教和浪漫派反革命联系在一起的传统路线上。而布尔什维克自认为是法国大革命极端左翼的继承人。大革命中，以弗朗索瓦·诺埃尔·巴贝夫［François Noël Babeuf，亦名“格拉克斯”（Gracchus）］为首的“为平等而密谋”（Verschwörung der Gleichen）的秘密组织，第一个要求彻底废除生产资料私有制，建立一个共产主义社会。在这种革命思想传统中，没有个人自由的空间。

从1941年到1945年这四年中，为了抵御民族社会主义极权政权这个共同敌人，西方民主国家与集权主义的苏维埃体系不得不把它们之间意识形态的对立搁置到一边。在此期间，盎格鲁－撒克逊国家被迫放弃它们在1941年8月14日的《大西洋宪章》中庄严宣布的立场。尽管它们那个时候还没有意识到，但是它们还是把中东欧和东南欧人民自决权作为牺牲品放在了被希特勒逼出来的合作的祭坛上。在战争的最后几个星期，当这一政策的致命后果日益明朗的时候，丘吉尔提出了抗议，但是这一现实已经无法纠正了。1945年春季后，战后时期的断裂线已经显而易见：欧洲被分裂两部分，一边是可以实现《大西洋宪章》承诺的部分，另一边则走向了另一个方向。 / 1212

共同战胜了纳粹德国之后，西方民主国家和苏联临时性的共同“现实政治”的钳制不存在了。两个“世界”之间意识形态冲突的爆发只是时间问题。历史学家丹·迪纳认为，“自由”和“平等”的矛盾可以为20世纪做出“核心解释”。然而，苏联理解的“平等”不是法律面前的自由平等，也不是“社会民主”的机会平等，而是要通过彻底消除由阶级所致的不平等现象达到绝对平等。

迪纳认为，把这种矛盾当作“世界性内战的比喻”比较合适。

“世界在政治上受到价值的历史哲学对抗作用的影响。这一对抗在纵向上切断了此前的对国家和民族的忠诚，突出了 19 世纪的自由与平等的对立，资产阶级与无产阶级的对立，革命和反革命的对立。20 世纪下半叶，所有大陆都变成了革命的对象，非殖民化也把过去一个世纪的政治语言据为己有，恢复到 1789 年的等级命名。从历史哲学角度讲，第三等级就是第三世界，从第三等级（tiers état）变成了第三世界（tiers monde）。

“世界内战”的概念是一个戏剧化的比喻，这个比喻指的是 20 世纪直至 1989 年至 1991 年间共产主义政权结束时的意识形态的根本冲突。这个冲突从 1917 年俄国十月革命开始。在两次世界大战期间，这个冲突还没有完全爆发。主要有三个原因。第一，苏联在输出革命的企图中经历了种种挫折，从而被迫推迟“世界革命”。于是苏联按照斯大林的座右铭，致力于“在一个国家建立社会主义”。
/ 1213 第二，美国的民主弥赛亚主义受到美国孤立主义的阻挠，阻碍了这个西方潜在领袖国家对大西洋两岸国家乃至全球所做的承诺。第三，法西斯主义，特别是德国民族社会主义“夺权”之后，形成了一支“第三力量”，这支力量把东西方在“自由”与“平等”或“民主”与“专制”的意识形态冲突彻底打乱了。

反希特勒联盟的胜利彻底简化了世界形势。世界上仅仅剩下美国和苏联这两个世界大国，而美国在其技术知识和核垄断方面占据了压倒性的优势。其他大国（如果这个地位是按照联合国安理会常任理事国进行定义的话）当中，中国由于国民党和共产党的内部权力斗争而瘫痪；英国和法国这两个欧洲最大的殖民地国家被战争而削弱了势力，它们是否能够恢复底气令人怀疑。

英国在物质上如此严重地依赖于它当年的殖民地美国，我们可以借用迪纳的话说，这是一场“帝国接力棒”的传递，英国把接力棒传递给了美国，这是“新时代的权力转移”（translatio imperii）。当年的两个大国，德国和日本今后的命运如何还前途未卜。古典意义上的主权民族国家的时代至少在欧洲已经接近尾声，这种看法是否能够持久当然还需时日来加以验证。这一古老的大陆的命运已经不在自己手中，而是在那两个打赢了第二次世界大战的世界大国手中。

1945 年标志着法西斯主义这一种类型的极权独裁的结束，但集权统治尚未能够结束。德国的投降不仅结束了为时 12 年的“第三帝国”，而且还终结了存在了近四分之三世纪的德意志帝国。1945 年结束了德国对西方文明规范工程的挑战，这场挑战早在 1933 年以前就已经开始了。德国发动的第二次世界大战，摧毁了第一次世界大战后尚存的欧洲世界意义的基础。一个国家像德国这样在 1933 年 / 1214
通过法治建立起统治时，能够在全世界眼前举行一场大屠杀，在这里，意识形态上的盲目还加上了现代技术的手法。在西方的集体记忆中，杀害欧洲犹太人要比斯大林主义杀害数百万人的罪行记忆更加深刻，这不仅是因为犹太人大屠杀的这种冷血方式是独一无二的，还有另一个原因：这一反人类罪行是由一个属于西方文化的国家所犯下的，因此这一罪行也会以西方的标准来衡量。这正是“德国的灾难”的核心。1946 年，历史学家弗里德里希·梅尼克（Friedrich Meinecke）发表了一本当时被广为阅读的著作。这本书的标题正是《德国的灾难》。

在欧洲，西方的价值观之所以能在第二次世界大战中幸存下来，是因为以美国和英联邦国家构成的新西方救助了这个古老大陆上崇尚自由的力量。但是，自由的事业仍然受到威胁。北大西洋两岸构成的西方是否能够凝聚在一起，就要看 1776 年和 1789 年的理念是否能在战后世界里继续保持。[3]

1 Charles de Gaulle, Discours et Messages. Pendant la Guerre. Juin 1940–Janvier 1946, Paris 1970, S. 102 f. (Rede vom 18. 9. 1941); Briefwechsel Stalins mit Churchill, Roosevelt und Truman 1941–1945, Berlin 1961, S. 254 (Churchills Brief an Stalin vom 27. 2. 1944); Arno J. Mayer, Der Krieg als Kreuzzug. Das Deutsche Reich, Hitlers Wehrmacht und die «Endlösung» (amerik. Orig.: New York 1988), Reinbek 1989, S. 48 ff. (Zitate: 65–67; Hervorhebung im Original); Hans-Peter Ipsen, Das GG in seiner Vorläufigkeit, in: Recht, Staat und Wirtschaft 2 (1950), S. 182–202 (Zitat: 192); Rüdiger Bergien, «Vorspiel des Vernichtungskrieges». Die Ostfront des Ersten Weltkriegs und das Kontinuitätsproblem, in: Gerhard P. Groß (Hg.), Die vergessene Front. Der Osten 1914/15. Ereignis, Wirkung, Nachwirkung, Paderborn 2006, S. 393–408. Zur Formel «cuius regio, eius religio» und zum Dreißigjährigen Krieg siehe Heinrich August Winkler, Geschichte des Westens. Von den Anfängen in der Antike bis zum 20. Jahrhundert, München 2010[2], S. 117 ff.

2 Wilhelm Capelle, Die Vorsokratiker. Fragmente und Quellen, Stuttgart o. J., S. 135 (Heraklit); Moritz Julius Bonn, Die Krisis der europäischen Demokratie, München 1925, S. 41 ff. (Zitate: 61, 67 f.); Jens Hacke, Moritz Julius Bonn – ein vergessener Verteidiger der Vernunft. Zum Liberalismus in der Krise der Zwischenkriegszeit, in: Mittelweg 36 19 (2010), S. 26–59; W. I. Lenin, Der Krieg und die russische Sozialdemokratie, in: ders., Werke, Berlin 1950 ff., Bd. 21, S. 11–21 (20); Jörg Fisch, Das Selbstbestimmungsrecht der Völker. Die Domestizierung einer Illusion, München 2010, S. 151 ff.; Wolfgang Schieder, Imperialismus im unfertigen Nationalstaat. Vergleichende Überlegungen zu Deutschland und Italien, in: ders., Faschistische Diktaturen. Studien zu Italien und Deutschland, Göttingen 2008, S. 341–352; ders., Die Geburt des Faschismus aus der Krise der Moderne, ebd., S. 353–376; Christoph Dipper, Faschismus und Moderne. Gesellschaftspolitik in Italien und Deutschland, in: Lutz Klinkhammer u. a. (Hg.), Die «Achse» im Krieg. Politik. Ideologie und Kriegführung 1939–1945, Paderborn 2010, S. 48–79; Hans Woller, Geschichte Italiens im 20. Jahrhundert, München 2010, S. 199 ff. (zum Analphabetismus: 208); Stanley G. Payne, Fascism. Comparism and Definition, Madi-

son 1980; Gerd Koenen, Was war der Kommunismus?, Göttingen 2010; Peter Fritzsche/Jochen Hellbek, The New Man in Stalinist Russia and Nazi Germany, in: Michael Geyer/Sheila Fritzpatrick (eds.), Beyond Totalitarianism. Stalinism and Nazism Compared, Cambridge 2009, S. 302–342. Zu Lenins Parole vom November 1914 siehe oben S. 33.

3 M. Rainer Lepsius, Das Legat zweier Diktaturen für die demokratische Kultur im vereinigten Deutschland, in: Everhard Holtmann u. Heinz Sahner (Hg.), Aufhebung der Bipolarität – Veränderungen im Osten, Rückwirkungen im Westen, Opladen 1995, S. 25–39 (30); Dan Diner, Das Jahrhundert verstehen. Eine universalhistorische Deutung, München 1999, S. 21 ff. (Zitate: 65, 251; Hervorhebungen im Original); Winkler, Geschichte (Anm. 1), S. 46 ff. (zur «translatio imperii»), S. 368 ff. (zur «Verschwörung der Gleichen»); Friedrich Meinecke, Die deutsche Katastrophe. Betrachtungen und Erinnerungen, Wiesbaden 1947[3].

A. G.	Aktiengesellschaft
AAA	Agrarian Adjustment Administration
ACA	Army Comrades Association
ADGB	Allgemeiner Deutscher Gewerkschaftsbund
AEF	Afrique Équatoriale Française
AEG	Allgemeine Elektrizitäts-Gesellschaft
AFL	American Federation of Labor
AKS	Akademische Karelien-Gesellschaft
ARMIR	Armata Italiana in Russia
BBC	British Broadcasting Corporation
BBWR	Bezpartyjny Blok Współpracy z Rządem/Parteiloser Block der Regierungsunterstützer
BEF	Bonus Expeditionary Force
BK	Bekennende Kirche
BUF	British Union of Fascists
BVP	Bayerische Volkspartei
CCC	Civilian Conservation Corps
CDU	Christlich-Demokratische Union
CEDA	Confederación Española de Derechas Autónomas
CFLN	Comité Français de Libération Nationale
CFTC	Confédération des Travailleurs Chrétiens
CGPF	Confédération Générale de la Production Française/Confédération Générale du Patronat Français
CGT	Confédération Générale des Travailleurs/Confédération Générale du Travail
CGTU	Confédération Générale du Travail Unitaire
CIK	Central'nyj Ispolnitel'nyj Komitet/Zentrales Exekutivkomitee
CIO	Committee for Industrial Organization/Congress of Industrial Organizations
CNR	Conseil National de la Résistance
CNT	Confederación Nacional de Trabajadores/Confederación Nacional del Trabajo
CORE	Congress of Racial Equality

CPA	Communist Party of the United States of America/Kommunistische Partei Amerikas
SR	Tschechoslowakei
CWA	Civil Works Administration
D-Day	Disembarcation-Day
DAF	Deutsche Arbeitsfront
DC	Deutsche Christen
DDP	Deutsche Demokratische Partei
DNSAP	Deutsche Nationalsozialistische Arbeiterpartei
DNVP	Deutschnationale Volkspartei
DVP	Deutsche Volkspartei
EAM	Ellenikon Apelevtherikon Metopon/Nationale Befreiungsfront
EDES	Ethnikos Demokratikos Ellenikos Syndesmos/Nationale Demokratische Vereinigung
EKKI	Exekutivkomitee der Kommunistischen Internationale
ELAS	Ethnikós Laikós Apelevtherotikós Stratós/Nationale Befreiungsarmee
FAI	Federación Anarquista Iberica
FBI	Federal Bureau of Investigation
FDR	Franklin Delano Roosevelt
FERA	Federal Emergence Relief Administration
FNTT	Federación Nacional de Trabajadores de la Tierra
FVP	Fortschrittliche Volkspartei
GATT	General Agreement on Tariffs and Trade/Allgemeines Zoll- und Handelsabkommen
Gestapo	Geheime Staatspolizei
GOELRO	Staatliche Kommission für die Elektrifizierung Rußlands
Gosplan	Gossudarstwennyi Komitet po Planirowaniju/Komitee für Wirtschaftsplanung der Sowjetunion
GPU	Gossudarstwennoje Polititscheskoje Uprawlenije/Staatliche Politische Verwaltung
GULag	Glawnoje Uprawlenije isprawitelno-trudowych Lagerej i kolonij/Hauptverwaltung der Besserungsarbeitslager
IG	Interessengemeinschaft
IGB	Internationale Gewerkschaftsbund
IKL	Isänmaallinen Kansanliike/Vaterländische Volksbewegung
IKRK	Internationales Komitee des Roten Kreuzes
ILP	Independent Labour Party
IMRO	Innere Makedonische Revolutionäre Organisation
IRA	Irish Republican Army
IRI	Istituto per la Ricostruzione Industriale
IWF	Internationaler Währungsfonds
IWW	Industrial Workers of the World
JCS	Joint Chiefs of Staff

JONS	Juntas de Ofensiva Nacional Sindicalista
JP	Jeunesses Patriotes
k. u. k.	kaiserlich und königlich
KdF	Kraft durch Freude
KKK	KuKluxKlan
KP	Kommunistische Partei
KP	Kommunistische Partei der Tschechoslowakei
KPD	Kommunistische Partei Deutschlands
KPP	Kommunistische Partei Polens
KPR	Kommunistische Partei Rußlands
KPdSU	Kommunistische Partei der Sowjetunion
KZ	Konzentrationslager
LIPA	League for Independent Political Action
MEW	Karl Marx/Friedrich Engels, Werke. Hg. V. Institut für Marxismus-Leninismus beim Zentralkomitee der Sozialistischen Einheitspartei Deutschlands, Berlin 1956 ff.
MSPD	Mehrheitssozialdemokratische Partei Deutschlands
NAACP	National Association for the Advancement of Colored People
ND	Nationaldemokraten
NEP	Nowaja Ekonomitscheskaja Politika/Neue Ökonomische Politik
NKWD	Narodny Kommissariat Wnutrennich Del/Volkskommissariat des Inneren
NRA	National Recovery Administration
NS	Nationalsozialismus
NSB	Nationaal-Socialistische Beweging
NSBO	Nationalsozialistische Betriebszellen-Organisation
NSDAP	Nationalsozialistische Deutsche Arbeiterpartei
NUWM	National Unemployed Workers Movement
OGPU	Objedinjonnoje Gossudarstwennoje Polititscheskoje Uprawlenije/ Vereinigte Staatliche Politische Verwaltung
OHL	Oberste Heeresleitung
OKW	Oberkommando der Wehrmacht
OND	Opera Nazionale Dopolavoro
ONR	Obóz Naradowo-Radikalny/National-Radikales Lager
OUN	Orhanizacija Ukrajinskych Nacionalistiv/Vereinigung radikaler ukrainischer Nationalisten
OVRA	Organizzazione di Vigilanza e Repressione dell'Antifascismo
OZN	Obóz Zjednoczenia Narodowego/Lager der Nationalen Vereinigung
PC	Parti Communiste
PCE	Partido Comunista de España
PCF	Parti Communiste Français
PCI	Partito Comunista Italiano
PNF	Partito Nazionale Fascista

PNV	Partido Nacional Vasco
POLPOL	Divisione Polizia Politica
POUM	Partido Obrero de Unificación Marxista
POW	Polska Organizacja Wojskowa/Polnische Militärorganisation
PPD	Parti Populaire Démocratique
PPF	Parti Populaire Français
PPR	Polska Partia Robotnicza/Polnische Arbeiterpartei
PPS	Polska Partia Socjalistyczna/Sozialistische Partei Polens
PSF	Parti Social Français
PSOE	Partido Socialista Obrero Español
PSU	Partito Socialista Unitario
PSUC	Partit Socialista Unificat de Catalunya
PWA	Public Works Administration
RAD	Reichsarbeitsdienst
RF	Reichsführer
RFC	Reconstruction Finance Corporation
RGI	Rote Gewerkschaftsinternationale
RM	Reichsmark
RNP	Rassemblement National Populaire
RSFSR	Russische Sozialistische Föderative Sowjetrepublik
RSHA	Reichssicherheitshauptamt
RSI	Repubblica Sociale Italiana
S.M.	Seine Majestät
SA	Sturmabteilungen
SAP	Sozialistische Arbeiterpartei Deutschlands
Schupo	Schutzpolizei
SD	Sicherheitsdienst
SDKPiL	Socjaldemokracja Królestwa Polskiego i Litwy
SdP	Sudetendeutsche Partei
SEC	Securities and Exchange Commission
SFIO	Section Française de l'Internationale Ouvrière
SMAD	Sowjetische Militäradministration in Deutschland
SNCF	Société Nationale des Chemins de Fer
SNK	Sovet Narodnych Komissarov/Rat der Volksbeauftragten
SOE	Special Operations Executive
SOL	Service d'Ordre Légionnaire
SPD	Sozialdemokratische Partei Deutschlands
SPÖ	Sozialdemokratische Partei Österreichs
SS	Schutzstaffeln
St.	Sankt
STAB	Svenska Tändsticks Aktiebolaget
STO	Service de Travail Obligatoire
T-4	Tiergartenstraße 4
t'Dinaso	Dietsche Nationaalsolidaristen

Tscheka	Außerordentliche Allrussische Kommission zur Bekämpfung von Konterrevolution, Spekulation und Sabotage
TUC	Trade Unions Congress
TVA	Tennessey Valley Authority
UAW	United Automobile Workers
UdSSR	Union der Sozialistischen Sowjetrepubliken
UGT	Unión General de Trabajadores
UME	Unión Militar Española
UN	United Nations
UNO	United Nations Organization
UPA	Ukraińska Povstans'ka Armija (Ukrainische Aufständische Armee)
USA	United States of America
USPD	Unabhängige Sozialdemokratische Partei Deutschlands
USR	Union Socialiste Républicaine
WPA	Works Progress Administration
ZK	Zentralkomitee
ŻOB	Żydowska Organizacja Bojowa (Jüdische Kampforganisation)
ZWZ	Związek Walki Zbrojnej/Verband für den Bewaffneten Kampf
ŻZW	Żydowski Związek Wojskowy

Abbas, Ferhat (1899–1985) 468 f.
Abd el-Karim (1882–1963) 392 f., 466
Abdulhamid II., *Sultan* (1842–1918) 22
Abdullah Ibn Husain, *König von Jordanien* (1882–1951) 470
Abdulmecid II. (1868–1944) 191
Abetz, Otto (1903–1958) 581, 1030, 1035
Addison, Christopher (1869–1951) 251
Adenauer, Konrad (1876–1967) 313, 318, 483, 863, 1136
Adler, Friedrich (1879–1960) 106, 150, 152, 244–246
Adler, Victor (1852–1918) 106, 115, 149 f.
Adorno, Theodor Wiesengrund (1903–1969) 679
Aguilera, Gonzalo de (1886–1965) 817 f.
Aguirre, José Antonio (1904–1960) 801
Al-Gailani, Raschid (1892–1965) 938, 980
Albert I., *König von Belgien* (1875–1934) 424, 1057
Albertini, Luigi (1871–1941) 170, 436, 715
Aldrich, Winthrop Williams (1885–1974) 663
Alexander, *König von Griechenland* (1893–1920) 64, 191
Alexander I., *König des Königreichs der Serben, Kroaten und Slowenen* (1888–1934) 113, 343, 345–347, 376, 380, 775, 937
Alexandra, *Zarin* (1872–1918) 39
Alfons XIII., *König von Spanien* (1886–1941) 391, 393, 395 f., 398, 402
Alibert, Raphaël (1887–1963) 1023
Allal el-Fassi (1910–1974) 467
Allen, R. E. (1865–1951) 216
Allen of Hartwood, Lord (1889–1939) 756
Allenby, Edmund (1861–1936) 93
Alperovitz, Gar (* 1936) 1159 f.
Altrichter, Helmut (* 1945) 522 f.
Ambrosio, Vittorio (1879–1958) 1058 f.
Amendola, Giovanni (1882–1926) 432–434, 447
Anami Korechika (1887–1945) 1156
Anders, Władysław (1892–1970) 1002
Andler, Charles (1866–1933) 29
Andrássy d. J., Julius (1860–1929) 113
Anschütz, Gerhard (1867–1948) 330, 489
Antonescu, Ion (1882–1946) 931, 944, 961, 1023, 1041 f., 1051, 1072
Antonow, Alexander (1888–1922) 227
Aragon, Louis (1897–1982) 322, 583

Aragona, Ludovico d' (1876–1961) 242
Arciszewski, Tomasz (1877–1955) 1076, 1095, 1126
Arco-Valley, Anton von (1897–1945) 146
Aristoteles (384–322 v. Chr.) 643
Armstrong, Louis (1901–1971) 220
Arndt, Ernst Moritz (1769–1860) 297, 921
Arnim, Hans-Jürgen von (1889–1962) 975
Aron, Robert (1898–1975) 580 f.
Arslan, Schakib (1869–1946) 465, 467 f.
Asquith, Herbert Henry (1852–1928) 37 f., 167 f., 255
Astachow, Georgi (1897–1942) 880
Astor, Nancy (1879–1964) 757
Astor, Waldorf (1879–1952) 757
Attila, *König der Hunnen* (vor 430–453) 16
Attlee, Clement (1883–1967) 768, 906, 1144, 1146, 1188, 1191 f.
Auden, Wystan Hugh (1907–1973) 805
Aung San, Bogyoke (1915–1947) 474, 1069
Augustus (63 v. Chr.–14 n. Chr.) 445, 476
Auriol, Vincent (1884–1966) 784, 793
Azaña y Diaz, Manuel (1880–1940) 398 f., 401–403, 799, 815, 817
Aznar, Juan Bautista (1860–1933) 396

Babbitt, Irving (1865–1933) 535
Baberowski, Jörg (* 1961) 530 f., 726 f., 998, 1164, 1174
Babeuf, François Noël (1760–1797) 1211
Bach-Zelewski, Erich von dem (1899–1972) 1075
Bacharin, Ewgenij 880
Backe, Herbert (1896–1947) 1018
Badoglio, Pietro (1871–1956) 450, 711, 1059–1067
Baeck, Leo (1873–1956) 1103 f.
Baillie, Hugh (1890–1966) 883
Bainville, Jacques (1879–1936) 183
Baker, Josephine (1906–1975) 322
Balabanoff, Angelica (1878–1965) 267
Balbo, Italo (1896–1940) 271, 437
Baldwin, Stanley (1867–1947) 255 f., 258, 451, 476, 478, 480 f., 592, 600, 759–764, 767, 787
Balfour, Arthur (1848–1930) 26, 209, 470, 475, 600, 1186
Ballila (1776–?) 441
Bandera, Stepan (1909–1959) 999
Bang, Nina (1866–1928) 411
Bao Dai, *Kaiser von Vietnam* (1913–1997) 1162
Barbie, Klaus (1913–1991) 1031
Barbusse, Henri (1873–1935) 583
Bárdossy, László von (1890–1946) 1042
Bargen, Werner von (1898–1975) 1039
Barnes, George Nicoll (1859–1940) 166
Bartel, Kazimierz (1882–1941) 352 f.
Barth, Emil (1879–1941) 101 f., 138
Barthou, Louis (1862–1934) 265, 347, 771 f., 775 f.
Baruch, Marc-Olivier (* 1957) 1032, 1035
Basch, Victor (1863–1944) 532 f.
Basso, Lelio (1903–1978) 447, 1066
Batista y Zaldívar, Fulgencio (1901–1973) 839
Baudouin I., *König der Belgier* (1930–1993) 1010
Baudouin, Paul (1894–1964) 911 f.
Bauer, Gustav (1870–1944) 95, 179, 279–282

Bauer, Otto (1881–1938) 149 f., 245
Bauman, Zygmunt (* 1925) 11, 1174
Beasley, William Gerald (1919–2006) 636
Beaverbrook, Max Aitken, Lord (1879–1964) 479, 600 f., 756, 762, 907
Bebel, August (1840–1913) 35
Becher, Johannes Robert (1891–1958) 328
Beck, Józef (1894–1944) 791, 830, 835 f., 867, 870, 874 f.
Beck, Ludwig (1880–1944) 849 f., 1080, 1086
Beckerath, Erwin von (1889–1964) 599
Beckett, Samuel (1906–1989) 417
Beethoven, Ludwig van (1770–1827) 28
Begin, Menachem (1913–1992) 1187
Beimler, Hans (1895–1936) 806
Bell, George Kennedy Allen (1883–1958) 1111
Bell, Johannes (1868–1949) 148, 180
Ben Badis, Abd el Hamid (1889–1940) 468
Ben-Gurion, David (1886–1973) 1188
Benda, Julien (1867–1956) 778
Bendeskul 468
Beneš, Edvard (1884–1948) 89 f., 106, 370, 373, 723, 826–828, 844, 854 f., 860, 871, 1004, 1123 f.
Benjamin, Walter (1892–1940) 1045 f.
Benn, Gottfried (1886–1956) 736
Bénoist-Méchin, Jacques (1901–1983) 1030
Berenguer, Dámaso (1873–1953) 395 f.
Bergengruen, Werner (1892–1964) 737
Berggraf, Eivind Josef (1884–1959) 1014
Bergson, Henri (1859–1941) 29, 445
Berijà, Lawrenti (1899–1953) 726, 943, 997
Berle, Adolf Augustus (1895–1971) 547
Berling, Zygmunt (1896–1980) 1074
Bermondt-Awalow, Pawel (1877–1974) 158
Bernadotte, Folke (1895–1948) 1107, 1117
Bernecker, Walther L. (* 1947) 403
Bernhardi, Friedrich von (1849–1930) 29
Bernstein, Eduard (1850–1932) 35, 134, 180, 299
Bersarin, Nikolai Erastowitsch (1904–1945) 1133
Bersin, Jan Antonowitsch (1889–1939) 807, 819
Berstein, Serge (* 1934) 577 f.
Beseler, Hans Hartwig von (1850–1921) 120 f.
Besson, Waldemar (1929–1971) 1097
Best, Werner (1903–1989) 738, 873, 905, 1016–1022
Besteiro, Julián (1870–1940) 391, 398, 817
Bethlen, István (1874–1946) 340 f.
Bethmann Hollweg, Theobald von (1856–1921) 20, 23 f., 43, 52, 57 f., 60, 119 f.
Beumelburg, Werner (1899–1963) 737
Bevan, Aneurin (1897–1960) 590, 768
Beveridge, William Henry (1879–1963) 987 f., 990, 1143
Bevin, Ernest (1881–1951) 592, 597, 987, 1144, 1192
Bidault, Geogres (1899–1983) 1032

Bierut, Bolesław (1892–1956) 1074, 1077, 1126, 1143
Bilfinger, Carl (1879–1958) 614
Binding, Karl (1841–1920) 409, 889
Bismarck, Otto von (1815–1898) 27, 32, 278, 325, 484, 562, 632, 669, 671, 733, 847, 921, 1176, 1206
Bismarck, Otto von (1897–1975) 1041
Bissolati, Leonida (1857–1920) 89, 170 f.
Blanqui, Louis Auguste (1805–1881) 45
Bloch, Charles (1921–1987) 782 f.
Blomberg, Werner von (1878–1946) 628, 697, 702, 753–755, 764, 803
Blond, Georges (1906–1989) 789
Blum, Léon (1872–1950) 261, 453, 460, 468, 583 f., 587 f., 771 f., 778 f., 781, 783–796, 799, 815, 834, 846, 848, 858 f., 913, 917, 971, 1024
Blunck, Hans Friedrich (1888–1961) 737
Boch-Galhau, Martha von (1880–1961) 603
Böhler, Jochen (* 1969) 892
Böhm, Wilhelm (1881–1949) 154
Böhme, Franz (1885–1947) 1005
Bogdanow, Alexander Alexandrowitsch (1873–1928) 235
Bonald, Louis Gabriel Ambroise de (1754–1840) 1022
Bonar Law, Andrew (1858–1923) 255 f., 314
Bondfield, Margaret Grace (1873–1953) 481
Bonhoeffer, Dietrich (1906–1945) 691, 1080, 1087
Bonn, Moritz Julius (1873–1965) 12, 679, 1201
Bonnet, Georges (1889–1973) 793, 796, 848 f., 858 f., 873
Bonomi, Ivanoe (1873–1951) 89, 170, 270–272, 274, 432, 1057, 1132
Bór-Komorowski, Tadeusz (1895–1966) 1075
Borah, William Edgar (1865–1940) 200, 648, 838
Borchardt, Knut (* 1929) 484 f.
Bordiga, Amadeo (1889–1970) 241, 433
Borghese, Junio Valerio (1906–1974) 1065
Boris III., *König von Bulgarien* (1894–1943) 378–381, 1044, 1123
Borkenau, Franz (1900–1957) 821 f.
Bormann, Martin (1900–1945) 962, 1054
Borodziej, Włodzimierz (* 1956) 830, 835, 1076, 1127 f.
Bose, Herbert von (1893–1934) 699
Bose, Subhash Chandra (1897–ca. 1945) 980, 1068
Boselli, Paolo (1838–1932) 89
Bottai, Giuseppe (1895–1959) 1058
Bouhey, Jean (1898–1963) 858
Bouhler, Philipp (1899–1945) 889
Bourderon, Albert (1859–1930) 36
Bourguiba, Habib (1903–2000) 465 f.
Bousquet, René (1909–1993) 1026, 1036 f.
Bracht, Franz (1877–1933) 606, 622
Bradfisch, Otto (1903–1994) 960
Bradley, Omar Nelson (1893–1981) 1078
Brand, Joel (1906–1964) 1104
Brandeis, Louis Dembitz (1856–1941) 658
Brandi, Ernst (1875–1937) 565
Brandler, Heinrich (1881–1967) 310
Brandt, Karl (1904–1948) 889
Brandt (Geburtsname Herbert Frahm), Willy (1913–1992) 814

Branting, Hjalmar (1860–1925) 165, 405 f.
Brasillach, Robert (1909–1945) 789, 1030
Brauchitsch, Walther von (1881–1948) 755, 849 f., 884, 909, 948
Braun, Eva (1912–1945) 1118
Braun, Magnus von (1878–1972) 603, 624
Braun, Otto (1872–1955) 282, 302, 489 f., 559, 561, 572, 606–608, 616, 681
Brauns, Heinrich (1868–1939) 308, 496, 561
Braunthal, Julius (1891–1972) 243, 477
Brecht, Bertolt (1898–1956) 328 f., 680
Bredel, Willi (1901–1964) 328
Bredow, Ferdinand von (1884–1934) 699
Breitscheid, Rudolf (1874–1944) 294, 299, 620, 625, 630, 971
Breton, André (1896–1966) 322
Briand, Aristide (1862–1932) 26, 36, 61, 260, 262–264, 455 f., 458, 461, 495 f., 536, 578, 581, 769, 775
Brinkley, Alan (* 1949) 540
Brinon, Fernand de (1885–1947) 769, 1034, 1036
Brockdorff-Rantzau, Ulrich von (1869–1928) 144, 177, 179
Broszat, Martin (1926–1989) 896
Broué, Pierre (1926–2005) 809
Browder, Earl Russell (1891–1973) 662, 664
Brüning, Heinrich (1885–1970) 336, 484, 508–511, 554–556, 559–567, 569, 571–576, 578, 590, 593, 603 f., 624, 626, 631, 716, 769, 772
Brunschvicg, Cécile (1877–1946) 784
Brussilow, Alexei Alexejewitsch (1853–1926) 18, 46
Brutus (85–42 v. Chr.) 290
Bryan, William Jennings (1860–1925) 218
Bryant, Arthur (1899–1985) 598, 600, 757
Bucard, Marcel (1895–1946) 773
Bucharin, Nikolai Iwanowitsch (1888–1938) 42, 76, 80, 164, 227, 229 f., 513–515, 517–522, 721 f., 730
Buchheim, Christoph (1954–2009) 984
Bülow, Bernhard Wilhelm von (1885–1936) 564, 578
Buhl, Vilhelm (1881–1954) 1016, 1132
Buñuel, Luis (1900–1983) 819
Buresch, Karl (1878–1936) 336 f.
Busch, Ernst (1900–1980) 329
Bussche, Axel von dem (1919–1993) 1084
Butterfield, Herbert (1900–1979) 601
Byrnes, James Francis (1882–1972) 841, 1141, 1144, 1154, 1157, 1159 f., 1192

Cabanellas, Miguel (1872–1938) 801
Cachin, Marcel (1869–1958) 240, 458
Caillaux, Joseph (1863–1944) 455, 460, 794
Calinescu, Armand (1893–1939) 376
Calvo Sotelo, José (1893–1936) 395, 402, 798
Cambó, Francesc (1876–1947) 391
Campbell, John Ross (1894–1969) 257
Campins, Miguel (1880–1936) 797
Camus, Albert (1913–1960) 1035
Canaris, Wilhelm (1887–1945) 849
Capelle, Eduard von (1855–1931) 60
Capello, Luigi (1859–1941) 438
Cárdenas del Río, Lázaro (1895–1970) 840

Cardozo, Benjamin Nathan (1870–1938) 658
Carillo Solares, Santiago (* 1915) 800, 819
Carmona, Antonio (1869–1951) 389
Carol II., *König von Rumänien* (1893–1953) 374–377, 380, 931
Casado, Sigismondo (1893–1968) 817
Casares Quiroga, Santiago (1884–1950) 402, 799
Casement, Roger (1864–1916) 37
Castillo, José (1901–1936) 402
Castro, Joaquim Pereira Pimento de (1846–1918) 387
Céline, Louis Ferdinand (1894–1961) 789, 1030
Cerruti, Vittorio (1881–1961) 710
Chamberlain, Joseph (1836–1914) 167, 763
Chamberlain, Neville (1869–1940) 595, 759, 762–767, 844, 846, 848–851, 853–859, 874 f., 877 f., 882, 887, 900, 903, 906
Chaplin, Charlie (1889–1977) 220, 322
Chapsal, Fernand (1862–1939) 793
Charlotte von Nassau-Weilburg (1896–1985) 425, 908
Chase, Stuart (1888–1985) 547 f.
Chautemps, Camille (1885–1963) 587, 770, 793 f., 815, 846, 912
Chéron, Henri (1867–1936) 776
Chiappe, Jean (1878–1940) 770
Christian X., *König von Dänemark* (1870–1947) 905, 1016, 1019
Chruschtschow, Nikita Sergejewitsch (1894–1971) 722, 725
Churchill, Winston (1874–1965) 20, 63, 249, 258, 451, 476 f., 534, 600, 759, 761–763, 767 f., 828, 850, 857, 861, 887, 903 f., 906 f., 909–912, 917, 925, 928 f., 934, 942, 950–954, 963, 975, 977, 980 f., 987–990, 1002, 1006 f., 1058, 1070, 1073, 1076–1078, 1088–1096, 1098, 1111–1116, 1121 f., 1126, 1140–1144, 1147, 1149, 1152, 1154 f., 1175, 1186, 1188 f., 1193, 1197, 1199, 1210 f.
Chvalkovsk, František (1885–1945) 871
Ciano, Gian Galeazzo (1903–1944) 715, 751, 877, 884, 933, 1058, 1064
Citrine, Walter (1887–1983) 592
Claß, Heinrich (1868–1953) 24, 96, 502
Claudel, Paul (1868–1955) 1035
Clausen, Frits (1893–1947) 1016 f.
Clay, Lucius Dubignon (1897–1978) 1169
Clemenceau, Georges (1841–1929) 51, 62, 69, 88–90, 166, 169, 175, 177, 181–185, 259 f., 578, 731
Clémentel, Étienne (1864–1936) 261, 455, 462
Clements, Robert 653
Codreanu, Corneliu Zelea (1899–1938) 375 f.
Cole, George Douglas Howard (1889–1959) 482
Colijn, Hendrikus (1869–1944) 419
Collins, Michael (1890–1922) 253
Companys, Lluis (1882–1940) 400 f., 799, 818
Compton, Karl Taylor (1887–1954) 1159
Conant, James Bryant (1893–1978) 1159
Coolidge, Calvin (1872–1933) 211, 214 f., 221 f., 535–538
Cooper, Alfred Duff (1890–1954) 857
Corap, André Georges (1878–1953) 908

Corcoran, Thomas Gardiner (1900–1981) 662
Corday, Charlotte (1768–1793) 290
Corradini, Enrico (1865–1931) 431, 637
Cosgrave, William Thomas (1880–1965) 254, 414–416
Costigan, Edward Prentiss (1874–1939) 544, 661
Cot, Pierre (1895–1977) 586, 786
Coty, François (1874–1934) 579 f.
Coty, René (1882–1962) 774
Coughlin, Charles Edward (1891–1979) 652 f., 661–663, 843
Coulondre, Robert (1885–1959) 860
Cox, James Middleton (1870–1957) 214 f.
Cripps, Richard Stafford (1889–1952) 597, 768, 942, 987
Cristea, Myron (1868–1939) 376
Crispien, Artur (1875–1946) 299
Croce, Benedetto (1866–1952) 274, 437, 445 f., 448, 715, 1066
Cromwell, Oliver (1599–1658) 76
Cunliffe-Lister, Philipp (1884–1972) 759
Cuno, Wilhelm (1876–1933) 302–304, 306 f.
Curtius, Julius (1877–1948) 336 f., 499, 507, 564, 578
Curzon, George (1859–1925) 196, 255, 590, 1073, 1074, 1076, 1094, 1113
Cvetković, Dragiša (1893–1969) 347 f., 936
Czech, Ludwig (1870–1942) 370
Czernin, Ottokar (1872–1932) 72 f., 107, 333

Dahlem, Franz (1892–1981) 806
Dahlerus, Birger (1891–1957) 884
Daladier, Édouard (1884–1970) 459 f., 587 f., 769–771, 784, 786, 791, 795 f., 815, 844, 848 f., 853–856, 858 f., 873, 877, 882, 887, 902 f., 909, 911, 913, 1024
Dalimier, Albert (1875–1936) 770
Dallolio, Alfredo (1853–1952) 130
Dalton, Edward Hugh (1887–1962) 907
Daluege, Kurt (1897–1946) 1004
Dandieu, Arnau 580 f.
Dannecker, Theodor (1913–1945) 959
D'Annunzio, Gabriele (1863–1938) 21, 171, 199 f., 268, 271
Darányi, Koloman (1886–1939) 341
Darlan, François (1881–1942) 912, 915, 933, 975, 1023, 1025
Darnand, Joseph (1897–1945) 1026, 1028–1030, 1033 f., 1036
Darré, Richard Walther (1895–1953) 683, 693
Darrow, Clarence (1857–1938) 218
Darwin, Charles (1809–1882) 218
Daszyński, Ignacy (1866–1936) 118, 124 f., 353
Dato e Iradier, Eduardo (1856–1921) 391 f.
David, Eduard (1863–1930) 148, 178, 279
Davies, Joseph Edward (1876–1958) 1141
Davis, John William (1873–1955) 215
Dawes, Charles Gates (1865–1951) 314, 319–321, 454, 483, 486, 500 f.
De Bono, Emilio (1866–1944) 434
De Brouckère, Louis (1870–1951) 787
De Gasperi, Alcide (1881–1954) 274, 1066, 1178
De Gaulle, Charles (1890–1970) 196, 776, 791, 903, 911, 913–917, 975, 1025, 1031 f., 1035, 1078, 1091, 1132, 1140, 1190, 1197
De Geer, Dirk Jan (1870–1960) 1011

De La Rocque, Casimir (1886–1946) 579, 773, 788, 792, 1023
De Lattre de Tassigny, Jean (1889–1952) 1134
De Maistre, Joseph (1753–1821) 1022
De Man, Hendrik (1885–1953) 1010
De Monzie, Anatole (1876–1947) 455
De Stefani, Alberto (1879–1969) 431, 442
De Valera, Eamon (1882–1975) 168, 252–254, 414–416, 853
Deakin, Francis William (1913–2005) 826
Déat, Marcel (1894–1955) 585–588, 778, 780, 879, 914, 1029 f., 1033 f., 1036
Debs, Eugene Victor (1855–1926) 55, 217
Degoutte, Jean (1866–1938) 294
Dégrelle, Léon (1906–1994) 423, 424, 1010
Dekanosow, Wladimir Georgijewitsch (1898–1953) 943
Delbos, Yvon (1885–1956) 778, 784, 786 f., 793
Delbrück, Hans (1848–1929) 25, 489
Deloncle, Eugène (1890–1944) 1029 f.
Delp, Alfred (1907–1945) 1080, 1087
Delvina, Suleyman Bey (1871–1932) 385
Demertzis, Konstantinos (1876–1936) 383
Denikin, Anton Iwanowitsch (1872–1947) 91, 159–161, 195, 223
Dentz, Henri Fernand (1881–1945) 938
Deschanel, Paul (1855–1922) 260
Deutsch, Julius (1884–1968) 149 f., 806
Dewey, John (1859–1952) 534, 547
Dewey, Thomas Edmund (1902–1971) 1092
Diaz, Adolfo (1875–1964) 537
Diaz, Armando (1861–1928) 273, 431
Dibelius, Otto (1880–1967) 691, 1047
Dies, Martin (1900–1972) 843
Dilke, Charles (1843–1911) 597
Dimitroff, Georgi (1882–1949) 378 f., 448, 718, 881
Diner, Dan (* 1946) 1173, 1212 f.
Dirlewanger, Oskar (1895–1945) 1075
Disney, Walt (1901–1966) 220
Dittmann, Wilhelm (1874–1954) 101, 134, 138, 299
Djemal Pascha (1872–1922) 189
Dmowski, Roman (1864–1939) 118–121, 123 f., 353, 833
Doehring, Bruno (1879–1961) 104
Dönitz, Karl (1891–1980) 1118–1121
Doering-Manteuffel, Anselm (* 1949) 1164, 1174
Dollfuß, Engelbert (1892–1934) 337–339, 700, 705–707
Doriot, Jacques (1898–1945) 773, 788 f., 914, 1029 f., 1036
Dormoy, Marx (1888–1941) 784, 790
Dos Passos, John (1896–1970) 534, 548
Doumer, Paul (1857–1932) 585
Doumergue, Gaston (1863–1937) 453, 771, 774–776
Dowbor-Muśnicki, Józef (1867–1937) 122
Doyle, Michael W. (* 1948) 476
Dreiser, Theodore (1871–1945) 534, 548
Dreyfus, Alfred (1859–1935) 532

Drieu la Rochelle, Pierre (1893–1945) 789, 1030
Dschugaschwili, Bessarion (1853–1909) 512
Dschugaschwili, Jakov (1907–1943) 998
Duca, Ion (1879–1933) 375 f.
Duchonin, Nikolai Nikolajewitsch (1876–1917) 70
Duckwitz, Georg Ferdinand (1904–1973) 1020
Duclos, Jacques (1896–1975) 458
Duesterberg, Theodor (1875–1950) 568–570
Duhamel, Georges (1884–1966) 1035
Duisberg, Carl (1861–1935) 567
Dukakis, Michael (* 1933) 213
Dulles, Allen Welsh (1893–1969) 1111
Dulles, John Foster (1888–1959) 177, 539
Dumini, Amerigo (1894–1967) 433 f.
Duncker, Franz (1822–1888) 682
Durkheim, Émile (1858–1917) 30
Durruti, Buonaventura (1896–1936) 808, 812
Duttweiler, Gottlieb (1888–1962) 428 f.
Duverger, Maurice (* 1917) 789
Dzierzyński, Feliks (1877–1926) 71, 76, 118, 162, 236

Eberlein, Hugo (1887–1941) 164
Ebert, Friedrich (1871–1925) 35, 60, 73, 94 f., 99–103, 133, 138–140, 143 f., 148, 151, 180, 186, 279 f., 286, 290, 293, 298, 300, 302 f., 306–313, 315 f., 487–489
Eccles, Marriner Stoddard (1890–1977) 842
Eden, Anthony (1897–1977) 712, 756, 758 f., 761, 764–767, 787, 815, 850, 857, 887, 907, 909, 1089 f., 1093, 1144, 1175
Eduard VIII., *König von England* (1894–1972) 762 f.
Ehrenburg, Ilja (1891–1967) 996
Ehrhardt, Hermann (1881–1971) 280 f., 285, 288
Ehrlich, Paul (1854–1915) 17
Eichhorn, Emil (1863–1925) 139 f.
Eichmann, Adolf (1906–1962) 967, 1043, 1103–1105
Einstein, Albert (1879–1955) 213, 322, 679
Eisenhower, Dwight David (1890–1969) 545, 975, 980, 1056, 1062, 1078, 1114 f., 1120 f., 1134
Eisenstein, Sergej Michailowitsch (1898–1948) 235, 729, 995
Eisler, Hanns (1898–1962) 329
Eisner, Kurt (1867–1919) 98, 145–147, 165
Ekman, Carl Gustav (1872–1945) 406
El-Husseini, Haj Mohammed Amin (1893–1974) 470, 980
Elbau, Julius (1881–1965) 618
Eliáš, Alois (1890–1942) 1004
Elias, Sid (1897–1990) 596
Ellington, Duke (1899–1974) 220
Elser, Johannes Georg (1903–1945) 899 f., 1088 f.
Ender, Otto (1875–1960) 336
Engels, Friedrich (1820–1895) 48 f., 75, 81
Enver Pascha (1881–1922) 189
Ersing, Joseph (1882–1956) 625 f.
Erzberger, Matthias (1875–1921) 58, 99, 102, 178 f., 286 f., 290, 295 f., 483
Escherich, Georg (1870–1941) 289
Essen, Georg Didrik von 363
Eucken, Rudolf (1846–1926) 17
Evangheli, Pandel (1859–1939) 385

Fabre-Luce, Alfred (1899–1983) 789, 1030
Facta, Luigi (1861–1930) 272 f.
Faisal I., *König des Irak* (1883–1933) 207, 463, 470
Falkenhausen, Alexander von (1878–1966) 908, 1009
Falkenhayn, Erich von (1861–1922) 17, 19
Fall, Albert Bacon (1861–1944) 215
Farinacci, Roberto (1892–1945) 271, 435–438, 823, 1060, 1062
Faure, Paul (1878–1960) 240, 585 f., 772, 859
Fay, Emil (1886–1938) 338
Federzoni, Luigi (1878–1967) 431, 434, 436, 1058
Fehrenbach, Konstantin (1852–1926) 178, 286 f., 302
Feine, Gerhart (1894–1959) 1106
Fellisch, Alfred (1884–1973) 311
Ferdinand I., *König von Bulgarien* (1861–1948) 93
Ferdinand I., *König von Rumänien* (1865–1927) 374
Fermi, Enrico (1901–1954) 825
Feuchtwanger, Lion (1884–1958) 680, 693, 731 f.
Fichte, Johann Gottlieb (1762–1814) 297
Fierlinger, Zdenek (1891–1976) 1124
Filov, Bogdan (1883–1945) 1044
Finci, Aldo (1891–1944) 434
Fischer, Hermann (1896–1922) 295
Fischer, Wolfram (* 1928) 128 f., 482
Flandin, Pierre-Étienne (1889–1958) 709, 761, 776–778, 933
Flick, Friedrich (1883–1972) 674, 1166
Foch, Ferdinand (1851–1929) 92, 102, 159, 175, 915
Foltz, Charles (1910–2005) 818
Ford, Henry (1863–1947) 221
Fordney, Joseph Warren (1853–1932) 221
Foster, William Zebulon (1881–1961) 536, 548
Fraenkel, Ernst (1898–1975) 214, 633 f., 735
Franco y Bahamonde, Francisco (1892–1975) 391, 400–402, 663, 751, 790, 797, 800 f., 803, 807–810, 812, 815–822, 837, 858, 877, 932, 1023
Frank, Anne (1929–1945) 1040
Frank, Hans (1900–1946) 705, 897, 957 f., 966 f., 1002
Frank, Margot (1926–1945) 1040
Frank, Otto (1889–1980) 1040
Frankfurter, David (1909–1982) 740
Frankfurter, Felix (1882–1965) 1048
Franz I., *Kaiser* (1708–1765) 115
Franz Joseph I., *Kaiser von Österreich* (1830–1916) 18, 58, 116
Freisler, Roland (1893–1945) 986, 1086, 1088
Freud, Sigmund (1856–1939) 322, 680, 862
Freyer, Hans (1887–1969) 327, 736
Frick, Wilhelm (1877–1946) 505, 611, 626, 628, 675, 684–686, 690, 1004, 1166
Fried, Eugen (1900–1943) 582
Friedberg, Robert (1851–1920) 60
Friedeburg, Hans Georg von (1895–1945) 1120 f.
Friedländer, Saul (* 1932) 862, 971 f., 1038, 1103
Friedrich II. der Große, *König von Preußen* (1712–1786) 671, 676 f., 886
Friedrich Karl von Hessen (1868–1940) 158
Frieser, Karl-Heinz (* 1949) 918
Fritsch, Werner von (1880–1939) 753–755

Frölich, August (1877–1966) 310, 312
Fromm, Erich (1900–1980) 679
Fromm, Friedrich (1888–1945) 1086
Frossard, Ludovic-Oscar (1889–1946) 240 f., 778, 796
Fuad I., *König von Ägypten* (1868–1936) 471
Fuchs, Klaus (1911–1988) 1155
Funk, Walther (1890–1960) 755
Furet, François (1927–1997) 730

Gajda, Radola (1892–1948) 372
Galbraith, John Kenneth (1908–2006) 538
Galen, Clemens August von (1878–1946) 944 f.
Gamelin, Maurice (1872–1958) 776, 780, 792, 908 f.
Gandhi, Mahatma (1869–1948) 209, 473 f., 978
Ganzer, Karl Richard (1909–1943) 919
Garbai, Alexander (1879–1947) 153
Garbo, Greta (1905–1990) 220
García Lorca, Federico (1898–1936) 797
García Oliver, Juan (1901–1980) 802, 810
Gareis, Karl (1889–1921) 290
Garibaldi, Giuseppe (1807–1882) 199, 808
Garvey, Marcus (1887–1940) 212
Gaxotte, Pierre (1895–1982) 789
Gay, Peter (* 1923) 322
Gayl, Wilhelm von (1879–1945) 574, 603, 605, 610–614, 618, 622
Geddes, Eric (1875–1937) 166
Gehlen, Arnold (1904–1976) 736
Gentile, Giovanni (1875–1944) 273, 431, 445
Georg II., *König von Griechenland* (1890–1947) 191, 381, 383, 937, 1008
Georg V., *König von England* (1865–1936) 256, 481, 592, 759, 762
Georg VI., *König von England* (1895–1952) 763, 907, 1142
George, Stefan (1868–1933) 326, 1085
Georges (Fabien), Pierre (1919–1944) 1025
Georgiew, Kimon (1882–1969) 379 f., 1072, 1122
Gerron, Kurt (1897–1944) 1103 f.
Gersdorff, Rudolf-Christoph von (1905–1980) 961, 1084
Gerstein, Kurt (1905–1945) 1047
Geßler, Otto (1875–1955) 282, 291, 308, 310 f., 488, 497, 567
Geyer, Dietrich (* 1928) 41 f.
Gide, André (1869–1951) 469, 583, 731 f., 778
Gil Robles y Quiñones, José Maria (1898–1980) 398, 400, 402 f., 798
Giolitti, Giovanni (1842–1928) 21, 199 f., 266 f., 269 f., 272, 274, 432 f., 435 f., 1066, 1208
Giral Pereira, José (1879–1962) 799, 802
Giraud, Henri (1879–1949) 975, 1031 f.
Gladstone, William (1809–1898) 255
Glaise-Horstenau, Edmund (1882–1946) 750
Glass, Carter (1858–1946) 643, 664
Gleichen-Russwurm, Heinrich von (1882–1959) 611
Glinka, Michail Iwanowitsch (1804–1857) 995
Globke, Hans (1898–1973) 863
Globocnik, Odilo (1904–1945) 1037
Goded Llopis, Manuel (1882–1936) 400–402
Goebbels, Joseph (1897–1945) 568, 623, 674, 678 f., 681, 693, 696, 698, 703, 764, 863, 865 f., 919 f.,

959, 964–966, 970, 973, 982, 986, 1035, 1053, 1117 f.
Goebbels, Magda (1901–1945) 1118
Gömbös von Jákfa, Gyula (1886–1936) 341, 707
Goerdeler, Carl Friedrich (1884–1945) 850, 1080, 1082–1084, 1087, 1089
Göring, Hermann (1893–1946) 600, 613, 626, 628, 674, 681, 684, 699–701, 737, 744, 753–756, 758, 764, 803 f., 832, 847, 850, 878, 884, 909, 929, 946, 959, 963, 986, 1117, 1121, 1166
Goethe, Johann Wolfgang von (1749–1832) 1167
Goga, Octavian (1881–1938) 376
Goldman, Marcus (1821–1904) 539
Gollancz, Victor (1893–1967) 602, 732, 768
Goltz, Rüdiger von der (1865–1946) 157
Gomes da Costa, Manuel de Oliveira (1863–1929) 389
Gómez-Jordana Sousa, Francisco (1876–1944) 1045
Gompers, Samuel (1850–1924) 211
Gomułka, Władisław (1905–1982) 1126
González, Valentín (1909–1983) 808
Gorki, Maxim (1868–1936) 728 f.
Gort, John Vereker, Lord (1886–1946) 909
Gottwald, Klement (1896–1953) 372, 810, 829, 1124
Grabski, Władysław (1874–1938) 195, 349
Graf, Willi (1918–1943) 1089
Gramsci, Antonio (1891–1937) 241 f., 266, 440
Grandi, Dino (1895–1988) 271, 765 f., 1058–1061
Grant, Ulysses (1822–1885) 980
Grassmann, Peter (1873–1939) 682
Graziadei, Antonio (1873–1953) 242
Graziani, Rodolfo (1882–1955) 450, 714
Green, William (1873–1952) 644
Greenwood, Arthur (1880–1954) 256
Gregor XIII., *Papst* (1502–1585) 64, 81, 346
Griffith, Arthur (1872–1922) 253, 254
Grignoux, Claude (1890–1966) 789
Grinius, Kazys (1866–1950) 357
Grimm, Hans (1875–1959) 737
Grimm, Robert (1881–1958) 425 f.
Groener, Wilhelm (1867–1939) 97, 103, 178–180, 302, 497, 507, 509, 554, 564, 571–573
Grohé, Josef (1902–1987) 1009
Gropius, Walter (1883–1969) 322 f.
Grosz, George (1893–1959) 322, 328
Groza, Petru (1884–1958) 1123
Grynszpan, Herschel (1921–1942) 865
Gruhn, Margarete (1904-?) 754
Guderian, Heinz (1888–1954) 908, 913, 918
Günther, Christian Ernst (1886–1966) 900
Gürtner, Franz (1881–1941) 603, 610
Guesde, Jules (1845–1922) 36
Guillon, Armand 466
Guizot, François (1787–1874) 514
Gurian, Waldemar (1902–1954) 615
Gustav V., *König von Schweden* (1858–1950) 405
Gustav II. Adolf, *König von Schweden* (1594–1632) 1199
Gustloff, Wilhelm (1895–1936) 740
Gutschkow, Alexander Iwanowitsch (1862–1936) 42, 46

Haakon VII., *König von Norwegen* (1872–1957) 904, 1015

Haase, Hugo (1863–1919) 34 f., 99, 101, 134, 137 f., 144, 164
Haber, Fritz (1868–1934) 17, 679
Habicht, Theo (1898–1944) 707
Hácha, Emil (1872–1945) 871
Haeckel, Ernst (1834–1919) 17
Haeften, Hans-Bernd von (1905–1944) 1086
Haeften, Werner von (1908–1944) 1086
Hällström, Ester (1870–1950) 365
Hahn, Otto (1879–1968) 1153
Haig, Douglas (1861–1928) 61, 63
Haile Selassie, *Kaiser von Äthiopien* (1892–1975) 710–713, 1056
Halifax, Edward Frederick Lindley Wood, Lord (1881–1959) 474, 764–767, 849, 851, 906 f., 910
Halder, Franz (1884–1972) 849, 884, 892, 899, 909, 939 f., 943, 974
Haller, Józef (1873–1960) 123
Hamaguchi Yuko (1870–1931) 638
Hamilton, Ian (1853–1947) 757
Hamm, Eduard (1879–1944) 627
Hammerstein-Equord, Kurt von (1878–1943) 571, 634
Hanneken, Hermann von (1890–1981) 1018–1020
Hannington, Wal (1896–1966) 596
Hansen, Hans Christian (1906–1960) 1020
Hansson, Per Albin (1885–1946) 405–408, 900
Hanusch, Ferdinand (1866–1923) 152
Harding, Warren Gamaliel (1865–1923) 55, 214 f., 221, 258, 535
Hardy, Oliver (1892–1957) 220
Harnack, Adolf von (1851–1930) 330, 489
Harnack, Arvid (1901–1942) 942
Harriman, William Averell (1891–1986) 1076, 1095
Harrington, Charles (1872–1940) 191
Hartmann, Ludo Moritz (1865–1924) 151
Hartog, Leendert Johan (* 1924) 968
Haschem el-Atassi (1875–1960) 464
Hashimoto Kingoro (1890–1957) 639
Hassell, Ulrich von (1881–1944) 1082
Hatta, Mohammed (1902–1980) 1162
Haubach, Theodor (1896–1945) 1080
Haugen, Gilbert Nelson (1859–1933) 221 f., 538
Haumann, Heiko (* 1945) 227 f.
Hauptmann, Gerhart (1862–1946) 17, 329, 567
Haussmann, Conrad (1857–1922) 98
Hawley, Willis Chatman (1864–1941) 543 f.
Hearst, William Randolph (1863–1951) 649 f., 660
Heartfield, John (Geburtsname Helmuth Herzfeld) (1891–1968) 328
Heckel, Johannes (1889–1963) 618
Hedtoft, Hans (1903–1955) 1020
Hegel, Georg Wilhelm Friedrich (1770–1831) 29, 529
Heidegger, Martin (1889–1976) 324, 680, 736, 1170
Heilmann, Ernst (1881–1940) 561, 685, 734
Heine, Heinrich (1797–1856) 680
Heine, Wolfgang (1861–1944) 282
Heinrich VIII., *König von England* (1491–1547) 254
Heinze, Karl Rudolf (1865–1928) 311
Heisenberg, Werner (1901–1976) 1153
Held, Heinrich (1868–1938) 489

Heller, Hermann (1891–1933) 679
Hellpach, Willy (1877–1955) 489
Hemingway, Ernest (1899–1961) 800, 809
Henderson, Arthur (1863–1935) 37 f., 481, 592, 597
Henderson, Neville (1882–1942) 884
Henlein, Konrad (1898–1945) 371, 827 f., 848, 851, 1125
Henne, Rolf (1901–1966) 428
Henning, Wilhelm (1879-?) 298
Henningsen, Bernd (* 1945) 407
Henriot, Philippe (1889–1944) 1030, 1033 f.
Hentilä, Seppo (* 1948) 901
Heraklit (ca. 540–ca. 475 v. Chr.) 1201
Herbert, Ulrich (* 1951) 1019
Herder, Johann Gottfried (1744–1803) 206
Hergt, Oskar (1869–1967) 298
Hernández, Jesús (1906–1966) 812
Herodot von Halikarnassos (ca. 490–424 v. Chr.) 929
Herrfahrdt, Heinrich (1890–1969) 625
Herriot, Édouard (1872–1957) 321, 453–456, 458, 461, 533, 586 f., 771, 776, 778, 786
Hertling, Georg von (1843–1919) 60 f., 88, 95
Hertz, Gustav (1887–1975) 679
Hertzog, James Barry Munnick (1866–1942) 853, 887
Heß, Rudolf (1894–1987) 683, 942, 1166
Heydrich, Reinhard (1904–1942) 867, 894, 959, 963, 966 f., 1004, 1037
Hilberg, Raul (1926–2007) 958
Hildermeier, Manfred (* 1948) 236
Hilferding, Rudolf (1877–1941) 33, 35, 129–131, 135, 144, 164, 238, 240, 299, 301 f., 307 f., 313, 484 f., 499 f., 507, 510 f., 563, 681, 971
Hillgruber, Andreas (1925–1989) 930
Himmler, Heinrich (1900–1945) 699, 701, 734, 754, 865, 868 f., 873, 896, 920, 939, 946, 957–960, 966 f., 999–1001, 1004, 1009, 1018, 1035, 1042, 1045, 1050, 1052 f., 1075, 1087, 1104, 1107 f., 1117, 1121
Hindenburg, Oskar von (1883–1960) 571 f., 626, 702
Hindenburg, Paul von (1847–1934) 17, 19, 57–59, 94, 97, 102, 180, 490 f., 497, 508–510, 554–556, 559, 562, 564 f., 567–576, 603 f., 606, 610–612, 614, 618–624, 626–629, 631 f., 676 f., 679, 698, 701–703, 1206
Hiranuma Kiichirô (1867–1952) 883
Hirohito, *Kaiser von Japan* (1901–1989) 637–639, 949 f., 1155–1157, 1181
Hirota Koki (1878–1948) 1182
Hirsch, Max (1832–1905) 682
Hirsch, Paul (1868–1940) 139, 143, 178, 282
Hirtsiefer, Heinrich (1876–1941) 605 f.
Hitler, Adolf (1889–1945) 13, 147, 297 f., 304, 309 f., 312 f., 319, 327 f., 338, 342, 354, 366, 368, 371, 411 f., 452, 498, 502, 505, 553, 557–559, 562, 565, 568–571, 573–576, 583, 598, 600, 603 f., 608–613, 617–620, 623–634, 642, 644, 648, 650, 652, 663–705, 707, 709–711, 716 f., 731, 734–736, 739–746, 748–759, 761 f., 764 f., 767–770, 775 f., 778, 790 f., 794, 803 f., 816, 821 f., 824, 826 f., 836, 843–861, 863, 865, 867–873, 875–889, 891–893, 895–897, 899 f., 902, 904–907, 909, 913, 915, 918–922, 925,

928–948, 950 f., 955–976, 978–987, 990 f., 994, 999 f., 1003, 1006, 1009 f., 1013, 1017–1025, 1027–1029, 1035, 1041–1044, 1047, 1053–1055, 1057–1059, 1061 f., 1074–1077, 1080–1089, 1099, 1101, 1103 f., 1108–1110, 1116–1119, 1121 f., 1125, 1136 f., 1146, 1153, 1166, 1168, 1171–1174, 1176, 1194 f., 1198, 1200, 1206–1211, 1213
Hlinka, Andrej (1864–1938) 371, 828
Hlond, August (1881–1948) 833
Ho Chi Minh (Ngyen Ai Quoc) (1890–1969) 463, 1069, 1162
Hoare, Samuel (1880–1959) 712, 759–761, 763, 777
Hobhouse, Leonard Trelawny (1864–1929) 29
Hobson, John Atkinson (1858–1940) 33
Hoche, Alfred (1865–1943) 409, 889
Hodann, Max (1894–1946) 675
Hodges, Frank (1887–1947) 251
Hodscha (Hoxha), Enver (1908–1985) 1131 f.
Hodža, Milan (1878–1944) 828, 854
Höglund, Carl (1884–1956) 404 f.
Höltermann, Karl (1894–1955) 571
Hoepner, Erich (1886–1944) 940, 1086
Hoffmann, Adolph (1858–1930) 141
Hoffmann, Johannes (1867–1930) 146, 283
Hoffmann, Max (1869–1927) 72 f.
Holsti, Rudolf (1881–1945) 363, 367
Hoover, Herbert Clark (1874–1964) 221, 228, 535–538, 543–549, 563, 567, 580, 587, 640, 647 f., 866, 924
Hoover, John Edgar (1895–1972) 213
Hopkins, Harry (1890–1946) 645, 656, 952, 1141 f.
Horkheimer, Max (1895–1973) 679
Horne, John 16
Hornsrud, Christopher (1859–1960) 410
Horthy, Miklós (1868–1957) 154 f., 339, 341 f., 707, 936, 1023, 1042 f., 1105
Horthy jun., Miklós 1105
Hoßbach, Friedrich (1894–1980) 753, 827
House, Edward Mandell (1858–1938) 84
Huber, Kurt (1893–1943) 1089
Huch, Ricarda (1864–1947) 737
Hugelmann, Karl Gottfried (1879–1959) 872
Hugenberg, Alfred (1865–1951) 502, 505, 508, 555 f., 565, 617, 619, 626–630, 677, 683, 686
Hughes, Charles Evans (1862–1948) 314
Hull, Cordell (1871–1955) 648, 837 f., 879, 928, 949, 955, 1090 f.
Hussarek-Heinlein, Max (1865–1935) 111
Hussein Ibn Ali (1853–1931) 207
Huntington, Samuel Phillips (1927–2008) 193
Huntziger, Charles (1880–1941) 915
Hurley, Patrick Jay (1883–1963) 545
Hyde, Douglas (1860–1949) 418

Ibárruri, Dolores (1895–1989) 799
Ickes, Harold LeClair (1874–1952) 649, 837, 842, 866
Iglesias, Pablo (1850–1925) 391
Imrédy, Béla (1891–1946) 341
Inoue Junnosuke (1869–1932) 641
Inoue Nissho (1887–1967) 641
Inskip, Thomas (1876–1947) 761
Inukai Tsuyoshi (1855–1932) 640 f.
Ipsen, Hans Peter (1907–1998) 1200

Irwin, Lord *siehe* Halifax, Earl of
Ishiwara Kanji (1889–1949) 639
Ismet Inönü (1884–1973) 938
Ismet Pascha (1884–1973) 190
Iwan IV. der Schreckliche (1530–1584) 995

Jacoby, Erwin (1884–1965) 614
Jagoda, Genrich Grigorjewitsch (1891–1938) 721
Jahn, Friedrich Ludwig (1778–1852) 297
Jahr, Christoph (geb. 1963) 64
Jakob II., *König von England* (1633–1701) 850
Jalander, Bruno (1872–1966) 363
Jarres, Karl (1874–1951) 489 f.
Jaspers, Karl (1883–1969) 1172
Jeanne d'Arc (ca. 1412–1431) 263
Jefferson, Thomas (1743–1826) 53, 200, 666
Jerrold, Douglas (1893–1964) 480, 598 f., 797
Jeschow, Nikolai Iwanowitsch (1895–1940) 721–723, 726
Jesus Christus (ca. 4 v. Chr.–ca. 30) 263, 274, 433, 439, 445, 476, 929, 944, 1053, 1054, 1055
Jinnah, Mohammed Ali (1876–1948) 473, 1188
Joachim von Fiore (ca. 1130–1202) 325
Jodl, Alfred (1890–1946) 1120, 1166
Joël, Curt (1865–1945) 564
Joffe, Adolf (1883–1927) 72, 74
Joffre, Joseph (1852–1931) 25, 61, 89
Johannes, *Evangelist* 970
Johnson, Hugh Samuel (1881–1942) 646, 649
Joliot-Curie, Irène (1897–1956) 778, 784
Jolson, Al (1886–1950) 220
Josef August von Österreich (1872–1962) 112
Jouhaux, Léon (1879–1954) 785, 859
Jouvenel, Bertrand de (1903–1987) 748, 789
Jouvenel, Henri de (1876–1935) 464
Joyce, James (1882–1941) 417
Judenitsch, Nikolai Nikolajewitsch (1862–1933) 159 f.
Jünger, Ernst (1895–1998) 602, 737
Jung, Edgar Julius (1894–1934) 325, 614, 698 f.

Kaas, Ludwig (1881–1952) 554, 576, 603, 631, 677, 686
Kabaktschieff, Christo (1878–1940) 241 f.
Kaehler, Siegfried A. (1885–1963) 919
Kästner, Erich (1899–1974) 680
Kaganowitsch, Lasar Moissejewitsch (1893–1991) 532
Kahl, Wilhelm (1849–1932) 489
Kahr, Gustav von (1862–1934) 283, 288, 308, 310, 312 f., 318 f., 699
Kaiser, Jakob (1888–1961) 1080
Kajander, Aimo (1879–1943) 367
Kakowski, Aleksander (1862–1938) 122
Kalkreuth, Eberhard von (1881–1941) 619
Kállay, Miklós von (1887–1967) 1042 f.
Kallio, Kyösti (1873–1940) 362, 364–367
Kamenew, Leonid Borissowitsch (1883–1936) 42, 65, 162, 229, 232, 513–515, 520, 721, 731
Kanitz, Gerhard von (1885–1949) 488
Kant, Immanuel (1724–1804) 87, 174, 1088
Kaplan, Fanny (1890–1918) 160
Kapp, Wolfgang (1858–1922)

279–283, 285 f., 295, 308, 494 f., 606
Kappler, Herbert (1907–1978) 1067
Karl I., *Kaiser von Österreich* (1887–1922) 58, 106, 110–112, 115 f., 122, 124, 339, 341
Karinou († 1928) 469
Károlyi, Gyula (1871–1947) 154, 341
Károlyi, Mihály (1875–1955) 112, 152–154
Karski, Jan (1914–2000) 1048
Kastl, Ludwig (1878–1969) 627
Kastner, Rudolf (1906–1957) 1105
Katharina II. die Große, *Zarin* (1729–1796) 996
Kautsky, Karl (1854–1938) 33–35, 75, 137, 140, 148, 163 f., 180, 238, 261, 584 f., 680
Keaton, Buster (1895–1966) 220
Keitel, Wilhelm (1882–1946) 754, 765, 915, 1121, 1166
Kekkonen, Urho (1900–1986) 367
Kellogg, Frank Billings (1856–1937) 536
Kelsen, Hans (1881–1973) 333, 679
Kempf, Werner (1886–1964) 893
Kennan, George F. (1904–2005) 12, 127
Kenyatta, Jomo (1893–1978) 472
Kerenskij, Alexander (1881–1970) 40, 46–48, 66
Kerillis, Henri de (1889–1958) 858
Kern, Erwin (1898–1922) 295
Kerr, Alfred (1867–1948) 680, 693
Kershaw, Ian (* 1943) 741 f., 906, 986
Kesselring, Albert (1885–1960) 1064, 1120
Kessler, Harry Graf (1868–1937) 276
Keudell, Walter von (1884–1973) 494, 496, 505
Keynes, John Maynard (1883–1946) 183–186, 482, 547, 646 f., 656, 742 f., 766, 786, 835, 842, 990, 1099, 1185
Kilbom, Karl (1885–1961) 404
Killinger, Manfred (1886–1944) 290
Kirow, Sergej Mironowitsch (1886–1934) 515, 531, 721
Kisch, Egon Erwin (1885–1948) 675
Kishi Nobusuke (1896–1987) 1184
Kita Ikki (1883–1937) 637
Kivimäki, Toivo (1886–1968) 366 f.
Kjellén, Rudolf (1864–1922) 27
Klausener, Erich (1885–1934) 699
Kléber (Geburtsname Lazarus Stern), Emilio (1896–1954) 806, 808, 814, 819
Kleist, Ewald von (1881–1954) 909
Kleist, Heinrich von (1777–1811) 96
Kleist-Schmenzin, Ewald Heinrich von (1890–1945) 850, 1084
Klepper, Otto (1888–1957) 606
Klofáč, Václav (1868–1942) 106
Knilling, Eugen von (1865–1927) 296
Knox, William Franklin (1874–1944) 924
Koc, Adam (1891–1969) 832
Koch, Erich (1896–1986) 962, 999 f., 1108 f.
Koestler, Arthur (1905–1983) 800, 1026
Koht, Halvdan (1873–1965) 410
Koiso Kuniaki (1880–1950) 1070
Kolaroff, Vasil (1877–1950) 378 f.
Kollontai, Alexandra (1872–1952) 233 f.
Koltschak, Alexander Wassiljewitsch (1874–1920) 91, 159 f., 223
Kolstad, Peter (1878–1932) 410
Kolzow, Michail (1898–1942) 809, 819
Kondilis, Georgios (1879–1936) 382 f.
Kondratieff, Nikolaj Dmitrijewitsch (1892–1938) 526 f., 541 f.

Konoe Fumimaro (1891–1945) 752, 921, 923, 928, 948–950, 1155 f., 1182
Konstantin I., *König von Griechenland* (1868–1923) 64, 191, 381
Kordt, Theodor (1893–1962) 849, 851, 884
Korfanty, Adalbert (1873–1939) 198
Kornilow, Lawr Georgijewitsch (1870–1918) 47, 49, 66
Kościuszko, Tadeusz (1746–1817) 125
Kounthouriothes, Pavlos (1855–1935) 382
Kramář, Karel (1860–1937) 106, 151 f.
Kramer, Alan (* 1954) 16
Krasnow, Pjotr Nikolajewitsch (1869–1947) 91, 159
Krebs, Gerhard (* 1943) 1183
Kreuger, Ivar (1880–1932) 406
Krösus, *König von Lydien* (ca. 590–ca. 541 v. Chr.) 929
Krofta, Kamil (1876–1945) 858
Krupp, Alfried (1907–1967) 623, 1166
Krupskaja, Nadeshda (1869–1939) 43
Kube, Wilhelm (1887–1943) 962
Kucharzewski, Jan (1876–1952) 122 f.
Kühlmann, Richard von (1873–1948) 79
Kun, Béla (1886–1939) 146, 152–155, 241, 339
Kutusow, Michail Illarionowitsch (1745–1813) 995
Kuusinen, Otto Wilhelm (1881–1964) 67, 900
Kvaternik, Slavko (1878–1947) 1129
Kyros II., *König von Persien* (ca. 590–530 v. Chr.) 929

La Follette, Robert Marion (1855–1925) 215
La Follette jr., Robert Marion (1895–1953) 544
Labriola, Arturo (1873–1959) 715
Lacorre, Suzanne (1875–1975) 784
Lafayette, Marie-Joseph Motier Marquis de (1757–1834) 56
Lagarde, Paul Anton de (1827–1891) 958, 1055
Laidoner, Johan (1884–1953) 359 f.
Lakatos, Géza von (1890–1967) 1105
Lambach, Walter (1885–1943) 505
Lammasch, Heinrich (1853–1920) 113 f.
Lamprecht, Karl (1856–1915) 17, 29 f.
Landauer, Gustav (1870–1919) 147
Landon, Alfred Mossman (1887–1987) 661 f.
Landsberg, Otto (1869–1957) 101
Lansbury, George (1859–1940) 590, 597, 756, 768
Lansing, Robert (1864–1928) 96, 173
Largo Caballero, Francisco (1869–1946) 391, 393, 398–401, 403, 799, 802, 805, 807, 810–813, 818 f.
Latsis, Martyn (1888–1938) 160
Laughlin, Harry Hamilton (1880–1943) 216
Laurel, Stan (1890–1965) 220
Laurence, William Leonard (1888–1977) 1153
Laval, Pierre (1883–1945) 578, 708, 712, 760, 763, 771, 776–778, 832, 914, 917 f., 932 f., 975, 1023 f., 1026–1029, 1032–1034, 1036
Lavisse, Ernest (1842–1922) 29 f.
Lawrence, Thomas Edward (1888–1935) 93
Le Bon Gustave (1841–1931) 268
Leahy, William Daniel (1875–1959) 1154

Leber, Julius (1891–1945) 734, 1080, 1087
Lebrun, Albert (1871–1950) 585 f., 771, 777, 784, 793, 912
Leclerc, Jacques-Philippe (1902–1947) 1034, 1162
Lederer, Emil (1882–1939) 679
Legien, Carl (1861–1920) 137
Lehman, Herbert Henry (1878–1963) 549
Lehmann, Helmut (1882–1959) 552
Leipart, Theodor (1867–1947) 620, 682
Lemke, William (1878–1950) 662
Lenin (Geburtsname Uljanow), Wladimir Iljitsch (1870–1924) 13, 32–36, 38, 42–49, 65–67, 69–71, 74–77, 79–82, 85, 88, 123, 130, 146, 153 f., 160, 162–164, 195, 226–231, 234 f., 237, 240–243, 245–248, 274, 276, 320, 392, 403, 451, 463, 512–515, 518, 521, 528–530, 535, 548, 727, 1139, 1168,
1201 f.
Leo XIII., *Papst* (1810–1903) 263
Leopold II., *König der Belgier* (1835–1909) 16, 37, 421
Leopold III., *König der Belgier* (1901–1983) 791, 908, 1010
Lepsius, Johannes (1858–1926) 23
Lepsius, Mario Rainer (* 1928) 1211
Lerchenfeld, Hugo von und zu (1871–1944) 291, 296
Lerroux, Alejandro (1864–1949) 391, 399 f.
Lettow-Vorbeck, Paul von (1870–1964) 23
Leuchtenburg, William E. (* 1922) 543, 660
Leuschner, Wilhelm (1890–1944) 1080
Levi, Carlo (1902–1975) 439
Levi, Paul (1883–1930) 299
Levien, Max (1885–1937) 147
Leviné, Eugen (1883–1919) 146 f.
Lewis, John Llewellyn (1880–1969) 659
Ley, Robert (1890–1945) 682, 985
Lichtenberg, Bernhard (1875–1943) 972 f.
Lie, Trygve (1896–1968) 410
Liebig, Hans von (1874–1931) 60
Liebknecht, Karl (1871–1919) 34 f., 98, 100 f., 135, 139, 141, 164, 279
Liebknecht, Wilhelm (1826–1900) 34
Liebermann, Max (1847–1935) 17, 567
Lincoln, Abraham (1809–1865) 661, 665, 837
Lindbergh, Charles Augustus (1902–1974) 924
Lipiansky, Marc-Alexandre (1904–2000) 581
Lipski, Józef (1894–1958) 869
Líster, Enrique (1907–1994) 808, 819
Litten, Hans (1903–1938) 675
Litwinow, Maxim Maximowitsch (1876–1951) 716, 775, 848, 876, 884
Ljotić, Dimitrije (1891–1945) 1005
Lloyd George, David (1863–1945) 38, 62 f., 83–85, 89 f., 166–169, 175, 178, 184, 191, 200, 202, 249–253, 255, 257, 264 f., 287, 293, 474 f., 482, 600, 756
Lodge, Henry Cabot (1850–1924) 200
Löbe, Paul (1875–1967) 684–686
Logothetopoulos, Konstantinos (1878–1961) 1008
Lohse, Hinrich (1896–1964) 962, 999
Lominadze, Vissarion Vissarionowitsch (1897–1935) 531
Londonderry, Charles Stewart Henry

Vane-Tempest-Stewart , Lord (1878–1949) 756, 758 f.
Long, Huey Pierce (1893–1935) 650–652, 660–662
Longo, Luigi (1900–1980) 806
Longuet, Jean (1876–1938) 36, 164, 182, 238, 240
Lossow, Otto von (1868–1938) 308, 310, 312, 318 f.
Lothian, Philip Henry Kerr, Lord (1882–1940) 756, 761
Loucheur, Louis (1872–1931) 62, 131, 263
Lubomirski, Zdzisław (1865–1943) 122
Ludendorff, Erich (1865–1937) 18 f., 57 f., 93–95, 97, 280, 312, 319, 489
Ludovici, Anthony Mario (1882–1971) 480, 598
Ludwig, Emil (1881–1948) 452, 534
Lüttwitz, Walther von (1859–1942) 141, 279, 281–283, 285 f., 295, 308, 494 f., 606
Lukács, Georg (1885–1971) 153, 328 f.
Lunatscharski, Anatoli Wassiljewitsch (1875–1933) 234 f.
Lupescu, Helene (1899–1977) 374
Lussu, Emilio (1890–1975) 715
Luther, Hans (1879–1962) 302, 313, 317, 488, 492
Luther, Martin (1483–1546) 61, 104, 358, 367, 414, 692, 1014, 1183
Lutz, Carl (1895–1975) 1106
Luxemburg, Rosa (1871–1919) 35, 76, 98, 118, 135, 138, 141, 164, 279
Lwow, Georgij Jewgenjewitsch (1861–1925) 40, 47
Lymington, Gerard Wallop, Viscount (1898–1984) 599
Lyons, Joseph (1879–1939) 762, 853
Lytton, Victor (1876–1947) 640 f.
Mac-Mahon, Patrice de (1808–1893) 491
MacArthur, Douglas (1880–1964) 545 f., 1071, 1158, 1181
MacDonald, James Ramsay (1866–1937) 37, 167, 238, 256–258, 321, 454, 474, 481 f., 590–592, 595, 600, 705, 709, 757, 759 f.
Macmillan, Harold (1894–1986) 857, 887
Maček, Vladko (1879–1964) 347 f.
Machado, Antonio (1875–1939) 819
Mackenzie King, William Lyon (1874–1950) 249, 853, 991, 1191
Madariaga, Salvador de (1886–1978) 819
Maginot, André (1877–1932) 294, 461, 579, 776, 792, 899, 908, 911, 913
Malmberg, Lauri (1888–1948) 363
Malraux, André (1901–1976) 583, 787, 808
Maltzan, Adolf Georg von (1877–1927) 293
Malvy, Louis (1875–1949) 61
Mamoru Shigemitsu (1887–1957) 1068, 1158, 1184
Mandel, Georges (1885–1944) 909, 1034
Mann, Heinrich (1871–1950) 680
Mann, Thomas (1875–1955) 28, 329 f., 1167
Mannerheim, Carl Gustav (1867–1951) 68, 78, 158, 363, 366, 900, 902, 1072
Mannheim, Karl (1893–1947) 679
Maniu, Iuliu (1873–1953) 375
Manstein, Erich von (1887–1973) 960
Manuilski, Dimitri (1883–1959) 520
Mao Tse-tung (1893–1976) 516 f., 882, 1161

Marabini, Andrea (1892–1984) 241
Marahrens, August (1875–1950) 944
Marañon y Posadillo, Gregorio (1887–1960) 395 f.
Marat, Jean Paul (1743–1793) 290
Marc, Franz (1880–1916) 131, 581
Marchwitza, Hans (1890–1965) 328
Mardechai (Marx Levy) (1743–1804) 1054
Maria (ca. 18 v. Chr.–nach 30) 263
Maria Theresia, *Kaiserin* (1717–1780) 115
Marie Adelheid von Nassau-Weilburg (1894–1924) 424 f.
Marie José von Piemont (1906–2001) 1057
Marin, Louis (1871–1960) 459, 771
Marinetti, Filippo Tommaso (1876–1944) 171
Marion, Paul (1899–1954) 1030
Maritain, Jacques (1882–1973) 581
Marković, Borivoje (1907–1941) 935
Marquet, Adrien (1884–1955) 587 f., 771, 913
Martow, Julius (1873–1923) 240
Marty, André (1886–1956) 806
Marx, Karl (1818–1883) 32 f., 36, 42, 45, 48 f., 75, 81, 129 f., 134, 139, 149, 153, 163, 181, 229, 235, 237, 243, 268, 290, 297–299, 326 f., 329, 335 f., 392, 416, 423, 429, 447, 449, 451, 463, 485, 513, 529, 534, 558, 562, 581, 607, 609, 624, 634, 667 f., 671 f., 675 f., 680 f., 683, 706, 727, 733, 738, 743, 788, 790, 811, 971, 1054, 1136, 1139, 1168, 1175, 1207
Marx, Wilhelm (1863–1946) 316 f., 486 f., 489 f., 493 f., 496 f.
Masaryk, Tomáš (1850–1937) 89 f., 106, 109, 151, 370, 373, 826
Mason, Timothy Wright (1940–1990) 745–748
Masur, Norbert (1901–1971) 1107
Matsuoka Yosuke (1880–1946) 921–923, 948
Matswa, André (1899–1942) 469
Matteotti, Giacomo (1885–1924) 272, 275, 433 f., 448, 715
Mattioli, Aram (* 1961) 711, 713, 1056
Maulnier, Thierry (1909–1988) 789
Maura y Montana, Antonio (1853–1925) 391 f.
Maurer, Michael (* 1954) 417
Mauriac, François (1885–1970) 1035
Maurin, Louis (1869–1956) 780
Maurras, Charles (1868–1952) 388, 423, 456, 779
Max von Baden (1867–1929) 95–97, 100, 125, 292
May, George Ernest (1871–1946) 591 f.
Mayer, Arno Joseph (* 1926) 1199
Mayr, Michael (1864–1922) 332 f.
Mc Cloy, John (1895–1989) 1049, 1091
McCumber, Porter James (1858–1933) 221
McDuffie, John (1883–1950) 648
McNary, Charles Linza (1874–1944) 221 f., 538
Mehmed VI., *Sultan* (1861–1926) 188 f., 191
Mehring, Franz (1846–1919) 76
Meiji, *Kaiser von Japan* (1852–1912) 635, 637, 1183
Meinecke, Friedrich (1862–1954) 330, 489, 919, 1214
Meissner, Otto (1880–1953) 508–510, 574, 611 f., 619, 626 f.
Mendès-France, Pierre (1907–1982) 586, 794
Mercier, Ernest (1878–1955) 579
Merekalow, Alexei Fjodorowitsch (1900–1983) 876

Merrheim, Alphonse (1871–1925) 36
Mertz von Quirnheim, Albrecht (1905–1944) 1086
Messali Hadj, Ahmed (1898–1974) 468 f.
Metaxas, Ioannis (1871–1941) 383 f.
Meyer, Eduard (1855–1930) 17
Miajá Menant, José (1878–1958) 807, 816
Michael I., *König von Rumänien* (* 1921) 374, 931, 1072, 1123
Michaelis, Georg (1857–1936) 58–61
Michail Alexandrowitsch (1878–1918) 40
Mickiewicz, Adam (1798–1855) 119, 125
Mierendorff, Carlo (1897–1943) 734, 1080
Mihajloff, Ivan (1896–1990) 379 f.
Mihajlović, Dragoljub Draa (1893–1946) 937, 1005–1007, 1128 f.
Miklas, Wilhelm (1872–1956) 336, 845
Miklós, Béla (1890–1948) 1123
Mikołajczyk, Stanisław (1901–1966) 1074–1076, 1113, 1126
Miljukow, Paul (1859–1943) 40, 42, 46
Millerand, Alexandre (1859–1943) 260, 264, 452 f., 457
Milner, Alfred (1854–1925) 38
Milza, Pierre (* 1932) 577 f.
Mindaugas II., *König von Litauen* (1864–1928) 157
Mirbach-Harff, Wilhelm von (1871–1918) 91
Mitford, Diana (1910–2003) 598
Mitterrand, François (1916–1996) 1037
Modigliani, Giuseppe Emanuele (1872–1947) 242, 272
Möhl, Arnold von (1867–1944) 283
Moeller van den Bruck, Arthur (1876–1925) 325 f., 672
Mola Vidal, Emilio (1887–1937) 402, 797–799, 807, 815
Moldenhauer, Paul (1876–1947) 507, 509
Moley, Raymond (1886–1975) 660
Molotow, Wjatscheslaw (1890–1986) 231, 521, 532, 802, 876, 880, 894, 934 f., 942, 1002, 1073, 1090, 1097, 1192
Moltke, Helmuth James von (1907–1945) 1081, 1085, 1087
Moltke, Helmuth Johannes Ludwig von (1848–1916) 17
Moltke, Helmuth Karl Bernhard von (1800–1891) 623
Monnet, Jean (1888–1979) 1031
Monroe, James (1758–1831) 537, 873, 876
Montagnon, Barthélemy (1889–1969) 587 f.
Montgomery, Bernard (1887–1976) 975, 987, 1120, 1134
Montherlant, Henry de (1895–1972) 1030
Moraczewski, Jędrzej (1870–1944) 125
Morgenthau, Henry (1891–1967) 842, 1090 f., 1139, 1152
Morrison, Herbert Stanley (1888–1965) 907
Mościcki, Ignacy (1867–1946) 352, 354, 830 f., 870, 894 f.
Moser, Alfons (ermordet 1941) 1025
Mosley, Cynthia (1898–1933) 590, 597 f.
Mosley, Oswald (1896–1980) 481 f., 590 f., 597 f., 601, 757 f.
Mosse, Rudolf (1843–1920) 139
Motta, Giuseppe (1871–1940) 427
Moulin, Jean (1899–1943) 1031 f.
Mountbatten, Louis (1900–1979) 1188

Mowinckel, Johann Ludwig (1870–1943) 409 f.
Mühsam, Erich (1878–1934) 147, 674
Müller, Alfred (1866–1925) 310
Müller, Hermann (1876–1931) 179 f., 282, 499 f., 503 f., 507, 509–511, 519, 593
Müller, Ludwig (1883–1945) 691
Müller, Rolf-Dieter (* 1948) 985
Muhammad V. an-Nasir, *Bey von Tunis* (1855–1922) 465
Muhammed V., *König von Marokko* (1909–1961) 466 f.
Mulla Jussuf, *Sultan* (1882–1927) 466
Munk, Kaj (1898–1944) 1021
Murphy, Frank (1890–1949) 844
Mušanoff, Nikola (1872–1951) 379
Mussert, Anton Adriaan (1894–1946) 419 f., 1011, 1013
Mussolini, Benito (1883–1945) 13, 21, 170–172, 200, 242, 267–271, 273–276, 310, 327, 338, 344, 387, 428–452, 479, 534 f., 548, 580, 597 f., 600, 650, 652, 663–665, 668 f., 700, 704–716, 750–753, 757, 761, 764–767, 777, 790, 803 f., 807 f., 821–826, 844, 846, 852, 855–857, 875–877, 884 f., 910, 913, 932–934, 974, 991, 1018, 1041, 1055–1065, 1111, 1122, 1177–1180, 1205, 1207 f.
Mustafa Kemal Atatürk (1881–1938) 188–194, 387, 665, 938
Musy, Jean-Marie (1876–1952) 1107
Myrdal, Alva (1902–1986) 409
Myrdal, Gunnar (1898–1987) 409

Nansen, Fridtjof (1861–1930) 228
Napoleon I. Bonaparte, *Kaiser der Franzosen* (1769–1821) 76, 79, 82, 125, 262, 475, 939, 1073
Napoleon III., *Kaiser der Franzosen* (1808–1873) 449 f.
Naturowicz, Gabryel (1865–1922) 348
Naumann, Friedrich (1860–1919) 25
Nedić, Milan (1878–1946) 937, 1005, 1128 f.
Negri, Pola (1897–1987) 220
Negrín Lopez, Juan (1891–1956) 811–813, 816–818
Nehru, Jawaharlal (1889–1964) 978, 1188
Nenni, Pietro (1891–1980) 806, 1066, 1178
Neuhaus, Karl (1880–1947) 488
Neurath, Konstantin von (1873–1956) 603, 628, 710, 751, 753–755, 764, 871, 1004
Nicolson, Harold (1886–1968) 590, 597
Niebuhr, Reinhold (1892–1971) 548
Niedra, Andrievs (1871–1942) 157
Niekisch, Ernst (1889–1967) 146
Niemöller, Martin (1892–1984) 691, 734, 1172
Nietzsche, Friedrich (1844–1900) 29, 268, 480, 598
Nikolaj Nikolajewitsch (1856–1929) 39, 106
Nikolaus II., *Zar* (1868–1918) 39 f., 61, 106
Nimitz, Chester William (1885–1966) 1070
Nin, Andrés (1892–1937) 811, 813 f.
Nitti, Francesco Saverio (1868–1953) 170, 199, 266
Nivelle, Robert (1856–1924) 61
Nomura, Kichisaburo (1877–1964) 949, 955
Northumberland, Alan Percy, Duke of (1880–1930) 479 f.
Noske, Gustav (1868–1946) 98, 140 f., 145 f., 178, 279–281, 567 f., 608

Nußbaum, Felix (1904–1944) 1039
Nye, Gerald Prentice (1892–1971) 648, 927
Nygaardsvold, Johan (1879–1952) 410, 904, 1015

O'Duffy, Eoin (1892–1944) 416, 807
Okada Keisuka (1868–1952) 641
Okawa Shumei (1886–1957) 637, 639, 641
Okulicki, Leopold (1898–1946) 1126
Olbricht, Friedrich (1888–1944) 1086
Omar al-Mukhtar (1862–1931) 450
Oppenheimer, Julius Robert (1904–1967) 1153
Orlando, Vittorio Emanuele (1860–1952) 89, 169 f., 172, 199, 274, 432, 435, 437
Orshonikidze, Grigorij Konstantinowitsch (1886–1937) 722
Ortega y Gasset, José (1883–1955) 324, 394, 396, 819
Orwell, George (1903–1950) 598, 805, 814
Osóbka-Morawski, Edward (1909–1997) 1074, 1126, 1142
Ossietzky, Carl von (1889–1938) 674, 680
Ostrowski, Józef (1850–1923) 122
Ott, Eugen (1889–1977) 620 f.
Otter, Göran von (1907–1988) 1047
Overy, Richard James (* 1947) 982 f.
Owen, Robert (1751–1858) 243

Paasikivi, Juho Kusti (1870–1956) 158
Pabst, Waldemar (1880–1970) 279
Pacciardi, Randolfo (1899–1991) 808
Paderewski, Ignacy Jan (1860–1941) 121
Paes, Sidónio (1872–1918) 388
Päts, Konstantin (1874–1956) 156, 359–361
Paine, Thomas (1737–1809) 87
Painlevé, Paul (1863–1933) 61 f.
Palmer, Alexander Mitchell (1872–1936) 212 f.
Pangalos, Theodoras (1878–1952) 381 f.
Papanastasiou, Alexandros (1876–1936) 381
Papandreou, Georgios (1888–1968) 1008 f.
Papen, Franz von (1879–1969) 603–606, 608, 610–615, 617 f., 621–624, 626–632, 675, 686, 690, 698–700, 702, 750, 1166
Pareto, Vilfredo (1848–1923) 268
Parker Gilbert, Seymour (1892–1938) 483, 500 f.
Parri, Ferruccio (1890–1981) 1066, 1132
Pašić, Nikola (1845–1926) 109, 343
Pasternak, Boris (1890–1960) 729
Patton, George Smith (1885–1945) 545, 1120
Paul von Jugoslawien (1893–1976) 936
Paul-Boncour, Joseph (1873–1972) 585–587, 769 f., 780, 794
Paulus, *Apostel* († ca. 60) 1053–1055
Paulus, Friedrich (1890–1957) 974, 978 f.
Pavelić, Ante (1889–1959) 346, 937, 961, 1128 f.
Pawlow, Dimitrij Grigorjewitsch (1897–1941) 997
Payer, Friedrich von (1847–1931) 60
Pelley, William Dudley (1890–1965) 843
Percival, Arthur (1887–1966) 977
Perkins, Frances (1882–1965) 647, 656, 659
Peron, Juan (1895–1974) 1129
Pershing, John Joseph (1860–1948) 56, 92, 925
Petacci, Clara (1912–1945) 1111

Pétain, Philippe (1856–1951) 61, 466, 771, 783, 792, 909, 912–917, 932 f., 970, 975 f., 1022 f., 1025, 1029, 1032–1034, 1036
Peter der Große, *Zar* (1672–1725) 24, 729
Peter I., *König des Königreichs der Serben, Kroaten und Slowenen* (1844–1921) 343
Peter II., *König von Jugoslawien* (1923–1970) 347, 936, 1005–1007
Petersen, Jens (* 1934) 430, 708, 1057
Petliura, Symon (1879–1926) 159, 161, 195
Petrie, Charles (1895–1977) 598–600
Petrow, Wladimir (1896–1966) 729
Peyer, Károlyi (1881–1956) 340
Peyrouton, Marcel (1887–1983) 466
Piacentini, Marcello (1881–1960) 444
Picasso, Pablo (1881–1973) 778, 804, 819
Pichon, Stéphen (1857–1933) 90
Pieracki, Bronisław (1895–1934) 830
Pierlot, Hubert (1883–1963) 1010
Piłsudski, Józef (1867–1935) 118–125, 158, 194–198, 348 f., 351–355, 357, 689, 775, 830–833, 835, 1023, 1127
Pinot, Robert (1862–1926) 25
Pirandello, Luigi (1867–1936) 715
Pius XI., *Papst* (1857–1939) 262, 272, 338, 389, 456, 581, 1022
Pius XII., *Papst* (1876–1958) 962, 1022, 1049
Pivert, Marceau (1895–1958) 782, 792, 794, 796
Pjatakow, Georgi Leonidowitsch (1890–1937) 731
Plastiras, Nikolaos (1883–1953) 382
Platten, Fritz (1883–1942) 426
Plechanow, Georgi (1856–1918) 38
Plechavičius, Povilas (1890–1973) 357
Plenge, Johann (1874–1963) 27
Poincaré, Raymond (1860–1934) 26, 260, 264 f., 294, 304, 314 f., 321, 452 f., 457–461, 495, 578
Pollitt, Harry (1890–1960) 257
Ponsot, Henri (1877–1963) 464
Popitz, Johannes (1884–1945) 1082 f., 1087
Porsche, Ferdinand (1875–1951) 746
Potjomkin, Wladimir Petrowitsch (1874–1946) 777, 860
Poujade, Pierre (1920–2003) 789
Preuß, Hugo (1860–1925) 143 f.
Preysing, Konrad von (1880–1950) 1049
Prieto, Indalecio (1883–1962) 811–813, 816
Prieto, Manuel García (1859–1938) 393
Primo de Rivera, José Antonio (1903–1936) 398, 402, 798, 809
Primo de Rivera, Miguel (1870–1930) 393–395, 398
Probst, Christoph (1919–1943) 1089
Pu Yi, *Kaiser von China* (1906–1967) 639 f.
Pucheu, Pierre (1899–1944) 1025
Puschkin, Alexander Sergejewitsch (1799–1837) 729

Quarck, Max (1860–1930) 148
Queipo de Llano y de Serra, Gonzalo (1875–1951) 797
Queuille, Henri (1884–1970) 793
Quisling, Vidkun (1887–1945) 410, 904 f., 1013–1016

Rabenschlag, Ann-Judith (* 1982) 409
Rackl, Michael (1883–1948) 944
Raczyński, Edward (1891–1993) 1048

Radbruch, Gustav (1878–1949) 307
Rademacher, Franz (1906–1973) 958
Radić, Pavle (1880–1928) 343
Radić, Stjepan (1871–1928) 343, 347
Radek, Karl (1885–1939) 42 f., 162, 245 f., 293, 305, 307, 328, 514, 722, 731
Radkiewicz, Stanisław (1903–1987) 1126
Radziwiłł, Janusz (1880–1967) 123
Raeder, Erich (1876–1960) 753, 904, 1013
Rahn, Rudolph (1900–1975) 1064
Rajk, László (1909–1949) 806, 819
Rákosi, Mátyás (1892–1971) 241 f.
Ramadier, Paul (1888–1961) 587, 796
Randolph, Asa Philip (1889–1979) 992
Rašin, Alois (1867–1923) 106
Rasputin, Grigorij (1869–1916) 39
Rataj, Maciej (1884–1940) 896
Rath, Ernst vom (1909–1938) 865
Rathenau, Walther (1867–1922) 130, 263, 290–300
Raumer, Hans von (1870–1965) 301
Raynaldi, Eugène (1869–1938) 770
Reder, Walter (1915–1991) 1067
Redesdal, David Bertram Ogilvy Freeman-Mitford, Lord (1878–1958) 598
Reeder, Eggert (1894–1959) 908, 1009
Regler, Gustav (1898–1963) 806
Reichenau, Walther von (1884–1942) 960
Relander, Lauri Kristian (1883–1942) 362 f., 365
Remarque, Erich Maria (1898–1970) 601 f., 680
Remmele, Hermann (1880–1939) 489
Rémond, René (1918–2007) 773, 782, 1024 f.
Renan, Ernest (1823–1892) 206, 747
Renaudel, Pierre (1871–1935) 584, 587 f.
Renn (Geburtsname Arnold Vieth von Golssenau), Ludwig (1889–1979) 328, 674, 806
Renner, Karl (1870–1950) 115, 149 f., 152, 332, 336, 338, 846, 1135
Renthe-Fink, Cécil von (1885–1964) 905, 1016, 1033
Reusch, Paul (1868–1956) 619, 624
Reynaud, Paul (1878–1966) 774, 776, 778, 786, 794, 858, 902 f., 908–914
Rheza Schah Pahlavi (1878–1944) 947
Ribbentrop, Joachim von (1893–1946) 626 f., 751, 755 f., 769, 859, 866, 869 f., 874, 880, 894, 932, 934, 1018, 1072 f., 1166
Ribot, Alexandre (1842–1923) 61 f.
Richberg, Donald (1881–1960) 649
Richelieu, Armand-Jean du Plessis, Kardinal (1585–1642) 1199
Riegner, Gerhart Moritz (1911–2001) 1047 f.
Ritavuori, Heikki (1880–1922) 363
Rivet, Paul (1876–1958) 772
Rjutin, Martemjan Nikititsch (1890–1937) 531
Roatta, Mario (1887–1968) 1041, 1056
Roberts, Owen Josephus (1875–1955) 658
Rocco, Alfredo (1875–1935) 431, 436, 438
Rodsjanko, Michail (1859–1924) 39, 40
Röhm, Ernst (1887–1934) 319, 611, 696–699, 701, 703 f.
Röpke, Wilhelm (1899–1966) 679, 1172

Rohden, Peter Richard (1891–1942) 919
Rolland, Romain (1866–1944) 583, 730 f.
Romanones, Alvaro de (1863–1950) 396
Rommel, Erwin (1891–1944) 934, 974 f., 1078
Roos, Hans (1919–1984) 119, 122, 197
Roosevelt, Anna Eleanor (1884–1962) 661
Roosevelt, Franklin Delano (1882–1945) 214 f., 533, 537, 546–550, 642–665, 687, 765, 836–845, 855, 862, 866, 876, 879, 910, 912, 923–928, 949, 951–954, 956, 963, 965 f., 977, 980, 991–994, 1048, 1070, 1073, 1076–1079, 1088, 1090–1093, 1095–1098, 1101 f., 1112, 1115, 1117, 1122, 1141, 1153, 1191, 1210 f.
Roosevelt, Theodore (1858–1919) 537, 546
Rosenberg, Alfred (1893–1946) 600, 692, 946, 962 f., 1000, 1013, 1166
Rosenberg, Arthur (1889–1943) 139
Rosenberg, Marcel (1896–1937) 819
Rosenmark, Raymond 731
Rosenstock-Huessy, Eugen (1888–1973) 581
Rosselli, Carlo (1899–1937) 715, 790, 823
Rosselli, Nello (1900–1937) 715, 790, 823
Rossi, Cesare (1887–1967) 434 f.
Rossoni, Edmondo (1884–1965) 437
Rosterg, August (1870–1945) 619
Rothardt, Erwin (* 1897) 488 f.
Rothermere, Harold Harmsworth, Lord (1868–1940) 479, 598, 600 f., 756, 762
Rousseau, Jean-Jacques (1712–1778) 75
Rousso, Henry (* 1954) 1024
Rowlatt, Sidney (1862–1945) 209
Rublee, George (1868–1957) 863
Ruge, Arnold (1881–1945) 209
Runciman, Walter (1870–1949) 851
Rundstedt, Gerd von (1875–1953) 908 f., 1078
Rustem, Avni (1895–1924) 386
Rydz-Śmigły, Edward (1886–1941) 124, 832, 870, 894
Rykow, Alexei Iwanowitsch (1881–1938) 162, 514 f., 517, 521 f., 721
Ryti, Risto Heikki (1889–1956) 900, 1072

Sacco, Nicola (1891–1927) 213
Sachs, Samuel (1851–1935) 539
Saghlul, Saad (1859–1927) 471
Saint, Lucien (1867–1938) 465, 467
Saito Makoto (1858–1936) 641
Salandra, Antonio (1853–1931) 21, 273 f., 432, 435, 437
Salazar, Antonio de Oliveira (1889–1970) 389 f., 807, 839, 1022, 1045
Salengro, Roger (1890–1936) 784, 789
Saliège, Jules (1870–1956) 1027
Salvemini, Gaetano (1873–1957) 715
Samuel, Herbert (1870–1963) 592, 594
Sanderson, William (1883–1941) 480
Sandino, Augusto César (1895–1934) 537, 548
Sandler, Rickard Johannes (1884–1964) 900
Sanjurjo, José (1872–1936) 402
Sankey, John (1866–1948) 250, 592
Saragat, Giuseppe (1898–1988) 1066
Sardinha, António (1887–1925) 388
Sarrail, Maurice (1856–1929) 464
Sarraut, Albert (1872–1962) 587, 769, 771, 776, 778, 780, 783, 793
Sartre, Jean-Paul (1905–1980) 1035

Sauckel, Fritz (1894–1946) 984, 1028
Savage, Michael Joseph (1872–1940) 853
Scavenius, Erik (1877–1962) 1017 f.
Schacht, Hjalmar (1877–1970) 483, 506 f., 565 f., 599, 619, 688, 703, 739, 744 f., 755, 764, 790, 792 f., 839, 850, 1166
Schäffer, Fritz (1888–1967) 1138
Schechter, Aaron 657
Schechter, Alexander 657
Schechter, Joseph 657
Schechter, Martin 657
Scheer, Reinhard (1863–1928) 97
Scheidemann, Philipp (1865–1939) 59 f., 73, 94 f., 99–101, 139 f., 144 f., 148 f., 178–180, 186, 298, 493, 681
Scheler, Max (1874–1928) 28, 581
Scherl, August (1849–1921) 139
Schieder, Theodor (1908–1984) 202, 205
Schieder, Wolfgang (* 1935) 436, 439, 444, 1056, 1179, 1209
Schiele, Martin (1870–1939) 555
Schiffer, Eugen (1860–1954) 148, 281
Schivelbusch, Wolfgang (* 1941) 666
Schlageter, Albert Leo (1894–1923) 304 f.
Schlange-Schöningen, Hans von (1886–1960) 505, 574
Schleicher, Kurt von (1882–1934) 507, 509 f., 564, 571–573, 603 f., 610–614, 620–629, 631 f., 687, 699, 755, 769
Schleiermacher, Friedrich (1768–1834) 671
Schlieffen, Alfred von (1833–1913) 17
Schmidt, Guido (1901–1957) 750
Schmidt, Robert (1864–1943) 289 f.
Schmitt, Carl (1888–1985) 324, 614, 625, 633, 680, 700 f., 736 f., 872 f., 876 f., 1170
Schmorell, Alexander (1917–1943) 1089
Schneider, Reinhold (1903–1958) 737
Schnurre, Julius 880
Schober, Johann (1874–1932) 333, 336 f., 564
Scholl, Hans (1918–1943) 1089
Scholl, Sophie (1921–1943) 1089
Scholz, Ernst (1874–1932) 309
Schostakowitsch, Dimitri Dmitrijewitsch (1906–1975) 729
Schotte, Walther (1886–1948) 611
Schröder, Kurt von (1889–1966) 619, 623
Schukow, Georgi Konstantinowitsch (1896–1974) 942, 978, 1109, 1134
Schulte, Eduard (1891–1966) 1047
Schulze-Boysen, Harro (1909–1942) 942
Schumacher, Kurt (1895–1952) 684, 686, 734, 1135 f.
Schuman, Frederick Lewis (1904–1981) 534, 548
Schuman, Robert (1886–1963) 263
Schumann, Walter (1898–1956) 682
Schumpeter, Joseph (1883–1950) 152, 541 f.
Schuschnigg, Kurt von (1897–1977) 707, 750, 765, 845, 853
Schwabe, Klaus (* 1932) 182
Schwarzschild, Leopold (1891–1950) 693
Schweisguth, Victor-Henri (1879–1945) 791
Schwerin von Krosigk, Lutz Graf (1887–1977) 603, 610, 628
Schwerin von Schwanenfeld, Ulrich Wilhelm (1902–1944) 1086
Schwernik, Nicolai Michailowitsch (1888–1970) 520

Scipio Africanus, Publius Cornelius (235 v. Chr.–183 v. Chr.) 445
Scopes, John Thomas (1900–1970) 218
Seeberg, Reinhold (1859–1935) 25
Seeckt, Hans von (1866–1936) 280, 282, 285, 292 f., 308, 310, 312, 318, 565
Seghers, Anna (1900–1983) 328
Seipel, Ignaz (1876–1932) 334 f.
Seißer, Hans von (1874–1973) 310, 312
Seldte, Franz (1882–1947) 502, 628
Sembat, Marcel (1862–1922) 36
Sergej (Stragorodski) (1867–1944) 233
Serrano Suñer, Ramón (1901–2003) 401, 815, 1045
Serrati, Giacinto Menotti (1874–1926) 170 f., 237, 241 f.
Severing, Carl (1875–1952) 282, 284, 311, 318, 500, 605 f.
Seyß-Inquart, Arthur (1892–1946) 750, 765, 845, 907 f., 1011, 1039
Sforza, Carlo (1872–1952) 1066
Shaw, George Bernard (1856–1950) 213, 417, 533
Shouse, Jouett (1879–1968) 649
Sihvo, Aarne (1889–1963) 363
Sikorski, Władysław (1881–1943) 349, 895, 1001 f., 1074
Simon, John (1873–1954) 594 f., 756, 758 f., 763
Simeon II., *König von Bulgarien* (* 1937) 1123
Simović, Dušan (1882–1962) 935 f.
Simpson, Wallis (1896–1986) 762 f.
Sinclair, Upton (1878–1968) 534
Sinowjew, Grigori Jewsejewitsch (1883–1936) 42 f., 46, 65, 160, 162, 164, 229, 232, 238, 240, 247 f., 257, 307, 328, 513–515, 519 f., 721, 731
Sinzheimer, Hugo (1875–1945) 679
Skoropadsky, Pavlo (1873–1945) 78
Skrzyński, Aleksander (1882–1931) 351
Sławek, Walery (1879–1939) 353
Sławoj-Składkowski, Felizian (1885–1962) 834, 894
Sleevičius, Mykolas (1882–1939) 157, 357
Šmeral, Bohumír (1880–1941) 829
Smetona, Antanas (1874–1944) 355, 357 f.
Smith, Alfred Emanuel (1873–1944) 535 f., 546, 649
Smith, Gerald Lyman Kenneth (1898–1976) 661 f.
Smoot, Reed Owen (1862–1941) 543 f.
Smuts, Jan Christiaan (1870–1950) 154, 207 f., 249, 475
Snowden, Philip (1864–1937) 256, 481 f., 590–594
Snyder, Timothy (* 1969) 1174
Solf, Wilhelm (1862–1936) 151
Sollmann, Wilhelm (1881–1951) 561 f.
Solschenizyn, Alexander (1918–2008) 524, 728
Sombart, Werner (1863–1941) 28, 534, 599
Somoza Garciá, Anastasio (1896–1956) 548 f.
Sonderegger, Emil (1868–1934) 426, 428
Sonnino, Sidney (1847–1922) 21, 89, 169 f., 172, 199
Sorge, Richard (1895–1944) 942
Sorel, Georges (1847–1922) 268, 445
Souchon, Wilhelm Anton (1864–1946) 98
Speer, Albert (1905–1981) 735, 984, 1107–1109, 1117, 1166
Spender, Stephen (1909–1995) 806
Spengler, Oswald (1880–1936) 326

Spinasse, Charles (1893–1979) 784
Springorum, Fritz (1886–1942) 619, 624
Šrobár, Vavro (1867–1950) 114
Stachanow, Alexei Grigorjewitsch (1906–1977) 724, 728
Stack, Lee (1868–1924) 471
Ståhlberg, Kaarlo Juho (1865–1952) 158, 362 f., 365 f.
Stalin (Geburtsname Dschugaschwili), Josef Wissarionowitsch (1878–1953) 42, 76, 229, 233, 235, 307, 320 f., 328, 368, 372, 448, 498, 511–534, 570, 582, 660, 665, 715–718, 720–731, 768, 777, 802, 804 f., 811, 814, 816, 819, 829, 832 f., 860 f., 875–878, 880–884, 888, 891, 898, 931, 934 f., 940–943, 947, 952, 954, 974, 978, 981, 994 f., 997 f., 1000, 1002, 1006, 1025, 1065, 1073, 1075–1077, 1079, 1089–1098, 1101, 1112 f., 1115, 1121 f., 1124, 1132–1134, 1136, 1140–1147, 1151 f., 1154 f., 1159, 1174, 1193, 1197–1199, 1208, 1210–1212, 1214
Stambolijski, Alexander (1879–1923) 187, 378
Stańczyk, Jan (1886–1953) 1126
Stanton, Charles E. (1859–1933) 56
Stapel, Wilhelm (1882–1954) 615
Starace, Achille (1889–1945) 824, 1111
Starhemberg, Rüdiger von (1899–1956) 336, 338, 750
Stauffenberg, Berthold Schenk von (1905–1944) 1085
Stauffenberg, Claus Schenk von (1907–1944) 1074, 1084–1087
Stauning, Thorvald (1873–1942) 411 f., 905, 1016
Stavisky, Alexandre (1886–1934) 770, 776
Steagall, Henry Bascom (1873–1943) 643
Stecki, Jan (1871–1954) 122
Steczkowski, Jan (1862–1929) 123
Steeg, Théodore (1868–1950) 466
Steffens, Lincoln (1866–1936) 548
Stein, Edith (1891–1942) 1040
Steinbeck, John (1902–1968) 542
Stelling, Johannes (1877–1933) 686
Stern, Avraham (1907–1942) 1187
Stimson, Henry Lewis (1867–1950) 535, 549, 640, 924, 1091, 1154, 1159 f.
Stinnes, Hugo (1870–1924) 137, 301, 308 f., 318
Stoecker, Adolf (1835–1909) 973
Stojadinovič, Milan (1888–1961) 347
Stolypin, Pjotr Arkadjewitsch (1862–1911) 525
Stone (Geburtsname Isidor Feinstein), I. F. (1907–1989) 664
Strachey, John (1901–1963) 590
Strasser, Gregor (1892–1934) 498, 620 f., 624 f., 672, 682, 699
Strasser, Otto (1897–1974) 498, 672
Streicher, Julius (1885–1946) 678
Stresemann, Gustav (1878–1929) 142, 281, 296, 300 f., 306, 308 f., 311–313, 315 f., 318, 451, 455, 486, 488, 490, 492–496, 499, 504, 507, 564, 578
Stroop, Jürgen (1895–1952) 1050
Stürgkh, Karl (1859–1916) 106, 150
Stulginskis, Aleksandras (1885–1969) 356
Stumpff, Hans-Jürgen (1889–1968) 1121
Sturzo, Don Luigi (1871–1959) 171, 272
Šubašić, Ivan (1892–1955) 1095, 1131
Sugiyama Gen (1880–1945) 1182
Sukarno, Achmed (1901–1970) 420, 1070, 1162

Sulla, Lucius Cornelius (ca. 138 v. Chr.–78 v. Chr.) 274
Sun Yatsen (1866–1925) 516
Suvich, Fulvio (1887–1980) 706
Suworow, Alexander Wassiljewitsch (1729–1800) 995
Suzuki Kantaro (1868–1948) 1155–1157
Švehla, Antonin (1873–1933) 370
Svenningsen, Nils (1894–1985) 1020
Svinhufvud, Pehr Evind (1861–1944) 68, 158, 363, 365 f., 368
Svoboda, Ludvík (1895–1979) 1124
Swerdlow, Jakow Michailowitsch (1885–1919) 42
Switalski, Kazimierz (1886–1962) 353 f.
Syrzow, Sergei Iwanowitsch 531
Szálasi, Férenc (1897–1946) 342, 1042, 1105 f.
Szeptycki, Stanislaus Maria von (1867–1946) 123
Sztójay, Döme von (1883–1946) 1043, 1105

Ta'albi, Abdelaziz (1876–1944) 465
Taft, William Howard (1857–1930) 924
Taittinger, Pierre (1887–1965) 457, 579
Talaat Pascha (1872–1921) 22, 189 f.
Tanaka Giichi (1863–1929) 638
Tanner, Väinö (1881–1966) 361 f., 367, 900
Tardieu, André (1876–1945) 461, 578 f., 584, 771, 774, 776
Tasca, Angelo (1892–1960) 266
Tătărescu, Gheorgiu (1886–1957) 376 f.
Tawney, Richard Henry (1880–1962) 481
Taylor, James Willis (1880–1939) 665
Teichova, Alice (* 1920) 829 f.
Teijiro Toyoda (1885–1961) 948
Teleki, Pál (1879–1941) 154, 340–342, 936
Tellini, Enrico (1871–1923) 450
Témime, Émile (1926–2008) 809
Terboven, Josef (1898–1945) 905, 1013–1015
Thälmann, Ernst (1886–1944) 489 f., 497, 503, 520, 557, 568–570, 582, 618, 675, 734
Thalheimer, August (1884–1948) 448 f.
Thaon di Revel, Paolo (1859–1948) 431
Thomas, Albert (1878–1932) 36, 61 f., 130 f., 165
Thomas, Georg (1890–1946) 746
Thomas, James Henry (1874–1949) 481 f., 592
Thomas, Norman (1884–1968) 536, 548, 662, 664
Thorez, Maurice (1900–1964) 458, 582, 772, 779 f., 785, 794
Thyssen, August (1842–1926) 24
Thyssen, Fritz (1873–1951) 619, 674
Tichon (1865–1925) 233
Tillich, Paul (1886–1965) 679
Timoschenko, Semjon Konstantinowitsch (1895–1970) 942
Tirard, Paul (1879–1945) 315
Tirpitz, Alfred von (1849–1930) 20, 486
Tiso, Joseph (1887–1947) 1044
Tisza, István (1861–1918) 111 f.
Tito, Josip Broz (1892–1980) 810, 937, 1005–1007, 1041, 1056, 1063, 1095, 1113, 1128–1132
Tittoni, Tommaso (1855–1931) 199
Todt, Fritz (1891–1942) 984, 1102, 1108
Togliatti, Palmiro (1893–1964) 266, 810, 1065–1067, 1132, 1178
Togo Shigenori (1882–1950) 950, 1155–1157

Tojo Hideki (1884–1948) 921, 949 f., 1068, 1070, 1182, 1184
Toller, Ernst (1893–1939) 147
Tolstoi, Lew Nikolajewitsch (1828–1910) 995
Tomski, Michail Pawlowitsch (1880–1936) 514 f., 517, 520–522
Tooze, Adam (* 1967) 594, 688, 742
Townsend, Francis (1867–1960) 653 f., 661 f.
Tranmael, Martin (1879–1967) 405
Treitschke, Heinrich von (1834–1896) 29 f.
Tresckow, Henning von (1901–1944) 960 f., 1047, 1084–1086
Trevelyan, Charles Philip (1870–1958) 481, 768
Treves, Claudio (1869–1933) 170, 237, 242, 272
Treviranus, Gottfried (1891–1971) 505, 556
Troeltsch, Ernst (1865–1923) 97
Trott zu Solz, Adam von (1909–1944) 1081 f.
Trotzki, Leo (1879–1940) 42, 47, 65, 72–74, 76, 79, 90, 159, 162, 195, 217, 226 f., 229–232, 307, 513–515, 654, 721 f., 730 f., 782, 811–814, 832, 841, 884
Trujillo, Rafael (1891–1961) 648, 839
Truman, Harry S. (1884–1972) 655, 1092, 1102, 1114 f., 1122, 1137, 1140–1144, 1146 f., 1151 f., 1154–1156, 1158–1160, 1186, 1191 f.
Trumbić, Ante (1864–1938) 109
Trygger, Ernst (1857–1943) 406
Tsaldaris, Panajotis (1868–1936) 382 f.
Tschaikowski, Pjotr Iljitsch (1840–1893) 995
Tschang Tso-lin (ca. 1873–1928) 638 f.
Tschang Xueliang (1901–2001) 639
Tschechow, Anton (1860–1904) 995
Tschiang Kai-schek (1887–1975) 516, 639 f., 752, 882, 923, 948 f., 955, 1068, 1070, 1092, 1097, 1155, 1161, 1191
Tschitscherin, Georgi Wassiljewitsch (1872–1936) 293, 295
Tsolakoglou, Georgios (1886–1948) 937
Tubelis, Juozas (1882–1939) 358
Tuchatschewski, Michail Nikolajewitsch (1893–1937) 226 f., 723, 941
Tucholsky, Kurt (1890–1935) 329, 680, 693
Tugwell, Rexford Guy (1891–1979) 547
Tuka, Vojt ch (1880–1946) 371, 871, 1043 f.
Turati, Augusto (1888–1955) 438
Turati, Filippo (1857–1932) 170, 237 f., 241 f., 272
Turner, Harald (1891–1947) 1037
Tweedsmuir, John Buchan, Lord (1875–1940) 762
Tydings, Millard Evelyn (1890–1961) 648

Udržal, František (1866–1938) 370
Ulbricht, Walter (1893–1973) 810, 1133, 1136
Ullstein, Leopold (1826–1899) 139
Ulmanis, Kārlis (1877–1942) 156 f., 359 f.
Umberto II., *König von Italien* (1904–1983) 434, 1067, 1178
Umezu Yoshijiro (1882–1949) 1156, 1158
Unamuno y Jugo, Miguel (1864–1936) 394
Uribe Galdeano, Vicente (1897–1961) 812

Uzunović, Nikola (1873–1954) 343

Valentino, Rudolph (1895–1926) 220
Valois, Georges (1878–1945) 457, 579
Van Acker, Achille (1898–1975) 1132
Van der Lubbe, Marinus (1909–1934) 674
Van Roy, Josef Ernst (1874–1961) 423
Van Severen, Joris (1894–1940) 423
Van Zeeland, Paul (1893–1973) 423 f., 761
Vandenberg, Arthur Hendrick (1884–1951) 665
Vansittart, Robert (1881–1957) 850
Vanzetti, Bartolomeo (1888–1927) 213
Vargas, Getúlio Dornelles (1883–1954) 839
Veblen, Thorstein (1857–1929) 31 f.
Vendel, Karl Ingve (1895–1980) 1047
Venizelos, Eleftherios (1864–1936) 64, 381–383
Viktor Emanuel III., *König von Italien* (1869–1947) 21, 272–274, 435, 714, 875, 884, 1058–1060, 1062, 1065, 1067, 1178
Vögler, Albert (1877–1945) 624
Voldemaras, Augustinas (1883–1942) 157, 357
Vrba, Rudolf (1924–2006) 1048
Vrioni, Elias Bey (1882–1932) 385
Vuillemin, Joseph (1883–1963) 853
Vynnychenko, Volodymyr (1880–1951) 159

Wagner, Richard (1813–1883) 691, 775, 803
Wagner, Robert Ferdinand (1877–1953) 544, 659–661
Wahl, Karl (1892–1981) 918
Wakatsuki Reijiro (1866–1949) 638 f.
Wallace, Henry Agard (1888–1965) 926, 1092
Wallenberg, Raoul (1912–ca. 1947) 1106
Walpole, Robert (1676–1745) 325
Wandruszka, Adam (1914–1997) 111
Wang Jingwei (1883–1944) 949
Warmbold, Hermann (1876–1976) 624
Washington, George (1732–1799) 837
Wassilewski, Alexander Michailowitsch (1895–1977) 978
Watson, Jim (1864–1948) 543
Webb, Beatrice (1858–1943) 533
Webb, Sidney (1859–1947) 243, 481 533
Weber, Max (1864–1920) 104, 322 632
Weil, Simone (1909–1943) 805
Weinert, Erich (1890–1953) 328
Weizmann, Chaim (1874–1952) 1187
Weizsäcker, Carl Friedrich von (1912–2007) 1153
Weizsäcker, Ernst von (1882–1951) 850 f., 876, 884, 1044
Wekerle, Sándor (1848–1921) 111
Welles, Benjamin Sumner (1892–1961) 1047, 1090
Wells, Herbert George (1866–1946) 209 f., 213, 533
Wels, Otto (1873–1939) 99, 102, 138, 282, 499 f., 630, 678, 684 f.
Wende, Peter (* 1936) 1189
Werth, Alexander (1901–1969) 994
Werth, Nicolas (* 1950) 524 f.
Wessel, Horst (1907–1930) 684
Westarp, Kuno von (1864–1945) 496, 505, 508, 556
Wetzler, Alfréd (1918–1988) 1048

Weygand, Maxime (1867–1965) 196, 776, 792, 909, 912, 915
White, Harry Dexter (1892–1948) 1099
White, William Allen (1868–1944) 924
Wiechert, Ernst (1887–1950) 737
Wildt, Michael (* 1954) 738
Wilhelm I., *Deutscher Kaiser* (1797–1888) 172
Wilhelm II., *Deutscher Kaiser* (1859–1941) 16, 18–20, 23, 52, 57 f., 94–100, 104 f., 110, 122, 142, 293, 295, 850, 871, 888, 897, 1082
Wilhelm III. von Oranien, *König von England* (1650–1702) 850
Wilhelm von Preußen (1882–1951) 99, 850
Wilhelmina von Oranien-Nassau, *Königin der Niederlande* (1880–1962) 907, 1011
Wilkman, Karl Fredrik (1876–1947) 363
Willkie, Wendell Lewis (1892–1944) 926
Wilson, Horace (1882–1972) 878
Wilson, Hugh Robert (1885–1946) 866
Wilson, Woodrow (1856–1924) 12, 50–54, 56, 59, 62, 84–90, 92–94, 96, 104 f., 110, 113, 121, 123 f., 128, 166, 168–171, 173–176, 178, 181–184, 200 f., 207, 210, 212, 215, 222, 465, 546, 953, 1097, 1191, 1202 f.
Wirsing, Giselher (1907–1975) 332
Wirth, Joseph (1879–1956) 287 f., 290–296, 300–303, 307, 309, 564
Wise, Frank Joseph Scott (1897–1986) 597
Wise, Stephen (1874–1949) 1047
Wissell, Rudolf (1869–1962) 500, 510
Witos, Wincenty (1874–1945) 196, 349, 351–354
Wittfogel, Karl August (1896–1988) 329
Witzleben, Erwin von (1881–1944) 849, 1086
Wlassow, Andrei Andrejewitsch (1901–1946) 1000, 1120
Wohlthat, Helmut (1893–1982) 878
Wojciechowski, Stanisław (1869–1953) 349, 351 f.
Wolf, Friedrich (1888–1953) 328
Wolff, Karl (1900–1984) 1111
Wolff, Theodor (1868–1943) 25, 100, 103, 139, 452, 680
Woller, Hans (* 1952) 709 f., 824, 1177, 1180
Wood, Robert Elkington (1879–1969) 924
Woolf, Virginia (1882–1941) 477
Woroschilow, Kliment Jefremowitsch (1881–1969) 791, 802, 901, 941
Woyrsch, Udo von (1895–1983) 894
Wrangell, Pjotr Nikolajewitsch (1878–1928) 223
Wurm, Theophil (1868–1953) 973, 1172
Wyschinski, Andrei Januarjewitsch (1883–1954) 722

Yeats-Brown, Francis (1886–1944) 599 f., 757
Yonai, Mitsumasa (1880–1948) 921
Yorck von Wartenburg, Peter (1904–1944) 1081, 1086
Young, Owen D. (1874–1962) 461, 501 f., 504 f., 508 f., 511, 551, 558, 565, 567, 575
Ypi, Dscharfer (1880–1940) 385

Zahle, Carl Theodor (1866–1946) 412
Zaisser, Wilhelm (1893–1958) 806
Zamboni, Anteo (1911–1926) 439

Zamora, Niceto Alcalá (1877–1949) 396, 400 f.
Zaniboni, Tito (1883–1960) 438
Zankoff, Alexander (1879–1959) 378
Zay, Jean (1904–1944) 586, 787, 1034
Zehrer, Hans (1899–1966) 611, 620
Zeigner, Erich (1886–1949) 307, 310 f.
Zeitzler, Kurt (1895–1963) 974
Zeligowski, Lucjan (1865–1947) 351
Zeman, Zbynek Anthony (* 1928) 109
Zetkin, Clara (1857–1933) 35, 76
Zibordi, Giovanni (1870–1943) 429 f.
Zimmermann, Arthur (1864–1940) 52 f.
Živković, Pera (1879–1947) 343
Zörgiebel, Karl Friedrich (1878–1961) 502
Zoglu I., *König der Albaner* (1895–1961) 875
Zogu, Ahmed Bey (1895–1961) 385–387
Zugazagoitia, Julián (1899–1940) 818
Zweig, Arnold (1887–1968) 328, 680
Zyromski, Jean (1890–1975) 859

地名索引

“一文未名”工作坊简介

“一文未名”工作坊由跨界中西文化、有志于翻译之道的学界人士组成，其成员毕业于二十世纪八十年代初未名湖畔的北京大学西语系，后在德国、奥地利获得日耳曼语言文学博士，抑或长年在外交领域工作，并在德文译著方面卓有成就。

多年来，工作坊与社会科学文献出版社和德国歌德学院（中国）携手合作，翻译出版了一系列德国文学和社会科学方面的重要著作。为进一步深化合作，并致力于译介更多有分量的德语文学及社科著作，工作坊以“一文未名”正式冠名：“一文”者，译文之谐音也，“未名”者，未名湖畔北大之谓也。冠以此名，首先是表达对母校北大的感恩之情，同时也借字面的自嘲调侃之意，苦心励志，脚踏实地，力争为读者带来更多高质量的德文译作，并在译界创出一个名副其实的优秀品牌。

成员简介

丁　娜

毕业于北京大学西语系日耳曼语言文学专业，获德国慕尼黑大学博士学位，现旅居慕尼黑。1999 年开始进行德语文学与社科书籍的翻译，主要译作有:《寻访行家》《红桃 J 德语新小说选》《幸福，在幸福远去的时代》《运动通史：从古希腊罗马到21世纪》《德意志之魂》《背对世界》和《应许之地》等。

杨　丽

毕业于北京大学，维也纳大学德语语言文学博士，欧华文学学会成员，现旅居维也纳。目前领导奥地利教育机构经济促进学院中国部，从事奥地利职业技能教育在中国的落地，重点培养农民工子女，使他们成为优秀的产业技工。一方面为在中国的奥地利企业输送技术人员，另一方面提高中国职业教师的质量，以适应现代化、数字化企业发展对人才提出的挑战。

业余时间承接国内诸多出版社的任务，从事有影响力的名著翻译工作。为北大出版社推荐和翻译了诸多实战型作品。参与了《德意志之魂》的翻译工作。

李　鸥

毕业于北京大学，维也纳大学德语语言文学博士，欧华文学学会成员，现旅居维也纳。在管理和规划本人参与的德国以及中国合资企业的同时，积极参与马拉松以及铁三运动，组织中国团队参加奥地利极限铁三等赛事。本人也获得业余运动员的较好成绩。

业余时间承接国内著名出版社有影响力的多部名著翻译工作。参与《德意志之魂》的译作，承担音乐和建筑部分的翻译。

朱锦阳

毕业于北京大学西语系，德国哥廷根大学日耳曼学系博士，德国康斯坦茨科技大学教授，主要研究领域为语言学。译有《从国家意识形态出走——中国新艺术展》，曾为南京《周末报》、香港《信报》和《明报》周刊撰稿。

吴　宁

北京大学西语系日耳曼语言文学专业毕业，获奥地利萨尔茨堡大学博士学位，曾任北京大学西语系德语专业讲师和奥地利萨尔茨堡大学中国中心高级讲师，现旅居奥地利萨尔茨堡。与德国歌德学院（北京）以及社会科学文献出版社有多次译书合作，其中包括：《德意志之魂》（合译）、《技术伦理学手册》、《西方通史》（第四卷）和《马克斯·韦伯——跨越时代的人生》（待出）。

图书在版编目（CIP）数据

西方通史. 世界大战的时代：1914—1945：上中下/
(德) 海因里希 · 奥古斯特 · 温克勒著；杨丽，李鸥译
. -- 北京：社会科学文献出版社，2020.1
书名原文: Geschichte des Westens: Die Zeit der
Weltkriege 1914-1945
ISBN 978-7-5201-4340-0

Ⅰ. ①西… Ⅱ. ①海… ②杨… ③李… Ⅲ. ①西方国
家 - 历史 - 1914-1945 Ⅳ. ①K10

中国版本图书馆CIP数据核字（2019）第028366号

西方通史：世界大战的时代，1914~1945（上、中、下）

著　　者 / ［德］海因里希 · 奥古斯特 · 温克勒（Heinrich August Winkler）
译　　者 / 杨　丽　李　鸥

出 版 人 / 谢寿光
责任编辑 / 周方茹
文稿编辑 / 常　远　彭　媛

出　　版 / 社会科学文献出版社 · 联合出版中心（010）59367151
地址：北京市北三环中路甲29号院华龙大厦　邮编：100029
网址：www.ssap.com.cn
发　　行 / 市场营销中心（010）59367081　59367083
印　　装 / 北京盛通印刷股份有限公司

规　　格 / 开　本：787mm × 1092mm　1/16
印　张：80　字　数：1066千字
版　　次 / 2020年1月第1版　2020年1月第1次印刷
书　　号 / ISBN 978-7-5201-4340-0
著作权合同登记号 / 图字01-2014-0352号
定　　价 / 198.00元（上、中、下）

本书如有印装质量问题，请与读者服务中心（010-59367028）联系